Waza/Uhländer/Schmittmann · Insolvenzen und Steuern

Aktivieren Sie dieses Buch kostenlos in der NWB Datenbank!

Nutzen Sie die Inhalte dieses Buches auch online.
Und profitieren Sie von den praktischen Recherchefunktionen, die Ihnen die Suche erleichtern.

▶ **Ihr Freischaltcode:** BDVFZHKTLORWDJRET

Waza/U./S., Insolvenzen und Steuern

So einfach aktivieren Sie die Inhalte:

Rufen Sie **www.nwb.de/go/online-buch** auf.
Geben Sie Ihren Freischaltcode ein und folgen Sie dem Anmeldedialog. Fertig!

Die NWB Datenbank – alle digitalen Inhalte aus unserem Verlagsprogramm in einem System!

Insolvenzen und Steuern

Von
Thomas Waza, Leitender Regierungsdirektor,
Prof. Dr. Christoph Uhländer und
Prof. Dr. Jens M. Schmittmann, Rechtsanwalt und
Steuerberater

8. völlig überarbeitete und aktualisierte Auflage

Es haben bearbeitet:

Waza:	Teil I: Abschn. C;	Teil II: Abschn. D
Prof. Dr. Uhländer:	Teil I: Abschn. B, D;	Teil II: Abschn. A, B, C
Prof. Dr. Schmittmann:	Teil I: Abschn. A, E, F;	Teil II: Abschn. E, F

ISBN 978-3-482-**55013**-3 (online)
ISBN 978-3-482-**41168**-7 (print)
8. völlig überarbeitete und aktualisierte Auflage 2010
© Verlag Neue Wirtschafts-Briefe GmbH & Co. KG, Herne 1965
www.nwb.de
Alle Rechte vorbehalten.
Dieses Buch und alle in ihm enthaltenen Beiträge und Abbildungen sind urheberrechtlich geschützt. Mit Ausnahme der gesetzlich zugelassenen Fälle ist eine Verwertung ohne Einwilligung des Verlages unzulässig.
Satz: Griebsch & Rochol Druck GmbH & Co. KG, Hamm
Druck: Stückle Druck und Verlag, Ettenheim

VORWORT

Bei der Beratung von Unternehmen in der Krise und in der Insolvenz sind Kenntnisse der spezifischen insolvenz- und steuerrechtlichen Problemfelder unumgänglich. Denn Steuer- und Insolvenzrecht sind nach wie vor nicht optimal aufeinander abgestimmt. Dies verdeutlicht die große Zahl an zusätzlichen materiellrechtlichen Fragestellungen, die seit der letzten Auflage aus der Praxis an Beratung, Verwaltung und Gerichte herangetragen wurden. Es vergeht zurzeit kein Monat, in dem nicht eine höchstrichterliche Entscheidung zum Insolvenzsteuerrecht veröffentlicht wird. Diese Situation hat das Autorenteam zu einer zeitnahen Neuauflage bewogen. Die umfassend überarbeitete Neuauflage bietet in der bewährten Form einen systematischen Einstieg in alle aktuellen, praxisrelevanten Problemfelder des Insolvenzsteuerrechts. Den Schwerpunkt der Überarbeitung bilden u. a. folgende Bereiche:

- Steuerliche Folgen des Wegfalles von Verbindlichkeiten durch das Restschuldbefreiungsverfahren
- Aktuelle Entwicklungen zum Erlass von Sanierungsgewinnen
- steuerliche Folgen des Neuerwerbs
- Wegfall des Eigenkapitalersatzrechts durch das MoMiG
- Zweifelsfragen zur externen Rechnungslegung in der Insolvenz
- Überschuldungsprüfung nach FMStG und MoMiG
- Geänderte Rechtsprechung des BFH zur Abgrenzung von Insolvenzforderungen und Masseverbindlichkeiten

Daneben werden die Haftungsrisiken des Beraters und das Schicksal des Beraterhonorars in der Insolvenz des Auftraggebers umfassend dargestellt.

Die aktuelle Rechtslage einschließlich der Änderungen zum Sanierungssteuerrecht durch das Bürgerentlastungsgesetz ist eingearbeitet worden.

Die Autoren sind seit mehreren Jahren durch ihre Tätigkeit als Dozenten und Lehrbeauftragte mit der Thematik bestens vertraut und aufgrund ihrer praktischen Tätigkeit in Finanz- und Insolvenzverwaltung nah an den praxisrelevanten Fragestellungen. Die unterschiedlichen Tätigkeitsbereiche – Herr Waza war über lange Jahre Referatsleiter im Bereich Steuern in der OFD Münster und leitet aktuell ein Finanzamt für Groß- und Konzernbetriebsprüfung, Herr Prof. Dr. Uhländer ist an der FHF Nordkirchen tätig und Herr Prof. Dr. Schmittmann ist Insolvenzverwalter und Liquidator sowie Dekan des

VORWORT

Fachbereichs Wirtschaftsrecht an der FOM Essen – ermöglichen es den Autoren, die Fragestellungen aus unterschiedlichen Blickwinkeln zu beleuchten.

Münster, November 2009

Thomas Waza/
Prof. Dr. Christoph Uhländer/
Prof. Dr. Jens M. Schmittmann

INHALTSVERZEICHNIS

Vorwort		5
Literaturverzeichnis		23
Abkürzungen		41

		Rz.	Seite
I. ALLGEMEINER TEIL			
A. Überblick über das Regelinsolvenzverfahren		1	47
1. Insolvenzordnung		1	47
a) Anwendbarkeit		1	47
b) Gesetzesentwicklung seit dem 1.1.1999		4	48
(1) Gesetz zur Vereinfachung des Insolvenzverfahrens		6	49
(2) Gesetz zur Neuregelung des Rechtsberatungsrechts		21	51
(3) Finanzmarktstabilisierungsgesetz		22	52
(4) Gesetz zur Modernisierung des GmbH-Rechts und zur Bekämpfung von Missbräuchen		24	53
(a) Änderungen des GmbHG		25	55
(aa) Gründung einer GmbH		25	55
(bb) Satzungs- und Verwaltungssitz		26	55
(cc) Stammkapital und Unternehmergesellschaft		29	56
(dd) Disqualifikation des Geschäftsführers		41	57
(ee) Geschäftsanteile und Gesellschafterliste		46	58
(ff) Genehmigungsbedürftige Unternehmensgegenstände		48	58
(gg) Kapitalaufbringung		49	59
(hh) Angabe einer inländischen Geschäftsanschrift		61	61
(ii) Anteilsübertragung		65	62
(jj) Kapitalerhaltung und Cash-Pooling		73	63
(kk) Führungslose Gesellschaften		78	64
(ll) Kapitalersatzrecht		83	66

		Rdn.	Seite
(b) Insolvenzordnung		91	66
(aa) Anhörung des Schuldners		92	67
(bb) Insolvenzantragspflicht		93	67
(cc) Feststellung der Überschuldung		111	69
(dd) Gesellschafterdarlehensrecht		123	72
(c) Änderungen des Anfechtungsgesetzes		141	74
(d) Weitere Änderungen durch das MoMiG		143	75
(e) Aktuelle Rechtsprechung zum MoMiG		145	75
2. Eröffnung des Insolvenzverfahrens		166	78
a) Zweck des Insolvenzverfahrens		166	78
(1) Gläubigerautonomie		166	78
(2) Verbraucherinsolvenz		169	79
(3) Keine Vorrechte		171	79
(4) Insolvenzmasse		174	80
b) Gegenstand des Insolvenzverfahrens		177	81
c) Insolvenzantrag		186	82
(1) Allgemeines		186	82
(2) Insolvenzantrag der Finanzbehörde		192	83
d) Insolvenzgründe		211	87
(1) Zahlungsunfähigkeit (§ 17 InsO)		212	87
(2) Drohende Zahlungsunfähigkeit (§ 18 InsO)		217	89
(3) Überschuldung (§ 19 InsO)		221	90
e) Sicherungsmaßnahmen/Bestellung eines vorläufigen Insolvenzverwalters		231	91
(1) Allgemeine Sicherungsmaßnahmen		231	91
(2) Vorläufiger Insolvenzverwalter (§ 22 InsO)		235	92
f) Abweisung mangels Masse		241	93
g) Eröffnungsbeschluss		247	94
3. Das eröffnete Verfahren		261	95
a) Überblick		261	95
b) Insolvenzverwalter		271	96
(1) Bestellung		271	96
(2) Rechtsstellung		273	97
(3) Insolvenzrechtliche Rechnungslegungspflichten		274	98
c) Eigenverwaltung		276	99
d) Berichtstermin		283	100
e) Anmeldung und Feststellung der Forderungen		286	101
f) Abwicklung schwebender Geschäfte		293	102

			Rdn.	Seite
	g)	Abwicklung von Arbeitsverhältnissen	295	102
	h)	Schwebende Prozesse	311	103
	i)	Haftungsrealisierung und Anfechtung	313	104
		(1) Schadensersatzansprüche	314	104
		(2) Gesellschafterhaftung	316	104
		(3) Anfechtung	319	105
		(a) Zweck/Voraussetzungen	319	105
		(b) Anfechtungsgründe	331	108
		(c) Kongruente Deckung (§ 130 InsO)	333	108
		(d) Inkongruente Deckung (§ 131 InsO)	346	111
		(e) Vorsätzliche Gläubigerbenachteiligung (§ 133 Abs. 1 InsO)	361	113
		(f) Kurzhinweise für den Berater	371	115
	4.	Liquidation und Verteilung im Regelinsolvenzverfahren	386	116
	a)	Bereinigung der Masse	388	116
		(1) Herausgabe des unpfändbaren Vermögens	389	116
		(2) Freigabe von Vermögensgegenständen durch den Insolvenzverwalter	390	117
		(3) Aussonderung	400	119
		(4) Absonderung	402	119
	b)	Verteilung der Insolvenzmasse	416	120
		(1) Befriedigung der Massegläubiger	416	120
		(2) Befriedigung der Insolvenzgläubiger	426	122
	c)	Beendigung des Verfahrens	431	124
B.	**Das Besteuerungs- und Erhebungsverfahren in der Insolvenz**		461	125
	1.	Das Verhältnis von Steuer- und Insolvenzrecht	462	125
	2.	Verfahrensrechtliche Stellung von Insolvenzverwalter und Insolvenzschuldner	481	129
	a)	Insolvenzschuldner	481	129
	b)	Der Insolvenzverwalter als Vermögensverwalter i. S. d. § 34 Abs. 3 AO	482	129
	c)	Vorläufiger Insolvenzverwalter ohne Verfügungsbefugnis/Eigenverwaltung	484	130
	3.	Steuerfestsetzungsverfahren	491	131
	a)	Wirkung der Eröffnung des Insolvenzverfahrens auf das Besteuerungsverfahren	491	131
	b)	Zuständigkeiten der Finanzbehörde	494	132
	c)	Steuererklärungspflicht	495	133

Inhalt

			Rdn.	Seite
	(1)	Insolvenzverwalter	496	133
	(2)	Insolvenzschuldner	512	139
c)	Ermittlung der Steueransprüche		513	139
	(1)	Allgemeine Grundsätze	513	139
	(2)	Pflichten des Insolvenzverwalters	515	140
	(3)	Außenprüfungen	517	140
d)	Steuerfestsetzung und Feststellung von Besteuerungsgrundlagen		526	142
	(1)	Zulässigkeit der Steuerfestsetzung durch Steuerbescheid nach Insolvenzeröffnung	526	142
	(2)	Erstattung von Steueransprüchen	531	143
	(3)	Gesonderte Feststellung von Besteuerungsgrundlagen sowie Festsetzung von Steuermessbeträgen	534	146
	(4)	Bekanntgabe von Verwaltungsakten nach Insolvenzeröffnung	541	148
4. Rechtsbehelfs- und Rechtsmittelverfahren			561	150
5. Auswirkungen der Insolvenzeröffnung auf das Erhebungs- und Vollstreckungsverfahren			586	155
a) Erhebungsverfahren			586	155
b) Vollstreckungsverfahren			587	156
6. Auskunfts- bzw. Hinweispflichten			611	158
a) Verwaltung gegenüber dem Insolvenzgericht			611	158
b) Verwaltung gegenüber dem Insolvenzverwalter			614	159
c) Steuerberater gegenüber Insolvenzverwalter und Insolvenzgericht			617	160
7. Neuerwerb			631	161
a) Problemstellung			631	161
b) Stand der BFH-Rechtsprechung zur Rechtslage vor der Neufassung des § 35 InsO			633	162
c) Praktische Folgerungen zur Rechtslage vor der Neufassung des § 35 InsO			636	163
d) Neufassung des § 35 InsO für Verfahren ab dem 1.7.2007			637	163
8. Besonderheiten: Kanzleiabwickler ↔ Besteuerungsverfahren			661	167
9. Besonderheiten: Zwangsverwaltung ↔ Besteuerungsverfahren			671	168

				Rdn.	Seite
10.	Besonderheiten: Nachlassinsolvenzverfahren ↔ Besteuerungsverfahren			681	169
C.	Durchsetzung von Steuerforderungen			701	171
	1.	Steuerforderungen als Insolvenzforderungen oder Masseverbindlichkeiten		701	171
		a)	Allgemeines	701	171
		b)	Steuerforderungen als Insolvenzforderungen	702	172
		c)	Steuerforderungen als Masseverbindlichkeiten	708	173
	2.	Anmeldung und Feststellung von Steuerforderungen als Insolvenzforderungen		721	174
		a)	Rechtsnatur und Inhalt der Anmeldung	721	174
		b)	Prüfungstermin	736	178
		c)	Feststellung von Ansprüchen aus dem Steuerverhältnis	737	178
			(1) Prüfungstermin ohne Widerspruch	737	178
			(2) Widerspruch des Insolvenzschuldners	744	181
			(3) Widerspruch des Insolvenzverwalters oder eines Insolvenzgläubigers	746	183
			(a) Widerspruch	746	183
			(b) Nicht titulierte Forderungen	750	184
			(c) Titulierte Forderungen	758	186
			(4) Auswirkungen auf das Verteilungsverfahren	762	187
		d)	Übersicht zum Verfahrensablauf	766	189
	3.	Durchsetzung von Masseverbindlichkeiten		781	189
		a)	Massereichtum	781	189
		b)	Massearmut	787	191
	4.	Aufrechnung im Insolvenzverfahren		811	194
		a)	Allgemeines	811	194
		b)	Voraussetzungen der Aufrechnung	813	195
		c)	Aufrechnungsverbote (§ 96 InsO)	826	197
		d)	Übersicht zur Aufrechnung von Steuerforderungen	834	200
		e)	Aufrechnung mit Steuern aus dem insolvenzfreien Bereich (Neuerwerb)	841	200
		f)	Aufrechnung im Restschuldbefreiungsverfahren/Insolvenzplanverfahren	851	202
		g)	Aufrechnung gegen nach Aufhebung des Insolvenzverfahrens ermittelte Forderung	855	204
		h)	Umsatzsteuerliche Aufrechnungslagen	861	204

VERZEICHNIS   Inhalt

			Rdn.	Seite
	(1)	Aufrechnung gegenüber Vorsteuervergütungsansprüchen	861	204
	(2)	Verhältnis Aufrechnung zur Zwangsverrechnung nach § 16 Abs. 2 UStG	864	206
	(3)	Vergütung des vorläufigen Insolvenzverwalters	871	208
	(4)	Dauerfristverlängerung – Aufrechenbarkeit der Sondervorauszahlung	881	209
	(5)	Aufrechenbarkeit des Vergütungsanspruchs nach Rechnungsberichtigung	883	210
	(6)	Aufrechenbarkeit von Vorsteuer bei Masseunzulänglichkeit	884	210
	(7)	Aufrechenbarkeit bei Organschaft mit Haftungsansprüchen aus § 73 AO	887	211
	(8)	Aufrechnung gegen Anspruch aus § 17 UStG nach Quotenauszahlung	888	212
h)		Besondere Aufrechnungslagen bei anderen Steuerarten/Nebenleistungen	896	212
D. Rechnungslegungspflichten des Insolvenzverwalters			921	214
1. Einführung			921	215
2. Die handelsrechtlichen Rechnungslegungspflichten			941	217
a)		Zu erstellende Abschlüsse	941	217
b)		Bilanzierung	951	220
c)		Bewertung	954	221
d)		Gewinn- und Verlustrechnung	958	222
e)		Anhang und Lagebericht	960	222
f)		Jahresabschlussprüfung und Offenlegung	971	223
3. Die steuerlichen Rechnungslegungspflichten			991	235
4. Einschränkung der Rechnungslegungspflichten im Insolvenzverfahren			1001	236
5. Sonderfragen			1021	238
a)		Ertragsteuerliche Behandlung von Verbindlichkeiten in der Unternehmensinsolvenz (Restschuldbefreiung – „Sanierungsgewinne")	1021	238
b)		Unternehmensumwandlung in der Krise/Insolvenz	1024	245
c)		Gemeinnützigkeit in der Insolvenz	1025	245

				Rdn.	Seite
E.	Die Befreiung des Schuldners von seinen Verbindlichkeiten			1051	247
	1.	Insolvenzplanverfahren		1051	247
		a)	Überblick	1051	247
		b)	Arten des Insolvenzplanes	1052	248
		c)	Planinitiativrecht	1057	249
		d)	Inhalt des Insolvenzplanes	1058	250
			(1) Darstellender Teil	1059	250
			(2) Gestaltender Teil	1060	251
			(3) Anlagen	1065	252
		e)	Prüfung des Insolvenzplanes	1081	255
		f)	Annahme und Bestätigung des Plans	1083	256
			(1) Erörterung und Abstimmung	1083	256
			(2) Obstruktionsverbot	1086	257
			(3) Minderheitenschutz und Zustimmung des Schuldners	1089	258
			(4) Zustimmung der Finanzbehörde zum Insolvenzplan	1092	259
		g)	Gerichtliche Bestätigung	1101	259
		h)	Planwirkungen	1104	260
			(1) Wirkungen für die Beteiligten	1104	260
			(2) Wiederauflebensklausel	1106	261
			(3) Titulierung der Forderungen	1107	262
		i)	Aufhebung des Insolvenzverfahrens	1109	262
	2.	Verbraucherinsolvenzverfahren		1121	263
		a)	Persönlicher Anwendungsbereich	1122	263
		b)	Ablauf des Verfahrens	1130	264
			(1) Außergerichtliches Einigungsverfahren	1132	265
			(2) Gerichtliches Schuldenbereinigungsverfahren	1142	269
			(a) Schuldnerantrag	1144	269
			(b) Gläubigerantrag	1157	272
			(3) Vereinfachtes Insolvenzverfahren	1161	272
	3.	Restschuldbefreiungsverfahren		1181	274
		a)	Zweck der Restschuldbefreiung	1181	274
		b)	Ankündigung der Restschuldbefreiung	1183	274
			(1) Voraussetzungen	1183	274
			(2) Ankündigungsbeschluss	1188	276
			(3) Wohlverhaltensperiode	1200	279

			Rdn.	Seite
	c)	Entscheidung über die Restschuldbefreiung	1212	283
	d)	Von der Restschuldbefreiung ausgenommene Verbindlichkeiten	1217	284
F.	Haftungsinanspruchnahme		1241	287
	1. Allgemeines		1241	287
	2. Haftung nach Abgabenrecht		1251	288
	a)	Haftung des Insolvenzverwalters nach § 69 AO	1251	288
	b)	Haftung des Geschäftsführers nach § 69 AO	1260	291
		(1) Haftung des bestellten und im Register eingetragenen Geschäftsführers	1260	291
		(2) Haftung des faktischen Geschäftsführers	1264	292
		(3) Besonderheiten bei der Umsatzsteuer-Haftung	1271	294
		(4) Besonderheiten bei der Lohnsteuer-Haftung	1276	295
	c)	Gesellschafterhaftung	1286	298
	d)	Steuerberaterhaftung	1291	299
	3. Insolvenzrechtliche Haftung		1301	299
	a)	Haftung nach § 60 Abs. 1 InsO	1301	299
	b)	Haftung nach § 61 InsO	1306	301
	4. Übersicht		1313	303

II. DIE BEHANDLUNG DER EINZELNEN STEUERARTEN UND ERHEBUNGSFORMEN

			Rdn.	Seite
A.	Einkommensteuer		1331	305
	1. Das materielle Einkommensteuerrecht		1341	309
	a)	Allgemeine Grundsätze	1341	309
	b)	Verlustausgleich und Verlustabzug	1344	310
		(1) Allgemeine Grundsätze	1344	310
		(2) Besonderheiten bei der Nachlassinsolvenz	1347	311
		(a) Verlustabzug im Erbfall	1347	311
		(b) Verlustabzug im Nachlassinsolvenzverfahren	1350	312
		(3) Negatives Kapitalkonto	1353	313
	c)	Betriebsaufspaltung	1371	328
	d)	Sanierungsgewinn und Forderungsverzicht	1379	331
	e)	Veräußerungs- und Betriebsaufgabegewinn	1383	332
	f)	Veräußerung von Anteilen an Kapitalgesellschaften nach § 17 EStG	1385	333

			Rdn.	Seite
	g)	Ehegattenveranlagung	1401	336
		(1) Ausübung des Wahlrechts	1401	336
		(2) Zusammenveranlagung	1405	338
		(3) Getrennte Veranlagung	1410	342
2.		Insolvenzrechtliche Zuordnung der Einkommensteuerschuld	1431	343
	a)	Allgemeine Zuordnungsgrundsätze	1431	343
	b)	Bildung von Besteuerungsabschnitten	1451	348
		(1) Einkommensteuerschuld als Insolvenzforderung	1451	348
		(2) Einkommensteuerschuld als Masseverbindlichkeit	1454	349
		(3) Einkommensteuerschuld als insolvenzfreie Verbindlichkeit	1455	350
	c)	Die Aufteilung der einheitlichen Steuerschuld	1457	351
	d)	Übersicht zur Aufteilung der Einkommensteuerschuld	1465	354
	e)	Zuordnung bei der Aufdeckung stiller Reserven	1466	354
	f)	Zuordnung bei Aussonderung und Absonderung	1481	358
	g)	Insolvenz der Personengesellschaft	1501	362
		(1) Steuer- und insolvenzrechtliche Besonderheiten	1501	362
3.		Anrechnungen auf die Einkommensteuerschuld	1531	372
	a)	Einkommensteuervorauszahlungen und Steuerabzugsbeträge	1532	372
		(1) Insolvenzrechtliche Durchsetzung offener Vorauszahlungen	1532	372
		(2) Verrechnung der Anrechnungsbeträge mit der Hauptschuld	1536	374
	b)	Besonderheiten bei der Zinsabschlagsteuer	1551	377
		(1) Allgemeine Grundsätze	1551	377
		(2) Kapitalertragsteuer und Personengesellschaften	1552	377
	c)	Lohnsteuer	1576	383
		(1) Steuerrechtliche Grundlagen	1576	383
		(2) Insolvenzrechtliche Behandlung	1578	384
		(a) Insolvenz des Arbeitgebers	1582	385
		(b) Insolvenz des Arbeitnehmers	1588	390
		(c) Insolvenzgeld	1593	391
		(d) Bauabzugsteuer	1594	392
B. Körperschaftsteuer			1631	395
1. Allgemeine Grundsätze			1631	396
2. Zuordnung zu den insolvenzrechtlichen Vermögensmassen			1633	397
3. Körperschaftsteuerliche Organschaft			1651	399

		Rdn.	Seite
4. Insolvenzrechtliche Bedeutung des § 11 Abs. 7 KStG		1661	401
a) Allgemeine Abwicklungsgrundsätze		1661	401
b) Abwicklung in der Insolvenz		1664	402
5. Steuerliche Behandlung von „Sanierungsgewinnen"		1681	409
6. Verdeckte Einlagen		1696	417
7. Eigenkapitalersatz (vor MoMiG) ↔ Teilwertabschreibungen (vor JStG 2008)		1706	418
a) Kompendium 1. Teil: (Eigen-)Kapitalersatz im Gesellschaftsrecht (vor MoMiG)		1706	419
(1) Kapitalersatz im GmbHG a. F.		1707	420
(2) Kapitalersatz im HGB		1716	422
(3) Kapitalersatz im AktG		1721	423
(4) Kapitalersatz in der InsO		1722	424
(5) Kapitalersatz im AnfG		1727	426
b) Kompendium 2. Teil: (Eigen-)Kapitalersatz im Steuerrecht		1736	427
(1) Steuerliche Folgen für die Gesellschaft		1736	427
(a) Ansatz in der Handelsbilanz/Steuerbilanz		1737	427
(b) Abgrenzung: Forderungsverzicht gegen Besserungsschein		1748	430
(2) Steuerliche Folgen für den Gesellschafter		1749	431
(a) Anteile an der GmbH im PV		1750	431
(b) Anteile an der GmbH im BV/SBV		1755	434
(3) Sonderfragen		1767	436
(a) Kapitalersetzende Nutzungsüberlassung		1768	436
(b) Kapitalersetzende Dienstleistungen		1769	437
8. Aktuelle Gesetzesänderungen im Gesellschafts- und Steuerrecht		1791	440
a) Wegfall des Eigenkapitalersatzrechts		1792	440
(1) „Sonderrecht der Gesellschafterkredite"		1792	441
(2) Rangrücktrittsvereinbarungen (§ 39 Abs. 2 InsO) ↔ Überschuldung (§ 19 Abs. 2 InsO)		1793	441
(3) Nutzungsüberlassungen durch Gesellschafter (§ 135 Abs. 3 InsO)		1796	442
b) Steuerliche Änderungen für Gesellschafterdarlehen (§ 8b Abs. 3 Satz 4 ff. KStG)		1797	443
aa) Anwendungsbereich des § 8b Abs. 3 Satz 4 ff. KStG		1797	443
bb) Zwischenfazit		1802	444

				Rdn.	Seite
		cc)	Gesetzesbegründung	1804	445
		dd)	Stellungnahme	1805	446
	c)	Einfügung einer Sanierungsklausel (§ 8c Abs. 1a KStG)		1808	447
		aa)	Verlustabzugsbeschränkung des § 8c KStG ↔ Sanierung	1808	447
		bb)	Gesetzesbegründung zur Einfügung einer Sanierungsklausel	1812	448
		cc)	Anwendungsbereich der Sanierungsklausel des § 8c Abs. 1a KStG	1814	450
		dd)	Stellungnahme	1819	452
C.	Gewerbesteuer			1851	454
	1. Allgemeine Grundsätze			1851	454
	2. Dauer der Gewerbesteuerpflicht			1856	455
	3. Gewerbeertrag in der Insolvenz			1866	456
	4. Zuordnung zu den insolvenzrechtlichen Vermögensmassen			1881	458
	5. Verfahrensrechtliche Geltendmachung			1891	460
D.	Umsatzsteuer			1911	462
	1. Unternehmereigenschaft			1912	462
	a) des Insolvenzschuldners			1912	462
	b) des Insolvenzverwalters			1915	463
	c) des als Insolvenzverwalter eingesetzten angestellten Rechtsanwaltes/Sozius			1916	464
	2. Organschaft			1931	465
	a) Insolvenz der Organgesellschaft			1933	466
	b) Insolvenz des Organträgers			1936	467
	c) Insolvenz des Organträgers und der Organgesellschaft			1939	468
	d) Übersicht zur Organschaft in der Insolvenz			1941	469
	e) Rechtsfolgen der Beendigung der Organschaft			1942	469
	f) Unberücksichtigte Organschaft in der Insolvenz			1945	472
	3. Umsatzsteueransprüche als Insolvenzforderungen oder Masseverbindlichkeiten			1961	474
	a) Definition des Begriffes „Begründetsein"			1963	475
	b) Zuordnung von Lieferungen und Leistungen			1977	478
	(1) Allgemeines			1977	478
	(2) Besteuerung nach vereinbarten Entgelten (Sollbesteuerung)			1978	479
	(3) Besteuerung nach vereinnahmten Entgelten (Istbesteuerung)			1979	479

			Rdn.	Seite
	(4)	Istversteuerung von Anzahlungen	1981	480
	(5)	Teilleistungen	1983	481
c)		Zuordnung sonstiger Umsatzsteuertatbestände	1991	483
d)		Besonderheiten bei der vorläufigen Insolvenzverwaltung	1995	483
e)		Eigene unternehmerische Tätigkeit des Schuldners (sog. Neuerwerb)	1999	484
	(1)	Rechtslage ab 1.7.2007	1999	484
	(2)	Rechtslage bis 30.6.2007	2000	485
f)		Geschäftsveräußerung im Ganzen/Teilbetriebsveräußerung	2011	487
4. Besteuerungsverfahren			2031	488
a)		Steuernummer	2031	488
b)		Besteuerungsart/Voranmeldungszeitraum	2034	489
c)		Entstehungszeitpunkt	2036	489
d)		Dauerfristverlängerung und Sondervorauszahlung	2037	490
e)		Erklärungspflichten des Insolvenzverwalters	2041	491
f)		Umsatzsteuerberichtigung nach § 17 Abs. 1 UStG	2045	492
5. Rechnungserteilung/-berichtigung			2071	494
6. Vorsteuer im Insolvenzverfahren			2091	495
a)		Vorsteuerabzug	2091	495
b)		Vorsteuerabzug aus Rechnungen des (vorläufigen) Insolvenzverwalters	2096	496
	(1)	Allgemeines	2096	496
	(2)	Aufteilung der Vorsteuer	2103	498
c)		Vorsteuerberichtigung nach § 17 UStG	2116	499
	(1)	Vorsteuerberichtigung bei Uneinbringlichkeit von Forderungen (§ 17 Abs. 2 Nr. 1 UStG)	2117	500
		(a) Tatbestand/insolvenzrechtliche Einordnung	2117	500
		(b) Uneinbringlichkeit	2120	501
		(c) Praktische Umsetzung	2123	502
		(d) Berichtigung nach § 17 Abs. 1 UStG aufgrund ausgekehrter Quote (sog. zweite Vorsteuerkorrektur)	2124	502
		(e) Berichtigung nach § 17 UStG bei Organschaft	2125	503
		(f) Berichtigung nach § 17 UStG im Fall der Anfechtung	2126	503

			Rdn.	Seite
	(2) Vorsteuerberichtigung bei Nichtausführung der Lieferung oder sonstigen Leistung (§ 17 Abs. 2 Nr. 2 UStG)		2131	504
	(a) Insolvenzschuldner als Leistungsempfänger		2131	504
	(b) Insolvenzschuldner als Leistungserbringer		2135	505
	(3) Vorsteuerberichtigung bei Lieferungen unter Eigentumsvorbehalt (§ 17 Abs. 2 Nr. 3 UStG)		2138	506
	(a) Ablehnung der Erfüllung		2140	507
	(b) Erfüllung		2143	507
	(c) Neuer Vertrag über Vorbehaltsware		2144	508
d)	Vorsteuerberichtigung nach § 15a UStG		2146	509
7. Umsatzsteueransprüche aus nicht vollständig erfüllten Verträgen			2171	512
a)	Insolvenz- und zivilrechtliche Grundlagen		2171	512
b)	Insolvenzschuldner als Leistungserbringer		2172	513
c)	Übersicht		2181	516
d)	Insolvenzschuldner als Leistungsbesteller		2182	516
8. Umsatzsteueransprüche bei der Verwertung sicherungsübereigneter Gegenstände			2201	517
a)	Allgemeines		2201	517
b)	Verwertung im eröffneten Insolvenzverfahren/Sicherungsgut im Besitz des Insolvenzverwalters		2202	517
	(1) Allgemeines		2202	517
	(2) Verwertung durch den Insolvenzverwalter (§ 166 Abs. 1 InsO)		2204	518
	(3) Verwertung durch den Sicherungsnehmer (§ 170 Abs. 2 InsO)		2221	520
	(4) Freigabe von Sicherungsgut an den Insolvenzschuldner		2228	523
c)	Verwertung im eröffneten Insolvenzverfahren/Sicherungsgut nicht im Besitz des Insolvenzverwalters		2236	524
d)	Verwertung während der Eigenverwaltung		2246	525
e)	Verwertung vor Insolvenzeröffnung		2247	525
	(1) Überblick		2247	525
	(2) Verwertung durch den vorläufigen Insolvenzverwalter		2248	526

		Rdn.	Seite
(a) Verwertung durch einen vorläufigen Insolvenzverwalter mit Verfügungsbefugnis		2249	526
(b) Verwertung durch einen besonders ermächtigten Insolvenzverwalter		2250	527
(3) Verwertung durch den Sicherungsnehmer		2251	527
(4) Verwertung durch den Sicherungsgeber im Auftrag/für Rechnung des Sicherungsnehmers (sog. Dreifachumsatz)		2255	528
(5) Verwertung durch den Sicherungsgeber ohne Zustimmung des Sicherungsnehmers		2257	529
9. Umsatzsteueransprüche bei der Immobiliarverwertung		2281	530
a) Freihändige Veräußerung		2281	531
(1) Allgemeines		2281	531
(2) Behandlung des Verwertungskostenbeitrages bei Grundstücksveräußerungen		2284	532
b) Zwangsversteigerung		2288	533
c) Zwangsverwaltung		2292	534
10. Verwertung von zur Sicherheit abgetretenen Forderungen		2321	536
11. Steuerhaftung nach § 13c UStG		2341	537
a) Allgemeines		2341	537
b) Haftungsvoraussetzungen		2345	538
c) Insolvenzspezifische Problemfelder		2349	538
d) Anwendungsbeispiel		2356	541
12. Haftung nach § 25d UStG		2381	542
E. Sonstige Steuern und Nebenforderungen		**2411**	**543**
1. Grunderwerbsteuer		2411	543
2. Grundsteuer		2441	547
3. Indirekte Verbrauchsteuern und Zölle		2472	551
4. Investitionszulage		2491	554
a) Insolvenz und Zulageschädlichkeit		2491	554
b) Insolvenzrechtliche Durchsetzung des Rückforderungsanspruchs		2495	556
5. Kirchensteuer		2521	558
6. Kraftfahrzeugsteuer		2531	559
7. Säumnis- und Verspätungszuschläge		2571	566
8. Vollstreckungskosten		2601	570
9. Zinsen		2611	571
10. Zwangs- und Ordnungsgelder, Geldbußen und -strafen		2631	572

				Rdn.	Seite
	11.	Hundesteuer		2651	572
	12.	Erbschaftsteuer		2691	576
F.	Aspekte aus Sicht des Insolvenzverwalters			2741	582
	1.	Einkünfte des Insolvenzverwalters		2741	582
		a) Einkommensteuer		2742	582
			(1) Einzelpraxis	2743	582
			(2) Vervielfältigungstheorie	2781	590
			(3) Kriterien bei der Überprüfung von Insolvenzverwaltern im Hinblick auf die Gewerbesteuer	2801	592
			(4) Aktuelle Rechtsprechung	2806	593
			(a) FG Rheinland-Pfalz, Urteil v. 21. 6. 2007 – 4 K 2063/05	2806	593
			(b) FG Köln, Urteil v. 28. 5. 2008 – 12 K 3735/05	2807	596
			(c) BFH, Beschluss v. 14. 7. 2008 – VIII B 179/07	2808	598
			(d) BFH, Beschluss v. 7. 4. 2009 – VIII B 191/07	2809	599
			(e) FG Hamburg, Urteil vom 27. 5. 2009 – 2 K 72/07	2810	599
			(5) Einkünfte des angestellten Insolvenzverwalters	2816	599
			(a) Ertragsteuern	2816	599
			(b) Umsatzsteuer	2818	600
		b) Berufsausübung in einer Personengesellschaft		2821	601
			(1) Allgemeines	2821	601
			(2) Gestaltungsempfehlung	2825	602
		c) Berufsausübung in einer Kapitalgesellschaft		2826	602
		d) Gewerbesteuer		2836	602
		e) Umsatzsteuer		2846	604
			(1) Lieferung und sonstige Leistung	2846	604
			(2) Ist- und Sollversteuerung	2847	604
			(3) Steuersatz	2849	605
	2.	Steuerberater und eigene Insolvenz		2881	608
		a) Widerruf der Berufszulassung		2881	609
		b) Grundrecht auf Berufsfreiheit		2887	611
	3.	Risiken des Beraters in der Krise des Mandanten		2921	614
		a) Erkennen von Krise und Insolvenz		2921	616
		b) Sanierungsberatung		2936	618
			(1) Reichweite des Mandats des Beraters in der Krise	2936	618
			(2) Ausnahmen für Steuerberater und Wirtschaftsprüfer gem. § 5 Abs. 1 RDG	2938	619

			Rdn.	Seite
	c)	Insolvenzberatung	2956	624
	d)	Honorarfragen	2961	624
		(1) Einführung	2961	624
		(2) Vorschuss	2964	625
		(3) Bestellung von Sicherheiten	2966	625
	e)	Erhaltung des Gebührenanspruchs	2981	627
	f)	Honoraranspruch nach Eröffnung des Insolvenzverfahrens	3021	633
		(1) Gebührenansprüche als Insolvenzforderungen	3022	633
		(2) Zurückbehaltungsrecht des Steuerberaters	3025	633
	g)	Ansprüche des Insolvenzverwalters	3046	637
	h)	Zivilrechtliche Haftung des Steuerberaters	3066	641
		(1) Haftung gegenüber dem Mandanten	3066	641
		(2) Haftung des Steuerberaters gegenüber Dritten	3070	643
		(3) Vertragliche Haftung	3083	646
	i)	Strafrechtliche Risiken	3091	647
		(1) Buchführungsdelikte	3096	649
		(2) Rechtsformspezifische Straftatbestände	3102	651
		(3) Rechtsformunabhängige Straftatbestände in der Krise	3122	656
		(4) Steuerstraftaten	3137	659
4.		Internationale Bezüge	3161	660
	a)	Ausgangslage	3161	660
	b)	Restschuldbefreiung	3164	661
	c)	Untergang deutscher Steuerschulden	3166	662
	d)	Haftungsfragen	3181	665
5.		Problemfeld Erteilung von Klartextkontoauszügen	3201	666

Stichwortverzeichnis 673

LITERATURVERZEICHNIS

A

Andres/Leithaus/Dahl, Kommentar zur Insolvenzordnung, 1. Auflage, München, 2006

Andres/Pape, Die Freigabe des Neuerwerbs als Mittel zur Bewältigung der Probleme einer selbständigen Tätigkeit des Schuldners, NZI 2005, 141 ff.

B

Baetge/Schulze, Möglichkeiten der Objektivierung der Lageberichterstattung über „Risiken der künftigen Entwicklung", DB 1998, 937 ff.

Bäuml/Gageur, Die Limited in der Insolvenz, GmbH-StB 2006, 362 ff.

Baumbach/Hueck, Kommentar zum GmbHG, 18. Auflage, München 2006

Bauschatz, Unternehmensverbindungen in der Insolvenz – Steuerrechtliche Risiken, in: Festschrift für Klaus Korn, S. 814 ff.

Benne, Einkommensteuerliche und steuerverfahrensrechtliche Probleme bei Insolvenzen im Zusammenhang mit Personengesellschaften, BB 2001, 1977 ff.

Beiner/Luppe, Insolvenzanfechtung bei Forderungserwerb aus Sicherungsglobalzession, NZI 2005, 15 ff.

Bittmann, Insolvenzstrafrecht, Berlin/New York, 2004

Böing/Schmittmann, Fragen rund um die Einzahlung des Stammkapitals, Insbüro 2005, 250 ff.

Boochs/Dauernheim, Steuerrecht in der Insolvenz, 3. Auflage, Neuwied 2007

Braun/Uhlenbruck, Unternehmensinsolvenz: Grundlagen, Gestaltungsmöglichkeiten, Sanierung mit der Insolvenzordnung, Düsseldorf 1997

Breutigam/Blersch/Goetsch, Insolvenzrecht, Loseblattwerk, Berlin

Bruschke, Ermittlung von Vollstreckungsmöglichkeiten – Liquiditätsprüfung als adäquates Mittel?, DStZ 2005, 371 ff.

Buhmann/Woldrich, Einordnung von Verspätungszuschlägen nach § 152 AO als nachrangige Insolvenzforderungen gem. § 39 Abs. 1 Nr. 3 AO, ZInsO 2004, 1238 ff.

Bunjes/Geist, Umsatzsteuergesetz – Kommentar, 8. Auflage, München, 2005

Busch/Hilbertz, Aufrechnung und Insolvenzordnung, NWB F. 2, 8751 ff.

dies., Anfechtung – Ein zweischneidiges Schwert für die Finanzverwaltung, NWB Fach2, 8665 ff.

Busch/Winkens, Insolvenzrecht und Steuern visuell, Stuttgart, 2007

Butz-Seidl, Gestaltungen bei Verlusten im Rahmen einer „Betriebsaufspaltung", GStB 2004, 393 ff.

C

Carlé, Einleitung des Insolvenzverfahrens durch die Finanzverwaltung, AO-StB 2002, 428 ff.

D

Deffland, Unternehmen in der Krise – Sanierung, Insolvenz und Abwicklung, StB 2005, 292 ff.

Deppe/Schmittmann, Körperschaftsteuerguthaben in der Insolvenz: Steuerliche und insolvenzrechtliche Aspekte, Insbüro 2008, 367 ff.

Dietz/Cratz/Rolletschke/Kemper, Steuerverfehlungen – Kommentar, 71. Ergänzungslieferung, Dezember 2002

Dißars, Durchsetzung des Gebührenanspruchs des Steuerberaters, NWB Fach 30, 1309

ders., Beurteilung der Fortführung der Unternehmenstätigkeit und Folgen einer Abkehr von der Going-Concern-Prämisse, INF 2005, 957 ff.

Durst, Gefahrenzone Insolvenzverschleppung: Straf,- zivil- und steuerrechtliche Hinweise, KÖSDI 2003, 13843 ff.

Durth, Auswirkungen des Insolvenzverfahrens auf das Rechtsbehelfsverfahren, AO-StB 2001, 202 ff.

Drasdo, Das Dilemma ist da – Streit um die Insolvenzfähigkeit der Wohnungseigentümergemeinschaft, NZI 2006, 209 f.

E

Erbs/Kohlhaas, Strafrechtliche Nebengesetze, München, 164. Ergänzungslieferung, November 2006

Ernst, Ersetzung der Zustimmung eines FA zum Schuldenbereinigungsplan durch das Insolvenzgericht, DStR 2001, 1035 ff.

F

Falterbaum/Bolk/Reiß, Buchführung und Bilanz, 19. Auflage, Achim 2003

Farr, Der Fiskus als Steuer- und Insolvenzgläubiger im Restschuldbefreiungsverfahren, BB 2003, 2324 ff.

ders., Die Besteuerung in der Insolvenz, München 2005

ders., Insolvenzbehaftete Zusammenveranlagung – Ein Hauen und Stechen?, BB 2006, 1302 ff.

Fichtelmann, Die pauschale Lohnsteuer im Konkurs des Arbeitgebers, DStZ 1993, 332 ff.

ders., Veranlagung von Ehegatten im Konkurs, BB 1984, 1293 ff.

ders., Insolvenz in der Betriebsaufspaltung, EStB 2004, 75 ff.

ders., Einkommensteuer und Insolvenz, EStB 2005, 255 ff.

ders., Sanierung einer GmbH zur Vermeidung des Antrags auf Insolvenzeröffnung, GStB 2006, 423 ff.

ders., Die Geltendmachung von Einkommensteuer-Vorauszahlungen im Insolvenzverfahren, INF 2006, 905 ff.

Fischer-Böhnlein/Körner, Rechnungslegung von Kapitalgesellschaften im Insolvenzverfahren, BB 2001, 191 ff.

Förschle/Weisang, Rechnungslegung im Insolvenzverfahren nach der Insolvenzordnung, in: Budde/Förschle, Sonderbilanzen, München 2002

Frege, Grundlagen und Grenzen der Sanierungsberatung, NZI 2006, 545 ff.

Friedrich/Flientrop, Sanierungsprüfung – Herausforderung für Unternehmensführung und Gutachter, DB 2003, 223 ff.

Fröhlich/Unger, Steuerfestsetzungen im Rahmen von Insolvenzverfahren, SWK 2005, 853 ff.

Förster/Wendland, Steuerliche Folgen von Gesellschaftsdarlehen in der Krise der GmbH, GmbHR 2006, 169 ff.

Frotscher, Besteuerung bei Insolvenz, 6. Aufl., Heidelberg 2005

ders., Zur Anfechtung von Lohn- und Umsatzsteuerzahlungen im Vorfeld der Insolvenzeröffnung, BB 2006, 351 ff.

Frystatzki, Die Aufteilung der Einkommensteuer in der Insolvenz, EStB 2004, 88 ff.

ders., Insolvenz der Personengesellschaft – Disharmonien zwischen Insolvenz- und Steuerrecht, EStB 2004, 215 ff.

ders., Freiberufler als Insolvenzverwalter: Einkünfte aus Gewerbebetrieb?, EStB 2005, 308 ff.

ders., Rangrücktrittserklärung zur Vermeidung der Überschuldung, EStB 2006, 109 ff.

Fuhrmann, Liquidation der GmbH im Zivil- und Steuerrecht, KÖSDI 2005, 14906 ff.

G

Giese, Die Prüfung des Risikomanagementsystems einer Unternehmung durch den Abschlussprüfer gemäß KonTraG, Wpg 1998, 451 ff.

Gilz/Kuth, Mindestbesteuerung – Situation im Insolvenzverfahren, DStR 2005, 184 ff.

Glanegger/Güroff, GewStG – Kommentar, 7. Auflage, München, 2009

Gorris/Schmittmann, Steuerrechtliche Fragestellungen im Zusammenhang mit der Zwangsverwaltung, IGZInfo 2005, 69 ff.

Gotzens/Heinsius, Die strafrechtliche Grauzone der steuerlichen Beratung, Stbg 2000, 209 ff.

Grögler/Urban, Die „Befreiung" einer Kapitalgesellschaft von lästig gewordenen Pensionsverpflichtungen, DStR 2006, 1389 ff.

Groh, Der qualifizierte Rangrücktritt in der Überschuldungs- und Steuerbilanz der Kapitalgesellschaft, DB 2006, 1287 ff.

Grüttner, Zur Anrechnung der Körperschaftsteuer bei Insolvenz der ausschüttenden Gesellschaft, BB 2000, 1220 ff.

Gundlach/Frenzel/Schmidt, Die Grenzen des abgabenrechtlichen Feststellungsbescheids in der Insolvenz, DStR 2002, 406 ff.

dies., Die Bedeutung des § 93 InsO für die Finanzbehörde, DStR 2002, 1095 ff.

dies., Die Aufrechnung gegen Steuerstattungsansprüche in der Insolvenz, DStR 2005, 1412 ff.

dies., Die Insolvenzfähigkeit der Wohnungseigentümergemeinschaft, DZWIR 2006, 149 ff.

Gundlach/Frenzel/Schirrmeister, Der Erlass eines Abgabenbescheides im Insolvenzverfahren, DStR 2004, 318 ff.

H

Haarmeyer/Maus, Der Steuerberater als Insolvenzverwalter, Stbg 2001, 283 ff.

Haarmeyer/Wutzke/Förster, Präsenzkommentar Insolvenzordnung, Münster, Online-Version, 2006 ff.

Hagen, Erlass von Steuerverwaltungsakten im Insolvenzverfahren (Teil I), StBp 2004, 217 ff.

ders., Erlass von Steuerverwaltungsakten im Insolvenzverfahren (Teil II), StBp 2004, 254 ff.

ders., Erlass von Steuerverwaltungsakten im Insolvenzverfahren (Teil III), StBp 2004, 281 ff.

ders., Bekanntgabe von Feststellungsbescheiden im Insolvenzverfahren, NWB Fach 2, 9063 ff.

Hallerbach, Rangrücktrittserklärungen zur Vermeidung der Überschuldung – Anmerkungen zum BMF-Schreiben v. 8. 9. 2006, NWB Fach 17, 2123 ff.

Hans/Engelen, Wegfall der Mantelkaufregelung durch das Unternehmensteuerreformgesetz, NWB Nr. 24 v. 11. 6. 2007, 1981 ff.

Hartmann/Heimann, Haftungsrisiken und Versicherungsschutz, Abschn. B. V.; in: Römermann, Steuerberater Handbuch Neue Beratungsfelder, Bonn, 2005

Haunhorst, Rückforderung von Investitionszulagen in der Unternehmerinsolvenz, DB 1999, 1424 ff.

dies., Die Haftung des Vertreters für Umsatzsteuerschulden der Gesellschaft, DStR 2003, 1908 ff.

dies., „Hätte, wäre und wenn" im Haftungsrecht – Die Berücksichtigung hypothetischer Geschehensabläufe bei der Vertreterhaftung nach § 69 AO am Beispiel der Fälle der Insolvenzanfechtung gem. §§ 130 ff. InsO, DStZ 2006, 369 ff.

Heerma, Passivierung bei Rangrücktritt: widersprüchliche Anforderungen an Überschuldungsbilanz und Steuerbilanz?, BB 2005, 537 ff.

Heerspink, Die Insolvenz des Mandanten – ausgewählte strafrechtliche Probleme, AO-StB 2004, 268 ff.

Heni, Rechnungslegung im Insolvenzverfahren – Zahlenfriedhöfe auf Kosten der Gläubiger, ZInsO 1999, 609 ff.

Herrmann/Heuer/Raupach, Einkommensteuer- und Körperschaftsteuergesetz – Kommentar, Köln, 237. Ergänzungslieferung.

Literatur

Hess/Boochs/Weis, Steuerrecht in der Insolvenz, Neuwied/Kriftel/Berlin 1996

Heubrich, Steuerpflichten des Verwalters bei Neuerwerb des Schuldners?, ZInsO 2004, 1292 ff.

Hirte/Mock, Wohin mit der Insolvenzantragspflicht?, ZIP 2005, 474 ff.

Himmelskamp/Schmittmann, Der faktische Geschäftsführer – Steuer- und insolvenzrechtliche Verantwortlichkeit, StuB 2006, 326 ff.

dies., Der faktische Geschäftsführer – Strafrechtliche Verantwortlichkeit, StuB 2006, 406 ff.

Hoffmann, Haftung des GmbH-Geschäftsführers für einbehaltene Sozialversicherungsbeiträge und Lohnsteuer, DB 1986, 467 ff.

Hölzle, Laufend steigende Steuerschulden als zwingendes Indiz für Kenntnis der Finanzverwaltung von der Zahlungsunfähigkeit des Schuldners trotz Teilleistung, EWiR 2003, 379 f.

ders., Besteuerung der Unternehmenssanierung – Die steuerlichen Folgen gängiger Sanierungsinstrumente, FR 2004, 1193 ff.

ders., Der qualifizierte Rangrücktritt als Sanierungsmittel- und Steuerfalle?, GmbHR 2005, 852 ff.

ders., Zahlungsunfähigkeit - Nachweis und Kenntnis im Anfechtungsprozess, ZIP 2006, 101 ff.

ders., Umsatzsteuerliche Organschaft und Insolvenz der Organgesellschaft, DStR 2006, 1210 ff.

ders., Unternehmensumwandlung in Krise, Sanierung und Insolvenz, FR 2006, 447 ff.

Holzer, Die Aufrechnung im neuen Insolvenzrecht, DStR 1998, 1268 ff.

Huber, Vorsatzanfechtung bei inkongruenter Deckung und Leistung zur Abwendung drohender Vollstreckung, ZInsO 2003, 1025 ff.

Huber, Anfechtungsrisiko und Gläubigertaktik in der Forderungsvollstreckung, ZInsO 2005, 628 ff.

Hübschmann/Hepp/Spitaler, Kommentar zur Abgabenordnung und Finanzgerichtsordnung, Loseblattwerk, Köln

J

Jaeger/Henckel/Gerhardt, Insolvenzordnung – Kommentar, 1. Auflage, Berlin, 2004

Janssen, Erlass von Steuern auf Sanierungsgewinne, DStR 2003, 1055 ff.

ders., Bilanzierung einer mit Rangrücktritt versehenen Verbindlichkeit in der Handels- und Steuerbilanz, BB 2005, 1895 ff.

ders., Steuererlass in Sanierungsfällen – faktisches Wiederaufleben des § 3 Nr. 66 EStG a. F.?!, BB 2005, 1026 ff.

Jarass/Pieroth, Grundgesetz – Kommentar, 10. Auflage, München, 2009

K

Kaiser, Die Behandlung von Spielerwerten in der Handelsbilanz und im Überschuldungstatus im Profifußball, DB 2004, 1109 ff.

Kanduth-Kristen, AbgÄG 2005: Steuerliche Änderungen betreffend das Insolvenzverfahren, taxlex 2005, 578 ff.

Kanduth-Kristen, Steuerliche Neuerungen für das Insolvenzverfahren, ZIK 2006, 44 ff.

Kehe/Meyer/Schmerbach, Anmeldung und Feststellung einer Forderung aus vorsätzlich begangener unerlaubter Handlung (Teil 1), ZInsO 2002, 615 ff.; (Teil 2), ZInsO 2002, 660 ff.

Keller, Insolvenzrecht, München, 2006

Kerssenbrock Graf, Eigenkapital ersetzende Darlehen in Handels-, Insolvenz- und Steuerrecht, ZSteu 2004, 342 ff.

Kirchhof/Söhn/Mellinghoff, Einkommensteuergesetz – Kommentar, München, 167. Ergänzungslieferung, 2006

Kleine-Cosack, Vom Rechtsberatungsmonopol zum freien Wettbewerb, NJW 2000, 1593 ff.

ders., Testamentsvollstreckung durch Steuerberater und Banken: Plädoyer gegen ein Anwaltsmonopol, BB 2000, 2109 ff.

Klenk/Kronthaler, Die Rechtsprechung des V. (Umsatzsteuer-)Senats des Bundesfinanzhofs, NZI 2006, 369 ff.

Knörzer, Neues im Insolvenzsteuerrecht, SWK 2005, 967 ff.

Knütel, Verteilungsgerechtigkeit, S. 3 ff.; in: Haarmeyer/Hirte/Kirchhof/Graf von Westphalen, Verschuldung – Haftung – Vollstreckung – Insolvenz, Festschrift für Gerhart Kreft, Herne, 2004

Kobialka/Schmittmann, Ende der Laufzeit der Abtretungserklärung vor Ablauf des Insolvenzverfahrens, ZInsO 2009, 653 ff.

Koller/Roth/Morck, HGB – Kommentar, 5. Aufl., München, 2005

Kromschröder/Lück, Grundsätze risikoorientierter Unternehmensüberwachung, DB 1998, 1573 ff.

Kronthaler, Besteuerung von Dreifachumsätzen, KSI 2006, 140 ff.

Kroschel/Wellisch, Die steuerliche Behandlung der Restschuldbefreiung nach den §§ 286 ff. der neuen Insolvenzordnung, DStR 1998, 1661 ff.

Kübler/Klasmeyer, Buchführungs-, Bilanzierungs- und Steuererklärungspflicht des Konkursverwalters sowie Sanktionen ihrer Verletzung, BB 1998, 369 ff.

Kübler/Prütting/Bork-Bearbeiter, Kommentar zur Insolvenzordnung, Stand: Juli 2009, Köln

Kunz/Mundt, Rechnungslegungspflichten in der Insolvenz (1), DStR 1997, 620 ff.

dies., Rechnungslegungspflichten in der Insolvenz (2), DStR 1997, 664 ff.

L

Lackner/Kühl, StGB – Kommentar, 25. Auflage, München, 2004

Lang, Gelöste und ungelöste Probleme des Rangrücktritts, DStZ 2006, 789 ff.

Leibner, Sanierungsmöglichkeiten einer GmbH und die steuerlichen Konsequenzen, DStZ 2002, 679 ff.

ders. Umsatzsteuerliche Fragen in der Insolvenz, UStB 2004, 133 ff.

Leibner/Pump, Die steuerlichen Pflichten des Liquidators einer GmbH, GmbHR 2003, 996 ff.

Leithaus, Taktik für Insolvenzverwalter in Anfechtungsprozessen, NZI 2005, 532 ff.

Lindwurm, Rechtsschutz des Vollstreckungsschuldners gegen Anträge des Finanzamts an das Amtsgericht, DStZ 2002, 135

Limmer, Unternehmensumstrukturierungen vor und in der Insolvenz unter Einsatz des Umwandlungsrechts, in: Kölner Schrift zur Insolvenzordnung, 2. Auflage

Littmann/Bitz/Pust, Das Einkommensteuerrecht, 74. Ergänzungslieferung, 2007

Loose, Die Rolle der Finanzverwaltung nach der Insolvenzordnung, StuW 1999, 20 ff.

ders., Geschäftsführerhaftung in der Insolvenz, AO-StB 2002, 246 ff.

ders., Haftung nach § 69 AO bei Anfechtung durch den Insolvenzverwalter, – Eine Darstellung aktueller Rechtsfragen, AO-StB 2006, 14

Lorenz, Die steuerlichen Rechte und Pflichten des Insolvenzverwalters, StWa 2003, 164 ff.

Lück, Der Umgang mit unternehmerischen Risiken durch ein Risikomanagementsystem und durch ein Überwachungssystem, DB 1998, 1925 ff.

Lüke, Haftungsrecht überdacht – Überlegungen zur Systematik der Insolvenzverwalterhaftung, ZIP 2005, 1113 ff.

M

Marx/Salentin, § 13c UStG n. F. – Eine Gefahr für Sicherungszessionen als Instrument zur Beschaffung von (Waren-)Krediten und als Sicherheit für Lieferanten?, NZI 2005, 258 ff.

Maus, Steuern im Insolvenzverfahren, Herne, 2004

ders., Steuern bei Neuerwerb im Insolvenzverfahren oder: Der ungeliebte Neuerwerb, ZIP 2004, 389 ff.

ders., Aufrechnung des Finanzamtes mit Insolvenzforderungen gegen den Vorsteuervergütungsanspruch der Masse aus der Rechnung des vorläufigen Insolvenzverwalters, ZInsO 2005, 583 ff.

Memento, Unternehmen in Krise und Insolvenz, Freiburg, 2006

Menke, Der Erwerb eines Unternehmens aus der Insolvenz, BB 2003, 1133 ff.

Meyer/Verfürth, Einkommensteuer- und insolvenzrechtliche Behandlung von Aufgabegewinnen in der Insolvenz des Personengesellschafters, BB 2007, 862 ff.

Mitsch, Neuere Entwicklungen bei Rangrücktrittsvereinbarungen, Teilwertabschreibungen eigenkapitalersetzender Darlehen und Abschreibungen unverzinslicher Forderungen, INF 2006, 389 ff.

Möhlmann, Der Nachweis eingetretener und drohender Zahlungsunfähigkeit im neuen Insolvenzverfahren – Anforderungen und Aufgabe für Steuerberater und Wirtschaftsprüfer, WPg 1998, 949 ff.

ders., Der Nachweis der Verfahrenseinstellung im neuen Insolvenzrecht, KTS 1998, 373 ff.

ders., Die Ausgestaltung der Masse- und Gläubigerverzeichnisse sowie der Vermögensübersicht nach neuem Insolvenzrecht, DStR 1999, 163 ff.

Mösbauer, Die Haftung des Insolvenzverwalters im Steuerrecht, DStZ 2000, 443 ff.

Mohr, Haftungsrisiken des Kommanditisten in der GmbH & Co. KG, GmbH-StB 2006, 108 ff.

Müller, Die steuerliche Haftung des GmbH-Geschäftsführers, GmbHR 2003, 389 ff.

Müller-Gugenberger/Bieneck, Wirtschaftsstrafrecht, 4. Auflage, Köln, 2006

Münchener Kommentar zur Insolvenzordnung, herausgegeben von **Kirchhof/Lwowski/ Stürner,** Band 1: §§ 1 – 102 InsO und InsVV, 2. Auflage, München, 2007; Band 2: §§ 103 – 269 InsO, 2. Auflage, München, 2008; Band 3: §§ 270 – 359 InsO, InternInsolvenzR und InsolvenzSteuerR, 2. Auflage, 2008

N

Nacke, Haftung des Geschäftsführers im Fall der Anfechtung durch den Insolvenzverwalter, GStB 2006, 181 ff.

ders. Auswirkung der insolvenzrechtlichen Anfechtungsmöglichkeiten auf die steuerrechtliche Haftung, DB 2006, 1182 ff.

Nerlich/Römermann, Insolvenzordnung, Kommentar, 27. Ergänzungslieferung, München, November 2006

Niermann, Jahressteuergesetz 2007: Lohnsteuerfreie Absicherung von Direktzusagen durch Contractual Trust Agreements, DB 2006, 2595 ff.

Nöcker, Kapitalrücklage bei drohender Überschuldung, steuer-journal.de 2005, 31 ff.

Nolte, Ertragsteuerliche Behandlung von Sanierungsgewinnen, NWB Fach 3, 13735 ff.

O

Obermair, Der Neuerwerb – Eine unendliche Geschichte, DStR 2005, 1561 ff.

ders., Insolvenz als Erlassgrund?, StB 2005, 212 ff.

Onusseit, Umsatzsteuer im Konkurs, Köln, Berlin, Bonn, München, 1988

ders., Die Freigabe aus dem Insolvenzbeschlag, ZIP 2002, 1344 ff.

ders., Wehret den Anfängen, ZInsO 2006, 516 ff.

ders., Verwertung von Sicherungsgut als umsatzsteuerpflichtige Leistung des Insolvenzverwalters an den Sicherungsnehmer?, ZInsO 2005, 815 ff.

ders. Zwangsverwaltung und Umsatzsteuer, ZfIR 2005, 265 ff.

ders., Praktikabilität gegen Gesetzeskonformität, ZInsO 2004, 1182 ff.

Onusseit/Kunz, Steuern in der Insolvenz, 2. Aufl., Köln 1997

Ortmann-Babel/Bolik, Praxisprobleme des SEStEG bei der Auszahlung des Körperschaftsteuerguthabens nach § 37 KStG n. F., BB 2007, 73 ff.

Literatur VERZEICHNIS

P

Pape, Einführung in das neue Insolvenzrecht, NWB Fach 19, 2121 ff.

ders., Entwicklung der Rechtsprechung zum Verbraucherinsolvenz- und Restschuldbefreiungsverfahren in den Jahren 2007 bis Mitte 2009 – Teil I, ZInsO 2009, 1369 ff.; Teil II, ZInsO 2009.

Peter, Die Forderung aus einer vorsätzlich begangenen unerlaubten Handlung in der Einzelzwangsvollstreckung und in der Insolvenz, KTS 2006, 127 ff.

Pflüger, Neues zur Beendigung einer KG durch Insolvenz, Gestaltende Steuerberatung 2/2007, 43 ff.

Pump/Kapischke, Die Anfechtung von Steuerzahlungen durch den Insolvenzverwalter – Voraussetzungen und Auswirkungen auf die Haftung im Steuerrecht, StBp 2005, 313 ff.

Pump/Fittkau, Der Zwangsverwalter und seine umsatzsteuerlichen Pflichten, DStZ 2005, 821 ff.

Pyszka, Forderungsverzicht des Gesellschafters gegenüber seiner Personengesellschaft, BB 1998, 1557 ff.

R

Rau/Dürrwächter, Kommentar zum Umsatzsteuergesetz, Loseblattwerk, 8. Aufl. – 125 Lieferung, München 2006

Reiß/Kraeusel/Langer, Umsatzsteuergesetz, Bonn, 1994 ff.

Ries, § 35 InsO und die „aufoktroyierte Neumasse", über die der Verwalter tatsächlich gar nicht verfügt, ZInsO 2005, 298 ff.

ders. § 13b Abs. 1 Nr. 2 UStG – Lieferung sicherungsübereigneter Gegenstände an den Sicherungsnehmer außerhalb des Insolvenzverfahrens, ZInsO 2005, 230 ff.

Rinjes, Restschuldbefreiung und Forderungen aus vorsätzlich unerlaubten Handlungen nach dem InsOÄndG; DZWIR 2002, 415 ff.

Rondorf, Umsatzsteuer in der Unternehmerinsolvenz, NWB Fach 7, 5391 ff.

ders., Auswirkungen der Insolvenz auf die umsatzsteuerliche Organschaft, INF 2003, 463 ff.

ders., Umsatzsteuer in der Unternehmerinsolvenz, NWB Fach 7, 5391 ff.

ders., Möglichkeiten zur Berichtigung der Umsatzsteuerschuld und Vorsteuerberichtigung bei der Uneinbringlichkeit von Forderungen, INF 2006, 228 ff.

Roth/Altmeppen, GmbHG – Kommentar, 6. Auflage, München, 2009

Roth/Germer, Umsatzsteuerliche Organschaft – Wegfall schon bei Eintritt der Krise der Organgesellschaft?, NWB Fach 7, 6539 ff.

S

Sämisch/Adam, Gläubigerschutz in der Insolvenz von abhängigen Konzerngesellschaften, ZInsO 2007, 520 ff.

Sauer, Lohnsteuerzahlungen als insolvenzrechtlich anfechtbare Rechtshandlungen?, ZInsO 2006, 1200 ff.

Schindler/Rabenhorst, Auswirkungen des KonTraG auf die Abschlussprüfung (Teil I), BB 1998, 1886 ff.; (Teil II), BB 1998, 1939 ff.

Schlagheck, Ertragsteuerliche Organschaft und Verlustnutzung, StuB 2004, 401 ff.

Schlichte, Kapitalerhaltung in der Ltd. Co. KG, DB 2006, 1357 ff.

Schlie, Die Steuerhinterziehung als Fallstrick der Restschuldbefreiung?, ZInsO 2006, 1126 ff.

Schmidt, EStG – Kommentar, 28. Auflage, München, 2009

Schmidt (Herausgeber), Hamburger Kommentar zum Insolvenzrecht, 3. Auflage, Münster, 2009

Schmidt, Rangrücktritt bei Gesellschafterdarlehen: Problem gebannt?, DB 2006, 2503 ff.

Schmidt/Habeböke, Der Verlust von eigenkapitalersetzenden Darlehen und § 8b Abs. 3 KStG, DStR 2002, 1202 ff.

Schmittmann, Steuererstattungsansprüche im Restschuldbefreiungsverfahren, NWB Fach 19, 2845 ff.

ders., Einführung in die EuInsVO, InsBüro 2004, 287 ff.

ders., Steuererstattungsansprüche in der Organschaft, StuB 2004, 431

ders., Sicherungsmaßnahmen und Verwertungsansätze für Patente, Marken und Domains, InsBüro 2004, 178 ff.

ders., Steuerliche und strafrechtliche Risiken beim Einsatz von Servicegesellschaften, StuB 2005, 302 ff.

ders., Insolvenz- und Krisenmanagement im Mittelstand, in: **Schauf,** Unternehmensführung im Mittelstand: Rollenwandel kleiner und mittlerer Unternehmen in der Globalisierung, München/Mering, 2006, S. 245 ff.

ders., Aktuell beraten – Umsatzsteuerberichtigung gem. § 17 UStG, StuB 2006, 855 f.

ders., Besonderheiten bei der Insolvenzantragstellung durch das Finanzamt, InsBüro 2006, 341 ff.

ders., Tu felix Austria: Sanierungsbesteuerung in Deutschland und Österreich, ZInsO 2006, 1187 ff.

ders., Umsatzsteuerliche Probleme bei Immobilienverkäufen in der Insolvenz, ZInsO 2006, 1299 ff.

ders., Gefahren für die Organschaft in der Insolvenz, ZSteu 2007, 191 ff.

ders., In- und ausländische Restschuldbefreiung und Untergang deutscher Abgabenschulden?, VR 2008, 36 ff.

ders., EHUG und Offenlegung in der Insolvenz, StuB 2008, 289 ff.

ders., Betriebsaufspaltung, Organschaft und Zwangsverwaltung, IGZInfo 2008, 103 ff.

ders., Nochmals: Organschaft und Einkünfte des Insolvenzverwalters in der Rechtsprechung, StuB 2009, 71 f.

ders., Aktuelle umsatzsteuerliche Probleme in der Zwangsverwaltung, IGZInfo 2009, 62 ff.

Schmittmann/Gregor, Aktuelle Entwicklungen zu Firmenbestattungen, InsBüro 2006, 410 ff.

Schmittmann/Kupka, Auskunftsansprüche des Insolvenzverwalters gegen potenzielle Anfechtungsgegner unter besonderer Berücksichtigung von Auskunftsansprüchen nach dem Informationsfreiheitsgesetz gegen Sozialversicherungsträger, Insbüro 2009, 83 ff.

Schmittmann/Röcken, Restschuldbefreiung für nach § 235 AO festgesetzte Hinterziehungszinsen, InsBüro 2005, 51 ff.

Schmittmann/Theurich/Brune, Das insolvenzrechtliche Mandat, 3. Auflage, Bonn, 2009

Schneider-Hörmann, Die Änderungswünsche der Finanzverwaltung zum Insolvenzanfechtungsrecht – oder: die Wiedereinführung des „Windhund"-Prinzips. ZInsO 2005, 133 ff.

Schneider-Scheumann, Auswirkungen der Insolvenz einer Personengesellschaft auf die Erhebung der Erbschaftsteuer, DB 2005, 468 ff.

Scholz, Verbraucherkonkurs und Restschuldbefreiung nach der neuen Insolvenzordnung, DB 1996, 765 ff.

Schuhmann, Umsatzsteuerhaftung des GmbH-Geschäftsführers, GmbHR 2006, 529 ff.

Schumm, Die Krise der Aktiengesellschaft und das Insolvenzverfahren über ihr Vermögen, StuB 2004, 617 ff.

Schulz/Gleissner, Die steuerlichen Pflichten des Treuhänders im Verbraucherinsolvenz- und Restschuldbefreiungsverfahren, InsO 2000, 365 ff.

Schwamberger, Sanierung von KMU durch Umwandlungen, KSI 2005, 13 ff.

ders., Pflichten des steuerlichen Beraters bei Erkennung der Insolvenzreife des Mandanten, KSI 2006, 8 ff.

Schwarz, Abgabenordnung, Loseblattwerk, Freiburg

Schwedhelm, Strafrechtliche Risiken steuerlicher Beratung, DStR 2006, 1017 ff.

Siebert, Vollstreckung durch die deutsche Finanzverwaltung bei ausländischen Insolvenzen?, IStR 2006, 416 f.

ders., Verwertung sicherungsübereigneter beweglicher Gegenstände mit Auslandsbezug aus steuerlicher Sicht, IStR 2005, 195 ff.

ders., Verwertung sicherungsübereigneter beweglicher Gegenstände mit Auslandsbezug aus steuerlicher Sicht, IStR 2005, 195 ff.

ders., Die Haftung gem. § 13c UStG bei Hinterlegung, UStB 2006, 333 ff.

ders., Vereinbarte Beteiligung am Verwertungsbeitrag steuerbar, UStB 2006, 49 ff.

Singer, Insolvenz und Neumasseerwerb eines Selbständigen, StuB 2005, 143 ff.

Smid, Insolvenzordnung, Kommentar, 2. Aufl., Stuttgart/Berlin/Köln 2001

Smid/Rattunde, Der Insolvenzplan, Köln 1998

Spriegel/Jokisch, Die steuerrechtliche Haftung des GmbH-Geschäftsführers und der Grundsatz der anteiligen Tilgung, DStR 1990, 433 ff.

Stahlschmidt/Laws, Die Auswirkungen insolvenzrechtlicher Anfechtungsmöglichkeiten auf die Haftung des Geschäftsführers für Steuerschulden der insolventen GmbH; GmbHR 2006, 410 ff.

Strahl, Gemeinnützigkeit in der Insolvenz, BeSt (EFG) 4/2006, 31 ff.

Strnad, Verlust des Erblassers beim Erben für das Jahr des Erbfalls zu berücksichtigen, FR 2001, 1053 ff.

Strüber/v. Donat, Die ertragsteuerliche Freistellung von Sanierungsgewinnen durch das BMF-Schreiben vom 27. 3. 2003, BB 2003, 2036 ff.

Suchanek/Hagedorn, Steuerpraxisfragen der GmbH & atypisch Still, FR 2004, 1149 ff.

dies., Passivierung von Rangrücktrittsverbindlichkeiten, FR 2004, 451 ff.

Sundermeier/Gruber, Die Haftung des Steuerberaters in der wirtschaftlichen Krise des Mandanten, DStR 2000, 929 ff.

T

Tetzlaff, Probleme bei der Verwertung von Grundpfandrechten und Grundstücken im Insolvenzverfahren, ZInsO 2004, 521 ff.

Tipke/Kruse, Kommentar zur Abgabenordnung und Finanzgerichtsordnung, 119. Ergänzungslieferung, Köln, Juni 2009

Trossen, Vorläufiger Rechtsschutz gegen Insolvenzanträge der Finanzbehörden, DStZ 2001, 877 ff.

Trutnau, Krisenfrüherkennung, Kapitel 1, Rdnr. 2, 12. Ergänzungslieferung, Dezember 2001, in: **Kraemer**, Handbuch zur Insolvenz, 26. Ergänzungslieferung 2005

U

Uhlenbruck, Insolvenzordnung – Kommentar, 12. Auflage, München, 2003

ders. Wiedereinführung der Vorrechte durch die Hintertür?, ZInsO 2005, 505 ff.

Uhländer, Aktuelle Zweifelsfragen zum Steuerverfahren in der Insolvenz, AO-StB 2002, 83 ff.

ders., Steuerliche Mitwirkungspflichten des Insolvenzverwalters – „Lohnt" sich die Abgabe von ausstehenden Steuererklärungen?, AO-StB 2003, 279 ff.

ders., Aktuelle Zweifelsfragen zum Steuerverfahren in der Insolvenz, AO-StB 2004, 296 ff.

ders., Eigenkapitalersetzende Darlehen im Steuer- und Gesellschaftsrecht – ein systematischer Überblick, BB 2005, 70 ff.

ders., Erlass der Einkommensteuer auf den Sanierungsgewinn – Anmerkung zum Urteil des FG Münster v. 27. 5. 2004, ZInsO 2005, 76 ff.

ders., Finanzamt 2010 – Service- oder Vollzugscenter, AO-StB 2005, 234 ff.

ders., Aktuelle Besteuerungsfragen in der Insolvenz, ZInsO 2005, 1192 ff.

ders., Reform der Insolvenzordnung für den Fiskus – ein neuer Versuch, AO-StB 2006, 286 ff.

V

Valentin, Konkursverwalterhaftung wegen Umsatzsteueroption?, DStR 1997, 1794 ff.

Vallender, Die vereinfachte Verteilung im Verbraucherinsolvenzverfahren, NZI 1999, 385 ff.

ders., Unternehmenskauf in der Insolvenz (I), GmbHR 2004, 543 ff.

ders., Unternehmenskauf in der Insolvenz (II), GmbHR 2004, 642 ff.

ders., Aufgaben und Befugnisse des deutschen Insolvenzrichters in Verfahren nach der EuInsVO, KTS 2005, 283 ff.

Veit, Der Verlustanzeigestatus – Zuständigkeit, Zeitpunkt, Aufbau und Publizität, StuB 2006, 917 ff.

Veser, Nichteinbehalten, -anmelden und -abführen von Lohnsteuer als vorsätzlich begangene, unerlaubte Handlung i. S. d. § 302 Nr. 1 InsO, ZInsO 2005, 1316 ff.

Viertelhauser, Die Haftung nach § 13c UStG, InVo 2006, 85 ff.

W

Wälzholz, Vertragsgestaltung bei Rangrücktritt und Forderungsverzicht, GmbH-StB 2006, 76 ff.

Walter/Stümper, Überraschende Gefahren nach Beendigung der Organschaft, GmbHR 2006, 68 ff.

Waza, Steuerverfahrensrechtliche Problemfelder in der Insolvenz, NWB Fach 2, 8237 ff.

ders., Besteuerung des Neuerwerbs in der Insolvenz – Bestandsaufnahme nach dem BFH-Urteil v. 7. 4. 2005 – V R 5/04, NWB Fach 2, 8837 ff.

Weerth de, Umsatzsteuer bei der Verwertung sicherungsübereigneter Gegenstände, UR 2003, 161 ff.

ders., Die Bemessungsgrundlage für Kostenpauschalen nach § 171 InsO – Entgelt oder Preis?, ZInsO 2007, 70 ff.

Wenzel, Zwangsvollstreckung in der Insolvenz – Umsatzsteuererhebung während des Insolvenzverfahrens, NWB Fach 7, 6763 ff.

Werdan/Ott/Rauch, Das Steuerberatungsmandat in der Krise, Sanierung und Insolvenz, Stuttgart, 2006

Werth, Die Aufrechnung von steuerlichen Erstattungsansprüchen im Insolvenzverfahren, AO-StB 2007, 70 ff.

Weßling/Romswinkel, Die Option nach § 9 UStG im Spannungsfeld zwischen Insolvenz und Gestaltungsmissbrauch, DStR 2003, 1428 ff.

Westrick, Die Anlagen zum Insolvenzplan, DStR 1998, 1879 ff.

Weyand, Verletzung der Bilanzierungspflicht in der Insolvenz, StuB 2003, 955 ff.

ders., Nachweis der Zahlungsunfähigkeit für Unternehmen, StuB 2004, 334 f.

Weyand/Diversy, Insolvenzdelikte: Unternehmenszusammenbruch und Strafrecht, 7. Auflage, Berlin, 2006

Wessing, Strafbarkeitsgefährdungen für Berater, NJW 2003, 2265 ff.

Widmann, Insolvenz und Umsatzsteuer, Stbg 1998, 537 ff.

Wienberg/Voigt, Aufwendungen für Steuerberatungskosten bei masseunzulänglichen Insolvenzverfahren als Auslagen des Verwalters gemäß § 54 Nr. 2 InsO, ZIP 1999, 1662 ff.

Wiester, Die GmbH in der Unternehmenskrise, München 2007

Wirtschaftsprüferhandbuch 2006, Bd. I, 13. Auflage, Düsseldorf, 2006

Wust, Die Auswirkungen der Insolvenzordnung auf die Bilanzierung von Forderungen, StWa 2003, 253 ff.

Z

Zeeck, Die Umsatzsteuer in der Insolvenz, KTS 2006, 407 ff.

Zeuner, § 14c UStG im Insolvenzverfahren, UR 2006, 153 ff,

ABKÜRZUNGEN

A

a. A.	anderer Ansicht
abl.	ablehnend
Abs.	Absatz
Abschn.	Abschnitt
a. E.	am Ende
AfG	Arbeitsförderungsgesetz
AktG	Aktiengesellschaft/Aktiengesetz
Alt.	Alternative
AN	Arbeitnehmer
AnfG	Gesetz betreffend die Anfechtung von Rechtshandlungen eines Schuldners außerhalb des Konkursverfahrens
Anm.	Anmerkung
AO	Abgabenordnung
AO-StB	Der AO-Steuerberater (Zs.)

B

BAG	Bundesarbeitsgericht
BB	Betriebs-Berater (Zs.)
Bd.	Band
BeitrG-EG	Beitreibungsgesetz-EG
BewG	Bewertungsgesetz
BFH	Bundesfinanzhof
BFH/NV	Sammlung amtlich nicht veröffentlichter Entscheidungen des Bundesfinanzhofs
BFHE	Sammlung der Entscheidungen des BFH
BGB	Bürgerliches Gesetzbuch
BGBl	Bundesgesetzblatt
BGH	Bundesgerichtshof
BMF	Bundesministerium der Finanzen
BR-Drucks.	Bundesrats-Drucksache
BSG	Bundessozialgericht
BStBl	Bundessteuerblatt
BT-Drucks.	Bundestags-Drucksache
Buchst.	Buchstabe
BVerfG	Bundesverfassungsgericht
BVerwG	Bundesverwaltungsgericht
bzw.	beziehungsweise

D

DB	Der Betrieb (Zs.)
ders.	derselbe
d. h.	das heißt
DGVZ	Deutsche Gerichtsvollzieherzeitung (Zs.)
dies.	dieselbe(n)
DÖV	Die öffentliche Verwaltung (Zs.)
DStR	Deutsches Steuerrecht (Zs.)
DStZ	Deutsche Steuerzeitung (Zs.)
DVBl	Deutsches Verwaltungsblatt (Zs.)
DZWIR	Deutsche Zeitschrift für Wirtschafts- und Insolvenzrecht (Zs.)

E

EFG	Entscheidungen der Finanzgerichte (Zs.)
EStB	Der Ertrag-Steuer-Berater (Zs.)
EStG	Einkommensteuergesetz
ESVGH	Entscheidungssammlung des Hessischen und des Württemberg-Badischen Verwaltungsgerichtshofes
EuGH	Europäischer Gerichtshof
EWiR	Entscheidungen zum Wirtschaftsrecht

F

F.	Fach
f.	folgend
ff.	folgende
FG	Finanzgericht
FGO	Finanzgerichtsordnung
FinVerw	Finanzverwaltung
FLF	Finanzierung, Leasing, Factoring (Zs.)
Fn.	Fußnote
FR	Finanz-Rundschau (Zs.)
FS	Festschrift

G

gem.	gemäß
GenG	Genossenschaftsgesetz
GesO	Gesamtvollstreckungsordnung
GewStDV	Gewerbesteuer-Durchführungsverordnung
GewStG	Gewerbesteuergesetz
ggf.	gegebenenfalls
GmbH	Gesellschaft mit beschränkter Haftung
GmbHG	GmbH-Gesetz
GmbHR	GmbH-Rundschau (Zs.)
GoB	Grundsätze ordnungsmäßiger Buchführung
grds.	grundsätzlich

GrEStG	Grunderwerbsteuergesetz
GrS	Großer Senat
GrStG	Grundsteuergesetz
GUG	Gesamtvollstreckungs-Unterbrechungsgesetz
GuV	Gewinn und Verlust

H

HFR	Höchstrichterliche Finanzrechtsprechung (Zs.)
HGB	Handelsgesetzbuch
h. M.	herrschende Meinung

I

i. d. F.	in der Fassung
i. d. R.	in der Regel
i. d. S.	in diesem Sinne
i. H. v.	in Höhe von
INF	Die Information (Zs.)
InVo	Insolvenz und Vollstreckung (Zs.)
InsO	Insolvenzordnung
InsVV	Insolvenzrechtliche Verfügungsverordnung
i. S. d.	im Sinne des
i. S. v.	im Sinne von
i. V. m.	in Verbindung mit
InsBüro	Zeitschrift für das Insolvenzbüro (Zs.)

K

KAG	Kommunalabgabengesetz oder Kapitalanlagegesellschaften
KfzStG	Kraftfahrzeugsteuergesetz
KG	Kommanditgesellschaft
KO	Konkursordnung
KStG	Körperschaftsteuergesetz
KStZ	Kommunale Steuerzeitung (Zs.)
KTS	Konkurs-, Treuhand- und Schiedsgerichtswesen (Zs.)
KVStG	Kapitalverkehrsteuergesetz

M

Mio.	Million
MoMiG	Gesetz zur Modernisierung des GmbH-Rechts und zur Bekämpfung von Missbräuchen
MDR	Monatsschrift für deutsches Recht (Zs.)
m. w. N.	mit weiteren Nachweisen

N

NJW	Neue Juristische Wochenschrift (Zs.)
NJW-RR	NJW-Rechtsprechungsreport
nrkr.	nicht rechtskräftig
Nr.	Nummer
n.v.	nicht veröffentlicht
NWB	Neue Wirtschafts-Briefe (Zs.)

O

o. a.	oben angegeben
OFD	Oberfinanzdirektion
o. g.	oben genannt
OHG	Offene Handelsgesellschaft
OLG	Oberlandesgericht
OVG	Oberverwaltungsgericht

P

PV	Privatvermögen

R

R	Richtlinie
Rdnr.	Randnummer
Rpfleger	Der Deutsche Rechtspfleger (Zs.)
RFH	Reichsfinanzhof
RFHE	Sammlung der Entscheidungen des RFH
RG	Reichsgericht
RGZ	Amtliche Sammlung der Entscheidungen des Reichsgerichts in Zivilsachen
RIW	Recht der internationalen Wirtschaft
rkr.	rechtskräftig
Rn.	Randnummer
Rspr.	Rechtsprechung
RStBl	Reichssteuerblatt

S

S.	Seite
s.	siehe
sog.	so genannte(r, n)
Sp.	Spalte
SpielbankG	Spielbankgesetz
Stbg	Die Steuerberatung (Zs.)
StBp	Die steuerliche Betriebsprüfung (Zs.)
SteuStud	Steuer und Studium (Zs.)
st. Rspr.	ständige Rechtsprechung

Abkürzungen

StuW	Steuer und Wirtschaft (Zs.)	
StWa	Steuerwarte (Zs.)	

T

Tz.	Textziffer	

U

u. a.	unter anderem
u. E.	unseres Erachtens
UR	Umsatzsteuer-Rundschau (Zs.)
USt	Umsatzsteuer
UStG	Umsatzsteuergesetz
UStR	Umsatzsteuer-Richtlinien
UVR	Umsatzsteuer- und Verkehrsteuer-Recht (Zs.)

V

v.	vom
VerglO	Vergleichsordnung
VGH	Verwaltungsgerichtshof
vgl.	vergleiche
VJSchrStFR	Vierteljahresschrift für Steuer- und Finanzrecht (Zs.)
VollStrA	Vollstreckungsanweisung
VStG	Vermögensteuergesetz
VwGO	Verwaltungsgerichtsordnung
VZ	Veranlagungszeitraum

W

WM	Wertpapiermitteilungen (Zs.)
WPg	Die Wirtschaftsprüfung (Zs.)

Z

z. B.	zum Beispiel
ZInsO	Zeitschrift für das gesamte Insolvenzrecht (Zs.)
ZIP	Zeitschrift für Wirtschaftsrecht (Zs.)
ZKF	Zeitschrift für Kommunalfinanzen (Zs.)
ZPO	Zivilprozessordnung
Zs.	Zeitschrift
z. T.	zum Teil
zz.	zurzeit
Zsteu	Zeitschrift für Steuern & Recht (Zs.)

I. Allgemeiner Teil
A. Überblick über das Regelinsolvenzverfahren
1. Insolvenzordnung

Literatur: *Ganter*, Die Rechtsprechung des BGH zum Insolvenzrecht im Jahr 2008, NZI 2009, 265 ff.; *Haarmeyer/Beck/Frind*, Die Ordnungsfunktion des Insolvenzrechtes im Lichte der Statistik insolvenzgerichtlicher Eröffnungsquoten, ZInsO 2008, 1178 ff.; *Hirte*, Die Entwicklung des Insolvenz-Gesellschaftsrechts in Deutschland im Jahre 2007, ZInsO 2008, 577 ff.; *Pape*, Entwicklung der Rechtsprechung zur Eröffnung des Insolvenzverfahrens im Jahre 2007/2008, Teil I, ZInsO 2008, 985 ff.; Teil II, ZInsO 2008, 1041 ff.; *Schmidt*, Die Ordnungsfunktion des Insolvenzverfahrens und Auswahl des Insolvenzverwalters – eine überfällige Verknüpfung, ZInsO 2008, 291 ff.

a) Anwendbarkeit

Die **Insolvenzordnung** trat am 1.1.1999 in Kraft. Zuvor galt in den alten Bundesländern die **Konkursordnung** vom 10.2.1877 und die Vergleichsordnung vom 26.2.1935. In den neuen Bundesländern galt seit der Wiederherstellung der staatlichen Einheit Deutschlands die Gesamtvollstreckungsordnung vom 23.5.1991. Auf Konkurs-, Vergleichs- und Gesamtvollstreckungsverfahren, die vor dem 1.1.1999 beantragt worden sind, und deren Wirkungen sind weiter gem. Art. 103 EGInsO die bisherigen gesetzlichen Vorschriften anzuwenden.   1

Der Grund für die Reform des Insolvenzrechts lag keineswegs darin, dass die bisherigen Regelungen als unbrauchbar empfunden worden sind, sondern vielmehr darin, dass die Lebensverhältnisse sich seit 1877 derart geändert hatten, dass sie mit den Regelungen der „Perle der Reichsjustizgesetze",[1] der Konkursordnung, nicht mehr bewältigt werden konnten.[2]   2

Die Zahl der Unternehmensinsolvenzen ist nach den Erhebungen des Statistischen Bundesamtes[3] in den Jahren 2003 bis 2007 kontinuierlich zurückgegangen; erst im Jahre 2008 zeigte sich eine minimale Steigerung.[4] Im Jahre 2008 ergab sich trotz einer nach wie vor hohen Anzahl an Verbraucherinsolvenzver-   3

---

[1] Vgl. auch Pape, ZInsO 2005, 842 ff.
[2] Vgl. Jaeger/Henckel, Insolvenzordnung, Einleitung Rdnr. 5.
[3] Gemäß § 39 EGGVG werden monatliche Erhebungen zu Insolvenzen als Bundesstatistik geführt; das Nähere regelt das Insolvenzstatistikgesetz (Zweites Gesetz zur Änderung des Einführungsgesetzes zum Gerichtsverfassungsgesetz vom 15.12.1999, BGBl I 1999, 2398).
[4] Vgl. kritisch zur Aussagekraft von Statistiken im Insolvenzbereich: Keller, Insolvenzrecht, Rn 22, und zu den Eröffnungsquoten: Haarmeyer/Beck/Frind, ZInsO 2008, 1178 ff.

I. Allgemeiner Teil

fahren eine deutlich geringere Anzahl von eröffneten Insolvenzverfahren insgesamt, was sich wie folgt darstellt:[1]

TAB.	eröffnete Insolvenzverfahren	mangels Masse abgelehnte Insolvenzverfahren	eröffnete Vergleichsverfahren/ Schuldenbereinigungsplan angenommen	Insolvenzen	
				insgesamt	darunter: Unternehmensinsolvenzen
2008	140.979	12.107	2.116	155.202	29.291
2007	149.489	13.206	1.902	164.597	29.160
2006	143.781	15.607	2.042	161.430	34.137
2005	115.470	19.279	1.805	136.554	36.843
2004	95.035	21.450	1.789	118.274	39.213
2003	77.237	22.134	1.352	100.723	39.320
2002	61.691	21.551	1.186	84.428	37.579
2001	25.230	22.360	1.736	49.326	32.278
2000	19.698	21.357	1.204	42.259	28.235
1999	12.255	21.542	241	34.038	26.476
1998	8.963	24.984	30	33.977	27.828

Quelle: Statisches Bundesamt[2]

b) Gesetzesentwicklung seit dem 1.1.1999

4 Die **Insolvenzordnung** ist bereits mehrfach geändert worden, zum Teil bereits weit vor ihrem Inkrafttreten. Im Hinblick darauf, dass die Insolvenzordnung schon vom 5.10.1994 datiert,[3] waren bis zum Gesetz zur Änderung des Einführungsgesetzes zur Insolvenzordnung und anderer Gesetze vom 19.12.1998[4] insgesamt bereits acht Änderungen erforderlich.

5 Die wesentlichen Änderungen der Insolvenzordnung sind bereits in der Vorauflage, auf die Bezug genommen wird, umfassend behandelt worden, so

---
1 Vgl. Schmittmann/Theurich/Brune, Das insolvenzrechtliche Mandat, § 2 Rdnr. 2.
2 S. www.destatis.de.
3 BGBl I 1994, 2866.
4 BGBl I 1998, 3836.

dass nachstehend nur die bedeutsamsten Änderungen ab 2007 dargestellt werden:

(1) Gesetz zur Vereinfachung des Insolvenzverfahrens

Literatur: *Kupka/Schmittmann*, Freigabe einer selbständigen Tätigkeit und Übertragung der Betriebs- und Geschäftsausstattung nach § 35 Abs. 2 InsO n. F., Insbüro 2007, 386 ff.; *Pape*, Änderungen im Eröffnungsverfahren durch das Gesetz zur Vereinfachung des Insolvenzverfahrens, NZI 2007, 425 ff.; *Pape*, Änderungen im eröffneten Verfahren durch das Gesetz zur Vereinfachung des Insolvenzverfahrens, NZI 2007, 481 ff.; *Schmittmann/Kaufmann*, Neuerwerb und Umsatzsteuer, Insbüro 2007, 362 ff.; *Wischemann*, Die Freigabe der selbständigen Tätigkeit des Schuldners gem. § 35 Abs. 2 InsO – eine „kleine" übertragende Sanierung?, ZInsO 2009, 937 ff.; *Küppers/Heinze*, Zu den Risiken und Nebenwirkungen der Abführungspflicht aus selbständiger Tätigkeit des Insolvenzschuldners, ZInsO 2009, 1785 ff.

Am 1. 7. 2007 ist das Gesetz zur Vereinfachung des Insolvenzverfahrens vom 13. 4. 2007[1] in Kraft getreten. 6

Auf vor dem 1. 7. 2007 eröffnete Insolvenzverfahren sind gem. Art. 103c EGInsO mit Ausnahme der Bekanntmachungs- und Veröffentlichungsvorschriften die bis dahin geltenden Vorschriften anzuwenden. 7

Das Gesetz sieht insbesondere bei überschaubaren Vermögensverhältnissen des Schuldners eine schriftliche Verfahrensdurchführung vor. Darüber hinaus sollen bestimmte Veröffentlichungen lediglich noch über das Internet erfolgen. 8

Die **Auskunfts- und Mitwirkungsverpflichtungen** des Schuldners werden nunmehr explizit auf das **Eröffnungsverfahren** erstreckt (§ 20 Abs. 1 InsO). 9

Im Hinblick auf die Gefahren einer **Zerschlagung** des Unternehmens im vorläufigen Insolvenzverfahren ermöglicht der neu eingeführte § 21 Abs. 2 Satz 1 Nr. 5 InsO dem Gericht anzuordnen, dass Gegenstände, die im Falle der Eröffnung des Verfahrens von § 166 InsO erfasst würden oder deren Aussonderung verlangt werden könnte, vom Gläubiger nicht verwertet oder eingezogen werden dürfen und dass solche Gegenstände zur Fortführung des Unternehmens des Schuldners eingesetzt werden können, soweit sie hierfür von erheblicher Bedeutung sind; die Bestimmung des § 169 Satz 2 und Satz 3 InsO gilt entsprechend. Ein durch die Nutzung eingetretener Wertverlust ist durch laufende Zahlungen an den Gläubiger auszugleichen. Die Verpflichtung zu Ausgleichszahlungen besteht nur, soweit der durch die Nutzung entstehende Wertverlust die Sicherung des absonderungsberechtigten Gläubigers beeinträchtigt. 10

---

[1] BGBl I 2007, 509.

Zieht der vorläufige Insolvenzverwalter eine zur Sicherung eines Anspruchs abgetretene Forderung anstelle des Gläubigers ein, so gelten §§ 170 und 171 InsO entsprechend.

11 Zur **Identifizierung des Schuldners** im Eröffnungsbeschluss sind sein Geburtsjahr bzw. seine Handelsregisternummer anzugeben (§ 27 Abs. 2 InsO). Darüber hinaus ist gem. § 27 Abs. 2 Nr. 4 InsO anzugeben, ob der Schuldner einen Antrag auf Restschuldbefreiung gestellt hat.

12 Von erheblicher Bedeutung ist die ab 1. 7. 2007 geltende **Regelung des Neuerwerbs (§ 35 Abs. 2 InsO)**.[1] Übt der Schuldner eine selbständige Tätigkeit aus oder beabsichtigt er, demnächst eine solche Tätigkeit auszuüben, hat der Insolvenzverwalter ihm gegenüber zu erklären, ob Vermögen aus der selbständigen Tätigkeit nicht zur Insolvenzmasse gehört und ob Ansprüche aus dieser Tätigkeit im Insolvenzverfahren geltend gemacht werden können. § 295 Abs. 2 InsO gilt entsprechend. Auf Antrag des Gläubigerausschusses oder, wenn ein solcher nicht bestellt ist, der Gläubigerversammlung ordnet das Insolvenzgericht die Unwirksamkeit der Erklärung an (§ 35 Abs. 2 InsO). Die Erklärung des Insolvenzverwalters ist dem Gericht gegenüber anzuzeigen. Das Gericht hat die Erklärung und den Beschluss über ihre Unwirksamkeit öffentlich bekanntzumachen (§ 35 Abs. 3 InsO).

13 In Umsetzung der Rechtsprechung des BVerfG zur **Verwalterbestellung**[2] soll der Insolvenzverwalter aus dem Kreis aller zur Übernahme von Insolvenzverwaltungen bereiten Personen ausgewählt werden (§ 56 Abs. 1 InsO).

14 **Gläubigerversammlungen** sind oftmals beschlussunfähig, da Gläubiger nicht erscheinen. Daher konnten bislang in diesen Fällen Beschlüsse nicht gefasst werden, also insbesondere auch erforderliche Zustimmungen nicht erteilt werden. Der Insolvenzverwalter hatte daher in eigener Verantwortlichkeit vorzugehen. Der Gesetzgeber legalisiert diese Praxis nunmehr dahin, dass für den Fall, dass die einberufene Gläubigerversammlung beschlussunfähig ist, die Zustimmung als erteilt gilt; auf diese Folgen sind die Gläubiger bei der Einladung zur Gläubigerversammlung hinzuweisen (§ 160 Abs. 1 InsO).

15 Auch die Verordnung zu öffentlichen **Bekanntmachungen** in Insolvenzverfahren im Internet sowie das Einführungsgesetz zur Insolvenzordnung sollen geändert werden.

16–20 *(Einstweilen frei)*

---

1 S. Schmittmann/Kaufmann, Insbüro 2007, 362 ff.; Kupka/Schmittmann, Insbüro 2007, 386 ff.; Wischemann, ZInsO 2009, 937 ff.
2 Vgl. Schmittmann/Theurich/Brune, Das insolvenzrechtliche Mandat, § 1 Rdnr. 7 ff.

(2) Gesetz zur Neuregelung des Rechtsberatungsrechts

Literatur: *Bundesrechtsanwaltskammer*, Entwurf der BRAK zu einem Gesetz zur Regelung der außergerichtlichen Besorgung fremder Rechtsangelegenheiten (Rechtsbesorgungsgesetz – RBG), BRAK-Mitt. 2004, 163 ff.; *Prütting*, Die Reform des Rechtsberatungsgesetzes, AnwBl. 2004, 466 ff.; *Hamacher*, Neuregelung des Rechtsberatungsrechts, AnwBl. 2005, 378 ff.; *Römermann*, Tore weit geöffnet für unqualifizierte Rechtsberatung – Anmerkungen zur (fehlenden) Bestimmung der „Rechtsdienstleistung" nach dem RDG-Referentenentwurf, BRAK-Mitt. 2005, 98 ff.; *Römermann*, Tore weit geöffnet für unqualifizierte Rechtsberatung – Anmerkungen zur Annexkompetenz zur Erbringung von „Rechtsdienstleistungen" nach § 5 des RDG-Referentenentwurfes, BRAK-Mitt. 2005, 212 ff.; *Franz*, Unfallschadenregulierung und Rechtsdienstleistungsgesetz, AnwBl. 2006, 232 ff.; *Kleine-Cosack*, Offener Wettbewerb auf dem Rechtsberatungsmarkt, DB 2006, 2797 ff.; *Knöfel*, Unerlaubte Rechtsberatung nach Deutschland hinein!, AnwBl. 2007, 264 f.; *Sabel*, Das Gesetz zur Neuregelung des Rechtsberatungsrechts, AnwBl. 2007, 816 ff.; *Trockel*, Das neue Rechtsdienstleistungsgesetz, KammerReport Hamm 5/2007, 9 ff.; *Dilchert*, Talar über'm Blaumann – Die Mär vom Kraftfahrzeugmeister als umfassend tätiger Rechtsberater, Beilage zu NJW 27/2008, 58 ff.; *Finzel*, Aktuell – Das neue Rechtsdienstleistungsgesetz, KammerReport Hamm 2/2008, 4 ff.; *Henssler/Deckenbrock*, Neue Regeln für den deutschen Rechtsberatungsmarkt, DB 2008, 41 ff.; *Hund*, Die Bedeutung des Rechtsdienstleistungsgesetzes für den steuerberatenden Beruf, DStR 2008, 1208 ff.; *Kilian*, Vorübergehende grenzüberschreitende Rechtsdienstleistungen – Hinweise zur Neuregelung im RDG, AnwBl. 2008, 394 f.; *Kilian/Sabel/vom Stein*, Das neue Rechtsdienstleistungsrecht, Bonn, 2008; *Krenzler*, Rechtsdienstleistungsgesetz – Kommentar, Baden-Baden, 2008; *Kunert*, Mediation nach dem Rechtsdienstleistungsgesetz, BRAK-Mitt. 2008, 53 ff.; *Römermann*, RDG – zwei Schritte vor, einen zurück, NJW 2008, 1249 ff.; *Salten*, Mahnverfahrensvergütung und Inkassokosten – Neues Rechtsberatungsrecht zwischen Anspruch und Wirklichkeit, Beilage zu NJW 27/2008, 60 ff.; *vom Stein*, Der neue Begriff der „Rechtsdienstleistung" – Die drei Stufen des neuen § 2 RDG, AnwBl. 2008, 385 ff.; *Wreesmann/Schmidt-Kessel*, Unentgeltliche Rechtsberatung durch Laien nach dem Rechtsdienstleistungsgesetz, NJW 2008, 3389 ff.; *Unseld/Degen*, Rechtsdienstleistungsgesetz, München, 2009.

Durch das **Gesetz zur Neuregelung des Rechtsberatungsrechts** vom 12.12.2007,[1] das am 1.7.2008 in Kraft getreten ist, wurden zur Vertretung des Gläubigers im Anmeldeverfahren auch Personen befugt, die Inkassodienstleistungen erbringen (registrierte Personen nach § 10 Abs. 1 Satz 1 RDG). Dies gilt gem. § 305 Abs. 4 Satz 2 InsO auch für die Vertretung des Gläubigers im Schuldenbereinigungsplanverfahren.

21

---

[1] BGBl I 2007, 2840.

(3) Finanzmarktstabilisierungsgesetz

Literatur: *Amen*, Nachgefragt zum neuen Übergangs-Insolvenzrecht, Status: Recht 2008, 415; *Bitter*, Neuer Überschuldungsbegriff in § 19 Abs. 2 InsO, ZInsO 2008, 1097; *Dahl*, Die Änderung des Überschuldungsbegriffs durch Art. 5 des Finanzmarktstabilisierungsgesetzes (FMStG), NZI 2008, 719 ff.; *Eckert/Happe*, Totgesagte leben länger – Die (vorübergehende) Rückkehr des zweistufigen Überschuldungsbegriffs, ZInsO 2008, 1098 ff.; *Hirte/Knof/Mock*, Überschuldung und Finanzmarktstabilisierungsgesetz, ZInsO 2008, 1217 ff.; *Hohler/Niesert*, Zur Zuständigkeit der Verfassungsorgane am Beispiel des MoMiG und des Finanzmarktstabilisierungsgesetzes, NZI 2008, 730 f.; *Holzer*, Die Änderung des Überschuldungsbegriffs durch das Finanzmarktstabilisierungsgesetz, ZIP 2008, 2108 ff.; *Hölzle*, Nachruf: Wider die Überschuldungs-Dogmatik in der Krise, ZIP 2008, 2003 ff.; *Schmidt*, Überschuldung und Insolvenzantragspflicht nach dem Finanzmarktstabilisierungsgesetz, DB 2008, 2467 ff.; *Spindler*, Finanzkrise und Gesetzgeber – Das Finanzmarktstabilisierungsgesetz, DStR 2008, 2268 ff.; *Wolf*, Die Neuordnung des Überschuldungsbegriffs, StuB 2008, 874 ff.; *Ahrendt/Plischkaner*, Der modifizierte zweistufige Überschuldungsbegriff – Rückkehr mit Verfallsdatum, NJW 2009, 964 ff.; *Bales*, Neuer Überschuldungsbegriff durch Finanzmarktstabilisierungsgesetz, InsBüro 2009, 184 ff.; *Beck*, Überschuldung – Alter Ansatz in neuem Umfeld, KSI 2009, 61 ff.; *Grube/Röhm*, Überschuldung nach dem Finanzmarktstabilisierungsgesetz, wistra 2009, 81 ff.; *Möhlmann-Mahlau/Schmitt*, Der „vorübergehende" Begriff der Überschuldung, NZI 2009, 19 ff.; *Poertzgen*, Fünf Thesen zum neuen (alten) Überschuldungsbegriff (§ 19 InsO n. F.), ZInsO 2009, 401 ff.; *Rokas*, Die „neue" Legaldefinition der Überschuldung, ZInsO 2009, 18 ff.; *Sikora*, Wie erstellt man eine tragfähige Fortbestehensprognose? – Anforderungen im Rahmen des geänderten insolvenzrechtlichen Überschuldungsbegriffs, NWB 2009, 232 ff.; *Thonfeld*, Der „instabile Überschuldungsbegriff" des Finanzmarktstabilisierungsgesetzes, NZI 2009, 15 ff.; *Wackerbarth*, Überschuldung und Fortführungsprognose, NZI 2009, 145 ff.

22 Durch das **Gesetz zur Umsetzung eines Maßnahmenpakets zur Stabilisierung des Finanzmarktes** (FMStG) vom 17. 10. 2008,[1] das am 18. 10. 2008 in Kraft getreten ist, wurde der Überschuldungsbegriff des § 19 Abs. 2 InsO dahin geändert, dass Überschuldung vorliegt, wenn das Vermögen des Schuldners die bestehenden Verbindlichkeiten nicht mehr deckt, es sei denn, die Fortführung des Unternehmens ist nach den Umständen überwiegend wahrscheinlich.

23 Die sich aus dieser Änderung ergebenden Konsequenzen werden im Rahmen der Neufassung des Überschuldungsbegriffs durch das MoMiG behandelt.

---

1 BGBl I 2008, 1982.

A. Überblick über das Regelinsolvenzverfahren

(4) Gesetz zur Modernisierung des GmbH-Rechts und zur Bekämpfung von Missbräuchen

Literatur: *Altmeppen*, Das neue Recht der Gesellschafterdarlehen in der Praxis, NJW 2008, 3601 ff.; *Bartsch/Weber*, Doppelbesicherung durch Gesellschafts- und Gläubigersicherheiten nach dem MoMiG: Hat der Gesellschaftsgläubiger weiterhin ein Wahlrecht?, DStR 2008, 1884 f.; *Bäuml*, Reform des GmbH-Rechts: Neuerungen des MoMiG und seine Auswirkungen auf die Beratungspraxis, StuB 2008, 667 ff.; *Berger/Kleissl*, Neue Unsicherheiten bei der Auslandsbeurkundung von GmbH-Geschäftsanteilen, DB 2008, 2235 ff.; *Bunnemann/Zirngibl*, Auswirkungen des MoMiG auf bestehende GmbHs, München, 2008; *Carlé*, Das Gesetz zur Modernisierung des GmbH-Rechts und zur Bekämpfung von Missbräuchen, DStZ 2008, 709 ff.; *Engel*, Die Auslandsbeurkundung nach MoMiG und Schweizer GmbH-Reform, DStR 2008, 1593 ff.; *Fliegner*, Das MoMiG – Vom Regierungsentwurf zum Bundestagsbeschluss, DB 2008, 1668 ff.; *Haack*, GmbH-Gründung nach MoMiG – Neue Erleichterungen und Haftungsgefahren, NWB 2008, 1069 ff.; *Haack/Campos Nave*, Die neue GmbH, Herne/Berlin, 2008; *Hasselmann*, Die GmbH-Reform ist durch!, AnwBl. 2008, 659 ff.; *Hein/Suchan/Geeb*, MoMiG auf der Schnittstelle von Gesellschafts- und Steuerrecht, DStR 2008, 2289 ff.; *Heinze*, Verdeckte Sacheinlagen und verdeckte Finanzierungen nach dem MoMiG, GmbHR 2008, 1065 ff.; *Herrler*, Kapitalaufbringung nach dem MoMiG – Verdeckte Sacheinlagen und Hin- und Herzahlen (§ 19 Abs. 4 und 5 GmbHG n. F.), DB 2008, 2347 ff.; *Hirte*, Die „Große GmbH-Reform" – Ein Überblick über das Gesetz zur Modernisierung des GmbH-Rechts und zur Bekämpfung von Missbräuchen (MoMiG), NZG 2008, 761 ff.; *Hirte*, Neuregelungen mit Bezug zum gesellschaftsrechtlichen Gläubigerschutz und im Insolvenzrecht durch das Gesetz zur Modernisierung des GmbH-Rechts und zur Bekämpfung von Missbräuchen (MoMiG), ZInsO 2008, 689 ff.; *Hirte*, Die Unternehmergesellschaft (UG) nach dem Gesetz zur Modernisierung des GmbH-Rechts und zur Bekämpfung von Missbräuchen (MoMiG), ZInsO 2008, 933 ff.; *Holzborn/Zeeck*, Haftung und Insolvenz im GmbH-Recht nach dem MoMiG, München, 2008; *Katschinski/Rawert*, Stangenware versus Maßanzug: Vertragsgestaltung im GmbH-Recht nach Inkrafttreten des MoMiG, ZIP 2008, 1993 ff.; *Kind*, Insolvenzrechtliche Änderungen durch das MoMiG, NZI 2008, 475 ff.; *Kindler*, Grundzüge des neuen Kapitalgesellschaftsrechts, NJW 2008, 3249 ff.; *Klinck/Gärtner*, Versetzt das MoMiG dem Cash-Pooling den Todesstoß?, NZI 2008, 457 ff.; *Lips/Randel/Werwigk*, Das neue GmbH-Recht – Ein Überblick, DStR 2008, 2220 ff.; *Marotzke*, Gesellschaftsinterne Nutzungsverhältnisse nach Abschaffung des Eigenkapitalersatzrechts, ZInsO 2008, 1281 ff.; *Mayer*, Der Erwerb einer GmbH nach den Änderungen durch das MoMiG, DNotZ 2008, 403 ff.; *Miras*, Die neue Unternehmergesellschaft, München, 2008; *Poetzgen*, Der 3-Wochen-Zeitraum im Rahmen der Antragspflicht (§ 15a InsO), ZInsO 2008, 944 ff.; *Preuss*, Gesellschafterliste, Legitimation gegenüber der Gesellschaft und gutgläubiger Erwerb von GmbH-Anteilen, ZGR 2008, 676 ff.; *Ries*, Achtung UG!, AnwBl. 2008, 694; *Ries*, Was bringt das MoMiG Neues?, AnwBl. 2008, 695 ff.; *Rode/Schmidt*, Das Cash-Pooling auf dem Prüfstand – Chancen und Risiken der Cash-Management-Systeme in Konzernen heute und nach Inkrafttreten des MoMiG, NWB 2008, 3783 ff.; *Schmidt*, Gesellschafterbesicherte Drittkredite nach neuem Recht – Die Nachfolgeregelungen zu § 32a Abs. 2, § 32b GmbHG im MoMiG, BB 2008, 1966 ff.; *Schmidt*, Nutzungsüberlassung nach der GmbH-Reform, DB 2008, 1727 ff.; *Schumm*, Gesetz zur Modernisierung des GmbH-Rechts und zur Bekämpfung von Missbräuchen (MoMiG) vom Deutschen Bundestag beschlossen, StuB 2008,

529 f.; *Seibert/Decker*, Die GmbH-Reform kommt!, ZIP 2008, 1208 ff.; *Werner*, Gesellschafterhaftung im GmbH-Recht – Systematische Darstellung unter Berücksichtigung des MoMiG und der Konzernhaftungstatbestände, NWB 2008, 3591 ff.; *Weyand*, Strafrechtliche Aspekte des MoMiG im Zusammenhang mit juristischen Personen, ZInsO 2008, 702 ff.; *Wicke*, Gesetz betreffend die Gesellschaften mit beschränkter Haftung (GmbHG), München, 2008; *Bittmann*, Strafrechtliche Folgen des MoMiG, NStZ 2009, 113 ff.; *Bormann/Urlichs*, Kapitalerhöhungen im Cash Pooling – welche Erleichterungen bringt das MoMiG tatsächlich?, DStR 2009, 641 ff.; *Buschmann*, Finanzplankredit und MoMiG, NZG 2009, 91 ff.; *du Carrois*, Haftungsgefahren für Erben von Gesellschaftsanteilen durch das MoMiG, ZInsO 2009, 373 ff.; *Fischer/Knees*, Zum Umgang des Grundpfandrechtsgläubigers mit § 135 Abs. 3 InsO, ZInsO 2009, 745 ff.; *Funk*, Der Rangrücktritt bei Gesellschafterdarlehen nach dem MoMiG im Steuerrecht, BB 2009, 867 ff.; *Goette*, Aktuelle Entwicklungen im deutschen Kapitalgesellschaftsrecht im Lichte der höchstrichterlichen Rechtsprechung, DStR 2009, 51 ff.; *Goette*, Einführung in das neue GmbH-Recht, München, 2009; *Goette*, Erste Entscheidungen des Bundesgerichtshofs zum MoMiG, GWR 2009, 1 ff.; *Gottschalk*, Neue Regelungen für die Gesellschafterliste und die Geschäftsanteile sowie der gutgläubige Erwerb von Geschäftsanteilen, DZWIR 2009, 45 ff.; *Grigoleit/Rieder*, GmbH-Recht nach dem MoMiG, 2. Auflage, München, 2009; *Haas*, Die Passivierung von Gesellschafterdarlehen in der Überschuldungsbilanz nach MoMiG und FMStG, DStR 2009, 326 f.; *Heckschen*, Das MoMiG in der notariellen Praxis, München, 2009; *Heckschen*, Gründungserleichterungen nach dem MoMiG – Zweifelsfragen in der Praxis, DStR 2009, 166 ff.; *Holzborn/Zeeck*, Haftung und Insolvenz im GmbH-Recht nach dem MoMiG, München, 2009; *Holzer*, Insolvenzrechtliche Überleitungsvorschriften des MoMiG in der Praxis, ZIP 2009, 206 ff.; *Jasper*, Der GmbH-Geschäftsführer in Krisenzeiten, S:R 2009, 134 ff.; *Maier-Reim/Wenzel*, Nochmals: Die Anrechnung der verdeckten Sacheinlage nach dem MoMiG, ZIP 2009, 1185 ff.; *Mayer*, Aufwertung der Gesellschafterliste durch das MoMiG – Fluch oder Segen?, ZIP 2009, 1037 ff.; *Meier/Gilsing*, Führungslosigkeit der GmbH und Neuregelungen durch das MoMiG: Zulässigkeit der Amtsniederlegung durch den GmbH-Geschäftsführer, NWB 2009, 377 ff.; *Nagel/Meder*, Laufende Rechtsstreitigkeiten wegen verdeckter Sacheinlage – Auswirkungen des § 3 Abs. 4 EGGmbHG i.V. m. § 19 Abs. 4 GmbHG n. F., ZInsO 2009, 944 ff.; *Oberbeck/Winheller*, Die gemeinnützige Unternehmergesellschaft, DStR 2009, 516 ff.; *Oepen*, Maßgabe im Übermaß – Korrekturbedarf im neuen § 44a InsO, NZI 2009, 300 ff.; *Pentz*, Verdeckte Sacheinlagen nach dem MoMiG und prozessuale Folgen des Übergangsrechts, GmbHR 2009, 126 ff.; *Schmolke*, Kapitalerhaltung in der GmbH nach dem MoMiG, München, 2009; *Rischbieter/Gröning*, Gründung und Leben der GmbH nach dem MoMiG, München, 2009; *Stenzel*, Die Pflicht zur Bildung einer gesetzlichen Rücklage bei der UG (haftungsbeschränkt) und die Folgen für die Wirksamkeit des Gesellschaftsvertrages einer UG (haftungsbeschränkt) & Co. KG, NZG 2009, 168 ff.; *Ulmer*, Die „Anrechnung" (MoMiG) des Wertes verdeckter Sacheinlagen auf die Bareinlageforderung der GmbH – ein neues Erfüllungssurrogat?, ZIP 2009, 293 ff.; *Wachter*, Unternehmensnachfolge bei der GmbH und GmbH & Co. KG nach dem MoMiG, DB 2009, 159 ff.; *Waldenberger/Sieber*, Die Unternehmergesellschaft (haftungsbeschränkt) jenseits der „Existenzgründer", GmbHR 2009, 114 ff.; *Witt*, Verdeckte Sacheinlage, Unternehmergesellschaft und Musterprotokoll, ZIP 2009, 1102 ff.

Das Gesetz zur Modernisierung des GmbH-Rechts und zur Bekämpfung von Missbräuchen (MoMiG) vom 23.10.2008, das am 1.11.2008 in Kraft getreten ist, hat zu erheblichen Änderungen im Gesellschafts- und Insolvenzrecht geführt, die hier nur in Ausschnitten erläutert werden können. 24

(a) Änderungen des GmbHG

(aa) Gründung einer GmbH

Nach bisheriger und zukünftiger Rechtslage bedarf der **Gesellschaftsvertrag** der **notariellen Form**; er ist von sämtlichen Gesellschaftern zu unterzeichnen, § 2 Abs. 1 GmbHG. Nunmehr ist in § 2 Abs. 1a GmbHG ein **vereinfachtes Verfahren** vorgesehen, wenn die Gesellschaft höchstens drei Gesellschafter und einen Geschäftsführer hat. Für die Gründung im vereinfachten Verfahren ist das **Musterprotokoll** zu verwenden, das dem Gesetz beigefügt worden ist. Abweichende Bestimmungen sind nicht zulässig.[1] Das Musterprotokoll gilt zugleich als Gesellschafterliste. Die Pflicht zur notariellen **Beurkundung** bleibt bestehen.[2] 25

(bb) Satzungs- und Verwaltungssitz

Die Regelung des § 4a GmbHG wurde geändert, um es deutschen Gesellschaften zu ermöglichen, einen **Verwaltungssitz** zu wählen, der nicht notwendig mit dem **Satzungssitz** übereinstimmt. Damit soll der Spielraum deutscher Gesellschaften erhöht werden, ihre Geschäftstätigkeit auch ausschließlich im Rahmen einer (Zweig-)Niederlassung, die alle Geschäftsaktivitäten erfasst, außerhalb des deutschen Hoheitsgebietes zu entfalten. 26

Hintergrund dieser Gesetzesänderung ist, dass es aufgrund der in Deutschland bislang geltenden Sitztheorie[3] für ein ausländisches Unternehmen nicht möglich war, sich bei der Gründung eines Unternehmens für die Rechtsform einer deutschen Kapitalgesellschaft zu entscheiden, wenn die Geschäftstätigkeit ganz oder überwiegend aus dem Ausland geführt werden soll. Ebenso war es einer deutschen Konzernmutter nicht möglich, ihre **ausländischen Tochtergesellschaften** in der **Rechtsform einer deutschen Kapitalgesellschaft** zu gründen. 27

---

1 S. Witt, ZIP 2009, 1102, 1105 ff.
2 Vgl. zu den Einzelheiten: Heckschen, Das MoMiG in der notariellen Praxis, 54 ff.
3 Vgl. zuletzt: BGH v. 27.10.2008 – II ZR 158/06, BGHZ 178, 192 ff. = NJW 2009, 289 ff. = DNotZ 2009, 385 ff. = ZIP 2008, 2411 ff.

28 Die Ermöglichung des Auseinanderfallens von Verwaltungs- und Satzungssitz soll gleiche Ausgangsbedingungen gegenüber vergleichbaren Auslandsgesellschaften schaffen. Es bleibt allerdings dabei, dass die Gesellschaften eine Geschäftsanschrift im Inland im Register eintragen und aufrechterhalten müssen.

(cc) Stammkapital und Unternehmergesellschaft

29 Sowohl im Referenten- als auch im Regierungsentwurf war noch die **Herabsetzung des Mindeststammkapitals** auf 10 000,00 Euro vorgesehen. Dieser Vorschlag ist nicht Gesetz geworden, so dass es bei einem Mindestkapital von 25 000,00 Euro bleibt.

30 Es wurde allerdings – wie auch schon in den Entwürfen vorgesehen – durch § 5a GmbHG eine **Unternehmergesellschaft** eingeführt.[1] Eine Gesellschaft, die mit einem Stammkapital gegründet wird, das den Betrag von 25 000,00 € unterschreitet, muss in der Firma abweichend von § 4 GmbHG den Rechtsformzusatz „Unternehmergesellschaft (haftungsbeschränkt)" oder „UG (haftungsbeschränkt)" führen.

31 Abweichend von § 7 Abs. 2 GmbHG darf die Anmeldung einer Unternehmergesellschaft i. S. v. § 5a Abs. 1 GmbHG nur erfolgen, wenn das Stammkapital in voller Höhe eingezahlt ist. Sacheinlagen sind ausgeschlossen, § 5a Abs. 2 GmbHG.

32 Der Gesetzgeber hat die Vorstellung, dass die Unternehmergesellschaft ihr **Stammkapital** geradezu **anspart**, indem sie in der Bilanz des nach den §§ 242, 264 HGB aufzustellenden Jahresabschlusses eine **gesetzliche Rücklage** zu bilden hat, in die ein Viertel des um den Verlustvortrag aus dem Vorjahr geminderten Jahresüberschusses einzustellen ist. Die Rücklage darf nur für Zwecke des § 57c GmbH, zum Ausgleich eines Jahresfehlbetrages oder zum Ausgleich eines Verlustvortrages verwendet werden, § 5a Abs. 3 GmbHG. Die Regelung des § 57c GmbHG betrifft die Kapitalerhöhung aus Gesellschaftsmitteln.

33 Der Gesetzgeber hat offensichtlich realisiert, dass gerade die **Unternehmergesellschaft** aufgrund ihrer unzureichenden Kapitalisierung besonders **insolvenzgefährdet** ist. Abweichend von § 49 Abs. 3 GmbHG muss daher die Versammlung der **Gesellschafter** bei **drohender Zahlungsunfähigkeit** unverzüglich einberufen werden, § 5a Abs. 4 GmbHG.

---

[1] Vgl. Hirte, ZInsO 2008, 933 ff.; Waldenberger/Sieber, GmbHR 2009, 114 ff.; Heckschen, DStR 2009, 166 ff.; Stenzel, NZG 2009, 168 ff.; Oberbeck/Winheller, DStR 2009, 516 ff.; Witt, ZIP 2009, 1102 ff.

Hat die Unternehmergesellschaft ihr Stammkapital „angespart", so finden § 5a Abs. 1 bis Abs. 4 GmbHG keine Anwendung mehr. Die Firma gem. § 5a Abs. 1 GmbHG darf beibehalten werden.   34

(Einstweilen frei)   35–40

(dd) Disqualifikation des Geschäftsführers

Nach bisheriger Rechtslage konnte nicht Geschäftsführer einer GmbH sein, wer unter Betreuung stand. Darüber hinaus konnte nicht Geschäftsführer sein, wer wegen einer **Insolvenzstraftat** nach §§ 283 bis 283d StGB verurteilt worden war. Die Verurteilung wegen dieser Insolvenzdelikte im engeren Sinne ist eher selten. Viel häufiger erfolgt eine Verurteilung des Geschäftsführers einer insolventen Gesellschaft wegen Insolvenzverschleppung oder Nichtabführung von Sozialversicherungsbeiträgen. Daher hat der Gesetzgeber die **Disqualifikationstatbestände** in § 6 Abs. 2 GmbHG angepasst: 41

Geschäftsführer kann nach den Vorgaben des MoMiG nicht sein, wer als **Betreuter** bei der Besorgung seiner Vermögensangelegenheiten ganz oder teilweise einem Einwilligungsvorbehalt (§ 1903 BGB) unterliegt, aufgrund eines gerichtlichen Urteils oder einer vollziehbaren Entscheidung einer Verwaltungsbehörde einen Beruf, einen Berufszweig, ein **Gewerbe** oder einen Gewerbezweig nicht ausüben darf, sofern der Unternehmensgegenstand ganz oder teilweise mit dem Gegenstand des **Verbotes** übereinstimmt oder wegen einer oder mehrerer vorsätzlich begangener Straftaten: 42

▶ des Unterlassens der Stellung des Antrags auf Eröffnung des Insolvenzverfahrens (Insolvenzverschleppung),

▶ nach den §§ 283 bis 283d StGB (Insolvenzstraftaten),

▶ der falschen Angaben nach § 82 GmbHG oder § 399 AktG,

▶ der unrichtigen Darstellung nach § 400 AktG, § 331 HGB, § 313 UmwG oder § 17 PublG oder

▶ nach den §§ 263 bis 264a StGB oder den 265b bis 266a StGB zu einer Freiheitsstrafe von mindestens einem Jahr

verurteilt worden ist; dieser Ausschluss gilt für die **Dauer von fünf Jahren** seit der Rechtskraft des Urteils, wobei die Zeit **nicht angerechnet** wird, in welcher der Täter auf behördliche Anordnung **in einer Anstalt verwahrt** worden ist.

Im Hinblick auf die fortschreitende Globalisierung und damit auch auf die grenzüberschreitende Wirtschaftskriminalität soll die **Disqualifikation** ebenso eingreifen, wenn der Geschäftsführer **im Ausland** wegen einer Tat **verurteilt**   43 worden ist, die mit den in § 6 Abs. 2 Satz 2 Nr. 3 GmbHG genannten Taten vergleichbar ist.

44 Spannend ist die Frage, ob auch das **Geschäftsführeramt** endet, wenn während der Amtszeit eine einschlägige Verurteilung erfolgt.[1] Dazu nimmt die Rechtsprechung zum Teil an, dass durch eine Verurteilung **Amtsunfähigkeit** eintritt, so dass zugleich auch ohne Gesellschafterbeschluss das Geschäftsführeramt endet.

45 Weiterhin ist in § 6 Abs. 5 GmbHG nun eine **Schadensersatzpflicht der Gesellschafter** vorgesehen. Gesellschafter, die vorsätzlich oder grob fahrlässig einer Person, die nicht Geschäftsführer sein kann, die Führung der Geschäfte überlassen, haften der Gesellschaft für den Schaden, der dadurch entsteht, dass diese Person die ihr gegenüber der Gesellschaft bestehenden Obliegenheiten verletzt.

(ee) Geschäftsanteile und Gesellschafterliste

46 Weitere Änderungen beziehen sich im Wesentlichen auf die Begrifflichkeiten von „Stammeinlage" und „Geschäftsanteil". Der Gesetzgeber favorisiert offenbar nun den Begriff **„Geschäftsanteil"**, was eine Reihe von, insbesondere redaktionellen, Änderungen mit sich bringt.

47 Im Übrigen sind in der **Gesellschafterliste** zukünftig die Geschäftsanteile durchgehend zu nummerieren. Die **Nummerierung** vereinfacht die eindeutige Bezeichnung eines Geschäftsanteils und führt damit zu einer erheblichen praktischen Erleichterung insbesondere im Rahmen von Anteilsübertragungen. Die Nummerierung erhält zusätzliche Bedeutung durch die Freigabe der Teilung von Geschäftsanteilen.[2]

(ff) Genehmigungsbedürftige Unternehmensgegenstände

48 Nach der bisherigen Regelung in § 8 Abs. 1 Nr. 6 GmbHG musste der Handelsregisteranmeldung in dem Fall, dass der **Gegenstand des Unternehmens** der staatlichen Genehmigung bedarf, die Genehmigungsurkunde beigefügt werden. Dies war aber praktisch nicht möglich, da die **Genehmigung** in vielen Fällen überhaupt noch gar nicht erteilt werden konnte, weil diese gerade eben die Existenz einer juristischen Person vorausgesetzt hat. Es ist daher in der Praxis in aller Regel mit Vorbescheiden gearbeitet worden, was allerdings zu er-

---

[1] Vgl. umfassend: Weyand, ZInsO 2007, 754 ff.
[2] Vgl. Berger/Kleissl, DB 2008, 2235 ff.; Preuss, ZGR 2008, 676 ff.; Gottschalk, DZWIR 2009, 45 ff.; Mayer, ZIP 2009, 1037 ff.

heblichen Verzögerungen geführt hat. Darüber hinaus sind auch Fälle bekannt geworden, in denen man einen genehmigungsfreien Unternehmensgegenstand angegeben hat, der dann sogleich nach Eintragung in das Handelsregister geändert worden ist. Die Vorschrift des § 8 Abs. 1 Nr. 6 GmbHG ist ersatzlos entfallen.[1]

(gg) Kapitalaufbringung

Regelmäßig erst in der Insolvenz der Gesellschaft wird die Frage drängend, ob das **Stammkapital** von den Gesellschaftern ordnungsgemäß aufgebracht ist. In der Handelsregisteranmeldung ist die – gem. § 82 Abs. 1 Nr. 1 GmbHG im Übrigen strafbewehrte – Versicherung abzugeben, dass die in § 7 Abs. 2 und 3 GmbHG bezeichneten Leistungen auf die Stammeinlagen bewirkt sind und dass der Gegenstand der Leistung sich endgültig in der freien Verfügung der Geschäftsführer befindet, § 8 Abs. 2 Nr. 1 GmbHG. 49

In der Praxis ist immer wieder zu beobachten, dass das Stammkapital zwar zunächst zur Einzahlung gelangt, aber sogleich abredegemäß wieder abfließt, insbesondere als „Darlehen" an den Gesellschafter oder zur Zahlung des Kaufpreises eines Gegenstandes, den der Gesellschafter der Gesellschaft verkauft.[2] Auch im Zusammenhang mit einem Cash-Pool kann es zu einer „verdeckten Sacheinlage" kommen.[3] In der Praxis werden **Sachgründungen** in aller Regel vermieden, um den damit verbundenen erhöhten Aufwand zu ersparen.[4] Aufgrund einer bereits vorab geschlossenen **Abrede** wird dann aber im engen zeitlichen Zusammenhang der Gegenstand durch die Gesellschaft erworben. In aller Regel wird der Insolvenzverwalter nicht nachweisen können, dass eine entsprechende Absprache zuvor bereits getroffen worden ist. Daher lässt die Rechtsprechung den engen zeitlichen Zusammenhang zwischen der **Gründung der Gesellschaft** und der **Übertragung des Wirtschaftsgutes** als Indiz genügen.[5] Ein **Zeitraum** von sechs Monaten wird als enger zeitlicher Zusammenhang angesehen.[6] 50

Der Gesetzgeber hat nunmehr die „**verdeckte Sacheinlage**" zum Teil legalisiert. So regelt § 19 Abs. 4 GmbHG nunmehr, dass eine verdeckte Sacheinlage den 51

---

1 Vgl. Heckschen, Das MoMiG in der notariellen Praxis, 12 f.
2 Vgl. umfassend: Heckschen, Das MoMiG in der notariellen Praxis, 39 ff.
3 S. BFH v. 20. 7. 2009 - II ZR 273/07, DStR 2009, 1858 ff.
4 Vgl. Böing/Schmittmann, Insbüro 2005, 250, 256.
5 Vgl. BGH v. 19. 3. 1996 – II ZB 8/05, BGHZ 132, 141 = ZIP 1996, 668; BGH v. 16. 9. 2002 – II ZR 1/00, ZIP 2002, 2045.
6 Vgl. OLG Köln v. 2. 2. 1999 – 22 U 116/98, ZIP 1999, 399, 400.

Gesellschafter zwar nicht von seiner Einlageverpflichtung befreit, aber die Verträge über die Sacheinlage nicht als unwirksam anzusehen sind und auf die fortbestehende Geldeinlagepflicht der Wert des Vermögensgegenstandes im Zeitpunkt der Anmeldung der Gesellschaft zum Handelsregister oder im Zeitpunkt seiner Überlassung an die Gesellschaft, falls diese später erfolgt, angerechnet wird. Die Beweislast für die Werthaltigkeit des Vermögensgegenstandes trägt der Gesellschafter.

52 Ist vor der Einlage eine **Leistung an den Gesellschafter** vereinbart worden, die wirtschaftlich einer Rückzahlung der Einlage entspricht und nicht als verdeckte Sacheinlage zu beurteilen ist, so befreit dies den Gesellschafter von seiner Einlageverpflichtung nur dann, wenn die Leistung durch einen vollwertigen Rückgewähranspruch gedeckt ist, der jederzeit fällig ist oder durch fristlose Kündigung der Gesellschaft fällig werden kann, § 19 Abs. 5 GmbHG. Eine solche Leistung oder Vereinbarung ist in der Anmeldung nach § 8 GmbHG anzugeben.

53 Die Neuregelung stellt einen erheblichen Vorteil für **Gesellschafter** dar, da sie in der Vergangenheit in der Insolvenz der Gesellschaft mit dem Risiko belastet waren, einerseits das Stammkapital erneut an die Gesellschaft (Insolvenzmasse) leisten zu müssen, andererseits aber auch vom Insolvenzverwalter auf Rückzahlung des Darlehens in Anspruch genommen werden konnten.[1]

54 Auf den ersten Blick könnte man der Auffassung sein, dass die Neufassung eine erhebliche **Begünstigung von unredlichen Gesellschaftern** mit sich bringt. Andererseits aber ist zu bemerken, dass der Gesetzgeber offenbar auf die Aufbringung des Stammkapitals einer GmbH keinen besonders großen Wert mehr legt, da er einerseits die Möglichkeit schafft, mit einer haftungsbeschränkten Unternehmergesellschaft gänzlich ohne Stammkapital am Wirtschaftsleben teilzunehmen.

55 Änderungen ergeben sich auch hinsichtlich der Einzahlungen auf das **Stammkapital**. Bislang galt gem. § 19 Abs. 2 Satz 2 GmbHG, dass gegen den Anspruch der Gesellschaft auf Einzahlung der Stammeinlage die **Aufrechnung** nicht zulässig ist. Hintergrund dafür ist, dass der ordnungsgemäßen Aufbringung des Stammkapitals im deutschen Recht erhebliche Bedeutung zukommt. Als die GmbH durch das Gesetz betreffend die Gesellschaft mit beschränkter Haftung (GmbHG) am 20. 4. 1892[2] eingeführt wurde, betrug das Mindestkapital 20 000,00 Mark und sollte dokumentieren, dass den Gründern an einer ernsthaften Marktteilnahme gelegen sei. Darüber hinaus sollte die Aufbringung

---

1 Vgl. Maier-Reimer/Wenzel, ZIP 2009, 1185, 1187 ff.
2 RGBl 1892, 477 ff.

des Mindestkapitals einen gewissen Gläubigerschutz bieten. Dabei ist zu berücksichtigen, dass im Jahre 1892 die Kaufkraft des damaligen Mindestkapitals von 20 000,00 Mark heute mindestens einem Kapital von 100 000,00 € entsprechen würde.[1]

Das **Aufrechnungsverbot** gegen den Anspruch der Gesellschaft wurde durch § 19 Abs. 2 Satz 2 GmbHG nunmehr dahin aufgeweicht, dass die Aufrechnung nur zulässig ist mit einer Forderung aus der Überlassung von Vermögensgegenständen, deren Anrechnung auf die Einlageverpflichtung nach § 5 Abs. 4 Satz 1 GmbHG vereinbart worden ist.[2]   56

(Einstweilen frei)   57–60

(hh) Angabe einer inländischen Geschäftsanschrift

Die Bestimmung des § 8 Abs. 4 GmbHG wurde dahin ergänzt, dass nicht nur die Vertretungsbefugnis der Geschäftsführer anzugeben ist, sondern auch eine **inländische Geschäftsanschrift**.   61

Bislang wurde gem. § 10 Abs. 1 GmbHG unter anderem der Sitz der Gesellschaft in das Handelsregister eingetragen. Nunmehr soll auch ergänzend eine **inländische Geschäftsanschrift** angegeben und eingetragen werden.   62

Wenn eine Person, die für **Zustellungen** an die Gesellschaft empfangsberechtigt ist, mit einer inländischen Anschrift zur Eintragung in das Handelsregister angemeldet wird, sind auch diese Angaben einzutragen; Dritten gegenüber gilt die Empfangsberechtigung als Fortbestehen, bis sie im Handelsregister gelöscht und die Löschung bekannt gemacht worden ist, es sei denn, die fehlende Empfangsberechtigung war dem Dritten bekannt, § 10 Abs. 2 GmbHG.   63

Die Pflicht, auch **Änderungen der inländischen Geschäftsanschrift** anzumelden, ergibt sich nunmehr aus § 31 HGB. Die betroffenen Gesellschaften haben darüber hinaus auch ein eigenes Interesse daran, die Richtigkeit des Registers sicherzustellen. Denn an die Verletzung der Aktualisierungspflicht ist eine erleichterte öffentliche Zustellung geknüpft. Hintergrund ist auch hier, dass es der Gesellschaft nicht ermöglicht werden darf, beispielsweise durch Unterlassen von Änderungsmitteilungen bei Verlegung der Geschäftsräume, durch Schließung des Geschäftslokals, durch Umzug des Geschäftsführers ins Ausland, durch Zulassen der Führungslosigkeit oder Ähnlichem sich den Gläubigern zu entziehen.   64

---

1 Vgl. dazu Altmeppen, NJW 2005, 1911, 1912; Wilhelmi, GmbHR 2006, 13, 21.
2 Vgl. Witt, ZIP 2009, 1102, 1105.

(ii) Anteilsübertragung

65 Umfangreiche Änderungen ergeben sich im Bereich der **Übertragung von Anteilen**. Nach der bisherigen Fassung von § 16 Abs. 1 GmbHG gilt der Gesellschaft gegenüber im Fall der Veräußerung des Geschäftsanteils nur derjenige als Erwerber, dessen Erwerb unter Nachweis des Übergangs bei der Gesellschaft angemeldet ist.

66 Nunmehr soll auch der Rang der **Gesellschafterliste** gestärkt werden. Schon heute sieht § 40 Abs. 1 GmbHG vor, dass die Geschäftsführer nach jeder Veränderung in den Personen der Gesellschafter oder des Umfangs ihrer Beteiligung unverzüglich eine von ihnen unterschriebene Liste der Gesellschafter, aus welcher Name, Vorname, Geburtsdatum und Wohnort der Letzteren sowie ihre Stammeinlagen zu entnehmen sind, zum Handelsregister einzureichen haben.

67 Nach der Neuregelung sollen nicht die Stammeinlagen angegeben werden, sondern die Nennbeträge und die laufenden Nummern der von jedem derselben übernommenen Geschäftsanteile. Die Änderung der Liste durch die Geschäftsführer erfolgt auf Mitteilung und Nachweis.

68 Hat ein **Notar** an Veränderungen nach § 40 Abs. 1 Satz 1 GmbHG mitgewirkt, hat er unverzüglich nach deren Wirksamwerden ohne Rücksicht auf etwaige später eintretende Unwirksamkeitsgründe die **Liste** anstelle der Geschäftsführer zu **unterschreiben**, zum Handelsregister **einzureichen** und eine Abschrift der geänderten Liste an die Gesellschaft zu **übermitteln**. Die Liste muss mit der **Bescheinigung des Notars** versehen sein, dass die geänderten Eintragungen den Veränderungen entsprechen, an denen er mitgewirkt hat, und die übrigen Eintragungen mit dem Inhalt der zuletzt im Handelsregister aufgenommenen Liste übereinstimmen, § 40 Abs. 2 GmbHG.

69 Im Verhältnis zur Gesellschaft gilt im Fall einer Veränderung in den Personen der Gesellschafter oder des Umfangs ihrer Beteiligung als Inhaber eines Gesellschaftsanteils nach der geplanten Neufassung von § 16 Abs. 1 GmbHG nur, wer als solcher in der im Handelsregister aufgenommenen **Gesellschafterliste** (§ 40 GmbHG) eingetragen ist. Eine vom Erwerber in Bezug auf das Gesellschaftsverhältnis vorgenommene Rechtshandlung gilt als von Anfang an wirksam, wenn die Liste unverzüglich nach Vornahme der Rechtshandlung in das Handelsregister aufgenommen wird, § 16 Abs. 1 Satz 2 GmbHG.

70 Für **Einlageverpflichtungen**, die in dem Zeitpunkt rückständig sind, ab dem der Erwerber gem. § 16 Abs. 1 Satz 1 GmbHG im Verhältnis zur Gesellschaft als In-

haber des Geschäftsanteils gilt, haftet der Erwerber neben dem Veräußerer, § 16 Abs. 2 GmbHG.

Der **Erwerber** kann gem. § 16 Abs. 3 GmbHG einen **Geschäftsanteil** oder ein Recht daran durch Rechtsgeschäft wirksam **vom Nichtberechtigten erwerben**, wenn der Veräußerer als Inhaber des Geschäftsanteils in der im Handelsregister aufgenommenen Gesellschafterliste eingetragen ist. Dies gilt nicht, wenn die Liste zum Zeitpunkt des Erwerbs hinsichtlich des Geschäftsanteils weniger als drei Jahre unrichtig und die Unrichtigkeit dem Berechtigten nicht zuzurechnen ist. Ein **gutgläubiger** Erwerb ist ferner nicht möglich, wenn dem Erwerber die mangelnde Berechtigung bekannt oder infolge grober Fahrlässigkeit unbekannt ist oder der Liste ein Widerspruch zugeordnet ist. Die Zuordnung eines Widerspruchs erfolgt aufgrund einer einstweiligen Verfügung oder aufgrund einer Bewilligung desjenigen, gegen dessen Berechtigung sich der Widerspruch richtet. Eine Gefährdung des Rechts des Widersprechenden muss nicht glaubhaft gemacht werden. 71

Die Bestimmung des § 17 Abs. 1 GmbHG, wonach die Veräußerung von Teilen eines Geschäftsanteils nur mit Genehmigung der Gesellschaft stattfinden kann, ist vollständig entfallen. 72

(jj) Kapitalerhaltung und Cash-Pooling

Der **Kapitalerhaltung** dient die Vorschrift des § 30 Abs. 1 GmbHG, wonach das zur Erhaltung des Stammkapitals erforderliche Vermögen der Gesellschaft nicht an die Gesellschafter ausgezahlt werden darf.[1] Diese Vorschrift stand insbesondere dem **Cash-Pooling** entgegen, zumal der BGH in den letzten Jahren in zwei Entscheidungen noch einmal zum in der Praxis weit verbreiteten Cash-Pooling Stellung genommen hat.[2] 73

Kreditgewährungen an Gesellschafter, die nicht aus Rücklagen oder Gewinnvorträgen, sondern zu Lasten des gebundenen Vermögens der GmbH erfolgen, sind nach der Rechtsprechung des BGH auch dann grundsätzlich als verbotene Auszahlung von Gesellschaftsvermögen zu bewerten, wenn der Rückzahlungsanspruch gegen den Gesellschafter im Einzelfall vollwertig sein sollte.[3] 74

---

1 Vgl. umfassend: Schulze-Osterloh, Bilanzielle Voraussetzungen und bilanzielle Folgen unzulässiger Darlehensgewährung an GmbH-Gesellschafter, in: Festschrift Eisenhardt, München, 2007, 505 ff.
2 Vgl. Maier-Reimer/Wenzel, ZIP 2009, 1185, 1195 ff.
3 So BGH v. 24. 11. 2003 – II ZR 171/01, BGHZ 157, 72 ff. = NJW 2004, 1111 f. = ZIP 2004, 263 ff.

75 Die in ein **Cash-Pool-System** einbezogenen Gesellschaften mit beschränkter Haftung unterliegen nach der Rechtsprechung des BGH – ohne dass ein „Sonderrecht" für diese Art der Finanzierung anerkannt werden könnte – bei der Gründung und der Kapitalerhöhung den **Kapitalaufbringungsvorschriften** des GmbHG und den dazu von der höchstrichterlichen Rechtsprechung entwickelten Grundsätzen.[1]

76 Im Hinblick darauf, dass das Cash-Pooling insbesondere aus der **Konzernfinanzierung** praktisch nicht mehr wegzudenken ist, ist § 30 Abs. 1 GmbHG dahin neu gefasst worden, dass das Auszahlungsverbot gem. § 30 Abs. 1 Satz 2 GmbHG nicht bei Leistungen gilt, die bei Bestehen eines **Beherrschungs- oder Gewinnabführungsvertrages** (§ 291 AktG) erfolgen oder durch einen **vollwertigen Gegenleistungs- oder Rückgriffsanspruch** gegen die Gesellschafter gedeckt sind, § 30 Abs. 1 Satz 2 GmbHG.[2] Die Bestimmung des § 30 Abs. 1 Satz 1 GmbHG ist zudem nicht anzuwenden auf die Rückgewähr eines Gesellschafterdarlehens und Leistungen auf Forderungen aus Rechtshandlungen, die einem Gesellschafterdarlehen wirtschaftlich entsprechen, § 30 Abs. 1 Satz 3 GmbHG.

77 Der Gesetzgeber weist in den Gesetzesmaterialien darauf hin, dass die Vorschrift es den Gesellschaften erleichtern will, mit ihren Gesellschaftern – vor allem auch im Konzern – alltägliche und wirtschaftlich sinnvolle Leistungsbeziehungen zu unterhalten und abzuwickeln. Es sei keineswegs geplant, durch diese Regelung das **Ausplündern von Gesellschaften** zu ermöglichen oder zu erleichtern. Dies werde – so der Gesetzgeber – durch die ausdrückliche Einführung des Vollwertigkeits- und des Deckungsgebotes gewährleistet. Die Vollwertigkeit der Rückzahlungsforderung sei eine nicht geringe Schutzschwelle.

(kk) Führungslose Gesellschaften

78 Gänzlich neu ist die Einführung von Regelungen zu sog. „führungslosen" Gesellschaften. Hat eine Gesellschaft **keinen Geschäftsführer** (Führungslosigkeit), wird die Gesellschaft für den Fall, dass ihr gegenüber Willenserklärungen abgegeben oder Schriftstücke zugestellt werden, durch die **Gesellschafter** vertreten, § 35 Abs. 1 Satz 2 GmbHG. In der Praxis ist leider wiederholt beobachtet worden, dass die Gesellschafter versuchen, durch eine Abberufung der Ge-

---

1 So BGH v. 16.1.2006 – II ZR 76/04, BGHZ 166, 8 ff. = GmbHR 2006, 477 ff. = ZIP 2006, 665 ff. mit Anm. Altmeppen, ZIP 2006, 1025 ff.
2 Vgl. Klinck/Gärtner, NZI 2008, 457 ff.; Rode/Schmidt, NWB 2008, 3783 ff.

schäftsführer Zustellungen und den Zugang von Erklärungen an die Gesellschaft zu vereiteln.[1]

Dies ging häufig einher mit Fällen der **Firmenbestattung**.[2] Dieser Praxis wird nunmehr ein Riegel vorgeschoben, indem für den Fall der – vorliegend legal definierten – „Führungslosigkeit" der Gesellschaft jeder einzelne **Gesellschafter** ersatzweise zum Empfangsvertreter für die Gesellschaft wird. Sollte für die Gesellschaft ein **Aufsichtsrat** i. S. d. § 52 GmbHG bestellt sein, so vertreten die Mitglieder des Aufsichtsrates die Gesellschaft anstelle der Geschäftsführer entsprechend.

79

Verhindert wird durch die Neuregelung in § 35 Abs. 1 Satz 2 GmbHG insbesondere, dass der Gesellschaft im Falle der **Vertreterlosigkeit** (Führungslosigkeit) nicht mehr zugestellt werden kann. Es kommt nach dem Willen des Gesetzgebers im Übrigen nicht darauf an, ob die Gesellschafter von der Führungslosigkeit Kenntnis haben.

80

Im Zuge der Bekämpfung der **Firmenbestattungen** wurde die Verantwortung von Gesellschaftern sog. „führungsloser" Gesellschaften gesteigert. Dies setzt sich in § 101 InsO, der die **Auskunfts- und Mitwirkungspflichten** des Schuldners bzw. der organschaftlichen Vertreter regelt, fort. Verfügt der Schuldner über keinen Vertreter, gelten die Auskunfts- und Mitwirkungsverpflichtungen auch für die Personen, die an ihm **beteiligt** sind, § 101 Abs. 1 Satz 2 InsO (**Gesellschafter**).

81

Häufig ist zu beobachten, dass sich sowohl Geschäftsführer als auch Gesellschafter gegenüber dem Gutachter bzw. vorläufigen Insolvenzverwalter und auch gegenüber dem Insolvenzgericht völlig unkooperativ zeigen. In diesen Fällen will der Gesetzgeber nun eine anderweitige Sanktion schaffen. Kommen die organschaftlichen Vertreter bzw. die Gesellschafter einer führungslosen Gesellschaft ihrer **Auskunfts- und Mitwirkungspflicht** nicht nach, können ih-

82

---

1 Vgl. umfassend: Horstkotte, ZInsO 2009, 209 ff.
2 Vgl. dazu: Schmittmann/Gregor, Aktuelle Entwicklungen zu Firmenbestattungen, InsBüro 2006, 410 ff.; Hey/Regel, Firmenbestatter – Strafrechtliche Würdigung eines neuen Phänomens, GmbHR 2000, 115 ff.; Hirte, Die organisierte „Bestattung" von Kapitalgesellschaften, ZInsO 2003, 833 ff.; Pananis/Börner, Strafbarkeit des Vermittlers der ordentlichen Abwicklung einer GmbH?, GmbHR 2006, 513 ff.; Pape, Gesetzwidrigkeit der Verweisung des Insolvenzverfahrens bei gewerbsmäßiger Firmenbestattung, ZIP 2006, 877 ff.; Schmittmann, Firmenbestattungen und Insolvenz, InsBüro 2004, 287 ff.; Schröder, Die strafrechtliche Haftung des Notars als Gehilfe bei der Entsorgung einer insolvenzreifen GmbH außerhalb des Insolvenzverfahrens, DNotZ 2005, 596 ff.; Singer/Greck, „Firmenbestatter" erkennen und Mandanten schützen, StuB 2006, 82 f.

nen im Fall der Abweisung des Antrags auf Eröffnung des Insolvenzverfahrens die **Kosten des Verfahrens** auferlegt werden, § 101 Abs. 3 InsO.

(II) Kapitalersatzrecht

83 Im Übrigen wurden §§ 32a, 32b GmbHG aufgehoben. Das bisherige **Eigenkapitalersatzrecht** wird aus den Einzelgesetzen herausgelöst, modifiziert und in der **Insolvenzordnung** konzentriert, worauf noch im Einzelnen zurückzukommen ist.

84 In diesem Zusammenhang ist auch die Neuregelung von § 30 Abs. 1 Satz 3 GmbHG zu sehen, womit die Fortgeltung der sog. **Rechtsprechungsregeln** zu den eigenkapitalersetzenden Gesellschafterdarlehen aufgegeben wird, indem generell angeordnet wird, dass Gesellschafterdarlehen und gleichgestellte Leistungen nicht wie haftendes Eigenkapital zu behandeln sind. Auch dies wird im Rahmen der geplanten Änderung der Insolvenzordnung noch näher beleuchtet werden.

85–90 *(Einstweilen frei)*

(b) Insolvenzordnung

Literatur: *Dahl*, Insolvenzrechtliche Änderungen durch das MoMiG, NJW-Spezial 2008, 757 f.; *Göcke*, Haftungsfalle Führungslosigkeit? Gefahren für den Insolvenzverwalter eines GmbH-Gesellschafters bei führungsloser Gesellschaft, ZInsO 2008, 1305 ff.; *Gundlach/Frenzel/Strandmann*, Die Insolvenzverwaltung nach den Änderungen durch das MoMiG, NZI 2008, 647 ff.; *Hirte*, Neuregelungen mit Bezug zum gesellschaftsrechtlichen Gläubigerschutz und im Insolvenzrecht durch das Gesetz zur Modernisierung des GmbH-Rechts und zur Bekämpfung von Missbräuchen (MoMiG), ZInsO 2008, 689 ff.; *Hirte*, Die Unternehmergesellschaft (UG) nach dem Gesetz zur Modernisierung des GmbH-Rechts und zur Bekämpfung von Missbräuchen (MoMiG), ZInsO 2008, 933 ff.; *Horstkotte*, Die führungslose GmbH im Insolvenzantragsverfahren, ZInsO 2008, 209 ff.; *Kind*, Insolvenzrechtliche Änderungen durch das MoMiG, NZI 2008, 475 ff.; *Poertzgen*, Der 3-Wochen-Zeitraum im Rahmen der Antragspflicht (§ 15a InsO), ZInsO 2008, 944 ff.; *Poertzgen*, Organhaftung während des 3-Wochen-Zeitraums (§ 15a Abs. 1 InsO), ZInsO 2008, 1196 ff.; *Römermann*, Insolvenzrecht im MoMiG, NZI 2008, 641 ff.; *Schmittmann*, Vorsicht Falle: Haftung des Steuerberaters der Schuldnerin für den Erstattungsanspruch gegen den Geschäftsführer gemäß § 64 Abs. 2 GmbHG, ZInsO 2008, 1170 ff.; *Seibert/Decker*, Die GmbH-Reform kommt!, ZIP 2008, 1208 ff.; *Wagner/Zabel*, Insolvenzverschleppungshaftung nach § 64 Abs. 2 GmbHG wegen Überschuldung – Anreicherung der Masse durch Haftungsverlagerung auf den Steuerberater?, NZI 2008, 660 ff.; *Weyand*, Strafrechtliche Aspekte des MoMiG im Zusammenhang mit juristischen Personen, ZInsO 2008, 702 ff.; *Zugehör*, Haftung des Steuerberaters für Insolvenzverschleppungsschäden, NZI 2008, 652 ff.; *Brete/Thomsen*, Die rechtsformneutrale Insolvenzantragspflicht nach § 15a InsO, KSI 2009, 66 ff.; *Gutmann/Nawroth*, Der zeitliche Anwendungsbereich des MoMiG aus insolvenzrechtlicher Sicht – oder das Ende von Ansprüchen aus Eigenkapitalersatzrecht?, ZInsO 2009, 174 ff.; *Oepen*, Maßgabe im Übermaß – Korrekturbedarf im neuen § 44a InsO, NZI 2009, 300 ff.; *Spliedt*, MoMiG in der Insolvenz – ein Sanierungsversuch, ZIP 2009, 149 ff.

Auch wenn das Gesetz zur Modernisierung des GmbH-Rechts und zur Bekämpfung von Missbräuchen auf den ersten Blick vorrangig gesellschaftsrechtliche Vorschriften ändert, so liegt doch seine besondere Brisanz im Bereich des **Insolvenzrechts**. 91

(aa) Anhörung des Schuldners

Aus verschiedenen Vorschriften der Insolvenzordnung ergibt sich eine Pflicht zur Anhörung des Schuldners.[1] Im Zuge der Regelung **führungsloser Gesellschaften** wurde in § 10 Abs. 2 InsO nunmehr eingefügt, dass bei führungslosen juristischen Personen die **an ihnen beteiligten Personen** (Gesellschafter) angehört werden. 92

(bb) Insolvenzantragspflicht

Zum Antrag auf Eröffnung eines Insolvenzverfahrens über das Vermögen einer juristischen Person ist gem. § 15 Abs. 1 InsO außer den Gläubigern im Fall der Führungslosigkeit auch jeder Gesellschafter, bei einer Aktiengesellschaft oder einer Genossenschaft zudem auch jedes Mitglied des Aufsichtsrates zur Antragstellung berechtigt. 93

Die **Insolvenzantragspflicht**, die bislang in den Einzelgesetzen niedergelegt war, ist nun in § 15a InsO zentralisiert.[2] 94

Wird eine juristische Person zahlungsunfähig oder überschuldet, haben die Mitglieder des Vertretungsorgans oder die Abwickler ohne schuldhaftes Zögern, **spätestens** aber **drei Wochen** nach Eintritt der **Zahlungsunfähigkeit** oder **Überschuldung**, einen Insolvenzantrag zu stellen. Das Gleiche gilt für die organschaftlichen Vertreter der zur Vertretung der Gesellschaft ermächtigten Gesellschafter oder die Abwicklung bei einer Gesellschaft ohne Rechtspersönlichkeit, bei der kein persönlich haftender Gesellschafter eine natürliche Person ist; dies gilt nicht, wenn zu den persönlich haftenden Gesellschaftern eine andere Gesellschaft gehört, bei der ein persönlich haftender Gesellschafter eine natürliche Person ist, § 15a Abs. 1 InsO. 95

---

1 Vgl. Hamburger Kommentar zum Insolvenzrecht/Rüther, § 10 Rdnr. 2.
2 Vgl. Weyand, ZInsO 2008, 702 ff.; Poertzgen, ZInsO 2008, 944 ff.; Poertzgen, ZInsO 2008, 1196 ff.; Brete/Thomsen, KSI 2009, 66 ff.

96 Die etwas unübersichtliche Formulierung in § 15a Abs. 1 InsO läuft darauf hinaus, dass nicht alle Personenhandelsgesellschaften, sondern nur die sog. **„haftungsbeschränkten"** Personenhandelsgesellschaften neben den Kapitalgesellschaften **insolvenzantragspflichtig** sein sollen, wenn ein Insolvenzgrund vorliegt. Die Insolvenzgründe sind nach wie vor Zahlungsunfähigkeit und Überschuldung. Auch hinsichtlich der Antragsfrist bleibt es bei der bisherigen Frist von drei Wochen nach Eintritt des Insolvenzgrundes.

97 Im Fall der **Führungslosigkeit** einer Gesellschaft mit beschränkter Haftung (§ 35 Abs. 1 Satz 2 GmbHG) ist auch jeder Gesellschafter, im Fall der Führungslosigkeit einer Aktiengesellschaft (§ 78 Abs. 1 Satz 2 AktG) oder einer Genossenschaft (§ 24 Abs. 1 Satz 2 GenG) ist auch jedes Mitglied des Aufsichtsrates zur Stellung des Antrages verpflichtet, es sei denn, diese Person hat von der Zahlungsunfähigkeit und der Überschuldung oder der Führungslosigkeit keine Kenntnis.

98 Bislang war die Insolvenzantragspflicht bereits **strafbewehrt**, was sich in den jeweiligen Einzelgesetzen niedergeschlagen hat, z. B. § 84 Abs. 1 Nr. 2 GmbHG oder § 130b HGB.

99 Nunmehr regelt § 15a Abs. 4 InsO, dass mit **Freiheitsstrafe** bis zu drei Jahren oder mit **Geldstrafe** bestraft wird, wer entgegen § 15a Abs. 1 InsO einen Insolvenzantrag nicht, nicht richtig oder nicht rechtzeitig stellt. Handelt der Täter in den Fällen des Abs. 4 fahrlässig, ist die Strafe Freiheitsstrafe bis zu einem Jahr oder Geldstrafe.

100 Die Regelung der Insolvenzantragspflicht in der Insolvenzordnung überzeugt zum einen, weil sie auch hier, also im Insolvenzrecht und nicht im Gesellschaftsrecht, ihre dogmatische Verankerung hat. Zum anderen ist es nunmehr auch möglich, bei **Scheinauslandsgesellschaften** eine inländische Insolvenzantragspflicht anzunehmen.

101 Von besonderer Bedeutung ist im Übrigen, dass auch die **„nicht richtige"** Insolvenzantragstellung gem. § 15a Abs. 4 InsO strafbar sein soll. Gemeint ist offenbar, dass der Insolvenzantragspflichtige nicht lediglich einen Antrag einreichen soll, von dem von vornherein absehbar ist, dass eine Eröffnungsentscheidung nicht möglich ist oder mit dem gar provoziert wird, den Eröffnungsantrag mangels einer die Kosten des Verfahrens deckenden Masse abzuweisen.

102 Nach der Rechtsprechung des AG Duisburg ist ein eigener Eröffnungsantrag einer Kapitalgesellschaft wegen **Verfolgung eines verfahrensfremden Zwecks** unzulässig, wenn das Vertretungsorgan vorsätzlich die Vermögenslosigkeit

der Gesellschaft vortäuscht oder ihre Vermögensverhältnisse der gerichtlichen Aufklärung entzieht, um die Abweisung mangels Masse zu erreichen. Ein solcher Antrag missbraucht das Insolvenzeröffnungsverfahren, um auf scheinbar gesetzmäßigem Weg die Voraussetzungen für die Auflösung und anschließende Löschung der Gesellschaft im Handelsregister zu schaffen und so den Zugriff der Gläubiger auf das Gesellschaftsvermögen zu vereiteln oder jedenfalls wesentlich zu erschweren.[1]

Nach der bisherigen strafgerichtlichen Rechtsprechung war es ausreichend, wenn ein Insolvenzantrag für die Gesellschaft gestellt wurde, selbst ohne Beifügung von Unterlagen wie Gläubiger- und Schuldnerverzeichnis oder fehlender Übersicht über die Vermögenslage der Gesellschaft, um der Strafvorschrift des § 84 Abs. 1 Nr. 2 a. F. GmbHG zu entgehen.[2]

103

Wird ein Insolvenzantrag „nicht richtig" gestellt, sondern nur zum Schein, um eine Zurückweisung oder Abweisung mangels Masse zu provozieren, so hat die Literatur darin bislang ebenfalls eine **Pflichtverletzung** des Geschäftsführers gesehen.[3]

104

(Einstweilen frei)

105–110

(cc) Feststellung der Überschuldung

Eine weitere wichtige Neuerung ergibt sich hinsichtlich der Feststellung des Insolvenzgrundes der Überschuldung. Eine **Überschuldung** liegt gem. § 19 Abs. 2 InsO vor, wenn das Vermögen des Schuldners die bestehenden Verbindlichkeiten nicht mehr deckt. Der BGH hat entschieden, dass auch **eigenkapitalersetzende Gesellschafterleistungen** zu **passivieren** sind und damit zu einer Insolvenzreife der Gesellschaft führen können, sofern kein **Rangrücktritt** vorliegt.[4] Der BGH führt aus, dass diese Gesellschafterleistungen nicht mit dem Eintritt der Krise erlöschen, sondern zu statutarischem Eigenkapital werden. Die Umqualifizierung der von dem Gesellschafter als Drittem gewährten Leistung in funktionelles Eigenkapital und das Eingreifen der von der Rechtsprechung entwickelten Eigenkapitalersatzregeln habe lediglich zur Folge, dass der

111

---

1 S. AG Duisburg v. 2.1.2007 – 64 IN 107/06, NZI 2007, 354 ff. mit Anm. Schmittmann.
2 So BayObLG v. 23.3.2000 – 5 St RR 36/00, NZI 2001, 50 = ZIP 2000, 1220 = GmbHR 2000, 672 = ZInsO 2000, 465 mit Besprechungsaufsatz Weyand, ZInsO 2000, 440; KG v. 13.3.2002 – 5 (1) Ss 243/01, wistra 2002, 313, 315.
3 So Bittmann, Insolvenzdelikte, Berlin, 2005, § 11 Rdnr. 29; Schmittmann, NZI 2007, 354, 357.
4 So BGH v. 8.1.2001 – II ZR 88/99, BGHZ 146, 264 ff. = NZI 2001, 196 ff.

Gesellschafter während der Krise seine Forderungen gegen die Gesellschaft nicht durchsetzen dürfe.[1]

112 **Forderungen auf Rückgewähr** des kapitalersetzenden Darlehens eines Gesellschafters oder gleichgestellte Forderungen sind nachrangige Insolvenzforderungen gem. § 39 Abs. 1 Nr. 5 InsO.

113 In der Vergangenheit wurde häufig um die Frage gestritten, ob eine **Rangrücktrittserklärung** vorlag. Diese Frage spielte insbesondere eine Rolle für die Verwirklichung des Straftatbestandes der verspäteten Insolvenzantragstellung, aber ebenso auch für Ersatzansprüche der Insolvenzmasse gegen den organschaftlichen Vertreter, insbesondere aus § 64 Abs. 2 GmbHG. Leider musste immer wieder beobachtet werden, dass Rangrücktrittserklärungen nachgeschrieben worden sind.

114 Nunmehr regelt § 19 Abs. 2 InsO, dass **Forderungen auf Rückgewähr von Gesellschafterdarlehen oder aus Rechtshandlungen, die einem solchen Darlehen wirtschaftlich entsprechen,** für die gem. § 39 Abs. 2 InsO zwischen Gläubiger und Schuldner der Nachrang im Insolvenzverfahren hinter den in § 39 Abs. 1 Nr. 1 bis 5 InsO bezeichneten Forderungen vereinbart ist, nicht bei den Verbindlichkeiten nach § 19 Abs. 2 Satz 1 InsO zu berücksichtigen sind.

115 Zugleich ist § 39 Abs. 1 Nr. 5 InsO als Konsequenz der **Änderung des Eigenkapitalersatzrechts** dahin modifiziert worden, dass nachrangige Insolvenzforderungen gem. § 39 Abs. 1 Nr. 5 InsO nach Maßgabe von § 39 Abs. 4 und Abs. 5 InsO Forderungen auf Rückgewähr eines Gesellschafterdarlehens oder Forderungen aus Rechtshandlungen, die einem solchen Darlehen wirtschaftlich entsprechen, sind.

116 Der insolvenzrechtliche **Überschuldungsbegriff** ist in der jüngeren Vergangenheit mehrfach geändert worden. Von der Öffentlichkeit zunächst nahezu unbemerkt wurde durch Art. 5 des Gesetzes zur Umsetzung eines Maßnahmenpakets zur Stabilisierung des Finanzmarktes (**Finanzmarktstabilisierungsgesetz – FMStG**) vom 17. 10. 2008 (BGBl. I 2008, 1982 ff.) § 19 Abs. 2 InsO dahin geändert, dass Überschuldung vorliegt, wenn das Vermögen des Schuldners die bestehenden Verbindlichkeiten nicht mehr deckt, es sei denn, die **Fortführung des Unternehmens** ist nach den Umständen **überwiegend wahrscheinlich**.

117 Die überwiegende Wahrscheinlichkeit der Fortführung des Unternehmens, die eine Überschuldung nach § 19 Abs. 2 InsO i. d. F. des Art. 5 FMStG ausschließt, muss anhand einer Prognoserechnung dargelegt werden. Diese **Prognoserech-**

---

[1] Vgl. im Einzelnen Schmittmann/Theurich/Brune, Das insolvenzrechtliche Mandat, § 2 Rdnr. 115.

nung erfordert eine nach betriebswirtschaftlichen Grundsätzen durchzuführende **Ertrags- und Finanzplanung**.[1]

Eine **Finanzierungszusage**, die nicht im Insolvenzfall gilt, ist im Rahmen eines Überschuldungsstatus nur so lange als **Aktiva** zu bewerten, wie eine positive Fortführungsprognose besteht.[2] 118

Durch Art. 9 des **Gesetzes zur Modernisierung des GmbH-Rechts und zur Bekämpfung von Missbräuchen (MoMiG)** vom 23. 10. 2008 (BGBl. I 2008, 2026 ff.) wurde § 19 Abs. 2 InsO folgender Satz angefügt: Forderungen auf Rückgewähr von Gesellschafterdarlehen oder aus Rechtshandlungen, die einem solchen Darlehen wirtschaftlich entsprechen, für die gem. § 39 Abs. 2 InsO zwischen Gläubiger und Schuldner der Nachrang im Insolvenzverfahren hinter den in § 39 Abs. 1 Nr. 1 bis 5 InsO bezeichneten Forderungen vereinbart worden ist, sind nicht bei den Verbindlichkeiten nach Satz 1 zu berücksichtigen. Gemäß Art. 25 MoMiG ist diese Änderung am 1. 11. 2008 in Kraft getreten. 119

In Art. 6 FMStG ist allerdings eine **weitere Änderung von § 19 Abs. 2 InsO** vorgesehen. Danach liegt Überschuldung vor, wenn das Vermögen des Schuldners die bestehenden Verbindlichkeiten nicht mehr deckt. Bei der Bewertung des Vermögens des Schuldners ist jedoch die Fortführung des Unternehmens zu Grunde zu legen, wenn diese nach den Umständen überwiegend wahrscheinlich ist. Durch das Gesetz zur Erleichterung der Sanierung von Unternehmen vom 24. 10. 2009[3] wurde geregelt, dass Art. 6 Abs. 1 und 2 FMStG am 1. 1. 2011 und Art. 6 Abs. 3 FMStG am 1. 1. 2014 in Kraft treten, was zu einer Verlängerung des „entschärften" Überschuldungsbegriffs bis Ende 2013 führen wird. 120

Nach dem derzeitigen Stand der Gesetzgebung ist unklar, ob die **Nichtberücksichtigung von Nachrangdarlehen** und entsprechenden Rechtshandlungen im Überschuldungsstatus lediglich bis zum 31. 12. 2010 gelten soll oder aber ob der Gesetzgeber schlichtweg in der Hektik des FMStG übersehen hat, dass eine Änderung von § 19 Abs. 2 InsO durch das MoMiG bereits geplant war. Bei der Prüfung der Überschuldung wird daher in Zukunft noch sorgfältiger vorgegangen werden müssen, insbesondere im Hinblick auf die Prüfung der Fortführungsmöglichkeit des Unternehmens. 121

Die Bestimmung des § 19 Abs. 2 InsO lautet derzeit: 122

„Überschuldung liegt vor, wenn das Vermögen des Schuldners die bestehenden Verbindlichkeiten nicht mehr deckt, es sei denn, die Fortführung des Un-

---
1 So LG Göttingen v. 3. 11. 2008 – 10 T 119/08, NZI 2008, 751 f.
2 So OLG Köln v. 5. 2. 2009 – 18 U 171/07, ZIP 2009, 808 ff.
3 BGBl I 2009, 3151.

ternehmens ist nach den Umständen überwiegend wahrscheinlich. Forderungen auf Rückgewähr von Gesellschafterdarlehen oder aus Rechtshandlungen, die einem solchen Darlehen wirtschaftlich entsprechen, für die gem. § 39 Abs. 2 InsO zwischen Gläubiger und Schuldner der Nachrang im Insolvenzverfahren hinter den in § 39 Abs. 1 Nr. 1 bis 5 InsO bezeichneten Forderungen vereinbart worden ist, sind nicht bei den Verbindlichkeiten nach Satz 1 zu berücksichtigen."

(dd) Gesellschafterdarlehensrecht

123 Es ist bereits oben dargelegt worden, dass das frühere sog. Eigenkapitalersatzrecht abgeschafft und in modifizierter Form als Gesellschafterdarlehnsrecht in der **Insolvenzordnung** konzentriert werden soll. Daher müssen auch die Vorschriften der Insolvenzordnung, die sich bislang auf Kapitalersatzrecht bezogen, modifiziert werden.[1]

124 Es ist daher eine **Änderung von § 39 InsO** dahin erfolgt, dass die Absätze 4 und 5 angefügt werden:

Gemäß § 39 Abs. 4 InsO gilt die Vorschrift des § 39 Abs. 1 Nr. 5 InsO für Gesellschaften, die weder eine natürliche Person noch eine Gesellschaft als persönlich haftenden Gesellschafter haben, bei der ein persönlich haftender Gesellschafter eine natürliche Person ist (sog. **„haftungsbeschränkte Handelsgesellschaften"**). Erwirbt ein Gläubiger bei drohender oder eingetretener Zahlungsunfähigkeit der Gesellschaft oder bei Überschuldung Anteile zum Zweck ihrer Sanierung, führt dies bis zur nachhaltigen Sanierung nicht zur Anwendung von § 39 Abs. 1 Nr. 5 InsO auf seine Forderungen aus bestehenden oder neu gewährten Darlehen oder auf Forderungen aus Rechtshandlungen, die einem solchen Darlehen wirtschaftlich entsprechen (sog. **„Sanierungsprivileg"**).

125 Das **Zwerganteilsprivileg**, das bisher in § 32a Abs. 3 Satz 2 GmbHG niedergelegt war, bleibt erhalten. Die Regelung des § 39 Abs. 1 Nr. 5 InsO gilt gem. § 39 Abs. 5 InsO nicht für den nicht geschäftsführenden Gesellschafter einer Gesellschaft i. S. v. § 39 Abs. 4 Satz 1 InsO, der mit 10 % oder weniger am Haftkapital beteiligt ist.

126 Die Finanzierung von kleinen und mittelständischen Unternehmen durch Banken erfolgt in aller Regel nur, wenn die **Gesellschafter** und/oder **Geschäftsführer** persönliche **Sicherheiten** stellen. Wird der Bürge in Anspruch genommen und befriedigt er den Gläubiger, geht die Forderung des Gläubigers gegen den

---

[1] Vgl. Marotzke, ZInsO 2008, 1281 ff.; Schmidt, DB 2008, 1727 ff.

Hauptschuldner im Wege einer cessio legis gem. § 774 Abs. 1 Satz 1 BGB auf ihn über. Dabei ist aber insolvenzrechtlich zu berücksichtigen, dass es sich hierbei nicht um eine einfache Insolvenzforderung i. S. d. § 38 InsO handelt. Demnach nimmt auch der **Anspruch des Sicherungsgebers** am Insolvenzverfahren lediglich im **Range des § 39 Abs. 1 Nr. 5 InsO** teil.

Hinsichtlich des **gesicherten Gläubigers** greift **§ 44a InsO** ein.[1] In dem Insolvenzverfahren über das Vermögen einer Gesellschaft kann ein Gläubiger nach Maßgabe des § 39 Abs. 1 Nr. 5 InsO für eine Forderung auf Rückgewähr eines Darlehens oder für eine gleichgestellte Forderung, für die ein Gesellschafter eine Sicherheit bestellt oder für die er sich verbürgt hat, nur anteilsmäßige Befriedigung aus der Insolvenzmasse verlangen, soweit er bei der Inanspruchnahme der Sicherheit oder des Bürgen ausgefallen ist.

Hinsichtlich von **Gesellschafterdarlehen** sind darüber hinaus auch die geänderten **anfechtungsrechtlichen Vorschriften** zu berücksichtigen. Dies gilt sowohl für die Gewährung von **Sicherheiten** als auch für gewährte **Befriedigungen**.

Anfechtbar ist gem. **§ 135 Abs. 1 InsO** eine Rechtshandlung, die für die Forderung eines Gesellschafters auf **Rückgewähr eines Darlehens** i. S. d. § 39 Abs. 1 Nr. 5 InsO oder für eine gleichgestellte Forderung **Sicherung** gewährt hat, wenn die Handlung in den letzten zehn Jahren vor dem Antrag auf Eröffnung des Insolvenzverfahrens oder nach diesem Antrag vorgenommen worden ist, oder Befriedigung gewährt hat, wenn die Handlung im letzten Jahr vor dem Eröffnungsantrag oder nach diesem Antrag vorgenommen worden ist.

Anfechtbar ist gem. **§ 135 Abs. 2 InsO** eine Rechtshandlung, mit der eine Gesellschaft einem Dritten für eine Forderung auf Rückgewähr eines Darlehens i. S. d. § 39 Abs. 1 Nr. 5 InsO oder für eine gleichgestellte Forderung innerhalb der in § 135 Abs. 1 Nr. 2 InsO genannten Fristen **Befriedigung** gewährt hat, wenn ein Gesellschafter für die Forderung eine Sicherheit bestellt hat oder als Bürge haftet. Dies gilt sinngemäß für Leistungen auf Forderungen, die einem Darlehen wirtschaftlich entsprechen.

Wurde dem Schuldner von einem Gesellschafter ein Gegenstand zum Gebrauch oder zur Ausübung überlassen, so kann der **Aussonderungsanspruch** während der Dauer des Insolvenzverfahrens, höchstens aber für eine Zeit von einem Jahr ab der Eröffnung des Insolvenzverfahrens nicht geltend gemacht werden, wenn der Gegenstand für die Fortführung des Unternehmens des Schuldners von erheblicher Bedeutung ist. Für den Gebrauch oder die Aus-

---

[1] Vgl. Oepen, NZI 2009, 300 ff.

übung des Gegenstandes gebührt dem Gesellschafter ein **Ausgleich**; bei der Berechnung ist der Durchschnitt der im letzten Jahr vor Verfahrenseröffnung geleisteten Vergütung in Ansatz zu bringen, bei kürzerer Dauer der Überlassung ist der Durchschnitt während dieses Zeitraums maßgebend.[1]

132 Im Falle der Anfechtung nach § 135 Abs. 2 InsO hat der **Gesellschafter**, der die Sicherheit bestellt hat oder als Bürge haftet, **die dem Dritten gewährte Leistung zur Insolvenzmasse zu erstatten**. Die Verpflichtung besteht nur bis zur Höhe des Betrages, mit dem der Gesellschafter als Bürge haftet oder der dem Wert der von ihm bestellten Sicherheit im Zeitpunkt der Rückgewähr des Darlehens oder der Leistung auf die gleichgestellte Forderung entspricht. Der Gesellschafter wird von der Verpflichtung frei, wenn er die **Gegenstände**, die dem Gläubiger als Sicherheit gedient haben, **der Insolvenzmasse zur Verfügung stellt**, § 143 Abs. 3 InsO.

133 Der Gesetzgeber verzichtet nunmehr auf das Merkmal „**kapitalersetzend**" und stellt damit jedes Gesellschafterdarlehen in der Insolvenz nachrangig. Die Entscheidung, ob die Forderung dem gesetzlich angeordneten Rangrücktritt nach § 39 Abs. 1 Nr. 5 InsO unterfällt, wird damit künftig wesentlich einfacher und rechtssicherer zu treffen sein, so dass Forderungen auf Rückgewähr von Gesellschafterdarlehen, die von § 39 Abs. 1 Nr. 5 InsO erfasst werden, auch ohne Rangrücktrittserklärung des Gesellschafters generell nicht als Passiva in der Überschuldungsbilanz zu erfassen sind.

134 Dem Insolvenzverwalter wird damit der Nachweis abgenommen, dass es sich um eine eigenkapitalersetzende Leistung gehandelt hat. Er wird daher in Zukunft nicht mehr nachweisen müssen, wann die **Krise der Gesellschaft** eingetreten ist.

135–140 *(Einstweilen frei)*

(c) Änderungen des Anfechtungsgesetzes

141 Für **Anfechtungen außerhalb des Insolvenzverfahrens** gilt das Anfechtungsgesetz vom 5. 10. 1994 (BGBl. I 1994, 2911 ff.), das allerdings in der Praxis vergleichsweise geringe Bedeutung hat.

142 Das **Anfechtungsgesetz** wurde mit den geänderten Vorschriften der Insolvenzordnung abgestimmt. Die Vorschrift von § 6 AnfG (Gesellschafterdarlehen) entspricht § 135 InsO. Die Vorschrift des § 6a AnfG (gesicherte Darlehen) ent-

---

1 Vgl. Marotzke, ZInsO 2008, 1281, 1284; Schmidt, DB 2008, 1727, 1730.

spricht § 44a InsO. In Übereinstimmung mit § 43 Abs. 3 InsO wird § 11 Abs. 3 InsO geändert.

(d) Weitere Änderungen durch das MoMiG

Die weiteren Änderungen des MoMiG betreffen die Handelsregisterverordnung, die Genossenschaftsregisterverordnung, die Kostenordnung, das EWIV-Ausführungsgesetz, das Umwandlungsgesetz, das SE-Ausführungsgesetz, das Genossenschaftsgesetz, das SCE-Ausführungsgesetz, das Gesetz über Unternehmensbeteiligungsgesellschaften, das Partnerschaftsgesellschaftsgesetz, die Abgabenordnung sowie das Kreditwesengesetz. 143

Es handelt sich jedoch im Wesentlichen um redaktionelle Änderungen bzw. Folgeänderungen, die aus der Änderung der vorbezeichneten Vorschriften des Gesellschafts- und Insolvenzrechts folgen. 144

(e) Aktuelle Rechtsprechung zum MoMiG

Das **Eigenkapitalersatzrecht** in Gestalt der Novellenregeln (§§ 32a, 32b GmbHG a. F.) und der Rechtsprechungsregeln (§§ 30, 31 GmbHG a. F. analog) findet gem. der Überleitungsnorm des Art. 103d EGInsO wie nach allgemeinen Grundsätzen des intertemporalen Rechts nach der Rechtsprechung des BGH auf „Altfälle", in denen das Insolvenzverfahren vor Inkrafttreten des Gesetzes zur Modernisierung des GmbH-Rechts und zur Bekämpfung von Missbräuchen (MoMiG) vom 23. 10. 2008 (BGBl I 2008, 2026) eröffnet worden ist, als zur Zeit der **Verwirklichung des Entstehungstatbestandes** des Schuldverhältnisses geltendes „altes" Gesetzesrecht weiterhin Anwendung.[1] Die Rückzahlungspflicht des bürgenden Gesellschafters nach Novellen- wie nach Rechtsprechungsregeln wird nicht durch das Vorhandensein einer Mehrzahl von Sicherheiten – hier: verlängerter Eigentumsvorbehalt und Wechselbürgschaft – berührt, solange sich unter den Sicherungsgebern auch ein Gesellschafter befindet. Da wirtschaftlich dessen Kreditsicherheit in der Krise der Gesellschaft funktionales Eigenkapital darstellt, darf dieses nicht auf dem Umweg über eine Leistung an den Gesellschaftsgläubiger aus dem Gesellschaftsvermögen dem Gesellschafter „zurückgewährt" werden. 145

Auf eine Gesellschaft bürgerlichen Rechts, die weder eine natürliche Person noch eine Gesellschaft als Gesellschafter hat, bei der ein persönlich haftender Gesellschafter eine natürliche Person ist, ist § 129a HGB a. F. entsprechend an- 146

---

[1] BGH v. 26. 1. 2009 – II ZR 260/07, GWR 2009, 45 [de Bra] = DB 2009, 670 ff. = NJW 2009, 1277 ff. mit Anm. Dahl/Schmitz = DStR 2009, 699 ff. mit Anm. Goette.

zuwenden, wenn das Insolvenzverfahren über das Vermögen der Gesellschaft vor Inkrafttreten des MoMiG am 1.11.2008 eröffnet wurde.[1] Wird ein Gesellschafterdarlehen durch „Stehenlassen" in der Krise der Gesellschaft in **funktionales Eigenkapital** umqualifiziert und steht fest, dass der Gesellschafter, dem die Gesellschaft für dieses Darlehen eine Sicherheit eingeräumt hat, seine – vom Gesetz in der Insolvenz der Gesellschaft zurückgestufte – Darlehensrückzahlungsforderung dauerhaft nicht mehr durchsetzen kann, ist er wegen Wegfalls des Sicherungszwecks auf Verlangen der Gesellschaft zur Freigabe der Sicherheit verpflichtet.[2]

147 Soweit der Gesellschafter einer GmbH einen Betrag, den ihm die Gesellschaft aus einem eigenkapitalersetzenden Darlehen zur Verfügung gestellt hat, umgehend zur Erfüllung einer „Einlageschuld" aus einer **Kapitalerhöhung** an die Gesellschaft zurückzahlt, leistet er nicht die geschuldete Einlage, sondern erfüllt seine **Erstattungspflicht** nach § 31 Abs. 1 GmbHG.[3]

148 Wenn das Insolvenzverfahren vor dem 1.11.2008, dem Inkrafttreten der „Nichtanwendungsvorschrift" (§ 30 Abs. 1 Satz 3 GmbHG n. F.) im MoMiG, eröffnet wurde bzw. die **Auszahlung i. S. v. § 30 Abs. 1 GmbHG a. F.** vor diesem Zeitpunkt lag, sind weiter die bisherigen Vorschriften anzuwenden, darunter auch die Rechtsprechungsregeln.[4]

149 Die Vorschrift des § 30 Abs. 1 Satz 3 GmbHG n. F. in der ab 1.11.2008 geltenden Fassung gilt für vor dem 1.11.2008 erfolgte Rückzahlungen auf ein eigenkapitalersetzendes Gesellschafterdarlehen jedenfalls dann nicht, wenn vor dem 1.11.2008 über das Vermögen der Gesellschaft das Insolvenzverfahren eröffnet worden ist. Vielmehr finden auf diese Altfälle die sog. „**Rechtsprechungsregeln**" weiterhin Anwendung. Auch ein im Gesellschaftsvertrag neben der Hafteinlage vereinbartes Darlehen eines Gesellschafters ist im Überschuldungsstatus zu passivieren, sofern nicht ein **qualifizierter Rangrücktritt** vorliegt.[5]

150 **Führungslosigkeit** i. S. v. § 15 Abs. 1 Satz 2 InsO n. F. liegt nach der Rechtsprechung des AG Hamburg nur dann vor, wenn der organschaftliche Vertreter der

---

1 BGH v. 26.1.2009 – II ZR 213/07, DStR 2009, 595 ff. = DB 2009, 507 ff. = NJW 2009, 997 f.
2 Vgl. BGH v. 27.11.2000 – II ZR 179/99, ZIP 2001, 115 ff.
3 BGH v. 26.1.2009 – II ZR 217/07, GWR 2009, 32 [Petrovicki] = DB 2009, 673 f. = NJW 2009, 1418 f. = NJW-Spezial 2009, 240 f. = ZInsO 2009, 678 f. unter Aufgabe von BGH v. 27.11.2000 – II ZR 83/00, BGHZ 146, 105 ff.
4 S. BGH v. 26.1.2009 – II ZR 216/07, n.v.
5 So OLG Köln v. 11.12.2008 – 18 U 138/07, DB 2009, 442 ff. = NZI 2009, 128 ff.

Gesellschaft tatsächlich oder rechtlich nicht mehr existiert. Ein „unbekannter Aufenthalt" genügt nicht.[1]

Die Vorschrift des § 135 Abs. 1 InsO in der Fassung des am 1.11.2008 in Kraft getretenen MoMiG ist auf sog. **Scheinauslandsgesellschaften** (hier: ausschließlich in Deutschland tätige Limited mit Sitz in England) anwendbar. Dadurch, dass der Gesetzgeber das bisherige Eigenkapitalersatzrecht durch rein insolvenzrechtliche Anfechtungsvorschriften ersetzt und auf das Tatbestandsmerkmal „Krise der Gesellschaft" (§ 32a Abs. 1 GmbHG a. F.) verzichtet hat, ist der Meinungsstreit um die Anwendbarkeit des bisherigen **Eigenkapitalersatzrechtes** auf Scheinauslandsgesellschaften für Rechtshandlungen, die nach dem 1.11.2008 erfolgen, obsolet geworden. Für Rechtshandlungen, die vor dem 1.11.2008 erfolgt sind, kommt es darauf an, ob die Rechtshandlung nach dem bisherigen Recht der Anfechtung entzogen war, Art. 103d EGInsO. Dies ist wegen § 135 Abs. 1 InsO a. F. nicht der Fall, wenn die Gesellschaft zum Zeitpunkt der maßgeblichen Rechtshandlung (hier: Rückzahlung eines Darlehens an den einzigen Gesellschafter) bereits insolvenzreif war und sich damit in der „Krise" i. S. d. bisherigen Eigenkapitalersatzrechtes befunden hat, § 32a Abs. 1 GmbHG a. F.[2]

151

Nach Inkrafttreten des MoMiG ist infolge der durch Art. 5 MoMiG angeordneten Änderung des Aktiengesetzes eine bereits vor dem 1.11.2008 im Handelsregister eingetragene Aktiengesellschaft nur dann zur **Anmeldung** ihrer inländischen **Geschäftsanschrift** nach Maßgabe des § 18 Abs. 1 Satz 2 EGAktG verpflichtet, wenn sie entgegen § 24 Abs. 2 Satz 1 HRV diese Anschrift vor dem 1.11.2008 dem Registergericht nicht mitgeteilt oder sich die Anschrift geändert hat.[3]

152

Die Bestimmung des **§ 19 Abs. 4 GmbHG** in der bis zum 31.10.2008 geltenden Fassung enthält eine gesetzliche **Fälligkeitsregelung**.[4] Es entspricht einem allgemeinen Rechtsgrundsatz, dass sich Inhalt und Wirkung eines Schuldverhältnisses nach der zum Zeitpunkt seiner Entstehung geltenden Rechtslage richten, so dass das neue Recht auf einen Anspruch, der unter der Geltung des alten Rechts entstanden ist, nur zurückwirken kann, wenn Überleitungsrecht dies gesondert anordnet. Da § 3 EGGmbHG Überleitungsrecht zu § 19 Abs. 4 GmbHG a. F. nicht enthält und es daher an einer Anordnung, dass dieser auf

153

---

1 S. AG Hamburg v. 27.11.2008 – 67 c IN 478/08, DZWIR 2009, 173.
2 So AG Hamburg v. 26.11.2008 – 67 g IN 352/08, ZInsO 2008, 1332 f.
3 So OLG München v. 2.2.2009 – 31 Wx 09/09, DB 2009, 387 f. = DStR 2009, 599.
4 So KG v. 24.11.2008 – 2 U 73/07, DB 2009, 728 f.

abgeschlossene Sachverhalte rückwirkend nicht anwendbar sei, fehlt, bleibt es bei der bisherigen Rechtslage.

154–165 *(Einstweilen frei)*

2. Eröffnung des Insolvenzverfahrens

a) Zweck des Insolvenzverfahrens

(1) Gläubigerautonomie

166 Das Insolvenzverfahren dient der gemeinschaftlichen Befriedigung aller persönlichen Gläubiger des Schuldners (§ 1 InsO). Mit der Antragstellung bzw. der Eröffnung des Insolvenzverfahrens ist das „bellum omnium contra omnes" beendet und es greift der Grundsatz der **„par conditio creditorum"**.[1] Kein Gläubiger soll sich auf Kosten des anderen nach Antragstellung noch Sonderrechte oder eine vorzugsweise Befriedigung seiner Forderung verschaffen können.[2] Damit folgt das Insolvenzrecht dem französischen Sprichwort „L´égalité est l´âme des partages".[3]

167 Die **Befriedigung der Gläubiger** kann nicht nur durch Zerschlagung und Verwertung des Vermögens des Schuldners und anschließender Verteilung des Erlöses erfolgen. Vielmehr kann durch einen Insolvenzplan eine abweichende Regelung zur Befriedigung der Gläubiger getroffen werden. Die gemeinschaftliche Befriedigung kann auf somit drei gleichrangigen Wegen erreicht werden:

- ▶ Liquidation des Vermögens,
- ▶ (Teil-)Sanierung des schuldnerischen Unternehmens oder
- ▶ übertragende (Teil-)Sanierung durch Verkauf an einen anderen Rechtsträger.

168 Der **Gesetzgeber der Insolvenzordnung** hat die in der Konkursordnung nur rudimentär angelegte Gläubigerautonomie gestärkt. Instrument der **Gläubigerautonomie** ist u. a. das Recht der Gläubigerversammlung über den Fortgang des Verfahrens zu entscheiden (§ 157 InsO). Die Gläubigerversammlung kann den Insolvenzverwalter mit der Stilllegung des Unternehmens oder mit der Erstellung eines Insolvenzplanes beauftragen und damit die Weichen in Richtung Zerschlagung oder Sanierung des Unternehmens stellen. Wird ein Insol-

---

1 Es heißt dazu in den Digesten: „cum iam par conditio omnium creditorum facta esset".
2 So Uhlenbruck/Uhlenbruck, § 21 Rdnr. 1.
3 Vgl. dazu Knütel, FS Kreft, S. 3.

venzplan erstellt, ist wesentlicher weiterer Bestandteil der Gläubigerautonomie die Abstimmung über den vorgelegten Plan (§§ 235 ff. InsO; s. Rdnr. 1083).

(2) Verbraucherinsolvenz

Neben der bisher genannten „Unternehmensinsolvenz" als Regelinsolvenz sieht die Insolvenzordnung auch die Möglichkeit der Verbraucherinsolvenz vor, das allerdings zum Teil bereits zum reinen Restschuldbefreiungsvehikel[1] degeneriert ist (§§ 304 ff. InsO; s. Rdnr. 1161 ff.). 169

Die nachfolgende Übersicht stellt die verschiedenen Insolvenzverfahren dar: 170

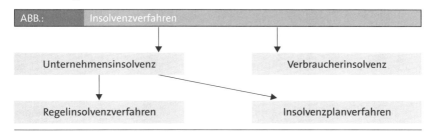

(3) Keine Vorrechte

Um dem Ziel der gleichmäßigen Gläubigerbefriedigung Rechnung zu tragen, ist in der Insolvenzordnung die bisher in § 61 KO normierte **vorrangige Befriedigung** bestimmter Forderungen **entfallen.** Der Fiskus steht in seinem Recht auf Befriedigung seiner Forderungen den übrigen Insolvenzgläubigern (§ 38 InsO) gleich. 171

Von den „normalen" Insolvenzforderungen i. S. v. § 38 InsO unterscheidet die Insolvenzordnung lediglich sog. nachrangige Insolvenzforderungen (§ 39 InsO). Zu den **nachrangigen Insolvenzforderungen** gehören u. a. Zinsen, Kosten des Insolvenzverfahrens, die den Gläubigern entstehen sowie Forderungen auf Rückgewähr von Gesellschafterdarlehen. Auch die Säumniszuschläge, die auf den Zeitraum nach Eröffnung des Insolvenzverfahrens auf Insolvenzforderungen entfallen, zählen zu den nachrangigen Insolvenzforderungen.[2] 172

---

1 Sehr treffend spricht die italienische Konkursordnung hier von dem „beneficio della liberazione dai debiti residui", also explizit von einer Wohltat, Art. 142 Codice del Fallimento. Das Wesen der Restschuldbefreiung als „Rechtswohltat" wird leider in Deutschland kaum wahrgenommen; vgl. Schmittmann/Theurich/Brune, Das insolvenzrechtliche Mandat, § 6 Rdnr. 209.

2 BMF v. 17. 12. 1998, BStBl I 1988, 1502, Tz. 4.4.

173 Nachrangige Insolvenzforderungen werden im Rahmen des Insolvenzverfahrens nur dann befriedigt, wenn die „normalen" Insolvenzforderungen vollständig beglichen sind. Da dies im Insolvenzverfahren regelmäßig nicht der Fall sein wird, gehen die nachrangigen Insolvenzgläubiger leer aus.

(4) Insolvenzmasse

174 Das Insolvenzverfahren umfasst nach § 35 InsO das gesamte in- und ausländische Vermögen, das dem Schuldner zz. der Eröffnung des Verfahrens gehört und das er während des Verfahrens erlangt (**Insolvenzmasse**). Nach der Konkursordnung war der sog. „**Neuerwerb**", den der Schuldner nach Verfahrenseröffnung erzielte, nicht vom Konkursbeschlag umfasst.

175 Neben der Möglichkeit der Sanierung von Unternehmen verfolgt die Insolvenzordnung u. a. das Ziel, beantragte Insolvenzverfahren in einer großen Zahl zu eröffnen (§ 27 InsO) und nicht nach § 26 InsO mangels Masse abzuweisen. Das Insolvenzgericht weist den Antrag auf Eröffnung des Verfahrens ab, wenn das Vermögen des Schuldners voraussichtlich nicht ausreichen wird, um die Kosten des Verfahrens zu decken, es sei denn, die Gläubiger oder der Schuldner legen einen ausreichenden Geldbetrag vor (§ 26 Abs. 1 InsO). Die Abweisung gem. § 26 Abs. 1 InsO ist oftmals von den Geschäftsführern und Gesellschaftern gewünscht, da nach **Abweisung mangels einer die Kosten des Verfahrens deckenden Masse** i. d. R. die Verfolgung von Haftungsansprüchen ausscheidet. Dies ist häufig die wesentliche Motivation, Dienstleistungen von Firmenbestattern in Anspruch zu nehmen, die die „lautlose" Beseitigung von Kapitalgesellschaften übernehmen.[1]

176 Um die Insolvenzmasse zu entlasten, sehen die §§ 170, 171 InsO eine **Kostenbeteiligung** der absonderungsberechtigten Gläubiger bei der Verwertung von beweglichen Gegenständen und Forderungen vor:

- ▶ Verwertet der Insolvenzverwalter eine bewegliche Sache oder eine Forderung, so hat er aus dem Verwertungserlös 4 % für die Kosten der Feststellung und weitere 5 % für die Kosten der Verwertung vorweg für die Insolvenzmasse zu entnehmen. Führt die Verwertung zu einer Belastung der Masse mit Umsatzsteuer, so ist der Umsatzsteuerbetrag zusätzlich einzubehalten (§ 170 Abs. 1 i. V. m. § 172 InsO; s. hierzu Rdnr. 2204 ff.).

- ▶ Überlässt der Insolvenzverwalter einen Gegenstand dem Gläubiger zur Verwertung, so hat dieser aus dem von ihm erzielten Verwertungserlös einen

---

[1] Vgl. dazu: Schmittmann/Gregor, InsBüro 2006, 410 ff.

A. Überblick über das Regelinsolvenzverfahren

Betrag i. H. v. 5 % für die Kosten der Feststellung sowie die ggf. entstehende Umsatzsteuer an die Masse abzuführen (§ 171 Abs. 2 i. V. m. § 172 InsO).

b) Gegenstand des Insolvenzverfahrens

Nach § 11 InsO kann das Insolvenzverfahren über das Vermögen der Rechtsträger eröffnet werden:[1]   177

▶ Über das Vermögen jeder natürlichen Person, jeder juristischen Person mit Ausnahme der juristischen Personen des öffentlichen Rechts (§ 12 InsO), nicht rechtsfähiger Vereine, einer **Gesellschaft ohne Rechtspersönlichkeit** (OHG, KG, GbR etc.)

sowie

▶ nach Maßgabe der §§ 315–334 InsO über einen Nachlass, über das Gesamtgut einer fortgesetzten Gütergemeinschaft oder über das Gesamtgut einer Gütergemeinschaft, das von den Ehegatten gemeinsam verwaltet wird.

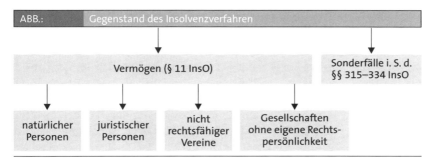

Nicht insolvenzfähig ist nach § 11 Abs. 3 WEG i. d. F. des Gesetzes zur Änderung des Wohnungseigentumsgesetzes und anderer Gesetze vom 26. 3. 2007[2] das Verwaltungsvermögen einer **Wohnungseigentümergemeinschaft**,[3] obwohl der   178

---

[1] Vgl. im Einzelnen: Schmittmann/Theurich/Brune, Das insolvenzrechtliche Mandat, § 2 Rdnr. 8 ff.
[2] BGBl I, 370.
[3] Der bisher geführte Streit in Rechtsprechung und Literatur dürfte damit obsolet sein. Das LG Dresden, Beschl. v. 15. 5. 2006 – 5 T 105/06, ZIP 2006, 1211 f. (Vorinstanz: AG Dresden, Beschl. v. 12. 1. 2006 – 531 IN 3653/05, NJW 2006, 1071 = NZI 2006, 246), Fischer, NZI 2005, 586, 588 und Häublein, ZIP 2005, 1720, 1726 hatten eine Insolvenzfähigkeit im Gegensatz zum AG Mönchengladbach, Beschl. v. 24. 2. 2006 – 32 IN 26/06, NJW 2006, 1071 f. = NZI 2006, 245 f. = ZInsO 2006, 616 verneint; vgl. zum Meinungsstand auch Bork, ZInsO 2005, 1067 ff.; Drasdo, NZI 2006, 209 f.; Gundlach/Frenzel/Schmidt, DZWIR 2006, 149 ff.; HambKomm-*Wehr*, § 11 Rn 5.

BGH die Rechtsfähigkeit einer Wohnungseigentümergemeinschaft in einem Rechtsstreit um einen Wirtschaftsplan angenommen hat.[1]

179–185 (Einstweilen frei)

c) Insolvenzantrag

(1) Allgemeines

186 Anders als beispielsweise im italienischen oder französischen Recht, wo das Insolvenzverfahren auch von Amts wegen oder auf Antrag der Staatsanwaltschaft eröffnet werden kann, kann in Deutschland gem. § 13 Abs. 1 Satz 1 InsO ein Insolvenzverfahren lediglich auf **Antrag des Schuldners oder eines Gläubigers** eröffnet werden (§ 13 Abs. 1 Satz 2 InsO).

187 Der Antrag eines Gläubigers ist nur zulässig, wenn der Gläubiger ein rechtliches Interesse an der Eröffnung des Insolvenzverfahrens hat und er seine **Forderung** sowie den **Eröffnungsgrund** glaubhaft macht (§ 14 Abs. 1 InsO).

188 Da der Gesetzgeber davon ausgeht, dass sich niemand ohne Grund in die Rolle eines Insolvenzschuldners begibt, ist bei der Eigenantragstellung des Schuldners eine besondere Glaubhaftmachung entbehrlich.

189 Die Insolvenzantragspflicht, die bislang in den Einzelgesetzen (§ 64 Abs. 1, § 71 Abs. 4 GmbHG, § 92 Abs. 2, § 268 Abs. 2 AktG, Art. 10 SE-VO i.V. m. § 92 Abs. 2 AktG, § 278 Abs. 3, § 283 Nr. 14 AktG, § 99 GenG, § 42 Abs. 2 BGB, § 130a Abs. 1 HGB und §§ 1980, 1985 BGB) geregelt war, hat nunmehr eine allgemeine Ausgestaltung in § 15a Abs. 1 und Abs. 2 InsO gefunden. Danach haben die Mitglieder des Vertretungsorgans oder die Abwickler einer juristischen Person oder die organschaftlichen Vertreter einer haftungsbeschränkten Gesellschaft ohne schuldhaftes Zögern, spätestens aber drei Wochen nach Eintritt der Zahlungsunfähigkeit oder Überschuldung einen Insolvenzantrag zu stellen. Nach wie vor nicht insolvenzantragspflichtig sind natürliche Personen, Gesellschaften bürgerlichen Rechts und offene Handelsgesellschaften, sofern bei diesen Gesellschaften mindestens ein Gesellschafter eine natürliche Person ist.

190 Der Insolvenzantrag ist **ohne schuldhaftes Zögern,** spätestens aber drei Wochen nach Eintritt der Zahlungsunfähigkeit oder nach Eintritt der Überschuldung zu stellen. Jede antragspflichtige Person ist verpflichtet, spätestens mit Eintritt der Krise zu prüfen, ob ein Insolvenzgrund vorliegt. Die schuldhafte

---

1 S. BGH, Beschl. v. 2.6.2005 – V ZB 32/05, BGHZ 163, 154 ff. = ZIP 2005, 1233 ff. = NJW 2005, 2061 ff. = EWiR 2005, 715 f. (Pohlmann) – Olympiadorf.

Verletzung der Antragspflicht kann sowohl strafrechtliche (§ 15a Abs. 4 und Abs. 5 InsO) als auch zivilrechtliche (haftungsrechtliche) Folgen haben, § 823 Abs. 2 BGB i.V. m. § 15a InsO (vgl. dazu Rdnr. 3076 ff.).

Wird die Eröffnung des Insolvenzverfahrens abgelehnt, so steht dem Antragsteller und, wenn die Abweisung des Antrags nach § 26 InsO erfolgt, dem Schuldner **die sofortige Beschwerde** zu. Wird das Insolvenzverfahren eröffnet (s. Rdnr. 247 f.), steht dem Schuldner die sofortige Beschwerde zu (vgl. § 34 InsO).[1]

191

(2) Insolvenzantrag der Finanzbehörde

Neben den **Sozialversicherungsträgern** sind die **Finanzämter** regelmäßige und konsequente Insolvenzantragsteller.[2] Sowohl die Finanzverwaltung als auch die Sozialversicherungsträger können sich ihre „Kunden" nicht aussuchen und haben daher in aller Regel ein Interesse daran, bei leistungsunfähigen Steuerpflichtigen das Auflaufen weiterer Steuerschulden oder Sozialversicherungsbeiträge dadurch zu verhindern, dass die unternehmerische Tätigkeit durch die Stellung eines Insolvenzantrags bzw. die Eröffnung des Insolvenzverfahrens beendet wird. Fraglich ist allerdings, ob aus dem Grundsatz der Gleichmäßigkeit der Besteuerung eine Pflicht der Finanzverwaltung folgt, Insolvenzanträge zu stellen, um im unternehmerischen Bereich Wettbewerbsverzerrungen zu verhindern.[3]

192

Den Finanz- und den Hauptzollämtern, die als Vollstreckungsbehörden für den jeweiligen Vollstreckungsgläubiger tätig werden, steht wie jedem anderen Insolvenzgläubiger ein **Antragsrecht** zu, das seit dem Jahre 2001 ohne Zustimmung der Oberfinanzdirektion ausgeübt werden kann. Nach Abschn. 60 Abs. 3 Vollstreckungsanordnung obliegt ein Insolvenzantrag grundsätzlich der Vollstreckungsbehörde, die die Vollstreckung betreibt. Dies ist bei Steuerforderungen das örtlich zuständige Finanzamt.[4]

193

Nach der Rechtsprechung handelt es sich bei dem Insolvenzantrag des Finanzamtes nicht um einen Verwaltungsakt i. S. v. § 118 AO, weil durch ihn nicht bereits eine Regelung getroffen wird, sondern erst eine Regelung, nämlich die Eröffnung des Insolvenzverfahrens durch das Insolvenzgericht, betrieben werden

194

---

[1] Vgl. umfassend: Schmittmann/Theurich/Brune, Das insolvenzrechtliche Mandat, § 4 Rdnr. 304 ff.
[2] So Schmittmann, InsBüro 2006, 341 ff.
[3] Vgl. dazu: Braun, Steuerrechtliche Aspekte der Konkurseröffnung, S. 11; Krämer, Stbg 1994, 323; Tipke/Kruse-Loose, § 251 AO Rdnr. 21.
[4] Vgl. Uhländer, ZInsO 2005, 1192 ff.

soll.[1] Das Insolvenzgericht entscheidet über Insolvenzanträge von Gläubigern in eigener Entscheidungskompetenz. Daher ist das Stellen eines Insolvenzantrages kein hoheitlicher Akt, der nur vom Finanzamt in seiner Funktion als Träger öffentlicher Gewalt gestellt werden kann. Es handelt sich um sog. „**schlichtes Verwaltungshandeln**".[2]

195 Im Hinblick auf die Rechtsnatur des Insolvenzantrags als „schlichtes Verwaltungshandeln" kommt ein Einspruch gegen den Insolvenzantrag nicht in Betracht. Vielmehr ist im Wege der **allgemeinen Leistungsklage** gem. § 40 Abs. 1 Alt. 3 FGO allgemeine Leistungsklage gegen das Finanzamt mit dem Antrag zu erheben, das Finanzamt zu verpflichten, den Insolvenzantrag zurückzunehmen.[3] Da sich mit Eröffnung des Insolvenzverfahrens oder der rechtskräftigen Abweisung des Eröffnungsantrags der Insolvenzantrag erledigt, kann eine Klage nur solange Aussicht auf Erfolg haben, bis das Insolvenzgericht über den Insolvenzantrag entschieden hat.[4]

196 Um einer Entscheidung des Insolvenzgerichts zuvor zu kommen, ist wegen der **Eilbedürftigkeit** vorläufiger Rechtsschutz im Wege der vorläufigen Anordnung i. S. v. § 114 Abs. 1 Satz 1 FGO zu suchen. Die einstweilige Anordnung ist eine wegen Eilbedürftigkeit vorgezogene gerichtliche Entscheidung. Sie gewährt – ebenso wie die Aussetzung der Vollziehung gem. § 69 Abs. 3 AO – vorläufigen Rechtsschutz.[5]

197 Auch die öffentlich-rechtlichen Gläubiger, also insbesondere Finanzverwaltung und Sozialversicherungsträger, müssen sowohl **Forderung** als auch **Eröffnungsgrund** glaubhaft machen.[6] Der Antrag auf Eröffnung eines Insolvenzverfahrens ist bereits dann als rechtsmissbräuchlich und damit unzulässig anzusehen, wenn es dem Antragsteller um die Erreichung anderer Ziele als desjenigen der gemeinschaftlichen Befriedigung aller Gläubiger geht.[7]

---

1 So BFH v. 12. 12. 2005 – VII R 63/04, ZInsO 2006, 603 ff., m. Anm. Schmittmann; BFH v. 12. 12. 2003 – VII B 265/01, BFH/NV 2004, 464 ff.; FG Saarland v. 21. 1. 2004 – 1 K 67/03, EFG 2004, 759 f.; FG Berlin v. 21. 9. 2004 – 7 K 7182/04, DStR 2006, 175, 176; FG Köln v. 9. 11. 2004 – 15 K 4934/04, EFG 2005, 372 ff., m. Anm. Brandis.
2 So Bartone, AO-StB 2004, 194; Trossen, DStZ 2001, 877 f.; Uhländer, ZInsO 2005, 1192, 1193; Schmittmann, InsBüro 2006, 341.
3 S. Bartone, GmbHR 2005, 865, 866; BFH v. 26. 4. 1988 – VII B 176/87, BFH/NV 1988, 762; FG Bremen v. 13. 9. 1999 – 2 99 224 V 2, EFG 1999, 1245.
4 So Uhländer, ZInsO 2005, 1192, 1195.
5 So Tipke/Kruse-Loose, § 114 FGO Rdnr. 1.
6 Vgl. Hantke/Schmittmann, VR 2002, 335 ff.; Schmittmann/Theurich/Brune, Das insolvenzrechtliche Mandat, § 2 Rdnr. 147.
7 So BGH v. 29. 6. 2006 – IX ZB 245/05, ZInsO 2006, 824, 825.

Soll der Eröffnungsgrund aus einer einzigen **Forderung** des antragstellenden Gläubigers abgeleitet werden und ist diese Forderung bestritten, muss sie für die Eröffnung des Insolvenzverfahrens bewiesen sein.[1] Der Gläubiger kann den Beweis beispielsweise durch die Vorlage einer vollstreckbaren Ausfertigung eines notariellen Kaufvertrages führen.[2] Bei Steuerforderungen kann zur Glaubhaftmachung des Schuldgrundes nach der Rechtsprechung des OLG Köln ein einfacher Kontoauszug ausreichen,[3] der BGH verlangt in seiner neueren Rechtsprechung allerdings die Vorlage von Steuerbescheiden und ggf. Steueranmeldungen des Schuldners.[4] Auch die Steuerfestsetzung unter dem Vorbehalt der Nachprüfung nach § 164 AO ist eine geeignete Grundlage für den Insolvenzantrag.[5] Sofern eine Steuer nach § 165 AO vorläufig festgesetzt ist, darf im Umfang der Vorläufigkeit noch kein Insolvenzantrag gestellt werden.

198

Zur **Glaubhaftmachung** einer Forderung bei einem Fremdantrag ist nur ein elektronisch übermittelter Beitragsnachweis i.S.v. § 28f. Abs. 3 SGB IV tauglich, der erkennen lässt oder für den glaubhaft gemacht wird, dass der vermeintliche Schuldner diese Daten selbst der Einzugsstelle übermittelt hat oder hat übermitteln lassen. Eigene Computerausdrucke der Einzugsstelle aus deren Datenbestand, sog. „Softcopys", genügen dem nicht.[6]

199

Befindet sich der Schuldner mit fälligen **Gesamtsozialversicherungsbeiträgen** von mehr als sechs Monaten im Rückstand, hat der Gläubiger den Insolvenzgrund der Zahlungsunfähigkeit i.d.R. glaubhaft gemacht.[7] Hinsichtlich der Insolvenzanträge von Sozialversicherungsträgern hat der BGH entschieden, dass diese öffentlich-rechtlichen Hoheitsträger bei der Ausübung ihrer Tätigkeit an Recht und Gesetz gebunden sind (Art. 20 Abs. 3 GG).[8] Gleichwohl sind an die Glaubhaftmachung der Forderung keine anderen Anforderungen zu stellen als bei den Gläubigern im Übrigen. Daher sind ggf. Steueranmeldungen des Schuldners oder Fotokopien der **Steuerbescheide** vorzulegen.[9] Sieht die Finanzverwaltung, die bereits das Privileg hat, ihre Forderungen selbst titulieren zu können, davon trotz Hinweis des Gerichts ab, so ist die Forderung nicht glaub-

200

---

1 So BGH v. 14.12.2005 – IX ZB 207/04, WM 2006, 492, 493.
2 So BGH v. 29.6.2006 – IX ZB 245/05, ZInsO 2006, 824, 825.
3 So OLG Köln v. 29.12.1999 – 2 W 188/99, NZI 2000, 78.
4 So BGH v. 13.6.2006 – IX ZB 214/05, BGHR 2006, 1330f. = ZIP 2006, 1456f.
5 So BFH v. 11.12.1990 – VII B 94/90, BFH/NV 1991, 787.
6 So AG Hamburg v. 5.4.2006 – 67 c IN 94/06, ZInsO 2006, 386.
7 So BGH v. 13.6.2006 – IX ZB 238/05, ZInsO 2006, 827f.
8 So BGH v. 5.2.2004 – IX ZB 29/03, NZI 2004, 587f.
9 So Schmittmann, InsBüro 2006, 341, 343.

haft gemacht i. S. v. § 14 InsO.[1] Allein der Vortrag, dass Lohn- und Umsatzsteuer rückständig ist, indiziert einen Insolvenzgrund nicht. Insoweit kann beispielsweise auch Zahlungsunwilligkeit vorliegen. Daher muss die Finanzverwaltung vor Stellung eines Insolvenzantrages im Rahmen des Grundsatzes der Verhältnismäßigkeit ggf. die Einzelzwangsvollstreckung betreiben.[2]

201 Die Entscheidung darüber, ob ein Insolvenzantrag gestellt wird, steht im **Ermessen** (§ 5 AO) der Finanzbehörde.[3] Bei der Ausübung des Ermessens hat die Finanzbehörde zu berücksichtigen, dass der Insolvenzantrag nicht nur für den Vollstreckungsschuldner selbst, sondern auch für dessen Arbeitnehmer, Lieferanten und Abnehmer ggf. existenzvernichtende Wirkung hat. Der Insolvenzantrag darf daher nur nach **gründlicher Würdigung aller maßgeblichen Umstände,** insbesondere der Höhe der Steuerforderung, gestellt werden. Die Finanzbehörde ist nach dem Grundsatz der Verhältnismäßigkeit gehalten, sich nicht von sachfremden Überlegungen leiten zu lassen und von mehreren in Betracht kommenden Maßnahmen diejenige zu wählen, die für den Schuldner den geringstmöglichen Eingriff darstellt. Die Vollstreckungsbehörde handelt **ermessensfehlerfrei,** wenn sie sämtliche Vollstreckungsmaßnahmen ausgeschöpft hat oder Anlass zu der Befürchtung besteht, dass der Steuerpflichtige bei seinen Zahlungen die Finanzbehörde zugunsten anderer Gläubiger benachteiligt.[4] Die Stellung des Insolvenzantrages ist nicht von dem Erreichen einer bestimmten Schuldhöhe abhängig, soweit die gründliche Würdigung aller maßgeblichen Umstände zu dem Ergebnis führt, dass der beizutreibende Betrag nicht außer Verhältnis zu den wirtschaftlichen Folgen der Eröffnung des Insolvenzverfahrens steht.[5]

202 **Ermessensfehlgebrauch**[6] kann vorliegen,

▶ wenn der Insolvenzantrag ohne entsprechenden Grund oder etwa unter **missbräuchlicher Ausnutzung** der aufgrund bestandskräftiger Steuerfestsetzungen gegebenen Rechtsstellung oder aus sachfremden Erwägungen gestellt worden ist.[7]

---

1 So BGH v. 8.12.2005 – IX ZB 38/05, ZInsO 2006, 97, 98.
2 So FG Düsseldorf v. 1.2.1993 – 17 V 7392/92, EFG 1993, 592; FG Münster v. 15.3.2000 – 12 V 1054/00, DStR 2000, 668; FG Saarland v. 21.1.2004 – 1 K 67/03, EFG 2004, 759 f.; FG Berlin v. 21.9.2004 – 7 K 7182/04, DStRE 2006, 175, 176.
3 S. Tipke/Kruse-Loose, AO, § 251 Rdnr. 19.
4 BFH v. 23.7.1985 – VII B 29/85, BFH/NV 1986, 41.
5 FG Hamburg v. 27.5.1993 – II 52/93, EFG 1994, 218.
6 S. hierzu auch Carlé, AO-StB, 2002, 430.
7 BFH v. 23.7.1985 – VII B 29/85, BFH/NV 1986, 41, 43.

▶ wenn die Finanzbehörde den Insolvenzantrag lediglich als **Druckmittel** für die Abgabe von Steuererklärungen und Steueranmeldungen nutzt.¹

▶ wenn die Finanzbehörde angebotene, werthaltige **Sicherheiten** ohne nachvollziehbaren Grund ausschlägt.²

▶ wenn die Vermögensverhältnisse des Schuldners leicht überschaubar sind und die Vollstreckungsbehörde nicht alle Möglichkeiten der **Einzelzwangsvollstreckung** ausgenutzt hat.³

▶ wenn eine die Kosten des Insolvenzverfahrens deckende Masse nicht vorhanden ist und der Insolvenzantrag nur zur **Existenzvernichtung** des Steuerpflichtigen führt.⁴

Schuldgrund und Eröffnungsgrund müssen von der Finanzbehörde **glaubhaft** gemacht werden.

203

(Einstweilen frei)

204–210

d) Insolvenzgründe

Die Eröffnung des Insolvenzverfahrens setzt neben der Zulässigkeit des Antrags voraus, dass ein **Eröffnungsgrund** gegeben ist (§ 16 InsO). Die Insolvenzordnung kennt drei Eröffnungsgründe:

211

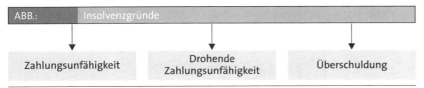

(1) Zahlungsunfähigkeit (§ 17 InsO)

Die Zahlungsunfähigkeit ist ein allgemeiner Eröffnungsgrund (§ 17 Abs. 1 InsO), d. h. die Zahlungsunfähigkeit führt **unabhängig von der Rechtsform** zur Insolvenz. Zahlungsunfähigkeit liegt vor, wenn der Schuldner nicht in der Lage ist, die fälligen Zahlungspflichten zu erfüllen. Der BGH geht bei einer **Liquidi-**

212

---

1 BFH v. 1.3.1990 – VII B 155/89, BFH/NV 1990, 787.
2 BFH v. 26.4.1988 – VII B 176/87, BFH/NV 1988, 762.
3 Vgl. AG Göttingen v. 1.11.2006 – 74 IN 117/06, ZInsO 2007, 48; FG Münster v. 15.3.2000 –12 V 1054/00, EFG 2000, 634, rkr.; Hessisches FG v. 22.1.1982 – VI B 139/81, EFG 1982, 419, rkr.; FG Düsseldorf v. 1.2.1993 – 17 V 7392/92, EFG 1993, 592, rkr.; Frotscher, Besteuerung bei Insolvenz, 245; Tipke/Kruse-Loose, AO, § 251 Rdnr. 19.
4 FG Düsseldorf v. 1.2.1993 – 17 V 7392/92, EFG 1993, 592, rkr.; FG Münster v. 14.4.1987 – III 1166/87, EFG 1987, 516, rkr.; a. A. Kalmes, BB 1989, 818, 819.

tätslücke von 10 % oder mehr von Zahlungsunfähigkeit aus, sofern nicht ausnahmsweise mit an Sicherheit grenzender Wahrscheinlichkeit zu erwarten ist, dass die Liquiditätslücke demnächst vollständig oder fast vollständig beseitigt werden wird und den Gläubigern ein Zuwarten nach den besonderen Umständen des Einzelfalls zuzumuten ist. Der BGH hatte hier einen dreiwöchigen Zeitraum für die Abgrenzung von der Zahlungsstockung angesetzt.[1]

213 Derartiger Berechnungen bedarf es nicht, wenn der Schuldner seine Zahlungen eingestellt hat („**Zahlungseinstellung**"). In diesem Fall greift die gesetzliche Vermutung der Zahlungsunfähigkeit (§ 17 Abs. 2 Satz 2 InsO).

214 Die in Rdnr. 212 genannte Rechtsprechung des BGH in Zivilsachen kann ohne weiteres auf das Strafrecht übertragen werden.[2]

215 **Indizien**[3] für das Vorliegen der Zahlungsunfähigkeit können z. B. sein:

- einseitige Ausweitung von Lieferantenkrediten, d. h. Überschreiten von Zahlungszielen,
- Mahnungen von Gläubigern,
- Zahlungen mit vordatierten oder ungedeckten Schecks,
- verstärktes Eingehen von Wechselverpflichtung sowie Wechselprolongationen,
- Zahlungen nach Mahn- bzw. Vollstreckungsbescheid oder erst nach (Versäumnis-)Urteil,
- fruchtlos verlaufende Vollstreckungen,
- Erklärung des Schuldners, zahlungsunfähig zu sein,
- Ladungen zur Abgabe, Haftbefehle und Ableistung der Versicherung an Eides Statt,
- Insolvenzanträge von Gläubigern,
- Überziehung von Kontokorrentlinien,
- erfolglose Kreditverhandlungen sowie Kreditkündigungen,
- Buchhaltungs- und Bilanzierungsrückstände,
- Nichtzahlen von laufenden Mietverpflichtungen,
- Nichtzahlung von Löhnen,

---

1 So BGH v. 24. 5. 2005 – IX ZR 123/04, NZI 2005, 547 ff., mit Anm. Thonfeld = DB 2005, 1787 ff.
2 S. Müller-Gugenberger/Bieneck, Wirtschaftsstrafrecht, § 76 Rdnr. 56a.
3 S. hierzu auch Schmittmann/Theurich/Brune, Das insolvenzrechtliche Mandat, § 2 Rdnr. 48; Weyand, StuB 2004, 334 f.; Harz/Baumgartner/Conrad, ZInsO 2005, 1304, 1306; Schmittmann, BBB 2006, 122, 123; Jaeger/Paulus, § 17 Rdnr. 32; Uhlenbruck, GmbHR 1999, 320.

- ▶ Nichtzahlung von Energielieferungen etc.,
- ▶ Nichtabführen von Sozialversicherungsbeiträgen,
- ▶ Steuerrückstände,
- ▶ Wechsel der Bankverbindung ohne ersichtlichen Grund,
- ▶ Ausweichen vor persönlichen Gesprächen,
- ▶ Einlösen von Schecks über Privatkonten,
- ▶ Aufgabe von Geschäftsräumen und Einstellung des Geschäftsbetriebs,
- ▶ Verlegung des Firmensitzes in einen anderen Gerichtsbezirk oder ins (ggf. außereuropäische) Ausland.

In der **Praxis der Finanzbehörden** wird teilweise jeder Antrag auf Vollstreckungsaufschub und jeder Stundungsantrag als Eingeständnis der Zahlungsunfähigkeit angesehen. In den Fällen der sog. Pflichtanträge machen sich Staatsanwaltschaft und Insolvenzverwalter ggf. die Angaben des Geschäftsführers in Stundungsanträgen zunutze, um Straftaten nachzuweisen oder Schadenersatzansprüche geltend zu machen.[1]

216

(2) Drohende Zahlungsunfähigkeit (§ 18 InsO)

Die **drohende Zahlungsunfähigkeit** ist unabhängig von der Rechtsform, jedoch nur bei Eigenantrag des Schuldners Insolvenzgrund (§ 18 Abs. 1 InsO). Mit der Einführung des Insolvenzgrundes der drohenden Zahlungsunfähigkeit wollte der Gesetzgeber auf eine **frühere Insolvenzantragsstellung** hinwirken, um die Möglichkeiten einer erfolgreichen Sanierung zu erhöhen. In der Praxis hat sich indes gezeigt, dass dem Insolvenzgrund der drohenden Zahlungsunfähigkeit bei der Antragstellung nur eine sehr geringe Bedeutung beikommt.

217

Die Beschränkung des Insolvenzgrundes der drohenden Zahlungsunfähigkeit auf den Eigenantrag hat den Vorteil, dass der Unternehmer eigene Vorstellungen zur Überwindung der Unternehmenskrise entwickeln und den Gläubigern zur Abstimmung präsentieren kann. Vor allem der „prepackaged plan" und die „faktische Restschuldbefreiung" im **Insolvenzplanverfahren**[2] lassen eine frühzeitige Verfahrenseinleitung attraktiv erscheinen,[3] zumal eine frühzeitige Antragstellung wegen drohender Zahlungsunfähigkeit dazu führt, dass nur die Anfechtungsvorschriften eingreifen, bei denen es nicht auf die Zahlungsunfä-

218

---

1 Vgl. Schmittmann, StuB 2006, 527, 528.
2 Vgl. Schmittmann, VR 2009, 289 ff.
3 So Schmittmann/Theurich/Brune, Das insolvenzrechtliche Mandat, § 2 Rdnr. 59.

higkeit ankommt, also §§ 134, 135 InsO bzw. § 133 Abs. 1 InsO, bei dem bereits die drohende Zahlungsunfähigkeit ausreicht.[1]

219 Die frühe Antragsstellung wegen drohender Zahlungsfähigkeit kann aber auch zu unerwarteten und von den Gesellschaftern regelmäßig nicht gewünschten **Nachteilen** führen, wenn etwa bei beabsichtigter Eigenverwaltung (§§ 270 ff. InsO), das Insolvenzgericht dem Antrag auf Eigenverwaltung nicht stattgibt und zugleich Verfügungsbeschränkungen anordnet oder die Gläubiger im Berichtstermin die Liquidation des Unternehmens beschließen. Die frühe Antragsstellung wegen drohender Zahlungsunfähigkeit führt im Regelfall auch dazu, dass **Lieferanten** nur noch gegen Vorkasse liefern und die **Bank** die Kreditlinie kündigt.

220 Der **Unterschied** zwischen der **drohenden Zahlungsunfähigkeit** und der **eingetretenen Zahlungsunfähigkeit** besteht darin, dass nicht nur auf die gegenwärtig fälligen Zahlungspflichten, sondern auch auf die künftig fällig werdenden Zahlungspflichten abgestellt wird.[2] Das Merkmal „voraussichtlich" in § 18 Abs. 2 InsO ist nach der Begründung des Regierungsentwurfs so zu verstehen, dass der Eintritt der Zahlungsunfähigkeit wahrscheinlicher sein muss als deren Vermeidung.[3] Soweit die Illiquidität i. S. v. Zahlungsunfähigkeit voraussehbar ist, erscheint die Befriedigung der Gläubiger derart stark gefährdet, dass die Eröffnung eines Insolvenzverfahrens gerechtfertigt ist.[4]

(3) Überschuldung (§ 19 InsO)

221 **Überschuldung**, die nur bei juristischen Personen, haftungsbeschränkten Gesellschaften und Nachlässen Insolvenzgrund ist, liegt gem. § 19 Abs. 2 InsO vor, wenn das Vermögen des Schuldners die bestehenden Verbindlichkeiten nicht mehr deckt, es sei denn, die Fortführung des Unternehmens ist nach den Umständen überwiegend wahrscheinlich. Forderungen auf Rückgewähr von Gesellschafterdarlehen oder aus Rechtshandlungen, die einem solchen Darlehen wirtschaftlich entsprechen, für die gem. § 39 Abs. 2 InsO zwischen Gläubiger und Schuldner der Nachrang im Insolvenzverfahren hinter den in § 39 Abs. 1 Nr. 1 bis 5 InsO bezeichneten Forderungen vereinbart worden ist, sind nicht bei den Verbindlichkeiten nach Satz 1 zu berücksichtigen.

---

1 S. Schmittmann, BBB 2006, 122, 124.
2 So Uhlenbruck/Uhlenbruck, a. a. O., § 18 Rdnr. 3.
3 S. Schmittmann, BBB 2006, 122, 124.
4 Vgl. BT-Drucks. 12/2443, 115.

Diese Fassung des Überschuldungsbegriffs entspricht dem Stand nach **FMStG** und **MoMiG**. Entstehung und zeitlicher Anwendungsbereich sind unter Rdnr. 116 ff. dargestellt.

222

(Einstweilen frei)

223–230

e) Sicherungsmaßnahmen/Bestellung eines vorläufigen Insolvenzverwalters

(1) Allgemeine Sicherungsmaßnahmen

Das Insolvenzgericht hat zunächst die Zulässigkeit des Insolvenzantrages zu prüfen und anschließend über die Eröffnung des Verfahrens zu entscheiden (§§ 11 ff. InsO). **Insolvenzgericht** ist i. d. R. jeweils das Amtsgericht, in dessen Bezirk ein Landgericht seinen Sitz hat (§ 2 Abs. 1 InsO). Dieses Amtsgericht ist für alle Insolvenzverfahren des Landgerichtsbezirks zuständig. In einigen Bundesländern sind bei den Amtsgerichten auch Insolvenzgerichte eingerichtet, um eine ortsnahe Abwicklung zu gewährleisten.

231

Für den Zeitraum zwischen **Zulassung des Insolvenzantrages** und Entscheidung über die Eröffnung des Insolvenzverfahrens kann das Insolvenzgericht Sicherungsmaßnahmen anordnen.[1] Typischerweise wird nach Zulassung des Insolvenzantrags ein Gutachter bestellt, der die wirtschaftlichen Verhältnisse ermitteln und insbesondere mitteilen soll, ob die Anordnung von Sicherungsmaßnahmen erforderlich ist.

232

Nach § 21 Abs. 1 InsO gehören dazu alle Maßnahmen, die erforderlich erscheinen, um bis zur Entscheidung über den Antrag eine den Gläubigern nachteilige Veränderung in der Vermögenslage des Schuldners zu verhüten.

233

Insbesondere kann das Insolvenzgericht

234

- ▶ einen vorläufigen Insolvenzverwalter bestellen,
- ▶ dem Schuldner ein allgemeines Verfügungsverbot auferlegen oder anordnen, dass Verfügungen des Schuldners nur mit Zustimmung des vorläufigen Insolvenzverwalters wirksam sind,
- ▶ Maßnahmen der Zwangsvollstreckung gegen den Schuldner untersagen oder einstweilen einstellen, soweit nicht unbewegliche Gegenstände[2] betroffen sind.

---

1 Vgl. umfassend: Schmittmann/Theurich/Brune, Das insolvenzrechtliche Mandat, § 4 Rdnr. 268 ff.
2 Die Zwangsversteigerung in unbewegliches Vermögen ist grundsätzlich auch im Insolvenzverfahren möglich, § 30d ZVG.

(2) Vorläufiger Insolvenzverwalter (§ 22 InsO)

235 In vielen Fällen bestellt das Insolvenzgericht nach Eingang des Insolvenzantrags, der auf das Vorhandensein einer schutzbedürftigen Masse schließen lässt, einen vorläufigen Insolvenzverwalter, der das Vermögen des Insolvenzschuldners sichern und erhalten, insbesondere auch Forderungen des Insolvenzschuldners einziehen soll. Je nachdem, ob und in welchem Umfang das Insolvenzgericht die Verfügungsbefugnis des Schuldners durch einen **Zustimmungsvorbehalt** einschränkt bzw. ein **allgemeines Verfügungsverbot** erlässt, ist zwischen einem „starken" und einem „schwachen" Insolvenzverwalter zu unterscheiden.

236 Vom **„starken" vorläufigen Insolvenzverwalter** ist dann die Rede, wenn dem Schuldner ein allgemeines Verfügungsverbot auferlegt wird. Die Verwaltungs- und Verfügungsbefugnis geht in diesen Fällen auf den vorläufigen Insolvenzverwalter über. Nach § 22 Abs. 1 InsO hat der **vorläufige Insolvenzverwalter mit Verfügungsbefugnis** folgende Pflichten:

► Sicherung und Erhaltung des Vermögens des Schuldners,

► Fortführung des Unternehmens bis zur Entscheidung über die Eröffnung des Verfahrens, es sei denn, das Insolvenzgericht stimmt einer Stilllegung zu, um eine erhebliche Verminderung des Vermögens zu vermeiden,

► Prüfung, ob das Vermögen des Schuldners die Kosten des Verfahrens decken wird.

► Außerdem kann das Gericht den vorläufigen Insolvenzverwalter beauftragen, als Sachverständiger zu prüfen, ob ein Eröffnungsgrund vorliegt und welche Aussichten für eine Fortführung des Unternehmens bestehen.

237 Der **„schwache" vorläufige Insolvenzverwalter** ist dadurch gekennzeichnet, dass dem Schuldner kein allgemeines Verfügungsverbot auferlegt wird (§ 22 Abs. 2 InsO). Das Insolvenzgericht hat daher die Pflichten des vorläufigen Insolvenzverwalters im Einzelnen zu bestimmen. In der Literatur wird diese Ausgestaltungsform auch ohne Differenzierung als **vorläufiger Insolvenzverwalter ohne Verfügungsbefugnis** bezeichnet.[1]

238 In der **Praxis** kommt es so gut wie überhaupt nicht vor, dass das Insolvenzgericht dem Insolvenzschuldner ein allgemeines Verfügungsverbot auferlegt, aufgrund dessen die Verwaltungs- und Verfügungsbefugnis über das Ver-

---

[1] S. z. B. Baum, NWB F. 2, 7157.

mögen des Insolvenzschuldners auf den vorläufigen Insolvenzverwalter übergeht.[1] Im Regelfall wird es sich um einen „schwachen" vorläufigen Insolvenzverwalter handeln. Verfügungen des Insolvenzschuldners sind nach § 21 Abs. 2 Nr. 2 Alt. 2 InsO nur mit Zustimmung des vorläufigen Insolvenzverwalters wirksam.

Hat der Schuldner nach Anordnung der Verfügungsbeschränkungen über einen Gegenstand der „vorläufigen Insolvenzmasse" verfügt, so ist diese Verfügung unwirksam (§§ 24 Abs. 1 und 81 InsO). Daneben können nach § 24 Abs. 1 i.V. m. § 82 InsO Leistungen an den Schuldner nur noch dann mit schuldbefreiender Wirkung geleistet werden, wenn der Leistende zur Zeit der Leistung die Verfügungsbeschränkungen nicht kannte. 239

Die Differenzierung zwischen vorläufigem Insolvenzverwalter mit und ohne Verfügungsbefugnis ist vor allem im Hinblick auf § 55 Abs. 2 InsO bedeutsam. Danach werden Verbindlichkeiten, die von einem vorläufigen Insolvenzverwalter **mit** Verfügungsbefugnis begründet worden sind, nach Eröffnung des Verfahrens zu Masseverbindlichkeiten. Siehe hierzu Rdnr. 417. 240

f) Abweisung mangels Masse

Kommt das Insolvenzgericht — aufgrund des Sachverständigengutachtens oder kraft eigener Prüfung des Eröffnungsantrags — zu dem Ergebnis, dass ein **Eröffnungsgrund** vorliegt, so hat es über den Fortgang des Verfahrens zu entscheiden. Als Alternativen kommen hier die Abweisung mangels Masse (§ 26 InsO) und die Eröffnung des Verfahrens (§ 27 InsO) in Betracht. 241

Eine Abweisung mangels einer die Kosten des Verfahrens deckenden Masse erfolgt, wenn das Vermögen des Schuldners voraussichtlich nicht ausreichen wird, um die Kosten des Verfahrens zu decken. Zu den Kosten des Verfahrens gehören nach § 54 InsO die Gerichtskosten, die Vergütungen und die Auslagen des vorläufigen Insolvenzverwalters, des Insolvenzverwalters und der Mitglieder des Gläubigerausschusses. 242

Die Abweisung unterbleibt gem. § 26 Abs. 1 Satz 2 InsO, wenn seitens des Schuldners, eines bzw. mehrerer Gläubiger oder eines Dritten ein ausreichender Geldbetrag vorgeschossen wird **(Massekostenvorschuss).** 243

Die Zahlung eines Massekostenvorschusses kann für die Gläubiger von Interesse sein, wenn die realistische Chance besteht, die Insolvenzmasse durch die 244

---

1 S. Schmittmann/Theurich/Brune, Das insolvenzrechtliche Mandat, § 2 Rdnr. 182; Treffer, DB 2002, 2091.

Geltendmachung von Ansprüchen gegenüber Dritten anzureichern. Solche Ansprüche können sich u. a. aus der Insolvenzanfechtung (§§ 129 ff. InsO), aus der Geltendmachung von Haftungsansprüchen (§ 93 InsO) und aus der Einforderung nicht geleisteter Stammeinlagen ergeben.

245 Bei natürlichen Personen erfolgt bei Abweisung mangels Masse eine Eintragung in das Schuldnerverzeichnis (§ 26 Abs. 2 Satz 1 InsO), wobei die Löschungsfrist fünf Jahre beträgt (§ 26 Abs. 2 Satz 2 InsO).

246 Gegen die Abweisung mangels Masse steht dem Antragsteller sowie ggf. zusätzlich dem Schuldner die sofortige Beschwerde zu (§ 34 Abs. 1 InsO).

g) Eröffnungsbeschluss

247 Sind ausreichend Mittel zur Begleichung der Massekosten vorhanden oder zu erwarten,[1] ergeht ein **Eröffnungsbeschluss** (§ 27 Abs. 1 InsO). Der Eröffnungsbeschluss enthält die Daten des Insolvenzschuldners, einschließlich seines Geburtsjahres oder seiner Handelsregistereintragung, den Namen und die Anschrift des Insolvenzverwalters sowie die Stunde der Eröffnung (§ 27 Abs. 2 InsO). Des Weiteren bestimmt das Insolvenzgericht den Berichts- und den Prüfungstermin (§ 29 InsO). Außerdem ergeht die Aufforderung an die Gläubiger ihre Forderungen und eventuelle Sicherungsrechte innerhalb einer bestimmten Frist beim Insolvenzverwalter anzumelden (§ 28 Abs. 1 und 2 InsO). Den Schuldnern des Insolvenzschuldners wird aufgegeben, nicht mehr an diesen, sondern an den Insolvenzverwalter zu leisten (§ 28 Abs. 3 InsO).

248 Das Insolvenzgericht hat den Eröffnungsbeschluss sofort öffentlich bekannt zu machen (§ 30 Abs. 1 Satz 1 InsO). Hat der Schuldner einen Antrag nach § 287 InsO (Restschuldbefreiung) gestellt, ist dies ebenfalls öffentlich bekannt zu machen, sofern kein Hinweis nach § 27 Abs. 2 InsO erfolgt ist (§ 30 Abs. 1 Satz 2 InsO). Die öffentliche Bekanntmachung erfolgt durch eine zentrale und länderübergreifende Veröffentlichung im Internet (§ 9 Abs. 1 Satz 1 InsO). Darüber hinaus hat das Insolvenzgericht den Beschluss gem. § 30 Abs. 2 InsO den Gläubigern, den Schuldnern des Insolvenzschuldners sowie dem Insolvenzschuldner selbst besonders zuzustellen. Außerdem ist der Beschluss ggf. dem Handels-, Genossenschafts- und Vereinsregister (§ 31 InsO) sowie dem Grundbuchamt (§ 32 InsO) zu übermitteln. Gegen den Eröffnungsbeschluss steht nach § 34 Abs. 2 InsO nur dem Schuldner die sofortige Beschwerde zu.

249–260 *(Einstweilen frei)*

---

1 S. Schmittmann/Theurich/Brune, Das insolvenzrechtliche Mandat, § 2 Rdnr. 161 f.

A. Überblick über das Regelinsolvenzverfahren

3. Das eröffnete Verfahren

a) Überblick

Der Verdeutlichung des weiteren Verfahrensablaufs nach Eröffnung des Insolvenzverfahrens soll die folgende Übersicht über den **zeitlichen Ablauf des Verfahrens** dienen:

261

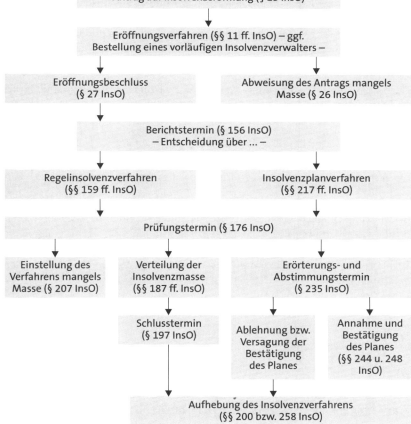

ABB.: Insolvenzeröffnung

262 Mit der Eröffnung des Insolvenzverfahrens durch den Eröffnungsbeschluss nach § 27 InsO verliert der Schuldner das Recht, das zur Insolvenzmasse gehörende Vermögen zu verwalten und über es zu verfügen (§ 80 Abs. 1 InsO).

263 Vom Augenblick der Eröffnung des Insolvenzverfahrens an geht das **Verwaltungs- und Verfügungsrecht** über das in den §§ 35–37 InsO bezeichnete Vermögen auf den vom Gericht bestellten Insolvenzverwalter (s. Rdnr. 271 ff.) über (§ 80 Abs. 1 InsO). Eigentümer der Vermögensgegenstände bleibt indes der Schuldner.

264 Der Insolvenzverwalter hat damit mit Eröffnung des Insolvenzverfahrens grundsätzlich alle Rechte und Pflichten bezüglich der Insolvenzmasse, die ohne die Eröffnung des Insolvenzverfahrens in der Person des Schuldners entstanden wären. Zu den Pflichten, die der Insolvenzverwalter im Steuerverfahren für den Insolvenzschuldner zu erfüllen hat, s. Rdnr. 481 ff.

265 Durch die Verfahrenseröffnung verliert der Schuldner zudem weder seine Rechts- noch seine Geschäftsfähigkeit, d. h. er kann weiterhin Rechtsgeschäfte abschließen (vgl. Rdnr. 1999 ff.).

266 **Verfügungen des Schuldners** über einen Gegenstand der Insolvenzmasse nach Eröffnung des Insolvenzverfahrens sind unwirksam (§ 81 Abs. 1 InsO), sofern die Verfügungshandlung nach Eröffnung des Insolvenzverfahrens lag.

267 **Leistungen an den Schuldner** sind gem. § 82 InsO nur dann mit schuldbefreiender Wirkung möglich, wenn der Leistende zum Zeitpunkt der Leistung die Eröffnung des Verfahrens nicht kannte[1]. Diese Regelung gilt für Leistungen, die ein Dritter aufgrund eines vor Insolvenzeröffnung rechtswirksam getätigten Rechtsgeschäftes mit dem Insolvenzschuldner nach Verfahrenseröffnung an denselben bewirkt.

268–270 *(Einstweilen frei)*

b) Insolvenzverwalter

(1) Bestellung

271 Der Insolvenzverwalter wird vom Insolvenzgericht mit Eröffnung des Insolvenzverfahrens bestellt (§§ 27 Abs. 1, 56 InsO). Zum Insolvenzverwalter ist eine für den jeweiligen Einzelfall geeignete, insbesondere geschäftskundige

---

[1] Vgl. BGH v. 16. 7. 2009 - IX ZR 118/08, DB 2009, 1922 ff.

und von den Gläubigern und dem Schuldner unabhängige natürliche Person zu bestellen.[1] In der ersten **Gläubigerversammlung**, die auf die Bestellung des Insolvenzverwalters folgt, können die Gläubiger anstelle des vom Insolvenzgericht bestellten Insolvenzverwalters einen anderen Insolvenzverwalter wählen (§ 57 Satz 1 InsO). Das Insolvenzgericht kann die Bestellung nur versagen, wenn dieser für die Übernahme des Amtes nicht geeignet ist (§ 57 Satz 2 InsO). Nach der ersten Gläubigerversammlung kann das Insolvenzgericht den Insolvenzverwalter nur noch aus wichtigem Grund entlassen. Die Entlassung kann von Amts wegen oder auf Antrag des Verwalters, des Gläubigerausschusses oder der Gläubigerversammlung erfolgen (§ 59 Abs. 1 InsO).

Der Insolvenzverwalter hat einen Anspruch auf **Vergütung** für seine Geschäftsführung und Erstattung angemessener Auslagen (§ 63 InsO). Die Höhe der Vergütung richtet sich nach der Insolvenzrechtlichen Vergütungsverordnung[2] (InsVV).

272

(2) Rechtsstellung

Über die Rechtsstellung des Insolvenzverwalters trifft die Insolvenzordnung keine Aussage.[3] Nach der in der Praxis vorrangig vertretenen Amtstheorie[4] handelt der Insolvenzverwalter als Träger eines Amtes in eigenem Namen. Die **Vertretertheorie**[5] geht davon aus, dass der Insolvenzverwalter als gesetzlicher Vertreter des Schuldners handelt, während nach der vermittelnden Theorie[6] der Insolvenzverwalter als nicht interessenbezogener Vertreter tätig wird, dessen Handeln „neutral" ist. Die **Organtheorie**[7] sieht den Insolvenzverwalter als ein Organ der Insolvenzmasse an, die nach dieser Theorie ein materiell selbständiger Rechtsträger ist, der eigene Parteifähigkeit besitzt. Da die Insolvenzmasse nach der Organtheorie ein selbständiger Rechtsträger ist, wäre sie körperschaftsteuerpflichtiges Steuersubjekt und umsatzsteuerlicher Unternehmer, so dass die ertragsteuerlichen und umsatzsteuerlichen Besteuerungsgrundlagen folgerichtig nicht dem Insolvenzschuldner, sondern der Insolvenz-

273

---

1 Vgl. zur Verwalterbestellung: BVerfG v. 23. 5. 2006 – 1 BvR 2530/04, ZIP 2006, 1332 ff.; BVerfG v. 3. 8. 2004 – 1 BvR 135/00, ZInsO 2004, 918 ff.
2 BGBl I 1998, 2205 ff., zuletzt geändert durch Art. 1 Zweite ÄndVO v. 21. 12. 2006, BGBl I 2006, 3389; vgl. Schmittmann/Theurich/Brune, Das insolvenzrechtliche Mandat, § 8 Rdnr. 1 ff.
3 Vgl. Krotn in Braun, InsO, § 80 Rdnr. 18.
4 BGH v. 27. 10. 1983 – I ARZ 334/83, BGHZ 88, 331.
5 S. Schmidt, NJW 1987, 1905.
6 Staudinger/Dilcher, BGB, Vor § 164 Rdnr. 58.
7 Hübschmann/Hepp/Spitaler, AO, § 251 Rdnr. 28, m. w. N.

masse zuzurechnen wären. Der BFH[1] lehnt deshalb die Organtheorie ab.[2] Ansonsten wird dem Theorienstreit bloß formelle Bedeutung beigemessen, da sich in der Praxis keine nennenswerten Unterschiede zwischen den beiden Theorien ergeben.

(3) Insolvenzrechtliche Rechnungslegungspflichten

274 Der Insolvenzverwalter hat bis spätestens eine Woche vor dem Berichtstermin (s. Rdnr. 283) die folgenden Unterlagen zu erstellen und auf der Geschäftsstelle des Insolvenzgerichtes zur Einsicht niederzulegen (§ 154 InsO):

- ▶ **Verzeichnis der Massegegenstände,** § 151 InsO: Der Insolvenzverwalter hat ein Verzeichnis der einzelnen Gegenstände der Insolvenzmasse aufzustellen und deren Werte anzugeben. Bei der Bewertung der Gegenstände hat der Insolvenzverwalter – soweit diese voneinander abweichen – sowohl den Fortführungs- als auch den Zerschlagungswert zu ermitteln (§ 151 Abs. 2 Satz 2 InsO). In schwierigen Bewertungsfällen kann er auf die Hilfe eines Sachverständigen zurückgreifen.

- ▶ **Gläubigerverzeichnis,** § 152 InsO: Der Insolvenzverwalter hat ein Verzeichnis aller Gläubiger, die ihm aus den Büchern und Geschäftspapieren sowie durch sonstige Angaben des Schuldners, durch Anmeldung ihrer Forderungen oder auf andere Weise bekannt geworden sind, aufzustellen. Dabei hat er für jeden Gläubiger die Anschrift, die Höhe sowie den Rechtsgrund der Forderung anzugeben (§ 152 Abs. 2 Satz 2 InsO). Daneben hat er die Gläubiger nach § 152 Abs. 2 Satz 1 InsO in einzelne Gruppen einzuordnen, wobei die Absonderungsberechtigten, die Insolvenzgläubiger sowie die einzelnen Rangklassen der nachrangigen Insolvenzgläubiger jeweils eine eigenständige Gruppe bilden. Auf bestehende Aufrechnungsmöglichkeiten hat der Insolvenzverwalter hinzuweisen (§ 152 Abs. 3 Satz 1 InsO). Außerdem hat er die Höhe der Masseverbindlichkeiten im Falle einer zügigen Verwertung zu schätzen (§ 152 Abs. 3 Satz 2 InsO).

- ▶ **Vermögensübersicht,** § 153 InsO: Gem. § 153 Abs. 1 InsO hat der Insolvenzverwalter auf den Zeitpunkt der Eröffnung des Insolvenzverfahrens eine geordnete, bilanzähnliche Übersicht aufzustellen, in der die Gegenstände der Insolvenzmasse und die Verbindlichkeiten des Schuldners aufgeführt und einander gegenübergestellt werden. Für die Bewertung der Gegenstände gilt § 151 Abs. 2 InsO, für die Gliederung der Verbindlichkeiten § 152 Abs. 2

---

1 BFH v. 18. 5. 1988 – X R 27/80, BStBl II 1988, 716, 718.
2 Vgl. hierzu ausführlich Frotscher, Besteuerung bei Insolvenz, 31 ff., m. w. N.

InsO entsprechend, d. h. der Insolvenzverwalter kann bei Erstellung der Vermögensübersicht auf das Verzeichnis der Massegegenstände und das Gläubigerverzeichnis zurückgreifen.

Zu den steuerlichen und handelsrechtlichen Rechnungslegungspflichten in der Insolvenz s. Rdnr. 921 ff. 275

c) Eigenverwaltung

Abweichend von der Bestellung eines Insolvenzverwalters kann das Insolvenzgericht im Eröffnungsbeschluss die Eigenverwaltung unter Aufsicht eines **Sachwalters** anordnen (§ 270 InsO).[1] 276

Die Anordnung der Eigenverwaltung setzt nach § 270 Abs. 2 InsO Folgendes voraus: 277

- ▶ Antrag des Schuldners.
- ▶ Ist der Eröffnungsantrag von einem Gläubiger gestellt worden, ist die Zustimmung dieses Gläubigers erforderlich.
- ▶ Die Erwartung, dass die Anordnung nicht zu einer Verzögerung des Verfahrens oder zu sonstigen Nachteilen für die Gläubiger führen wird.

Die Möglichkeit der Eigenverwaltung wurde mit dem **Ziel** eingeführt, die Kosten des Insolvenzverfahrens zu reduzieren sowie dem Schuldner die Möglichkeit zu geben, die Sanierung des Unternehmens unter Nutzung seiner speziellen Geschäftskenntnisse effizient abzuwickeln. Auch die erste Gläubigerversammlung hat das Recht, die Eigenverwaltung zu beantragen, die vom Gericht angeordnet werden muss, § 271 InsO. 278

Der **Schuldner** hat im Falle der Eigenverwaltung weiterhin – teilweise gemeinsam mit dem Sachwalter – die **Rechte und Pflichten** wahrzunehmen, die in den übrigen Fällen dem Insolvenzverwalter obliegen. Unter anderem hat er 279

- ▶ die Insolvenzmasse unter Mitwirkung des Sachwalters zu verwalten (§ 275 InsO),

---

[1] S. Westrick, Chancen und Risiken der Eigenverwaltung nach der Insolvenzordnung, NZI 2003, 65 ff.; Graf-Schlicker, Gefährdet die Eigenverwaltung die Unabhängigkeit des Insolvenzverwalters?, in: FS Hans-Peter Kirchhof, 135 ff.; Förster, Klartext: Wem nützt die Eigenverwaltung?, ZInsO 2003, 402 ff.; Prütting/Huhn, Kollision von Gesellschaftsrecht und Insolvenzrecht bei der Eigenverwaltung?, ZIP 2002, 777 ff.; Ehricke, Sicherungsmaßnahmen bei Antrag auf Anordnung einer Eigenverwaltung, insbesondere zur Person des vorläufigen Sachwalters, ZIP 2002, 782 ff.; Huhn, Voraussetzungen und Kompetenzverteilung bei der Eigenverwaltung im Insolvenzrecht, Diss. iur., 2002; Grub, Überjustitialisierung und die Eigenverwaltung des Pleitiers, WM 1994, 880 ff.

- die insolvenz-, handels- und steuerrechtlichen Rechnungslegungspflichten wahrzunehmen (§ 281 Abs. 1 und 3 InsO, vgl. dazu im Einzelnen Rdnr. 921 ff.),
- der Gläubigerversammlung im Berichtstermin Bericht zu erstatten (§ 281 Abs. 2 InsO),
- das Recht, angemeldete Forderungen zu bestreiten (§ 283 Abs. 1 InsO),
- im Falle eines entsprechenden Auftrages der Gläubigerversammlung einen Insolvenzplan zu erstellen (§ 284 InsO),
- Sicherungsgut im Einvernehmen mit dem Sachwalter zu verwerten (§ 282 InsO) sowie die Verteilungen an die Gläubiger vorzunehmen (§ 283 Abs. 2 InsO).

280 Sofern der Schuldner im Rahmen der Wahrnehmung seiner Rechte und Pflichten Rechtshandlungen vornehmen will, die für das Insolvenzverfahren von besonderer Bedeutung sind, hat er die Zustimmung des Gläubigerausschusses einzuholen (§ 276 InsO).

281 An die Person des **Sachwalters** stellt die Insolvenzordnung die gleichen Ansprüche wie an die Person des Insolvenzverwalters (§ 274 Abs. 1 i.V. m. § 56 Abs. 1 InsO, s. oben Rdnr. 271). Außerdem gelten die Regelungen über die Vergütung und Haftung des Insolvenzverwalters (§§ 54 Nr. 2 und 56–60, 62–65 InsO) entsprechend für den Sachwalter.

282 Das Insolvenzgericht hebt nach § 272 Abs. 1 InsO die Eigenverwaltung auf Antrag der Gläubigerversammlung oder des Schuldners auf. Antragsberechtigt sind auch einzelne Insolvenzgläubiger soweit sie glaubhaft machen können, dass nach den Umständen zu erwarten ist, dass die Eigenverwaltung zu einer Verzögerung des Verfahrens oder zu sonstigen Nachteilen für die Gläubiger führen wird. Die bisherige Praxis zeigt, dass die Insolvenzgerichte von dem Instrument der Eigenverwaltung lediglich in besonderen Konstellationen, z.T. auch nur auf politischen Druck hin,[1] oder bei Freiberuflern wie Apothekern,[2] Gebrauch machen.

d) Berichtstermin

283 Unter Berücksichtigung des Verzeichnisses der Massegegenstände, des Gläubigerverzeichnisses und der Vermögensübersicht hat der Insolvenzverwalter im

---

[1] S. AG Duisburg v. 1.9.2002 – 62 IN 167/02, NZI 2002, 556 ff. = VR 2003, 137 ff., mit Anm. Schmittmann.
[2] Vgl. Schmittmann/Theurich/Brune, Das insolvenzrechtliche Mandat, § 7 Rdnr. 90 ff.

Berichtstermin über die wirtschaftliche Lage des Insolvenzschuldners und ihre Ursache zu berichten (§ 156 Abs. 1 InsO). Der Insolvenzverwalter hat darzulegen, ob Aussichten bestehen, das Unternehmen des Schuldners im Ganzen oder in Teilen zu erhalten, welche Möglichkeiten für einen Insolvenzplan bestehen und welche Auswirkungen jeweils für die Befriedigung der Gläubiger eintreten würden.

Auf der Basis der Ausführungen des Insolvenzverwalters beschließt die **Gläubigerversammlung**, ob das Unternehmen des Schuldners stillgelegt oder vorläufig fortgeführt werden soll (§ 157 InsO). Ggf. wird sie den Insolvenzverwalter beauftragen, einen Insolvenzplan auszuarbeiten. 284

Der **Berichtstermin** stellt somit die Weichen für den weiteren Ablauf des Insolvenzverfahrens. 285

e) Anmeldung und Feststellung der Forderungen

Nach §§ 28 Abs. 1 und 174 InsO haben die Insolvenzgläubiger ihre Forderungen innerhalb der im Eröffnungsbeschluss genannten Frist schriftlich beim Insolvenzverwalter anzumelden. Bei der Anmeldung sind der Grund und der Betrag der Forderung anzugeben. Der Anmeldung sollen Urkunden, aus denen sich die Forderung ergibt, beigefügt werden. 286

Die Insolvenztabelle, die beim Insolvenzverwalter geführt wird (§ 175 InsO), hat der Insolvenzverwalter nach Eintragung der angemeldeten Forderungen und Ablauf der Anmeldefrist, aber vor dem Prüfungstermin, der Geschäftsstelle des Insolvenzgerichts zur Einsichtnahme vorzulegen. 287

Die von den Gläubigern angemeldeten Forderungen werden im **Prüfungstermin**[1] unter Leitung des Insolvenzgerichts (§ 76 Abs. 1 InsO) ihrem Betrag und Rang nach geprüft (§ 176 InsO). Soweit Forderungen vom Insolvenzverwalter, vom Schuldner oder von einem Insolvenzgläubiger bestritten werden, sind sie im Prüfungstermin im Einzelnen zu erläutern (§ 176 Satz 2 InsO). 288

Wird eine Forderung weder vom Insolvenzverwalter noch von einem Insolvenzgläubiger bestritten, gilt sie als **festgestellt** (§ 178 Abs. 3 InsO). Das Insolvenzgericht trägt die Feststellung der Forderung in die Insolvenztabelle ein (§ 178 Abs. 2 InsO). 289

Auf der Grundlage der festgestellten Forderungen erfolgt die Gewährung des Stimmrechts (§ 77 InsO) sowie die spätere Verteilung der Insolvenzmasse 290

---

1 Der Prüfungstermin kann mit dem Berichtstermin verbunden werden (§ 29 Abs. 2 InsO).

(§§ 187 ff. InsO). Außerdem kann der Insolvenzgläubiger nach Abschluss des Insolvenzverfahrens aus der Eintragung einer festgestellten Forderung in der Tabelle die Zwangsvollstreckung wie aus einem vollstreckbaren Urteil betreiben (§ 201 Abs. 2 InsO).

291 Sofern eine Forderung vom Insolvenzverwalter oder von einem Insolvenzgläubiger bestritten wird, bleibt es dem Gläubiger überlassen, die **Feststellung** gegenüber den Bestreitenden zu betreiben (§ 179 Abs. 1 InsO).

292 Liegt für die bestrittene Forderung ein vollstreckbarer Schuldtitel oder ein Endurteil vor **(titulierte Forderung),** hat **der Bestreitende** den Widerspruch im Wege der Klage zu verfolgen (§ 179 Abs. 2 InsO). Für die Klage ist das Amtsgericht, bei dem das Insolvenzverfahren anhängig ist oder war (§ 180 Abs. 1 Satz 2 InsO) oder bei höheren Streitwerten das Landgericht, zu dessen Bezirk das Insolvenzgericht gehört (§ 180 Abs. 1 Satz 3 InsO), zuständig. Zur Durchsetzung von Steuerforderungen als Insolvenzforderung s. umfassend Rdnr. 701 ff.

f) Abwicklung schwebender Geschäfte

293 Ist ein gegenseitiger Vertrag zz. der Eröffnung des Insolvenzverfahrens vom Schuldner oder vom anderen Teil nicht oder nicht vollständig erfüllt (schwebender Vertrag), kann der Insolvenzverwalter gem. § 103 Abs. 1 InsO den Vertrag anstelle des Schuldners erfüllen oder die Erfüllung vom anderen Teil verlangen.[1]

294 Zur Frage der umsatzsteuer- und insolvenzrechtlichen Behandlung der aus der Erfüllung bzw. Nichterfüllung von Verträgen resultierenden Steuerforderungen s. umfassend Rdnr. 2131 ff.

g) Abwicklung von Arbeitsverhältnissen

295 Die Eröffnung des Insolvenzverfahrens hat keinen Einfluss auf bestehende Arbeitsverhältnisse. Die Arbeitsverhältnisse bleiben mit Wirkung für die Insolvenzmasse weiter bestehen, d. h. der Insolvenzverwalter tritt in die Rechtsstellung des Arbeitgebers ein. Auch Tarifverträge und Betriebsvereinbarungen[2] bestehen fort.

296 Die Arbeitsverhältnisse können jedoch nach § 113 Abs. 1 Satz 1 InsO vom Insolvenzverwalter oder vom Arbeitnehmer unabhängig von einer vereinbarten Vertragsdauer oder eines vereinbarten Ausschlusses des Rechts zur ordentli-

---

1 Vgl. Schmittmann/Theurich/Brune, Das insolvenzrechtliche Mandat, § 4 Rdnr. 37 ff.
2 Zur Kündigung von Betriebsvereinbarungen vgl. § 120 InsO.

chen Kündigung gekündigt werden. Gemäß § 113 Abs. 1 Satz 2 InsO beträgt die Kündigungsfrist drei Monate zum Monatsende, sofern nicht eine kürzere Frist maßgeblich ist. Eine Kündigung seitens des Verwalters wird i. d. R. aus betriebsbedingten Gründen erfolgen.[1]

Im Falle der Kündigung durch den Insolvenzverwalter kann der Arbeitnehmer wegen der vorzeitigen Kündigung Schadensersatz geltend machen. Der Schadensersatzanspruch stellt eine Insolvenzforderung i. S. d. § 38 InsO dar (vgl. § 113 Abs. 1 Satz 3 InsO). 297

Bezüglich der Lohn- und Gehaltsrückstände der Arbeitnehmer ist auf die zeitliche Begründung der Ansprüche abzustellen: 298

▶ Entfallen die Rückstände auf die Zeit vor Eröffnung des Insolvenzverfahrens, so handelt es sich um Insolvenzforderungen i. S. d. § 38 InsO. Hat der Arbeitnehmer für Lohn- und Gehaltsansprüche von bis zu drei Monaten vor Insolvenzeröffnung Insolvenzfallgeld von der Bundesanstalt für Arbeit bezogen, geht seine Forderung gegen die Insolvenzmasse auf die Bundesagentur für Arbeit über (§ 187 Abs. 2 SGB III).

▶ Die aus bestehenden Arbeitsverhältnissen nach Insolvenzeröffnung anfallenden Lohn- und Gehaltsansprüche sind vorrangig als Masseverbindlichkeiten zu begleichen (§ 55 Abs. 1 Nr. 2 InsO).[2]

Zur Behandlung der Lohnsteuer in der Insolvenz s. Rdnr. 1576 ff. 299

(Einstweilen frei) 300–310

h) Schwebende Prozesse

Nach § 240 Satz 1 ZPO wird mit Eröffnung des Insolvenzverfahrens über das Vermögen einer Partei ein schwebendes Verfahren, das die Insolvenzmasse betrifft, unterbrochen, bis es nach den §§ 85, 86 InsO aufgenommen oder das Insolvenzverfahren beendet wird. Soweit ein vorläufiger Insolvenzverwalter mit Verfügungsbefugnis (§ 22 Abs. 1 Satz 1 InsO) bestellt wird, gilt die Unterbrechung bereits mit Übergang der Verwaltungs- und Verfügungsbefugnis auf den vorläufigen Insolvenzverwalter (§ 240 Satz 2 ZPO). 311

---

1 Das Kündigungsschutzgesetz (KSchG) findet nach h. M. auch auf die vom Insolvenzverwalter ausgesprochene Kündigung Anwendung, vgl. BAG v. 16. 9. 1982 – 2 AZR 271/80, ZIP 1983, 205, zum Konkursverfahren.

2 Wird das Arbeitsverhältnis erst durch den Insolvenzverwalter nach Insolvenzeröffnung begründet, stellen die Lohn- und Gehaltsansprüche Masseverbindlichkeiten i. S. d. § 55 Abs. 1 Nr. 1 InsO dar.

312 Hinsichtlich der Verfahrensaufnahme unterscheidet die Insolvenzordnung zwischen Aktiv- und Passivprozessen (§§ 85 bzw. 86 InsO).

i) Haftungsrealisierung und Anfechtung

313 Der vom Gericht bestellte Gutachter, der in aller Regel mit dem später zu bestellenden Insolvenzverwalter personenidentisch ist, prüft nicht nur die vorhandenen Aktiva in Form von Anlage- und Umlaufvermögen, sondern auch sich ggf. nach Verfahrenseröffnung ergebende Ansprüche. Diese durchzusetzen, obliegt dem Insolvenzverwalter nach Verfahrenseröffnung im Rahmen seiner Verwaltungs- und Verfügungsbefugnis. Hierbei steht die Geltendmachung von Ansprüchen gegen Gesellschafter und Geschäftsführer sowie die Durchsetzung von Anfechtungsansprüchen im Vordergrund.

(1) Schadensersatzansprüche

314 Die Ansprüche der Insolvenzgläubiger auf Ersatz eines Schadens, den diese Gläubiger gemeinschaftlich durch eine Verminderung des zur Insolvenzmasse gehörenden Vermögens vor oder nach der Eröffnung des Insolvenzverfahrens erlitten haben, können während der Dauer des Insolvenzverfahrens nur vom Insolvenzverwalter geltend gemacht werden. Die Regelung des § 92 InsO ist nicht anspruchsbegründend, sondern regelt die Einziehung anderweitig begründeter Ersatzansprüche.[1]

315 Anspruchsgrundlagen für einen solchen Gesamtschaden liegen insbesondere im Gesellschaftsrecht, also in § 64 Satz 1 GmbHG, §§ 30 ff. GmbHG, § 92 Abs. 2 AktG, §§ 177a, 130a HGB.[2]

(2) Gesellschafterhaftung

316 Ist das Insolvenzverfahren über das Vermögen einer Gesellschaft ohne Rechtspersönlichkeit oder einer Kommanditgesellschaft auf Aktien eröffnet, so kann die persönliche Haftung eines Gesellschafters für die Verbindlichkeiten der Gesellschaft gem. § 93 InsO während der Dauer des Insolvenzverfahrens nur vom Insolvenzverwalter geltend gemacht werden.

317 Die Regelung des § 93 InsO will einen Wettlauf der Gläubiger um die Abschöpfung der Haftungsmasse verhindern. Daher ordnet das Gesetz an, dass der Haftungsanspruch der Masse zuzuführen und auf diese Weise an alle Gläubi-

---

[1] So MünchKomm InsO/Brandes, § 92 Rdnr. 4; Schmittmann/Theurich/Brune, Das insolvenzrechtliche Mandat, § 4 Rdnr. 15.

[2] Vgl. Schmittmann/Theurich/Brune, Das insolvenzrechtliche Mandat, § 2 Rdnr. 84 ff.

ger gleichmäßig zu verteilen ist.[1] Für die Finanzverwaltung ergibt sich aus § 93 InsO aber keine Sperrwirkung dahin, dass die Geschäftsführerhaftung nach der Abgabenordnung nicht mehr durch Haftungsbescheid geltend gemacht werden kann. Nach Auffassung des BFH ist die Sperrwirkung des § 93 InsO auf die Haftung als Gesellschafter gem. § 128 HGB beschränkt.

Demgegenüber unterliegen Individualansprüche, die eine persönliche Mithaftung des Gesellschafters für Gesellschaftsschulden begründen, nicht der Sperrwirkung des § 93 InsO.[2] Die Bestimmung des § 93 InsO hindert die Finanzverwaltung nicht, nach Eröffnung des Insolvenzverfahrens über das Vermögen einer in § 11 Abs. 2 Nr. 1 InsO aufgeführten Gesellschaft einen Anspruch aus §§ 69, 34 AO gegen den persönlich haftenden Gesellschafter der Schuldnerin geltend zu machen.[3]   318

(3) Anfechtung

(a) Zweck/Voraussetzungen

Die Insolvenzanfechtung bezweckt, Vermögensverschiebungen vor der Eröffnung des Insolvenzverfahrens nach Verfahrenseröffnung zu neutralisieren.[4] Sie ist daher ein wichtiges Instrument der Gläubigergleichbehandlung („par conditio creditorum"[5]) und bewirkt eine Vorverlegung des insolvenzrechtlichen Gläubigerschutzes.[6] Durch die Insolvenzanfechtung soll die Zugriffslage wiederhergestellt werden, die ohne die angefochtene Rechtshandlung des Schuldners für die Gläubiger bestanden hätte.[7]   319

Deshalb ist eine Rechtshandlung des Schuldners nur anfechtbar, wenn durch sie die Befriedigungsmöglichkeit des Gläubigers aus dem Schuldnervermögen beeinträchtigt wird.[8] Die Pfändung eines Kontoguthabens ist auch dann gläu-   320

---

1 So MünchKomm InsO/Brandes, § 93 Rdnr. 1; Schmittmann/Theurich/Brune, Das insolvenzrechtliche Mandat, § 4 Rdnr. 20.
2 So BFH v. 2. 11. 2001 – VII B 155/01, BStBl II 2002, 73.
3 So BGH v. 4. 7. 2002 – IX ZR 265/01, BStBl II 2002, 786 f.
4 So Schmittmann/Zeeck, in: Haarmeyer/Wutzke/Förster, Präsenzkommentar InsO, § 129 Rdnr. 5.
5 Vgl. Schmittmann/Theurich/Brune, Das insolvenzrechtliche Mandat, § 4 Rdnr. 126; Andres/Leithaus/Dahl, § 129 Rdnr. 2.
6 So HambKomm/Rogge, vor §§ 129 ff. InsO Rdnr. 1.
7 So BGH v. 20. 10. 2005 – IX ZR 276/02, ZInsO 2006, 151 ff.; BGH v. 8. 7. 1993 – IX ZR 116/92; BGH v. 1. 10. 1953 – III ZR 351/52; BGH v. 29. 6. 2004 – IX ZR 258/02.
8 So BGH v. 20. 10. 2005 – IX ZR 276/02, ZInsO 2006, 151, 152; Schmittmann/Zeeck in: Haarmeyer/Wutzke/Förster, Präsenzkommentar InsO, § 129 Rdnr. 8.

bigerbenachteiligend i. S. v. § 129 InsO, wenn das gepfändete Kontoguthaben im Wesentlichen aus einer Straftat i. S. v. § 261 Abs. 1 StGB stammt.[1]

321 Nach der Grundnorm des § 129 InsO kann der Insolvenzverwalter Rechtshandlungen, die vor der Eröffnung des Insolvenzverfahrens vorgenommen worden sind, und die die Insolvenzgläubiger benachteiligen, nach Maßgabe der Bestimmungen in §§ 130–146 InsO anfechten.[2]

322 Die Anfechtung setzt neben der Eröffnung des Verfahrens das Folgende voraus (§ 129 InsO):
- ▶ Es muss eine **Rechtshandlung** vorliegen, die vor Eröffnung des Insolvenzverfahrens vorgenommen worden ist.
- ▶ Es muss eine **Benachteiligung** der Gläubiger eingetreten sein.
- ▶ Zwischen Rechtshandlung und Gläubigerbenachteiligung muss ein **Kausalzusammenhang** bestehen.
- ▶ Es muss ein **Anfechtungstatbestand** nach den §§ 130–136 InsO vorliegen.

323 Der Begriff der Rechtshandlung ist weit gefasst. Rechtshandlung ist jedes rechtlich erhebliche, d. h. jedes Handeln, das eine rechtliche Wirkung auslöst.[3] Eine Unterlassung steht einer Rechtshandlung gleich (§ 129 Abs. 2 InsO). Das Unterlassen muss wissentlich und willentlich geschehen.[4]

324 Der Insolvenzschuldner braucht die Handlung i. d. R. nicht selbst vorgenommen haben, sie kann auch durch einen Dritten vollzogen worden sein. Die Rechtshandlung gilt in dem Zeitpunkt als vorgenommen, in dem ihre rechtlichen Wirkungen eintreten (§ 140 Abs. 1 InsO).[5]

325 Zwischen der Rechtshandlung und der Gläubigerbenachteiligung muss ein **Kausalzusammenhang** bestehen. Die Kausalität zwischen der Rechtshandlung und der Gläubigerbenachteiligung ist dann gegeben, wenn die Befriedigungsmöglichkeit der Gläubiger ohne die Rechtshandlung günstiger gewesen wäre.[6]

326 Die Insolvenzanfechtung führt nicht zur Nichtigkeit oder Unwirksamkeit der angefochtenen Rechtshandlung, sondern zu einem **verzinslichen Rückgewähranspruch** zugunsten der Masse (§ 143 Abs. 1 InsO). Das Land, das Forderungen

---

1 So OLG Hamm v. 14. 3. 2006 – 27 U 169/05, ZInsO 2006, 717 f.
2 So Schmittmann/Theurich/Brune, Das insolvenzrechtliche Mandat, § 4 Rdnr. 130.
3 Vgl. BGH v. 12. 2. 2004 – IX ZR 98/03, NJW 2004, 1660 f.
4 So BGH v. 10. 2. 2005 – IX ZR 211/02, ZInsO 2005, 260; BGH v. 24. 10. 1996 – IX ZR 284/95, DB 1997, 223 f.
5 Ausnahmsweise unterliegen auch Rechtshandlungen nach Insolvenzeröffnung der Insolvenzanfechtung, vgl. dazu § 147 InsO.
6 So Schmittmann/Theurich/Brune, Das insolvenzrechtliche Mandat, § 4 Rdnr. 136.

auf Umsatzsteuer beigetrieben hat, ist Rückgewährschuldner i. S. v. § 143 InsO auch hinsichtlich des Umsatzsteueranteils, der dem Bund zusteht.[1]

Hat der Anfechtungsgegner eine Gegenleistung an den Insolvenzschuldner erbracht, hat der Insolvenzverwalter diese zurückzugewähren, soweit sie noch in der Insolvenzmasse unterscheidbar vorhanden ist (§ 144 Abs. 2 Satz 1 InsO). Ist der Gegenstand in der Insolvenzmasse nicht mehr vorhanden und die Masse auch nicht um den Wert bereichert, kann der Anfechtungsgegner seine Forderung auf Rückgewähr nur als Insolvenzforderung geltend machen (§ 144 Abs. 2 Satz 1 und 2 InsO). 327

Bei der Anfechtungsklage handelt es sich um eine **Leistungsklage**, die auf Rückgewähr des Erlangten zielt.[2] Bei einem Insolvenzanfechtungsrechtsstreit handelt es sich um eine **bürgerlich-rechtliche Streitigkeit**, die gem. § 13 GVG nach zutreffender Auffassung vor die ordentlichen Gerichte gehört.[3] Der Anfechtungsanspruch ist generell ein bürgerlich-rechtlicher Anspruch, der die materiellen Ordnungsvorstellungen des Insolvenzrechts gegenüber sämtlichen Gläubigern nach Maßgabe der §§ 129 ff. InsO durchsetzt. Grundsätzlich verdrängt er insoweit die allgemeinen Regelungen, etwa im Schuldrecht, im Handels- und Arbeitsrecht sowie im Sozialversicherungs-, Steuer- und Abgabenrecht. 328

Die Finanzverwaltung ist daher vom Insolvenzverwalter auch vor den ordentlichen Gerichten zu verklagen, es sei denn, dass der Insolvenzverwalter eine Aufrechnung oder Verrechnung für unzulässig hält, die ihre Grundlage im Steuerrecht hat. In einem solchen Fall ist die Frage der Anfechtbarkeit nach Auffassung des BGH nicht rechtswegbestimmend.[4] 329

Nicht nur für die Finanzverwaltung, sondern auch für den Berater sind die Anfechtungsvorschriften von erheblicher Bedeutung, da Insolvenzverwalter in aller Regel auch Anfechtungsansprüche gegen frühere Berater des Schuldners prüfen.[5] 330

---

1 So OLG Hamm v. 14. 3. 2006 – 27 U 169/05, ZInsO 2006, 717 f.
2 So Schmittmann/Theurich/Brune, Das insolvenzrechtliche Mandat, § 4 Rdnr. 142.
3 So zuletzt BGH, Beschluss vom 2. 4. 2009 – IX ZB 182/08, ZIP 2009, 825 ff.; vgl. umfassend: Huber, ZInsO 2009, 578 ff. Diese Rechtsfrage liegt derzeit dem Gemeinsamen Senat des Obersten Gerichts des Bundes vor (GmS oGB 1/09).
4 So BGH v. 2. 6. 2005 – IX ZB 235/04, ZInsO 2005, 707 f.
5 Vgl. umfassend: Schmittmann, StuB 2009, 696 f.

(b) Anfechtungsgründe

331 Die nachfolgende Tabelle gibt einen Überblick über die **Anfechtungsgründe** i. S. d. §§ 130–136 InsO:

TAB.	Anfechtungsgründe
Vorschrift	**Anfechtungsgrund**
§ 130 InsO	Kongruente Deckung
§ 131 InsO	Inkongruente Deckung
§ 132 InsO	Unmittelbar nachteilige Rechtshandlungen
§ 133 Abs. 1 InsO	Vorsätzliche Gläubigerbenachteiligung
§ 133 Abs. 2 InsO	Verträge mit nahe stehenden Personen
§ 134 InsO	Unentgeltliche Leistung
§ 135 InsO	Kapitalersetzende Darlehen
§ 136 InsO	Stille Gesellschafter
§ 137 InsO	Wechsel- und Scheckzahlungen

332 Besondere Relevanz für Anfechtungen gegen die Finanzverwaltung und gegen den vorinsolvenzlichen Berater (vgl. dazu Rdnr. 2986) haben insbesondere die Anfechtungstatbestände der sog. kongruenten und inkongruenten Deckung (§§ 130, 131 InsO) sowie der vorsätzlichen Gläubigerbenachteiligung (§ 133 Abs. 1 InsO):

(c) Kongruente Deckung (§ 130 InsO)

333 Nach § 130 Abs. 1 Nr. 1 InsO sind Rechtshandlungen, die einem Insolvenzgläubiger eine Sicherheit oder Befriedigung gewährt oder ermöglicht haben, anfechtbar,

▶ wenn sie in den letzten **drei Monaten vor Eröffnungsantrag** vorgenommen wurden,

▶ wenn zz. der Handlung der Schuldner **zahlungsunfähig** war

▶ und der Anfechtungsgegner zu dieser Zeit die Zahlungsunfähigkeit kannte.

334 Alternativ sind Rechtshandlung, die **nach dem Eröffnungsantrag** vorgenommen wurden und bei denen der Anfechtungsgegner zurzeit der Handlung die Zahlungsunfähigkeit oder den Eröffnungsantrag kannte nach § 130 Abs. 1 Nr. 2 InsO anfechtbar.

Die Definition der **Zahlungsunfähigkeit** ergibt sich aus § 17 InsO. Die drohende   335
Zahlungsunfähigkeit i. S. v. § 18 InsO begründet nicht automatisch die Anfechtbarkeit der nach diesem Zeitpunkt vorgenommenen Rechtshandlungen.[1] Der Zahlungsunfähigkeit steht nicht entgegen, dass der Schuldner noch einzelne – sogar beträchtliche – Zahlungen leistet, sofern die unerfüllt gebliebenen Verbindlichkeiten nicht unwesentlich sind.[2]

In Bezug auf die Zahlungsunfähigkeit ist beim Anfechtungsgegner Kenntnis   336
erforderlich, also positives Wissen.[3] Der Gläubiger hat bereits **Kenntnis der Zahlungsunfähigkeit**, wenn er beim Leistungsempfang seine Ansprüche ernsthaft eingefordert hat, diese verhältnismäßig hoch sind und er weiß, dass der Schuldner nicht in der Lage ist, die Forderung zu erfüllen.[4] Die Kenntnis wird für denjenigen vermutet, der die zugrunde liegenden Tatsachen kennt, an die jedermann mit seiner Verkehrserfahrung verständlicherweise die Erwartung knüpft, dass der Schuldner wesentliche Zahlungen so gut wie sicher nicht mehr wird erbringen können.[5]

Für den **Gläubigerbenachteiligungsvorsatz** genügt auch bei einer kongruenten   337
Deckung bedingter Vorsatz. Einem Schuldner, der weiß, dass er nicht alle seine Gläubiger befriedigen kann, und der Forderungen eines einzelnen Gläubigers vorwiegend deshalb erfüllt, um diesen von der Stellung eines Insolvenzantrages abzuhalten, kommt es in erster Linie nicht auf die Erfüllung seiner gesetzlichen oder vertraglichen Pflichten, sondern auf die Bevorzugung dieses einzelnen Gläubigers an; er nimmt damit die Benachteiligung der Gläubiger im allgemeinen in Kauf.[6]

Für die Finanzverwaltung ist problematisch, ob ein Geschäftsführer gem.   338
§§ 34, 69 AO für nicht abgeführte Lohnsteuer haftet, wenn die Abführung der Lohnsteuer zu einer anfechtbaren Leistung an die Finanzverwaltung geführt hätte.

Der BFH hat diese Frage zunächst dahinstehen lassen, aber jüngst darauf hin-   339
gewiesen, dass ernstliche Zweifel bestehen, ob die Abführung von Lohnsteu-

---

1 So Uhlenbruck/Hirte, InsO, § 130 Rdnr. 33; Schmittmann/Theurich/Brune, Das insolvenzrechtliche Mandat, § 4 Rdnr. 159.
2 So BGH v. 13. 5. 2004 – IX ZR 190/03; BGH v. 10. 1. 1985 – IX ZR 4/84, NJW 1985, 1785; BGH v. 25. 9. 1997 – IX ZR 231/96, NJW 1998, 607, 608; BGH v. 17. 7. 2003 – IX ZR 272/02. ZIP 2003, 1799 ff. = NZI 2003, 597ff.
3 So Schmittmann/Zeeck, in: Haarmeyer/Wutzke/Förster, Präsenzkommentar InsO, § 130 Rdnr. 15.
4 So BGH v. 22. 1. 1998 – IX ZR 99/97, BGHZ 138, 40 ff.
5 So BGH v. 19. 12. 2002 – IX ZR 377/99, BB 2003, 752 f.
6 So BGH v. 27. 5. 2003 – IX ZR 169/02, BGHZ 155, 75 ff.

ern in den letzten drei Monaten vor dem Antrag auf Eröffnung des Insolvenzverfahrens eine nach § 130 Abs. 1 Nr. 1 InsO anfechtbare Rechtshandlung darstellt[1] oder ob ein nahezu anfechtungsfestes Bargeschäft nach § 142 InsO vorliegt.[2] Der BFH weist darauf hin, dass eine Haftung nach § 69 AO nur dann in Betracht komme, wenn zwischen der schuldhaften Pflichtverletzung des Haftungsschuldners und dem Eintritt des Infolge des Steuerausfalls verursachten Vermögensschadens ein Kausalzusammenhang bestehe.[3]

340 Der BFH weist darauf hin, dass nach der Rechtsprechung des BGH die zu fordernde Kausalität zwischen der Pflichtverletzung und dem Schadenseintritt bei einer erfolgreichen Anfechtung der Lohnsteuerzahlungen nach § 130 Abs. 1 Nr. 1 InsO entfallen würde.[4] Einer **Anfechtung der Lohnsteuerzahlungen** stünde es entgegen, wenn es sich bei der Abführung der geschuldeten Lohnsteuer um ein Bargeschäft i. S. v. § 142 InsO handeln würde und eine vorsätzliche Gläubigerbenachteiligung nach § 133 InsO ausgeschlossen werden könnte. Die Frage, ob die Abführung von Lohnsteuer in der Insolvenz des Steuerschuldners gläubigerbenachteiligend wirkt oder ob ein nur unter den Voraussetzungen des § 133 InsO und damit nahezu anfechtungsfreies **Bargeschäft** vorliegt, wird in der höchstrichterlichen Rechtsprechung unterschiedlich beantwortet. Nach einer Entscheidung des BFH liegt deshalb ein Bargeschäft vor, weil die Abzugsbeträge zum Arbeitslohn gehören, auf den die Arbeitnehmer einen arbeitsvertraglichen Anspruch haben. Die Lohnsteuer stelle somit ein aufgrund der steuerrechtlichen Vorschriften nicht direkt an die Arbeitnehmer auszuzahlendes Entgelt für die von ihnen erbrachte Arbeitsleistung dar, so dass die Entrichtung an das Finanzamt ebenso wenig wir die Auszahlung des Nettolohns an die Arbeitnehmer als eine objektive Benachteiligung der übrigen Gläubiger der GmbH hätte angesehen werden können.[5] Dieser Rechtsansicht ist der BGH entgegengetreten und hat dazu ausgeführt, dass der BFH nicht beachtet habe, dass nur Leistungen des Schuldners, für die diese aufgrund einer Parteivereinbarung mit dem anderen Teil, also dem Anfechtungsgegner, eine gleichwertige Gegenleistung in sein Vermögen erhalten habe, als Bargeschäfte angesehen werden können. Der Schuldner habe mit dem Finanzamt weder eine Verein-

---

1 Vgl. FG Rheinland-Pfalz v. 13. 10. 2005 – 6 K 2803/04, EFG 2006, 83 ff. = BBB 2006, 105 f., mit Anm. Rätke; Sächsisches FG v. 24. 5. 2005 – 1 K 2361/04, EFG 2005, 1238.
2 So BFH v. 11. 8. 2005 – VII B 244/04, StuB 2006, 123 f. (Singer), GmbHR 2005, 1514 ff.; BFH v. 9. 12. 2005 – VII B 124-125/05, BFH/NV 2006, 897 ff.
3 So BFH v. 5. 3. 1991 – VII R 93/1988, BStBl II 1991, 678.
4 So BGH v. 14. 11. 2000 – VI ZR 149/99, ZIP 2001, 80 ff.; OLG Hamburg v. 13. 10. 2006, DB 2007, 1076 ff., Sozialversicherungsbeiträge.
5 So BFH v. 9. 12. 2005 – VII B 124-125/05, DStRE 2006, 560, 562.

barung getroffen noch von ihm eine Gegenleistung erhalten.[1] Zu berücksichtigen sei darüber hinaus, dass die Lohnsteuer ebenso wie die Sozialversicherungsbeiträge[2] aus dem Vermögen des Arbeitnehmers geleistet würden und zugunsten des Arbeitnehmers i. d. R. auch kein Treuhandverhältnis in Bezug auf die Gelder bestehe.

Der BFH hat inzwischen entschieden, dass die Insolvenzanfechtung die erforderliche Kausalität jedenfalls dann nicht unterbricht, wenn die Fälligkeit vor dem Beginn der Anfechtungsfrist liege.[3] 341

Darüber hinaus hatte die Bundesregierung beabsichtigt, § 38 Abs. 3 Satz 1 EStG dahin zu ändern, dass die Zahlung der Lohnsteuer als aus dem Vermögen des Arbeitnehmers erbracht gelten soll, um bereits das Merkmal der Gläubigerbegünstigung nicht mehr anwenden zu müssen. Dieser Vorschlag wurde im Gesetzgebungsverfahren allerdings fallen gelassen. 342

(Einstweilen frei) 343–345

(d) Inkongruente Deckung (§ 131 InsO)

Die Anfechtung von Rechtshandlungen, durch die einem Insolvenzgläubiger eine Sicherung oder Befriedigung gewährt oder ermöglicht wird, die er nicht, nicht in der Art oder nicht zu der Zeit zu beanspruchen hatte, ist möglich, 346

▶ wenn die Handlung **im letzten Monat** vor dem Eröffnungsantrag oder nach diesem Antrag vorgenommen wurde (§ 131 Abs. 1 InsO),

▶ wenn die Handlung **innerhalb des zweiten oder dritten Monats** vor dem Eröffnungsantrag vorgenommen wurde und der Schuldner zurzeit der Handlung zahlungsunfähig war (§ 131 Abs. 1 Nr. 2 InsO) oder

▶ wenn die Handlung **innerhalb des zweiten oder dritten Monats** vor dem Eröffnungsantrag vorgenommen wurde und dem Finanzamt zz. der Handlung bekannt war, dass es die Gläubiger benachteiligte (§ 131 Abs. 1 Nr. 3 InsO). Dieser Kenntnis steht nach § 131 Abs. 2 Satz 1 InsO die Kenntnis des Anfechtungsgegners von Umständen gleich, die zwingend auf die Benachteiligung schließen lassen.

---

1 So BGH v. 22. 1. 2004 – IX ZR 39/03, BGHZ 157, 350.
2 Vgl. BGH v. 11. 4. 2004 – IX ZR 211/01, NJW 2002, 2568; BGH v. 10. 7. 2003 – IX ZR 89/02, NJW-RR 2003, 1632.
3 Vgl. im Einzelnen Rdnr. 1278 ff., BFH v. 11. 11. 2008 – VII R 19/08, BFHE 223, 303 ff., BStBl II 2009, 342 ff.

Maßnahmen der Zwangsvollstreckung sind grundsätzlich als inkongruent anzusehen.

347 Eine Zwangsvollstreckung ist auch dann inkongruent i. S. v. § 131 InsO, wenn sie durch den Steuerfiskus erfolgt.[1]

348 Im Rahmen von § 131 InsO sind sowohl inkongruente Befriedigungen als auch inkongruente Sicherungen anfechtbar. Das Stellen einer Sicherheit ist nicht als „minus" in dem Anspruch auf Befriedigung enthalten.[2] Anspruch auf Sicherung hat daher nur, wer einen im Besonderen auf Sicherstellung gerichteten Anspruch hat.[3]

349 Eine nicht zu beanspruchende Befriedigung (**inkongruente Deckung**) liegt bei Leistungen vor, die dem Insolvenzgläubiger aufgrund ausgebrachter Vollstreckungsmaßnahmen zugute kommen. So ist z. B. die durch Zwangsvollstreckung des Finanzamts erlangte Sicherungshypothek inkongruent, da das Finanzamt keinen Anspruch auf die Sicherungshypothek, sondern nur auf die Steuerforderung hat. Eine inkongruente Deckung liegt nach der Rechtsprechung des BGH auch in folgenden Fällen vor:

▶ Leistungen des Schuldners, die zur **Abwendung einer unmittelbar drohenden oder sogar bereits ausgebrachten Zwangsvollstreckung** aufgebracht werden, sind regelmäßig inkongruent. Für die Anfechtbarkeit macht es keinen Unterschied, ob die Befriedigung durch Zwangsmaßnahmen erfolgt oder ob Zwangsmaßnahmen gar nicht erst eingesetzt werden müssen, weil der Schuldner, zur Abwendung der Zwangsvollstreckung leistet.[4]

▶ Inkongruenz liegt ebenfalls in den Fällen vor, in denen sich der Schuldner und das Finanzamt als Gläubiger auf eine **Ratenzahlung** verständigen und diese Vereinbarung aus Sicht des Schuldners dazu dient, Vollstreckungsmaßnahmen zu vermeiden. Voraussetzung ist, dass das Schuldnervermögen nach Verfahrenseröffnung nicht ausreicht, um alle Forderungen zu befriedigen.[5]

350 Die **Beweislast** für die Voraussetzungen der Anfechtung, auch für die Kenntnis der Benachteiligung anderer Gläubiger (§ 131 Abs. 1 Nr. 3 InsO) trägt grundsätzlich der Insolvenzverwalter. Der BGH fordert vom Gläubiger allerdings die

---

1 So OLG Hamm v. 14. 3. 2006 – 27 U 169/05, NZI 2006, 532 f.
2 So BGH v. 2. 12. 1999 – IX ZR 412/98, ZIP 2000, 82, 83.
3 So BGH v. 25. 9. 1972 – VIII ZR 216/71, NJW 1972, 2084 f.; vgl. im Einzelnen Schmittmann/Theurich/Brune, Das insolvenzrechtliche Mandat, § 4 Rdnr. 170.
4 BGH v. 15. 5. 2003 – IX ZR 194/02, BB 2003, 1460; v. 11. 4. 2002 – IX ZR 211/01, ZInsO 2002, 581; s. hierzu Janca, ZInsO 2003, 209.
5 BGH v. 7. 2. 2002 – IX ZR 115/99, ZInsO 2002, 276.

Überzeugung, dass das Vermögen des Schuldners im Zeitpunkt des Wirksamwerdens der angefochtenen Rechtshandlung zur vollen Befriedigung aller Gläubiger ausgereicht habe.[1]

Leistet der Schuldner zur **Abwendung eines angekündigten Insolvenzantrages**, den der Gläubiger zur Durchsetzung seiner Forderung angedroht hat, so bewirkt dies nach der Rechtsprechung des BGH eine **inkongruente Deckung**. Der für eine Inkongruenz notwendige zeitliche Zusammenhang zwischen der Drohung mit einem Insolvenzantrag und der Leistung des Schuldners endet je nach Lage des Einzelfalls nicht mit Ablauf der von dem Gläubiger mit der Androhung gesetzten Zahlungsfrist. Rückt der Gläubiger von der Drohung mit dem Insolvenzantrag nicht ab und verlangt er von dem Schuldner fortlaufend Zahlung, kann der Leistungsdruck über mehrere Monate fortbestehen. Ist dem Gläubiger eine finanziell beengte Lage des Schuldners bekannt, kann die Inkongruenz einer Deckung auch im Rahmen von § 131 Abs. 1 Nr. 3 InsO ein nach § 286 ZPO zu würdigendes **Beweisanzeichen** für die Kenntnis von der Gläubigerbenachteiligung sein.[2] 351

Die Abführung von Lohnsteuer an das Finanzamt wirkt in der Insolvenz des Arbeitgebers nach der Rechtsprechung des BGH regelmäßig gläubigerbenachteiligend.[3] 352

(Einstweilen frei) 353–360

(e) Vorsätzliche Gläubigerbenachteiligung (§ 133 Abs. 1 InsO)

Rechtshandlungen, die der Schuldner in den letzten zehn Jahren vor dem Antrag auf Eröffnung des Insolvenzverfahrens mit dem Vorsatz vorgenommen hat, seine restlichen Gläubiger zu benachteiligen, sind nach § 133 Abs. 1 InsO anfechtbar, wenn der andere Teil zz. der Handlung den Vorsatz des Schuldners kannte. Vorsatz wird vermutet, wenn der andere Teil wusste, dass die Zahlungsunfähigkeit des Schuldners drohte und dass die Handlung die Gläubiger benachteiligte. 361

Der Zweck des § 133 InsO liegt darin, für die Fälle einer **vorsätzlichen Gläubigerbenachteiligung** eine verschärfte Anfechtung festzuschreiben.[4] Ein Rechtserwerb, der auf einer vorsätzlichen Gläubigerbenachteiligung beruht, verdient gegenüber dem in der Masse gebündelten Interesse der Gläubigergemein- 362

---

1 BGH v. 26. 9. 2002 – IX ZR 66/99, ZInsO 2003, 80.
2 So BGH v. 18. 12. 2003 – IX ZR 199/02, ZInsO 2004, 145 ff.
3 So BGH v. 22. 1. 2004 – IX ZR 39/03, BGHZ 157, 350 ff.
4 So Schmittmann/Zeeck: in Haarmeyer/Wutzke/Förster, Präsenzkommentar InsO, § 133 Rdnr. 5.

schaft an der Wiederherstellung des haftenden Schuldnervermögens dann keinen Schutz, wenn der Geschäftspartner den Vorsatz des Schuldners kannte. Im Hinblick auf diesen Gesetzeszweck wirkt es sich verschärfend aus, wenn der Schuldner die fraglichen Verträge mit Personen schließt, die ihm nahe stehen.[1]

363 Solche Personen gelten insolvenzrechtlich als suspekt, vor allem, wenn Vermögensverschiebungen zu ihren Gunsten stattfinden.[2] Für den **Benachteiligungsvorsatz** reicht bei kongruenten Deckungsgeschäften die Feststellung aus, der Schuldner habe sich eine Benachteiligung nur als möglich vorgestellt, sie aber in Kauf genommen, ohne sich durch die Vorstellung dieser Möglichkeit von seinem Handeln abhalten zu lassen.[3]

364 Bei einem kongruenten Deckungsgeschäft, bei dem der Schuldner dem Gläubiger nur das gewährt, worauf dieser einen Anspruch hatte, sind allerdings erhöhte Anforderungen an die Darlegung und den Beweis des **Benachteiligungsvorsatzes** zu stellen. Wenn ein Schuldner zur Vermeidung einer unmittelbar bevorstehenden Zwangsvollstreckung an einen einzelnen Gläubiger leistet, obwohl er weiß, dass er nicht mehr alle seine Gläubiger befriedigen kann und infolge der Zahlung an einen einzelnen Gläubiger andere Gläubiger benachteiligt werden, so ist in aller Regel die Annahme gerechtfertigt, dass es dem Schuldner nicht in erster Linie auf die Erfüllung seiner vertraglichen oder gesetzlichen Pflichten, sondern auf die Bevorzugung dieses einzelnen Gläubigers ankommt.[4]

365 Für den Gläubigerbenachteiligungsvorsatz genügt auch bei einer kongruenten Deckung nach der Rechtsprechung des BGH **bedingter Vorsatz.**[5] Einem Schuldner, der weiß, dass er nicht alle seine Gläubiger befriedigen kann, und der Forderungen eines einzelnen Gläubigers vorwiegend deshalb erfüllt, um diesen von der Stellung eines Insolvenzantrages abzuhalten, kommt es nicht in erster Linie auf die Erfüllung seiner gesetzlichen oder vertraglichen Pflichten, sondern auf die Bevorzugung dieses einzelnen Gläubigers an; damit nimmt er die Benachteiligung der Gläubiger im Allgemeinen in Kauf.

---

1 Vgl. MünchKomm InsO/Kirchhof, § 133 Rdnr. 1.
2 So Schmittmann/Zeeck in: Haarmeyer/Wutzke/Förster, Präsenzkommentar InsO, § 133 Rdnr. 5.
3 So BGH v. 13. 5. 2004 – IX ZR 190/03, NZI 2005, 692 f.; BGH v. 17. 7. 2003 – IX ZR 272/02, NZI 2003, 597, 598.
4 So BGH v. 17. 7. 2003 – IX ZR 215/02, NZI 2004, 87, 88.
5 BGH v. 27. 5. 2003 – IX ZR 169/02, ZInsO 2003, 764 = BB 2003, 1806.

Daraus folgt, dass Zahlungen, die das Finanzamt im Rahmen einer mit dem Schuldner **zwecks Vollstreckungsaufschub getroffener Tilgungsregelung** erhalten hat, i. d. R. vom Insolvenzverwalter nach § 133 InsO erfolgreich angefochten werden können.[1] 366

(Einstweilen frei) 367–370

(f) Kurzhinweise für den Berater

Rechtsanwälte, Steuerberater und Wirtschaftsprüfer, die in der Krise beraten, sollten die Grundzüge des Anfechtungsrechts kennen, damit sie sich nicht nach Verfahrenseröffnung der Gefahr aussetzen, das **Honorar** zurückerstatten zu müssen (vgl. dazu auch Rdnr. 2986 ff.). 371

Beraterseits hat man sich lange Zeit darauf verlassen, dass bei einer **Vorschusszahlung** des Mandanten ein insolvenzanfechtungsfreies **Bargeschäft** i. S. v. § 142 InsO vorliegt. Demnach ist eine Leistung des Schuldners, für die unmittelbar eine gleichwertige Leistung in sein Vermögen gelangt, nur anfechtbar, wenn die Voraussetzungen des § 133 Abs. 1 InsO gegeben sind. Bei Bargeschäften müssen zwar Leistung und Gegenleistung nicht **Zug um Zug** ausgetauscht werden, es muss aber ein enger zeitlicher Zusammenhang bestehen.[2] In der Vergangenheit war man davon ausgegangen, dass es jedenfalls unproblematisch ist, wenn der Mandant **Vorschüsse** leistet und der Berater danach seine Tätigkeit entfaltet.[3] 372

Nunmehr vertritt der BGH die Auffassung, dass Leistungen inkongruent sind, soweit an einen Rechtsanwalt Vorschusszahlungen in einer abgeschlossenen Angelegenheit erfolgen, für die bereits der Vergütungsanspruch fällig geworden ist. Erbringt ein Rechtsanwalt **Vorleistungen**, die der inzwischen in der Krise befindliche Mandant mehr als 30 Tage später vergütet, handelt es sich nicht mehr um ein anfechtungsrechtlich privilegiertes **Bargeschäft**. Hat der insolvente Mandant durch die Gewährung von Vorschüssen vorgeleistet, gilt für das Vorliegen eines Bargeschäfts derselbe Maßstab wie bei einer Vorleistung des Rechtsanwalts.[4] Dabei ist im Übrigen zu berücksichtigen, dass der Rechts- 373

---

1 BGH v. 27. 5. 2003 – IX ZR 169/02, ZInsO 2003, 764; v. 17. 2. 2004 – IX ZR 135/03, WM 2004, 669.
2 So Schmittmann/Theurich/Brune, Das insolvenzrechtliche Mandat, § 4 Rdnr. 195.
3 Vgl. dazu den Beispielsfall bei Schmittmann/Theurich/Brune, Das insolvenzrechtliche Mandat, § 4 Rdnr. 196.
4 So BGH v. 13. 4. 2006 – IX ZR 158/05, ZInsO 2006, 712 ff.

anwalt auch nicht mehr uneingeschränkt mit eingezogenen Geldern verrechnen kann.[1]

374–385 *(Einstweilen frei)*

4. Liquidation und Verteilung im Regelinsolvenzverfahren

386 Hat sich die Gläubigerversammlung im Berichtstermin für das Regelinsolvenzverfahren entschieden, hat der Insolvenzverwalter unverzüglich mit der Verwertung der Insolvenzmasse zu beginnen (§ 159 InsO).

387 Die Insolvenzmasse setzt sich aus dem vom Insolvenzverwalter übernommenen und während der Verwaltung erwirtschafteten Vermögen sowie aus evtl. Zuflüssen aus geltend gemachten Schadensersatz-, Haftungs- sowie Anfechtungsansprüchen zusammen.

a) Bereinigung der Masse

388 Vor der Verteilung hat der Insolvenzverwalter die vorhandene Masse (sog. Ist-Masse) zu der zu verteilenden Masse (sog. Soll-Masse) zu bereinigen. Die Bereinigung der Masse umfasst folgende Maßnahmen des Insolvenzverwalters:

▶ Herausgabe des unpfändbaren Vermögens (§ 36 InsO),

▶ Freigabe von Massegegenständen,

▶ Aussonderung,

▶ Aufrechnung,

▶ Absonderung.

(1) Herausgabe des unpfändbaren Vermögens

389 Nach § 36 Abs. 1 InsO gehören Gegenstände, die nicht der Zwangsvollstreckung unterliegen, nicht zur Insolvenzmasse. Dazu zählen auch Sachen, die zum gewöhnlichen Hausrat gehören und im Haushalt des Schuldners gebraucht werden, wenn ohne weiteres ersichtlich ist, dass durch ihre Verwertung nur ein Erlös erzielt werden würde, der zu dem Wert außer allem Verhältnis steht (§ 36 Abs. 3 InsO). Der Insolvenzverwalter hat das unpfändbare Vermögen herauszugeben, sofern er es, aus welchen Gründen auch immer, in Beschlag genommen hat.

---

1 So KG v. 2. 3. 2006 – 19 U 35/05, ZInsO 2006, 941 ff.

(2) Freigabe von Vermögensgegenständen durch den Insolvenzverwalter

Grundsätzlich ist der Insolvenzverwalter berechtigt, einzelne, genau bezeichnete Gegenstände aus der Insolvenzmasse freizugeben.[1] Folgende Arten der Freigabe sind zu unterscheiden:

- die **echte Freigabe**, bei der der Insolvenzverwalter einzelne Vermögensgegenstände durch einseitige Willenserklärung gegenüber dem Insolvenzschuldner aus der Insolvenzmasse freigibt,
- die **modifizierte Freigabe,** bei der der Insolvenzschuldner vom Insolvenzverwalter ermächtigt wird, ein Recht zur Insolvenzmasse gehörendes Recht im eigenen Namen geltend zu machen,
- die **unechte Freigabe,** bei der ein ohnehin massefremder Gegenstand – z. B. belastet mit einem Aussonderungsrecht – freigegeben wird.

Eine Freigabe kann insbesondere dann erfolgen, wenn es sich um unverwertbare oder über ihren Wert belastete Gegenstände handelt.

Daneben kann es für Insolvenzverwalter interessant sein, zur Vermeidung von Masseverbindlichkeiten Vermögensteile aus dem Insolvenzbeschlag freizugeben. Die Gründe hierfür sind unterschiedlich. Zum einen ist es der Versuch, die Masse vor weiteren Umsatzsteuern zu schützen, die durch den Weiterbetrieb eines Unternehmens entstehen würden. Daneben sind insbesondere bei Kleingewerbetreibenden häufig umfangreiche und aufwändige Kontroll- und Ermittlungstätigkeiten erforderlich.

Für den Neugläubiger stellt sich die Frage, ob der Vermögensgegenstand noch zur Insolvenzmasse gehört, so dass ein Anspruch gegen die Masse besteht oder ob die Freigabe wirksam ist, so dass der Vermögensgegenstand nicht mehr zur Insolvenzmasse gehört. Dann besteht die Möglichkeit der Vollstreckung in das insolvenzfreie Vermögen des Insolvenzschuldners.

Problematisch war in der Vergangenheit, ob der Insolvenzverwalter auch einen **ganzen Gewerbebetrieb** wirksam aus dem Insolvenzbeschlag freigeben konnte. Dies hätte zur Folge gehabt, dass sich der Insolvenzverwalter insoweit seiner Pflichten entledigen und die Insolvenzmasse entlasten könnte, da Neugläubiger nicht auf die Insolvenzmasse zugreifen könnten. Allerdings steht den Neugläubigern dann eine Haftungsmasse zur Verfügung, auf die ggf. im Wege der Einzelzwangsvollstreckung oder gar auch durch ein neuerliches Insolvenzverfahren zugegriffen werden kann.

---

[1] Vgl. z. B. Holzer in Kübler/Prütting, InsO, § 35 Rdnr. 24, m.w. N.; Schmittmann, ZInsO 2006, 1299, 1300.

395 Die Frage der **Zulässigkeit** der Freigabe eines ganzen Gewerbebetriebes wurde in der Literatur nicht einheitlich gesehen.[1] Der BGH[2] hatte entschieden, dass Einkünfte, die ein selbständig tätiger Schuldner nach der Insolvenzeröffnung erzielt, in vollem Umfange ohne einen Abzug für beruflich bedingte Ausgaben zur Insolvenzmasse gehören. Der Insolvenzschuldner kann jedoch gem. § 36 Abs. 1 Satz 2 InsO i.V. m. § 850i ZPO beantragen, dass ihm von seinen durch Vergütungsansprüche gegen Dritte erzielten Einkünften ein pfandfreier Anteil belassen wird. Zur Insolvenzmasse gehören nach der Rechtsprechung des BFH selbständige Einkünfte in ihrem vollen Umfange und nicht etwa nur, wie die Vorinstanzen ersichtlich angenommen haben, der sich aus der Verminderung der Einnahmen um die betrieblich veranlassten Ausgaben ergebende Gewinn.

396 Hinsichtlich des **Neuerwerbs des Schuldners** sieht § 35 Abs. 2 InsO ab dem 1. 7. 2007 eine modifizierte Regelung vor.[3] Übt der Schuldner eine selbständige Tätigkeit aus oder beabsichtigt er, demnächst eine solche Tätigkeit auszuüben, so kann der Insolvenzverwalter ihm gegenüber erklären, dass Vermögen aus der selbständigen Tätigkeit nicht zur Insolvenzmasse gehört und Ansprüche aus dieser Tätigkeit nicht im Insolvenzverfahren geltend gemacht werden können. Die Bestimmung des § 295 Abs. 2 InsO gilt entsprechend.

397 Ursprünglich war vorgesehen, dass der Insolvenzverwalter diese Erklärung nur mit Zustimmung des Gläubigerausschusses oder der Gläubigerversammlung abgeben kann. Nunmehr sieht § 35 Abs. 2 Satz 3 InsO lediglich noch vor, dass auf Antrag des Gläubigerausschusses oder, wenn ein solcher nicht bestellt ist, der Gläubigerversammlung das Insolvenzgericht die Unwirksamkeit der Erklärung anordnet. Die Erklärung des Insolvenzverwalters ist gem. § 35 Abs. 3 InsO dem Gericht gegenüber anzuzeigen und von diesem öffentlich bekannt zu machen.

398 Diese Regelung ist die Antwort des Gesetzgebers auf die Tendenz mancher Schuldner, am Insolvenzverwalter vorbei aus selbständiger Tätigkeit Einkünfte zu erzielen, zum anderen aber Verbindlichkeiten, insbesondere Umsatzsteuer und Sozialversicherungsbeiträge nicht zu leisten. Es liegt auf der Hand, dass der Insolvenzverwalter nicht verpflichtet sein kann, Umsätze zu versteuern, deren Erlöse er nicht vereinnahmt hat. Zugleich wird mit dieser Regelung auch

---

1 Wohl dagegen Maus, ZInsO 2001, 493, der davon ausgeht, dass der Insolvenzverwalter durch Neuerwerb begründete Steuern aus der Insolvenzmasse zu zahlen hat, differenzierend z. B. Braun, InsO, § 35 Rdnr. 70, m. w. N.
2 BGH v. 20. 3. 2003 – IX ZR 166/02, ZInsO 2003, 413.
3 S. Andres, NZI 2006, 198, 199 f.; Kupka/Schmittmann, InsBüro 2007, 386 ff.; vgl. zu den steuerlichen Folgen: Kranenberg, NZI 2009, 156 ff.; Schmittmann/Kaufmann, InsBüro 2007, 362 ff.

klargestellt, dass die **Freigabe des Neuerwerbs** grundsätzlich zulässig ist, was bislang von der Finanzverwaltung – aus offenkundigen fiskalischen Erwägungen – bezweifelt worden war.

Steuerschulden, die aus einem Neuerwerb des Schuldners resultieren, sind nach neuerer Auffassung der ordentlichen Gerichte und des BFH keine Masseverbindlichkeiten.[1]

399

(3) Aussonderung

Aussonderung bedeutet die Geltendmachung der Nichtzugehörigkeit zur Insolvenzmasse (§ 47 InsO). **Gegenstand der Aussonderung** können bewegliche und unbewegliche Sachen sowie dingliche und persönliche Rechte sein soweit eine Aussonderungsberechtigung besteht. Typisches Beispiel einer Aussonderungsberechtigung ist der Eigentumsvorbehalt, nicht aber das Sicherungseigentum, das nach § 51 Nr. 1 InsO lediglich ein Absonderungsrecht begründet. Ist die Herausgabe eines auszusondernden Gegenstandes nicht mehr möglich, da er vor Eröffnung des Insolvenzverfahrens vom Schuldner bzw. danach vom Insolvenzverwalter unberechtigt veräußert worden ist, tritt an die Stelle der Aussonderung die sog. Ersatzaussonderung (§ 48 InsO). Der Aussonderungsberechtigte kann anstelle der Aussonderung die Abtretung des Rechts auf die Gegenleistung verlangen soweit diese noch aussteht.

400

Ist die Gegenleistung bereits erbracht, kann er die Herausgabe aus der Insolvenzmasse nur dann noch verlangen, wenn sie dort noch unterscheidbar vorhanden ist. Ist dies nicht der Fall, hat der Aussonderungsberechtigte lediglich Bereicherungs- und Schadensersatzansprüche. Soweit die Gegenleistung vor Insolvenzeröffnung erbracht worden ist, kann der Aussonderungsberechtigte diese als Insolvenzforderung (§ 38 InsO), im Übrigen als sonstige Masseverbindlichkeiten (§ 55 Abs. 1 Nr. 3 InsO) geltend machen.

401

(4) Absonderung

Während die Aussonderung die Geltendmachung der Massefremdheit eines Gegenstandes bedeutet, hat der Gläubiger bei **Bestehen eines Absonderungsrechtes** lediglich einen **Anspruch auf vorzugsweise Befriedigung** aus dem Wert des absonderungsbefangenen Gegenstandes. Dem Absonderungsgläubiger steht demnach der Verwertungserlös aus dem Gegenstand bis zur Höhe seiner

402

---

1 BFH v. 7.4.2005 – V R 5/04, ZInsO 2005, 774 ff., mit Anm. Schmittmann; Obermair, DStR 2005, 1561 ff.; Heubrich, ZInsO 2004, 1292, 1295; LG Erfurt v. 30.10.2002 – 3 O 2992/01, ZInsO 2002, 1090 f.

403 Forderung zu. Der darüber hinausgehende Teil des Erlöses fließt zur Masse und steht der Befriedigung der übrigen Gläubiger zur Verfügung.

403 Nach § 50 Abs. 1 InsO haben Gläubiger, die an einem Gegenstand ein rechtsgeschäftliches, ein gesetzliches oder ein Pfändungspfandrecht haben, einen **Anspruch auf abgesonderte Befriedigung**. § 50 Abs. 2 Satz 1 InsO beschränkt das Absonderungsrecht des Vermieters oder Verpächters,[1] indem die Geltendmachung des Pfandrechtes wegen Miet- und Pachtzinsen für eine frühere Zeit als die letzten zwölf Monate sowie wegen der Entschädigung infolge einer Verwalterkündigung ausgeschlossen wird.

404 Nach § 51 InsO wird zudem in folgenden Fällen ein **Absonderungsanspruch** begründet:

- ▶ Sicherungsübereignung und Sicherungszession (§ 51 Nr. 1 InsO),
- ▶ Zurückbehaltungsrecht wegen nützlicher Verwendung (§ 51 Nr. 2 InsO),
- ▶ Zurückbehaltungsrecht nach Handelsrecht (§ 51 Nr. 3 InsO),
- ▶ Zoll- und steuerpflichtige Sachen, die dem Bund, den Ländern, Gemeinden und Gemeindeverbänden nach gesetzlichen Vorschriften als Sicherheiten dienen (§ 51 Nr. 4 InsO).

405 Die Verwertungsbefugnis liegt nach der Insolvenzordnung regelmäßig beim Insolvenzverwalter.

406 Die Regelung des § 166 Abs. 1 InsO berechtigt den Insolvenzverwalter die beweglichen Sachen, die sich in seinem Besitz befinden, freihändig zu verwerten sowie Forderungen, auch wenn sie zediert sind, einzuziehen.

407 Befindet sich der Gegenstand hingegen im Besitz des Absonderungsberechtigten (§ 173 Abs. 1 InsO), oder überlässt der Insolvenzverwalter dem Gläubiger den Gegenstand zur Verwertung (§ 170 Abs. 2 InsO), so liegt das Verwertungsrecht beim Absonderungsberechtigten – (s. hierzu weitergehend Rdnr. 2204 ff. und 2221 ff.).

408–415 *(Einstweilen frei)*

b) Verteilung der Insolvenzmasse

(1) Befriedigung der Massegläubiger

416 Nach § 53 InsO sind die Massegläubiger vorweg aus der Insolvenzmasse zu befriedigen.

---

[1] Für landwirtschaftliche Grundstücke gilt diese Beschränkung nicht, § 50 Abs. 2 Satz 2 InsO.

Zu den Massegläubigern zählen die Gläubiger, deren Ansprüche erst nach Verfahrenseröffnung entstehen bzw. durch die Verfahrenseröffnung begründet werden. Dazu gehören insbesondere: 417

▶ **Kosten des Insolvenzverfahrens** (§ 54 InsO): Dazu zählen die Gerichtskosten sowie die Vergütungen und die Auslagen des vorläufigen Insolvenzverwalters, des Insolvenzverwalters und der Mitglieder des Gläubigerausschusses.

▶ **Sonstige Masseverbindlichkeiten** (§ 55 InsO);
  – Ansprüche, die aus Handlungen des Insolvenzverwalters oder in anderer Weise durch die Verwaltung, Verwertung und Verteilung der Insolvenzmasse begründet werden (§ 55 Abs. 1 Nr. 1 InsO),
  – Ansprüche aus gegenseitigen Verträgen, soweit eine Erfüllung zur Insolvenzmasse verlangt wird oder für die Zeit nach der Eröffnung des Insolvenzverfahrens erfolgen muss (§ 55 Abs. 1 Nr. 2 InsO),
  – Ansprüche aus einer ungerechtfertigten Bereicherung der Masse (§ 55 Abs. 1 Nr. 3 InsO) sowie
  – Ansprüche, die vor Verfahrenseröffnung von einem vorläufigen Insolvenzverwalter mit Verfügungsbefugnis (s. Rdnr. 235) begründet worden sind (§ 55 Abs. 2 InsO).

Anders als Insolvenzgläubiger, denen während der Dauer des Insolvenzverfahrens **Zwangsvollstreckungsmaßnahmen** nach § 89 InsO untersagt sind, können Massegläubiger unabhängig vom Stand des Insolvenzverfahrens grundsätzlich jederzeit in die Insolvenzmasse vollstrecken. 418

Eine Beschränkung findet dieser Grundsatz lediglich in § 90 Abs. 1 InsO, wonach Zwangsvollstreckungen wegen Masseverbindlichkeiten, die nicht durch Rechtshandlungen des Insolvenzverwalters begründet worden sind, für die Dauer von sechs Monaten ab Eröffnung des Insolvenzverfahrens unzulässig sind.[1] Zur Durchsetzung von Steuerforderungen als Masseverbindlichkeiten s. Rdnr. 701 ff. 419

Stellt sich nach Verfahrenseröffnung heraus, dass die Insolvenzmasse zur Befriedigung aller Masseverbindlichkeiten nicht ausreicht, so liegt **Masseunzulänglichkeit**[2] vor. Die Abwicklung solcher auch „massearm" genannter Verfahren ist in den §§ 207 ff. InsO geregelt. Danach ist zu unterscheiden, ob die Masse bereits nicht ausreicht, die Kosten des Insolvenzverfahrens zu decken 420

---

1 Zu den Ausnahmen von diesem Vollstreckungsverbot vgl. § 90 Abs. 2 InsO.
2 Die Masseunzulänglichkeit ist abzugrenzen von der in § 26 InsO geregelten Masselosigkeit. Danach ist ein Insolvenzantrag mangels Masse abzuweisen, wenn das Vermögen des Schuldners voraussichtlich nicht ausreichen wird, um die Kosten des Verfahrens gem. § 54 InsO zu decken.

oder ob nach Zahlung der Verfahrenskosten lediglich die sonstigen Masseverbindlichkeiten nicht oder nur teilweise beglichen werden können.

421 Sind bereits die Verfahrenskosten nicht gedeckt, ist das Insolvenzverfahren gem. § 207 Abs. 1 Satz 1 InsO einzustellen. Der Beschluss und der Grund der Einstellung ist öffentlich bekannt zu machen (§ 215 InsO).

422 Reicht die vorhandene Masse hingegen aus, die Verfahrenskosten zu decken, nicht aber die sonstigen Masseverbindlichkeiten, wird das Insolvenzverfahren mit der Zielsetzung der wenigstens anteiligen Befriedigung der Massegläubiger unter vollständiger Verwertung des Schuldnervermögens fortgesetzt und zu Ende geführt. Dazu hat der Insolvenzverwalter gem. § 208 Abs. 1 Satz 1 InsO dem Insolvenzgericht das Vorliegen der Masseunzulänglichkeit anzuzeigen. Die Bestimmung des § 208 Abs. 1 Satz 2 InsO erweitert die Anzeigepflicht des Insolvenzverwalters auch auf die Fälle, in denen die Masse voraussichtlich nicht ausreichen wird, um die bestehenden Masseverbindlichkeiten im Zeitpunkt ihrer Fälligkeit zu erfüllen.

423 Das Gericht hat die **Anzeige der Masseunzulänglichkeit** öffentlich bekannt zu machen und den Massegläubigern besonders zuzustellen (§ 208 Abs. 2 InsO).

424 Aus der vorhandenen Masse hat der Insolvenzverwalter die Masseverbindlichkeiten in folgender Rangfolge zu begleichen (§ 209 InsO):

1. **Kosten** des Insolvenzverfahrens,

2. Masseverbindlichkeiten, die nach Anzeige der Masseunzulänglichkeit begründet worden sind, ohne zu den Verfahrenskosten zu gehören (**Neumasseverbindlichkeiten**),

3. übrige Masseverbindlichkeiten (**Altmasseverbindlichkeiten**).

Bei gleichem Rang sind die Masseverbindlichkeiten nach dem Verhältnis ihrer Beträge zu berichtigen.

425 Sobald der Insolvenzverwalter die Masseunzulänglichkeit angezeigt hat, ist die **Vollstreckung wegen Altmasseverbindlichkeiten** (§ 209 Abs. 1 Nr. 3 InsO) unzulässig (§ 210 InsO).

(2) Befriedigung der Insolvenzgläubiger

426 Mit der Befriedigung der Insolvenzgläubiger kann erst nach dem allgemeinen Prüfungstermin begonnen werden (§ 187 Abs. 1 InsO). Die Insolvenzordnung unterscheidet drei Verteilungsverfahren:

A. Überblick über das Regelinsolvenzverfahren

Abschlagsverteilungen können gem. § 187 Abs. 2 InsO so oft stattfinden, wie hinreichende Barmittel in der Insolvenzmasse vorhanden sind.[1] Nachrangige Insolvenzgläubiger sollen bei Abschlagsverteilungen nicht berücksichtigt werden. Die Verteilung wird vom Insolvenzverwalter auf der Grundlage eines Verteilungsverzeichnisses (§ 188 InsO) vorgenommen. Der in der Abschlagsverteilung zu zahlende Bruchteil wird vom Insolvenzverwalter und, soweit ein Gläubigerausschuss bestellt ist, von diesem auf Vorschlag des Insolvenzverwalters festgelegt (§ 195 InsO).

427

Die **Schlussverteilung** erfolgt nach Verwertung der Masse (§ 196 Abs. 1 InsO). Dazu hat der Insolvenzverwalter gem. § 197 InsO eine Schlussrechnung und ein Schlussverzeichnis zu erstellen. Das Insolvenzgericht hat der Schlussverteilung zuzustimmen (§ 196 Abs. 2 InsO). Die Schlussverteilung erfolgt durch Auszahlung oder Zurückbehaltung (§§ 189–191 InsO) der entsprechenden Quoten. Zurückbehaltene Beträge hat der Insolvenzverwalter mit Zustimmung des Insolvenzgerichtes für Rechnung der Beteiligten bei einer geeigneten Stelle zu hinterlegen (§ 198 InsO).

428

Verbleibt bei der Schlussverteilung nach vollständiger Berichtigung aller Forderungen ein Überschuss, so hat der Insolvenzverwalter diesen an den Schuldner auszukehren (§ 199 InsO).

429

Eine **Nachtragsverteilung** (§ 203 InsO) kommt dann in Betracht, wenn nach der Schlussverteilung zurückbehaltene Beträge für die Verteilung frei werden, Beträge die aus der Insolvenzmasse gezahlt sind, zurückfließen oder weitere zur Masse gehörige Gegenstände ermittelt werden. Die Nachtragsverteilung wird auf Antrag des Insolvenzverwalters, eines Insolvenzgläubigers oder von Amts wegen vom Insolvenzgericht angeordnet. Der Insolvenzverwalter hat die zur Verfügung stehende Masse aufgrund des Schlussverzeichnisses zu verteilen (§ 205 InsO).

430

---

1 Soweit ein Gläubigerausschuss bestellt ist, hat der Verwalter vor jeder Verteilung dessen Zustimmung einzuholen, § 187 Abs. 3 Satz 1 InsO.

c) Beendigung des Verfahrens

431 Nach Vollzug der Schlussverteilung beschließt das Insolvenzgericht die Aufhebung des Insolvenzverfahrens (§ 200 Abs. 1 InsO). Nach § 200 Abs. 2 InsO sind der Beschluss und der Grund der Aufhebung öffentlich bekannt zu machen. Die Bekanntmachung gilt zwei Tage nach ihrer Veröffentlichung als bewirkt (§ 9 Abs. 1 Satz 3 InsO).

432 Sofern, was lediglich bei natürlichen Personen möglich wäre, keine Restschuldbefreiung (§§ 286 ff. InsO) beschlossen worden ist,[1] können die Gläubiger nach Aufhebung des Insolvenzverfahrens ihre restlichen Forderungen gegen den Schuldner unbeschränkt geltend machen (§ 201 Abs. 1 InsO).

433 Dabei kann der Insolvenzgläubiger, dessen Forderung festgestellt und nicht vom Schuldner im Prüfungstermin bestritten worden ist, aus der Eintragung in die Tabelle wie aus einem vollstreckbaren Urteil die Zwangsvollstreckung gegen den Schuldner betreiben. Einer nicht bestrittenen Forderung steht eine Forderung gleich, bei der ein erhobener Widerspruch beseitigt ist (§ 201 Abs. 2 InsO).

434–460 *(Einstweilen frei)*

---

[1] Nach § 294 Abs. 1 InsO sind Zwangsvollstreckungen einzelner Gläubiger in das Vermögen des Schuldners während des Restschuldbefreiungsverfahrens nicht zulässig.

B. Das Besteuerungs- und Erhebungsverfahren in der Insolvenz

Literatur: *Onusseit*, Die steuerrechtlichen Rechte und Pflichten des Insolvenzverwalters in den verschiedenen Verfahrensarten nach der InsO, ZInsO 2000, 363 ff.; *Bartone*, Auswirkungen des Insolvenzverfahrens auf das Besteuerungsverfahren, AO-StB 2002, 22 ff.; *Uhländer*, Aktuelle Zweifelsfragen zum Steuerverfahren in der Insolvenz, AO-StB 2002, 83 ff.; *Uhländer*, Steuerliche Mitwirkungspflichten des Insolvenzverwalters – „Lohnt" sich die Abgabe von ausstehenden Steuererklärungen?, AO-StB 2003, 279 ff.; *Waza*, Steuerverfahrensrechtliche Problemfelder in der Insolvenz, NWB Nr. 43 v. 20.10.2003, Fach 2, 8237 ff.; *Bartone*, Verfahrensrechtliche Fragen beim Insolvenzverfahren, AO-StB 2004, 142 ff.; *Hagen*, Erlass von Steuerverwaltungsakten im Insolvenzverfahren, StBp 2004, 217 ff., 254 ff., 281 ff.; *Uhländer*, Aktuelle Zweifelsfragen zum Steuerverfahren in der Insolvenz, AO-StB 2004, 296 ff.; *Uhländer*, Aktuelle Besteuerungsfragen in der Insolvenz, ZInsO 2005, 76 ff.; *Fichtelmann*, Steuerliche Gewinnfeststellung im Insolvenzverfahren, AO-StB 2006, 288 ff.; *Hagen*, Bekanntgabe von Feststellungsbescheiden im Insolvenzverfahren, NWB Nr. 46 v. 13.11.2006, Fach 2, 9063 ff.; *Jatzke*, Die Haftung des (vorläufigen) Insolvenzverwalters nach §§ 69, 34 (35) AO, ZIP 2007, 1977 ff.; *v. Wedelstädt*, Die Änderungen der AO durch das JStG 2008, DB 2007, 2558 ff.; *Wenzler*, § 371 Abs. 3 AO bei Insolvenz des Selbstanzeigeerstatters, AO-StB 2007, 308 ff.; *Bartone*, Der Erlass und die Änderung von Steuerverwaltungsakten im Zusammenhang mit dem Insolvenzverfahren über das Vermögen des Steuerpflichtigen, AO-StB 2008, 132 ff.; *Krüger*, Insolvenzsteuerrecht, Update 2008, ZInsO 2008, 1295 ff.; *Onusseit*, Die steuerrechtliche Rechtsprechung mit insolvenzrechtlichem Bezug, ZInsO 2008, 638 ff.; *Krumm*, Steuervollzug und formelle Insolvenz, Diss. Bochum, Frankfurt a. M. 2009.

Die Eröffnung des Insolvenzverfahrens durch den Eröffnungsbeschluss (§§ 27 ff. InsO; s. hierzu Rdnr. 247) hat Auswirkungen auf die Durchführung des Besteuerungsverfahrens, dessen weiterer Ablauf nunmehr sowohl von steuer- als auch von insolvenzrechtlichen Regelungen bestimmt wird. 461

1. Das Verhältnis von Steuer- und Insolvenzrecht

Eine positiv-rechtliche Regelung, die das Verhältnis von Steuer- und Insolvenzrecht zueinander abschließend definiert, findet sich weder im Steuer- noch im Insolvenzrecht. Das Insolvenzverfahren wird in den Steuergesetzen lediglich in den §§ 75 Abs. 2, 171 Abs. 13, 231 Abs. 1 und 2, 251 Abs. 2 und 3, 282 AO sowie §§ 4 Abs. 2, 16 Abs. 2 GewStDV erwähnt. Während die Konkursordnung Bestimmungen über das Vorrecht der öffentlichen Abgaben (§ 61 Abs. 1 KO) enthielt, ist nunmehr in § 155 Abs. 1 InsO das Verhältnis der insolvenzrechtlichen Rechnungslegungspflichten zu den Buchführungs- und Rechnungslegungspflichten des Steuerrechts positivrechtlich geregelt worden. Aus dieser Vorschrift lassen sich allerdings keine weitergehenden Schlüsse für das Verhältnis von Steuer- 462

I. Allgemeiner Teil

recht und Insolvenzrecht ableiten. § 155 Abs. 1 InsO enthält insbesondere keine detaillierte Regelung der Verantwortlichkeit für steuerrechtliche Pflichten.

463   Im Anschluss an die grundlegende Entscheidung des RFH[1] ist von der Literatur[2] für das Konkursrecht der Grundsatz „Konkursrecht geht vor Steuerrecht"[3] aufgestellt worden. Dieser Grundsatz gilt nach Inkrafttreten der InsO als Grundsatz **„Insolvenzrecht geht vor Steuerrecht"** mangels positiv-rechtlicher Regelung weiter.[4] Der Grundsatz besagt allerdings nicht, dass das Insolvenzrecht schlechthin dem Steuerrecht vorgeht, sondern nur, dass die Geltendmachung aller Steuerforderungen gegen den Insolvenzschuldner oder die Insolvenzmasse sich nach Eröffnung des Insolvenzverfahrens nach den Regeln des jeweils anzuwendenden Insolvenzverfahrens vollzieht.[5] Dies kommt in § 251 Abs. 2 Satz 1 AO zum Ausdruck, nach dem die Bestimmungen der Insolvenzordnung den allgemeinen Bestimmungen über die Vollstreckung von Forderungen nach der Abgabenordnung vorgehen.

464   Das Insolvenzrecht tritt nur an die Stelle des Verwaltungsverfahrensrechts, nicht jedoch an die Stelle des materiellen Steuerrechts. Der Grundsatz „Insolvenzrecht geht vor Steuerrecht" hat dementsprechend nur in diesem Bereich Geltung. Die **Geltendmachung** von Steuerforderungen richtet sich nach Eröffnung des Insolvenzverfahrens damit ausschließlich nach dem Insolvenzrecht. § 251 Abs. 2 Satz 1 AO besagt dementsprechend, dass der Steuergläubiger (vertreten durch die Finanzbehörde) seine Ansprüche aus dem Steuerschuldverhältnis nach Eröffnung des Insolvenzverfahrens als Insolvenzforderungen (§ 38 InsO) nur nach den Vorschriften der Insolvenzordnung verfolgen kann (vgl. auch § 87 InsO).

465   Nach alledem lässt sich mit der heute h. M.[6] wie folgt formulieren:

466   Mangels abweichender Formulierung im Einzelfall bestimmt das Steuerrecht über das Ob und den Zeitpunkt des Entstehens der Steuerforderung sowie über deren Höhe, demgegenüber ist das Insolvenzrecht dafür maßgeblich, ob und in welcher Weise die Steuerforderung im Insolvenzverfahren befriedigt wird.

---

1   RFH v. 25.10.1926 – GrS 1/26, RFHE 19, 355.
2   Liebisch, VJSchrStFR 1929, 212; Bley, StuW 1928, Sp. 1095.
3   Zur begrifflichen Kritik s. Frotscher, Besteuerung bei Insolvenz, 18 ff. und Hübschmann/Hepp/Spitaler, AO, § 251 Rdnr. 12 ff.
4   Smid/Rattunde, § 155 Rdnr. 8; Tipke/Kruse, AO, § 251 Rdnr. 5; Braun/Uhlenbruck, Unternehmensinsolvenz, 134.
5   Tipke/Kruse, AO, § 251 Rdnr. 5; vgl. auch BFH v. 17.12.1998 – VIII R 47/98, BStBl II 1999, 423.
6   Tipke/Kruse, AO, § 251 Rdnr. 5 ff.; Onusseit, ZIP 2002, 24, m. w. N.

B. Das Besteuerungs- und Erhebungsverfahren in der Insolvenz

Die Methodik der Rechtsanwendung im Insolvenzsteuerrecht ist durch die Wechselwirkung zwischen der Insolvenzordnung und dem Steuerrecht gekennzeichnet (vgl. Rdnr. 640). Mitunter stehen diese Teilrechtsordnungen in einem Zielkonflikt.[1]

467

So ist nach Maßgabe des BFH im Beschluss v. 1. 4. 2008 – X B 201/07 für die Abgrenzung von Steuerforderungen als Masseverbindlichkeit oder Insolvenzforderung bei der Einkommensteuer *„entscheidend, ob die Hauptforderung ihrem Kern nach bereits vor Eröffnung des Insolvenzverfahrens entstanden ist. Es kommt nicht darauf an, ob der Anspruch zum Zeitpunkt der Eröffnung des Insolvenzverfahrens im steuerrechtlichen Sinne entstanden ist, sondern darauf, ob in diesem Zeitpunkt nach insolvenzrechtlichen Grundsätzen der Rechtsgrund für den Anspruch bereits gelegt war … Damit sind Steuerforderungen Insolvenzforderungen, die im Zeitpunkt der Eröffnung des Insolvenzverfahrens zwar noch nicht i. S. d. § 38 AO entstanden, wohl aber insolvenzrechtlich begründet sind. Hierfür können zivilrechtliche Umstände maßgebend sein. Daher ist ein Steueranspruch immer dann Insolvenzforderung i. S. d. § 38 InsO, wenn er vor Eröffnung des Verfahrens in der Weise begründet worden ist, dass der zu Grunde liegende zivilrechtliche Sachverhalt, der zur Entstehung der Steuerforderung führt, bereits vor Eröffnung des Insolvenzverfahrens verwirklicht worden ist. Rechtsgrund für die Entstehung einer Forderung ist der sie begründende Tatbestand, der sog. Schuldrechtsorganismus."* Im Streitfall führte dies dazu, dass der Steueranspruch aus der Anfechtung von Zahlungen (Betriebsausgaben vor Insolvenzeröffnung) als Insolvenzforderung zu behandeln ist, obwohl der Zufluss der Rückzahlung bei der Gewinnermittlung nach § 4 Abs. 3 EStG nach Insolvenzeröffnung erfolgte.

468

Eine weitere bemerkenswerte Entscheidung des BFH (Urteil v. 5. 3. 2008 – X R 60/04) zur Kollision von Insolvenz- und Steuerrecht betrifft die Zuordnung von Steueransprüchen bei einer insolventen Personengesellschaft (im Streitfall OHG). Steuersubjekt sind nach der Systematik des EStG die Gesellschafter – Mitunternehmer i. S. d. § 15 Abs. 1 Nr. 2 EStG. *„Diese steuerrechtliche Zuordnung hat zur Folge, dass von der im Konkurs befindlichen Personengesellschaft erwirtschaftete Gewinne den Masse- und Konkursgläubigern zur Verfügung stehen, während steuerrechtlich diese Gewinne den Gesellschaftern zugerechnet werden. Diese Unabgestimmtheit von Insolvenzrecht und Steuerrecht … führt zu unbefriedigenden Ergebnissen. Das Problem ist auf der Grundlage steuerlicher*

469

---

1 Uhländer, ZinsO 2005, 1192, m. w. N.; speziell zur Behandlung von Aufgabegewinnen in der Insolvenz eines Personengesellschafters vgl. Meyer/Verfürth, BB 2007, 862; zur Anwendung des § 25d UStG im vorläufigen Insolvenzverfahren s. Farr, DStR 2007, 706.

Grundsätze zu lösen. Bei unbeschränkt haftenden Gesellschaftern – wie den gem. § 128 HGB unbeschränkt haftenden Gesellschaftern einer OHG – kommen die auf der Ebene der im Konkurs befindlichen OHG erzielten Gewinne dem Gesellschafter haftungsmindernd zugute. Dies rechtfertigt es, dass der Gesellschafter die auf seinen Gewinnanteil entfallende Einkommensteuer selbst zu zahlen hat. ... Eine Inanspruchnahme des Konkursverwalters der insolventen OHG wegen der aus dem Gewinnanteil des Gesellschafters resultierenden Einkommensteuerschulden als Massekosten kommt daneben nicht mehr in Betracht."[1] Offen bleibt, ob im Umkehrschluss für Kommanditisten einer KG die Rechtfertigung entfällt, dass der Kommanditist die auf seinen Gewinnanteil entfallende Einkommensteuer selbst zu zahlen hat und im jeweiligen Einzelfall lediglich Billigkeitsmaßnahmen (§§ 163, 222, 227 AO) in Betracht kommen.

470 Die Kollision von Insolvenz- und Steuerrecht wird weiterhin besonders deutlich, wenn ein Mitunternehmer einer Personengesellschaft insolvent ist und der Gewinnanteil zu Masseverbindlichkeiten führt, auch wenn die Insolvenzmasse durch den Gewinnanteil nicht unmittelbar vermehrt wird.[2] Im Streitfall löste die (nicht insolvente) Personengesellschaft Rückstellungen i. H. v. ca. 1 687 000 € auf und realisierte stille Reserven i. H. v. ca. 490 000 €. *„Würde man in dem vorliegenden Fall einen konkreten Geldzufluss in die Insolvenzmasse zur Voraussetzung für den Ansatz der Einkommensteuerforderung als Masseverbindlichkeiten machen, könnte die Einkommensteuerforderung überhaupt nicht mehr geltend gemacht werden. ... Eine Einordnung als Masseverbindlichkeit entfiele, weil kein konkreter Geldzufluss stattgefunden hat. Eine Einordnung als Insolvenzforderung wäre nicht möglich, weil die Einkommensteuerforderung nach den obigen Ausführungen nicht vor der Insolvenzeröffnung begründet worden ist. Eine Zuordnung zum insolvenzfreien Vermögen wäre nicht möglich, weil es sich bei dem Besteuerungsgegenstand nicht um pfändungsfreies Vermögen handelt. Ein solches Ergebnis wäre unzutreffend, weil mit der Bildung der Rückstellungen in früheren Jahren Einkommensteuerersparnisse verbunden waren. In der Insolvenzmasse sind daher Vermögenswerte enthalten, die ohne die Rückstellungsbildung nicht vorhanden wären."*

471–480 (Einstweilen frei)

---

[1] Eine vergleichbare Problematik liegt vor, wenn eine insolvente Personengesellschaft noch Zins- bzw. Dividendeneinkünfte erwirtschaftet. Diese Einkünfte müssen einkommensteuerrechtlich den Gesellschaftern (Mitunternehmen) zugerechnet werden. Zum Anspruch der Personengesellschaft gegen ihre Gesellschafter auf Auskehr von Kapitalertrag- und Zinsabschlagsteuer in diesen Fällen vgl. Hoffmann, StuB 2006, 705 ff. sowie Rdnr. 1551 ff.

[2] Vgl. ausführlich Niedersächsisches FG, Urteil v. 28. 10. 2008 – 13 K 457/07.

2. Verfahrensrechtliche Stellung von Insolvenzverwalter und Insolvenzschuldner

a) Insolvenzschuldner

Die Eröffnung des Insolvenzverfahrens lässt die zivilrechtliche Stellung des Insolvenzschuldners unberührt. Sie hat nicht zur Folge, dass der Insolvenzschuldner die Rechts- und Geschäftsfähigkeit verliert; er bleibt Eigentümer der zur Insolvenzmasse gehörenden Gegenstände, Gläubiger der zur Insolvenzmasse gehörenden und Schuldner der gegen die Insolvenzmasse gerichteten Forderungen. Dementsprechend hat die Eröffnung des Insolvenzverfahrens auch keinen Einfluss auf die steuerliche Rechtsstellung des Insolvenzschuldners. Das öffentlich-rechtliche Steuerschuldverhältnis gegenüber dem Insolvenzschuldner bleibt bestehen.[1] Daraus folgt, dass der Insolvenzschuldner auch im Hinblick auf die Besteuerungsgrundlagen, die der Insolvenzmasse zuzurechnen sind, Steuerschuldner nach § 43 AO und Steuerpflichtiger nach § 33 AO bleibt.[2] Dies hat die Konsequenz, dass der Insolvenzschuldner seine steuerlichen Pflichten im Ermittlungs- und Festsetzungsverfahren weiter erfüllen muss (s. hierzu Rdnr. 495). Er verliert allerdings seine steuerliche Handlungsfähigkeit (§ 79 AO), die nach Eröffnung des Insolvenzverfahrens durch den Insolvenzverwalter wahrgenommen wird.

481

b) Der Insolvenzverwalter als Vermögensverwalter i. S. d. § 34 Abs. 3 AO

Verfahrensrechtlich ist der Insolvenzverwalter Vermögensverwalter i. S. v. § 34 Abs. 3 AO. Als solcher hat er nach § 34 Abs. 1 AO die steuerlichen Pflichten des Insolvenzschuldners im Insolvenzverfahren zu erfüllen, da diesem die Ausübung nach Eröffnung des Insolvenzverfahrens nicht mehr möglich ist. Rechtshandlungen des Insolvenzverwalters berechtigen und verpflichten den Insolvenzschuldner persönlich, da dieser steuerrechtsfähig bleibt. Nur die Geltendmachung, nicht aber die Entstehung (§ 38 AO) der Steueransprüche wird durch die Eröffnung des Insolvenzverfahrens beeinflusst.[3]

482

Sofern ein **vorläufiger Insolvenzverwalter** (s. hierzu Rdnr. 235) eingesetzt wird, ist dessen rechtliche Stellung davon abhängig, ob dieser entsprechend § 22 Abs. 1 bzw. Abs. 2 InsO mit oder ohne Verfügungsbefugnis handelt. Sofern nach § 22 Abs. 1 InsO ein vorläufiger Insolvenzverwalter bestellt und dem

483

---

1 Braun/Uhlenbruck, Unternehmensinsolvenz, 136.
2 Tipke/Kruse, AO, § 33 Rdnr. 13.
3 BFH v. 18. 5. 1988 – X R 27/80, BStBl II 1988, 716, 718.

I. Allgemeiner Teil

Schuldner **ein allgemeines Verfügungsverbot** auferlegt wird, so geht die Verwaltungs- und Verfügungsbefugnis über das Vermögen des Schuldners auf den vorläufigen Insolvenzverwalter über. In diesem Fall ist der vorläufige Insolvenzverwalter Vermögensverwalter i. S. d. § 34 Abs. 3 AO und hat damit im steuerlichen Verfahren die gleiche Rechtsstellung wie der „endgültige" Insolvenzverwalter.

c) Vorläufiger Insolvenzverwalter ohne Verfügungsbefugnis/Eigenverwaltung

484 In den folgenden Fällen verbleibt die Verfügungsbefugnis beim Insolvenzschuldner, so dass sich steuerverfahrensrechtlich bis zur Eröffnung des Insolvenzverfahrens keine Besonderheiten ergeben:

▶ Der **vorläufige Insolvenzverwalter ohne Verfügungsbefugnis** (vgl. § 22 Abs. 2 InsO) ist kein Vermögensverwalter i. S. d. § 34 Abs. 3 AO, da die Verwaltungs- und Verfügungsbefugnis über das Vermögen des Insolvenzschuldners beim Insolvenzschuldner verbleibt. Sie geht erst bei Eröffnung des Insolvenzverfahrens auf den Insolvenzverwalter über.[1]

▶ Auch bei der **Eigenverwaltung** nach §§ 270 ff. InsO bleibt die Verwaltungs- und Verfügungsbefugnis gem. § 270 Abs. 1 InsO weiterhin beim Insolvenzschuldner. Der Insolvenzschuldner steht unter Aufsicht des Sachwalters, der in seiner Funktion allerdings nicht als Vermögensverwalter i. S. d. § 34 Abs. 3 AO tätig wird.

485–490 *(Einstweilen frei)*

---

[1] Hat das Insolvenzgericht nicht einen vorläufigen Insolvenzverwalter mit begleitendem allgemeinen Verfügungsvorbehalt nach § 22 Abs. 1 InsO bestellt, sondern den vorläufigen Insolvenzverwalter nur mit einem Zustimmungsvorbehalt nach § 21 Abs. 2 Nr. 2 2. Alt. InsO ausgestattet, so ist dieser kein „starker" Insolvenzverwalter, der nach § 55 Abs. 2 InsO Masseverbindlichkeiten begründen kann (FG Baden-Württemberg, Urteil v. 27. 5. 2009 – 1 K 105/06). Ein vorläufiger „schwacher" Insolvenzverwalter mit Zustimmungsvorbehalt soll selbst dann nicht als Vermögensverwalter i. S.v. § 34 Abs. 3 AO für nicht abgeführte Lohnsteuer nach Widerruf der Lastschrift durch den vorläufigen Insolvenzverwalter i. S.v. § 35 AO angesehen werden können, wenn er die ihm vom Insolvenzgericht übertragenen Verwaltungsbefugnisse überschreitet und tatsächlich über Gelder des noch verfügungsberechtigten Schuldners verfügt (BFH-Beschluss v. 27. 5. 2009 – VII B 156/08, str.). Zur Haftung des Geschäftsführers einer Komplementär-GmbH nach § 69 AO für nicht abgeführte Lohnsteuer nach Widerruf der Lastschrift durch den vorläufigen Insolvenzverwalter vgl. FG Münster, Urteil v. 2. 7. 2009 – 10 K 1549/08 L; zum Auswahlermessen bei der Haftung für Umsatzsteuer, wenn das Finanzamt die mögliche Haftung eines vorläufigen „schwachen" Insolvenzverwalters mit Zustimmungsvorbehalt außer Acht lässt, vgl. FG Berlin-Brandenburg, Urteil v. 2. 7. 2009 – 9 K 2590/03.

3. Steuerfestsetzungsverfahren

a) Wirkung der Eröffnung des Insolvenzverfahrens auf das Besteuerungsverfahren

Weder die Abgabenordnung noch die Insolvenzordnung enthalten eine Regelung über die Wirkungen der Eröffnung des Insolvenzverfahrens auf das Steuerfestsetzungsverfahren. Die bestehende Gesetzeslücke wird nach ganz überwiegender Ansicht in der Literatur[1] durch entsprechende Anwendung des § 240 Satz 1 ZPO geschlossen. Danach wird das Steuerfestsetzungsverfahren durch die Eröffnung des Insolvenzverfahrens gegenüber allen Beteiligten **unterbrochen**.[2] Daraus folgt, dass die Finanzbehörde nach Eröffnung des Insolvenzverfahrens Steuern, die die Insolvenzmasse betreffen, nicht mit Bescheid festsetzen darf (s. hierzu Rdnr. 526). Auch die Eröffnung eines im **Ausland** betriebenen Insolvenzverfahrens bewirkt nach überwiegender Ansicht eine Verfahrensunterbrechung.[3] Dies wird damit begründet, dass ein im Ausland betriebenes Insolvenzverfahren nach Art. 102 Abs. 1 EGInsO auch das Inlandsvermögen des Insolvenzschuldners erfasst.

491

Im Fall der Einsetzung eines **vorläufigen Insolvenzverwalters** ist zwischen einem sog. „starken" vorläufigen Insolvenzverwalter mit Verwaltungs- und Verfügungsbefugnis, einem sog. „halbstarken" und einem sog. „schwachen" vorläufigen Insolvenzverwalter (vgl. Rdnr. 235) zu unterscheiden.

492

Bei einem „starken" vorläufigen Insolvenzverwalter wird das Besteuerungsverfahren nicht erst bei Eröffnung des Insolvenzverfahrens, sondern bereits mit der Bestellung des vorläufigen Insolvenzverwalters entsprechend der Regelung des § 240 Satz 2 ZPO unterbrochen.[4] Demgegenüber wird im Fall des „schwachen" vorläufigen Insolvenzverwalters und im Fall des „halbstarken" Insolvenzverwalters, in denen das Insolvenzgericht nur Sicherungsmaßnahmen anordnet, das Besteuerungsverfahren nicht unterbrochen.

493

---

1 Vgl. Tipke/Kruse, AO, § 251 Rdnr. 42; Welzel, DStZ 1999, 560; Fett/Geißdorf, DStZ 2001, 660; Bartone, AO-StB 2002, 22; a. A. wohl nur Schick in Hübschmann/Hepp/Spitaler, AO, Vor 193 Anm. 215. Ausführlich zum Erlass von Steuerbescheiden im Insolvenzverfahren vgl. z. B. Hagen, StBp 2004, 217, 254, 281; Oswald, Steuer & Studium 2004, 365; Gundlach/Frenzel/Schirrmeister, DStR 2004, 318.
2 So ausdrücklich die Rechtsprechung, vgl. BFH v. 2. 7. 1997 – I R 11/97, BStBl II 1998, 428; v. 23. 5. 2000 – IX S 5/00, BFH/NV 2000, 1134.
3 BFH v. 21. 1. 1998 – I ER P 1/98, BFH/NV 1998, 980; Tipke/Kruse, AO, § 251 Rdnr. 43; Mankowski, ZIP 1996, 1354.
4 Vgl. Abschn. 60 Abs. 4 VollStrA.

b) Zuständigkeiten der Finanzbehörde

494 Durch die Eröffnung des Insolvenzverfahrens ergeben sich grundsätzlich keine Besonderheiten im Hinblick auf die örtliche Zuständigkeit der Finanzbehörde. Bei natürlichen Personen bleibt die Zuständigkeit nach § 19 AO beim Wohnsitzfinanzamt. Ein Zuständigkeitsproblem kann bei Liquidation oder Insolvenz von Personengesellschaften oder juristischen Personen aber dann eintreten, wenn der Insolvenzverwalter oder Liquidator die Geschäftsführung im Zuständigkeitsbereich eines anderen Finanzamts ausübt.[1] In beiden Fällen werden die tatsächlichen und rechtsgeschäftlichen Handlungen, die das Führen der Gesellschaft mit sich bringt, dauerhaft durch den Insolvenzverwalter bzw. Liquidator ausgeübt. Sofern der Insolvenzverwalter oder Liquidator die Geschäfte von seinem Büro aus weiterführt und sich dieses Büro in einem anderen Finanzamtsbezirk befindet, könnte ein Zuständigkeitswechsel nach § 26 Satz 1 AO eintreten. Die bisher zuständige Finanzbehörde kann ein Verwaltungsverfahren fortführen, wenn dies unter Wahrung der Interessen der Beteiligten der einfachen und zweckmäßigen Durchführung des Verfahrens dient und die nunmehr zuständige Finanzbehörde zustimmt (§ 26 Satz 2 AO). Im JStG 2008[2] ist allerdings mit § 26 Satz 3 AO eine Regelung eingefügt worden, wonach ein Zuständigkeitswechsel solange nicht stattfindet, wie über einen Insolvenzantrag noch nicht entschieden wurde, ein eröffnetes Insolvenzverfahren noch nicht aufgehoben wurde oder sich eine Personengesellschaft oder eine juristische Person in Liquidation befindet. Eine Änderung der Zuständigkeit kann nunmehr nur noch über eine Zuständigkeitsvereinbarung nach § 27 AO erreicht werden.[3] Ausweislich der Gesetzesbegründung[4] ist es gerade in den Fällen eines Insolvenzverfahrens oder einer Liquidation *„nicht zweckmäßig, kurz vor dem Erlöschen der Steuerpflicht noch ein anderes Finanzamt mit der Bearbeitung des mitunter komplizierten Steuerfalles des auslaufenden Unternehmens zu befassen. Zudem kann die anderenfalls erforderliche Aktenüberweisung, deren Abwicklung sich nach allgemeiner Erfahrung häufig über einen längeren Zeitraum hinzieht, Ursache dafür sein, dass wichtige Fristen und Termine (z. B. nach §§ 28 Abs. 1, 194 Abs. 1 InsO) versäumt werden und dadurch Steuerausfälle eintreten. Laut Bundesrechnungshof nutzten insbesondere so genannte ‚Firmenbestatter' die bestehende Rechtslage aus, indem sie insolvente oder insolvenzbe-*

---

1 OFD Hannover v. 27.9.2001 – S 0121 – 7 – StH 552, DB 2001, 2425; OFD Hannover v. 23.12.2008 – S 0127 – 36 – StO 142.
2 Art. 14 Nr. 1 Jahressteuergesetz 2008 (JStG 2008) v. 20.12.2007, BGBl I 2007, 3150.
3 V. Wedelstädt, DB 2007, 2558. Die Änderung gilt ab Inkrafttreten des JStG 2008 (Tag nach der Verkündung) in allen offenen Fällen, vgl. Art. 28 (1) JStG 2008.
4 Bundesrat-Drucksache 544/07 v. 10.8.2007, 105.

drohte Unternehmen aufkaufen und den Firmensitz in den Zuständigkeitsbereich einer anderen Finanzbehörde verlegen. Die durch den Zuständigkeitswechsel notwendig gewordene Aktenabgabe und die dadurch gewonnene Zeit nutzen die Firmenbestatter aus, um noch vorhandene Vermögenswerte des Unternehmens beiseite zu schaffen. Durch die ... Regelung soll erreicht werden, dass die Zuständigkeit in Insolvenz- bzw. Liquidationsfällen bei der bisher zuständigen Finanzbehörde verbleibt. Hierdurch wird auch eine Forderung des Bundesrechnungshofs umgesetzt."[1]

c) Steuererklärungspflicht

Mangels detaillierter Regelung in der Insolvenzordnung verbleibt es hinsichtlich der Verpflichtung zur Abgabe von Steuererklärungen bei den bereits unter der Konkursordnung geltenden Grundsätzen. 495

(1) Insolvenzverwalter

Grundsätzlich ist der Insolvenzverwalter als Vermögensverwalter (§ 34 Abs. 3 AO) des Insolvenzschuldners nach § 149 Abs. 1 AO i. V. m. den Einzelsteuergesetzen verpflichtet, die erforderlichen Steuererklärungen für den Insolvenzschuldner abzugeben. Der Insolvenzschuldner selbst ist hinsichtlich des insolvenzbefangenen Vermögens nicht zur Abgabe von Steuererklärungen verpflichtet. Dazu wird er regelmäßig auch nicht in der Lage sein, da er nicht im Besitz der Geschäftsbücher ist bzw. auch nicht berechtigt ist, etwaige Willenserklärungen bezüglich der Steuererklärung abzugeben. 496

Die Steuererklärungspflicht des Insolvenzverwalters besteht vor allem in Bezug auf die steuerlichen Masseverbindlichkeiten (§ 55 Abs. 1 Nr. 1, Abs. 2 InsO). Dazu zählen insbesondere die die **umsatzsteuerlichen Masseverbindlichkeiten** betreffenden Voranmeldungen und Jahreserklärungen (§ 18 UStG).[2] Dasselbe gilt für die Verpflichtung zur Abgabe der **Lohnsteueranmeldungen (§ 41a EStG)**. 497

Bei Pflicht zur Abgabe der insolvenzzeitraumbezogenen **Einkommensteuererklärung** treten immer dann Probleme auf, wenn neben insolvenzbefangenen ertragsteuerlichen Besteuerungsgrundlagen insolvenzfreie Einkünfte oder insolvenzunabhängige Aufwendungen (§§ 10, 33 ff. EStG) des Insolvenzschuld- 498

---

1 Vgl. auch OFD Hannover v. 23 12. 2008 – S 0127 – 36 – StO 142.
2 Dies kann zur Folge haben, dass die Umsatzsteuer eines einzigen Veranlagungszeitraums in drei Steuererklärungen (mit unterschiedlichen Steuernummern) für Insolvenzforderungen, Masseverbindlichkeiten und insolvenzfreie Umsatzsteuer aufzuteilen ist (vgl. hierzu Rdnr. 162).

ners erklärt werden, bzw. der Insolvenzschuldner mit seinem insolvenzrechtlich unbeteiligten Ehegatten zusammenveranlagt wird (s. hierzu Rdnr. 1401 ff.). In diesen Fällen ist der Insolvenzverwalter zur Abgabe von Erklärungen insoweit weder befugt noch verpflichtet. Vielmehr genügt es, wenn beide – Insolvenzverwalter und Insolvenzschuldner ggf. mit dem zusammenveranlagten Ehegatten – dem Finanzamt die Besteuerungsgrundlagen mitteilen, das diese dann zusammenfügt (sog. „**Teilsteuererklärungspflicht**").

499 Nach der gefestigten Rechtsprechung des BFH[1] und des BGH[2] besteht keine Verpflichtung des Insolvenzverwalters einer **Personengesellschaft**, Erklärungen für die einheitliche und gesonderte Gewinnfeststellung nach §§ 179 ff. AO abzugeben. Die Verpflichtung wird nach der zum Konkursverfahren ergangenen Rechtsprechung dem Insolvenzverwalter nicht auferlegt, weil sie zu den insolvenzfreien Angelegenheiten der Gesellschaft gehört, deren Folgen nicht die Gesellschaft, sondern die Gesellschafter persönlich berühren.

500 In der Literatur wird diese höchstrichterliche Rechtsprechung zu Recht kritisiert.[3] Das insolvenzrechtliche Argument der h. M.,[4] die Folgen der Gewinnfeststellung nach den §§ 179 ff. AO berührten allein die Gesellschafter der insolventen Gesellschafterin, nicht aber die Insolvenzschuldnerin selbst, kann m. E. nach die verfahrensrechtlichen Regelungen der Abgabenordnung nicht überlagern. Nach § 181 Abs. 2 Nr. 4 AO i.V. m. § 34 Abs. 3 AO ist im Fall der Insolvenz für die Erfüllung der steuerlichen Pflichten der insolventen Gesellschaft der Insolvenzverwalter verantwortlich. Das Gesetz sieht keine Differenzierung danach vor, ob die Erfüllung der steuerlichen Pflicht schwerpunktmäßig der insolvenzrechtlichen Abwicklung der Gesellschaft bzw. der Gesellschafter dient. Darüber hinaus ist zu berücksichtigen, dass in der Praxis der Insolvenzverwalter die wesentliche Arbeit zu tragen haben wird, da er die Gewinnermittlung und damit die Grundlage für die Erklärung zur einheitlichen und gesonderten Gewinnfeststellung z. B. auch für die Erstellung der Gewerbesteuererklärung durchzuführen hat. Faktisch kommt der BFH in einer neueren Entscheidung[5] diesen Überlegungen sehr nahe. Hiernach hat der Insolvenzverwalter die Erklä-

---

1 BFH v. 23. 8. 1994 – VII R 143/92, BStBl II 1995, 194; v. 21. 6. 1979 – IV R 131/74, BStBl II 1979, 780; offen gelassen in BFH v. 12. 11. 1992 – IV B 83/91, BStBl 1993, 265, 266; nach dieser Entscheidung hat der Gesellschafter keinen Anspruch gegen das Finanzamt, dass dieses den Insolvenzverwalter mit Zwangsmitteln zur Abgabe der Feststellungserklärung anhält (vgl. auch Maus, Steuern im Insolvenzverfahren, 60).
2 BGH v. 2. 4. 1998 – IX ZR 187/97, ZIP 1998, 1076.
3 S. hierzu Lohkemper, BB 1998, 2030; Kübler/Klasmeyer, BB 1987, 369.
4 Der Rspr. des BFH folgen u. a. Frotscher, Besteuerung bei Insolvenz, 38; Tipke/Kruse, AO, § 251 Rdnr. 38; Hübschmann/Hepp/Spitaler, AO, § 34 Rdnr. 75.
5 BFH, Beschluss v. 19. 11. 2007 – VII B 104/07.

rungs- und Bilanzierungspflichten im Insolvenzverfahren einer Personengesellschaft auch dann zu erfüllen, wenn die betroffenen Steuerabschnitte vor der Eröffnung des Insolvenzverfahrens liegen und wenn das Honorar eines Steuerberaters für die Erstellung dieser Erklärungen durch die Masse nicht gedeckt sein sollte. Im Streitfall war der Insolvenzverwalter einer GmbH & Co. KG vom Finanzamt mehrfach erfolglos aufgefordert worden, (u.a.) Bilanzen einzureichen. Der Einspruch und die Klage gegen die Zwangsgeldfestsetzung i.H.v. jeweils 300 € blieben erfolglos. Die Nichtzulassungsbeschwerde hatte ebenfalls keinen Erfolg. *„Die Steuererklärungspflicht dient der ordnungsgemäßen Abwicklung des Besteuerungsverfahrens und nicht nur dem fiskalischen Interesse der Finanzverwaltung als Konkursgläubiger. Es kann deshalb nicht darauf abgestellt werden, ob ihre Erfüllung dem generellen Zweck des Konkursverfahrens, der gemeinschaftlichen Befriedigung der Konkursgläubiger aus der Konkursmasse, dient oder ob die Konkursmasse mit Kosten belastet wird, denen keine vermögensmäßigen Vorteile gegenüberstehen. … Auch insoweit gebieten die auf den Streitfall anzuwendenden Vorschriften der InsO keine andere rechtliche Beurteilung."* Im Ergebnis blieb der Einwand des Insolvenzverwalters unbeachtet, dass die Bilanzen vorrangig für die Einkommensteuerveranlagung der Kommanditisten erstellt werden sollten, da diese Verluste aus der Gewährung von Darlehen bzw. Verluste aus der Einlage geltend machen wollen.

Von der Steuererklärungspflicht werden nach der höchstrichterlichen Rechtsprechung grundsätzlich auch die **vor der Eröffnung des Insolvenzverfahrens** liegenden Steuerabschnitte umfasst, so dass der Insolvenzverwalter damit auch Steuererklärungen für Veranlagungszeiträume vor Eröffnung des Insolvenzverfahrens abzugeben hat.[1]

501

Die Pflicht zur Abgabe der Steuererklärungen bleibt für den Insolvenzverwalter auch nach Eintritt der **Masseunzulänglichkeit** nach § 208 Abs. 3 InsO grundsätzlich bestehen, weil dieses Ereignis nur die Verteilungsmodalitäten berührt.[2] Sofern allerdings das Verfahren mangels Masse gem. §§ 207, 211 InsO eingestellt wird, soll die Pflicht zur Abgabe von Steuererklärungen nach Auffassung des BFH mit sofortiger Wirkung entfallen.[3]

502

---

1 BFH v. 10.10.1951 – IV 144/51 U, BStBl III 1951, 212; v. 8.6.1972 – IV R 129/66, BStBl II 1972, 784; v. 12.11.1992 – IV B 83/91, BStBl II 1993, 265; v. 23.8.1994 – VII R 143/92, BStBl II 1995, 194.

2 Welzel, DStZ 1999, 559; Wienberg/Voigt, ZIP 1999, 1662, 1664; ggf. a.A. BFH, Beschluss v. 19.11.2007 – VII B 104/07 für den Fall der Masseunzulänglichkeit.

3 BFH v. 8.8.1995 – VII R 25/94, ZIP 1996, 430.

503 Von der Steuererklärungspflicht kann sich der Insolvenzverwalter nicht mit dem Hinweis darauf **befreien,** dass er nicht die notwendigen Geschäftsunterlagen besitzt bzw. er dessen Richtigkeit und Vollständigkeit nicht übersehen kann. Die Abgabenordnung knüpft bei der Auferlegung der Pflichten bewusst an seine Funktion als Vermögensverwalter und nicht an den Besitz der Geschäftsunterlagen an.[1] Im Übrigen ist der Insolvenzschuldner nach § 97 InsO verpflichtet, den Insolvenzverwalter bei der Erstellung der Steuererklärungen durch Auskünfte zu unterstützen.

504 In der **Praxis** wird immer häufiger geltend gemacht, dass die Erfüllung der Steuererklärungspflicht insbesondere in Verfahren mit keiner oder geringer Insolvenzmasse für den Insolvenzverwalter zu Härten führen würde.[2] Dem Insolvenzverwalter sei es in diesen Fällen nicht zuzumuten, eine Insolvenz ordnungsgemäß abzuwickeln und zugleich Steuererklärungen über ein oder mehrere zurückliegende Jahre abzugeben. Deshalb wird die generelle Verpflichtung des Insolvenzverwalters zur Abgabe von Steuererklärungen entgegen der eindeutigen höchstrichterlichen Rechtsprechung[3] von der **Literatur** teilweise abgelehnt.[4] Sofern der Insolvenzverwalter feststellt, dass die Aufarbeitung der Buchführungsunterlagen und die daraus resultierende Rechnungslegung mit einem erheblichen Aufwand verbunden ist, soll er die Möglichkeit haben, die Steuererklärungspflicht für Zeiträume vor Eröffnung des Insolvenzverfahrens mit der Begründung zu verweigern, dass diese ihm nicht zumutbar ist.

505 Diese Auffassung wird formal durch das Gesetz nicht gestützt. Die aus § 34 Abs. 3 AO fließenden Grundsätze zur Steuererklärungspflicht werden nicht durch § 155 Abs. 1 InsO eingeschränkt oder unterlaufen.[5] Die Vorschrift hat auf das Steuerrecht bezogen nur bekräftigenden oder beschreibenden Charakter. Ein **gesetzlicher Handlungsbedarf** zur Frage der Steuererklärungspflicht des Insolvenzverwalters ist im Rahmen der Beratungen der Bund-Länder-Arbeitsgruppe „Insolvenzrecht" verneint worden.[6]

---

1 So auch Maus, Steuerrechtliche Probleme im Insolvenzverfahren, 40.
2 Vgl. Graf-Schlicker/Remmert, ZInsO 2002, 563 ff., 568.
3 Vgl. zuletzt BFH v. 23. 8. 1994 – VII R 143/92, BStBl II 1995, 194.
4 S. Schmittmann, InsBüro 2005, 288, 294; Lorenz, StWa 2003, 164; Uhländer, AO-StB 2003, 279; Wienberg/Voigt, ZIP 1999, 1662, 1664; Onusseit, ZIP 1995, 1798, 1802 f.; Onusseit, ZInsO 2000, 363; Maus, ZInsO 1999, 683; Hess/Mitlehner, Steuerrecht/Rechnungslegung/Insolvenz, 75 ff.
5 Onusseit, ZInsO 2000, 363 ff., 366.
6 Graf-Schlicker/Remmert, ZInsO 2002, 563 ff., 569.

B. Das Besteuerungs- und Erhebungsverfahren in der Insolvenz

In der **Literatur** wird gleichwohl die generelle Verpflichtung des Insolvenzverwalters zur Abgabe von Steuererklärungen auch für zurückliegende Zeiträume kritisch gesehen.[1] 506

M. E. muss ein praxistauglicher Kompromiss zwischen Funktion und Aufgabenbereich der Insolvenzverwaltung einerseits und Steuererklärungspflicht des Insolvenzverwalters andererseits gesucht werden. 507

Außer Frage steht in diesem Zusammenhang die Verpflichtung des Insolvenzverwalters, die **aktuellen Erklärungspflichten** in Bezug auf die Insolvenzmasse zu erfüllen und vor allem die nach Insolvenzeröffnung begründete Lohn- und Umsatzsteuer zu erklären. Die Erzwingung der Abgabe von Steuererklärungen von einem hierzu verpflichteten Insolvenzverwalter ist nach Ansicht des BFH für das Finanzamt vorrangig gegenüber einer Schätzung der Besteuerungsgrundlagen.[2] Die Nichterfüllung dieser Pflichten löst grundsätzlich Zwangsgeldfestsetzungen nach § 328 AO gegen den Insolvenzverwalter aus. 508

Sofern dem Insolvenzverwalter keine Mittel zur Verfügung stehen sollten, um entweder Honoraransprüche eines Steuerberaters nach § 55 InsO oder seinen eigenen Honoranspruch nach § 5 Abs. 2 InsVV zu erfüllen, muss der Insolvenzverwalter die Einstellung des Verfahrens mangels Masse beantragen (§ 207 Abs. 1 InsO). Sofern das Insolvenzverfahren mangels Masse eingestellt wird (§ 207 InsO), fällt die Erfüllung der versäumten steuerlichen Pflichten durch den Insolvenzverwalter ex nunc weg.[3] 509

Der BGH[4] hat klargestellt, dass ein Anspruch des Insolvenzverwalters auf Erstattung von Auslagen, die ihm zur Erfüllung einer Verfügung der Finanzverwaltung, Steuererklärungen und Bilanzen für den Schuldner zu erstellen, entstanden sind, nicht mit der Erwägung verneint werden kann, eine solche Verfügung sei bei **masselosen Verfahren** rechtswidrig. Der Insolvenzverwalter ist hiernach berechtigt, mit der Erledigung steuerlicher Tätigkeiten, die besondere Kenntnisse erfordern oder dem Umfang nach über das hinausgehen, was mit der Erstellung einer Steuererklärung allgemein verbunden ist, einen Steuerberater zu beauftragen. Hat der Insolvenzverwalter von der Finanzverwaltung die Aufforderung erhalten, umfangreiche Tätigkeiten zu erbringen, und ist der Fiskus trotz eines Hinweises des Insolvenzverwalters auf die Masseunzuläng- 510

---

1 Onusseit, ZInsO 2000, 363; Maus, Die steuerrechtliche Stellung des Insolvenzverwalters und des Treuhänders, ZInsO 1999, 683; Hess/Mitlehner, Steuerrecht/Rechnungslegung/Insolvenz, 75 ff.
2 BFH v. 23. 8. 1994 – VII R 143/92, BStBl II 1995, 194. Vgl. zudem Uhländer, AO-StB 2003, 279.
3 BFH v. 8. 8. 1995 – VII R 25/94, BFH/NV 1996, 13.
4 BGH v. 22. 7. 2004 – IX ZB 161/03, ZIP 2004, 1717.

lichkeit nicht bereit, die Verfügung zurückzunehmen, so steht dem Insolvenzverwalter bei Kostenstundung ein Anspruch auf Erstattung der den Umständen nach angemessenen Kosten für die Beauftragung eines Steuerberaters als **Auslagen** aus der Staatskasse zu. Der Insolvenzverwalter kann auf den Erstattungsanspruch einen Vorschuss nach den Regeln verlangen, die für die Entnahme von Auslagen aus der Masse gelten.

511 Bei den Erklärungspflichten für **Veranlagungszeiträume vor Insolvenzeröffnung** sollte danach eine Abwägung vorgenommen werden. Sofern sich die steuerlichen Sachverhalte der Vergangenheit wegen grober Pflichtverletzung des Insolvenzschuldners nur mit unvertretbarem Aufwand für den Insolvenzverwalter ermitteln lassen, erfolgt sinnvollerweise eine **Schätzung (§ 162 AO)** durch die Finanzbehörde. Allerdings ist der Insolvenzverwalter in diesem Fall darlegungs- und beweispflichtig, wieso er seine Pflichten nicht erfüllen kann. Sofern sich steuerliche Sachverhalte – wie z. B. bei intakter Buchführung die Umsätze der letzten Monate vor Eröffnung des Insolvenzverfahrens – ermitteln lassen, ist die Verpflichtung des Insolvenzverwalters, Erklärungen und Abschlüsse zu erstellen, vorrangig vor der Schätzung der Finanzbehörde. Ansonsten bestünde die Gefahr, dass steuerliche Forderungen aufgrund Schätzung der Finanzbehörde zu hoch festgestellt werden und ein Schaden für die übrigen Gläubiger entsteht. Auch die abgeleiteten Mitwirkungspflichten aus § 34 Abs. 3 AO gegenüber dem Insolvenzverwalter stehen unter dem Primat des Grundsatzes der Verhältnismäßigkeit. § 34 Abs. 3 AO ist daher im Lichte des Insolvenzverfahrens einschränkend auszulegen, um Wertungswidersprüche zwischen der Insolvenzordnung und dem Insolvenzsteuerrecht zu vermeiden. Dies ist der Fall, wenn es „lediglich" um die Feststellung einer Steuerforderung zum Zweck der Anmeldung zur Insolvenztabelle geht. Auch die Neufassung der Geschäftsordnung für die Finanzämter[1] setzt nicht mehr beim klassischen Steuerrechtsverhältnis alter Prägung an, um die Beratungs- und Auskunftspflichten des § 89 AO auszugestalten.

---

1 FAGO, BStBl I 2002, 540, Tz. 1.2.

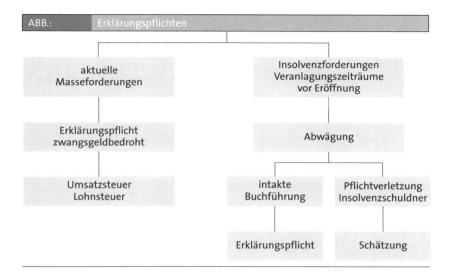

(2) Insolvenzschuldner

Den Insolvenzschuldner treffen auch nach Eröffnung des Insolvenzverfahrens die steuerrechtlichen Erklärungspflichten, soweit er hieran nicht durch das Verwaltungsrecht des Insolvenzverwalters gehindert wird. Der Insolvenzschuldner ist insbesondere verpflichtet, im insolvenzfreien Bereich verwirklichte steuerbare Tatbestände zu erklären. 512

c) Ermittlung der Steueransprüche

(1) Allgemeine Grundsätze

Die Art und Weise der Ermittlung der Besteuerungsgrundlagen wird durch die Eröffnung des Insolvenzverfahrens nicht berührt. Die Finanzbehörde hat weiterhin die Befugnis, nach §§ 88, 90–92, 93 ff. AO die Besteuerungsgrundlagen zu ermitteln. 513

Der Insolvenzschuldner bleibt auch nach Eröffnung des Insolvenzverfahrens verfahrensrechtlich **Beteiligter** i. S. d. § 78 AO. Bezogen auf die Insolvenzmasse verliert er allerdings mit Eröffnung des Insolvenzverfahrens die nach § 79 AO erforderliche Handlungsfähigkeit, so dass er nicht mehr in der Lage ist, wirksame Verfahrenshandlungen vorzunehmen und seine steuerlichen Pflichten zu erfüllen. Die Pflichten des Insolvenzschuldners im steuerlichen Ermittlungsverfahren sind regelmäßig nach § 34 Abs. 3 AO vom Insolvenzverwalter wahr- 514 zunehmen, da dieser nach § 80 Abs. 1 InsO für die Dauer des Insolvenzverfahrens das Verwaltungs- und Verfügungsrecht über das in die Insolvenzmasse fallende Vermögen des Insolvenzschuldners ausübt und damit – soweit seine Verwaltung reicht – Vermögensverwalter ist. Der Insolvenzverwalter hat grundsätzlich diejenigen steuerlichen Pflichten zu erfüllen, die ohne Eröffnung des Insolvenzverfahrens dem Insolvenzschuldner obliegen würden.[1] Dazu zählen insbesondere die Pflichten, die sich aus den §§ 90, 93 ff., 137 ff., 140 ff., 149 ff. AO ergeben, aber auch spezialgesetzlich geregelte Pflichten, wie z. B. die umsatzsteuerrechtlichen Aufzeichnungspflichten nach § 22 UStG. Der Insolvenzverwalter hat die Pflichten in der gleichen Weise zu erfüllen, wie der Insolvenzschuldner diese zu erfüllen gehabt hätte, wenn nicht über sein Vermögen das Insolvenzverfahren eröffnet worden wäre.[2]

(2) Pflichten des Insolvenzverwalters

515 Nach § 155 Abs. 1 Satz 1 InsO bleiben die handels- und steuerrechtlichen **Buchführungspflichten** des Insolvenzschuldners von der Eröffnung des Insolvenzverfahrens unberührt. Diese Pflichten hat in Bezug auf die Insolvenzmasse nach § 155 Abs. 1 Satz 2 InsO der Insolvenzverwalter zu erfüllen (s. hierzu ausführlich Rdnr. 941).

516 Der Insolvenzverwalter hat neben den Buchführungs- und Steuererklärungspflichten alle dem Insolvenzschuldner bei der Steuerermittlung obliegenden Pflichten zu erfüllen. Dazu gehören vor allem die sich aus der Abgabenordnung ergebenden Pflichten zur Mitwirkung bei der Ermittlung des Sachverhalts (§ 90 AO), die Auskunftspflicht (§§ 93 ff. AO) sowie die Pflicht zur Vorlage von Urkunden. Neben dem Insolvenzverwalter bleibt der Insolvenzschuldner nach §§ 93 ff. AO als Beteiligter verpflichtet, der Finanzbehörde die notwendigen Auskünfte zu erteilen. Dies gilt nicht für die Informationspflicht nach § 93 Abs. 3 Satz 2 AO, weil diese Vorschrift die unbeschränkte Verwaltungsbefugnis des Steuerpflichtigen voraussetzt.

(3) Außenprüfungen

517 Da das Ermittlungsverfahren nicht unterbrochen wird, ist die Finanzbehörde befugt, auch Betriebs- und Fahndungsprüfungen gem. §§ 193 ff., 208, 404 AO

---

1 H. M.: vgl. BFH v. 12.11.1992 – IV B 83/91, BStBl II 1993, 265; Frotscher, Besteuerung bei Insolvenz, 33; Maus, Steuern im Insolvenzverfahren, 58 ff.; Onusseit/Kunz, Steuern in der Insolvenz, 8; Stirnberg, BB 1990, 1525; Tipke/Kruse, AO, § 251 Rdnr. 37.
2 BFH v. 15.6.1961 – VII 126/69, HFR 1961, 277.

nach Eröffnung des Insolvenzverfahrens durchzuführen.[1] Das von einer Außenprüfung zu erwartende Steuerergebnis wird sich nach Eröffnung des Insolvenzverfahrens nur mit einem geringen Anteil an den tatsächlich eingehenden Steuereinnahmen niederschlagen. Deshalb wird es im Regelfall geboten sein, von einer mit Arbeitsaufwand für Prüfer, Veranlagungs- und Vollstreckungsstelle verbundenen Außenprüfung abzusehen, sobald bekannt geworden ist, dass über das Vermögen des Unternehmensträgers das Insolvenzverfahren eröffnet worden ist. Eine Außenprüfung kommt allerdings ausnahmsweise[2] dann in Betracht,

▶ wenn die Mehrsteuern anderen Personen als dem Insolvenzschuldner auferlegt werden müssen (einheitliche und gesonderte Gewinnfeststellung) oder auferlegt werden können (Haftungsschuldner, vgl. hierzu Rdnr. 1241);
▶ zur Prüfung der Berechtigung und Höhe von Erstattungsforderungen;
▶ bei Steuerforderungen aus der Tätigkeit des Insolvenzverwalters;
▶ bei besonders hohen zu erwartenden Mehrsteuern.

Umsatzsteuersonderprüfungen sind in Insolvenzfällen vorgesehen bei 518
▶ **Zwangsverwaltung von Grundstücken** (Zuordnung der Umsätze, Umfang der Option, Vorsteuerabzug und Vorsteuerberichtigung gem. § 15a UStG),
▶ **vorläufiger Insolvenzverwaltung** (insbesondere bei Zweifeln, ob Lieferungen während der vorläufigen Insolvenzverwaltung oder erst nach Eröffnung des Insolvenzverfahrens ausgeführt worden sind),
▶ **Insolvenzverfahren** (insbesondere Verwertung der Insolvenzmasse, Erfüllung steuerlicher Pflichten durch den Insolvenzverwalter, bei Gesellschaften: Schlechterstellung vor Eröffnung des Insolvenzverfahrens – Haftung des Geschäftsführers –).

Die **Bekanntgabe der Prüfungsanordnung** hat im Regelfall an den Insolvenzverwalter zu erfolgen, sofern die Insolvenzmasse betroffen ist.[3] App[4] regt an, den Insolvenzschuldner formlos von der Prüfungsanordnung zu informieren. Dafür spricht die Tatsache, dass der Insolvenzschuldner auch nach Eröffnung des Insolvenzverfahrens zur Mitwirkung nach § 200 AO – insbesondere zur Erteilung von Auskünften – verpflichtet bleibt. Daneben besteht für ihn die Möglichkeit, vor Erscheinen des Prüfers erforderlichenfalls eine straf- und buß- 519

---

1 App, StBp 1999, 63.
2 So auch App, StBp 1999, 64.
3 Vgl. BMF v. 8.4.1991 – IV A 5 – S 0284 – 1/91, BStBl I 1991, 398, Tz. 2.10; Boochs/Dauernheim, Steuerrecht in der Insolvenz, 54.
4 App, StBp 1999, 63, 66.

geldbefreiende **Selbstanzeige** nach § 371 Abs. 1 AO zu erstatten.[1] Sofern bereits vor Eröffnung des Insolvenzverfahrens eine Prüfungsanordnung gegen den Insolvenzschuldner ergangen ist bzw. mit der Außenprüfung bereits begonnen wurde, ist eine erneute Prüfungsanordnung gegen den Insolvenzverwalter nicht erforderlich. Als Vermögensverwalter tritt der Insolvenzverwalter in die Rechte und Pflichten des Insolvenzschuldners ein.

520 Bei der **Eigenverwaltung** nach § 270 Abs. 1 InsO und dem Einsatz eines vorläufigen Insolvenzverwalters ohne Verfügungsbefugnis (s. hierzu Rdnr. 235) ist die Prüfungsanordnung dem Insolvenzschuldner selbst bekannt zu geben.

521–525 *(Einstweilen frei)*

d) Steuerfestsetzung und Feststellung von Besteuerungsgrundlagen

(1) Zulässigkeit der Steuerfestsetzung durch Steuerbescheid nach Insolvenzeröffnung

526 Nach § 87 InsO dürfen nach Eröffnung des Insolvenzverfahrens Forderungen auf Befriedigung aus der Insolvenzmasse nur nach Maßgabe der insolvenzrechtlichen Vorschriften – gem. §§ 174 ff. InsO (s. hierzu Rdnr. 701) durch Eintragung in die Tabelle – verfolgt werden. Diese Regelung hat nicht nur Auswirkungen auf das Steuererhebungs- und Steuervollstreckungsverfahren, sondern auch auf das Steuerfestsetzungsverfahren. Nach Eröffnung des Insolvenzverfahrens verstößt der Erlass eines Steuerbescheides mit Leistungsgebot (§§ 155 Abs. 1, 218 Abs. 1 AO) hinsichtlich einer Insolvenzforderung gegen § 87 InsO und ist damit grundsätzlich unzulässig.[2] Auch **Änderungsbescheide** nach § 164 Abs. 2 AO und §§ 172 ff. AO zuungunsten des Insolvenzschuldners sind unzulässig.[3]

527 Ein gleichwohl erlassener Steuerbescheid bzw. Änderungsbescheid über einen Steueranspruch, der eine Insolvenzforderung betrifft, ist nach ganz h. M. nach

---

[1] Zur Bedeutung des § 371 Abs. 3 AO bei Insolvenz des Selbstanzeigenerstatters vgl. Wenzler, AO-StB 2007, 308 ff.

[2] So bereits RFH v. 25. 10. 1926 – GrS 1/26, RStBl 1926, 337; BFH v. 29. 6. 1965 – VI 13/64 S, BStBl III 1965, 491; v. 10. 6. 1970 – III R 128/67, BStBl II 1970, 665; v. 17. 7. 1985 – I R 117/84, BStBl II 1985, 650, für das Konkursverfahren; zum Insolvenzverfahren s. BFH v. 18. 12. 2002 – I R 33/01, BStBl II 2003, 630; Abschn. 60 Abs. 2 VollstrA, BStBl I 2001, 608; Tipke/Kruse, AO, § 251 Rdnr. 44; Welzel, DStZ 1999, 559.

[3] BFH v. 7. 3. 1968, BStBl II 1968, 496.

§ 125 AO nichtig.¹ Sofern der Insolvenzverwalter gegen den dennoch erteilten, nichtigen Bescheid Einspruch einlegt, ist der Bescheid aus Gründen der Rechtsklarheit ersatzlos aufzuheben, ohne dass über die materiell-rechtliche Steuerfestsetzung zu entscheiden ist.

Der **Umfang** des aus § 87 InsO folgenden Verbotes ist nicht unumstritten. Einigkeit besteht darin, dass diejenigen Steuerbescheide als unzulässig angesehen werden, die unter Berücksichtigung der bereits geleisteten Zahlungen zu einer – zur Eintragung in die Insolvenztabelle anzumeldenden – Rest- oder Nachforderung in Form einer **Insolvenzforderung** führen würden. In der Praxis tritt an die Stelle des Steuerbescheids eine sog. **formlose Steuerberechnung**. Bei diesen informatorischen „Steuermitteilungen", die dem Insolvenzverwalter ohne Rechtsbehelfsbelehrung übersandt werden, handelt es sich nicht um einen Steuerbescheid i. S. d. § 155 AO.² Es handelt sich lediglich um eine Berechnung der zur Tabelle anzumeldenden Steuern, die gleichzeitig der Begründung der anzumeldenden Steuerschulden des Insolvenzschuldners dient. 528

Die informatorischen Steuermitteilungen können nachträglich auch dann geändert werden, wenn sie nicht unter dem Vorbehalt der Nachprüfung standen bzw. mit Vorläufigkeitsvermerk versehen waren. Sofern allerdings bereits vor Eröffnung des Insolvenzverfahrens ein Steuerbescheid ergangen ist und im Wege der informatorischen Steuerermittlung zur Tabelle über die Festsetzung hinausgehende Beträge angemeldet werden, kann dies nur unter den Voraussetzungen des § 164 Abs. 2 Satz 1 AO bzw. der §§ 172 ff. AO geschehen. 529

Die nach Eröffnung des Insolvenzverfahrens begründeten Steueransprüche sind als Masseverbindlichkeiten (§§ 53 ff. InsO, s. hierzu Rdnr. 701) regelmäßig durch Steuerbescheid gegenüber dem Insolvenzverwalter geltend zu machen.³ Steuerschuldner ist auch in diesem Fall der Insolvenzschuldner und nicht etwa die Insolvenzmasse als solche oder gar der Insolvenzverwalter. 530

(2) Erstattung von Steueransprüchen

Die Festsetzung von Erstattungen zugunsten der Insolvenzmasse, die nach Eröffnung des Insolvenzverfahrens begründet sind, ist gleichfalls trotz Eröffnung des Insolvenzverfahrens durch Steuerbescheid zulässig. Die überzahlte Steuer 531

---

1 Loose, StuW 1999, 20, 25; Tipke/Kruse, AO, § 251 Rdnr. 44; Frotscher, Besteuerung bei Insolvenz, 248; zum Konkursverfahren s. BFH v. 2. 7. 1997 – I R 11/97, BStBl II 1998, 428, 429; zum Insolvenzverfahren s. BFH v. 10. 12. 2008 – I R 41/07.
2 Tipke/Kruse, AO, § 251 Rdnr. 45.
3 St. Rspr., vgl. BFH v. 21. 7. 1994 – V R 114/91, BStBl II 1994, 878; v. 24. 8. 1995 – V R 55/94, BStBl II 1995, 808; Frotscher, Besteuerung bei Insolvenz, 266.

I. Allgemeiner Teil

gehört hier zu den Masseverbindlichkeiten nach § 55 Abs. 1 Nr. 1 InsO, so dass das Erstattungsverfahren ohne insolvenzrechtliche Besonderheiten durchgeführt werden kann.[1]

532 Fraglich ist, ob nach Eröffnung des Insolvenzverfahrens noch ein Steuerbescheid über eine vor Eröffnung des Insolvenzverfahrens begründete Steuererstattung bzw. ein Bescheid mit einer Steuer von 0 € ergehen darf.[2] Nach zutreffender Ansicht können Steuererstattungen und Steuerfestsetzungen über 0 € weiterhin mittels Steuerbescheid erfolgen.[3] Für die Festsetzung eines Körperschaftsteuerbescheides über 0 € hat dies der BFH im Urteil v. 10. 12. 2008 – I R 41/07 ausdrücklich bestätigt. Entgegen der Auffassung der Vorinstanz[4] ist eine Steuerfestsetzung auf 0 € nicht zugleich mit der Feststellung eines Ausschlusses eines Erstattungsanspruchs verbunden; „denn ein Erstattungsanspruch kann sich allein auf der Grundlage eines Abrechnungsverfahrens ergeben. Dass eine bestandskräftige Steuerfestsetzung eine Verlustfeststellung für denselben Zeitraum hindern kann, entspricht zwar der bisherigen Rechtsprechung des BFH .... Der nunmehr für die Entscheidung dieser Rechtsfrage zuständige IX. Senat des BFH hat allerdings die Rechtsprechung geändert mit der Folge, dass ein verbleibender Verlustvortrag auch dann erstmals gem. § 10d Abs. 4 Satz 1 EStG gesondert festzustellen ist, wenn der Steuerbescheid für das Verlustentstehungsjahr zwar bestandskräftig ist, darin aber keine nicht ausgeglichenen negativen Einkünfte berücksichtigt worden sind.

... *Eine Unterbrechung des Besteuerungsverfahrens lässt sich in der Konstellation des Streitfalls mit dem Zweck des Insolvenzverfahrens – der gleichmäßigen Befriedigung aller Gläubiger – nicht begründen. Es mag zwar (möglicherweise auch aus Haftungsgesichtspunkten) ein Interesse eines Insolvenzverwalters daran bestehen, im Rahmen seiner Amtsführung nicht mit steuerrechtlichen Prüfungsobliegenheiten konfrontiert zu werden. Ein solches Interesse wird indes durch § 251 Abs. 2 Satz 1 AO, § 87 InsO nicht geschützt; es ist nicht spezifisch dem Insolvenzverfahren zuzuweisen."*

Die Finanzbehörde ist berechtigt, in einem laufenden Insolvenzverfahren einen Umsatzsteuerbescheid zu erlassen, in dem eine negative Umsatzsteuer für einen Besteuerungszeitraum vor der Eröffnung des Insolvenzverfahrens fest-

---

1 Frotscher, Besteuerung bei Insolvenz, 269.
2 Zur Abtretung von Einkommensteuererstattungsansprüchen, gegen die das Finanzamt die Aufrechnung erklärt vgl. BFH, Beschluss v. 12. 1. 2009 – VII B 78/08.
3 Vgl. Boochs/Dauernheim, Steuerrecht in der Insolvenz, 43; BMF v. 17. 12. 1998 – IV A 4 – S 0550 – 28/98, BStBl I 1998, 1500, Tz. 3; Abschn. 60 Abs. 2 VollStrA, BStBl I 2001, 608.
4 Sächsisches FG, Urteil v. 23. 4. 2007 – 3 K 2092/06.

gesetzt wird, wenn sich daraus keine Zahllast ergibt (so zutreffend BFH-Urteil v. 13. 5. 2009 – XI 63/07). „Mit dem angefochtenen Umsatzsteuerbescheid hat das FA eine negative Umsatzsteuer festgesetzt. Diesem Bescheid fehlt die abstrakte Eignung, sich auf anzumeldende Steuerforderungen auszuwirken. Denn damit hat das FA keine Insolvenzforderungen, die nach § 87 InsO nur nach den Vorschriften über das Insolvenzverfahren verfolgt werden kann, sondern einen Erstattungsbetrag festgesetzt, der nicht zur Tabelle anzumelden war. Da sich auch nach Abrechnung der bereits ausgezahlten 1 052,61 € keine Zahllast ergibt, kann sich aus dem Bescheid unter keinen Umständen eine zur Tabelle anzumeldende Forderung ergeben. Auch hat der Umsatzsteuerbescheid – anders als ein Grundlagenbescheid – keine Auswirkung auf Folgebescheide. Die angesetzten Besteuerungsgrundlagen (Umsätze, Vorsteuern) sind vielmehr unselbständige Teile nur dieses Bescheids (§ 157 Abs. 2 AO). Soweit das FG meint, ein Steuererstattungsanspruch könnte sich deshalb auf die Insolvenzmasse auswirken, weil ein Insolvenzverwalter damit gegen Steuerforderungen aufrechnen könnte, trifft dies zwar grundsätzlich zu. Die Aufrechnung würde in diesem Fall jedoch auf einer freiwillig abgegebenen Willenserklärung des Insolvenzverwalters beruhen. Es ist nicht erkennbar, wieso die Insolvenzmasse insofern schutzbedürftig sein sollte."

Es ist trotz der Eröffnung des Insolvenzverfahrens nicht ausgeschlossen, dass auf der Grundlage der Steuerberechnung ein sog. **Abrechnungsbescheid** nach § 218 Abs. 2 AO ergehen kann, in dem ein Erstattungsanspruch als Differenz der Gegenüberstellung des Steueranspruchs und der Zahlungen ermittelt wird.[1] Dieser Bescheid kann trotz Eröffnung des Insolvenzverfahrens erlassen werden, da § 87 InsO lediglich die Fortsetzung von Verfahren, die auf individuelle Befriedigung des Steuergläubigers gerichtet sind, verhindern soll. Dies ist beim Abrechnungsbescheid über eine Steuererstattung nicht der Fall, da er allenfalls eine Forderung der Insolvenzmasse ablehnt, jedoch kein Leistungsgebot enthält. Der Abrechnungsbescheid ist an den Insolvenzverwalter mit Wirkung für die Insolvenzmasse zu richten. Er kann durch den Insolvenzverwalter angefochten werden. Innerhalb des Rechtsbehelfs- bzw. Gerichtsverfahrens wird auch die Höhe der Steuerberechnung überprüft.

533

---

1 Frankfurter Kommentar, § 155 Rdnr. 205; vgl. hierzu die Fallgestaltungen in BFH v. 29. 1. 1991 – VII R 45/90, BFH/NV 1991, 791; v. 4. 5. 1993 – VII R 96/92, BFH/NV 1994, 287 zum Konkursverfahren.

(3) Gesonderte Feststellung von Besteuerungsgrundlagen sowie Festsetzung von Steuermessbeträgen

534 Bis zum Urteil v. 2. 7. 1997 hatte der BFH in ständiger Rechtsprechung entschieden, dass Steuerfeststellungsverfahren durch die Eröffnung des Insolvenzverfahrens grundsätzlich **nicht unterbrochen** werden, da in diesen Verfahren keine Steuern festgesetzt werden. Durch einen im Rahmen eines Feststellungsverfahrens ergangenen Bescheid werden keine Steueransprüche als Insolvenzforderungen geltend gemacht, so dass die Insolvenzmasse nicht i. S. d. § 240 ZPO betroffen ist. Nach dieser Auffassung war bisher der Erlass von Feststellungsbescheiden nach §§ 179, 180 AO und von Steuermessbescheiden i. S. v. § 184 AO auch hinsichtlich des insolvenzbefangenen Vermögens zulässig.

535 Der BFH hat in seiner Entscheidung v. 2. 7. 1997[1] – für das Konkursverfahren – zudem entschieden, dass Steuerfeststellungsverfahren durch die Eröffnung des Insolvenzverfahrens unterbrochen werden, soweit in diesem Verfahren ausschließlich Besteuerungsgrundlagen ermittelt bzw. festgestellt werden, die ihrerseits die Höhe von Steuerforderungen beeinflussen, die zur Insolvenztabelle anzumelden sind.

BEISPIEL: Eine GmbH reicht am 19. 10. 03 ihre Gewerbesteuererklärung 02 beim Finanzamt ein. Über das Vermögen der GmbH wird am 27. 12. 03 das Insolvenzverfahren eröffnet.

Ein Gewerbesteuermessbescheid darf nach der Rechtsprechung des BFH nicht mehr ergehen, da der Bescheid sich als Grundlagenbescheid für einen von der zuständigen Gemeinde zu erlassenden Gewerbesteuerbescheid auf einen gegen die Insolvenzschuldnerin gerichteten vermögensrechtlichen Anspruch und damit auf das der Zwangsvollstreckung unterliegende Vermögen bezieht. Die mittelbare Auswirkung auf das Vermögen der Insolvenzschuldnerin reicht aus, um die Insolvenzmasse als betroffen i. S. d. § 240 ZPO anzusehen. In diesen Fällen sind die Besteuerungsgrundlagen zur Ermittlung des Gewerbesteuermessbetrages der Gemeinde in Form einer Berechnung ohne Rechtsbehelfsbelehrung mitzuteilen. Die Gemeinde ermittelt aufgrund dieser Berechnung die Gewerbesteuer und meldet sie als Insolvenzforderung nach § 174 InsO zur Insolvenztabelle an.

536 In der Entscheidung vom **18. 12. 2002**[2] hat der BFH seine Rechtsprechungslinie erweitert und einerseits klargestellt, dass der oben aufgestellte Grundsatz **generell** für das Verhältnis von Steuerfestsetzung zur Insolvenzordnung gilt. Nach Eröffnung des Insolvenzverfahrens und vor Abschluss der Prüfungen

---

[1] BFH v. 2. 7. 1997 – I R 11/97, BStBl II 1998, 428. Der BFH hat seine bisherige Rechtsprechung, vgl. BFH v. 17. 7. 1985 – I R 117/84, BStBl II 1985, 650, ausdrücklich geändert.
[2] I R 33/01, BStBl II 2003, 630.

gem. §§ 176, 177 InsO dürfen grundsätzlich keine Bescheide mehr erlassen werden, in denen Besteuerungsgrundlagen **festgestellt** oder festgesetzt werden, die die Höhe der zur Insolvenztabelle anzumeldenden Steuerforderungen beeinflussen können.

Mit dieser Rechtsprechung, der sich der überwiegende Teil der zur Insolvenzordnung ergangenen Literatur[1] angeschlossen hat, stellt sich der BFH in Widerspruch zur bisherigen Verwaltungspraxis. Die Finanzverwaltung hatte bis zur Änderung des AEAO (s. Rdnr. 538) regelmäßig Feststellungsbescheide erlassen – so z. B. Verlustfeststellungsbescheide und Bescheide über die Feststellung gem. § 47 Abs. 1 KStG a. F. – auch für Stichtage vor Insolvenzeröffnung mit der Begründung, dass diese Bescheide tatsächlich niemals Grundlage der anzumeldenden Steuerforderung sein würden oder zumindest nicht ausschließlich diesem Zweck dienen. Nur bei einer **konkreten** steuerlichen Auswirkung wurden keine Feststellungsbescheide mehr erlassen. Der BFH ist der Verwaltungspraxis zu Recht entgegengetreten und hat klare verfahrensrechtliche Regelungen eingefordert, die für die Rechtsanwender handhabbar sind. Der Praktikabilität würde es widersprechen, wenn die Zulässigkeit gesonderter Feststellungen davon abhängig gemacht wird, ob und wie sich die Feststellungen steuerlich auswirken.[2] Die Auswirkungen gesondert festzustellender Besteuerungsgrundlagen hängen in vielen Fällen von Umständen und künftigen Entwicklungen ab, die dem für die Feststellung zuständigen Finanzamt und dem Insolvenzverwalter im Zeitpunkt der Feststellung (noch) nicht bekannt sind.[3] Das vom BFH aufgestellte Kriterium der abstrakten steuerlichen Auswirkung sorgt für mehr Rechtssicherheit, da die Zulässigkeit gesonderter Feststellungen nicht mehr davon abhängig ist, ob sich die Feststellungen tatsächlich zum Nachteil der Insolvenzschuldnerin auswirken oder nicht.

537

Die **FinVerw**[4] hat sich nach über einem Jahr „Bedenkzeit" der Auffassung des BFH angeschlossen. Nach Auffassung der FinVerw dürfen bis zum Abschluss

538

---

1 Dafür: Neu, Anmerkungen zu FG Düsseldorf v. 11.10.2000 – 9 K 1617/99 F, EFG 2001, 61; HFR 2003, 643; Hofmeister, BB 2003, Heft 28/29, IV; s. auch Welzel, DStZ 1999, 559, 560; Gottwald, Insolvenzrechts-Handbuch, § 118 Rdnr. 2.; Frankfurter Kommentar, § 155 Rdnr. 186 ff.; dagegen Tipke/Kruse, § 251 AO Rdnr. 46; Loose, StuW 1999, 20, 25; Beermann in Hübschmann/Hepp/Spitaler, AO, § 251 Rdnr. 406.
2 So schon Neu, Anm. zu FG Düsseldorf v. 11.10.2000 – 9 K 1617/99 F, EFG 2001, 61; s. auch Vorinstanz FG Köln v. 30.1.2001 – 13 K 6432/00, EFG 2001, 922 und FG Düsseldorf v. 11.10.2000 – 9 K 1617/99 F, EFG 2001, 61, rkr. zum Bescheid über die Feststellung eines vortragsfähigen Gewerbeverlustes.
3 BFH v. 18.12.2002 – I R 33/01, BStBl II 2003, 630.
4 Vgl. BMF v. 12.1.2004 – IV A 4 – S 0062 – 12/03, zur Änderung v. Tz. 2.9.1 Anwendungserlass zur AO, BStBl I 2004, 31.

der Prüfungen gem. §§ 176, 177 InsO grundsätzlich **keine Bescheide mehr erlassen werden, die Besteuerungsgrundlagen feststellen oder Steuermessbeträge festsetzen, welche die Höhe der zur Insolvenztabelle anzumeldenden Steuerforderungen beeinflussen können.** Dies gilt nicht, wenn sich Feststellungen von Besteuerungsgrundlagen oder Festsetzungen von Steuermessbeträgen für den Insolvenzschuldner vorteilhaft auswirken – z. B. weil sie zu einem Verlustrücktrag führen oder zusammen mit einer Steuerfestsetzung Grundlagen für die Erstattung von Vorauszahlungen sind – und der **Insolvenzverwalter die Feststellung bzw. Festsetzung ausdrücklich beantragt** oder wenn die Feststellung oder Festsetzung ausschließlich zu dem Zweck erfolgt, **Masseforderungen der Finanzbehörde zu ermitteln.**

539 Damit sind folgende Feststellungsbescheide nach Eröffnung des Insolvenzverfahrens nicht mehr zulässig:

- ▶ gesonderte Feststellung des vortragsfähigen **Gewerbeverlustes** nach § 10a GewStG;
- ▶ gesonderte Feststellung des verbleibenden **Verlustabzuges** nach § 10d EStG;
- ▶ gesonderte Feststellung nach **§ 47 KStG a. F.**;
- ▶ gesonderte Feststellung nach der **Anteilsbewertungsverordnung**;
- ▶ gesonderte Feststellung von **Einheitswerten** nach Maßgabe des Bewertungsgesetzes (§ 179 i. V. m. § 180 Abs. 1 Nr. 1 AO);
- ▶ **Grundsteuermessbescheide** (§ 184 AO);
- ▶ Bescheide zur einheitlichen und gesonderten Feststellung des Gewinns (§§ 179 Abs. 2 Satz 2, 180 Abs. 1 Nr. 2 Buchst. a AO).

540 In **Gewerbesteuerfällen** teilt die Festsetzungsstelle der Finanzbehörde der steuerberechtigten Körperschaft (z. B. Gemeinde) den berechneten Messbetrag formlos für Zwecke der Anmeldung im Insolvenzverfahren mit.

(4) Bekanntgabe von Verwaltungsakten nach Insolvenzeröffnung

541 Hinsichtlich der Bekanntgabe von Verwaltungsakten ist zu beachten, dass nach Eröffnung des Insolvenzverfahrens Verwaltungsakte, die die Insolvenzmasse betreffen, nicht mehr durch Bekanntgabe an den Insolvenzschuldner wirksam werden können. Mit der Eröffnung des Insolvenzverfahrens endet nach § 115 Abs. 1 InsO auch der einem Bevollmächtigten erteilte Auftrag und damit auch die Vollmacht einschließlich der Zustellungsvollmacht. In diesen Fällen ist **Bekanntgabeadressat** aller die Insolvenzmasse betreffenden Verwaltungsakte der Insolvenzverwalter.

Das gilt insbesondere[1] für die Bekanntgabe von   542

▶ **Feststellungsbescheiden** nach § 251 Abs. 3 AO (ggf. neben einer Bekanntgabe an den widersprechenden Gläubiger, § 179 Abs. 1 InsO),

▶ Verwaltungsakten nach **§ 218 Abs. 2 AO,**

▶ Steuerbescheiden wegen Steueransprüchen, die nach der Verfahrenseröffnung entstanden und damit **sonstige Masseverbindlichkeiten** sind,

▶ Steuerbescheiden wegen Steueransprüchen, die aufgrund einer neuen beruflichen oder gewerblichen Tätigkeit des Insolvenzschuldners entstanden sind (sog. **Neuerwerb**, § 35 InsO),

▶ **Gewerbesteuermessbescheiden** (§ 184 AO) und **Zerlegungsbescheiden** (§ 188 AO) **nach einem Widerspruch** gegen die Anmeldung von Gewerbesteuerforderungen durch die erhebungsberechtigte Körperschaft,[2]

▶ Bescheiden, die Besteuerungsgrundlagen feststellen, die eine vom Insolvenzverwalter im Prüfungstermin **bestrittene Steuerforderung** betreffen,[3]

▶ Prüfungsanordnungen (§ 197 AO).

Hat das Gericht nach § 21 Abs. 2 Nr. 1 InsO zur Sicherung der Masse die vorläufige Verwaltung angeordnet und nach § 21 Abs. 2 Nr. 2 InsO ein allgemeines Verfügungsverbot erlassen, sind die o. a. Verwaltungsakte ab diesem Zeitpunkt nur noch an den vom Gericht bestellten **vorläufigen Insolvenzverwalter** bekannt zu geben.[4] Ist vom Insolvenzgericht eine vorläufige Verwaltung ohne Verfügungsbefugnis angeordnet worden, sind Verwaltungsakte bis zur Eröffnung des Insolvenzverfahrens weiterhin dem Insolvenzschuldner bekannt zu geben (§ 22 Abs. 2 InsO).   543

Nach Eröffnung des Insolvenzverfahrens sind alle Verwaltungsakte mit **Erläuterung** an den Insolvenzverwalter zu richten, dass der Bescheid an ihn „als Insolvenzverwalter über das Vermögen des Insolvenzschuldners …" ergeht.   544

---

1 Vgl. Tz. 2.9.2 Anwendungserlass zur AO i. d. F. v. 12. 1. 2004 – IV A 4 – S 0062 – 12/03, BStBl I 2004, 31; speziell zur Bekanntgabe von Feststellungsbescheiden im Insolvenzverfahren Hagen, NWB F. 2, 9063.
2 BFH v. 2. 7. 1997 – I R 11/97, BStBl II 1998, 428.
3 BFH v. 1. 4. 2003 – I R 51/02, BStBl II 2003, 779.
4 Vgl. Anwendungserlass zur AO v. 14. 2. 2000, BStBl I 2000, 190, Tz. 2.9.3.

> **BEISPIELE[1] FÜR BESCHEIDERLÄUTERUNGEN:** „Der Bescheid ergeht an Sie als Verwalter/vorläufiger Verwalter im Insolvenzverfahren/Verfahren über den Antrag auf Eröffnung des Insolvenzverfahrens über das Vermögen des Schuldners ..."
>
> „Die Steuerfestsetzung betrifft die Festsetzung der Umsatzsteuer als sonstige Masseverbindlichkeit."
>
> „Die Festsetzung des Gewerbesteuermessbetrags dient der erhebungsberechtigten Körperschaft als Grundlage zur Verfolgung des Widerspruchs gegen die Anmeldung der Gewerbesteuerforderung zur Tabelle."

545 Keine wirksame Bekanntgabe an den Insolvenzverwalter liegt vor, wenn sich der Steuerbescheid an den Insolvenzschuldner „zu Händen Herrn/Frau ..." ohne Bezeichnung des Insolvenzverwalters richtet.[2]

546 Der Insolvenzverwalter ist nicht Bekanntgabeadressat für Feststellungsbescheide nach §§ 179 ff. AO bei Personengesellschaften, wenn über das Vermögen der Gesellschaft, aber nicht ihrer Gesellschafter das Insolvenzverfahren eröffnet worden ist.[3]

547–560 *(Einstweilen frei)*

4. Rechtsbehelfs- und Rechtsmittelverfahren

Literatur: *Durth*, Auswirkungen des Insolvenzverfahrens auf das Rechtsbehelfsverfahren, AO-StB 2001, 202 ff.; *Achter*, Zur Zulässigkeit einer gewillkürten Prozessstandschaft des Insolvenzschuldners für den Insolvenzverwalter im Finanzprozess, DStZ 2006, 194 ff.; *Bartone*, Auswirkungen des Insolvenzverfahrens auf das finanzgerichtliche Verfahren, AO-StB 2007, 49 ff.; *Bartone*, Der Erlass und die Änderung von Steuerverwaltungsakten im Zusammenhang mit dem Insolvenzverfahren über das Vermögen des Steuerpflichtigen, AO-StB 2008, 132 ff.; *Jäger*, Eröffnung eines Insolvenzverfahrens während eines Finanzgerichtsverfahrens, DStR 2008, 1272 ff.; *Roth/Schütz*, Die Wirkungen des § 178 Abs. 3 InsO bei widerspruchslos zur Tabelle festgestellten Steuerforderungen, ZInsO 2008, 186 ff.; *Bartone*, Prozesskostenhilfe im finanzgerichtlichen Verfahren (Teil 2) – Bei Insolvenz und bei Verfahren vor dem BFH und dem BVerfG, AO-StB 2009, 180 ff.

---

1 Vgl. Anwendungserlass zur AO v. 14. 2. 2000, BStBl I 2000, 190, Tz. 2.9.4.
2 BFH v. 15. 3. 1994 – XI R 45/93, BStBl II 1994, 600.
3 BFH v. 13. 7. 1967 – IV 191/63, BStBl II 1967, 790; v. 12. 12. 1978 – VIII R 10/76, BStBl II 1979, 440; so auch Anwendungserlass zur AO v. 14. 2. 2000, BStBl I 2000, 190, Tz. 2.9.5; Tipke/Kruse, AO, § 251 Rdnr. 47.

B. Das Besteuerungs- und Erhebungsverfahren in der Insolvenz

Die Eröffnung des Insolvenzverfahrens unterbricht nicht nur das Steuerfestsetzungsverfahren, sondern auch anhängige Rechtsbehelfsverfahren[1] und den Lauf der Rechtsmittelfristen. Mangels einer entsprechenden Regelung in der Abgabenordnung findet auch hier § 240 Satz 1 ZPO entsprechend Anwendung.[2] Dies gilt auch für abgabenrechtliche Rechtsbehelfsverfahren, die einen Bescheid zur Feststellung von Besteuerungsgrundlagen zum Gegenstand haben. Weiterhin werden nach § 155 FGO i.V. m. § 240 Satz 1 ZPO rechtshängige Finanzgerichtsverfahren und Klagefristen unterbrochen. Auch ein Nichtzulassungsbeschwerdeverfahren ist gem. § 240 Satz 1 ZPO i.V. m. § 155 FGO unterbrochen.[3]

561

Bei einer insolventen Personengesellschaft ist jedoch ein Klage- oder Revisionsverfahren hinsichtlich der gesonderten und einheitlichen Gewinnfeststellung (§§ 179 ff. AO) nicht gem. § 155 FGO i.V. m. § 240 ZPO unterbrochen.[4] Die Insolvenz der Personengesellschaft berührt das Verfahren der Gewinnfeststellung nicht, da seine steuerlichen Folgen nur die Gesellschafter persönlich und nicht den nach Insolvenzrecht abzuwickelnden Vermögensbereich der Personengesellschaft betreffen. Etwas anderes gilt, wenn sich auch der Gesellschafter selbst in einem Insolvenzverfahren befindet. Feststellungsbescheide i. S. d. §§ 179 ff. AO über Insolvenzforderungen sind insoweit nach Verfahrenseröffnung nicht mehr zulässig.[5]

562

---

1 Eine umfangreiche Zusammenfassung der steuerlichen Besonderheiten der Einspruchsverfahren in Insolvenzfällen enthält die Vfg. der OFD Hannover v. 26. 2. 2008 – S 0625-40-StO 141.
2 St. Rspr. zum vergleichbaren konkursrechtlichen Problem, zuletzt BFH v. 2. 7. 1997 – I R 11/97, BStBl II 1998, 428; s. auch BFH v. 10. 12. 1975 – II R 150/67, BStBl II 1976, 506; v. 17. 11. 1977 – IV R 134/77, BStBl II 1978, 165, 166; v. 3. 5. 1978 – II R 148/75, BStBl II 1978, 472; instruktiv zur Auswirkung des Insolvenzverfahrens auf das finanzgerichtliche Verfahren Bartone, AO-StB 2004, 142; ders., AO-StB 2007, 49; zur Eröffnung des Insolvenzverfahrens während eines Verfahrens auf Bewilligung von Prozesskosten vgl. BFH v. 27. 9. 2006 – IV S 11/05 (PKH), BStBl II 2007, 130. Wird der durch die Eröffnung des Insolvenzverfahrens über das Vermögen des Steuerschuldners unterbrochene Rechtsstreit über die Rechtmäßigkeit eines Steuerbescheids vom Insolvenzverwalter aufgenommen, so bestimmt sich der Wert des Streitgegenstandes für das weitere Verfahren ab Aufnahme des Rechtsstreits nach dem Betrag, der bei der Verteilung der Insolvenzmasse für die noch unerfüllte Steuerforderung zu erwarten ist (BFH v. 26. 9. 2006 – X S 4/06, BStBl II 2007, 55). Macht das Finanzamt einen noch unerfüllten Haftungsanspruch als Insolvenzforderung geltend, handelt es sich um einen Passivprozess, dessen Aufnahme dem Schuldner verwehrt ist (BFH v. 7. 3. 2006 – VII R 11/05, BStBl II 2006, 573).
3 BFH v. 10. 12. 2008 – I B 130/08. Ein in der Folge ergangener Beschluss des BFH über die Zulassung der Revision ist unwirksam (§ 249 Abs. 2 ZPO) und muss aufgrund der Rechtsklarheit aufgehoben werden (BFH v. 27. 11. 2003 – VII B 236/02, BFH/NV 2004, 366; BFH v. 10. 12. 2008 – I B 130/08).
4 BFH v. 11. 10. 2007 – IV R 52/04.
5 BFH v. 24. 8. 2004 – VIII R 14/02, BStBl II 2005, 246.

563 Nach dem Wortlaut des § 240 Satz 1 ZPO werden zivilprozessuale Verfahren durch die Eröffnung des Insolvenzverfahrens **unterbrochen,** wenn sie die Insolvenzmasse betreffen.[1] Der **Zeitpunkt** der Unterbrechung ist durch den durch Art. 18 Nr. 2 EGInsO eingeführten § 240 Satz 2 ZPO anders als im bis zum 1.1.1999 geltenden Recht vorverlegt worden. Die Unterbrechung tritt im Eröffnungsverfahren bereits ein, sobald die Verfügungs- und Verwertungsbefugnis nach § 22 Abs. 1 Satz 1 InsO auf einen sog. **„starken" vorläufigen Insolvenzverwalter** (s. Rdnr. 235) übergegangen ist. Demgegenüber wird das Verfahren nicht nach § 240 Satz 2 ZPO durch die Anordnung der vorläufigen Insolvenzverwaltung unterbrochen, wenn das Insolvenzgericht dem Insolvenzschuldner nur einen Zustimmungsvorbehalt und kein allgemeines Verfügungsverbot auferlegt (sog. schwacher bzw. „halbstarker" vorläufiger Insolvenzverwalter, s. Rdnr. 235).[2]

564 Die Unterbrechung wirkt sowohl gegenüber dem Insolvenzverwalter, dem Insolvenzgläubiger als auch gegenüber dem Insolvenzschuldner.[3]

565 Die Unterbrechung dauert bis zur **Wiederaufnahme** des Verfahrens nach den Bestimmungen der Insolvenzordnung oder alternativ bis zur Beendigung des Insolvenzverfahrens.[4] Über die Wiederaufnahme des Verfahrens entscheidet der Insolvenzverwalter, der hinsichtlich der weiteren Prozessführung an die bisherige Prozessführung des Insolvenzschuldners gebunden ist. Um über die Frage der Wiederaufnahme entscheiden zu können, steht dem Insolvenzverwalter als Rechtsnachfolger des Insolvenzschuldners ein **Akteneinsichtsrecht** zu.[5]

BEISPIEL: ▶ Der Körperschaftsteuerbescheid 01 wird einer GmbH am 16.12.02 bekannt gegeben. Am 23.12.02 wird das Insolvenzverfahren eröffnet.

Die Eröffnung des Insolvenzverfahrens führt entsprechend § 240 Satz 1 ZPO zur Unterbrechung der Einspruchsfrist. Sofern der Insolvenzverwalter Einspruch einlegt, wird das Einspruchsverfahren gleichfalls entsprechend § 240 Satz 1 AO unterbro-

---

1 St. Rspr., vgl. BFH v. 24.6.2003 – I B 30/03, BFH/NV 2003, 1434; v. 23.5.2000 – IX S 5/00, BFH/NV 2000, 1134.
2 BFH v. 24.6.2003 – I B 30/03, BFH/NV 2003, 1434.
3 Ausn.: Zur Gewährung von Prozesskostenhilfe für einen Insolvenzverwalter in der Revisionsinstanz bei Großgläubiger mit unbestrittenen Forderungen vgl. BFH, Beschluss v. 2.7.2009 – X S 4/08 (PKH). Nach der Aufnahme eines unterbrochenen Rechtsstreits bestimmt sich der Streitwert für das weitere Verfahren ab der Aufnahme nach dem Betrag, der bei der Verteilung der Insolvenzmasse für die noch unerfüllte Forderung zu erwarten ist (vgl. FG Düsseldorf, Beschluss v. 25.8.2009 – 7 K 939/09 F).
4 Eickmann in Heidelberger Kommentar zur InsO, § 85 Rdnr. 1.
5 BFH v. 15.6.2000 – IX B 13/00, BStBl II 2000, 431, ZIP 2000, 1262; v. 23.5.2000 – IX S 5/00, BFH/NV 2000, 1134; zu weiteren Auskunftsrechten des Insolvenzverwalters s. Rn. 614.

chen. Der Fortgang des Einspruchsverfahrens ist vom Ergebnis des insolvenzrechtlichen Prüfungsverfahrens abhängig. Wird die Forderung vom Finanzamt nach §§ 87, 174 ff. InsO angemeldet und vom Insolvenzverwalter nicht widersprochen, wirkt die Eintragung wie ein rechtskräftiges Urteil gegenüber dem Insolvenzverwalter und allen Insolvenzgläubigern (vgl. § 178 Abs. 3 InsO). Das Einspruchsverfahren erledigt sich hierdurch in der Hauptsache. Sofern der Insolvenzverwalter die Forderung bestreitet, wird das Einspruchsverfahren nach den allgemeinen Vorschriften der §§ 347 ff. AO fortgeführt. Die Einspruchsentscheidung ist dem Insolvenzverwalter bekannt zu geben.

Zu beachten ist, dass im Falle der bisherigen Vertretung des Insolvenzschuldners durch einen **Bevollmächtigten** der Beratungsauftrag und die Vollmacht einschließlich Zustellungsvollmacht enden (§ 115 Abs. 1, § 116 InsO).[1] Eine Vereinbarung des Insolvenzschuldners mit dem Bevollmächtigten, dass der Auftrag über die Verfahrenseröffnung hinaus bestehen solle, wird als unwirksam erachtet.[2] Der Normzweck der §§ 115 bis 117 InsO ist die Sicherstellung der Verfügungsbefugnis des Insolvenzverwalters. Durch den Fortbestand von Vollmachten über den Zeitpunkt der Verfahrensöffnung hinaus kann die Verwaltungs- und Verfügungsbefugnis des Insolvenzverwalters beeinträchtigt werden. Die Regelungen der §§ 115 bis 117 InsO sollen dies verhindern. Damit sind nach der höchstrichterlichen Rechtsprechung[3] auch gleichzeitig die Grenzen dieser Vorschriften aufgezeigt.

566

Vollmachten, die nicht auf das zur Insolvenzmasse gehörende Vermögen gerichtet sind, bleiben über die Verfahrenseröffnung hinaus wirksam. Für die gesonderte und einheitliche Gewinnfeststellung gem. §§ 179 ff. AO bei einer insolventen Personengesellschaft folgt hieraus, dass die Prozessvollmacht fortbesteht, da ein Klage- bzw. Revisionsverfahren nicht gem. § 155 FGO i.V.m. § 240 ZPO unterbrochen ist.[4]

567

Einem **Antrag auf Aussetzung der Vollziehung** nach § 361 AO bzw. § 69 FGO fehlt grundsätzlich nach Eröffnung des Insolvenzverfahrens das erforderliche Rechtsschutzbedürfnis, da ein Bescheid mit Eröffnung des Insolvenzverfahrens seine Vollziehbarkeit verliert. Denn während der Dauer eines Insolvenzverfahrens findet keine Vollstreckung statt; die Durchsetzung derartiger Ansprüche ist vielmehr nur nach Maßgabe der Vorschriften der InsO möglich. In diesem Fall besteht kein Rechtsschutzbedürfnis für einen Antrag auf Aussetzung der Vollziehung.

568

---

1 Vgl. ausführlich BFH v. 11. 10. 2007 – IV R 52/04; s. zudem Leibner, INF 2003, 718 ff.
2 Durth, AO-StB 2001, 202, 203.
3 BFH v. 11. 10. 2007 – IV R 52/04.
4 BFH v. 11. 10. 2007 – IV R 52/04.

I. Allgemeiner Teil

569 Demgegenüber hindert ein **Antrag auf Eröffnung** des Insolvenzverfahrens nicht die Zulässigkeit eines Antrags auf Aussetzung der Vollziehung.[1] Im Streitfall war das Insolvenzverfahren über das Vermögen einer GmbH noch nicht eröffnet. Bis zur möglichen Eröffnung kann der Insolvenzschuldner noch ein Rechtsschutzbedürfnis an der Aussetzung der Vollziehung der angefochtenen Bescheide geltend machen.

570 Ein Rechtsschutzbedürfnis für einen Antrag auf Aussetzung der Vollziehung nach Eröffnung des Insolvenzverfahrens ist auch zu bejahen, wenn es sich um einen Rückforderungsanspruch nach § 37 Abs. 2 AO handelt, der erst nach Eröffnung des Insolvenzverfahrens entstanden ist **(Masseverbindlichkeit)**.[2]

571 Hat die Finanzbehörde die Einkommensteuer gegen den Insolvenzverwalter festgesetzt, weil es der Auffassung ist, dass die Einkommensteuerschuld eine sonstige Masseverbindlichkeit darstellt, kommt eine Beiladung (§ 60 FGO) des Insolvenzschuldners zum Klageverfahren des Insolvenzverwalters gegen das Finanzamt nach Ansicht des FG Köln[3] nicht in Betracht. Im Fall der Insolvenz ist der Insolvenzverwalter nicht Dritter i. S. d. § 60 Abs. 3 FGO, sondern Sachwalter des insolvenzbefangenen Vermögens. Er tritt als Partei kraft Amtes damit auch für die Interessen des Insolvenzschuldners auf. Der Insolvenzschuldner ist kein Anderer i. S. d. § 60 Abs. 1 FGO, so dass auch eine einfache Beiladung ausscheidet. Der Schuldner muss die Folgen verpflichtender Handlungen des Insolvenzverwalters tragen. Aus diesem Grunde stellt sich ein mögliches Interesse des Schuldners an der Beiladung nicht als steuerrechtliches Interesse dar, weil der Beiladungsprätendent von der Teilnahme am Besteuerungsverfahren kraft Gesetzes ausgeschlossen ist. Soweit ein Insolvenzschuldner mögliche Schadensersatzansprüche gegenüber dem Insolvenzverwalter zu begründen sucht, ist hierin kein steuerrechtliches Interesse zu sehen.

572 Ist nach Eröffnung des Insolvenzverfahrens über das Vermögen eines Steuerpflichtigen ein Einkommensteuerbescheid an den Insolvenzverwalter ergangen, so ist nach Auffassung des FG des Landes Sachsen-Anhalt[4] nur der Insolvenzverwalter klagebefugt. Der Insolvenzschuldner könnte nur dann selbst klage- sowie prozessführungsbefugt sein, wenn der Insolvenzverwalter das insolvenzverstrickte Vermögen freigegeben hat, soweit es die streitige Einkommensteuer betrifft. Soweit der Insolvenzverwalter auf eine Anfrage hin mit-

---

1 BFH v. 11. 8. 2000 – I S 5/00, BFH/NV 2001, 314; v. 15. 2. 2002 – XI S 32/01, BFH/NV 2002, 940.
2 FG Berlin v. 14. 7. 2003 – 7 B 7184/03, EFG 2003, 1520.
3 FG Köln v. 16. 1. 2009 – 7 K 3529/07.
4 FG des Landes Sachsen-Anhalt v. 18. 11. 2008 – 4 K 203/05; bestätigt BFH, Beschluss v. 12. 5. 2009 – VIII B 27/09.

geteilt hat, er selbst könne mangels Vorliegen der Steuerunterlagen den streitigen Einkommensteuerbescheid weder prüfen noch den Einspruch begründen und der Insolvenzschuldner müsse seinen Einspruch selbst weiter verfolgen bzw. begründen sowie hinsichtlich der Klagefristen für die Einhaltung der Fristen sorgen, so liegt hierin keine konkludente Freigabeerklärung des Insolvenzverwalters.[1] Der Insolvenzverwalter ist zu einem vom Insolvenzschuldner „unbefugt" eingeleiteten Klageverfahren gegen einen Einkommensteuerbescheid auch dann nicht notwendig beizuladen (§ 60 Abs. 3 FGO), wenn der Insolvenzschuldner im Falle einer Abweisung der Klage als unzulässig einen Schadensersatzanspruch gegen den Insolvenzverwalter geltend machen will.

(Einstweilen frei) 573–585

5. Auswirkungen der Insolvenzeröffnung auf das Erhebungs- und Vollstreckungsverfahren

Literatur: *Trossen*, Vorläufiger Rechtsschutz gegen Insolvenzanträge der Finanzbehörden, DStZ 2001, 877 ff.; *Bartone*, Auswirkungen des Insolvenzverfahrens auf das Zwangsvollstreckungsverfahren nach der AO, AO-StB 2002, 66 ff.; *Carlé*, Einleitung des Insolvenzverfahrens durch die Finanzverwaltung – Effektiver Rechtsschutz in einer schwierigen Lage, AO-StB 2002, 428 ff.; *Lindwurm*, Rechtsschutz des Vollstreckungsschuldners gegen Anträge des Finanzamts an das Amtsgericht, DStZ 2002, 135 ff.; *Bartone*, Vollstreckungsrecht und Insolvenzrecht im Spannungsverhältnis, AO-StB 2004, 194 ff.; *Bartone*, Der Erlass von Ansprüchen aus dem Steuerschuldverhältnis in der Insolvenz, AO-StB 2005, 155 ff.; *Bruschke*, Ermittlung von Vollstreckungsmöglichkeiten – Liquiditätsprüfung als adäquates Mittel?, DStZ 2005, 371 ff.; *Obermair*, Insolvenz als Erlassgrund?, StB 2005, 212 ff.; *Uhländer*, Aktuelle Besteuerungsfragen in der Insolvenz, ZInsO 2005, 76 ff.; *Uhländer*, Reform der Insolvenzordnung für den Fiskus – ein neuer Versuch, AO-StB 2006, 286 ff.; *Wenzel*, Zwangsvollstreckung in der Insolvenz – Umsatzsteuererhebung während des Insolvenzverfahrens, NWB Nr. 37 v. 11. 9. 2006, Fach 7, 6763 ff.; *Werth*, Rechtsschutz gegen Insolvenzanträge des Finanzamts, AO-StB 2007, 210 ff.; *Wenzler*, Existenzgefährdende Insolvenzanträge des FA – Wie lässt sich Rechtsschutz herbeiführen?, AO-StB 2008, 311 ff.; *Wulf*, „Asset Protection": Gestaltungsüberlegungen zum Schutz von Privatvermögen, Praxis Steuerstrafrecht 3/2008, 57 ff.; *Kranenberg*, „Vergleichsverhandlungen" in der Vollstreckung? – Interessenberücksichtigung durch Erlass, AO-StB 2009, 119 ff.

a) Erhebungsverfahren

Der Insolvenzschuldner bleibt Schuldner hinsichtlich der bis zur Eröffnung des Insolvenzverfahrens begründeten und auch der aus der Verwertung der Masse 586

---

[1] Der Streitfall betrifft ein Insolvenzverfahren, das vor der Neufassung des § 35 InsO (zum 1. 7. 2007) eröffnet wurde.

durch den Insolvenzverwalter resultierenden Steuern. Die Verpflichtung zur Entrichtung der Steuern trifft allerdings den Insolvenzverwalter. Dieser hat nach § 34 Abs. 3 i.V. m. Abs. 1 Satz 2 AO dafür zu sorgen, dass die Steuern aus den Mitteln entrichtet werden, die er verwaltet. Diese Verpflichtung gilt allerdings uneingeschränkt nur für solche Ansprüche aus dem Steuerschuldverhältnis, die zu Masseverbindlichkeiten gem. § 55 Abs. 1 Nr. 1 InsO führen. Insolvenzforderungen sind nach Maßgabe der insolvenzrechtlichen Verteilungsvorschriften zu begleichen (s. hierzu Rdnr. 721).

b) Vollstreckungsverfahren

587 Die Einzelzwangsvollstreckung nach den Vorschriften der AO ist je nach Stadium des Verfahrens nur eingeschränkt zulässig. Insoweit gelten die Vorschriften der InsO nach § 251 Abs. 2 Satz 1 AO unmittelbar. Es sind drei zeitliche Abschnitte

- ▶ vor Verfahrenseröffnung (s. Rdnr. 588),
- ▶ nach Verfahrenseröffnung (s. Rdnr. 592),
- ▶ nach Verfahrensbeendigung (s. Rdnr. 597),

zu unterscheiden.[1]

588 **Bis zum Zeitpunkt der Eröffnung** des Insolvenzverfahrens darf die Finanzbehörde grundsätzlich Zwangsvollstreckungsmaßnahmen ausbringen.

589 Die sog. **Rückschlagsperre** nach § 88 InsO schränkt die Wirksamkeit von Zwangsvollstreckungsmaßnahmen im letzten Monat vor Verfahrenseröffnung allerdings dahin gehend ein, dass Sicherungen am insolvenzbefangenen Vermögen des Insolvenzschuldners, die der Insolvenzgläubiger im letzten Monat vor Verfahrenseröffnung erlangt, kraft Gesetzes unwirksam sind.

590 Zwangsvollstreckungsmaßnahmen, die zwar außerhalb der Monatsfrist liegen, die jedoch im zweiten oder dritten Monat vor Insolvenzeröffnung vorgenommen wurden, können nach §§ 131 Abs. 1 Nr. 2, 141 InsO **anfechtbar** sein (vgl. Rdnr. 319 ff.).

591 Schließlich können die Möglichkeiten der Einzelzwangsvollstreckung auch dadurch eingeschränkt werden, dass das Insolvenzgericht nach § 21 Abs. 2 Nr. 3 InsO als **Sicherungsmaßnahme** vorläufig Zwangsvollstreckungsmaßnahmen in das bewegliche Vermögen des Schuldners untersagt, bis über den Antrag auf Eröffnung des Insolvenzverfahrens entschieden ist.

---

1 Vgl. hierzu Bartone, AO-StB 2002, 66.

Nach Eröffnung des Insolvenzverfahrens gilt das Verbot der Einzelzwangsvollstreckung. Insolvenzgläubiger dürfen weder in die Insolvenzmasse noch in das sonstige Vermögen des Insolvenzschuldners vollstrecken (vgl. § 89 Abs. 1 InsO).

592

Damit werden Maßnahmen der Einzelzwangsvollstreckung nach §§ 249 ff. AO in Bezug auf **Insolvenzforderungen nach § 38 InsO** gegen den Insolvenzschuldner durch die Eröffnung des Insolvenzverfahrens während der gesamten Dauer des Verfahrens unzulässig.[1]

593

Das Verbot der Einzelzwangsvollstreckung gilt **nicht** in Bezug auf die Beitreibung von **Masseverbindlichkeiten** nach § 55 InsO sowie für nach der Eröffnung des Verfahrens entstandene Steuerforderungen gegen den Insolvenzschuldner selbst, z. B. aus insolvenzfreiem Vermögen.[2] Vor allem die nach Eröffnung des Insolvenzverfahrens begründeten Steuerforderungen, die Masseverbindlichkeiten nach § 55 InsO darstellen wie z. B. Umsatzsteuerforderungen aus der Verwertung der Masse durch den Insolvenzverwalter, sind damit im Wege der Einzelzwangsvollstreckung durchsetzbar. Das Leistungsgebot ist in diesen Fällen an den Insolvenzverwalter zu richten; Vollstreckungsschuldner bleibt auch hier der Insolvenzschuldner als Träger der Insolvenzmasse.

594

Die Vollstreckung von Masseverbindlichkeiten, die **nicht durch Rechtshandlungen des Insolvenzverwalters begründet** worden sind, ist grundsätzlich für die Dauer von sechs Monaten nach Eröffnung des Insolvenzverfahrens unzulässig (vgl. § 90 Abs. 1 InsO).

595

Die Beschränkung der Einzelzwangsvollstreckung durch die Eröffnung des Insolvenzverfahrens hat die **Auswirkung,** dass alle Maßnahmen des Zwangsvollstreckungsverfahrens nach §§ 249 ff. AO gegen den Insolvenzschuldner nach Eröffnung des Insolvenzverfahrens unwirksam sind. Dazu gehört auch die Ladung zur Abgabe der eidesstattlichen Versicherung nach § 284 AO.

596

Nach Beendigung des Insolvenzverfahrens durch Aufhebungs- oder Einstellungsbeschluss des Insolvenzgerichts gilt der Grundsatz der unbeschränkten Nachforderung (vgl. § 201 Abs. 1 InsO). Insolvenzgläubiger können ihre restlichen Forderungen unbeschränkt im Wege der Einzelzwangsvollstreckung ge-

597

---

1 BGH v. 12.11.1992 – IX ZR 68/92, ZIP 1993, 48; v. 25.3.1993 – IX ZR 164/92, ZIP 1993, 687; Weiß, UR 1989, 201.
2 Zur Zwangsvollstreckung in der Insolvenz beim sog. Neuerwerb s. Wenzel, NWB F. 7, 6763.

I. Allgemeiner Teil

gen den Insolvenzschuldner geltend machen. Die Ausnahmen von diesem Grundsatz bilden

- ▶ das Insolvenzplanverfahren nach §§ 217 ff. InsO (vgl. Rdnr. 1051 ff.),
- ▶ das Verbraucherinsolvenzverfahren §§ 304 ff. InsO (vgl. Rdnr. 1121 ff.),
- ▶ die Restschuldbefreiung nach §§ 286 ff. InsO (vgl. Rdnr. 1181 ff.).

598 Übersicht:

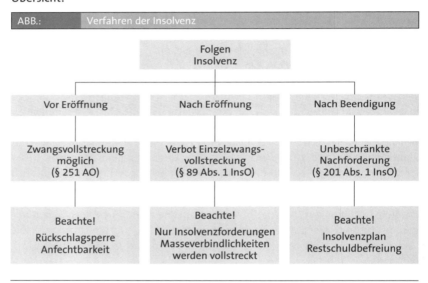

599–610 *(Einstweilen frei)*

6. Auskunfts- bzw. Hinweispflichten

Literatur: *Reck*, Berichtspflicht von Steuerberatern über die Überschuldung und Zahlungsunfähigkeit von Unternehmen, StuB 2002, 154 ff.; *Gilgan*, Beratungspflichten in der Krise des Mandanten, BBKM 2007, 294 ff.; *Jörißen*, Umfang und Grenzen des Steuergeheimnisses im Insolvenzverfahren, AO-StB 2008, 46 ff.; *Bächer*, Steuergeheimnis bei Zusammenveranlagung?, ZInsO 2009, 1147 ff.; *Wagner*, Der Steuerberater in der Zwickmühle – Die Wahl zwischen Mandatsniederlegung oder Beihilfe zur Insolvenzverschleppung, ZInsO 2009, 449 ff.

a) Verwaltung gegenüber dem Insolvenzgericht

611 Das **Steuergeheimnis** ist auch in Angelegenheiten des Insolvenzrechts gegenüber allen Beteiligten zu wahren. Das Insolvenzverfahren dient der Durchfüh-

rung eines Verwaltungsverfahrens in Steuersachen, soweit im Insolvenzverfahren Ansprüche aus dem Steuerschuldverhältnis verfolgt werden. Damit ist die **Offenbarung** geschützter Verhältnisse nach § 30 Abs. 4 Nr. 1 AO zulässig, soweit die Angaben zur Durchführung dieses Verfahrens erforderlich sind. Notwendige Angaben zur Durchführung eines Verwaltungsverfahrens in Steuersachen sind insbesondere:[1]

- die in dem Antrag des Finanzamts auf **Eröffnung** des Insolvenzverfahrens (§§ 13, 14 InsO) zur Glaubhaftmachung eines Eröffnungsgrundes (§§ 16–19 InsO) notwendigen Angaben,
- die Anmeldung der Abgabenforderungen zum Forderungsverzeichnis (der Tabelle, §§ 174, 175 InsO) und
- deren genaue Bezeichnung dem Grund und der Höhe nach §§ 174, 175 InsO.
- Darüber hinaus ist eine Weitergabe von Informationen durch das Finanzamt an den Insolvenzverwalter zwecks Anreicherung der Masse und Erreichung einer höheren Quote für die Finanzverwaltung ebenfalls gem. § 30 Abs. 4 Nr. 1 AO zulässig, da auch diese Informationsweitergabe der erfolgreichen Durchführung des Besteuerungsverfahrens dient.

Bestreitet der Insolvenzverwalter oder ein Insolvenzgläubiger Forderungen des Finanzamts in tatsächlicher oder rechtlicher Hinsicht, dient die Offenbarung von Verhältnissen in diesem Verfahren zur Feststellung der Forderungen und Rechte (§§ 174–186 InsO) dazu, die Forderung des Finanzamts in tatsächlicher und rechtlicher Hinsicht zu begründen und zu stützen. Sie ist daher insoweit zulässig nach § 30 Abs. 4 Nr. 1 AO. Entsprechendes gilt, wenn das Finanzamt gezwungen wird, Angriffe Dritter auf seine Eigentums- und Pfandrechte abzuwehren. 612

Die Offenbarung weiterer Umstände oder gar die Abgabe der Steuerakten an das Gericht würde jedoch über den Rahmen des Erforderlichen und nach dem Gesetz Notwendigen hinausgehen. 613

b) Verwaltung gegenüber dem Insolvenzverwalter

Mit der Anordnung des allgemeinen Verfügungsverbots (§§ 21 Abs. 2, 22 Abs. 1 InsO) bzw. mit der Eröffnung des Insolvenzverfahrens (§ 80 Abs. 1 InsO) verliert der Schuldner die Befugnis, sein zur Insolvenzmasse gehörendes Vermögen zu 614

---

1 S. hierzu OFD Frankfurt v. 15. 3. 2001 – 115 – St II 42, DStR 2001, 1077; OFD Frankfurt v. 9. 4. 2008 – S 0130 A–115–St 23.

I. Allgemeiner Teil

verwalten und über dasselbe zu verfügen. Der **vorläufige "starke" Insolvenzverwalter** und der **Insolvenzverwalter** sind Vertreter gem. **§ 34 Abs. 3 AO** und haben auch die steuerlichen Pflichten des Schuldners zu erfüllen (s. Rdnr. 515). Ihnen können deshalb alle Auskünfte über Verhältnisse des Schuldners erteilt werden, die sie zur Erfüllung dieser steuerlichen Pflichten benötigen. Soweit Steuerforderungen streitig sind, bei denen der Schuldner Gesamtschuldner zusammen mit anderen ist, steht das **Steuergeheimnis** einer Auskunftserteilung an den Insolvenzverwalter auch nicht hinsichtlich der Verhältnisse der anderen Gesamtschuldner entgegen.[1] Darüber hinaus dürfen dem vorläufigen Insolvenzverwalter und dem Insolvenzverwalter keine Auskünfte erteilt werden. Ein berechtigtes Interesse verneint die Finanzverwaltung, wenn die Auskunft dazu dienen kann, zivilrechtliche Ansprüche gegen ein Land durchzusetzen (z. B. Insolvenzanfechtung).[2]

615 Mitteilungen sind gegenüber dem **vorläufigen "schwachen" Insolvenzverwalter,** bei dem dem Schuldner kein allgemeines Verfügungsverbot auferlegt und dem vorläufigen Insolvenzverwalter nur vereinzelte Pflichten übertragen wurden (**§ 22 Abs. 2 InsO**) nicht zulässig. Das Steuergeheimnis ist einem solchen Verwalter gegenüber uneingeschränkt zu wahren; es liegt regelmäßig auch (noch) keine Offenbarungsbefugnis nach **§ 30 Abs. 4 Nr. 1 AO** vor.

616 Dies gilt entsprechend für **Gutachter vor** Eröffnung des Insolvenzverfahrens.[3]

c) Steuerberater gegenüber Insolvenzverwalter und Insolvenzgericht

617 Im Insolvenzverfahren richtet sich die Auskunftspflicht des Insolvenzschuldners gegenüber dem Insolvenzgericht nach § 20 Abs. 1 InsO und gegenüber dem vorläufigen Insolvenzverwalter nach § 22 Abs. 3 InsO. Es fragt sich, ob auch der steuerliche Berater nach diesen Vorschriften bzw. aus dem Steuerberatervertrag auskunftspflichtig ist. Unter dem Aspekt, dass es sich bei der Auskunftspflicht um eine höchstpersönliche Pflicht des Insolvenzschuldners han-

---

1 BFH v. 15. 6. 2000 – IX B 13/00, BStBl II 2000, 431.
2 Vgl. BMF v. 17. 12. 2008 – IV A 3 – S 0030/08/10001. Zu neuen Entwicklungen im Rahmen des Onlinezugriffs auf das Steuerkonto s. www.elsteronline.de -> ElsterKontoabfrage. Der Kontoauszug des Finanzamts selbst ist kein Verwaltungsakt i. S. d. § 118 AO. Entsprechende Rechtsstreitigkeiten im Erhebungsverfahren sind durch einen Abrechnungsbescheid i. S. d. § 218 Abs. 2 AO zu entscheiden (vgl. BFH, Beschluss v. 15. 1. 2007 – IX B 239/06; BFH, Beschluss v. 15. 10. 2008 – II B 91/08 mit FG Düsseldorf v. 14. 5. 2008 – 4 K 242/07 als Vorinstanz; LG Paderborn, Urteil v. 16. 12. 2005 – 2 O 10/05; BGH, Beschluss v. 7. 2. 2008 – IX ZB 137/07. Zum Anspruch des Insolvenzverwalters auf Informationszugang nach dem Informationsfreiheitsgesetz vgl. OVG NRW, Beschluss v. 28. 7. 2008 – 8 A 1548/07, Vorinstanz VG Düsseldorf, Urteil v. 20. 4. 2007 – 26 K 5324/06. Zur Erteilung von Klartextkontoauszügen vgl. Rdnr. 3201 ff.
3 Vgl. OFD Chemnitz v. 11. 7. 2001, Vollstreckungskartei Sachsen, InsO Karte 16.

delt, wird eine solche Pflicht gegenüber dem Steuerberater durchweg von der Literatur[1] verneint. Dem ist grundsätzlich zuzustimmen. Die einschlägigen insolvenzrechtlichen Vorschriften stellen ausschließlich auf den Insolvenzschuldner ab. Eine Pflicht lässt sich aus dem Steuerberatervertrag spätestens im Zeitpunkt der Eröffnung des Insolvenzverfahrens nicht mehr herleiten, da der Vertrag zu diesem Zeitpunkt erlischt.

(Einstweilen frei) 618–630

7. Neuerwerb

Literatur: *Obermair*, Der Neuerwerb – eine unendliche Geschichte, Anmerkungen zum Urteil des BFH v. 7.4.2005, DStR 2005, 1561 ff.; *Waza*, Besteuerung des Neuerwerbs in der Insolvenz, NWB Nr. 38 v. 19.9.2005, Fach 2, 8837 ff.; *Gundlach/Frenzel/Schirrmeister*, Das Gesetz zur Vereinfachung des Insolvenzverfahrens, DStR 2007, 1352 ff.; *Haarmeyer*, Die „Freigabe" selbständiger Tätigkeit des Schuldners und die Erklärungspflichten des Insolvenzverwalters, ZInsO 2007, 696 ff.; *Schmid*, Freigabe des Neuerwerbs in der Insolvenz selbständig tätiger Schuldner, DZWIR 2008, 133 ff.; *Wischemeyer*, Die Freigabe der selbständigen Tätigkeit des Schuldners gem. § 35 Abs. 2 InsO – eine „kleine" übertragende Sanierung?, ZInsO 2009, 937 ff.

a) Problemstellung

Zur Insolvenzmasse gehört nach § 35 InsO auch der Neuerwerb des Schuldners während des Insolvenzverfahrens. Das Insolvenzverfahren erfasst das gesamte Vermögen, das dem Schuldner zz. der Eröffnung des Verfahrens gehört und das er während des Verfahrens erlangt. Dazu zählen vor allem Einkünfte, die eine natürliche Person aus einer selbständigen Tätigkeit nach Verfahrenseröffnung bezieht. Diese Einkünfte fließen nach der Rechtsprechung in vollem Umfang, d.h. ohne Abzug für beruflich bedingte Ausgaben, in die Insolvenzmasse.[2] 631

Steueransprüche auf den Neuerwerb des Schuldners stellen nach Auffassung der Finanzverwaltung Masseverbindlichkeiten nach § 55 Abs. 1 Nr. 1 InsO dar und sind nach § 53 InsO vorweg zu berichtigen. Diese Masseverbindlichkeiten werden in anderer Weise als durch Handlungen des Insolvenzverwalters begründet. 632

---

1 Vgl. vor allem Leibner, INF 2003, 718 ff.; Kind in Braun, InsO, § 20 Rdnr. 8 ff.
2 BGH v. 20.3.2003 – IX ZB 388/02, ZInsO 2003, 413. Vgl. zur „konkludenten Freigabeerklärung" nach § 35 InsO a.F. FG des Landes Sachsen-Anhalt v. 18.11.2008 – 4 K 203/05 sowie zu Tätigkeit des Insolvenzschuldners, die ohne Wissen und Billigung durch den Insolvenzverwalter ausgeübt wird und deren Erträge nicht zur Masse gelangt sind, FG Nürnberg v. 11.12.2008 – 4 K 1394/2007 (Az. BFH: X R 11/09).

b) Stand der BFH-Rechtsprechung zur Rechtslage vor der Neufassung des § 35 InsO

633 Masseverbindlichkeiten werden vom Insolvenzschuldner immer dann begründet, wenn er bei seiner neuen Tätigkeit bzw. in seinem neuen Betrieb Gegenstände einsetzt, die zur Insolvenzmasse gehören. Nimmt der Schuldner demgegenüber während des Insolvenzverfahrens eine neue Erwerbstätigkeit auf, indem er durch seine Arbeit und nicht zur Insolvenzmasse gehörende Gegenstände Leistungen erbringt, begründet er nach der Grundsatzentscheidung des BFH[1] zur Umsatzsteuer keine Masseverbindlichkeiten i. S. d. § 55 Abs. 1 Nr. 1 2. Alt. InsO. Vielmehr zählt dieser Bereich zu seiner insolvenzfreien Tätigkeit, aus der keine Steuerverbindlichkeiten zu Lasten der Masse begründet werden können.

634 Sofern Masseverbindlichkeiten begründet werden, hat der Insolvenzverwalter nach § 34 Abs. 3 AO i. V. m. § 155 Abs. 1 InsO auch die im Rahmen der Tätigkeit des Insolvenzschuldners anfallenden steuerlichen Pflichten wie z. B. die Erstellung und Abgabe von Steuererklärungen oder die Buchführung zu erfüllen. Die BFH-Entscheidung löst die im Zusammenhang mit dem Neuerwerb auftretenden Rechtsprobleme nur unvollständig. Die weitere Rechtsentwicklung bleibt abzuwarten, insbesondere im Hinblick auf die Frage, wie der für die Aufrechnung zuständige VII. Senat des BFH die Frage des Neuerwerbs beantworten wird.[2]

635 Die Praxis der Finanzverwaltung hat auf die Grundsatzentscheidung des BFH zunächst „zurückhaltend" reagiert.[3]

Keine Masseverbindlichkeiten, sondern Forderungen gegen das insolvenzfreie Vermögen sind dann anzunehmen, wenn der Schuldner während des Verfahrens eine neue Erwerbstätigkeit aufnimmt und er

- ▶ durch seine Arbeit (körperliche, geistige oder sonstige persönliche Leistungen) ohne eine Betriebs- und Geschäftsausstattung oder
- ▶ durch seine Arbeit mit Hilfe von nach § 811 Abs. 1 Nr. 5 ZPO unpfändbaren Gegenständen

---

1 BFH v. 7. 4. 2005 – V R 5/04, BStBl II 2005, 848. Vgl. aus der Literatur z. B.: Andres/Pape, NZI 2005, 141; Ries, ZInsO 2005, 298; Singer, StuB 2005, 143; Maus, ZIP 2004, 389; Uhländer, ZInsO 2005, 1192; Waza, NWB F. 2, 8837; Frystatzki, EStB 2006, 232; Onusseit, ZInsO 2006, 1084. Zur grundlegenden Kritik an den „Reformen" der InsO vgl. Pape/Uhlenbruck, ZIP 2005, 417; Uhlenbruck, ZInsO 2005, 505.

2 Vgl. anhängige BFH-Verfahren unter den AZ: VII R 18/05; VII R 25/09 sowie Sächsisches FG, Urteil v. 17. 7. 2008 – 2 K 761/08.

3 Vgl. auch Rdnr. 1999 ff.

Leistungen erbringt. Grundsätzlich ist auch weiterhin davon auszugehen, dass nach Verfahrenseröffnung Umsatzsteuer ausschließlich als Masseverbindlichkeit begründet wird. Ergeben sich allerdings Anhaltspunkte, dass die nach Verfahrenseröffnung begründeten Umsatzsteuern auch Forderungen gegen das insolvenzfreie Vermögen darstellen können, ist in jedem Fall eine Tatsachenermittlung durchzuführen. Derartige Anhaltspunkte können z. B. sein:

▶ Der Insolvenzverwalter weigert sich Voranmeldungen abzugeben, mit der Begründung „er habe das Unternehmen freigegeben".
▶ Der Insolvenzschuldner beantragt die Vergabe einer zusätzlichen Steuernummer.
▶ Der Insolvenzschuldner gibt Umsatzsteuervoranmeldungen ab.

c) Praktische Folgerungen zur Rechtslage vor der Neufassung des § 35 InsO

Will der Insolvenzverwalter verhindern, dass aufgrund der selbständigen Tätigkeit des Insolvenzschuldners Masseverbindlichkeiten entstehen und er die steuerlichen Pflichten des Insolvenzschuldners zu erfüllen hat, wird er darlegen müssen, dass die in dem neuen bzw. weitergeführten Betrieb eingesetzten Gegenstände nicht zur Insolvenzmasse gehören. Nicht zur Insolvenzmasse gehören nach § 36 InsO unpfändbare und wirksam freigegebene Gegenstände. Die Finanzverwaltung lehnte bislang überwiegend eine pauschale Freigabe mit der Begründung ab, dass eine Freigabe grundsätzlich auf einzelne Vermögensgegenstände beschränkt ist, ein Betrieb jedoch die Gesamtheit von Vermögensgegenständen und Rechtspositionen ist.

636

d) Neufassung des § 35 InsO für Verfahren ab dem 1. 7. 2007

Durch das Gesetz zur Vereinfachung des Insolvenzverfahrens ist § 35 InsO wie folgt ergänzt worden (vgl. Rdnr. 12):[1]

637

„Übt der Schuldner eine selbständige Tätigkeit aus oder beabsichtigt er, demnächst eine solche Tätigkeit auszuüben, hat der Insolvenzverwalter ihm gegenüber zu erklären, ob Vermögen aus der selbständigen Tätigkeit zur Insolvenzmasse gehört und ob Ansprüche aus dieser Tätigkeit im Insolvenzverfahren geltend gemacht werden können. § 295 Abs. 2 gilt entsprechend. Auf Antrag des Gläubigerausschusses oder, wenn ein solcher nicht bestellt ist, der Gläubigerversammlung ordnet das Insolvenzgericht die Unwirksamkeit der Erklärung an (§ 35 Abs. 2 InsO n. F.). Die Erklärung des Insolvenzverwalters ist dem Gericht ge-

---

[1] Gesetzesbeschluss des Deutschen Bundestages v. 1. 2. 2007, BR-Drucks. 96/06 v. 16. 2. 2007, BGBl I 509.

genüber anzuzeigen. Das Gericht hat die Erklärung und den Beschluss über ihre Unwirksamkeit öffentlich bekannt zu machen (§ 35 Abs. 3 InsO n. F.)."

638 Ausweislich der Gesetzesbegründung[1] soll dem neu eingefügten § 35 Abs. 2 InsO zunächst einmal klarstellende Funktion zukommen: *"Übt der Insolvenzschuldner ... – mit oder ohne Wissen oder Einwilligung des Verwalters – eine selbstständige Tätigkeit aus, dann hat der Insolvenzverwalter häufig ein Interesse, zwar den durch eine selbstständige Tätigkeit erzielten Neuerwerb für die Masse zu vereinnahmen, mit durch den Neuerwerb in vielfältiger Form begründeten Verbindlichkeiten jedoch nicht die Masse zu belasten. Ein Weg, dem Insolvenzschuldner die Möglichkeit einer selbstständigen Tätigkeit außerhalb des Insolvenzverfahrens zu eröffnen, ist eine Art ‚Freigabe' des Vermögens, das der gewerblichen Tätigkeit gewidmet ist, einschließlich der dazu gehörenden Vertragsverhältnisse. ... Den Neugläubigern, also den Gläubigern, die nach Eröffnung des Verfahrens mit dem Schuldner kontrahiert haben, stehen, sofern eine entsprechende Erklärung des Verwalters vorliegt, als Haftungsmasse die durch die selbstständige Tätigkeit erzielten Einkünfte zur Verfügung. Eine Verpflichtung der Insolvenzmasse durch die Tätigkeit des Schuldners scheidet dann von vornherein aus. Macht der Verwalter von der Freigabe keinen Gebrauch und duldet er die Fortführung der gewerblichen Tätigkeit durch den Insolvenzschuldner, dann werden die durch den Neuerwerb begründeten Verbindlichkeiten zu Masseverbindlichkeiten, da insofern eine Verwaltungshandlung vorliegt. Dies würde auch für Verbindlichkeiten gelten, die der Schuldner unter Einsatz von Gegenständen begründet, die nach § 811 Abs. 1 Nr. 5 ZPO unpfändbar sind. Der Insolvenzverwalter hat abzuwägen, ob der Behalt des Neuerwerbs in der Masse für diese vorteilhaft ist. ... Mit der Möglichkeit der Freigabe darf keine pauschale Besserstellung der Selbstständigen gegenüber den abhängig Beschäftigten verbunden sein. Vielmehr bedarf es einer Gleichbehandlung beider Gruppen von Schuldnern. Daher bietet es sich an, die Freigabe der selbstständigen Tätigkeit des Schuldners mit einer Abführungspflicht entsprechend § 295 Abs. 2 InsO zu verknüpfen. Hierdurch lassen sich die mit der Beurteilung des wirtschaftlichen Erfolges und der mit der Ermittlung des Gewinns aus der wirtschaftlichen Tätig-*

---

1 BT-Drucks. 16/3227 v. 2.11.2006. Im Entwurf des JStG 2007 war eine bemerkenswerte Neuregelung durch § 251 Abs. 4 AO geplant. Hiernach sollten Verbindlichkeiten des Schuldners aus dem Steuerschuldverhältnis oder einer Entrichtungspflicht, die von einem vorläufigen Insolvenzverwalter oder mit dessen Zustimmung begründet worden sind, nach der Eröffnung des Verfahrens als Masseverbindlichkeiten gelten (Art. 19 Nr. 13 Entwurf JStG 2007, BR-Drucks. 622/06 v. 1.9.2006; BR Drucks. 622/1/06 v. 29.9.2006). Im Zuge der parlamentarischen Beratung ist dieses Begehren des Fiskus (vorerst) nicht weiter verfolgt worden (vgl. Uhländer, AO-StB 2006, 286).

keit verbundenen Probleme ohne besonderen Verwaltungs- und Kontrollaufwand lösen."

Ob diese optimistische Prognose des Gesetzgebers den praktischen Schwierigkeiten bei der Sachverhaltsaufklärung im insolvenzfreien Bereich gerecht wird, darf bereits jetzt bezweifelt werden.[1] Die Folgewirkungen für die Aufrechnung mit Steuern aus dem insolvenzfreien Bereich sind ebenfalls noch nicht hinreichend bedacht (vgl. Rdnr. 841). Entsprechende Verfahren vor dem BFH werden sicherlich zu erwarten sein.[2]

639

---

[1] Vgl. nur Haarmeyer, ZInsO 2007, 696 ff.; Schmid, DZWIR 2008, 133, 138; Wischemeyer, ZInsO 2009, 937 ff.

[2] Vgl. BFH VII R 18/09; BFH VII R 25/09 mit Sächsischem FG, Urteil v. 17.7.2008 – 2 K 761/08 als Vorinstanz; zur Aufrechnung gegen einen Anspruch auf Eigenheimzulage BFH v. 17.4.2007 – VII R 34/06, BFH/NV 2007, 1393; zur Aufrechnung gegen einen Anspruch auf Erstattung von Grunderwerbsteuer nach Rücktritt vom Kaufvertrag während des Insolvenzverfahrens BFH v. 17.4.2007 – VII R 27/06, BFH/NV 2007, 1391 sowie zur Aufrechnung gegen einen Anspruch auf Erstattungszinsen im Insolvenzverfahren mit vorinsolvenzrechtlichen Steuerforderungen BFH v. 30.4.2007 – VII B 252/06, BFH/NV 2007, 1395.

I. Allgemeiner Teil

640 **ABB.: Grundsystematik „Besteuerungsverfahren ↔ Insolvenz"**

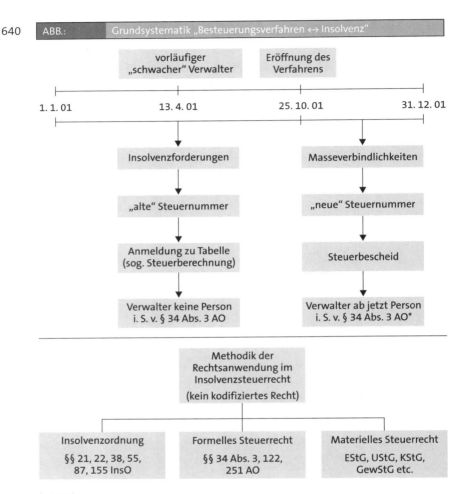

*Hinweis:
- Bei Bestellung eines sog. **vorläufigen „starken" Insolvenzverwalters** entstehen bereits zu diesem Zeitpunkt Masseverbindlichkeiten (§ 55 Abs. 2 InsO) mit den entsprechenden verfahrensrechtlichen Folgen.
- Im Falle des sog. **„Neuerwerbs"** ist eine **„dritte" Steuer-Nr.** für das insolvenzfreie Vermögen im Bereich der USt zu erteilen.
- § 251 Abs. 4 AO i. d. F. des JStG 2007 (Entwurf) sollte für das Steuerrecht dem § 55 InsO vorgehen.

641–660 *(Einstweilen frei)*

8. Besonderheiten: Kanzleiabwickler ↔ Besteuerungsverfahren

Problemstellung: 661

Ein Rechtsanwalt gibt am 15.1.01 seine Zulassung zurück (Alkoholsucht). Die zuständige Rechtsanwaltskammer widerruft am 20.1.01 die Zulassung und bestellt einen anderen Rechtsanwalt zum Abwickler der Kanzlei. Am 10.2.01 wird das Insolvenzverfahren eröffnet. Der Insolvenzverwalter (≠ Kanzleiabwickler) beantragt die Vergabe der sog. Massesteuer-Nr., daneben wird eine weitere Steuer-Nr. für den Kanzleiabwickler beantragt.

PRAXISHINWEIS:

Die einkommensteuerrechtliche Behandlung ist derzeit unklar. Der Kanzleiabwickler hat einen Anspruch auf Vergütung (§ 55 Abs. 5, § 53 Abs. 10 BRAO). Die Rechtsanwaltskammer bürgt für den Anspruch. Der Abwickler wird im Namen und für Rechnung des insolventen Rechtsanwalts tätig. Nach Ansicht des LG Aachen[1] muss das Konkurrenzverhältnis zwischen dem Insolvenzverwalter und dem Abwickler zugunsten des Abwicklers gelöst werden. Die Sicherheit des Rechtsverkehrs rechtfertige es, dem Abwickler bis zur Beendigung des Abwicklungsverhältnisses sämtliche Honorare zuzusprechen. Allenfalls sei der Abwickler ggf. gem. § 271 Abs. 1 BGB verpflichtet, die Überschüsse herauszugeben, die offensichtlich nicht mehr für die weitere Abwicklung benötigt werden. Nach dieser Maßgabe hat das Finanzamt für Zwecke der USt dem Abwickler eine weitere Steuer-Nr. zu erteilen. Aus Sicht der Einkommensteuer muss m. E. der Kanzleiabwickler gem. § 34 Abs. 3 AO eine entsprechende Gewinnermittlung beim Finanzamt einreichen. Die Einkommensteuer ist entsprechend in Insolvenzforderungen, Masseverbindlichkeiten und insolvenzfreies Vermögen aufzuteilen. Der Insolvenzverwalter ist ebenfalls gem. § 34 Abs. 3 AO zur Abgabe der Gewinnermittlung im Bereich der Insolvenzforderungen und Masseverbindlichkeiten verpflichtet.

(Einstweilen frei) 662–670

---

[1] Urteil v. 27.3.2009 – 8 O 480/087 (nrkr.), ZInsO 2009, 875.

9. Besonderheiten: Zwangsverwaltung ↔ Besteuerungsverfahren

671 **Problemstellung:**
Falls eine Zwangsverwaltung und ein Insolvenzverfahren gleichzeitig bestehen, ist das Verhältnis zwischen Zwangsverwalter und Insolvenzverwalter gegenüber den Finanzbehörden regelmäßig Gegenstand von kontroversen Diskussionen. Der Zwangsverwalter hat das Recht und die Pflicht, alle Handlungen vorzunehmen, die erforderlich sind, um das Grundstück in seinem wirtschaftlichen Bestande zu erhalten und ordnungsmäßig zu benutzen (§ 152 ZVG). Hierbei ist der Zwangsverwalter für die Erfüllung der ihm obliegenden Verpflichtungen allen Beteiligten gegenüber verantwortlich. Er hat dem Gläubiger und dem Schuldner jährlich und nach der Beendigung der Verwaltung Rechnung zu legen. Die Rechnung ist dem Gericht einzureichen und von diesem dem Gläubiger und dem Schuldner vorzulegen (§ 154 ZVG). Die laufenden Beträge der öffentlichen Lasten sind von dem Verwalter ohne weiteres Verfahren zu berichtigen (§ 156 ZVG). Nach einhelliger Ansicht der Kommentierungen zum ZVG gehört hierzu die Umsatzsteuer, nicht allerdings die Einkommensteuer.[1] Zur Abgabe der entsprechenden Anlagen im Rahmen der Einkommensteuererklärung sei der Zwangsverwalter nicht verpflichtet. Er müsse dem Schuldner lediglich die erforderlichen Angaben zur Verfügung stellen. Im Insolvenzverfahren ist fraglich, ob die Einkommensteueransprüche aus der Zwangsverwaltung Insolvenzforderung, Masseansprüche oder insolvenzfreies Vermögen darstellen.[2]

PRAXISHINWEIS:

Die einkommensteuerrechtliche Behandlung ist wiederum derzeit unklar. Eine bundeseinheitliche Praxis ist nicht festzustellen. Mitunter erteilen die Finanzbehörden „unverbindliche Auskünfte", wonach die anteilige Einkommensteuer nicht aus der Insolvenzmasse, sondern aus dem insolvenzfreien Vermögen des Schuldners zu entrichten ist. In anderen Fällen ist dieses steuerliche Ergebnis nur über eine „Freigabe" des Grundstücks möglich, da ansonsten die Finanzbehörden Masseverbindlichkeiten annehmen. Frotscher[3] vertritt die Ansicht, die Einkommensteuerforderung

---

1 Vgl. z. B. Stöber, Kommentar zum ZVG, 18. Aufl., München 2006, § 152 Rdnr. 15.
2 Zu den umsatzsteuerrechtlichen Folgen der Zwangsverwaltung vgl. z. B. BFH, Urteil v. 16.7.1997 – XI R 94/96; BFH, Urteil v. 18.10.2001 – V R 44/00; FG Berlin, Urteil v. 25.5.2004 – 5 K 5193/03; FG Baden-Württemberg, Urteil v. 18.7.2007 – 3 K 107/03 sowie BFH, Urteil v. 29.10.2008 – XI R 74/07.
3 Besteuerung bei Insolvenz, 6. Aufl., 130.

> beziehe sich auf die gesicherte Forderung und damit das vorinsolvenzrechtliche Vermögen. Soweit Einkünfte, die nach der Eröffnung des Insolvenzverfahrens entstehen, der Zwangsverwaltung unterliegen, liege daher eine Insolvenzforderung vor. Diese Sichtweise wird sich die Finanzverwaltung nicht zu eigen machen und kann allenfalls finanzgerichtlich durchgesetzt werden.

(Einstweilen frei) 672–680

10. Besonderheiten: Nachlassinsolvenzverfahren ↔ Besteuerungsverfahren

Problemstellung: 681

Der Einzelunternehmer E verstirbt am 2.9.01. Erben sind nicht bekannt bzw. haben die Erbschaft ausgeschlagen. Der Nachlass ist überschuldet/zahlungsunfähig. Das zuständige Amtsgericht bestellt mit Beschluss v. 5.11.01 Rechtsanwalt R zum Nachlassinsolvenzverwalter. Der Geschäftsbetrieb wurde nach vorübergehender Betriebsfortführung im Laufe des Verfahrens übertragen. Mit Beschluss v. 8.8.05 stellt das Nachlassgericht fest, dass der Fiskus (Bundesland des E) Fiskalerbe von Einzelunternehmer E ist. Der Nachlassinsolvenzverwalter gibt für 01 bis 05 Umsatzsteuererklärungen ab. Eine Veranlagung zur Gewerbesteuer und Einkommensteuer unterbleibt. Der Nachlassinsolvenzverwalter beantragt beim Finanzamt die Erstattung von Zinsabschlagsteuer 02 bis 04 i.H.v. 24 000 €. Die Steuerbescheinigungen liegen dem Finanzamt im Original vor. Das Finanzamt lehnt die Erstattung der Zinsabschlagsteuer ab.

PRAXISHINWEIS:

Auf das Nachlassinsolvenzverfahren finden die §§ 315 ff. InsO Anwendung. Der Nachlass ist zwar insolvenzrechtsfähig, aber kein Steuersubjekt bei der Einkommensteuer oder Körperschaftsteuer.[1] Der Erbe bleibt originär Steuerschuldner (vgl. § 45 AO). Das jeweilige Bundesland ist eine juristische Person des öffentlichen Rechts. Grundsätzlich gilt gem. § 44a Abs. 4 EStG, dass kein Steuerabzug vorzunehmen ist, wenn eine Bescheinigung vorliegt, dass der Gläubiger eine inländische juristische Person des öffentlichen Rechts ist. Vorliegend konnte diese Bescheinigung bei Zufluss nicht vorgelegt werden, da die Feststellung der Fiskalerbschaft (§ 1964 BGB)

---

[1] Vgl. BFH, Urteil v. 28.4.1992 – VII R 33/91, BStBl II 1992, 781; BFH, Urteil v. 19.10.2005 – I R 121/04, BFH/NV 2006, 926.

erst später erfolgte. Steuerrechtlich ist die Körperschaftsteuer des „Steuerschuldners" Fiskus (Bundesland) durch den Steuerabzug abgegolten (§ 32 Abs. 1 Nr. 1 KStG i.V. m. § 5 Abs. 2 Nr. 1 KStG). Eine Veranlagung zur Körperschaftsteuer findet nicht statt. Die weitere Behandlung erfolgt bundesweit nicht einheitlich. In einigen Bundesländern wird zur Vermeidung von sachlichen Härten in diesen Fällen der Zinsabschlag vom Betriebsstätten-Finanzamt des jeweiligen Landes erstattet.[1]

682–700 *(Einstweilen frei)*

---

[1] S. Rechtsgedanke BMF v. 5. 11. 2002 – IV C 1 – S 2400 – 27/02, BStBl I 2002, 1346, Rdnr. 36, 37.

C. Durchsetzung von Steuerforderungen

1. Steuerforderungen als Insolvenzforderungen oder Masseverbindlichkeiten

a) Allgemeines

Die Geltendmachung eines Anspruchs aus dem Steuerschuldverhältnis hängt während des Insolvenzverfahrens von der Einordnung der zugrunde liegenden Steuerforderung ab: 701

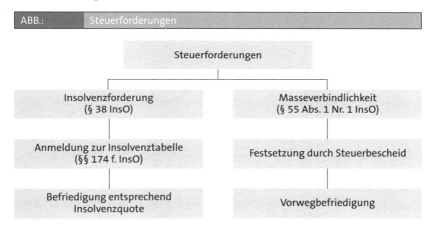

- Sofern eine Steuerforderung im Zeitpunkt der Insolvenzeröffnung i. S. d. § 38 InsO begründet ist, unterliegt sie nach § 87 InsO den Beschränkungen des Insolvenzrechts; der **Insolvenzgläubiger** (die Finanzbehörde) hat sie nach §§ 174 ff. i. V. m. § 251 Abs. 3 AO als **Insolvenzforderung** zur Insolvenztabelle anzumelden (s. hierzu Rdnr. 721).
- Eine nach Insolvenzeröffnung begründete Steuerforderung zählt zu den sonstigen **Masseverbindlichkeiten** nach § 55 Abs. 1 Nr. 1 InsO; die sonstigen Masseverbindlichkeiten sind nach § 53 InsO vorweg aus der Insolvenzmasse zu berichtigen und vom **Massegläubiger** (der Finanzbehörde) durch einen an den Insolvenzverwalter gerichteten Steuerbescheid festzusetzen.
- Daneben können sich Forderungen gegen das insolvenzfreie Vermögen richten. Diese Forderungen sind außerhalb des Insolvenzverfahrens geltend zu machen.

b) Steuerforderungen als Insolvenzforderungen

702 Nach § 38 InsO dient die Insolvenzmasse der Befriedigung der persönlichen Gläubiger, die einen zz. der Eröffnung des Insolvenzverfahrens begründeten Vermögensanspruch gegen den Schuldner haben. Daraus folgt, dass Insolvenzforderungen die zum Zeitpunkt der Eröffnung des Insolvenzverfahrens begründeten Vermögensansprüche gegen den Schuldner sind.

703 Bereits aus dem Wortlaut der Vorschrift wird deutlich, dass das „Begründetsein" i. S. d. § 38 InsO ein eigenständiger insolvenzrechtlicher Begriff ist, der nicht mit den abgabenrechtlichen Begriffen „Entstehung" bzw. „Fälligkeit" identisch ist.[1] Es kommt also weder auf das Entstehen der Steuerforderung i. S. v. § 38 AO noch auf die Fälligkeit des Anspruchs an.[2] Entscheidend ist vielmehr die insolvenzrechtliche Vermögenszuordnung.

704 Steuerforderungen sind im Zeitpunkt der Insolvenzeröffnung begründet, wenn der **Rechtsgrund** für ihre Entstehung im Zeitpunkt der Verfahrenseröffnung bereits gelegt war. Rechtsgrund für die Entstehung einer Forderung ist grundsätzlich der sie begründende Tatbestand, der sog. Schuldrechtsorganismus.[3]

705 Für jeden Steueranspruch und jede Steuerart ist das Begründetsein gesondert zu prüfen. Im Ergebnis kann eine Steuerforderung im insolvenzrechtlichen Sinn begründet sein, obwohl sie nach Steuerrecht noch gar nicht entstanden ist, sofern ihr Rechtsgrund bereits vor Eröffnung des Insolvenzverfahrens gelegt war.

BEISPIELE:

- Eine **Umsatzsteuerforderung** entsteht nach § 13 Abs. 1 Nr. 1a UStG erst mit Ablauf des Voranmeldungszeitraums in dem die Leistungen ausgeführt worden sind. Sie ist allerdings bereits i. S. d. § 38 InsO begründet, wenn die Leistung erbracht worden ist, da zu diesem Zeitpunkt der steuerrechtliche Schuldrechtsorganismus bereits abgeschlossen ist (s. hierzu Rdnr. 1963).

- Bei der **Einkommen- und Körperschaftsteuer** ist eine Zuordnung des aufzuteilenden Gewinns auf einzelne Geschäftsvorfälle grundsätzlich nicht möglich (s. hierzu Rdnr. 1431, 1633). Dennoch ist auch hier eine Abgrenzung dahin gehend vorzunehmen, ob Besteuerungsmerkmale vor oder nach Eröffnung des Insolvenzverfahrens erfüllt worden sind.[4]

---

1 Frotscher, Besteuerung bei Insolvenz, 55.
2 BMF v. 17.12.1998, BStBl I 1998, 1500, Tz. 4.2.; Stadie in Rau/Dürrwächter, UStG, § 18 Rdnr. 822 ff.; Loose in Tipke/Kruse, AO, § 251 Rdnr. 70 ff.
3 So auch Frotscher, Besteuerung bei Insolvenz, 56; Loose in Tipke/Kruse, AO, § 251 Rdnr. 70 ff.
4 Vgl. BMF v. 17.12.1998, BStBl I 1998, 1500, Tz. 4.2. Beispiel 6.

Die genannten Grundsätze gelten auch für das Insolvenzverfahren eines Haftenden. Die Haftungsschuld entsteht, sobald der haftungsbegründende Tatbestand verwirklicht ist.[1] Bei der Beurteilung, ob die **Haftungsschuld** i. S. v. § 38 InsO begründet ist, muss darauf abgestellt werden, wann der Gemeinschuldner die Tatbestandsmerkmale der Haftungsnorm erfüllt hat. Auf die für die Haftungsschuld maßgebliche Steuerschuld kommt es nicht an.[2] Der Grundsatz der Akzessorietät gilt insoweit nicht; die Haftungsschuld ist verselbständigt.

706

Bei Forderungen, die durch den **vorläufigen starken Insolvenzverwalter** (s. hierzu Rdnr. 231) begründet worden sind, macht § 55 Abs. 2 InsO von dem Grundsatz, dass zum Zeitpunkt der Eröffnung des Insolvenzverfahrens begründete Forderungen Insolvenzforderungen sind, eine Ausnahme. Grundsätzlich wären die Forderungen – da zum Zeitpunkt der Insolvenzeröffnung begründet – Insolvenzforderungen. § 55 Abs. 2 InsO fingiert jedoch, dass Verbindlichkeiten, die von einem vorläufigen Insolvenzverwalter begründet worden sind, auf den die Verfügungsbefugnis über das Vermögen des Schuldners übergegangen ist (sog. qualifizierter vorläufiger Insolvenzverwalter), nach Eröffnung des Verfahrens als **Masseverbindlichkeiten** gelten.

707

> **BEISPIEL:** ▶ Ein vorläufiger Insolvenzverwalter mit Verfügungsbefugnis veräußert am 1. 5. des Jahres verderbliche Waren an einen Großhändler. Am 20. 5. des Jahres wird das Insolvenzverfahren eröffnet. Mit Eröffnung des Insolvenzverfahrens wird die Umsatzsteuer nach § 55 Abs. 2 InsO zur Masseverbindlichkeit, obwohl die Umsatzsteuerforderung im Zeitpunkt der Lieferung und damit vor Insolvenzeröffnung begründet ist.

c) Steuerforderungen als Masseverbindlichkeiten

Nach § 53 InsO sind aus der Insolvenzmasse die Kosten des Insolvenzverfahrens und sonstige Masseverbindlichkeiten vorweg zu befriedigen. Steuerforderungen, die nach Eröffnung des Insolvenzverfahrens begründet werden, führen zu Masseverbindlichkeiten i. S. d. § 55 InsO.

708

Bei Steuerforderungen handelt es sich um Masseverbindlichkeiten i. S. d. § 55 Abs. 1 Nr. 1 Alt. 2 InsO.[3]

709

---

1 BFH v. 14. 3. 1989 – VII R 152/85, BStBl II 1990, 363.
2 Hübschmann/Hepp/Spitaler, AO, § 251 Rdnr. 52.
3 So auch Frotscher, Besteuerung bei Insolvenz, 64; Braun, InsO, § 55 Rdnr. 17 ff.; Breutigam/Blersch/Goetsch, InsO, § 55 Rdnr. 28, 30; a. A. Kling, DStR 1998, 1813, und Nerlich/Römermann, InsO, § 55 Rdnr. 27 ff.

710 Als Masseverbindlichkeiten kommen insbesondere in Betracht:
- ▶ **Umsatzsteuer** auf Umsätze des Insolvenzverwalters nach Eröffnung des Insolvenzverfahrens;
- ▶ **Einkommensteuer/Körperschaftsteuer,** die sich auf Einkünfte aus der Verwaltung bzw. Verwertung der Insolvenzmasse gründet;
- ▶ **Gewerbesteuer** bei Weiterführung des Gewerbebetriebs durch den Verwalter;
- ▶ **Lohnsteuer** auf nach Eröffnung des Insolvenzverfahrens ausgezahlten Arbeitslohn.

711 Steuerforderungen, die von einem **vorläufigen Insolvenzverwalter** mit Verfügungsbefugnis begründet worden sind, gehören nach § 55 Abs. 2 InsO gleichfalls zu den Masseverbindlichkeiten. Steuerschulden, die der Insolvenzschuldner mit einem neuen, außerhalb des Insolvenzverfahrens betriebenen Gewerbe begründet, zählen dann nicht zu den Masseverbindlichkeiten, wenn der Insolvenzverwalter die Tätigkeit freigibt (sog. Neuerwerb, s. Rdnr. 631).

712–720 *(Einstweilen frei)*

2. Anmeldung und Feststellung von Steuerforderungen als Insolvenzforderungen

a) Rechtsnatur und Inhalt der Anmeldung

721 Ansprüche aus dem Steuerschuldverhältnis, die am Tag der Insolvenzeröffnung begründet waren (s. Rdnr. 703), kann die Finanzbehörde ausschließlich durch Anmeldung oder Nachmeldung zu der beim Insolvenzverwalter geführten Insolvenztabelle nach §§ 174 ff. InsO geltend machen.[1] Aus § 251 Abs. 2 AO folgt, dass nach Insolvenzeröffnung für die Geltendmachung aller Forderungen gegen den Insolvenzschuldner oder gegen die Insolvenzmasse, die Gegenstand eines Verwaltungsaktes i. S. v. § 249 Abs. 1 AO sind oder sein können, die Vorschriften der Insolvenzordnung maßgeblich sind.[2] Auch wenn § 251 AO von der systematischen Stellung und vom übrigen Wortlaut her zu den Vorschriften über die Vollstreckung von Verwaltungsakten gehört, gilt der Vorrang des Insolvenzrechts vor den steuerrechtlichen Vorschriften während des Insolvenz-

---

1 Vgl. zum Verfahren aus Sicht der FinVerw BMF v. 17. 12. 1998, BStBl I 1998, 1500.
2 BFH v. 21. 12. 1988 – V R 29/86, BStBl II 1989, 434, 435; v. 26. 11. 1987 – V R 130/82, BStBl II 1988, 124, 125, m. w. N. zu Rspr. und Literatur; Hübschmann/Hepp/Spitaler, AO, § 251 Rdnr. 20.

verfahrens für das gesamte steuerrechtliche Festsetzungs- und Erhebungsverfahren.[1]

Nach § 87 InsO können Insolvenzgläubiger ihre Forderungen nur noch nach den Vorschriften über das Insolvenzverfahren verfolgen. Während der Dauer des Insolvenzverfahrens sind Einzelzwangsvollstreckungen sowohl in die Insolvenzmasse als auch in das sonstige Vermögen des Insolvenzschuldners verboten (§ 89 Abs. 1 InsO), weil das Insolvenzverfahren der gleichmäßigen Befriedigung der Gläubiger durch Verwertung der Insolvenzmasse dient. Insolvenzgläubiger müssen ihre im Zeitpunkt der Eröffnung begründeten Vermögensansprüche gegen den Insolvenzschuldner nach den Vorschriften der §§ 174 f. InsO verfolgen.[2]

722

Die **Anmeldung** zu der beim Insolvenzverwalter geführten Insolvenztabelle als solche ist **kein Steuerbescheid** oder **sonstiger Verwaltungsakt**, da es an einer Regelung fehlt. Der Insolvenzverwalter muss nämlich jede Forderung, so wie sie vom Gläubiger angemeldet wird – also ungeprüft –, in die Tabelle eintragen (§ 175 InsO). Bei der Anmeldung handelt es sich um die bloße Erklärung, dass sich der Steuergläubiger mit einer Forderung am Insolvenzverfahren beteiligen will. Sie ist eine besondere Form der Geltendmachung, die auf die Prüfung und Feststellung einer Insolvenzforderung und damit auf die Teilnahme an der insolvenzmäßigen Befriedigung hinführt.[3] Die Anmeldung selbst ist mangels rechtsgestaltender Wirkung rechtlich **nicht anfechtbar**.

723

Allerdings hält der BFH[4] einen Antrag des Insolvenzschuldners auf **einstweilige Anordnung nach § 114 FGO** für statthaft, der Finanzbehörde die Anmeldung eines Steueranspruchs wegen eines beantragten Billigkeitserlasses als Maßnahme nach § 258 AO zu untersagen.

724

Die Anmeldungsfrist bestimmt das Gericht im Eröffnungsbeschluss (§ 28 Abs. 1 Satz 1 InsO). In zeitlicher Hinsicht ist zu beachten, dass die **Anmeldefrist** im Eröffnungsbeschluss von mindestens zwei Wochen und höchstens drei Monaten (§ 28 Abs. 1 Satz 2 InsO) keine ausschließende Wirkung entfaltet. Nach § 177 Abs. 1 Satz 1 InsO sind auch nachträglich angemeldete Forderungen zu berücksichtigen. Allerdings muss der verspätet anmeldende Steuergläubiger

725

---

1 BFH v. 17. 12. 1998 – VII R 47/98, BStBl II 1999, 423.
2 BFH v. 18. 12. 2003 – I R 33/01, BStBl II 2003, 630.
3 BFH v. 26. 11. 1987 – V R 130/82, BStBl II 1988, 124, 126; Frotscher, Besteuerung bei Insolvenz, 253.
4 BFH v. 12. 3. 1990 – V B 169/89, UR 1990, 377.

726 Der **Inhalt** der Anmeldung richtet sich nach § 174 InsO. Danach hat die Anmeldung die Angabe des Betrages und des Grundes der Forderung zu enthalten; ihr sollen die Urkunden, aus denen sich die Forderung ergibt, im Abdruck beigefügt werden. Jede einzelne Steuerforderung muss nach Grund und Höhe konkret bezeichnet sein.[1] Es muss sichergestellt werden, dass nur bestimmte konkrete Sachverhalte, die der Höhe nach begrenzt sind, erfasst werden. Bei den veranlagten Steuern ist zumindest die Steuerart, der betroffene Veranlagungszeitraum und die Höhe der Steuerschuld mitzuteilen. Bei der Umsatzsteuer reicht es aus, die einzelnen Umsätze zeitlich einzugrenzen sowie Steuersatz und Höhe der Vorsteuern anzugeben; es muss nicht jeder einzelne Geschäftsvorfall individualisiert vorgetragen werden. Zwischen Steuer- und Haftungsforderung ist zu unterscheiden. Der **Austausch** einer bestrittenen gegen eine unbestrittene Forderung ist nicht möglich.[2]

damit rechnen, nach § 177 Abs. 1 Satz 2 InsO die Kosten eines besonderen Prüfungstermins tragen zu müssen.

727 Bei der Anmeldung ist hinsichtlich der Höhe der Forderung noch die **Abzinsungspflicht nach § 41 Abs. 2 InsO** zu beachten. Dürfte der Gläubiger eine nach den Steuergesetzen noch nicht fällige unverzinsliche Forderung in voller Höhe zur Insolvenztabelle anmelden, erlangte er durch die Insolvenz einen wirtschaftlichen Vorteil. Um dieses Ergebnis zu vermeiden, hat der Gesetzgeber die **Abzinsung** der Forderung vorgeschrieben. Berechnungsgrundlage der Abzinsung ist mangels anderweitiger gesetzlicher Vorgaben der in § 246 BGB bestimmte gesetzliche Zinssatz von 4% (5% im Falle des § 352 Abs. 1 HGB). Abzuzinsen sind nur unverzinsliche Forderungen, so dass gestundete, ausgesetzte, hinterzogene und nach § 233a AO verzinsliche Steuern in voller Höhe angemeldet werden können.

728 Die Bekanntgabe der für die Individualisierung der Forderung notwendigen Daten bei der Anmeldung führt – wie beim Eröffnungsantrag (vgl. Rdnr. 186) – nicht zu einer Verletzung des **Steuergeheimnisses** (§ 30 AO), obwohl die steuerlichen Verhältnisse des Insolvenzschuldners insbesondere durch die erforderliche Niederlegung der zur Glaubhaftmachung der Steuerforderung der Anmeldung beigefügten Urkunden – also der Steuerbescheide und -berechnungen – zur Einsicht der Beteiligten in der Geschäftsstelle des Insolvenzgerichts nach § 175 Satz 2 InsO offenbart werden. Die Offenbarung ist grundsätzlich zuläs-

---

[1] BFH v. 17. 7. 2003 – VII B 93/02, BFH/NV 2004, 5.
[2] BFH v. 26. 11. 1987 – V R 130/82, BStBl II 1988, 124; Onusseit/Kunz, Steuern in der Insolvenz, 284.

sig, weil sie notwendige Folge der Teilnahme der Finanzbehörde am Insolvenzverfahren ist und der Durchführung des steuerlichen Verfahrens dient (§ 30 Abs. 4 Nr. 1 AO). Die Offenbarung weiterer Umstände oder gar die Weitergabe der Steuerakten an das Gericht sprengte jedoch den Rahmen des Erforderlichen und ginge über die gesetzlichen Anforderungen hinaus.[1] Siehe hierzu auch Rdnr. 614. Sofern bei einem Insolvenzverfahren über das Vermögen einer Personengesellschaft oder über das einer natürlichen Person die steuerlichen Verhältnisse der einzelnen Gesellschafter bzw. des Ehegatten offenbart werden sollen, muss allerdings geprüft werden, ob die Offenbarung zur Durchführung des Verfahrens tatsächlich unvermeidbar ist.[2]

Eine Anmeldung der nach § 39 InsO **nachrangigen Insolvenzforderungen** kommt nur in Betracht, wenn das Insolvenzgericht besonders zur Anmeldung auffordert (§ 174 Abs. 3 InsO). Dadurch soll nach dem Willen des Gesetzgebers eine nachteilige Verzögerung des Insolvenzverfahrens durch solche Forderungen verhindert werden, bei denen abzusehen ist, dass sie nicht befriedigt werden. Das Insolvenzgericht wird insoweit also nur dann zur Anmeldung auffordern, wenn es ausnahmsweise zu einer Vollbefriedigung der vorrangigen Insolvenzgläubiger kommen wird. Diese Grundsätze sind steuerrechtlich bei den Vollstreckungskosten nach §§ 337 ff. AO, den Zinsen, den Zwangsgeldern sowie den Geldbußen und -strafen zu beachten, weil sie unter § 39 InsO fallen. Siehe dazu Rdnr. 2631.

729

Aus steuerrechtlicher Sicht ist ferner zu beachten, dass **Masseverbindlichkeiten** sowie die Aussonderungs- und Absonderungsbefugnisse am Anmeldungsverfahren nicht teilnehmen. Nach § 52 Satz 2 InsO sind absonderungsberechtigte Gläubiger, denen der Schuldner zugleich auch persönlich haftet, zur anteilsmäßigen Befriedigung aus der Insolvenzmasse nur berechtigt, soweit sie auf eine abgesonderte Befriedigung verzichten oder bei ihr ausgefallen sind. Eine entsprechend gesicherte Forderung der Finanzbehörde ist also bei der Anmeldung in voller Höhe berücksichtigungsfähig. Wird ihr Bestehen nicht bestritten, wird sie als „**Forderung für den Ausfall**" festgestellt. Allerdings muss die Finanzbehörde in diesem Fall dem Insolvenzverwalter innerhalb der Ausschlussfrist nach § 189 Abs. 1 InsO nachweisen, dass und für welchen Betrag sie auf abgesonderte Befriedigung verzichtet hat oder bei ihr ausgefallen ist

730

---

[1] Umfassend Jörißen, Umfang und Grenzen des Steuergeheimnisses im Insolvenzverfahren, AO-StB 2008, 46.
[2] Frankfurter Kommentar, § 155 Rdnr. 449, jeweils zum Eröffnungsantrag; Loose, StuW 1999, 20, 25; Loose in Tipke/Kruse, AO, § 30 Rdnr. 40 f. und § 251 Rdnr. 60; Smid, InsO, § 155 Rdnr. 20; zur Offenbarung gegenüber dem Insolvenzverwalter s. BFH v. 15. 6. 2000 – XI B 13/00, BStBl II 2000, 431.

(§ 190 Abs. 1 InsO). Wird der Nachweis nicht rechtzeitig geführt, wird die Forderung bei der Verteilung nicht berücksichtigt.

731–735   *(Einstweilen frei)*

b) Prüfungstermin

736 Die angemeldeten Forderungen werden in einer besonderen Gläubigerversammlung, dem sog. Prüfungstermin, ihrem Betrag und ihrem Rang nach geprüft (§ 176 Satz 1 InsO). Einzeln erörtert werden nur die bestrittenen Forderungen. Diese Grundsätze gelten auch für die Ansprüche aus dem Steuerschuldverhältnis. Die Finanzbehörde hat erforderliche Auskünfte zu Grund und Höhe der angemeldeten Forderung zu erteilen. Eine überzeugende Erläuterung der Steueransprüche im Prüfungstermin liegt auch im Interesse der Finanzbehörde, weil so die Einlegung von Widersprüchen verhindert oder ein erhobener Widerspruch beseitigt werden kann. Eine Teilnahme ist zudem empfehlenswert, weil sie dadurch frühzeitig Kenntnis von der Erhebung von Widersprüchen erhält und unverzüglich ein Feststellungsverfahren einleiten kann. An einer Verletzung des **Steuergeheimnisses** nach § 30 AO fehlt es hier ebenso wie bei der Anmeldung, soweit die Erteilung der Auskünfte für die Durchführung des Besteuerungsverfahrens erforderlich ist. Der weitere Verfahrensablauf hängt davon ab, ob und von wem gegen die Anmeldung der Forderung Widerspruch erhoben wird (§§ 178 ff. InsO).

c) Feststellung von Ansprüchen aus dem Steuerverhältnis

(1) Prüfungstermin ohne Widerspruch

737 Widerspricht weder der Insolvenzverwalter noch ein Insolvenzgläubiger der Anmeldung der Steuerforderung, **gilt eine Forderung als festgestellt,** soweit sie in der Tabelle eingetragen ist (§ 178 Abs. 1 InsO). Das Nichtbestreiten wirkt als stillschweigendes Anerkenntnis.[1]

738 Hat auch der Insolvenzschuldner keinen Widerspruch erhoben, werden die bei Insolvenzeröffnung schwebenden Verwaltungs- und Gerichtsverfahren eingestellt. Sie sind gegenstandslos geworden, weil Grundlage der Geltendmachung der Forderung nicht mehr die Steuerfestsetzung, sondern der Tabelleneintrag ist. Da der Tabelleneintrag ebenso gegen den Steuerpflichtigen als Insolvenzschuldner wirkt (§§ 178 Abs. 2, 201 Abs. 2 InsO), ist ein anhängiges finanzgerichtliches Verfahren in der Hauptsache erledigt (§ 138 Abs. 1 FGO). Das Fehlen

---

[1] Loose in Tipke/Kruse, AO, § 251 Rdnr. 61.

eines Widerspruchs kann aber ggf. auch als Rücknahme des Rechtsbehelfs (§ 362 AO) oder der Klage (§ 72 FGO) gewertet werden.[1]

Titel für die Verwaltungsvollstreckung ist – auch nachinsolvenzlich – ausschließlich der Auszug aus der Insolvenztabelle, weil die Eintragung für alle Insolvenzgläubiger wie ein rechtskräftiges Urteil gegen den Insolvenzschuldner wirkt (§ 251 Abs. 2 Satz 2 AO, §§ 178 Abs. 3, 201 Abs. 2 InsO). Der spätere Erlass eines Steuerbescheides ist damit überflüssig.[2] Die Art und Weise der Vollstreckung richtet sich hingegen wie bisher nach den §§ 259 ff. AO; die festgestellte Steuerforderung ist nicht etwa wegen § 201 Abs. 2 InsO nach den in den §§ 724–793 ZPO niedergelegten Regeln des zivilprozessualen Vollstreckungsrechts beizutreiben, denn die Steuerforderung behält trotz Beteiligung am Insolvenzverfahren ihren öffentlich-rechtlichen Charakter. Die etwas missverständliche gesetzliche Formulierung in § 251 Abs. 2 Satz 2 AO („Die Finanzbehörde ist berechtigt, ...") eröffnet der FinVerw kein Wahlrecht.[3] Auch die Verjährung richtet sich nach öffentlichem Recht (§§ 228 ff. AO), nicht nach Zivilrecht (§ 218 Abs. 1 BGB).[4]

739

Die **Wirkung der Eintragung** einer gem. § 178 Abs. 1 Satz 1 InsO festgestellten Steuerforderung in die Tabelle ist umstritten. Dies hat vor allem Auswirkung auf die Frage, ob die FinVerw eine titulierte Forderung noch ändern kann und muss. Ein Bedürfnis hierfür kann bestehen, wenn sich die angemeldete Forderung als materiell unrichtig herausstellt. In der Praxis kommt dies vor allem dann zum Tragen, wenn Steuerbescheide vor Insolvenzeröffnung unter dem Vorbehalt der Nachprüfung ergangen sind und die zugrunde liegenden Forderungen vom Insolvenzverwalter ohne vorheriges Bestreiten in die Tabelle eingetragen wurden. Zur Wirkung der Eintragung einer festgestellten Forderung in die Tabelle werden in Literatur und Praxis **unterschiedliche Auffassungen**[5] vertreten:

740

▶ Die Eintragung soll wie ein bestandskräftiger Feststellungsbescheid nach § 251 Abs. 3 AO wirken. Für diesen Fall wäre eine Änderung nach §§ 130, 131 AO möglich.[6]

---

1 Welzel, DStZ 1999, 559, 561.
2 BFH v. 26.4.1988 – VII R 97/87, BStBl II 1988, 865; Hübschmann/Hepp/Spitaler, AO, § 251 Rdnr. 56 u. 220 f.; Kießner in Braun, InsO, § 178 Rdnr. 23.
3 BFH v. 26.4.1988 – VII R 97/87, BStBl II 1988, 865; Loose, StuW 1999, 20, 27; Onusseit/Kunz, Steuern in der Insolvenz, 283; Hübschmann/Hepp/Spitaler, AO, § 251 Rdnr. 220 f.
4 BFH v. 26.4.1988 – VII R 97/87, BStBl II 1988, 865.
5 Vgl. Kübler/Rütting, InsO, § 201 Rdnr. 13 ff., mit Nachweisen zu den unterschiedlichen Auffassungen.
6 Vgl. Schumacher in MünchKomm, InsO, Bd. 2, § 178 Rdnr. 88.

I. Allgemeiner Teil

▶ Die Eintragung soll wie ein bestandskräftiger Steuerbescheid wirken, so dass die Änderungsmöglichkeiten nach §§ 172 ff. AO gegeben sind.[1]

▶ Die Eintragung wirkt wie ein bestandskräftiges Urteil. Eine Änderung kommt damit nur unter den engen Voraussetzungen einer Nichtigkeits- Restitutionsklage (§§ 578 ff. ZPO) in Betracht.[2]

741 Die Auffassung der FinVerw wird u. a. auf das Urteil des BFH vom 30. 6. 1997[3] gestützt. Für den Fall des Konkursverfahrens hat der BFH angenommen, dass die Feststellung der streitigen Forderungen und ihre Eintragung zur Tabelle **wie ein rechtskräftiges Urteil** gegenüber allen Konkursgläubigern und damit auch gegenüber dem Finanzamt wirke. Die Eintragung der festgestellten Forderung in die Tabelle im Rahmen des Insolvenzverfahrens ersetze den Steuerbescheid und wirke letztlich *wie eine Steuerfestsetzung*. Der bisherige Titel wird durch den Tabelleneintrag aufgezehrt, weil die Finanzbehörde die Ansprüche aus dem Steuerschuldverhältnis nach Beendigung des Insolvenzverfahrens aufgrund der Eintragung wie aus einem rechtskräftigen Urteil vollstrecken kann (§§ 200, 201 InsO).[4] Rein formalrechtlich sprechen ohne Frage die besseren Argumente für die Anwendung der §§ 587 ff. ZPO, da die Anwendung der §§ 130 ff. AO und §§ 172 ff. AO im Widerspruch zur insolvenzrechtlichen Aufzehrungstheorie steht.[5] In der **Praxis** wird die strikte Anwendung der fehlenden Änderungsmöglichkeit durch Tabelleneintrag festgestellter Forderungen jedoch dazu führen, dass Insolvenzverwalter zwangsläufig gezwungen sind, alle Forderungen zu bestreiten, und dies bei „unstreitigen" Sachverhalten wie z. B. der zweiten Vorsteuerkorrektur nach Quotenauszahlung (s. Rdnr. 2124), die bei „stillschweigender" Zusage der Änderungsmöglichkeit der ursprünglichen Korrektur nach § 17 UStG problemlos abzuwickeln wären.

742 Im Fall der **Zusammenveranlagung** wirkt der Grundsatz und die Rechtskraftwirkung des Tabelleneintrages m. E. nur für den insolventen Ehegatten. Die Rechtskraftwirkung des Tabelleneintrages erstreckt sich nicht auf den nicht in-

---

[1] U. a. vertreten von Frotscher, Besteuerung bei Insolvenz, 275; Uhlenbruck, InsO, § 178 Rdnr. 12 ff.; Farr, Die Besteuerung in der Insolvenz, 106, schlägt vor, dass die FinVerw in solchen Fällen aus sachlichen Billigkeitsgründen heraus auf die Berücksichtigung des entsprechenden Betrages bei der Verteilung verzichten soll, sollten die Korrekturvorschriften nicht greifen.

[2] Auffassung der FinVerw, die allerdings noch nicht bundeseinheitlich festgeschrieben ist; so auch Roth/Schütz, Wirkungen des § 178 Abs. 3 InsO bei widerspruchslos zur Tabelle festgestellten Steuerforderungen, ZInsO 2008, 186 m. w. N.

[3] V R 59/95, BFH/NV 1998, 42.

[4] Vgl. Beermann in Hübschmann/Hepp/Spitaler, AO, § 251 Rdnr. 422; Loose in Tipke/Kruse, AO, § 251 Rdnr. 64; FG Berlin v. 17. 3. 2006 – 2 B 7048/04, EFG 2006, 1227.

[5] Roth/Schütz, Wirkungen des § 178 Abs. 3 InsO bei widerspruchslos zur Tabelle festgestellten Steuerforderungen, ZInsO 2008, 186 m. w. N.

solventen Ehegatten. Daraus folgt, dass der nicht insolvente Ehegatte weiterhin ein Einspruchsverfahren gegen die Steuerfestsetzung betreiben kann. Er kann auch nach den §§ 164, 172 ff. AO eine Bescheidänderung erwirken und erhebungsrechtlich die Aufteilung der Steuerschuld beantragen. Der Vorrang des Insolvenzrechtes begrenzt auch die einheitliche Wirkung des Veranlagungswahlrechts. Mit der Folge, dass der nicht insolvente Ehegatte auch nach Tabelleneintrag sein Veranlagungswahlrecht ausüben kann.

Die oben dargestellten Grundsätze gelten auch bei einem rechtskräftig bestätigten **Insolvenzplan** (s. hierzu Rdnr. 1051). Denn nach § 257 Abs. 1 InsO können die Insolvenzgläubiger aus einem solchen Plan in Verbindung mit der Eintragung in die Insolvenztabelle wegen festgestellter, vom Schuldner nicht bestrittener Forderungen wie aus einem vollstreckbaren Urteil die Zwangsvollstreckung – und zwar im Verwaltungswege (§ 251 Abs. 2 Satz 2 AO) – gegen den Schuldner betreiben. 743

(2) Widerspruch des Insolvenzschuldners

Der Insolvenzverwalter, jeder Insolvenzgläubiger und der Schuldner sind berechtigt, gegen die angemeldeten Forderungen Widerspruch zu erheben. Der **Insolvenzschuldner** darf der Steuerforderung nur dem Grunde und der Höhe nach widersprechen. Sein Widerspruch lässt das **insolvenzrechtliche Feststellungsverfahren unberührt,** weil er nur außer- und nachinsolvenzliche Bedeutung hat. Er darf sich mithin nur gegen solche Entscheidungen wenden, die in einem gegen ihn gerichteten Steuerbescheid zu treffen wären, denn nur soweit reicht sein rechtliches Interesse als Steuerschuldner. Nach § 178 Abs. 2 Satz 2 InsO wird auch der Schuldnerwiderspruch in die Tabelle eingetragen. 744

Widerspricht nur der Insolvenzschuldner der Anmeldung, wird die Forderung dennoch zur Insolvenztabelle festgestellt. Sein Widerspruch steht der insolvenzrechtlichen Feststellung der Forderung nicht entgegen (§ 178 Abs. 1 Satz 2 InsO) und hindert auch nicht die Berücksichtigung der Insolvenzforderung bei der Verteilung der Masse. Allerdings geht wegen des Widerspruchs des Insolvenzschuldners gegen die Anmeldung der Insolvenzforderung das insolvenzrechtliche Feststellungsverfahren ihm persönlich gegenüber ins Leere. Die FinVerw kann nach Abschluss des Insolvenzverfahrens gegen den Insolvenzschuldner **nicht aus dem Tabelleneintrag vollstrecken,** weil der Eintrag nicht als Vollstreckungstitel wirkt (§ 201 Abs. 2 InsO). Die FinVerw ist folglich gezwungen, sich für die Beitreibung des Steueranspruchs mit den ihr zur Verfügung stehenden verwaltungsverfahrensrechtlichen Mitteln außerhalb des Insolvenzverfahrens einen Titel zu verschaffen, weil sie nach Abschluss oder 745

Einstellung des Insolvenzverfahrens mangels Masse ihre ungedeckt gebliebenen oder gar nicht in das Verfahren einbezogenen Steuerforderungen wieder – soweit nicht Restschuldbefreiung eingetreten ist – frei von den Bindungen des Insolvenzrechts im Verwaltungswege vollstrecken kann. In dieser Situation ist also trotz § 87 InsO ein Nebeneinander von insolvenzrechtlicher Geltendmachung und Fortsetzung des Besteuerungsverfahrens gegen den Steuerschuldner persönlich erforderlich und zulässig. Im Einzelnen ist wie folgt zu unterscheiden:

- ▶ **War die Steuerschuld vor Insolvenzeröffnung noch nicht festgesetzt,** ein Steuerbescheid mithin nicht bekannt gegeben, darf die Finanzbehörde dem Insolvenzschuldner außerhalb des Insolvenzverfahrens schon nach dem Prüfungstermin[1] erstmalig Feststellungsbescheide als Vollstreckungsgrundlage erteilen (§§ 184, 185 InsO).

- ▶ **War ein Steuerbescheid bereits erlassen, aber vom Insolvenzschuldner angefochten,** kann das schwebende, durch die Insolvenzeröffnung zunächst unterbrochene Einspruchs- oder Gerichtsverfahren (§ 240 ZPO i.V. m. § 155 FGO) sowohl vom Steuergläubiger als auch vom Steuerschuldner wieder aufgenommen werden (§ 184 Satz 2 InsO). Der BFH[2] billigt dem Insolvenzschuldner dieses Recht allerdings nicht zu. Ihm soll für die Aufnahme des Feststellungsstreits das Rechtsschutzinteresse fehlen.

- ▶ **War der Steuerbescheid schon bestandskräftig,** kann die Finanzbehörde nach Abschluss des Insolvenzverfahrens (§ 89 Abs. 1 InsO) aus ihm gegen den Insolvenzschuldner vollstrecken. Der Insolvenzschuldner hat in diesem Stadium des Verfahrens nur noch die Möglichkeit, Wiedereinsetzungsgründe nach § 110 AO, § 56 FGO geltend zu machen oder einen Antrag auf Änderung des bestandskräftigen Bescheides nach §§ 129, 172 ff. AO zu stellen. Nach § 231 Abs. 1 AO wird die Zahlungsverjährung durch die Anmeldung der Steuerforderung im Insolvenzverfahren unterbrochen. Die Unterbrechung dauert fort, bis das Insolvenzverfahren beendet worden ist (§ 231 Abs. 2 AO).

---

1 BFH v. 2.7.1997 – I R 11/97, BStBl II 1998, 428.
2 BFH v. 17.11.1977 – IV R 134/77, BStBl II 1978, 165; ebenso Welzel, DStZ 1999, 559, 561; nimmt der Insolvenzverwalter den Rechtsstreit auf, ist der Insolvenzschuldner nicht befugt, Anträge zum Verfahren und zur Sache zu stellen; FG Nürnberg v. 29.5.2002 – III 65/1999, EFG 2002, 1274; BMF v. 17.12.1998, BStBl I 1998, 1500, Tz. 6.2.

(3) Widerspruch des Insolvenzverwalters oder eines Insolvenzgläubigers

(a) Widerspruch

Widerspricht der Insolvenzverwalter oder ein anderer Insolvenzgläubiger der Feststellung der Forderung zur Insolvenztabelle (§ 178 Abs. 1 InsO) und kann der Widerspruch nicht gütlich ausgeräumt werden, ist die Feststellung der streitig gebliebenen Steuerforderung außerhalb des Insolvenzverfahrens in einem sog. **Widerspruchs- oder Feststellungsverfahren nach den Bestimmungen in §§ 179 ff. InsO** zu betreiben. Zu beachten ist, dass dieses echte Feststellungsverfahren nur dann statthaft ist, wenn es sich bei der Forderung um eine Insolvenzforderung handelt, die zur Insolvenztabelle angemeldet, im Prüfungstermin geprüft wurde und der dort widersprochen worden ist. Liegen diese Voraussetzungen vor, richtet sich der weitere Verfahrensablauf danach, in welchem **Stadium** sich das steuerrechtliche Verfahren befand, als es durch die Insolvenzeröffnung unterbrochen wurde.

746

Im Bestreitensfalle muss grundsätzlich der anmeldende Gläubiger die Feststellung seiner Forderung betreiben (§ 179 Abs. 1 InsO). Er muss nachweisen, dass ihm der geltend gemachte Anspruch zusteht. Davon macht § 179 Abs. 2 InsO eine Ausnahme. Bei durch vollstreckbaren Schuldtitel oder Endurteil titulierten Forderungen ist der Widerspruch vom Bestreitenden – also vom Insolvenzverwalter oder dem widersprechenden Insolvenzgläubiger – zu verfolgen, die Feststellung muss nicht wie nach Abs. 1 vom Anmeldenden betrieben werden. Dieser sog. **Wechsel der Betreibungslast** ist gerechtfertigt, weil der Bestand der Forderung durch den Schuldtitel zugunsten des Gläubigers bereits festgestellt ist. Andernfalls könnten unter Durchbrechung der Rechtskraft eines zivilrechtlichen Endurteils noch Einwendungen gegen den festgestellten Anspruch erhoben werden, die zivilprozessual bereits ausgeschlossen sind (vgl. § 767 ZPO). Dadurch würde die materiell-rechtliche Rechtsstellung des Gläubigers geschwächt. Diese Folge ließe sich mit der ausschließlich auf die gemeinschaftliche Befriedigung der Gläubiger gerichteten Absicht des Insolvenzverfahrens (§ 1 InsO) nicht vereinbaren.

747

Der Rechtsgedanke des § 179 Abs. 2 InsO ist auch bei den Steuerforderungen von Bedeutung. Es wäre mit den Bestimmungen der Abgabenordnung nicht zu vereinbaren, müsste der Steuergläubiger, der schon im Besitz eines den Vorgaben des § 179 Abs. 2 InsO entsprechenden verwaltungsrechtlichen Vollstreckungstitels ist, den Steuerfall neu aufrollen. Zudem dürften die Entscheidungen der Finanzbehörde mit Verwaltungsaktqualität dem Steuergläubiger nach Bekanntgabe eine Rechtsstellung gewähren, die etwa der eines zivilrechtlichen Gläubigers entspricht, der einen Schuldtitel i. S. v. § 179 Abs. 2 InsO

748

in den Händen hält. Denn auch die Wirksamkeit und Durchsetzbarkeit eines Steuer- oder Haftungsbescheides wird durch die Einlegung eines Rechtsmittels grundsätzlich nicht gehemmt (vgl. § 361 Abs. 1 AO, § 69 Abs. 2 FGO) und einer Vollstreckungsklausel bedarf es ebenfalls nicht (§§ 249 Abs. 1, 251 Abs. 1, 254 Abs. 1 AO).

749 Die Norm ist deshalb bei den Steuerforderungen m. E. entsprechend anzuwenden, **so dass der Widersprechende die Feststellung des Nichtbestehens der Forderung herbeiführen muss**.[1] Obwohl § 179 Abs. 2 InsO die Verfolgung des Widerspruchs dem Bestreitenden zuweist, bedeutet das allerdings nicht, dass die Norm dem titulierten Steuergläubiger die Betreibungsbefugnis entzieht. Sie nimmt ihm als Inhaber des Schuldtitels lediglich die Betreibungslast ab, hindert ihn aber keineswegs, von sich aus einen Rechtsstreit aufzunehmen.[2]

(b) Nicht titulierte Forderungen

750 Für die weitere Verfahrensweise ist es entscheidend, ob im **Zeitpunkt der Insolvenzeröffnung** die bestrittene **Steuerforderung bereits festgesetzt war** und die Festsetzung noch mit **Rechtsbehelfen oder Rechtsmitteln der AO/FGO angegriffen** werden kann.

751 Bei den im Prüfungstermin bestrittenen Forderungen, für die bei Insolvenzeröffnung noch **kein Steuerbescheid** erlassen war und die damit auch nicht i. S. v. § 179 Abs. 2 InsO tituliert sind, muss der Gläubiger nach § 179 Abs. 1 InsO **außerhalb des Insolvenzverfahrens die Feststellung gegen den Bestreitenden betreiben**. Dies geschieht bei den Steuerforderungen mittels **Feststellungsbescheid** nach § 251 Abs. 3 AO. Der Feststellungsstreit braucht nicht im Klagewege ausgetragen zu werden, weil § 185 InsO der Finanzbehörde das Recht einräumt, das Bestehen des Anspruchs mit der in § 183 InsO bestimmten Rechtskraftwirkung in eigener Rechtszuständigkeit festzustellen.

752 Mit Hilfe des Feststellungsbescheides, der an den oder die Widersprechenden zu richten ist, wird das **Bestehen, die Anmeldbarkeit und der Rang der Steuerforderung festgestellt**. Nach §§ 181, 185 Satz 2 InsO kann diese Feststellung aber nur auf den Grund gestützt sowie den Betrag und den Rang gerichtet werden, der in der Anmeldung oder im Prüfungstermin angegeben ist; die Überprüfung des Bescheides durch das Finanzgericht ist in gleicher Weise be-

---

[1] Braun/Uhlenbruck, Unternehmensinsolvenz, 140.
[2] BFH v. 10. 8. 1993 – VII B 46/91, BFH/NV 1994, 293; BMF v. 17. 12. 1998, BStBl I 1998, 1500, Tz. 6.2.; Loose in Tipke/Kruse, AO, § 251 Rdnr. 65; Welzel, DStZ 1999, 559, 561; Loose, StuW 1999, 20, 26; Breutigam/Blersch/Goetsch, InsO, § 179 Rdnr. 6 ff. und 16.

schränkt. In Form und Inhalt gleicht er im Wesentlichen einer Einspruchsentscheidung, denn er ist verwaltungsverfahrensrechtliches Gegenstück des zivilrechtlichen Feststellungsurteils nach § 180 Abs. 1 InsO. Mit ihm ist deshalb eine gegen den Insolvenzschuldner geltend gemachte, mit insolvenzrechtlichem Widerspruch bestrittene Steuerforderung als Insolvenzforderung mit einem bestimmten Betrag und Rang festzustellen. Deshalb ist Tenor des Bescheides, ob und mit welchem Betrag die Abgabenforderung besteht.

Wird gegen angemeldete, nicht titulierte **nachrangige Insolvenzforderungen** i. S. v. § 39 InsO Widerspruch erhoben, wird die **Finanzbehörde** zunächst den Insolvenzverwalter um Auskunft darüber bitten, ob auf diese Forderungen angesichts des Umfangs der Masse überhaupt eine Quote entfällt. Geht die Finanzbehörde danach voraussichtlich leer aus, wird ein diesbezügliches Feststellungsverfahren aus Wirtschaftlichkeitsgründen in aller Regel unterbleiben (vgl. § 156 Abs. 2 AO).   753

Ein bestandskräftiger Feststellungsbescheid wirkt – über § 325 ZPO hinaus – wie ein rechtskräftiges Feststellungsurteil für und gegen den Insolvenzverwalter und alle Insolvenzgläubiger (§§ 185 Satz 2, 183 InsO). Gegen den Feststellungsbescheid kann vom Adressaten ein Einspruchs- und finanzgerichtliches Klageverfahren geführt werden. Ist die Forderung festgestellt, kann die obsiegende Finanzbehörde nach § 183 Abs. 2 InsO beim Insolvenzgericht die Berichtigung der Insolvenztabelle beantragen mit der Folge, dass es mit dieser Forderung am Insolvenzverfahren und der Schlussverteilung teilnimmt.   754

Weil er keine Steuerfestsetzung enthält, ist der Feststellungsbescheid **kein Steuerbescheid** nach § 155 AO.[1] Der Feststellungsbescheid kann somit nach Bestandskraft wegen der Systematik der Abgabenordnung nur nach den §§ 130, 131 AO geändert werden.[2]   755

Die Feststellung eines höheren Betrages oder eines besseren Ranges als gegenüber dem Inhalt der Anmeldung ist insolvenzrechtlich ausgeschlossen. Ggf. muss neu angemeldet und ein neuer Feststellungsbescheid erlassen werden.   756

Dem Feststellungsbescheid fehlt die Vollziehbarkeit, so dass ein **Aussetzungsantrag** nach § 361 AO, § 69 FGO oder ein auf einstweilige Anordnung gerichtetes Begehren mangels Rechtsschutzinteresse unzulässig wäre.   757

---

1 BFH v. 26. 11. 1987 – V R 130/82, BStBl II 1988, 124.
2 Loose in Tipke/Kruse, AO, § 251 Rdnr. 68.

(c) Titulierte Forderungen

758 War die Forderung schon vor Insolvenzeröffnung in einem Steuer- oder Haftungsbescheid festgesetzt und damit i. S. v. § 179 Abs. 2 InsO tituliert, bedarf es grundsätzlich **keines Feststellungsbescheides** nach § 251 Abs. 3 AO.[1] Der Widerspruch muss außerhalb des Insolvenzverfahrens betrieben werden. Dazu hat der Widersprechende das Besteuerungsverfahren in dem Stand wieder aufzunehmen, in dem es sich bei Insolvenzeröffnung befand, denn das Widerspruchsverfahren eröffnet ihm keine neuen Rechtsbehelfsmöglichkeiten. Er schlüpft vielmehr zur Verfolgung seines Widerspruchs in die Rechtsstellung des Insolvenzschuldners und darf die bislang nach § 4 InsO, § 240 ZPO (s. a. § 155 FGO) unterbrochenen Verfahren fortsetzen. Dem Widersprechenden stehen nicht zahlreichere Verfahrensrechte zu als zuvor dem Insolvenzschuldner.

759 Ist bereits vor Insolvenzeröffnung ein **Steuerbescheid** bekannt gegeben worden und sind **Rechtsbehelfe/Rechtsmittel** noch nicht verfristet, ist nach §§ 179 Abs. 2, 180 Abs. 2 InsO das durch die Insolvenz unterbrochene Verfahren (§ 240 ZPO) fortzuführen.[2] Der Widersprechende kann gegenüber der Finanzbehörde oder dem Finanzgericht die **Aufnahme des durch die Insolvenzeröffnung unterbrochenen Verfahrens** erklären. Mit Abgabe dieser Erklärung beginnen die Rechtsbehelfs- und Rechtsmittelfristen neu zu laufen;[3] war er ohne Verschulden verhindert, die Fristen einzuhalten, kann er Wiedereinsetzung begehren. Nimmt der Widersprechende ein Rechtsbehelfsverfahren auf, kann er den vormaligen Anfechtungsantrag des Einspruchsverfahrens beibehalten; er muss nicht auf einen Feststellungsantrag umstellen.[4] Der Rechtsstreit wird ausschließlich zwischen der Finanzbehörde und dem Widersprechenden geführt; der Insolvenzschuldner ist nicht beteiligt. Lehnt der Insolvenzverwalter die Fortsetzung des ursprünglichen Rechtsstreits ab, ist der Insolvenzschuldner nach § 85 Abs. 2 InsO wieder rechtsbehelfs- und klagebefugt. Führt das aufgenommene Verfahren zu einer Steueränderung, muss die Anmeldung zur Tabelle angepasst werden. Mit Eintritt der Bestandskraft der Steuerfestsetzung gilt der bestrittene Teil der angemeldeten Forderung gegenüber dem Rechtsbehelfsführer als festgestellt.

760 War der Steuerbescheid bei Insolvenzeröffnung bereits **unanfechtbar,** kann der Widersprechende das Verfahren nicht mehr aufnehmen, weil es abgeschlossen ist. Die Bestandskraft wirkt auch gegenüber dem Widersprechen-

---

1 BFH v. 3. 5. 1978 – II R 148/75, BStBl II 1978, 472.
2 BFH v. 22. 1. 1997 – I R 101/95, BStBl II 1997, 464.
3 Loose in Tipke/Kruse, AO, § 251 Rdnr. 65.
4 BFH v. 3. 5. 1978 – II R 148/75, BStBl II 1978, 472.

den. Er hat demzufolge in diesem Verfahrensabschnitt nur noch die Möglichkeit, Wiedereinsetzungsgründe nach § 110 AO, § 56 FGO geltend zu machen, gestützt auf § 47 AO einen Abrechnungsbescheid nach § 218 Abs. 2 AO zu beantragen oder einen Antrag auf Änderung des bestandskräftigen Bescheides nach §§ 129, 172 ff. AO zu stellen.

Nimmt der bestreitende Insolvenzverwalter bzw. Insolvenzgläubiger den Widerspruch trotz Eintritts der Bestandskraft nicht zurück, ist die Finanzbehörde wegen des Stimmrechts nach § 77 InsO gehalten, einen **Feststellungsbescheid nach § 251 Abs. 3 AO** zu erlassen. Mit diesem Bescheid ist festzustellen, dass die Forderung bestandskräftig festgesetzt ist, Wiedereinsetzungsgründe fehlen und die Voraussetzungen der Berichtigungsvorschriften der AO nicht vorliegen.[1] In einem Rechtsbehelfsverfahren gegen diesen Feststellungsbescheid kann wiederum nur mit Erfolg geltend gemacht werden, dass der Steuerbescheid nicht vor Eröffnung des Insolvenzverfahrens bestandskräftig geworden ist oder zumindest Wiedereinsetzungsgründe bzw. die Voraussetzungen der Berichtigungsvorschriften vorliegen.

761

(4) Auswirkungen auf das Verteilungsverfahren

Erst nach dem allgemeinen Prüfungstermin kann mit der Befriedigung der Insolvenzgläubiger begonnen werden (§ 187 Abs. 1 InsO). Nach der Vorwegbefriedigung der Massegläubiger verteilt der Insolvenzverwalter die Masse durch quotale Zahlungen auf die Insolvenzforderungen an die Insolvenzgläubiger. Ab dem Prüfungstermin ist zu unterscheiden zwischen der Abschlagsverteilung (§ 187 Abs. 2 InsO), der Schlussverteilung (§ 196 InsO) und der Nachtragsverteilung (§§ 203, 205 InsO). Grundlage der Verteilung ist das **Verteilungsverzeichnis** (§ 188 InsO), in das **alle** angemeldeten Insolvenzforderungen aufgenommen werden. (s. dazu im Einzelnen Rdnr. 416).

762

Das Verteilungsverfahren endet mit der Schlussverteilung nach § 196 InsO und dem anschließenden Schlusstermin nach § 197 InsO. Nachfolgend beschließt das Insolvenzgericht die Aufhebung des Insolvenzverfahrens (§ 200 InsO); die Wirkungen des Insolvenzverfahrens enden damit. Zu diesem Zeitpunkt ist grundsätzlich die Verwertung der Masse durch den Insolvenzverwalter abgeschlossen, d. h., die aus der Versilberung der Vermögensgegenstände erzielten Erlöse sind an die Insolvenzgläubiger ausgekehrt.

763

---

1 Vgl. Abschn. 60 Abs. 7 VollStrA; Loose in Tipke/Kruse, AO, § 251 Rdnr. 66; Baum, NWB F. 2, 8122; a. A. Gundlach/Frenzel/Schmidt, DStR 2002, 406, 408, wonach § 251 Abs. 3 AO auf bestandskräftige Steuerforderungen nicht anwendbar sein soll.

764 Damit hat ein anhängiges Widerspruchs-/Feststellungsverfahren aber keineswegs seinen Sinn verloren. Es wird aus gutem Grunde auch während des Laufs des Verteilungsverfahrens und selbst noch nach Beendigung des Insolvenzverfahrens fortgeführt, denn die Insolvenzquote auf die betroffene Steuerforderung wird vom Insolvenzverwalter unter den Voraussetzungen des § 189 Abs. 2 InsO zurückbehalten und nach § 198 InsO hinterlegt. Eine Besonderheit gilt indessen für die vom Insolvenzverwalter oder einem anderen Insolvenzgläubiger bestrittenen nichttitulierten Forderungen. Hier hat die Finanzbehörde die Ausschlussfrist des § 189 Abs. 1 InsO von zwei Wochen nach der öffentlichen Bekanntmachung des zur Verteilung verfügbaren Massebestandes (§ 188 Satz 2 InsO) zu beachten. Ziel der Fortführung des Verfahrens ist es nun, den Widerspruch im Tabellenauszug zu beseitigen. Gelingt dies nämlich, ist der zurückbehaltene und hinterlegte Betrag auszuzahlen. Obsiegt die Finanzbehörde im Feststellungsverfahren und steht damit das Scheitern des Widerspruchs rechtskräftig fest, kann sie nach § 183 Abs. 2 InsO die Berichtigung der Tabelle erwirken und anschließend Auszahlung begehren. Steht hingegen fest, dass zu Recht Widerspruch erhoben worden ist, gilt § 203 Abs. 1 Nr. 1 InsO. Der zurückbehaltene Betrag wird für die Masse frei und zugunsten der übrigen Gläubiger aufgrund des Schlussverzeichnisses (§ 205 Satz 1 InsO) nachträglich verteilt.

765 Kommen nach Einstellung des Insolvenzverfahrens mangels Masse neue Aktiva zum Vorschein, gilt für die Vollstreckung grundsätzlich das Prioritätsprinzip, es sei denn, das Insolvenzgericht hätte nach § 203 InsO eine Nachtragsverteilung angeordnet. Eine „freiwillige Nachtragsverteilung" durch den ehemaligen Insolvenzschuldner oder den ehemaligen Insolvenzverwalter kommt nicht in Betracht.[1]

---

1 Der Widerspruch des Insolvenzverwalters hat außer- und nachinsolvenzrechtliche Bedeutung (§§ 178 Abs. 1 Satz 2, 184, 185 InsO).

C. Durchsetzung von Steuerforderungen

d) Übersicht zum Verfahrensablauf

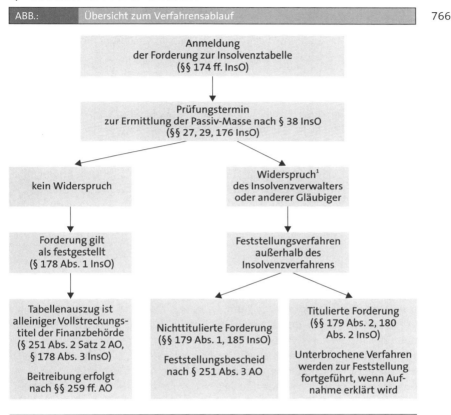

ABB.: Übersicht zum Verfahrensablauf — 766

(Einstweilen frei) 767–780

3. Durchsetzung von Masseverbindlichkeiten

a) Massereichtum

Handelt es sich bei der Steuerforderung um eine sonstige Masseverbindlichkeit, ist sie **vorweg aus der Masse zu berichtigen** (§ 53 InsO). Reicht die Masse aus, wird die Forderung in voller Höhe befriedigt. Im Gegensatz zu den Insolvenzforderungen (§§ 87, 89 InsO) schränkt das Insolvenzrecht bei Masseverbindlichkeiten das Steuerfestsetzungs- und Vollstreckungsverfahren nach der Abgabenordnung nicht ein. Sie nehmen nicht am insolvenzrechtlichen Vertei- 781 lungsverfahren teil. Jeder Massegläubiger kann seinen Anspruch selbständig und uneingeschränkt gegenüber der Masse geltend machen; Forderungen an die Masse gegen den Insolvenzverwalter einklagen, gegen Forderungen der Masse aufrechnen und im Wege der Vollstreckungssicherung Befriedigung erzwingen.

782 Allerdings hat der Steuergläubiger als Massegläubiger während des Insolvenzverfahrens den auf den Zeitraum nach Insolvenzeröffnung bzw. ab Bestellung eines vorläufigen Insolvenzverwalters auf die Masseschuld beschränkten Leistungsbescheid nicht an den Insolvenzschuldner zu richten, obwohl dieser als Träger der Masse Schuldner bleibt. **Bekanntgabeadressat** ist vielmehr der Insolvenzverwalter in seiner Eigenschaft als Verwalter der Masse (s. hierzu Rdnr. 541).[1] Die Beschränkung des an den Insolvenzverwalter gerichteten Steuerbescheides auf den Insolvenzzeitraum ist auch bei Jahressteuern zulässig. Es handelt sich nicht um eine (unzulässige) Besteuerung für einen im Gesetz nicht vorgesehenen abgekürzten Besteuerungszeitraum, sondern um die (zulässige) Kenntlichmachung, dass sich der Steuerbescheid auf Masseansprüche beschränkt.[2]

783 Dem Insolvenzverwalter stehen gegen die Steuerfestsetzungen die **allgemeinen Rechtsschutzmöglichkeiten der Abgabenordnung** und der Finanzgerichtsordnung zu. Vollstreckt werden kann – soweit erforderlich – nach §§ 249 ff. AO grundsätzlich nur in die Masse und nicht in das insolvenzfreie Vermögen, denn der Insolvenzverwalter kann den Insolvenzschuldner wirksam nur insoweit verpflichten, wie seine eigene Rechtsmacht reicht. Diese beschränkt sich aber gegenständlich auf die Insolvenzmasse. Die Ansprüche sind weder einer Anmeldung zur Insolvenztabelle zugänglich, noch können sie durch Feststellungsbescheid nach § 251 Abs. 3 AO geltend gemacht werden.[3]

784 Steuerrechtliche Masseansprüche werden außerhalb des Insolvenzverfahrens vollstreckt. Als Zugriffsobjekt einer Forderungspfändung eignet sich z. B. das vom Insolvenzverwalter bei einem Geldinstitut für die Masse geführte Konto. Trotz des Insolvenzvermerks im Grundbuch ist auch die Eintragung einer Sicherungshypothek auf ein zur Insolvenzmasse gehörendes Grundstück möglich.

---

1 BFH v. 16. 7. 1987 – V R 2/81, BStBl II 1988, 190, 191; BMF v. 17. 12. 1998, BStBl I 1998, 1500, Tz. 8.
2 BFH v. 16. 7. 1987 – V R 2/81, BStBl II 1988, 190, 191.
3 BFH v. 23. 8. 1978 – II R 16/76, BStBl II 1979, 198, 199, sub 1.

Nach § 90 InsO ist die Zwangsvollstreckung allerdings wegen Masseverbind- 785
lichkeiten, die nicht durch eine Rechtshandlung des Insolvenzverwalters begründet worden sind, für die Dauer von sechs Monaten seit Eröffnung des Insolvenzverfahrens unzulässig. Die Norm soll dem Insolvenzverwalter in der
ersten Phase der Insolvenz Bewegungsspielraum verschaffen. Sie ist bei den
Steuerforderungen einschlägig, weil diese nicht nach § 55 Abs. 1 Nr. 1, 1. Fall
InsO „durch Handlungen des Insolvenzverwalters" (sog. **gewillkürte Masseverbindlichkeiten**) begründet werden, sondern regelmäßig kraft Gesetzes an die
Tatbestandsverwirklichung durch den Insolvenzverwalter anknüpfen und des-
halb dem 2. Fall des § 55 Abs. 1 Nr. 1 InsO („... in anderer Weise ...") zuzuord-
nen sind. Es handelt sich um sog. **unechte oder oktroyierte Masseverbindlichkeiten**, weil sie anlässlich der Verwaltung, Verwertung und Verteilung der
Masse begründet werden und der Insolvenzverwalter ihre Entstehung nicht
verhindern kann.[1]

Andere Masseverbindlichkeiten, die nicht durch Rechtshandlungen des Insol- 786
venzverwalters begründet wurden, dürfen ohne Einschränkung zwangsweise
durchgesetzt werden.[2] So dürfen z. B. Umsatzsteuerschulden, die nach Verfahrenseröffnung durch Fortführung des Unternehmens entstehen, durch Steuerbescheid festgesetzt werden.

b) Massearmut

Bei sog. Massearmut ist zwischen drei Fallgestaltungen zu unterscheiden: 787

Ist vor Eröffnung des Verfahrens abzusehen, dass das Vermögen des Schuldners voraussichtlich nicht ausreichen wird, um die Kosten des Verfahrens zu
decken, und wird ein Massekostenvorschuss nicht gezahlt, wird der Insolvenzantrag nach § 26 InsO mangels Masse abgewiesen **(Abweisung mangels Masse)**. Eine Beschlagwirkung tritt nicht ein, so dass die Einzelzwangsvollstreckung erlaubt bleibt. Wegen weiterer Einzelheiten s. Rdnr. 241.

Stellt sich **nach** der Eröffnung heraus, dass die Insolvenzmasse nicht ausreicht,
die Verfahrenskosten zu decken, und wird kein Massekostenvorschuss gezahlt,
so stellt das Insolvenzgericht das Verfahren nach § 207 InsO ein **(Einstellung
mangels Masse)**. Mit der Einstellung des Verfahrens erlischt die Beschlagwir-

---

1 Breutigam/Blersch/Goetsch, InsO, § 55 Rdnr. 27 ff., § 90 Rdnr. 1 f., 4; Smid, InsO, § 55 Rdnr. 18, 19, 21; Kübler/Prütting, InsO, § 55 Rdnr. 9, 12 ff., 18 ff., § 90 Rdnr. 6; Braun/Uhlenbruck, Unternehmensinsolvenz, 141; zur Einordnung von Steuerforderungen als Masse(verwaltungs-)kosten s. BFH v. 23. 7. 1996 – VII R 88/94, BStBl II 1996, 511; a. A. BFH v. 27. 8. 1975 – II R 93/70, BStBl II 1976, 77, ohne nähere Begründung, und Nerlich/Römermann, InsO, § 55 Rdnr. 27 ff.
2 Bartone, AO-StB 2002, 68.

kung, so dass die Finanzbehörde ihre Forderungen gegen den Schuldner nunmehr wieder frei von den Bindungen des Insolvenzrechts (§ 251 Abs. 2 AO) geltend machen kann (§ 215 i.V. m. § 201 InsO).[1]

788 Davon wiederum abzugrenzen ist der Fall der **Masseunzulänglichkeit**. Diese schlagwortartig als „**Insolvenz der Insolvenz**" bezeichnete Fallgestaltung liegt vor, sobald sich nach Eröffnung des Insolvenzverfahrens herausstellt, dass zwar die **Kosten des Verfahrens gedeckt** (§ 54 InsO), die **sonstigen Masseverbindlichkeiten (§ 55 InsO) dagegen nicht vollständig befriedigt werden können** (vgl. §§ 208–211 InsO). Die Bekanntmachung der Masseunzulänglichkeit nach der Anzeige durch den Insolvenzverwalter obliegt dem Insolvenzgericht, während für die Verwaltung und die Verwertung der Masse der Insolvenzverwalter zuständig bleibt (§ 208 Abs. 2 und 3 InsO).

789 Die Verteilung der Masse durch den Insolvenzverwalter richtet sich nunmehr nach der Rangfolge des § 209 InsO. Wegen des unterschiedlichen Ranges, aber auch verfahrensrechtlich ist zwischen den **Neu- und den Altmasseschulden** zu unterscheiden.

790 **Neumasseschulden** sind sonstige Masseverbindlichkeiten, die erst **nach** der Anzeige der Masseunzulänglichkeit begründet werden (§ 209 Abs. 1 Nr. 2 InsO). Sie entstehen, weil der Neumassegläubiger auch noch nach der Anzeige der Massearmut Sach- oder Dienstleistungen zugunsten der Masse erbringt. Sie können – wie sich im Umkehrschluss aus § 210 InsO ergibt – weiterhin unbeschränkt als Masseverbindlichkeiten geltend gemacht werden. Sie bleiben **echte Masseverbindlichkeiten** und sind nach § 209 Abs. 1 Nr. 2 InsO vor den übrigen Masseverbindlichkeiten zu befriedigen. Sinn dieser Regelung ist es, die ordnungsgemäße Abwicklung des Insolvenzverfahrens zu gewährleisten. Andernfalls würde nämlich nach der Anzeige der Masseunzulänglichkeit niemand mehr Verträge mit der Masse abschließen, weil der Vertragspartner von vornherein damit rechnen müsste, mit seiner Gegenforderung zumindest z.T. auszufallen. Das liegt nicht im wirtschaftlichen Interesse der Altmassegläubiger, zu deren Gunsten der Insolvenzverwalter die Masse zu verwerten hat. Zudem wird der Abfluss der Gegenleistung aus der Masse durch den Wert der erbrachten Dienst- oder Sachleistung ausgeglichen.[2]

791 Das bedeutet in Bezug auf die steuerrechtliche Vorgehensweise, dass die **Finanzbehörde** gegen die Masse gerichtete Festsetzungs- und Erhebungsverfahren fortsetzen und ungehindert in die unzulängliche Masse vollstrecken kann,

---

[1] BFH v. 12. 3. 1998 – VII B 199/97, BFH/NV 1998, 1188.
[2] Breutigam/Blersch/Goetsch, InsO, § 210 Rdnr. 8.

soweit es sich bei der Steuerforderung um eine Neumasseschuld handelt. Ein Feststellungsverfahren entsprechend § 251 Abs. 3 AO kommt bei einer Neumasseschuld nur in Betracht, wenn ihr Rang nach § 209 Abs. 1 Nr. 2 InsO bestritten wird.

Die **übrigen sonstigen Masseverbindlichkeiten zählen zu den Altmasseschulden** (§ 209 Abs. 1 Nr. 3 InsO). Im Gegensatz zur Neumasseschuld ist die Vollstreckung wegen einer Altmasseschuld nach § 210 InsO unzulässig, sobald der Insolvenzverwalter die Masseunzulänglichkeit angezeigt hat. Die Norm dehnt die bis dahin auf die Insolvenzforderungen beschränkte Wirkung des § 89 InsO auf die Altmasseschulden aus.[1] Die Vollstreckungsmaßnahmen einzelner Altmassegläubiger in die Insolvenzmasse sollen unterbunden werden, damit der Insolvenzverwalter seine Verpflichtung zur rang- und verhältnismäßigen Befriedigung der Massegläubiger erfüllen kann. Die Anzeige der Masseunzulänglichkeit hat als solche konstitutive Bedeutung. Deshalb ist beispielsweise nach der Anzeige eine Pfändungs- und Einziehungsverfügung der Finanzbehörde hinsichtlich des Anderkontos des Insolvenzverwalters wegen Altmasseschulden rechtswidrig, weil ihr das Insolvenzrecht entgegensteht (§ 251 Abs. 2 Satz 1 AO i. V. m. § 210 InsO).[2]

792

Auch im Übrigen sind auf die Altmasseschulden die zu den Insolvenzforderungen aufgezeigten Grundsätze anzuwenden. Die Steuerforderung als Masseanspruch muss beim Insolvenzverwalter angemeldet werden, denn eine Durchsetzung mit Hilfe eines Steuerbescheides ist nach bekannt werden der Massearmut ausgeschlossen. Nunmehr nimmt der Steueranspruch an der verhältnismäßigen Befriedigung aller Massegläubiger teil. Es gelten die allgemeinen insolvenzrechtlichen Beschränkungen. Insbesondere darf aus den Leistungsbescheiden nicht mehr vollstreckt werden und anhängige Verfahren sind zu unterbrechen.

793

Nicht ausdrücklich geregelt ist die Zulässigkeit der **Aufrechnung** gegen eine Masseschuld in der massearmen Insolvenz. In diesem Fall sind aber die §§ 94–96 InsO sinngemäß anzuwenden (s. hierzu Rdnr. 884).

794

Wird die Steuerforderung vom Insolvenzverwalter oder einem anderen Massegläubiger bestritten, wird der Befriedigungsrang nach § 209 InsO durch Bescheid entsprechend § 251 Abs. 3 AO festgestellt. Es besteht nur noch ein Anspruch auf Feststellung der Forderung als Masseschuld, aber nicht auf Zahlung.

795

---

[1] Breutigam/Blersch/Goetsch, InsO, § 210 Rdnr. 1.
[2] BFH v. 23. 7. 1996 – VII R 88/94, BStBl II 1996, 511.

Da eine Vollziehung von Leistungsbescheiden nicht mehr möglich ist, ist ein Antrag auf Aussetzung der Vollziehung unzulässig.

796 Hat der Insolvenzverwalter gegenüber einer Vollstreckungsmaßnahme der Finanzbehörde die Einwendung der Masseunzulänglichkeit zu Unrecht erhoben, kommt ein **Schadenersatzanspruch** nach § 60 InsO in Betracht. Die Finanzbehörde kann den Insolvenzverwalter bei der Überprüfung der Masseunzulänglichkeit zur Mitwirkung verpflichten (§§ 249 Abs. 2, 93 Abs. 1, 34 Abs. 3 AO).[1]

797–810 *(Einstweilen frei)*

4. Aufrechnung im Insolvenzverfahren

Literatur: *Werth*, Die Aufrechnung von steuerlichen Erstattungsansprüchen im Insolvenzverfahren, AO-Stb 2007, 70; *Grönwoldt*, Insolvenzrechtliche Aufrechnung – aktuelle BFH-Rechtsprechung und kohäre BGH-Rechtsprechung, DStR 2008, 18; *Viertelhausen*, Verrechnung von Vorsteuer aus der vorläufigen Insolvenzverwaltung, UR 2008, 873.

a) Allgemeines

811 Aufrechnung bedeutet die wechselseitige Tilgung zweier sich gegenüberstehender Forderungen durch Verrechnung aufgrund einseitiger Erklärung eines Beteiligten. Durch die Aufrechnung erlöschen die sich gegenüberstehenden Forderungen – soweit sie sich decken – rückwirkend auf den Zeitpunkt, in dem sie sich erstmals aufrechenbar gegenüberstanden. Grundsätzlich hindert die Eröffnung des Insolvenzverfahrens die Aufrechnung gegenseitiger Forderungen gem. § 226 AO i.V.m. §§ 387ff. BGB nicht. Soweit ein Insolvenzgläubiger zur Aufrechnung befugt ist, braucht er seine Forderung im Insolvenzverfahren nicht geltend zu machen (vgl. § 94 InsO); die Anmeldung der Forderung in dem oben dargestellten Verfahren (s. hierzu Rdnr. 721) ist nicht erforderlich, sondern der Gläubiger muss die Aufrechnung gegenüber dem Insolvenzverwalter erklären. Das bedeutet, dass Insolvenzforderungen durch Aufrechnung außerhalb des Insolvenzverfahrens in voller Höhe befriedigt werden, soweit die Gegenforderung eine entsprechende Höhe aufweist. Der zur Aufrechnung befugte Insolvenzgläubiger befindet sich damit in einer gegenüber anderen Insolvenzgläubigern bevorzugten Lage, da er nicht auf die Insolvenzquote angewiesen ist.

812 Bei Steuerforderungen stellt sich für die **FinVerw** als Insolvenzgläubiger die Frage der Aufrechnung mit Insolvenzforderungen vor allem dann, wenn der In-

---
[1] Frankfurter Kommentar, § 155 Rdnr. 252 und 255.

solvenzverwalter für Zeiträume nach Eröffnung des Insolvenzverfahrens Steueranmeldungen bzw. -erklärungen mit einem Erstattungsbetrag abgibt. Gelingt es dem Finanzamt seine Insolvenzforderung wirksam gegen eine Forderung des Insolvenzschuldners aufzurechnen verliert es zwar seine Forderung (§ 47 AO). Dafür geht aber auch die Forderung des Insolvenzschuldners in Höhe der einander aufrechenbar gegenüberstehenden Beträge unter. Sofern die FinVerw die Aufrechnung von Steuerforderungen gegenüber Steuererstattungsansprüchen erklärt, ergeht hierüber ein **Abrechnungsbescheid** nach § 218 Abs. 2 AO. Dieser kann durch den Insolvenzverwalter mit dem Einspruch nach § 347 AO ggf. Klage vor dem FG angefochten werden. Innerhalb des Rechtsbehelfs- bzw. Gerichtsverfahrens wird die Zulässigkeit der Aufrechnung überprüft.

b) Voraussetzungen der Aufrechnung

Die Aufrechnung von Steuerforderungen richtet sich auch im Insolvenzverfahren grundsätzlich nach § 226 AO i. V. m. §§ 387 ff. BGB.[1] Die zivilrechtlichen Aufrechnungsvorschriften werden durch §§ 94–96 InsO modifiziert. Liegen die zivilrechtlichen Aufrechnungsvoraussetzungen vor, ist im Hinblick auf die insolvenzrechtlichen Aufrechnungsbedingungen zunächst der **Zeitpunkt der Aufrechnungslage** entscheidend.

813

Eine Aufrechnung kann erklärt werden, wenn eine **Aufrechnungslage** gegeben ist. Dies erfordert die Erfüllbarkeit der Verpflichtung des aufrechnenden Finanzamts (**Hauptforderung** – Erstattungsanspruch) und gleichzeitige Fälligkeit der Forderung des Finanzamts (**Gegenforderung** – Steueranspruch).

814

Bestand die Forderung des Gläubigers bereits **vor Eröffnung des Insolvenzverfahrens,** so bleibt das Aufrechnungsrecht des Gläubigers erhalten (§ 94 InsO). Der Gläubiger wird damit wie ein Absonderungsberechtigter behandelt. Die Aufrechnung ist jedoch dann ausgeschlossen, wenn der Gläubiger die Aufrechnungslage durch eine anfechtbare Rechtshandlung (§§ 129 ff. InsO) herbeigeführt (§ 96 Nr. 3 InsO) oder seine Forderung erst nach der Verfahrenseröffnung von einem anderen Gläubiger erworben hat (§ 96 Nr. 2 InsO).

815

Bestand vor Eröffnung des Insolvenzverfahrens noch **keine Aufrechnungslage,** ist die Aufrechnung nach § 95 Abs. 1 Satz 1 InsO zunächst ausgeschlossen. Das

816

---

[1] Vgl. zu den zivilrechtlichen Voraussetzungen Kruse in Tipke/Kruse, AO, § 226 Rdnr. 17; s. grundlegend Busch/Hibertz, Aufrechnung und Insolvenzordnung, NWB F. 2, 8751 ff.; Gundlach/Frenzel/Schirrmeister, Die Aufrechnung gegen Steuererstattungsansprüche in der Insolvenz, DStR 2005, 1412.

ist dann der Fall, wenn die Forderung des Gläubigers im Zeitpunkt der Insolvenzeröffnung noch nicht fällig, aufschiebend bedingt oder noch nicht auf eine gleichartige Forderung gerichtet ist.

817 Die Finanzbehörde kann nicht mit Forderungen aufrechnen, die noch **aufschiebend bedingt** sind (§ 95 Abs. 1 Satz 1 InsO). Bei der Aufrechnung gegen überzahlte **Einkommen- und Körperschaftsteuervorauszahlungen** ist zu berücksichtigen, dass es sich hierbei um aufschiebend bedingte Ansprüche handelt, die vor Insolvenzeröffnung i. S. d. § 38 InsO begründet sind (vgl. Rdnr. 1531). Die aufschiebende Bedingung tritt erst nach Eröffnung des Insolvenzverfahrens ein.[1] Wird z. B. das Insolvenzverfahren am 1. 11. eröffnet, so ist der auf Januar bis Oktober entfallende Teil der Einkommensteuerschuld bei Verfahrenseröffnung bereits begründet, aber noch nicht steuerrechtlich entstanden und damit aufschiebend bedingt. Damit ist der Finanzverwaltung nach § 95 Abs. 1 Satz 3 InsO die Aufrechnung der aufschiebend bedingten Forderungen z. B. gegen Steuererstattungsansprüche aufgrund zu Unrecht geleisteter Vorauszahlungen verwehrt.

818 Der Insolvenzgläubiger kann nach § 95 Abs. 1 Satz 3 InsO erst dann aufrechnen, wenn seine Forderung vor der des Schuldners fällig wird, unbedingt wird bzw. sich in eine gleichartige Forderung verwandelt. § 95 Abs. 1 Satz 3 InsO hindert allerdings nicht die Aufrechnung des Finanzamts mit Steuerforderungen aus der Zeit vor Eröffnung des Insolvenzverfahrens gegen einen durch Abgabe einer berichtigten Anmeldung nach Verfahrenseröffnung entstandenen Lohnsteuererstattungsanspruch.[2]

819 Für die Fälligkeit i. S. d. § 95 InsO kommt es bei Ansprüchen aus dem Steuerschuldverhältnis auf die steuerrechtliche **Fälligkeit** an, die sich aus den Einzelsteuergesetzen ergibt. Die Vorschrift des § 41 InsO, wonach nicht fällige Forderungen als fällig gelten, ist insoweit nicht anzuwenden.

820 Der BFH[3] hat klargestellt, dass das Finanzamt im Insolvenzverfahren mit Gegenforderungen aufrechnen kann, die vor Verfahrenseröffnung entstanden sind, **ohne dass es deren vorheriger Festsetzung, Feststellung oder Anmeldung zur Insolvenztabelle bedarf.** Die Fälligkeit richtet sich in diesen Fällen nach § 220 Abs. 2 Satz 1 AO, wonach der Anspruch **mit seiner Entstehung fällig** wird.

---

1 BFH v. 22. 5. 1979 – VIII R 58/77, BStBl II 1979, 639; v. 29. 1. 1991, BFH/NV 1991, 791, zum Konkursverfahren.
2 BFH v. 26. 1. 2005 – VII R 41/04, BFH/NV 2005, 1211.
3 BFH v. 4. 5. 2004 – VII R 45/03, BStBl II 2004, 815; v. 10. 5. 2007 – VII R 18/05, BStBl II 2007, 914.

BEISPIEL: ▶ Das Insolvenzverfahren wird am 1.7.2008 eröffnet. Der Insolvenzverwalter macht gegenüber der FinVerw ein Lohnsteuerguthaben i. H. v. 9 000 € aus der Lohnsteueranmeldung 04/2006 geltend, der die Finanzverwaltung im Oktober zugestimmt hat. Die FinVerw rechnet im Oktober mit einer Umsatzsteuerforderung i. H. v. 10 000 € auf. Es handelt sich um die Umsatzsteuervorauszahlung 05/2008, für die keine Umsatzsteuervoranmeldung abgegeben wurde. Die FinVerw hat sie im November zur Tabelle angemeldet. Der Insolvenzverwalter hat der Anmeldung widersprochen.

Die Aufrechnung ist unter Berücksichtigung der BFH-Rechtsprechung möglich. Die Vorauszahlung für Mai 2008 wird mangels Voranmeldung mit ihrer Entstehung fällig. Zum Zeitpunkt der Aufrechnung steht der Hauptforderung des Insolvenzverwalters i. H. v. 9 000 € damit eine aufrechenbare Gegenforderung der FinVerw i. H. v. 10 000 € gegenüber.

Die **vorläufige Insolvenzverwaltung** beschränkt die Aufrechnungsbefugnis grundsätzlich nicht. Dies gilt sowohl für die Bestellung eines schwachen als auch eines starken Insolvenzverwalters.[1]   821

(Einstweilen frei)   822–825

c) Aufrechnungsverbote (§ 96 InsO)

Die Insolvenzordnung sieht **vier Aufrechnungsverbote** vor. Die Aufrechnung ist ausgeschlossen: 826

▶ wenn die Forderung, gegen die der Insolvenzgläubiger aufrechnen will, erst nach Eröffnung des Insolvenzverfahrens entstanden ist, d. h. „der Insolvenzgläubiger erst nach Eröffnung des Insolvenzverfahrens etwas zur Insolvenzmasse schuldig geworden ist" (§ 96 Nr. 1 InsO),

▶ wenn der Insolvenzgläubiger die zur Aufrechnung gestellte Forderung erst nach Eröffnung des Insolvenzverfahrens von einem anderen Gläubiger erworben hat (§ 96 Nr. 2 InsO),

▶ wenn der Insolvenzgläubiger die Möglichkeit der Aufrechnung durch eine anfechtbare Rechtshandlung erlangt hat (§ 96 Nr. 3 InsO),

▶ wenn der Insolvenzgläubiger mit einer Forderung gegen das nicht insolvenzverhaftete Vermögen des Insolvenzschuldners aufrechnen will (§ 96 Nr. 4 InsO).

Wenn **§ 96 Nr. 1 InsO** die Aufrechnung dann für ausgeschlossen erklärt, wenn „der Insolvenzgläubiger erst nach Eröffnung des Insolvenzverfahrens etwas zur Insolvenzmasse schuldig geworden ist", heißt dies bezogen auf Steuerforderungen, dass die FinVerw als Insolvenzgläubigerin mit Insolvenzforderun-   827

---

1 BGH v. 29.6.2004 – IX ZR 195/03, BGHZ 159, 388.

gen, die vor Insolvenzeröffnung erworben wurden, gegen Erstattungs- und Vergütungsansprüche des Insolvenzschuldners, die nach Insolvenzeröffnung begründet sind, **nicht** aufrechnen kann. Das Aufrechnungsverbot nach § 96 Nr. 1 InsO soll gewährleisten, dass eine Insolvenzforderung nicht vollständig befriedigt wird, wenn zum Zeitpunkt der Insolvenzeröffnung die Aufrechnungslage noch nicht bestand. Damit wird unterbunden, dass der Insolvenzgläubiger durch Aufrechnungserklärung einen Massezufluss mittels Erlöschen einer „wertlosen" Insolvenzforderung verhindert.

828 Vereinfacht ausgedrückt ist eine Aufrechnung unter Berücksichtigung des § 96 Nr. 1 InsO nur dann zulässig, wenn Forderung und Gegenforderung den **gleichen Vermögensmassen** zuzurechnen sind:

▶ Gegen Erstattungs- und Vergütungsansprüche des Insolvenzschuldners, die der Insolvenzmasse zuzurechnen sind, können grundsätzlich nur Ansprüche aufgerechnet werden, die als Masseverbindlichkeit nach § 55 InsO vorweg zu befriedigen sind.

▶ Gegen vor Insolvenzeröffnung bereits begründete Erstattungs- und Vergütungsansprüche des Insolvenzschuldners kann mit Insolvenzforderungen nach § 38 InsO aufgerechnet werden, da hier die Aufrechnungslage bereits vor Eröffnung des Insolvenzverfahrens bestand.

829 Die Zulässigkeit einer Aufrechnung hängt damit entscheidend davon ab, ob die Erstattungs- und Vergütungsansprüche, mit denen aufgerechnet werden soll, vor oder nach Insolvenzeröffnung **begründet** waren (s. hierzu Rdnr. 701).

830 Die Aufrechnung ist unzulässig, wenn der Insolvenzgläubiger seine Forderung erst nach Verfahrenseröffnung erworben hat (**§ 98 Nr. 2 InsO**). Durch diese Regelung soll verhindert werden, dass das Finanzamt sich von einem anderen Finanzamt eine Forderung abtreten lässt und so die Aufrechnungslage herstellt.

BEISPIEL: ▶ Am 1.12.2008 wurde das Insolvenzverfahren eröffnet. Der Insolvenzverwalter macht gegenüber dem Finanzamt Hamburg einen Umsatzsteuererstattungsanspruch aus Juni 2008 geltend. Das Finanzamt Stuttgart tritt eine bestehende Einkommensteuerforderung aus dem Jahr 2007 an das Finanzamt Hamburg ab, mit der das Finanzamt Hamburg gegenüber der Hauptforderung des Insolvenzschuldners aufrechnet.

Die Aufrechnung ist hier nur in Höhe des Bundesanteiles der Umsatzsteuer möglich. Bezüglich des Landesteiles der Umsatzsteuer ist die Aufrechnung nach § 96 Nr. 2 InsO nicht möglich.

831 Besteht zwischen einer Haftungsforderung und einem Erstattungsanspruch (hier: hinsichtlich des Bundesanteils von einer Organgesellschaft gezahlter Umsatzsteuer) materiell-rechtlich Gegenseitigkeit, kann die Körperschaft, wel-

che den Erstattungsanspruch verwaltet, die Aufrechnung erklären, selbst wenn sie nicht Gläubiger der Haftungsforderung ist und diese auch nicht verwaltet.[1]

Die Aufrechnung ist immer dann unzulässig, wenn der Insolvenzgläubiger die Aufrechnungslage durch eine **anfechtbare Rechtshandlung** erlangt hat (§ 96 Nr. 3 InsO). Immer dann, wenn das Finanzamt die Möglichkeit der Aufrechnung durch eine anfechtbare Rechtshandlung erlangt hat, ist die Aufrechnung damit unzulässig.[2]

832

Ein Aufrechnungsverbot besteht nach § 96 Nr. 4 InsO, wenn ein Gläubiger, dessen Forderung aus dem insolvenzfreien Vermögen des Schuldners zu erfüllen ist, etwas zur Insolvenzmasse schuldet. Der Befriedigung des Gläubigers kann in diesen Fällen grundsätzlich nur das insolvenzfreie Vermögen des Schuldners, nicht aber die Insolvenzmasse dienen. Dabei ist es unerheblich, ob der Anspruch der Insolvenzmasse gegen den Steuergläubiger vor oder nach Eröffnung des Insolvenzverfahrens entstanden ist. Durch dieses Aufrechnungsverbot soll verhindert werden, dass gegen das insolvenzfreie Vermögen gerichtete Forderungen des Insolvenzgläubigers durch erklärte Aufrechnung zulasten der Insolvenzmasse erlöschen. Siehe hierzu umfassend Rdnr. 841.

833

---

1 BFH v. 10. 5. 2007 – VII R 18/05, BStBl II 2007, 914.
2 FG Brandenburg v. 12. 7. 2005 – 3 K 1669/02, EFG 2006, 1480, rkr.

I. Allgemeiner Teil

d) Übersicht zur Aufrechnung von Steuerforderungen

834 ABB.: Übersicht zur Aufrechnung von Steuerforderungen

835–840 *(Einstweilen frei)*

e) Aufrechnung mit Steuern aus dem insolvenzfreien Bereich (Neuerwerb)

841 Die Folgerungen aus der Rechtsprechung des BFH zum sog. Neuerwerb sowie der Änderung des § 35 InsO durch das Gesetz zur Vereinfachung des Insolvenzverfahrens (s. Rdnr. 631) für den Bereich der Aufrechnung sind noch nicht abschließend geklärt. Grundsätzlich sind Steuererstattungen aus dem insolvenzfreien Bereich nicht ohne weiteres mit Insolvenzforderungen aufrechenbar. Gleichzeitig können gegen Steuererstattungen aus dem Massebereich nicht ohne weiteres Forderungen aus dem insolvenzfreien Bereich aufgerechnet werden. Vorsteuern, die im Bereich der Insolvenzmasse angefallen sind, können nicht gegenüber dem Steueranspruch aufgerechnet werden, der für den insolvenzfreien Unternehmensteil anzusetzen ist.[1] Noch nicht höchstrichterlich entschieden ist allerdings die Frage, wem die sich aus der insolvenzfreien

---

[1] BFH v. 28. 6. 2000 – V R 87/99, BStBl II 2000, 639.

Tätigkeit ergebenden Steuerguthaben zustehen und ob ggf. eine Aufrechnung mit Insolvenzforderungen in Betracht kommt.

§ 35 InsO regelt, dass grds. **alle** Vermögenswerte, die zum Zeitpunkt der Eröffnung des Verfahrens dem Schuldner gehörten und die er während des Verfahrens erlangt, zur Insolvenzmasse gehören. Sofern der Insolvenzverwalter allerdings die Freigabe der selbstständigen Tätigkeit nach § 35 Abs. 2 InsO erklärt, ist meiner Ansicht nach auch ein eventuelles Steuerguthaben von der Freigabe erfasst.[1] Sofern allerdings nach alter Rechtslage **nicht** wirksam die Freigabe erklärt wurde, fallen Erstattungsansprüche wie jedweder Neuerwerb in die Insolvenzmasse und können ggf. vom Aufrechnungsverbot des § 96 Abs. 1 Nr. 1 InsO betroffen sein.[2]

842

Ergeben sich durch die **freigegebene Tätigkeit** des Insolvenzschuldners Steuererstattungsansprüche, so fallen diese nicht nach § 35 Abs. 1 InsO in die Insolvenzmasse. Die Aufrechnung von Insolvenzforderungen oder Masseverbindlichkeiten gegen Erstattungsansprüche unter der dritten Steuernummer ist meiner Ansicht nach entgegen der in der Vorauflage vertretenen Ansicht[3] **grundsätzlich** nicht möglich, da mit der Freigabe auch Steuererstattungsansprüche aus der freigegebenen Tätigkeit nicht zur Insolvenzmasse gehören. Für **umsatzsteuerliche Erstattungsansprüche** könnte nur dann etwas anderes gelten, wenn der umsatzsteuerliche Grundsatz der Einheit des Unternehmens die insolvenzrechtliche Grundentscheidung des § 35 Abs. 2 InsO verdrängen würde.

843

> **BEISPIEL:** ▶ Das Insolvenzverfahren wurde am 1. 7. 2008 eröffnet. Ab 1. 1. 2009 begründet der Insolvenzschuldner unstreitig Umsatzsteuerforderungen im insolvenzfreien Vermögen. Durch die Verwaltung und Verwertung der Masse fallen zudem Umsatzsteuern gegen die Masse an. Für den Voranmeldezeitraum 01/09 reichen sowohl der Verwalter als auch der Insolvenzschuldner „Teil"-Umsatzsteuervoranmeldungen ein, die unter den jeweiligen Steuernummern erfasst wurden.

---

1 A. A. FG Thüringen v. 10. 4. 2008 – 1 K 757/07 – (Rev. anhängig: VII R 35/08) zur Frage der Aufrechnung im Rahmen der Wohlverhaltensphase: Das Finanzamt kann Umsatzsteuer-Erstattungsansprüche, die sich aus einer neuen selbständigen gewerblichen Tätigkeit eines Insolvenzschuldners (sog. Neuerwerb) nach Freigabe des Insolvenzverwalters gem. § 295 Abs. 2 InsO während der zur Erlangung der Restschuldbefreiung notwendigen Wohlverhaltensphase gem. § 287 Abs. 2 InsO ergeben, mit Umsatzsteuerschulden des früheren insolvent gewordenen Einzelunternehmens aufrechnen.
2 BFH v. 16. 2. 2009 – VII B 80/08, n. v.
3 S. Vorauflage unter Rdnr. 627 ff.

	Masse (neue Stnr.)	Insolvenzfreies Vermögen (dritte Stnr.)	Insgesamt
Umsatzsteuer	50 000 €	10 000 €	60 000 €
Vorsteuer	52 000 €	13 000 €	65 000 €
Summe	-2 000 €	-3 000 €	-5 000 €

844 Es stellt sich die Frage, inwieweit die FinVerw gegenüber den Erstattungen im Beispielsfall aufrechnen kann. Dazu ist der Erstattungsbetrag entsprechend der eingereichten Voranmeldungen aufzuteilen:

Der Teil der Erstattung, der vom Verwalter mit der Masse begründet wurde (- 2 000 €), ist an die Masse auszukehren, soweit keine Aufrechnungsmöglichkeiten mit anderen Masseverbindlichkeiten vorliegen.

Für den restlichen Erstattungsanspruch i. H. v. 3 000 € bestehen Aufrechnungsmöglichkeiten der FinVerw mit Gegenforderungen aus dem insolvenzfreien Vermögen. Ob die FinVerw mit weiteren Ansprüchen gegen die Masse aufrechnen kann, ist noch nicht höchstrichterlich geklärt. Meiner Ansicht nach kommt eine Aufrechnung mit Masseansprüchen nicht in Betracht, da der Steuererstattungsanspruch des Insolvenzschuldners dem freigegebenen insolvenzfreien Vermögensbereich zuzuordnen ist.

845–850 *(Einstweilen frei)*

f) Aufrechnung im Restschuldbefreiungsverfahren/Insolvenzplanverfahren

851 Während der sog. Wohlverhaltensphase ist die Aufrechnung grundsätzlich zulässig, da insoweit die Aufrechnungsverbote der §§ 94 ff. InsO nicht mehr gelten.[1] Das Aufrechnungshindernis entfällt allerdings erst mit der Aufhebung des Insolvenzverfahrens und nicht bereits mit dem Beschluss über die Ankündigung der Restschuldbefreiung.[2]

852 Die FinVerw darf während der sog. Wohlverhaltensphase im Restschuldbefreiungsverfahren gegen Erstattungsansprüche des Insolvenzschuldners mit Insolvenzforderungen aufrechnen.[3] Die Aufrechnung ist möglich, da Ansprüche des ehemaligen Insolvenzschuldners auf Erstattung von Einkommensteuer nicht zu den in der Wohlverhaltensphase an den Treuhänder abgetretenen Forde-

---

1 Vgl. BGH v. 21.7.2005 – IX ZR 115/04, ZInsO 2005, 565; FG Münster v. 2.9.2005 – 11 K 3099/04, EFG 2005, 1826.
2 BFH v. 7.6.2006 – VII B 329/05, BStBl II 2006, 641.
3 S. zur Aufrechnung gegenüber Lohnsteuererstattungsansprüchen des Schuldners in der Wohlverhaltensphase die Aufrechnung BFH v. 16.5.2008 – VII S 11/08 PKH unter Verweis auf BFH v. 21.11.2006 – VII R 66/05, BFH/NV 2007, 1066.

rungen auf Bezüge aus einem Dienstverhältnis oder an deren Stelle tretende laufende Bezüge gehören.[1] Zz. ist beim BFH ein Revisionsverfahren zur Frage anhängig, ob das Finanzamt gegen USt-Erstattungsansprüche des Schuldners aus selbständiger Tätigkeit mit Altforderungen aus dem insolvent gewordenen Einzelunternehmen während der Wohlverhaltensphase aufrechnen kann.[2]

Ein Aufrechnungsverbot kann auch nicht in aus entsprechender Anwendung des § 294 Abs. 1 InsO hergeleitet werden. In § 294 Abs. 1 InsO ist geregelt, dass Zwangsvollstreckungen für einzelne Insolvenzgläubiger in das Vermögen des Schuldners während der Laufzeit der Abtretungserklärung nicht zulässig sind. Aus der Vorschrift des § 394 BGB, der zufolge eine Aufrechnung gegen eine Forderung, die nicht der Pfändung unterworfen ist, nicht stattfindet, und aus der Intention des Gesetzgebers bei der Regelung der Wohlverhaltensperiode folgt nicht, dass auch Aufrechnungen während der Wohlverhaltensperiode ausgeschlossen seien.[3] 853

Die Frage, ob nach betätigtem **Insolvenzplan** gegenüber Forderungen des Schuldners mit angemeldeten Insolvenzforderungen aufgerechnet werden kann ist noch nicht abschließend geklärt.[4] 854

> **BEISPIEL:** Im Insolvenzplan werden jährliche Zahlungen auf die Insolvenzforderungen des Finanzamts in Höhe von 10 000 € vereinbart. Am 10. 6. bestehen aus einer Umsatzsteuervoranmeldung Erstattungsansprüche i. H. v. 50 000 €. Gegenüber diesen Forderungen rechnet das Finanzamt mit Insolvenzforderungen i. H. v. 50 000 € auf.
>
> In der insolvenzrechtlichen Literatur wird überwiegend die Auffassung vertreten, dass die Durchsetzung einer Aufrechnung aufgrund des Vorrangs von § 94 InsO zu § 254 InsO weder aufgehoben noch beschränkt werden könne.[5] In diesem Sinne hat der 14. Zivilsenat des OLG Celle entschieden[6] Diese Wertung hätte zur Folge, dass der Erstattungsanspruch in obigem Beispiel durch Aufrechnung erloschen ist.
>
> Eine völlig andere Wertung vertritt der 16. Zivilsenat des OLG Celle, der einen Aufrechnungsschutz aufgrund der Möglichkeit der Beteiligung am Planaufstellungsverfahrens vertritt.[7] Hat das Finanzamt einem Insolvenzplan zugestimmt oder liegen die Voraussetzungen der Zustimmungsfiktion nach § 246 InsO vor, kann es für die Dauer des Planverfahrens mit Erstattungsansprüchen nur aufrechnen, soweit dies

---

1 Vgl. BFH v. 21. 11. 2006 – VII R 1/06, BFH/NV 2007, 303.
2 AZ BFH: VII R 35/08.
3 BGH v. 21. 7. 2005 – IX ZR 115/04, BGHZ 163, 391 = NJW 2005, 2988; BFH v. 21. 11. 2006, BFH/NV 2007, 303.
4 Siehe hierzu Joachim/Schwarz, ZInsO 2009, 408 ff.
5 S. MünchKomm/Brandes, InsO, § 94 Rdnr. 45 m. w. N.
6 OLG Celle v. 23. 12. 2008 – 14 U 105/08; ZInsO 2008, 1327.
7 Celle v. 13. 11. 2008 – 16 U 63/08, ZInsO 2008, 1327; so auch Joachim/Schwarz, ZInsO 2009, 408 ff.

im Plan vorgesehen war. Damit könnte das Finanzamt gegenüber der Erstattungsanspruch in obigem Beispiel nur i. H. v. 10 000 € aufrechnen, sofern die jährliche Zahlung auf die Insolvenzforderungen noch nicht erfolgt ist. Auf die eingelegte Revision gegen die die Entscheidung des 14. Zivilsenats wird der IX. Senat des BGH die Rechtsfrage klären.

g) Aufrechnung gegen nach Aufhebung des Insolvenzverfahrens ermittelte Forderung

855 Nach der Aufhebung des Insolvenzverfahrens können die Insolvenzgläubiger nach § 201 Abs. 1 InsO ihre Forderungen gegen den Schuldner unbeschränkt geltend machen. Daher kann ein Insolvenzgläubiger nach Aufhebung des Insolvenzverfahrens die Aufrechnung gegen Forderungen des Schuldners erklären, die zwar während des Insolvenzverfahrens begründet, jedoch nicht ermittelt wurden oder aus anderen Gründen nicht in die Schlussverteilung eingegangen sind und über die der Schuldner nunmehr wieder frei verfügen kann, da sie nicht mehr der Insolvenzbeschlagnahme (§ 80 Abs. 1 InsO) unterliegen.[1]

856 Nur wenn hinsichtlich eines Erstattungsanspruchs die **Nachtragsverteilung** nach § 203 InsO angeordnet wurde, bleiben insoweit die Beschlagnahmewirkungen des Insolvenzrechts bestehen. Dann gelten auch weiterhin die Regelungen der §§ 94 bis 96 InsO, sodass möglicherweise die Aufrechnung unzulässig ist. Die Nachtragsverteilung muss ausdrücklich hinsichtlich des voraussichtlichen Steuererstattungsanspruchs angeordnet worden sein. Wird ein zur Insolvenzmasse gehörender Steuererstattungsanspruch erst nachträglich ermittelt, kann zwar eine Nachtragsverteilung auch dann angeordnet werden, wenn das Insolvenzverfahren bereits aufgehoben worden ist (§ 203 Abs. 1 Nr. 3 Abs. 2 InsO). In diesem Fall tritt aber eine erneute Insolvenzbeschlagnahme bezüglich dieser Forderung erst mit dem Beschluss über die Anordnung der Nachtragsverteilung ein, dem **keine Rückwirkung** zukommt.[2]

857–860 *(Einstweilen frei)*

h) Umsatzsteuerliche Aufrechnungslagen

(1) Aufrechnung gegenüber Vorsteuervergütungsansprüchen

861 Gegen ein sich aus der Umsatzsteuer-Voranmeldung des Insolvenzschuldners ergebendes Guthaben kann das Finanzamt mit Steuerforderungen aufrech-

---

[1] BFH v. 4. 9. 2008 – VII B 239/07, BFH/NV 2009, 6.
[2] BFH v. 4. 9. 2008 – VII B 239/07, BFH/NV 2009, 6; Hess, Insolvenzrecht, Großkommentar, § 203 Rdnr. 29; Uhlenbruck, Insolvenzordnung, 12. Aufl., § 203 Rdnr. 12.

nen, soweit der Erstattungsanspruch vor Eröffnung des Insolvenzverfahrens begründet worden ist. Um nicht gegen das **Aufrechnungsverbot nach § 96 Abs. 1 Nr. 1 InsO** zu verstoßen, muss das Finanzamt immer dann, wenn es nach der Eröffnung des Insolvenzverfahrens die Aufrechnung gegen einen sich für einen Besteuerungszeitraum ergebenden Vorsteuervergütungsanspruch des Schuldners erklären will, sicherstellen, dass die Aufrechnung den Vorsteuervergütungsanspruch nur insoweit erfasst, als sich dieser aus Vorsteuerbeträgen zusammensetzt, die vor der Eröffnung des Insolvenzverfahrens begründet worden sind.[1] D. h., die sich ergebende (einheitliche) Umsatzsteuerschuld bzw. die Erstattung ist auf die insolvenzrechtlich unterschiedlich zu behandelnden Vermögensmassen aufzuteilen. Die Aufteilung ist wird i. d. R. unproblematisch sein, weil Umsätze und Vorsteuern exakt zugerechnet werden können.

Die Abgabe der Umsatzsteuer-Voranmeldung durch den Insolvenzschuldner, die zur Aufrechnungslage führt, ist **keine insolvenzrechtlich anfechtbare Rechtshandlung,** sodass die Aufrechnung gegenüber Vorsteuer-Erstattungsansprüchen nicht gegen das **Aufrechnungsverbot nach § 96 Abs. 1 Nr. 3 InsO** verstößt.[2]

862

Die Zusammenfassung von Umsatzsteuer aus Leistungen und Vorsteuer auf Ebene der Steuerfestsetzung ist insolvenzrechtlich ohne Bedeutung, da insolvenzrechtlich die einzelne Forderung und nicht der saldierte Steueranspruch (§ 37 AO) maßgeblich ist (§ 174 Abs. 2 InsO). Für die aus dem jeweiligen einzelnen Umsatz resultierende Umsatzsteuer und für den jeweiligen einzelnen Vorsteuerbetrag ist daher zu entscheiden, ob dieser vor oder nach Insolvenzeröffnung begründet ist. In diesem Zusammenhang ist zu berücksichtigen, dass der Vorsteuerabzugsanspruch bereits mit Ausführung des Umsatzes des leistenden Unternehmers begründet ist; die Rechnungstellung ist nur aus steuerlicher Sicht von Belang (s. hierzu Rdnr. 2092).

863

> **BEISPIEL:** ▶ Der Insolvenzverwalter macht für die Insolvenzschuldnerin, über deren Vermögen im September 2008 das Insolvenzverfahren eröffnet worden war, mit Umsatzsteuer-Voranmeldung von November 2008 für Oktober 2008 einen Umsatzsteuer-Erstattungsanspruch geltend, der sich aus einem Vorsteuerüberhang, der vor Insolvenzeröffnung begründet war, ergibt. Gegen diesen Anspruch rechnet das Finanzamt mit höheren Steueransprüchen aus Umsatzsteuer, die vor Insolvenzeröffnung begründet waren, auf.
>
> Die Finanzbehörde kann hier unbeschadet des § 96 Nr. 1 InsO mit vorinsolvenzrechtlichen Steuerforderungen gegen einen **Umsatzsteuer-Erstattungsanspruch** aufrech-

---

1 BFH v. 5. 10. 2004 – VII R 69/03, BStBl II 2005, 195; v. 16. 11. 2004 – VII R 75/03, BStBl II 2006, 193.
2 BFH v. 14. 1. 2009 – VII S 24/08 (PKH), BFH/NV 2009, 885.

nen. Es handelt sich um einen vor Insolvenzeröffnung i. S. v. § 38 InsO begründeten Anspruch, so dass die Aufrechnung mit einer Insolvenzforderung möglich ist.

(2) Verhältnis Aufrechnung zur Zwangsverrechnung nach § 16 Abs. 2 UStG

864 Der BFH hat bereits mit Urteil vom 16. 11. 2004[1] festgestellt, dass das Finanzamt nach der Eröffnung des Insolvenzverfahrens grundsätzlich die Aufrechnung gegen einen sich für einen Besteuerungszeitraum ergebenden Vorsteuervergütungsanspruch des Schuldners erklären kann, hierbei aber den Grundsatz der Zwangsverrechnung nach § 16 Abs. 2 UStG beachten muss. Diesen Grundsatz hat der BFH im Folgenden konkretisiert:[2]

► Zunächst ist die für den betreffenden Besteuerungszeitraum (vgl. § 18 UStG) berechnete Umsatzsteuer nach § 16 Abs. 2 Satz 1 UStG mit den Vorsteuerbeträgen dieses Besteuerungszeitraums zu verrechnen. Dabei sind zunächst die Vorsteuerbeträge zu verrechnen, die vor Insolvenzeröffnung begründet worden sind.

► Verbleibt danach ein Vorsteuervergütungsanspruch, wird er – soweit er sich aus Vorsteuerbeträgen aus sowohl vor als auch nach der Insolvenzeröffnung ausgeführten Lieferungen und Leistungen zusammensetzt – entsprechend aufgeteilt.

► Das Finanzamt darf dann gegen denjenigen Teil des Vorsteuerguthabens aufrechnen, der auf vor der Insolvenzeröffnung erbrachte Unternehmerleistungen zurückzuführen ist.

865 **BEISPIELE:** ►

Beispiel: Zahllast/Vorsteuer vor Insolvenzeröffnung begründet

VAZ nach Eröffnung	Insolvenzforderung	Masseverbindlichkeit	Saldo
USt		50 000 €	
./. Vorst.	– 20 000 €		
Saldo			30 000 €

Die Zwangsverrechnung nach § 16 Abs. 2 UStG greift im Beispielsfall ein. Der Vorsteuerüberhang i. H. v. 20 000 € aus vor Insolvenzeröffnung begründeten Forderungen wird mit den nach Insolvenzeröffnung begründeten 50 000 € nach § 16 Abs. 2 UStG zwangsverrechnet, sodass eine Zahllast von 30 000 € verbleibt. Eine Aufrechnung des Finanzamts mit Insolvenzforderungen, die nach § 96 Nr. 1 InsO grds. zulässig wäre, kann nicht erfolgen.

---

[1] BFH v. 16. 11. 2004 – VII R 75/03, BStBl II 2006, 193.
[2] BFH v. 16. 1. 2007 – VII R 7/06, BStBl II 2007, 745; v. 16. 1. 2007 – VII R 4/06, BStBl II 2007, 747.

Beispiel: Überschuss/Vorsteuer vor Insolvenzeröffnung begründet

VAZ nach Eröffnung	Insolvenzforderung	Masseverbindlichkeit	Saldo
USt		10 000 €	
./. Vorst.	- 20 000 €		
Saldo			- 10 000 €

Die Zwangsverrechnung nach § 16 Abs. 2 UStG greift im Beispielsfall nur i. H. v. 10 000 € ein. Der Vorsteuerüberhang i. H. v. 20 000 € aus vor Insolvenzeröffnung begründeten Forderungen wird mit den nach Insolvenzeröffnung begründeten 10 000 € nach § 16 Abs. 2 UStG zwangsverrechnet, sodass ein Überschuss von 10 000 € verbleibt. Eine Aufrechnung des Finanzamts mit Insolvenzforderungen, die nach § 96 Nr. 1 InsO zulässig wäre, ist i. H. v. 10 000 € möglich.

Beispiel: Überschuss/Mischfall

VAZ nach Eröffnung	Insolvenzforderung	Masseverbindlichkeit	Saldo
USt		10 000 €	
./. Vorst.	- 10 000 €	- 15 000 €	
Saldo			- 15 000 €

Eine Aufrechnung des sich ergebenden Guthabens i. H. v. 15 000 € mit Insolvenzforderungen ist nicht zulässig. Eine Saldierung der USt i. H. v. 10 000 € zunächst mit der vor Eröffnung des Insolvenzverfahrens begründeten Vorsteuer i. H. v. 10 000 € ergibt keine verbleibenden, vor Insolvenzeröffnung begründeten und damit aufrechenbaren Vorsteuerbeträge. Das Guthaben i. H. v. 15 000 € ist daher an die Masse zu erstatten, sofern keine Aufrechnungsmöglichkeit mit Masseverbindlichkeiten besteht.

Beispiel: Überschuss/Mischfall

VAZ nach Eröffnung	Insolvenzforderung	Masseverbindlichkeit	Saldo
USt		10 000 €	
./. Vorst.	- 14 000 €	- 1 000 €	
Saldo			- 5 000 €

Die Zwangsverrechnung nach § 16 Abs. 2 UStG greift im Beispielsfall ein. Der Vorsteuerüberhang i. H. v. 14 000 € aus vor Insolvenzeröffnung begründeten Forderungen wird mit den nach Insolvenzeröffnung begründeten 10 000 € nach § 16 Abs. 2 UStG zwangsverrechnet. Es verbleibt ein Erstattungsbetrag von 5 000 €. Davon sind 4 000 € vor Insolvenzeröffnung begründet, sodass eine Aufrechnung mit Insolvenzforderungen nach § 96 Abs. 1 Nr. 1 InsO zulässig ist. Die verbleibenden 1 000 € sind an die Masse auszukehren bzw. können nur mit Masseverbindlichkeiten aufgerechnet werden. Eine Aufrechnung mit Insolvenzforderungen wäre nach § 96 Abs. 1 Nr. 1 InsO unzulässig, da insoweit die Grundlage des Erstattungsanspruchs nicht vor Eröffnung des Insolvenzverfahrens gelegt worden ist.

(Einstweilen frei)

I. Allgemeiner Teil

(3) Vergütung des vorläufigen Insolvenzverwalters

871 Die Finanzbehörde kann gegenüber der Vorsteuer aus der Rechnung des vorläufigen Insolvenzverwalters mit bestehenden Insolvenzforderungen aufrechnen, da der Vorsteueranspruch aus der Vergütung des vorläufigen Insolvenzverwalters wirtschaftlich in den Zeitraum vor Insolvenzeröffnung fällt und damit einen vor Eröffnung begründeten Vermögensanspruch darstellt.[1] § 96 Abs. 1 Nr. 1 und Nr. 3 InsO hindern grundsätzlich **nicht** die Aufrechnung des FA mit Steuerforderungen aus der Zeit vor Eröffnung des Insolvenzverfahrens gegen den aus dem Vergütungsanspruch des vorläufigen Insolvenzverwalters herrührenden Vorsteueranspruch des Insolvenzschuldners.

872 Der BFH[2] hat die teilweise vertretene Auffassung[3] zur Zugehörigkeit des Vorsteuererstattungsanspruchs zu den Masseansprüchen zurückgewiesen: Dass die Vergütung des vorläufigen Insolvenzverwalters zu den Masseverbindlichkeiten gehört, bedeutet nicht, dass der Vorsteuervergütungsanspruch des Insolvenzschuldners, soweit er auf der vom vorläufigen Insolvenzverwalter mit in Rechnung gestellten Umsatzsteuer beruht, allein den Massegläubigern zur Verfügung stehen muss.

873 Die Vorsteuer aus der Rechnung des vorläufigen Insolvenzverwalters kann immer dann nicht aufgerechnet werden, wenn der Vorsteuerbetrag schon durch die Zwangsverrechnung nach § 16 Abs. 2 UStG aufgezehrt wird.[4]

> **BEISPIEL:** Über das Vermögen der Insolvenzschuldnerin wird am 1.7.2007 das Insolvenzverfahren eröffnet. Am 10.9.2008 reicht der Insolvenzverwalter die Voranmeldung 8/2008 zur Umsatzsteuer beim Finanzamt ein, in der ausschließlich ein Guthaben zugunsten der Insolvenzschuldnerin von 8 000 € erklärt wurde. Das Guthaben beruht auf einer Rechnung des vorläufigen Insolvenzverwalters vom 24.8.2008, dem nicht die Verfügungsbefugnis über das Vermögen der Schuldnerin übertragen worden war. Nach Vorlage einer Kopie dieser Rechnung bucht das Finanzamt die auf die Abrechnung des vorläufigen Insolvenzverwalters entfallende Vorsteuer auf rückständige Umsatzsteuer der Insolvenzschuldnerin für das Jahr 2006 um und erklärt insoweit die Aufrechnung.
>
> Die Aufrechnung ist zulässig. Eine Zwangsverrechnung nach § 16 Abs. 2 UStG kommt nicht in Betracht, da in der Voranmeldung 8/2008 ausschließlich ein Vorsteuerüberhang erklärt wird. Nach § 96 Nr. 1 InsO ist die Aufrechnung dann unzulässig, wenn ein Insolvenzgläubiger erst nach der Eröffnung des Insolvenzverfahrens etwas zur

---

1 BFH v. 16.11.2004 – VII R 75/03, BStBl II 2006, 193; v. 16.1.2007 – VII R 4/06, BStBl II 2007, 747; v. 16.1.2007 – VII R 7/06, BStBl II 2007, 745; v. 27.2.2009 – VII B 96/08, BFH/NV 2009, 892.
2 BFH v. 27.2.2009 – VII B 96/08, BFH/NV 2009, 892.
3 FG Nürnberg v. 11.10.2005 – II 426/2003, EFG 2006, 1139.
4 BFH v. 16.1.2007 – VII R 4/06, BStBl II 2007, 747.

Masse schuldig geworden ist oder die Möglichkeit der Aufrechnung durch eine anfechtbare Rechtshandlung erlangt hat. Die genannte Alternative liegt nicht vor, da der Anspruch auf Erstattung der Vorsteuer, die auf die Vergütung des vorläufigen Insolvenzverwalters entfällt, bereits auf Leistungen vor der Eröffnung des Verfahrens beruht und somit Ansprüche betrifft, die bereits vor der Verfahrenseröffnung begründet waren.

Abwandlung
Am 10.9.2008 reicht der Insolvenzverwalter folgende Voranmeldung zur Umsatzsteuer beim Finanzamt ein:

USt 8/2008	Insolvenzforderung	Masseverbindlichkeit
USt		20 000 €
./. Vorst.	- 8 000 €	- 2 000 €
Saldo	- 8 000 €	18 000 €

Nach Auffassung des BFH (s. Rdnr. 864) kann das Finanzamt die aus der Rechnung des vorläufigen Insolvenzverwalters herrührende Vorsteuer hier **nicht** mit Insolvenzforderungen aufrechnen, da insoweit die Zwangsverrechnung des § 16 Abs. 2 UStG vorgeht. Die Vorsteuer i.H.v. 8 000 € ist nach § 16 Abs. 2 UStG mit der Zahllast aus dem Bereich der Masseforderung i.H.v. 18 000 € zu verrechnen, so dass insgesamt eine Zahllast von 10 000 € verbleibt.

(Einstweilen frei) 874–880

(4) Dauerfristverlängerung – Aufrechenbarkeit der Sondervorauszahlung

Ein Umsatzsteuererstattungsanspruch, der aus Guthaben aus Sondervorauszahlungen bei Dauerfristverlängerungen (s. Rdnr. 2040) resultiert, ist im Zeitpunkt der Leistung der Sondervorauszahlung begründet.[1] Daraus folgt, dass stets Aufrechenbarkeit mit Insolvenzforderungen besteht, wenn die Sondervorauszahlung vor Insolvenzeröffnung geleistet wurde.

881

BEISPIEL: Über das Vermögen des Unternehmers A wurde am 1.10.2008 das Insolvenzverfahren eröffnet. Im UStVA-Zeitraum 12/2008 erfolgt die Anrechnung der am Jahresanfang 2008 geleisteten Sondervorauszahlung für die Dauerfristverlängerung.

Umsatzsteuer für VAZ 12/2008	2 000 €
Anrechnung der Sonder-VZ (§ 48 Abs. 4 UStDV)	-12 000 €
Guthaben	-10 000 €

Der USt-Erstattungsanspruch des Schuldners für den letzten Voranmeldungszeitraum des Besteuerungszeitraums resultiert aus der Verrechnung mit der Anfang des Besteuerungszeitraums geleisteten USt-Sondervorauszahlung. Da diese insolvenz-

---
[1] BFH v. 31.5.2005 – VII R 74/04, BFH/NV 2005, 1745.

rechtlich im Zeitpunkt der Leistung der Sondervorauszahlung begründet worden ist, kann das Guthaben i. H. v. 10 000 € mit Insolvenzforderungen aufgerechnet werden.

882 Sofern die Dauerfristverlängerung für die Abgabe der Umsatzsteuervoranmeldungen widerrufen und die Sondervorauszahlung auf die Vorauszahlung für den letzten Voranmeldungszeitraum, für den die Fristverlängerung gilt, angerechnet wird, ist der insoweit nicht verbrauchte Betrag der Sondervorauszahlung nicht zu erstatten, sondern mit der Jahressteuer zu verrechnen. Nur soweit die Sondervorauszahlung auch durch diese Verrechnung nicht verbraucht ist, entsteht ein Erstattungsanspruch, der dann ggf. mit Insolvenzforderungen aufrechenbar ist.[1]

(5) Aufrechenbarkeit des Vergütungsanspruchs nach Rechnungsberichtigung

883 Wird nach dem Gesetz nicht geschuldete Umsatzsteuer in einer Rechnung ausgewiesen, entsteht im Zeitpunkt der Rechnungsausgabe eine Umsatzsteuerschuld. Diese ist auch dann erst in dem Besteuerungszeitraum, in dem die **Rechnung berichtigt** wird (§ 17 Abs. 1 Satz 3 UStG), durch Vergütung des entsprechenden Betrages zu berichtigen, wenn die Umsatzsteuer noch nicht festgesetzt oder angemeldet worden war. Der Vergütungsanspruch entsteht insolvenzrechtlich im Zeitpunkt der Rechnungsausgabe. Gegen ihn kann mit Insolvenzforderungen aufgerechnet werden.[2]

(6) Aufrechenbarkeit von Vorsteuer bei Masseunzulänglichkeit

884 Die Aufrechnung von Insolvenzforderungen/Altmasseverbindlichkeiten gegen Ansprüche der Masse, die erst nach Feststellung der Masseunzulänglichkeit begründet worden sind, ist **nicht zulässig**.[3] Für den Fall der Masseunzulänglichkeit (§§ 207 ff. InsO) sind die §§ 94–96 InsO, die für die Verteilung des Vermögens im Allgemeinen einen Interessenausgleich zwischen der durch die Aufrechnungslage gebildeten Sicherung des Insolvenzgläubigers einerseits sowie dem Gebot der gleichmäßigen Gläubigerbehandlung andererseits schaffen, sinngemäß anzuwenden.[4]

885 Die entsprechende Anwendung des § 96 Nr. 1 InsO bedeutet, dass Massegläubiger mit ihren Altforderungen gegen die Masse weiterhin gegen solche An-

---

[1] BFH v. 16. 12. 2008 – VII R 17/08, BFH/NV 2009, 994.
[2] BFH v. 4. 2. 2005 – VII R 20/04, BFH/NV 2005, 942; a. A. Zeuner, § 14c im Insolvenzverfahren, UR 2006, 153 ff.
[3] BFH v. 1. 8. 2002 – VII R 31/99, BStBl II 2002, 323.
[4] BFH v. 1. 8. 2002 – VII R 31/99, BStBl II 2002, 323; Kroth in Braun, Insolvenzordnung, 2. Aufl., § 96 Rdn. 9.

sprüche der Masse wirksam aufrechnen können, die vor Anzeige der Masseunzulänglichkeit entstanden sind. Dagegen ist die Aufrechnung von Altforderungen gegen Neuansprüche der Masse, die erst nach dieser Anzeige begründet worden sind, unzulässig. Ebenso können Neuforderungen, die erst nach Feststellung der Masseunzulänglichkeit begründet worden sind, nicht zur Aufrechnung gestellt werden. Im Ergebnis bedeutet das, dass nach Anzeige der Masseunzulänglichkeit eine Aufrechnung unzulässig ist, wenn ein Massegläubiger erst nach Anzeige der Masseunzulänglichkeit etwas zur Neumasse schuldig geworden ist.

Dieser Grundsatz gilt selbst dann, wenn die Neumasse zur Befriedigung aller Neumassegläubiger nicht ausreicht (**Unzulänglichkeit der Neumasse**) und gegen eine solche Forderung der (Neu-)Masse mit einem erst nach Anzeige der Masseunzulänglichkeit erworbenen Anspruch gegen die (Neu-)Masse aufgerechnet wird.[1] Auch eine Aufrechnung gegen einen Vorsteuervergütungsanspruch, der sich aus anteiliger Verwaltervergütung für den Zeitraum bis zur Feststellung der Masseunzulänglichkeit ergibt, ist hier nicht zulässig, wenn eine entsprechende Teilvergütung vom Insolvenzgericht nicht festgesetzt worden ist. Die Aufrechnung ist hier auch nicht in Höhe der später zugeteilten Quote zulässig. Solange die im Rahmen des § 209 Abs. 1 InsO zu verteilende Quote nicht feststeht, fehlt es an einer für die Aufrechnung notwendigen durchsetzbaren Gegenforderung. 886

(7) Aufrechenbarkeit bei Organschaft mit Haftungsansprüchen aus § 73 AO

Sofern über das Vermögen einer Organgesellschaft das Insolvenzverfahren eröffnet wird und der Insolvenzverwalter wegen nachträglich festgestellter Organschaft die Rückzahlung der von der Organgesellschaft entrichteten Umsatzsteuer beantragt, können Erstattungsansprüche mit der sich später nach § 73 AO ergebenden Haftungsschuld aufgerechnet werden. Nach Auffassung des BFH kann das Finanzamt mit Forderungen aufrechnen, die vor Verfahrenseröffnung entstanden sind, ohne dass es deren vorheriger Festsetzung, Feststellung oder Anmeldung zur Insolvenztabelle bedarf.[2] Die Fälligkeit richtet sich nach dem Grundfall des § 220 Abs. 2 Satz 1 AO. Der sich aus § 73 AO ergebende Haftungsanspruch entsteht mit der Entstehung der Umsatzsteuer, d. h. mit Ablauf des jeweiligen Voranmeldungszeitraums. 887

---

1 BFH v. 4.3.2008 – VII R 10/06, BStBl II 2008, 506.
2 BFH v. 10.5.2007 – VII R 18/05, BStBl II 2007, 914; v. 4.5.2004 – VII R 45/03, BStBl II 2004, 815; s. hierzu Onusseit, EWIR 2008, 85.

(8) Aufrechnung gegen Anspruch aus § 17 UStG nach Quotenauszahlung

888 Der Anspruch auf erneute Berichtigung nach Quotenauszahlung (s. Rdnr. 2124) ist vor Insolvenzeröffnung begründet, da bereits im Zeitpunkt der ursprünglichen Leistungserbringung ein aufschiebend bedingter Berichtigungsanspruch im Falle der Uneinbringlichkeit begründet ist.[1] Insoweit kann das Finanzamt gegenüber einem Erstattungsanspruch die Aufrechnung erklären.

889–895 *(Einstweilen frei)*

h) Besondere Aufrechnungslagen bei anderen Steuerarten/Nebenleistungen

896
▶ Die **Kraftfahrzeugsteuerschuld** ist im Falle der Eröffnung eines Insolvenzverfahrens über das Vermögen des Kraftfahrzeughalters aufzuteilen auf die Tage vor und die Tage nach Eröffnung des Verfahrens (vgl. Rdnr. 2531). Hinsichtlich für Tage nach Verfahrenseröffnung im Voraus entrichteter Kraftfahrzeugsteuer entsteht im Zeitpunkt der Verfahrenseröffnung ein Erstattungsanspruch. Dieser ist damit den Insolvenzforderungen zuzurechnen. Mit der auf die Zeit vor Verfahrenseröffnung entfallenden KraftSt bzw. dem hieraus entstehenden Guthaben kann das Finanzamt aufrechnen.[2] Will der Insolvenzverwalter vermeiden, dass die auf die Zeit nach Verfahrenseröffnung entfallende KraftSt als Masseforderung aus der Masse zu zahlen ist, muss er das Fahrzeug abmelden.

▶ Die **Eigenheimzulage** entsteht als Anspruch für jedes Jahr des Begünstigungszeitraumes neu. Eine Aufrechnung der Zulage, die für ein Jahr nach Eröffnung des Insolvenzverfahrens entsteht, mit Steuerforderungen aus Zeiten vor der Insolvenz ist nach § 96 Abs. 1 Nr. 1 InsO ausgeschlossen.[3]

▶ Das Finanzamt darf im Insolvenzverfahren keine Insolvenzforderungen gegen zugunsten des Insolvenzschuldners festgestellte **Erstattungszinsen** aufrechnen, soweit diese nach Eröffnung des Insolvenzverfahrens angefallen sind.[4]

▶ Werden dem Insolvenzschuldner entrichtete **Säumniszuschläge**, die vor Eröffnung des Insolvenzverfahrens verwirkt worden sind, aus sachlichen Bil-

---

1 BFH v. 12.8.2008 – VII B 213/07, BFH/NV 2008, 1819.
2 BFH v. 16.11.2004 – VII R 75/03, BStBl II 2005, 309; Gundlach/Frenzel/Schirrmeister, Die Aufrechnung gegen Steuererstattungsansprüche in der Insolvenz, DStR 2005, 1412.
3 BFH v. 17.4.2007 – VII R 34/06, BStBl II 2008, 215; so auch Vortmann, ZInsO 2006, 924 ff.
4 BFH v. 31.5.2005 – VII R 74/04, BFH/NV 2005, 1745; v. 4.5.2004 – VII R 45/03, BStBl II 2004, 815.

ligkeitsgründen erlassen, ist der daraus resultierende Erstattungsanspruch ebenfalls als vor Eröffnung des Insolvenzverfahrens begründet anzusehen, so dass gegen diesen Anspruch mit Insolvenzforderungen des FA aufgerechnet werden kann.[1]

▶ Das Finanzamt kann die Erstattung **Grunderwerbsteuer** gegen Insolvenzforderungen verrechnen, wenn der Verkäufer nach Eröffnung des Insolvenzverfahrens das ihm vorbehaltene Recht zum Rücktritt von einem vor Verfahrenseröffnung geschlossenen Kaufvertrag ausübt.[2]

▶ Soweit ein Anspruch auf Erstattung von Einkommensteuer auf nach Eröffnung des Insolvenzverfahrens abgeführter **Lohnsteuer** beruht, ist eine Aufrechnung des FA mit Steuerforderungen gem. § 96 Abs. 1 Nr. 1 InsO unzulässig.[3]

▶ Zur Aufrechnung gegenüber dem Anspruch auf Auszahlung des USt-Guthabens nach § 37 Abs. 5 KStG s. Rdnr. 1631, Fn. 2.

(Einstweilen frei) 897–920

---

[1] BFH v. 30. 4. 2007 – VII B 252/06, BFH/NV 2007, 1395.
[2] BFH v. 17. 4. 2007 – VII R 27/06, NWB DokID: QAAAC-46657.
[3] BFH v. 7. 6. 2006 – VII B 329/05, BStBl II 2006, 641.

D. Rechnungslegungspflichten des Insolvenzverwalters

Literatur: *Kunz/Mundt*, Rechnungslegungspflichten in der Insolvenz, DStR 1997, 620 ff., 664 ff.; *Weisang*, Zur Rechnungslegung nach der neuen Insolvenzordnung, BB 1998, 1149 ff.; *Heni*, Rechnungslegung im Insolvenzverfahren – Zahlenfriedhöfe auf Kosten der Gläubiger?, ZInsO 1999, 609 ff.; *Fischer-Böhnlein/Körner*, Rechnungslegung von Kapitalgesellschaften im Insolvenzverfahren, BB 2001, 191 ff.; *Olbrich*, Zur Besteuerung und Rechnungslegung der Kapitalgesellschaft bei Auflösung, DStR 2001, 1090 ff.; *Leibner*, Sanierungsmöglichkeiten einer GmbH und die steuerlichen Konsequenzen, DStZ 2002, 679 ff.; *Leibner/Pump*, Die steuerlichen Pflichten des Liquidators einer GmbH, GmbHR 2003, 996 ff.; *Hölzle*, Besteuerung der Unternehmenssanierung – Die steuerlichen Folgen gängiger Sanierungsinstrumente, FR 2004, 1193 ff.; *Klein*, Handelsrechtliche Rechnungslegung im Insolvenzverfahren, Diss. Hagen, Düsseldorf 2004; *Deffland*, Unternehmen in der Krise – Sanierung, Insolvenz und Abwicklung, StB 2005, 292 ff.; *Dißars*, Beurteilung der Fortführung der Unternehmenstätigkeit und Folgen einer Abkehr von der Going-Concern-Prämisse, INF 2005, 957 ff.; *Fuhrmann*, Liquidation der GmbH im Zivil- und Steuerrecht, KÖSDI 2005, 14906 ff.; *Hoffmann/Lüdenbach*, Bilanzielle Sanierungsmaßnahmen im IFRS-Abschluss im Vergleich zum deutschen Handelsbilanz- und Steuerbilanzrecht, BB 2005, 1671 ff.; *Kessler/Eicke*, Die Limited – Fluch oder Segen für die Steuerberatung, DStR 2005, 2102 ff.; *Ley*, Ertragsbrennpunkte bei der Liquidation einer GmbH & Co. KG, KÖSDI 2005, 14815 ff.; *Neu*, Die englische Limited mit Geschäftsleitung im Inland – Steuererfolgen für Gesellschaft und Gesellschafter, GmbH-StB 2005, 371 ff.; *Schwamberger*, Sanierung von KMU durch Umwandlungen, KSI 2005, 13 ff.; *Uhländer*, Eigenkapitalersetzende Darlehen im Steuer- und Gesellschaftsrecht – ein systematischer Überblick, BB 2005, 70 ff.; *Bange*, Die Rückforderung von Gewinnausschüttungen durch den Insolvenzverwalter bei nichtigen Jahresabschlüssen, ZInsO 2006, 519 ff.; *Bucher*, Die Archivierung von Geschäftsunterlagen, ZInsO 2007, 1031 ff.; *Pflüger*, Neues zur Beendigung einer KG durch Insolvenz, Gestaltende Steuerberatung 2/2007, 43 ff.; *Förschle/Deubert*, Liquidationsrechnungslegung der Personengesellschaft, in: *Budde/Förschle/Winkeljohann*, Sonderbilanzen, 4. Aufl., München 2008, 755 ff.; *Förschle/Deubert*, Abwicklungs-/Liquidationsrechnungslegung der Kapitalgesellschaft, in: *Budde/Förschle/Winkeljohann*, Sonderbilanzen, 4. Aufl., München 2008, 789 ff.; *Förschle/Heinz*, Sanierungsmaßnahmen und ihre Bilanzierung, in: *Budde/Förschle/Winkeljohann*, Sonderbilanzen, 4. Aufl., München 2008, 679 ff.; *Förschle/Weisang*, Rechnungslegung im Insolvenzverfahren, in: *Budde/Förschle/Winkeljohann*, Sonderbilanzen, 4. Aufl., München 2008, 737 ff.; *Heckschen*, Die Umwandlung in der Krise und zur Bewältigung der Krise, ZInsO 2008, 824 ff.; *Heese*, Forderungsbewertung und Wertermittlungspflichten im Insolvenzfall, DStR 2008, 150 ff.; *Schwedhelm/Wollweber*, Typische Beratungsfehler in Umwandlungsfällen und ihre Vermeidung, BB 2008, 2208 ff.; *Weber-Grellet*, BilMoG – Wo bleibt die Reform des Bilanzsteuerrechts?, DB 2008, 2451 ff.; *Bitter/Röder*, Insolvenz und Sanierung in Zeiten der Finanz- und Wirtschaftskrise, ZInsO 2009, 1283 ff.; *Hakelmacher*, Der Schwarm der Finanz- und Bilanzexperten, WPg 2009, 184 ff.; *Heni*, Umgliederungen in Liquidations- und Insolvenzbilanzen, ZInsO 2009, 998 ff.; *Köchling*, Übertragende Sanierungen in der Finanzmarktkrise, ZInsO 2009, 641 ff.; *Schmerbach/Staufenbiel*, Die übertragende Sanierung im Insolvenzverfahren, ZInsO 2009, 458 ff.

1. Einführung

Im Insolvenzverfahren ist zwischen insolvenzrechtlichen, handelsrechtlichen und steuerrechtlichen Rechnungslegungspflichten zu unterscheiden.   921

Die **insolvenzrechtlichen Rechnungslegungspflichten** des Insolvenzverwalters umfassen die folgenden Rechenwerke (s. hierzu im Einzelnen Rdnr. 274):   922
- Verzeichnis der Massegegenstände (§ 151 InsO),
- Gläubigerverzeichnis (§ 152 InsO),
- Vermögensverzeichnis (§ 153 InsO).

Der Insolvenzverwalter hat die Rechenwerke auf den Zeitpunkt der Eröffnung des Insolvenzverfahrens zu erstellen und bis spätestens eine Woche vor dem Berichtstermin in der Geschäftsstelle des Insolvenzgerichts zur Einsichtnahme niederzulegen (§ 154 InsO).   923

Im Falle des Insolvenzplanverfahrens hat er zusätzlich eine(n)   924
- Vermögensübersicht,
- Ergebnisplan,
- Finanzplan

dem Insolvenzplan nach § 229 InsO als Anlage beizufügen.

Daneben unterliegt das insolvente Unternehmen den **handels- und steuerrechtlichen Buchführungspflichten**. Diese bleiben nach § 155 Abs. 1 InsO unberührt. In Bezug auf die Insolvenzmasse hat jedoch der Insolvenzverwalter diese Pflichten zu erfüllen.[1]   925

Die handelsrechtlichen Rechnungslegungspflichten sind in den §§ 238 ff. HGB normiert, währenddessen sich die steuerlichen Rechnungslegungspflichten aus §§ 140 ff. AO ergeben.   926

Das Bilanzrechtsmodernisierungsgesetz (BilMoG) v. 25.5.2009[2] normiert in § 241a HGB die Befreiung von der Pflicht zur Buchführung und Erstellung eines Inventars für Einzelkaufleute, die an den Abschlussstichtagen von zwei auf-   927

---

[1] Instruktiv hierzu BFH v. 19.11.2007 – VIII B 104/07 zur Bilanzierungspflicht des Insolvenzverwalters bei einer insolventen Personengesellschaft. Hiernach dienen die Erklärungs- und Bilanzierungspflichten der ordnungsgemäßen Abwicklung des Besteuerungsverfahrens und nicht nur dem fiskalischen Interesse der Finanzverwaltung als Insolvenzgläubiger. Es könne deshalb nicht darauf abgestellt werden, ob ihre Erfüllung dem generellen Zweck des Insolvenzverfahrens, der gemeinschaftlichen Befriedigung der Insolvenzgläubiger aus der Insolvenzmasse, diene oder ob die Insolvenzmasse mit Kosten belastet werde, denen keine vermögensmäßigen Vorteile gegenüberstehen.

[2] BGBl I, 1102; Gesetzesbeschluss vom Bundestag am 26.3.2009 und Beschluss Bundesrat v. 3.4.2009. Vgl. auch Weber-Grellet, DB 2008, 2451 ff.

einander folgenden Geschäftsjahren nicht mehr als 500 000 € Umsatzerlöse und 50 000 € Jahresüberschuss aufweisen. Dieser Personenkreis braucht die §§ 238 bis 241 HGB nicht anzuwenden. Im Fall der Neugründung treten die Rechtsfolgen schon ein, wenn die Werte des § 241a HGB am ersten Abschlussstichtag nach der Neugründung nicht überschritten werden. Anders als noch im Referentenentwurf unterfallen Personengesellschaften nicht dem § 241a HGB.[1] Es ist ausweislich der Gesetzesbegründung[2] nicht erforderlich, dass ein Jahresabschluss nach Maßgabe der handelsrechtlichen Vorschriften aufgestellt werden muss, um festzustellen, dass eine gesetzliche Verpflichtung nicht dazu besteht. Es genügt, wenn nach überschlägiger Ermittlung unter Berücksichtigung der handelsrechtlichen Vorschriften zum Jahresabschluss ein Überschreiten der Schwellenwerte nicht zu erwarten ist. In entsprechender Weise ist fortdauernd zu überwachen, ob die Befreiungsvoraussetzungen vorliegen.

928 § 241a HGB nimmt die Vorschrift des § 141 AO nicht unmittelbar in Bezug. Dies hat zur Folge, dass § 141 AO und § 241a HGB in ihrer Anwendung in Randbereichen nicht vollständig kongruent sind. § 241a HGB lässt nur die handelsrechtliche Buchführungspflicht entfallen. § 141 AO und die steuerlichen Aufzeichnungsvorschriften (§§ 143 ff. AO, § 22 UStG etc.) bleiben gesondert zu prüfen.

929 Eine wesentliche Änderung im Verhältnis Handels- und Steuerbilanzrecht ist mit dem Wegfall der umgekehrten Maßgeblichkeit (§ 5 Abs. 1 Satz 2 EStG bisherige Fassung) eingetreten. Die Ausübung steuerlicher Wahlrechte ist erstmals ab dem Veranlagungszeitraum 2009[3] nicht mehr an die entsprechende Abbildung in der handelsrechtlichen Jahresbilanz gebunden. *„Nach § 5 Abs. 1 Satz 1, zweiter Halbsatz EStG n. F. ist die Ausübung steuerlicher Wahlrechte nur zulässig, wenn bestimmte Aufzeichnungspflichten erfüllt werden, dies aber auch nur dann, wenn in der Handelsbilanz ein anderer – vom steuerlichen Wertansatz abweichender – Wertansatz vorgenommen wurde. Stimmen Handelsbilanz-*

---

[1] So auch noch die Forderung des Bundesrates in seiner Stellungnahme (BR-Drucksache 344/08 v. 4.7.2008). Die Bundesregierung konnte sich dem Anliegen des Bundesrates nicht anschließen: „Gegen die Erstreckung der Befreiung wurde beispielsweise eingewandt, dass insbesondere für Kommanditgesellschaften in erheblichem Umfang zusätzlicher Regulierungsbedarf entstehe, um sicherzustellen, dass der Kommanditist den Nachweis der Erbringung der Einlage leisten kann, der gegenwärtig auf Grundlage des handelsrechtlichen Jahresabschlusses erfolgt."
[2] Bundesrat-Drucksache 344/08 v. 23.5.2008, 100.
[3] § 52 Abs. 1 Satz 1 EStG n. F. i. V. m. Art. 15 BilMoG; vgl. BMF v. 9.6.2009 – IV C 6 – S 2133/09/10001.

ansatz und Steuerbilanzansatz überein, bestehen die besonderen Aufzeichnungspflichten des § 5 Abs. 1 Satz 2 und 3 EStG n. F. nicht."[1]

Eine wichtige Arbeitshilfe für die Rechnungslegung in der Krise und Insolvenz liefern die Auslegungen des IDW, namentlich: 930

- IDW Rechnungslegungshinweis (IDW RH HFA 1.012, Stand 13. 6. 2008) Externe – handelsrechtliche – Rechnungslegung im Insolvenzverfahren (s. Rdnr. 978)
- IDW Rechnungslegungshinweis (IDW RH HFA 1.010, Stand 13. 6. 2008) Bestandsaufnahme im Insolvenzverfahren
- IDW Prüfungsstandard (IDW PS 270, Stand 8. 3. 2006) Die Beurteilung der Fortführung der Unternehmenstätigkeit im Rahmen der Abschlussprüfung
- IDW Stellungnahme zur Rechnungslegung (IDW RS HFA 17, Stand 8. 12. 2005) Auswirkungen einer Abkehr von der Going-Concern-Prämisse auf den handelsrechtlichen Jahresabschluss
- IDW Prüfungsstandard (IDW PS 800, Stand 6. 3. 2009) Beurteilung eingetretener oder drohender Zahlungsunfähigkeit bei Unternehmen
- Entwurf IDW Standard (IDW ES 6, Stand 1. 8. 2008) Anforderungen an die Erstellung von Sanierungskonzepten.

(Einstweilen frei) 931–940

2. Die handelsrechtlichen Rechnungslegungspflichten

a) Zu erstellende Abschlüsse

Nach §§ 238 ff. HGB unterliegen Einzelgewerbetreibende – vorbehaltlich von § 241a HGB i. d. F. des BilMoG – der handelsrechtlichen Rechnungslegung, soweit das Unternehmen einen nach Art und Umfang in kaufmännischer Weise eingerichteten Geschäftsbetrieb erfordert (§ 1 HGB), sowie Handelsgesellschaften (§ 6 HGB). 941

Die handelsrechtliche Rechnungslegung umfasst die Führung der Handelsbücher (§ 239 HGB) und die Erstellung einer Bilanz sowie Gewinn- und Verlustrechnung für den Schluss eines jeden Geschäftsjahres (§ 242 HGB).[2] Daneben haben Kapitalgesellschaften den Jahresabschluss grundsätzlich um einen An- 942

---

[1] BMF v. 9. 6. 2009 – IV C 6 – S 2133/09/10001 mit einer Erläuterung, in welchen Fällen übereinstimmende Wertansätze möglich sind.
[2] Zur Rückforderung von Gewinnausschüttungen durch den Insolvenzverwalter bei nichtigen Jahresabschlüssen s. Bange, ZInsO 2006, 519.

I. Allgemeiner Teil

hang zu erweitern sowie einen Lagebericht zu erstellen (§ 264 HGB). Kleine Kapitalgesellschaften brauchen den Lagebericht nicht aufzustellen (§ 264 Abs. 1 Satz 3 HGB). § 264a HGB gilt für offene Handelsgesellschaften und Kommanditgesellschaften, bei denen nicht wenigstens ein persönlich haftender Gesellschafter eine natürliche Person ist.

943 Über § 155 Abs. 1 InsO greifen diese Vorschriften auch in der Insolvenz, es sei denn, ein ursprünglich unter § 1 HGB fallendes Unternehmen erfordert während der Abwicklung im Insolvenzverfahren keinen in kaufmännischer Weise eingerichteten Geschäftsbetrieb (§ 1 Abs. 2 Halbsatz 2 HGB) und fällt damit nicht mehr unter die Regelungen der §§ 238 ff. HGB.

944 Die handelsrechtliche Bilanzierungspflicht des Insolvenzverwalters wird in der Literatur weitgehend befürwortet.[1] Werdan/Ott/Rauch[2] hingegen halten die Erfüllung der öffentlich-rechtlichen Buchführungs- und Bilanzierungspflichten bei massearmen Insolvenzen für nicht sinnvoll.

945 Nach Ansicht einiger Autoren[3] sind zudem die Rechnungslegungsvorschriften zur Liquidation (§ 270 AktG, § 71 GmbHG) im Insolvenzverfahren analog anzuwenden. Danach ist u. a. auf den Zeitpunkt der Insolvenzeröffnung oder der Entscheidung über die Stilllegung des Unternehmens nach § 158 Abs. 1 InsO[4] eine Insolvenzeröffnungsbilanz zu erstellen. Kunz/Mundt lehnen diese Auffassung zutreffenderweise ab, denn eine Regelungslücke, die die analoge Anwendung der Liquidationsrechnungslegungsvorschriften rechtfertigt, fehlt im allgemeinen Bilanzrecht.[5] Lediglich in Teilbereichen (z. B. Befreiung von der Prüfungspflicht nach § 270 Abs. 3 AktG, § 71 Abs. 3 GmbHG) erfolgen von den §§ 238 ff. HGB abweichende Regelungen. Insoweit ist eine entsprechende Anwendung im Insolvenzverfahren zu befürworten.[6]

---

1 Boochs/Dauernheim, Steuerrecht in der Insolvenz, 239.
2 Das Steuerberatungsmandat in der Krise, Sanierung und Insolvenz, 311; s. hierzu auch Rdnr. 1001.
3 U. a. Onusseit/Kunz, Steuern in der Insolvenz, Rdnr. 98.
4 Vgl. Kunz/Mundt, DStR 1997, 664, 665.
5 Vgl. Kunz/Mundt, DStR 1997, 664.
6 Vgl. Smid, InsO, § 155 Rdnr. 2. Das OLG München v. 10. 8. 2005 – 31 Wx 061/05, DB 2005, 2013, weist allerdings zutreffend darauf hin, dass eine Befreiung von der Prüfungspflicht nach § 316 HGB für Jahresabschlüsse hinsichtlich der Geschäftsjahre vor Insolvenzeröffnung nicht möglich ist. Insoweit scheide eine entsprechende Anwendung von § 71 Abs. 3 GmbHG aus. Die Befreiung von der Prüfungspflicht komme nur dann in Betracht, wenn die Verhältnisse der Gesellschaft so überschaubar sind, dass eine Prüfung im Interesse der Gläubiger oder der Gesellschafter nicht geboten erscheine. Dieses wertende Tatbestandsmerkmal könne für aufgelöste Gesellschaften zutreffen, die keine oder nur mehr geringe Geschäftstätigkeiten entfalten. Der Ausnahmetatbestand sei jedoch sicher nicht bei mittelgroßen werbenden Unternehmen mit einer Vielzahl von Geschäftsvorfällen gegeben.

Folgt man der h. M., sind vom Insolvenzverwalter folgende handelsrechtliche Rechenwerke aufzustellen: 946
- Schlussbilanz der werbenden Gesellschaft,
- Insolvenzeröffnungsbilanz,
- Jahresabschlüsse,
- Schlussbilanz.

Umstritten ist jedoch, ob eine **Schlussbilanz der werbenden Unternehmung** zu erstellen ist. Das bejaht die h. M.[1] zutreffend mit Blick auf § 155 Abs. 2 InsO, wonach mit der Insolvenzeröffnung ein neues Geschäftsjahr beginnt. Insoweit wird vereinzelt[2] vertreten, dies gelte allein für den Fall der sofortigen Unternehmenszerschlagung, da bei zeitweiliger Fortführung die Schluss- und Eröffnungsbilanz nach gleichen Grundsätzen aufzustellen seien, so dass die Erstellung einer Bilanz ausreiche. 947

Dem könnte entgegenstehen, dass bei einer Liquidation das Wahlrecht der Gesellschafter besteht, von der Bildung eines **Rumpfgeschäftsjahres** abzusehen. Im Falle der Beibehaltung des bisherigen Geschäftsjahres ist eine Schlussbilanz entbehrlich, da ein Rumpfwirtschaftsjahr nicht entsteht.[3] Im Hinblick auf den Zweck der Insolvenzordnung, eine möglichst umfassende Befriedigung der Gläubiger zu ermöglichen, erscheint diese Auslegung ebenfalls vertretbar. Die Erstellung der Schlussbilanz auf den Insolvenzeröffnungszeitpunkt im Falle der zeitweiligen Fortführung ist zur Information der Gläubiger mitunter nicht zwingend erforderlich,[4] verursacht aber zusätzliche Kosten, die die zu verteilende Masse unnötig schmälern. 948

Die Pflicht zur **Aufstellung einer Insolvenzeröffnungsbilanz** ist vergleichbar zu beurteilen.[5] Auch hier könnte eine generelle Verpflichtung zur Aufstellung nur dann angenommen werden, wenn das Wahlrecht des AktG, kein Rumpfgeschäftsjahr zu bilden, verneint wird. Entscheidet sich die Unternehmung, das bisherige Geschäftsjahr beizubehalten, ist nach dieser Maßgabe auch die Erstellung einer Insolvenzeröffnungsbilanz entbehrlich, da der Gewinn bis zur Insolvenzeröffnung in den Jahresabschluss einzubeziehen wäre, der dem letz- 949

---

[1] Z. B. Frankfurter Kommentar, § 155 Rdnr. 29; Fischer-Böhnlein/Körner, BB 2001, 191, m. w. N. Zur externen Rechnungslegung in der Insolvenz vgl. zudem Weisang, BB 1998, 1149; Budde/Förschle, Sonderbilanzen, 651; Dißars, INF 2005, 957.
[2] Pink, Insolvenzrechnungslegung, 73.
[3] Ebenso Kunz/Mundt, DStR 1997, 664 ff.; Onusseit/Kunz, Steuern in der Insolvenz, Rdnr. 206.
[4] Die Gläubiger können die Informationen bereits der vom Insolvenzverwalter nach §§ 151–153 InsO zu erstellenden insolvenzrechtlichen Rechnungslegung entnehmen.
[5] Vgl. Kunz/Mundt, DStR 1997, 664, 665 ff.

ten Jahresabschluss der werbenden Gesellschaft regulär folgt. Diese Auffassung entsprach zunächst der ständigen Rechtsprechung des RFH und BFH, wurde jedoch mit Urteil des BFH vom 17.7.1974[1] ohne schlüssige Begründung aufgegeben. Die FinVerw ermöglicht in Abschn. 51 Abs. 1 KStR die Bildung eines Rumpfwirtschaftsjahres, wenn die Auflösung im Laufe eines Wirtschaftsjahres erfolgt. Das Rumpfwirtschaftsjahr reicht vom Schluss des vorangegangenen Wirtschaftsjahres bis zur Auflösung. Es ist nicht in den Abwicklungszeitraum einzubeziehen. Der (Liquidations-)Besteuerungszeitraum soll drei Jahre nicht übersteigen (§ 11 Abs. 1 Satz 2 KStG).[2] Bei einer Überschreitung des Dreijahreszeitraums sind die danach beginnenden weiteren Besteuerungszeiträume nach Auffassung der FinVerw grundsätzlich jeweils auf ein Jahr begrenzt (Abschn. 51 Abs. 1 Satz 6 KStR). Wird der Abwicklungszeitraum in mehrere Besteuerungszeiträume unterteilt, so soll die besondere Gewinnermittlung nach § 11 Abs. 2 KStG nur für den letzten Besteuerungszeitraum vorzunehmen sein (Abschn. 51 Abs. 3 KStR).[3]

950 Auf die während der Abwicklung des Insolvenzverfahrens anfallenden **Jahresabschlüsse** kann nicht verzichtet werden, ebenso wenig auf die **Schlussbilanz** und die Gewinn- und Verlustrechnung zum Abschluss des Insolvenzverfahrens. Diesbezüglich ergibt sich eine Verpflichtung zur Erstellung eindeutig aus den §§ 238 ff. HGB. Im Übrigen sind die laufenden Jahresabschlüsse auch im Hinblick auf die Information der Gläubiger von entscheidender Bedeutung, da nach dem Berichtstermin lediglich noch die Schlussrechnung als insolvenzrechtliches Rechenwerk normiert ist (§ 197 InsO).

b) **Bilanzierung**

951 Bei der Erstellung der handelsrechtlichen Rechenwerke sind die Bewertungs- und Gliederungsvorschriften sowie die Grundsätze ordnungsmäßiger Buchführung (GoB)[4] zu beachten.[5]

952 In diesem Zusammenhang stellt sich insbesondere die Frage, ob eine **Umgliederung** des vorhandenen **Anlagevermögens in Umlaufvermögen** erforderlich ist. Nach § 247 Abs. 2 HGB könnte eine Umgliederung des Anlagevermögens in

---

1 I R 233/71, BStBl II 1974, 692, 693.
2 Zur Nachtragsliquidation vgl. Küster, DStR 2006, 209.
3 Hiergegen mit beachtlichen Argumenten Lohmann/Bascopé, GmbHR 2006, 1313.
4 Vgl. dazu ausführlich Frankfurter Kommentar, § 155 Rdnr. 31 ff.
5 Die Regelungen in den § 270 Abs. 2 Satz 3 AktG sowie § 71 Abs. 2 Satz 3 GmbHG bezüglich der Umgliederung und Bewertung der Vermögensgegenstände stellen lediglich eine klarstellende Wiederholung der allgemeinen Bilanzierungs- und Bewertungsgrundsätze dar.

Betracht kommen, wenn eine Fortführung des Unternehmens ausgeschlossen ist oder das Vermögen dem Unternehmen in den nächsten zwölf Monaten voraussichtlich nicht mehr dienen wird. Hiergegen wendet sich Heni[1] mit beachtlichen Argumenten, denen an dieser Stelle ausdrücklich gefolgt wird.[2] „*Der für eine Umgliederung betriebene Umbuchungsaufwand ist nicht nur nutzlos, sondern erschwert den Einblick in die Vermögenslage und erzeugt u.U. sogar noch steuerliche Haftungsfälle.*"

Hinsichtlich der Verbindlichkeiten und Rückstellungen ist darauf zu achten, dass die mit der Liquidation verbundenen spezifischen Verbindlichkeiten und Rückstellungen (z. B. Abfindungszahlungen an ausscheidende Arbeitnehmer) zu bilanzieren sind.   953

c) Bewertung

Des Weiteren ergeben sich aufgrund des Insolvenzverfahrens Besonderheiten hinsichtlich der Bewertung der Vermögensgegenstände.   954

So ist zu prüfen, ob die einzelnen Vermögensgegenstände mit dem Fortführungswert (**going-concern**)[3] oder mit dem Veräußerungswert (**break-up**) anzusetzen sind. Allein die Insolvenzeröffnung rechtfertigt noch nicht den Ansatz des Vermögens mit den Veräußerungswerten. Vielmehr ist bis zur Entscheidung der Gläubigerversammlung über den Fortgang des Insolvenzverfahrens (§ 157 InsO) grds. von Fortführungswerten auszugehen, sofern dem nicht tatsächliche oder rechtliche Gegebenheiten entgegenstehen (§ 252 Abs. 1 Nr. 2 HGB).   955

Bei der **Bewertung des abnutzbaren Anlagevermögens** ist ggf. die zu berücksichtigende Abschreibung zu modifizieren. So ist bei Ermittlung der planmäßigen Abschreibung davon auszugehen, dass die Buchwerte der vorhandenen Vermögensgegenstände – vermindert um erwartbare Verwertungserlöse – auf die voraussichtlichen Abwicklungsjahre zu verteilen sind.   956

Für die **Wertermittlung des Umlaufvermögens** wird i. d. R. auf die „Versilberung des Vermögens"[4] abzustellen sein. Die Bewertung wird dann nach der retrograden Methode erfolgen, d. h. als Wert wird der mögliche Verwertungserlös vermindert um die noch anfallenden Kosten angesetzt, wobei die ur-   957

---

[1] ZInsO 2008, 998 ff.
[2] Andere Ansicht noch in der Vorauflage (7. Aufl.), 185 Rdnr. 702, 703.
[3] Vgl. Dißars, INF 2005, 957.
[4] Frankfurter Kommentar, § 155 Rdnr. 66.

sprünglichen Anschaffungs- und Herstellungskosten die Wertobergrenze bilden.

d) Gewinn- und Verlustrechnung

958 Eine Gewinn- und Verlustrechnung ist jeweils in Zusammenhang mit den laufenden Bilanzen während der Abwicklung sowie ggf. mit der zu fertigenden Schlussbilanz zu erstellen.

959 Für die Aufstellung gelten die §§ 242 ff. HGB und für Kapitalgesellschaften zusätzlich die §§ 265, 275–277 HGB. Für den Zeitraum der Abwicklung ist es erforderlich, die Erträge und Aufwendungen zu untergliedern.[1] So sollten die Erträge in Verwertungserlöse (z. B. aus der Verwertung des Anlagevermögens) und sonstige Erträge (z. B. Auflösung einer Steuerrückstellung) sowie die Aufwendungen entsprechend in Verwertungsverluste und übrige sonstige Aufwendungen aufgegliedert werden. Im Falle der Betriebsfortführung bietet es sich zudem an, in der Gewinn- und Verlustrechnung das unmittelbare Abwicklungsergebnis sowie das Ergebnis aus der Betriebsfortführung gesondert auszuweisen.[2]

e) Anhang und Lagebericht

960 Für Einzelkaufleute und Personenhandelsgesellschaften[3] sieht das HGB weder die Erstellung eines Anhangs noch eines Lageberichts vor. Kapitalgesellschaften sind nach den §§ 284–288 HGB zur Erstellung eines Anhangs und gem. § 289 HGB grds. zur Fertigung eines Lageberichts[4] verpflichtet.

961 Soweit regelmäßig die Pflicht zur Aufstellung einer Insolvenzeröffnungsbilanz bejaht wird (s. Rdnr. 949), ist nach § 270 Abs. 1 AktG bzw. § 71 Abs. 1 GmbHG zudem ein die Insolvenzeröffnungsbilanz erläuternder Bericht aufzustellen.[5]

962 Im **Anhang** sind für den Zeitraum der Abwicklung insbesondere die Besonderheiten bei der Bilanzierung und Bewertung anzugeben (Umgliederung von An-

---

1 Onusseit/Kunz, Steuern in der Insolvenz, Rdnr. 228.
2 Vgl. Frankfurter Kommentar, § 155 Rdnr. 91.
3 Vorbehaltlich §§ 264a–264c HGB.
4 Bei kleinen Kapitalgesellschaften (§ 267 Abs. 1 HGB) ist die Aufstellung eines Lageberichts fakultativ, § 264 Abs. 1 Satz 3 HGB.
5 Frankfurter Kommentar, § 155 Rdnr. 93, empfiehlt in diesen Fällen, den Anhang und Lagebericht für die Schlussbilanz mit dem Erläuterungsbericht der Insolvenzeröffnungsbilanz zusammenzufassen, soweit nicht im Einzelfall unternehmenspolitische Gründe eine getrennte Berichterstattung sinnvoll erscheinen lassen.

lage- in Umlaufvermögen, Bewertung mit going-concern- bzw. break-up-Werten, Änderungen bei der Abschreibung). Siehe hierzu auch Rdnr. 955 ff.

Der **Lagebericht** sollte neben den üblichen Inhalten vor allem Aussagen über den Stand der Abwicklung enthalten. Dabei sind Angaben über die noch zu verwertenden Vermögensgegenstände sowie die dabei zu erzielenden Veräußerungserlöse zu machen. Die voraussichtliche Entwicklung der Abwicklung und die Beendigung der Kapitalgesellschaft sind gem. § 289 Abs. 2 Nr. 2 HGB zu erläutern. 963

Im Hinblick auf die Berichterstattungspflicht des Insolvenzverwalters kann m. E. auf die Aufstellung eines Lageberichtes auch bei mittelgroßen und großen Kapitalgesellschaften verzichtet werden.[1] Dies gilt insbesondere unter Berücksichtigung des Zwecks der Insolvenzordnung, eine größtmögliche Gläubigerbefriedigung zu ermöglichen. 964

(Einstweilen frei) 965–970

f) Jahresabschlussprüfung und Offenlegung

Literatur: *Frystatzki*, Handelsrechtliche Offenlegung – Neuerungen durch das EHUG, EStB 2008, 450 ff.; *Maus*, Offenlegungspflichten des Insolvenzverwalters nach dem „Gesetz über elektronische Handelsregister und Genossenschaftsregister sowie das Unternehmensregister" (EHUG), ZInsO 2008, 5 ff.; *Pink/Fluhme*, Handelsrechtliche Offenlegungspflichten des Insolvenzverwalters und Sanktionsmaßnahmen bei deren Verletzung, ZInsO 2008, 817 ff.; *Ries*, Durchsetzbarkeit von Offenlegungspflichten und Ordnungsgeldbewehrung nach EHUG trotz Insolvenz?, ZInsO 2008, 536 ff.; *Schmidt*, Handbuch Risikoorientierte Abschlussprüfung, Düsseldorf 2008, 87 ff.; *Schmittmann*, EHUG und Offenlegung in der Insolvenz, StuB 2008, 289 ff.; *Schwetlik*, Prüfungspflicht für GmbH & Co. KG nach Insolvenzeröffnung, GmbH-StB 2008, 68; *Weitzmann*, Insolvenzverwalter kein Adressat von Offenlegungspflichten, ZInsO 2008, 662 ff.; *Wenzel*, Ordnungsgeldverfahren nach § 335 HGB wegen unterlassener Offenlegung von Jahresabschlüssen, BB 2008, 769 ff.; *Weyand*, Ordnungsgeldverfahren bei Verletzung der Publizitätspflicht nach dem EHUG – Erste Erfahrungen in der Praxis, BBK Nr. 18 v. 19. 9. 2008, Fach 12, 7093 ff.; *Heni*, Ordnungsgeld gegen Insolvenzgesellschaft wegen Verstoßes gegen Offenlegungspflichten – Anm. zu LG Bonn, Beschl. v. 13. 11. 2008 – 30 T 275/08, ZInsO 2009, 510 ff.; *Neuhof*, Die Zurechnung des Verschuldens Dritter bei der Offenlegung von Jahresabschlüssen, DStR 2009, 1931 ff.; *Schmittmann*, Rechtsprechungsüberblick: Offenlegung und Insolvenz, StuB 2009, 543 f.

---

[1] So auch Kunz/Mundt, DStR 1997, 664, 668, m. w. N.

I. Allgemeiner Teil

971 Während die Abschlüsse von Einzelkaufleuten und Personenhandelsgesellschaften nach HGB nicht prüfungs- und offenlegungspflichtig sind,[1] unterliegen die Abschlüsse der Kapitalgesellschaften grds. der Prüfungs- und Offenlegungspflicht (§§ 316–324 bzw. §§ 325–329 HGB).[2]

972 Im Insolvenzverfahren erfolgt die Bestellung des Abschlussprüfers auf **Antrag**[3] des Insolvenzverwalters durch das Registergericht (§ 155 Abs. 3 InsO).

973 Die Frage, wem während des Insolvenzverfahrens das Recht zur Wahl des Abschlussprüfers zusteht (§ 318 Abs. 1 HGB), wird in der Literatur kontrovers diskutiert. Einerseits soll das Recht, den Abschlussprüfer zu wählen, den Gesellschaftern auch im Insolvenzverfahren erhalten bleiben.[4] Andererseits wird – m. E. zutreffend – die Auffassung vertreten,[5] das Recht sei auf die Gläubigerversammlung übergegangen, da die Gesellschafterversammlung ihre Entscheidungsbefugnis über die Insolvenzmasse verloren habe.

974 In der Praxis kann letztlich jedoch offen bleiben, welcher Auffassung gefolgt wird. Denn die Gläubigerinteressen werden im Gläubigerausschuss vertreten und durch die Aufsicht des Insolvenzgerichtes hinreichend geschützt, so dass die Abschlussprüfung ihren Zweck verliert, die Gläubigerinteressen zu wahren. Der Insolvenzverwalter sollte daher in Insolvenzfällen die Befreiung von der Prüfungspflicht beim Registergericht[6] nach § 270 Abs. 3 AktG bzw. § 71 Abs. 3 GmbHG beantragen.[7]

---

1 Vgl. jedoch die Offenlegungs- und Abschlussprüfungspflichten für große Einzelkaufleute und Personenhandelsgesellschaften nach dem Publizitätsgesetz (PublG).

2 Kleine Kapitalgesellschaften i. S. v. § 267 Abs. 1 HGB sind von der Prüfungspflicht gem. § 316 Abs. 1 HGB befreit, bezüglich der Offenlegung gelten für sie Erleichterungen, vgl. § 326 HGB.

3 Stellt der Insolvenzverwalter keinen Antrag auf Bestellung eines Abschlussprüfers, stellt dies eine Rechtsverletzung i. S. d. §§ 316 Abs. 1 Satz 1, 318 Abs. 1 Satz 4 HGB dar.

4 Frankfurter Kommentar, § 155 Rdnr. 103. Soweit bei Gesellschaften mit beschränkter Haftung der Gesellschaftsvertrag vorsieht, dass der Abschlussprüfer durch den Geschäftsführer zu wählen ist, soll dieses Recht im Insolvenzverfahren auf den Insolvenzverwalter übergehen, wobei sich der Insolvenzverwalter jedoch nicht selbst beauftragen kann.

5 Kunz/Mundt, DStR 1997, 664, 668, m. w. N.

6 Kunz/Mundt, DStR 1997, 664, 668, halten eine modifizierte Auslegung der § 270 Abs. 3 AktG, § 71 GmbHG dahingehend für notwendig, dass nicht das Register-, sondern das Insolvenzgericht zuständig ist.

7 Eine Befreiung von der Prüfungspflicht nach § 316 HGB für Jahresabschlüsse hinsichtlich der Geschäftsjahre vor Insolvenzeröffnung ist grundsätzlich nicht möglich, OLG München v. 10. 8. 2005 – 31 Wx 061/05, DB 2005, 2013. Zur Befreiung der Prüfungspflicht einer insolventen GmbH & Co. KG für Zeiträume ab Verfahrenseröffnung in entsprechender Anwendung von § 71 Abs. 3 GmbHG vgl. OLG München v. 9. 1. 2008 – 31 Wx 66/07, GmbH-StB 2008, 68 mit Anmerkungen von Schwetlik.

D. Rechnungslegungspflichten des Insolvenzverwalters

Hinsichtlich der Offenlegungspflicht fehlt es an einer den §§ 270 Abs. 3 AktG, 71 Abs. 3 GmbHG entsprechenden Befreiungsmöglichkeit. Die Literatur weist auf das Vorhandensein einer Gesetzeslücke hin und schlägt als Lösung die analoge Anwendung des Rechtsgedankens der §§ 270 Abs. 3 AktG, 71 Abs. 3 GmbHG vor.[1] Dem Insolvenzverwalter ist in der Praxis damit jedoch nicht geholfen. Solange eine Befreiung von der Offenlegungspflicht durch das Register-/Insolvenzgericht aussteht, hat er den handelsrechtlichen Jahresabschluss zu veröffentlichen.

975

Im Gesetz über elektronische Handelsregister und Genossenschaftsregister sowie das Unternehmensregister vom 10.11.2006[2] ist u. a. die Einsichtnahme in das Handelsregister (§ 9 HGB n. F.) und das Unternehmensregister (§ 8b HGB n. F.) normiert.[3] Zudem ist die Offenlegung der Jahresabschlüsse in den §§ 325 ff. HGB n. F. grundlegend modifiziert.[4] § 321a HGB sieht vor, dass im Falle einer Insolvenz Gläubiger und Gesellschafter Einsicht in die Prüfungsberichte der letzten drei Jahre vor Eröffnung des Insolvenzverfahrens nehmen können.[5]

976

Das für die Ordnungsgeldverfahren zuständige Landgericht Bonn hat mittlerweile eine Vielzahl von Entscheidungen mit Bezug zum Insolvenzverfahren getroffen.[6] Insbesondere der Beschluss v. 13.11.2008[7] sorgte vorerst für Rechtsfrieden: *„Die Insolvenzgesellschaft ist nach § 155 Abs. 1 Satz 1 InsO weiterhin zur handelsrechtlichen Rechnungslegung verpflichtet, sodass ihre weiterhin im Amt befindlichen gesetzlichen Vertreter den Jahresabschluss für diese nach § 325 Abs. 1 und 2 HGB offenzulegen haben. Diese Pflichten beschränken sich*

977

---

1 Vgl. Kunz/Mundt, DStR 1997, 664, 668.
2 BGBl I 2006, 2553.
3 Einen guten Überblick liefert Frystatzki, EStB 2008, 450 ff.
4 Vgl. zu den Besonderheiten im Insolvenzverfahren Maus, ZInsO 2008, 5 ff.; Ries, ZInsO 2008, 536 ff.; Weitzmann, ZInsO 2008, 662 ff.; Weynand, BBK Nr. 18 v. 19.9.2008, Fach 2, 7093 ff.; Pink/Fluhme, ZInsO 2008, 817 ff.; Schmittmann, StuB 2008, 289 ff.; Heni, ZInsO 2009, 510 ff.; allgemein zum Ordnungsgeldverfahren nach § 335 HGB s. Wenzel, BB 2008, 769 ff.
5 Vgl. Schmidt, Handbuch Risikoorientierte Abschlussprüfung, Düsseldorf 2008, 87.
6 Z. B.: LG Bonn v. 13.11.2008, 5. Kammer für Handelssachen – 30 T 275/08; LG Bonn v. 30.6.2008, 1. Kammer für Handelssachen – 11 T 48/07; LG Bonn v. 16.5.2008, 1. Kammer für Handelssachen – 11 T 52/07; LG Bonn v. 7.5.2008, 1. Kammer für Handelssachen – 11 T 50/07; LG Bonn v. 22.4.2008, 1. Kammer für Handelssachen – 11 T 28/07.
7 30 T 275/08.

allerdings auf das nicht zur Insolvenzmasse gehörende Vermögen[1] der Schuldnerin, sodass im praktischen Regelfall eine sogenannte Nullbilanz zu erstellen und offenzulegen ist. ... Anders als die 1. Kammer für Handelssachen des LG Bonn ... sieht die hier erkennende 5. Kammer für Handelssachen im hiesigen Ordnungsgeldverfahren keinen Anhaltspunkt dafür, dass das Bundesamt durch die angefochtene Ordnungsgeldentscheidung eine Masseverbindlichkeit begründen wollte. ... Zudem ist davon auszugehen, dass das Bundesamt das Ordnungsgeldverfahren rechtmäßig führen und deshalb keine Masseverbindlichkeiten schaffen wollte."[2]

Mit Beschluss v. 16. 6. 2009 – 38 T 42/08 hat das LG Bonn entschieden, dass kein Ordnungsgeld wegen unterlassener Offenlegung des Jahresabschlusses festgesetzt werden darf, wenn über das Vermögen der Gesellschaft das Insolvenzverfahren eröffnet wurde. Ein Ordnungsgeld darf hiernach nur dann festgesetzt werden, wenn ein Verschulden vorliegt. Die in der Eröffnung des Insolvenzverfahrens über das Vermögen der Gesellschaft zum Ausdruck kommende problematische wirtschaftliche Situation einerseits und der Übergang der Verwaltungs- und Verfügungsbefugnis über das zur Insolvenzmasse gehörende Vermögen auf den Insolvenzverwalter andererseits stünden einem Verschulden entgegen. Der Gesellschaft sei die Erfüllung der Offenlegungspflichten spätestens seit Eröffnung des Insolvenzverfahrens aus wirtschaftlichen Gründen nicht (mehr) möglich. Im Beschluss v. 16. 9. 2009 – 30 T 366/09 nimmt die 5. Kammer für Handelssachen zur Thematik wie folgt Stellung: *„Die Insolvenzgesellschaft ist nach § 155 Abs. 1 S. 1 InsO weiterhin zur handelsrechtlichen Rechnungslegung verpflichtet, sodass ihre weiterhin im Amt befindlichen gesetzlichen Vertreter den Jahresabschluss für diese nach § 325 Abs. 1 und 2 HGB offenzulegen haben. ... Jedoch trifft die Beschwerdeführerin an der Offenlegungssäumnis kein Verschulden. Die Festsetzung eines Ordnungsgeldes nach § 335 Abs. 3 Satz 4 HGB setzt Verschulden voraus, weil sie das Unterlassen der rechtzeitigen Offenlegung der Jahresabschlussunterlagen nachträglich sanktioniert. Die*

---

[1] Da für Außenstehende regelmäßig unbekannt ist, ob und inwieweit bei der Insolvenzgesellschaft insolvenzfreies Vermögen vorhanden ist, besteht nach Ansicht der 5. Kammer für Handelssachen im Beschluss v. 13. 11. 2008 stets ein nach dem Sinn und Zweck der ordnungsgeldbewehrten Offenlegungspflicht schutzwürdiges Informationsinteresse der Gläubiger an der Offenlegung der Jahresabschlüsse auch von Insolvenzgesellschaften. Die wegen unterlassener oder verspäteter Offenlegung gegen die Insolvenzgesellschaft getroffene Ordnungsgeldentscheidung soll auch dann rechtmäßig sein, wenn tatsächlich kein insolvenzfreies Vermögen vorhanden ist, in welches das festgesetzte Ordnungsgeld vollstreckt werden könnte. Diese Ansicht vermag allerdings nicht zu überzeugen.

[2] Richtet sich das Ordnungsgeldverfahren ausschließlich gegen die Insolvenzgesellschaft oder die Mitglieder ihres vertretungsberechtigen Organs, so fehlt dem Insolvenzverwalter nach Ansicht des LG Bonn für eine sofortige Beschwerde nach § 335 Abs. 4 HGB die Beschwerdebefugnis.

Beschwerdeführerin hat ihre Jahresabschlussunterlagen 2006 schuldlos nicht erstellt und offengelegt, weil sie die damit verbundenen Kosten schuldlos nicht aufbringen konnte, jedenfalls nicht die Gebühren der elektronischen oder sonstigen Einreichung beim Betreiber des elektronischen Bundesanzeigers. ... Die Insolvenzgesellschaft kann aufgrund des Insolvenzbeschlags durch die Eröffnung des Insolvenzverfahrens nach §§ 35, 80 InsO auf Rücklagen zur Aufbringung der Rechnungs- und Offenlegungskosten aus Rechtsgründen nicht mehr zugreifen, sodass sie an der Unterlassung der Rechnungs- und Offenlegung kein Verschulden trifft (LG Bonn, Beschluss v. 25. 5. 2009 – 37 T 68/08). ... Auch war der noch im Amt befindliche Geschäftsführer der Beschwerdeführerin nicht verpflichtet, die Kosten für die Rechnungs- und Offenlegung aus seinem Privatvermögen zu tragen."

Auszug: IDW Rechnungslegungshinweis (IDW RH HFA 1.012, Stand 13. 6. 2008) Externe Rechnungslegung im Insolvenzverfahren 978

„4. Handelsrechtliche Rechenwerke in der Insolvenz

4.1. Vorbemerkungen

(6) Die Verpflichtung zur handelsrechtlichen Rechnungslegung besteht nach § 155 Abs. 1 Satz 1 InsO nur für solche Schuldner, für die bereits vor Verfahrenseröffnung die allgemeinen Vorschriften zur handelsrechtlichen Rechnungslegung Anwendung fanden. Der handelsrechtlichen Buchführungspflicht unterliegen nach §§ 238 ff. HGB nur Kaufleute nach § 1 HGB. Auf Nichtkaufleute ist § 155 InsO folglich nicht anzuwenden.

(7) Die Erfüllung der handelsrechtlichen Rechnungslegungspflicht gehört zu den Aufgaben des Insolvenzverwalters.

(8) Der Insolvenzverwalter ist verpflichtet, die Handelsbücher des Schuldners fortzuführen (§ 238 HGB), auf den Zeitpunkt der Verfahrenseröffnung eine handelsrechtliche Eröffnungsbilanz (nebst Erläuterungsbericht, soweit es sich nicht um eine Personenhandelsgesellschaft mit mindestens einer natürlichen Person als Vollhafter handelt) aufzustellen und für den Schluss eines jeden Geschäftsjahres eine Bilanz und eine Gewinn- und Verlustrechnung anzufertigen (§ 242 HGB),[6] bzw. im Falle von Kapitalgesellschaften oder Personenhandelsgesellschaften, die unter § 264a HGB fallen, einen Jahresabschluss nebst Lagebericht aufzustellen (Aufstellungskompetenz) und gemäß § 245 HGB zu unterzeichnen. Kleine Kapitalgesellschaften oder diesen gleichgestellte Personenhandelsgesellschaften im Sinne von § 267 Abs. 1 HGB brauchen gemäß § 264 Abs. 1 Satz 3 HGB keinen Lagebericht aufzustellen.

(9) Die Feststellungskompetenz für den Jahresabschluss liegt beim Insolvenzverwalter.[7]

4.2. Neues Geschäftsjahr

(10) Gemäß § 155 Abs. 2 Satz 1 InsO beginnt mit der Eröffnung des Insolvenzverfahrens ein neues Geschäftsjahr. Hieraus wird in der Begründung zum Regierungsentwurf der Insolvenzordnung die Verpflichtung zur Aufstellung der handelsrechtlichen Eröffnungsbilanz abgeleitet.[8] Das neue Geschäftsjahr dauert ab Insolvenzeröffnung in Anwendung von § 240 Abs. 2 Satz 2 HGB höchstens zwölf Monate. Es kann aber auch verkürzt werden zu einem weiteren Rumpfgeschäftsjahr. Das vor Insolvenzeröffnung abschließende Geschäftsjahr ist immer ein Rumpfgeschäftsjahr, falls das Datum der Insolvenzeröffnung nicht zufällig auf das Ende des regulären Geschäftsjahres fällt. In der Regel wird nach Insolvenzeröffnung ein zweites Rumpfgeschäftsjahr gebildet, um zum ursprünglichen Geschäftsjahresrhythmus zurückzukehren. Hierfür ist ein entsprechender einfacher Gesellschafterbeschluss erforderlich; ein satzungsändernder Beschluss ist nicht erforderlich, weil durch einen derartigen Beschluss die ursprüngliche Satzungsbestimmung wiederhergestellt wird. Wird das Unternehmen nach Beendigung des Abwicklungszeitraums fortgeführt, greift wieder die Satzungsregelung zur Lage des Geschäftsjahres für die werbende Gesellschaft, sodass die Rückkehr zum ursprünglichen Geschäftsjahresrhythmus automatisch erfolgt und insoweit ein neues Rumpfgeschäftsjahr beginnt.

4.3. Schlussbilanz der werbenden Gesellschaft

(11) Als abschließende Rechnungslegung der werbenden Gesellschaft für den verkürzten Zeitraum zwischen dem Schluss des letzten regulären Geschäftsjahres und dem Zeitpunkt der Insolvenzeröffnung ist auf den Tag vor Insolvenzeröffnung eine (Rumpfgeschäftsjahres-)Schlussbilanz des werbenden Unternehmens aufzustellen, die um eine Gewinn- und Verlustrechnung, einen Anhang und ggf. für Kapitalgesellschaften und Personenhandelsgesellschaften im Sinne von § 264a HGB um einen Lagebericht zu ergänzen ist.

(12) Die Pflicht zur Aufstellung der handelsrechtlichen Schlussbilanz ergibt sich aus den allgemeinen Rechnungslegungsgrundsätzen der §§ 238, 242 Abs. 1 Satz 1 HGB. Die Grundsätze ordnungsmäßiger Buchführung verpflichten den Insolvenzverwalter zur lückenlosen Rechnungslegung und Dokumentation sämtlicher Geschäftsvorfälle in der letzten Rechnungsperiode vor Eröffnung des Insolvenzverfahrens. Dazu gehört auch die Ermittlung des Gewinnes bzw. Verlustes der letzten Rechnungsperiode.

(13) Die Verpflichtung zur Aufstellung der Schlussbilanz für das Rumpfgeschäftsjahr der werbenden Gesellschaft obliegt dem Insolvenzverwalter anstelle der geschäftsführenden Organe des insolventen Unternehmens, da die Verwaltungs- und Verfügungsbefugnis der Gesellschaftsorgane über die Insolvenzmasse auf den Insolvenzverwalter übergegangen ist (§ 80 InsO).

(14) Die abschließende Rechnungslegung der werbenden Gesellschaft ist nach den allgemeinen Bilanzierungsvorschriften des HGB aufzustellen. Zur Frage, wann ein Abweichen von der Going Concern-Prämisse geboten ist und welche Folgen sich daraus ergeben, wird auf den IDW PS 270[9] verwiesen. Insolvenzspezifische Ansprüche (beispielsweise Anfechtungsansprüche nach den §§ 129 ff. InsO und Ansprüche aus Eigenkapitalersatz gemäß der §§ 32a, b GmbHG) sowie insolvenzspezifische Verpflichtungen sind in der Schlussbilanz noch nicht zu erfassen. Andere Verpflichtungen im Zusammenhang mit der Aufgabe der Going Concern-Prämisse sind jedoch nach allgemeinen Grundsätzen bereits in der Schlussbilanz zu berücksichtigen.

(15) Bei der Bewertung in der Schlussbilanz der werbenden Gesellschaft ist zu prüfen, inwieweit unter dem Gesichtspunkt der Wertaufhellung dem Umstand des Eintritts der Insolvenz Rechnung zu tragen ist. Dabei wird im Regelfall nicht von der Unternehmensfortführung auszugehen sein, sodass die Bilanzierung und Bewertung i. S. v. IDW RS HFA 17[10] zu erfolgen hat. Die Going Concern-Prämisse kann nur dann weiterhin zugrunde gelegt werden, wenn hinreichende Anhaltspunkte dafür vorliegen, dass trotz Eröffnung des Insolvenzverfahrens von einer Fortführung der Unternehmenstätigkeit auszugehen ist. Grundlage für die Beurteilung ist das vom Insolvenzverwalter verfolgte Unternehmenskonzept.[11]

4.4. Handelsrechtliche Eröffnungsbilanz und Erläuterungsbericht

(16) Die Pflicht zur Aufstellung einer handelsrechtlichen Eröffnungsbilanz leitet sich aus § 155 Abs. 1 i. V. m. Abs. 2 InsO ab. Hiernach hat der Insolvenzverwalter auf den Tag der Insolvenzeröffnung die handelsrechtliche Eröffnungsbilanz aufzustellen.[12]

(17) Der Insolvenzverwalter ist verpflichtet, ein Inventar anzufertigen. Sämtliche Vermögensgegenstände sind durch eine körperliche Bestandsaufnahme und die Schulden durch Buchinventur nach den Grundsätzen ordnungsmäßiger Inventur zu erfassen, um dem Zweck der vollständigen Vermögensermittlung gerecht zu werden. Dazu ist eine umfassende Stichtagsinventur erforderlich. Zur Bestandsaufnahme im Insolvenzverfahren sowie insbesondere zur Anwendung von Inventurvereinfachungsverfahren wird auf IDW RH HFA 1.010 verwiesen.

(18) Bilanzierung und Bewertung in der Eröffnungsbilanz richten sich danach, ob das insolvente Unternehmen nach Insolvenzeröffnung zerschlagen oder zunächst fortgeführt wird. Insolvenzspezifische Ansprüche (§§ 129 ff. InsO; §§ 32a, b GmbHG) und insolvenzspezifische Verpflichtungen sind erstmals in der Eröffnungsbilanz anzusetzen. Bezüglich der Anwendung der Going Concern-Prämisse (§ 252 Abs. 1 Nr. 2 HGB) ist jedoch vom Insolvenzverwalter für die Eröffnungsbilanz dieselbe Entscheidung wie für die Schlussbilanz des werbenden Unternehmens zu treffen.[13]

(19) Ist eine Zerschlagung bzw. Liquidation geplant, sind grundsätzlich Einzelveräußerungswerte unter Berücksichtigung des jeweiligen Konzepts zur Beendigung des Unternehmens sowie der Finanzplanung anzusetzen. Eine Bewertung über die fortgeführten Anschaffungs- oder Herstellungskosten ist jedoch nicht zulässig.[14]

(20) Der Insolvenzverwalter stimmt die Eröffnungsbilanz mit dem Verzeichnis der Massegegenstände nach § 151 InsO und dem Gläubigerverzeichnis nach § 152 InsO ab.[15]

(21) Die handelsrechtliche Eröffnungsbilanz ist nicht gleichzusetzen mit der Vermögensübersicht gemäß § 153 InsO. Die Vermögensübersicht unterscheidet sich im Ansatz und in der Bewertung der Vermögensgegenstände und Schuldposten von den handelsrechtlichen Rechenwerken. Während beispielsweise in der Vermögensübersicht die handelsrechtlichen Bilanzierungs- und Bewertungsgrundsätze für Vermögensgegenstände nicht zu beachten sind, ist deren Beachtung auch in der Insolvenz für die handelsrechtlichen Rechenwerke zwingend geboten.

(22) Der Eröffnungsbilanz ist ein die Bilanz erläuternder Bericht beizufügen. Diese Verpflichtung ergibt sich für Kapitalgesellschaften aus der analogen Anwendung von § 270 Abs. 1 AktG bzw. § 71 Abs. 1 GmbHG, die für die Liquidationsöffnungsbilanz gleichzeitig einen erläuternden Bericht fordern. Die Insolvenzordnung sieht zwar in § 155 InsO eine Pflicht zur Aufstellung eines Erläuterungsberichtes nicht ausdrücklich vor, die Begründung zu § 155 InsO verweist in diesem Zusammenhang jedoch auf § 270 AktG bzw. § 71 GmbHG.[16] Für Personenhandelsgesellschaften, die nicht unter § 264a HGB fallen, kann dagegen derzeit ein Erläuterungsbericht nicht zwingend gefordert werden. Aufgrund der weitgehenden insolvenz- und haftungsrechtlichen Gleichstellung von Personenhandelsgesellschaften, bei denen kein Gesellschafter eine natürliche Person ist, erscheint die Erstellung eines Erläuterungsberichts auch bei diesen Gesellschaften sachgerecht (arg. ex §§ 130a, 172a HGB).

(23) Insbesondere die insolvenzspezifischen Besonderheiten der Eröffnungsbilanz (z. B. die abweichende Gliederung der Eröffnungsbilanz) sind zu erläutern. Weiterhin sind Erläuterungen einzelner Bilanzposten dann erforderlich, wenn diese in Ansatz und Bewertung von der Schlussbilanz der werbenden Gesellschaft abweichen.

(24) Eine Erläuterung sämtlicher Bilanzposten ist nicht erforderlich. Für den Erläuterungsbericht ist es ausreichend, die wesentlichen Posten darzustellen, die in ihrer Höhe bedeutsam sind und die auf das Insolvenzergebnis erhebliche Auswirkungen haben. Hierzu zählen insbesondere die wesentlichen Anlagegegenstände, Grundstücke und Beteiligungen.

(25) Darüber hinaus enthält der Erläuterungsbericht Ausführungen zum Verfahrensstand, zur erwarteten Dauer des Verfahrens sowie zu den geplanten bzw. bereits ergriffenen Maßnahmen.

4.5. Handelsrechtliche Jahresabschlüsse während des Insolvenzverfahrens

(26) Kann das Insolvenzverfahren nicht innerhalb eines Jahres nach Verfahrenseröffnung beendet werden, ist der Insolvenzverwalter verpflichtet, zu jedem Geschäftsjahresende eine Bilanz, eine Gewinn- und Verlustrechnung und für Kapitalgesellschaften und diesen gleichgestellte Personengesellschaften zusätzlich einen Anhang und ggf. einen Lagebericht aufzustellen.

(27) Die Umstellung des Geschäftsjahrs auf das Insolvenzgeschäftsjahr gilt auch für die steuerliche Rechnungslegung. Die Zustimmung des Finanzamtes gemäß § 4a Abs. 1 Satz 1 Nr. 2 Satz 2 EStG ist nicht erforderlich.

4.6. Handelsrechtliche Schlussbilanz

(28) Mit Beendigung des Insolvenzverfahrens durch Aufhebung (§ 200 InsO) oder Einstellung (§§ 207 ff. InsO) schließt das letzte Geschäftsjahr in der Insolvenz ab. Der Insolvenzverwalter muss eine handelsrechtliche Schlussbilanz, eine Gewinn- und Verlustrechnung sowie für Kapitalgesellschaften und diesen gleichgestellte Personengesellschaften zusätzlich einen Anhang und ggf. einen Lagebericht gemäß § 242 HGB bzw. § 264 HGB aufstellen.

(29) Bei der handelsrechtlichen Schlussbilanz handelt es sich um ein Rechenwerk der externen Rechnungslegung, das die periodische Rechnungslegung des insolventen Unternehmens abschließt. Die Verpflichtung zur Aufstellung der Schlussbilanz ergibt sich aus den allgemeinen Rechnungslegungsregeln der § 155 InsO i. V. m. §§ 238 ff. HGB, denen zufolge keine Periode innerhalb der Gesellschaftsexistenz ohne handelsrechtliche Rechnungslegung bleiben darf. Die Schlussbilanz ist nicht mit der Schlussrechnung des Insolvenzverwalters zu verwechseln, deren Erstellung zu seinen internen Pflichten gehört.

(30) Stichtag für die Aufstellung der Schlussbilanz ist grundsätzlich der Tag der Aufhebung oder der Einstellung des Verfahrens, da an diesem Tag das Amt des Insolvenzverwalters endet (§ 215 Abs. 2 InsO). Für die Aufstellung der Schlussbilanz des Unternehmens ist der Insolvenzverwalter verantwortlich.

(31) Wird das Unternehmen nach Beendigung des Insolvenzverfahrens fortgeführt, sind die zuständigen Organe des Unternehmens zur Aufstellung der Schlussbilanz wie auch der Eröffnungsbilanz[17] verpflichtet.[18]

4.7. Aufstellung von Konzernabschlüssen in der Insolvenz

(32) Die Konzernrechnungslegungsvorschriften (§§ 290 ff. HGB, § 11 PublG) gelten in der Insolvenz unverändert fort.[19] Der Insolvenzverwalter hat folglich zum Zeitpunkt der Eröffnung des Insolvenzverfahrens sowie zu den verschiedenen Abschlussstichtagen im Insolvenzverfahren Konzernabschlüsse und ggf. Konzernlageberichte aufzustellen, falls die Voraussetzungen des § 290 Abs. 1 oder Abs. 2 HGB bzw. § 11 PublG vorliegen und keine Befreiungstatbestände gemäß §§ 291, 292, 292a, 293 HGB oder gesetzliche Verbote oder Wahlrechte gemäß § 296 HGB Anwendung finden.

(33) Ob die Voraussetzungen des Konzeptes der einheitlichen Leitung (§ 290 Abs. 1 HGB) oder des Control-Konzeptes (§ 290 Abs. 2 HGB) vorliegen, ist in jedem Einzelfall zu überprüfen. Die Voraussetzungen des Konzeptes der einheitlichen Leitung (§ 290 Abs. 1 HGB) oder des Control-Konzeptes (§ 290 Abs. 2 HGB) liegen insbesondere dann nicht mehr vor, wenn das Amtsgericht für die Konzernmutter und die Konzerntöchter verschiedene Insolvenzverwalter eingesetzt hat. Gleiches gilt, wenn das Konzernmutterunternehmen nicht mehr die Möglichkeit hat, die Verwaltungs-, Leitungs- oder Aufsichtsorgane zu bestellen oder einen beherrschenden Einfluss aufgrund eines abgeschlossenen Beherrschungsvertrages auszuüben. Ebenso kann die Anwendung des Control-Konzeptes ausgeschlossen sein, wenn der Insolvenzverwalter des Mutterunternehmens die Stimmrechtsmehrheit in der Insolvenz des Tochterunternehmens nur noch beschränkt ausüben kann.

(34) Tochterunternehmen unterliegen im Insolvenzverfahren dem Einbeziehungswahlrecht nach § 296 Abs. 1 Nr. 1 HGB, da erhebliche und andauernde Beschränkungen die Ausübung der Rechte des Mutterunternehmens behindern.[20]

(35) Das Vorliegen von Tatbeständen zur Befreiung von der Konzernrechnungslegungspflicht ist im Einzelfall zu prüfen. Gegebenenfalls können zudem durch insolvenzbedingte Abwertungen, Teilverkäufe etc. die Größenkriterien des § 293 HGB unterschritten werden.

4.8. Fristen für die Aufstellung und Offenlegung der handelsrechtlichen Rechenwerke

(36) Nach § 155 Abs. 2 Satz 2 InsO werden die für die Aufstellung und Offenlegung eines Jahresabschlusses vorgesehenen gesetzlichen Fristen um die Zeit bis zum Berichtstermin verlängert (§ 29 Abs. 1 Nr. 1 InsO). Dem Insolvenzverwalter soll damit die bei Verfahrensbeginn stattfindende Doppelbelastung, die bei gleichzeitiger Erstellung der internen und der externen Rechenwerke zwangsläufig entstehen würde, erspart bleiben. Die Frist zur Aufstellung (§ 264 HGB) und zur Offenlegung (§ 325 HGB) der Schlussbilanz der werbenden Gesellschaft sowie der handelsrechtlichen Eröffnungsbilanz verlängert sich folglich um sechs Wochen bis zu drei Monaten.

5. Anwendung der allgemeinen Bilanzierungs- und Bewertungsgrundsätze in der Insolvenz

(37) Die Vorschriften der §§ 238 ff. HGB und ggf. der §§ 264 ff. HGB gelten in der Insolvenz weiter und werden nicht durch spezifische Regelungen der InsO ersetzt. Vielmehr ist die Insolvenz als ansatz-, bewertungs- und ausweisrelevanter Tatbestand im Rahmen der handelsrechtlichen Bilanzierung und Bewertung zu würdigen. Auch die Einstellung des Geschäftsbetriebs vor Eröffnung des Insolvenzverfahrens oder das Vorliegen von Massearmut entbinden grundsätzlich nicht von diesen Pflichten.

(38) Für Gesellschaften in der Insolvenz kann im Allgemeinen nicht mehr von der Going Concern-Prämisse ausgegangen werden, es sei denn, es liegen hinreichende Anhaltspunkte dafür vor, dass trotz dieser rechtlichen Gegebenheiten im Einzelfall von einer Fortführung der Unternehmenstätigkeit auszugehen ist.

(39) Die Auswirkungen einer Abkehr von der Going Concern-Prämisse für die Bilanzierung und Bewertung sind in IDW RS HFA 17 dargestellt. IDW RS HFA 17 ist daher ergänzend zu diesem IDW Rechnungslegungshinweis heranzuziehen.

6. Handelsrechtliche Rechnungslegungspflichten bei Massearmut

(40) Nach überwiegender Auffassung in der Literatur lässt die Massearmut eines Insolvenzverfahrens die öffentlich-rechtliche Pflicht zur Rechnungslegung des Insolvenzverwalters unberührt; dies wird auch durch die BGH-Rechtsprechung zum Auslagenersatzanspruch des Insolvenzverwalters bestätigt.[21] Durch Erfüllung dieser Pflichten wird im Schuldenbereinigungsverfahren sichergestellt, dass das Unternehmen geordnet aus dem Markt ausscheidet. Die Insolvenzordnung enthält auch keine Erleichterungsvorschriften für die handelsrechtliche Rechnungslegung des Insolvenzverwalters bei Massearmut, sodass § 155 Abs. 1 InsO

auch bei Massearmut bis zur Verfahrenseinstellung uneingeschränkte Geltung hat.

Die handelsrechtlichen Rechnungslegungspflichten bei Massearmut schließen die Pflicht zur Aufstellung einer Schlussbilanz der werbenden Gesellschaft ein.

7. Prüfungs- und Offenlegungspflichten der handelsrechtlichen Jahresabschlüsse in der Insolvenz

7.1. Prüfungspflichten der handelsrechtlichen Abschlüsse

(41) Gegenstand und Umfang der Prüfungspflicht der handelsrechtlichen Abschlüsse in der Insolvenz der Kapitalgesellschaften richten sich nach § 155 Abs. 3 InsO i.V. m. § 270 Abs. 3 AktG und § 71 Abs. 3 GmbHG i.V. m. Abs. 2 Satz 2. Die handelsrechtlichen Prüfungspflichten der §§ 316 ff. HGB sind hiernach auf die externe Rechnungslegung des Insolvenzverfahrens entsprechend anzuwenden. Dies gilt auch für Personenhandelsgesellschaften im Sinne von § 264a HGB.

(42) Gegenstand der Prüfungspflicht sind danach bei mittelgroßen und großen Kapitalgesellschaften bzw. bei Personenhandelsgesellschaften im Sinne von § 264a HGB die Schlussbilanz und Gewinn- und Verlustrechnung der werbenden Gesellschaft sowie der zugehörige Anhang und Lagebericht, die Eröffnungsbilanz, der erläuternde Bericht zur Eröffnungsbilanz, die Zwischenabschlüsse einschließlich Anhänge und Lageberichte und die Schlussbilanz des insolventen Unternehmens. Gegenstand der Prüfung sind ferner vom Insolvenzverwalter aufzustellende Konzernabschlüsse und Konzernlageberichte.

(43) Die Bestellung des Abschlussprüfers erfolgt auf Antrag des Insolvenzverwalters durch das Registergericht. Ist für Geschäftsjahre vor der Eröffnung des Verfahrens bereits ein Abschlussprüfer bestellt, so wird die Wirksamkeit dieser Bestellung durch die Eröffnung nicht berührt (§ 155 Abs. 3 Satz 2 InsO).

(44) § 270 Abs. 3 AktG sowie § 71 Abs. 3 GmbHG sehen für den Fall der Liquidation eine Befreiung von der Prüfungspflicht vor, wenn die Verhältnisse der Gesellschaft so überschaubar sind, dass eine Prüfung im Interesse der Gläubiger und der Gesellschafter nicht geboten erscheint.[22] Gemäß der Begründung zum Regierungsentwurf gilt diese Befreiungsmöglichkeit auch im Insolvenzverfahren.[23] Diese Befreiungsmöglichkeit gilt in analoger Anwendung auch für den Konzernabschluss. Die Befreiung erfolgt auf Antrag des Insolvenzverwalters durch das Registergericht. Der Insolvenzverwalter sollte in Abstimmung mit den Gläubigern, für die die Jahresabschlussprüfung eine zusätzliche Kontrollinstanz darstellt, den Befreiungsantrag stellen.

(45) Die Befreiung von der Prüfungspflicht wird insbesondere zum Ende der Abwicklung möglich sein, wenn der größte Teil der Vermögensgegenstände ver-

äußert ist, sodass die Aktivseite im Wesentlichen nur noch das Anderkonto und die Passivseite im Wesentlichen nur noch die zur Insolvenztabelle angemeldeten Forderungen enthält.

(46) Eine Befreiung von der Prüfungspflicht wird folglich insbesondere für den letzten Jahresabschluss und die Schlussbilanz in Betracht kommen. Bei einer Unternehmensfortführung in der Insolvenz wird eine Befreiung von der Prüfungspflicht dagegen i. d. R. nicht möglich sein.

7.2. Offenlegungspflichten der handelsrechtlichen Abschlüsse

(47) Für die Offenlegung der handelsrechtlichen Abschlüsse und Konzernabschlüsse sowie ggf. der Lageberichte bzw. Konzernlageberichte in der Insolvenz sind wie bei der Prüfungspflicht die allgemeinen Grundsätze zu beachten. Der Abschluss des Rumpfgeschäftsjahres und ggf. des Lageberichts des werbenden Unternehmens, die Eröffnungsbilanz, die Zwischenabschlüsse und ggf. Lageberichte und der Abschluss und ggf. Lagebericht zum Zeitpunkt der Beendigung des Insolvenzverfahrens sowie ggf. die Konzernabschlüsse und Konzernlageberichte unterliegen der Verpflichtung zur Offenlegung nach den §§ 325 ff. HGB. Dies ergibt sich aus § 155 Abs. 2 Satz 2 InsO i. V. m. § 270 Abs. 2."

(Einstweilen frei) 979–990

3. Die steuerlichen Rechnungslegungspflichten

Die steuerlichen Rechnungslegungsvorschriften folgen aus der Abgabenordnung. § 140 AO normiert die sog. **abgeleitete Buchführungspflicht.** Danach gelten die außersteuerlichen Buchführungspflichten (§§ 238 ff. HGB) auch für das Steuerrecht. Nach § 34 Abs. 3 AO hat sowohl der Insolvenzverwalter als auch der vorläufige Insolvenzverwalter mit Verfügungsbefugnis die steuerlichen Pflichten des Insolvenzschuldners wahrzunehmen (vgl. im Einzelnen Rdnr. 482 ff.); er hat für steuerliche Zwecke den GoB und sonstigen handelsrechtlichen Vorschriften entsprechende Abschlüsse zu erstellen. Ergänzend hat er die steuerlichen Vorschriften über die Bilanzierung und Bewertung in den §§ 5 und 6 EStG sowie die Vorschriften über die Absetzung für Abnutzung (§§ 7 ff. EStG) zu beachten. 991

Fehlt es an einer Buchführungspflicht nach handelsrechtlichen Vorschriften, so greift ggf. § 141 AO **(originäre Buchführungspflicht).** 992

Die Buchführungspflicht nach § 141 AO setzt Einkünfte nach den §§ 13 oder 15 EStG sowie das Erreichen bestimmter Wertgrenzen (Umsatz > 500 000 € Wirtschaftswert > 25 000 € oder Gewinn > 50 000 €) voraus. In diesen Fällen 993 bestimmen sich die Bilanzierungs- und Bewertungsgrundsätze ausschließlich nach den Vorschriften der §§ 4 ff. EStG.

994 Fällt ein insolventes Unternehmen während des Insolvenzverfahrens weder unter die handelsrechtlichen Rechnungslegungsvorschriften (§§ 238 ff. HGB) – z. B. weil ein in kaufmännischer Weise eingerichteter Geschäftsbetrieb nicht mehr erforderlich ist – noch unter § 141 AO, so hat der Insolvenzverwalter den Gewinn für steuerliche Zwecke nach § 4 Abs. 3 EStG durch Überschuss der Betriebseinnahmen über die Betriebsausgaben zu ermitteln. Es bleibt dem Insolvenzverwalter unbenommen, freiwillig den Gewinn durch Betriebsvermögensvergleich (§ 4 Abs. 1 EStG) zu ermitteln.

995 Die übrigen steuerlichen Aufzeichnungspflichten, z. B. gem. § 22 UStG, bleiben im Insolvenzverfahren unverändert bestehen.

996–1000 *(Einstweilen frei)*

4. Einschränkung der Rechnungslegungspflichten im Insolvenzverfahren

1001 Die Literatur beschäftigt sich teilweise ausführlich mit der Frage, ob die handels- und steuerrechtlichen Buchführungspflichten auch während des Insolvenzverfahrens in uneingeschränktem Umfang Bestand haben.[1] Diese theoretischen Erörterungen gehen jedoch an der Wirklichkeit vorbei, wenn die Masse die Kosten für die Rechnungslegung gar nicht tragen kann oder sich dadurch erschöpft.[2]

1002 Nach dem Wortlaut des § 155 Abs. 1 InsO gelten die handels- und steuerrechtlichen Rechnungslegungsvorschriften auch im Insolvenzverfahren uneingeschränkt.[3] Nach Auffassung des BFH[4] sind die Buchführungs- und Bilanzierungspflichten durch den Insolvenzverwalter „im übergeordneten öffentlichen Interesse" zu erfüllen.

1003 Dagegen wird allerdings eingewendet, dass „handels- und steuerrechtliche Rechnungslegungspflichten bei bestimmten massearmen Insolvenzen über-

---

[1] Vgl. u. a. Onusseit/Kunz, Steuern in der Insolvenz, 82 ff., m. w. N.; Kunz/Mundt, DStR 1997, 664, 669 ff.; Weisang, BB 1998, 1149; Heni, ZInsO 1999, 609.
[2] Uhlenbruck, ZIP 1982, 125, 131.
[3] § 155 Abs. 1 Satz 1 InsO: „Handels- und steuerrechtliche Pflichten des Schuldners zur Buchführung und zur Rechnungslegung bleiben unberührt."
[4] BFH v. 23. 8. 1994 – VII R 143/92, BStBl II 1995, 194.

haupt nicht bestehen, weil der Normzweck der §§ 238 ff. HGB einschränkend auszulegen ist".[1]

Für eine solche einschränkende Auslegung der Rechnungslegungspflichten spricht das Interesse der Gläubiger, deren Quote durch die Rechnungslegungskosten gemindert wird. Dagegen steht sicherlich zunächst das genannte „öffentliche Interesse". Gegen eine einschränkende Auslegung spricht aber vor allem, dass die Leitsätze des 2. Berichtes der Kommission für Insolvenzrecht, die u. a. das Ziel hatten, die Frage zu klären, inwieweit der Insolvenzverwalter die geltenden allgemeinen Rechnungslegungsvorschriften zu erfüllen hat, nicht Gesetzestext geworden sind.[2] Es bleibt letztlich abzuwarten, ob hinsichtlich des Umfangs der Rechnungslegungspflichten im Insolvenzverfahren durch richterliche Entscheidungen Klarheit geschaffen werden wird. 1004

Für den Insolvenzverwalter stellt sich – für den Fall, dass er die (teilweise) Nichterfüllung der Rechnungslegungspflichten wählt – die Haftungsproblematik:[3] Einerseits kann er wegen Nichterfüllung der steuerlichen Pflichten nach § 69 AO in Haftung genommen werden, sofern die Steueransprüche nicht oder nicht rechtzeitig festgesetzt oder erfüllt werden können (vgl. zur Haftung im Einzelnen Rdnr. 1241). 1005

Daneben kann eine aus der Nichterfüllung der Rechnungslegungspflichten resultierende Steuerschätzung dazu führen, dass die Forderungen der FinVerw zu hoch ermittelt werden und sich daraus ein Verstoß des Insolvenzverwalters gegen seine Sorgfaltspflichten im Hinblick auf die Verwaltung und Verwertung der Insolvenzmasse ergibt. Dies kann einen Schadensersatzanspruch der Gläubiger gem. § 60 InsO nach sich ziehen. 1006

Zur Begrenzung des Risikos der steuerlichen Haftungsinanspruchnahme sollte der Insolvenzverwalter das Einverständnis der Finanzverwaltung zu **Buchführungserleichterungen** (§ 148 AO) und zur Vornahme von Schätzungen einholen.[4] 1007

(Einstweilen frei) 1008–1020

---

[1] Kunz/Mundt, DStR 1997, 664, 669.
[2] Vgl. dazu Onusseit/Kunz, Steuern in der Insolvenz, 84.
[3] Kunz/Mundt, DStR 1997, 664, 671.
[4] Vgl. auch Onusseit/Kunz, Steuern in der Insolvenz, 82.

5. Sonderfragen

a) Ertragsteuerliche Behandlung von Verbindlichkeiten in der Unternehmensinsolvenz (Restschuldbefreiung – „Sanierungsgewinne")

Literatur: *Düll/Fuhrmann/Eberhard*, Aktuelles Beratungs-Know-how mittelständischer Kapitalgesellschaften, DStR 2003, 862 ff.; *Janssen*, Erlass von Steuern auf Sanierungsgewinne, DStR 2003, 1055 ff.; *Strüber/von Donat*, Die ertragsteuerliche Freistellung von Sanierungsgewinnen durch das BMF-Schreiben vom 27. 3. 2003, BB 2003, 2036 ff.; *Janssen*, Steuererlass in Sanierungsfällen – faktisches Wiederaufleben des § 3 Nr. 66 EStG a. F.?, BB 2005, 1026 ff.; *Nolte*, Ertragsteuerliche Behandlung von Sanierungsgewinnen, NWB Nr. 46 v. 14. 11. 2005, Fach 3, 13735 ff.; *Uhländer*, Erlass der Einkommensteuer auf den Sanierungsgewinn, ZInsO 2005, 76; *Veser*, Nichteinbehalten, -anmelden und -abführen von Lohnsteuer als vorsätzlich begangene, unerlaubte Handlung i. S. d. § 302 Nr. 1 InsO, ZInsO 2005, 1316 ff.; *Windmann/Fuß*, § 302 InsO: Restschuldbefreiung für Verbindlichkeiten bei Steuerhinterziehung?, Praxis Steuerstrafrecht 7/2005, 169 ff.; *Klaproth*, Forderungen aus Steuerhinterziehung als von der Restschuldbefreiung ausgenommene Deliktforderungen i. S. d. § 302 Nr. 1 InsO?, ZInsO 2006, 1078 ff.; *Geist*, Die Besteuerung von Sanierungsgewinnen – Zur Anwendbarkeit, Systematik und Auslegung des BMF-Schreibens vom 27. 3. 2003, BB 2008, 2658 ff.; *Geist*, Die ordentliche Liquidation einer GmbH unter dem Einfluss von Mindestbesteuerung und steuerfreiem Sanierungsgewinn, GmbHR 2008, 969 ff.; *Gondert/Büttner*, Steuerbefreiung von Sanierungsgewinnen – Anmerkungen zum Urteil des Finanzgerichts München v. 12. 12. 2007, DStR 2008, 1676 ff.; *Khan/Adam*, Die Besteuerung von Sanierungsgewinnen aus steuerrechtlicher, insolvenzrechtlicher und europarechtlicher Sicht, ZInsO 2008, 899 ff.; *Kroninger/Korb*, Die Handhabung von Sanierungsgewinnen vor und nach dem Urteil des Finanzgerichts München vom 12. 12. 2007, BB 2008, 2656 ff.; *Thouet*, Der Sanierungserlass des BMF – (k)eine Rechtswohltat contra legem, ZInsO 2008, 664 ff.; *Thouet/Baluch*, Ist die Restschuldbefreiung wirklich einkommensteuerpflichtig?, DB 2008, 1595 ff.; *Wagner*, BB-Kommentar zum Urteil des FG Köln v. 24. 4. 2008, BB 2008, 2671.

1021 Die Finanzverwaltung[1] hat hierzu bislang wie folgt Stellung genommen:

„Der BFH hat ... in ständiger Rechtsprechung entschieden, dass Verbindlichkeiten nicht (mehr) passiviert werden dürfen, wenn sie keine wirtschaftliche Belastung

---

[1] OFD Münster v. 21. 10. 2005 – Kurzinfo ESt 27/2005, ZInsO 2006, 135; vgl. dazu bereits die zutreffenden kritischen Anmerkungen von Schmittmann, ZInsO 2006, 135. Zur Steuerbefreiung von „Sanierungsgewinnen" im Anwendungsbereich der §§ 163, 222, 227 AO nach Maßgabe dem BMF v. 27. 3. 2003, BStBl I 2003, 240 vgl. auch OFD Chemnitz, Vfg. v. 10. 10. 2006 – S 2140 – 25/19 – St 21, DB 2006, 2374; LfSt Bayern v. 8. 8. 2006 – S 2140 – 6 St 3102 M, LfSt Bayern v. 23. 10. 2009 – S 2140.2.1 – 7/12 St 32/St 33 sowie OFD Hannover, Vfg. v. 18. 6. 2008 – S 2140 – 8 – StO 241, DStR 2008, 1833. Aus der Rechtsprechung liefert das Urteil des FG Köln v. 24. 4. 2008 – 6 K 2488/06 (nrkr.), BB 2008, 2666 eine zutreffende Auslegung, wonach die Aufgabe bzw. Auflösung einer Personengesellschaft für die Sanierungsgeeignetheit des Schuldenerlasses unschädlich ist. Demgegenüber verstößt nach Ansicht des FG München im Urteil v. 12. 12. 2007 – 1 K 4487/06 (nrkr., Az. des BFH: VIII R 2/08) das BMF-Schreiben v. 27. 3. 2003 gegen den Grundsatz der Gesetzmäßigkeit der Verwaltung. Setzt sich diese Auffassung durch, sollte der Gesetzgeber nicht länger „sehenden Auges" untätig bleiben.

darstellen. Eine solche wirtschaftliche Belastung fehlt dann, wenn der Schuldner mit an Sicherheit grenzender Wahrscheinlichkeit nicht mehr mit einer Inanspruchnahme durch den Gläubiger rechnen muss ... Der BFH hat weiterhin entschieden, dass allein die Tatsache, dass der Schuldner die Verbindlichkeit mangels ausreichenden Vermögens nicht oder nur teilweise tilgen kann, noch nicht die Annahme einer fehlenden wirtschaftlichen Belastung begründet ...

Daher ist zu dem Zeitpunkt, zu dem das Vorliegen eines Insolvenzgrunds (vgl. § 16 InsO) zu prüfen ist, und auch während des Insolvenzverfahrens von einer wirtschaftlichen Belastung des Schuldners i. H. des Nennbetrags der Verbindlichkeit auszugehen. Da der Gläubiger seine Forderung grundsätzlich auch nach Aufhebung des Insolvenzverfahrens noch geltend machen kann (§ 201 InsO), ist eine wirtschaftliche Belastung des Schuldners auch nach Aufhebung des Insolvenzverfahrens weiterhin anzunehmen. Das gilt auch dann, wenn Kapital- oder Personengesellschaften nach der Auflösung und Liquidation im Handelsregister gelöscht werden.

Das tatsächliche Erlöschen der Schuld im Rahmen des Insolvenzverfahrens ist gewinnwirksam.

Daher kann eine erfolgswirksame Minderung der Verbindlichkeiten erfolgen

- *wenn ein Gläubiger wirksam auf seine Forderung verzichtet (Hinweis: Bei einem gesellschaftsrechtlich veranlassten Verzicht wird regelmäßig i. H. des noch werthaltigen Teils der Forderung eine verdeckte Einlage anzunehmen sein, vgl. BMF-Schreiben vom 2. 12. 2003, IV A 2 – S 2743 – 5/03, BStBl 2003 I S. 648);*

- *soweit nach rechtskräftiger Bestätigung des keine abweichenden Regelungen enthaltenden Insolvenzplans durch das Gericht die Forderungen nachrangiger Gläubiger erlöschen bzw. eine Befreiung gegenüber nicht nachrangigen Gläubigern im gestaltenden Teil des Insolvenzplans vorgesehen ist.*

Ein gewinnwirksamer Wegfall betrieblicher Verbindlichkeiten kann sich in Ausnahmefällen auch dann ergeben, wenn die Regelungen über die Restschuldbefreiung[1] für natürliche Personen (§ 286 InsO) greifen. In diesen Fällen kann es nach Ablauf der sechsjährigen Wohlverhaltensphase zum Erlöschen der Verbindlichkeiten kommen. Die abschließende Entscheidung hierüber obliegt dem Insolvenzgericht (vgl. § 300 Abs. 1 InsO).

---

1 Zur Restschuldbefreiung für Verbindlichkeiten bei Steuerhinterziehung Windmann/Fuß, Praxis Steuerstrafrecht 2005, 169.

Ein bei der Betriebsaufgabe entstandener Gewinn bzw. Verlust ist ggf. in Folge der eingetretenen Befreiung von betrieblichen Verbindlichkeiten zu korrigieren und die entsprechende Steuerfestsetzung gem. § 175 Abs. 1 Satz 1 Nr. 2 AO zu ändern (H 139 (9) Verbindlichkeiten EStH 2004). Die Restschuldbefreiung führt jedoch nicht zu einem begünstigten Sanierungsgewinn (Hinweis auf das BMF-Schreiben vom 27. 3. 2003, IV A 6 – S 2140 – 8/03, BStBl 2003 I S. 240), so dass ein Erlass etwaiger Einkommensteuernachforderungen aus sachlichen Billigkeitsgründen nicht in Betracht kommt. Im Einzelfall kann jedoch ein Erlass aus persönlichen Billigkeitsgründen geboten sein."

1022 Ob die Rechtsansicht der Finanzverwaltung zu § 175 Abs. 1 Satz 1 Nr. 2 AO und zur sachlichen Steuerpflicht des Sanierungsgewinns[1] künftig Bestand hat, wird mangels gesetzlicher Regelungen die höchstrichterliche Rechtsprechung klären. Um Wertungswidersprüche und Zielkonflikte zwischen Insolvenz- und Steuerrecht zu vermeiden, sollte die Rechtsprechung „in dubio contra fiscum" restschuldfreundliche Züge tragen.[2]

BEISPIEL: Über das Vermögen des Einzelunternehmers E wird am 1. 9. 02 das Insolvenzverfahren eröffnet. Der Antrag auf Restschuldbefreiung wird gestellt. Der Insolvenzverwalter führt den Betrieb zunächst fort und verkauft im Wege der übertragenen Sanierung die wesentlichen Betriebsgrundlagen zum 1. 10. 02. In der letzten Bilanz verbleiben Verbindlichkeiten i. H. v. 500 000 €. Für das Jahr 02 werden für die Zeit vom 1. 1. 02 bis zum 31. 8. 02 Verluste i. H. v. 200 000 € und für die Zeit vom 1. 9. 02 bis zum 1. 10. 02 Verluste i. H. v. 100 000 € erklärt. Die Ehefrau des E erzielt Einkünfte aus nichtselbständiger Tätigkeit i. S. d. § 19 EStG. Die Ehegatten beantragen bei der Einkommensteuer für 01 und 02 die Zusammenveranlagung. Die Restschuldbefreiung wird für das Jahr 09 erwartet.[3]

PRAXISHINWEIS:

Nach derzeitiger Auffassung der Finanzverwaltung wäre der „Wegfall der Verbindlichkeiten" durch die Restschuldbefreiung nicht vom Anwen-

---

[1] Vgl. zu einer vergleichbaren Problematik Uhländer, ZInsO 2005, 76.
[2] Zur grundsätzlichen Kritik der Besteuerung von „Sanierungsgewinnen" und deren Behandlung durch die Finanzbehörden vgl. Strüber/von Donat, BB 2003, 2036 ff.; Janssen, DStR 2003, 1055 ff.; Düll/Fuhrmann/Eberhard, DStR 2003, 862 ff.; Janssen, BB 2005, 1026 ff.; Kahn/Adam, ZInsO 2008, 899 ff.; Kroninger/Korb, BB 2008, 2656; Geist, BB 2008, 2658 ff.; Gondert/Büttner, DStR 2008, 1676 ff.; Wagner, BB 2008, 2671; Thouet/Baluch, DB 2008, 1595 ff.; Thouet, ZInsO 2008, 664 ff., Geist, GmbHR 2008, 969 ff. Zur Berechnung der auf einen Sanierungsgewinn entfallenden ESt vgl. LfSt Bayern v. 23. 10. 2009 – S 2140.2.1 – 7/12 St 32/St 33.
[3] Zur Versagung der Restschuldbefreiung nach § 290 InsO bei Verletzung von steuerlichen Mitwirkungspflichten vgl. BGH v. 20. 12. 2007 – IX ZB 189/06 sowie BGH v. 18. 12. 2008 – IX ZB 197/07 m. w. N. Zum außergerichtlichen Schuldenerlass, wenn der Steuerpflichtige die Voraussetzungen des § 290 Abs. 1 Nr. 1 InsO erfüllt, vgl. BFH v. 7. 12. 2007 – IX B 170/07.

dungsbereich des BMF-Schreibens v. 27.3.2003 erfasst (s. Rdnr. 1685).[1] Die Restschuldbefreiung soll auf den Zeitpunkt der Betriebsaufgabe/Betriebsveräußerung (1.10.02) zurückwirken (§ 175 Abs. 1 Nr. 2 AO). Die Verbindlichkeiten i. H. v. 500 000 € müssten gewinnerhöhend im Rahmen des § 16 EStG berücksichtigt werden, d. h. im Jahr der Restschuldbefreiung (09) ist die Veranlagung des Jahres 02 zu ändern. Die anteilige Einkommensteuererhöhung wäre im vorliegenden Fall als Masseverbindlichkeit zu behandeln, da nach Insolvenzeröffnung zunächst eine Betriebsfortführung durch den Insolvenzverwalter erfolgte. Nach Aufhebung des Insolvenzverfahrens besteht aber vorbehaltlich von Haftungsansprüchen gegen den Insolvenzverwalter keine Durchsetzungsmöglichkeit mehr für die Finanzbehörde. Aus Sicht der Finanzverwaltung wäre zu prüfen, ob Verlustfeststellungsbescheide aufzuheben oder zu ändern sind und Erstattungen von Lohnsteuer zurückzufordern sind. Dieses Szenario vermag im Ergebnis nicht zu überzeugen. Thouet/Baluch[2] vertreten insoweit die Ansicht, die Restschuldbefreiung sei ein „privates Ereignis" und durch eine Einlagebuchung sei eine Gewinnrealisierung zu vermeiden. Diese Auffassung wird sich innerhalb der Finanzverwaltung voraussichtlich nicht durchsetzen. Im Ergebnis kann m. E. nur eine gesetzliche Norm im EStG den Zielkonflikt zwischen Insolvenz- und Steuerrecht vermeiden. Entsprechende Regelungen sollten nicht mehr lange auf sich warten lassen, da in den Finanzämtern eine Vielzahl von Verfahren einer pragmatischen Lösung bedürfen.[3] Falls der Insolvenzschuldner seinen Gewinn nach § 4 Abs. 3 EStG ermittelt hat, erweist sich die Auffassung der Finanzverwaltung als kaum noch umsetzbar, da jeweils die konkrete Auswirkung der Verbindlichkeit im Rahmen der Einnahmeüberschussrechnung aufbereitet werden müsste (Erwerb von Anlagevermögen, Umlaufvermögen, geringwertige Wirtschaftsgüter, Sammelposten, laufende Aufwendungen etc.), um den „Wegfall von Verbindlichkeiten" im Rahmen den § 4 Abs. 3 EStG zu würdigen. Nur in seltenen Fälle liegen den Finanzbehörden Aufgabebilanzen gem. §§ 16 Abs. 2, 18 Abs. 3 EStG vor.

---

1 Zu den Besonderheiten beim Erlass der Gewerbesteuer, soweit der als Gewerbeertrag zugrunde liegende Gewinn ganz oder teilweise als „Sanierungsgewinn" zu qualifizieren ist, vgl. OVG Berlin-Brandenburg v. 11.2.2008 – 9 S 38.07 (Zuständigkeit in Flächenstaaten bei den Gemeinden).

2 DB 2008, 1595 ff.

3 Wie schnell der Gesetzgeber reagieren kann, wenn er den politischen Gestaltungswillen hat, verdeutlicht die Einfügung einer Sanierungsklausel im § 8c Abs. 1a KStG i. d. F. des Bürgerentlastungsgesetzes (Gesetzesbeschluss Bundestag v. 19.6.2009).

I. Allgemeiner Teil

Pragmatischer Lösungsvorschlag:

In laufenden Veranlagungsverfahren ist bei Verlustnutzung mit beantragter Restschuldbefreiung eine vorläufige Steuerfestsetzung i. S. d. § 165 I S. 1 AO vorzunehmen, um in späteren Jahren eine Überprüfung im Rahmen der Ablaufhemmung des § 71 VIII AO zu ermöglichen. Hierbei sollte der Verlust vorläufig **nicht** anerkannt werden. Falls keine Restschuldbefreiung erteilt wird (Ausnahmefälle), ist die Steuerfestsetzung der Altjahre zu ändern und sind die Verluste endgültig festzustellen, sofern der Steuerpflichtige darlegt und nachweist, ob und in welcher Höhe diese nicht durch außerordentliche Erträge aufgezehrt sind. Besteht der Insolvenzschuldner dagegen auf einer vorläufigen Anerkennung der Verluste bei gleichzeitiger beantragter Restschuldbefreiung, bleibt dies bei Ablehnung durch die Finanzbehörde ggf. über ein finanzgerichtliches Verfahren möglich.

Wenn die Finanzbehörde die nunmehr erteilte Restschuldbefreiung für die bisherigen Veranlagungen würdigen muss, sollten **keine** rückwirkenden Änderungen der Steuerfestsetzung erfolgen, sondern nur mit Wirkung für künftige Steuerfestsetzungen die Verbindlichkeiten gewinnerhöhend mit Blick auf noch bestehende Verlustvorträge ausgewertet werden, um unbillige Besteuerungsfolgen im Bereich der Einkommensteuer zu vermeiden. Eine Änderung für die Altjahre hat zu unterbleiben. Der Gesetzgeber hat in Kenntnis der Problematik durch die Abschaffung des § 3 Nr. 66 EStG a. F. vor Einführung der InsO über ein Jahrzehnt das Problem nicht gelöst. Den betroffenen Steuerpflichtigen muss in verfassungskonformer und rechtsstaatlicher Gesetzesanwendung der Zielkonflikt jedenfalls für die Altjahre in dubio contra fiscum aufgelöst werden.

Grundsätzliche Stellungnahme:

1023 Der „Wegfall" von betrieblichen Verbindlichkeiten durch die Restschuldbefreiung ist derzeit nicht gesetzlich geregelt. Die gesetzliche Steuerbefreiung für sog. „Sanierungsgewinne" nach Maßgabe von § 3 Nr. 66 EStG a. F. ist seit dem VZ 1998 nicht mehr möglich. Sanierungsgewinne durch Forderungsverzichte der Gläubiger unterfallen derzeit allein dem Anwendungsbereich des BMF-Schreibens v. 27. 3. 2003 (s. Rdnr. 1685).[1]

---

1 Vgl. Strüber/von Donat, BB 2003, S. 2026 ff.; Janssen, DStR 2003, S. 1056 ff.; Janssen, BB 2005, S. 1026 ff.; Nolte, NWB Nr. 46 v. 14. 11. 2005, Fach 3, S. 13735 ff.

Das BMF hat bislang in der Tz. 2 des Schreibens vom 27. 3. 2003 ausdrücklich die Anwendung auf Fallgestaltungen der Restschuldbefreiung abgelehnt.

„Wird das Unternehmen nicht fortgeführt oder trotz der Sanierungsmaßnahme eingestellt, liegt eine Sanierung im Sinne dieser Regelung nur vor, wenn die Schulden aus betrieblichen Gründen (z. B. um einen Sozialplan zu Gunsten der Arbeitnehmer zu ermöglichen) erlassen werden. [2]Keine begünstigte Sanierung ist gegeben, soweit die Schulden erlassen werden, um dem Steuerpflichtigen oder einem Beteiligten einen schuldenfreien Übergang in sein Privatleben oder den Aufbau einer anderen Existenzgrundlage zu ermöglichen."

Wertungswidersprüche zur Insolvenzordnung werden nicht berücksichtigt. Zielkonflikte zwischen Steuer- und Insolvenzrecht bleiben evident. Nach Ansicht des FG München im Urteil v. 12. 12. 2007 – 1 K 4487/06 (nrk.) ist das BMF-Schreiben allerdings insgesamt rechtswidrig, da eine gesetzliche Grundlage hierfür fehle (Verstoß gegen den Grundsatz der Gesetzmäßigkeit der Verwaltung). Das Urteil des FG München wird in der Literatur[1] zwar einhellig abgelehnt. Der Ausgang des anhängigen Revisionsverfahrens unter dem BFH-Aktenzeichen VIII R 2/08 bleibt indes offen.

Nach zutreffender Ansicht des FG Köln im Urteil v. 24. 4. 2008 – 6 K 2488/06, BB 2008, S. 2666 ist die Aufgabe bzw. Auflösung einer Gesellschaft bürgerlichen Rechts für die Sanierungsgeeignetheit des Schuldenerlasses unschädlich, da eine Auslegung mit Blick auf das verfassungsrechtliche Prinzip der Besteuerung nach der wirtschaftlichen Leistungsfähigkeit und dem Gleichbehandlungsgrundsatz aus Art. 3 GG zu erfolgen habe. In der Literatur[2] wird das Urteil des FG Köln zustimmend kommentiert. Zuvor hat bereits das FG Münster im Urteil v. 27. 5. 2004 – 2 K 1307/02, ZInsO 2004, S. 1322 ff. eine vergleichbare Sichtweise vertreten.[3]

Der Gesetzgeber sollte spätestens den Ausgang des BFH-Verfahrens VIII R 2/08 zum Anlass nehmen, die Besteuerungsfolgen des Sanierungsgewinns und der Restschuldbefreiung zu normieren, um der Finanzverwaltung einen rechtsstaatlichen Handlungsrahmen zu ermöglichen. Der politische Gestaltungswille des Koalitionsvertrages von Oktober 2009 sollte sich nicht auf nur die Aufhebung der zeitlichen Befristung der Sanierungsklausel des § 8c Abs. 1a

---

1 Vgl. Gondert/Büttner, DStR 2008, S. 1676 ff.; Thouet, ZInsO 2008, S. 664; Khan/Adam, ZInsO 2008, S. 899 ff.; Geist, BB 2008, S. 2658 ff.; Kroniger/Korb, BB 2008, S. 2656 ff..
2 Wagner, BB 2008, S. 2671 ff.
3 Ebenso Uhländer, ZInsO 2005, S. 76.

I. Allgemeiner Teil

KStG, sondern vielmehr auch auf eine vollziehbare Regelung hinsichtlich der sog. Sanierungsgewinne und der Restschuldbefreiung beziehen.

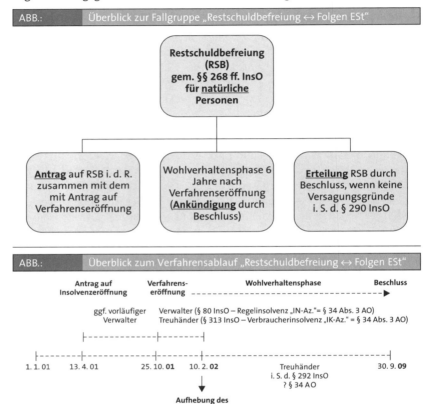

- ► **Nach Antragstellung** bestellt das Insolvenzgericht mitunter einen vorläufigen Insolvenzverwalter gem. §§ 21, 22 InsO; i. d. R. geht die Verfügungsbefugnis nicht auf den vorl. InsV über („schwacher" vorl. InsV ≠ § 34 Abs. 3 AO).

- ► **Mit Verfahrenseröffnung** im *Regelverfahren (IN-Aktenzeichen)* bestellt das Insolvenzgericht einen Insolvenzverwalter durch Beschluss, der aus Sicht des FA als Vermögensverwalter i. S. d. § 34 Abs. 3 AO umfassende Mitwirkungspflichten hat. Im *vereinfachten Insolvenzverfahren (Verbraucherinsolvenzverfahren, IK-Aktenzeichen)* bestellt das Insolvenzgericht einen sog. Treuhänder i. S. d. § 313 InsO durch Beschluss, der ebenfalls Vermögensver-

walter i. S. d. § 34 Abs. 3 A ist. So muss z. B. die Bekanntgabe von VA an den InsV bzw. Treuhänder erfolgen (vgl. AEAO § 122 Tz. 2.9 u. 2.10).
▶ **Nach Aufhebung des Insolvenzverfahrens** ist während der sog. Wohlverhaltensphase ein Treuhänder (i. d. R. der frühere InsV) zu bestellen, der allerdings kein Vermögensverwalter i. S. d. § 34 Abs. 3 AO mehr ist. Zur **Abtretung von Steuererstattungsansprüchen** (§ 46 AO) im Zusammenhang mit einem Insolvenzverfahren vgl. OFD Münster v. 28. 9. 2009.

b) Unternehmensumwandlung in der Krise/Insolvenz

Eine zunehmende Bedeutung erlangt die Sanierung von Unternehmen durch begleitende Maßnahmen des Umwandlungs(steuer-)rechts. Hierzu bieten die Darstellungen in der Literatur weiterführende Lösungsansätze.[1]

1024

c) Gemeinnützigkeit in der Insolvenz

Die Eröffnung eines Insolvenzverfahrens über das Vermögen einer rechtsfähigen Stiftung führt nach Ansicht des Niedersächsischen FG nicht zwingend zur Versagung der Anerkennung als gemeinnützigen Zwecken dienend. In der Auslaufphase nach Eröffnung des Verfahrens und Einstellung der ideellen Tätigkeit ist die Tätigkeit noch der gemeinnützigen Tätigkeit zuzurechnen.[2] Der BFH[3] ist im Revisionsverfahren dieser Ansicht nicht gefolgt. Die Voraussetzungen der §§ 51 ff. AO müssen während des ganzen Veranlagungszeitraums, für den die Steuerbefreiung beansprucht wird, erfüllt sein (§ 63 Abs. 2 i. V. m. § 60 Abs. 2 AO). Im Streitfall wurde das Konkursverfahren über das Vermögen einer Stiftung in 01 eröffnet. Im Folgejahr erwirtschaftete die Stiftung neben Mieteinnahmen nur noch Zinseinnahmen aus bestehenden Bankguthaben. Da die eigentliche steuerbegünstigte Tätigkeit Ende 01 endgültig eingestellt wurde und die Vermögensverwaltung kein steuerbegünstigter Zweck i. S. d. §§ 52 bis 54 AO ist, liegen nach Auffassung des BFH die Voraussetzungen für eine Steuerbefreiung nach § 5 Abs. 1 Nr. 9 KStG im Streitjahr 02 nicht vor. Durch das eröffnete Konkurs- bzw. Insolvenzverfahren ändere sich der Zweck der Körper-

1025

---

1 S. z. B. Leibner, DStZ 2002, 679; Schwamberger, KSI 2005, 13; Crezelius, NZI 2005, 212; Hölzle, FR 2004, 1193; Hoffmann/Lüdenbach, BB 2005, 1671 ff.; Hölzle, FR 2006, 447; Schmittmann, StuB 2006, 945; ders., ZInsO 2006, 1187; Schwedhelm/Wollweber, BB 2008, 2208 ff., Köchling, ZInsO 2009, 641 ff.; Schmerbach/Staufenbiel, ZInsO 2009, 458 ff.; Heckschen, ZInsO 2008, 824 ff.; Bitter/Röder, ZInsO 2009, 1283 ff. Lesenswert zum sog. „Sanierungsmandat": Werden/Ott/Rauch, Das Steuerberatungsmandat in der Krise, Sanierung und Insolvenz, 187 ff.
2 Niedersächsisches FG v. 15. 9. 2005 – 6 K 609/00, EFG 2006, 1195, Rev. eingelegt, Az. des BFH: I R 14/06.
3 Urteil v. 16. 5. 2007 – I R 14/06.

schaft, da sie nunmehr nur noch darauf abziele, alle Gläubiger durch Verwertung ihres Vermögens zu befriedigen. Zwar gehöre zur steuerbegünstigten Tätigkeit auch die Begleichung von Schulden aus laufenden Geschäften der ideellen Tätigkeit; dies gelte jedoch nur, wenn die Tätigkeit daneben noch auf die Verwirklichung steuerbegünstigter Zwecke gerichtet sei und die Befriedigung der Gläubiger nicht ausschließlicher Zweck der Körperschaft werde.

Die mit der Insolvenz einer gemeinnützigen Körperschaft verbundenen Fragen sind im Übrigen bisher kaum erörtert.[1]

1026–1050 *(Einstweilen frei)*

---

[1] Instruktiv Strahl, BeSt 4/2006, 31; s. auch Boochs/Dauernheim, Steuerrecht in der Insolvenz, 229. Allgemein zu den steuerlichen Besonderheiten einer gGmbH vgl. Schröder, Die steuerpflichtige und steuerbegünstigte GmbH im Gemeinnützigkeitsrecht, DStR 2008, 1069 ff.

E. Die Befreiung des Schuldners von seinen Verbindlichkeiten

1. Insolvenzplanverfahren

Literatur: *Graf-Schlicker*, Gefährdet die Eigenverwaltung die Unabhängigkeit des Insolvenzverwalters?, in: FS Hans-Peter Kirchhof, 135 ff.; *Grub*, Überjustitialisierung und die Eigenverwaltung des Pleitiers, WM 1994, 880 ff.; *Ehricke*, Sicherungsmaßnahmen bei Antrag auf Anordnung einer Eigenverwaltung, insbesondere zur Person des vorläufigen Sachwalters, ZIP 2002, 782 ff.; *Huhn*, Voraussetzungen und Kompetenzverteilung bei der Eigenverwaltung im Insolvenzrecht, Diss. iur., 2002; *Prütting/Huhn*, Kollision von Gesellschaftsrecht und Insolvenzrecht bei der Eigenverwaltung?, ZIP 2002, 777 ff.; *Förster*, Klartext: Wem nützt die Eigenverwaltung?, ZInsO 2003, 402 ff.; *Westrick*, Chancen und Risiken der Eigenverwaltung nach der Insolvenzordnung, NZI 2003, 65 ff.; *Spies*, Insolvenzplan und Eigenverwaltung, ZInsO 2005, 1254 ff.; *Paul*, Rechtsprechungsübersicht zum Insolvenzplanverfahren, ZInsO 2006, 532 ff.; *Paul*, Rechtsprechungsübersicht zum Insolvenzplanverfahren, ZInsO 2007, 856 ff.; *Gerster*, Insolvenzplan, „das unbekannte Wesen" oder „Maßanzug des Insolvenzrechts"?, ZInsO 2008, 437 ff.; *Hingerl*, Entwicklungen, Erfahrungen, Chancen, ZInsO 2008, 404 ff.; *Ehlers*, Noch eine Reform – § 224 Abs. 2–5 InsO, ZInsO 2009, 320 ff.; *Hingerl*, Richterliche Begleitung des Insolvenzplans, ZInsO 2009, 759 f.; *Joachim/Schwarz*, Beschränkung der Aufrechnung des Insolvenzgläubigers nach einem bestätigten Insolvenzplan auf die Quote?, ZInsO 2009, 408 ff.; *Schmittmann*, Sanierung mittels Insolvenzplanverfahren, VR 2009, 289 ff.

a) Überblick

Die Vorschriften über den **Insolvenzplan (§§ 217–269 InsO)** schaffen eine andere Art der Gläubigerbefriedigung als die Liquidation des Unternehmens und die Befriedigung der Gläubiger aus dem Erlös. Oftmals wird der Insolvenzplan unter gleichzeitiger Beantragung von Eigenverwaltung eingereicht.[1] Gemäß § 217 InsO kann die Befriedigung der absonderungsberechtigten Gläubiger und der Insolvenzgläubiger, die Verwertung der Insolvenzmasse und deren Verteilung an die Beteiligten sowie die Haftung des Schuldners nach der Beendigung des Insolvenzverfahrens in einem Insolvenzplan abweichend von den Vorschriften über das Regelinsolvenzverfahren geregelt werden.[2] Die nachfolgende Übersicht gibt einen Überblick über den Ablauf des Insolvenzplanverfahrens:

1051

---

1 Vgl. aus der Rechtsprechung: LG Bonn, Beschl. v. 23. 7. 2003 – 6 T 135/03, ZInsO 2003, 806 ff. = NZI 2003, 653 ff., mit Anm. Bärenz; LG Mönchengladbach v. 30. 12. 2002 – 5 T 439/02, NZI 2003, 167 ff.; OLG München v. 13. 8. 2002 – 6 U 5292/01, ZInsO 2003, 232 ff.

2 S. Schmittmann/Theurich/Brune, Das insolvenzrechtliche Mandat, § 6 Rdnr. 63 ff.

I. Allgemeiner Teil

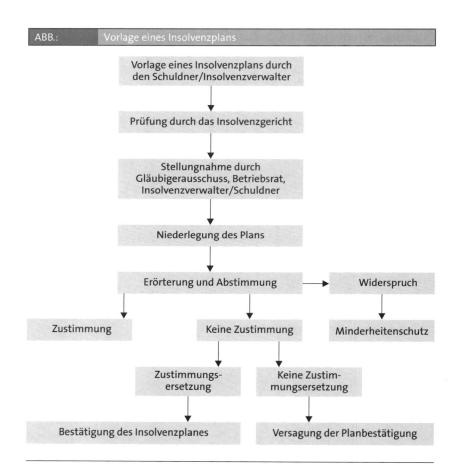

ABB.: Vorlage eines Insolvenzplans

b) Arten des Insolvenzplanes

1052 Der Insolvenzplan ist eine vom Gericht bestätigte Vereinbarung zwischen den am Insolvenzverfahren beteiligten Gläubigern und dem Insolvenzschuldner.[1] Er kann je nach Ausgestaltung verschiedene Formen der Abwicklung des Verfahrens zum Inhalt haben:

---

[1] Vgl. zur Rechtsnatur: MünchKommInsO/Eidenmüller, § 217 Rdnr. 4 ff.; Kübler/Prütting/Bork-Otte, § 217 InsO Rdnr. 65 ff.; Loose, StuW 1999, 20, 27; Tipke/Kruse-Loose, AO, § 251 Rdnr. 109.

Der **Liquidationsplan** hat die Zerschlagung des Unternehmens und die Verwertung der Insolvenzmasse zum Ziel. Die Befriedigung der Insolvenzgläubiger erfolgt durch die Verwertungserlöse. Der Unterschied zum Regelinsolvenzverfahren besteht in der Auflösungsintensität, d. h. des Einzelveräußerungsgrades sowie der Auflösungsgeschwindigkeit.[1] Der endgültigen Zerschlagung des Unternehmens kann daher in diesen Fällen eine Phase der vorübergehenden Unternehmensfortführung, z. B. zur Abwicklung noch vorhandener Aufträge, vorangehen, um so höhere Verwertungserlöse erzielen zu können.

1053

Ziel eines **Eigensanierungsplanes** ist die Wiederherstellung der Ertragskraft des insolventen Unternehmens und die Befriedigung der Insolvenzgläubiger aus den künftigen Erträgen. Zur Sanierung des Unternehmens wird i. d. R. eine Vielzahl von betriebswirtschaftlichen Maßnahmen erforderlich sein.[2]

1054

Ein **Plan zur übertragenden Sanierung** hat den Erhalt des Unternehmens durch Übergang auf einen Dritten zum Inhalt. Die Befriedigung der Insolvenzgläubiger erfolgt hier aus dem Übernahmepreis.[3]

1055

Zudem sind diverse **Mischformen des Insolvenzplanes** denkbar. So kann z. B. ein Teil des Unternehmens liquidiert, ein weiterer Teil im Wege der übertragenden Sanierung an einen Dritten veräußert und lediglich ein dritter Unternehmensbereich vom Insolvenzschuldner saniert und weitergeführt werden. Die Insolvenzgläubiger erhalten in diesen Fällen je nach konkreter Ausgestaltung des Planes ihren Anteil aus den Verwertungserlösen und/oder den künftigen Erträgen.

1056

c) Planinitiativrecht

Zur Erstellung eines Insolvenzplanes sind nach § 218 Abs. 1 Satz 1 InsO sowohl der Schuldner als auch der Insolvenzverwalter berechtigt.[4] Der **Insolvenzverwalter** kann aus Eigeninitiative oder aufgrund eines Auftrages der Gläubigerversammlung im Berichtstermin einen Insolvenzplan erstellen.[5] Hat die Gläubigerversammlung den Insolvenzverwalter mit der Erstellung eines Insolvenzplanes beauftragt, so hat der Verwalter den Plan innerhalb einer angemessenen Frist dem Insolvenzgericht vorzulegen. Bei der Planerstellung wirken in diesem Fall der Gläubigerausschuss, sofern ein solcher bestellt ist, der Be-

1057

---

[1] Vgl. Hamburger Kommentar/Thies, Vorbemerkungen zu §§ 217 ff. InsO, Rdnr. 5 ff.; Macke/Wegener, INF 1998, 756, 757.
[2] Vgl. dazu ausführlich: Schmittmann, BBB 2006, 188 ff.
[3] Zu den Einzelheiten s. Menke, BB 2003, 1133 ff.
[4] S. Schmittmann/Theurich/Brune, Das insolvenzrechtliche Mandat, § 6 Rdnr. 66 ff.
[5] Vgl. Kübler/Prütting/Bork-Otte, § 218 InsO Rdnr. 4 ff.

I. Allgemeiner Teil

triebsrat, der Sprecherausschuss der leitenden Angestellten und der Schuldner beratend mit (§ 218 Abs. 2 und 3 InsO).

d) Inhalt des Insolvenzplanes

1058 Nach § 219 InsO besteht der Insolvenzplan aus einem darstellenden und einem gestaltenden Teil. Außerdem sind dem Plan u. a. eine Vermögensübersicht, ein Ergebnis- sowie ein Finanzplan (§ 229 InsO) beizufügen:

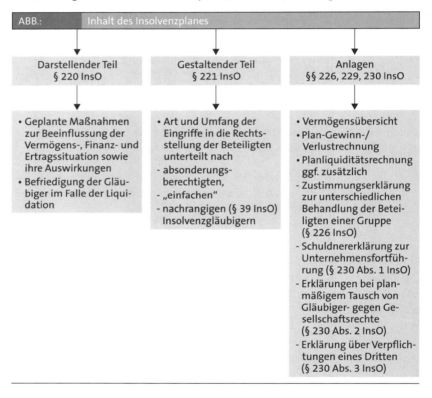

(1) Darstellender Teil

1059 Nach § 220 InsO ist im darstellenden Teil zu beschreiben, welche Maßnahmen nach Eröffnung des Insolvenzverfahrens getroffen worden sind oder noch getroffen werden sollen, um die Grundlagen für die geplante Gestaltung der Rechte der Beteiligten zu schaffen. Der darstellende Teil soll das **Konzept des**

Insolvenzplanes dokumentieren und im Einzelnen erläutern.[1] Sein Hauptzweck ist die Beurteilung der Sanierungsfähigkeit des Unternehmens. Dazu hat der darstellende Teil alle sonstigen Angaben zu den Grundlagen und den Auswirkungen des Plans zu enthalten, die für die Entscheidung der Gläubiger über die Zustimmung zum Plan und für dessen Bestätigung erheblich sind. In der Literatur[2] wird dazu folgende Gliederung vorgeschlagen:

1. Beschreibung und Analyse der Ist-Situation des Unternehmens,
2. Darstellung der Gläubigerposition ohne Plan,
3. Unternehmensleitbild des sanierten Unternehmens,
4. Sanierungsmaßnahmen,
5. Planungsrechnungen,
6. Gegenüberstellung der Verwertungsmöglichkeiten.

(2) Gestaltender Teil

Im gestaltenden Teil wird auf der Grundlage der im darstellenden Teil aufgezeigten Maßnahmen festgelegt, wie die Rechtsstellung der Beteiligten durch den Insolvenzplan geändert werden soll (§ 221 InsO).[3] Die Regelung des § 222 InsO sieht vor, dass dazu Gläubiger mit unterschiedlicher Rechtsstellung in **Gruppen** zusammenzufassen sind. Die Gruppenbildung ist insbesondere für die spätere Abstimmung über die Annahme des Planes von Bedeutung.[4] Nach § 243 InsO stimmen die einzelnen Gruppen im Abstimmungstermin gesondert über den Plan ab. Da nach § 244 InsO grundsätzlich[5] die Kopf- und Summenmehrheit in jeder Gruppe erforderlich ist, wird der Planersteller der Gruppenbildung besondere Aufmerksamkeit schenken, um möglichen Insolvenzplangegnern[6] durch eine geschickte Gruppenbildung zu begegnen.

Hauptbestandteil des gestaltenden Teils sind die Regelungen über die Rechte der „einfachen" Insolvenzgläubiger. Für sie ist festzulegen, mit welcher Quote ihre Forderungen ausfallen werden bzw. welchen sonstigen Regelungen, z. B. Stundung oder Besicherung, sie unterworfen werden sollen (§ 224 InsO).

1060

1061

---

1 Vgl. zu den Einzelheiten: MünchKommInsO/Eidenmüller, § 220 Rdnr. 4 ff.
2 Vgl. Macke/Wegener, INF 1998, 756, 758 und Kunz/Mundt, DStR 1997, 620, 621, jeweils mit weiteren Untergliederungen; s. a. umfassend Smid/Rattunde, Der Insolvenzplan, Rdnr. 5.1 ff.
3 Vgl. MünchKommInsO/Eidenmüller, § 221 Rdnr. 18 ff.; Kübler/Prütting/Bork-Otte, § 218 InsO Rdnr. 6 ff.
4 Vgl. zu den Manipulationsmöglichkeiten: MünchKommInsO/Eidenmüller, § 222 Rdnr. 6 ff.
5 Zum Obstruktionsverbot vgl. § 245 InsO und die Ausführungen unter Rdnr. 1086 ff.
6 Zum Minderheitenschutz für den einzelnen Gläubiger vgl. § 251 InsO und Rdnr. 1089 ff.

1062 Die Forderungen der nachrangigen Insolvenzgläubiger gelten nach § 225 Abs. 1 InsO grds. als erlassen, es sei denn, der Insolvenzplan sieht eine abweichende Regelung vor. Soll eine solche getroffen werden, sind für jede Gruppe der nachrangigen Gläubiger – entsprechend der Gruppe der „einfachen" Insolvenzgläubiger – Angaben über die Höhe der Quote und der sonstigen Regelungen zu machen.

1063 Die Vorschrift des § 226 InsO bestimmt, dass innerhalb jeder Gruppe allen Beteiligten die **gleichen Rechte** anzubieten sind. Eine unterschiedliche Behandlung der Beteiligten einer Gruppe ist nur mit Zustimmung aller betroffenen Beteiligten zulässig. Die zustimmende Erklärung eines jeden betroffenen Beteiligten ist dem Insolvenzplan als Anlage beizufügen.

1064 Enthält der Insolvenzplan keine abweichende Regelung, so wird der Insolvenzschuldner mit der Bestätigung des Planes von seinen – nach der im Plan vorgesehenen Gläubigerbefriedigung – verbleibenden Verbindlichkeiten frei (§ 227 InsO).[1]

(3) Anlagen

1065 Sofern die Gläubiger aus den Erträgen des vom Schuldner oder einem Dritten fortgeführten Unternehmens befriedigt werden sollen, sind dem Plan neben den in der Übersicht aufgeführten Anlagen (s. hierzu Rdnr. 1058) nach § 229 InsO folgende **Anlagen** beizufügen, die nach **betriebswirtschaftlichen Grundsätzen** zu erstellen sind:

▶ Vermögensübersicht,

▶ Plangewinn- und -verlustrechnung,

▶ Planliquiditätsrechnung.

1066 Die Vermögensübersicht ist keine Handelsbilanz, sondern eine Vermögensrechnung. In ihr sind die Vermögenswerte und Verbindlichkeiten, die sich bei einem Wirksamwerden des Plans gegenüberstehen, mit ihren Werten aufzuführen.[2] Als Basis für die prognostische Vermögensübersicht nach § 229 InsO kann der Planersteller die nach § 153 InsO auf den Zeitpunkt der Eröffnung des Insolvenzverfahrens zu erstellende **Vermögensübersicht** verwenden und fortschreiben. Fraglich ist, ob auf die Vermögensübersicht die **handelsrechtlichen Rechnungslegungsvorschriften** anzuwenden sind. Teilweise wird die Auffassung vertreten, dass bei der Gliederung das Bilanzgliederungssche-

---

1 S. Kübler/Prütting/Bork-Otte, § 227 InsO Rdnr. 5 ff.
2 Vgl. Nerlich/Römermann, InsO, § 229 Rdnr. 6 ff.

ma des § 266 HGB gilt; abgelehnt wird hingegen die Übernahme der handelsrechtlichen Bilanzierungs- und Bewertungsvorschriften.[1] Dieser Auffassung ist m. E. zu folgen, da Zweck der Vermögensübersicht nicht der Gläubigerschutz und die periodengerechte Gewinnermittlung, sondern die Darstellung der tatsächlichen Vermögenslage des insolventen Unternehmens ist. Jedoch darf die Nichtanwendung der handelsrechtlichen Vorschriften nicht zu einem willkürlichen Ansatz der Vermögenswerte und Schulden und deren Bewertung führen. Vielmehr ist für jede einzelne Position zu prüfen, ob und in welcher Höhe ein Ansatz gerechtfertigt ist. Andernfalls kann die Vermögensübersicht ihrem Zweck nicht gerecht werden und den Gläubigern als objektive Entscheidungsgrundlage für die Abstimmung über den Plan dienen.

Da die handelsrechtlichen Bilanzierungsvorschriften für die Vermögensübersicht nicht einschlägig sind, sind auch selbsterstellte **immaterielle Vermögenswerte,** wie z. B. der Firmenwert, anzusetzen, soweit sie als werthaltig beurteilt werden.[2] Die Vermögensgegenstände sind mit ihren tatsächlichen Werten anstelle der handelsrechtlichen Wertansätze, wie Buchwert oder niedrigerer beizulegender Wert, aufzuführen. Je nachdem, ob der Vermögensgegenstand veräußert oder im fortgeführten Unternehmen weiter genutzt werden soll, ist er mit dem Liquidationswert[3] oder dem Fortführungswert aufzunehmen. Soweit Vermögensgegenstände mit Absonderungsrechten belastet sind, empfiehlt sich auf der Aktivseite ein entsprechender Hinweis bei dem einzelnen Gegenstand sowie auf der Passivseite ein Ausweis der den Absonderungsberechtigten zustehenden Beträge als Verbindlichkeit.[4] Sind Vermögensgegenstände zur Verwertung vorgesehen, sind zudem die entstehenden Verwertungskosten (Massekosten) auf der Passivseite zu erfassen.

1067

Außerdem sind in der Vermögensübersicht alle **Rechtsänderungen des gestaltenden Teils,** die mit Bestätigung des Insolvenzplanes wirksam werden, darzustellen. Wird im Insolvenzplan nichts anderes bestimmt, ist auch die Restschuldbefreiung des Schuldners (§ 227 InsO) in der Vermögensübersicht zu berücksichtigen.

1068

---

[1] Vgl. z. B. Westrick, DStR 1998, 1879, 1880; Nerlich/Römermann, InsO, § 229 Rdnr. 6; Braun in Braun, InsO, § 229 Rdnr. 2.
[2] Vgl. dazu: Schmittmann/Theurich/Brune, Das insolvenzrechtliche Mandat, § 2 Rdnr. 104.
[3] Sofern Teilbetriebe des Unternehmens veräußert werden sollen, entspricht der Liquidationswert dem steuerlichen Teilwert.
[4] Die Massebeiträge nach § 171 InsO sind – soweit der Insolvenzplan keine abweichende Regelung trifft – auch im Insolvenzplanverfahren von den Gläubigern zu leisten und mindern deren Anspruch. Entsprechend sind die in der Vermögensübersicht auszuweisenden Verbindlichkeiten zu mindern.

I. Allgemeiner Teil

1069 In der Plan-Gewinn- und Verlustrechnung (**Plan-GuV-Rechnung**) sind nach § 229 Satz 2 InsO die Aufwendungen und Erträge für den Zeitraum darzustellen, währenddessen die Gläubiger befriedigt werden sollen.[1] Da der Gesetzgeber hier von Aufwendungen und Erträgen spricht, ist davon auszugehen, dass die Plan-GuV nach handelsrechtlichen Grundsätzen (vgl. §§ 252 ff. HGB) zu erstellen ist. Aufwendungen und Erträge sind auf der Basis der handelsrechtlichen Wertansätze der Vermögensgegenstände zu ermitteln.

1070 Für die Erstellung der Plan-GuV nach handelsrechtlichen Vorschriften spricht auch deren Zweck. Die Plan-GuV soll als Entscheidungsgrundlage für die Zustimmung zum Insolvenzplan Auskunft darüber geben, ob die Sanierung und Fortführung des Unternehmens – im Hinblick auf die zu erwartenden Überschüsse – der Zerschlagung des Unternehmens vorzuziehen ist.

1071 In der **Plan-Liquiditätsrechnung** ist schließlich die Abfolge der Einnahmen und Auszahlungen abzubilden, durch die die Zahlungsfähigkeit des Unternehmens während des Planungszeitraumes gewährleistet werden soll (§ 229 Satz 2 InsO). Als Planungszeitraum gilt auch hier die Zeitspanne vom Wirksamwerden des Planes bis zur planmäßigen Befriedigung der Gläubiger. Die Gegenüberstellung der Einzahlungen und Auszahlungen erfolgt jeweils für bestimmte Teilperioden, z. B. Tage oder Wochen oder ggf. bei längeren Planungszeiträumen auch Monaten. Da es innerhalb der Teilperioden zu einem negativen Saldo von laufenden Ein- und Auszahlungen kommen kann, sind die Angaben über die zur Verfügung stehenden Kreditlinien (insbesondere beim Kontokorrentkredit) wichtig.

1072 Bei der Schätzung der voraussichtlichen Ein- und Auszahlungen sind neben den laufenden Geschäftsvorfällen aus der Fortführung des Unternehmens insbesondere folgende Einflussgrößen zu berücksichtigen:

▶ Bestand und Fälligkeit der Forderungen sowie Bonität der Schuldner,
▶ bisheriges Zahlungsverhalten und das unter Berücksichtigung der Insolvenz zu erwartende Zahlungsverhalten,
▶ Auszahlungen für notwendige Investitionen,
▶ Verwertung des nicht mehr benötigten Vermögens.

1073 Ist nach einer gewissen **Sanierungsphase** die Übertragung des Unternehmens auf einen Dritten geplant, so sind ggf. auch die Erlöse aus dem Verkauf des Unternehmens als Einzahlung in die Planungsrechnung einzubeziehen. Sowohl die Höhe als auch der Zeitpunkt des Zuflusses werden sich in den meis-

---

1 Vgl. zu den Einzelheiten: Kübler/Prütting/Bork-Otte, § 229 InsO Rdnr. 14 ff.

ten Fällen allerdings nur schwer vorhersehen lassen. Auf der Auszahlungsseite ergibt sich die gleiche Problematik in Bezug auf die Befriedigung der Insolvenzgläubiger. Hier ist der Betrag, den die Insolvenzgläubiger erhalten werden, noch stärker von der vorherigen Sanierungs-/Geschäftsentwicklung abhängig und damit hinsichtlich der Höhe und des Auszahlungszeitpunkts nahezu nicht absehbar.

Allerdings ist Zweck der Plan-Liquiditätsrechnung nicht, die Höhe und Fälligkeit der Quotenzahlung zu bestimmen, sondern die Zahlungsfähigkeit des Unternehmens während des Zeitraumes nachzuweisen.[1] Insoweit können sowohl der abschließende Übertragungserlös als auch die an die Gläubiger auszukehrende Quote bei der Plan-Liquiditätsrechnung außen vor bleiben. 1074

(Einstweilen frei) 1075–1080

e) Prüfung des Insolvenzplanes

Die Vorschrift des § 231 InsO verpflichtet das Insolvenzgericht eine Vorprüfung des Insolvenzplanes durchzuführen.[2] Das Gericht hat den Insolvenzplan **zurückzuweisen,** wenn 1081

▶ Vorschriften über das Recht zur Vorlage und den Inhalt des Plans nicht beachtet sind und der Vorlegende den Mangel nicht beheben kann oder innerhalb einer angemessenen, vom Gericht gesetzten Frist nicht behebt (formelle Mängel des Plans),

▶ ein vom Schuldner vorgelegter Plan offensichtlich keine Aussicht auf Annahme durch die Gläubiger oder auf Bestätigung durch das Gericht hat oder

▶ wenn die Ansprüche, die den Beteiligten nach dem gestaltenden Teil eines vom Schuldner vorgelegten Plans zustehen, offensichtlich nicht erfüllt werden können.

Wird der Insolvenzplan **nicht zurückgewiesen,** so leitet das Gericht den Plan nach § 232 Abs. 1 InsO folgendem Personenkreis unter Bestimmung einer Frist zur Stellungnahme zu: 1082

▶ dem Gläubigerausschuss, wenn ein solcher bestellt ist,

▶ dem Betriebsrat und dem Sprecherausschuss der leitenden Angestellten,

---

[1] So auch Westrick, DStR 1998, 1879, 1883.
[2] Diese Vorprüfung (vgl. Kübler/Prütting/Bork-Otte, § 231 InsO Rdnr. 4 ff.) obliegt – wie das eröffnete Insolvenzverfahren insgesamt – dem Rechtspfleger. In der Literatur wird vorgeschlagen, das Insolvenzplanverfahren dem Richter vorzubehalten, vgl. Hingerl, ZInsO 2009, 759, 760.

- dem Schuldner, wenn der Insolvenzverwalter den Plan vorgelegt hat,
- dem Insolvenzverwalter, wenn der Schuldner den Plan vorgelegt hat.

f) Annahme und Bestätigung des Plans

(1) Erörterung und Abstimmung

1083 Nach Abschluss des Vorprüfungsverfahrens sowie Stellungnahme und Anhörung der einzelnen Beteiligten bestimmt das Insolvenzgericht nach § 235 Abs. 1 InsO einen Termin, in dem der Insolvenzplan und das Stimmrecht der Gläubiger erörtert werden, bevor über den Plan abgestimmt wird (**Erörterungs- und Abstimmungstermin**).[1] Der Termin darf nicht vor dem Prüfungstermin[2] liegen (§ 236 InsO) und soll nicht über einen Monat hinaus angesetzt werden (§ 235 Abs. 1 Satz 2 InsO).

1084 Die **Stimmrechte** der Insolvenzgläubiger und der absonderungsberechtigten Gläubiger sind in den §§ 237, 238 InsO geregelt. Entsprechend dem Verweis auf § 77 InsO sind grds. alle angemeldeten Forderungen stimmberechtigt, die weder vom Insolvenzverwalter noch von einem anderen Gläubiger bestritten worden sind. Das Bestreiten des Schuldners ist unerheblich. Bestreitet der Insolvenzverwalter oder ein Gläubiger eine Forderung, so ist diese stimmberechtigt, soweit sich der Verwalter und die im Erörterungstermin erschienenen Gläubiger über das Stimmrecht einigen. Hilfsweise entscheidet das Insolvenzgericht. Ergänzend gilt Folgendes:

- Gläubiger, deren Forderungen durch den Plan nicht beeinträchtigt werden, haben kein Stimmrecht;
- absonderungsberechtigte Gläubiger sind nur insoweit zur Abstimmung als Insolvenzgläubiger berechtigt, als ihnen der Schuldner auch persönlich haftet und sie auf die abgesonderte Befriedigung verzichten oder bei ihr ausfallen.

1085 Die im Insolvenzplan gebildeten **Gruppen** stimmen, soweit sie stimmberechtigt sind, gesondert über den Insolvenzplan ab (§ 243 InsO). Zur Annahme des

---

1 Vgl. Schmittmann, VR 2009, 289, 291; MünchKommInsO/Eidenmüller, § 235 Rdnr. 19 ff.
2 Im Prüfungstermin werden die angemeldeten Forderungen ihrem Betrag und ihrem Rang nach geprüft (§ 176 InsO). Da Stimmrechte nur Forderungen gewähren, die angemeldet und weder vom Insolvenzverwalter noch von einem stimmberechtigten Gläubiger bestritten worden sind (§ 77 InsO), ergibt sich die zeitliche Rangfolge von Erörterungs- und Abstimmungstermin bereits systembedingt; ebenso Schmittmann/Theurich/Brune, Das insolvenzrechtliche Mandat, § 6 Rdnr. 114.

Insolvenzplans durch die Gläubiger ist es nach § 244 Abs. 1 InsO erforderlich, dass in jeder Gruppe

- die Mehrheit der abstimmenden Gläubiger dem Plan zustimmt (**Kopfmehrheit**) und
- die Summe der Ansprüche der zustimmenden Gläubiger die Hälfte der Summe der Ansprüche der abstimmenden Gläubiger übersteigt (**Summenmehrheit**).

(2) Obstruktionsverbot

Da der Gesetzgeber verhindern wollte, dass eine Gläubigergruppe durch ihre missbräuchliche Zustimmungsverweigerung einen wirtschaftlich sinnvollen Plan zum Scheitern bringt[1], hat er in § 245 InsO das sog. **Obstruktionsverbot** normiert.[2] Danach kann die fehlende Zustimmung einer Gläubigergruppe durch Gerichtsbeschluss ersetzt werden, wenn

- die Gläubiger dieser Gruppe durch den Insolvenzplan nicht schlechter gestellt werden, als sie ohne einen Plan stünden,
- die Gläubiger dieser Gruppe angemessen an dem wirtschaftlichen Wert beteiligt werden, der auf der Grundlage des Plans den Beteiligten zufließen soll, und
- die Mehrheit der abstimmenden Gruppen dem Plan mit den erforderlichen Mehrheiten zugestimmt hat.

1086

Die Regelungen in § 245 InsO bewirken damit, dass im Ergebnis auch im Insolvenzplanverfahren die Rechte, die ohne einen Plan bestünden, zu beachten sind.[3]

1087

Das **Gleichbehandlungsgebot** für gleichrangige Gläubiger stellt in der Praxis für den Insolvenzverwalter das größte Problem dar. Häufig wird für Kleingläubiger mit nicht nachrangigen Forderungen, z. B. bis zur Höhe von 500 €, eine 100%ige Befriedigung vorgesehen, um die Vielzahl der Kleingläubiger aus dem Abstimmungsverfahren auszuklammern.[4] Stimmt in diesem Fall eine stimmberechtigte Gläubigergruppe dem Plan nicht zu, so kann das Obstruktionsverbot nicht greifen, da das dritte Kriterium für die „angemessene Beteiligung",

1088

---

1 Vgl. Kübler/Prütting/Bork-Otte, § 245 InsO Rdnr. 3 ff.
2 Vgl. Schmittmann, VR 2009, 289, 291.
3 Vgl. Macke/Wegener, INF 1998, 756, 760.
4 Vgl. § 237 Abs. 2 InsO: Gläubiger, deren Forderungen durch den Plan nicht beeinträchtigt werden, haben kein Stimmrecht.

das Gleichbehandlungsgebot für gleichrangige Gläubiger, nicht erfüllt ist.[1] Diese Regelungen zum Obstruktionsverbot machen deutlich, wie sehr der Erfolg eines Insolvenzplanes von der Gruppenbildung und dem Verhandlungsgeschick des Planerstellers abhängt.[2]

(3) Minderheitenschutz und Zustimmung des Schuldners

1089 Neben dem Schutz einer Gläubigergruppe durch das Obstruktionsverbot räumt der Gesetzgeber auch dem einzelnen Gläubiger ein Widerspruchsrecht ein. Der sog. Minderheitenschutz (§ 251 InsO) stellt sicher, dass die Interessen des einzelnen Gläubigers trotz des Prinzips der Abstimmung in Gruppen (§ 243 InsO) angemessen gewahrt werden.[3] Dazu hat der Gläubiger beim Insolvenzgericht einen Antrag auf Versagung des Planes zu stellen. Das Gericht hat die Bestätigung des Insolvenzplanes zu versagen, wenn der Gläubiger

▶ dem Plan spätestens im Abstimmungstermin schriftlich oder zu Protokoll der Geschäftsstelle widersprochen hat und

▶ durch den Plan schlechter gestellt wird, als er ohne einen Plan stünde.

1090 Die Bestimmung § 251 InsO stellt nicht auf eine „angemessene Beteiligung" des einzelnen Gläubigers ab. Der Minderheitenschutz bleibt damit hinter dem Schutz einer ablehnenden Gläubigergruppe durch das Obstruktionsverbot zurück. Letztlich ist damit die Zustimmung des Schuldners zum Insolvenzplan erforderlich (§ 247 InsO). Die Vorschrift dient dem Schutz des Schuldners, da der Insolvenzplan auch Regelungen über die Rechtsstellung des Schuldners enthalten kann. Insbesondere kann sein Recht auf einen nach Verwertung und Verteilung verbleibenden Überschuss sowie seine Haftung nach Abschluss des Insolvenzverfahrens berührt sein.

1091 Die Zustimmung des Schuldners zum Plan gilt nach § 247 Abs. 1 InsO als erteilt, wenn der Schuldner dem Plan nicht spätestens im Abstimmungstermin schriftlich oder zu Protokoll widerspricht.[4] Der Widerspruch des Schuldners ist nach § 247 Abs. 2 InsO unbeachtlich, wenn

▶ er durch den Plan nicht schlechter gestellt wird, als er ohne einen Plan stünde, und

▶ kein Gläubiger einen wirtschaftlichen Wert erhält, der den vollen Betrag seines Anspruchs übersteigt.

---

1 A. A. Braun/Uhlenbruck, Unternehmensinsolvenz, 620.
2 Vgl. Macke/Wegener, INF 1998, 756, 760.
3 Vgl. Schmittmann, VR 2009, 289, 290.
4 S. Kübler/Prütting/Bork-Otte, § 247 InsO Rdnr. 4 ff.

(4) Zustimmung der Finanzbehörde zum Insolvenzplan

Die Zustimmung zu einem Insolvenzplan steht nach ihrem eigenen Verständnis im Ermessen der Finanzbehörde. Die Ermessensentscheidung ist nach §§ 163, 222, 227 AO unter Berücksichtigung der Zielsetzungen der InsO zu treffen.[1]

1092

Für die Zustimmung zum Insolvenzplan sind weitgehend wirtschaftliche Gesichtspunkte maßgeblich. Eine Zustimmung kommt regelmäßig dann **nicht** in Betracht,[2] wenn

1093

- aufgrund des bisherigen Verhaltens nicht mit der ordnungsgemäßen Erfüllung steuerlicher Pflichten zu rechnen ist,
- die Planvereinbarungen voraussichtlich nicht eingehalten werden oder
- die Vollstreckungsbehörde durch den Insolvenzplan schlechter gestellt wäre, als sie bei Fortführung des Insolvenzverfahrens stünde.

Die Finanzbehörde ist gehalten, neben dem Interesse des Steuergläubigers an der Beitreibung der Steuerforderungen auch das öffentliche Interesse an der Fortführung und Sanierung des Betriebs zu berücksichtigen.

1094

Zustimmung und Abweisung sind keine Verwaltungsakte, sondern Verfahrenshandlungen.[3]

1095

Die Zustimmung der Finanzbehörde zum Insolvenzplan kann im Wege der **Leistungsklage** nach § 40 Abs. 1 FGO erstritten werden. Einstweiliger Rechtsschutz ist über einen Antrag auf einstweilige Anordnung nach § 114 FGO zu erreichen. In diesem Verfahren wird auch die Ermessensausübung der Finanzbehörde überprüft.[4]

1096

(Einstweilen frei)   1097–1100

g) Gerichtliche Bestätigung

Nach Annahme durch die Gläubiger und Zustimmung des Schuldners bedarf der Insolvenzplan der gerichtlichen Bestätigung (§ 248 InsO). Vor der Entscheidung über die Bestätigung soll das Gericht den Insolvenzverwalter, den Gläubigerausschuss, sofern ein solcher bestellt ist, sowie den Schuldner hören.[5]

1101

---

1 BMF v. 17.12.1998, BStBl I 1998, 1500, Tz. 9.2; a. A. Tipke/Kruse-Loose, AO, § 251 Rdnr. 110, der die Rechtsgrundlage für die Ermessensentscheidung in §§ 233 f. InsO sieht.
2 Vgl. Abschn. 61 Abs. 4 VollStrA v. 18.9.2001, BStBl I 2001, 605.
3 Loose, StuW 1999, 20, 27; Frotscher, Besteuerung bei Insolvenz, S. 280.
4 Tipke/Kruse-Loose, AO, § 251 Rdnr. 111.
5 Vgl. Kübler/Prütting/Bork-Otte, § 248 InsO Rdnr. 2 ff.

1102 Das Insolvenzgericht hat die Annahme des Plans nach § 250 InsO zu versagen, wenn die

- ▶ Vorschriften über den Inhalt und die verfahrensmäßige Behandlung des Insolvenzplans sowie über die Annahme durch die Gläubiger und die Zustimmung des Schuldners in einem wesentlichen Punkt nicht beachtet worden sind und der Mangel nicht behoben werden kann oder
- ▶ die Annahme des Plans unlauter, insbesondere durch Begünstigung eines Gläubigers, herbeigeführt worden ist.

1103 Nach § 252 Abs. 1 InsO ist der Beschluss, durch den der Insolvenzplan bestätigt oder die Bestätigung versagt wird, im Abstimmungstermin oder in einem kurzfristig zu bestimmenden besonderen Termin zu verkünden. Gegen den Beschluss, durch den der Insolvenzplan bestätigt oder die Bestätigung versagt wird, steht den Gläubigern und dem Schuldner die **sofortige Beschwerde** zu (§ 253 InsO, § 567 ZPO).

h) Planwirkungen

(1) Wirkungen für die Beteiligten

1104 Die Bestimmung des § 254 InsO regelt die **allgemeinen Wirkungen** des bestätigten Plans:

- ▶ Mit Rechtskraft der Bestätigung des Insolvenzplans treten die im gestaltenden Teil festgelegten Wirkungen für und gegen alle Beteiligten ein.
- ▶ Soweit der Insolvenzplan die Änderung sachenrechtlicher Verhältnisse vorsieht, gelten mit der gerichtlichen Bestätigung die in den Plan aufgenommenen Willenserklärungen der Beteiligten als in der vorgeschriebenen Form abgegeben. Dies gilt auch in Bezug auf Insolvenzgläubiger, die ihre Forderungen nicht angemeldet haben und Beteiligte, die dem Plan widersprochen haben.
- ▶ Rechte der Insolvenzgläubiger gegen Mitschuldner und Bürgen des Schuldners sowie Rechte dieser Gläubiger an Gegenständen, die nicht zur Insolvenzmasse gehören, oder aus einer Vormerkung, die sich auf solche Gegenstände bezieht, werden durch den Plan nicht berührt. Der Schuldner wird jedoch durch den Plan gegenüber dem Mitschuldner, Bürgen oder anderen Rückgriffsberechtigten in gleicher Weise befreit wie gegenüber dem Gläubiger.

1105 Auf **Abgabenforderungen,** auf die sich der bestätigte Insolvenzplan bezieht, finden die Vorschriften der §§ 163, 222, 227 AO keine Anwendung mehr, da die im Insolvenzplan festgelegten Rechtswirkungen kraft Gesetzes nach § 254

Abs. 1 InsO eintreten.¹ Ob die Finanzbehörde als Gläubigerin dem Insolvenzplan zustimmt, steht in ihrem Ermessen; bei ihrer Entscheidung hat sie den Grundsatz der Gleichmäßigkeit der Besteuerung zu beachten. Falls somit nach dem Insolvenzplan auf Abgabenforderungen zu verzichten ist (sog. **Insolvenzerlass**), erlöschen diese nicht nach § 227 AO, sondern werden insolvenzrechtlich zu „unvollkommenen Forderungen".² Sie sind zwar erfüllbar, dürfen aber gegenüber dem Insolvenzschuldner nicht mehr geltend gemacht werden. Insoweit herrscht ein Vollstreckungs- bzw. Aufrechnungsverbot. Da ein Insolvenzerlass nur gegenüber dem Insolvenzschuldner gilt, können die aufgrund des Insolvenzplanes nicht bedienten Abgabenforderungen allerdings etwaigen **Haftungsschuldnern** gegenüber geltend gemacht werden, soweit deren Inanspruchnahme nicht nach § 227 Abs. 2 InsO ausgeschlossen ist.³

(2) Wiederauflebensklausel

Zur Sicherung der Rechtsstellung der Gläubiger hat der Gesetzgeber in § 255 InsO folgende Regelungen getroffen:

1106

Sind aufgrund des gestaltenden Teils des Insolvenzplanes Forderungen von Insolvenzgläubigern gestundet oder teilweise erlassen worden, so wird die Stundung oder der Erlass für den Gläubiger hinfällig, gegenüber dem der Schuldner mit der Erfüllung des Plans erheblich in Rückstand gerät. Kommt der Schuldner also gegenüber der Finanzbehörde in Rückstand, leben die Ansprüche aus dem Steuerschuldverhältnis in vollem Umfang wieder auf. Ein erheblicher Rückstand ist nach dem Gesetz erst dann anzunehmen, wenn der Schuldner eine fällige Verbindlichkeit nicht bezahlt hat, obwohl der Gläubiger ihn schriftlich gemahnt und ihm dabei eine mindestens zweiwöchige Nachfrist gesetzt hat.

Gegenüber allen Gläubigern werden im Insolvenzplan vereinbarte Stundungen und Erlasse hinfällig, wenn über das Vermögen des Schuldners vor vollständiger Erfüllung des Plans erneut das Insolvenzverfahren eröffnet wird.

---

1 BMF v. 17. 12. 1998, BStBl I 1998, 1500, Tz. 9.2; Tipke/Kruse-Loose, AO, § 251 Rdnr. 110; Fett/Barten, DStZ 1998, 885.
2 BMF v. 17. 12. 1998, BStBl I 1998, 1500, Tz. 9.2; Tipke/Kruse-Loose, AO, § 251 Rdnr. 110 und 116; Fett/Barten, DStZ 1998, 885; s. auch Frotscher, Besteuerung bei Insolvenz, 280 Fn. 9, der die Auffassung vertritt, § 245 InsO enthalte einen Tatbestand mit eigenständiger Rechtswirkung, so dass Stundung und Erlass auch außerhalb der abgabenrechtlichen Tatbestände eintreten.
3 BMF v. 17. 12. 1998, BStBl I 1998, 1500, Tz. 9.2.

I. Allgemeiner Teil

(3) Titulierung der Forderungen

1107 Aus dem rechtskräftig bestätigten Insolvenzplan i.V.m. der Eintragung in die Tabelle können die Insolvenzgläubiger, deren Forderungen festgestellt und nicht vom Schuldner im Prüfungstermin bestritten worden sind, wie aus einem vollstreckbaren Urteil die Zwangsvollstreckung gegen den Schuldner betreiben (§ 257 Abs. 1 Satz 1 InsO). Einer nicht bestrittenen Forderung steht eine Forderung gleich, bei der ein erhobener Widerspruch beseitigt ist.

1108 Die **Finanzbehörde** kann nach § 251 Abs. 2 Satz 2 AO aus dem Insolvenzplan im Verwaltungswege vollstrecken. Siehe dazu vertiefend die Darstellung zur Wirkung der Insolvenztabelle unter Rdnr. 286 ff.

i) Aufhebung des Insolvenzverfahrens

1109 Nach § 258 InsO beschließt das Insolvenzgericht mit Rechtskraft der Bestätigung des Insolvenzplanes die Aufhebung des Insolvenzverfahrens. Der Beschluss und der Grund der Aufhebung sind öffentlich bekannt zu machen. Der Schuldner, der Insolvenzverwalter und die Mitglieder des Gläubigerausschusses sind vorab zu unterrichten.[1]

1110 Soweit im Insolvenzplan nicht die Überwachung der Planerfüllung vorgesehen ist (§§ 260 ff. InsO), **erlöschen** die Ämter des Insolvenzverwalters und der Mitglieder des Gläubigerausschusses mit Aufhebung des Insolvenzverfahrens (§ 258 Abs. 1 InsO). Der Schuldner erhält das Recht zurück, über die Insolvenzmasse frei zu verfügen.

1111 Sieht der Insolvenzplan die **Überwachung der Planerfüllung** vor, so hat der Insolvenzverwalter diese Aufgabe wahrzunehmen. Die Ämter des Verwalters und der Mitglieder des Gläubigerausschusses sowie die Aufsicht des Insolvenzverwalters bestehen insoweit fort (§ 261 InsO). Gegenstand der Überwachung ist die Erfüllung der den Gläubigern nach dem Plan gegen den Schuldner zustehenden Ansprüche. Der Insolvenzverwalter hat dem Gläubigerausschuss sowie dem Insolvenzgericht jährlich über den Stand und die weiteren Aussichten der Erfüllung des Plans zu berichten. Im Falle der Nichterfüllung von Ansprüchen hat der Insolvenzverwalter dies unverzüglich dem Insolvenzgericht sowie dem Gläubigerausschuss[2] anzuzeigen (§ 262 InsO). Die Überwachung der Planerfüllung wird insbesondere dann Gegenstand des Insolvenzplanes werden, wenn sich die Fortführung bzw. Liquidation des Unternehmens und

---

[1] Vgl. Kübler/Prütting/Bork-Otte, § 258 InsO Rdnr. 2 ff.
[2] Ist ein Gläubigerausschuss nicht bestellt, so hat der Insolvenzverwalter an dessen Stelle alle Gläubiger zu unterrichten, die nach dem gestaltenden Teil des Insolvenzplanes betroffen sind.

die Befriedigung der Gläubiger über einen längeren Zeitraum erstreckt, da andernfalls die Planerfüllung allein in den Händen des Schuldners läge.[1]

Abgesehen davon werden viele Gläubiger auch in anderen Fällen ihre Zustimmung zum Insolvenzplan – zur Sicherstellung ihrer verbleibenden Ansprüche – von der Überwachung der Planerfüllung abhängig machen. In diesen Fällen endet das Insolvenzverfahren, wenn das Insolvenzgericht die Aufhebung der Überwachung beschließt (§ 268 InsO). 1112

(Einstweilen frei) 1113–1120

2. Verbraucherinsolvenzverfahren

Neben dem bisher beschriebenen Regelinsolvenz- und dem Insolvenzplanverfahren eröffnet die Insolvenzordnung auch die Möglichkeit eines Verbraucherinsolvenzverfahrens, das jedoch kein Insolvenzplanverfahren kennt, sondern ein Schuldbereinigungsverfahren eigener Art geschaffen hat. Das in den §§ 304 ff. InsO geregelte angeblich vereinfachte Sonderverfahren soll den Bedürfnissen der betroffenen Personen besser Rechnung tragen und gleichzeitig die Gerichte entlasten. Aufgrund des umfangreichen Formblattzwanges ist aber in der Praxis das Gegenteil der Fall. 1121

a) Persönlicher Anwendungsbereich

Die Anwendung des Verbraucherinsolvenzverfahrens setzt nach § 304 Abs. 1 InsO[2] für alle nach dem **1.12.2001 eröffneten Verfahren** voraus, dass 1122

▶ der Schuldner eine **natürliche Person** ist, die

▶ **keine wirtschaftliche Tätigke**it ausübt oder ausgeübt hat.

Auf **juristische Personen,** Personenhandelsgesellschaften sowie sonstige Gemeinschaften i. S. d. BGB ist das Verbraucherinsolvenzverfahren nach dem eindeutigen Wortlaut der Vorschrift nicht anwendbar.[3] 1123

Daneben kommt eine Anwendung des Verbraucherinsolvenzverfahrens nicht in Betracht, wenn die natürliche Person bei Antragstellung eine selbständige **wirtschaftliche Tätigkeit** ausübt. 1124

Mit der Neufassung 2001 hat der Gesetzgeber den persönlichen **Anwendungsbereich** des Gesetzes eingeengt, um so Abgrenzungsprobleme auszuräumen 1125

---

[1] Vgl. Macke/Wegener, INF 1998, 756, 761.
[2] In der Fassung des Gesetzes zur Änderung der InsO v. 26.10.2001, BGBl I 2001, 2710.
[3] Nerlich/Römermann, InsO, § 304 Rdnr. 4; Hess/Obermüller, Insolvenzplan, Rdnr. 705.

und die Rechtsanwendung zu vereinfachen. Ehemals selbständig tätige natürliche Personen können sich nach wie vor über die Verbraucherinsolvenz entschulden, falls ihre Vermögensverhältnisse überschaubar sind und gegen sie keine Forderungen aus Arbeitsverhältnissen vorliegen (§ 304 Abs. 1 Satz 2 InsO).[1]

1126 Nach der Legaldefinition des § 304 Abs. 2 InsO sind die **Vermögensverhältnisse überschaubar,** wenn der Schuldner im Zeitpunkt der Antragstellung auf Eröffnung des Insolvenzverfahrens weniger als 20 Gläubiger hat.

1127 Zu den **Forderungen aus Arbeitsverhältnissen** gehören nach der Gesetzesbegründung auch die nach § 187 SGB III auf die Bundesagentur für Arbeit übergegangenen Forderungen. Zu den Personen, die eine wirtschaftliche Tätigkeit ausüben, gehören alle selbständigen Gewerbetreibenden, die Angehörigen der freien Berufe und Land- und Forstwirte.[2]

1128 Als **Adressaten** des Verbraucherinsolvenzverfahrens kommen insbesondere folgende Personenkreise in Betracht:

▶ Arbeitslose, Rentner und Sozialempfänger; Arbeitnehmer;
▶ Personen mit Einkünften, die nicht aus einer selbständigen wirtschaftlichen Betätigung resultieren, z. B. Einkünfte aus Kapitalvermögen und Vermietung und Verpachtung.

1129 **Ziel** des Verbraucherinsolvenzverfahrens ist in erster Linie eine Schuldenbereinigung nach § 305 InsO und – sofern dies scheitert – ein (vereinfachtes) Insolvenzverfahren nach §§ 311 ff. InsO.

b) Ablauf des Verfahrens

1130 Das Verbraucherinsolvenzverfahren gliedert sich in drei Abschnitte:

1. außergerichtliches Einigungsverfahren;
2. gerichtliches Schuldenbereinigungsverfahren;
3. vereinfachtes Insolvenzverfahren.

Die jeweils nachfolgende Stufe wird nur dann relevant, wenn das Verfahren auf der Vorstufe erfolglos war.

1131 Allerdings ist das gerichtliche Schuldenbereinigungsverfahren seit Inkrafttreten des InsOÄndG nicht mehr zwingend. Nach § 306 Abs. 1 Satz 3 InsO kann

---

1 Vgl. Schmittmann/Theurich/Brune, Das insolvenzrechtliche Mandat, § 3 Rdnr. 7 ff.
2 Zu den Einzelheiten vgl. BGH v. 22. 9. 2005 – IX ZB 55/04, NZI 2005, 676 ff. = DStR 2005, 1996 ff.; Grote, NJW 2001, 3665; Pape, NJW 2003, 2951, 2953; App, Die Steuerwarte 2002, 197.

das Insolvenzgericht sogleich das Insolvenzverfahren eröffnen, wenn nach seiner freien Überzeugung der Schuldenbereinigungsplan voraussichtlich nicht angenommen wird. Von dieser Möglichkeit machen die Insolvenzgerichte regelmäßig Gebrauch, insbesondere dann, wenn der Schuldner einen sog. „**Null-plan**" vorgelegt hat. In diesen Fällen ist eine Zustimmung der Gläubiger ohnehin nicht zu erwarten.[1]

(1) Außergerichtliches Einigungsverfahren

Die erste Stufe des Verbraucherinsolvenzverfahrens bildet das außergerichtliche Einigungsverfahren, für das § 305 Abs. 1 Nr. 1 InsO bestimmt, dass der Einigungsversuch auf der Grundlage eines konkreten Planes durchgeführt werden muss. Allerdings sieht die Insolvenzordnung hierfür weder in Bezug auf die Form noch auf den Inhalt spezielle Erfordernisse vor. Die Beteiligten sind damit frei in der Gestaltung des Planes. So kann der Plan Regelungen über Stundungen, Ratenzahlungen, (Teil)Erlasse, aber auch Folgen der Nichterfüllung der im Plan festgelegten Bedingungen enthalten.[2] Denkbar sind darüber hinaus auch Vereinbarungen für den Fall der Änderung der wirtschaftlichen Verhältnisse des Schuldners, wie z. B. Arbeitslosigkeit.[3]

1132

Aus praktischen Erwägungen sollte jedoch der für das außergerichtliche Einigungsverfahren erstellte Plan dem im – ggf. folgenden – Schuldenbereinigungsverfahren vorzulegenden Plan vergleichbar sein. Der im Schuldenbereinigungsverfahren vorzulegende Plan hat nach § 305 Abs. 1 Nr. 3 InsO ein Verzeichnis der Einkommens- und Vermögensverhältnisse des Schuldners, der Gläubiger sowie ein Verzeichnis der gegen den Schuldner gerichteten Forderungen zu enthalten. Des Weiteren ist in den Plan aufzunehmen, ob und inwieweit Bürgschaften, Pfandrechte und andere Sicherheiten der Gläubiger vom Plan berührt werden (§ 305 Abs. 1 Nr. 4 InsO).[4]

1133

Erzielen der Schuldner und die Gläubiger Einigung auf der Grundlage des Planes, so entfaltet der angenommene Plan die Wirkungen eines **außergerichtlichen Vergleichs** nach § 779 Abs. 2 BGB. Einen Vollstreckungstitel stellt der Plan hingegen nicht dar.[5] Der Einigungsversuch gilt als gescheitert, wenn ein

1134

---

[1] So auch: Kübler/Prütting/Bork-Wenzel, § 306 InsO Rdnr. 6 ff.
[2] Vgl. Loose, StuW 1999, 20, 28.
[3] S. Ehlers, DStR 1999, 240, 241.
[4] Zu den von der Finanzverwaltung zur Prüfung der Voraussetzungen geforderten Unterlagen s. BMF v. 10. 12. 1998, BStBl I 1998, 1497, Tz. 4.
[5] Hess/Obermüller, Insolvenzplan, Rdnr. 755.

Gläubiger nach Beginn der Verhandlungen die Zwangsvollstreckung betreibt (§ 305a InsO), wozu auch die Verwaltungsvollstreckung gehört.

1135　Die **Finanzverwaltung** hatte bereits mit BMF-Schreiben vom 10.12.1998[1] **eigene Kriterien** für die Zustimmung im außergerichtlichen Schuldenbereinigungsverfahren aufgestellt und diese Kriterien mit BMF-Schreiben vom 11.1.2002[2] neu festgelegt und die Neuregelungen durch die Gesetzesänderungen durch das InsOÄndG 2001 angepasst.

Danach kann für einen Verzicht auf Abgabenforderungen nur das Abgabenrecht (abweichende Festsetzung § 163 AO und Erlass § 227 AO) unter Einbeziehung der Zielsetzung der Insolvenzordnung herangezogen werden.

1136　Damit setzt die Finanzverwaltung für die Zustimmung Erlassbedürftigkeit und Erlasswürdigkeit des Insolvenzschuldners voraus. Eine angemessene Schuldenbereinigung ist nach neuer Regelung nicht alleine deshalb auszuschließen, weil der Plan nur eine einmalige Zahlung oder überhaupt keine Zahlung des Schuldners (sog. Null-Plan) vorsieht.

1137　Zur Prüfung der Billigkeitsvoraussetzungen werden von der Finanzverwaltung grundsätzlich die Unterlagen angefordert, die auch im gerichtlichen Schuldenbereinigungsverfahren nach § 305 Abs.1 Nr.3 und Abs.4 InsO erforderlich sind. Demnach hat der Schuldner insbesondere die unter Tz.4 des BMF-Schreibens vom 11.1.2002[3] aufgeführten Unterlagen **einzureichen:**

- einen Nachweis über seine Beteiligung am Erwerbsleben (z.B. Arbeitnehmer, Rentner),

- ein Verzeichnis des vorhandenen Vermögens und des Einkommens (Vermögensverzeichnis),

- eine Zusammenfassung des wesentlichen Inhalts des Vermögensverzeichnisses (Vermögensübersicht),

- ein Verzeichnis der Gläubiger und der gegen ihn gerichteten Forderungen,

- einen Schuldenbereinigungsplan, aus dem sich ergibt, welche Zahlungen in welcher Zeit geleistet werden, zudem sind Angaben zur Herkunft der Mittel erforderlich,

---

1　Vgl. BMF v. 10.12.1998, BStBl I 1998, 1497.
2　Zu den neuen Kriterien für die Entscheidung über einen Antrag auf außergerichtliche Schuldenbereinigung s. BMF v. 11.1.2002, BStBl I 2002, 132.
3　BMF v. 11.1.2002, BStBl I 2002, 132, Tz.4.

▶ einen Nachweis,
- ob und inwieweit Bürgschaften, Pfandrechte und andere Sicherheiten zugunsten von Gläubigern bestehen und welche Zahlungen darauf geleistet worden bzw. noch zu erbringen sind,
- ob und ggf. welche Schenkungen und Veräußerungen in den letzten zehn Jahren an nahe Angehörige bzw. sonstige Personen erfolgt sind, die gem. §§ 132 ff. InsO anfechtbar wären,
- ob Rechte und Ansprüche aus Erbfällen bestehen bzw. zu erwarten sind (z. B. Pflichtteilsansprüche),
▶ eine Erklärung,
- dass Vermögen aus Erbschaften bzw. Erbrechten zur Hälfte zur Befriedigung der Gläubiger eingesetzt wird (vgl. § 295 Abs. 1 Nr. 2 InsO), dass außer den im Schuldenbereinigungsplan aufgeführten Gläubigern keine weiteren vorhanden sind, kein Gläubiger Sonderrechte (außer bei Pfandrechten und Sicherheiten) erhalten hat und keinem Gläubiger solche versprochen wurden und dass sämtliche Angaben richtig und vollständig sind.

Die **Erlassbedürftigkeit** beurteilt die Finanzverwaltung[1] nach den wirtschaftlichen Verhältnissen des Schuldners:

1138

Im Hinblick auf die Zielsetzung der Insolvenzordnung ist eine Billigkeitsmaßnahme nicht deshalb ausgeschlossen, weil z. B. wegen Pfändungsschutzes eine Einziehung der Steuer ohnehin nicht möglich bzw. die Notlage nicht durch die Steuerfestsetzung selbst verursacht worden ist. Vielmehr ist zu würdigen, ob ein gerichtliches Schuldenbereinigungsverfahren bzw. ein Verbraucherinsolvenzverfahren mit Restschuldbefreiung Erfolg versprechend wäre. In diesem Falle kann angenommen werden, dass der Erlass entsprechend der Rechtsprechung des BFH dem Schuldner und nicht anderen Gläubigern zugute kommt. Dies gilt insbesondere dann, wenn durch Dritte (z. B. Angehörige) zusätzliche Mittel für die teilweise Schuldenbereinigung von bisher und voraussichtlich auch künftig uneinbringlichen Rückständen eingesetzt werden. Entsprechend den Grundsätzen beim Erlass von Steuern im außergerichtlichen Vergleich ist daher für die Entscheidung des Finanzamts vor allem maßgebend, dass die Zahlungen in Anbetracht der wirtschaftlichen Verhältnisse angemessen sind, alle Gläubiger – nach Berücksichtigung u. a. von Pfandrechten und Sicherheiten – gleichmäßig befriedigt werden und insbesondere dem Schuldner ein

---

1 Vgl. BMF v. 11. 1. 2002, BStBl I 2002, 132, Tz. 5.

wirtschaftlicher Neuanfang ermöglicht wird. Wurden einzelne Gläubiger in der Vergangenheit ungerechtfertigt bevorzugt, kann es angemessen sein, auf einer höheren Quote zu bestehen. Dem Schuldner ist in Anlehnung an die Regelung bei der Restschuldbefreiung zuzumuten, die pfändbaren Beträge über einen angemessenen Zeitraum an den Gläubiger abzuführen. In Ratenzahlungsfällen sollte das Finanzamt darauf hinwirken, dass künftiger Vermögenserwerb und Aufrechnungsmöglichkeiten bis zum Ablauf des Ratenzahlungszeitraums zusätzlich zu berücksichtigen sind.

1139 Unter dem Gesichtspunkt der Erlassbedürftigkeit stimmt die Finanzbehörde i. d. R. dem Schuldenbereinigungsplan zu, wenn

- ▶ der Schuldner sein gesamtes Vermögen (alle verfügbaren und beschaffbaren Mittel) und ggf. für eine gewisse Zeit das künftig pfändbare Einkommen zur Schuldentilgung einsetzt,

- ▶ die angebotenen Zahlungen unter Berücksichtigung des vorhandenen Vermögens und Einkommens sowie des Alters des Schuldners angemessen sind,

- ▶ bei Pfändung oder Abtretung von Bezügen aus einem Dienstverhältnis die begünstigten Gläubiger auf die pfändbaren Teile entsprechend der Regelung in § 114 InsO verzichten,

- ▶ alle Gläubiger mit der gleichen Quote befriedigt werden, es sei denn, es bestehen zugunsten einzelner Gläubiger Pfandrechte oder Sicherheiten, die in Höhe des tatsächlichen Wertes vorweg befriedigt werden können,

- ▶ nach den vorliegenden Umständen damit zu rechnen ist, dass der Schuldner den vorgelegten Schuldenbereinigungsplan vollständig und fristgemäß erfüllen wird.

1140 Die Entscheidung über die **Erlasswürdigkeit** eines Schuldners orientiert die Finanzverwaltung daran, ob ein Antrag des Finanzamts, dem Schuldner in einem späteren Verfahrensstadium gem. § 290 InsO die Restschuldbefreiung zu versagen, voraussichtlich Aussicht auf Erfolg haben würde (s. hierzu Rdnr. 1188 ff.).

1141 Die Zustimmung der Finanzbehörde kann im Wege der **Leistungsklage** nach § 40 Abs. 1 FGO erstritten werden. In diesem Verfahren wird der Ermessensgebrauch der Finanzbehörde überprüft.[1] Praktisch kommt dies schon aus Gründen des damit verbundenen Zeitaufwandes nicht in Betracht.

---

1 Tipke/Kruse-Loose, AO, § 251 Rdnr. 111.

(2) Gerichtliches Schuldenbereinigungsverfahren

Scheitert das außergerichtliche Einigungsverfahren, so kann der Schuldner die Eröffnung des vereinfachten Insolvenzverfahrens nach § 311 ff. InsO beantragen. Nach § 306 Abs. 3 Satz 1 InsO ist auch ein Gläubiger berechtigt, einen Antrag auf Eröffnung des gerichtlichen Schuldenbereinigungsverfahrens zu stellen.[1]   1142

Der weitere Verfahrensablauf ist von der Person des Antragstellers abhängig, wie folgender Überblick verdeutlicht: 1143

(a) Schuldnerantrag

Beantragt der Schuldner die Eröffnung des vereinfachten Insolvenzverfahrens nach §§ 311 ff. InsO, so hat er nach § 305 InsO mit dem Antrag oder unverzüglich nach dem Antrag die folgenden Unterlagen vorzulegen: 1144

- **Bescheinigung** einer geeigneten Person oder Stelle,[2] aus der sich ergibt, dass eine außergerichtliche Einigung mit den Gläubigern über die Schuldenbereinigung auf der Grundlage eines Plans innerhalb der letzten sechs Monate vor dem Eröffnungsantrag erfolglos versucht worden ist.
- Antrag auf Erteilung von **Restschuldbefreiung** (§ 287 InsO) oder die Erklärung, dass die Restschuldbefreiung nicht beantragt werden soll.
- Verzeichnis des vorhandenen **Vermögens** und des **Einkommens**.
- Verzeichnis der **Gläubiger** und ihrer Forderungen.
- **Schuldenbereinigungsplan**.

In der Praxis wird der Schuldenbereinigungsplan i. d. R. eine aktualisierte Fassung des bereits im außergerichtlichen Verfahren vorgelegten – nach den Vorgaben des § 305 InsO erstellten (s. Rdnr. 1132) – Plans sein.   1145

Hat der Schuldner – ggf. nach ergänzender Aufforderung durch das Insolvenzgericht (§ 305 Abs. 3 InsO) – einen vollständigen Eröffnungsantrag abgegeben, so **ruht das Verfahren** nach § 306 Abs. 1 Satz 1 InsO **bis zur Entscheidung über den Schuldenbereinigungsplan.** Das Insolvenzgericht stellt den vom Schuldner genannten Gläubigern den Schuldenbereinigungsplan sowie die Vermögensübersicht zu und gibt den Gläubigern die Gelegenheit, die Angaben über ihre Forderungen in dem Forderungsverzeichnis zu überprüfen und erforderlichenfalls zu ergänzen (§ 307 Abs. 1 InsO). Gleichzeitig fordert das Gericht die Gläu-   1146

---

[1] Vgl. zum Gläubigerantrag: Kübler/Prütting/Bork-Wenzel, § 306 InsO Rdnr. 14 ff.
[2] Wer geeignete Stelle ist, wird durch Landesrecht geregelt; s. Schmittmann/Theurich/Brune, Das insolvenzrechtliche Mandat, § 1 Rdnr. 45.

I. Allgemeiner Teil

biger auf, binnen einer **Notfrist von einem Monat** zu den Verzeichnissen und zu dem Schuldenbereinigungsplan Stellung zu nehmen. Nach § 307 Abs. 2 InsO hat das Gericht einen ausdrücklichen Hinweis darauf, dass bei nicht rechtzeitiger Erklärung das Einverständnis mit dem Schuldenbereinigungsplan als erteilt gilt, aufzunehmen.[1]

1147 Versäumt der Gläubiger eine Ergänzung seiner fehlenden oder zu niedrig berücksichtigten Forderung innerhalb der vom Gericht gesetzten Monatsfrist, so erlischt die Forderung insoweit (§ 308 Abs. 3 Satz 2 InsO). Sofern er zudem auf die Abgabe einer Stellungnahme zu dem Schuldenbereinigungsplan verzichtet oder diese versäumt, greift nach § 307 Abs. 2 Satz 1 InsO die Fiktion des Einverständnisses.

1148 Erfolgen hingegen Stellungnahmen und Ergänzungen durch die Gläubiger, so hat das Insolvenzgericht dem Schuldner Gelegenheit zu geben, den Schuldenbereinigungsplan innerhalb einer vom Gericht bestimmten Frist zu ändern oder zu ergänzen, wenn dies aufgrund der Stellungnahme eines Gläubigers erforderlich oder zur Förderung einer einverständlichen Schuldenbereinigung sinnvoll erscheint (§ 307 Abs. 3 Satz 1 InsO).

1149 Nach § 308 Abs. 1 InsO gilt der Schuldenbereinigungsplan als angenommen, wenn kein Gläubiger Einwendungen gegen den Plan erhoben hat oder die Zustimmung eines oder mehrerer Gläubiger nach § 309 InsO ersetzt wird.[2] Das Instrument der **Zustimmungsersetzung** erfüllt den gleichen Zweck wie das Obstruktionsverbot im Insolvenzplanverfahren (§ 245 InsO); es soll verhindern, dass ein Schuldenbereinigungsplan an der missbräuchlichen Verweigerung der Zustimmung einzelner Gläubiger scheitert.[3]

1150 Nach § 309 Abs. 1 InsO kann das Insolvenzgericht die Zustimmung unter folgenden **Voraussetzungen** ersetzen:

▶ Antrag des Schuldners oder eines Gläubigers auf Zustimmungsersetzung,

▶ mehr als die Hälfte der benannten Gläubiger hat dem Schuldenbereinigungsplan zugestimmt (Kopfmehrheit),

▶ die Summe der Ansprüche der zustimmenden Gläubiger beträgt mehr als die Hälfte der Forderungen der benannten Gläubiger (Summenmehrheit),

▶ derjenige Gläubiger, der Einwendungen erhoben hat, wird im Vergleich zu den übrigen Gläubigern angemessen beteiligt und durch den Schulden-

---

[1] Vgl. zu den Einzelheiten: Kübler/Prütting/Bork-Wenzel, § 307 InsO Rdnr. 8 ff.
[2] S. Schmittmann/Theurich/Brune, Das insolvenzrechtliche Mandat, § 6 Rdnr. 192.
[3] Vgl. Schmittmann/Theurich/Brune, Das insolvenzrechtliche Mandat, § 6 Rdnr. 194.

bereinigungsplan wirtschaftlich nicht schlechter gestellt, als er bei Durchführung des Verfahrens über die Anträge auf Eröffnung des Insolvenzverfahrens und Erteilung von Restschuldbefreiung stünde.

Das Gericht hat den betroffenen Gläubiger vor der Entscheidung über die Zustimmungsersetzung nach § 309 Abs. 2 Satz 1 InsO zu hören.[1] Der Gläubiger hat dann ggf. glaubhaft zu machen, dass er nicht angemessen beteiligt bzw. durch den Plan wirtschaftlich schlechter gestellt wird als er bei Durchführung eines Insolvenzverfahrens stünde (§ 309 Abs. 2 Satz 2 InsO).

1151

Gegen den Ersetzungsbeschluss des Gerichts ist die **sofortige Beschwerde** statthaftes Rechtsmittel (§ 309 Abs. 2 Satz 3 InsO, § 567 ZPO).

1152

Das Insolvenzgericht stellt – ggf. nach Zustimmungsersetzung – die Annahme des Schuldenbereinigungsplanes durch **Beschluss** fest (§ 308 Abs. 1 Satz 1 InsO). Durch den angenommenen Schuldenbereinigungsplan gelten die Anträge auf Eröffnung des Insolvenzverfahrens und auf Erteilung der Restschuldbefreiung als zurückgenommen (§ 308 Abs. 2 InsO).

1153

Der Schuldner hat nunmehr seine Verbindlichkeiten entsprechend dem Plan zu begleichen, wobei sich bei Nichtzahlung jeder Gläubiger selbst um die Realisierung seiner im Plan festgelegten Ansprüche bemühen muss.[2] Da der Schuldenbereinigungsplan nach § 308 Abs. 1 Satz 2 InsO die **Wirkung eines Vergleichs i. S. d. § 794 Abs. 1 Nr. 1 ZPO hat,** ist er ein zivilrechtlicher Vollstreckungstitel.[3] Demnach darf die Finanzbehörde aus dem Plan gegen den Schuldner vollstrecken (§ 251 Abs. 2 Satz 2 AO).[4]

1154

Soweit Forderungen eines Schuldners nicht im Plan aufgeführt sind und der Schuldner vom Gericht auch nicht zur Ergänzung und Berichtigung seiner Forderungen nach § 307 Abs. 1 Satz 2 InsO aufgefordert worden ist, können die Gläubiger vom Schuldner weiterhin die Erfüllung ihrer Forderungen verlangen (§ 308 Abs. 3 InsO). Abgesehen von der gesetzlichen Verpflichtung über die **Vollständigkeit des Schuldner- und Forderungsverzeichnisses** (§ 305 Abs. 1 Nr. 3 InsO), sollte daher der Schuldner bzw. sein Berater auch im eigenen Interesse höchste Sorgfalt bei der Erstellung der Verzeichnisse walten lassen. Nur so kann sichergestellt werden, dass der Schuldner nach Erfüllung seiner Verpflichtungen aus dem angenommenen Schuldenbereinigungsplan frei von weiteren Schulden ist.

1155

---

1 Vgl. Kübler/Prütting/Bork-Wenzel, § 309 InsO Rdnr. 10 ff.
2 Vgl. Ehlers, DStR 1999, 240, 242.
3 Vgl. Schmittmann/Theurich/Brune, Das insolvenzrechtliche Mandat, § 6 Rdnr. 192.
4 Tipke/Kruse-Loose, AO, § 251 Rdnr. 134; s. a. BT-Drucks. 14/1514.

I. Allgemeiner Teil

1156 Widersprechen ein oder mehrere Gläubiger dem **Schuldenbereinigungsplan** und kann die fehlende Zustimmung nicht ersetzt werden, so ist das Schuldenbereinigungsplanverfahren gescheitert. Das bisher ruhende Verfahren über den Antrag auf Eröffnung des Insolvenzverfahrens wird nach § 311 InsO wieder aufgenommen.

(b) Gläubigerantrag

1157 Stellt ein Gläubiger einen Antrag auf Eröffnung des Insolvenzverfahrens, so hat das Insolvenzgericht dem Schuldner Gelegenheit zu geben, ebenfalls einen Antrag zu stellen (§ 306 Abs. 3 Satz 1 InsO).

1158 Reicht der Schuldner einen eigenen Antrag nach, so beginnt das Schuldenbereinigungsplanverfahren. Der Antrag auf Eröffnung des Insolvenzverfahrens ruht damit auch für den Gläubiger bis zur Entscheidung über den Schuldenbereinigungsplan (§ 306 Abs. 3 Satz 2 InsO). Verzichtet der Schuldner auf einen eigenen Antrag auf Eröffnung des Insolvenzverfahrens, so findet ein Schuldenbereinigungsverfahren nicht statt, vielmehr wird unmittelbar ein vereinfachtes Insolvenzverfahren durchgeführt.

1159 Durch die **Neuregelung des § 306 Abs. 1 Satz 3 InsO** im Rahmen der Änderung durch das InsOÄndG 2001 ist die Durchführung des gerichtlichen Schuldenbereinigungsverfahrens nicht mehr zwingend. Dadurch wird die unnötige Verwendung von Zeit und Kosten in den Fällen der voraussichtlichen Erfolglosigkeit eines gerichtlichen Einigungsversuchs vermieden. Die Voraussetzung „voraussichtlich" ist erfüllt, wenn das Scheitern des Schuldenbereinigungsplans wahrscheinlicher ist als seine Annahme. Das kann z. B. dann der Fall sein, wenn ein Hauptgläubiger, dessen Zustimmung nach § 309 InsO nicht ersetzt werden kann, dem Plan widerspricht.

1160 Die sachgerechte und einzelfallbezogene Entscheidung, ob der nunmehr fakultative Verfahrensabschnitt des gerichtlichen Schuldenbereinigungsverfahrens durchlaufen wird oder nicht, obliegt dem Gericht.[1]

(3) Vereinfachtes Insolvenzverfahren

1161 Im vereinfachten Insolvenzverfahren gelten grundsätzlich die Vorschriften der Insolvenzordnung über das Regelinsolvenzverfahren. Ausgeschlossen ist jedoch die Anwendung der Vorschriften über den Insolvenzplan und über die Eigenverwaltung (§ 312 Abs. 3 InsO). Weiterhin steht auch das Anfechtungsrecht

---

1 Zur Kritik hieran s. Braun, InsO, § 305 Rdnr. 10, m. w. N.

nicht ohne weiteres dem Treuhänder zu. Zum Zweck der einfacheren Abwicklung und der Entlastung der Insolvenzgerichte hat der Gesetzgeber in §§ 312 ff. InsO besondere Regelungen getroffen:

Nach Eingang des Insolvenzantrages hat das Gericht das Vorliegen eines Insolvenzgrundes (Zahlungsunfähigkeit bzw. drohende Zahlungsunfähigkeit) und die Notwendigkeit von Sicherungsmaßnahmen nach §§ 21 ff. InsO zu prüfen. Bejaht das Insolvenzgericht das Vorliegen eines Insolvenzgrundes, eröffnet es das Verfahren und bestellt einen **Treuhänder** (§ 313 Abs. 1 InsO). Der Treuhänder hat die Aufgaben eines Insolvenzverwalters im regulären Verfahren wahrzunehmen. 1162

Abweichend vom regulären Verfahren entfällt im vereinfachten Verfahren der Berichtstermin. Das Insolvenzgericht bestimmt nach § 312 InsO bei Eröffnung des Verfahrens lediglich einen Prüfungstermin. Sind die Vermögensverhältnisse des Schuldners überschaubar und die Zahl der Gläubiger oder die Höhe der Verbindlichkeiten gering, so kann das Insolvenzgericht auch auf die Bestimmung des Prüfungstermins verzichten und ein schriftliches Verfahren durchführen (vgl. § 312 Abs. 2 InsO). 1163

Die Vorschriften über die **Verwaltung und Verwertung** der Insolvenzmasse (§§ 148 ff. InsO) greifen grundsätzlich auch im vereinfachten Insolvenzverfahren. Das Insolvenzgericht kann jedoch nach § 314 Abs. 1 InsO auf Antrag des Treuhänders anordnen, dass von einer Verwertung der Insolvenzmasse ganz oder teilweise abgesehen wird. Dies setzt voraus, dass der Schuldner binnen einer vom Gericht festgesetzten Frist an den Treuhänder den Betrag zahlt, der dem Wert der Masse entspricht, der an die Insolvenzgläubiger zu verteilen wäre. Von einer solchen Anordnung soll das Insolvenzgericht absehen, wenn die Verwertung der Insolvenzmasse insbesondere im Interesse der Gläubiger geboten erscheint. 1164

Macht das Insolvenzgericht von der Anordnung nach § 314 Abs. 1 InsO keinen Gebrauch, so führt der Treuhänder die Verwertung durch. Anders als im regulären Verfahren ist der Treuhänder nach § 313 Abs. 3 Satz 1 InsO jedoch nicht zur Verwertung von Gegenständen berechtigt, an denen Pfandrechte oder andere Absonderungsrechte bestehen. Das Verwertungsrecht steht den Gläubigern in diesen Fällen selbst zu (§ 313 Abs. 3 Satz 2 InsO). 1165

Ist die Verwertung der Insolvenzmasse beendet, findet – wie im regulären Verfahren – der Schlusstermin und die Schlussverteilung statt. Im Anschluss daran wird das vereinfachte Insolvenzverfahren i. d. R. in das Restschuldbefreiungsverfahren übergehen. Fehlt ein entsprechender Antrag des Schuldners, so können die Gläubiger nach Aufhebung des vereinfachten Insolvenzverfahrens 1166

– analog zum regulären Verfahren – ihre noch offenen Forderungen unbeschränkt geltend machen und mittels eines Tabellenauszuges die Zwangsvollstreckung gegen den Schuldner betreiben (§ 201 Abs. 2 Satz 2 InsO).

1167–1180   *(Einstweilen frei)*

3. Restschuldbefreiungsverfahren

a) Zweck der Restschuldbefreiung

1181   Im Konkursrecht galt der Grundsatz der freien Nachforderung (vgl. § 164 Abs. 1 KO). Danach konnten Gläubiger nach Aufhebung des Konkursverfahrens ihre Forderungen im Wege der Einzelzwangsvollstreckung uneingeschränkt gegen den Schuldner geltend machen. Dies hatte für natürliche Personen eine unbeschränkte persönliche **„Nachhaftung"** bis zur Verjährungsgrenze von i. d. R. 30 Jahren (§ 195 BGB) zur Folge.[1] Im Gegensatz dazu fand bei juristischen Personen eine „Nachhaftung" faktisch nicht statt, da das Konkursverfahren regelmäßig zur Auflösung und Löschung der Gesellschaft im Handelsregister nach § 60 Abs. 1 Nr. 4 GmbHG bzw. § 262 Abs. 1 Nr. 3 AktG führte.[2]

1182   Die fehlende Entschuldungsmöglichkeit der natürlichen Personen sowie die ständig steigende Verschuldung der Privathaushalte veranlassten den Gesetzgeber zu dem in den §§ 286–303 InsO geregelten Restschuldbefreiungsverfahren. Die Einführung einer Restschuldbefreiung für Verbraucher wird dementsprechend als das sozialpolitische Kernstück der Insolvenzordnung bezeichnet.[3] Tatsächlich ist aber das Insolvenzverfahren bei natürlichen Personen in einer Vielzahl von Fällen zum „Restschuldbefreiungsautomatismus" degeneriert.[4]

b) Ankündigung der Restschuldbefreiung

(1) Voraussetzungen

1183   Nach § 286 InsO können natürliche Personen nach Maßgabe der §§ 287 ff. InsO nach Abschluss des regulären oder vereinfachten Insolvenzverfahrens von ihren verbleibenden Schulden befreit werden. Wurde hingegen das Insol-

---

1 Vgl. Nerlich/Römermann, InsO, § 286 Rdnr. 3.
2 Vgl. Gounalakis, BB 1999, 224, 225.
3 Vgl. zu Bedeutung und rechtspolitischem Hintergrund Nerlich/Römermann, InsO, Vor § 286 Rdnr. 1 ff.; Hess/Pape, InsO und EGInsO, Rdnr. 1202 ff.
4 Zur Geschichte der Restschuldbefreiung: Schmittmann/Theurich/Brune, Das insolvenzrechtliche Mandat, § 6 Rdnr. 203 ff.

venzverfahren mangels einer die Kosten des Verfahrens deckenden Masse nicht eröffnet (§ 26 InsO), so besteht keine Möglichkeit zur Restschuldbefreiung. Im Falle der Einstellung des Verfahrens wegen Masseunzulänglichkeit kann Restschuldbefreiung nur erteilt werden, wenn nach Anzeige der Masseunzulänglichkeit die Insolvenzmasse nach § 209 InsO verteilt worden und die Einstellung nach § 211 InsO erfolgt ist (vgl. § 289 Abs. 3 Satz 1 InsO).

Die Restschuldbefreiung setzt nach § 287 Abs. 1 InsO einen **Antrag** des Schuldners voraus. Der Antrag soll mit dem Insolvenzeröffnungsantrag verbunden werden und hat dem Insolvenzgericht spätestens im Berichtstermin vorzuliegen. 1184

Nach § 287 Abs. 2 InsO hat der Schuldner dem Antrag auf Restschuldbefreiung eine Erklärung beizufügen, in der er seine pfändbaren Forderungen auf Bezüge aus einem Dienstverhältnis oder an deren Stelle tretende laufende Bezüge **für die Zeit von sechs Jahren** nach Eröffnung des Insolvenzverfahrens an einen Treuhänder abtritt **(Abtretungserklärung)**. Nach der Rechtslage ab 1. 12. 2001 (s. Rdnr. 3) ist die Laufzeit verkürzt; zudem beginnt sie früher, nämlich bereits mit Eröffnung des Verfahrens. Damit hat der Gesetzgeber auf die Kritik reagiert, dass die lange Laufzeit für einen durchschnittlichen Schuldner kaum durchzuhalten sei. Die Dauer des Insolvenzverfahrens wird auf die Laufzeit der Abtretungserklärung angerechnet. Zu den „abzutretenden Bezügen" gehören nicht nur jede Art von **Arbeitseinkommen i. S. d. § 850 ZPO,** sondern auch die **an deren Stelle tretenden Bezüge.** Das sind insbesondere Renten und sonstige laufende Geldleistungen der Träger der Sozialversicherung und der Bundesagentur für Arbeit im Falle des Ruhestands, der Erwerbsunfähigkeit oder der Arbeitslosigkeit.[1] Diese Leistungen sind aber in aller Regel aufgrund ihrer Höhe unpfändbar. 1185

„Zur Stärkung der Motivation des Schuldners, die sechsjährige Wohlverhaltensperiode durchzuhalten",[2] sieht die Insolvenzordnung in § 292 Abs. 1 Satz 4 einen sog. **steigenden Selbstbehalt** vor. Danach hat der Treuhänder an den Schuldner nach Ablauf von 1186

▶ vier Jahren seit Aufhebung des Insolvenzverfahrens 10 %,

▶ fünf Jahren seit Aufhebung des Insolvenzverfahrens 15 %

der Beträge, die er durch Abtretung sowie durch sonstige Leistungen erlangt hat, an den Schuldner abzuführen. Die Anwendung dieser Vorschrift hängt

---

1 Arnold, DGVZ 1996, 65.
2 Beschlussempfehlung und Bericht des Rechtsausschusses, BT-Drucks. 12/7302, 189, Nr. 194.

nicht davon ab, ob und in welcher Höhe der Schuldner in den vorangegangenen Jahren jeweils Zahlungen entrichtet hat.[1]

1187 Nach dem Willen des Gesetzgebers soll nur der **redliche Schuldner** in den Genuss der Restschuldbefreiung kommen (§ 1 Satz 2 InsO). Zu diesem Zweck ist in § 290 InsO geregelt, dass das Insolvenzgericht die Restschuldbefreiung zu versagen hat, wenn im Schlusstermin ein Gläubiger dies beantragt und einer der in der Norm genannten sechs **Versagungsgründe** vorliegt. Die Finanzbehörde hat wie jeder andere Insolvenzgläubiger ein Werturteil über die Redlichkeit des Insolvenzschuldners abzugeben.[2] **Unredlichkeit** nimmt die Finanzbehörde z. B. an, wenn falsche oder unrichtige Angaben im Rahmen von Anträgen auf Vollstreckungsaufschub, Vermögensverzeichnissen bzw. Erlass- und Stundungsanträgen gemacht wurden. Die bloße Nichtabgabe von Steuererklärungen reicht hierzu nicht aus.[3]

(2) Ankündigungsbeschluss

1188 Stellt ein Gläubiger einen Antrag auf Versagung der Ankündigung der Restschuldbefreiung, so hat er den Versagungsgrund glaubhaft zu machen (§ 290 Abs. 2 InsO). Eine schriftliche Antragstellung reicht nicht aus, vielmehr ist das Erscheinen des Gläubigers und die mündliche Antragstellung erforderlich.[4] Auf eine schriftlich übergebene Begründung kann verwiesen werden. Über die Versagung der Restschuldbefreiung entscheidet das Insolvenzgericht durch Beschluss (§ 289 Abs. 1 Satz 2 InsO). Gegen den Beschluss steht dem Schuldner nach § 289 Abs. 2 Satz 1 InsO die sofortige Beschwerde zu.

1189 Die Aufzählung der Versagungsgründe in § 290 InsO ist abschließend.[5] Es kann aber auch die Nichtleistung des Ausgleichsbetrags wegen Absehen von der Verwertung gem. § 314 InsO zur Versagung der Restschuldbefreiung führen.[6]

1190 Die Restschuldbefreiung ist zu versagen, wenn der Schuldner wegen einer Straftat nach den §§ 283–283c StGB rechtskräftig verurteilt worden ist, **§ 290 Abs. 1 Nr. 1 InsO**. Ein konkreter Zusammenhang zwischen der Straftat und

---

1 Vgl. Scholz, DB 1996, 765, 769.
2 Vgl. ausführlich Farr, BB 2003, 2324.
3 OLG Köln v. 14. 2. 2001 – 2 W 249/00, NZI 2001, 205.
4 So BGH v. 18. 5. 2006 – IX ZR 03/05, ZInsO 2006, 647 f.; Schmittmann/Theurich/Brune, Das insolvenzrechtliche Mandat, § 6 Rdnr. 253; Fischer, NZI 2006, 313, 324 ff.; Sternal, NZI 2005, 129, 132.
5 So AG Göttingen v. 1. 11. 2005 – 71 IN 79/05, ZInsO 2005, 1226.
6 So Schmittmann/Theurich/Brune, Das insolvenzrechtliche Mandat, § 6 Rdnr. 253; Hohloch, FPR 2006, 77, 79.

dem Insolvenzverfahren ist nach der Rechtsprechung des BGH nicht erforderlich.[1] Rechtskräftige Verurteilungen sind lediglich in der Tilgungsfrist gem. §§ 45 ff. BZRG zu berücksichtigen.[2]

Weiterhin kann dem Schuldner die Restschuldbefreiung versagt werden, wenn er in den letzten drei Jahren vor Antrag auf Eröffnung des Insolvenzverfahrens oder nach diesem Antrag vorsätzlich oder grob fahrlässig schriftlich unrichtige oder unvollständige Angaben über seine wirtschaftlichen Verhältnisse gemacht hat, um einen Kredit zu erhalten, Leistungen aus öffentlichen Mitteln zu beziehen oder Leistungen an öffentliche Kassen zu vermeiden, § 290 Abs. 1 Nr. 2 InsO.[3] Das Unterlassen der Einreichung von fälligen Steuererklärungen führt u. E. dazu, dass der Schuldner unrichtige oder unvollständige Angaben über seine wirtschaftlichen Verhältnisse i. S. v. § 290 Abs. 1 Nr. 2 InsO macht und dadurch ggf. Leistungen an öffentliche Kassen vermeidet.[4] Nach der Rechtsprechung des BGH ist eine teilweise auf Schätzungen des Schuldners beruhende Steuererklärung nur dann „unrichtig" i. S. d. § 290 Abs. 1 Nr. 2 InsO, wenn die Unrichtigkeit von in ihr enthaltenen Angaben feststeht.[5] Abgabe von unzutreffenden Umsatzsteuervoranmeldungen erfüllt ebenfalls den Tatbestand des § 290 Abs. 1 Nr. 1 InsO.[6] Auch eine Steuerhinterziehung durch eine Nichterklärung von Warenumsätzen erfüllt den Tatbestand des § 290 Abs. 1 Nr. 2 InsO.[7]

1191

Im Übrigen ist die Restschuldbefreiung zu versagen, wenn in den letzten zehn Jahren vor dem Antrag auf Eröffnung des Insolvenzverfahrens oder nach diesem Antrag dem Schuldner Restschuldbefreiung erteilt oder nach § 296 oder § 297 InsO versagt worden ist (**§ 290 Abs. 1 Nr. 3 InsO**).[8]

1192

Weiterhin ist dem Schuldner die Restschuldbefreiung gem. **§ 290 Abs. 1 Nr. 4 InsO** zu versagen, wenn der Schuldner im letzten Jahr vor dem Antrag auf Eröffnung des Insolvenzverfahrens oder nach diesem Antrag vorsätzlich oder

1193

---

1 So BGH v. 18. 12. 2002 – IX ZB 121/02, ZInsO 2003, 125.
2 So BGH v. 18. 12. 2002 – IX ZB 121/02, ZInsO 2003, 125; AG Stuttgart v. 8. 2. 2005 – 5 IN 1261/04, NZI 2005, 641; Schmerbach in: Haarmeyer/Wutzke/Förster, Präsenzkommentar, § 290 Rdnr. 16.
3 Vgl. im Einzelnen Schmittmann/Theurich/Brune, Das insolvenzrechtliche Mandat, § 6 Rdnr. 255.
4 Ebenso LG Traunstein v. 25. 10. 2002 – 4 T 1320/02, ZVI 2002, 473 f.; a. A. OLG Köln v. 14. 2. 2001 – 2 W 249/00, NZI 2001, 205.
5 So BGH v. 12. 1. 2006 – IX ZB 29/04, ZInsO 2006, 265 ff.
6 So AG Celle v. 16. 4. 2003 – 35 IK 23/99; Schmerbach in Haarmeyer/Wutzke/Förster, Präsenzkommentar, § 290 Rdnr. 18.
7 So BGH v. 29. 9. 2005 – IX ZB 178/02, ZVI 2005, 614 f.
8 Vgl. Schmittmann/Theurich/Brune, Das insolvenzrechtliche Mandat, § 6 Rdnr. 259.

grob fahrlässig die Befriedigung der Insolvenzgläubiger dadurch beeinträchtigt hat, dass er unangemessene Verbindlichkeiten begründet oder Vermögen verschwendet oder ohne Aussicht auf eine Besserung seiner wirtschaftlichen Lage die Eröffnung des Insolvenzverfahrens verzögert hat.[1] Dazu reicht es allerdings nicht aus, wenn bei einem Einzelunternehmen erst sechs Monate nach Einstellung des Betriebs Insolvenzantrag gestellt wird und über einen längeren Zeitraum Mietzinsansprüche des Vermieters auflaufen.[2]

1194 Gemäß **§ 290 Abs. 1 Nr. 5 InsO** ist die Restschuldbefreiung zu versagen, wenn der Schuldner während des Insolvenzverfahrens Auskunfts- oder Mitwirkungspflichten nach der InsO vorsätzlich oder grob fahrlässig verletzt hat. Es sind insbesondere die in §§ 97, 98 InsO normierten Pflichten gemeint, die sowohl gegenüber dem Insolvenzgericht als auch gegenüber dem Insolvenzverwalter und der Gläubigerversammlung bestehen.[3] Die Auskunft und Mitwirkung des Schuldners sind so wesentliche Bausteine für die Erreichung der Ziele des Insolvenzverfahrens, dass ihre Verletzung immer bereits die erhebliche Gefährdung der Gläubigeransprüche indiziert.[4] Insbesondere ist es nicht Sache des Schuldners, seine Aktiva zu bewerten und vermeintlich „für die Gläubiger uninteressante" Positionen zu verschweigen.[5] Eine Versagung der Restschuldbefreiung kommt nach § 290 Abs. 1 Nr. 5 InsO in Betracht, wenn der Schuldner dem Insolvenzverwalter zusagt, die Steuererklärung selbst einzureichen, dies unterlässt und dem Verwalter die zur Fertigung der Steuererklärung erforderlichen Unterlagen vorenthält.[6]

1195 Die Restschuldbefreiung ist im Übrigen gem. **§ 290 Abs. 1 Nr. 6 InsO** zu versagen, wenn der Schuldner in den nach § 305 Abs. 1 Nr. 3 InsO vorzulegenden Verzeichnissen seines Vermögens und seines Einkommens, seiner Gläubiger und der gegen ihn gerichteten Forderungen vorsätzlich oder grob fahrlässig unrichtige oder unvollständige Angaben gemacht hat. Das Informationsdefizit, das durch diese Pflichtverletzung entstanden ist, muss nach der Rechtsprechung auch zu einer materiellen Benachteiligung der Gläubiger geführt haben, da die Einhaltung der Informationspflichten keinen Selbstzweck verfolgt.[7] Der

---

1 Vgl. Schmittmann/Theurich/Brune, Das insolvenzrechtliche Mandat, § 6 Rdnr. 259.
2 So AG Göttingen v. 13. 8. 2005 – 74 IN 41/04, NZI 2006, 116 f.
3 So Schmittmann/Theurich/Brune, Das insolvenzrechtliche Mandat, § 6 Rdnr. 265.
4 So AG Oldenburg v. 28. 11. 2000 – 60 IN 21/99, ZInsO 2001, 1170, 1171.
5 So BGH v. 7. 12. 2006 – IX ZB 11/06, ZInsO 2007, 96 f.
6 So BGH v. 18. 12. 2008 – IX ZB 197/07, NZI 2009, 327, 328.
7 So AG Dortmund v. 21. 2. 2006 – 258 IK 97/04, ZInsO 2006, 384; Schmittmann/Theurich/Brune, Das insolvenzrechtliche Mandat, § 6 Rdnr. 267; a. A. AG Oldenburg v. 28. 11. 2000 – 60 IN 21/99, ZInsO 2001, 1170, 1171.

Antrag des Gläubigers ist gem. § 290 Abs. 2 InsO nur zulässig, wenn ein Versagungsgrund glaubhaft gemacht wird.

Die Ankündigung der Restschuldbefreiung erfolgt durch einen Beschluss des Insolvenzgerichtes. In dem Beschluss stellt das Gericht fest, dass der Schuldner die Restschuldbefreiung erlangt, wenn er den Obliegenheiten des § 295 InsO nachkommt und die Voraussetzungen für eine Versagung nach § 297 oder § 298 InsO nicht vorliegen. Zudem bestimmt das Gericht nach § 291 Abs. 2 InsO den Treuhänder, auf den die pfändbaren Bezüge des Schuldners entsprechend der Abtretungserklärung übergehen. 1196

Nach § 292 InsO hat der **Treuhänder** folgende Aufgaben wahrzunehmen: 1197

▶ Unterrichtung der zur Zahlung der abgetretenen Bezüge Verpflichteten über die Abtretung,

▶ Verteilung der Beträge, die er durch die Abtretung erlangt hat sowie sonstige Leistungen des Schuldners oder Dritter, einmal jährlich aufgrund des Schlussverzeichnisses an die Insolvenzgläubiger,

▶ Rechnungslegung gegenüber dem Insolvenzgericht bei Beendigung des Amtes (Abs. 3 Satz 1).

Zur Überwachung des Schuldners oder z. B. zur gerichtlichen Geltendmachung der abgetretenen Bezüge[1] ist der Treuhänder hingegen grundsätzlich nicht verpflichtet. Die Gläubigerversammlung kann den Treuhänder jedoch nach § 292 Abs. 2 InsO mit der Überwachung der Erfüllung der Obliegenheiten des Schuldners beauftragen. In diesem Fall ist der Treuhänder verpflichtet, die Gläubiger unverzüglich zu unterrichten, wenn er einen Verstoß gegen die Obliegenheiten feststellt. 1198

Der Treuhänder unterliegt der Aufsicht des Insolvenzgerichtes und kann aus wichtigem Grund aus dem Amt entlassen werden (§ 292 Abs. 3 Satz 2 i. V. m. §§ 58 und 59 InsO). 1199

(3) Wohlverhaltensperiode

Während der Laufzeit der Abtretungserklärung[2] treffen den Schuldner verschiedene Obliegenheiten gem. § 295 Abs. 1 InsO. 1200

---

1 Vgl. Scholz, DB 1996, 765, 769.
2 Die Wohlverhaltensphase läuft gem. § 287 Abs. 2 Satz 1 InsO sechs Jahre nach Eröffnung des Verfahrens. Für Altverfahren gelten gem. Art. 107 EGInsO abweichende Laufzeiten.

I. Allgemeiner Teil

1201 Der Schuldner hat eine **angemessene Erwerbstätigkeit** auszuüben und, wenn er ohne Beschäftigung ist, sich um eine solche zu bemühen und keine zumutbare Tätigkeit abzulehnen (§ 295 Abs. 1 Nr. 1 InsO).

1202 Im Hinblick auf die Lage auf dem Arbeitsmarkt ist häufig festzustellen, dass Schuldner ohne Erwerbseinkommen sind. Der Schuldner ist aber verpflichtet, eigene Aktivitäten zu entfalten. Daher reicht es nicht aus, wenn er sich lediglich beim Arbeitsamt (Bundesagentur für Arbeit) arbeitssuchend meldet. Er muss sich vielmehr anhand von Stellenanzeigen in der örtlichen Presse bzw. im Internet auch aktiv über Angebote informieren und sich bewerben.[1]

1203 Als angemessene Erwerbstätigkeit sieht es der Gesetzgeber an, dass der Schuldner eine Vollzeitbeschäftigung mit einer durchschnittlichen wöchentlichen Arbeitszeit zwischen 35 und 40 Stunden aufnimmt.[2] Ein lediger und kinderloser Schuldner kommt seiner Obliegenheit nach § 295 Abs. 1 Nr. 1 InsO nicht nach, wenn er eine Beschäftigung mit einer Wochenarbeitszeit von lediglich 25 Stunden ausübt. Dabei reicht es auch nicht aus, wenn der Schuldner behauptet, er könne nur einer Teilzeittätigkeit nachgehen, weil er in der übrigen Zeit für seinen Hund sorgen müsse.[3] Problematisch sind die Fälle der Entschuldung Strafgefangener[4] und die Schuldner, deren selbständige Tätigkeit aus der Insolvenzmasse freigegeben worden ist. Erkennt ein solcher Schuldner in der Wohlverhaltensphase, dass er mit der von ihm ausgeübten selbständigen Tätigkeit nicht genug erwirtschaftet, um seine Gläubiger so zu stellen, als gehe er einer vergleichbaren abhängigen Tätigkeit nach, braucht er seine selbständige Tätigkeit nicht sofort aufzugeben. Um den Vorwurf der Beeinträchtigung der Gläubiger zu entkräften, muss er sich aber nachweisbar um eine angemessene abhängige Beschäftigung bemühen und – sobald sich ihm eine entsprechende Gelegenheit bietet – diese wahrnehmen.[5]

1204 Ein Verstoß gegen die Erwerbsobliegenheit liegt vor, wenn ein verheirateter Schuldner ohne sachlichen Grund die Steuerklasse V wählt.[6] Einem Schuldner, dem Verfahrenskostenstundung gewährt worden ist, obliegt es nämlich, die Steuerklasse so zu wählen, dass sich ein möglichst hohes pfändbares Einkom-

---

1 So Schmittmann/Theurich/Brune, Das insolvenzrechtliche Mandat, § 6 Rdnr. 241.
2 So AG Hamburg v. 20.11.2000 – 68 e IK 15/99, ZInsO 2001, 278; Uhlenbruck/Vallender, § 295 Rdnr. 13.
3 So Keller, Insolvenzrecht, Rdnr. 1895, unter Hinweis auf AG München, ZVI 2003, 481.
4 Vgl. Brei, Entschuldung Straffälliger durch Verbraucherinsolvenz und Restschuldbefreiung, 2005; Brei, FPR 2006, 95 ff.; Vallender/Elschenbroich, NZI 2002, 130 ff.
5 So BGH v. 7.5.2009 – IX ZB 133/07, DB 2009, 1461 = ZInsO 2009, 1217.
6 So BGH v. 5.4.2009 – IX ZB 2/07, NZI 2009, 326 f.

men ergibt. Dieser Gedanke gilt u. E. allerdings nur grundsätzlich. In Ausnahmefällen kann es aus der Sicht der Masse durchaus sinnvoll sein, eine „ungünstige" Steuerklasse zu wählen, z. B. wenn der pfändbare Teil des Arbeitseinkommens an einen Gläubiger abgetreten ist und der Steuererstattungsanspruch der Masse zusteht. Da die Wahl der Steuerklasse die Jahressteuerschuld nicht berührt, kann durch die Wahl der Steuerklasse auch ein höherer Lohnsteuerabzug und damit auch eine erhöhte Steuererstattung provoziert werden.

Der Schuldner hat darüber hinaus Vermögen, das er von Todes wegen oder mit Rücksicht auf ein künftiges Erbrecht erwirbt, zur Hälfte des Wertes an den Treuhänder herauszugeben (§ 295 Abs. 1 Nr. 2 InsO).[1] Da dem Schuldner das ausschließliche Recht zur Annahme oder Ausschlagung einer Erbschaft zusteht, § 83 Abs. 1 Satz 1 InsO, wird festgestellt, dass Erbschaften ausgeschlagen werden, zumal das Geld „in der Familie bleibt", wenn nach Ausschlagung der Erbschaft durch den Schuldner seine Kinder gesetzliche Erben werden. 1205

Der Schuldner hat weiterhin gem. § 295 Abs. 1 Nr. 3 InsO jeden Wechsel des Wohnsitzes oder der Beschäftigungsstelle unverzüglich dem Insolvenzgericht und dem Treuhänder anzuzeigen, keine von der Abtretungserklärung erfassten Bezüge und kein von § 295 Abs. 1 Nr. 2 InsO erfasstes Vermögen zu verheimlichen und dem Gericht und dem Treuhänder auf Verlangen Auskunft über seine Erwerbstätigkeit oder seinem Bemühen um eine solche sowie über seine Bezüge und sein Vermögen zu erteilen. 1206

Der Schuldner hat von sich aus umfassend Auskunft zu erteilen.[2] Der Schuldner hat die Auskünfte auf Verlangen schriftlich zu erteilen. Der Treuhänder oder die Geschäftsstelle des Insolvenzgerichts sind nicht verpflichtet, mündlich erteilte Auskünfte zu protokollieren.[3] Letztlich obliegt es dem Schuldner gem. § 295 Abs. 1 Nr. 4 InsO, Zahlungen zur Befriedigung der Insolvenzgläubiger an den Treuhänder zu leisten und keinem Insolvenzgläubiger einen Sondervorteil zu verschaffen. 1207

Da nicht die rechtsgeschäftliche Vereinbarung eines Sondervorteils sanktioniert wird, sondern erst der Leistungserfolg, ist lediglich auf Zahlungen oder sonstige Leistungen, nicht aber auf Abreden abzustellen.[4] Soweit der Schuldner eine selbständige Tätigkeit ausübt, obliegt es ihm gem. § 295 Abs. 2 InsO 1208

---

1 Vgl. Schmittmann/Theurich/Brune, Das insolvenzrechtliche Mandat, § 6 Rdnr. 246.
2 So Uhlenbruck/Vallender, § 95 Rdnr. 48.
3 So Uhlenbruck/Vallender, § 95 Rdnr. 50.
4 So Schmittmann/Theurich/Brune, Das insolvenzrechtliche Mandat, § 6 Rdnr. 251.

I. Allgemeiner Teil

die Insolvenzgläubiger durch Zahlungen an den Treuhänder so zu stellen, wie wenn er ein angemessenes Dienstverhältnis eingegangen wäre.[1] Regelmäßige Zahlungen des Schuldners sind zwar empfehlenswert, aber nicht zwingend. Es genügt, dass die Zahlungen am Ende der Wohlverhaltensphase erbracht werden.[2] Für diesbezügliche Versagungsanträge von Gläubigern bedeutet dies, dass sie erst nach Ende der Wohlverhaltensphase im Rahmen von § 300 InsO gestellt werden können.[3] Der Insolvenzverwalter/Treuhänder ist nicht dafür zuständig, einen angemessenen Betrag zu bestimmen. Für die Bemessung einer angemessenen Vergütung i. S. d. § 295 Abs. 2 InsO liefern allgemein geltende Tarifordnungen wie der Bundesangestelltentarifvertrag (BAT) eine verlässliche Grundlage.[4] Der Schuldner ist ggf. auch verpflichtet, sich um abhängige Beschäftigung zu bemühen, wenn er aus der selbständigen Tätigkeit so geringe Einkünfte erzielt, dass er daraus keine Gleichstellung sicherstellen kann.[5]

1209 Das Insolvenzgericht versagt auf Antrag eines Gläubigers die Restschuldbefreiung, wenn

▶ der Schuldner eine seiner vorgenannten Obliegenheitspflichten schuldhaft verletzt (§ 296 InsO)[6] oder

▶ er in dem Zeitraum zwischen Schlusstermin und Aufhebung des Insolvenzverfahrens oder während der Laufzeit der Abtretungserklärung wegen einer Insolvenzstraftat rechtskräftig verurteilt wird (§ 297 InsO).[7]

1210 Des Weiteren ist die vorzeitige Beendigung des Restschuldbefreiungsverfahrens nach § 298 InsO auf Antrag des Treuhänders möglich. Dies setzt voraus, dass die an den Treuhänder abgeführten Beträge für das vorangegangene Jahr seiner Tätigkeit die Mindestvergütung nicht decken und der Schuldner auch auf besondere Aufforderung unter Hinweis auf die Möglichkeit zur Versagung

---

1 Auf die tatsächlichen Einkünfte des Schuldners aus der selbständigen Tätigkeit kommt es nicht an; vgl. AG Memmingen v. 22.12.2008 – IN 47/02, ZInsO 2009, 1250.

2 So Schmerbach in: Haarmeyer/Wutzke/Förster, Präsenzkommentar, § 295 Rdnr. 28.

3 S. Schmerbach, Rechtliche Aspekte der Selbständigkeit natürlicher Personen im Insolvenzverfahren und in der Wohlverhaltensperiode, ZVI 2003, 256, 262; vgl. auch: Grote, Zur Abführungspflicht des Selbständigen gem. § 295 Abs. 2 InsO in der Wohlverhaltensperiode, ZInsO 2004, 1105, 1107.

4 So AG Göttingen v. 2.3.2009 – 74 IN 137/02, NZI 2009, 334, 335; AG Charlottenburg v. 31.3.2009 – 109 IN 1419/04, ZInsO 2009, 1219.

5 So BGH v. 7.5.2009 – IX ZB 133/07, ZInsO 2009, 1217.

6 Eine solche Obliegenheitsverletzung liegt z. B. dann vor, wenn der Schuldner trotz Aufforderung Belege nicht vorlegt oder seinen Wohnsitzwechsel verspätet mitteilt; vgl. LG Heilbronn v. 5.5.2009 – 1 T 8/09, ZInsO 2009, 1217, 1218.

7 BGH v. 18.12.2002 – IX ZB 121/02, NJW 2003, 974; Pape, NJW 2003, 2951, 2955.

der Restschuldbefreiung den ausstehenden Betrag nicht binnen zwei Wochen begleicht.

Das Restschuldbefreiungsverfahren und damit die Laufzeit der Abtretungserklärung, die Beschränkung der Rechte der Gläubiger sowie das Amt des Treuhänders enden nach § 299 InsO vorzeitig mit Rechtskraft des Versagungsbeschlusses. 1211

c) Entscheidung über die Restschuldbefreiung

Wurde das Restschuldbefreiungsverfahren nicht bereits vorzeitig während der Wohlverhaltensperiode nach § 299 InsO beendet, so entscheidet das Insolvenzgericht nach Ablauf der sechs bzw. fünf Jahre über die Restschuldbefreiung. Dazu hat es die Insolvenzgläubiger, den Treuhänder sowie den Schuldner zu hören (§ 300 Abs. 1 InsO). 1212

Sofern nicht jetzt einer der Insolvenzgläubiger oder der Treuhänder einen Antrag auf Versagung der Restschuldbefreiung auf der Grundlage der §§ 296–298 InsO stellt, erteilt das Insolvenzgericht die Restschuldbefreiung durch Beschluss. Durch die Restschuldbefreiung wird der Schuldner von seinen noch vorhandenen Schulden befreit (§ 286 InsO). Sie wirkt gegen alle Insolvenzgläubiger, auch gegen Gläubiger, die ihre Forderungen nicht angemeldet haben (§ 301 Abs. 1 InsO). Die Rechte gegen Mitschuldner und Bürgen des Schuldners sowie die Rechte aus einer zur Sicherung eingetragenen Vormerkung oder aus einem Recht, das im Insolvenzverfahren zur abgesonderten Befriedigung berechtigt, werden durch die Restschuldbefreiung nicht berührt (§ 301 Abs. 2 InsO). 1213

Die **Finanzverwaltung** prüft insbesondere diejenigen Fälle, in denen der Schuldner kein Beschäftigungsverhältnis eingegangen ist, sondern eine selbständige Tätigkeit ausübt (vgl. § 295 Abs. 2 InsO).[1] Die Finanzbehörde wird die Versagung der Restschuldbefreiung beantragen, wenn eine Fallgestaltung des § 290 InsO vorliegt (s. hierzu Rdnr. 1189 ff.) oder der Schuldner eine Insolvenzstraftat begangen hat (vgl. § 297 InsO) bzw. eine Obliegenheitsverletzung nach § 295 InsO aufgrund der Rechnungslegung feststellbar ist.[2] 1214

Das Insolvenzgericht widerruft die Erteilung der Restschuldbefreiung auf Antrag eines Insolvenzgläubigers nach § 303 Abs. 1 InsO, wenn sich nachträglich herausstellt, dass der Schuldner eine seiner Obliegenheiten vorsätzlich verletzt 1215

---

[1] Vgl. BMF v. 17.12.1998, BStBl I 1998, 1500, Tz. 11.
[2] Vgl. BMF v. 17.12.1998, BStBl I 1998, 1500, Tz. 11; OFD Hannover v. 11.4.2002, AO-Kartei Niedersachsen, Anhang D Karte 1.

und dadurch die Befriedigung der Insolvenzgläubiger erheblich beeinträchtigt hat.

1216 Der Gläubiger hat den Antrag innerhalb eines Jahres nach Rechtskraft der Entscheidung über die Restschuldbefreiung zu stellen und glaubhaft zu machen, dass die vorgenannten Voraussetzungen vorliegen und er bis zur Rechtskraft der Entscheidung keine Kenntnisse von ihnen hatte (§ 303 Abs. 2 InsO).

d) Von der Restschuldbefreiung ausgenommene Verbindlichkeiten

1217 Von der Restschuldbefreiung werden gem. § 302 InsO nicht berührt:[1]

- Verbindlichkeiten des Schuldners aus einer vorsätzlich begangenen unerlaubten Handlung, sofern der Gläubiger die entsprechende Forderung unter Angabe eines Rechtsgrundes nach § 174 Abs. 2 InsO angemeldet hatte;

- Geldstrafen und die diesen in § 39 Abs. 1 Nr. 3 InsO gleichgestellten Verbindlichkeiten des Schuldners;

- Verbindlichkeiten aus zinslosen Darlehen, die den Schuldner zur Begleichung der Kosten des Insolvenzverfahrens gewährt wurden.

1218 **Verbindlichkeiten** des Schuldners aus einer **vorsätzlich begangenen unerlaubten Handlung** sind insbesondere die Schadensersatzansprüche aus §§ 823 ff. BGB.[2] Eine vorsätzliche Begehung ist erforderlich, so dass selbst grobe Fahrlässigkeit nicht ausreicht.[3] Über § 823 Abs. 2 BGB kommen als Deliktsforderungen insbesondere Schadensersatzansprüche aus der Verletzung von Schutzgesetzen[4] in Betracht. Dies sind unter anderem auch die Strafnormen aus §§ 263, 266a StGB.[5]

1219 Umstritten war, ob die auf einer Steuerhinterziehung beruhende Steuerverbindlichkeit ebenfalls unter **§ 302 Nr. 1 InsO** fällt.[6] Weithin wird dies mit der Begründung abgelehnt, dass die Steuer nicht aufgrund einer vorsätzlichen Verletzung des Gesetzes entstehe, sondern als Verwirklichung des Steuertat-

---

1 Vgl. zur Darlegungs- und Beweislast: OLG Celle v. 7. 9. 2006 – 6 U 66/06, ZInsO 2006, 1269 f.
2 Vgl. Peter, KTS 2006, 127 ff.; Kehe/Meyer/Schmerbach, ZInsO 2002, 615, 616; Rinjes, DZWIR 2002, 415 ff.; Schmittmann/Theurich/Brune, Das insolvenzrechtliche Mandat, § 6 Rdnr. 283.
3 Vgl. Fuchs, ZInsO 2002, 462; Uhlenbruck/Vallender, § 302 Rdnr. 2; Kehe/Meyer/Schmerbach, ZInsO 2002, 615 ff., 660 ff.
4 Vgl. Peter, KTS 2006, 127 ff.; Kehe/Meyer/Schmerbach, ZInsO 2002, 615, 616; Schmittmann/Theurich/Brune, Das insolvenzrechtliche Mandat, § 6 Rdnr. 283.
5 Vgl. OLG Celle v. 13. 3. 2003 – 9 U 133/02, ZInsO 2003, 280, 281; LG Aschaffenburg v. 9. 3. 2006 – 2 S 221/05, ZInsO 2006, 1335 ff.; LG Mannheim v. 15. 11. 2001 – T 128/01, ZVI 2002, 367, 368.
6 Umfassend: Klaproth, ZInsO 2006, 1078 ff.; Schlie, ZInsO 2006, 1127 ff.

bestandes des entsprechenden Steuergesetzes.[1] Dagegen spricht allerdings, dass es vor dem Hintergrund der Einheit der Rechtsordnung nicht recht nachvollziehbar ist, dass zwar für die nicht abgeführten Arbeitnehmeranteile zur Sozialversicherung keine Restschuldbefreiung gewährt wird, für die nicht abgeführte Lohnsteuer gleichwohl.[2] Der BFH hat allerdings inzwischen entschieden, dass auch für hinterzogene Steuern Restschuldbefreiung gewährt werden könne, da § 370 AO kein Schutzgesetz i. S. v. § 823 Abs. 2 BGB sei.[3]

Hinsichtlich der Hinterziehungszinsen gem. § 235 AO ist u. E. aber eine Geldstrafe oder eine gleichgestellte Verbindlichkeit des Schuldners i. S. d. **§ 302 Nr. 2 InsO** zu verstehen. Zwar haben nach einhelliger Auffassung in Schrifttum und Rechtsprechung Hinterziehungszinsen keinen Strafcharakter,[4] so dass zum Teil die Auffassung vertreten wird, dass Hinterziehungszinsen nicht unter § 302 Nr. 2 InsO fallen. Da es Zweck des § 235 AO ist, den erlangten Zinsvorteil beim Nutznießer der Steuerhinterziehung abzuschöpfen,[5] sind Hinterziehungszinsen einer Geldstrafe durchaus vergleichbar. Da eine Steuerhinterziehung aber ohne weiteres als unerlaubte Handlung anzusehen ist und von §§ 370 ff. AO ausdrücklich unter Strafe gestellt wird, ist es unbillig, Hinterziehungszinsen gem. § 235 AO an der Restschuldbefreiung teilnehmen zu lassen.[6] Die Steuerforderungen an sich resultieren hingegen regelmäßig nicht aus der Steuerhinterziehung gem. § 370 AO, sondern aus dem entsprechenden Steuertatbestand i. S. v. § 38 AO.[7] Demgegenüber sind aber Umsatzsteueransprüche gem. § 14 Abs. 3 Alt. 1 UStG sowie Säumniszuschläge, sei es nach der Abgabenordnung, sei es nach § 24 SGB IV, keine Geldstrafe i. S. v. § 302 Abs. 1 Nr. 2 InsO.[8] Nach der Rechtsprechung des BVerfG verstößt es nicht gegen das Grundgesetz, wenn Geldstrafen als nachrangige Insolvenzforderungen gem.

1220

---

1 So Urban, ZVI 2003, 386, 387; Kübler/Prütting-Wenzel, § 302 Rdnr. 2a; a. A. Klaproth, ZInsO 2006, 1078, 1081; AG Siegen v. 24. 9. 2002 – 25 IN 203/01, NZI 2003, 43, 44.
2 Vgl. dazu Veser, ZInsO 2005, 1316, 1318.
3 So BFH v. 19. 8. 2008 – VII R 60/07, ZInsO 2008, 1388, 1389 = DStR 2008, 2061 [Vorinstanz: FG Hamburg v. 2. 2. 2007 – 2 K 106/06, EFG 2007, 1309 = DStRE 2007, 1530, 1531 = NZI 2007, 737, 739]; vgl. dazu: Schmedding, Restschuldbefreiung bei Steuerhinterziehung, DStR 2009, 521 ff.
4 So Hübschmann/Hepp/Spitaler-Heuermann, a. a. O., § 35 Rdnr. 8; BFH v. 1. 8. 2001 – II R 48/00, BFH/NV 2002, 155; Koch/Scholtz-Baum, § 235 Rdnr. 3.
5 So BFH v. 12. 10. 1993 – VII R 44/93, BStBl II 1994, 438; v. 31. 7. 1996 – XI R 82/95, BStBl II 1996, 554; FG Nürnberg, EFG 1993, 689.
6 So Schmittmann/Röcken, InsBüro 2005, 51 ff.
7 So Grote in Haarmeyer/Wutzke/Förster, Präsenzkommentar InsO, § 302 Rdnr. 8; Kehl/Meier/Schmerbach, ZInsO 2002, 615, 616; BFH v. 24. 10. 1996 – XII R 113/94, BStBl II 1997, 308.
8 So HambKomm/Streck, § 302 Rdnr. 6; Kübler/Prütting-Wenzel, § 302 Rdnr. 2b.

§ 302 Nr. 2 InsO durch Anordnung und Vollziehung der Ersatzfreiheitsstrafe während des Insolvenzverfahren vollstreckt werden.[1]

1221 Seit der Einführung der Stundung der Verfahrenskosten spielen die Fälle aus § 302 Nr. 3 InsO keine Rolle mehr. Vor der Einführung der Stundungsregelung erhielten Schuldner bisweilen Darlehen zur Begleichung der Verfahrenskosten, die rein zweckgebunden waren und daher privilegiert werden sollten.[2]

1222–1240 *(Einstweilen frei)*

---

[1] So BVerfG v. 24. 8. 2006 – 2 BvR 1552/06, NJW 2006, 3626 ff.
[2] Vgl. Uhlenbruck/Vallender, § 302 Rdnr. 29; Kübler/Prütting-Wenzel, § 302 Rdnr. 2c.

F. Haftungsinanspruchnahme

Literatur: *Valentin*, Konkursverwalterhaftung wegen Umsatzsteueroption, DStR 1997, 1794 ff.; *Gundlach/Frenzel/Schmidt*, Die Bedeutung des § 93 InsO für die Finanzbehörde, DStR 2002, 1095 ff.; *Loose*, Geschäftsführerhaftung in der Insolvenz, AO-StB 2002, 246 ff.; *Leibner/Pump*, Die steuerlichen Pflichten des Liquidators einer GmbH, GmbHR 2003, 996 ff.; *Pump/Kapischke*, Die Anfechtung von Steuerzahlungen durch den Insolvenzverwalter – Voraussetzungen und Auswirkungen auf die Haftung im Steuerrecht, StBp 2005, 313 ff.; *Himmelskamp/Schmittmann*, Der faktische Geschäftsführer – Steuer- und insolvenzrechtliche Verantwortlichkeit, StuB 2006, 326 ff.; *Himmelskamp/Schmittmann*, Der faktische Geschäftsführer – Strafrechtliche Verantwortlichkeit, StuB 2006, 406 ff.; *Loose*, Haftung nach § 69 AO bei Anfechtung durch den Insolvenzverwalter, – Eine Darstellung aktueller Rechtsfragen, AO-StB 2006, 14 ff.; *Sauer*, Lohnsteuerzahlungen als insolvenzrechtlich anfechtbare Rechtshandlungen?, ZInsO 2006, 1200 ff.; *Stahlschmidt/Laws*, Die Auswirkungen insolvenzrechtlicher Anfechtungsmöglichkeiten auf die Haftung des Geschäftsführers für Steuerschulden der GmbH, GmbHR 2006, 410 ff.; *Beckmann*, Neuere finanzgerichtliche Rechtsprechung zur Haftung nach § 69 AO, DB 2007, 994 ff.; *Schmittmann*, Kollision von steuer- und insolvenzrechtlichen Pflichten: Geschäftsführer zwischen Skylla und Charybdis?, StuB 2007, 667 ff.; *Zipperer*, Das Insolvenzspezifische – auf den Spuren eines Begriffs, KTS 2008, 167 ff.; *Laws*, Keine Haftung des Insolvenzverwalters aus § 61 InsO für ungerechtfertigte Bereicherungen der Masse und USt-Masseverbindlichkeiten, ZInsO 2009, 996 ff.; *Klein*, Haftung des BGB-Gesellschafters für Steuerschulden der Gesellschaft, DStR 2009, 1963 ff.; *Pump/Fittkau*, Die Vermeidung der Haftung für Steuerschulden, Berlin, 2009.

1. Allgemeines

Der **Insolvenzverwalter** unterliegt sowohl der abgabenrechtlichen Haftung nach § 69 AO als auch der insolvenzrechtlichen Haftung nach §§ 60, 61 InsO. Diese Haftung trifft den **vorläufigen Insolvenzverwalter** lediglich dann, wenn er – was in der Praxis regelmäßig unterbleibt – zum vorläufigen „starken" Insolvenzverwalter i. S. v. § 21 Abs. 2 Nr. 1 InsO bestellt wird. Auch der Sonderinsolvenzverwalter haftet nach § 60 InsO.[1] Der „schwache" vorläufige Insolvenzverwalter haftet demgegenüber nicht nach den Vorschriften der Insolvenzordnung, sondern ggf. nach §§ 133, 311 Abs. 2, 280 Abs. 1 BGB.[2]

1241

Der **Steuerberater** des Schuldners haftet regelmäßig nicht nach abgabenrechtlichen Vorschriften, sondern lediglich zivil- und strafrechtlich, was unter Rdnr. 2921 ff. (Risiken des Beraters in der Krise des Mandanten) im Einzelnen erläutert werden wird.

1242

---

[1] So Kübler/Prütting/Bork-Lüke, § 60 InsO Rdnr. 9.
[2] Vgl. LG Trier v. 23. 3. 2009 – 6 O 204/08, ZInsO 2009, 1208, 1209.

1243 Der BGH hat zur Konkursordnung entschieden, dass wegen schuldhaft verspäteter Zahlung von zur Tabelle festgestellten steuerlichen Konkursforderungen der **Konkursverwalter** dem Steuergläubiger nach § 82 KO auf insolvenzrechtlicher, nicht nach § 69 AO auf abgabenrechtlicher Grundlage haftet.[1] Der BGH differenziert in dieser Entscheidung danach, ob es sich um Konkursforderungen oder Masseverbindlichkeiten handelt.[2] Dies dürfte auf die heutige Unterscheidung zwischen Insolvenzforderungen i. S. v. § 38 InsO und Masseverbindlichkeiten i. S. v. § 55 InsO ohne weiteres zu übertragen sein. Die Erfüllung von einfachen **Insolvenzforderungen** richtet sich ausschließlich nach den insolvenzrechtlichen Vorschriften über die Verteilung der Masse. Demgegenüber gelten – von den Fällen der Masseunzulänglichkeit, §§ 208 ff. InsO, abgesehen – für die Rechtsverfolgung der Gläubiger von Masseverbindlichkeiten gem. § 55 InsO die allgemeinen Vorschriften, so dass auch eine Haftung nach der Abgabenordnung in Betracht kommt.

1244 Nach anderer Auffassung besteht zwischen § 60 InsO einerseits und § 69 AO andererseits einfache Gesetzeskonkurrenz, so dass der Insolvenzverwalter, da er die steuerlichen Pflichten des Schuldners zu erfüllen hat, auch nach §§ 69, 34 AO haftet.[3]

1245–1250 *(Einstweilen frei)*

2. Haftung nach Abgabenrecht

a) Haftung des Insolvenzverwalters nach § 69 AO

1251 Der Haftungsanspruch nach § 69 Satz 1 AO entsteht, wenn der („starke" vorläufige) Insolvenzverwalter, der als Vertreter des Insolvenzschuldners zum Personenkreis des § 34 Abs. 3 AO gehört, vorsätzlich oder grob fahrlässig Pflichten verletzt und infolgedessen Ansprüche aus dem Steuerschuldverhältnis nicht oder nicht rechtzeitig festgesetzt oder erfüllt werden oder Steuervergütungen oder Steuererstattungen ohne rechtlichen Grund an die Masse gezahlt werden.[4] Das Wesen der **Haftung des Insolvenzverwalters** ist darin begründet, dass die Finanzverwaltung sowohl gegen den Insolvenzschuldner als Steuerschuldner als auch gegen den Insolvenzverwalter als Vertreter und Haftungsschuldner seinen Haftungsanspruch geltend machen kann. Es handelt sich um eine **persönliche** und **unbeschränkte** Haftung; d. h., das gesamte Vermögen

---

1 So BGH v. 1. 12. 1988 – IX ZR 61/88, BGHZ 106, 134 ff.
2 Vgl. auch Lüke, ZIP 2005, 1113 ff.
3 Vgl. Uhländer, AO-StB 2003, 279; Tipke/Kruse-Loose, Vor § 69 Rdnr. 60.
4 Vgl. Busch/Winkens, Insolvenzrecht, S. 42.

des Insolvenzverwalters – und nicht lediglich die, möglicherweise ohnehin unzulängliche, Masse – unterliegt dem Zugriff des Steuergläubigers.[1]

Die Haftung setzt eine **abgabenrechtliche Pflichtverletzung** voraus. Der („starke" vorläufige) Insolvenzverwalter ist nach § 34 Abs. 3 AO verpflichtet, die steuerlichen Verpflichtungen des Insolvenzschuldners wie ein gesetzlicher Vertreter zu erfüllen (s. hierzu Rdnr. 482 ff.). Der Katalog der verletzbaren Pflichten richtet sich nach der verfahrensrechtlichen Pflichtzuweisung. Dazu zählen alle Mitwirkungs- und Leistungspflichten im Festsetzungs- und Erhebungsverfahren, alle Aufzeichnungs-, Buchführungs-, Steuererklärungs-, Anzeige- (§§ 135, 137 – 139 AO), Auskunfts- und Vorlage- (§§ 93, 97 AO), Einbehaltungs-, Abführungs- und Zahlungspflichten. Der Insolvenzverwalter verletzt typischerweise seine steuerlichen Pflichten, wenn entstandene Einkommen-, Körperschaft- und Umsatzsteuer aus der **Fortführung des Betriebs** nicht entrichtet wird bzw. die Erlöse aus einer **Liquidation des Betriebs** nicht der zutreffenden Besteuerung unterwirft (s. hierzu Rdnr. 515 ff.). 1252

Weitere Voraussetzung für die Haftung ist es, dass ein **Haftungsschaden** entstanden ist. Dieser Schaden besteht darin, dass Ansprüche aus dem Steuerschuldverhältnis nicht oder nicht rechtzeitig festgesetzt oder erfüllt werden.[2] 1253

Die Pflichtverletzung muss zumindest ursächlich dafür gewesen sein, dass der Haftungsschaden eingetreten ist. Dies setzt eine Kausalität zwischen Pflichtverletzung und Steuerausfall voraus.[3] Nach dem **Grundsatz der anteiligen Tilgung** der Steuerschulden und der Forderungen anderer Gläubiger nach Maßgabe der vorhandenen Mittel, kann eine Haftung des Insolvenzverwalters nur insoweit in Betracht kommen, wie aus den verfügbaren Mitteln die Steuern ebenso zu tilgen gewesen wären wie die anderen Schulden.[4] Die Pflichten des Insolvenzverwalters nach § 34 Abs. 1 und 3 AO beschränken sich nicht darauf, die im Zeitpunkt der Fälligkeit der Steuern vorhandenen Mittel des Steuerschuldners zur Befriedigung des Steuergläubigers einzusetzen. Vielmehr sind gesetzliche Vertreter und Vermögensverwalter bereits vor Fälligkeit der Steuern verpflichtet, die Mittel so zu verwalten, dass sie zur pünktlichen Tilgung auch der erst künftig fällig werdenden Steuerschulden in der Lage sind. Eine 1254

---

1 S. Mösbauer, DStZ 2000, 443.
2 S. Tipke/Kruse-Loose, AO, § 69 Rdnr. 13.
3 S. hierzu BFH v. 5.3.1991 – VII R 93/88, BStBl II 1991, 678; v. 21.6.1994 – VII R 32/92, BStBl II 1995, 230; v. 19.12.1995 – VII R 53/93, BFH/NV 1996, 522; Tipke/Kruse-Loose, AO, § 69 Rdnr. 20 m.w.N.
4 St. Rspr.: vgl. BFH v. 26.8.1992 – VII R 50/93, BStBl II 1993, 8; v. 21.6.1994 – VII R 34/92, BStBl II 1995, 230; s. Mösbauer, DStZ 2000, 443.

I. Allgemeiner Teil

Pflichtverletzung liegt deshalb auch dann vor, wenn der gesetzliche Vertreter sich durch **Vorwegbefriedigung anderer Gläubiger** oder in sonstiger Weise schuldhaft außer Stande setzt, künftig fällig werdende Steuerschulden, deren Entstehung ihm bekannt ist, zu tilgen.[1]

1255 Die Pflichtverletzung muss **schuldhaft** sein. Schuldformen nach § 69 Satz 1 AO sind Vorsatz und grobe Fahrlässigkeit im Gegensatz zur insolvenzrechtlichen Haftung nach § 60 InsO, die auch leichte Fahrlässigkeit ausreichen lässt. **Vorsätzlich** handelt, wer die Pflichten gekannt und die Verletzung gewollt hat.[2] **Grob fahrlässig** handelt, wer die Sorgfalt, zu der er nach seinen persönlichen Kenntnissen und Fähigkeiten verpflichtet und imstande ist, in ungewöhnlich großem Maß verletzt.[3]

1256 Nach der Rechtsprechung des BFH verhält sich der Liquidator einer GmbH pflichtwidrig, wenn er sich durch die **Vorwegbefriedigung** anderer Gläubiger schuldhaft außer Stand setzt, eine entstandene und ihm bekannte Steuerschuld bei Fälligkeit zu tilgen.[4] Das Umsatzsteuergesetz verlangt von dem Unternehmer nach der Rechtsprechung des BFH jedoch nicht, bei der Ausübung des ihm zustehenden Wahlrechts nach § 9 Abs. 1 UStG auf das Interesse des Fiskus Rücksicht zu nehmen, Vorsteuer nicht ohne die gesicherte Erwartung vergüten zu müssen, um seine Umsatzsteuerforderung gegen den Leistenden durchsetzen zu können.[5]

1257 Der Konkursverwalter begeht keine einen Haftungstatbestand auslösende Pflichtverletzung, wenn er im Konkurs einer GmbH auf die **Steuerbefreiung** für einen Grundstücksumsatz nach § 9 Abs. 1 UStG verzichtet,[6] eine Pflichtverletzung liegt aber darin, dass er, obwohl ihm dies möglich gewesen wäre, nicht durch eine Nettokaufpreisvereinbarung dafür Sorge trägt, dass die GmbH über den der Umsatzsteuer entsprechenden Anteil des vom Erwerber im Hinblick auf die **Option** gezahlten Kaufpreises verfügen kann. Es entspricht einer Erfahrungsregel, dass dort, wo die Sicherungsabrede nicht eine Bruttokaufpreisvereinbarung und die Abrede enthält, der Sicherungsnehmer könne ggf. freihändige Verwertung des Sicherungsgutes verlangen, der Liquidator gegenüber dem Sicherungsnehmer eine so starke Verhandlungsposition einnehmen, dass

---

1 S. BFH v. 26. 4. 1984 – V R 128/79, BStBl II 1984, 776.
2 S. BFH v. 12. 7. 1983 – VII B 19/83, BStBl II 1983, 655.
3 S. FG Köln v. 7. 8. 2002 – 11 K 406/02, EFG 2003, 209; Tipke/Kruse-Loose, AO, § 69 Rdnr. 26.
4 S. BFH v. 21. 12. 2004 – I B 128/04, BFH/NV 2005, 994 ff.
5 So BFH v. 16. 12. 2003 – VII R 42/01, BFH/NV 2004, 908 ff.; im Anschluss an BFH v. 28. 11. 2002 – VII R 41/01, BStBl II 2003, 337 ff.
6 Vgl. im Einzelnen Schmittmann, ZInsO 2006, 1299, 1301.

es praktisch ausgeschlossen erscheint, dass der Sicherungsnehmer sich nicht darauf einlässt, dem Verwalter den Umsatzsteueranteil des Kaufpreis zu überlassen.[1]

Ein **Haftungsanspruch** gem. §§ 191, 34, 69 AO kann nur solange geltend gemacht werden, wie der Steueranspruch besteht.[2] Maßgeblich ist insoweit der Zeitpunkt der letzten Behördenentscheidung.[3] Daher kann ein Haftungsbescheid nicht mehr ergehen, sobald für die Steuerschuld Festsetzungs- oder Zahlungsverjährung eingetreten ist.[4] 1258

Die Haftungsschuld nach § 69 AO ist durch **Haftungsbescheid** (vgl. § 191 Abs. 1 AO) geltend zu machen. Gegen den Bescheid ist ausschließlich der Finanzrechtsweg eröffnet. 1259

b) Haftung des Geschäftsführers nach § 69 AO

(1) Haftung des bestellten und im Register eingetragenen Geschäftsführers

Probleme ergeben sich, wenn **mehrere Geschäftsführer** bestellt und in das Handelsregister eingetragen sind. Sind mehrere Geschäftsführer bzw. Vorstandsmitglieder vorhanden, so kommt es für ihr Verschulden primär auf ihren **Tätigkeitsbereich**, mithin darauf an, welcher der Geschäftsführer für die Steuerangelegenheiten zuständig ist.[5] Sind mehrere gesetzliche Vertreter einer juristischen Person bestellt, so trifft jeden von ihnen nach der Rechtsprechung des BFH die **Pflicht zur Geschäftsführung im Ganzen**, d. h., dass grundsätzlich jeder von ihnen auch alle steuerlichen Pflichten zu erfüllen hat, die der juristischen Person auferlegt sind. Der Grundsatz der Gesamtverantwortung eines jeden gesetzlichen Vertreters (Geschäftsführers) verlangt zumindest eine gewisse **Überwachung der Geschäftsführung** im Ganzen. Bei einer Verteilung der Geschäfte einer GmbH auf mehrere Geschäftsführer kann die Verantwortlichkeit eines Geschäftsführers für die Erfüllung der steuerlichen Pflichten, die diesem nicht zugewiesen sind, zwar nicht aufgehoben, aber begrenzt werden. Dies erfordert aber eine vorweg getroffene, eindeutige – und deshalb schriftliche – Klarstellung, welcher Geschäftsführer für welchen Bereich zuständig ist und gilt nur insoweit und solange, als kein Anlass besteht, an der exakten Er- 1260

---

[1] So BFH v. 16.12.2003 – VII R 42/01, BFH/NV 2004, 908 ff.
[2] So BFH v. 18.5.1983 – I R 193/79, BStBl II 1983, 544 f., für Körperschaft- und Umsatzsteuer; VG Gießen v. 15.2.2007 – 8 E 4140/05, n.v., für Gewerbesteuer.
[3] So VG Gießen v. 15.2.2007 – 8 E 4140/05, n.v., für Gewerbesteuer.
[4] So BFH v. 12.10.1999 – VII R 98/98, BStBl II 2000, 486, 488.
[5] Vgl. Schmittmann/Theurich/Brune, Das insolvenzrechtliche Mandat, § 6 Rdnr. 368, unter Hinweis auf RFH v. 20.12.1927 – IV A 400/27, RFHE 22, 281, 284.

füllung der steuerlichen Verpflichtungen durch den hierfür zuständigen Vertreter zu zweifeln.[1]

1261 Werden im **Fall des Fehlens einer schriftlichen Aufgabenverteilung** die Geschäfte des laufenden Geschäftsverkehrs, z. B. Einbehaltung und Abführung der Lohnsteuer, die für die GmbH nicht von existenzieller Bedeutung sind, regelmäßig von einem bestimmten Geschäftsführer vorgenommen, so sind die anderen Geschäftsführer nicht zu einer inhaltlichen Nachprüfung verpflichtet. Dieser Grundsatz gilt nach der Rechtsprechung des BFH indes nicht, wenn die wirtschaftliche Lage der Gesellschaft oder die Person des handelnden Geschäftsführers oder Gesellschafters zu einer Überprüfung Veranlassung geben.[2]

1262 Die für das Verhältnis mehrerer Geschäftsführer entwickelten Grundsätze für die Möglichkeit einer Begrenzung der Verantwortlichkeit des gesetzlichen Vertreters einer juristischen Person durch eine Verteilung der Aufgaben innerhalb derselben, gelten auch für die Übertragung steuerlicher Pflichten einer juristischen Person auf deren **Abteilungen**.[3]

1263 Die OFD Hannover hat umfangreich zur Haftung des GmbH-Geschäftsführers für Steuern der GmbH Stellung genommen.[4]

(2) Haftung des faktischen Geschäftsführers

1264 Neben der Haftung des im Handelsregister eingetragenen Geschäftsführers kommt auch eine steuerliche **Haftung** des sog. „faktischen Geschäftsführers" in Betracht.[5] Der **Begriff des faktischen Geschäftsführers** ist erfüllt, wenn sowohl betriebsintern als auch nach außen alle Dispositionen weitgehend von dem faktischen Geschäftsführer ausgehen und er im Übrigen auf sämtliche Geschäftsvorgänge bestimmenden Einfluss nimmt. Die Unternehmensführung darf nicht einseitig angemaßt, sondern muss mit dem Einverständnis der Gesellschafter, das als konkludente Bestellung zu werten ist, erfolgt sein.[6]

---

1 So BFH v. 23. 6. 1998 – VII R 4/98, BStBl II 1998, 761 ff.
2 So BFH v. 4. 3. 1986 – VII S 33/85, BStBl II 1986, 384 ff.
3 So BFH v. 14. 3. 2003 – VII R 46/02, BStBl II 2003, 556 ff.
4 So OFD Hannover v. 22. 1. 1998 – S 0370 – 28 – StO 321/S 0370 – 37 – StH 551, AO-Kartei § 191 AO Karte 4.
5 So Himmelskamp/Schmittmann, StuB 2006, 326, 327.
6 Vgl. BGH v. 10. 5. 2000 – 3 StR 101/00, StuB 2000, 1230; BGH v. 11. 7. 2005 – II ZR 235/03, NZI 2006, 63 f., mit Anm. Gundlach/Frenzel; BGH v. 21. 3. 1988 – II ZR 194/87, BGHZ 104, 44, 47 f.

Der faktische Geschäftsführer ist nach der Abgabenordnung kein gesetzlicher Vertreter,[1] kommt aber als **Verfügungsberechtigter** i. S. v. § 35 AO in Betracht.[2] Der faktische Geschäftsführer einer GmbH ist verfügungsberechtigt i. S. v. § 35 AO, wenn er mit dem Anschein einer Berechtigung nach außen hin auftritt, obwohl er formell nicht zum Geschäftsführer bestellt ist,[3] etwa wenn er aufgrund eines Organvertrages mit Ergebnisabführungsvereinbarung rechtlich und wirtschaftlich in der Lage ist, über die Mittel der Gesellschaft zu verfügen.[4]

1265

Auch ein **abberufener Geschäftsführer** kann noch Verfügungsberechtigter i. S. v. § 35 AO sein.[5]

1266

Nach der Rechtsprechung des BFH kommt auch ein faktischer Geschäftsführer einer GmbH gem. §§ 69, 35 AO für die **Haftung** in Betracht, wenn er mit dem entsprechenden Anschein einer Berechtigung tatsächlich nach außen hin auftritt, obwohl er formell nicht zum Geschäftsführer bestellt worden ist.[6]

1267

Die **Inanspruchnahme des formellen Geschäftsführers** ist vor oder neben der Inhaftungnahme des faktischen Geschäftsführers nicht ausgeschlossen, sondern i. d. R. sogar ermessensgerecht.[7] Eine nur nominell zum Geschäftsführer bestellte Person kann sich grundsätzlich auch nicht damit entlasten, sie habe keine Möglichkeit gehabt, innerhalb der Gesellschaft ihre rechtliche Stellung als Geschäftsführer zu verwirklichen und die steuerlichen Pflichten zu erfüllen. Sie muss in diesem Fall als Geschäftsführer zurücktreten.[8]

1268

Der BFH hat inzwischen herausgearbeitet, dass eine Inhaftungnahme des nominell bestellten Geschäftsführers für die Steuerschulden einer Kapitalgesellschaft auch dann in Betracht zu ziehen ist, wenn dieser lediglich als „**Strohmann**" eingesetzt worden ist und die faktischen Geschäftsführer die Geschicke der Gesellschaft bestimmten.[9]

1269

---

1 So Tipke/Kruse-Loose, § 34 AO Rdnr. 8.
2 So BFH v. 21. 2. 1989 – VII R 165/85, BStBl II 1989, 491 ff.
3 So BFH v. 21. 2. 1989 – VII R 165/85, BStBl II 1989, 491; v. 8. 9. 1987 – VII B 23/87, BFH/NV 1988, 275; v. 10. 5. 1989 – I R 121/85, BFH/NV 1990, 7; v. 7. 4. 1992 – VII R 104/90, BFH/NV 1993, 213; Hessisches FG v. 20. 10. 1997 – 4 K 1420/93, EFG 1998, 518.
4 So BFH v. 21. 2. 1989 – VII R 165/85, BStBl II 1989, 491.
5 Vgl. FG München v. 18. 3. 1992 – 3 K 3164/87, EFG 1992, 642.
6 So BFH v. 10. 5. 1989 – I R 121/85, BFH/NV 1990, 7.
7 S. BFH v. 22. 7. 1997 – I B 44/97, BFH/NV 1998, 11; v. 28. 6. 1999 – VII B 330/98, BFH/NV 2000, 3; v. 2. 7. 1987 – VII R 104/84, BFH/NV 1988, 6.
8 So BFH v. 5. 3. 1985 – VII B 52/84, BFH/NV 1987, 459.
9 S. BFH v. 11. 3. 2004 – VII R 52/02, BStBl II 2004, 579 = StuB 2004, 470, mit Anm. Schmittmann.

1270 Der BFH weist unter Bezugnahme auf seine bisherige Rechtsprechung zutreffend darauf hin, dass ein Geschäftsführer ggf. zurücktreten muss und nicht weiter im Geschäftsverkehr den Eindruck erwecken darf, er sorge für die ordnungsgemäße Abwicklung der Geschäfte.[1] Daher schied eine Inhaftungnahme der im vorliegenden Fall eingesetzten, im Jahre 1915 geborenen, „Strohfrau", die lediglich die Jahre Steuererklärungen unterzeichnet und die Geschäfte im Übrigen einem Unternehmensberater übergeben habe, nicht von vornherein aus. Sie war vielmehr als **Gesamtschuldnerin** in die Haftung einzubeziehen.

(3) Besonderheiten bei der Umsatzsteuer-Haftung

1271 Der Geschäftsführer hat daher die **Umsatzsteuer** im gleichen Umfang zu tilgen wie die Verbindlichkeiten anderer Gläubiger.[2] Zur Berechnung sind von der Finanzverwaltung verschiedene Modelle entwickelt worden.[3]

1272 Der **Grundsatz der anteiligen Tilgung von Steuerschulden** trägt dem Schadensersatzcharakter der Haftung Rechnung. Danach kann der Haftungsschuldner nicht für etwas in Anspruch genommen werden, was der Steuerschuldner ohnehin nicht hätte leisten können.[4] Der Grundsatz der anteiligen Tilgung beruht weiterhin darauf, dass es keine Rechtsnorm gibt, die vorschreibt, den Fiskus bei Insolvenzreife vorab zu befriedigen.[5]

1273 Bei der Berechnung ist stets auf die tatsächlichen Mittel abzustellen.[6] Verlässt sich der Geschäftsführer einer GmbH auf zukünftig zu erwartende Steuererstattungen oder öffentliche Darlehensmittel, aus denen er meint, die Steuern bezahlen zu können, handelt er **schuldhaft** pflichtwidrig.[7] Anderes gilt dann, wenn tatsächlich ein Steuerguthaben besteht, der Geschäftsführer einen entsprechenden Verrechnungsantrag gestellt und das Finanzamt in der Vergangenheit derartige **Verrechnungen** vorgenommen hat.[8]

---

1 S. BFH v. 23. 3. 1993 – VII R 38/92, BStBl II 1993, 581 ff.
2 S. BFH v. 26. 8. 1992 – VII R 50/91, BStBl II 1993, 8.
3 S. OFD Magdeburg v. 23. 11. 1994 – S 0190 – 14 – St 311, BB 1995, 82 f.; OFD Hannover v. 12. 1. 1998 – S 0190 –10 – StO 321/S 0190 –75 – StH 551.
4 S. BFH v. 31. 3. 2000 – VII B 187/99, BFH/NV 2000, 1322; v. 25. 8. 2000 – VII B 30/00, BFH/NV 2001, 294.
5 Vgl. Spriegel/Jokisch, DStR 1990, 438; a. A. FG München v. 18. 3. 1992 – 3 K 3164/87, EFG 1992, 642, 644.
6 S. BFH v. 5. 3. 1991 – VII R 93/88, BStBl II 1991, 678.
7 S. BFH v. 2. 8. 1988 – VII R 60/85, BFH/NV 1989, 150; v. 1. 2. 2000 – VII B 256/99, BFH/NV 2000, 939.
8 S. BFH v. 29. 6. 1987 – VII R 132/83, BFH/NV 1987, 74.

Grundsätzlich ist der **Umfang der anteiligen Tilgung** aktuell zu bestimmen. Dem Vertreter ist nicht zuzumuten, bei jeder Zahlung die Quote neu zu berechnen.[1] Eine **Überschlagsrechnung** bezogen auf den Haftungszeitraum reicht aus.[2] 1274

Problematisch sind bei der Umsatzsteuerhaftung auch Scheinrechnungen.[3] Aus diesen kann keine Vorsteuer geltend gemacht werden, so dass ggf. für Rückforderungsansprüche eine Haftung des Geschäftsführers in Betracht kommt. Die Vorsteuer ist jedenfalls ungeachtet der fraglichen Unternehmerperson und der Unternehmereigenschaft des angeblichen Rechungsausstellers dann nicht abziehbar, wenn die Rechnung nur eine Scheinadresse bei einem Büroserviceunternehmen ausweist, bei dem der Aussteller nicht erreichbar ist und bei dem sich nicht die Geschäftsleitung des ausstellenden Unternehmens befindet.[4] 1275

(4) Besonderheiten bei der Lohnsteuer-Haftung

Wird die **Lohnsteuer** nicht abgeführt, so haftet nach bisheriger Rechtsprechung der Geschäftsführer in voller Höhe für den Lohnsteuerbetrag. Dem liegt die Vorstellung zugrunde, dass die Lohnsteuer dem Arbeitnehmer als Lohnsteuerpflichtigem einbehalten wird und der Arbeitgeber diese Beträge für den Staat abliefert. Nach der ständigen Rechtsprechung des BFH stellt die **Nichtabführung** einzubehaltender und anzumeldender Lohnsteuer zu den gesetzlichen Fälligkeitszeitpunkten regelmäßig eine zumindest grob fahrlässige Verletzung der Pflichten eines Geschäftsführers einer Kapitalgesellschaft i. S. d. §§ 34, 69 AO dar.[5] 1276

Reichen die dem Geschäftsführer zur Verfügung stehenden Mittel zur Befriedigung der arbeitsrechtlich geschuldeten Löhne einschließlich – des in ihnen enthaltenen Steueranteils – nicht aus, so soll der Geschäftsführer nach der Rechtsprechung die Löhne nur entsprechend **gekürzt** auszahlen und muss aus den dadurch übriggebliebenen Mitteln die auf die gekürzten (Netto-)Löhne entfallende Lohnsteuer an das Finanzamt abführen.[6] Diese strenge Rechtspre- 1277

---

1 S. BFH v. 12.6.1986 – VII R 192/83, BStBl II 1986, 657; v. 14.7.1987 – VII R 188/82, BStBl II 1988, 172.
2 S. Tipke/Kruse-Loose, § 69 AO Rdnr. 38.
3 Vgl. Schmittmann, StuB 2005, 302 ff.
4 So FG Hamburg v. 23.9.2005 – II 7/05, DStRE 2006, 244 [Ls].
5 So BFH v. 26.7.1988 – VII R 83/87, BStBl II 1988, 859 ff.
6 St. Rspr. seit BFH v. 11.5.1962 – VI 165/60, BStBl III 1962, 342; v. 6.3.1990 – VII R 63/87, BFH/NV 1990, 756; v. 21.12.1998 – VII B 175/98, BFH/NV 1999, 745 ff.

I. Allgemeiner Teil

chung ist bereits seit längerem in der Kritik, insbesondere deshalb, weil sie davon ausgeht, dass es sich bei der Lohnsteuer um für den Arbeitgeber **fremdes Geld** handelt. Dagegen ist zu argumentieren, dass der Arbeitnehmer selbst nie Eigentum an den Lohnsteuerbeträgen erhalten hat. Der Arbeitgeber ist lediglich verpflichtet, die Lohnsteuer unmittelbar an das Finanzamt zu zahlen.[1] Bis zur Fälligkeit der Lohnsteuerzahlung kann der Arbeitgeber frei über diese Beträge verfügen, insbesondere kann auch ein Gläubiger auf diese Beträge im Wege der Pfändung zugreifen, ohne dass die Finanzverwaltung dagegen etwas unternehmen kann.[2]

1278   In die Diskussion geraten ist nunmehr die Frage, ob einer Lohnsteuerhaftung die potenzielle **Anfechtung der Lohnsteuerzahlung** durch den späteren Insolvenzverwalter entgegensteht.[3] Grundsätzlich entschuldigt es den Geschäftsführer nicht, dass die Abführung der Lohnsteuer an das Finanzamt eine nach §§ 129 ff. InsO anfechtbare Rechtshandlung dargestellt hätte. Die Interessen der Gläubigergesamtheit werden vom Insolvenzverwalter im Rahmen des insolvenzrechtlichen Anfechtungsrechts unabhängig von den steuerrechtlichen Pflichten des Geschäftsführers der Schuldnerin im Vorfeld der Insolvenz wahrgenommen.[4] Daran schließt sich aber die Frage an, ob die **Kausalität** der Nichtabführung der Lohnsteuer für den Steuerausfall möglicherweise entfällt, weil der Steuerausfall – bei Zahlung der Lohnsteuerbeträge bei Fälligkeit – i. S. einer Reserveursache bzw. hypothetischen Schadensursache (nicht i. S. eines rechtmäßigen Alternativverhaltens) durch eine insolvenzrechtliche Anfechtung gleichfalls entstanden wäre. Dies wird von der Rechtsprechung der Finanzgerichte zum Teil abgelehnt (vgl. Rdnr. 334 ff.).[5]

1279   Der BFH hat inzwischen entschieden, dass die erforderliche Kausalität zwischen Pflichtverletzung und dem mit der Haftung geltend gemachten Schaden sich wegen des Schadensersatzcharakters der Haftung nach § 69 AO wie bei zivilrechtlichen Schadensersatzansprüchen nach der Adäquanztheorie richtet. Die erfolgreiche Insolvenzanfechtung einer erst nach Fälligkeit abgeführten

---

1 So Tipke/Kruse-Loose, § 69 AO Rdnr. 41; Hoffmann, DB 1986, 467, 469 ff.; Beermann, FR 1992, 263.
2 Vgl. Tipke/Kruse-Loose, § 69 AO Rdnr. 41; Spriegel/Jokisch, DStR 1990, 437.
3 Vgl. Nacke, DB 2006, 1182 ff.; Schmittmann, StuB 2006, 396 f.; Schmittmann/Theurich/Brune, Das insolvenzrechtliche Mandat, § 6 Rdnr. 384 ff.
4 So BFH v. 21. 12. 1998 – VII B 175/98, BFH/NV 1999, 745; Sächsisches FG v. 24. 5. 2005 – 1 K 2361/04, EFG 2005, 1238; BGH v. 21. 1. 1997 – VI ZR 338/95, DStR 1997, 546; BGH v. 10. 7. 2003 – IX ZR 89/02, ZIP 2003, 1666; BGH v. 22. 1. 2004 – IX ZR 39/03, ZIP 2004, 513.
5 So FG Köln v. 29. 9. 2005 – 8 K 5677/01, DStRE 2006, 496, 498; FG Baden-Württemberg v. 30. 8. 2004 – 1 V 49/03, EFG 2005, 2; FG Saarland v. 20. 12. 2004 – 2 V 385/04, EFG 2005, 680; FG Saarland v. 22. 3. 2005 – 2 V 354/04, EFG 2005, 1091; vgl. auch Valentin, EFG 2005, 1093.

Lohnsteuer unterbricht den Kausalverlauf jedenfalls dann nicht, wenn der Fälligkeitszeitpunkt vor dem Beginn der Anfechtungsfrist liegt. Die Pflicht zur Begleichung der Steuerschuld der GmbH im Zeitpunkt ihrer Fälligkeit ist dem Geschäftsführer nach § 34 Abs. 1 AO, § 41a EStG nicht allein zur Vermeidung eines durch eine verspätete Zahlung eintretenden Zinsausfalls auferlegt, sondern soll auch die Erfüllung der Steuerschuld nach den rechtlichen und wirtschaftlichen Gegebenheiten zum Zeitpunkt ihrer Fälligkeit sicherstellen. Der Zurechnungszusammenhang zwischen einer pflichtwidrig verspäteten Lohnsteuerzahlung und dem eingetretenen Schaden (Steuerausfall) ergibt sich daraus, dass dieser Schaden vom Schutzzweck der verletzten Pflicht zur fristgemäßen Lohnsteuerabführung erfasst wird.[1]

Es ist bisweilen zu beobachten, dass **Gesellschaftergeschäftsführer** von Kapitalgesellschaften in der Krise der Gesellschaft rückständige Löhne **aus eigenem Vermögen** zahlen. Dabei ist nach der Rechtsprechung des BFH zu berücksichtigen, dass auch bei Zahlungen, die ein Gesellschaftergeschäftsführer auf die von der GmbH geschuldeten Löhne aus seinem eigenen Vermögen ohne unmittelbare Berührung der Vermögenswerte der Gesellschaft und ohne dieser gegenüber dazu verpflichtet zu sein, selbst erbringt, dafür zu sorgen hat, dass die Lohnsteuer einbehalten und an das Finanzamt abgeführt wird.[2] Der BFH greift damit eine alte Rechtsprechung wieder auf, wonach es für die rechtliche Beurteilung von Lohnsteuerzahlungen an Arbeitnehmer einer GmbH keine Rolle spiele, ob die dafür verwendeten Mittel einer GmbH zur Verfügung gestanden haben oder die Zahlung aus dem persönlichen Vermögen ihrer Gesellschafter erfolgt ist.[3] Berater, die diese Rechtsprechung des BFH kennen, veranlassen die Gesellschaftergeschäftsführer bisweilen dazu, die Zahlung nicht als Lohn zu deklarieren, sondern beispielsweise als Darlehen. Dies dient in erster Linie dazu, Lohnsteuer und Sozialversicherungsbeiträge zu „ersparen" und sollte daher für die Staatsanwaltschaften Anlass zur Einleitung von Ermittlungen sein.

1280

(Einstweilen frei)   1281–1285

---

1 So BFH v. 11. 11. 2008 – VII R 19/08, BFHE 223, 303 ff. = BStBl II 2009, 342 ff. = DStR 2009, 427 ff. = ZIP 2009, 516 ff.
2 So BFH v. 22. 11. 2005 – VII R 21/05, BFH/NV 2006, 652 = StuB 2006, 115.
3 So BFH v. 21. 10. 1986 – VII R 144/83, BFH/NV 1987, 286; a. A. FG Düsseldorf v. 5. 11. 1991 – 8 K 586/87 H, EFG 1992, 240, 241.

I. Allgemeiner Teil

c) Gesellschafterhaftung

1286 Nach **handels- und zivilrechtlichen Grundsätzen** haften die Gesellschafter einer OHG oder einer GbR für die Verbindlichkeiten der Gesellschaft persönlich.[1] Die **persönliche Haftung der Gesellschafter** für Verbindlichkeiten der Gesellschaft kann während der Dauer des Insolvenzverfahrens gem. § 93 InsO nur vom Insolvenzverwalter geltend gemacht werden.[2]

1287 Die Regelung des § 93 InsO ist **keine eigenständige Anspruchsgrundlage** zugunsten des Insolvenzverwalters, sondern führt dazu, dass er die persönliche Haftung der Gesellschafter als gesetzlicher **Prozessstandschafter** der einzelnen Gläubiger geltend macht.[3]

1288 Die Ermächtigung des Insolvenzverwalters nach § 93 InsO bezieht sich nach der Rechtsprechung des BGH nur auf Ansprüche aus der gesetzlichen **akzessorischen Gesellschafterhaftung**, so dass die Finanzverwaltung nicht gehindert ist, nach Eröffnung des Insolvenzverfahrens über das Vermögen der Gesellschaft einen Anspruch aus §§ 69, 34 AO gegen den persönlich haftenden Gesellschafter der Schuldnerin geltend zu machen.[4]

1289 Der BFH hatte bereits zuvor entschieden, dass die abgabenrechtliche **Geschäftsführerhaftung** von der Sperrwirkung des § 93 InsO nicht erfasst wird, so dass auch nach Eröffnung des Insolvenzverfahrens von dem Finanzamt ein Haftungsbescheid gegen den geschäftsführenden Gesellschafter erlassen werden kann.[5]

1290 Wer gegenüber dem Finanzamt den Rechtsschein erweckt, **Gesellschafter einer Schein-GbR** zu sein, haftet für Steuerschulden der Schein-GbR, wenn das Finanzamt nach Treu und Glauben auf den gesetzten Rechtsschein vertrauen durfte. Das ist nach der Rechtsprechung des BFH nicht der Fall, wenn das aktive Handeln des in Anspruch Genommenen weder unmittelbar gegenüber dem Finanzamt noch zur Erfüllung steuerlicher Pflichten oder zur Verwirklichung steuerlicher Sachverhalte veranlasst war und ihm im Übrigen bloß passives Verhalten gegenüber den Finanzamt vorzuhalten ist.[6]

---

1 Vgl. umfassend: Klein, DStR 2009, 1963 ff.
2 Vgl. Schmittmann/Theurich/Brune, Das insolvenzrechtliche Mandat, § 4 Rdnr. 14 ff.; Gundlach/Frenzel/Schmidt, DStR 2002, 1095 ff.
3 So BGH v. 9.10.2006 – II ZR 193/05, ZInsO 2007, 35 f.
4 So BGH v. 4.7.2002 – IX ZR 265/01, BStBl II 2002, 786 ff.
5 So BFH v. 2.11.2001 – VII B 155/01, BStBl II 2002, 73 ff.
6 So BFH v. 9.5.2006 – VII R 50/05, StuB 2006, 938 f.

d) Steuerberaterhaftung

Der Steuerberater ist grundsätzlich nicht gesetzlicher Vertreter oder Vermögensverwalter i. S. v. § 34 AO. Er kann aber **Verfügungsberechtigter** i. S. v. § 35 AO sein, wenn ihm entsprechende Handlungsvollmachten eingeräumt worden sind. Darüber hinaus kommt auch die Haftung des Steuerberaters als **faktischer Geschäftsführer** in Betracht, wenn sich aus dem Sachverhalt ergibt, dass er rechtlich und tatsächlich in der Lage ist, über Mittel der Gesellschaft zu verfügen.   1291

Das normale Vollmacht- und Auftragsverhältnis zwischen Angehörigen der rechts- und steuerberatenden Berufe begründet allerdings noch keine Verpflichtung i. S. v. § 35 AO.[1]   1292

(Einstweilen frei)   1293–1300

3. Insolvenzrechtliche Haftung

Literatur: *Laws*, Insolvenzverwalter-Haftung wegen Nichterfüllung von Masseverbindlichkeiten nach § 61 InsO, MDR 2003, 787 ff.; *Schmehl/Mohr*, Umsatzsteuer auf die Insolvenzverwalterhaftung nach § 61 InsO, NZI 2006, 276 ff.; *Adam*, Die Haftung des Insolvenzverwalters aus § 61 InsO, DZWIR 2008, 14 ff.; *Webel*, Haftung des Insolvenzverwalters aus § 61 InsO für ungerechtfertigte Bereicherungen der Masse und USt-Masseverbindlichkeiten, ZInsO 2009, 363 ff.

a) Haftung nach § 60 Abs. 1 InsO

Der Insolvenzverwalter ist gem. § 60 Abs. 1 InsO allen Beteiligten zum Schadensersatz verpflichtet, wenn er schuldhaft die **Pflichten** verletzt, die ihm nach der **Insolvenzordnung** obliegen.[2] Er hat für die Sorgfalt eines ordentlichen und gewissenhaften Insolvenzverwalters einzustehen. Soweit der Insolvenzverwalter zur Erfüllung der ihm als Verwalter obliegenden Pflichten Angestellte des Schuldners im Rahmen ihrer bisherigen Tätigkeit einsetzen muss und diese Angestellten nicht offensichtlich ungeeignet sind, hat der Verwalter gem. § 60 Abs. 2 InsO ein Verschulden dieser Personen nicht gem. § 278 BGB zu vertreten, sondern ist nur für deren **Überwachung** und für **Entscheidungen von besonderer Bedeutung** verantwortlich.[3]   1301

---

1 So Tipke/Kruse-Loose, § 35 AO Rdnr. 7.
2 Vgl. Zipperer, KTS 2008, 167 ff.; Kübler/Prütting/Bork-Lüke, § 60 InsO Rdnr. 12.
3 Vgl. zu Abgrenzung zwischen insolvenz- und steuerrechtlicher Haftung: HambKommInsR/Weitzmann, § 60 Rdnr. 27.

1302 So haftet der Insolvenzverwalter einem **Massegläubiger** gem. § 60 InsO, wenn er die Masse pflichtwidrig verkürzt. Gläubiger eines solchen Anspruchs kann ohne weiteres auch die Finanzverwaltung sein. Ein Schaden, der Massegläubigern durch eine pflichtwidrige Masseverkürzung des Insolvenzverwalters vor Anzeige der Masseunzulänglichkeit entsteht, ist grundsätzlich ein Einzelschaden, der von den Gläubigern während des Insolvenzverfahrens geltend gemacht werden kann.[1]

1303 Zu der Parallelvorschrift der Konkursordnung (§ 82 KO) hatte der BGH entschieden, dass der Konkursverwalter dem Schuldner gegenüber verpflichtet ist, während des Konkurses für die **ordnungsgemäße Erfüllung der steuerlichen Buchführungspflichten** zu sorgen. Im Rahmen des ihm Zumutbaren müsse er sich auch um die Vervollständigung einer bei Konkurseröffnung mangelhaften Buchführung bemühen, wenn diese im Blick auf die steuerlichen Anforderungen noch in Ordnung gebracht werden könne. Dies begründet der BGH insbesondere damit, dass der Insolvenzverwalter mit Konkurseröffnung allein die Bücher verwaltet und der Schuldner die Arbeiten zu ihrer Vervollständigung, die er ohne die Eröffnung des Konkurses ausgeführt haben würde, aus diesem Grunde nicht mehr vornehmen könne. Dabei sei aber auch die Belastbarkeit der Masse mit den Kosten solcher Arbeiten zu berücksichtigen.[2] Nach der Rechtsprechung des OLG Hamm zur Konkursordnung muss der Konkursverwalter dafür sorgen, dass Bilanzen rechtzeitig aufgestellt und Verlustvorträge festgestellt werden können.[3] Der Insolvenzverwalter ist auch verpflichtet, einen eingehenden Steuerbescheid zu überprüfen und ggf. Rechtsmittel einzulegen.[4]

1304 Die Haftung gem. § 60 Abs. 1 InsO erstreckt sich auf **insolvenzspezifische Pflichtverletzungen**. Der insolvenzspezifische Pflichtenkreis des Verwalters umfasst z. B. das Forderungsinkasso, die Prozessführung, die Vermeidung von Minderungen der Aktivmasse, die Verwertung und die Überprüfung der angemeldeten Forderungen.[5] Nach Auffassung des OLG Hamm umfasst die Ver-

---

1 So BGH v. 6. 5. 2004 – IX ZR 48/03, BGHZ 159, 104 ff. = ZIP 2004, 1107 ff.
2 So BGH v. 29. 5. 1979 – VI ZR 104/78, BGHZ 74, 316, 320. Der BFH (v. 23. 8. 1994 – VII R 143/92, BStBl II 1995, 18 f.) hat zur Zeit der Konkursordnung entschieden, dass die Verpflichtung des Konkursverwalters zur Abgabe von Steuererklärungen für den Schuldner nicht davon abhängig ist, ob die dafür erforderlichen Kosten bei Beauftragung eines Steuerberaters durch die Konkursmasse gedeckt sind. Vgl. dazu umfassend: Schmittmann, InsBüro 2005, 288 ff.
3 Vgl. OLG Hamm v. 2. 7. 1987 – 27 U 25/06, ZIP 1987, 1402 ff.
4 So MünchKommInsO/Brandes, §§ 60, 61 Rdnr. 21; OLG Köln v. 20. 12. 1979 – 12 U 170/78, ZIP 1980, 94.
5 S. HambKommInsR/Weitzmann, § 60 Rdnr. 12 ff.; MünchKommInsO/Brandes, §§ 60, 61 Rdnr. 10 ff.

pflichtung gem. § 60 Abs. 1 InsO auch die rechtzeitige Erfüllung des Anspruchs. Zwar entspreche nicht jeder Pflicht des Insolvenzschuldners eine entsprechende Pflicht des Insolvenzverwalters gegenüber den Beteiligten. Deshalb sei Letzterer auch nicht etwa automatisch zum Ersatz jedes Verzugschadens verpflichtet, wenn dieser nicht aus der Masse erlangt werden könne.[1]

Der Anspruch aus § 60 InsO ist vor den **ordentlichen Gerichten** geltend zu machen. 1305

b) Haftung nach § 61 InsO

Gemäß § 61 InsO ist der Insolvenzverwalter dem Massegläubiger zum Schadensersatz verpflichtet, wenn eine **Masseverbindlichkeit**, die durch eine Rechtshandlung des Insolvenzverwalters begründet worden ist, aus der Insolvenzmasse nicht voll erfüllt werden kann (§ 61 Satz 1 InsO).[2] Dies gilt gem. § 61 Satz 2 InsO nicht, wenn der Verwalter bei der Begründung der Verbindlichkeit nicht erkennen konnte, dass die Masse voraussichtlich zur Erfüllung nicht ausreichen würde. 1306

Bei Bestellung eines **starken vorläufigen Verwalters** ist die Haftung gem. § 61 InsO auch bei Verbindlichkeiten i. S. v. § 55 Abs. 2 InsO anzunehmen. Bei dem Schadensersatzanspruch aus § 61 InsO wegen Nichterfüllung von Masseverbindlichkeiten handelt es sich um einen Individualanspruch, der während des Insolvenzverfahrens von den geschädigten Massegläubigern gegen den Insolvenzverwalter geltend gemacht werden kann.[3] 1307

Die Norm des § 61 InsO gewährt lediglich einen **Anspruch auf das negative Interesse**.[4] Der Schadensersatzanspruch aus § 61 InsO umfasst nicht die Umsatzsteuer, da es beim Schadensersatz an einem Leistungsaustausch fehlt.[5] 1308

Der Insolvenzverwalter kann sich gem. § 61 Satz 2 InsO entlasten, wenn er zum Zeitpunkt der Begründung der Masseverbindlichkeit einen – aus damaliger Sicht – auf zutreffenden Anknüpfungstatsachen beruhenden und sorgfältig erwogenen **Liquiditätsplan**[6] erstellt hat, der eine Erfüllung der fälligen Mas- 1309

---

[1] So OLG Hamm v. 22. 6. 2006 – 27 U 183/05, ZIP 2006, 1911 ff.
[2] Vgl. *Webel*, ZInsO 2009, 363 ff.; Busch/Winkens, Insolvenzrecht, S. 42.
[3] So BGH v. 9. 8. 2006 – IX ZB 200/05, DStZ 2006, 748.
[4] So BGH v. 6. 5. 2004 – IX ZR 48/03, BGHZ 159, 104 ff.; BAG v. 19. 1. 2006 – 6 A ZR 600/04, ZIP 2006, 1058 f.
[5] So BGH v. 17. 12. 2004 – IX ZR 185/03, ZInsO 2005, 205 ff.
[6] Vgl. dazu: Kübler/Prütting/Bork-Lüke, § 61 InsO Rdnr. 4h; Lüke, ZIP 2005, 1113, 1119; OLG Karlsruhe v. 21. 11. 2002 – 12 U 112/02, ZIP 2003, 267 ff.

I. Allgemeiner Teil

severbindlichkeit erwarten ließ.[1] Der Verwalter muss im Haftungsprozess darlegen und beweisen können, dass sich aus dem Finanzplan ergibt, dass der Mittelbedarf und die zu seiner Deckung zu erwartenden Zahlungen übereinstimmen.[2]

1310 Früher hatten Finanzrechtsprechung und Finanzverwaltung verlangt, dass der Konkursverwalter „... seine Geschäfte so gestaltet, dass die entstehende Umsatzsteuer bezahlt werden kann".[3] Dies irritiert insoweit, dass der Insolvenzverwalter einen **gesetzlichen (Verwertungs-)Auftrag** hat und daher allen Gläubigern und keineswegs nur der Finanzverwaltung verpflichtet ist.[4] Die OFD Hannover vertritt im Zusammenhang mit der Haftungsnorm des § 14c Abs. 1 UStG die Auffassung, dass der Insolvenzverwalter seine ihm kraft Insolvenzrecht zugewiesenen Pflichten verstößt und gem. §§ 60, 61 InsO haftet, wenn er trotz überwiegender Wahrscheinlichkeit des Steuerausfalls einen steuerbaren Tatbestand durch den gesonderten (unrechtmäßigen) Steuerausweis verwirklicht.[5] Dies ist zutreffend, da hier eine Pflichtverletzung des Verwalters ohne weiteres gegeben ist.

1311 Im Gegensatz zu der Haftung nach § 69 AO, wonach der Verwalter persönlich haftet, hat im Insolvenzrecht primär die **Insolvenzmasse** für Masseverbindlichkeiten einzustehen. Der Verwalter **persönlich** haftet gem. § 60 InsO, wenn er eine Pflicht nach der Insolvenzordnung verletzt und dadurch einen Beteiligten schädigt. Nach § 61 InsO haftet der Verwalter, wenn er eine von ihm selbst begründete Masseverbindlichkeit nicht ausgleicht. Der Verwalter haftet darüber hinaus ausnahmsweise persönlich, so beispielsweise, wenn er bei der Anbahnung von Vertragsverhandlungen zu erkennen gibt, dass er für die Erfüllung persönlich einstehen will.[6] Solche Fälle scheiden bei der Begründung von Steuerverbindlichkeiten ersichtlich aus. Eine Haftung des schwachen vorläufigen Insolvenzverwalters nach § 61 InsO scheidet ebenfalls aus.[7]

1312 Fälle der **Steuerhaftung des Insolvenzverwalters nach § 61 InsO** sind bislang – soweit veröffentlicht – von der Rechtsprechung nicht entschieden, was sich ohne weiteres daraus erklärt, dass die Finanzverwaltung nach wie vor den

---

1 So BGH v. 17.12.2004 – IX ZR 185/03, ZInsO 2005, 205 ff.
2 S. MünchKommInsO/Brandes, § 60, 61 Rdnr. 37.
3 So Niedersächsisches FG v. 24.5.1989 – XI 368/88 V, zitiert nach Maus, Steuern im Insolvenzverfahren, Rdnr. 222; OFD Hamburg v. 19.12.1989 – S 7340 – 9/89 – St 23, DStR 1990, 318.
4 Ebenso Maus, Steuern im Insolvenzverfahren, Rdnr. 222.
5 S. OFD Hannover v. 31.5.2006 – S 7100 b – 1 – StO 171, DStR 2006, 1227 f.
6 Vgl. Uhlenbruck/Uhlenbruck, InsO, § 61 Rdnr. 6 f.
7 So LG Trier v. 23.3.2009 – 6 O 204/08, ZInsO 2009, 1208, 1211; Kübler/Prütting/Bork-Lüke, § 61 InsO Rdnr. 13.

Weg über den Haftungsbescheid statt der Klage vor dem Zivilgericht präferiert.

4. Übersicht

Haftung nach § 69 AO	Haftung nach §§ 60, 61 InsO
Abgabenrechtliche Pflichtverletzung	Insolvenzrechtliche Pflichtverletzung
Vorsätzlich oder grob fahrlässig	Sorgfalt eines ordentlichen Insolvenzverwalters
Finanzrechtsweg	Zivilrechtsweg

(Einstweilen frei) 1314–1330

II. Die Behandlung der einzelnen Steuerarten und Erhebungsformen

A. Einkommensteuer

Literatur: *Bauschatz*, Unternehmensverbindungen in der Insolvenz – Steuerrechtliche Risiken, in: Festschrift für Klaus Korn, Rdnr. 801 ff.; *Benne*, Einkommensteuerliche und steuerverfahrensrechtliche Probleme bei Insolvenzen im Zusammenhang mit Personengesellschaften, BB 2001, 1977 ff.; *Farr*, Der Fiskus als Steuer- und Insolvenzgläubiger im Restschuldbefreiungsverfahren, BB 2003, 2324 ff.; *Janssen*, Erlass von Steuern auf Sanierungsgewinne, DStR 2003, 1055 ff.; *Strüber/von Donat*, Die ertragsteuerliche Freistellung von Sanierungsgewinnen durch das BMF-Schreiben vom 27.3.2003, BB 2003, 2036 ff.; *Butz-Seidl*, Gestaltungen bei Verlusten im Rahmen einer „Betriebsaufspaltung", GStB 2004, 392 ff.; *Fichtelmann*, Insolvenz in der Betriebsaufspaltung, EStB 2004, 75 ff.; *Frystatzki*, Die Aufteilung der Einkommensteuer in der Insolvenz, EStB 2004, 88 ff.; *Frystatzki*, Insolvenz der Personengesellschaft – Disharmonien zwischen Insolvenz- und Steuerrecht, EStB 2004, 215 ff.; *Ley*, Neuere Entwicklungen und Praxiserkenntnisse zu § 15a EStG, KÖSDI 2004, 14374 ff.; *Uhländer*, Aktuelle Zweifelsfragen zum Steuerverfahren in der Insolvenz, AO-StB 2004, 296 ff.; *Fichtelmann*, Einkommensteuer und Insolvenz, EStG 2005, 255 ff.; *Frystatzki*, Steuerpflicht bei selbständiger Tätigkeit des Insolvenzschuldners, EStB 2005, 232 ff.; *Fuhrmann*, Liquidation der GmbH im Zivil- und Steuerrecht, KÖSDI 2005, 14906 ff.; *Gorris/Schmittmann*, Steuerliche Fragestellungen im Zusammenhang mit der Zwangsverwaltung, IGZInfo 4/2005, 69 ff.; *Heinze*, Die Anfechtung von Bauabzugsteuern, DZWIR 2005, 282 ff.; *Janssen*, Steuererlass in Sanierungsfällen – faktisches Wiederaufleben des § 3 Nr. 66 EStG a. F.?, BB 2005, 1026 ff.; *Ley*, Ertragsbrennpunkte bei der Liquidation einer GmbH & Co. KG, KÖSDI 2005, 14815 ff.; *Schmittmann*, Besonderheiten bei der insolventen GmbH & Co. KG, ZInsO 2005, 1314 ff.; *Uhländer*, Erlass der Einkommensteuer auf den Sanierungsgewinn, ZInsO 2005, 76 ff.; *Uhländer*, Aktuelle Besteuerungsfragen in der Insolvenz, ZInsO 2005, 1192; *Bange*, Die Veräußerung einer Arztpraxis im Rahmen eines (Liquidations-)Insolvenzplanverfahrens, ZInsO 2006, 362 ff.; *Braun*, Einkommensteuerrechtliche Auswirkungen des Gehaltsverzichts eines GmbH-Gesellschafter-Geschäftsführers, DStZ 2006, 301 ff.; *Farr*, Insolvenzbehaftete Zusammenveranlagung – Ein Hauen und Stechen?, BB 2006, 1302 ff.; *Fichtelmann*, Die Geltendmachung von Einkommensteuer-Vorauszahlungen im Insolvenzverfahren, INF 2006, 905 ff.; *Hoffmann*, Ansprüche insolventer PersG gegen ihre Gesellschafter auf Auskehr von Kapitalertrag- und Zinsabschlagsteuer, StuB 2006, 705 ff.; *Kiethe*, Mezzanine-Finanzierung und Insolvenzrisiko, DStR 2006, 1763 ff.; *Neumann*, Geschäftsführervergütungen in der Krise der GmbH – Worauf bei Gehalt und Pensionszusage steuerlich zu achten ist, GmbH-StB 2006, 40 ff.; *Röhrig/Doege*, Das Kapital der Personengesellschaft im Handels- und Steuerrecht, DStR 2006, 489 ff.; *Stahlschmidt*, Die ESt-Erstattung im Insolvenzverfahren, StuB 2006, 462 ff.; *Best*, Altschulden-Aufrechnungsfalle des BFH bei Zusammenveranlagung – Auswirkungen des BFH-Urteils v. 15.11.2005 – VII R 16/05, SteuerConsultant 2007, 28 ff.; *Meyer/Verfürth*, Einkommensteuer- und insolvenzrechtliche Behandlung von Aufgabegewinnen in der Insolvenz des Personengesellschafters, BB 2007, 862 ff.; *Perwein*, Pensionszusage und Rückdeckungsversicherung in der Insolvenz der GmbH – Kann der Gesellschafter-Geschäftsführer seine Ansprüche insolvenz-

II. Die Behandlung der einzelnen Steuerarten und Erhebungsformen

fest machen?, GmbHR 2007, 589 ff.; *Pflüger*, Neues zur Beendigung einer KG durch Insolvenz, GStB 2007, 43 ff.; *Casse*, Einkommensteuer als Masseverbindlichkeit?, ZInsO 2008, 795 ff.; *Demuth*, Gesellschafterforderungen im Ertragsteuerrecht – Entstehung, Verzinsung, Verzicht, KÖSDI 2008, 16177 ff.; *Geist*, Die Besteuerung von Sanierungsgewinnen – Zur Anwendbarkeit, Systematik und Auslegung des BMF-Schreibens vom 27. 3. 2003, BB 2008, 2658 ff.; *Geist*, Die ordentliche Liquidation einer GmbH unter dem Einfluss von Mindestbesteuerung und steuerfreiem Sanierungsgewinn, GmbHR 2008, 969 ff.; *Gondert/Büttner*, Steuerbefreiung von Sanierungsgewinnen – Anmerkungen zum Urteil des Finanzgerichts München v. 12. 12. 2007, DStR 2008, 1676 ff.; *Heymann/Jacobs*, Wegfall einkommensteuerlicher Verlustvorträge im Erbfall – Handlungsbedarf und Gestaltungsmöglichkeiten nach der BFH-Entscheidung vom 17. 12. 2007 -, steuer-journal.de 8/2008, 32 ff.; *Jörißen*, Umfang und Grenzen des Steuergeheimnisses im Insolvenzverfahren, AO-StB 2008, 46 ff.; *Khan/Adam*, Die Besteuerung von Sanierungsgewinnen aus steuerrechtlicher, insolvenzrechtlicher und europarechtlicher Sicht, ZInsO 2008, 899 ff.; *Kroninger/Korb*, Die Handhabung von Sanierungsgewinnen vor und nach dem Urteil des Finanzgerichts München vom 12. 12. 2007, BB 2008, 2656 ff.; *Krüger*, Insolvenzsteuerrecht, Update 2008, ZInsO 2008, 1295 ff.; *Onusseit*, Die steuerrechtliche Rechtsprechung mit insolvenzrechtlichem Bezug in der Zeit v. 1. 7. 2006 bis 31. 12. 2007, ZInsO 2008, 638 ff.; *Strahl*, Betriebsaufspaltung: Verflechtung, Auswirkungen der Unternehmensteuerreform und Entstrickung, KÖSDI 2008, 16027 ff.; *Thouet*, Der Sanierungserlass des BMF – (k)eine Rechtswohltat contra legem, ZInsO 2008, 664 ff.; *Thouet/Baluch*, Ist die Restschuldbefreiung wirklich einkommensteuerpflichtig?, DB 2008, 1595 ff.; *Wagner*, BB-Kommentar zum Urteil des FG Köln v. 24. 4. 2008, BB 2008, 2671; *Bächer*, Steuergeheimnis bei Zusammenveranlagung?, ZInsO 2009, 1147 ff.; *Molitor*, Zulässigkeit der Freigabe trotz Verwaltervereinbarung, ZInsO 2009, 231 ff.; *Pape/Grote*, Ist die Restschuldbefreiung gerecht?, ZInsO 2009, 601 ff.

1331 Da der Gesetzgeber mit der InsO kein gänzlich neues insolvenzrechtliches System geschaffen, sondern die konkursrechtlichen Prinzipien im Wesentlichen übernommen und – für die hier interessierenden steuerlichen Fragen bedeutsam – die ertragsteuerrechtlichen Normen unangetastet gelassen hat, können die zum „**Konkurssteuerrecht**" ergangenen und für den Praktiker wichtigen Entscheidungen der Finanzgerichte grundsätzlich auf das „**Insolvenzsteuerrecht**" übertragen werden. Allerdings herrschen bei der Einkommensbesteuerung im Verhältnis zu den umsatzsteuerrechtlichen Problemen, die eine Insolvenz aufwirft und zu denen eine umfassende höchstrichterliche Rechtsprechung vorliegt, schon immer vergleichsweise viele Unsicherheiten, weil es nur eine spärliche Anzahl einschlägiger gerichtlicher Entscheidungen gibt.

1332 Wenig erfreulich ist zudem, dass es dem Gesetzgeber wegen der Übernahme tradierter Prinzipien des „Konkurssteuerrechts" mit der Insolvenzrechtsreform nicht gelungen ist, die **mangelnde Abstimmung** zwischen dem Insolvenzrecht und den Regeln des Ertragsteuerrechts zu überwinden. Die beiden Rechts-

A. Einkommensteuer

gebiete sind von ihrem Ansatz her grundsätzlich nicht kompatibel.[1] Denn während das Ertragsteuerrecht unbeschadet der Insolvenzeröffnung für den Besteuerungszeitraum ein einheitliches Besteuerungsverfahren festschreibt, verlangt das auf die Befriedigung der persönlichen Gläubiger ausgelegte Insolvenzrecht eine Zuordnung des Einkommens zu **Vermögensmassen** und auf der Grundlage der zeitlichen Komponente des „Begründetseins" zu **Vermögensansprüchen.** Aus insolvenzrechtlichen Gründen müssen – für das Ertragsteuerrecht atypisch – somit die Besteuerungsgrundlagen des Veranlagungszeitraums **vermögensmäßig**

▶ der Insolvenzmasse (§ 35 InsO) [2] oder

▶ dem beschlagfreien Vermögen (§ 36 InsO)

---

1 Vgl. aus der Literatur zum „Zielkonflikt" zwischen Insolvenz- und Steuerrecht z. B.: – Benne, BB 2001, 1977 ff.; Farr, BB 2003, 2324 ff.; Janssen, DStR 2003, 1055 ff.; Strüber/von Donat, BB 2003, 2036 ff.; Frystatzki, EStB 2004, 88 ff.; Ley, KÖSDI 2004, 14374 ff.; Uhländer, AO-StB 2004, 296 ff.; Butz-Seidl, GStB 2004, 392 ff.; Fichtelmann, EStB 2004, 75 ff.; Frystatzki, EStB 2004, 215 ff.; Janssen, BB 2005, 1026 ff.; Fichtelmann, EStG 2005, 255 ff.; Frystatzki, EStB 2005, 232 ff.; Heinze, DZWIR 2005, 282 ff.; Uhländer, ZInsO 2005, 76 ff.; ders., ZInsO 2005, 1192; Schmittmann, ZInsO 2005, 1314 ff.; Ley, Ertragsbrennpunkte bei der Liquidation einer GmbH & Co. KG, KÖSDI 2005, 14815 ff.; Fuhrmann, KÖSDI 2005, 14906 ff.; Gorris/Schmittmann, Steuerliche Fragestellungen im Zusammenhang mit der Zwangsverwaltung, IGZInfo 4/2005, 69 ff.; Bange, ZInsO 2006, 362 ff.; Röhrig/Doege, DStR 2006, 489 ff.; Braun, DStZ 2006, 301 ff.; Farr, BB 2006, 1302 ff.; Fichtelmann, INF 2006, 905 ff.; Kiethe, DStR 2006, 1763 ff.; Neumann, GmbH-StB 2006, 40 ff.; Braun, DStZ 2006, 301 ff.; Stahlschmidt, StuB 2006, 462 ff.; Hoffmann, StuB 2006, 705 ff.; Perwein, GmbHR 2007, 589 ff.; Best, SteuerConsultant 2007, 28 ff.; Meyer/Verfürth, BB 2007, 862 ff.; Pflüger, GStB 2007, 43 ff.; Bauschatz, in: Festschrift für Klaus Korn, 801 ff.; Thouet/Baluch, DB 2008, 1595 ff.; Thouet, ZInsO 2008, 664 ff.; Kroninger/Korb, BB 2008, 2656 ff.; Geist, BB 2008, 2658 ff.; Geist, GmbHR 2008, 969 ff.; Wagner, BB 2008, 2671; Khan/Adam, ZInsO 2008, 899 ff.; Gondert/Büttner, DStR 2008, 1676 ff.; Jörißen, AO-StB 2008, 46 ff.; Onusseit, ZInsO 2008, 638 ff.; Krüger, ZInsO 2008, 1295 ff.; Strahl, KÖSDI 2008, 16027 ff.; Demuth, KÖSDI 2008, 16177 ff.; Casse, ZInsO 2008, 795 ff.; Pape/Grote, ZInsO 2009, 601 ff.; Bächer, ZInsO 2009, 1147 ff.

2 Die (umsatz-)steuerrechtlichen Folgen des sog. „Neuerwerbs" werden seit einigen Jahren kontrovers diskutiert (vgl. z. B. Pape/Uhlenbruck, ZIP 2005, 417; Maus, ZInsO 2005, 363; Ries, ZInsO 2005, 298). Die Entscheidung des BFH zur Umsatzsteuer (BFH v. 7.4.2005 – V R 5/04, BStBl II 2005, 848) stellt darauf ab, ob der Schuldner während des Insolvenzverfahrens eine neue Erwerbstätigkeit aufnimmt, indem er durch seine Arbeit und mit Hilfe von nach § 811 Abs. 1 Nr. 5 ZPO unpfändbaren Gegenständen steuerpflichtige Leistungen erbringt. Der BFH hält es insoweit für unerheblich, ob die Entgelte für die steuerpflichtige Tätigkeit gem. § 35 InsO in die Insolvenzmasse fallen oder der Insolvenzverwalter sie zur Masse ziehen muss. Maßgebend sei allein, ob die Steuerschulden aus einer insolvenzfreien Tätigkeit des Schuldners herrühren. Die dogmatische Tragweite dieser Entscheidung wird nicht in allen Fällen der Praxis gerecht. Zur einkommensteuerrechtlichen Auswirkung des sog. Neuerwerbs liegen derzeit nur wenige Entscheidungen der Finanzgerichte vor (vgl. z. B. FG Nürnberg v. 11.12.2008 – 4 K 1394/2007 ZInsO 2009, 488 ff. mit Anm. Schmittmann, EFG 2009, 867 ff. mit Anm. Loose, nrkr, Az. des BFH: X R 11/09 zu Ertragsteuern auf Tätigkeiten des Insolvenzschuldners, die ohne Wissen und Billigung durch den Insolvenzverwalter ausgeübt werden und deren Erträge nicht zur Masse gelangt sind). Die Finanzverwaltung hat ebenfalls die einkommensteuerrechtliche Betrachtung

1333 und in **zeitlicher** Hinsicht

▶ den bis zur Verfahrenseröffnung begründeten Vermögensansprüchen (Insolvenzforderungen nach § 38 InsO) oder

▶ den nach Eröffnung des Verfahrens begründeten Vermögensansprüchen (Masseverbindlichkeiten nach § 53 InsO)

zugeordnet werden.

1334 Erschwerend kommt noch hinzu, dass die Höhe der Einkommensteuerschuld von Faktoren abhängig ist, die den Besteuerungszeitraum nur in seiner Gesamtheit beeinflussen und einer Zuordnung zu innerhalb des Zeitraums liegenden Abschnitten gesetzessystematisch nicht zugänglich sind. Zu diesen Faktoren zählen z. B. die an die Einkunftshöhe gekoppelten Tarifbesteuerungen – an dieser Stelle ist insbesondere die Progression zu nennen –, die Ehegattenveranlagung und der Verlustabzug. Aber auch die Besteuerung der stillen Reserven und die Anrechnung von Vorausleistungen – wie z. B. Vorauszahlungen[1], Lohnsteuer, Kapitalertragsteuer – auf die Einkommensteuerschuld sind auf den einheitlichen Besteuerungszeitraum zugeschnitten.

1335 Welche Fragestellungen das Aufeinandertreffen von Steuer- und Insolvenzrecht im Einzelnen aufwirft und wie die bislang nur angerissenen Probleme innerhalb eines geschlossenen, möglichst wenig Wertungswidersprüche erzeugenden Systems gelöst werden (können), soll im Folgenden vertiefend beleuchtet werden. Dazu bedarf es zunächst eines Blicks auf das materielle Einkommensteuerrecht, soweit es von der Insolvenz betroffen wird.

1336–1340 *(Einstweilen frei)*

---

noch nicht thematisiert (s. hierzu Frystatzki, EStB 2005, 232). Die bisherige Rechtsprechung des BFH (v. 29. 3. 1984 – IV R 271/83, BStBl II 1984, 602) zur Zuordnung der Einkommensteuer als Insolvenzforderung oder Masseverbindlichkeit bei der Aufdeckung von stillen Reserven sollte mittelfristig ebenfalls auf dem Prüfstand stehen. Zum Beispiel im Rahmen von Aufrechnungsstreitigkeiten könnten die Besteuerungsfragen eine höchstrichterliche Klärung erfahren. Im Streitfall des FG Rheinland-Pfalz, Gerichtsbescheid v. 10. 11. 2008 – 5 K 2040/08, nrkr, Az. des BFH: VII R 49/08 erkannte das FG eine Haftungsschuld i. S. d. § 69 AO eines angestellten Geschäftsführers einer GmbH nicht als Masseverbindlichkeiten. Zu den verfahrensrechtlichen Folgen der Abgrenzung im Klageverfahren s. FG Köln v. 16. 1. 2009 – 7 K 3529/07; FG des Landes Sachsen-Anhalt v. 18. 11. 2008 – 4 K 203/05.

1 Zur Geltendmachung von Vorauszahlungen im Insolvenzverfahren vgl. neuerdings die Sichtweise von Fichtelmann, INF 2006, 905.

A. Einkommensteuer

1. Das materielle Einkommensteuerrecht

a) Allgemeine Grundsätze

Nach Aufgabe der sog. **Separationsrechtsprechung** des RFH[1] entspricht es wohl einhelliger Meinung, dass jedenfalls die Einkommens**besteuerung** grundsätzlich insolvenzneutral ist,[2] d. h., die Höhe des zu versteuernden Einkommens im Veranlagungszeitraum (§ 36 Abs. 1 EStG) richtet sich ausschließlich nach dem materiellen Einkommensteuerrecht. Die Entstehung von Steueransprüchen, die Art der Einkünfte und die Berechnung deren Höhe richten sich nach der Insolvenzeröffnung unverändert nach den allgemeinen steuerrechtlichen Grundsätzen. Der Steuerschuldner ist einheitlich zu veranlagen, da der Veranlagungszeitraum durch die Insolvenzeröffnung nicht geteilt wird. In die Veranlagung sind alle Einkünfte der sieben Einkunftsarten aufzunehmen, die der Schuldner – ggf. zusammen mit seinem Ehegatten (dazu s. Rdnr. 1401 ff.) – vor und nach der Insolvenzeröffnung innerhalb des Kalenderjahres (§§ 2 Abs. 7 Satz 2, 25 Abs. 1 EStG) erzielt hat.[3] Da die fehlende Verfügungsbefugnis über das insolvenzbefangene Vermögen (vgl. § 80 InsO) das Steuerrechtsverhältnis nicht berührt, ist der Schuldner als Inhaber der Einkunftsquelle weiterhin **Steuerpflichtiger** und **Steuerschuldner** der Einkommensteuer.

1341

Die Eröffnung des Insolvenzverfahrens bewirkt in steuerrechtlicher Hinsicht also keine Unterscheidung zwischen dem (persönlichen) beschlagfreien Vermögen des Schuldners einerseits und der Insolvenzmasse andererseits. Die insolvenz- und zivilrechtliche Aufteilung in Vermögensmassen wird steuerrechtlich nicht übernommen und hat deshalb auch keinen Einfluss auf die Stellung des Schuldners als Steuerschuldner. Besteuert wird nicht etwa die Insolvenzmasse als selbständiges Steuersubjekt.[4] Vielmehr bemisst sich die Einkommensteuer gem. § 2 Abs. 5 EStG nach dem während des Kalenderjahres bezogenen Einkommen des Insolvenzschuldners als Steuerpflichtigem.

1342

---

1 Danach sollte mit Konkurseröffnung ein gesondert zu besteuerndes Zweckvermögen entstehen, welches neben den Gemeinschuldner als Steuersubjekt tritt. Dazu insbesondere Beschluss des GrS des RFH v. 25. 10. 1926 – GrS 1/26, RStBl 1926, 337 = RFHE 19, 355; anders dann RFH v. 22. 6. 1938 – VI 687/37, RStBl 1938, 669, und BFH v. 12. 9. 1951 – IV 135/51 U, BStBl III 1951, 192.
2 Frankfurter Kommentar, § 155 Rdnr. 260 ff.; Weiß, FR 1990, 539, 541; Kirchhof/Söhn, EStG, § 25 Rdnr. D 136; Frotscher, Besteuerung bei Insolvenz, 83 und 108; Onusseit/Kunz, Steuern in der Insolvenz, Rdnr. 490; BFH v. 25. 7. 1995 – VIII R 61/94, BFH/NV 1996, 117, m.w. N.
3 Vgl. BFH v. 14. 2. 1978 – VIII R 28/73, BStBl II 1978, 356; v. 7. 11. 1963 – IV 210/62 S, BStBl III 1964, 70; BFH v. 25. 7. 1995 – VIII R 61/94, BFH/NV 1996, 117, m.w. N.; Hübschmann/Hepp/Spitaler, AO, § 251 Anm. 35, 45, 149.
4 Vgl. BFH v. 18. 5. 1988 – X R 27/80, BStBl II 1988, 716; v. 29. 3. 1984 – IV R 271/83, BStBl II 1984, 602; v. 14. 2. 1978 – VIII R 28/73, BStBl II 1978, 356.

1343 Dieser Grundsatz gilt für alle von ihm im Veranlagungszeitraum bezogenen positiven und negativen Einkünfte, unabhängig von einer abweichenden Verwaltungs- oder Verfügungsbefugnis über die Quelle,[1] so dass er auch die Einkünfte zu versteuern hat, die der Insolvenzverwalter aus den Mitteln und den Gegenständen der Insolvenzmasse erzielt. Der Insolvenzverwalter tritt nämlich nur als Vermögensverwalter i. S. v. § 34 Abs. 3 AO in die Position des Schuldners ein, um dessen steuerliche Rechte und Pflichten wahrzunehmen, er wird aber nicht selbst Steuerschuldner (s. hierzu Rdnr. 481 f.).[2]

b) Verlustausgleich und Verlustabzug

(1) Allgemeine Grundsätze

1344 Da wegen des Grundsatzes der einheitlichen Jahresbesteuerung ein Gesamtbetrag der Einkünfte nach § 2 Abs. 3 EStG gebildet wird, findet – abgesehen von besonderen steuerrechtlichen horizontalen (z. B. §§ 15 Abs. 4, 15a EStG) Verlustausgleichsverboten bzw. -begrenzungen – ein **Verlustausgleich** sowohl innerhalb einer Einkunftsart als auch zwischen den Einkunftsarten statt. Die im Veranlagungszeitraum erzielten positiven und negativen Einkünfte sind zu saldieren, um den Gesamtbetrag der Einkünfte zu ermitteln. Weil sich die Berechnung des Gesamtbetrages der Einkünfte ausschließlich nach den steuerrechtlichen Regeln richtet, lässt die Eröffnung des Insolvenzverfahrens den Verlustausgleich unberührt.

1345 Die Insolvenzeröffnung steht ebenso wenig dem **Verlustabzug** nach § 10d EStG entgegen, weil der Gesetzgeber mit § 2 EStG die kontinuierliche Geschäftstätigkeit des Steuerpflichtigen allein aus steuertechnischen Gründen in Jahressteuerabschnitte aufteilt und es sich wirtschaftlich gesehen lediglich um einen auf andere Veranlagungszeiträume verlegten Verlustausgleich handelt. Dass der Gesetzgeber den Verlustabzug, der systematisch korrekt zur Einkommenserzielung gehört, als Sonderausgabe ausgestaltet hat, ist ebenfalls allein steuertechnisch begründet. Eine unterschiedliche Behandlung von Verlustausgleich und Verlustabzug ist deshalb nicht gerechtfertigt. Es kommt für die Berücksichtigung des Verlustabzugs in Insolvenzfällen auch nicht mehr darauf an, ob der Insolvenzschuldner den Verlust voraussichtlich wirtschaftlich

---

[1] Maus, Steuern im Insolvenzverfahren, 133.
[2] Vgl. Tipke/Kruse, AO, § 34 Rdnr. 14; Hübschmann/Hepp/Spitaler, AO, § 34 Rdnr. 34; Weiß, FR 1992, 255, 256.

trägt.[1] Diese Grundsätze sind auch bei der **Ehegattenveranlagung** anzuwenden (s. dort Rdnr. 1406 f.).

Ein gewinnwirksamer „Wegfall" betrieblicher Verbindlichkeiten soll nach (unzutreffender) Ansicht der Finanzverwaltung[2] bei der Restschuldbefreiung (§§ 286 ff. InsO) dazu führen, dass ein bei der Betriebsaufgabe entstandener Gewinn bzw. Verlust zu korrigieren und die entsprechenden Steuerfestsetzungen gem. § 175 Abs. 1 Satz 1 Nr. 2 AO zu ändern sei vgl. Rdnr. 1021. Die Restschuldbefreiung führe jedoch nicht zu einem begünstigten Sanierungsgewinn, sodass ein Erlass etwaiger Einkommensteuerforderungen aus sachlichen Billigkeitsgründen nicht in Betracht komme. Im Einzelfall könne ein Erlass aus persönlichen Billigkeitsgründen geboten sein. 1346

(2) Besonderheiten bei der Nachlassinsolvenz

(a) Verlustabzug im Erbfall

Mit dem Tod des Steuerpflichtigen endet dessen persönliche Steuerpflicht. Die bis dahin erzielten Einkünfte sind dem **Erblasser** zuzurechnen und auch von ihm zu versteuern. Allerdings kann der Erblasser naturgemäß nicht mehr zur Zahlung der Steuerschuld herangezogen werden. Deshalb sieht § 45 Abs. 2 AO vor, dass der **Erbe** für die aus dem Nachlass zu entrichtenden, für ihn fremden Schulden einzustehen hat. Die nachfolgend erzielten Einkünfte und die daraus resultierende Steuerschuld entfallen hingegen originär auf den Erben, weil der Tatbestand der Einkünfteerzielung nach dem Tod des Erblassers allein vom Erben verwirklicht wird. Der **Nachlass** selbst kann nicht Steuerschuldner sein, weil er nicht einkommensteuerrechtsfähig ist. Die einkommensteuerrecht- 1347

---

1 So BFH v. 4.9.1969 – IV R 288/66, BStBl II 1969, 726 und v. 12.9.1972 – VIII R 23/67, BStBl II 1972, 94; ausführlich Weiß, FR 1992, 255, 258 und Frotscher, Besteuerung bei Insolvenz, 89 ff.; s. a. BFH v. 7.11.1963 – IV 210/62 S, BStBl III 1964, 70; FG Hamburg v. 22.1.1964 – V 36/63, EFG 1964, 432; FG Freiburg v. 13.12.1965 – I (II) 125 – 132/64, EFG 1966, 331; s. allerdings auch BFH v. 5.5.1999 – XI R 1/97, BStBl II 1999, 653.

2 OFD Münster v. 21.10.2005 – S-0270, ZInsO 2006, 135; kritisch hierzu bereits zu Recht Schmittmann, ZInsO 2006, 136. Zur grundsätzlichen Kritik der Besteuerung von „Sanierungsgewinnen" und deren Behandlung durch die Finanzbehörden vgl. Strüber/von Donat, BB 2003, 2036 ff.; Janssen, DStR 2003, 1055 ff.; Düll/Fuhrmann/Eberhard, DStR 2003, 862 ff.; Janssen, BB 2005, 1026 ff.; Kahn/Adam, ZInsO 2008, 899 ff.; Kroninger/Korb, BB 2008, 2656; Geist, BB 2008, 2658 ff.; Gondert/Büttner, DStR 2008, 1676 ff.; Wagner, BB 2008, 2671; Thouet/Baluch, DB 2008, 1595 ff.; Thouet, ZInsO 2008, 664 ff.; Geist; GmbHR 2008, 969 ff. Zur Versagung der Restschuldbefreiung nach § 290 InsO bei Verletzung von steuerlichen Mitwirkungspflichten vgl. BGH v. 20.12.2007 – IX ZB 189/06 sowie BGH v. 18.12.2008 – IX ZB 197/07 m. w. N.; zum außergerichtlichen Schuldenerlass, wenn der Steuerpflichtige die Voraussetzungen des § 290 Abs. 1 Nr. 1 InsO erfüllt, s. BFH v. 7.12.2007 – IX B 170/07.

lichen Ansprüche richten sich folglich – auch soweit sie aus Erträgen des Nachlassvermögens herrühren – gegen den Erben, nicht gegen den Nachlass.

1348 Im Ergebnis sind also mit dem Erblasser und dem Erben zwei den Tatbestand der Einkunftserzielung erfüllende Steuerrechtssubjekte vorhanden, für die unabhängig voneinander jeweils ein Gesamtbetrag der Einkünfte zu bilden ist. Folglich müsste nach dem aus dem Leistungsfähigkeitsprinzip abzuleitenden allgemeinen Grundsatz, dass eine Verlustanrechnung an die Person des Steuerpflichtigen anknüpft, die den Verlust erlitten hat, eine Berücksichtigung nicht ausgeglichener oder abgezogener Verluste des Erblassers beim Erben ausgeschlossen sein.

1349 Nach dem Beschluss des Großen Senats des BFH v. 17. 12. 2007[1] gehen daher die Verlustvorträge nicht (mehr) auf den Rechtsnachfolgern über. Hiermit hat ein langjähriger Streit innerhalb der BFH-Senate einen höchstrichterlichen Schlusspunkt erfahren.[2]

(b) Verlustabzug im Nachlassinsolvenzverfahren

1350 Es kann offen bleiben, ob die vom BFH aufgestellten Kriterien überhaupt tragfähig waren, um den Abzug fremder Verluste durch den Erben zu rechtfertigen. Denn unbeschadet aller Kritik[3] ist die Vererbung von Verlusten nach h. M. jedenfalls ausgeschlossen, wenn ein Insolvenzverfahren über den Nachlass, das nach § 11 Abs. 2 Nr. 2 InsO nach Maßgabe der §§ 315–334 InsO möglich ist, eröffnet wird.[4] Der Erbe darf in diesem Fall einen beim Erblasser ent-

---

[1] GrS 2/04; vgl. hierzu Heymann/Jacobs, steuerjournal.de 8/2008, 32 ff.
[2] Zur bisherigen Entwicklung s. Waza/Uhländer/Schmittmann, Insolvenzen und Steuern, 7. Aufl., 250.
[3] Zuletzt Paus, BB 1999, 2584, der darauf hinweist, dass der Erbe zwar womöglich durch Erblasserschulden, niemals aber durch Verluste des Erblassers wirtschaftlich belastet wird und die Inanspruchnahme für Verbindlichkeiten keinesfalls den Übergang des Verlustabzugs rechtfertigt.
[4] So zum Nachlasskonkurs nach §§ 214 ff. KO BFH v. 17. 2. 1961 – VI 66/59 U, BStBl III 1961, 230; bestätigt durch Urteil v. 5. 5. 1999 – XI R 1/97, BStBl II 1999, 653; a. A. Frotscher, Besteuerung bei Insolvenz, 91 f., 95, der zum Vergleich auf die gesetzliche Regelung des § 15a EStG abstellt. Diese Vorschrift setze voraus, dass die Verluste dem beschränkt Haftenden auch insoweit steuerlich zugerechnet werden, als er rechtlich nicht haftet und daher die Verluste wirtschaftlich nicht „trägt". Lediglich die Auswirkung dieser Verlustzurechnung werde durch die positiv-rechtliche Vorschrift des § 15a EStG korrigiert, die Zurechnung selbst bleibe durch die Vorschrift unberührt. Verluste seien daher dem Steuerpflichtigen grundsätzlich zuzurechnen; ihr steuerrechtlicher Ansatz könne nur aufgrund einer besonderen gesetzlichen Vorschrift unterbleiben. Für eine dementsprechende Einschränkung der Auswirkungen der Verlustzurechnung im Insolvenzverfahren fehle aber jede Rechtsgrundlage. Diese Betrachtung verkennt, dass das Postulat der Besteuerung nach der wirtschaftlichen Leistungsfähigkeit eine verfassungskonforme Auslegung des Verlustabzugs erfordert.

standenen Verlust nicht von seinen eigenen Einkünften absetzen, weil er durch sie wirtschaftlich nicht belastet wird.

Mit der Eröffnung des **Nachlassinsolvenzverfahrens** (vgl. Rdnr. 681) wird das mit dem Erbfall zusammengeflossene Vermögen insolvenzrechtlich wieder getrennt in das ursprüngliche Eigenvermögen des Erben und in das Vermögen des Erblassers (Nachlass). Ein Anspruch, der sich gegen den Nachlass richtet, kann nur gegen den Nachlassinsolvenzverwalter geltend gemacht werden. Wie bei den Personengesellschaften (s. dazu Rdnr. 1501) wird der Nachlass zwar insolvenzrechtsfähig, keineswegs aber Einkommen- oder Körperschaftsteuersubjekt.[1] Der Erbe bleibt originär Steuerschuldner der Einkommensteuer, die wegen der nach dem Erbfall aus dem Nachlass erzielten Einkünfte entsteht. Selbst wenn mit den Einnahmen Nachlassverbindlichkeiten beglichen werden, bleibt die Einkommensteuer Eigenschuld des Erben und wird nicht etwa zu einer haftungsrechtlich beschränkbaren Nachlassverbindlichkeit.

1351

Allerdings führt die Eröffnung des Nachlassinsolvenzverfahrens dazu, dass sich die Haftung des Erben für Nachlassverbindlichkeiten auf den Nachlass (§ 1975 BGB) beschränkt. Dementsprechend sieht § 325 InsO vor, dass im Insolvenzverfahren über einen Nachlass nur die Nachlassverbindlichkeiten geltend gemacht werden können. Gemessen an den oben skizzierten Kriterien des BFH können bei dieser Fallkonstellation die Verluste des Erblassers nicht „vererbbar" sein, weil der Erbe diese Verluste mangels Rückgriff auf sein eigenes Vermögen wirtschaftlich nicht trägt. Wegen der Haftungsbeschränkung bleibt allein das Nachlassvermögen belastet. Eine Durchbrechung der Grundsätze der Individualbesteuerung und der Besteuerung nach der wirtschaftlichen Leistungsfähigkeit ist folglich nicht mehr gerechtfertigt. Konsequenterweise verfallen damit die vom Erblasser nicht ausgeschöpften Verluste. Das liegt aber allein an der zeitlichen Begrenzung des Verlustrücktrags nach § 10d EStG.

1352

(3) Negatives Kapitalkonto

Nach § 15a Abs. 1 Satz 1 EStG darf der einem Kommanditisten oder einem (Mit-)Unternehmer, dessen Haftungsrahmen vergleichbar ist (Abs. 5), zuzurechnende Anteil am Verlust der Gesellschaft nicht mit anderen Einkünften ausgeglichen werden, soweit ein negatives Kapitalkonto[2] beim beschränkt

1353

---

1 BFH v. 5. 6. 1991 – XI R 26/89, BStBl II 1961, 820 und v. 28. 4. 1992 – VII R 33/91, BStBl II 1992, 781, jeweils zur Nachlassverwaltung; v. 11. 8. 1998 – VII R 118/95, BStBl II 1989, 705, 707, 708.
2 Grundlegend dazu GrS des BFH v. 10. 11. 1980 – GrS 1/79, BStBl II 1981, 164.

haftenden Gesellschafter entsteht oder sich erhöht. Der Verlustausgleich und der Verlustabzug nach § 10d EStG werden dadurch grundsätzlich auf den Betrag der tatsächlich geleisteten Einlage beschränkt. Die Entwicklung des Kapitalkontos ergibt sich dabei durch einen Vergleich der Kapitalkontenstände am Schluss des Wirtschaftsjahrs der Verlustentstehung und am Schluss des vorangegangenen Wirtschaftsjahrs.[1] Die Höhe ist allein nach steuerrechtlichen Grundsätzen zu ermitteln. **Zweck der Vorschrift** ist es, die Verlustanrechnung beim Gesellschafter seinem Haftungsumfang anzugleichen. Deshalb setzt sich das Kapitalkonto i. S. v. § 15a Abs. 1 EStG aus dem Kapitalkonto des Gesellschafters in der Gesellschaftsbilanz und dem Mehr- oder Minderkapitalkonto des Gesellschafters in der Ergänzungsbilanz zusammen, schließt aber das Sonderbetriebsvermögen aus.[2]

1354 Die Norm verhindert keineswegs die steuerrechtliche Zurechnung von Verlusten, sondern begrenzt lediglich die Verlustverrechnung. Allerdings ist die Führung eines negativen Kapitalkontos nur solange erlaubt, wie bei Aufstellung der Bilanz nach den Verhältnissen am Bilanzstichtag mit einem Ausgleich mit zukünftigen Gewinnanteilen – auch durch Aufdeckung stiller Reserven – noch gerechnet werden kann. Das folgt aus dem Charakter des negativen Kapitalkontos als reinem steuerlichen **Verlustverrechnungskonto,** hinter dem keine zivilrechtliche Haftung des Kommanditisten steht. Der BFH erkennt die Bil-

---

1 Zur Wirkungsweise des § 15a EStG bei laufenden Verlusten vgl. die Beispiele in Waza/Uhländer/Schmittmann, Insolvenzen und Steuern, 7. Aufl., 255 ff.
2 BFH v. 30. 3. 1993 – VIII R 63/91, BStBl II 1993, 706; s. a. BMF v. 30. 5. 1997 – S 2241, BStBl I 1997, 627. Zur buchungstechnischen Behandlung einer verdeckten Einlage aus dem Privatvermögen bei Personengesellschaften über ein sog. „gesamthänderisch gebundenes Rücklagenkonto" s. BMF v. 26. 11. 2004 – IV B 2 – S 2178 – 2/04, BStBl I 2004, 1190 sowie allgemein Ley, KÖSDI 2005, 14815 (speziell zum Forderungsverzicht des Gesellschafters gegenüber seiner Personengesellschaft vgl. Paus, INF 2005, 28 ff.; Demuth, KÖSDI 2008, 18184). Bei der Buchung auf einem gesamthänderisch gebundenen Rücklagenkonto erlangt der übertragende Gesellschafter nach Ansicht der Finanzverwaltung – anders als bei der Buchung auf einem Kapitalkonto – keine individuelle Rechtsposition, die ausschließlich ihn bereichert. Vielmehr werde der Auseinandersetzungsanspruch aller Gesellschafter entsprechend ihrer Beteiligung dem Grunde nach gleichmäßig erhöht. Der Mehrwert fließe also – ähnlich wie bei einer Buchung auf einem Ertragskonto – in das gesamthänderisch gebundene Vermögen der Personengesellschaft und komme dem übertragenden Gesellschafter ebenso wie allen anderen Mitgesellschaftern nur als reflexartige Wertsteigerung seiner Beteiligung zugute. Mangels Gegenleistung des übertragenden Gesellschafter liege deshalb grundsätzlich ein unentgeltlicher Vorgang im Sinne einer verdeckten Einlage vor. In den Fällen der Übertragung von Grundstücken auf eine „Einmann-GmbH & Co. KG" sei allerdings zu prüfen, ob im Hinblick auf § 23 EStG ein Missbrauch von Gestaltungsmöglichkeiten i. S. d. § 42 AO anzunehmen sei, wenn die Übertragung (zunächst) auf einem gesamthänderisch gebundenen Rücklagenkonto gutgeschrieben wird. (s. a. Reiß, DB 2005, 358; vgl. auch BFH v. 24. 1. 2008 – IV R 37/06 sowie BFH v. 17. 7. 2008) Bei unentgeltlichen Übertragungen von Betriebsvermögen ist § 6 Abs. 5 EStG zu prüfen, der sowohl unentgeltliche Übertragungen als auch Übertragungen gegen Gewährung von Gesellschaftsrechten umfasst.

dung eines negativen Kapitalkontos deshalb auch nur an, weil die Verlusthaftung mit zukünftigen Gewinnanteilen Ausdruck des Unternehmerrisikos des beschränkt haftenden Gesellschafters ist.

Gemessen an diesen Kriterien führt die **Insolvenzeröffnung** gleichwohl nicht zwingend zur Auflösung des negativen Kapitalkontos im Wirtschaftsjahr der Insolvenz. Denn zum einen hat die mit der Verfahrenseröffnung verbundene gesellschaftsrechtliche Auflösung (§§ 131 Abs. 1 Nr. 3, 161 Abs. 2 HGB) regelmäßig nicht die Beendigung der Gesellschaft zur Folge. Zum anderen bewirkt sie i. d. R. nur das Ende der werbenden Tätigkeit und den Beginn der Liquidation. Auch noch in dieser Phase besteht die Möglichkeit, dass Gewinne aus der Realisierung stiller Reserven erzielt werden oder dass mit Hilfe eines Insolvenzplans (vgl. § 1 InsO) die Gesellschaft erhalten und nach Aufhebung des Insolvenzverfahrens fortgesetzt wird.[1] Demzufolge dürfen dem Kommanditisten bei entsprechenden Anhaltspunkten auch im Insolvenzverfahren nach wie vor Verluste zugerechnet werden. Gegebenenfalls während des Insolvenzverfahrens erzielte Gewinne sind mit den noch nicht berücksichtigten Verlusten zu verrechnen.

1355

Wie bereits dargelegt, ist die Entstehung oder Erhöhung eines negativen Kapitalkontos indessen nach den allgemeinen Grundsätzen ausgeschlossen, wenn mit einem Ausgleich mit zukünftigen Gewinnanteilen nicht mehr zu rechnen ist.[2] Tritt dieser Fall ein, ist zugleich ein schon bestehendes negatives Kapitalkonto, das durch einkommensteuerrechtliche Verlustzurechnungen entstanden ist, gewinnerhöhend aufzulösen. Es entsteht in Höhe des Auflösungsbetrages ein steuerpflichtiger Gewinn beim Kommanditisten, der nach §§ 16 Abs. 1 Nr. 2, 34, 52 Abs. 33 Satz 3 EStG **tarifbegünstigt** sein kann, wenn er im Zuge der Liquidation anfällt. In gleicher Höhe ist dem persönlich haftenden Gesellschafter oder auch einem anderen Kommanditisten, der ein positives Ka-

1356

---

1 Vgl. BFH v. 22. 1. 1985 – VIII R 43/84, BStBl II 1986, 136.
2 Vgl. für die Finanzverwaltung umfassend OFD München/Nürnberg v. 7. 5. 2004 – S 2241 – 26 St 41/42, FR 2004, 731, NWB DokID: FAAAB-22500; OFD Koblenz v. 15. 1. 2007 – S 2241a A-St 31 1; OFD Frankfurt v. 4. 4. 2007 – S 2241a A-11-St 213 (u. a. zu den Besonderheiten der Schätzung von Besteuerungsgrundlagen, soweit der Insolvenzverwalter seiner Verpflichtung zur Aufstellung entsprechender Bilanzen für die KG nicht nachkommt, der Bürgschaftsübernahme durch Kommanditisten, der eigenkapitalersetzenden Darlehen, der Gewinnermittlung bei vorzeitiger Nachversteuerung des negativen Kapitalkontos etc.). Aus der Rspr. vgl. z. B. BFH v. 26. 9. 1996 – IV R 105/94 (ertragswirksame Auflösung des negativen Kapitalkontos eines Kommanditisten), BFH v. 5. 6. 2003 – IV R 36/02 (Schätzung von Sonderbetriebsausgaben) sowie BFH v. 16. 10. 2008 – IV R 98/06 (Kapitalkonten bei PersG). Zur Literatur s. Ley, KÖSDI 2004, 14374 ff.; Frystatzki, EStB 2004, 215 ff.; Schmittmann, ZInsO 2005, 1314 ff.; Paus, INF 2005, 28 ff.; Ley, KÖSDI 2005, 14815 ff.; Röhrig/Doege, DStR 2006, 489 ff.; Kiethe, DStR 2006, 1763 ff.; Pflüger, GStB 2/2007, 43 ff.; Meyer/Verfürth, BB 2007, 862 ff.; Demuth, KÖSDI 2008, 16177 ff.

pitalkonto hat oder der zwar ein negatives Kapitalkonto hat, bei dem aber die Voraussetzungen für dessen Wegfall nicht vorliegen, ein Verlustanteil zuzurechnen (§ 52 Abs. 33 Satz 4 EStG).

1357 Dieser **Nachversteuerungsgewinn** ist kein „echter" Gewinn, denn es wird nicht ein tatsächlich eingetretener Vermögenszugang der Besteuerung unterworfen. Stattdessen wird ein Ausgleich dafür geschaffen, dass dem Kommanditisten in der Vergangenheit Verluste zugerechnet wurden, obwohl sich sein gegenwärtiges Vermögen nicht gemindert hatte.[1] Deshalb entsteht kein zu versteuernder Gewinn, soweit sich die Verluste, aus dem sich das Kapitalkonto gebildet hat, beim Gesellschafter nicht ausgewirkt haben und sich wegen der Beendigung der Gesellschaft in der Zukunft auch nicht mehr auswirken können.[2] In diesem Zusammenhang zu beachten ist § 15a Abs. 2 EStG, der eine Verrechnung von Verlusten nur mit „seiner Beteiligung an der Kommanditgesellschaft" zulässt. Daraus folgt, dass die nach § 15a Abs. 4 EStG gesondert festgestellten verrechenbaren Verluste verfallen, wenn die Gesellschaft im Rahmen des Insolvenzverfahrens beendet wird, weil sie nicht mehr mit dem zukünftigen Gewinn derselben Gesellschaft ausgeglichen werden können. Mangels steuerlicher Auswirkung entsteht mit dem Wegfall des negativen Kapitalkontos insoweit auch kein steuerpflichtiger Gewinn bei dem Kommanditisten.

1358 Die **Abgrenzung von Eigen- und Fremdkapital** ist für den Anwendungsbereich des § 15a EStG und die Rechtsbeziehungen zwischen der Personengesellschaft und den Gesellschaftern von zentraler Bedeutung.[3] In der Besteuerungs- und Veranlagungspraxis sind mitunter unzutreffende Behandlungen über Jahre festzustellen. Die OFD Hannover hat in der Verfügung v. 7.2.2008 eine Zusammenstellung mit Blick auf § 15a EStG veröffentlicht:

„Der BFH hat mit Urteil vom 14.5.1991, VIII R 31/88 (BStBl 1992 II S. 167) entschieden, dass bei der Ermittlung des Kapitalkontos i. S. des § 15a EStG das – positive und negative – Sonderbetriebsvermögen außer Betracht zu lassen ist. Nach dem Urteil ist für die Anwendung des § 15a EStG das Kapitalkonto nach der Steuerbilanz der KG unter Berücksichtigung etwaiger Ergänzungsbilanzen maßgebend. Die zum Sonderbetriebsvermögen I der Gesellschafter gehörenden Darlehensforderungen gegen die Gesellschaft sind deshalb nicht in das Kapitalkonto i. S. von § 15a EStG einzubeziehen; sie sind damit auch nicht geeignet, das Entste-

---

[1] BFH v. 21.10.1997 – VIII R 65/96, BStBl II 1998, 437; v. 25.1.1996 – IV R 91/94, BStBl II 1996, 289; v. 10.12.1991 – VIII R 17/87, BStBl II 1992, 650.
[2] Vgl. Frotscher, Besteuerung in der Insolvenz, 88.
[3] Vgl. Röhrig/Doege, DStR 2006, 489 ff.

hen eines negativen Kapitalkontos der Kommanditisten aufgrund der ihnen zuzurechnenden Anteile am Verlust der KG zu verhindern (vgl. dazu u. a. BFH-Urteil vom 13. 10. 1998, VIII R 78/97, BStBl 1999 II S. 163).

Es ist jedoch zu beachten, dass das Kapitalkonto sich bei einer KG aus mehreren Konten mit verschiedenen Bezeichnungen zusammensetzen und dazu auch ein „Darlehenskonto" gehören kann. Damit ist die Frage der zutreffenden Abgrenzung von Kapitalkonten (i. S. des § 15a EStG) und Darlehenskonten (des Gesellschafters) von entscheidender Bedeutung für die Berechnung der ausgleichsfähigen Verluste.

Ein Kapitalkonto i. S. des § 15a EStG liegt jedenfalls immer dann vor, wenn auf diesem Verlustanteile des Gesellschafters verbucht werden. In diesem Fall werden „stehen gelassene" Gewinne wie eine Einlage behandelt und spätere Verluste mindern den Kapitalanteil des Kommanditisten und nicht eine Forderung gegen die Gesellschaft (vgl. BFH-Urteil vom 28. 3. 2000, VIII R 28/98, BStBl 2000 II S. 347). Entscheidend ist, ob das Konto durch Teilhabe an Verlusten der Gesellschaft der gesamthänderischen Bindung unterliegt (BFH-Urteil vom 7. 4. 2005, IV R 24/03, BStBl 2005 II S. 598). Mit dem Begriff des Darlehens ist eine Verlustbeteiligung des Gläubigers grundsätzlich unvereinbar (vgl. BFH-Urteil vom 27. 6. 1996, IV R 80/95, BStBl 1997 II S. 36).

Bestehen Zweifel an der Verlustbuchung, ist anhand der sonstigen Umstände des Falls die Abgrenzung eines Kapitalkontos von einem Darlehenskonto vorzunehmen (vgl. BMF-Schreiben vom 30. 5. 1997, IV B 2 – S 2241a – 51/93 II, BStBl 1997 I S. 627 ; Anh. 29 II EStH 2006). Hierzu können folgende Kriterien herangezogen werden (beispielhafte Aufzählung):

TAB.	
Kapitalkonto	*Darlehenskonto*
Guthaben auf dem Konto kann durch Verbuchung von Verlusten entzogen werden.	Guthaben auf dem Konto kann nur nach den Regelungen der §§ 362–397 BGB (= Regelungen über Schuldverhältnisse) untergehen.
Im Rahmen des Jahresabschlusses sind die Darlehenskonten mit den (Verlustverrechnungs-)Kapitalkonten zu saldieren.	Der Gesellschafter hat Anspruch auf die Forderung und sie kann im Liquidationsfall angefordert oder im Insolvenzfall angemeldet werden.

Gewinne werden zusammen mit Verlusten auf einem separaten Konto gutgeschrieben oder sind im Grundsatz nicht entnahmefähig.	Gewinne werden nach Erbringung der Hafteinlage einem separaten Konto gutgeschrieben (§ 169 HGB) und stehen im Grundsatz zur Auszahlung bzw. Entnahme – ggf. mit Einschränkungen – zur Verfügung.
Das Konto wird bei Ermittlung des Abfindungsguthabens im Fall des Ausscheidens des Gesellschafters bzw. Liquidation der Gesellschaft einbezogen.	
Das Guthaben erhöht den Gewinnanteil des Gesellschafters bzw. verschafft zusätzliche Stimm- und Mitwirkungsrechte.	
Es besteht eine „thesaurierende" Entnahmebeschränkung (vgl. § 122 Abs. 1 HGB).	Die Kündigungsregelung für das Darlehen liegt lediglich im Interesse der Liquidationserhaltung nach dem Vorbild der §§ 609 f. BGB.
Die Verzinsung mindert sich oder entfällt bei einem nicht ausreichenden Gewinn der Gesellschaft (vgl. § 121 Abs. 1 Satz 2 HGB).	Die Verzinsung ist unabhängig vom Gewinn oder Verlust der Gesellschaft.
Das Guthaben steht der Gesellschaft für die Dauer der Beteiligung zur Verfügung (auch kurzfristig z. B. bei einem Liquidationsengpass).	Bezüglich des Guthabens bestehen zwar keine gesonderten Abmachungen über Zinsen, Fälligkeit und Absicherung, das Kontenguthaben ist aber im Grundsatz jederzeit entnahmefähig.

Die Abgrenzung zwischen Kapitalkonto (i. S. des § 15a EStG) und Darlehenskonto (des Gesellschafters) ist anhand des Gesellschaftsvertrags durchzuführen. Ausschlaggebend ist die zivilrechtliche Rechtsnatur des jeweiligen Kontos. Auf die Bezeichnung des Kontos im Gesellschaftsvertrag bzw. in der Bilanz (z. B. Darlehenskonto, Privatkonto etc.) kommt es dagegen nicht an. Auch die Verbuchung der Geschäftsvorfälle ist regelmäßig unbeachtlich. Es ist darauf zu achten, dass für eine Änderung der Kapitalkontenstruktur stets eine Änderung des Gesellschaftsvertrags erforderlich ist, die in der Praxis oft schriftlich zu erfolgen hat.

Werden Buchungen abweichend vom Gesellschaftsvertrag vorgenommen, muss entweder der Gesellschaftsvertrag geändert worden sein oder es muss eine Fehl-

buchung vorliegen. Eine jahrelang vom Gesellschaftsvertrag abweichende Buchung kann nur in absoluten Ausnahmefällen als Änderung des Gesellschaftsvertrags angesehen werden.

In der gesellschaftsvertraglichen Praxis sind oftmals folgende Kontenmodelle vorzufinden:

a) Zweikontenmodell

TAB.	
Konto I	Festes Kapitalkonto (= Hafteinlage), von dem die Beteiligung am Jahresergebnis und am Liquidationserlös sowie die Stimmrechte abhängen.
Konto II	Konto, dem entnahmefähige und/oder nicht entnahmefähige Gewinnanteile, Zinsen und evtl. Tätigkeitsvergütungen „zugebucht" und von dem Verlustanteile und Entnahmen „abgebucht" werden.
Folge:	Beide Konten sind als Kapitalkonto i. S. des § 15a EStG zu betrachten und damit in das Verlustausgleichsvolumen einzubeziehen.

b) Dreikontenmodell

TAB.	
Konto I	Festes Kapitalkonto (= Hafteinlage), von dem die Beteiligung am Jahresergebnis und am Liquidationserlös sowie die Stimmrechte abhängen.
Konto II	Konto, dem nicht entnahmefähige Gewinnanteile „zugebucht" und von dem Verlustanteile „abgebucht" werden.
Konto III	Konto, dem entnahmefähige Gewinnanteile, Zinsen und evtl. Tätigkeitsvergütungen zugeschrieben und von dem Entnahmen abgebucht werden.
Folge:	Konto I und II sind als Einlage- bzw. Beteiligungskonten zu betrachten und damit in das Verlustausgleichsvolumen i. S. des § 15a EStG einzubeziehen. Konto III ist als echtes Darlehenskonto zu betrachten, weil sein Guthaben vom Gesellschafter jederzeit entnommen oder es im Einzelfall wie ein Darlehen gekündigt werden kann. Dieses Konto ist mit umgekehrten Vorzeichen auch in der Sonderbilanz des Gesellschafters auszuweisen.

c) Vierkontenmodell

TAB.	
Konto I	Festes Kapitalkonto (= Hafteinlage), von dem die Beteiligung am Jahresergebnis und am Liquidationserlös sowie die Stimmrechte abhängen.
Konto II	Konto, dem nicht entnahmefähige Gewinnanteile „zugebucht" werden.
Konto III	Konto, dem entnahmefähige Gewinnanteile, Zinsen und evtl. Tätigkeitsvergütungen zugeschrieben und von dem Entnahmen abgebucht werden.
Konto IV	Verlustvortragskonto
Folge:	Regelmäßig bilden die Konten I, II und IV die Bemessungsgrundlage für das Verlustausgleichsvolumen nach § 15a Abs. 1 Satz 1 EStG. Ausnahmsweise ist das Kapitalkonto II ein Darlehenskonto, falls nach dem Gesellschaftsvertrag ▶ das Kapitalkonto II kein gesamthänderisch gebundenes Rücklagenkonto bzw. Kapitalrücklage darstellt und ▶ die Verrechnung des Guthabens auf dem Kapitalkonto II mit Verlusten selbst im Liquidationsfall bzw. beim Ausscheiden aus der Gesellschaft ausgeschlossen ist. Konto III ist als echtes Darlehenskonto zu betrachten, weil sein Guthaben vom Gesellschafter jederzeit abgerufen oder es im Einzelfall wie ein Darlehen gekündigt werden kann. Dieses Konto ist daher mit umgekehrten Vorzeichen auch in der Sonderbilanz des Gesellschafters auszuweisen."

1359 Ein gutes Verständnis der unterschiedlichen gesellschaftsvertraglichen Ausgestaltungen ermöglicht auch das BFH-Urteil v. 16.10.2008.[1] Die Entscheidung enthält eine umfangreiche Darstellung der möglichen Kapitalkonten bei Personengesellschaften im Kontext des § 15a EStG. Im Streitfall hat der BFH ein sog. Vier-Konten-Modell zu beurteilen. Leistet der Kommanditist zusätzlich zu der im Handelsregister eingetragenen, nicht voll eingezahlten Hafteinlage eine weitere Bareinlage, so kann er nach Ansicht des BFH im Wege einer negativen Tilgungsbestimmung die Rechtsfolge herbeiführen, dass die Einlage nicht mit der eingetragenen Haftsumme zu verrechnen ist, sondern im Um-

---

[1] IV R 98/06 mit umfangreichen weiteren Nachweisen.

fang ihres Wertes die Entstehung oder Erhöhung eines negativen Kapitalkontos verhindert und auf diese Weise nach § 15a Abs. 1 Satz 1 EStG zur Ausgleichs- und Abzugsfähigkeit von Verlusten führt. Wird das im Rahmen eines Vier-Konten-Modells eingerichtete „Darlehenskonto" eines Gesellschafters infolge von gesellschaftsvertraglich nicht vorgesehenen Auszahlungen negativ, so weist das nunmehr aktivische „Darlehenskonto" eine Forderung der Gesellschaft gegenüber dem Gesellschafter aus mit der Folge, dass es in die Ermittlung des Kapitalkontos des Kommanditisten nach § 15a Abs. 1 EStG nicht einzubeziehen ist.

Eine wichtige Hilfestellung zum (Eigen-)Kapitalausweis bei Personengesellschaften liefert weiterhin die IDW-Stellungnahme zur Rechnungslegung v. 27. 6. 2008:

1360

„ ... *4.2. Zur Gliederung der Bilanz*

4.2.1. Ausweis des Eigenkapitals und des Ergebnisses

4.2.1.1. Ausweis der Kapitalanteile

(31) Nach der gesetzlichen Regelung hat jeder Gesellschafter einer Personenhandelsgesellschaft nur einen einzigen Kapitalanteil. Dieser ist variabel; seine Höhe ändert sich durch Einlagen und Entnahmen sowie durch Gewinn- und Verlustanteile (§ 120 Abs. 2 HGB). Dem Kapitalanteil eines Kommanditisten wird der Gewinn jedoch nur so lange gutgeschrieben, bis der Kapitalanteil den Betrag der bedungenen Einlage erreicht (§ 167 Abs. 2 HGB).

(32) Die Kapitalanteile der Gesellschafter einer offenen Handelsgesellschaft, die nicht unter § 264a HGB fällt, können in der Bilanz zu einem Posten zusammengefasst werden. Dabei ist es zulässig, positive und negative Kapitalanteile (erkennbar oder nicht erkennbar) zu saldieren. Wird von dieser Saldierungsmöglichkeit kein Gebrauch gemacht oder übersteigen die Verluste das Kapital, so sind die Verluste auf der Aktivseite der Bilanz als solche auszuweisen. Bei Kommanditgesellschaften, für die § 264c HGB nicht gilt, können die Kapitalanteile der persönlich haftenden Gesellschafter und die Kapitalanteile der Kommanditisten zu jeweils einem Posten mit entsprechender Bezeichnung zusammengefasst werden.

(33) Personenhandelsgesellschaften i. S. d. § 264a HGB haben die Vorschrift des § 264c Abs. 2 HGB zu beachten. § 264c Abs. 2 Satz 3 HGB sieht vor, dass der auf den Kapitalanteil eines persönlich haftenden Gesellschafters entfallende Verlust von dem Kapitalanteil abzuschreiben ist. Diese Regelung gilt für Kommanditisten entsprechend (§ 264c Abs. 2 Satz 6 HGB). Eine Saldierung negativer Kapitalkonten einzelner Gesellschafter mit positiven Kapitalkonten anderer Gesellschafter,

auch in der gleichen Gesellschaftergruppe, würde diesen Regelungen zuwiderlaufen. Innerhalb der genannten Gesellschaftergruppen ist jeweils eine Zusammenfassung der einzelnen Aktivposten und der einzelnen Passivposten zulässig. So dürfen nicht durch Vermögenseinlagen gedeckte Verlustanteile verschiedener persönlich haftender Gesellschafter oder Kommanditisten auf der Aktivseite in je einem Posten zusammengefasst werden.

4.2.1.2. Ausweis ausstehender Einlagen

(34) Ausstehende Pflichteinlagen (bedungene Einlagen) von Gesellschaftern sind auf der Aktivseite der Bilanz als solche auszuweisen oder auf der Passivseite offen von den Kapitalanteilen abzusetzen. Eingeforderte Beträge sind kenntlich zu machen.

4.2.1.3. Ausweis von Rücklagen

(35) Werden aufgrund des Gesellschaftsvertrages oder durch Mehrheitsbeschluss Rücklagen gebildet, sind diese als Teil des Eigenkapitals gesondert auszuweisen. Eine Aufteilung in Kapitalrücklagen und Gewinnrücklagen ist nicht erforderlich und auch für Personenhandelsgesellschaften, die die besonderen Bestimmungen des § 264c HGB zu beachten haben, nicht gesetzlich vorgeschrieben. Gesellschafterkonten, die Fremdkapitalcharakter haben, dürfen nicht als Rücklagen ausgewiesen werden.

4.2.1.4. Ausweis des Jahresergebnisses

4.2.1.4.1. Gewinnanteile

(36) Ohne abweichende gesellschaftsvertragliche Vereinbarung sind zum Abschlussstichtag die Gewinnanteile persönlich haftender Gesellschafter deren Kapitalanteilen zuzuschreiben. Zum Ausweis eines Jahresüberschusses in der Bilanz kommt es in diesen Fällen nicht.

Dasselbe gilt für die Gewinnanteile der Kommanditisten, soweit der Kapitalanteil den Betrag der bedungenen Einlage nicht erreicht. Darüber hinausgehende Gewinnanteile sind dem sog. Privatkonto des Kommanditisten, das Fremdkapitalcharakter hat, zuzuschreiben.

(37) Haben die Gesellschafter vereinbart, den Jahresüberschuss ganz oder teilweise in die Disposition der Gesellschafterversammlung zu stellen, die über die Ergebnisverwendung anlässlich der Feststellung des Jahresabschlusses beschließt, ist ein Jahresüberschuss – oder bei teilweise ausstehender Verwendung des Jahresüberschusses durch die Gesellschafterversammlung ein Bilanzgewinn – auszuweisen. Von einer nur teilweisen Disposition der Gesellschafterversammlung über den Jahresüberschuss ist z. B. auszugehen, wenn bereits bei Aufstellung des

Jahresabschlusses bestimmte Rücklagen gebildet werden dürfen oder wenn die Gesellschafter, etwa für Zwecke von Steuervorauszahlungen, Vorabausschüttungen auf den Gewinn erhalten haben.

4.2.1.4.2. Verlustanteile

(38) Verluste sind von den Kapitalanteilen der Gesellschafter abzuschreiben (§§ 120 Abs. 2, 264c Abs. 2 Satz 3 und 6 HGB). Verluste führen – abgesehen von im Rahmen der Vertragsfreiheit möglichen abweichenden Vereinbarungen – nicht zu Forderungen der Gesellschaft gegen die Gesellschafter. Das gilt auch für die Verlustanteile persönlich haftender Gesellschafter (§ 105 Abs. 2 HGB i. V. m. § 707 BGB). Die Frage, ob Verluste zu einer Forderung der Gesellschaft führen, ist unabhängig davon zu beantworten, dass die persönlich haftenden Gesellschafter für einen etwaigen durch den Verlust entstandenen Überschuss der Passiva über die Aktiva gegenüber den Gläubigern der Gesellschaft haften.

(39) Übersteigen Verluste die Kapitalanteile, haben Personenhandelsgesellschaften i. S. d. § 264a HGB die besonderen Bestimmungen des § 264c Abs. 2 Sätze 3 bis 6 HGB zu beachten. Danach sind die den Kapitalanteil übersteigenden Verluste als nicht durch Vermögenseinlagen gedeckte Verlustanteile persönlich haftender Gesellschafter und/oder Kommanditisten am Schluss der Bilanz auf der Aktivseite (§ 268 Abs. 3 HGB) getrennt auszuweisen. Diese Regelungen sind gegenüber § 264c Abs. 2 Satz 1 HGB Spezialvorschriften, sodass es in der Bilanz nicht zum Ausweis eines Jahresfehlbetrages oder eines Verlustvortrages kommt.

(40) Die Regelung, wonach der auf den Kapitalanteil eines Gesellschafters für das Geschäftsjahr entfallende Verlust von dem Kapitalanteil abzuschreiben ist, bedeutet, dass Verluste vorweg mit gesamthänderisch gebundenen Rücklagen zu verrechnen sind, sofern dem keine gesellschaftsvertraglichen Regelungen entgegenstehen. Nur der danach verbleibende Verlust entfällt auf die Kapitalanteile der Gesellschafter. ..."

Die bilanztechnische Zuordnung der laufenden Gewinne und Verluste bei Gesellschaftern einer Personengesellschaft sorgt häufig für Verständnisschwierigkeiten, die z. B. bei der Umwandlung von Fremd- in Eigenkapital relevant werden.[1]

1361

---

[1] Vgl. zum Forderungsverzicht der Gesellschafter einer Personengesellschaft Paus, INF 2005, 28 ff.; Ley, KÖSDI 2005, 14821 ff.; Demuth, KÖSDI 2008, 16184 ff.

II. Die Behandlung der einzelnen Steuerarten und Erhebungsformen

> **BEISPIEL 1:** [verfügbarer Gewinnanteil ↔ Forderung des Kdt.]
> Die A-GmbH & Co. KG wird zum 1.7.02 gegründet. Gesellschafter sind die A-GmbH (0%) als Kpl. sowie die B-GmbH & Co. KG (70%) und B (30%) als Kdt. Laut Gesellschaftsvertrag hat die B-GmbH & Co. KG eine Hafteinlage von 70 000 € und B von 30 000 € zu erbringen. Dieser Einlageverpflichtung kommen die Gesellschafter am 1.7.02 nach. In der Zeit vom 1.7.02 bis zum 31.12.02 erzielt die A-GmbH & Co. KG einen Gewinn i.H.v. 50 000 €. §§ 167, 169 HGB finden auf den Gewinnauszahlungsanspruch der Kdt. Anwendung. Vorabgewinne sind in 02 nicht zu berücksichtigen. Bilanztechnische Folgen für die A-GmbH & Co. KG und die B-GmbH & Co. KG?

PRAXISHINWEIS:

Folgen A-GmbH & Co. KG (1.7.02)

Finanzkonto 100 000 € an Kapital I B-GmbH & Co. KG 70 000 €
                                           Kapital I B 30 000 €

Folgen A-GmbH & Co. KG (31.12.02)

Saldo GuV 50 000 € an Verb. ggü. B-GmbH & Co. KG 35 000 €
                                Verb. ggü. B 15 000 €

Sonderbilanz B-GmbH & Co. KG (31.12.02) bei A-GmbH & Co. KG

Forderung 35 000 € an „Kapital" 35 000 €

Sonderbilanz B (31.12.02) bei A-GmbH & Co. KG

Forderung 15 000 € an „Kapital" 15 000 €

Folgen B-GmbH & Co. KG (1.7.02)

<u>HB</u> Beteiligung 70 000 € an Finanzkonto 70 000 €
(Bilanzierung mit den AK gem. §§ 246 Abs. 1, 247 Abs. 2, 253 Abs. 1, 255 Abs. 1, 271 Abs. 1 HGB)

<u>StB</u> Beteiligung 70 000 € an Finanzkonto 70 000 €
(Bilanzierung nach der Spiegelbildmethode, Kapital lt. GHB, Anteile ≠ WG)

Folgen B-GmbH & Co. KG (31.12.02)

<u>HB</u> Forderung 35 000 € an Beteiligungsertrag 35 000 €
(Gewinnrealisierung gem. § 252 Abs. 1 Nr. 4 HGB am 31.12.02)

<u>StB</u> Beteiligung 35 000 € an Beteiligungsertrag 35 000 €
(Bilanzierung nach der Spiegelbildmethode, Kapital lt. SB, Anteile ≠ WG)

A. Einkommensteuer

BEISPIEL 2: [kein verfügbarer Gewinnanteil ↔ Bildung von Rücklagen]

Die A-GmbH & Co. KG wird zum 1.7.02 gegründet. Gesellschafter sind die A-GmbH (0 %) als Kpl. sowie die B-GmbH & Co. KG (70 %) und B (30 %) als Kdt. Laut Gesellschaftsvertrag hat die B-GmbH & Co. KG eine Hafteinlage von 70 000 € und B von 30 000 € zu erbringen. Dieser Einlageverpflichtung kommen die Gesellschafter am 1.7.02 nach. In der Zeit vom 1.7.02 bis zum 31.12.02 erzielt die A-GmbH & Co. KG einen Gewinn i.H.v. 50 000 €. Der Gewinn soll lt. GV bis zu einem Betrag von 200 000 € einem gesamthänderischen Rücklagenkonto zur Eigenkapitalausstattung der Gesellschaft gutgeschrieben werden; sog. Auszahlungssperre. Ein Beschluss zur „Ausschüttung von Rücklagen" liegt bis zum 31.12.02 nicht vor. Vorabgewinne sind in 02 nicht zu berücksichtigen. Bilanztechnische Folgen für die A-GmbH & Co. KG und die B-GmbH & Co. KG?

PRAXISHINWEIS:

Folgen A-GmbH & Co. KG (1.7.02)

Finanzkonto 100 000 € an Kapital I B-GmbH & Co. KG 70 000 €
                            Kapital I B   30 000 €

Folgen A-GmbH & Co. KG (31.12.02)

Saldo GuV 50 000 € an gesamth. Rücklagenkonto 50 000 €

Folgen B-GmbH & Co. KG (1.7.02)

HB Beteiligung 70 000 € an Finanzkonto 70 000 €
(Bilanzierung mit den AK gem. §§ 246 Abs. 1, 247 Abs. 2, 253 Abs. 1, 255 Abs. 1, 271 Abs. 1 HGB)

StB Beteiligung 70 000 € an Finanzkonto 70 000 €
(Bilanzierung nach der Spiegelbildmethode, Kapital lt. GHB, Anteile ≠ WG)

Folgen B-GmbH & Co. KG (31.12.02)

HB ~~Forderung~~ ~~35 000 €~~ an ~~Beteiligungsertrag~~ ~~35 000 €~~
(kein verfügbarer Gewinn, kein Beteiligungsertrag i.S.d. § 252 Abs. 1 Nr. 4 HGB)

StB Beteiligung 35 000 € an Beteiligungsertrag 35 000 €
(Bilanzierung nach der Spiegelbildmethode, anteilige Rücklage lt. GHB)

II. Die Behandlung der einzelnen Steuerarten und Erhebungsformen

BEISPIEL 3: [Gewinnanteil ↔ Erfüllung Einlageverpflichtung]

Die A-GmbH & Co. KG wird zum 1.7.02 gegründet. Gesellschafter sind die A-GmbH (0 %) als Kpl. sowie die B-GmbH & Co. KG (70 %) und B (30 %) als Kdt. Laut Gesellschaftsvertrag hat die B-GmbH & Co. KG eine Hafteinlage von 70 000 € und B von 30 000 € zu erbringen. Dieser Einlageverpflichtung kommen die Gesellschafter am 1.7.02 nach. In der Zeit vom 1.7.02 bis zum 31.12.02 erzielt die A-GmbH & Co. KG einen Gewinn i.H.v. 50 000 €. Der Gewinn soll lt. GV bis zu einem Betrag vom 140 000 € dem Kapitalkonto II der B-GmbH & Co. KG und bis 60 000 € dem Kapitalkonto II des B als weitergehende Pflichteinlagen gutgeschrieben werden. Vorabgewinne sind in 02 nicht zu berücksichtigen. Bilanztechnische Folgen für die A-GmbH & Co. KG und die B-GmbH & Co. KG, wenn die Pflichteinlageverpflichtung bislang noch nicht passiviert wurde?

PRAXISHINWEIS:

Folgen A-GmbH & Co. KG (1.7.02)

Finanzkonto	100 000 €	an	Kapital I B-GmbH & Co. KG	70 000 €
			Kapital I B	30 000 €

Folgen A-GmbH & Co. KG (31.12.02)

Saldo GuV	50 000 €	an	Kapital II B-GmbH & Co. KG	35 000 €
			Kapital II B	15 000 €

Folgen B-GmbH & Co. KG (1.7.02)

HB Beteiligung 70 000 € an Finanzkonto 70 000 €

(Bilanzierung mit den AK gem. §§ 246 Abs. 1, 247 Abs. 2, 253 Abs. 1, 255 Abs. 1, 271 Abs. 1 HGB)

StB Beteiligung 70 000 € an Finanzkonto 70 000 €

(Bilanzierung nach der Spiegelbildmethode, Kapital lt. GHB, Anteile ≠ WG)

Folgen B-GmbH & Co. KG (31.12.02)

HB Forderung* 35 000 € an Beteiligungsertrag 35 000 €

Beteiligung 35 000 € an Forderung* 35 000 €

(*Beteiligungsertrag i. S. d. § 252 Abs. 1 Nr. 4 HGB; bislang noch kein Ausweis einer „Einlageverbindlichkeit" u. höherer Beteiligung, daher keine „Verrechnung")

StB Beteiligung 35 000 € an Beteiligungsertrag 35 000 €

(Bilanzierung nach der Spiegelbildmethode, Kapital lt. GHB, Anteile ≠ WG)

A. Einkommensteuer

BEISPIEL (4): [verfügbarer Gewinnanteil ↔ Gutschrift beim Kpl. / Forderung Kdt.]

Die A-GmbH & Co. KG wird zum 1.7.02 gegründet. Gesellschafter sind die B-GmbH & Co. KG (70 %) als Kpl. und B (30 %) als Kdt. Laut Gesellschaftsvertrag hat die B-GmbH & Co. KG eine Hafteinlage von 70 000 € und B von 30 000 € zu erbringen. Dieser Einlageverpflichtung kommen die Gesellschafter am 1.7.02 nach. In der Zeit vom 1.7.02 bis zum 31.12.02 erzielt die A-GmbH & Co. KG einen Gewinn i.H.v. 50 000 €. §§ 167, 169 HGB finden auf den Gewinnauszahlungsanspruch des Kdt. Anwendung. Vorabgewinne sind in 02 nicht zu berücksichtigen. Bilanztechnische Folgen für die A-GmbH & Co. KG und die B-GmbH & Co. KG?

PRAXISHINWEIS:

Folgen A-GmbH & Co. KG (1.7.02)

Finanzkonto   100 000 €   an   Kapital I B-GmbH & Co. KG   70 000 €
                                   Kapital I B   30 000 €

Folgen A-GmbH & Co. KG (31.12.02)

Saldo GuV   50 000 €   an   Kap. II B-GmbH & Co. KG   35 000 €
                               Verb. ggü. B   15 000 €

Sonderbilanz B-GmbH & Co. KG (31.12.02) bei A-GmbH & Co. KG

Keine Buchung, da keine „Forderung" gegenüber der A-GmbH & Co. KG.

Sonderbilanz B (31.12.02) bei A-GmbH & Co. KG

Forderung   15 000 €   an   „Kapital"   15 000 €

Folgen B-GmbH & Co. KG (1.7.02)

<u>HB</u> Beteiligung   70 000 €   an   Finanzkonto   70 000 €
(Bilanzierung mit den AK gem. §§ 246 Abs. 1, 247 Abs. 2, 253 Abs. 1, 255 Abs. 1, 271 Abs. 1 HGB)

<u>StB</u> Beteiligung   70 000 €   an   Finanzkonto   70 000 €
(Bilanzierung nach der Spiegelbildmethode, Kapital lt. GHB, Anteile ≠ WG)

Folgen B-GmbH & Co. KG (31.12.02)

<u>HB</u> Forderung   35 000 €   an   Beteiligungsertrag   35 000 €
(Gewinnrealisierung gem. § 252 Abs. 1 Nr. 4 HGB am 31.12.02)

<u>StB</u> Beteiligung   35 000 €   an   Beteiligungsertrag   35 000 €
(Bilanzierung nach der Spiegelbildmethode, Kapital lt. GHB, Anteile ≠ WG)

(Einstweilen frei) 1362–1370

c) Betriebsaufspaltung

1371 Von einer Betriebsaufspaltung spricht man, wenn

▶ ein Unternehmen (Besitzunternehmen) mindestens eine wesentliche Betriebsgrundlage an eine gewerblich tätige Personen- oder Kapitalgesellschaft (Betriebsunternehmen) zur Nutzung überlässt (**sachliche Verflechtung**) und

▶ eine Person bzw. eine Personengruppe sowohl das Besitz- als auch das Betriebsunternehmen so beherrscht, dass sie in der Lage ist, in beiden Unternehmen einen einheitlichen geschäftlichen Betätigungswillen durchzusetzen (**personelle Verflechtung**).

1372 Das Besitz- und das Betriebsunternehmen sind zwei zivil- und steuerrechtlich selbständige Unternehmen. Wegen seiner engen wirtschaftlichen Verflechtung mit dem Betriebsunternehmen wird die Tätigkeit des Besitzunternehmens steuerrechtlich allerdings als gewerblich eingestuft, obwohl sie der Sache nach eine private Vermögensverwaltung darstellt.

1373 Im Rahmen des Insolvenzverfahrens wirft vorrangig das Merkmal der **personellen Verflechtung** Probleme auf. Die Situation ist vergleichbar mit den Auswirkungen der Insolvenzeröffnung bei der umsatzsteuerlichen Organschaft (vgl. Rdnr. 1931).[1] Wird über das Betriebsvermögen der Betriebsgesellschaft – meist eine GmbH, möglich aber auch eine Mitunternehmerschaft – das Insolvenzverfahren eröffnet, erlangt der Insolvenzverwalter die alleinige Verwaltungs- und Verfügungsbefugnis (§ 80 InsO). Dieser hat im Rahmen seiner Befugnisse vornehmlich die Interessen der Gläubiger zu vertreten. Da der Insolvenzverwalter weder Gesellschaftsorgan noch Vertreter eines solchen, vielmehr Träger eines eigenen Amtes ist, unterliegt er nicht der Kontrolle durch die gesellschaftlichen Aufsichtsorgane und nicht gesellschaftlichen Genehmigungserfordernissen. Damit endet die personelle Verflechtung, weil die Inhaber des Besitzunternehmens ihren Willen im Betriebsunternehmen fortan nicht mehr durchsetzen können.[2] Das führt i. d. R. zur Betriebsaufgabe des Besitzunternehmens (§ 16 Abs. 3 Satz 1 EStG) und damit zur Versteuerung der in den Wirtschaftsgütern des Betriebsvermögens enthaltenen stillen Reserven. Das bisherige Betriebsvermögen wird, soweit es sich noch im Eigentum des

---

1 S. FG Köln v. 20. 2. 2008 – 7 K 3972/02 zum Verhältnis Betriebsaufspaltung ↔ umsatzsteuerliche Organschaft.

2 Vgl. BFH v. 5. 6. 2008 – IV R 76/05 zur Testamentsvollstreckung mit interessanten Ausführungen in den Entscheidungsgründen zu den Folgen bei Eröffnung des Insolvenzverfahrens über das Vermögen der Betriebsgesellschaft; s. zudem Strahl, KÖSDI 2008, 16027 ff.; Bauschatz, in: Festschrift für Klaus Korn, 801 ff.

Besitzunternehmers befindet, aus rechtlichen Gründen zu Privatvermögen. Dies kann vermieden werden, wenn das Betriebsvermögen des Besitzunternehmens vor Insolvenzeröffnung z. B. in eine gewerbliche GmbH & Co. KG zu Buchwerten (§ 24 UmwStG) eingebracht wird. Auch ein früheres Verpächterwahlrecht lebt nach Beendigung einer Betriebsaufspaltung wieder auf.[1] Mitunter kommt auch eine eigengewerbliche Tätigkeit des Besitzunternehmens in Betracht, das überlassene Grundstück könnte dann als sog. gewillkürtes Betriebsvermögen weiterhin auszuweisen sein. Im entsprechenden Einzelfall ist auch die Anwendung des § 6 Abs. 5 EStG („zwingende Buchwertfortführung") zu prüfen. Überlässt eine vermögensverwaltende Personengesellschaft Wirtschaftsgüter im Rahmen einer mitunternehmerischen Betriebsaufspaltung, werden diese für die Dauer der Betriebsaufspaltung als Betriebsvermögen der Besitzgesellschaft behandelt. Sofern gleichzeitig die Voraussetzungen für Sonderbetriebsvermögen bei der Betriebspersonengesellschaft erfüllt sind, tritt diese Eigenschaft mit Ende der Betriebsaufspaltung durch Wegfall der personellen Verflechtung wieder in Erscheinung.[2]

Die Rechtsfolge einer **Betriebsaufgabe** in Fällen der Insolvenzeröffnung über das Vermögen der Betriebsgesellschaft ist nach Auffassung des BFH allerdings nicht zwingend, wenn die personelle Verflechtung unverändert wieder auflebt, nachdem das laufende Insolvenzverfahren aufgehoben oder eingestellt und die Fortsetzung der Gesellschaft beschlossen wird. Dann treten die Rechtsfolgen der (lediglich unterbrochenen) Betriebsaufspaltung erneut ein mit der Folge, dass die Erfassung der stillen Reserven des Besitzunternehmens gewährleistet bleibt.[3] Die aufgezeigten Grundsätze sollen gleichermaßen gelten, wenn das Insolvenzverfahren über das Besitzunternehmen eröffnet wird.[4] 1374

Wird nur die **vorläufige Insolvenzverwaltung** angeordnet, hängt die Frage des Fortbestandes der personellen Verflechtung vom Umfang der Verfügungsbefugnis des vorläufigen Insolvenzverwalters ab. Dieser Umfang ergibt sich aus dem Beschluss des Insolvenzgerichts über dessen Bestellung (§ 23 Abs. 1 InsO). Geht die Verfügungsbefugnis auf den Verwalter über (§ 22 Abs. 1 InsO), endet die Betriebsaufspaltung regelmäßig im Zeitpunkt der Bestellung. Bestimmt das Insolvenzgericht die Pflichten des Verwalters (§ 22 Abs. 2 InsO), ist 1375

---

1 Zur Verpachtung eines Grundstücks des Sonderbetriebsvermögens als Gegenstand einer Betriebsverpachtung vgl. BFH v. 6.11.2008 – IV R 51/07, DStR 2009, 313 ff.
2 BFH v. 30.8.2007 – IV R 50/05, DStR 2007, 2201.
3 BFH v. 6.3.1997 – XI R 2/96, BStBl II 1997, 460; v. 1.10.1996 – VIII R 44/95, BStBl II 1997, 530; v. 23.4.1996 – VIII R 13/95, BStBl II 1998, 325.
4 Fichtelmann, EStB 2004, 75.

im Einzelfall zu prüfen, inwieweit der einheitliche geschäftliche Betätigungswille noch ausgeübt werden kann.

1376 Ist über das Vermögen **beider** Unternehmen das Insolvenzverfahren eröffnet worden, so könnte darauf abzustellen sein, ob für beide derselbe Insolvenzverwalter bestellt worden ist. Ist das der Fall, besteht die personelle Verflechtung und damit – soweit die sachliche Verflechtung erhalten bleibt – die Betriebsaufspaltung bis auf weiteres fort, wenn der Insolvenzverwalter einen einheitlichen geschäftlichen Betätigungswillen verfolgt. Dies dürfte regelmäßig zu verneinen sein, da er die Interessen der jeweiligen Gläubiger zu wahren hat.[1]

1377 Unbeschadet der personellen Verflechtung durch denselben Insolvenzverwalter, erlischt die Betriebsaufspaltung aber jedenfalls dann, wenn die Unternehmen im Rahmen des Insolvenzverfahrens aufgelöst werden. Weil die wesentlichen Betriebsgrundlagen nicht mehr überlassen werden, fehlt es nunmehr schon an der sachlichen Verflechtung. Die Verwertung des Betriebsvermögens durch den Insolvenzverwalter führt wegen der Aufdeckung stiller Reserven regelmäßig zu einem Veräußerungsgewinn. Die steuer- und insolvenzrechtliche Behandlung der daraus resultierenden Einkommensteuer – insbesondere ihre Zuordnung zu den insolvenzrechtlichen Vermögensansprüchen nach den §§ 38 und 53 InsO – ist davon abhängig, in welcher Rechtsform die Unternehmen betrieben worden sind. Zur Zuordnung im Rahmen der Sonderinsolvenz der Personengesellschaft s. Rdnr. 1501 ff., zur Kapitalgesellschaft s. Rdnr. 1633.

1378 Überlässt eine natürliche Person als Gesellschafterin aufgrund des Gesellschaftsverhältnisses der Betriebskapitalgesellschaft Wirtschaftsgüter **unentgeltlich** zur Nutzung, so fließen ihr aus der Überlassung keine Einnahmen zu. Bei der (Kapital-)Gesellschaft ist insoweit keine verdeckte Einlage[2] zu berücksichtigen, da die Nutzungsüberlassung selbst keinen einlagefähigen Vermögensvorteil darstellt. Nach Ansicht der Finanzverwaltung[3] sind in diesem Fall nicht nur die Aufwendungen zum Erwerb der Beteiligung, sondern alle Aufwendungen (Abschreibungen, Finanzierungskosten, laufende Kosten) für

---

[1] Fichtelmann, EStB 2004, 75. Ausführlich dazu Bauschatz, in: FS für Klaus Korn, 801; zur Sichtweise bei der umsatzsteuerlichen Organschaft vgl. Rdnr. 1939.

[2] R 40 KStR.

[3] SenFin Bremen v. 23. 7. 2004 – S 2240 – 4182 – 110, StuB 2005, 416; vgl. auch FinMin Brandenburg, Schreiben v. 27. 11. 2006 (35 – S 2750a – 1/05), wonach auf Teilwertabschreibungen eigenkapitalersetzender Darlehen bei Kapitalgesellschaften § 8b Abs. 3 Satz 3 KStG Anwendung finden soll. Diese Rechtsauffassung vermag ich nunmehr auch OFD Münster, Kurzinformation v. 20. 10. 2009 zur Anwendung des BFH-Urteils v. 14. 1. 2009 – I R 52/08. Das JStG 2008 sieht allerdings ein Abzugsverbot vor, wenn der Gesellschafter zu mehr als 25 % an der Gesellschaft beteiligt ist (§ 8b Abs. 3 Satz 4 ff. KStG n. F.).

das unentgeltlich überlassene Wirtschaftsgut im Besitzunternehmen nur zur Hälfte zum Abzug zugelassen (§ 3c Abs. 2 EStG i.V.m. §§ 20 Abs. 1 Nr. 1, 20 Abs. 3, 15 Abs. 1 Nr. 1, 3 Nr. 40d EStG). In gesellschaftsrechtlicher Hinsicht ist zu beachten, ob eine eigenkapitalersetzende Nutzungsüberlassung (vor dem Wegfall durch das MoMiG) oder ein Anwendungsfall des § 135 Abs. 3 InsO vorliegt.[1]

d) Sanierungsgewinn und Forderungsverzicht

Das Insolvenzverfahren dient der gemeinschaftlichen Befriedigung aller Gläubiger durch Verwertung des Schuldnervermögens (§ 1 Satz 1, 1. Halbsatz InsO). Im Gegensatz zum alten Recht steht die Zerschlagung des Unternehmens jedoch nicht mehr im Vordergrund. Stattdessen können in einem Insolvenzplan (s. dazu im Einzelnen Rdnr. 1051) neben der Liquidation Regelungen zum Erhalt des Unternehmens durch Übertragung oder Sanierung getroffen werden (§ 1 Satz 1, 2. Halbsatz InsO). 1379

Entscheiden sich die Gläubiger für eine Sanierung und Fortführung des Unternehmens, werden im Regelfall die Insolvenzforderungen ermäßigt. Die Ermäßigung oder gar der Verzicht auf eine Forderung zum Zwecke der Sanierung führt allerdings in entsprechender Höhe zu einer Mehrung des Betriebsvermögens des insolvenzbefangenen Unternehmens und damit zu Gewinn. Dieser sog. **Sanierungsgewinn** war unter bestimmten Voraussetzungen[2] für Wirtschaftsjahre, die **vor dem 1. 1. 1998** enden (§ 52 Abs. 2i EStG a. F.), nach § 3 Nr. 66 EStG steuerfrei. Die **Steuerfreiheit** des Sanierungsgewinns bewirkte, dass vorhandene Verlustvorträge nach § 10d EStG oder § 10a GewStG nicht gekürzt werden, so dass künftige Gewinne des Unternehmens/Unternehmers mit Verlustvorträgen verrechnet werden können. 1380

Der **Sanierungsgewinn** ist für Wirtschaftsjahre, die nach dem 1. 1. 1998 enden, in vollem Umfang **steuerpflichtig** und zieht nach Ausschöpfung von Verlustabzügen weitere Steuerforderungen der FinVerw und der Gemeinden nach sich, vgl. ausführlich zur Problematik Rdnr. 1021 ff. Grund für diese Gesetzesänderung war die Ausweitung des Verlustabzuges nach § 10d EStG. Die Steuerbefreiung war gerechtfertigt, solange der Verlustabzug zeitlich begrenzt war. Sie sollte ursprünglich einen Ausgleich für die Fälle schaffen, in denen Verluste wegen der zeitlichen Beschränkung des Abzugs unberücksichtigt blieben. Mit 1381

---

1 Vgl. Uhländer, BB 2005, 70 zur Rechtslage vor dem MoMiG.
2 Siehe im Einzelnen BFH v. 27. 1. 1998 – VIII R 64/96, BStBl II 1998, 537; v. 16. 5. 2002 – IV R 11/01, BStBl II 2002, 854; v. 10. 4. 2003 – IV R 63/01, BStBl II 2004, 9.

der Möglichkeit des zeitlich unbeschränkten Verlustvortrags war der Zweck der Steuerbefreiung entfallen. Eine korrekte Totalbesteuerung ist durch Verlustausgleich und Verlustabzug gesichert. Im Übrigen führte eine Beibehaltung der Steuerfreiheit bei gleichzeitiger Ausgleichs- und Abzugsfähigkeit der Verluste, die zu der Insolvenz geführt haben, zu einer mit dem Leistungsfähigkeitsprinzip formal nicht zu vereinbarenden Doppelbegünstigung.[1] Ausschließlich insolvenzrechtlich betrachtet wird die wirtschaftliche Lage des Unternehmens durch die zusätzliche Steuerbelastung allerdings eher geschwächt und das Sanierungsziel gefährdet.[2]

1382 Wegen dieses „Zielkonflikts"[3] hat der Bundesminister für Finanzen[4] die Steuerbefreiung nunmehr für alle noch offenen Fälle wiederhergestellt, für die § 3 Nr. 66 EStG galt, und die Regelung **faktisch (!) wieder in Kraft gesetzt**.[5] Die Erhebung der Steuer auf einen nach Verlustverrechnung verbleibenden Sanierungsgewinn bedeute für den Steuerpflichtigen aus sachlichen Billigkeitsgründen eine erhebliche Härte. Die entsprechende Steuer sei deshalb auf Antrag des Steuerpflichtigen nach § 163 AO abweichend festzusetzen und nach § 222 AO mit dem Ziel des späteren Erlasses (§ 227 AO) zu stunden. Eine Stundung oder ein Erlass aus persönlichen Gründen bleibt unberührt. (vgl. Rdnr. 1021 ff.)

e) Veräußerungs- und Betriebsaufgabegewinn

1383 Auch im Rahmen des Insolvenzverfahrens kommt eine Anwendung der §§ 16, 34 EStG in Betracht. Veräußert der Insolvenzverwalter einen Betrieb als letzten Akt der betrieblichen Tätigkeit oder gibt er ihn auf, können durch die Aufdeckung stiller Reserven außerordentliche Einkünfte als **Aufgabegewinn** nach

---

1 Kroschel/Wellisch, DStR 1998, 1661, 1662, m.w.N.; Kling, DStR 1998, 1813, 1817.

2 Vgl. Maus, Steuern im Insolvenzverfahren, 146; Frotscher, Besteuerung bei Insolvenz, 280; Farr, Die Besteuerung in der Insolvenz, 118.

3 Zur grundsätzlichen Kritik der Besteuerung von „Sanierungsgewinnen" und deren Behandlung durch die Finanzbehörden vgl. Strüber/von Donat, BB 2003, 2036 ff.; Janssen, DStR 2003, 1055 ff.; Düll/Fuhrmann/Eberhard, DStR 2003, 862 ff.; Janssen, BB 2005, 1026 ff.; Kahn/Adam, ZInsO 2008, 899 ff.; Kroninger/Korb, BB 2008, 2656; Geist, BB 2008, 2658 ff.; Gondert/Büttner, DStR 2008, 1676 ff.; Wagner, BB 2008, 2671; Thouet/Baluch, DB 2008, 1595 ff.; Thouet, ZInsO 2008, 664 ff., Geist, GmbHR 2008, 969 ff.

4 BMF v. 27.3.2003, BStBl I 2003, 240 (Ablichtung Rdnr. 1685); vgl. auch OFD Chemnitz, Vfg. v. 10.10.2006 – S 2140 – 25/19- St 21, DB 2006, 2374, LfSt Bayern v. 8.8.2006 – S 2140 – 6 St 3102 M LfSt Bayern v. 23.10.2009 – S 2140.2.1 – 7/12 St 32/St 33 sowie OFD Hannover, Vfg. v. 18.6.2008 – S 2140 – 8 – StO 241, DStR 2008, 1833.

5 Aus diesem Grunde verstößt nach Ansicht des FG München im Urteil v. 12.12.2007 – 1 K 4487/06 (nrkr., Az. des BFH: VIII R 2/08) das BMF-Schreiben v. 27.3.2003 gegen den Grundsatz der Gesetzmäßigkeit der Verwaltung. Setzt sich diese Auffassung durch, sollte der Gesetzgeber nicht länger „sehenden Auges" untätig bleiben. Zur Haftung des Insolvenzverwalters für Steuern auf den Sanierungsgewinn s. Maus, Steuern im Insolvenzverfahren, 158.

§ 16 EStG entstehen.¹ Der Aufgabegewinn ist nach den allgemeinen Grundsätzen i. S. v. § 34 Abs. 1 und 2 Nr. 1 EStG tarifbegünstigt, wenn es dem Insolvenzverwalter gelingt, die wesentlichen Betriebsgrundlagen innerhalb kurzer Zeit und damit in einem einheitlichen Vorgang zu veräußern.² Wie lang dieser Veräußerungs- bzw. Aufgabezeitraum sein darf, um in den Genuss der Begünstigung zu kommen, ist einzelfallbezogen zu bestimmen. Die FinVerw geht i. d. R. von einem halben Jahr aus. Liegen allerdings wirtschaftlich vernünftige Gründe vor, ist eine Verzögerung unschädlich. Grundsätzlich wird erst nach der Entscheidung der Gläubigerversammlung über den Fortgang des Insolvenzverfahrens – Liquidation oder Sanierung – zu prüfen sein, ob die Voraussetzungen des § 16 EStG erfüllt sind. Zur insolvenzrechtlichen Behandlung der aufgedeckten stillen Reserven s. Rdnr. 1466 ff.

Fällt das negative Kapitalkonto des Kommanditisten bei einem Insolvenzverfahren über das Vermögen einer Kommanditgesellschaft weg, kann der entstehende Gewinn bei Vorliegen der übrigen Voraussetzungen ebenfalls tarifbegünstigter Aufgabegewinn sein (zum negativen Kapitalkonto s. Rdnr. 1356 ff.). 1384

f) Veräußerung von Anteilen an Kapitalgesellschaften nach § 17 EStG

Bei Kapitalgesellschaften ist im Rahmen des Insolvenzverfahrens auch § 17 EStG zu beachten. Nach Abs. 1 und 4 der Norm gehört zu den Einkünften aus Gewerbebetrieb nämlich ebenso der Gewinn aus der Auflösung von Kapitalgesellschaften, wenn der Gesellschafter innerhalb der letzten fünf Jahre am Kapital der Gesellschaft wesentlich beteiligt (ab dem 1. 1. 1999: 10 %; ab 2001: 1 %) war und er die Beteiligung in seinem Privatvermögen hielt. Die Vorschrift ergänzt damit die Regelung in § 22 Nr. 2 EStG i. V. m. § 23 EStG über die Besteuerung privater Veräußerungsgeschäfte. Zielrichtung der Norm ist es, den wegen der Veräußerung eines Geschäftsanteils eintretenden Zuwachs der finanziellen Leistungsfähigkeit zu erfassen und den wesentlich beteiligten Kapitalgesellschafter mit dem Gesellschafter einer Personengesellschaft gleichzustellen.³ Die aus der Auflösung einer Kapitalgesellschaft entstehenden Verluste können beim Gesellschafter nach § 17 Abs. 4 EStG steuermindernd wirken,⁴ wobei allerdings das Verlustausgleichsverbot nach § 17 Abs. 2 Satz 6 EStG zu beachten ist. 1385

---

1 Zum Unternehmenskauf in der Insolvenz ausführlich Vallender, GmbHR 2004, 543, 642.
2 Frankfurter Kommentar, § 155 Rdnr. 453.
3 BFH v. 16. 5. 1995 – VII R 33/94, BStBl II 1995, 870; v. 10. 12. 1969 – I R 43/67, BStBl II 1970, 310.
4 BFH v. 26. 1. 1999 – VIII R 32/96, BFH/NV 1999, 922.

1386 Die Voraussetzungen des § 17 EStG können auch bei einer Auflösung der Kapitalgesellschaft im Rahmen des Insolvenzverfahrens (vgl. §§ 60 Abs. 1 Nr. 4 GmbHG, 262 Abs. 1 Nr. 3 AktG) erfüllt werden. Denn für die Annahme eines steuerpflichtigen Veräußerungsvorgangs kommt es nicht darauf an, ob die Anteile freiwillig veräußert oder entzogen wurden.[1] Die Entstehung des Auflösungsgewinns/-verlustes setzt zwar die zivilrechtliche Auflösung der Gesellschaft, nicht aber ihre Beendigung voraus. Er ist grundsätzlich auf den Zeitpunkt des Abschlusses der Liquidation der Kapitalgesellschaft zu ermitteln, weil erst dann feststeht, ob und in welcher Höhe der Gesellschafter mit einer Zuteilung und Rückzahlung von Vermögen der Gesellschaft rechnen kann und ferner, welche nachträglichen Anschaffungskosten der Beteiligung anfallen sowie welche Veräußerungskosten/Auflösungskosten er persönlich zu tragen hat. Wird das Insolvenzverfahren mangels Masse nicht eröffnet (§ 26 InsO) und ist das Kapital verbraucht, können die die Höhe des Auflösungsverlustes bestimmenden Umstände bereits im Zeitpunkt der Auflösung der Kapitalgesellschaft feststehen.[2]

1387 Im Rahmen des Insolvenzverfahrens über das Vermögen einer Kapitalgesellschaft ist vorrangig der **Auflösungsverlust** in den Blick zu nehmen. Denn ein bei den Gesellschaftern zu berücksichtigender Verlust entsteht insbesondere, wenn – wie bei der Insolvenz typisch – die Liquidation wegen Überschuldung der Gesellschaft nicht zur Ausschüttung eines Restvermögens führt. Beim Auflösungsverlust handelt es sich um den Betrag, um den die im Zusammenhang mit der Auflösung der Gesellschaft vom Steuerpflichtigen persönlich getragenen Kosten sowie seine Anschaffungskosten, einschließlich der als nachträgliche Anschaffungskosten der Beteiligung zu behandelnden Kosten, den Wert des zugeteilten oder zurückgezahlten Vermögens der Kapitalgesellschaft übersteigen. Das Halbeinkünfteverfahren bzw. ab VZ 2009 das Teileinkünfteverfahren finden Anwendung (§ 3c Abs. 2 EStG i. V. m. § 3 Nr. 40c EStG). Gewährt z. B. der Gesellschafter einer GmbH seiner Gesellschaft ein Darlehen oder eine Bürgschaft aus Gründen, die im Gesellschaftsverhältnis liegen, dann entstehen dem Gesellschafter nachträgliche Anschaffungskosten der Beteiligung, wenn die Darlehensforderung mit der Insolvenz der GmbH wertlos wird oder der Gesellschafter als Bürge in Anspruch genommen wird, ohne dass er eine

---

1 BFH v. 10. 12. 1969 – I R 43/67, BStBl II 1970, 310, zum Fall der Zwangsversteigerung.
2 BFH v. 3. 6. 1993 – VIII R 23/92, BFH/NV 1994, 459; v. 3. 6. 1993 – VIII R 81/91, BStBl II 1994, 162; v. 13. 7. 1999 – VIII R 31/98, BStBl II 1999, 724, 725; v. 25. 1. 2000 – VIII R 63/98, DB 2000, 1260.

gleichwertige Rückgriffsforderung gegenüber der Gesellschaft erwirbt.[1] Der Verlust der Einlage des Gesellschafters wegen der Insolvenz ist ggf. erst mit Abschluss des Insolvenzverfahrens realisiert.[2]

Mitunter kann der Zeitpunkt der Entstehung des Auflösungsverlustes schon vor Abschluss der insolvenzfreien Liquidation oder der Liquidation durch Insolvenz liegen, wenn mit einer wesentlichen Änderung des bereits feststehenden Verlustes nicht mehr zu rechnen ist.[3] Diese Feststellung erfordert eine Beurteilung der Vermögenslage auf der Ebene der Gesellschaft und die Prüfung, ob mit einer Auskehrung von Gesellschaftsvermögen an die Gesellschafter noch gerechnet werden kann. Hinzutreten muss eine Beurteilung der Vermögenslage auf der Ebene der Gesellschafter und die Prüfung, ob und in welcher Höhe bei diesen noch nachträgliche Anschaffungskosten oder wesentliche Veräußerungs- oder Aufgabekosten anfallen werden. Dies gilt ebenso, wenn aufgrund des Inventars und der Insolvenzeröffnungsbilanz des Insolvenzverwalters oder einer Zwischenrechnungslegung ohne weitere Ermittlungen mit an Sicherheit grenzender Wahrscheinlichkeit damit zu rechnen ist, dass das Vermögen der Gesellschaft zu Liquidationswerten die Schulden nicht mehr decken wird.

1388

Ausgehend von der Rechtsprechung des BFH subsumiert die Finanzverwaltung[4] unter richterrechtliche Fallgruppen:

1389

▶ Hingabe des Darlehens in der Krise (Ansatz mit dem Nennwert),

▶ stehengelassene Darlehen (Ansatz i. d. R. mit 0 €),

▶ krisenbestimmte Darlehen (Ansatz mit dem Nennwert),

▶ Finanzplandarlehen (Ansatz mit dem Nennwert).

---

1 BFH v. 16. 4. 1991 – VIII R 100/87, BStBl II 1992, 234; v. 24. 4. 1997 – VIII R 16/94, BStBl II 1999, 339; v. 4. 11. 1997 – VIII R 18/97, BFHE 184, 374; v. 10. 11. 1998 – VIII R 6/96, BFH/NV 1999, 855; v. 13. 7. 1999 – VIII R 31/98, BStBl II 1999, 724, 725 ff.; zur Behandlung von Darlehens- und Bürgschaftsverlusten s. im Einzelnen BMF v. 8. 6. 1999 – IV C 2 – S 2244 – 12/99, BStBl I 1999, 545; Uhländer, BB 2005, 70.
2 BFH v. 25. 1. 2000 – VIII R 63/98, BStBl II 2000, 343.
3 BFH v. 25. 3. 2003 – VIII R 24/02, BFH/NV 2003, 1305; v. 1. 4. 2004 – VIII B 172/03, NWB DokID: EAAAB-24330. Aus Sicht der Finanzverwaltung vgl. OFD Frankfurt v. 19. 7. 2005 – S 2244 A – 19 – St II 2.05/ -21 St II 2.05, DB 2005, 2048; s. dazu Heßler/Mosebach, steuer-journal.de 2006, 19.
4 BMF v. 8. 6. 1999 – IV C 2 – S 2244 12/99, BStBl I 1999, 545.

1390 Die Fallgestaltungen zum „**Drittaufwand**" sollen hiernach wie folgt abgegrenzt werden:[1]
- abgekürzter Zahlungsweg,
- abgekürzter Vertragsweg,
- mittelbar verdeckte Einlage,
- Aufwendungen eines Dritten auf eine eigene Verbindlichkeit, aber im wirtschaftlichen Interesse des Steuerpflichtigen,
- gemeinsame Verbindlichkeiten von Ehegatten, die aber nur durch einen Ehegatten für dessen Einkunftserzielung genutzt werden.

1391 Die Rechtsprechung des BFH trägt auch im Anwendungsbereich des § 19 EStG „in dubio contra fiscum" arbeitnehmerfreundliche Züge, wenn der VI. Senat[2] unfreiwillige Vermögensverluste von Arbeitnehmern als
- Arbeitnehmer-Darlehen,
- Arbeitnehmer-Bürgschaft

den Werbungskosten des § 9 EStG zuordnet. Ein unbeachtlicher Verlust auf der Vermögensebene bei den Einkünften aus Kapitalvermögen liegt nach Ansicht des BFH dann nicht mehr vor, wenn die Vermögensverluste vorrangig durch das Arbeitsverhältnis veranlasst sind. Hierbei bezieht sich der VI. Senat ausdrücklich auf die Rechtsgrundsätze des VII. Senats zum Eigenkapitalersatz („Hingabe in der Krise des Arbeitgebers").[3]

1392 Durch den Wegfall des Eigenkapitalersatzrechts zum 1.11.2008 durch das MoMiG wird sich die Sichtweise des BFH und der Finanzverwaltung auf eine neue dogmatische Grundlage stellen müssen. Nachträgliche Anschaffungskosten könnten z. B. mit der Wertung aus dem § 39 InsO begründet werden, wonach Gesellschafterdarlehen in der Insolvenz stets nachrangig zu bedienen sind (vgl. Rdnr. 1792)

1393–1400 *(Einstweilen frei)*

g) Ehegattenveranlagung

(1) Ausübung des Wahlrechts

1401 Das den Ehegatten in den §§ 26 bis 26c EStG eingeräumte Recht, zwischen verschiedenen **Veranlagungsformen** zu wählen, wird durch die Insolvenz eines

---

1 OFD Düsseldorf v. 17.12.2001 – S 2244-50-St 122-K, GmbHR 2002, 121.
2 BFH v. 7.5.1993 – VI R 38/91, BStBl II 1993, 663.
3 Uhländer, BB 2005, 70.

Ehegatten nicht beschränkt. Da das Veranlagungsjahr als Besteuerungszeitraum trotz Insolvenzeröffnung bestehen bleibt, kann die Veranlagungsform für ein Steuerjahr freilich nur **einheitlich gewählt** werden. Neben dem Ehegatten des Insolvenzschuldners muss ggf. zugleich der Insolvenzverwalter zustimmen, wenn sich die Entscheidung auf die Höhe der Steuerschuld auswirkt und damit die Insolvenzmasse beeinflusst, so dass die Ausübung des Wahlrechts zur Verwaltung der Insolvenzmasse zählt (§ 80 InsO). Es handelt sich zwar nicht um ein höchstpersönliches Recht der Ehegatten, denn die Wahl der Veranlagungsform wirkt nur vermögensrechtlich. Sie bestimmt aber die Höhe der zu entrichtenden Steuer und die Art der Steuerschuldnerschaft. Von der Ausübung des Wahlrechts durch den Ehegatten und den Insolvenzverwalter bleibt das Wesen der Ehe unberührt.[1]

Dieser Sichtweise folgt auch der BGH im Urteil v. 24. 5. 2007.[2] Hiernach wird das Wahlrecht der Ehegatten für eine Getrennt- oder Zusammenveranlagung in der Insolvenz eines Ehegatten durch den Insolvenzverwalter und im vereinfachten Insolvenzverfahren durch den Treuhänder (§ 313 InsO) ausgeübt, wenn es sachlich gerechtfertigt ist. Im Streitfall führte die nachträglich von der Treuhänderin beantragte getrennte Veranlagung zu einem Erstattungsanspruch für einen Zeitraum vor Eröffnung des Insolvenzverfahrens. Die Treuhänderin räumte zugleich die Möglichkeit ein, der Insolvenzmasse die steuerlichen Nachteile im Innenverhältnis unter Beibehaltung der gemeinsamen Veranlagung auszugleichen. Hierzu vertritt der BGH die Ansicht:

1402

„Eheleute können allerdings eine von der gesetzlichen Regel abweichende interne Aufteilung ihrer Einkommensteuerschuld vereinbaren. Ist danach bei der Zusammenveranlagung zur Einkommensteuer der gegenüber der Getrenntveranlagung für einen von ihnen entstehende Nachteil nicht abzugleichen, kann die Zustimmung zur Zusammenveranlagung auch nicht von einer vereinbarungswidrigen Zusage abhängig gemacht werden. Eine solche Vereinbarung abweichender Aufteilung der Einkommensteuerlast kann bereits durch konkludentes Handeln zustande kommen. Ausgleichsansprüche aus derartigen Vereinbarungen wären ohnehin in der Insolvenz eines Ehegatten gegen diesen nicht durchzusetzen. Insol-

---

1 Frotscher, Besteuerung bei Insolvenz, 97; Onusseit/Kunz, Steuern in der Insolvenz, Rdnr. 570 f.; Fichtelmann, BB 1984, 1293; a. A. Weiß, FR 1992, 255, 260, mit der Begründung, das Wahlrecht sei als Gestaltungsrecht nicht pfändbar und gehöre deshalb nicht zur Masse; zur Frage der Höchstpersönlichkeit s. BFH v. 15. 10. 1964 – VI 175/63 U, BStBl III 1965, 86; modifizierend Farr, BB 2006, 1302; vgl. auch Boochs/Dauernheim, Steuerrecht, 94, wonach die vom Schuldner gewählte Veranlagungsart gem. § 80 InsO unwirksam ist, wenn damit der Insolvenzmasse Erstattungsansprüche verloren gehen.
2 IX ZR 8/06, NWB DokID: PAAAC-48782. Zustimmend ebenfalls Onusseit, ZInsO 2008, 638, 648.

venzbeständig wäre, sofern nicht angefochten, allenfalls ein vorweggenommener Erlass (§ 397 Abs. 1 BGB) des familienrechtlichen Ausgleichsanspruchs, wobei an die Feststellung des Erlasses strenge Anforderungen zu stellen sind."

1403 Der BFH ist dieser Rechtsprechung ausdrücklich gefolgt und folgert hieraus:[1] Das Veranlagungswahlrecht steht nach dem Tode eines Ehegatten dessen Erben zu. Das Einverständnis des Erben mit der Zusammenveranlagung kann nur dann nach § 26 Abs. 3 EStG unterstellt werden, wenn er Kenntnis von seiner Erbenstellung und den steuerlichen Vorgängen des Erblassers hat. Bis zur Ermittlung des Erben ist danach getrennt zu veranlagen.

1404 Der **Zustimmung** des Insolvenzschuldners selbst bedarf es nur, wenn sich die Wahl steuerrechtlich zugleich auf seine insolvenzfreien Einkünfte auswirkt. Nur dann besitzt er ein eigenes schutzwürdiges Interesse. Ein solches Interesse dürfte sich unter der Geltung des Insolvenzrechts während des laufenden Insolvenzverfahrens allerdings nur selten begründen lassen, weil auch das während des Verfahrens Erlangte zur Insolvenzmasse gehört und aus dem geringen beschlagfreien Vermögen wohl kaum zu versteuernde Einkünfte zu erzielen sein werden. Die einkommensteuerrechtlichen Folgen der insolvenzfreien Einkünfte sind in der Praxis noch weitgehend ungeklärt.[2] Die Vergabe einer gesonderten Steuer-Nr. (vergleichbar der Umsatzsteuer) kommt insoweit nicht in Betracht, da eine einheitliche Veranlagung stattfinden muss.

(2) Zusammenveranlagung

1405 Folge der Ausübung des Wahlrechts zugunsten der Zusammenveranlagung nach § 26b EStG ist zunächst, dass bei der Veranlagung die positiven ebenso wie die negativen Einkünfte des Ehepartners erfasst werden und damit der **Verlustausgleich** sowohl innerhalb derselben Einkunftsart als auch zwischen den verschiedenen Einkunftsarten innerhalb eines Kalenderjahres, aber auch der **Verlustabzug** möglich ist. Gewerbliche Verluste, die der Steuerpflichtige vor und während des Insolvenzverfahrens erlitten hat, sind also nach § 2 Abs. 3 EStG dem Grunde nach ausgleichsfähig und nach § 10d EStG abzugsfähig. Das gilt bei der Zusammenveranlagung auch dann, wenn die Einkünfte, auf die sich die Verluste auswirken, von dem anderen Ehegatten erzielt worden sind. Das Vermögen des Insolvenzschuldners einer einheitlichen Besteuerung zu unterwerfen und ihm gleichzeitig zu versagen, einen Verlustausgleich vorzunehmen, wäre nicht folgerichtig. Die Berücksichtigung des Verlustes des einen

---

1 Beschluss v. 21.6.2007 – III R 59/06.
2 Frystatzki, EStB 2005, 232.

Ehegatten muss sich deshalb bei seiner Veranlagung insoweit auswirken, als er mit den Einkünften des anderen Ehegatten zur Einkommensteuer herangezogen wird. Da für die vor Insolvenzeröffnung und während des Verfahrens erlittenen Verluste keine einkommensteuerlichen Sondervorschriften bestehen, müssen die Grundsätze auch dann gelten, wenn der Ehegatte, der die Verluste erlitten hat, in Insolvenz geraten war und nur der andere Ehegatte positive Einkünfte erzielt hat.

Für den **Verlustabzug** nach § 10d EStG kann nichts anderes gelten. Wirtschaftlich gesehen ist der Verlustabzug ein auf spätere Veranlagungszeiträume verlegter Verlustausgleich, der an weitere Voraussetzungen geknüpft und als Sonderausgabe ausgestaltet ist. Eine unterschiedliche Behandlung der Berücksichtigungsfähigkeit von Verlustausgleich (§ 2 Abs. 3 EStG) und Verlustabzug (§ 10d EStG) ist deshalb nicht gerechtfertigt. Damit kommt bei der Zusammenveranlagung ein Verlustvortrag des einen Ehegatten aus dem Vorjahr auch dem anderen zugute (s. auch § 62d Abs. 2 EStDV).[1] Für den Ehegatten ist die Entscheidung für die Zusammenveranlagung wirtschaftlich also empfehlenswert, wenn er selbst steuerpflichtige Einnahmen erzielt, denen er die regelmäßig beim Insolvenzschuldner entstandenen negativen Einkünfte gegenrechnen kann.

1406

Steigt die Steuerschuld wegen der Zusammenveranlagung indessen, schließt die gesamtschuldnerische Haftung der Eheleute (§ 44 Abs. 1 AO) den Steueranteil des Ehegatten ein; insolvenzrechtlich ist § 43 InsO anzuwenden. Meldet die Finanzbehörde den gesamten Betrag als Insolvenzforderung zur Tabelle an, kann die Anmeldung nach §§ 178, 184 InsO bestritten werden, um eine **Aufteilung der Steuern** nach §§ 268 ff. AO zu erreichen. Obwohl § 268 AO seinem Wortlaut nach nur gilt, wenn der Gesamtschuldner ernsthaft mit Zwangsvollstreckungsmaßnahmen rechnen muss, ist die Norm wegen der mit der Insolvenz vergleichbaren Interessenlage entsprechend anwendbar.[2] Wird im Prüfungstermin (isoliert) nur der Aufteilung widersprochen, muss die Finanzbehörde einen „Steuerfeststellungsbescheid über die Aufteilung" erlassen. Mit der Aufteilung sind die Wirkungen der steuerlichen Gesamtschuld aufgehoben und der Steuergläubiger ist auf die Geltendmachung des auf den Insolvenzschuldner entfallenden Teils der Steuerschuld beschränkt. Die spezielleren Vorschriften der Abgabenordnung verdrängen in diesem Fall die allgemeinere Regelung der InsO.[3]

1407

---

1 BFH v. 4. 9. 1969 – IV R 288/66, BStBl III 1969, 726; Littmann, FR 1970, 409.
2 Frotscher, Besteuerung bei Insolvenz, 99.
3 Weiß, FR 1992, 255, 261; Fichtelmann, BB 1984, 1293, jeweils zu § 68 KO.

1408 Haben die Eheleute die Zusammenveranlagung gewählt, kann gegen den Ehegatten des Schuldners auch während des Insolvenzverfahrens ein **Einkommensteuerbescheid** erlassen werden. Der Bescheid ist an den Ehegatten unter Hinweis auf die Gesamtschuldnerschaft zu richten, nicht etwa an die Eheleute. Beantragt der Ehegatte die Aufteilung der Steuerschuld nach den §§ 268 ff. AO, ist für den auf ihn entfallenden Teil der Steuer ein Steuerbescheid zu erlassen, während die Finanzbehörde die Steuerschuld des Gemeinschuldners zur Insolvenztabelle anzumelden hat.[1]

1409 Die Bandbreite der einkommensteuerrechtlichen Problematik bei der Veranlagung von Ehegatten belegen auch die nachfolgenden Entscheidungen:[2]

▶ Der Insolvenzverwalter über das Vermögen eines Ehegatten kann bereits vor Aufnahme des Verfahrens Akteneinsicht nehmen. Dies gilt auch dann, wenn die Klage von beiden Ehegatten erhoben wurde und durch die Akteneinsicht steuerliche Verhältnisse des anderen Ehegatten offenbart werden.[3]

▶ Der aufgrund einer aufgehobenen getrennten Veranlagung an einen Ehegatten erstattete Betrag kann von ihm zurückgefordert werden; er ist weder zwischen den Ehegatten aufzuteilen noch kommt es darauf an, ob ihm der Erstattungsbetrag aus dem wieder in Kraft getretenen Zusammenveranlagungsbescheid zugestanden hätte.[4] Teilt das Finanzamt mit, dass ein Antrag auf Aufteilung der Gesamtschuld erst nach dem Leistungsgebot gestellt werden könne, so liegt darin keine Zusage, einem späteren Aufteilungsantrag nach §§ 268 ff. AO stattzugeben.

---

1 Frankfurter Kommentar, § 155 Rdnr. 185.
2 Vgl. auch Farr, BB 2003, 2324 ff.; ders., BB 2006, 1302 ff.; Stahlschmidt, StuB 2006, 462 ff. Zum Steuergeheimnis in diesen Fällen s. Jörißen, AO-StB 2008, 46 ff.; Bächer, ZInsO 2009, 1147 ff. Das Finanzamt kann nach Aufhebung des Insolvenzverfahrens während der sog. Wohlverhaltensphase gegen Lohnsteuererstattungsansprüche des Schuldners die Aufrechnung erklären; diese Ansprüche gehören nicht zu den an den Treuhänder abgetretenen Forderungen des Schuldners auf Bezüge aus einem Dienstverhältnis (BFH v. 16. 5. 2008 – VII S 11/08 -PKH-). Gegen eine erst nach Aufhebung des Insolvenzverfahrens ermittelte zur Insolvenzmasse gehörende Forderung des Schuldners kann die Aufrechnung mit einer Insolvenzforderung erklärt werden. Die spätere Anordnung der Nachtragsverteilung hat keine Rückwirkung (BFH v. 4. 9. 2008 – VII B 239/07).
3 BFH v. 28. 3. 2007 – III B 10/07.
4 BFH v. 14. 12. 2007 – III B 102/06. Im Streitfall hat erst eine Zusammenveranlagung, dann auf Antrag eine getrennte Veranlagung stattgefunden. Nach zivilrechtlicher Klage auf Zustimmung zur Zusammenveranlagung wurde wiederum die Zusammenveranlagung durchgeführt. Zum Anspruch eines nicht insolventen Ehegatten gegen den insolventen Ehegatten auf Zusammenveranlagung vgl. LG Cottbus v. 12. 4. 2006 – 3 O 130/05 mit Kommentierung von Kahlert, ZInsO 2006, 1337.

▶ Kommt es infolge der Zusammenveranlagung zu einer **Steuererstattung**, so ist die Erstattungsberechtigung nach § 37 Abs. 2 AO zu bestimmen und nicht nach den Vorschriften über die Aufteilung der Steuerschuld (§§ 268 ff. AO).[1] Die Ehegatten sind nicht Gesamtgläubiger; erstattungsberechtigt ist der Ehegatte, der die zu erstattende Steuer an das Finanzamt gezahlt hat oder auf dessen Rechnung bezahlt wurde.[2] Die Finanzbehörde wird jedoch unter den Voraussetzungen des § 36 Abs. 4 Satz 3 EStG, der aus Gründen der Verwaltungsvereinfachung die widerlegbare gesetzliche Vermutung einer Einziehungsvollmacht enthält, durch Erstattung an einen Ehegatten dem materiell Erstattungsberechtigten gegenüber frei. Sie kann regelmäßig mit befreiender Wirkung auch auf das von den Ehegatten in der Einkommensteuererklärung angegebene Konto überweisen, sofern diese Anweisung nicht zuvor widerrufen wurde.[3] Die Finanzbehörde kann indes – abweichend von § 36 Abs. 4 Satz 3 EStG – eine Erstattung nicht beliebig an einen Ehegatten mit schuldbefreiender Wirkung erbringen, wenn sie erkennt oder erkennen musste, dass der andere Ehegatte damit aus beachtlichen Gründen nicht einverstanden ist, in diesem Fall kann das Finanzamt mit schuldbefreiender Wirkung nur an den materiell erstattungsberechtigten Ehegatten auszahlen.[4]

▶ In Fällen, in denen der Erstattungsanspruch materiell-rechtlich allein dem Insolvenzschuldner zusteht, kann der Insolvenzverwalter nach Ansicht von Krüger[5] einen Herausgabeanspruch gegen den anderen begünstigten Ehegatten nach den Grundsätzen der ungerechtfertigten Bereicherung gem. § 812 Abs. 1 Satz 1, 2. Alt. BGB geltend machen.

▶ Werden Vorauszahlungen auf die Einkommensteuer zusammen veranlagter Ehegatten ohne die ausdrückliche Bestimmung geleistet, dass mit der Zahlung nur die Schuld des Leistenden beglichen werden soll, muss das Finanzamt eine Überzahlung beiden Eheleuten zu gleichen Teilen erstatten; dies gilt auch, wenn über das Vermögen des anderen Ehegatten das Insol-

---

[1] BFH v. 14. 12. 2007 – III B 102/06.
[2] Eine ausführliche Stellungnahme zur Erstattung überzahlter Einkommensteuer bei der Zusammenveranlagung enthält der Erlass des LfSt Bayern v. 12. 2. 2009 – S 0160.1.1-1/1 St 41.
[3] Personen, die gem. § 44 AO Gesamtschuldner sind, sind nicht Gesamtgläubiger eines Erstattungsanspruchs nach § 37 Abs. 2 AO (BFH v. 19. 10. 1982 – VII R 55/80, BStBl II 1983, 162).
[4] BFH v. 25. 7. 1989 – VII R 118/87, BStBl II 1990, 41; BFH v. 5. 4. 1990 – VII R 2/89, BStBl II 1990, 719; BFH v. 8. 1. 1991 – VII R 18/90, BStBl II 1991, 442.
[5] ZInsO 2008, 1295 ff. (unter Hinweis auf OLG Oldenburg, ZInsO 2008, 460). Die formale und verwaltungsvereinfachende Aufteilung und Auszahlungshandlung begründe noch kein materielles Eigentumsrecht an dem Geldbetrag zugunsten des Empfängers.

venzverfahren eröffnet war.¹ Auch in der Insolvenz eines Ehegatten ist es in erster Linie Sache der betroffenen Eheleute zu entscheiden, ob sich die hälftige Aufteilung eines möglichen künftigen Erstattungsanspruchs wirtschaftlich nachteilig auf einen der Ehegatten auswirken könnte, und es ist ihre Sache, Steuervorauszahlungen auf die Gesamtschuld ggf. nur auf Rechnung eines der Ehegatten zu leisten, wofür es lediglich eines entsprechenden Hinweises an das Finanzamt im Zeitpunkt der Leistung der Steuervorauszahlung bedarf.

▶ Tilgt der Insolvenzschuldner nicht eigene, sondern fremde Verbindlichkeiten, ist der Insolvenzschuldner dem Empfänger gegenüber nicht zur Leistung verpflichtet.² Ist der Empfänger nicht Insolvenzgläubiger, so scheidet eine Anfechtung nach § 131 InsO aus; es kommt nur eine Anfechtung nach §§ 132 ff. InsO in Betracht, sofern diese Voraussetzungen vorliegen. Der Insolvenzverwalter hat gegen das Finanzamt auch keinen Rückgewähranspruch aus § 37 Abs. 2 AO.

▶ Der Insolvenzschuldner ist im Hinblick auf die Subsidiarität der Stundung der Verfahrenskosten verpflichtet, seine Steuerklasse so zu wählen, dass sein pfändbares Einkommen nicht zum Nachteil der Gläubiger und der Staatskasse auf Null reduziert wird.³ Hat der Schuldner ohne sachlichen Grund die Steuerklasse V gewählt, um seinem nicht insolventen Ehegatten die Vorteile der Steuerklasse III zukommen zu lassen, ist ihm in Hinblick auf die Verfahrenskostenstundung zuzumuten, in die Steuerklasse IV zu wechseln, um sein liquides Einkommen zu erhöhen. Ob der Ehegatte bereit ist, dabei mitzuwirken, ist unbeachtlich, zumal dem Schuldner gegen diesen ein Anspruch auf Verfahrenskostenvorschuss zusteht. Entsprechend den Grundsätzen der Individualzwangsvollstreckung, nach denen analog § 850h Abs. 2 ZPO eine missbräuchliche Steuerklassenwahl den Gläubigern gegenüber unbeachtlich ist, muss sich auch der Schuldner bei der Verfahrenskostenstundung so behandeln lassen, als hätte er keine die Staatskasse benachteiligende Steuerklassenwahl getroffen.

(3) Getrennte Veranlagung

1410 Entscheiden sich die Ehegatten für die getrennte Veranlagung nach § 26a EStG, sind auch die erzielten Einkünfte getrennt zuzurechnen. Ein **Verlustaus-**

---

1 BFH v. 30. 9. 2008 – VII R 18/08.
2 FG Berlin-Brandenburg v. 4. 12. 2007 – 5 K 1605/04, Nichtzulassungsbeschwerde eingelegt (Az. des BFH: V II B 257/07).
3 BGH v. 3. 7. 2008 – IX ZB 65/07, ZInsO 2008, 976.

gleich und ein **Verlustabzug** nach § 10d EStG zwischen den Einkünften der Eheleute ist damit ausgeschlossen. Nach § 62d Abs. 1 EStDV kann nur derjenige Ehegatte den Verlust geltend machen, der ihn erlitten hat. Das hat zur Folge, dass der Insolvenzverwalter nur den vom Schuldner selbst erlittenen Verlust bzw. den vortragsfähigen Verlust der Vorjahre ausgleichen bzw. abziehen kann.

Die **Sonderausgaben** – mit Ausnahme des Verlustabzugs – und **außergewöhnlichen Belastungen** sind zwischen den Eheleuten aufzuteilen. Sie werden nach § 26a Abs. 2 EStG bei beiden Veranlagungen jeweils zur Hälfte abgezogen, wenn sich die Ehegatten nicht auf einen anderweitigen Aufteilungsmaßstab einigen. Dieser selbst gewählte Aufteilungsmaßstab bedarf auf Schuldnerseite allerdings der Zustimmung des Insolvenzverwalters, weil die Vermögensverwaltung und nicht ein höchstpersönliches Recht betroffen ist.[1]

1411

(Einstweilen frei)

1412–1430

2. Insolvenzrechtliche Zuordnung der Einkommensteuerschuld

a) Allgemeine Zuordnungsgrundsätze

Nach den oben dargelegten Grundsätzen (s. hierzu Rdnr. 1342) ist der Insolvenzschuldner im Jahr der Insolvenzeröffnung unbeschadet der insolvenzrechtlich vorzunehmenden Trennung der Vermögensmassen einheitlich zu veranlagen, es ist ein zu versteuerndes Einkommen zu ermitteln und die daraus entstehende Einkommensteuerschuld zu berechnen. Dem Insolvenzrecht ist bei der Ermittlung der Steuerschuld des Kalenderjahres keinerlei Bedeutung beizumessen.

1431

Das insoweit mithin ertragsteuerlich neutrale Insolvenzrecht gewinnt erst Einfluss, wenn es um die **Geltendmachung** der einheitlichen Steuerforderung durch den Steuergläubiger sowie die Frage geht, aus welchem Vermögen sie getilgt wird. Denn das Insolvenzrecht sieht eine Zuordnung der Schulden – also auch der Steuerschulden – des Steuerpflichtigen zu den insolvenzbehafteten Verbindlichkeiten, nämlich den Insolvenzforderungen (§ 38 InsO) und den sonstigen Masseverbindlichkeiten (§§ 53, 55 InsO), und den insolvenzfreien Verbindlichkeiten vor. Maßgebliches Kriterium der Zuordnung innerhalb des insolvenzbehafteten Vermögens ist der **Zeitpunkt des Begründetseins** des gegen den Insolvenzschuldner gerichteten Vermögensanspruchs (s. dazu im Einzelnen Rdnr. 702 ff.).

1432

---

[1] Frankfurter Kommentar, § 155 Rdnr. 293 f.; Frotscher, Besteuerung bei Insolvenz, 100.

II. Die Behandlung der einzelnen Steuerarten und Erhebungsformen

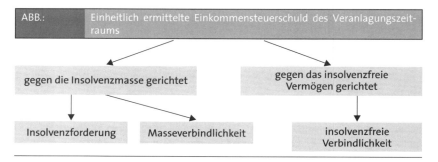

1433 Um die Höhe des auf die Insolvenzforderung einerseits und die Masseverbindlichkeit andererseits entfallenden Anteils an der einheitlichen Steuerschuld feststellen zu können, verlangt das Insolvenzrecht in zeitlicher Hinsicht eine **Zweiteilung** des allein nach steuerrechtlichen Vorschriften ermittelten Steuerbetrages des Veranlagungsjahres der Insolvenzeröffnung in einen vor und einen nach der Insolvenzeröffnung liegenden Ermittlungszeitraum,[1] und damit vordergründig eine insolvenzrechtliche Durchbrechung des einkommensteuerrechtlichen Prinzips der auf das Veranlagungsjahr bezogenen Abschnittsbesteuerung (Jährlichkeitsprinzip; vgl. §§ 2 Abs. 7 Satz 2, 25 Abs. 1, 36 Abs. 1 EStG). Denn nach den o. g. insolvenzrechtlichen Normen muss für die Geltendmachung der einheitlich ermittelten Einkommensteuerjahresschuld geprüft werden, ob der (Vermögens-)Anspruch des Steuergläubigers gegen den Steuerschuldner schon zur Zeit der Eröffnung des Insolvenzverfahrens begründet war (§ 38 InsO), ob es sich mithin um eine Insolvenzforderung handelt, oder er durch Handlungen des Insolvenzverwalters oder in anderer Weise durch die Verwaltung, Verwertung und Verteilung der Insolvenzmasse begründet worden ist (s. im Einzelnen § 55 Abs. 1 Nr. 1–3 InsO) und damit zu den sonstigen Masseverbindlichkeiten zählt.

1434 Bei der Trennung zwischen Insolvenzforderung und sonstiger Masseverbindlichkeit ist in zeitlicher Hinsicht noch zu beachten, ob bis zur Verfahrenseröffnung ein **vorläufiger Insolvenzverwalter** bestellt war. Ist nämlich ein solcher Verwalter bestellt worden und die Verfügungsbefugnis über das Vermögen des Schuldners vollinhaltlich auf ihn übergegangen (§ 22 InsO), ist hinsichtlich

---

[1] So die gefestigte Rspr. des BFH v. 29. 3. 1984 – IV R 271/83, BStBl II 1984, 602; v. 11. 11. 1993 – XI R 73/92, BFH/NV 1994, 477, mit dem die tiefgründige und alle kritischen Punkte aufgreifende anderslautende Entscheidung des Niedersächsischen FG v. 29. 6. 1992 – XIII (XI) 38/89, FR 1993, 305, aufgehoben worden ist; v. 9. 11. 1994 – I R 5/94, BStBl II 1995, 255, 257; v. 15. 3. 1995 – I R 82/93, BFHE 177, 257, NWB DokID: QAAAA-96754; v. 25. 7. 1995 – VIII R 61/94, BFH/NV 1996, 117.

A. Einkommensteuer

des maßgeblichen Zeitpunkts für die Zuordnung der Steuerschuld als Insolvenzforderung oder als Masseverbindlichkeit nicht auf den Zeitpunkt der Eröffnung des Verfahrens, sondern den **Zeitpunkt der Bestellung des Verwalters** abzustellen. Die vom vorläufigen „starken" Verwalter begründeten Verbindlichkeiten gelten nach der Verfahrenseröffnung als Masseverbindlichkeiten (§ 55 Abs. 2 InsO).

Diese Zuordnung ist für den Steuergläubiger von beträchtlicher Bedeutung, weil die Masseverbindlichkeiten aus der Insolvenzmasse vorweg zu berichtigen sind (§ 53 InsO), den Insolvenzforderungen also vorgehen. Die Chancen eines Massegläubigers, seine Forderung gegen den Schuldner realisieren zu können, sind folglich weitaus größer als die eines Gläubigers einer (bloßen) Insolvenzforderung. 1435

Eine Steuerforderung wird entweder Insolvenzforderung, soweit sie auf den Zeitraum bis zur Eröffnung des Insolvenzverfahrens entfällt, oder sonstige Masseverbindlichkeit i. S. v. § 55 InsO sein, soweit der Insolvenzverwalter oder der Schuldner nach der Verfahrenseröffnung steuerpflichtige Einnahmen erzielt hat. Im Gegensatz zum Konkursrecht fehlt es nämlich in vielen Fällen an einem ertragsteuerlich beachtlichen insolvenzfreien Vermögen,[1] weil jetzt nach § 35 InsO[2] nicht mehr – wie zuvor nach § 1 Abs. 1 KO – nur das dem Schuldner zurzeit der Eröffnung des Verfahrens gehörende Vermögen, sondern auch das von ihm während des Verfahrens – einschließlich durch Schenkung und Erbschaft – erlangte Vermögen zur Masse zählt.[3] 1436

Zwar gibt es auch weiterhin **nicht zur Masse gehörendes Vermögen** des Insolvenzschuldners. Dabei handelt es sich jedoch ausschließlich um Gegenstände, die nicht der Zwangsvollstreckung unterliegen oder durch deren Verwertung die Masse ersichtlich nicht bereichert würde (s. § 36 InsO).[4] Eine Dreiteilung des Veranlagungsjahres in Besteuerungsabschnitte ist z. B. denkbar, wenn das Insolvenzverfahren im Jahr seiner Eröffnung auch beendet wird mit der Folge, dass auch ein insolvenzfreier Besteuerungszeitraum entsteht und in diesem 1437

---

1 Frankfurter Kommentar, § 155 Rdnr. 287; zur Neuregelung des § 35 Abs. 2 InsO durch das Gesetz zur Vereinfachung des Insolvenzverfahrens v. 13. 4. 2007 vgl. Rdnr. 637, insoweit bleiben die ertragsteuerlichen Folgen abzuwarten.
2 Zur Zulässigkeit der Freigabe in der „kalten Zwangsverwaltung" vgl. Molitor, ZInsO 2009, 231 ff.
3 Zu den verfahrensrechtlichen Folgen der Freigabe einer Zahnarztpraxis für die Beiladung eines Insolvenzverwalters nach Verfahrensaufhebung vgl. BFH v. 22. 10. 2007 – VIII B 55/07.
4 Auch Einkommensteuererstattungen die im Zshg. mit pfändungsfreiem Arbeitslohn stehen (§ 36 InsO i. V. m. §§ 850 ff. ZPO), rechnen zur Insolvenzmasse. Sie teilen nicht das Schicksal des insolvenzfreien Arbeitslohns (FG Rheinland-Pfalz, Urteil v. 2. 7. 2009 – 4 K 2514/06 mit ausführlicher Begründung).

Zeitraum steuerpflichtige Einkünfte erzielt werden. In einem solchen Fall ist die auf diesen Besteuerungszeitraum entfallende Steuerschuld herkömmliche Steuerforderung, die außerhalb des Insolvenzverfahrens gegen den Schuldner unmittelbar durch Bescheid geltend zu machen ist. Allerdings kann sich nach neuem Recht bei natürlichen Personen an das Insolvenzverfahren noch das sog. **Restschuldbefreiungsverfahren** nach den §§ 286 ff. InsO anschließen, das nach Ablauf einer Phase des Wohlverhaltens den Schuldner gegenüber allen Insolvenzgläubigern (§ 301 Abs. 1 Satz 1 InsO) von den im Insolvenzverfahren und in der anschließenden Wohlverhaltensperiode nicht erfüllten Verbindlichkeiten befreit. Inwieweit sich die Neufassung des § 35 InsO durch das Gesetz zur Vereinfachung des Insolvenzverfahrens auf die Abwicklung der Verfahren auswirkt, ist derzeit noch nicht abzuschätzen. Die Bedeutung einkommensteuerrechtlicher Fragestellungen wird aber in der Tendenz eher zunehmen.[1]

1438 Die oben skizzierte zwingend notwendige Verteilung der für das Kalenderjahr ermittelten Einkommensteuerschuld auf mindestens zwei insolvenzrechtlich vorbestimmte Zeiträume ist in der **Praxis** problematisch, da neben die zeitpunktbezogene Verwirklichung des Besteuerungstatbestandes die zeitraumbezogene Komponente des Veranlagungsjahres tritt.[2] Der Steueranspruch entsteht nach § 38 i.V.m. § 37 Abs. 1 AO zwar grundsätzlich, sobald der Tatbestand verwirklicht wird, an den das Gesetz die Leistungspflicht knüpft. Das Einkommensteuergesetz verlagert den Entstehenszeitpunkt über §§ 25 Abs. 1, 36 Abs. 1 jedoch auf den Ablauf des Veranlagungszeitraums.[3]

1439 Als weiteres Problem tritt hinzu, dass das Einkommensteuerrecht zwischen dem Zuflussprinzip und dem Grundsatz der Gewinnverwirklichung unterscheidet. Wann eine Handlung des Steuerpflichtigen den Tatbestand erfüllt, ist somit aus rein steuerrechtlicher Sicht auch von der Einkunftsart abhängig.

1440 Vordergründig betrachtet wird mit der Bildung von Besteuerungsabschnitten der steuerliche Grundsatz durchbrochen, dass der Veranlagungszeitraum dem Kalenderjahr entspricht. Im Ergebnis bleibt es gleichwohl dabei, dass die Eröffnung des Insolvenzverfahrens das Besteuerungsverfahren nicht beeinflusst. Ursache der zeitlichen **Aufteilung des Besteuerungszeitraums** ist nämlich allein der insolvenzrechtliche Gedanke der Abgrenzung der Steuerforderungen innerhalb des Veranlagungsjahres, es entsteht aber kein abgekürzter Besteuerungszeitraum. Die dem Zwecke der einheitlichen Befriedigung der Gläubiger

---

1 Insbesondere mit Blick auf die umstrittenen Folgen der Restschuldbefreiung für betriebliche Verbindlichkeiten OFD Münster v. 21. 10. 2005 – S-0270, ZInsO 2006, 135.
2 Zu dieser Problematik im Einzelnen: Onussert/Kunz, Steuern in der Insolvenz, Rdnr. 496.
3 Vgl. dazu BVerfG v. 3. 12. 1997 – 2 BvR 882/97, BVerfGE 97, 67, 80.

dienende insolvenzrechtliche Trennung der Vermögensmassen wird im Steuerrecht – ebenso wie im Zivilrecht – nicht nachvollzogen. Die insolvenzrechtliche Einordnung richtet sich danach, wann und in welcher Höhe die Einkommensteuer begründet worden ist; nicht entscheidend indessen ist etwa ihr Entstehungszeitpunkt erst mit Ablauf des Veranlagungszeitraums.[1]

Für den Bereich der Umsatzsteuer hat der BFH[2] Insolvenzforderungen und Masseverbindlichkeiten aktuell wie folgt abgegrenzt: Vereinnahmt der Insolvenzverwalter nach Eröffnung des Insolvenzverfahrens im Rahmen der Istbesteuerung gem. § 13 Abs. 1 Nr. 1b UStG Entgelte für Leistungen, die bereits vor Verfahrenseröffnung erbracht wurden, handelt es sich bei der für die Leistung entstehenden Umsatzsteuer um eine Masseverbindlichkeit nach § 55 Abs. 1 Nr. 1 InsO. *„Ob es sich bei einem Steueranspruch um eine Insolvenzforderung oder um eine Masseverbindlichkeit handelt, bestimmt sich nach dem Zeitpunkt, zu dem der den Umsatzsteueranspruch begründende Tatbestand vollständig verwirklicht und damit abgeschlossen ist. … Welche Anforderungen im Einzelnen an die somit erforderliche vollständige Tatbestandsverwirklichung im Zeitpunkt der Insolvenzeröffnung zu stellen sind, richtet sich nach den jeweiligen Vorschriften des Steuerrechts, nicht aber nach dem Insolvenzrecht. Kommt es zur vollständigen Tatbestandsverwirklichung bereits vor Verfahrenseröffnung, handelt es sich um eine Insolvenzforderung, erfolgt die vollständige Tatbestandsverwirklichung erst nach Insolvenzeröffnung, liegt unter den Voraussetzungen des § 55 InsO eine Masseverbindlichkeit vor."*

1441

Nach dieser Maßgabe des V. Senats zur Umsatzsteuer müsste eine Betriebseinnahme, die nach Insolvenzeröffnung für eine Leistung zufließt, die vor Insolvenzöffnung erbracht wurde, als Masseverbindlichkeit bei der Einkommensteuer zu behandeln sein. Die vollständige Tatbestandsverwirklichung tritt im Rahmen des § 4 Abs. 3 EStG nämlich erst mit dem Zufluss nach Insolvenzeröffnung ein. Demgegenüber hat der X. Senat[3] im Rahmen des § 4 Abs. 3 EStG bei Zufluss einer Zahlung aus der Anfechtung einer Betriebsausgabe, die vor Insolvenzeröffnung geleistet wurde, wie folgt abgegrenzt: *„Für die Frage, ob Steuerforderungen Insolvenzforderungen oder Masseverbindlichkeiten sind, ist entscheidend, ob die Hauptforderung in ihrem Kern bereits vor Eröffnung des Insolvenzverfahrens entstanden ist. Es kommt nicht darauf an, ob der Anspruch zum Zeitpunkt der Eröffnung des Insolvenzverfahrens im steuerrechtlichen Sinne entstanden ist, sondern darauf, ob in diesem Zeitpunkt nach insolvenzrechtlichen*

1442

---

1 Vgl. BFH v. 22. 5. 1979 – VIII R 58/77, BStBl II 1979, 639, 640.
2 Urteil v. 29. 1. 2009 – V R 64/07.
3 Beschluss v. 1. 4. 2008 – X B 201/07.

Grundsätzen der Rechtsgrund für den Anspruch bereits gelegt war. Damit sind Steuerforderungen Insolvenzforderungen, die im Zeitpunkt der Eröffnung des Insolvenzverfahrens zwar noch nicht i. S. des § 38 AO entstanden, wohl aber insolvenzrechtlich begründet sind. Hierfür können auch zivilrechtliche Umstände maßgebend sein. Daher ist ein Steueranspruch immer dann Insolvenzforderung i. S. des § 38 InsO, wenn er vor Eröffnung des Verfahrens in der Weise begründet worden ist, dass der zu Grunde liegende zivilrechtliche Sachverhalt, der zur Entstehung der Steuerforderung führt, bereits vor Eröffnung des Insolvenzverfahrens verwirklicht worden ist. Rechtsgrund für die Entstehung einer Forderung ist der sie begründende Tatbestand, der sog. Schuldrechtsorganismus. Da bereits die Anfechtbarkeit einer Rechtshandlung den Rückgewähranspruch begründet, ist in diesem Zeitpunkt nach insolvenzrechtlichen Grundsätzen auch der Rechtsgrund für den Steueranspruch gelegt. Nicht die Anfechtungshandlung der Antragstellerin begründet den Steueranspruch. Vielmehr ist dieser bereits vor Insolvenzeröffnung begründet worden und – wie das FG zutreffend darlegt – lediglich aufschiebend bedingt abhängig von der Einkunftserzielung in Gestalt der insolvenzrechtlichen Rückgewähr." Mit dieser Blickrichtung könnte im Rahmen des § 4 Abs. 3 EStG eine Betriebseinnahme, die nach Insolvenzeröffnung für eine Leistung vor Insolvenzeröffnung vereinnahmt wird, als Insolvenzforderung eingeordnet werden. Der zivilrechtliche Rechtsgrund der Forderung ist in diesem Fall vor Insolvenzeröffnung i. S. d. § 38 InsO begründet; unmaßgeblich ist dann der Zufluss nach Insolvenzeröffnung.

1443–1450 *(Einstweilen frei)*

b) Bildung von Besteuerungsabschnitten

(1) Einkommensteuerschuld als Insolvenzforderung

1451 Rechtlicher Anknüpfungspunkt für die Aufteilung des Veranlagungszeitraums in Besteuerungsabschnitte ist hinsichtlich der insolvenzbehafteten Verbindlichkeiten § 38 InsO. War die Steuerforderung bereits im Zeitpunkt der Insolvenzeröffnung i. S. der genannten Vorschrift begründet, d. h., hatte der Insolvenzschuldner durch seine Tätigkeit den materiell-rechtlichen Steuertatbestand verwirklicht und damit den Rechtsgrund für die Entstehung des Anspruchs gelegt, ist sie als Insolvenzforderung einzuordnen und aus der Insolvenzmasse zu befriedigen.

1452 Der bis zum Tag der Insolvenzeröffnung begründete (§ 38 InsO) Teil der Einkommensteuerschuld ist vom Steuergläubiger zur Insolvenztabelle anzumelden (§§ 87, 174 f. InsO) – und zwar der Höhe nach bis zur endgültigen Ermittlung am Ende des Besteuerungszeitraums als nach § 45 InsO zulässigerweise geschätzte (§ 162 AO) Forderung. Dass diese Forderung nur befristet ist, weil sie insolvenzrechtlich i. S. v. § 38 InsO zwar bereits begründet ist, sie ertragsteuerrechtlich aber erst mit Ablauf des maßgeblichen Veranlagungszeitraums als zukünftig gewisses Ereignis entsteht, und es mangels Steuerfestsetzung auch an der Fälligkeit fehlt (vgl. § 41 InsO), ist mit dem Wegfall des Konkursvorrechts nach neuem Recht ohne Bedeutung.[1]

Nur durch **Anmeldung zur Insolvenztabelle** kann der Anspruch gegenüber dem Insolvenzschuldner durchgesetzt werden, weil die Finanzbehörde einen Steuerbescheid als Vollstreckungstitel nicht (mehr) erlassen darf. Eine Ausnahme gilt nur bei **zusammenveranlagten Eheleuten**. Hier darf die Finanzbehörde einen Leistungsbescheid wegen des Teils der gemeinschaftlichen Steuerschuld, der auf den nicht insolventen Ehegatten entfällt, erlassen.[2] 1453

(2) Einkommensteuerschuld als Masseverbindlichkeit

Haben Handlungen des Insolvenzverwalters oder unter Umständen auch des Insolvenzschuldners im Zusammenhang mit der Verwaltung, Verwertung oder Verteilung der Masse zu einkommensteuerpflichtigen Einkünften geführt, handelt es sich bei der entstandenen Einkommensteuer um eine sonstige **Masseverbindlichkeit** nach § 55 InsO, die nach § 53 InsO vorweg aus der Insolvenzmasse zu befriedigen ist. Die nach der Verfahrenseröffnung realisierten Gewinne oder Verluste sind dem Ermittlungszeitraum der Masseverbindlichkeiten zuzuordnen, soweit sie bei der Verwaltung, Verwertung oder Verteilung oder aus sonstigen Handlungen des Insolvenzverwalters entstehen. Der nach Verfahrenseröffnung begründete Steueranteil ist von der Finanzbehörde mit einem auf die Masseverbindlichkeit beschränkten **Einkommensteuerbescheid** gegenüber dem Insolvenzverwalter festzusetzen und ggf. gegen die Masse auf der Grundlage der §§ 249 ff. AO zu vollstrecken. Die Anmeldung zur Insolvenztabelle oder der Erlass eines Feststellungsbescheides nach § 251 Abs. 3 AO ist ausgeschlossen.[3] Der Insolvenzschuldner bleibt allerdings als Träger der Masse Steuerschuldner. 1454

---

1 Frankfurter Kommentar, § 155 Rdnr. 171.
2 BFH v. 29. 3. 1984 – IV R 271/83, BStBl II 1984, 602.
3 BFH v. 25. 7. 1995 – VIII R 61/94, BFH/NV 1996, 117, 118, mit umfangreichen Hinweisen auf die obergerichtliche Rspr. und die Literatur; s. insbesondere BFH v. 11. 11. 1993 – XI R 73/92, BFH/NV 1994, 477, 479 sub 5., in dem die Rechtslage im Umsatzsteuerrecht als vergleichbar angesehen wird; zustimmend Weiß, FR 1990, 539, 543, m.w.N.; s. a. Frotscher, Besteuerung bei Insolvenz, 264.

(3) Einkommensteuerschuld als insolvenzfreie Verbindlichkeit

1455 Von Insolvenzforderungen und Masseverbindlichkeiten sind wiederum Steuerschulden als möglicher dritter Teil der Einkommensteuerabschlusszahlung zu unterscheiden, die im Veranlagungsjahr durch eine **insolvenzfreie Tätigkeit** des Insolvenzschuldners entstanden sind, nicht dem zur Insolvenzmasse gehörenden Vermögen zuzuordnen sind und damit am Insolvenzverfahren nicht teilnehmen (§ 80 Abs. 1 InsO).[1] Sie sind wiederum durch Leistungsbescheid unmittelbar gegenüber dem Insolvenzschuldner festzusetzen und deshalb auszusondern. Wie bereits oben angesprochen, wird es an einem neben die Ermittlungszeiträume Insolvenzforderung und Masseverbindlichkeit tretenden, das insolvenzfreie Vermögen betreffenden Ermittlungszeitraum regelmäßig fehlen. Entgegen der alten Rechtslage, nach der nur das dem Gemeinschuldner zurzeit der Eröffnung des Konkursverfahrens gehörende Vermögen zur Konkursmasse zählte (§ 1 KO), erweitert § 35 InsO die Insolvenzmasse. Nunmehr wird auch das vom Schuldner nach der Eröffnung des Verfahrens erlangte Vermögen grundsätzlich zur Masse gerechnet, so dass der Schuldner ertragsteuerlich beachtliches insolvenzfreies Vermögen (vgl. § 36 InsO) während des laufenden Insolvenzverfahrens eher selten bilden kann.[2] Für Einkünfte, die nach Abschluss des Insolvenzverfahrens erzielt werden, ist ein dritter Besteuerungsabschnitt zu bilden, sollten Insolvenzeröffnung und -beendigung in einen Veranlagungszeitraum fallen. Wiederum gilt: Inwieweit sich die Neufassung des § 35 InsO durch das Gesetz zur Vereinfachung des Insolvenzverfahrens auf die künftige Abwicklung der Verfahren auswirkt, ist derzeit noch nicht abzuschätzen.[3]

1456 Der **Kindergeldanspruch** des Insolvenzschuldners gehört zum insolvenzfreien Vermögen und fällt nicht in die Insolvenzmasse.[4] Die Festsetzung hat auch während eines laufenden Insolvenzverfahrens gegenüber dem Insolvenzschuldner zu erfolgen. Ein Rückforderungsanspruch wegen zu Unrecht ausgezahlten Kindergelds stellt keine Insolvenzforderung dar, wenn der Insolvenzschuldner das streitige Kindergeld für einen nach der Insolvenzeröffnung liegenden Zeitraum bezogen hat. Von einer Leistung des Kindergeldes in die Insolvenzmasse kann nur dann ausgegangen werden, wenn die Leistung der Familienkasse aufgrund einer an den Insolvenzverwalter adressierten Festsetzung erfolgt. Anderenfalls erfolgt die Leistung in das insolvenzfreie Vermögen.

---

1 Vgl. BFH v. 14. 2. 1978 – VIII R 28/73, BStBl II 1978, 356; Weiß, FR 1990, 539, 541.
2 Frankfurter Kommentar, § 155 Rdnr. 278, 287.
3 Frystatzki, EStB 2005, 232; vgl. Rdnr. 637 mit Hinweisen zur Gesetzesbegründung.
4 FG München v. 19. 9. 2007 – 9 K 4047/06.

Ist der Rückforderungsanspruch weder Insolvenzforderung noch Masseverbindlichkeit, sondern gegen das insolvenzfreie Vermögen gerichtet, so ist der Rückforderungsbescheid an den Insolvenzschuldner und nicht an den Insolvenzverwalter zu richten.

c) Die Aufteilung der einheitlichen Steuerschuld

Mit der Bildung von Besteuerungsabschnitten kehrt der BFH faktisch zum Separationsmodell der frühen RFH-Rechtsprechung zurück, ohne allerdings auf die Ermittlung der einheitlichen Steuerschuld des Veranlagungszeitraums der Insolvenzeröffnung zu verzichten. Folglich muss diese einheitlich ermittelte Einkommensteuerschuld **verhältnismäßig** auf die Vermögensmassen und Forderungsarten verteilt werden. Da die Höhe der Einkommensteuerschuld indessen frühestens mit Ende des Veranlagungszeitraums feststeht, ist in zeitlicher Hinsicht zu beachten, dass die Forderung zum Zwecke der Anmeldung der Höhe nach geschätzt werden muss (§ 45 Satz 1 InsO). Die Anmeldung kann nach § 177 Abs. 1 Satz 3 InsO nachträglich geändert werden. 1457

Nach welchem in sich schlüssigen Modus die Einkommensteuer als Jahressteuer aufgeteilt werden soll, ist nicht abschließend geklärt. An einer speziellen gesetzlichen Vorgabe fehlt es;[1] die Steuergesetze sehen lediglich in den §§ 268 ff. AO die Aufteilung einer Steuerschuld vor, wenn bei Gesamtschuldnerschaft eine Vollstreckung droht. 1458

Nach Auffassung des BFH soll **Aufteilungsmaßstab** für die Steuerschuld allein das Verhältnis der Höhe der einzelnen Teileinkünfte zueinander sein. Entscheidend ist also der jeweilige Gesamtbetrag der Einkünfte. Eine Zuordnung der Pausch- und Freibeträge sei deshalb nicht erforderlich. 1459

> **BEISPIEL:** Die Steuerschuld beträgt 30 000 €. Gesamtbetrag der Einkünfte vor Insolvenzeröffnung 25 000 €. Gesamtbetrag der Einkünfte, der zum Insolvenzverfahren gehört, 75 000 €. Insolvenzfreie Einkünfte sind nicht erzielt worden. Die Steuerschuld ist im Verhältnis 1/4 zu 3/4 zuzuordnen.

Obwohl dabei die i. d. R. wohl ungleiche Progressionsbelastung der einzelnen „Besteuerungsabschnitte" – z. B. wenn der Insolvenzverwalter bei der Verwertung hohe Gewinne erzielt – unberücksichtigt bleibt, hält der BFH diese Aufteilungsmethode für sachgerecht mit der Begründung, unabhängig von ihrem 1460

---

[1] Vgl. dazu mit berechtigter Kritik an der Rspr. und ausführlicher Stellungnahme Maus, Steuerrechtliche Probleme im Insolvenzverfahren, 111 f.; ders., ZIP 1993, 745; Classen, BB 1985, 50; Onusseit/Kunz, Steuern in der Insolvenz, Rdnr. 556 ff.; Onusseit, ZIP 1986, 77; zu den in der Literatur diskutierten Aufteilungsmodellen im Einzelnen s. Frotscher, Besteuerung bei Insolvenz, 108 ff.

zeitlichen Anfall hätten alle Einkommensteile ununterscheidbar zur Jahressteuerschuld beigetragen.¹ Dies kann allerdings insbesondere bei der Aufdeckung stiller Reserven in Wirtschaftsgütern, die mit Absonderungsrechten belastet sind, zu ungerechtfertigten steuerlichen Verschiebungen zwischen den insolvenzrechtlichen Vermögensmassen führen,² weil die höchstrichterliche Rechtsprechung die Einkommensteuer aus Masseverwertungen des Insolvenzverwalters i. S. v. § 159 InsO – soweit der Erlös der Masse zufließt – zu den sonstigen Masseverbindlichkeiten des § 55 Abs. 1 Nr. 1 InsO zählt,³ die nach § 53 InsO vorweg aus der Masse zu befriedigen sind. Während die absonderungsberechtigten Gläubiger vor Abzug der den Insolvenzschuldner treffenden, die Masse belastenden Einkommensteuer befriedigt werden, können sich die übrigen Insolvenzgläubiger erst aus der um die Steuerschuld geminderten Restmasse schadlos halten⁴ (s. dazu im Einzelnen Rdnr. 1489 ff.).

1461 Um die Folgen der **Progression** zumindest abzumildern, erscheint es sachgerecht, Besteuerungsabschnitte zu bilden. Bei bilanzierenden Steuerpflichtigen ist dabei der Zeitpunkt der Erfolgswirksamkeit, im Übrigen der Zu- und Abfluss der Zahlungen entscheidend. Mit Hilfe einer Aufteilung der Besteuerungsgrundlagen, die nach dem System der Einkommensteuer eigentlich nur unselbständige Berechnungsposten für die veranlagte Steuerschuld sind, müssen i. S. v. fiktiven getrennten Veranlagungen nach §§ 268 ff. AO **Teilveranlagungen** durchgeführt werden. Um eine annähernd genaue Aufteilung vornehmen zu können, wird man letztlich nicht umhinkommen, für die unterschiedlichen Zeiträume jeweils Gewinnermittlungen und darauf fußend sog. **Schattenveranlagungen** durchzuführen, bei denen die Sonderausgaben und außergewöhnlichen Belastungen nach Anlass zugerechnet und die Pauschbeträge zeitanteilig berücksichtigt werden.⁵ Anschließend werden für die Teilveranlagungen jeweils die Steuerschulden errechnet und zueinander ins Verhältnis gesetzt. Grundlage der Aufteilung der einheitlichen Steuerschuld sind damit

---

1 BFH v. 29.3.1984 – IV R 271/83, BStBl II 1984, 602, 604 a. E. und v. 11.11.1993 – XI R 73/92, BFH/NV 1994, 477, 479.
2 Darauf weist insbesondere Onusseit/Kunz, Steuern in der Insolvenz, Rdnr. 560, zu Recht hin.
3 So zuletzt BFH v. 25.7.1995 – VIII R 61/94, BFH/NV 1996, 117, m.w.N. zum Konkursrecht (§§ 57, 58 Nr. 2 KO); zustimmend Weiß, FR 1990, 539, 543; kritisch Onusseit, ZIP 1986, 77, 84; anders allerdings, wenn die Steuer bei einer vor Konkurseröffnung eingeleiteten Zwangsversteigerung anfällt, weil es an einer Verwertungshandlung des KV fehlt – BFH v. 14.2.1978 – VIII R 28/73, BStBl II 1978, 356.
4 So die in diesem Punkt berechtigte Kritik des Niedersächsischen FG v. 29.6.1992 – XIII (XI) 38/89, FR 1993, 305, 308, zum Konkursrecht.
5 So zutreffend Weiß, FR 1992, 255, 259; Frotscher, Besteuerung bei Insolvenz, 108 ff.

nicht die Gesamtbeträge der Einkünfte, sondern die Steuerbeträge, bei denen das Progressionselement zumindest eingeflossen ist.

Ein Sonderproblem der Aufteilung stellt sich beim **Verlustabzug** nach § 10d EStG. Während bei der Ermittlung der einheitlichen Einkommensteuerschuld Verlustvor- und -rücktrag entsprechend den gesetzlichen Tatbestandsmerkmalen steuermindernd zu berücksichtigen sind (s. dazu Rdnr. 1344), bedarf es im Rahmen der Schattenveranlagungen der Entscheidung, bei welcher Vermögensmasse sie in welcher Reihenfolge anzusetzen sind. Insoweit schlägt Frotscher[1] vor, beim Verlustvortrag aus zurückliegenden Veranlagungszeiträumen nur die Insolvenzmasse zu begünstigen, weil der Verlust sich nicht auf das insolvenzfreie Vermögen bezieht. Innerhalb des insolvenzbefangenen Vermögens seien vorrangig die vorinsolvenzlichen Einkünfte zu mindern. Nicht ausgeglichene vortragsfähige Verluste des Insolvenzjahres seien im Folgejahr zunächst von den Insolvenzeinkünften, der Rest beim insolvenzfreien Vermögen abzuziehen. Bei einem Verlustrücktrag in das Jahr der Insolvenzeröffnung sollte sich der Verlust zunächst bei der Schattenveranlagung für die Masseverbindlichkeiten, dann der des vorinsolvenzlichen Teils und erst anschließend des insolvenzfreien Vermögens auswirken. Dieser Aufteilungsmodus erscheint sachgerecht, da er die Verluste nach den allgemeinen Kriterien zuordnet und sich am Verursachungsprinzip orientiert. 1462

Welchem Aufteilungsmodell man letztendlich folgt, sollte in der Praxis anhand des Einzelfalles entschieden werden. Denn trotz aller – z. T. wohl berechtigter – Kritik an den von der Rechtsprechung und in der Literatur entwickelten Modellen sollte man nicht aus dem Blick verlieren, dass jedes Berechnungsergebnis die Frucht einer mehr oder weniger groben Schätzung bleibt. Mit Rücksicht auf den Arbeitsaufwand, den (mindestens zwei) Teilveranlagungen verursachen, einerseits und das doch recht spärliche Ergebnis andererseits, sollte das im Einzelfall sachgerechteste Modell bevorzugt werden, um das Insolvenzverfahren im allseitigen Interesse zum Abschluss zu bringen. 1463

Die **Mindestbesteuerung** kann in Einzelfällen sanierungshemmende Wirkung entfalten.[2] Nach § 10d Abs. 2 EStG sind nicht ausgeglichene negative Einkünfte, die nicht nach § 10d Abs. 1 EStG abgezogen worden sind, in den folgenden Veranlagungszeiträumen bis zu einem Gesamtbetrag der Einkünfte von 1464

---

1 Besteuerung bei Insolvenz, 112 f.
2 Giltz/Kuth, DStR 2005, 184.

1 Mio. € unbeschränkt, darüber hinaus bis zu 60 % des 1 Mio. € übersteigenden Gesamtbetrags der Einkünfte abzuziehen.[1]

d) Übersicht zur Aufteilung der Einkommensteuerschuld

1465

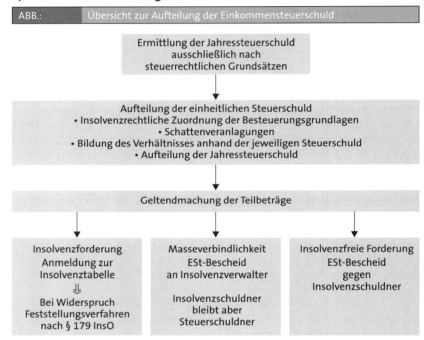

ABB.: Übersicht zur Aufteilung der Einkommensteuerschuld

e) Zuordnung bei der Aufdeckung stiller Reserven

1466 Im Rahmen des Insolvenzverfahrens kommt dem Insolvenzverwalter nach § 159 InsO die Aufgabe zu, das zur Insolvenzmasse gehörende Vermögen zu verwerten, soweit die Beschlüsse der Gläubigerversammlung nicht entgegenstehen. Solche Verwertungshandlungen führen regelmäßig zu einer Aufdeckung der in den betrieblichen Wirtschaftsgütern schlummernden stillen Reserven. Nach den allgemeinen steuerlichen Grundsätzen führt deren Aufdeckung erst im Zeitpunkt der Veräußerung zu einem Gewinn, der deshalb in voller Höhe im betroffenen Veranlagungszeitraum zu versteuern ist.

---

1 Zu den Folgerungen für das Insolvenzverfahren vgl. Frotscher, Besteuerung bei Insolvenz, 114.

A. Einkommensteuer

Diese an den Zeitpunkt der Realisierung durch den Veräußerungsvorgang anknüpfende Betrachtungsweise führt insolvenzrechtlich bei der Zuordnung der daraus herrührenden Einkommensteuer zu dem Ergebnis, dass die entstehende Steuerschuld immer zu den **Masseverbindlichkeiten** zählt, weil sie jedes Mal auf einer Verwertungshandlung des Insolvenzverwalters fußt. Unberücksichtigt bleibt insoweit, dass der maßgebliche Gewinn wirtschaftlich über Jahre hinweg angesammelt wurde und die Insolvenzmasse zulasten der übrigen Gläubiger durch die hohe Einkommensteuerbelastung geschwächt wird.

1467

Trotz dieser Folgen für das Insolvenzverfahren hält der BFH strikt an den steuerlichen Vorgaben fest und ordnet die Einkommensteuer den Masseverbindlichkeiten zu, soweit die Steuerschuld auf der Aufdeckung stiller Reserven bei der Verwertung betrieblicher Wirtschaftsgüter beruht. Zur Begründung führt der Senat aus, dass nach dem Realisationsprinzip das bloße Halten stiller Reserven nicht der Steuerpflicht unterliegt; erst mit der Verwertungshandlung während des Insolvenzverfahrens werde der Steuertatbestand verwirklicht und der Anspruch im insolvenzrechtlichen Sinne begründet.[1] Es kommt danach nicht auf die Wertsteigerungen durch die vorinsolvenzliche Betätigung des Insolvenzschuldners an, sondern entscheidend ist allein die Realisierung des Gewinns durch die Veräußerungshandlung des Insolvenzverwalters. Die Aufstellung der Insolvenzeröffnungsbilanz durch den Insolvenzverwalter nach § 153 InsO führt noch nicht zur Gewinnrealisierung, da sie ausschließlich der Vermögens-, nicht aber der Gewinnermittlung dient.

1468

Diese Rechtsprechung, die die Aufdeckung ausschließlich dem nach Insolvenzeröffnung beginnenden Ermittlungszeitraum zuordnet, ist **angreifbar**. Denn mit dem Merkmal der Gewinnrealisierung stellt der BFH allein auf das Steuerrecht ab. Er blendet damit systemwidrig den Umstand aus, dass das Insolvenzverfahren der gemeinschaftlichen Befriedigung der Gläubiger aus der Insolvenzmasse dient und insoweit dem Verkehrswert der Vermögensgegenstände das entscheidende Gewicht beizumessen ist.

1469

Die Besteuerung stiller Reserven ist für sich genommen eine rein steuerrechtliche Frage der Gewinnverwirklichung. Die insolvenzrechtliche Einstufung einer Steuerschuld als Insolvenz- oder Masseforderung – und damit die Geltendmachung der Schuld – richtet sich hingegen ausnahmslos nach insolvenzrechtlichen Kriterien. Der Zeitpunkt der Gewinnrealisierung ist insolvenzrechtlich belanglos, denn durch die Verwertung eines Wirtschaftsgutes – sprich die

1470

---

1 BFH v. 11.11.1993 – XI R 73/92, BFH/NV 1994, 477, 479, unter Hinweis auf BFH v. 29.3.1984 – IV R 271/83, BStBl II 1984, 602; s. a. BFH v. 7.11.1963 – IV 210/62 S, BStBl III 1964, 70.

Umwandlung des Substanzwertes in Barvermögen – wird angesammeltes Vermögen lediglich **aufgedeckt**. Der Vermögenszuwachs als Unterschiedsbetrag zwischen Buch- und Marktwert ist also im Zeitpunkt der Insolvenzeröffnung schon vorhanden und wird der Insolvenzmasse nicht etwa nachträglich zugeführt. Insbesondere wenn der niedrige Buchwert des Wirtschaftsgutes auf der Wirtschaftsförderung dienenden Sonderabschreibungen beruht, wird man die Steuerschuld auf den erzielten Aufdeckungsgewinn auch als gestundet und insolvenzrechtlich vor Insolvenzeröffnung aufschiebend bedingt entstanden betrachten können.

1471 Dass die Zuordnung der stillen Reserven zu einem vor der Eröffnung und einem während des Insolvenzverfahrens entstandenen Teil praktische Schwierigkeiten der **Bewertung** aufwirft, rechtfertigt das „systemwidrige" Abstellen auf den steuerlichen Realisierungszeitpunkt ebenfalls nicht. Zum einen ist die Finanzverwaltung auch in anderen Bereichen – z. B. bei der Teilwertbestimmung – gezwungen, aus Gründen der sachgerechten Besteuerung Wertansätze annähernd zu schätzen. Zum anderen liegt mit der Insolvenzeröffnungsbilanz nach § 153 InsO als reiner Vermögensaufstellung ein geeignetes Erkenntnismittel vor.

1472 M. E. spricht deshalb insolvenzrechtlich alles dafür, dass Steuerschulden aus der Veräußerung von Wirtschaftsgütern als **Insolvenzforderungen** zur Tabelle anzumelden sind, soweit die aufgedeckten stillen Reserven vor Insolvenzeröffnung angesammelt wurden. Zu den Masseverbindlichkeiten gehören sie insolvenzrechtlich nur insoweit, als sie auf den Zeitraum nach Insolvenzeröffnung entfallen.[1]

Diese rein insolvenzrechtliche Sichtweise spricht zwar gegen die bisherige Rechtsprechung des BFH. Die Steuererklärungspraxis in der Insolvenzverwaltung sollte sich allerdings an die Grundsätze der BFH-Rechtsprechung zur Aufdeckung von stillen Reserven nach steuerrechtlichen Maßstäben ausrichten, um nicht durch Haftungsbescheide gem. § 69 AO i. V. m. § 34 Abs. 3 AO für entsprechende Masseverbindlichkeiten in Anspruch genommen zu werden und sich nicht im Einzelfall dem Vorwurf der §§ 370, 378 AO auszusetzen. Die Zuordnung von Steueransprüchen in der Insolvenz ist jedoch seit geraumer Zeit durch eine Vielzahl von Entscheidungen im Wandel (vgl. Rdnr. 1474), so dass eine Fortentwicklung der Rechtsprechung des BFH in diesem Bereich nicht von vornherein aussichtslos erscheint.

---

1 Frotscher, Besteuerung bei Insolvenz, 119 ff.; Braun/Uhlenbruck, Unternehmensinsolvenz, 142; Onusseit/Kunz, Steuern in der Insolvenz, Rdnr. 523; Classen, BB 1985, 50.

A. Einkommensteuer

Diese Besteuerungsgrundsätze gelten bei einer **Betriebsaufgabe oder -veräußerung** entsprechend.[1] 1473

Festzuhalten bleibt, dass trotz der zwischenzeitlichen Entscheidungen im Bereich der Einkommensteuer 1474

- ▶ zu einer insolventen Personengesellschaft,[2]
- ▶ zu einem insolventen Mitunternehmer,[3]
- ▶ zur Vereinnahmung von Zahlungen durch Insolvenzanfechtung nach Verfahrenseröffnung bei der Gewinnermittlung im Rahmen des § 4 Abs. 3 EStG,[4]
- ▶ zu Tätigkeiten ohne Wissen des Insolvenzverwalters,[5]
- ▶ zur Einordnung einer Haftungsschuld i. S. d. § 69 AO,[6]
- ▶ zur Klagebefugnis des Schuldners hinsichtlich des Einkommensteuerbescheides,[7]
- ▶ zur Anfechtung eines Einkommensteuerbescheides, der Masseverbindlichkeiten gegen den Insolvenzverwalter festsetzt,[8]
- ▶ zur Aufrechnung gegen Lohnsteuererstattungsansprüche während der Wohlverhaltensphase,[9]
- ▶ zur Aufrechnung gegen eine erst nach Aufhebung des Insolvenzverfahrens ermittelte zur Insolvenzmasse gehörende Forderung mit Insolvenzforderungen,[10]
- ▶ zur Anwendung des § 278 Abs. 2 AO (Aufteilungsbescheid),[11]

---

[1] Zur einkommensteuer- und insolvenzrechtlichen Behandlung von Aufgabegewinnen (§ 16 Abs. 1 Nr. 2 EStG) in der Insolvenz eines Personengesellschafters vgl. aktuell Meyer/Verfürth, BB 2007, 862 ff.
[2] BFH v. 5. 3. 2008 – X 60/04.
[3] Niedersächsisches FG v. 28. 10. 2008 – 13 K 457/07.
[4] BFH v. 1. 4. 2008 – X B 201/07.
[5] FG Nürnberg v. 11. 12. 2008 – 4 K 1394/2007 (Az. des BFH: X R 11/09).
[6] FG Rheinland-Pfalz v. 10. 11. 2008 – 5 K 2040/08 bestätigt durch BFH, Urteil v. 21. 7. 2009 – VII R 49/08.
[7] FG des Landes Sachsen-Anhalt v. 18. 11. 2008 – 4 K 203/05.
[8] FG Köln v. 16. 1. 2009 – 7 K 3529/07.
[9] BFH v. 16. 5. 2008 – VII S 11/08 (PKH).
[10] BFH v. 4. 9. 2008 – VII B 239/07.
[11] BFH v. 16. 10. 2008 – VII B 9/08.

die Einordnung von Steuerforderungen in Insolvenzforderungen und Masseverbindlichkeiten Gegenstand von kontroversen Diskussionen bleiben wird.[1]

1475–1480 *(Einstweilen frei)*

f) Zuordnung bei Aussonderung und Absonderung

1481 **Aussonderung** bedeutet insolvenzrechtlich, dass wegen eines dinglichen oder persönlichen Rechts die Massefremdheit eines Gegenstandes geltend gemacht wird (s. hierzu auch Rdnr. 400). Dringt der Gläubiger mit diesem Recht durch, hindert das Aussonderungsrecht einen anderen Gläubiger des Schuldners daran, den Gegenstand im Wege der Zwangsvollstreckung zu verwerten, weil er nicht zu dessen Vermögen zählt. Da der Gegenstand in diesem Fall auch nicht zur Insolvenzmasse gehört, ist der Gläubiger, der ein Aussonderungsrecht geltend macht, nicht Insolvenzgläubiger (§ 47 Satz 1 InsO); er nimmt nicht am Insolvenzverfahren teil. Ein Aussonderungsrecht begründet z. B. das Eigentum als solches im Rahmen von Nutzungsüberlassungen (Miete, Pacht, Leihe), aber auch der einfache Eigentumsvorbehalt nach § 449 BGB.

1482 Im Rahmen des Insolvenzverfahrens sind Aussonderungsrechte einkommensteuerrechtlich nicht von Bedeutung, weil sich der Anspruch auf Aussonderung nach den Gesetzen bestimmt, die außerhalb des Insolvenzverfahrens gelten (§ 47 Satz 2 InsO).

1483 Anders liegt der Fall bei der **Absonderung** (s. hierzu Rdnr. 402). Hier wird nicht die Massefremdheit des Gegenstandes geltend gemacht. Vielmehr gewährt ein zur Absonderung berechtigendes Recht lediglich eine vorzugsweise Befriedigung des Anspruchs aus dem Wert des absonderungsbefangenen Gegenstandes, soweit dies zur Befriedigung der gesicherten Forderung erforderlich ist.[2] Der Gläubiger hat einen Anspruch auf vorrangige Befriedigung aus dem um die Kosten verminderten Verwertungserlös. Der mit dem Absonderungsrecht belastete Gegenstand ist Teil der Insolvenzmasse, so dass der nicht zur Tilgung der gesicherten Forderung notwendige Teil des Verwertungserlöses – der sog. Mehrerlös – zur Masse fließt. Reicht der Erlös zur Befriedigung des Anspruchs nicht aus, wird der noch offene Teil der Forderung zur Insolvenzforderung, wenn der Insolvenzschuldner dafür auch persönlich haftet (§ 52 InsO).

---

1 Zur Versagung der Restschuldbefreiung wegen Nichtvorlage von Unterlagen durch den Insolvenzschuldner zur Fertigung der Einkommensteuererklärung seitens des Insolvenzverwalters vgl. BGH v. 18.12.2008 – IX ZB 197/07: *„In der unterlassenen Einreichung der Steuererklärung könnte darum in Verbindung mit der Vorenthaltung der für die Einreichung der Steuererklärung erforderlichen Unterlagen eine fortwährende Verweigerung von Mitwirkungspflichten liegen."*
2 Breuer, NJW 1999, Beilage zu Heft 1, 18; vgl. auch Frystatzki, EStB 2004, 88.

Ein Absonderungsrecht wird insbesondere durch rechtsgeschäftliche (§§ 1204, 1273 BGB), gesetzliche (z. B. das Vermieter- oder das Verpächterpfandrecht nach §§ 562 ff., 583 BGB) oder durch Pfändung erlangte Pfandrechte (§ 50 InsO), Zurückbehaltungsrechte (§ 51 Nr. 2 und 3 InsO) und Grundpfandrechte (§ 49 InsO) begründet.

1484

„Nur" ein Absonderungsrecht entsteht aber auch bei pfandrechtsähnlichen Rechtskonstruktionen. Dazu gehören der verlängerte (Fortgeltung bei Verarbeitung usw.) und der erweiterte (Sicherung weiterer Forderungen) **Eigentumsvorbehalt**. Überdies zählen dazu die sog. **Sicherungsübereignung,** bei der ein beweglicher Gegenstand zu Sicherungszwecken übereignet wird, und die sog. Sicherungszession, bei der eine Forderung zu Sicherungszwecken abgetreten wird, weil i. d. R. der der Übertragung zugrunde liegende Sicherungsvertrag dem Sicherungsnehmer eine Verwertungsbefugnis einräumt, die mit Eintritt der Verwertungsreife, d. h. nach Fälligkeit der gesicherten, noch offenen Forderung, genutzt werden kann. Trotz der Eigentümerstellung bzw. der Inhaberschaft des Gläubigers berechtigten Sicherungseigentum und Sicherungszession schon konkursrechtlich nur zur abgesonderten Befriedigung, da sie dem rechtsgeschäftlichen Pfandrecht gleichstehen. Die Insolvenzordnung regelt diesen Fall nunmehr ausdrücklich. Nach § 51 Nr. 1 InsO steht bei der Insolvenz des Sicherungsgebers der Sicherungsnehmer als Gläubiger dem zur Absonderung berechtigten Pfandgläubiger i. S. v. § 50 InsO gleich.

1485

Der Vollständigkeit halber sei an dieser Stelle erwähnt, dass der Gesetzgeber speziell dem Steuergläubiger noch ein Absonderungsrecht an solchen Sachen des Schuldners eingeräumt hat, die nach gesetzlichen Vorschriften (z. B. § 76 AO) als **Sicherheit für öffentliche Abgaben** dienen (vgl. § 51 Nr. 4 InsO).[1]

1486

Die **Verwertung** des mit einem Absonderungsrecht belasteten Gegenstandes obliegt i. d. R. dem Insolvenzverwalter (§ 166 Abs. 1 InsO). Er ist berechtigt, alle belasteten beweglichen Sachen, die sich in seinem Besitz befinden – typischerweise also im Falle der Sicherungsübereignung, des einfachen Eigentumsvorbehalts und der gesetzlichen Pfandrechte –, freihändig zu verwerten. Überlässt der Insolvenzverwalter den absonderungsbefangenen Gegenstand dem Absonderungsberechtigten zur Verwertung (§ 170 Abs. 2 InsO) oder befindet er sich schon im Besitz des Absonderungsberechtigten (§ 173 Abs. 1 InsO), hat der Gläubiger das Recht zur Verwertung. Auch Forderungen, die der Schuldner

1487

---

[1] Zum Teil als „bescheidenes Fiskusvorrecht" bezeichnet, vgl. Haarmeyer/Wutzke/Förster, Handbuch InsO, Tz. 5/273.

zur Sicherung eines Anspruchs abgetreten hat, unterfallen der Verwertungsbefugnis des Verwalters (§ 166 Abs. 2 InsO).[1]

1488 Die skizzierten Änderungen hinsichtlich der Verwertungsbefugnis schlagen auf die einkommensteuerrechtliche Behandlung des Geschäftsvorfalls „Verwertung" nicht durch. Wie bisher werden dem Insolvenzschuldner steuerlich die Einkünfte aus der Verwertung zugerechnet. Die InsO regelt allein hinsichtlich der Umsatzsteuer, dass sie als Teil der Kosten der Verwertung in der Insolvenzmasse verbleibt (§§ 170, 171 Abs. 2 Satz 3 InsO; s. hierzu Rdnr. 2204). Hinsichtlich der insolvenzrechtlichen Behandlung der auf die Verwertung entfallenden Einkommensteuer fehlt es hingegen an einer gesetzlichen Regelung. Das schafft bei der Abwicklung Probleme.

> **BEISPIEL:** Zur Insolvenzmasse gehört ein Grundstück, das dinglich belastet ist. Es wird durch den Insolvenzverwalter für 500 000 € veräußert. Die Differenz zwischen Buchwert und Erlös beträgt 300 000 €. Das entspricht einer Einkommensteuer von 50 000 €. Vom Kaufpreis gelangen nach Abzug der Grundpfandrechte 40 000 € zur Insolvenzmasse.

1489 Gehört in diesem Beispielsfall die auf den gesamten Veräußerungsgewinn entfallende Einkommensteuer zu den Masseverbindlichkeiten, obwohl ein Großteil des Erlöses an den absonderungsberechtigten Gläubiger und nicht in die Masse fließt, übersteigt die Belastung der Masse durch die Steuer ihre Entlastung durch den Zufluss des Mehrerlöses.[2] Im Extremfall könnte sogar der gesamte Erlös dem absonderungsberechtigten Gläubiger zufallen, während der Insolvenzschuldner den Gewinn zu versteuern hätte. Dieses Ergebnis führte dazu, dass der Gesetzgeber das von ihm mit der Insolvenzrechtsreform angestrebte Ziel, die Masse möglichst zu stärken, verfehlte.

1490 In dieser Situation behilft sich der BFH[3] damit, die bei der Verwertung durch die Aufdeckung stiller Reserven entstehende Einkommensteuer nur insoweit als Masseverbindlichkeit i. S. v. Massekosten zu bewerten, als der Erlös in die Insolvenzmasse fließt, die Masse also bereichert wird. Nur die auf den zur Masse gelangten **Mehrerlös** entfallende Steuerschuld wird zur Masseverbindlichkeit i. S. v. § 55 InsO. Zur Begründung führt der Senat aus, der Gewinn sei erst nach der Insolvenzeröffnung erzielt worden; deshalb gehöre die auf ihm

---

1 Zu den insolvenzrechtlichen Grundlagen vgl. im Einzelnen Breuer, NJW 1999, Beilage zu Heft 1, 18; Frotscher, Besteuerung bei Insolvenz, 124 f.
2 Frankfurter Kommentar, § 155 Rdnr. 298.
3 BFH v. 14. 2. 1978 – VIII R 28/73, BStBl II 1978, 356; v. 29. 3. 1984 – IV R 271/83, BStBl II 1984, 602; v. 11. 11. 1993 – XI R 73/92, BFH/NV 1994, 477; v. 9. 11. 1994 – I R 5/94, BStBl II 1995, 255, 257; v. 15. 3. 1995 – I R 82/93, BFHE 177, 257, NWB DokID: QAAAA-96754; v. 25. 7. 1995, BFH/NV 1996, 117; Niedersächsisches FG v. 29. 6. 1992 – XIII (XI) 38/89, FR 1993, 305.

beruhende Einkommensteuerschuld nicht zu den Insolvenzforderungen. Dass das Grundstück bereits bei Verfahrenseröffnung einen seinen Buchwert übersteigenden Verkehrswert besessen habe, sei nicht ausschlaggebend. Es gelte das Gewinnrealisierungsprinzip; das Halten von stillen Reserven erfülle noch kein Besteuerungsmerkmal. Veräußerungsgewinne, die zwar im Veranlagungszeitraum der Insolvenzeröffnung, aber erst nach diesem Stichtag erzielt werden, könnten nicht als vor der Insolvenz begründet angesehen werden. Die eingeschränkte Berücksichtigung der Einkommensteuer als Masseverbindlichkeit folge aus der Eigenart dieser Abgabe, der auch im Insolvenzverfahren Rechnung zu tragen sei. Für die Einkommensteuer ist das Einkommen des Steuerpflichtigen nicht nur Bemessungsgrundlage, sondern auch das Steuerobjekt, auf das sich der Staatszugriff richtet. Daraus lasse sich folgern, dass die Einkommensteuer nur insoweit die Qualität eines Masseanspruchs erlangt, als das Steuerobjekt zur Insolvenzmasse gelangt.

Dieser Ansatz unterliegt indessen Bedenken, weil der BFH im Rahmen seines Bereicherungsgedankens allein auf den Zufluss von Geldmitteln abstellt. So weist Frotscher[1] zu Recht darauf hin, dass die Masse bei der Verwertung eines Vermögensgegenstandes keineswegs nur in Höhe des zugeflossenen Mehrerlöses „bereichert" wird. Denn bei den Rechten, die eine Absonderung erlauben, handelt es sich um Sicherungsrechte, d. h., es liegt ihnen eine schuldrechtliche persönliche Forderung gegenüber dem Schuldner zugrunde. Diese Forderung kann, wenn es sich nicht um die Sicherung einer Fremdschuld handelt, vom Gläubiger als Insolvenzforderung gegen die Masse geltend gemacht werden. Wird diese Forderung durch den Erlös aus der Verwertung getilgt, ist die Masse in voller Höhe und nicht nur in Höhe des Mehrerlöses entlastet.

1491

Daneben darf nicht aus den Augen verloren werden, dass die Sichtweise des BFH zu ungerechtfertigten steuerlichen Verschiebungen zwischen den insolvenzrechtlichen Vermögensmassen führt. Wegen der Einschränkung „soweit der Erlös zur Masse gelangt" wird der den absonderungsberechtigten Gläubigern zufließende Verwertungserlös nicht um die darauf entfallende Einkommensteuer gemindert, während sich die übrigen Insolvenzgläubiger erst aus der um die Steuerschuld geminderten Masse schadlos halten können. Warum dieser Teil des Veräußerungsgewinns im beschlagfreien Vermögen zu versteuern sein soll, wie es der BFH anscheinend in seiner Entscheidung vom 11.11.1993 vertritt, ist schon konkursrechtlich nicht nachvollziehbar.[2] Insol-

1492

---

[1] Besteuerung bei Insolvenz, 129; vgl. auch Onusseit/Kunz, Steuern in der Insolvenz, Rdnr. 530 f.
[2] XI R 73/92, BFH/NV 1994, 477, mit der die Entscheidung des Niedersächsischen FG v. 29.6.1992 – XIII (XI) 38/89, FR 1993, 305 aufgehoben worden ist.

venzrechtlich verstößt dieser Ansatz jedenfalls gegen § 35 InsO, nach dem auch das während des Verfahrens Erlangte zur Insolvenzmasse zählt.

1493 Meines Erachtens ist dieses Problem sachgerecht zu lösen, indem man die Aufdeckung stiller Reserven, die ja das Entstehen der maßgeblichen Steuerschuld veranlasst, in diesem Fall **insolvenzrechtlich betrachtet.** Der Umstand, dass ein Wirtschaftsgut der Insolvenzmasse mit einem Absonderungsrecht belastet ist, beeinflusst die einkommensteuerliche Behandlung des Veräußerungsvorgangs nicht. Es bleibt – das obige Beispiel aufgreifend – bei einer Einkommensteuerschuld im Veranlagungsjahr der Insolvenzeröffnung von 50 000 €. Dass dieses Wirtschaftsgut trotz des Absonderungsrechts vom Insolvenzbeschlag erfasst wird und nicht dem insolvenzfreien Vermögen angehört, liegt ebenso auf der Hand. Damit bleibt nur die Frage offen, ob die Steuerschuld i. H. v. 50 000 € Insolvenzforderung oder Masseverbindlichkeit ist. Diese rein insolvenzrechtliche Frage ist wiederum ausschließlich danach zu beurteilen, ob die Steuerschuld vor oder nach Insolvenzeröffnung begründet war. Legt man diesen insolvenzrechtlichen Maßstab an, war die Steuerschuld schon bedingt begründet, soweit die stillen Reserven bis zur Verfahrenseröffnung angesammelt waren.[1] Folglich sind unbeschadet des Absonderungsrechts Steuerschulden aus der Veräußerung von Wirtschaftsgütern generell als Insolvenzforderungen zur Tabelle anzumelden, soweit die aufgedeckten stillen Reserven vor Insolvenzeröffnung angesammelt wurden. Zu den Masseverbindlichkeiten gehören sie nur insoweit, als sie auf den Zeitraum nach Insolvenzeröffnung entfallen (s. im Einzelnen Rdnr. 1466 ff.).

1494–1500 *(Einstweilen frei)*

g) Insolvenz der Personengesellschaft

(1) Steuer- und insolvenzrechtliche Besonderheiten

1501 Nach § 11 Abs. 1 InsO ist jede natürliche und jede juristische Person insolvenzfähig, d. h. über ihr Vermögen kann das Insolvenzverfahren eröffnet werden. Diesen Schuldnerkreis erweitert Abs. 2 Nr. 1 der genannten Vorschrift um die Gesellschaften ohne Rechtspersönlichkeit. Dabei handelt es sich insbesondere um die OHG und die KG. Zudem kann nunmehr auch über das Vermögen einer Gesellschaft bürgerlichen Rechts ein selbständiges Insolvenzverfahren eröffnet werden. Nicht selbständig insolvenzfähig bleibt die stille Gesellschaft; hier ist weiterhin nur das Insolvenzverfahren über das Vermögen des stillen Gesellschafters möglich.

---

1 Onusseit/Kunz, Steuern in der Insolvenz, Rdnr. 523 und 532.

A. Einkommensteuer

Allgemeiner Eröffnungsgrund bleibt vorrangig die Zahlungsunfähigkeit (§ 17 InsO); nach § 19 Abs. 3 InsO kann wie bei juristischen Personen nunmehr zusätzlich die Überschuldung[1] Eröffnungsgrund sein, wenn eine natürliche Person als persönlich haftender Gesellschafter fehlt.

1502

Diese eigenständige Insolvenzfähigkeit von Personengesellschaften wirft wegen der fehlenden Abstimmung zwischen Insolvenz- und Steuerrecht besondere, die Ertragsteuerschuld betreffende Probleme auf.[2] Liegt nämlich bei einer beschränkt rechtsfähigen Personenhandelsgesellschaft (OHG, KG) oder einer unternehmenstragenden Gesellschaft bürgerlichen Rechts ein Eröffnungsgrund vor, wird sie zwar mit Eröffnung des Verfahrens **handelsrechtlich** aufgelöst (vgl. bei OHG und KG §§ 131 Abs. 1 Nr. 3, 161 Abs. 2 HGB), sie geht jedoch nicht unter, sondern ist in das Liquidationsstadium zu überführen. OHG und KG bleiben beschränkt rechtsfähig. Die Insolvenzeröffnung bewirkt regelmäßig auch nicht die Aufgabe des Gewerbebetriebs; die steuerlichen Rechte und Pflichten bestehen fort; die Buchführungs- und Bilanzierungspflichten sind nach wie vor zu erfüllen und die Finanzbehörde muss einheitliche und gesonderte Feststellungen treffen.[3]

1503

Weil § 11 Abs. 2 Nr. 1 InsO die nicht ertragsteuerrechtsfähigen Handelsgesellschaften insolvenzfähig macht, sind die Vermögen der Gesellschaft und ihrer Gesellschafter insolvenzrechtlich zu trennen. Es ist zu **unterscheiden** zwischen dem Vermögen der Gesellschaft, dem Gesamthandsvermögen und den Forderungen auf rückständige Einlagen sowie dem Vermögen der Gesellschafter einschließlich des steuerlichen Sonderbetriebsvermögens.[4] Die persönliche Haftung des Gesellschafters kann während der Dauer des Insolvenzverfahrens nur vom Insolvenzverwalter geltend gemacht werden (§ 93 InsO). Wird auch über das Vermögen eines Gesellschafters das Insolvenzverfahren eröffnet, sind getrennte, voneinander unabhängige Insolvenzverfahren durchzuführen. In dem Insolvenzverfahren über das Vermögen der Gesellschaft kann nur eine gegen sie gerichtete Forderung geltend gemacht werden; eine Forderung gegen den Gesellschafter ist ausschließlich in dessen Insolvenzverfahren zu berücksichtigen.[5] Zur Insolvenzmasse der Gesellschaft gehört nur das gesellschaftsrechtlich gebundene Vermögen der Gesellschafter, also das Gesamthandsvermögen und die ausstehenden Einlagen einschließlich des während

1504

---

1 Rechtsänderungen sind durch das MoMiG und das Finanzmarktstabilisierungsgesetz eingetreten.
2 S. dazu auch Frystatzki, EStB 2004, 215.
3 BFH v. 19. 1. 1993 – VIII R 128/84, BStBl II 1993, 594.
4 Frankfurter Kommentar, § 155 Rdnr. 455.
5 BFH v. 17. 5. 1984, BStBl II 1984, 545, 547; Frotscher, Besteuerung bei Insolvenz, 130 ff.

des Verfahrens erlangten Vermögens (§ 35 InsO). Insolvenzschuldner werden – beschränkt auf das Gesellschaftsvermögen – die persönlich haftenden Gesellschafter, nicht aber die Gesellschaft. Das sind bei der OHG alle Gesellschafter, bei der KG nur die Komplementäre.[1]

1505 Im Gegensatz zum Insolvenzrecht ist die Personengesellschaft einkommensteuerrechtlich indessen kein Steuerrechtssubjekt; Gewinne und Verluste sind den Gesellschaftern zuzurechnen (§ 15 Abs. 1 Nr. 2 EStG) und in ihren Steuererklärungen steuererhöhend oder -mindernd zu berücksichtigen. An dieser einkommensteuerlichen Rechtslage ändert das Insolvenzrecht nichts. Auch die Insolvenzmasse einer Gesellschaft wird nicht zum Steuerrechtssubjekt.[2] Kommt es wegen der Anrechnung von Verlusten, die aus der Insolvenzmasse der Gesellschaft herrühren, zu einer Steuerminderung, ist steuerrechtlicher Nutznießer allein der Gesellschafter, während die Insolvenzmasse den Vermögensverlust zu tragen hat. Damit verringert sich zwangsläufig das den Insolvenzgläubigern zur Befriedigung ihrer Ansprüche dienende Vermögen.

1506 Konsequenzen entstehen steuerrechtlich auch im umgekehrten Fall. Erzielt die Gesellschaft Gewinne – z. B. bei der Versilberung des Gesellschaftsvermögens – führen sie zu einer „steuerfreien" Vermögensmehrung der Insolvenzmasse, weil die darauf entfallende Einkommensteuer nicht von der Gesellschaft, sondern den Gesellschaftern zu tragen ist.[3] Noch deutlicher wird dieser Umstand, wenn nicht nur über das Vermögen der Gesellschaft, die Gewinne erzielt hat, sondern auch des Gesellschafters das Insolvenzverfahren eröffnet wird. In diesem Fall müsste zulasten der Insolvenzmasse des Gesellschafters und damit unvermeidlich zulasten seiner persönlichen Gläubiger die Einkommensteuerschuld beglichen werden, während die entsprechenden Gewinne zugunsten der Gläubiger der Gesellschaft deren Insolvenzmasse stärken.[4]

1507 Im **Überblick** stellen sich (ausschließlich steuerrechtlich) betrachtet die Auswirkungen auf die Insolvenzmassen der Gesellschaft und des Gesellschafters wie folgt dar, wenn der Insolvenzverwalter als Vertreter der Gesellschaft in der Insolvenz der Gesellschaft Gewinn bzw. Verlust erzielt:

---

1 BFH v. 15. 3. 1995 – I R 82/93, BFHE 177, 257, NWB DokID: QAAAA-96754; BGH v. 16. 2. 1961, BGHZ 34, 293, 297; Kuhn/Uhlenbruck, KO, § 209 Anm. 6; a. A. Kilger, KO, § 209 Rdnr. 2c und 3c, der die Gesellschaft als Gemeinschuldnerin ansieht.
2 BFH v. 15. 3. 1995 – I R 82/93, BFHE 177, 257, NWB DokID: QAAAA-96754.
3 Vgl. BFH v. 5. 3. 2008 – X R 60/04 zur Insolvenz einer OHG.
4 Vgl. wiederum BFH v. 5. 3. 2008 – X 60/04 zur Insolvenz einer OHG und gleichzeitiger Insolvenz eines Gesellschafters. S. auch Frotscher, Besteuerung bei Insolvenz, 134; zu den vergleichbaren Problemen bei der Zinsabschlagsteuer s. Rdnr. 1551 ff.

A. Einkommensteuer

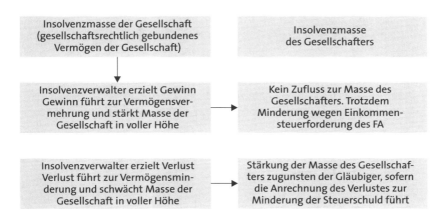

Für den Gewinnanteil eines insolventen Mitunternehmers einer (nicht insolventen) gewerblichen Personengesellschaft hat das Niedersächsische FG im Urteil v. 28.10.2008[1] eine Masseverbindlichkeit aus der Auflösung von Rückstellungen nach Insolvenzeröffnung bei der Personengesellschaft angenommen, auch wenn die Insolvenzmasse durch den Gewinnanteil nicht vermehrt wird. Die Entscheidungsgründe sind lesenswert:

1508

„…Ob der Steueranspruch vor oder nach der Insolvenzeröffnung begründet wurde, ergibt sich danach, ob der Rechtsgrund für die Entstehung des Steueranspruchs bereits zu diesem Zeitpunkt gelegt war. Zwar entsteht die Einkommensteuerschuld nach § 36 Abs. 1 EStG steuerrechtlich erst mit Ablauf des Veranlagungszeitraums. Sie wird aber für die insolvenzrechtliche Zuordnungsentscheidung schon dann „begründet", wenn im Laufe des Veranlagungszeitraums die einzelnen für die Höhe des Jahreseinkommens maßgebenden Besteuerungsmerkmale verwirklicht werden. Der schuldrechtliche Tatbestand, der die Grundlage für den Steueranspruch bildet, muss vollständig abgeschlossen sein (Uhlenbruck, Insolvenzordnung, 12. Auflage, § 55 Rz. 37). Für die insolvenzrechtliche Betrachtung ist es daher entscheidend, ob die die Steuer auslösenden Besteuerungsmerkmale vor oder nach der Insolvenzeröffnung verwirklicht worden sind (BFH-Urteil vom 29. März 1984 IV R 271/83, BStBl II 1984, 602; BFH-Urteil vom 11. November 1993 XI R 73/92, BFH/NV 1994, 477; BFH-Beschluss vom 1. April 2008 X B 201/07, BFH/NV 2008, 925).

Nach § 721 Abs. 2 BGB entsteht der Anspruch des Gesellschafters gegen die Gesellschaft auf den Gewinnanteil erst nach Ablauf des Geschäftsjahres. Er setzt

---

1 13 K 457/07.

die Aufstellung und Feststellung der Bilanz und der Gewinn- und Verlustrechnung voraus. Hierbei handelt es sich um einen rechtsbegründenden Akt. Ohne die Feststellung der Bilanz entsteht der Gewinnanspruch nicht (BGH-Urteil vom 6. April 1981 II ZR 186/80, BGHZ 80, 357; Staudinger, Kommentar zum Bürgerlichen Recht, Buch 2 §§ 705–740, Bearbeitung 2003, § 721 Rz. 8 f.). Daher spricht viel dafür, dass der Gewinnanteil auch insolvenzrechtlich erst begründet ist, wenn die Bilanz festgestellt worden ist. Ohne festgestellten Gewinnanteil kann auch die darauf beruhende Steuerforderung noch nicht begründet sein. Schon aus diesem Grund ist der Senat nicht der Auffassung, dass die Steuerforderung zivilrechtlich bereits mit dem Abschluss der Bauvorhaben in den Jahren 1994 und 1995 begründet worden ist.

Wollte man, wie es der Kläger meint, auf die einzelnen Geschäftsvorfälle in der Gesellschaft abstellen, würde dies eine umfassende Prüfung der Buchführung der Gesellschaft auf das „Begründetsein" jedes einzelnen Geschäftsvorfalls auf der Einnahmen- und Ausgabenseite bedeuten. Es müssten an den insolvenzrechtlichen Kriterien „Insolvenzforderung" und „Masseverbindlichkeit" ausgerichtete Gewinnermittlungen gefertigt werden, die in eine neue Aufteilung des Gewinns münden würden. Eine solche Vorgehensweise dürfte bei größeren Gesellschaften praktisch kaum umsetzbar sein. Schon in dem hier vorliegenden Fall beruhte der Gewinnanteil des Steuerpflichtigen entgegen dem Vortrag des Klägers nicht ausschließlich auf der Auflösung von Rückstellungen, sondern auch auf sonstigen betrieblichen Erträgen in nicht unbedeutender Höhe.

Selbst wenn auf die einzelnen Geschäftsvorfälle in der Gesellschaft abzustellen wäre, war der zivilrechtliche Sachverhalt, der zur Auflösung der Rückstellungen geführt hat, entgegen der Auffassung des Klägers nicht mit der Vereinnahmung der Veräußerungserlöse aus den jeweiligen Bauvorhaben abgeschlossen. Insbesondere trifft die Annahme des Klägers nicht zu, dass die Steueransprüche zivilrechtlich bereits mit der Vereinnahmung der Veräußerungserlöse entstanden seien und dass die steuerrechtliche Bildung der Rückstellungen unerheblich sei.

Für die Frage, ob ein Steueranspruch besteht oder nicht besteht, ist nicht das Zivilrecht bzw. das Insolvenzrecht maßgeblich, sondern ausschließlich das Steuerrecht. Nach den steuerrechtlichen Vorschriften war der Gewinn aus der Auflösung der Rückstellungen erst im Veranlagungszeitraum 2004 zu erfassen. Die sich erst an die steuerrechtliche Ermittlung der Einkommensteuer anschließende insolvenzrechtliche Zuordnungsentscheidung kann die Steuerforderung nicht in einen Veranlagungszeitraum verschieben, in dem sie steuerrechtlich noch gar nicht entstanden ist. Würde man dem Gedankengang des Klägers folgen, dann wäre die Steuerforderung bereits Mitte der 90er Jahre insolvenzrechtlich begrün-

A. Einkommensteuer

det, mit der Folge, dass es sich nur um eine Insolvenzforderung handeln würde. Es wäre für das Finanzamt aber nicht möglich, eine entsprechende erhöhte Steuerforderung für die Jahre 1994 oder 1995 zur Insolvenztabelle anzumelden, weil eine solche Steuerforderung nach steuerrechtlichen Maßstäben (noch) nicht entstanden wäre. Steuerrechtlich wäre es unzulässig, die Rückstellungen bereits in Zeiträumen aufzulösen, in denen die Voraussetzungen für die Rückstellungsbildung noch vorlagen. Eine Anmeldung der hier streitigen Steuerforderung für Veranlagungszeiträume, in denen die Veräußerungserlöse aus den Bauvorhaben vereinnahmt worden waren, wäre rechtswidrig. Der Insolvenzverwalter könnte der Anmeldung mit Erfolg widersprechen.

Hinzu kommt, dass die Annahme des Klägers, dass der zivilrechtliche Sachverhalt, der zur Entstehung der Steuerforderung geführt hat, bereits mit der Vereinnahmung der Veräußerungserlöse abgeschlossen war, auch inhaltlich nicht zutrifft. Rückstellungen sind sowohl handelsrechtlich als auch steuerrechtlich zu bilden, wenn die gesetzlichen Voraussetzungen vorliegen (§ 249 HGB in Verbindung mit § 5 Abs. 1 Satz 1 EStG). Bei Rückstellungen wegen ungewisser Verbindlichkeiten steht keineswegs bereits im Zeitpunkt der Bildung fest, dass diese zukünftig gewinnhöhend wieder aufzulösen sein werden. Die gewinnhöhende Auflösung kommt vielmehr nur in Betracht, wenn sich das zurückgestellte Risiko nicht verwirklicht hat. Voraussetzung für die Entstehung der Steuerforderung ist daher neben der Bildung der Rückstellungen zusätzlich, dass weder die Mietgarantien in Anspruch genommen wurden, noch die befürchteten Rückabwicklungen eintraten. Der zivilrechtliche Lebenssachverhalt, der zu der Steuerforderung führte, umfasste deshalb den Zeitraum, in dem sich die befürchteten Risiken nicht verwirklichten. Erst nach Ablauf der Verjährungsfristen im Jahr 2004 war klar, dass die Rückstellungen gewinnhöhend aufzulösen waren und dass eine Steuerforderung entstehen würde. Deshalb wurde die Steuerforderung auch insolvenzrechtlich erst im Jahr 2004 begründet.

Insoweit besteht eine Rechtslage, wie bei der Verwertung von betrieblichen Wirtschaftsgütern durch den Insolvenzverwalter. In diesen Fällen haben sich die realisierten stillen Reserven auch über einen längeren Zeitraum vor der Insolvenzeröffnung aufgebaut. Dennoch geht der BFH in ständiger Rechtsprechung davon aus, dass die aus der Versilberung entstehende Steuerforderung eine Masseverbindlichkeit ist. Der Grund für diese Rechtsprechung ist, dass das bloße Ansammeln und Halten stiller Reserven einkommensteuerrechtlich irrelevant ist. Eine Erfassung im Stadium der Vermögensbildung widerspricht dem Realisations- und dem Leistungsfähigkeitsprinzip. Diese steuerrechtliche Würdigung ist auch für die nachfolgende insolvenzrechtliche Zuordnungsentscheidung maßgeblich (BFH-Urteil vom 7. November 1963 IV 210/62 S, BStBl III 1964, 70; BFH-Urteil vom 29. März 1984 IV R 271/83, BStBl II 1984, 602; BFH-Urteil vom 11. November 1993 XI R 73/92, BFH/NV 1994, 477; Kahlert/Rühland, Sanierungs- und Insolvenzsteuerrecht, Rz. 2280 f.; Classen, Betriebs-Berater 1985, 50 (51); anderer Ansicht z. B. Meyer/Verfürth, Betriebs-Berater 2007, 862 (864 f.)). Der hier vorliegende Fall ist insoweit vergleichbar, als die bloße Bildung einer Rückstellung für sich genommen noch nicht besagt, dass sie später gewinnerhöhend aufgelöst werden muss. Eine insolvenzrechtliche Zuordnung der Steuerforderung in Zeiträume, in denen die gewinnerhöhende Auflösung der Rückstellungen handelsrechtlich und steuerrechtlich noch nicht zulässig ist, würde gegen das handelsrechtliche Vorsichtsprinzip verstoßen.

Soweit der Gewinnanteil des Steuerpflichtigen auf den „sonstigen betrieblichen Erträgen" beruhte, dürfte es sich um die Realisierung von stillen Reserven gehandelt haben, so dass nach der oben zitierten Rechtsprechung die insolvenzrechtliche Begründung der Steuerforderung erst mit der Veräußerung in dem Jahr 2004 erfolgte.

Die Einordnung als Masseverbindlichkeit gemäß § 55 Abs. 1 Nr. 1 InsO scheitert auch nicht daran, dass die aus dem Gewinnanteil der GbR resultierende Steuerforderung nicht auf Handlungen des Insolvenzverwalters beruhte, sondern auf Handlungen der Geschäftsführer der GbR. Die Beteiligung an der Personengesellschaft gehörte zur Insolvenzmasse des Gesellschafters. Die Verwaltungs- und Verfügungsrechte wurden nach der Insolvenzeröffnung von dem Insolvenzverwalter ausgeübt. Daher gehörte die Beteiligung zum Verwaltungs- und Verfügungsbereich des Insolvenzverwalters. Zwar wird die Steuerforderung nicht unmittelbar „durch Handlungen des Insolvenzverwalters" im Sinne von § 55 Abs. 1 Nr. 1 Fall 1 InsO begründet. Nach § 55 Abs. 1 Nr. 1 Fall 2 InsO reicht es aber aus, dass sie „in anderer Weise" im Zusammenhang mit der Verwaltung, Verwertung und Verteilung der Masse begründet wird (BFH-Urteil vom 7. April 2005 V R 5/04, BStBl II 2005, 848). Die Einkommensteuerforderung kann daher als Masseverbindlichkeit im Sinne des § 55 Abs. 1 Nr. 1 InsO eingeordnet werden (ebenso: Frotscher, Besteuerung bei Insolvenz, 6. Auflage, S. 136 f.; Farr, Die Besteuerung in der Insolvenz, Rz. 318; anderer Ansicht wohl Uhlenbruck, Insolvenzordnung, 12. Auflage, § 80 Rz. 25).

Der Kläger kann auch nicht mit dem Argument durchdringen, dass der zugerechnete Gewinn aus der GbR die Insolvenzmasse nicht vermehrt habe und dass deshalb die darauf lastende Steuerforderung nicht Masseverbindlichkeit sein kann.

Zwar entspricht die im Einspruchsverfahren geäußerte Auffassung des Beklagten, dass es nie darauf ankomme, ob der Masse etwas zufließe, nicht der Rechtsprechung des BFH. Der BFH hat für den Fall, dass ein absonderungsberechtigter

Gläubiger einen Gegenstand der Insolvenzmasse außerhalb des Insolvenzverfahrens zwangsversteigern lässt, die auf dem Veräußerungsgewinn beruhende Steuerforderung nicht als Masseverbindlichkeit angesehen (BFH-Urteil vom 14. Februar 1978 VIII R 28/73, BStBl II 1978, 356; BFH-Urteil vom 29. März 1984 IV R 271/83, BStBl II 1984, 602). Daraus wird allgemein gefolgert, dass eine Steuerforderung nicht Masseverbindlichkeit sein kann, wenn das zugrunde liegende Einkommen, welches die Steuerforderung ausgelöst hat, nicht der Masse zugute kommt (Benne, Betriebs-Berater 2001, 1977 (1979 ff.); Meyer/Verfürth, Betriebs-Berater 2007, 862 (865); Waza/Uhländer/Schmittmann, Insolvenzen und Steuern, 7. Auflage, Rz. 1210; Frotscher, Besteuerung bei Insolvenz, 6. Auflage, S. 135 ff.; vgl. auch BFH-Urteil vom 9. November 1994 I R 5/94, BStBl II 1995, 255; BFH-Urteil vom 5. März 2008 X R 60/04, BFH/NV 2008, 1569; Kahlert/Rühland, Sanierungs- und Insolvenzsteuerrecht, Rz. 2283 f.).

Indes stellt die Beteiligung an der R/B GbR insolvenzrechtlich einen Vermögensgegenstand der Insolvenzmasse dar. Wenn die Gesellschaft Gewinne erzielt, erhöht der erzielte Gewinn zumindest mittelbar den Wert der Beteiligung. Außerdem besteht nach § 721 BGB grundsätzlich ein der Masse zustehender Auszahlungsanspruch hinsichtlich des Gewinnanteils. Deshalb sind Einkommensteuerverbindlichkeiten, die durch Gewinne einer Personengesellschaft entstehen, deren Beteiligung zur Insolvenzmasse des Gesellschafters gehört, insolvenzrechtlich grundsätzlich als Masseverbindlichkeiten einzuordnen (ebenso: Benne, Betriebs-Berater 2001, 1977 (1979 f.); Waza/Uhländer/Schmittmann, Insolvenzen und Steuern, 7. Auflage, Rz. 1235; Frotscher, Besteuerung bei Insolvenz, 6. Auflage, S. 133 ff.; Kahlert/Rühland, Sanierungs- und Insolvenzsteuerrecht, Rz. 2302; Farr, Die Besteuerung in der Insolvenz, Rz. 318). Dies führt zwar zu unbefriedigenden Ergebnissen, wenn die Gesellschaft entweder selbst insolvent ist oder die Gewinne nur bestehende Verlustvorträge abbauen und bei einer Veräußerung der Beteiligung kein Erlös erzielt werden kann. In diesen Fällen führt der Gewinnanteil wirtschaftlich zu keiner Erhöhung der Masse. Vielmehr wird umgekehrt die Masse durch die Einkommensteuerforderung geschmälert (ausführlich: Frotscher, Besteuerung bei Insolvenz, 6. Auflage, S. 134 ff.; Benne, Betriebs-Berater 2001, 1977 (1980)). Dennoch hat der BFH für den Fall eines Simultankonkurses entschieden, dass der auf den Einkünften aus der Mitunternehmerschaft beruhende Einkommensteuerbescheid gegen den Konkursverwalter über das Vermögen des Mitunternehmers zu richten ist (BFH-Urteil vom 5. März 2008 X R 60/04, BFH/NV 2008, 1569; vgl. auch Kahlert, ZIP 2008, 1645). Obwohl der in der Personengesellschaft erwirtschaftete Gewinn wegen des eröffneten Konkursverfahrens nur den Masse- und Konkursgläubigern zur Verfügung stand, sah es der BFH zumindest bei unbeschränkt haftenden Gesellschaftern als gerechtfertigt an, dass die

Einkommensteuer aus der Konkursmasse des Gesellschafters gezahlt wird. Begründet wird dieses Ergebnis damit, dass der auf der Ebene der Gesellschaft erzielte Gewinn dem Gesellschafter haftungsmindernd zugute kommt (so auch Farr, Die Besteuerung in der Insolvenz, Rz. 315).

Der Senat schließt sich dieser Erwägung an. Würde man in dem vorliegenden Fall einen konkreten Geldzufluss in die Insolvenzmasse zur Voraussetzung für den Ansatz der Einkommensteuerforderung als Masseverbindlichkeiten machen, könnte die Einkommensteuerforderung überhaupt nicht mehr geltend gemacht werden *(ebenso: Benne, Betriebs-Berater 2001, 1977 (1981); Weiss, Finanzrundschau 1990, 539 (543): „Alles oder Nichts"). Eine Einordnung als Masseverbindlichkeit entfiele, weil kein konkreter Geldzufluss stattgefunden hat. Eine Einordnung als Insolvenzforderung wäre nicht möglich, weil die Einkommensteuerforderung nach den obigen Ausführungen nicht vor der Insolvenzeröffnung begründet worden ist. Eine Zuordnung zum insolvenzfreien Vermögen wäre nicht möglich, weil es sich bei dem Besteuerungsgegenstand nicht um pfändungsfreies Vermögen handelt. Ein solches Ergebnis wäre unzutreffend, weil mit der Bildung der Rückstellungen in früheren Jahren Einkommensteuerersparnisse verbunden waren. In der Insolvenzmasse sind daher Vermögenswerte enthalten, die ohne die Rückstellungsbildung nicht vorhanden wären. Mit dieser Erwägung hat der BFH in anderen Fallkonstellationen eine Versteuerung von Buchgewinnen zugelassen, selbst wenn der Steuerpflichtige diese Gewinne nicht mehr vereinnahmen konnte, weil die daraus herrührenden zivilrechtlichen Ansprüche wertlos waren (BFH-Urteil vom 15. Dezember 1966 IV 232/64, BStBl III 1967, 309; Beschluss des Großen Senats des BFH vom 10. November 1980 GrS 1/79, BStBl II 1981, 164 jeweils zum Wegfall des negativen Kapitalkontos des Kommanditisten). Würde man im vorliegenden Fall keine Masseverbindlichkeit annehmen, würde die Besteuerung von Buchgewinnen während des Insolvenzverfahrens ganz allgemein entfallen. Betroffen wären auch Aufgabegewinne des Mitunternehmers (vgl. Meyer/Verfürth, Betriebs-Berater 2007, 862) oder Sanierungsgewinne nach Forderungsverzichten der wesentlichen Gläubiger (vgl. Münchener Kommentar zur Insolvenzordnung Band 1, § 55 Rz. 76 m.w.N.). .."*

1509   In dieser Ausführlichkeit hat sich bislang – soweit ersichtlich – kein Finanzgericht mit der Einordnung von Steuerforderungen als Insolvenzforderungen oder Masseverbindlichkeiten beschäftigt.

1510   Für die Insolvenz einer Personengesellschaft liegt mit dem Urteil des BFH v. 5. 3. 2008[1] ebenfalls eine bemerkenswerte Entscheidung vor. Hiernach kann

---

1 X R 60/04. Dem Streitfall lag eine insolvente OHG zugrunde.

die Finanzbehörde die Einkommensteuer eines Mitunternehmers nicht gegenüber dem Insolvenzverwalter der Insolvenzmasse der Personengesellschaft als Masseverbindlichkeiten geltend machen: *„Die steuerliche Zuordnung und Erfassung von Einkünften wird durch die Vorschriften der Konkursordnung und der Insolvenzordnung nicht verändert, weder bei einem Konkurs über das Vermögen der Mitunternehmerschaft noch bei einem Konkurs über das Vermögen eines Mitunternehmers noch in dem Fall, in dem – wie im Streitfall – sowohl über das Vermögen der Mitunternehmerschaft als auch über das des Mitunternehmers Konkurs eröffnet worden ist (Frotscher, a. a. O., S. 133).*

Diese steuerrechtliche Zurechnung hat zur Folge, dass von der im Konkurs befindlichen Personengesellschaft erwirtschaftete Gewinne den Masse- und Konkursgläubigern zur Verfügung stehen, während steuerrechtlich diese Gewinne den Gesellschaftern zugerechnet werden. Diese Unabgestimmtheit von Insolvenzrecht und Steuerrecht (so Frotscher, a. a. O., S. 135 f.; Mohrbutter/Mohrbutter/Vortmann, a. a. O., XIV. 115) führt zu unbefriedigenden Ergebnissen. **Das Problem ist auf der Grundlage steuerlicher Grundsätze zu lösen.** *Bei unbeschränkt haftenden Gesellschaftern – wie den gemäß § 128 des Handelsgesetzbuchs unbeschränkt haftenden Gesellschaftern einer OHG – kommen die auf der Ebene der im Konkurs befindlichen OHG erzielten Gewinne dem Gesellschafter haftungsmindernd zugute. Dies rechtfertigt es, dass der Gesellschafter die auf seinen Gewinnanteil entfallende Einkommensteuer selbst zu zahlen hat (Mohrbutter/Mohrbutter/Vortmann, a. a. O., XIV. 116, 117). Eine Inanspruchnahme des Konkursverwalters der insolventen OHG wegen der aus dem Gewinnanteil des Gesellschafters resultierenden Einkommensteuerschulden als Massekosten kommt daneben nicht mehr in Betracht.*

3. Nach Maßgabe dieser Grundsätze durfte im Streitfall das FA gegen den Kläger als Konkursverwalter über das Vermögen der Mitunternehmerschaft keinen „Leistungsbescheid über Einkommensteuer" erlassen (zum Leistungsbescheid allgemein vgl. Kruse in Tipke/Kruse, a. a. O., § 254 AO Rz. 4 ff.). Für einen derartigen Bescheid besteht keine Rechtsgrundlage. **Die Konkursmasse einer Mitunternehmerschaft als solche ist einkommensteuerrechtlich kein selbständiges Steuerrechtssubjekt** *(BFH-Urteil vom 15. März 1995 I R 82/93, BFHE 177, 257, Deutsches Steuerrecht – DStR – 1995, 1303); gegen sie kann daher auch kein Leistungsbescheid über Einkommensteuer gerichtet werden. Entgegen der Auffassung des FA kann Einkommensteuer auf Gewinne aus der Bewirtschaftung der Konkursmasse einer Mitunternehmerschaft nicht gegen diese Konkursmasse bzw. deren Konkursverwalter geltend gemacht werden...."*

1511 Offen bleibt leider, welche Konsequenzen für einen Kommanditisten einer Kommanditgesellschaft gelten, wenn er seine Einlage geleistet hat und die auf der Ebene der KG erzielten Gewinne des Gesellschafter damit nicht direkt haftungsmindernd zugute kommen, soweit keine Außenhaftung besteht (§§ 171, 172 HGB). Zur Vermeidung sachwidriger Ergebnisse können derzeit allein Anträge im Rahmen der §§ 163, 222, 227 AO eine unbillige Steuerfestsetzung und Erhebung vermeiden.[1]

1512–1530 *(Einstweilen frei)*

3. Anrechnungen auf die Einkommensteuerschuld

1531 Nach der Ermittlung der einheitlichen Einkommensteuerschuld auf der Grundlage des materiellen Ertragsteuerrechts (s. Rdnr. 1341 ff.) und der Zuordnung der Abschlusszahlung zu den Vermögensmassen und den Vermögensansprüchen auf der Grundlage des Insolvenzrechts (s. Rdnr. 1431 ff.) ist in einem **dritten Schritt** zu klären, in welcher Weise die **Steueranrechnungsbeträge** in das insolvenzrechtliche System einzuordnen sind. Zu den Steueranrechnungsbeträgen zählen die Vorauszahlungen und die Steuerabzüge (Kapitalertragsteuer einschl. Zinsabschlagsteuer, Lohnsteuer).

a) **Einkommensteuervorauszahlungen und Steuerabzugsbeträge**

(1) **Insolvenzrechtliche Durchsetzung offener Vorauszahlungen**

1532 Die Vorauszahlungen entstehen dem Grunde nach jeweils mit Beginn des Kalendervierteljahres, in dem sie zu entrichten sind (§ 37 Abs. 1 Satz 2 EStG), also jeweils am 1.1., 1.4., 1.7., 1.10. des Jahres, und sollen die voraussichtliche Jahressteuerschuld des laufenden Veranlagungszeitraums tilgen (§ 37 Abs. 1 Satz 1 EStG). Ihre Höhe richtet sich grds. (s. zur Anpassung § 37 Abs. 3 Satz 3 EStG) nach der Steuerfestsetzung der letzten Veranlagung und nicht der des Insolvenzjahres. Es handelt sich um eine eigenständige, aber **abstrakte Schuld,** die mangels zugrunde liegendem Besteuerungssachverhalt nicht auf einer tatsächlichen Einkommensteuerpflicht fußt. Da die Vorauszahlung nur eine Form der Tilgung der Steuerschuld ist, kann sie erst nach Feststellung der Jahressteuer abgerechnet werden (§§ 36 Abs. 2 Nr. 1, 37 Abs. 1 EStG).

1533 Wie bei allen anderen Vermögensansprüchen auch, richtet sich die Art ihrer **Durchsetzung** im Insolvenzverfahren nach dem Zeitpunkt des Begründetseins der Forderung. Da es sich bei der Vorauszahlung um eine abstrakte, nicht mit

---

[1] Vgl. hierzu auch Keller, BB 2008, 2783.

konkreten Einkünften verknüpfte Steuerforderung handelt, ist insolvenzrechtlich allein entscheidend, ob das Insolvenzverfahren im Zeitpunkt des Entstehens des Anspruchs zu Beginn des Vorauszahlungszeitraum (§ 37 Abs. 1 Satz 2 EStG) gegenüber dem Steuerpflichtigen bereits eröffnet war. Das bedeutet, sie sind zunächst insolvenzrechtlich nach den allgemeinen Grundsätzen von Begründung und Fälligkeit zu behandeln.[1] Daher wird die **Vorauszahlung des Kalendervierteljahres** der Insolvenzeröffnung nicht etwa zeitanteilig den Insolvenzforderungen oder den Masseverbindlichkeiten zugeschlagen, sondern sie ist in voller Höhe entweder das eine oder das andere.

> **BEISPIEL:** Insolvenzeröffnung am 15.10.03. Alle vier noch offenen Vorauszahlungsansprüche sind als Insolvenzforderungen zur Insolvenztabelle anzumelden. Die Vorauszahlung IV/03 ist allerdings abzuzinsen, da sie erst am 10.12.03 fällig wird (vgl. § 41 InsO).

> **BEISPIEL:** Insolvenzeröffnung am 15.4.03. Die Vorauszahlungsschulden der Quartale I und II sind in voller Höhe Insolvenzforderungen, die der Quartale III und IV Masseforderungen. Wegen des Eintritts der Fälligkeit erst am 10.6.03 ist die Vorauszahlung II/03 abgezinst anzumelden (vgl. § 41 InsO).

Im Ergebnis werden die offenen Vorauszahlungen also unbeschadet der Zuordnung der Einkünfte allein nach ihrem **Entstehenszeitpunkt** den Insolvenz- oder Masseforderungen zugerechnet. Fichtelmann[2] wendet sich gegen diese Betrachtungsweise. Nach seiner (pragmatischen) Ansicht ist die Feststellung der Steuerschuld mit einem Steuerbescheid gleichzustellen, so dass Vorauszahlungen mit der Anmeldung zur Insolvenztabelle „erledigt" sind. Bei richtiger Behandlung der Vorauszahlungen sei eine – gesonderte – Anmeldung als Insolvenzforderung deshalb nicht zulässig. Um den Besonderheiten des Insolvenzverfahrens Rechnung zu tragen, müsse die Berechnung der endgültigen Jahressteuer zusammen mit der Anmeldung zur Insolvenztabelle dem Ergehen eines Steuerbescheides gleichgesetzt werden. Der Wegfall der Wirkung des Vorauszahlungsbescheides mit der Veranlagung werde im Regelfall zu dem Ergebnis führen, dass sich keine Steuer ergebe. Anmeldbar sei nur die (zu schätzende) Einkommensteuer, wobei für das Jahr, in dem das Insolvenzverfahren eröffnet worden ist, eventuell eine Aufteilung in eine Insolvenz- und eine Masseforderung für Gewinne nach Eröffnung des Insolvenzverfahrens aufzuteilen sei.

1534

---

1 BFH v. 29.3.1984 – IV R 271/83, BStBl II 1984, 602, 603; Frotscher, Besteuerung bei Insolvenz, 145 ff.
2 INF 2006, 905.

1535　Im Gegensatz zu den Vorauszahlungen stellt sich das Problem der insolvenzrechtlichen Geltendmachung bei den **Steuerabzugsbeträgen** nicht, weil es an einer gegenüber der Insolvenzmasse eigenständig geltend zu machenden offenen Forderung fehlt. Denn sie werden unmittelbar an der Quelle von einem Dritten – z. B. dem Zinsschuldner – einbehalten, abgeführt und damit beglichen.

(2) Verrechnung der Anrechnungsbeträge mit der Hauptschuld

1536　Von der Art der Geltendmachung noch offener Vorauszahlungen im Insolvenzverfahren ist die Frage zu unterscheiden, wie die geleisteten oder beigetriebenen Einkommensteuervorauszahlungen und die Steuerabzugsbeträge auf die Einkommensteuerschuld **angerechnet** werden.[1] Die Beantwortung dieser Frage richtet sich danach, ob es sich bei der abzudeckenden Einkommensteuerschuld um eine Insolvenzforderung, einen Masseanspruch oder eine insolvenzfreie Forderung handelt.[2] Eine Anrechnung auf die einheitliche Jahressteuerschuld ohne diese Differenzierung ist unzulässig. Um die insolvenzrechtlichen Zuordnungsprinzipien einzuhalten, darf eine geleistete Vorauszahlung und ein Steuerabzugsbetrag nur mit dem Teil der Einkommensteuerschuld verrechnet werden, der zur **selben Vermögensmasse** gehört.[3] Andernfalls wäre es der Finanzbehörde nämlich z. B. möglich, den als Insolvenzforderung eingeordneten Teil der Jahressteuerschuld über die Anrechnung von Vorauszahlungen, die zu den Masseverbindlichkeiten zählen, faktisch in eine Masseverbindlichkeit umzuwandeln. Das führt zu einer ungerechtfertigten Bevorteilung des Steuergläubigers, dessen Forderung über die Insolvenzquote hinaus befriedigt wird.

1537　Erzielt also beispielsweise der Insolvenzverwalter für den Insolvenzschuldner Gewinne aus der Verwertung insolvenzbefangener Wirtschaftsgüter und fließt der Erlös der Masse zu, so sind nicht nur die dadurch entstandenen Einkommensteuerschulden, sondern auch die darauf entfallenden Vorauszahlungen Masseverbindlichkeiten. Nur sie dürfen miteinander verrechnet werden. Zur Verwertung der Insolvenzmasse gehört insoweit auch die ertragbringende Nutzung der zur Insolvenzmasse gehörenden Vermögensgegenstände. Diese

---

1　Demgegenüber ist nach der Ansicht von Fichtelmann, INF 2006, 905, eine gesonderte Zuordnung von Vorauszahlungen nicht möglich.
2　So BFH v. 29. 3. 1984 – IV R 271/83, BStBl II 1984, 602, 603.
3　Vgl. BFH v. 29. 3. 1984 – IV R 271/83, BStBl II 1984, 602, 603; Frotscher, Besteuerung bei Insolvenz, 145 ff.

Nutzung – z. B. die zinsbringende Anlage der vom Insolvenzverwalter eingezogenen Forderungen – ist im weitesten Sinne Teil der Verwertung der Masse.[1]

Abgesehen von den Vorauszahlungen kennt das Einkommensteuerrecht als weitere Anrechnungsbeträge auf die festgesetzte Einkommensteuer die sog. **Steuerabzüge.** Insoweit anrechenbar sind die Lohnsteuer (§ 36 Abs. 2 Nr. 2 EStG), die Kapitalertragsteuer[2] (§ 36 Abs. 2 Nr. 2 EStG) und die Bauabzugsteuer (§ 48c EStG). Allgemein gilt, dass das jeweilige Steuerabzugsverfahren durch die Insolvenzeröffnung nicht beeinflusst wird. Trotz Eröffnung des Insolvenzverfahrens sind von den der Masse zuzuordnenden Einnahmen die Steuerabzugsbeträge einzubehalten. Gehört beispielsweise zur Masse Kapitalvermögen, ist von den zufließenden Erträgen der Steuerabzug vorzunehmen. Der vom Zinsschuldner einbehaltene und an die Finanzbehörde abgeführte Betrag ist auf den Anteil an der Jahressteuerschuld anzurechnen, der auf die Masseverbindlichkeiten entfällt. 1538

Entsprechendes galt bei der **anrechenbaren Körperschaftsteuer.** Für die insolvenzrechtliche Zuordnung des Anrechnungsguthabens war auch hier gemessen an den allgemeinen Grundsätzen entscheidend, ob das den Einnahmen zugrunde liegende Kapitalvermögen zum insolvenzfreien Vermögen oder zur Insolvenzmasse gehörte. War es Teil der Masse, bedurfte es der Abgrenzung, ob die darauf entfallende Einkommensteuer vor oder nach Insolvenzeröffnung begründet war. Die Anrechnung folgte dieser Zuordnung.[3] 1539

Ergibt sich bei der Anrechnung eine **Überzahlung,** ist immer an die Vermögensmasse zu erstatten, aus der sie stammt. Dieser Grundsatz gilt, obwohl der **Erstattungsanspruch** nach §§ 37 Abs. 2 AO, 36 Abs. 4 Satz 2 EStG i. d. R. erst nach Ablauf des Veranlagungszeitraums und damit nach Insolvenzeröffnung entsteht.[4] Vor diesem Zeitpunkt ist nämlich noch unbestimmt, ob die Summe der anzurechnenden Steuerbeträge die für das Kalenderjahr entstehende Einkommensteuer übersteigt und sich somit ein Erstattungsanspruch ergibt. Das gilt ebenso für die Anrechnung von Vorauszahlungen, die der Steuerpflichtige selbst geleistet hat. Indessen ist für die Entscheidung, zu welcher Vermögens- 1540

---

1 So BFH v. 9. 11. 1994 – I R 5/94, BStBl II 1995, 255, 257; v. 15. 3. 1995 – I R 82/93, BFHE 177, 257, NWB DokID: QAAAA-96754, jeweils zum Zinsabschlag.
2 § 43a Abs. 1 Nr. 3 EStG verwendet für Kapitalerträge i. S. v. § 20 Abs. 1 Nr. 7 EStG den Begriff „Zinsabschlag".
3 Frotscher, Besteuerung bei Insolvenz, 145.
4 BFH v. 6. 2. 1996 – VII R 116/94, BStBl II 1996, 557; v. 9. 2. 1993 – VII R 12/92, BStBl II 1994, 207, 209; v. 22. 5. 1979 – VIII R 58/77, BStBl II 1979, 639, 640; s. a. v. 6. 6. 2000 – VII R 104/98, BStBl II 2000, 491, zum Erstattungsanspruch im Falle des Verlustrücktrags; a. A. Frankfurter Kommentar, § 155 Rdnr. 141 a. E.

masse ein Anspruch gehört, nicht der Zeitpunkt der Vollrechtsentstehung – hier also das Ende des Kalenderjahres – maßgeblich. Vielmehr kommt es auf den Zeitpunkt an, in dem nach insolvenzrechtlichen Grundsätzen der Rechtsgrund für den Anspruch gelegt worden ist. Das ist bei **Steueranrechnungsbeträgen** bereits der Zeitpunkt der Zahlung. Es handelt sich um einen aufschiebend bedingten Anspruch, der zur Insolvenzmasse gehört, auch wenn die aufschiebende Bedingung – und damit die Vollrechtsentstehung – erst nach Insolvenzeröffnung eintritt.[1]

1541 Besonderheiten bestehen bei der Insolvenz einer **Personengesellschaft** (§ 11 Abs. 2 Nr. 1 InsO). Nach der Rechtsprechung des BFH[2] kann der Insolvenzverwalter von der Finanzbehörde nicht die Erstattung der Kapitalertragsteuer verlangen, die auf Zinseinnahmen der Gesellschaft entfallen ist, selbst wenn die einbehaltene Kapitalertragsteuer höher ist als die Einkommensteuer – bei der Komplementär-GmbH die Körperschaftsteuer –, die bei der Veranlagung des Gesellschafters auf die vom Insolvenzverwalter durch die Verwertung der Masse erwirtschafteten Einkünfte entfällt. Dieser Entscheidung lag der Fall zugrunde, dass der Insolvenzverwalter über das Vermögen einer KG zur Insolvenzmasse gehörende Gelder bei einem inländischen Kreditinstitut als Termingeld angelegt und das Institut von den Zinserträgen Kapitalertragsteuer einbehalten und abgeführt hatte.

1542 Ein Erstattungsanspruch der Masse entfällt, weil er nur demjenigen zusteht, auf dessen Rechnung die Zahlung bewirkt wurde. In Fällen des Kapitalertragsteuerabzugs ist dies grundsätzlich der (steuerrechtliche) Gläubiger des Kapitalertrags, also der Gesellschafter. Insoweit kommt allenfalls ein Anspruch des Insolvenzverwalters gegen den Gesellschafter aus ungerechtfertigter Bereicherung in Betracht.[3] Siehe dazu die Ausführungen zur Zinsabschlagsteuer (Rdnr. 1552 ff.).

1543 Steht der Masse ein Erstattungsanspruch zu, muss der Steuergläubiger prüfen, ob eine **Aufrechnungslage** besteht. Dabei ist § 96 InsO zu beachten, der eine Aufrechnung u. a. ausschließt, wenn ein Insolvenzgläubiger erst nach der Eröffnung des Insolvenzverfahrens etwas zur Insolvenzmasse schuldig geworden

---

1 BFH v. 9.11.1994 – I R 5/04, BStBl II 1995, 255; v. 9.2.1993 – VII R 12/92, BStBl II 1994, 207, 208; v. 22.5.1979 – VIII R 58/77, BStBl II 1979, 639, 640.
2 BFH v. 15.3.1995 – I R 82/93, BFHE 177, 257, NWB DokID: QAAAA-96754.
3 Siehe dazu Hoffmann, StuB 2006, 705, wonach in der Insolvenz die einbehaltene Kapitalertragsteuer samt Solidaritätszuschlag einer „ungerechtfertigten Entnahme" gleichzustellen sei. Verfallen Rückzahlungsansprüche, weil ein Gesellschafter keine oder nur unvollständige Einkommensteuererklärungen abgibt, sei er der Personengesellschaft zum Schadensersatz verpflichtet („gesellschaftsrechtliche Treuepflicht").

ist.[1] Diese Voraussetzungen liegen vor, wenn sich der Erstattungsanspruch aus Steueranrechnungsbeträgen ergibt, die erst nach der Insolvenzeröffnung entstanden sind. In diesem Fall steht auch der Erstattungsanspruch erst nach Insolvenzeröffnung fest, so dass eine Aufrechnung mit Insolvenzforderungen ausscheidet. Siehe zur Aufrechnung vertiefend Rdnr. 811 ff.

(Einstweilen frei) 1544–1550

b) Besonderheiten bei der Zinsabschlagsteuer

(1) Allgemeine Grundsätze

Bislang mussten nach dem Gesetz zur Neuregelung der Zinsbesteuerung vom 9. 11. 1992[2] (Zinsabschlaggesetz) seit dem Jahr 1993 Bankinstitute für im Inland an Inländer ausgezahlte Kapitalerträge nach § 43a Abs. 1 Nr. 3 EStG grds. 30 % – bei Tafelgeschäften für In- und Ausländer gleichermaßen sogar 35 % – Zinsabschlagsteuer einbehalten und an die Finanzbehörde abführen.[3] Für Kapitalerträge, die nach dem 31. 12. 2008 zufließen, hat der Gesetzgeber im Privatvermögen grundsätzlich die sog. Abgeltungsteuer i. H. v. 25 % und im Betriebsvermögen sowie dem Anwendungsbereich des § 17 EStG das sog. Teileinkünfteverfahren eingeführt (vgl. § 3 Nr. 40, § 3c Abs. 2, §§ 20, 32d, 43 ff., 52a EStG). 1551

(2) Kapitalertragsteuer und Personengesellschaften

Besondere Probleme in Bezug auf den Zinsabschlag wirft die Insolvenz einer Personengesellschaft auf, soweit es um die Verrechnung der Abzugsbeträge mit der Steuerschuld geht, weil in diesem Fall erstens der Gesetzgeber in § 44a EStG nur sehr begrenzte Möglichkeiten geschaffen hat, vom Steuerabzug abzusehen, und zweitens – im Gegensatz zur Kapitalgesellschaft – die steuerliche Zuordnung der Kapitalerträge mit der zivilrechtlichen nicht übereinstimmt. Dieser Umstand führt dazu, dass die **Gläubiger einer Personengesellschaft** im Insolvenzfall benachteiligt werden. Die Zinserträge aus dem Ge- 1552

---

1 Frotscher, Besteuerung bei Insolvenz, 148; Onusseit/Kunz, Steuern in der Insolvenz, Rdnr. 568 f., noch zu § 55 KO; vgl. z. B. zur Aufrechnung gegen einen Anspruch auf Eigenheimzulage BFH v. 17. 4. 2007 (VII R 34/06, BFH/NV 2007, 1393); zur Aufrechnung gegen den Anspruch auf Erstattung von Grunderwerbsteuer nach Rücktritt vom Kaufvertrag während des Insolvenzverfahrens BFH v. 17. 4. 2007 (VII R 27/06, BFH/NV 2007, 1391) sowie zur Aufrechnung gegen einen Anspruch auf Erstattungszinsen im Insolvenzverfahren mit vorinsolvenzrechtlichen Steuerforderungen BFH v. 30. 4. 2007 (VII B 252/06, BFH/NV 2007, 1395).
2 BGBl I 1992, 1853 = BStBl 1992 I, 682.
3 Zur bisherigen Rechtslage vgl. Waza/Uhländer/Schmittmann, Insolvenzen und Steuern, 7. Aufl., 297 ff.

samthandsvermögen sind nämlich zivilrechtlich der Gesellschaft als Gläubigerin des Kapitals zuzurechnen und stehen damit insolvenzrechtlich als Vermögensmehrung zur Verteilung an die Gläubiger zur Verfügung.[1] Andererseits wird die Insolvenzmasse aber durch die auf die Zinsen entfallenden Steuern belastet, die unmittelbar vom Schuldner der Kapitalerträge an die Finanzbehörde abgeführt werden und damit gar nicht zur Masse gelangen. Wird nun z. B. über eine Kommanditgesellschaft das Insolvenzverfahren eröffnet (vgl. §§ 11 Abs. 2, 19 InsO), wird sie zwar mit Eröffnung des Verfahrens aufgelöst (§§ 131 Abs. 1 Nr. 3, 161 Abs. 2 HGB), sie geht jedoch nicht unter, sondern behält ihre beschränkte Rechtsfähigkeit (§§ 124 Abs. 1, 161 Abs. 2 HGB). Hinsichtlich des angelegten Kapitals bleibt sie **zivilrechtlich** Gläubigerin mit der Folge, dass die Erträge aus ihren Geschäftskonten aus der Nutzung des Gesellschaftskapitals fließen und somit bei der Gesellschaftsinsolvenz zur Insolvenzmasse gehören. Gleichzeitig unterliegen die Erträge unverändert der Besteuerung nach §§ 2 Abs. 1 Nr. 2, 15 Abs. 1 Nr. 2 EStG und damit auch der Kapitalertragsteuer.[2] Im einkommensteuerrechtlichen Sinne Gläubiger der bezogenen Kapitalerträge ist freilich der Gesellschafter, dem sie als Einkünfte zugerechnet werden, denn die Gesellschaft ist zwar handelsrechtlich beschränkt rechtsfähig und auch insolvenzfähig (vgl. § 11 Abs. 2 Nr. 1 InsO), ertragsteuerlich hingegen nicht Steuersubjekt. Siehe zur Behandlung der Personengesellschaft im Insolvenzverfahren im Einzelnen Rdnr. 1501 ff.

1553 Trotz dieses Auseinanderfallens von zivilrechtlicher Anspruchsberechtigung und steuerrechtlicher Zuordnung der Erträge lässt sich der Zinsabschlag nicht vermeiden, denn die **Abzugspflicht** des § 43 Abs. 1 Nr. 1 EStG knüpft ausschließlich an die Art der Kapitalerträge an, ohne auf ihre steuerliche Zuordnung Rücksicht zu nehmen. Mangels eigener Ertragsteuerpflicht kann die Personengesellschaft einen **Freistellungsauftrag** nicht erteilen; ein Freibetrag steht ihr nicht zu. Erwirtschaftet der Insolvenzverwalter nun Zinserträge – z. B. wenn er Wirtschaftsgüter veräußert und die Gegenleistung zunächst auf einem Festgeldkonto einzahlt oder den Betrieb fortführt und Einnahmen dem Geschäftskonto gutschreibt –, ist die darauf entfallende Steuer einschließlich der Kapitalertragsteuer Masseverbindlichkeit i. S. v. § 55 Abs. 1 Nr. 1 InsO. Die einbehaltene Kapitalertragsteuer, die die Höhe des Zuflusses zur Masse gemindert hat, wird auf die persönliche Steuerschuld des Gesellschafters ange-

---

[1] Vgl. BGH v. 24.10.1979 – VIII ZR 298/78, DB 1979, 2415; s. a. Onusseit/Kunz, Steuern in der Insolvenz, Rdnr. 574 ff.; Maus, ZIP 1993, 743, 744.
[2] BFH v. 9.11.1994 – I R 5/94, BStBl II 1995, 255; Schöne/Ley, DB 1993, 1405; Welzel, DStZ 1993, 197, 200.

rechnet (§ 36 Abs. 2 Nr. 2 EStG, § 180 Abs. 1 Nr. 2a AO) und mindert dessen Verbindlichkeiten gegenüber dem Fiskus. Ist die Kapitalertragsteuer höher als die individuelle Steuerschuld, entsteht ein Steuererstattungsanspruch des Gesellschafters (§ 36 Abs. 4 Satz 2 EStG).

Der Insolvenzverwalter der Gesellschaft kann diesen Erstattungsanspruch gegenüber dem Finanzamt nicht mit Erfolg geltend machen,[1] weil er der Vermögenssphäre der Gesellschafter zuzurechnen ist. Ein Teil der Zinserträge, die im Regelfall eigentlich in voller Höhe der Verteilung an die Gläubiger zur Verfügung stehen müssten, sind von der Finanzbehörde stattdessen mit befreiender Wirkung an die Gesellschafter auszuzahlen und werden damit – aus der Warte des Insolvenzrechts betrachtet – **fehlgeleitet**.[2]

1554

Das Problem der (insolvenzrechtlichen) Fehlleitung ließe sich auf öffentlich-rechtlicher Grundlage mit einfachen Mitteln lösen, wenn dem Insolvenzverwalter nach § 44a Abs. 2 Nr. 2 EStG eine **Nichtveranlagungsbescheinigung** ausgestellt werden dürfte, weil in diesem Fall die Zinserträge der Masse ungemindert zufließen würden. Der BFH lehnt eine solche Möglichkeit gleichwohl ab mit der Begründung, i.S.v. § 44a Abs. 1 Nr. 2 EStG sei der Mitunternehmer – obwohl er nicht Kontoinhaber ist – Gläubiger der von seiner Gesellschaft bezogenen Kapitalerträge. Für die Beurteilung der Frage, ob eine Veranlagung zur Einkommensteuer nicht in Betracht kommt, sei deshalb auf den Mitunternehmer als Steuerpflichtigen abzustellen. Die Ausstellung einer Nichtveranlagungsbescheinigung für die Gesellschaft sei deshalb ausgeschlossen. Eine den Mitunternehmern erteilte Nichtveranlagungsbescheinigung könne die – aus insolvenzrechtlicher Sicht betrachtete – Fehlleitung nicht verhindern, weil die Guthabenkonten der Insolvenzmasse nicht unter dem Namen der steuerrechtlichen Gläubiger der Zinserträge verwaltet werden (§ 44a Abs. 6 Satz 1 EStG).[3] Dieses Ergebnis entspreche auch dem Willen des Gesetzgebers. Dieser habe für die Fälle fehlender Identität des Gläubigers und des Kontoinhabers und für den Fall fehlender Identität des Steuerschuldners und des von der Insolvenz erfassten Vermögens keine Sonderregelung geschaffen, und sich damit bewusst zugunsten des mit Abzugsteuern erstrebten Sicherungszwecks gegen den Vorrang des materiell richtigen Steuerergebnisses entschieden. Die Zins-

1555

---

[1] BFH v. 15.3.1995 – I R 82/93, BFHE 177, 257, NWB DokID: QAAAA-96754; FG München v. 28.8.1992 – 8 K 1453/90, DB 1994, 1447.

[2] Näher zu diesem Problem insbesondere Schöne/Ley, DB 1993, 1405; Onusseit/Kunz, Steuern in der Insolvenz, Rdnr. 577 ff.

[3] In der Praxis würden sich die Mitunternehmer im Übrigen wohl auch hüten, durch Vorlage einer NV-Bescheinigung die Insolvenzmasse zugunsten der Gläubiger zu stärken und ihre eigene wirtschaftliche Situation zu schwächen.

abschlagsteuer in der Insolvenz der Gesellschaft gehöre damit (konkursrechtlich) zu den Massekosten oder Masseschulden.[1]

1556 Vieles spricht dafür, dass der Gesetzgeber die von der Regel abweichende Fallgestaltung in der Insolvenz einer Personengesellschaft gar nicht bedacht hat. Trotzdem wird man die Rechtsprechung des BFH in diesem Punkt aber wohl als gefestigt ansehen müssen. Im Übrigen ist unabhängig davon, ob die Entscheidung des BFH in ihrer Argumentationskette schlüssig ist, jedenfalls das Ergebnis zutreffend. Auf der Grundlage des § 44a EStG ist die Schwächung der Insolvenzmasse sicherlich nicht zu beheben.

1557 Da somit auf öffentlich-rechtlicher Grundlage ein Ausgleich nicht geschaffen werden kann, ist dieses missliche Problem letztlich **nur zivilrechtlich** zu lösen.

1558 Schöne/Ley[2] befürworten in dieser Situation, die Belastung der Masse nach Bereicherungsgrundsätzen auszugleichen. In Betracht komme insoweit ein Anspruch nach § 812 BGB, denn die Anrechnung des Zinsabschlags auf die Steuerschuld des Gesellschafters stelle eine vom Insolvenzverwalter nicht zu tolerierende rechtsgrundlose Zuwendung zulasten der Masse dar. Da die Einbehaltung des Zinsabschlags im Rahmen des Abzugsverfahrens nicht zu verhindern sei und insofern eine vom Gesetzgeber nicht beabsichtigte Regelungslücke vorliege, müsse im Wege einer diese Lücke schließenden interessengerechten Auslegung bei der Anrechnung auf die Steuerschuld des Gesellschafters angesetzt werden. Dabei seien zwei Fallgestaltungen zu unterscheiden. Führe die Anrechnung zu einem Steuererstattungsanspruch des Gesellschafters, richte sich der Bereicherungsanspruch gegen die Finanzbehörde, die nicht mit befreiender Wirkung auszahlen könne. Mindere sich die Steuerforderung der Finanzbehörde durch die Anrechnung, sei der Gesellschafter rechtsgrundlos bereichert. Die Gesellschaft müsse sich an ihn halten.[3]

1559 Auch der BFH[4] hält – allerdings ohne nähere Begründung – unter Umständen einen Erstattungsanspruch des Insolvenzverwalters gegen den Gesellschafter aus ungerechtfertigter Bereicherung für möglich, soweit die einbehaltene Kapitalertragsteuer höher ist als die Einkommensteuer – bei der Komplementär-

---

1 Nunmehr insolvenzrechtlich Masseverbindlichkeiten nach § 55 InsO; BFH v. 9.11.1994 – I R 5/94, BStBl II 1995, 255; s.a. FG Saarland v. 6.4.1995 – 1 K 46/95, EFG 1995, 678; allgemein zur Freistellung BFH v. 20.12.1995 – I R 118/94, BStBl II 1996, 199.
2 DB 1993, 1405; ebenso Frankfurter Kommentar, § 155 Rdnr. 484.
3 Ablehnend Onussert/Kunz, Steuern in der Insolvenz, Rdnr. 584 ff.; s.a. Maus, Steuerrechtliche Probleme im Insolvenzverfahren, 115 ff., BB 1989, 672, und ZIP 1993, 743; Welzel, DStZ 1993, 197.
4 BFH v. 15.3.1995 – I R 82/93, BFHE 177, 257, NWB DokID: QAAAA-96754.

GmbH die Körperschaftsteuer –, die bei der Veranlagung des Gesellschafters auf die vom Insolvenzverwalter durch die Verwertung der Masse erwirtschafteten Einkünfte entfällt.

Dieser bereicherungsrechtliche Lösungsansatz ist **fraglich**. Folgt man in einem ersten Schritt dem – bereits strittigen – Argumentationsansatz der Regelungslücke, müssten des Weiteren die zivilrechtlichen Voraussetzungen des Bereicherungsanspruchs vorliegen. Das ist nicht der Fall. In der aus Sicht der Insolvenzgläubiger nicht gerechtfertigten Schwächung der Masse durch die Einbehaltung des Zinsabschlags mag man eine Vermögensverschiebung sehen können, diese erfolgt aber keineswegs rechtsgrundlos und ist auch gerechtfertigt. Rechtfertigungsgrund sind die Vorschriften des materiellen Steuerrechts. Die Anrechnung von Steuerabzugsbeträgen auf die Steuerschuld ist ein **persönlicher Anspruch** des Gesellschafters als Steuerschuldner. Er und nicht die Gesellschaft hat die ausgekehrten Zinserträge zu versteuern. Weil durch den Abzug vom Kapitalertrag nicht etwa die Einkommensteuer der Gesellschaft, sondern immer die des Gesellschafters erhoben wird, ist die Anrechnung auf seine Steuerschuld über § 36 Abs. 2 Nr. 2 i.V.m. § 43 Abs. 1 Satz 1 Nr. 1 EStG nur folgerichtig. Mithin kann auch nur er Erstattungsberechtigter sein. 1560

Dieses Ergebnis ist ebenfalls insolvenzrechtlich zu rechtfertigen, denn die Insolvenzgläubiger dürfen nicht etwa erwarten, dass ihnen steuerpflichtige Einnahmen – z.B. Erträge aus der Verwertung der Masse bzw. der Fortführung des Betriebs – ungeschmälert zugute kommen. Solche Einkünfte unterliegen der Besteuerung und die darauf entfallenden Steuerschulden sind als Masseverbindlichkeiten vorweg zu berichtigen (§§ 53, 55 InsO). Dasselbe gilt unabhängig vom Zinsabschlag naturgemäß auch für Kapitalerträge. 1561

Schließlich besteht gegenüber der Gesellschaft und damit der Insolvenzmasse ein Rechtsgrund für die Einbehaltung. Denn sie ist Gläubigerin des Kapitalertrages und als solche nach dem eindeutigen Wortlaut des § 44 Abs. 1 Satz 1 EStG auch Schuldnerin der Kapitalertragsteuer. 1562

Im Ergebnis ist deshalb ein Bereicherungsanspruch des Insolvenzverwalters weder gegen die Finanzbehörde noch den Gesellschafter zu rechtfertigen. 1563

Erfolgversprechender ist m.E. der Ansatz, dem Insolvenzverwalter einen **gesellschaftsvertraglichen Anspruch** auf Zahlung in Höhe der beim Gesellschafter angerechneten Zinsabschlagsteuer einzuräumen.[1] Der Steuerabzug an der Quelle aus Gründen der Sicherung des Steueranspruchs führt faktisch nur zu 1564

---

[1] So LG Freiburg v. 3.8.1999 – 12 O 39/99, ZIP 1999, 2063, unter Berufung auf BGH v. 30.1.1995 – II ZR 42/94, NJW 1995, 1088, 1090; zustimmend Onusseit, EWiR § 36 EStG 1999, 1169.

einer Verkürzung des Zahlungsweges. Zivilrechtlich ist die Insolvenzmasse in voller Höhe Gläubigerin der Kapitalerträge. Da ihr diese Erträge ohne den Steuerabzug ungeschmälert zufließen müssten, wird mit der Anrechnung beim Gesellschafter dessen Steuerschuld aus dem Gesellschaftsvermögen getilgt. Die Tilgung einer Gesellschafterschuld aus dem Gesellschaftsvermögen ist aber einer **Entnahme** gleichzusetzen, die nach Eröffnung des Insolvenzverfahrens nach § 80 InsO unzulässig ist.[1] Eine unzulässige Entnahme kann wiederum auf gesellschaftsvertraglicher Grundlage zurückgefordert werden. Insoweit ist nicht relevant, ob dem Gesellschafter der entnommene Betrag im Wege der Minderung seiner Steuerschuld oder der Erstattung überzahlter Beträge zufließt.

1565 Ein pflichtgemäß handelnder Insolvenzverwalter wird demnach die Gesellschafter wegen dieser Entnahmen gesellschaftsvertraglich in Anspruch zu nehmen haben.

1566 In diesem Zusammenhang zu beachten ist allerdings, dass mit der Insolvenz der Gesellschaft die Insolvenz des Gesellschafters verbunden sein kann. Der Anspruch aus dem Gesellschaftsvertrag auf Zahlung richtet sich dann gegen die Insolvenzmasse des Gesellschafters. Es handelt sich nach den allgemeinen Regeln um eine **Insolvenzforderung,** wenn der Steuerabzugsbetrag schon vor der Insolvenzeröffnung über das Gesellschaftervermögen einbehalten wurde, weil schon zu diesem Zeitpunkt der Rückzahlungsanspruch begründet war. Andernfalls handelt es sich um eine gegen das Gesellschaftervermögen gerichtete **Masseverbindlichkeit.** Zwar beruht der Rückzahlungsanspruch nicht auf einer Handlung des Insolvenzverwalters der Gesellschaftermasse, weil die Entnahmehandlung zwingende Folge des steuerlichen Abzugsverfahrens ist. Doch dürfte § 55 Abs. 1 Nr. 2 InsO zumindest entsprechend anzuwenden sein. Denn auch bei dem anspruchsbegründenden Gesellschaftsvertrag handelt es sich um einen gegenseitigen Vertrag und die Rückzahlung muss für die Zeit nach Insolvenzeröffnung erfolgen.

1567–1575 *(Einstweilen frei)*

---

1 Ebenso Hoffmann, StuB 2006, 705. Verfallen Rückzahlungsansprüche, weil ein Gesellschafter keine oder nur unvollständige Einkommensteuererklärungen abgibt, so ist er der Personengesellschaft zum Schadenersatz verpflichtet („gesellschaftsrechtliche Treuepflicht").

c) Lohnsteuer

(1) Steuerrechtliche Grundlagen

Die Lohnsteuer ist entgegen der missverständlichen Begriffsbildung keine eigenständige Steuerart, sondern eine auf die nichtselbständigen Einkünfte nach § 19 EStG beschränkte **Erhebungsform der Einkommensteuer** während des laufenden Kalenderjahres. Sie hat den Charakter einer pauschalen Vorauszahlung auf die endgültige Steuerschuld. Erhebungstechnisch handelt es sich indessen um einen nach § 38 Abs. 3 Satz 1 EStG unmittelbar an der Einkunftsquelle von einem neben den Steuerschuldner und den Steuergläubiger tretenden Dritten einbehaltenen **Steuerabzugsbetrag**. In diesem nunmehr dreipoligen Verhältnis ist der Arbeitnehmer Steuerschuldner,[1] während der Arbeitgeber als Dritter verpflichtet ist, bei jeder Lohnzahlung für Rechnung des Arbeitnehmers vom Bruttolohn die Lohnsteuer einzubehalten und an die Finanzbehörde als Steuergläubiger abzuführen. Die Lohnsteuer **entsteht** erst mit Zufließen des Arbeitslohns beim Arbeitnehmer (§ 38 Abs. 2 Satz 2 EStG). Der Arbeitslohn ist zugeflossen, sobald der Arbeitnehmer die tatsächliche wirtschaftliche Verfügungsmacht (z. B. durch Barzahlung oder Kontogutschrift) innehat. Sie ist bei den in der Praxis üblichen **Bruttolohnvereinbarungen** Teil des arbeitsvertraglich verabredeten Bruttolohns und belastet allein den Arbeitnehmer als **Steuerschuldner** (§ 38 Abs. 2 Satz 1 EStG), weil der Arbeitgeber die Lohnsteuer bei jeder Lohnzahlung für dessen Rechnung einbehält (§ 38 Abs. 3 Satz 1 EStG). Bei **Nettolohnvereinbarungen** bleibt der Arbeitnehmer gleichermaßen Steuerschuldner. Der Arbeitgeber übernimmt auch hier nur die Rolle des Treuhänders gegenüber dem Fiskus. Wenn Lohnsteuer zu Unrecht einbehalten und abgeführt worden ist, steht der Erstattungsanspruch dem Arbeitnehmer zu. Eine Lohnsteuernachforderung beim Arbeitnehmer scheidet allerdings aus, wenn der Arbeitgeber vorschriftsmäßig einbehalten hat (§ 42d Abs. 3 Satz 4 Nr. 1 EStG).

1576

Mit der Abführung der Steuer an die Finanzbehörde erfüllt der Arbeitgeber für den Fall der Bruttolohnvereinbarung die Zahlungspflicht aus dem Arbeitsvertrag gegenüber dem Arbeitnehmer. Der **Arbeitgeber** ist – mit Ausnahme der Pauschalierung – niemals Steuerschuldner, sondern kann – im Falle einer Pflichtverletzung – immer nur als **Haftender** (§ 42d EStG) in Anspruch genom-

1577

---

[1] Anders nur bei der Pauschalierung der Lohnsteuer; hier ist der Arbeitgeber Steuerschuldner (vgl. §§ 37b Abs. 3, 40 Abs. 3, 40a Abs. 5, 40b Abs. 5 EStG).

men werden.[1] Gegenüber dem Steuergläubiger hat er indessen nicht in erster Linie eine Zahlungspflicht, sondern nach h. M. mit der Einbehaltung und Abführung der Lohnsteuer eine **besondere Dienstleistungspflicht** zu erfüllen.[2] Erst bei Verletzung dieser Einbehaltungs- bzw. Abführungspflicht entsteht gegen den Arbeitgeber über die Haftung als Einstehenmüssen für eine fremde Schuld ein Geldleistungsanspruch, der neben den unmittelbaren Anspruch des Finanzamtes gegen den Arbeitnehmer tritt.

(2) Insolvenzrechtliche Behandlung

1578 Das geschilderte lohnsteuerrechtliche Dreiecksverhältnis kann sowohl auf Arbeitnehmer- wie auf Arbeitgeberseite von einem Insolvenzverfahren betroffen sein. Dabei gilt in beiden Fällen der allgemeine Grundsatz, dass die Insolvenzeröffnung keinen Einfluss auf den Bestand der bis dahin begründeten Arbeitsverhältnisse hat. Bei der Arbeitgeberinsolvenz bleiben die individualarbeitsrechtlichen Ansprüche der Arbeitnehmer bis zum Ablauf der Kündigungsfristen (§ 113 InsO) ebenso bestehen wie ihre Pflicht zur Erbringung der Arbeitsleistung. § 108 Abs. 1 InsO stellt klar, dass Dienst- und Arbeitsverhältnisse mit Wirkung für die Insolvenzmasse fortbestehen. Mit dem Insolvenzbeschlag ändert sich freilich die Rechtszuständigkeit auf der Arbeitgeberseite. Die Insolvenzeröffnung bzw. die Bestellung eines vorläufigen Insolvenzverwalters mit Verfügungsbefugnis bewirkt den Eintritt des Insolvenzverwalters in die Rechtsstellung des Arbeitgebers. Nunmehr muss er die arbeitsrechtlichen Verpflichtungen erfüllen (§ 80 Abs. 1 InsO);[3] daneben tritt er in dessen steuerrechtliche Dienstleistungspflichten ein (§ 34 Abs. 3 AO).

1579 Schließlich kann noch die Bundesagentur für Arbeit von der Insolvenz des Arbeitgebers betroffen sein. Denn beim Arbeitnehmer kann verbunden mit einem gesetzlichen Forderungsübergang des Arbeitslohns unter bestimmten Voraussetzungen ein Anspruch gegen die Bundesagentur für Arbeit auf Zahlung von Insolvenzgeld entstehen.

1580 Im Ergebnis können also an einem Insolvenzverfahren aus lohnsteuerrechtlicher Sicht neben dem Finanzamt, dem Arbeitnehmer und dem Arbeitgeber

---

[1] Vgl. BFH v. 16.5.1975 – VI R 101/71, BStBl II 1975, 621; v. 17.11.1992 – VII R 13/92, BStBl II 1993, 471; v. 22.7.1993 – VI R 116/90, BStBl II 1993, 775.

[2] Grundlegend Keuk, DB 1973, 2029; ebenso Frotscher, Besteuerung bei Insolvenz, 155 ff.; Onusseit/Kunz, Steuern in der Insolvenz, Rdnr. 322; Maus, Steuern im Insolvenzverfahren, 161 ff.; Frankfurter Kommentar, § 155 Rdnr. 322, 324; wohl auch BFH v. 16.5.1975 – VI R 101/71, BStBl II 1975, 621.

[3] Zur Abwicklung von Arbeitsverhältnissen s. im Überblick Breuer, NJW 1999, Beilage Heft 1, 14.

noch der Insolvenzverwalter und die Bundesagentur für Arbeit mit eigenen Rechten und Pflichten beteiligt sein.

Im Überblick stellen sich die unterschiedlichen Leistungsebenen in der Insolvenz des Arbeitnehmers bzw. des Arbeitgebers wie folgt dar: 1581

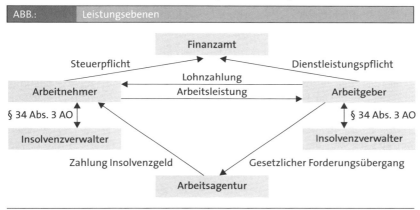

ABB.: Leistungsebenen

(a) Insolvenz des Arbeitgebers

Im Falle der Insolvenz des Arbeitgebers übernimmt der Insolvenzverwalter nach § 80 InsO das Recht zur Verwaltung der Masse.[1] Nach § 34 Abs. 3 AO treffen den Insolvenzverwalter alle steuerlichen Pflichten, die zuvor der Insolvenzschuldner als Arbeitgeber hätte erfüllen müssen. Seine lohnsteuerrechtlichen Pflichten gelten auch für Lohnzahlungszeiträume, die vor der Insolvenzeröffnung bereits beendet waren. So hat er beispielsweise auch die entsprechenden Lohnsteueranmeldungen abzugeben. Verletzt der Insolvenzverwalter seine diesbezüglichen Pflichten, haftet er über §§ 34, 69 AO außerhalb des Insolvenzverfahrens persönlich. 1582

Die Finanzbehörde hat **keinen primären Steuerzahlungsanspruch** gegen den Arbeitgeber, den sie im Insolvenzverfahren geltend machen kann. Sie ist vielmehr beschränkt auf die Geltendmachung des sekundären **akzessorischen Haftungstatbestandes** nach § 42d EStG, der neben den primären Zahlungsanspruch gegen den Arbeitnehmer tritt. Der Insolvenzverwalter, der die Pflichten des Insolvenzschuldners als Arbeitgeber übernimmt, kann also gleichfalls nur als Haftender in Anspruch genommen werden. Bei Bruttolohnvereinbarun- 1583

---

[1] Zur Beschäftigung des Schuldners als Arbeitnehmer des Insolvenzverwalters bzw. in seinem Unternehmen vgl. Fichtelmann, EStB 2005, 255.

gen ist der Arbeitnehmer als alleiniger Inhaber des primären Zahlungsanspruchs gehalten, seine Bruttolohnforderung beim Arbeitgeber einzufordern. Handelt es sich bei der Gesamtforderung um eine Insolvenzforderung, hat der Arbeitnehmer sie nach § 38 InsO zur Insolvenztabelle anzumelden, bei einer Masseverbindlichkeit gilt § 55 InsO. Mit der Insolvenzrechtsreform sind alle nach altem Recht privilegierten Forderungen einschließlich der Vorrechte der Arbeitnehmer für rückständige Lohnforderungen abgeschafft.

1584 Unabhängig von dem Zeitraum, für den die Lohnzahlung erfolgt, ist für die insolvenzrechtliche Frage der Begründetheit (vgl. § 38 InsO) der Lohnsteuer ausschließlich der Zeitpunkt des Zuflusses des Arbeitslohns beim Arbeitnehmer entscheidend.[1] Das bedeutet, dass die **Lohnansprüche** des Arbeitnehmers aus einem Arbeitsverhältnis für die Zeit vor der Eröffnung des Insolvenzverfahrens immer Insolvenzforderungen sind (§§ 38, 108 Abs. 2 InsO).[2] Die **Lohnsteuerbeträge** jedoch, die auf im Zeitpunkt der Insolvenzeröffnung ausstehende, aber erst nach Verfahrenseröffnung ausgezahlte Löhne entfallen, folgen dieser Zuordnung nicht. Denn einen Zahlungsanspruch in der Insolvenz des Arbeitgebers besitzt die Finanzbehörde zunächst nur gegenüber dem Arbeitnehmer, zu dessen Bruttolohnforderung der Lohnsteueranteil zählt. Gegenüber dem Insolvenzverwalter kann sie nur Erfüllung seiner Dienstleistungspflicht verlangen. Erst wenn der Insolvenzverwalter dieser Dienstleistungspflicht nicht genügt, bedarf es der insolvenzrechtlichen Einordnung des dann entstehenden (haftungsrechtlichen) Zahlungsanspruchs.[3]

1585 Ausgehend von diesen Grundsätzen sind bei der Insolvenz des Arbeitgebers folgende vier Fallgestaltungen näher zu beleuchten:

▶ Hat der Insolvenzschuldner **vor Insolvenzeröffnung Arbeitslohn gezahlt, gleichwohl Lohnsteuer aber nicht abgeführt,** handelt es sich bei dem (Haftungs-)Anspruch der Finanzbehörde gegen ihn nach einhelliger Meinung[4] um eine Insolvenzforderung nach § 38 InsO. Der Insolvenzschuld-

---

1 Zur lohnsteuerfreien Absicherung von Direktzusagen durch Contractual Trust Agreements (CTA) in § 3 Nr. 65 EStG durch das JStG 2007 vgl. Niermann, DB 2006, 2595.
2 Lakies, BB 1998, 2638.
3 Frotscher, Besteuerung bei Insolvenz, 156 ff.; a. A. Frankfurter Kommentar, § 155 Rdnr. 142, der zu Unrecht schon die originäre Lohnsteuerforderung, die m. E. nur der Arbeitnehmer selbst als Teil des Bruttoarbeitslohns gegenüber der Masse als Insolvenzforderung geltend machen kann, den sonstigen Masseverbindlichkeiten nach § 55 Abs. 1 Nr. 2 InsO zuordnet; s. a. Hess/Mitlehner, Rdnr. 757, die für die Begründetheit der Lohnsteuer auf den Tätigkeitszeitraum des Arbeitnehmers abstellen.
4 Vgl. nur BFH v. 16. 5. 1975 – VI R 101/71, BStBl II 1975, 621, 622; Frotscher, Besteuerung bei Insolvenz, 156 ff.; Onusseit/Kunz, Steuern in der Insolvenz, Rdnr. 323; Maus, Steuern im Insolvenzverfahren, 162 f., Keuk, DB 1973, 2029; zum Teil zur vergleichbaren Fallgestaltung im Konkursrecht.

ner hat in diesem Falle seine Dienstleistungspflicht gegenüber der Finanzbehörde bereits **vor** der Insolvenzeröffnung verletzt und damit den haftungsbegründenden Tatbestand der Nichteinbehaltung und/oder Nichtabführung der Lohnsteuer nach § 42d Abs. 1 Nr. 1 EStG erfüllt. Die Haftungsschuld ist mit der Auszahlung des Lohns i. S. v. § 38 AO bereits entstanden und kann zur Insolvenztabelle angemeldet werden. Ist allerdings noch kein Haftungsbescheid ergangen, fehlt es an der abgabenrechtlichen Fälligkeit der Schuld. Denn eine Haftungsschuld wird nach § 220 Abs. 2 AO erst mit ihrer Festsetzung fällig. Insolvenzrechtlich gilt die Haftungsforderung nach § 41 Abs. 1 InsO als fällig, so dass sie abgezinst angemeldet werden kann. Bei der Schätzung des Abzinsungsbetrages ist der Zeitpunkt entscheidend, in dem bei regelmäßigem Verlauf des Verwaltungsverfahrens die Fälligkeit eingetreten wäre.

▶ Zahlt der **Insolvenzverwalter rückständigen Lohn für einen Zeitraum vor Insolvenzeröffnung,** befriedigt er immer eine **Insolvenzforderung** des Arbeitnehmers auf den Bruttolohn. Denn der Gesetzgeber hat die ehemals in §§ 59, 61 KO vorgesehenen Vorrechte für rückständige Lohnforderungen nicht in die Insolvenzordnung übernommen. Der Lohnsteueranspruch der Finanzbehörde entsteht allerdings erst mit dem Zufluss des Arbeitslohns beim Arbeitnehmer.

Verletzt der Insolvenzverwalter seine Dienstleistungspflicht, behält die Lohnsteuer nicht ein oder führt die einbehaltene Steuer nicht ab, entsteht ein Lohnsteuerhaftungsanspruch der Finanzbehörde. Er wird erst durch die Lohnzahlung an den Arbeitnehmer begründet. Bis dahin besitzt die Finanzbehörde lediglich den Anspruch auf Erfüllung im Rahmen des oben beschriebenen Dienstleistungsverhältnisses. Der Zahlungsanspruch der Finanzbehörde beruht allein auf dem pflichtwidrigen Verhalten des Insolvenzverwalters, der die Haftung des Insolvenzschuldners als Arbeitgeber nach § 42d EStG begründet und damit die Masse belastet. Dieser Haftungsanspruch entsteht unabhängig vom Schicksal des Lohnanspruchs und ist Masseverbindlichkeit nach § 55 Abs. 1 Nr. 1 InsO, weil er aus einer Verwaltungshandlung des Insolvenzverwalters entstanden ist.

Von viel größerer Bedeutung für den Steuergläubiger ist in diesem Zusammenhang allerdings, dass der Insolvenzverwalter daneben[1] auch über §§ 34, 69 AO persönlich haftet. Denn häufig dürfte der Haftungsanspruch

---

[1] Vgl. Keuk, DB 1973, 2029, 2032; Frotscher, Besteuerung bei Insolvenz, 159 f.; Onusseit/Kunz, Steuern in der Insolvenz, Rdnr. 325.

gegen den Insolvenzschuldner als Arbeitgeber mangels Masse nicht durchzusetzen sein. Das Finanzamt erhält über §§ 34, 69 AO einen Schuldner, dessen Bonität i.d.R. ausreichen dürfte, die Schuld insgesamt zu begleichen.

Die Ansprüche können außerhalb des Insolvenzverfahrens mit Haftungsbescheid gegen den Insolvenzverwalter als Haftungsschuldner geltend gemacht werden.

▶ Zahlt der Insolvenzverwalter **Arbeitslohn für den Zeitraum nach Insolvenzeröffnung**, hat er also für die Masse Arbeitnehmer weiterbeschäftigt oder zulasten der Masse ein neues Arbeitsverhältnis begründet, erfüllt er gegenüber dem Arbeitnehmer eine **Masseverbindlichkeit nach § 55 Abs. 1 Nr. 1** (bei Neubegründung) oder Nr. 2 InsO (bei Weiterbeschäftigung[1]). Er erfüllt diese Masseverbindlichkeit, indem er dem Arbeitnehmer den Nettolohn auszahlt und an die Finanzbehörde die einbehaltene Lohnsteuer abführt. Im Falle der Masseunzulänglichkeit, d. h. wenn die Masse nicht ausreicht, um die Masseverbindlichkeiten zu decken, gelten die Sonderregelungen in den §§ 208 ff. InsO.

Auch hier gilt wiederum der Grundsatz, dass erst bei einer Verletzung der Dienstleistungspflicht der Lohnsteuerhaftungsanspruch der Finanzbehörde gegenüber dem Insolvenzverwalter entsteht. Da nicht die Auszahlung des Arbeitslohns, sondern die Pflichtverletzung den Anspruch begründet, handelt es sich um eine Masseverbindlichkeit nach § 55 Abs. 1 Nr. 1 InsO.[2] Daneben haftet der Insolvenzverwalter bei einer Pflichtverletzung hinsichtlich der Lohnsteuer außerhalb des Insolvenzverfahrens über §§ 34, 69 AO auch noch persönlich.

▶ Einen Sonderfall stellt die **Pauschalierung** der Lohnsteuer dar, da hier nicht der Arbeitnehmer, sondern der Arbeitgeber selbst Steuerschuldner ist (§§ 37b Abs. 3, 40 Abs. 3, 40a Abs. 5, 40b Abs. 5 EStG). Bei der pauschalen Lohnsteuer handelt es sich ihrem Wesen nach um eine Unternehmenssteuer eigener Art, die im Zeitpunkt der Durchführung der Pauschalierung in der Person des Arbeitgebers originär entsteht, allerdings auflösend bedingt bis zur Unanfechtbarkeit der Entscheidung über die Pauschalierung.[3]

---

[1] Lakies, BB 1998, 2638.
[2] Zur Insolvenz: Frotscher, Besteuerung bei Insolvenz, 159 ff.; Frankfurter Kommentar, § 155 Rdnr. 328; zum Konkursrecht: BFH v. 16.5.1975 – VI R 101/71, BStBl II 1975, 621, 622; BAG v. 12.7.1989 – 5 AZR 501/88, DB 1990, 278, und v. 11.2.1998 – 5 AZR 159/97, ZIP 1998, 868; Maus, Steuern im Insolvenzverfahren, 162 f.; Onusseit/Kunz, Steuern in der Insolvenz, Rdnr. 326.
[3] BFH v. 3.5.1990 – VII R 108/88, BStBl II 1990, 767.

Bei der insolvenzrechtlichen Einordnung gelten die allgemeinen Grundsätze für Steuerforderungen. Liegen die Voraussetzungen für eine Pauschalierung vor, kann sich – wenn nicht § 42 AO greift – der Insolvenzverwalter unabhängig vom Zeitpunkt der Zahlung des Arbeitslohns für sie entscheiden. Erst durch diese Entscheidung des Insolvenzverwalters wird die pauschale Lohnsteuer begründet.[1] Wird die Arbeitsleistung vor der Eröffnung des Insolvenzverfahrens erbracht und die Entscheidung für eine Pauschalierung ebenfalls vor diesem Zeitpunkt getroffen, ist der Steueranspruch Insolvenzforderung, im Übrigen handelt es sich um eine Masseverbindlichkeit. Die gegenteilige Auffassung von Frotscher,[2] der für die insolvenzrechtliche Einordnung allein auf den Zeitpunkt der Leistungserbringung abstellen will, berücksichtigt nicht genügend, dass die Entscheidung für die Pauschalierung nicht nur steuertechnische Funktion hat, sondern die Grundlage für die Pauschalierung an sich bildet und den primären Steueranspruch gegen den Arbeitgeber erst entstehen lässt.

1586

Zusammenfassend gilt also insolvenzrechtlich folgende Einordnung, wenn der Bruttolohn gezahlt, die Lohnsteuer aber nicht abgeführt wird:

1587

Insolvenzschuldner zahlt Lohn	Insolvenzverwalter zahlt rückständigen Lohn	Insolvenzverwalter zahlt aktuellen Lohn

Offene Lohnsteuerforderung ist Haftungsschuld nach § 42d EStG wegen Verletzung der Dienstleistungspflicht

Haftungsschuld ist Insolvenzforderung nach § 38 InsO	Haftungsschuld ist sonstige Masseverbindlichkeit nach § 55 Abs. 1 Nr. 1 oder Nr. 2 InsO

Persönliche Haftung des Insolvenzverwalters nach §§ 34 Abs. 3, 69 InsO

---

1 BFH v. 5.11.1982 – VI R 219/80, BStBl II 1983, 91; Frankfurter Kommentar, § 155 Rdnr. 329; Fichtelmann, DStZ 1993, 332.
2 Besteuerung bei Insolvenz, 162; ebenso Hess, InsO, § 55 Rdnr. 474; a. A. Fichtelmann, DStZ 1993, 332.

(b) Insolvenz des Arbeitnehmers

1588 Der Arbeitnehmer ist nach § 38 Abs. 2 Satz 1 EStG Schuldner der Lohnsteuer, die nach Satz 2 steuerrechtlich mit dem Zufluss des Arbeitslohns entsteht. In der Regel wird diese Verbindlichkeit durch den Lohnsteuerabzug oder im Wege der haftungsrechtlichen Inanspruchnahme des Arbeitgebers getilgt. Hat der Arbeitgeber indessen beispielsweise seine Dienstleistungspflichten gegenüber dem Finanzamt nicht erfüllt, mithin bei der Auszahlung des Bruttolohns die Lohnsteuer nicht einbehalten oder abgeführt, oder ist aus anderen Gründen zu wenig Lohnsteuer einbehalten worden, hat die Finanzbehörde die zu wenig erhobene Lohnsteuer vom Arbeitnehmer **nachzufordern** (§§ 38 Abs. 4 Satz 4, 39 Abs. 5a Satz 4, 41c Abs. 4 Satz 2, 42d Abs. 3 EStG).

1589 Wird über das Vermögen des Arbeitnehmers das Insolvenzverfahren eröffnet, bedürfen auch diese Ansprüche des Finanzamtes zum Zwecke der Durchsetzung der insolvenzrechtlichen Einordnung.

1590 Insolvenzrechtlich ist die Lohnsteuerforderung des Finanzamtes gegenüber dem Arbeitnehmer bereits begründet, wenn die arbeitsvertraglich geschuldete Arbeitsleistung erbracht ist. In diesem Zeitpunkt ist auch der Anspruch auf den Arbeitslohn „begründet". Der Zeitpunkt des Zuflusses des Arbeitslohns ist in diesem Verhältnis insolvenzrechtlich nicht relevant.[1] Folgerichtig gehört im Insolvenzverfahren des Arbeitnehmers der noch offene Lohnsteueranspruch des Finanzamtes zu den **Insolvenzforderungen,** wenn die geschuldete Arbeitsleistung vor der Verfahrenseröffnung erbracht worden ist; andernfalls handelt es sich um eine **Masseverbindlichkeit.** Der nach Insolvenzeröffnung entstehende Anspruch auf den Arbeitslohn ist nicht etwa insolvenzfreier Neuerwerb, sondern gehört nach § 35 InsO als Vermögen, das der Schuldner während des Verfahrens erlangt, zur Masse. Davon ausgenommen ist allerdings nach § 36 Abs. 1 InsO der allgemein unpfändbare Teil des Arbeitseinkommens (vgl. §§ 850a–850i ZPO). Die auf diesen Teil entfallende Lohnsteuerforderung wird vom Insolvenzbeschlag nicht erfasst.[2]

1591 Von diesen Grundsätzen abweichend zu betrachten ist der Fall, dass der **Insolvenzverwalter den Insolvenzschuldner** im Rahmen der Verwaltung und Verwertung der Masse auf arbeitsvertraglicher Grundlage **beschäftigt.**[3] In diesem

---

[1] Frankfurter Kommentar, § 155 Rdnr. 316 ff.; Frotscher, Besteuerung bei Insolvenz, 155.
[2] Begründung zu § 43 RegEInsO, BT-Drucks. 12/2443, 122; Grub/Smid, DZWIR 1999, 2, 5/6; Frotscher, Besteuerung bei Insolvenz, 156.
[3] Vgl. dazu Fichtelmann, EStB 2005, 255.

Zusammenhang ist hinzuweisen auf das Urteil des BFH vom 21.1.1977.[1] Gegenstand dieser Entscheidung war die Frage der Zulässigkeit einer Aufrechnung des Finanzamtes mit Abgabeforderungen gegen Erstattungsansprüche, die entstanden waren, weil der Konkursverwalter den Gemeinschuldner nach Konkurseröffnung mit der Weiterführung des Geschäfts im Angestelltenverhältnis beauftragt und für seine Tätigkeit Lohnsteuer einbehalten hatte, indessen wegen vortragungsfähiger Verluste Einkommensteuer nicht festzusetzen war. Ohne die lohnsteuer- und insolvenzrechtliche Problematik näher zu beleuchten, geht der Senat davon aus, dass „bei dem Gemeinschuldner als Arbeitnehmer die Einbehaltung und Abführung der Lohnsteuer durch § 38 EStG zwingend vorgeschrieben" sei.

Dieser Rechtsprechung ist jedenfalls nach Inkrafttreten der InsO nicht mehr zu folgen. Unabhängig von der arbeitsrechtlichen Einordnung des Beschäftigungsverhältnisses ist der Schuldner steuer- und insolvenzrechtlich keinesfalls Arbeitnehmer der Masse. Da nach § 35 InsO nunmehr auch das während des Verfahrens erlangte Vermögen zur Masse zählt, gehören Zahlungen des Insolvenzverwalters an den Schuldner für geleistete Dienste automatisch wiederum zum insolvenzbefangenen Vermögen. Insolvenzrechtlich liegt also eine **Insichzahlung** vor. Steuerrechtlich gilt nichts anderes. Der Schuldner kann nicht Arbeitnehmer der Masse sein, weil er selbst Träger der Einkünfte der Masse ist. Somit kann eine Zahlung aus der Masse an ihn nicht Lohnzahlung sein. Sie ist vielmehr als steuerlich unerhebliche Einkommensverwendung zu qualifizieren. Fehlt es mithin an einer Lohnzahlung, bedarf es auch nicht der Einbehaltung von Lohnsteuer. Diese Grundsätze gelten auch, wenn ein Gesellschafter gegen Entgelt weiterhin für „seine" Gesellschaft, für die das Insolvenzverfahren eröffnet ist, tätig bleibt. Entsprechende Zahlungen sind Vorwegvergütungen nach § 15 Abs. 1 Nr. 2 EStG und als solche nicht lohnsteuerpflichtig.[2]

1592

(c) Insolvenzgeld

Nach dem seit dem 1.1.1999 geltenden § 183 SGB III hat ein Arbeitnehmer Anspruch auf Insolvenzgeld, wenn er bei

1593

- ▶ Eröffnung des Insolvenzverfahrens über das Vermögen seines Arbeitgebers,
- ▶ Abweisung des Antrags auf Eröffnung des Insolvenzverfahrens mangels Masse oder

---

[1] III R 107/73, BStBl II 1977, 393; zur Beschäftigung des Schuldners als Arbeitnehmer des Insolvenzverwalters bzw. in seinem Unternehmen vgl. Fichtelmann, EStB 2005, 255.
[2] Vgl. Frankfurter Kommentar, § 155 Rdnr. 318 f.; Frotscher, Besteuerung bei Insolvenz, 156; a. A. Hess/Mitlehner, Rdnr. 778, nach denen der Gesellschafter u. U. auch Arbeitnehmer sein kann.

▶ vollständiger Beendigung der Betriebstätigkeit im Inland, wenn ein Antrag auf Eröffnung des Insolvenzverfahrens nicht gestellt worden ist und ein Insolvenzverfahren offensichtlich mangels Masse nicht in Betracht kommt,

(Insolvenzereignis) für die vorausgehenden drei Monate des Arbeitsverhältnisses noch Ansprüche auf Arbeitsentgelt hat. Das Insolvenzgeld ist dazu bestimmt, die Ansprüche auf Arbeitsentgelt aus den letzten drei Monaten des Arbeitsverhältnisses zu sichern, die dem Insolvenzereignis vorausgehen. Deshalb entspricht es der Höhe nach dem Nettoarbeitsentgelt – also dem Arbeitslohn vermindert um die gesetzlichen Abzüge (§ 185 Abs. 1 SGB III) –, das der Arbeitnehmer für diesen Zeitraum noch zu beanspruchen hat.[1] Der Anspruch richtet sich gegen die Bundesagentur für Arbeit.[2]

(d) Bauabzugsteuer

1594 Nach §§ 48, 52 Abs. 56 EStG[3] haben unternehmerisch tätige Auftraggeber von Bauleistungen (Leistungsempfänger) im Inland für Gegenleistungen, die nach dem 31. 12. 2001 erbracht werden, einen Steuerabzug für Rechnung des die Bauleistung erbringenden Unternehmens (Leistender) vorzunehmen, wenn bestimmte Freigrenzen nicht überschritten werden, oder eine gültige, vom zuständigen Finanzamt des Leistenden ausgestellte Freistellungsbescheinigung nicht vorliegt. Der einbehaltene und angemeldete Betrag wird auf die vom Leistenden zu entrichtende Steuer nach einer bestimmten, § 48c Abs. 1 EStG zu entnehmenden Reihenfolge angerechnet.[4] Die Finanzbehörde hat nach § 48b Abs. 1 EStG eine Freistellungsbescheinigung auf Antrag des Leistenden u. a. zu erteilen, wenn der zu sichernde Steueranspruch nicht gefährdet erscheint.

1595 Für die Beurteilung der Frage, ob der zu sichernde Anspruch gefährdet erscheint, ist nach Auffassung des BFH[5] entscheidend, ob nach dem Gesamtbild der Verhältnisse die Befürchtung gerechtfertigt erscheint, dass die rechtzeitige und vollständige Erfüllung des durch das Abzugsverfahren gesicherten Steueranspruchs durch die Erteilung der Freistellungsbescheinigung gefährdet werden könnte; die Aufzählung der Gestaltungen in § 48b Abs. 1 Satz 2 EStG sei

---

1 Zum Abzug von Werbungskosten im Insolvenzgeldzeitraum s. BFH v. 23. 11. 2000 – VI R 93/98, BStBl II 2001, 199.
2 Zu den Einzelheiten vgl. Waza/Uhländer/Schmittmann, Insolvenzen und Steuern, 7. Aufl., 313 ff.
3 Gesetz zur Eindämmung illegaler Betätigung im Baugewerbe v. 30. 8. 2001, BGBl I 2003, 2001 = BStBl I 2003, 602.
4 Zu den Einzelheiten s. BMF v. 27. 12. 2002 – IV AN 5 – S 2272 – 1/02, BStBl I 2002, 1399, i. d. F. v. 4. 9. 2003 – IV A 5 – S 2272b – 20/03, BStBl I 2003, 431.
5 BFH v. 13. 11. 2002 – I B 147/02, BStBl II 2003, 716.

nur beispielhaft, auch andere Anzeichen könnten auf die Gefährdung hindeuten. Trotz dieser Formulierung ist im Rahmen der Verfahren nach der InsO über das Vermögen des Leistenden die Erteilung einer Freistellungsbescheinigung nicht grundsätzlich ausgeschlossen, weil die Freistellung des Leistungsempfängers von der Abzugsverpflichtung die Sicherheit der Steuerforderung nicht beeinflusst. Das steuerrechtliche Abzugsverfahren dient dem Ziel, Steuerausfälle zu vermeiden oder zu vermindern, die durch pflichtwidriges Verhalten des Steuerschuldners verursacht werden können, nicht aber, auch die insolvenzrechtliche Stellung des Steuergläubigers zu verbessern. Dem Steuergläubiger steht auch für Forderungen, die im Wege des Abzugsverfahrens beglichen werden, insolvenzrechtlich nur die allgemeine Verteilungsquote zu.

Deshalb ist einem **Insolvenzverwalter,** bei dem davon auszugehen ist, dass er seine steuerlichen Pflichten erfüllt, grundsätzlich eine entsprechende Bescheinigung auszustellen.[1] Einem **vorläufigen „starken" Insolvenzverwalter mit Verfügungsbefugnis** (§ 22 Abs. 1 InsO) ist eine Bescheinigung für die auf seine Veranlassung erbrachten Bauleistungen auszustellen, wenn erkennbar ist, dass das Insolvenzverfahren tatsächlich eröffnet wird. Unternehmer bleibt der Inhaber der Vermögensmasse, für die der Insolvenzverwalter tätig wird.

1596

Steuerabzugsbeträge, die auf vor Eröffnung des Insolvenzverfahrens ausgeführten Bauleistungen beruhen und die nach diesem Zeitpunkt durch den Leistungsempfänger an das Finanzamt gezahlt wurden, sind an die Insolvenzmasse auszukehren.[2] Steuerabzugsbeträge, die auf vor Eröffnung des Insolvenzverfahrens ausgeführten Bauleistungen beruhen und die auch vor diesem Zeitpunkt durch den Leistungsempfänger an das Finanzamt gezahlt wurden, sind auf Steuern anzurechnen, die vor Verfahrenseröffnung begründet wurden, also auf entsprechende Insolvenzforderungen nach § 38 InsO.

1597

---

1 Entsprechenden vorläufigen gerichtlichen Rechtsschutz gewährt § 114 FGO („einstweilige Anordnung").
2 BFH v. 13.11.2002 – I B 147/02, BStBl II 2003, 716; BMF v. 4.9.2003 – IV A 5 – S 2272b – 20/03, BStBl I 2003, 431, zu Tz. 88.

II. Die Behandlung der einzelnen Steuerarten und Erhebungsformen

1598   Insolvenzrechtlich ist ferner zu beachten, dass für den Anspruch des Insolvenzverwalters auf Rückzahlung von nach Insolvenzeröffnung an das Finanzamt gezahlter Bauabzugsteuer der Rechtsweg zu den ordentlichen Gerichten gegeben sein soll, wenn der Erstattungsanspruch aus zivilrechtlichen Vorschriften folgt.[1]

1599–1630   *(Einstweilen frei)*

---

[1] OLG Frankfurt v. 29.10.2003 – 19 W 45/03, ZIP 2004, 584. Im Streitfall hatte sich der Auftraggeber der Bauleistungen aufgrund eines Vergleichs verpflichtet, offene Werklohnforderungen mit einem Einmalbetrag auszugleichen. Mit dem Einmalbetrag wurden auch vor Insolvenzeröffnung erbrachte Bauleistungen entgolten. Die auf diese (vor Insolvenzeröffnung erbrachten) Bauleistungen entfallende und vom Auftraggeber an das Finanzamt abgeführte Bauabzugssteuer forderte der Insolvenzverwalter von diesem zurück. Das OLG erachtete die Abführung der Bauabzugsteuer an das Finanzamt als nach § 81 InsO unwirksam, so dass die Rückforderung nach den Grundsätzen der ungerechtfertigten Bereicherung zu beurteilen war. Zur Anfechtung von Bauabzugssteuern vgl. Heinze, DZWIR 2005, 282.

B. Körperschaftsteuer

Literatur: *Grüttner*, Zur Anrechnung der Körperschaftsteuer bei Insolvenz der ausschüttenden Gesellschaft, BB 2000, 1220 ff.; *Olbrich*, Zur Besteuerung und Rechnungslegung der Kapitalgesellschaft bei Auflösung, DStR 2001, 1090 ff.; *Hoffmann*, Beteiligungen an Kapitalgesellschaften als Sanierungsobjekte in der Steuerbilanz, DStR 2002, 1233 ff.; *App*, Liquidation und Löschung von KapG, NWB Nr. 51 v. 15. 12. 2003, Fach 18, 4033 ff.; *Leibner/Pump*, Die steuerlichen Pflichten des Liquidators einer GmbH, GmbHR 2003, 996 ff.; *Schlagheck*, Ertragsteuerliche Organschaft und Verlustnutzung, StuB 2004, 401 ff.; *Fuhrmann*, Liquidation der GmbH im Zivil- und Steuerrecht, KÖSDI 2005, 14906 ff.; *Giltz/Kuth*, Mindestbesteuerung – Situation im Insolvenzverfahren, DStR 2005, 184 ff.; *Helm/Krininger*, Steuerrechtliche Folgen des Gesellschafter-Verzichts auf Forderungen gegenüber einer Kapitalgesellschaft, DB 2005, 1989 ff.; *Kessler/Eicke*, Die Limited – Fluch oder Segen für die Steuerberatung?, DStR 2005, 2102 ff.; *Ley*, Ertragsbrennpunkte bei der Liquidation einer GmbH & Co. KG, KÖSDI 2005, 14815 ff.; *Grögler/Urban*, Die „Befreiung" einer Kapitalgesellschaft von lästig gewordenen Pensionsverpflichtungen, DStR 2006, 1389 ff.; *Kaluza/Baum*, Örtliche Zuständigkeit bei doppelt ansässigen Kapitalgesellschaften – Änderung des Anwendungserlasses zu §§ 20a, 21 und 27 AO, NWB Nr. 48 v. 27. 11. 2006, Fach 2, 9079 ff.; *Küster*, Die Nachtragsliquidation von Kapitalgesellschaften unter dem Blickwinkel des § 11 Abs. 1 Satz 2 KStG, DStR 2006, 209 ff.; *Lohmann/Bascopé*, Liquidationsbesteuerung von Körperschaften: Ermittlung des Abwicklungsgewinns bei Vornahme von Zwischenveranlagungen, GmbHR 2006, 1313 ff.; *Bultmann*, Der Gewinnabführungsvertrag in der Insolvenz, ZInsO 2007, 785 ff.; *Früchtl/Prokscha*, Die einkommensteuerliche Behandlung von Erlösen aus der Liquidation von Kapitalgesellschaften nach dem SEStEG, BB 2007, 2147 ff.; *Hans/Engelen*, Wegfall der Mantelkaufregelung durch das Unternehmensteuerreformgesetz, NWB Nr. 24 v. 11. 6. 2007, 1981 ff.; *Janssen*, Die verdeckte Gewinnausschüttung bei der Ltd., Ltd. & Co. KG und der Ltd. & Still, GStB 5/2007, 178 ff.; *Lornsen-Veit/Behrendt*, Forderungsverzicht mit Besserungsschein nach dem SEStEG – weiterhin Direktzugriff auf das Einlagekonto, FR 2007, 179 ff.; *Ortmann-Babel/Bolik*, Praxisprobleme des SEStEG bei der Auszahlung des KSt-Guthabens nach § 37 KStG n. F., BB 2007, 73 ff.; *Sämisch/Adam*, Gläubigerschutz in der Insolvenz von abhängigen Konzerngesellschaften, ZInsO 2007, 520 ff.; *Schmittmann*, Anm. zu OFD, Verf. v. 20. 4. 2007 (KSt-Guthaben gem. § 37 KStG ↔ Insolvenz), ZInsO 2007, 706; *Wiese*, Der Untergang des Verlust- und Zinsvortrags bei Körperschaften, DStR 2007, 741 ff.; *Grashoff/Kleinmanns*, Vorsicht Falle: Die Abtretung von Körperschaftsteuerguthaben in der Insolvenz, ZInsO 2008, 609 ff.; *Heinstein*, Realisierung des Guthabens aus Körperschaftsteuer und Solidaritätszuschlag (!) nach § 37 Abs. 5 KStG, DStR 2008, 381 ff.; *Ott*, Gesetzliche Zwangsbesteuerung des Alt-EK 02 nach den Änderungen durch das JStG 2008, DStZ 2008, 274 ff.; *Schmittmann*, Körperschaftsteuerguthaben nach dem Jahressteuergesetz 2008: Konsequenzen für laufende Insolvenzverfahren, StuB 2008, 83 ff.; *Schmittmann*, Nochmals: Körperschaftsteuerguthaben im Insolvenzverfahren, ZInsO 2008, 502 ff.; *Teiche*, Maßgeblichkeit bei Umwandlungen – trotz SEStEG?, DStR 2008, 1757 ff.; *Wohltmann*, Körperschaftsteuer und Gewerbesteuer in der Liquidation, NWB Nr. 13 v. 23. 3. 2009, 950.

1. Allgemeine Grundsätze

1631 Die Körperschaftsteuer wird vielfach als Einkommensteuer der Körperschaften bezeichnet. Es bestehen deshalb viele Gemeinsamkeiten zwischen beiden Steuerarten, wenn man einmal von der Besteuerung der Körperschaften absieht, die (noch) am Anrechnungsverfahren teilnehmen.[1] Bei solchen Körperschaften endet die Berechnung der Steuerschuld nicht bei der tariflichen Körperschaftsteuer und den Tarifermäßigungen, weil – wenn Ausschüttungen erfolgen – bei der Berechnung auch noch Minderungs- und Erhöhungsbeträge zu berücksichtigen sind.[2]

1632 Ansonsten sind nach § 31 Abs. 1 Satz 1 KStG auf die Durchführung der Besteuerung einschließlich der Anrechnung, Entrichtung und Vergütung der Körperschaftsteuer sowie die Festsetzung und Erhebung von Steuern, die nach der veranlagten Körperschaftsteuer bemessen werden (Zuschlagsteuern), die für die Einkommensteuer geltenden Vorschriften **entsprechend anzuwenden**. Nach § 8 Abs. 1 KStG richtet sich auch die Ermittlung des Einkommens nach einkommensteuerrechtlichen Regeln, soweit diese nicht an natürliche Personen gebunden sind. Es kann deshalb hinsichtlich der Einkommensermittlung auf die Ausführungen zur Einkommensteuer verwiesen werden, soweit nicht die nachfolgenden, ausdrücklich aus dem Insolvenzrecht abzuleitenden Besonderheiten gelten.

---

1 Einführung des Halbeinkünfteverfahrens grds. mit Wirkung zum 1.1.2001; Steuersenkungsgesetz v. 23.10.2000, BGBl I 2003, 1433; s.o. BMF v. 6.11.2003 – IV A 2 – S 1910 – 156/03, BStBl I 2003, 575. Zur gesetzlichen Zwangsbesteuerung des Alt-EK 02 nach den Änderungen durch das JStG 2008 s. Ott, DStZ 2008, 274 ff.
2 Zur Auszahlung von KSt-Guthaben gem. § 37 Abs. 5 KStG an den Insolvenzverwalter vgl. OFD Münster, Kurz-Info v. 20.4.2007 – S 0453 – 43 St 32 – 41, ZInsO 2007, 707; OFD Koblenz, Vfg. v. 7.12.2007 – S 0453A/S 0550 A/S 0166 A – St 341/St 34 2/St 35 8 ZInsO 2008, 503; eine Aufrechnung mit Insolvenzforderung ist hiernach in Insolvenzverfahren möglich, die nach dem 31.12.2006 eröffnet worden sind (§ 46 Abs. 4 AO findet im Rahmen des § 37 Abs. 5 KStG keine Anwendung). Aus den kritischen Stellungnahmen in der Literatur zur Sichtweise der Finanzverwaltung vgl. Heinstein, DStR 2008, 381 ff.; Schmittmann, StuB 2008, 83 ff.; ders, ZInsO 2008, 502 ff.; Grashoff/Kleinmanns, ZInsO 2008, 609 ff. Zur bilanziellen Behandlung des Auszahlungsanspruchs s. OFD Münster, Kurz-Info v. 20.4.2007 (S 2861 – 7 – St 13 – 33) sowie Ortmann-Babel/Bolik, BB 2007, 73. Befindet sich die abtretende Körperschaft in Liquidation und/oder steht die Löschung im Handelsregister bevor, weist die OFD Hannover, Vfg. v. 12.1.2007 – S 2861 – 7 – StO 242 darauf hin, dass der Bescheid über die Festsetzung des Körperschaftsteuerguthabens bei vorheriger Löschung der GmbH aus dem Handelsregister nur an einen ggf. eigens hierfür zu bestellenden Nachtragsliquidator erfolgen kann. Im Zuge der Finanz- und Wirtschaftskrise soll nach einem Vorschlag der Spitzenverbände der deutschen Wirtschaft (vgl. Schreiben v. 17.3.2009 an das BMF) ein gesetzliches Aufrechnungsverbot für abgetretene oder verpfändete Körperschaftsteuerguthaben in § 37 Abs. 5 KStG aufgenommen werden.

2. Zuordnung zu den insolvenzrechtlichen Vermögensmassen

Im Insolvenzverfahren bleiben die o. g. Bestimmungen weiterhin maßgeblich. Denn obwohl die Körperschaft nach den Bestimmungen in den jeweiligen Fachgesetzen i. d. R. mit der Insolvenzeröffnung **aufgelöst** wird (§§ 262 Abs. 1 Nr. 3, 264 Abs. 1, 274 Abs. 2 Nr. 1 AktG, §§ 60 Abs. 1 Nr. 4, 66 Abs. 1 GmbHG, §§ 101, 117 GenG), bleibt sie körperschaftsteuerpflichtig. Unbeschadet selbst einer Löschung im Handelsregister dauert die „allgemeine" Körperschaftsteuerpflicht an, solange der Betrieb werbend tätig bleibt. Auch künftig werden die in den Steuergesetzen bestimmten Besteuerungszeiträume beibehalten. Die Insolvenzeröffnung als solche führt auch noch nicht zur Bildung eines Abwicklungszeitraums nach § 11 KStG. Weil die Insolvenzeröffnung den Veranlagungszeitraum nicht unterbricht,[1] ist die einheitlich ermittelte und festgesetzte Steuerschuld verhältnismäßig in Insolvenzforderung und Masseverbindlichkeit aufzuteilen. Die Zuordnung richtet sich entsprechend den allgemeinen Regeln (vgl. Rdnr. 1431 ff.) danach, ob die Körperschaftsteuer vor oder nach Insolvenzeröffnung begründet ist. Führt der Insolvenzverwalter den Betrieb (zunächst) fort, richtet sich die Verteilung danach, wann, durch welche Vorgänge und in welchem Umfang die Steuerschuld im Wirtschaftsjahr begründet wurde. Das prozentuale Verhältnis der **vor und nach** Insolvenzeröffnung erzielten Teileinkünfte bestimmt die Zuordnung der Jahressteuerschuld zu den insolvenzrechtlichen Vermögensmassen.[2]

1633

> **BEISPIEL:** Von einem im Jahr der Insolvenzeröffnung erzielten Gewinn i. H. v. 10 000 € entfallen 6 000 € auf den Zeitraum bis, der Rest auf den Zeitraum nach Verfahrenseröffnung.
>
> In diesem Fall ist die einheitlich ermittelte Jahressteuerschuld zu 6/10 als Insolvenzforderung nach § 38 InsO (vgl. Rdnr. 1451) zur Tabelle anzumelden, während 4/10 zu den sonstigen Masseverbindlichkeiten nach § 55 Abs. 1 Nr. 1 InsO (vgl. Rdnr. 1454) gehören und mittels Steuerbescheid geltend gemacht werden.

Die **Körperschaftsteuervorauszahlungen** entstehen mit Beginn des Kalendervierteljahrs, in dem die Vorauszahlungen zu entrichten sind, oder, wenn die Steuerpflicht erst im Laufe des Kalenderjahrs begründet wird, mit Begründung der Steuerpflicht (§§ 30, 31 KStG). Die vor Insolvenzeröffnung begründete Vorauszahlungsschuld ist auflösend bedingt durch die Jahressteuerschuld, wird aber nach § 42 InsO wie eine unbedingte Forderung berücksichtigt. Soweit sie vor der Insolvenzeröffnung begründet ist, kann sie als Insolvenzforderung zur

1634

---

1 RFH v. 25. 10. 1938 – I R 138/38, RStBl 1939, 355, und v. 5. 3. 1940 – I 44/40, RStBl 1040, 715.
2 BFH v. 11. 11. 1993 – XI R 73/92, BFH/NV 1994, 477; v. 25. 7. 1995 – VIII R 61/94, BFH/NV 1996, 117, zur Einkommensteuer.

II. Die Behandlung der einzelnen Steuerarten und Erhebungsformen

Tabelle angemeldet werden. Es sollte allerdings bedacht werden, dass eine solche Anmeldung in der Praxis unzweckmäßig sein dürfte, wenn sich absehen lässt, dass sich Unstimmigkeiten zwischen den Insolvenzbeteiligten über Grund und Höhe bei der Jahresveranlagung erledigen werden.[1]

1635 Führt die Jahresveranlagung zu dem Ergebnis, dass die Summe der entrichteten Vorauszahlungen und Abzugsbeträge die Jahressteuerschuld übersteigt, entsteht ein **Erstattungsanspruch** nach § 37 Abs. 2 AO. Für die insolvenzrechtliche Zuordnung dieses Anspruchs ist nicht die Vollrechtsentstehung maßgeblich, sondern der Zeitpunkt, in dem nach insolvenzrechtlichen Grundsätzen der Rechtsgrund für den Erstattungsanspruch gelegt worden ist (vgl. Rdnr. 1451). Bei **Steuervorauszahlungen** erlangt der Steuerpflichtige bereits mit deren Zahlungen einen Erstattungsanspruch unter der aufschiebenden Bedingung, dass die nach Ablauf des Veranlagungs- oder Entrichtungszeitraums geschuldete Steuer geringer ist als die Summe der geleisteten Vorauszahlungen. Dieser aufschiebend bedingte Anspruch gehört in voller Höhe zur Insolvenzmasse, selbst wenn er auf Vorauszahlungen beruht, die der Insolvenzschuldner vor der Insolvenzeröffnung geleistet hat, weil die aufschiebende Bedingung – und damit die Vollrechtsentstehung – erst nach Insolvenzeröffnung eintritt. Der Anspruch auf den Erstattungsbetrag, der aus dem noch insolvenzfreien Vermögen geleistet worden ist, stellt somit schon aus diesem Grund niemals einen insolvenzfreien Neuerwerb dar. Diese unter der Geltung der Konkursordnung zur Einkommensteuer entwickelten Rechtsgrundsätze sind vom BFH auf die Körperschaftsteuer übertragen.[2]

1636 Dass der vom Finanzamt zu erstattende Betrag **immer** die Insolvenzmasse bereichert, folgt unmittelbar aus der Insolvenzordnung. Denn die Masse umfasst nach § 35 InsO nicht mehr nur das dem Schuldner zurzeit der Eröffnung des Insolvenzverfahrens gehörende, sondern auch das während des Verfahrens erlangte Vermögen. Damit kann der Schuldner während des Verfahrens insolvenzfreies Vermögen grds. nicht mehr erwerben.

1637–1650 *(Einstweilen frei)*

---

[1] So zu Recht Frankfurter Kommentar, § 155 Rn. 140.
[2] BFH v. 29.1.1991 – VII R 45/90, BFH/NV 1991, 791, 792; v. 9.2.1993 – VII R 12/92, BStBl II 1994, 207, 208; v. 6.2.1996 – VII R 116/94, BStBl II 1996, 557; v. 22.5.1979 – VIII R 58/77, BStBl II 1979, 639, 640; FG Baden-Württemberg v. 25.4.1991 – 3 K 328/88, EFG 1992, 2.

3. Körperschaftsteuerliche Organschaft

Das Insolvenzverfahren kann sich in vielfältiger Weise auch auf eine bestehende körperschaftsteuerliche Organschaft nach den §§ 14, 17 KStG auswirken. Die Organschaft setzt nach § 14 Abs. 1 KStG einen **Ergebnisabführungsvertrag** (s. zur AG § 291 AktG) sowie die finanzielle **Eingliederung** der Organgesellschaft, die nur Kapitalgesellschaft (vornehmlich AG und GmbH) sein kann, in das Unternehmen des Organträgers voraus. Insoweit bedeutet die **finanzielle** Eingliederung, dass dem Organträger die Mehrheit der Stimmrechte an der Organgesellschaft zusteht (s. § 14 Abs. 1 Nr. 1 KStG). Die Organschaft bewirkt, dass die Organgesellschaft zwar weiterhin Steuersubjekt bleibt, ihr Einkommen – soweit es sich nicht um Ausgleichszahlungen handelt (§ 16 KStG) – indessen dem Organträger zugerechnet wird und ihre vorvertraglichen Verluste verloren gehen.

1651

Die Organschaft ist **beendet,** wenn eines der genannten Eingliederungsmerkmale nicht mehr erfüllt ist. Die Eröffnung des Insolvenzverfahrens über die Organgesellschaft oder den Organträger kann diese Eingliederungsmerkmale in unterschiedlichster Weise beeinflussen. An dieser Stelle soll über die Betrachtung des Einzelfalls hinaus nur das Schicksal des **Ergebnisabführungsvertrages** herausgegriffen werden. Im Übrigen wird zur Abgrenzung auf die Ausführungen zur umsatzsteuerrechtlichen Organschaft verwiesen (Rdnr. 1931 ff.).

1652

Nach der Rechtsprechung des BGH[1] werden Unternehmensverträge mit der Eröffnung des Insolvenzverfahrens über das Vermögen des herrschenden Unternehmens regelmäßig beendet. Die Auflösung der herrschenden Gesellschaft bewirke stets die Änderung des Zwecks; diese sei nicht mehr auf Gewinnerzielung eines werbenden Unternehmens gerichtet, sondern auf Verwertung des Gesellschaftsvermögens. Mit dem Wegfall des bisherigen Gesellschaftszwecks entfalle zugleich die Rechtsgrundlage der Konzernleitungsmacht. Aus der eigenverantwortlichen Stellung des Insolvenzverwalters ergebe sich nichts anderes. Es sei vorrangige Aufgabe des Insolvenzverwalters, die Masse im Interesse der Gläubiger bestmöglich und gleichmäßig zu verwerten, nicht aber einen Konzern zu leiten und Konzerninteressen wahrzunehmen. Dies gelte auch, wenn die beherrschte Gesellschaft in Insolvenz falle. Folgerichtig wäre also wegen der Beendigung des Ergebnisabführungsvertrages mit der **Insolvenz des Organträgers oder der Organgesellschaft** die Organschaft regelmäßig beendet.

1653

---

1 BGH v. 14.12.1987, BGHZ 103, 1, 6 f.; zum Gläubigerschutz in der Insolvenz von abhängigen Konzerngesellschaften s. grundlegend Sämisch/Adam, ZInsO 2007, 520.

II. Die Behandlung der einzelnen Steuerarten und Erhebungsformen

1654 Die oben zitierte, zum Konkursrecht ergangene Rechtsprechung kann nicht ohne weiteres angewandt werden, falls eine Unternehmenssanierung angestrebt wird. In diesem Fall können sich die Interessen des Insolvenzverwalters mit denen des Konzerns durchaus decken, so dass die Organschaft jedenfalls mit dieser Blickrichtung nicht ohne weiteres als beendet angesehen werden kann.

1655 Wird über das Vermögen der **Organgesellschaft** das Insolvenzverfahren eröffnet, ist zu beachten, dass damit ihre Auflösung (Ausnahme: **Sanierungsinsolvenzplan**) verbunden ist. Allerdings wird nach der idealtypischen Konzeption der Insolvenzordnung die betriebliche Tätigkeit i. d. R. zunächst fortgeführt. Das insoweit erzielte laufende Betriebsergebnis unterliegt weiterhin der Gewinnabführung.[1] Erst das Ergebnis des Abwicklungszeitraums wird nicht mehr von der vertraglichen Abführungspflicht erfasst und ist deshalb bei der Organgesellschaft zu versteuern.[2]

1656 Frotscher[3] differenziert körperschaftsteuerrechtlich wie folgt: Ist der Insolvenzschuldner eine Organgesellschaft, endet mit Eröffnung des Insolvenzverfahrens die Organschaft, da wegen des Verwaltungs- und Verfügungsrechts des Insolvenzverwalters die finanzielle Eingliederung endet. Wird über das Vermögen des Organträgers das Insolvenzverfahren eröffnet, aber nicht über das Vermögen der Organgesellschaft, bleibt die Organschaft bestehen, solange der Zweck des Verfahrens der Erhalt des Unternehmens ist. Die Organschaft endet jedoch, wenn der Zweck des Insolvenzverfahrens die Abwicklung des Organträgers ist, da sich dann der werbende Zweck des Organträgers in einen Abwicklungszweck umwandelt. Wird über das Vermögen sowohl des Organträgers als auch der Organgesellschaft das Insolvenzverfahren eröffnet, endet (grundsätzlich) die Organschaft, und zwar auch dann, wenn in beiden Fällen die gleiche Person Insolvenzverwalter ist. Der Ergebnisabführungsvertrag wird dann nicht mehr durchgeführt, da die Abführung von Vermögen der Organgesellschaft an den Organträger dem Zweck des Insolvenzverfahrens widerspricht.[4]

---

1 Davon unberührt bleibt die Frage, ob der Ergebnisabführungsvertrag nach den Grundsätzen des Wegfalls der Geschäftsgrundlage nicht mehr wirksam ist. Nach a. A. kann der Ergebnisabführungsvertrag aus wichtigem Grund gekündigt werden; vgl. zum Streitstand Bauschatz, in: FS für Klaus Korn, 814 sowie Bultmann, ZInsO 2007, 785 ff.
2 Vgl. R/H 61 „Gewinn im Zeitraum der Abwicklung" KStH 2008.
3 Frotscher, Besteuerung bei Insolvenz, 151. S. auch Bauschatz, in: FS für Klaus Korn, 814.
4 Instruktiv Sämisch/Adam, ZInsO 2007, 520; Bultmann, ZInsO 2007, 785 ff.

Dem ist grundsätzlich zuzustimmen, allerdings führt der Übergang der Verwaltungs- und Verfügungsbefugnis nicht zur Beendigung der finanziellen Eingliederung i. S. d. § 14 Abs. 1 Nr. 1 KStG. Die Mehrheit der Stimmrechte aus den Anteilen der Organgesellschaft steht dem Organträger trotz Insolvenz (der Organgesellschaft oder des Organträgers) weiterhin zu. Umsatzsteuerrechtlich entfällt demgemäß die organisatorische Eingliederung, nicht jedoch die finanzielle Eingliederung bei Insolvenz der Organgesellschaft. Die zivilrechtliche Wirksamkeit und tatsächliche Durchführung des Ergebnisabführungsvertrages sind m. E. die entscheidenden Kriterien für die Anwendung der §§ 14 ff. KStG in der Insolvenz.

(Einstweilen frei) 1657–1660

4. Insolvenzrechtliche Bedeutung des § 11 Abs. 7 KStG

a) Allgemeine Abwicklungsgrundsätze

Nach § 11 Abs. 1 KStG ist eine unbeschränkt steuerpflichtige Kapitalgesellschaft nach ihrer Auflösung noch steuerlich abzuwickeln. Grundsätzlich wird also eine Körperschaft zunächst aufgelöst und in einem anschließenden zweiten Schritt abgewickelt.[1]   1661

Die auch als **Liquidation** bezeichnete Abwicklung bedeutet, dass die schwebenden Geschäfte erledigt, Forderungen eingezogen und Verbindlichkeiten getilgt, das Betriebsvermögen veräußert und das vorhandene Vermögen an die Anteilseigner verteilt wird. Ergebnis der Abwicklung ist, dass das Steuersubjekt wegfällt und eine Steuerentstrickung eintritt. Die Gesellschaft ist in vollem Umfang beendet, wenn sie kein verwertbares Vermögen mehr besitzt.   1662

Erst die Abwicklung – mithin die Einstellung der werbenden Tätigkeit – löst körperschaftsteuerrechtliche Folgen aus, denn nunmehr wird das Wirtschaftsjahr als Besteuerungszeitraum vom Abwicklungszeitraum (§ 11 Abs. 1 Satz 1 KStG) abgelöst. Es findet eine Schlussbesteuerung statt, um bislang noch nicht verwirklichte (stille Reserven) oder nicht versteuerte Gewinne zu erfassen.   1663

---

1 Vgl. Olbrich, DStR 2001, 1090 ff.; App, NWB Nr. 51 v. 15. 12. 2003, Fach 18, 4033 ff.; Leibner/Pump, GmbHR 2003, 996 ff.; Ley, KÖSDI 2005, 14815 ff.; Fuhrmann, KÖSDI 2005, 14906 ff.; Küster, DStR 2006, 209 ff.; Lohmann/Bascopé, GmbHR 2006, 1313 ff.; Früchtl/Prokscha, BB 2007, 214; Wohltmann, NWB Nr. 13 v. 23. 3. 2009, 950.

b) Abwicklung in der Insolvenz

1664 Insolvenzrechtlich wird mit der Eröffnung des Verfahrens die Kapitalgesellschaft zwar aufgelöst (Ausnahme: ein **Insolvenzplan** wird bestätigt, der den Fortbestand der Gesellschaft vorsieht), es unterbleibt indessen die Abwicklung (s. §§ 262 Abs. 1 Nr. 3, 264 Abs. 1, 274 Abs. 2 Nr. 1 AktG, §§ 60 Abs. 1 Nr. 4, 66 Abs. 1 GmbHG, §§ 101, 117 GenG). In dieser Situation ist es Aufgabe des § 11 Abs. 7 KStG, die Regelungen der Abs. 1–6 über die Abwicklung auf das Insolvenzverfahren auszudehnen und dadurch die Versteuerung der stillen Reserven und des ordentlichen Abwicklungsgewinns zu sichern.[1] Dazu stellt die Norm die Verwertung des Vermögens und die Verteilung des daraus erzielten Ertrages an die Gläubiger der Körperschaft der Abwicklung gleich und ordnet einen einheitlichen Gewinnermittlungs- und Veranlagungszeitraum an.

1665 Zu beachten ist, dass die Vorschrift nicht etwa die Eröffnung des Insolvenzverfahrens mit dem **Beginn des Abwicklungszeitraums** gleichsetzt.[2] Der Abwicklungszeitraum beginnt nämlich keineswegs zwingend mit der Eröffnung des Insolvenzverfahrens, sondern erst mit dem Beginn der Abwicklung. Solange also der Insolvenzverwalter mit der Kapitalgesellschaft werbend tätig bleibt oder ein Insolvenzplan bestätigt wird, der den Fortbestand der Gesellschaft vorsieht (vgl. §§ 274 Abs. 2 Nr. 1 AktG, 60 Abs. 1 Nr. 4 GmbHG, 117 GenG), fängt der Abwicklungszeitraum – wenn überhaupt – erst mit dem Beginn der Abwicklung an und nicht schon mit der Auflösung. Für die Besteuerung ist in diesem Fall weiterhin auf das Wirtschaftsjahr abzustellen.[3]

1666 Dieser Fall wird unter der Geltung der Insolvenzordnung gegenüber der alten Rechtslage häufiger eintreten, weil der Gesetzgeber nach § 22 Abs. 1 Nr. 2 InsO (s. a. § 242 Abs. 1 HGB) zunächst von einer **positiven Fortführungsprognose**[4] ausgeht. Nach den §§ 156 f. InsO soll der Insolvenzverwalter den Betrieb möglichst nicht vor dem Berichtstermin stilllegen, um die Entscheidung der Gläubigerversammlung (§ 157 InsO) über das Schicksal des Betriebs abzuwarten. Will der Insolvenzverwalter die werbende Tätigkeit bereits vor dem Berichtstermin einstellen, hat er die Genehmigung des Gläubigerausschusses einzuholen (§ 158 Abs. 1 InsO) oder er muss die Entscheidung des Insolvenzgerichts über den Untersagungsantrag des Schuldners abwarten (§ 158 Abs. 2 InsO). Im Übrigen endet die Fortführungsprognose erst mit dem Entschluss der Gläubiger-

---

1 Frotscher, Besteuerung bei Insolvenz, 152.
2 Frotscher, Besteuerung bei Insolvenz, 153. Vgl. auch Crezelius, in: Kölner Schrift zur Insolvenzordnung, 1347.
3 RFH v. 25. 10. 1938 – I 138/38, RStBl 1939, 355, und v. 5. 3. 1940 – I 44/40, RStBl 1940, 715.
4 Kunz/Mundt, DStR 1997, 664, 665.

versammlung zur endgültigen Einstellung des Geschäftsbetriebs. Auch wenn die Gesellschaft aufgrund eines rechtskräftig beschlossenen Insolvenzplans saniert werden soll, kommt eine Liquidationsbesteuerung nicht in Betracht, weil die unternehmerische Tätigkeit gerade nicht beendet werden soll.

Der Fortführungsgedanke des § 22 Abs. 1 Nr. 2 InsO hat zur Folge, dass die Abwicklung regelmäßig nicht vor dem Berichtstermin beginnen wird und sich auch das Abwicklungsanfangsvermögen i. S. v. § 11 Abs. 4 KStG nicht mit dem Vermögen zu Beginn des neuen Geschäftsjahres nach § 155 Abs. 2 InsO decken wird.

1667

Der (verlängerte) Abwicklungszeitraum beginnt mit Ende des letzten „normalen" Veranlagungszeitraums (§ 11 Abs. 4 KStG), dem allerdings – weil die Auflösung innerhalb eines Wirtschaftsjahres beginnen dürfte – ein **Rumpfwirtschaftsjahr** zugrunde liegen kann. Der BFH fordert im Falle der Liquidation entsprechend den handelsrechtlichen Vorgaben die Bildung eines solchen Rumpfwirtschaftsjahres, das vom Schluss des vorangegangenen Wirtschaftsjahres bis zum Auflösungszeitpunkt reicht.[1] Die FinVerw geht grds. nicht von der Bildung eines Rumpfwirtschaftsjahres aus, eröffnet dem Steuerpflichtigen allerdings ein Wahlrecht.[2] Beginnt die Abwicklung beispielsweise am 1. 4. 2009 und ist das Wirtschaftsjahr mit dem Kalenderjahr deckungsgleich, beginnt der Abwicklungszeitraum nach Auffassung der FinVerw nach § 11 Abs. 4 KStG i. d. R. am 1. 1. 2009. Nimmt der Steuerpflichtige stattdessen das ihm von der FinVerw eingeräumte Wahlrecht in Anspruch, kann er für den Zeitraum vom 1. 1. 2009 bis zum 31. 3. 2009 ein Rumpfwirtschaftsjahr bilden und für diesen Zeitraum weiter nach Fortführungsgrundsätzen bilanzieren. Das Ergebnis dieses Rumpfwirtschaftsjahres der werbenden Gesellschaft ist nicht in den Abwicklungszeitraum einzubeziehen.[3]

1668

Die Bildung eines **Rumpfwirtschaftsjahres** erleichtert die Einordnung der Steuerforderungen in die insolvenzrechtlichen Kategorien der §§ 38 und 55 InsO. Im Übrigen sieht § 155 Abs. 2 InsO nunmehr vor, dass mit der Eröffnung des Insolvenzverfahrens ein neues Geschäftsjahr beginnt. Gegen ein Rumpfwirtschaftsjahr spricht allerdings, dass die mit dem Abwicklungszeitraum verbundene **Steuerpause** nicht schon zu Beginn des Wirtschaftsjahres, sondern erst mit Ende des Rumpfwirtschaftsjahres eintritt. Das sollte bei der steuerlichen

1669

---

1 BFH v. 17. 7. 1974 – I R 233/71, BStBl II 1974, 692.
2 R 51 Abs. 1 Satz 3 KStR 2008 („... kann ... gebildet werden.").
3 Vgl. BFH v. 12. 9. 1973 – I R 9/72, BStBl II 1974, 14; v. 17. 7. 1974 – I R 233/71, BStBl II 1974, 692; v. 22. 10. 1998 – I R 15/98, BFH/NV 1999, 829.

Beratung bedacht werden. Zur Liquidationseröffnungsbilanz und zur **Zweckmäßigkeit** der Bildung eines Rumpfwirtschaftsjahres s. Rdnr. 949.

1670 Für den Abwicklungszeitraum, der steuertechnisch wie ein verlängerter Veranlagungszeitraum wirkt, ist ein **einheitliches Einkommen** zu ermitteln. Nach § 11 Abs. 2 KStG ist dazu das Abwicklungsanfangsvermögen dem Abwicklungsendvermögen gegenüber zu stellen. Abwicklungsendvermögen ist das um steuerfreie Vermögensmehrungen (z. B. eine Investitionszulage) geminderte Vermögen, dass nach der Verwertung der Vermögensgegenstände und der Befriedigung der Gläubiger verbleibt und zur Schlussverteilung an die Anteilseigner ansteht (§ 11 Abs. 3 KStG). Das Abwicklungsanfangsvermögen umfasst nach § 11 Abs. 4 KStG das am Schluss des der Abwicklung vorangegangenen Wirtschaftsjahres vorhandene Betriebsvermögen abzüglich der Gewinnausschüttungen für die vor der Abwicklung liegenden Wirtschaftsjahre.

1671 Zieht sich die Liquidation einer Kapitalgesellschaft über mehr als drei Jahre hin, so darf das Finanzamt nach Ablauf dieses Zeitraums regelmäßig auch dann gegenüber der Kapitalgesellschaft einen Körperschaftsteuerbescheid erlassen, wenn für eine Steuerfestsetzung vor Abschluss der Liquidation kein besonderer Anlass besteht. Ein solches Vorgehen muss nur dann begründet werden, wenn ein rechtliches Interesse der Kapitalgesellschaft an der Verlängerung des Besteuerungszeitraums über drei Jahre hinaus erkennbar ist.[1]

1672 Die Körperschaftsteuerpflicht **endet** mit dem Abschluss der Abwicklung. Weil das zu versteuernde Einkommen erst nach Ende des verlängerten Veranlagungszeitraums ermittelt werden kann, ist die Abwicklung schon abgeschlossen, auch wenn die Steuerabschlusszahlung noch nicht feststeht.[2] Das Insolvenzverfahren ist allerdings erst beendet, wenn die Steuerschuld ermittelt ist. Ist andererseits nach Abschluss des Insolvenzverfahrens bei der Körperschaft – ausnahmsweise – noch Vermögen vorhanden, ist die Abwicklung nach § 11 Abs. 1 bis 6 KStG fortzuführen. Der Besteuerungszeitraum endet erst mit dem Abschluss der Abwicklung. In einem solchen Fall ist die auf den Abwicklungszeitraum entfallende Steuer aus insolvenzrechtlichen Gründen im Verhältnis des vor und nach Beendigung erzielten Aufgabegewinns aufzuteilen. Soweit die Steuerschuld auf den Insolvenzzeitraum entfällt, ist sie als Masseverbindlichkeit, im Übrigen als insolvenzfreie Steuerforderung mittels Steuerbescheid geltend zu machen.

---

1 BFH v. 18. 9. 2007 – I R 44/06; zur Nachtragsliquidation unter dem Blickwinkel des § 11 Abs. 1 S. 2 KStG vgl. Küster, DStR 2006, 209 ff.
2 Vgl. Frotscher, Besteuerung bei Insolvenz, 155, unter Hinweis auf RFH v. 5. 3. 1940 – I 44/40, RStBl 1940, 715.

Im Ergebnis sind also wegen der sich zum Teil überschneidenden steuer- und insolvenzrechtlichen Vorschriften folgende Zeiträume zu unterscheiden: 1673

ABB.:

Zeitraum bis zur Insolvenzeröffnung	Insolvenzzeitraum	Insolvenzfreier Zeitraum
Es gelten die normalen Veranlagungsvorschriften.	mögliche Fallgestaltungen	Wenn nach Verfahrensbeendigung noch Vermögen vorhanden ist; Teil des Abwicklungszeitraums.

mögliche Fallgestaltungen:

Mit der Eröffnung wird der Betrieb eingestellt.	Der Betrieb wird fortgeführt.	Zunächst Fortführung, dann Abwicklung des Betriebs.
Abwicklungszeitraum nach § 11 Abs. 7 KStG beginnt mit Insolvenzeröffnung.	Einheitliche Gewinnermittlung im Veranlagungsjahr; insolvenzrechtliche Zuordnung der Steuerschuld nach allgemeinen Grundsätzen; kein Abwicklungszeitraum	Unbeschadet der Insolvenzeröffnung einheitliche Gewinnermittlung im (Rumpf-)Wirtschaftsjahr, dann § 11 Abs. 7 KStG.

Durch das Steuersenkungsgesetz vom 23.10.2000[1] wurde das Vollanrechnungsverfahren durch das **Halbeinkünfteverfahren** ersetzt. Nach dem neuen Verfahren werden die Gewinne der Körperschaft in Höhe des jeweiligen Steuersatzes bei der Gesellschaft besteuert. Soweit die Körperschaft Gewinne ausschüttet, werden sie beim Anteilseigner (natürliche Person oder Personengesellschaft) nur zur Hälfte in die Bemessungsgrundlage seiner Einkommensteuer einbezogen.[2] Eine Anrechnung der von der Körperschaft gezahlten Körper- 1674

---

[1] BGBl I 2000, 1433.
[2] Zu den Übergangsregelungen s. §§ 34–38 KStG n. F.; BMF v. 6.11.2003 – IV A 2 S 1910 – 156/03, BStBl I 2003, 575; zu § 8b KStG 2002 BMF v. 28.4.2003 – IV A 2 – S 2750a – 7/03, BStBl I 2003, 292; Dötsch/Pung, DB 2003, 1016; Lornsen-Veit/Behrendt, FR 2007, 179 ff.; Früchtl/Prokscha, BB 2007, 2147 ff.; Ott, DStZ 2008, 274.

schaftsteuer beim Anteilseigner scheidet aus. Anrechenbar ist lediglich noch die einbehaltene Kapitalertragsteuer (§ 36 Abs. 2 Nr. 2 EStG). Ab dem Veranlagungszeitraum 2009[1] gilt gem. § 3 Nr. 40, § 3c Abs. 2 EStG n. F. für Anteile im Betriebsvermögen das sog. **Teileinkünfteverfahren** (d. h. 60 % steuerpflichtige Einnahmen und 60 % abzugsfähige Betriebsausgaben). Für Anteile im Privatvermögen findet grundsätzlich die Abgeltungsteuer Anwendung (§ 32d EStG).

---

1 Vgl. § 52a EStG.

B. Körperschaftsteuer

ABB.: Halbeinkünfteverfahren

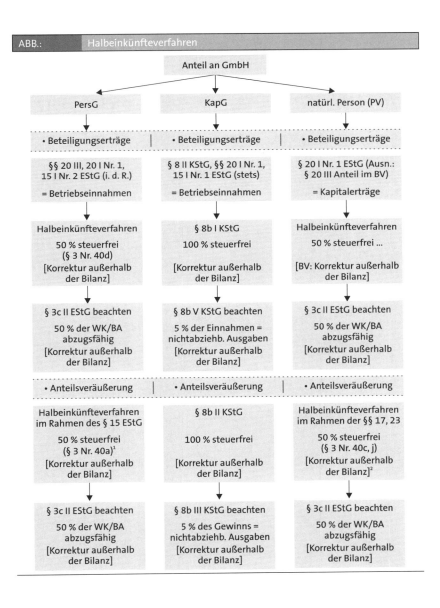

II. Die Behandlung der einzelnen Steuerarten und Erhebungsformen

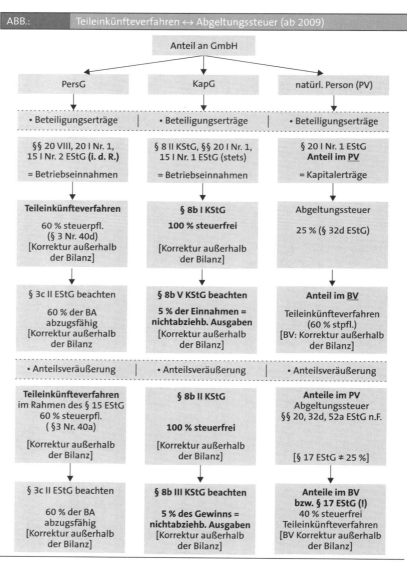

1675–1680 *(Einstweilen frei)*

5. Steuerliche Behandlung von „Sanierungsgewinnen"

Literatur: *Düll/Fuhrmann/Eberhard*, Aktuelles Beratungs-Know-how mittelständischer Kapitalgesellschaften, DStR 2003, 862 ff.; *Janssen*, Erlass von Steuern auf Sanierungsgewinne, DStR 2003, 1055 ff.; *Strüber/von Donat*, Die ertragsteuerliche Freistellung von Sanierungsgewinnen durch das BMF-Schreiben vom 27.3.2003, BB 2003, 2036 ff.; *Janssen*, Steuererlass in Sanierungsfällen – faktisches Wiederaufleben des § 3 Nr. 66 EStG a. F.?, BB 2005, 1026 ff.; *Nolte*, Ertragsteuerliche Behandlung von Sanierungsgewinnen, NWB Nr. 46 v. 14.11.2005, Fach 3, 13735 ff.; *Uhländer*, Erlass der Einkommensteuer auf den Sanierungsgewinn, ZInsO 2005, 76; *Geist*, Die Besteuerung von Sanierungsgewinnen – Zur Anwendbarkeit, Systematik und Auslegung des BMF-Schreibens vom 27.3.2003, BB 2008, 2658 ff.; *Geist*, Die ordentliche Liquidation einer GmbH unter dem Einfluss von Mindestbesteuerung und steuerfreiem Sanierungsgewinn, GmbHR 2008, 969 ff.; *Gondert/Büttner*, Steuerbefreiung von Sanierungsgewinnen – Anmerkungen zum Urteil des Finanzgerichts München v. 12.12.2007, DStR 2008, 1676 ff.; *Khan/Adam*, Die Besteuerung von Sanierungsgewinnen aus steuerrechtlicher, insolvenzrechtlicher und europarechtlicher Sicht, ZInsO 2008, 899 ff.; *Kroninger/Korb*, Die Handhabung von Sanierungsgewinnen vor und nach dem Urteil des Finanzgerichts München vom 12.12.2007, BB 2008, 2656 ff.; *Thouet*, Der Sanierungserlass des BMF – (k)eine Rechtswohltat contra legem, ZInsO 2008, 664 ff.; *Wagner*, BB-Kommentar zum Urteil des FG Köln v. 24.4.2008, BB 2008, 2671.

§ 3 Nr. 66 EStG a. F. wurde mit Wirkung vom 1.1.1998 abgeschafft (vgl. Rdnr. 1021 ff.). Hiernach sind „Sanierungsgewinne" nach den allgemeinen Grundsätzen steuerpflichtig. Ein Erlass nach Maßgabe der §§ 163, 227 AO kommt aber nach Maßgabe des BMF-Schreibens vom 27.3.2003 in Betracht.[1] Als Sanierung gilt hiernach eine Maßnahme, die darauf gerichtet ist, ein Unternehmen oder einen Unternehmensträger vor dem finanziellen Zusammenbruch zu bewahren und wieder ertragsfähig zu machen (= unternehmensbezogene Sanierung).[2] Das gilt auch für außergerichtliche Sanierungen, bei de-

1681

---

[1] BMF v. 27.3.2003 – IV A 6 – S 2140 – 8/03, BStBl I 2004, 240; vgl. auch OFD Chemnitz, Vfg. v. 10.10.2006 – S 2140 – 25/19- St 21, DB 2006, 2374; LfSt Bayern v. 8.8.2006 – S 2140 – 6 St 3102 M sowie OFD Hannover, Vfg. v. 18.6.2008 – S 2140 – 8 – StO 241, DStR 2008, 1833. Demgegenüber verstößt nach Ansicht des FG München im Urteil v. 12.12.2007 – 1 K 4487/06 (nrkr., Az. des BFH: VIII R 2/08) das BMF-Schreiben v. 27.3.2003 gegen den Grundsatz der Gesetzmäßigkeit der Verwaltung. Setzt sich diese Auffassung durch, sollte der Gesetzgeber nicht länger „sehenden Auges" untätig bleiben. Zur Haftung des Insolvenzverwalters für Steuern auf den Sanierungsgewinn s. Maus, Steuern im Insolvenzverfahren, 158. Zum Unternehmenskauf in der Insolvenz ausführlich Vallender, GmbHR 2004, 543, 642.

[2] Zu weitergehenden Sanierungsmaßnahmen z. B. durch Unternehmensumwandlungen s. Leibner, DStZ 2002, 679; Schwamberger, KSI 2005, 13; Limmer, in: Kölner Schrift zur Insolvenzordnung, 1219; Crezelius, NZI 2005, 212; Hölzle, FR 2004, 1193; ders., FR 2006, 447. Umfassend zum „Sanierungsmandat" vgl. Werdan/Ott/Rauch, Das Steuerberatungsmandat in der Krise, Sanierung und Insolvenz, 187 sowie Wiester, Die GmbH in der Unternehmenskrise, München 2007, 129 ff., 189 ff.

nen sich die Gesellschafterstruktur der in der Krise befindlichen Gesellschaft ändert.

1682 Wird das Unternehmen nicht fortgeführt oder trotz der Sanierungsmaßnahme eingestellt, soll nach derzeitiger Ansicht der Finanzverwaltung eine „begünstigte" Sanierung nur vorliegen, wenn die Schulden aus betrieblichen Gründen erlassen werden. Ein Sanierungsgewinn ist die Erhöhung des Betriebsvermögens, die dadurch entsteht, dass Schulden zum Zweck der Sanierung ganz oder teilweise erlassen werden.[1]

1683 Voraussetzung für die Annahme eines begünstigten „Gewinns" ist zudem

▶ die Sanierungsbedürftigkeit des Unternehmens, die Sanierungsfähigkeit des Unternehmens,
▶ die Sanierungseignung des Schulderlasses und
▶ die Sanierungsabsicht des Gläubigers.

1684 Die Erhebung der Steuer auf einen nach Ausschöpfung der ertragsteuerlichen Verlustverrechnungsmöglichkeiten verbleibenden Sanierungsgewinn steht mit der InsO in einem Zielkonflikt.[2] Aus diesem Grunde soll die entsprechende Steuer nach Maßgabe des BMF-Schreibens vom 27. 3. 2003 auf Antrag des Steuerpflichtigen nach § 227 AO erlassen werden („Ermessensreduzierung auf Null"). Eine gesetzliche Klarstellung ist aufgrund des Gesetzesvorbehalts zwingend hilfreich.[3] Für Stundung und Erlass der anteiligen Gewerbesteuer ist die jeweilige Gemeinde zuständig.[4]

---

1 Aus der Rechtsprechung liefert das Urteil des FG Köln v. 24. 4. 2008 – 6 K 2488/06 (nrkr.), BB 2008, 2666 eine zutreffende Auslegung, wonach die Aufgabe bzw. Auflösung einer Personengesellschaft für die Sanierungsgeeignetheit des Schuldenerlasses unschädlich ist. Vgl. zu einer vergleichbaren Problematik Uhländer, ZInsO 2005, 76.

2 Zur grundsätzlichen Kritik der Besteuerung von „Sanierungsgewinnen" und deren Behandlung durch die Finanzbehörden vgl. Strüber/von Donat, BB 2003, 2036 ff.; Janssen, DStR 2003, 1055 ff.; Düll/Fuhrmann/Eberhard, DStR 2003, 862 ff.; Janssen, BB 2005, 1026 ff.; Kahn/Adam, ZInsO 2008, 899 ff.; Kroninger/Korb, BB 2008, 2656; Geist, BB 2008, 2658 ff.; Gondert/Büttner, DStR 2008, 1676 ff.; Wagner, BB 2008, 2671; Thouet/Baluch, DB 2008, 1595 ff.; Thouet, ZInsO 2008, 664 ff., Geist, GmbHR 2008, 969 ff.

3 Die Ansicht des FG München im Urteil v. 12. 12. 2007 – 1 K 4487/06 (nrkr., Az. des BFH: VIII R 2/08), wonach dem BMF-Schreiben v. 27. 3. 2003 die gesetzliche Grundlage fehlt, ist sicherlich durch die gesetzgeberische Wertung des Wegfalls von § 3 Nr. 66 EStG a. F. vertretbar. Unabhängig vom Ausgang des Revisionsverfahrens sollte dennoch zwingend eine steuerrechtliche Lösung des Wertungswiderspruchs zwischen Insolvenz- und Steuerrecht gesucht werden. Im Zuge der Finanz- und Wirtschaftskrise hat der Gesetzgeber auch sehr schnelle Wandlungsfähigkeit für eine Sanierungsklausel in § 8c Abs. 1a KStG unter Beweis gestellt und politischen Gestaltungswillen normativ umgesetzt.

4 Zu den Besonderheiten beim Erlass der Gewerbesteuer, soweit der als Gewerbeertrag zugrunde liegende Gewinn ganz oder teilweise als „Sanierungsgewinn" zu qualifizieren ist, vgl. OVG Berlin-Brandenburg v. 11. 2. 2008 – 9 S 38.07 (Zuständigkeit in Flächenstaaten bei den Gemeinden).

Für die Besteuerungspraxis von Sanierungsgewinnen bleibt damit derzeit allein das BMF-Schreiben v. 27. 3. 2003 ein Auslegungsmaßstab gegenüber der Finanzverwaltung:[1] 1685

„Im Einvernehmen mit den obersten Finanzbehörden der Länder nehme ich zur Frage der ertragsteuerlichen Behandlung von Sanierungsgewinnen wie folgt Stellung:

I. Sanierung

1. Begriff

1. *Eine Sanierung ist eine Maßnahme, die darauf gerichtet ist, ein Unternehmen oder einen Unternehmensträger (juristische oder natürliche Person) vor dem finanziellen Zusammenbruch zu bewahren und wieder ertragsfähig zu machen (= unternehmensbezogene Sanierung). Das gilt auch für außergerichtliche Sanierungen, bei denen sich die Gesellschafterstruktur des in die Krise geratenen zu sanierenden Unternehmens (Personengesellschaft oder Kapitalgesellschaft) ändert, bei anderen gesellschaftsrechtlichen Umstrukturierungen im Rahmen der außergerichtlichen Sanierung von Kapitalgesellschaften sowie für Sanierungen im Rahmen eines Insolvenzverfahrens.*

2. Einstellung des Unternehmens/Übertragende Sanierung

2. *Wird das Unternehmen nicht fortgeführt oder trotz der Sanierungsmaßnahme eingestellt, liegt eine Sanierung im Sinne dieser Regelung nur vor, wenn die Schulden aus betrieblichen Gründen (z. B. um einen Sozialplan zu Gunsten der Arbeitnehmer zu ermöglichen) erlassen werden. Keine begünstigte Sanierung ist gegeben, soweit die Schulden erlassen werden, um dem Steuerpflichtigen oder einem Beteiligten einen schuldenfreien Übergang in sein Privatleben oder den Aufbau einer anderen Existenzgrundlage zu ermöglichen. Im Fall der übertragenden Sanierung (vgl. BFH-Urteil vom 24. 4. 1986, BStBl 1986 II S. 672) ist von einem betrieblichen Interesse auch auszugehen, soweit der Schuldenerlass erforderlich ist, um das Nachfolgeunternehmen (Auffanggesellschaft) von der Inanspruchnahme für Schulden des Vorgängerunternehmens freizustellen (z. B. wegen § 25 Abs. 1 HGB).*

II. Sanierungsgewinn

3. *Ein Sanierungsgewinn ist die Erhöhung des Betriebsvermögens, die dadurch entsteht, dass Schulden zum Zweck der Sanierung ganz oder teilweise erlassen werden. Schulden werden insbesondere erlassen*

---

1 Vgl. auch LfSt Bayern v. 23. 10. 2009 – S. 2140.2.1 7/12 St 32/St 33.

- durch eine vertragliche Vereinbarung zwischen dem Schuldner und dem Gläubiger, durch die der Gläubiger auf eine Forderung verzichtet (Erlassvertrag nach § 397 Abs. 1 BGB) oder
- durch ein Anerkenntnis, dass ein Schuldverhältnis nicht besteht (negatives Schuldanerkenntnis nach § 397 Abs. 2 BGB, BFH-Urteil vom 27.1.1998, BStBl 1998 II S. 537).

4. Voraussetzungen für die Annahme eines im Sinne dieses BMF-Schreibens begünstigten Sanierungsgewinns sind die Sanierungsbedürftigkeit und Sanierungsfähigkeit des Unternehmens, die Sanierungseignung des Schulderlasses und die Sanierungsabsicht der Gläubiger. Liegt ein Sanierungsplan vor, kann davon ausgegangen werden, dass diese Voraussetzungen erfüllt sind.

5. Unter den in Rn. 4 genannten Voraussetzungen führt auch der Forderungsverzicht eines Gläubigers gegen Besserungsschein zu einem begünstigten Sanierungsgewinn. Tritt der Besserungsfall ein, so dass der Schuldner die in der Besserungsvereinbarung festgelegten Zahlungen an den Gläubiger leisten muss, ist der Abzug dieser Aufwendungen als Betriebsausgaben entsprechend den Rechtsgrundsätzen des § 3c Abs. 1 EStG ausgeschlossen. Insoweit verringert sich allerdings nachträglich der Sanierungsgewinn. Die vor Eintritt des Besserungsfalls auf den nach Verlustverrechnungen verbleibenden Sanierungsgewinn entfallende Steuer ist zunächst über den für den Eintritt des Besserungsfalles maßgeblichen Zeitpunkt hinaus zu stunden (vgl. Rn. 7 ff.).

6. Wird der Gewinn des zu sanierenden Unternehmens gesondert festgestellt, erfolgt die Ermittlung des Sanierungsgewinns i. S. der Rn. 3 bis 5 durch das Betriebsfinanzamt. Das sich daran anschließende Stundungs- und Erlassverfahren (Rn. 7 ff.) erfolgt durch das jeweilige Wohnsitzfinanzamt. Auf Beispiel 2 in Rn. 8 wird hingewiesen.

III. Steuerstundung und Steuererlass aus sachlichen Billigkeitsgründen

7. Zum 1. Januar 1999 ist die Insolvenzordnung – InsO – vom 5.10.1994 (BGBl 1994 I S. 2866, zuletzt geändert durch das Gesetz zur Einführung des Euro in Rechtspflegegesetzen und in Gesetzen des Straf- und Ordnungswidrigkeitenrechts, zur Änderung der Mahnvordruckverordnungen sowie zur Änderung weiterer Gesetze vom 13.12.2001 (BGBl 2001 I S. 3574) in Kraft getreten. Die **InsO** hat die bisherige Konkurs- und Vergleichsordnung (alte Bundesländer) sowie die Gesamtvollstreckungsordnung (neue Bundesländer) abgelöst. Die **InsO** verfolgt als wesentliche Ziele die bessere Abstimmung von Liquidations- und Sanierungsverfahren, die innerdeutsche Vereinheitlichung des Insolvenzrechts, die Förderung der außergerichtlichen Sanierung, die Stärkung der

Gläubigerautonomie sowie die Einführung einer gesetzlichen Schuldenbefreiung für den redlichen Schuldner. Die Besteuerung von Sanierungsgewinnen nach Streichung des § 3 Nr. 66 EStG (zuletzt i. d. F. der Bekanntmachung vom 16. 4. 1997, BGBl 1997 I S. 821) ab dem 1. 1. 1998 steht mit der neuen InsO im Zielkonflikt.

8. Die Erhebung der Steuer auf einen nach Ausschöpfen der ertragsteuerrechtlichen Verlustverrechnungsmöglichkeiten verbleibenden Sanierungsgewinn i. S. der Rn. 3 bis 5 bedeutet für den Steuerpflichtigen aus sachlichen Billigkeitsgründen eine erhebliche Härte. Die entsprechende Steuer ist daher auf Antrag des Steuerpflichtigen nach § 163 AO abweichend festzusetzen (Satz 3 ff.) und nach § 222 AO mit dem Ziel des späteren Erlasses (§ 227 AO) zunächst unter Widerrufsvorbehalt ab Fälligkeit (AEAO zu § 240 Nr. 6a) zu stunden (vgl. Rn. 9 bis 11). Zu diesem Zweck sind die Besteuerungsgrundlagen in der Weise zu ermitteln, dass Verluste/negative Einkünfte unbeschadet von Ausgleichs- und Verrechnungsbeschränkungen (insbesondere nach § 2 Abs. 3, § 2a, § 2b, § 10d, § 15 Abs. 4, § 15a, § 23 Abs. 3 EStG) für die Anwendung dieses BMF-Schreibens im Steuerfestsetzungsverfahren bis zur Höhe des Sanierungsgewinns vorrangig mit dem Sanierungsgewinn verrechnet werden. Die Verluste/negativen Einkünfte sind insoweit aufgebraucht; sie gehen daher nicht in den nach § 10d Abs. 4 EStG festzustellenden verbleibenden Verlustvortrag oder den nach § 15a Abs. 4 und 5 EStG festzustellenden verrechenbaren Verlust ein. Das gilt auch bei späteren Änderungen der Besteuerungsgrundlagen, z. B. aufgrund einer Betriebsprüfung, sowie für später entstandene Verluste, die im Wege des Verlustrücktrags berücksichtigt werden können; insoweit besteht bei Verzicht auf Vornahme des Verlustrücktrags (§ 10d Abs. 1 Sätze 7 und 8 EStG) kein Anspruch auf die Gewährung der Billigkeitsmaßnahme. Die Festsetzung nach § 163 AO und die Stundung nach § 222 AO sind entsprechend anzupassen. Sollte der Steuerpflichtige sich gegen die vorgenommene Verlustverrechnung im Festsetzungsverfahren wenden und die Verrechnung mit anderen Einkünften oder die Feststellung eines verbleibenden Verlustvortrags (§ 10d Abs. 4 EStG) begehren, ist darin die Rücknahme seines Erlassantrags zu sehen mit der Folge, dass die Billigkeitsmaßnahme keine Anwendung findet.

BEISPIEL 1:

Einzelunternehmen; Gewinn aus Gewerbebetrieb		1 500 000 €
(darin enthalten: Verlust aus laufendem Geschäft	− 500 000 €	
Sanierungsgewinn	2 000 000 €)	
Verrechenbare Verluste/negative Einkünfte:		
Negative Einkünfte aus Vermietung und Verpachtung (V+V)		− 250 000 €

II. Die Behandlung der einzelnen Steuerarten und Erhebungsformen

Verlustvortrag aus dem Vorjahr
aus V+V   - 350 000 €
aus Gewerbebetrieb   - 600 000 €
aus einem Verlustzuweisungsmodell i. S. d. § 2b EStG   - 100 000 €

Der Unternehmer beantragt den Erlass der auf den Sanierungsgewinn entfallenden Steuern.

Es ergibt sich folgende Berechnung:

Sanierungsgewinn	2 000 000 €
./. Verlust aus laufendem Geschäft	- 500 000 €
./. Negative Einkünfte aus V+V	- 250 000 €
./. Verlustvortrag aus dem Vorjahr (insgesamt)	- 1 050 000 €
Nach Verrechnung mit den Verlusten/negativen Einkünften verbleibender zu versteuernder Sanierungsgewinn	200 000 €

Bei Vorliegen der in Rn. 3 bis 5 genannten Voraussetzungen ist die Steuer auf diesen verbleibenden Sanierungsgewinn unter Widerrufsvorbehalt ab Fälligkeit zu stunden.

Aus dem folgenden Veranlagungszeitraum ergibt sich ein Verlustrücktrag, der sich wie folgt zusammensetzt:

Negative Einkünfte aus Gewerbebetrieb	- 80 000 €
Negative Einkünfte nach § 2b EStG	- 20 000 €
	- 100 000 €

Der Verlustrücktrag ist vorrangig mit dem im VZ 01 nach Verlustverrechnung versteuerten Sanierungsgewinn zu verrechnen. Es ergibt sich folgende Berechnung:

Im VZ 01 versteuerter Sanierungsgewinn	200 000 €
./. Verlustrücktrag	- 100 000 €
Verbleibender zu versteuernder Sanierungsgewinn	100 000 €

Die Stundung ist entsprechend anzupassen.

BEISPIEL 2: Die AB-KG (Komplementär A, Gewinn- und Verlustbeteiligung 75 %, Kommanditist B, Gewinn- und Verlustbeteiligung 25 %) erzielt im VZ 02 neben einem Verlust aus dem laufenden Geschäft i. H. v. 500 000 € einen Sanierungsgewinn i. H. v. 2 000 000 €. Aus der Beteiligung an der C-KG werden dem B negative Einkünfte i. S. d. § 2b EStG i. H. v. 100 000 € zugerechnet. B beantragt den Erlass der auf den Sanierungsgewinn entfallenden Steuern.

Gesonderte Feststellung der AB-KG:

Einkünfte aus Gewerbebetrieb (2 000 000 € – 500 000 € =)	*1 500 000 €*
davon B (25 %)	*375 000 €*
(nachrichtlich: Sanierungsgewinn	*2 000 000 €*
davon B (25 %)	*500 000 €)*

Das Betriebsfinanzamt stellt den Gewinn (1 500 000 €) gesondert fest und nimmt die Verteilung auf die einzelnen Gesellschafter vor. Zusätzlich teilt es nachrichtlich die Höhe des Sanierungsgewinns (2 000 000 €) sowie die entsprechend anteilige Verteilung auf die Gesellschafter mit. Darüber hinaus teilt es mit, dass es sich um einen Sanierungsgewinn im Sinne der Rn. 3 bis 5 dieses Schreibens handelt.

Einkommensteuerveranlagung des B:

Einkünfte aus Gewerbebetrieb aus dem Anteil an der AB-KG	*375 000 €*
(darin enthalten: Sanierungsgewinn 500 000 €)	
./. negative Einkünfte i. S. d. § 2b EStG	*- 100 000 €*
Nach Verrechnung mit den Verlusten/negativen Einkünften verbleibender zu versteuernder Sanierungsgewinn	*275 000 €*

Das Wohnsitzfinanzamt stundet unter Widerrufsvorbehalt ab Fälligkeit die anteilig auf den verbleibenden zu versteuernden Sanierungsgewinn von 275 000 € entfallende Steuer. Soweit B in späteren VZ positive Einkünfte aus der Beteiligung an der C-KG erzielt, sind diese bei der Veranlagung anzusetzen; eine Verrechnung mit den negativen Einkünften i. S. d. § 2b EStG aus VZ 02 ist nicht möglich, da diese bereits mit dem Sanierungsgewinn steuerwirksam verrechnet worden sind.

9. Zahlungen auf den Besserungsschein nach Rn. 5 vermindern nachträglich den Sanierungsgewinn. Entsprechend verringert sich die zu stundende/zu erlassende Steuer.

BEISPIEL 3: *VZ 01*

Gläubigerverzicht gegen Besserungsschein auf eine Forderung i. H. v.	*1 500 000 €*
Sanierungsgewinn nach Verlustverrechnungen	*1 000 000 €*
Laufender Gewinn	*0 €*
Bei einem angenommenen Steuersatz i. H. v. 25 % ergibt sich eine zu stundende Steuer von	*250 000 €*

VZ 02

Laufender Gewinn	*300 000 €*
Zahlung an den Gläubiger aufgrund Besserungsschein i. H. v.	*100 000 €*
ist keine Betriebsausgabe. Daher bleibt es bei einem zu versteuernden Gewinn i. H. v.	*300 000 €*
Sanierungsgewinn aus VZ 01	*1 000 000 €*
./. Zahlung auf Besserungsschein	*- 100 000 €*

Verringerter Sanierungsgewinn	900 000 €
Auf den verringerten Sanierungsgewinn ergibt sich noch eine zu stundende Steuer i. H. v. 25 % von 900 000 € =	225 000 €

10. Zum Zweck der Überwachung der Verlustverrechnungsmöglichkeiten sowie der Ausnutzung des Verlustrücktrags ist die Stundung bis zur Durchführung der nächsten noch ausstehenden Veranlagung, längstens bis zu einem besonders zu benennenden Zeitpunkt auszusprechen. Erforderlichenfalls sind entsprechende Anschlussstundungen auszusprechen. Die Ausschöpfung der Verlustverrechnungsmöglichkeiten mit Blick auf den Sanierungsgewinn ist in geeigneter Form durch das FA aktenkundig festzuhalten.

11. Bei Forderungsverzicht gegen Besserungsschein (Rn. 5, 9) ist die auf den Sanierungsgewinn entfallende Steuer solange zu stunden, wie Zahlungen auf den Besserungsschein geleistet werden können. Während dieses Zeitraums darf auch kein Erlass ausgesprochen werden.

12. Nach abschließender Prüfung und nach Feststellung der endgültigen auf den verbleibenden zu versteuernden Sanierungsgewinn entfallenden Steuer ist die Steuer nach § 227 AO zu erlassen (Ermessensreduzierung auf Null). Ggf. erhobene Stundungszinsen sind nach § 227 AO zu erlassen, soweit sie auf gestundete Steuerbeträge entfallen, die nach Satz 1 erlassen worden sind.

IV. Anwendungsregelung

13. Dieses BMF-Schreiben ist auf Sanierungsgewinne i. S. der Rn. 3 bis 5 in allen noch offenen Fällen anzuwenden, für die die Regelung des § 3 Nr. 66 EStG i. d. F. der Bekanntmachung vom 16. 4. 1997 (BGBl 1997 I S. 821) nicht mehr gilt. Eine Stundung oder ein Erlass aus persönlichen Billigkeitsgründen bleibt unberührt.

V. Aufhebung der Mitwirkungspflichten

14. Die mit **BMF-Schreiben vom 2. 1. 2002 (BStBl 2002 I S. 61)** vorgesehenen Mitwirkungspflichten des Bundesministeriums der Finanzen gelten nicht für Fälle der Anwendung dieses BMF-Schreibens. Allerdings sind diese Fälle, soweit sie die im BMF-Schreiben vom 2. 1. 2002 genannten Betrags- oder Zeitgrenzen übersteigen, dem Bundesministerium der Finanzen mitzuteilen.

VI. Gewerbesteuerliche Auswirkungen

15. Für Stundung und Erlass der Gewerbesteuer ist die jeweilige **Gemeinde** zuständig. Spricht die Gemeinde Billigkeitsmaßnahmen aus, ist die Steuerermäßigung bei Einkünften aus Gewerbebetrieb (**§ 35 EStG**) entsprechend zu mindern."

Die Sanierungsfeindlichkeit des geltenden Ertragsteuerrechts ist dem Gesetzgeber seit langem bekannt. Leider ist bislang allein im Anwendungsbereich des § 8c Abs. 1a KStG der Handlungsbedarf vom Gesetzgeber normativ umgesetzt worden. Aktuelle Einschätzungen vom Bundesrechnungshof zur Thematik und der Ausgang des Revisionsverfahrens zum Urteil des FG München v. 12.12.2007 können wichtige Parameter für das erforderliche Gesetzgebungsverfahren werden, vgl. Rdnr. 1021 ff.

1686

(Einstweilen frei) 1687–1695

6. Verdeckte Einlagen

Verzichtet der Gesellschafter einer Kapitalgesellschaft[1] gegenüber der Gesellschaft auf eine (werthaltige) Forderung, so liegt hierin eine verdeckte Einlage.[2] Eine ausdrückliche gesetzliche Definition im KStG fehlt.[3] Eine verdeckte Einlage liegt regelmäßig vor, wenn ein Gesellschafter oder eine ihm nahe stehende Person der Körperschaft außerhalb der gesellschaftsrechtlichen Einlagen einen einlagefähigen Vermögensvorteil zuwendet und diese Zuwendung durch das Gesellschaftsverhältnis veranlasst ist.[4] Verdeckte Einlagen dürfen sich nicht auf die Höhe des Einkommens auswirken (§ 8 Abs. 3 Satz 3 KStG).

1696

Soweit verdeckte Einlagen den Steuerbilanzgewinn der Körperschaft erhöht haben, sind sie außerbilanziell bei der Ermittlung des zu versteuernden Einkommens in Abzug zu bringen.[5] Die Ursächlichkeit des Gesellschaftsverhältnisses ist nur dann gegeben, wenn ein Nichtgesellschafter bei Anwendung der Sorgfalt eines ordentlichen Kaufmanns den Vermögensvorteil der Gesellschaft nicht eingeräumt hätte, was grundsätzlich durch Fremdvergleich festzustellen ist.[6] Der Verzicht des Gesellschafters auf eine Forderung gegenüber seiner Kapitalgesellschaft im Wege der verdeckten Einlage führt bei ihm zum Zufluss

1697

---

1 Abgrenzung: Die verdeckte Einlage in Personengesellschaften erfolgt nach gesonderten Besteuerungsgrundsätzen; vgl. BMF v. 26.11.2004 – IV B 2 – S 2178 – 2/04, BStBl I 2004, 1190; Ley, KÖSDI 2005, 14815.
2 Diese Grundsätze gelten auch dann, wenn auf eine Forderung verzichtet wird, die kapitalersetzenden Charakter hat; BFH v. 16.5.2001, BStBl II 2002, 436. Zu Gestaltungsmöglichkeiten durch Unternehmensumwandlungen s. Leibner, DStZ 2002, 679; Schwamberger, KSI 2005, 13; Crezelius, NZI 2005, 212; Hölzle, FR 2004, 1193; ders., FR 2006, 447.
3 Vgl. aber § 272 Abs. 2 Nr. 4 HGB. Aus Sicht der FinVerw findet R 40 KStR 2008 Anwendung.
4 R 40 Abs. 1 KStR 2008.
5 § 8 Abs. 3 Satz 3 KStG, R 40 Abs. 2 KStR 2008. Zur Bildung einer Kapitalrücklage vgl. Nöcker, steuer-journal.de 2005, 31.
6 R 40 Abs. 3 KStR 2008.

des noch werthaltigen Teils der Forderung.¹ Verzichtet ein Gesellschafter auf eine Forderung gegen seine Kapitalgesellschaft unter der auflösenden Bedingung, dass im Besserungsfall die Forderung wieder aufleben soll, so ist die Erfüllung der Forderung nach Bedingungseintritt keine verdeckte Gewinnausschüttung i. S. d. § 8 Abs. 3 Satz 2 KStG, sondern eine steuerlich anzuerkennende Form der Kapitalrückzahlung.²

1698 Die Vorschriften der §§ 6 Abs. 1 Nr. 5 (Ansatz mit dem Teilwert), 6 Abs. 6 Satz 2 (nachträgliche Anschaffungskosten der Anteile), 11 Abs. 1 (Zufluss), 17 Abs. 1 Satz 2 (verdeckte Einlage von Anteilen an einer Kapitalgesellschaft), 20 Abs. 1 Nr. 1 Satz 3 (Einlagerückzahlung), 23 Abs. 1 Satz 5 EStG (verdeckte Einlage von Grundstücken) und § 27 KStG (steuerliches Einlagekonto) sind ggf. zu beachten.³

1699–1705 *(Einstweilen frei)*

7. Eigenkapitalersatz (vor MoMiG) ↔ Teilwertabschreibungen (vor JStG 2008)

Literatur: *Benne*, Einkommensteuerrechtliche und steuerverfahrensrechtliche Problem bei Insolvenzen im Zusammenhang mit Personengesellschaften, BB 2001, 1977 ff.; *Dörner*, Gestaltungsmöglichkeiten mit Gesellschafter-Darlehen in der Krise, INF 2001, 494 ff., 523 ff.; *Goette*, Anmerkungen zu BGH, Urteil v. 8.1.2001, DStR 2001, 179 ff.; *Hoffmann*, Beteiligungen an Kapitalgesellschaften als Sanierungsobjekte in der Steuerbilanz, DStR 2002, 1233 ff.; *Schmidt/Hageböke*, Der Verlust von eigenkapitalersetzenden Darlehen und § 8b III KStG, DStR 2002, 1202 ff.; *Treffer*, Eigenkapitalsetzende Dienstleistungen eines GmbH-Gesellschafters, GmbHR 2002, 22 ff.; *Durst*, Gefahrenzone Insolvenzverschleppung: Straf-, zivil- und steuerrechtliche Hinweise, KÖSDI 2003, 13843; *Eiler/Schmidt*, Die Steuerbefreiung von Dividenden und Veräußerungsgewinnen nach § 8b KStG, GmbHR 2003, 613 ff.; *Fichtelmann*, Kapital ersetzende Rechtsverhältnisse des Kommanditisten, EStB 2003, 307 ff.; *Butz-Seidl*, Gestaltungen bei Verlusten im Rahmen einer „Betriebsaufspaltung", Gestaltende Steuerberatung 2004, 392 ff.; *Engelsing/Lange*, Teilwertbemessung im Rahmen der Betriebsaufspaltung, StuB 2004, 963 ff.; *Geuting/Michels*, Kapitalersatzrecht versus EU-Beihilferecht: ein auflösbarer Widerspruch, ZIP 2004, 12 ff.; *Harle/Kulemann*, Forderungsverzicht gegen Besserungsschein – ein Gestaltungsmodell wird eingeschränkt, GmbHR 2004, 733 f.; *Hoffmann*, Der Sanierungszuschuss in der Steuerbilanz des Gesellschafters, GmbHR 2004, 1454 ff.; *Hoffmann*, „Negative" Teil-

---

1 Zu den steuerrechtlichen Auswirkungen des Gehaltsverzichts eines GmbH-Gesellschafter-Geschäftsführers s. Braun, DStZ 2006, 301 sowie Neumann, GmbH-StB 2006, 40.
2 H 40 „Forderungsverzicht gegen Besserungsschein" KStH 2008. Zu den steuerlichen Folgen des Forderungsverzichts gegen Besserungsschein nach dem SEStEG vgl. ausführlich Lornsen-Veit/Behrendt, FR 2007, 179 ff.
3 Zur „Befreiung" einer Kapitalgesellschaft von lästig gewordenen Pensionsverpflichtungen vgl. Grögler/Urban, DStR 2006, 1389.

wertabschreibungen auf Gesellschafterverbindlichkeiten?, GmbH-StB 2004, 190 ff.; *Hoffmann*, Die Krux mit dem eigenkapitalersetzenden Darlehn bei der Bilanzierung, GmbH-StB 2004, 290 ff.; *Huntemann/Richthammer*, Neue steuerliche Hindernisse bei der Unternehmenssanierung, StuB 2004, 446; *Jungmann*, Zur bilanziellen Behandlung und summenmäßigen Begrenzung von Ansprüchen aus § 31 GmbHG, DStR 2004, 688 ff.; *Neumann/Stimpel*, Problemfelder des Rückgriffs nach § 8a Abs. 1 S. 2 KStG, GmbHR 2004, 1443; *Paus*, Betriebsaufspaltung: Ermittlung des Teilwerts von Anteilen an der Betriebs-GmbH, Anmerkung zu BFH, Urteil v. 6. 11. 2003, FR 2004, 943 ff.; *Reck*, Eigenkapitalersatz in der Überschuldungsbilanz, StuB 2004, 526 ff.; *Suchanek/Hagedorn*, Passivierung von Rangrücktrittsverbindlichkeiten, FR 2004, 451 ff.; *Suchanek/Hagedorn*, Steuerpraxisfragen der GmbH & atypisch Still, FR 2004, 1149 ff.; *Buchna/Sombrowski*, Nochmals zu Aufwendungen mit Eigenkapitalersatzcharakter als nicht zu berücksichtigende Gewinnminderungen nach § 8b Abs. 3 KStG, DB 2005, 1539 ff.; *Nöcker*, Kapitalrücklage bei drohender Überschuldung, steuer-journal.de 2005, 31 ff.; *Uhländer*, Eigenkapitalersetzende Darlehen im Steuer- und Gesellschaftsrecht – ein systemischer Überblick, BB 2005, 70 ff.; *Förster/Wendland*, Steuerliche Folgen von Gesellschafterdarlehen in der Krise der GmbH, GmbHR 2006, 169 ff.; *Frystatzki*, Rangrücktrittserklärung zur Vermeidung der Überschuldung, EStB 2006, 109 ff.; *Graf Kerssenbrock*, Forderungsverzicht mit Besserungsschein in Handels-, Insolvenz- und Steuerrecht, ZSteu 2006, 209 ff.; *Groh*, Der qualifizierte Rangrücktritt in der Überschuldungs- und Steuerbilanz der Kapitalgesellschaft, DB 2006, 1287 ff.; *Kahlert/Rühland*, Die Auswirkungen des BMF-Schreibens v. 8. 9. 2006 auf Rangrücktrittsvereinbarungen, ZInsO 2006, 1009 ff.; *Klein*, Rangrücktrittsvereinbarungen – ein Update nach der Stellungnahme des IDW, GmbHR 2006, 249 ff.; *Mitsch*, Neuere Entwicklungen bei Rangrücktrittsvereinbarungen, Teilwertabschreibungen eigenkapitalersetzender Darlehen und Abschreibungen unverzinslicher Darlehensforderungen, INF 2006, 389 ff.; *Mohr*, Haftungsrisiken der Kommanditisten in der GmbH & Co. KG, GmbH-StB 2006, 108 ff.; *Neufang*, Kapitalersatz und Steuerrecht: Ein Beratungsfeld in der Quadratur des Kreises, BB 2006, 294 ff.; *Schlichte*, Kapitalerhaltung in der Ltd. & Co. KG, DB 2006, 1357 ff.; *Wälzholz*, Vertragsgestaltung bei Rangrücktritt und Forderungsverzicht, GmbH-StB 2006, 76 ff.

a) **Kompendium 1. Teil: (Eigen-)Kapitalersatz im Gesellschaftsrecht (vor MoMiG)**

Durch das Gesetz zur Modernisierung des GmbH-Rechts und zur Bekämpfung von Missbräuchen (MoMiG) ist das bisherige Eigenkapitalersatzrecht weggefallen. Die bisherigen gesetzlichen Wertungen aus §§ 32a, 32b GmbHG wirken aber in wichtigen Steuerrechtsänderungen wie § 8b Abs. 3 Satz 4 ff. KStG (vgl. Rdnr. 1793 ff.) bzw. der Sanierungsklausel in § 8c Abs. 1a KStG (vgl. Rdnr. 1808 ff.) weiter. Aus diesem Grunde sind Kenntnisse des bisherigen Eigenkapitalersatzrechts für das Handels- und Steuerbilanzrecht sowie die Anwendung des § 17 EStG unverzichtbar.

1706

(1) Kapitalersatz im GmbHG a. F.

1707   Hat ein Gesellschafter einer GmbH in einem Zeitpunkt, in dem ihr die Gesellschafter als ordentliche Kaufleute Eigenkapital zugeführt hätten (Krise der Gesellschaft), stattdessen ein Darlehen gewährt, so kann der Gesellschafter den Anspruch auf Rückgewähr des Darlehens im Insolvenzverfahren über das Vermögen der GmbH nur als nachrangiger Insolvenzgläubiger geltend machen (§ 32a Abs. 1 GmbHG a. F.).

1708   Hat ein Dritter der GmbH in einem Zeitpunkt, in dem ihr die Gesellschafter als ordentliche Kaufleute Eigenkapital zugeführt hätten, stattdessen ein Darlehen gewährt und hat ihm ein Gesellschafter für die Rückgewähr des Darlehens eine Sicherung bestellt oder hat er sich dafür verbürgt, so kann der Dritte im Insolvenzverfahren über das Vermögen der GmbH nur für den Betrag verhältnismäßige Befriedigung verlangen, mit dem er bei der Inanspruchnahme der Sicherung oder des Bürgen ausgefallen ist (§ 32a Abs. 2 GmbHG a. F.).

1709   Diese Vorschriften gelten gem. § 32a Abs. 3 Satz 1 GmbHG a. F. sinngemäß für andere Rechtshandlungen eines Gesellschafters oder eines Dritten, die der Darlehensgewährung nach § 32a Abs. 1 oder 2 GmbHG a. F. wirtschaftlich entsprechen:

---

1 Vgl. Hueck/Fastrich, in Baumbach/Hueck, GmbHG, 18. Aufl., München 2006, § 32a Rdnr. 68.

▶ „eigenkapitalersetzende Nutzungsüberlassung" (ggf. Betriebsaufspaltung)

▶ „eigenkapitalersetzende Bürgschaften"

Wichtig:[1]

- ▶ Die Regeln über den Eigenkapitalersatz gelten nicht für den nicht geschäftsführenden Gesellschafter, der mit 10 % oder weniger am Stammkapital beteiligt ist (§ 32a Abs. 3 Satz 2 GmbHG a. F.), sog. Kleingesellschafterprivileg.
- ▶ Erwirbt ein Darlehensgeber in der Krise der GmbH Geschäftsanteile zum Zweck der Überwindung der Krise, führt dies für seine bestehenden oder neugewährten Kredite nicht zur Anwendung der Regeln über den Eigenkapitalersatz (§ 32a Abs. 3 Satz 3 GmbHG a. F.), sog. Sanierungsprivileg.

Hat die Gesellschaft im Fall des § 32a Abs. 2, 3 GmbHG a. F. das Darlehen im letzten Jahr vor dem Antrag auf Eröffnung des Insolvenzverfahrens oder nach diesem Antrag zurückgezahlt, so hat der Gesellschafter, der die Sicherung bestellt hatte oder als Bürge haftete, der Gesellschaft den zurückgezahlten Betrag zu erstatten (§ 32b Satz 1 GmbHG). Die Verpflichtung besteht nur bis zur Höhe des Betrags, mit dem der Gesellschafter als Bürge haftete oder der dem Wert der von ihm bestellten Sicherung im Zeitpunkt der Darlehensrückzahlung entspricht (§ 32b Satz 2 GmbHG a. F.).

1710

---

[1] Ausführlich hierzu Tillmann/Tillmann, GmbHR 2003, 325. Zur Auswirkung des Sanierungsprivilegs auf § 17 EStG vgl. FG Düsseldorf v. 17. 10. 2005 – 11 K 2558/04 E, EFG 2006, 110.

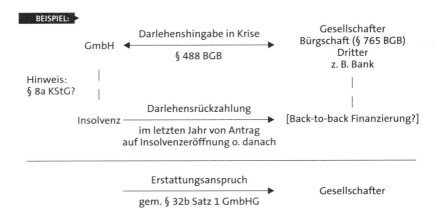

1711 Der Gesellschafter wird von der Verpflichtung frei, wenn er die Gegenstände, die dem Gläubiger zur Sicherung gedient hatten, der Gesellschaft zu ihrer Befriedigung zur Verfügung stellt (§ 32b Satz 3 GmbHG). Diese Vorschriften gelten sinngemäß für andere Rechtshandlungen, die der Darlehensgewährung wirtschaftlich entsprechen (§ 32b Satz 4 GmbHG a. F.).

Fazit:
- Es gilt für die GmbH-Gesellschafter der Grundsatz der Finanzierungsfreiheit![1]
- Ausnahmen: Regelungen des Eigenkapitalersatzes (§§ 32a, 32b GmbHG a. F.) sowie zum Schutz des Stammkapitals die Vorschriften der §§ 30, 31 GmbHG.[2]

1712–1715 *(Einstweilen frei)*

(2) Kapitalersatz im HGB

1716 Für die Gesellschafter einer KG (ohne natürliche Person als Komplementär) gelten die §§ 32a, 32b GmbHG a. F. sinngemäß mit der Maßgabe, dass an die Stelle der Gesellschafter der GmbH die Gesellschafter oder Mitglieder der persönlich haftenden Gesellschafter der KG sowie die Kommanditisten treten (§ 172a

---

1 Zum Verhältnis des Kapitalersatzrechts gegenüber dem EU-Beihilferecht s. ausführlich Geuting/Michels, ZIP 2004, 12; zur Auswirkung auf die Wahl ausl. Rechtsformen vgl. Meilicke, GmbHR 2003, 793.

2 Grundlegend zur bilanziellen Behandlung der Ansprüche aus § 31 GmbHG Jungmann, DStR 2004, 688.

Satz 1 HGB a. F.).[1] Dies gilt nicht, wenn zu den persönlich haftenden Gesellschaftern eine OHG oder KG gehört, bei der ein persönlich haftender Gesellschafter eine natürliche Person ist (§ 172a Satz 2 HGB a. F.).

BEISPIEL:

Für die Gesellschafter einer (typischen) stillen Gesellschaft enthält das HGB keine entsprechenden Vorschriften zum Kapitalersatz. § 236 Abs. 1 HGB bestimmt lediglich, dass bei Insolvenz des Inhabers des Handelsgeschäfts der stille Gesellschafter wegen der Einlage, soweit sie den Betrag des auf ihn fallenden Anteils am Verlust übersteigt, seine Forderung als Insolvenzgläubiger geltend machen kann. Ist die Einlage rückständig, so hat sie der stille Gesellschafter bis zu dem Betrage, welcher zur Deckung seines Anteils am Verlust erforderlich ist, zur Insolvenzmasse einzuzahlen (§ 236 Abs. 2 HGB).   1717

Dem Gesellschafter der GmbH gleichgestellt ist hingegen der atypisch still an der Gesellschaft Beteiligte.[2]

BEISPIEL:

(Einstweilen frei)   1718–1720

(3) Kapitalersatz im AktG

Den Aktionären einer AG dürfen Einlagen nicht zurückgewährt werden (§ 57 Abs. 1 AktG).[3] Im Übrigen fehlen aber im Aktienrecht ausdrückliche Regelungen. Die §§ 32a, 32b GmbHG a. F. finden entsprechende Anwendung, wenn der   1721

---

1 Für eine OHG, bei der kein Gesellschafter eine natürliche Person ist, gilt § 129a HGB a. F.
2 OLG Hamm v. 13. 9. 2000 – NZI 2000, 599.
3 Zur Haftung der Aktionäre beim Empfang von rechtsgrundlosen Leistungen vgl. § 62 AktG.

Aktionär „unternehmerisch", d. h. mit der Sperrminorität von mehr als 25 % am Grundkapital der AG beteiligt ist.[1]

Bei einer Beteiligung unter 25 % kann ein Gesellschafterdarlehen nur dann im Ausnahmefall als eigenkapitalersetzendes Darlehen einzustufen sein, wenn die Beteiligung im Zusammenwirken mit anderen Umständen (z. B. familiäre Verflechtung unter den Aktionären) einen Einfluss auf die Unternehmensleitung sichert und ein entsprechendes unternehmerisches Interesse des Gesellschafters erkennbar ist.[2]

(4) Kapitalersatz in der InsO

1722 Insolvenzantragspflichten[3] bestehen bei Zahlungsunfähigkeit (§ 17 InsO) oder Überschuldung (§ 19 InsO) z. B. für

- den Geschäftsführer der GmbH (§ 64 Abs. 1 GmbHG a. F., nunmehr § 15a InsO),
- den Vorstand der AG (§ 92 Abs. 2 AktG a. F., nunmehr § 15a InsO),
- den Vorstand eines eingetragenen Vereins (§ 42 Abs. 2 BGB),
- nach Maßgabe des § 130a HGB bei der OHG (nunmehr § 15a InsO),
- und der §§ 177a, 130a HGB bei der KG (nunmehr § 15a InsO).

1723 Überschuldung liegt vor, wenn das Vermögen des Schuldners die bestehenden Verbindlichkeiten nicht mehr deckt. Bei der Bewertung des Vermögens des

---

1 Tillmann/Tillmann, GmbHR 2003, 325. Die Gewährung eines Darlehens oder die Übernahme einer Bürgschaft für eine AG durch einen Aktionär, der an der Gesellschaft nicht unternehmerisch beteiligt ist, führt nach Ansicht des BFH im Urteil v. 2. 4. 2008 – IX R 76/06 nicht zu nachträglichen Anschaffungskosten der wesentlichen Beteiligung.

2 Vgl. OFD Düsseldorf v. 5. 11. 2002 – S 2255 – 55 – St 122 K, NWB DokID: LAAAA-85332, zu § 17 EStG.

3 Vgl. Schumm, StuB 2004, 617; Heerspink, AO-StB 2004, 267; Durst, KÖSDI 2003, 13843; speziell zur Limited in der Insolvenz vgl. Bäuml/Gageur, GmbH-StB 2006, 362. Als Maßnahmen zur Beseitigung drohender Überschuldung kommen in Betracht: Kapitalzufuhr (Kapitalerhöhungen, stille Beteiligungen, Schuldumwandlungen etc.) Forderungsverzichte, Rangrücktritte, Vergleich, Schuldübernahmen, Patronatserklärungen, vgl. umfassend Werdan/Ott/Rauch, Das Steuerberatungsmandat in der Krise, Sanierung und Insolvenz, 220.

Schuldners ist jedoch die Fortführung des Unternehmens zugrunde zu legen, wenn diese nach den Umständen überwiegend wahrscheinlich ist (§ 19 Abs. 2 InsO a. F.).[1]

Von zentraler Bedeutung ist hierbei die Frage, ob Forderungen eines Gesellschafters aus der Gewährung eigenkapitalersetzender Leistungen in der Überschuldungsbilanz der Gesellschaft zu passivieren sind: 1724

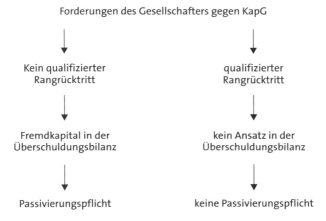

Der BGH vertritt im Urteil v. 8. 1. 2001[2] die Ansicht, dass bei einem sog. qualifizierten Rangrücktritt keine Passivierungspflicht in der Überschuldungsbilanz besteht. Der Gesellschafter müsse sinngemäß erklären, er wolle wegen der genannten Forderung erst nach der Befriedigung sämtlicher Gesellschaftsgläubiger und – bis zur Abwendung der Krise – auch nicht vor, sondern nur zugleich mit den Einlagerückgewähransprüchen seiner Mitgesellschafter berücksichtigt, also so behandelt werden, als handele es sich bei seiner Gesellschafterleistung um statuarisches Kapital. Stellt sich der Gesellschafter in dieser Weise auf dieselbe Stufe, auf der er selbst und seine Mitgesellschafter hinsichtlich ihrer Einlagen stehen, besteht keine Notwendigkeit, diese Forderungen in den Schuldenstatus der Gesellschaft aufzunehmen. 1725

► Einer darüber hinausgehenden Erklärung des Gesellschafters, insbesondere eines Forderungsverzichts bedarf es nicht.

---

1 Zur Überschuldungsprüfung i. S. d. § 19 InsO a. F. vgl. Fromm, GmbHR 2004, 941; zur Änderung des § 19 InsO durch das Finanzmarktstabilisierungsgesetzes s. Schmidt, DB 2008, 2467 ff.
2 DStR 2001, 175. S. zudem Klein, GmbHR 2005, 663.

▶ Der GmbH-Geschäftsführer kann die betreffenden Gesellschafter zur Abgabe einer (qualifizierten) Rangrücktrittserklärung auffordern und hat die Forderungen des Gesellschafters in der Überschuldungsbilanz zu passivieren, sofern er eine solche Äußerung nicht erhält (Vorteil: „Rechtssicherheit" des Geschäftsführers mit Blick auf § 64 Abs. 1 Satz 2 GmbHG i. V. m. § 84 Abs. 1 Nr. 2 GmbHG).[1]

1726 In zeitlicher Hinsicht konkretisiert das OLG Frankfurt im Urteil v. 20. 2. 2003[2] die Rechtsprechung des BGH wie folgt: Eigenkapitalersetzende Darlehen sind im insolvenzrechtlichen Überschuldungsstatus in der Zeit vor März 2001 nicht als Verbindlichkeiten zu berücksichtigen, wenn ein formloser, laienhafter Rangrücktritt vereinbart wurde; in der Zeit danach hingegen nur dann, wenn der Rangrücktritt den Anforderungen des BGH-Urteils v. 8. 1. 2001 genügt.[3]

▶ Insolvenzrechtliche Sondervorschriften für den Kapitalersatz sind zu beachten:

§ 39 Abs. 1 Nr. 5 InsO a. F.: Rang von Forderungen auf Rückgewähr eines kapitalersetzenden Darlehens

§ 135 InsO a. F.: Anfechtbarkeit von Rechtshandlungen bei Sicherung oder Befriedigung[4] eines kapitalersetzenden Darlehens ...

(5) Kapitalersatz im AnfG

1727 Außerhalb des Insolvenzverfahrens normiert § 6 AnfG eine dem § 135 InsO vergleichbare Vorschrift. Anfechtbar ist danach eine Rechtshandlung, die für die Forderung eines Gesellschafters auf Rückgewähr eines kapitalersetzenden Darlehens oder für eine gleichgestellte Forderung

1. Sicherung gewährt hat, wenn die Handlung in den letzten 10 Jahren vor der Anfechtung vorgenommen worden ist;

2. Befriedigung gewährt hat, wenn die Handlung im letzten Jahr vor der Anfechtung vorgenommen worden ist.

---

1 Vgl. hierzu Reck, StuB 2004, 526.
2 DStR 2003, 1892 zur Haftung des Geschäftsführers gem. § 64 Abs. 2 GmbHG bei einem mündlichen Rangrücktritt; s. hierzu Wälzholz, DStR 2003, 1892.
3 S. auch OLG Schleswig v. 10. 3. 2005 – 7 U 166/03, GmbHR 2005, 1124.
4 Die Vorschrift des § 135 Nr. 2 InsO begründet die widerlegliche Vermutung, dass ein Darlehen, das bei seiner Hergabe eigenkapitalersetzenden Charakter hatte, diese Funktion auch noch im Zeitpunkt der Rückzahlung hatte, wenn es innerhalb eines Jahres nach diesem Zeitpunkt zum Insolvenzantrag gekommen ist (OLG Hamm v. 28. 10. 2003 – 27 U 85/03, DZWIR 2004, 388).

B. Körperschaftsteuer

(Einstweilen frei) 1728–1735

b) Kompendium 2. Teil: (Eigen-)Kapitalersatz im Steuerrecht

(1) Steuerliche Folgen für die Gesellschaft

Auf der Ebene der Gesellschaft werden nachfolgend kurz die bilanzsteuerlichen Folgen von eigenkapitalersetzenden Darlehen erläutert. 1736

(a) Ansatz in der Handelsbilanz/Steuerbilanz

Eigenkapitalersetzende Darlehen sind aus Sicht der Gesellschaft in der Handelsbilanz als Fremdkapital zu passivieren. Ebenso können entsprechende Zinsverbindlichkeiten entstehen. 1737

Dies gilt auch für die Steuerbilanz der Gesellschaft (Maßgeblichkeitsgrundsatz, § 5 Abs. 1 Satz 1 EStG).[1] Das KStG enthält vorbehaltlich von § 8a KStG[2] keine Bestimmung, wonach eine KapG über das gezeichnete Kapital hinaus mit einer bestimmten Eigenkapitalquote ausgestattet sein muss. Es liegt auch grundsätzlich keine verdeckte Einlage vor.[3] 1738

Kapitalkonten werden für die einzelnen Gesellschafter der GmbH nicht geführt. Die in der Praxis verwendeten „Verrechnungskonten" sind keine Entnahmekonten.[4] Zu beachten sind für den bilanziellen Ausweis des Eigenkapitals insbesondere die Vorschriften der §§ 266, 268, 270 Abs. 2, 272, 275 Abs. 4 HGB, § 29 GmbHG. 1739

Steuerrechtlich ist ab VZ 1999 für den Ansatz einer Verpflichtung § 5 Abs. 2a EStG zu beachten, wenn diese nur zu erfüllen ist, soweit künftig Einnahmen oder Gewinne anfallen. Verbindlichkeiten oder Rückstellungen sind hiernach in der Steuerbilanz erst anzusetzen, wenn die Einnahmen oder Gewinne angefallen sind.[5] Die Abzinsung unverzinslicher Verbindlichkeiten gem. § 6 Abs. 1 Nr. 3 EStG ist zu prüfen.[6] 1740

---

1 BFH v. 5. 2. 1992 – I R 127/90, BStBl II 1992, 532; v. 30. 3. 1993 – IV R 57/91, BStBl II 1993, 502.
2 Vgl. BMF v. 15. 7. 2004 – IV A 2 – S 2742a – 20/04, BStBl I 2004, 593 Tz. 20, zu sog. Back-to-back-Finanzierungen.
3 Dötsch/Franzen/Sädtler/Sell/Zenthöfer, a. a. O., 121, m. w. N. zur BFH-Rechtsprechung.
4 Vgl. hierzu Falterbaum/Bolk/Reiß/Eberhart, Buchführung und Bilanz, 20. Aufl., Achim 2007, 1394.
5 Vgl. BMF v. 18. 8. 2004 – IV A 2 – S 2133 – 2/04, BStBl I 2004, 850; aufgehoben durch BMF v. 8. 9. 2006 – IV B 2 – S 2133 – 10/06, BStBl I 2006, 497; so zuvor bereits Uhländer, BB 2005, 70.
6 Vgl. hierzu instruktiv Neufang, BB 2006, 294.

II. Die Behandlung der einzelnen Steuerarten und Erhebungsformen

1741 Vereinbart ein Schuldner mit dem Gläubiger, dass eine Rückzahlung der Verbindlichkeit nur dann zu erfolgen habe, wenn der Schuldner dazu aus künftigen Gewinnen, aus einem Liquidationsüberschuss oder aus anderem – freien – Vermögen künftig in der Lage ist und der Gläubiger mit seiner Forderung im Rang hinter alle anderen Gläubiger zurücktritt, bewirkt diese Rangrücktrittsvereinbarung anders als z. B. ein Forderungsverzicht nicht eine Minderung oder das Erlöschen der Schuld, sondern führt lediglich zu einer veränderten Rangordnung bei den Verbindlichkeiten und wirkt sich damit lediglich auf die Fälligkeit der Verbindlichkeit aus.

1742 Nach (widersprüchlicher) Ansicht der Finanzverwaltung war dann aber wie folgt zu unterscheiden: „Voraussetzung für die Anwendung des § 5 Abs. 2a EStG ist, dass zwischen dem Ansatz der Verbindlichkeit und Gewinnen und Einnahmen eine Abhängigkeit im Zahlungsjahr besteht. Haben Schuldner und Gläubiger eine Vereinbarung (Anm.: im vorgenannten Sinne) geschlossen, besteht die erforderliche Abhängigkeit zwischen Verbindlichkeit und Einnahmen oder Gewinnen nicht, so dass der Tatbestand des § 5 Abs. 2a EStG nicht erfüllt ist; die Verbindlichkeit ist zu passivieren. Fehlt dagegen eine Bezugnahme auf die Möglichkeit einer Tilgung auch aus sonstigem freien Vermögen, ist der Ansatz von Verbindlichkeiten oder Rückstellungen bei derartigen Vereinbarungen ausgeschlossen."[1]

1743 Diese frühere Rechtsansicht des BMF ging fehl. Das Kriterium einer bedingt entstehenden Verbindlichkeit wird durch eine Rangrücktrittsvereinbarung nicht erfüllt.[2] Das Konkurrenzverhältnis mehrerer Gläubiger ist für § 5 Abs. 2a EStG unerheblich. Die Auslegung des BMF konnte bei Unternehmen in der Krise unnötigen Handlungsbedarf der steuerlichen (Rechts-)Berater erfordern, um die steuerbilanzielle gewinnwirksame Ausbuchung der Verbindlichkeit zu vermeiden.

1744 Nunmehr findet das BMF-Schreiben v. 8. 9. 2006[3] Anwendung. Hiernach hat die Vereinbarung eines einfachen oder qualifizierten Rangrücktritts grundsätzlich keinen Einfluss auf die Bilanzierung der Verbindlichkeit. Bei einem qualifizierten Rangrücktritt liegen die Voraussetzungen des § 5 Abs. 2a EStG nicht

---

1 Instruktiv dazu die Kritik von Suchanek, FR 2004, 1129: „... warum aber dennoch die Nichtanwendung des § 5 Abs. 2a EStG von der geforderten Tilgungsmöglichkeit auch aus freiem Vermögen erforderlich sein soll, erschließt sich dem Rechtsanwender ... nicht". Ausführlich bereits auch Suchanek/Hagedorn, FR 2004, 451.
2 So zutreffend auch Suchanek, FR 2004, 1130.
3 BStBl I 2006, 497; vgl. dazu Rätke, StuB 2006, 815; Lang, DStZ 2006, 789; Kahlert/Rühland, ZInsO 2006, 1009; Hoffmann, GmbHR 2006, 1116; Schmidt, DB 2006, 2503.

vor, weil eine Abhängigkeit zwischen Verbindlichkeit und Einnahmen oder Gewinnen nicht besteht, sondern die Begleichung der Verbindlichkeit zeitlich aufschiebend bedingt – bis zur Abwendung der Krise – verweigert werden kann. Fehlt dagegen bei einem einfachen Rangrücktritt die Bezugnahme auf die Möglichkeit der Tilgung auch aus sonstigem freien Vermögen, ist auch nach der Neufassung des BMF-Schreibens der Ansatz der Verbindlichkeit gem. § 5 Abs. 2a EStG ausgeschlossen.

Lang[1] vertritt unter Hinweis auf das BFH-Urteil v. 16. 4. 1991[2] die Ansicht, bei einem qualifizierten Rangrücktritt für eine eigenkapitalersetzende Darlehensforderung des Gesellschafters scheide eine weitere Passivierung in der Handelsbilanz und der Steuerbilanz als Fremdkapital aus. Solange die Vereinbarung wirke, entspreche deren wirtschaftliches Ergebnis dem eines Forderungsverzichts. Gewähre die Gesellschaft auf die umqualifizierte Forderung eine laufende Vergütung, liege hierin eine verdeckte Gewinnausschüttung. 1745

Die Auffassung von Lang überzeugt nicht. Auch der qualifizierte Rangrücktritt stellt nur eine „Erfüllungsmodalität" des Anspruchs dar.[3] Diese Erkenntnis liegt auch dem BMF-Schreiben v. 18. 8. 2004[4] zugrunde, wenn es auch zur unzutreffenden Anwendung des § 5 Abs. 2a EStG kommt.[5] Auf der Ebene der Gesellschaft liegt Fremdkapital vor.[6] Gem. § 42 Abs. 3 GmbHG[7] sind Forderungen und Verbindlichkeiten gegenüber den Gesellschaftern in der Regel als solche gesondert auszuweisen oder im Anhang anzugeben. 1746

Der BFH hat im Urteil v. 30. 3. 1993[8] dezidiert zur handels- und steuerrechtlichen Passivierungspflicht einer Verbindlichkeit mit Rangrücktrittsvereinbarung Stellung genommen. Diese Grundsätze gelten m. E. auch im Anwendungsbereich einer qualifizierten Rangrücktrittsvereinbarung i. S. d. BGH-Urteils v. 8. 1. 2001 fort. Zutreffend führt der BFH im Übrigen zur Abgrenzung gegenüber einem Forderungsverzicht mit Besserungsschein in den Entscheidungsgründen aus: „Näherliegend wäre es, die bilanziellen Folgerungen aus 1747

---

1 In: Dötsch/Eversberg/Jost/Witt, a. a. O., § 8 Abs. 3 KStG n. F. Tz. 1126 [Stand Juni 2003].
2 BStBl II 1992, 234.
3 Ebenso Hölzle, FR 2004, 1193, 1197; Suchanek/Hagedorn, FR 2004, 451; Suchanek, FR 2004, 1129, mit jeweils überzeugender Sichtweise.
4 BStBl I 2004, 850.
5 Huntemann/Richthammer, StuB 2004, 446, empfehlen ggf. eine sog. „harte Patronatserklärung"; vgl. dazu BFH v. 25. 10. 2006 – I R 6/05, BStBl II 2007, 384.
6 Vorbehaltlich von § 5 Abs. 2a EStG wohl ebenso Dörner, INF 2001, 494. S. zudem BFH v. 30. 3. 1993 – IV R 57/91, BStBl II 1993, 502.
7 Eine vergleichbare Regelung enthält § 264c Abs. 1 HGB.
8 IV R 57/91, BStBl II 1993, 502. Vgl. auch BFH v. 20. 10. 2004 – I R 11/03, BStBl II 2005, 581.

dem auflösend bedingten Verzicht mit Besserungsschein denen aus einem Rangrücktritt anzugleichen, wenn das Wiederaufleben der Verbindlichkeit und damit die Pflicht zu ihrer Bedienung von den gleichen Voraussetzungen wie die Bedienung der Verbindlichkeit bei dem im Streitfall vereinbarten Rangrücktritt abhängt." Auch im BFH-Urteil v. 6.11.2003[1] und jüngst im Urteil v. 10.11.2005[2] bestätigt der IV. Senat die bilanzielle Passivierungspflicht für eigenkapitalersetzende Darlehen bei der Gesellschaft.[3]

(b) Abgrenzung: Forderungsverzicht gegen Besserungsschein

1748 Die Ausführungen belegen, dass derzeit kein schlüssiges Konzept zur Besteuerung von „Sanierungsgewinnen" besteht (vgl. Rdnr. 1021 ff.). § 3 Nr. 66 EStG ist mit Wirkung ab VZ 1998 abgeschafft worden. Dies steht mit der neuen InsO im „Zielkonflikt". Nunmehr soll daher allein im Billigkeitsverfahren („Ermessensreduzierung auf Null") nach Maßgabe des BMF-Schreibens vom 27.3.2003[4] die auf den verbleibenden Sanierungsgewinn entfallende Steuer nach § 227 AO erlassen werden. Hierbei definiert das BMF den Sanierungsgewinn als Erhöhung des Betriebsvermögens, die dadurch entsteht, dass Schulden zum Zweck der Sanierung ganz oder teilweise erlassen werden (Erlassvertrag i. S. d. § 397 Abs. 1 BGB). Auch der Forderungsverzicht gegen Besserungsschein[5] soll zu einem begünstigten Sanierungsgewinn führen. Tritt der Besserungsfall ein, so dass der Schuldner die in der Besserungsvereinbarung festgelegten Zahlungen an den Gläubiger leisten muss, ist der Abzug dieser Aufwendungen als Betriebsausgaben entsprechend den Rechtsgrundsätzen des § 3c Abs. 1 EStG ausgeschlossen. Insoweit verringert sich allerdings nachträglich der Sanierungsgewinn. Die vor Eintritt des Besserungsfalls auf den nach Verlustverrechnungen verbleibenden Sanierungsgewinn entfallende

---

1 IV R 10/01, BStBl II 2004, 416.
2 IV R 13/04, BFH/NV 2006, 409 Nr. 2; vgl. z. B. auch Halbig, StB 2006, 175; Westerburg/Schwenn, BB 2006, 501; Knof, ZInsO 2006, 192; Sinewe, StB 2006, 94.
3 Aus der umfangreichen Literatur zur Thematik vgl. z. B.: Schmidt, DB 2006, 2503; Hoffmann, GmbHR 2006, 1116; Hoffmann/Lüdenbach, BB 2005, 1671; Kleefass/Hilling, Stbg 2005, 414; Schlichte, DB 2006, 1357; Mitsch, INF 2006, 389; Groh, DB 2006, 1287; Förster/Wendland, GmbHR 2006, 169; Janssen, BB 2005, 1895; Heerma, BB 2005, 537; Klein, GmbHR 2006, 249; Wälzholz, GmbH-StB 2006, 76; Frystatzki, EStB 2006, 109; Mohr, GmbH-Stb 2006, 108; Neufang, BB 2006, 294; Graf Kerssenbrock, ZSteu 2006, 209; Schmittmann, BBB 2006, 147; Hölzle, GmbHR 2005, 852; ders., FR 2006, 324; Kiethe, DStR 2006, 1764; Lang, DStZ 2006, 789; Rätke, StuB 2006, 815; Hallerbach, NWB F. 17, 2123; Kahlert/Rühland, ZInsO 2006, 1009.
4 IV A 6 – S 2140 – 8/03, BStBl I 2003, 240 (Ablichtung Rdnr. 1685).
5 Vgl. hierzu BMF v. 2.12.2003 – IV A 2 – S 2743 – 5/03, DStR 2004, 34 sowie Harle/Kulemann, GmbHR 2004, 733.

Steuer ist zunächst über den für den Eintritt des Besserungsfalls maßgeblichen Zeitraum hinaus zu stunden.

Folgen: Forderungsverzicht gegen Besserungsschein[1]

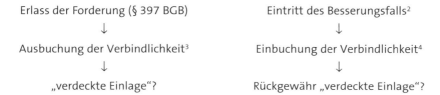

(2) Steuerliche Folgen für den Gesellschafter

Auf der Ebene der Gesellschafter werden nachfolgend kurz die steuerlichen Folgen von eigenkapitalersetzenden Darlehen im Privat- und Betriebsvermögen dargestellt.

1749

(a) Anteile an der GmbH im PV

Vermögensverluste im Privatvermögen sind grundsätzlich unbeachtlich.[5] Im Anwendungsbereich des § 17 EStG ist jedoch zu prüfen, ob Darlehensverluste[6]

1750

---

[1] S. BMF v. 2.12.2003 – IV A 2 – S 2743 – 5/03, DStR 2004, 34; als Fall Weber, Steuer-Seminar 2004, 153. Zum Gehaltsverzicht bei Gesellschafter-Geschäftsführern vgl. Stegemann, INF 2003, 147.

[2] Hierin liegt eine auflösende Bedingung.

[3] Die bisher bei der Gesellschaft ausgewiesene Verbindlichkeit gegenüber dem Gesellschafter ist in Höhe des Betrags des Forderungsverzichts auszubuchen. Dies führt bei der Gesellschaft in Höhe des Betrags des Forderungsverzichts zu einer Vermögensmehrung. Ist der Forderungsverzicht durch das Gesellschaftsverhältnis veranlasst, liegt in Höhe des werthaltigen Teils der Verbindlichkeit eine verdeckte Einlage des Gesellschafters vor, die gem. § 6 Abs. 1 Nr. 5 EStG mit dem Teilwert zu bewerten ist und bei der Gewinnermittlung der Gesellschaft den Unterschiedsbetrag i. S. d. § 4 Abs. 1 Satz 1 EStG i. V. m. § 8 Abs. 1 KStG mindert.

[4] Soweit die ursprüngliche Ausbuchung als verdeckte Einlage zu beurteilen war, gilt diese als zurückgewährt. Im Rahmen der steuerlichen Gewinnermittlung ist der Unterschiedsbetrag i. S. d. § 4 Abs. 1 Satz 1 EStG i. V. m. § 8 Abs. 1 KStG entsprechend zu korrigieren. Zu den Auswirkungen auf § 8 Abs. 4 KStG vgl. BMF v. 2.12.2003 – IV A 2 – S 2743 – 5/03, DStR 2004, 34.

[5] Uhländer, Vermögensverluste im Privatvermögen – Der Einkünftedualismus als Januskopf der Einkommensteuer, Berlin 1996, 23 ff.

[6] BFH v. 13.7.1999 – VIII R 31/98, BStBl II 1999, 724; v. 31.10.2000 – VIII R 47/98, BFH/NV 2001, 589.

oder die Inanspruchnahme aus einer Bürgschaft[1] zu nachträglichen Anschaffungskosten der Beteiligung führen. Der Zeitpunkt des „Auflösungsverlustes" i. S. d. § 17 Abs. 4 EStG ist hierbei im Gesetz selbst nicht eindeutig konkretisiert.[2]

1751 Die BFH-Rechtsprechung des VIII. Senats und des IX. Senats beruht auf dem Gedanken, dass es dem einkommensteuerrechtlich maßgeblichen „Nettoprinzip" widerstreiten würde, wenn ein Anteilseigner i. S. d. § 17 EStG den Verlust eines kapitalersetzenden Darlehens nicht steuermindernd geltend machen könnte.[3] Aus diesem Grunde verwendet der VIII. Senat einen „normspezifischen Anschaffungskostenbegriff". Hierdurch soll erreicht werden, dass sich der Verlust der Darlehensforderung, soweit sie durch das Gesellschaftsverhältnis veranlasst ist, im Veräußerungs- oder Liquidationsfall steuerlich in demselben Umfang auswirkt wie der Verlust der Beteiligung selbst. § 3c Abs. 2 EStG i. V. m. § 3 Nr. 40c EStG ist zu beachten.

---

1 BFH v. 13. 4. 2000 – VIII B 86/99, BFH/NV 2000, 1199; v. 12. 12. 2000 – VIII R 22/92, BStBl II 2001, 385; v. 12. 12. 2000 – VIII R 34/94, BFH/NV 2001, 757.
2 Vgl. aus der Rechtsprechung z. B. BFH v. 25. 3. 2003 – VIII R 24/02, BFH/NV 2003, 1305: Ausnahmsweise kann der Zeitpunkt der Entstehung des Auflösungsverlustes schon vor Abschluss der insolvenzfreien Liquidation oder der Liquidation durch Insolvenz liegen, wenn mit einer wesentlichen Änderung des bereits feststehenden Verlustes nicht mehr zu rechnen ist. Diese Feststellung erfordert eine Beurteilung der Vermögenslage auf der Ebene der Gesellschaft und die Prüfung, ob mit einer Auskehrung von Gesellschaftsvermögen an die Gesellschafter noch gerechnet werden kann. Hinzutreten muss eine Beurteilung der Vermögenslage auf der Ebene der Gesellschafter und die Prüfung, ob und in welcher Höhe bei diesen noch nachträgliche Anschaffungskosten oder wesentliche Veräußerungs- oder Aufgabekosten anfallen werden. Ebenso BFH v. 1. 4. 2004 – VIII B 172/03, NWB DokID: EAAAB-24330, wonach der Auflösungsverlust bereits vor Abschluss des Liquidationsverfahrens entstanden ist, wenn aufgrund des Inventars und der Insolvenzeröffnungsbilanz des Insolvenzverwalters oder einer Zwischenrechnungslegung ohne weitere Ermittlungen mit an Sicherheit grenzender Wahrscheinlichkeit damit zu rechnen ist, dass das Vermögen der Gesellschaft zu Liquidationswerten die Schulden nicht mehr decken wird. Aus Sicht der Finanzverwaltung vgl. hierzu z. B. OFD Frankfurt v. 3. 12. 2003 – S 2244 A – 19 St II 2.05 sowie OFD Frankfurt v. 19. 7. 2005 – S 2244 A – 19 St II 2.05 S 2244 A 21 St II 2.05, DB 2005, 2048; OFD Frankfurt v. 21. 5. 2008 – S 2244 A – 21 – S 215. Vgl. auch Heßler/Mosebach, steuer-journal.de 2006, 19; Frystatzki, EStB 2005, 152. Bei insolvenzfreier Liquidation einer GmbH realisiert sich der durch eine eigenkapitalersetzende Finanzierungshilfe als nachträgliche Anschaffungskosten bedingte Veräußerungsverlust eines ehemals wesentlich beteiligten Gesellschafters bereits in dem Zeitpunkt, in dem er erklärt, mit seiner Forderung gegenüber allen gegenwärtigen und künftigen Verbindlichkeiten der vermögenslosen und überschuldeten GmbH aus einer bankmäßigen Geschäftsverbindung im Rang zurückzutreten (BFH v. 22. 7. 2008 – IX R 79/06).
3 Zur Bedeutung des „Kleingesellschafterprivilegs" i. S. d. § 32a Abs. 3 GmbHG für die Anwendung des § 17 EStG vgl. OFD Düsseldorf v. 5. 11. 2002 – S 2244 – 55 St 122 – K, NWB DokID: LAAAA-85332. Zur Anwendung des Sanierungsprivilegs vgl. BFH v. 19. 8. 2008 – IX R 63/05, wonach § 32a Abs. 3 Satz 3 GmbHG a. F. den Ansatz von Darlehensverlusten als nachträgliche Anschaffungskosten i. S. d. § 17 Abs. 2 EStG nicht ausschließt (s. hierzu auch OFD Rheinland, Vfg. v. 9. 2. 2009 – S 2244 – 2009/0003-St 14, FR 2009, 349).

B. Körperschaftsteuer

Ausgehend von der Rechtsprechung des BFH subsumiert auch die Finanzverwaltung[1] unter richterrechtliche Fallgruppen[2]:   1752

Ansatz mit:

- Hingabe des Darlehens in der Krise,   Nennwert
- stehengelassene Darlehen,   i. d. R. 0 €
- krisenbestimmte Darlehen,   Nennwert
- Finanzplandarlehen.   Nennwert

Die Fallgestaltungen zum „Drittaufwand" sollen hiernach wie folgt abgegrenzt werden:[3]   1753

- abgekürzter Zahlungsweg,
- abgekürzter Vertragsweg,
- mittelbar verdeckte Einlage,
- Aufwendungen eines Dritten auf eine eigene Verbindlichkeit, aber im wirtschaftlichen Interesse des Steuerpflichtigen,
- gemeinsame Verbindlichkeiten von Ehegatten, die aber nur durch einen Ehegatten für dessen Einkunftserzielung genutzt werden.

Die Rechtsprechung des BFH trägt auch im Anwendungsbereich des § 19 EStG „in dubio contra fiscum" arbeitnehmerfreundliche Züge, wenn der VI. Senat[4] unfreiwillige Vermögensverluste von Arbeitnehmern als   1754

- Arbeitnehmer-Darlehen,
- Arbeitnehmer-Bürgschaften,

den Werbungskosten des § 9 EStG zuordnet. Ein unbeachtlicher Verlust auf der Vermögensebene bei den Einkünften aus Kapitalvermögen liegt nach Ansicht des BFH dann nicht mehr vor, wenn die Vermögensverluste vorrangig durch das Arbeitsverhältnis veranlasst sind. Hierbei bezieht sich der VI. Senat ausdrücklich auf die Rechtsgrundsätze des VIII. Senats zum Eigenkapitalersatz („Hingabe in der Krise des Arbeitgebers").

---

1 BMF v. 8.6.1999 – IV C 2 – S 2244 – 12/99, BStBl I 1999, 545.
2 Kritisch hierzu Schmidt/Weber-Grellet, EStG, § 17 Rdnr. 173, der zutreffend auf die unterschiedlichen Zielsetzungen zwischen § 17 EStG (Nettoprinzip) und Kapitalsatzrecht (Gläubigerschutz) hinweist. Die strikte Anbindung an das zivilrechtliche Kapitalsatzrecht ist der „falsche Weg"; s. zudem Weber-Grellet, NWB Nr. 41 v. 6.10.2008, Fach 3, 15229. Zum Auflösungsverlust bei kreditfinanzierten Bürgschaftszahlungen vgl. Paus, FR 2007, 23; vgl. auch Hoffmann, GmbHStB 2008, 90 ff.
3 OFD Düsseldorf v. 17.12.2001 – S 2244 – 50 – St 122 – K, NWB DokID: LAAAA-85332.
4 BFH v. 7.5.1993 – VI R 38/91, BStBl II 1993, 663.

(b) Anteile an der GmbH im BV/SBV

1755 Fraglich ist, ob sich für den Gläubiger der Forderungen im Anwendungsbereich des § 8b KStG gegenüber den §§ 3 Nr. 40, 3c EStG steuerliche Besonderheiten ergeben. Die Forderung selbst und die Beteiligung an der Gesellschaft sind hierbei bilanziell gesondert zu beurteilen.

Anteilseigner = Kapitalgesellschaft

1756 Nach § 8b Abs. 3 Satz 3 KStG sind Gewinnminderungen, die im Zusammenhang mit dem in § 8b Abs. 2 KStG genannten Anteil entstehen, nicht bei der Ermittlung des Einkommens zu berücksichtigen.[1] Nach der vorgenannten Rechtsprechung des BFH können Wertminderungen von eigenkapitalersetzenden Darlehen im Anwendungsbereich des § 17 EStG zu nachträglichen Anschaffungskosten der Anteile führen.

1757 Diese Betrachtung kann jedoch nicht auf Beteiligungen übertragen werden, die zum Betriebsvermögen gehören.[2] Eigenkapitalersetzende Darlehen sind im Rahmen der Einkommensermittlung nach § 8 Abs. 1 KStG i.V.m. §§ 4, 5 EStG als eigene Wirtschaftsgüter und daher grds. unabhängig von der Beteiligung zu behandeln.[3] Das Abzugsverbot des § 8b Abs. 3 EStG greift insoweit nicht.[4] Das Jahressteuergesetz 2008 normiert allerdings ein Abzugsverbot in § 8b Abs. 3 Satz 4 ff. KStG n.F. Ab dem Veranlagungszeitraum 2008 sind danach Gewinnminderungen im Zusammenhang mit einer Darlehensforderung eines zu mehr als 25 % beteiligten Gesellschafters grds. nicht mehr zu berücksichtigen (vgl. Rdnr. 1797 ff.).

1758 Nur soweit die Forderung im Falle eines Forderungsverzichts (verdeckte Einlage) werthaltig war, erfolgt auf der Ebene des Gesellschafters eine Zuschreibung des Beteiligungsbuchwertes gem. § 6 Abs. 6 Satz 2 EStG. Nachträgliche Anschaffungskosten i.S.d. § 255 HGB liegen indes nicht vor.[5]

Anteilseigner = Einzelunternehmen/Personengesellschaft

1759 Die vorstehenden Grundsätze gelten ebenso bei Einzelunternehmen oder PersG hinsichtlich der eigenständigen Bewertung der eigenkapitalersetzenden

---

1 Vgl. dazu bislang lediglich BMF v. 28.4.2003 – IV A 2 – S 2750a – 7/03, BStBl I 2003, 292, Tz. 25–27.
2 Eilers/Schmidt, GmbHR 2003, 613, 624, m.w.N.; ebenso Hoffmann, GmbH-StB 2004, 290.
3 Eilers/Schmidt, GmbHR 2003, 613, 624, m.w.N. Auch die Ansicht der Finanzverwaltung zu GmbH-Gesellschaftern mit einer Beteiligung von nicht mehr als 10 % (§ 32a Abs. 3 Satz 2 GmbHG a.F.) ist im Bereich des Betriebsvermögens nicht zu übertragen.
4 So nunmehr ausdrücklich BFH v. 14.1.2009 – I R 52/08; vgl. zuvor bereits Schmidt/Hageböke, DStR 2002, 1202; s. zudem OFD Münster, Kurz-Info v. 20.10.2009.
5 Schmidt/Hageböke, DStR 2002, 1202.

Darlehen an die Gesellschaft. Die Behandlung der dem § 8b Abs. 3 Satz 4 ff. KStG vergleichbaren Sachverhalte im Anwendungsbereich des § 3c Abs. 2 EStG ist derzeit indes unklar, da insoweit keine gesetzliche Einschränkung erfolgte. Aus (zweifelhafter) Sicht der Finanzverwaltung soll dies auch nicht erforderlich sein.

Für die Bewertung eigenkapitalersetzender Darlehen gelten dagegen nach der Rechtsprechung des BFH[1] besondere Grundsätze, wenn zwischen Gläubiger und Schuldner eine Betriebsaufspaltung besteht: 1760

(1) Für die Bestimmung des Teilwerts einer Beteiligung an einer KapG gilt nach der Rechtsprechung des BFH die Vermutung, dass er im Zeitpunkt des Erwerbs der Beteiligung den Anschaffungskosten entspricht. 1761

(2) Eine Teilwertabschreibung setzt voraus, dass entweder die Anschaffung als Fehlmaßnahme anzusehen ist oder aber die Wiederbeschaffungskosten nach dem Erwerb der Beteiligung gesunken sind, weil sich der innere Wert des Beteiligungsunternehmens vermindert hat. Eine solche Wertminderung ergibt sich nicht bereits daraus, dass hohe Verluste im Beteiligungsunternehmen entstanden sind. Denn für den Wert der Beteiligung sind nicht nur die Ertragslage und die Ertragsaussichten, sondern auch der Vermögenswert und die funktionale Bedeutung des Beteiligungsunternehmens maßgebend. 1762

(3) Wird die Beteiligung im Rahmen einer Betriebsaufspaltung gehalten, hat ihre funktionale Bedeutung für die Wertbestimmung besonderes Gewicht. Ein gedachter Erwerber des Besitzunternehmens würde den anteilig für die Kapitalbeteiligung zu zahlenden Preis vorwiegend danach bestimmen, wel- 1763

---

[1] Urteil v. 6.11.2003 – IV R 10/01, BStBl II 2004, 416; vgl. dazu Engelsing/Lange, StuB 2004, 963; Hoffmann, GmbH-StB 2004, 290; ders., GmbH-StB 2004, 190; Paus, FR 2004, 943; Wischmann, GmbH-StB 2004, 133.

che Ertragsaussichten für die abgestimmte Tätigkeit von Besitz- und Betriebsunternehmen bestehen. Der sich dabei ergebende Wert kann erheblich von dem Betrag abweichen, den derjenige zu zahlen bereit wäre, der lediglich die Anteile an der Betriebskapitalgesellschaft erwirbt.

1764 (4) Forderungen können demgegenüber bereits dann mit einem unter die Anschaffungskosten gesunkenen Teilwert zu bewerten sein, wenn sich die Bonität des Schuldners nachträglich verschlechtert hat. Das betrifft grundsätzlich auch Forderungen gegenüber verbundenen Unternehmen. Eine Ausnahme muss nach Auffassung des IV. Senats aber für die Bewertung eigenkapitalersetzender Darlehensforderungen jedenfalls dann gelten, wenn zwischen Gläubiger und Schuldner eine Betriebsaufspaltung besteht. Die hinter den beiden Unternehmen stehende Person oder Personengruppe kann ihren einheitlichen geschäftlichen Betätigungswillen durchsetzen. Dies hat auch Auswirkungen auf den Teilwert eigenkapitalersetzender Darlehen zwischen Besitz- und Betriebsunternehmen.

1765 (5) Ein gedachter Erwerber des Besitzunternehmens würde den Wert der eigenkapitalersetzenden Darlehensforderungen in ähnlicher Weise ermitteln wie den Wert der Anteile am Betriebsunternehmen selbst. Dementsprechend kommt nach Ansicht des IV. Senats eine Teilwertabschreibung eigenkapitalersetzender Darlehen zwischen Besitz- und Betriebsunternehmen nur nach den Kriterien in Betracht, die für die Abschreibung des Teilwerts der Beteiligung an der KapG selbst gelten. Aus der Berücksichtigung der funktionalen Bedeutung der Beteiligung an der Betriebsgesellschaft für deren Bewertung folgt, dass eine Gesamtbetrachtung der Ertragsaussichten von Besitz- und Betriebsunternehmen anzustellen ist.

1766 (6) Eine Teilwertabschreibung kann nicht unter Hinweis auf die Rechtsprechung zu Sanierungszuschüssen versagt werden.[1]

(3) Sonderfragen

1767 Neben der eigenkapitalersetzenden Darlehensüberlassung sind weitere gesellschaftsrechtliche Fallgestaltungen des Kapitalersatzes denkbar.

(a) Kapitalersetzende Nutzungsüberlassung

1768 Die Gebrauchsüberlassung auf Grund eines Miet- oder Pachtverhältnisses kann ebenso wie die Darlehensgewährung den zivilrechtlichen Regeln über

---

[1] Vgl. dazu BFH v. 28. 4. 2004 – I R 20/03, GmbHR 2004, 1484; Hoffmann, GmbHR 2004, 1454.

den Ersatz von Eigenkapital nach §§ 32a, 32b GmbHG a. F. unterliegen.[1] In der Insolvenz der Gesellschaft kommt der Gebrauchswert (nicht das Eigentum) der überlassenen Gegenstände der Insolvenzmasse zugute.

BEISPIEL:

(b) Kapitalersetzende Dienstleistungen

Ob Dienstleistungsverpflichtungen dem Anwendungsbereich des § 32a Abs. 3 Satz 1 GmbHG a. F. unterfallen, ist streitig.[2] Hiergegen führen z. B. Hueck/Fastrich[3] die mangelnde Sacheinlagefähigkeit solcher Verpflichtungen an. Nicht ausgeschlossen ist aber, dass nicht abgerufene Vergütungen eines Gesellschafter-Geschäftsführers ebenso wie andere Geldforderungen durch Stehenlassen zu kapitalersetzenden Darlehen werden.

1769

---

1 Ausführlich hierzu Butz-Seidl, GStB 2004, 392. Nach dem Wegfall des Eigenkapitalersatzrechts durch das MoMiG ist künftig bei Nutzungsüberlassungen durch den Gesellschafter § 135 Abs. 3 InsO zu prüfen (vgl. Schmidt, DB 2008, 1727 ff.).
2 Ablehnend Hueck/Fastrich, in: Baumbach/Hueck, GmbHG, § 32a Rdnr. 33 a. E.
3 A. a. O., § 32a Rdnr. 33 a. E.

1770 **ABB.: Übersicht: Eigenkapitalersetzende Darlehen an GmbH (vor MoMiG)**

Gesellschaftsrecht
Darlehen in der Krise gewährt

- **Überschuldungsbilanz**
  Grds.: = Fremdkapital
  = Passivierungspflicht

  Aus.: nicht bei qualifizierter Rangrücktrittserklärung (keine Passivierung!)

- **Insolvenz der GmbH**
  -> § 32a GmbHG a.F.
  -> § 39 I Nr. 5 InsO a.F.
  -> § 135 InsO a.F.

  Hinweis: § 6 AnfG

Bilanzsteuerrecht
Ebene der Gesellschaft

- **Handelsbilanz**
  = Fremdkapital
  = Passivierungspflicht

  (+) auch bei qualifizierter Rangrücktrittserklärung

  (-) bei Forderungsverzicht ggf. „verdeckte" Einlagen

- **Steuerbilanz**
  = Fremdkapital
  = Passivierungspflicht

  (+) auch bei qualifizierter Rangrücktrittserklärung
  -> BMF v. 8. 9. 2006

  (-) bei Forderungsverzicht
  -> „verdeckte" Einlage?
  -> Sanierungsgewinn?

Einkommensteuer
Ebene der Gesellschafter

- **Anteile im PV**
  Grds.: Verlust ist unbeachtlich

  Aus.: § 17 IV EStG

- **Anteile in BV**
  Forderung
  = Aktivierungspflicht

  Teilwertabschreibung?
  - § 8b III S. 3 KStG (-)
  - BFH v. 14. 1. 2009
  - Änderung JStG 2008

  Beteiligung
  |
  § 6 VI S. 2 EStG

- **Anwendungsbereich:**
(+) AG -> Analogie zu § 32a GmbHG a.F.
(+) GmbH & Co. KG -> § 172a HGB a.F.
(+) GmbH & atypisch stiller G. -> (Rspr.)
(-) GmbH & typisch stiller G. -> (§ 236 HGB)

- **Sonderformen:**
-> Eigenkapitalersetzende Nutzungsüberlassung (z. B. Betriebsaufspaltung)
-> Eigenkapitalersetzende Dienstleistungen? (z. B. Geschäftsführung).

B. Körperschaftsteuer

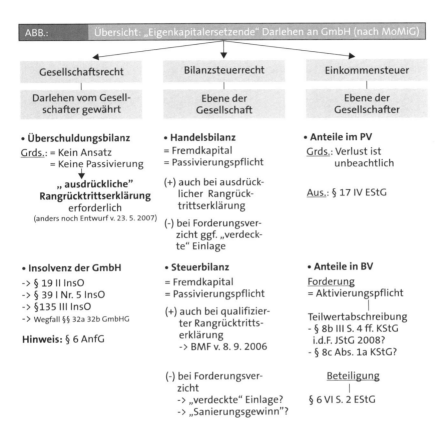

- **Anwendungsbereich:**
  (+) AG -> direkte Anwendung
  (+) GmbH & Co. KG -> direkte Anwendung

- **Sonderformen:**
  -> Bei Nutzungsüberlassungen durch Gesellschafter § 135 III InsO prüfen.
  -> Keine Normen zu eigenkapitalersetzenden Dienstleistungen.

- **Literatur zur Änderung des § 8b Abs. 3 S. 4 ff KStG durch JStG 2008:**
  -> *Hoffmann*, DStR 2008, 857; *Waltermeyer*, GmbH-StB 2008, 81; *Neumann/Stimpel*, GmbHR 2008, 62; *Häuselmann*, BB 2008, 20; *Hoffmann*, GmbH-StB 2008, 90; *Fuhrmann/Strahl*, DStR 2008, 126; *Ernsting*, GStB 2008, 203; *Strahl*, KÖSDI 2008, 15905; *Altrichter-Herzberg*, GmbHR 2008, 337.

(Einstweilen frei)   1771–1790

8. Aktuelle Gesetzesänderungen im Gesellschafts- und Steuerrecht

1791 Praxisrelevante Rechtsänderungen für die Rechtsbeziehung zwischen Gesellschafter und Gesellschaft sind im Gesellschaftsrecht durch das Gesetz zur Modernisierung des GmbH-Rechts und zur Bekämpfung von Missbräuchen – MoMiG – (Wegfall des Eigenkapitalersatzrechts in §§ 32a, 32b GmbHG a. F., §§ 129a, 172a HGB a. F.) und für das Steuerrecht durch das Jahressteuergesetz – JStG – 2008 (Teilwertabschreibung auf Gesellschafterdarlehen gem. § 8b Abs. 3 Satz 4 ff. KStG) sowie das Bürgerentlastungsgesetz (Einfügung einer Sanierungsklausel in § 8c Abs. 1a KStG) eingetreten. Die Wertungen des Gesellschafts- und Steuerrechts stehen insoweit in einer Wechselbeziehung.

a) Wegfall des Eigenkapitalersatzrechts

Literatur: *Hölzle*, Diskussion um die eigenkapitalersetzende Nutzungsüberlassung im Entwurf des MoMiG, ZInsO 2007, 421 ff.; *Burg/Poertzgen*, Notwendige insolvenzrechtliche Modifizierung des MoMiG, ZInsO 2008, 473 ff.; *Fliegner*, Das MoMiG – Vom Regierungsentwurf zum Bundestagsbeschluss, DB 2008, 1668 ff.; *Gehrlein*, Die Behandlung von Gesellschafterdarlehen durch das MoMiG, BB 2008, 846 ff.; *Hirte*, Neuregelungen mit Bezug zum gesellschaftsrechtlichen Gläubigerschutz und im Insolvenzrecht durch das Gesetz zur Modernisierung des GmbH-Rechts und zur Bekämpfung von Missbräuchen (MoMiG), ZInsO 2008, 689 ff.; *Hoffmann*, Gesellschaftsrechtliche Implikationen bei § 17 EStG, GmbH-StB 2008, 90 ff.; *Mock*, Stille im MoMiG zur stillen Gesellschaft?, DStR 2008, 1645 ff.; *Müller/Weller*, Mezzanine-Kapital im Fokus der Krisenbilanzierung – Auswirkungen einer eingetretenen Unternehmenskrise auf die Bilanzierung von Mezzanine-Kapital im Jahresabschluss der GmbH, WPg 2008, 400 ff.; *Schmidt*, Entbehrlicher Rangrücktritt im Recht der Gesellschafterdarlehen? – Kritik an § 19 Abs. 2 E-InsO im MoMiG-Entwurf, BB 2008, 461 ff.; *Schmidt*, Nutzungsüberlassung nach der GmbH-Reform, DB 2008, 1727 ff.; *Schmidt*, Überschuldung und Insolvenzantragspflicht nach dem Finanzmarktstabilisierungsgesetz, DB 2008, 2467 ff.; *Weber-Grellet*, Grundlegende Änderungen und neue Rechtsprechung bei § 17 EStG, NWB Nr. 41 v. 6. 10. 2008, Fach 3, 15229 ff.; *Weyand*, Strafrechtliche Aspekte des MoMiG im Zusammenhang mit juristischen Personen, ZInsO 2008, 702 ff.; *Wolf*, Kapitalaufbringung, Kapitalerhaltung und Überschuldung im Lichte des MoMiG, StuB 2008, 97 ff.; *Fischer/Knees*, Zum Umgang des Grundpfandgläubigers mit § 135 Abs. 3 InsO, ZInsO 2009, 745 ff.; *Göcke/Henkel*, Zur Anwendbarkeit des § 135 Abs. 3 InsO in der Doppelinsolvenz von Gesellschaft und Gesellschafter sowie bei Zwangsverwaltung, ZInsO 2009, 170 ff.; *Hamann*, Die Jahresfrist in § 135 Abs. 1 Nr. 2 InsO – auf dem Prüfstand des MoMiG übersehen?, ZInsO 2009, 264 ff.; *Pflüger*, Auswirkungen des MoMiG auf Gesellschafterdarlehen in der Krise der GmbH, GStB 2009, 184 ff.; *Marotzke*, Im Überblick: Gesellschaftsinterne Nutzungsverhältnisse im Spiegel der §§ 39 Abs. 1 Nr. 5, 103, 108 ff., 135 Abs. 1 und Abs. 3 InsO, ZInsO 2009, S. 2073 ff.

B. Körperschaftsteuer

(1) „Sonderrecht der Gesellschafterkredite"

Durch das MoMiG sind die Vorschriften der §§ 32a, 32b GmbHG und § 172a HGB bzw. § 129a HGB aufgehoben worden.[1] § 39 Abs. 1 Nr. 5 InsO i.V. m. § 39 Abs. 4 und 5 InsO regeln die Rangfolge für Forderungen auf Rückgewähr eines Gesellschafterdarlehens oder Forderungen aus Rechtshandlungen, die einem solchen Darlehen wirtschaftlich entsprechen. Das neue Recht kennt damit kein Eigenkapitalersatzrecht mehr, wohl aber ein „Sonderrecht der Gesellschafterkredite und wirtschaftlich gleichartiger Finanzierungen".[2] Dies wird die Rechtsprechung des BFH und die Sichtweise der Finanzverwaltung im Rahmen des § 17 EStG nicht unberührt lassen.[3]

1792

(2) Rangrücktrittsvereinbarungen (§ 39 Abs. 2 InsO) ↔ Überschuldung (§ 19 Abs. 2 InsO)

Forderungen, für die zwischen Gläubiger und Schuldner der Nachrang im Insolvenzverfahren vereinbart worden ist, werden im Zweifel nach den in § 39 Abs. 1 InsO bestimmten Forderungen berichtigt (§ 39 Abs. 2 InsO). Hierauf nimmt auch § 19 Abs. 2 Satz 2 InsO Bezug. Forderungen auf Rückgewähr von Gesellschafterdarlehen oder aus Rechtshandlungen, die einem solchen Darlehen wirtschaftlich entsprechen, für die gem. § 39 Abs. 2 InsO zwischen Gläubiger und Schuldner der Nachrang im Insolvenzverfahren hinter den in § 39 Abs. 1 Nr. 1 bis 5 InsO bezeichneten Forderungen vereinbart worden ist, sind nicht bei den Verbindlichkeiten nach § 19 Abs. 2 Satz 1 InsO zu berücksichtigen. Der Begriff der Überschuldung selbst ist durch das Finanzmarktstabilisie-

1793

---

1 Vgl. Hirte, ZInsO 2008, 689 ff.; Burg/Poertzgen, ZInsO 2008, 473 ff.; Gehrlein, BB 2008, 846 ff.; Fliegner, DB 2008, 1668 ff.; Mock, DStR 2008, 1645 ff.; Weyand, ZInsO 2008, 702 ff.; Müller/Weller, WPg 2008, 400 ff.; Schmidt, BB 2008, 461 ff.; Wolf, StuB 2008, 97 ff.

2 Schmidt, DB 2008, 1727 ff.

3 Vgl. Hoffmann, GmbH-StB 2008, 90 ff.; Weber-Grellet, NWB Nr. 41 v. 6.10.2008, Fach 3, 15229 ff.; Pflüger, GStB 2009, 184 ff.; die bisherige umfangreiche BFH-Rechtsprechung „segelt noch unter der Flagge des bisherigen Eigenkapitalersatzrechts", so z. B. aktuell BFH v. 2.4.2008 – IX R 76/06; BFH v. 22.7.2008 – IX R 79/06; BFH v. 19.8.2008 – IX 63/05 führt in den Entscheidungsgründen wie folgt aus: „Anschaffungskosten sind nach § 255 Abs. 1 Satz 1 HGB Aufwendungen, die geleistet werden, um einen Vermögensgegenstand zu erwerben. Dazu gehören nach § 255 Abs. 1 Satz 2 HGB auch die nachträglichen Anschaffungskosten. Zu den nachträglichen Anschaffungskosten einer Beteiligung zählen neben (verdeckten) Einlagen auch nachträgliche Aufwendungen auf die Beteiligung, wenn sie durch das Gesellschaftsverhältnis veranlasst sind und weder Werbungskosten bei den Einkünften aus Kapitalvermögen noch Veräußerungskosten sind. Das ist bei einem Darlehen des Gesellschafters an die Kapitalgesellschaft der Fall, wenn und insoweit es Eigenkapital ersetzt (vgl. § 32a Abs. 1 GmbHG), weil der Gesellschafter es in einem Zeitpunkt gewährt, in dem er als ordentlicher Kaufmann Eigenkapital zugeführt hätte. ... Auch die Finanzverwaltung wird damit ihre dogmatischen Begründungsansätze ändern müssen (vgl. noch OFD Frankfurt v. 21.5.2008 – S 2244 A – 21-St 215 oder OFD Rheinland v. 9.2.2009 – S 2244 – 2009/0003 – St 14, FR 2009, 349).

rungsgesetz ebenfalls für den Zeitraum vom 18.10.2008 bis zum 31.12.2010 modifiziert worden.[1]

1794 Der Anwendungsbereich des § 39 Abs. 1 Nr. 5 InsO erstreckt sich auf Gesellschaften, die weder eine natürliche Person noch eine Gesellschaft als persönlich haftenden Gesellschafter haben, bei der ein persönlich haftender Gesellschafter eine natürliche Person ist (§ 39 Abs. 4 Satz 1 InsO). Erwirbt ein Gläubiger bei drohender oder eingetretener Zahlungsunfähigkeit der Gesellschaft oder bei Überschuldung Anteile zum Zweck ihrer Sanierung, führt dies bis zur nachhaltigen Sanierung nicht zur Anwendung des § 39 Abs. 1 Nr. 5 InsO auf seine Forderungen aus bestehenden oder neu gewährten Darlehen oder auf Forderungen aus Rechtshandlungen, die einem solchen Darlehen wirtschaftlich entsprechen (§ 39 Abs. 4 Satz 2 InsO).

1795 § 39 Abs. 1 Nr. 5 InsO gilt nicht für den nicht geschäftsführenden Gesellschafter einer Gesellschaft i. S. d. § 39 Abs. 4 InsO, der mit 10 % oder weniger am Haftkapital beteiligt ist.

(3) Nutzungsüberlassungen durch Gesellschafter (§ 135 Abs. 3 InsO)

1796 Fallgestaltungen der „eigenkapitalersetzenden Nutzungsüberlassungen" i. S. d. bisherigen GmbH-Rechts sind nunmehr § 135 Abs. 3 InsO zugeordnet.[2] Wurde dem Schuldner von einem Gesellschafter ein Gegenstand zum Gebrauch oder zur Ausübung überlassen, so kann der Aussonderungsanspruch während der Dauer des Insolvenzverfahrens, höchstens aber für eine Zeit von einem Jahr ab der Eröffnung des Insolvenzverfahrens nicht geltend gemacht werden, wenn der Gegenstand für die Fortführung des Unternehmens des Schuldners von erheblicher Bedeutung ist (§ 135 Abs. 3 Satz 1 InsO). Für den Gebrauch oder die Ausübung des Gegenstandes gebührt dem Schuldner ein Ausgleich; bei der Berechnung ist der Durchschnitt der im letzten Jahr vor Verfahrenseröffnung geleisteten Vergütung in Ansatz zur bringen, bei kürzerer Dauer der Überlassung ist der Durchschnitt während dieses Zeitraums maßgebend (§ 135 Abs. 3 Satz 2 InsO). § 39 Abs. 4 InsO und § 39 Abs. 5 InsO finden entsprechende Anwendung (§ 135 Abs. 4 InsO).

---

1 Vgl. Schmidt, DB 2008, 2467 ff.
2 Vgl. Hölzle, ZInsO 2007, 421 ff.; Schmidt, DB 2008, 1727 ff.; Göcke/Henkel, ZInsO 2009, 170 ff.; Hamann, ZInsO 2009, 264 ff.; Fischer/Knees, ZInsO 2009, 745 ff.

b) Steuerliche Änderungen für Gesellschafterdarlehen (§ 8b Abs. 3 Satz 4 ff. KStG)

Literatur: *Pohl/Raupach,* Verluste aus eigenkapitalersetzenden Darlehen im Gesellschafts- und Steuerrecht, in: Festschrift für Wolfram Reiß, Köln 2008, 431 ff.; *Altrichter-Herzberg,* Gewinnminderungen im Zusammenhang mit Darlehen wesentlich beteiligter Gesellschafter – Die Neufassung des § 8b Abs. 3 KStG durch das JStG 2008, GmbHR 2008, 338 ff.; *Ernsting,* Abschreibung auf Gesellschafterdarlehen: Aktuelle Entwicklung und Gestaltungshinweise, GStB 2008, 203 ff.; *Fuhrmann/Strahl,* Änderungen im Unternehmensteuerrecht durch das JStG 2008, DStR 2008, 125 ff.; *Häuselmann,* Steuerliche Änderungen durch das JStG 2008 v. 8. 11. 2007, BB 2008, 20 ff.; *Hoffmann,* Zur Steuerökonomie des Forderungsverlustes eines GmbH-Gesellschafters im Betriebsvermögen, DStR 2008, 857 ff.; *Korn/Strahl,* Steuerliche Hinweise und Dispositionen zum Jahresende 2007, NWB Nr. 49 v. 3. 12. 2007, Fach 2, 9489, 9525; *Neumann/Simpel,* Wesentliche Änderungen für Kapitalgesellschaften und deren Gesellschafter durch das JStG 2008, GmbHR 2008, 57 ff.; *Schmidt,* FG Niedersachsen bricht Lanze für Kapitalgesellschaften – Aufwendungen mit Eigenkapitalersatzcharakter sind keine Gewinnminderungen i. S. d. § 8b Abs. 3 KStG, NWB Nr. 27 v. 30. 6. 2008, Fach 4, 5317 ff.; *Strahl,* Beratungsrelevante Aspekte rund um das JStG 2008, KÖSDI 2008, 15896 ff.; *Watermeyer,* Gewinnminderungen im Zusammenhang mit Darlehensforderungen, GmbH-StB 2008, 81 ff.

aa) Anwendungsbereich des § 8b Abs. 3 Satz 4 ff. KStG

Von besonderer Tragweite für die Besteuerungspraxis ist die Neuregelung in § 8b Abs. 3 Satz 4 ff. KStG durch das JStG 2008. Hiernach gehören zu den nicht abzugsfähigen Aufwendungen auch Gewinnminderungen im Zusammenhang mit einer Darlehensforderung oder aus der Inanspruchnahme von Sicherheiten, die für ein Darlehen hingegeben wurden, wenn das Darlehen oder die Sicherheit von einem Gesellschafter[1] gewährt wird, der zu mehr als einem Viertel unmittelbar oder mittelbar am Grund- oder Stammkapital der Körperschaft, der das Darlehen gewährt wurde, beteiligt ist oder war (§ 8b Abs. 3 Satz 4 KStG).

1797

Dies gilt auch für diesem Gesellschafter nahe stehende Personen i. S. d. § 1 Abs. 2 des Außensteuergesetzes oder für Gewinnminderungen aus dem Rückgriff eines Dritten auf den zu mehr als einem Viertel am Grund- oder Stamm-

1798

---

[1] Die Neuregelung gilt für Gesellschafter im Anwendungsbereich des § 8b Abs. 3 KStG, d. h. nicht für Einzelunternehmer oder Personengesellschaften als Gesellschafter. Die Anteile der Einzelunternehmen und Personengesellschaften mit natürlichen Personen als Mitunternehmer unterfallen § 3c EStG. Diese Vorschrift ist jedoch durch das JStG 2008 nicht gleichzeitig einschränkend geändert worden. Aus Sicht der Finanzverwaltung sei dies nicht erforderlich, da § 3c Abs. 2 EStG auf einen sehr weiten Veranlassungszusammenhang abstelle. Diese Einschätzung wird die Rechtsprechung des BFH nicht zwingend teilen müssen.

kapital beteiligten Gesellschafter oder eine diesem nahe stehende Person aufgrund eines der Gesellschaft gewährten Darlehens (§ 8b Abs. 3 Satz 5 KStG).

1799 Die Vorschriften des § 8b Abs. 3 Satz 4 und 5 KStG sind nicht anzuwenden, wenn nachgewiesen wird, dass auch ein fremder Dritter das Darlehen bei sonst gleichen Umständen gewährt oder noch nicht zurückgefordert hätte; dabei sind nur die eigenen Sicherungsmittel der Gesellschaft zu berücksichtigen (§ 8b Abs. 3 Satz 6 KStG).

1800 Die Neuregelung gilt entsprechend für Forderungen aus Rechtshandlungen, die einer Darlehensforderung wirtschaftlich vergleichbar sind (§ 8b Abs. 3 Satz 7 KStG).

1801 Gewinne aus dem Ansatz einer Darlehensforderung mit dem nach § 6 Abs. 1 Nr. 2 Satz 3 EStG maßgeblichen Wert bleiben bei der Ermittlung des Einkommens außer Ansatz, soweit auf die vorangegangene Teilwertabschreibung § 8b Abs. 3 Satz 3 KStG angewendet worden ist (§ 8b Abs. 3 Satz 8 KStG).

bb) Zwischenfazit

1802 Es verwundert nicht, dass die Neuregelung in der Literatur[1] nahezu ausnahmslos auf Kritik gestoßen ist, da die Gesetzesänderung die Rechtsansicht der Finanzverwaltung absichern soll, dass § 8b Abs. 3 KStG auf „eigenkapitalersetzende Darlehen" Anwendung findet. Für die Anteile an einer Kapitalgesellschaft selbst ist dies gem. § 8b Abs. 2 KStG unstreitig. Die Vorschrift ist daher fiskalisch und nicht steuersystematisch zu rechtfertigen. Darlehensforderung und Anteile stellen zwei unterschiedliche Wirtschaftsgüter dar. Für die bisherige Fassung des § 8b Abs. 3 KStG hat der BFH[2] folgerichtig entschieden, dass Teilwertabschreibungen auf sog. eigenkapitalersetzende Darlehen keine bei der Gewinnermittlung nicht zu berücksichtigende Gewinnminderungen i. S. v. § 8b Abs. 3 KStG sind.

1803 Die Gesetzesänderung wirkt ab dem Veranlagungszeitraum 2008[3] rechtsbegründend, es handelt sich nicht um eine „redaktionelle Klarstellung".

---

[1] Pohl/Raupach, in: Festschrift für Wolfram Reiß, Köln 2008, 431 ff.; Altrichter-Herzberg, GmbHR 2008, 338 ff.; Ernsting, GStB 2008, 203 ff.; Fuhrmann/Strahl, DStR 2008, 125 ff.; Häuselmann, BB 2008, 20 ff.; Hoffmann, DStR 2008, 857 ff.; Korn/Strahl, NWB Nr. 49 v. 3. 12. 2007, Fach 2, 9489, 9525; Neumann/Simpel, GmbHR 2008, 57 ff.; Strahl, KÖSDI 2008, 15896 ff.; Watermeyer, GmbH-StB 2008, 81 ff.

[2] Urteil v. 14. 1. 2009 – I R 52/08; ebenso die Vorinstanz Niedersächsisches FG v. 3. 4. 2008 – 6 K 442/05, EFG 2008, 1406.

[3] Vgl. § 34 Abs. 1 KStG i. d. F. des JStG 2008.

cc) Gesetzesbegründung

Die Gesetzesbegründung[1] stellt darauf ab, dass die Änderung den für die Nichtberücksichtigung erforderlichen Zusammenhang präzisiert. *„Dabei wird auf die gesellschaftsrechtliche Veranlassung des Darlehens abgestellt. So wird klargestellt, dass die Gesellschafterfinanzierung durch Eigenkapital oder durch nicht fremdübliche Gesellschafterdarlehen hinsichtlich eventueller Gewinnminderungen gleich behandelt wird. Daraus folgt, dass Gestaltungen, bei denen versucht wird, durch die Hingabe von Gesellschafterdarlehen die Abzugsverbote des § 8b KStG zu umgehen (vgl. Gestaltungsempfehlungen in der Literatur, z.B. Gosch in Gosch Kommentar zum KStG, Rdnr. 277 zu § 8b KStG), nicht möglich sind.*

1804

Bei Darlehen, die der zu mehr als 25% beteiligte Gesellschafter, eine ihm nahe stehende Person oder ein rückgriffberechtigter Dritter an die Gesellschaft gibt, wird grundsätzlich von einer gesellschaftsrechtlichen Veranlassung ausgegangen. Alle Gewinnminderungen auf die Darlehensforderung unterliegen dem Abzugsverbot des § 8b Abs. 3 KStG. Darunter fallen insbesondere Gewinnminderungen aus der Teilwertabschreibung auf Gesellschafterdarlehen, dem Ausfall eines Gesellschafterdarlehens oder dem Verzicht auf Forderungen aus einem Gesellschafterdarlehen. Erfasst werden des Weiteren auch Aufwendungen des Gesellschafters aus der Inanspruchnahme aus Sicherheiten und Bürgschaften. Nicht erfasst werden laufende Aufwendungen im Zusammenhang mit dem Darlehen, wie z.B. Refinanzierungskosten.

Auch Forderungen aus Rechtshandlungen, die einer Darlehensgewährung vergleichbar sind, wie z.B. Forderungen aus Lieferungen und Leistungen oder Mietforderungen, fallen unter die Regelung.

Der Darlehensgeber hat allerdings die Möglichkeit nachzuweisen, dass unter den gleichen Umständen und zu den gleichen Konditionen auch ein fremder Dritter das Darlehen ausgereicht oder im Krisenfall stehen gelassen hätte. In den nachgewiesenen Fällen kommt das Abzugsverbot nicht zur Anwendung. Eine Darlehensüberlassung ist insbesondere in den folgenden Fällen nicht als fremdüblich anzusehen:

- ▶ *Das Darlehen ist nicht verzinslich.*
- ▶ *Das Darlehen ist verzinslich, aber es wurden keine Sicherheiten vereinbart.*
- ▶ *Das Darlehen ist verzinslich und es wurden Sicherheiten vereinbart, aber das Darlehen wird bei Eintritt der Krise der Gesellschaft nicht zurückgefordert.*

---

[1] Bundesrat-Drucksache 544/07 v. 10.8.2007, 94 ff.

Aus Billigkeitsgründen bleiben mit den nach § 8b Abs. 3 Satz 3 KStG hinzugerechneten Gewinnminderungen korrespondierende Gewinnerhöhungen aus späteren Wertaufholungen nach § 6 Abs. 1 Nr. 2 EStG in voller Höhe steuerfrei.

Sollte durch den Darlehensverzicht des Gesellschafters bei der Gesellschaft ein steuerwirksamer Ertrag entstehen, besteht die Möglichkeit eines Steuererlasses aus sachlichen Billigkeitsgründen (BMF-Schreiben v. 27. 3. 2007, BStBl I S. 240)."

dd) Stellungnahme

1805 Es ist bemerkenswert, dass sich eine Gesetzesbegründung ausdrücklich auf eine Gestaltungsempfehlung einer konkreten Kommentierung (Gosch) bezieht. § 42 AO ist scheinbar aus Sicht des BMF selbst nach der Neufassung durch das JStG 2008 kein geeignetes Mittel gegen unerwünschte Gestaltungen.

1806 Der Zielkonflikt zur Besteuerung von „Sanierungsgewinnen" wird bei der Schuldnergesellschaft auf ein BMF-Schreiben verlagert, dessen Rechtsgrundlage umstritten ist.[1] Dem Gesetzesvorbehalt – alle wesentlichen Entscheidungen durch Gesetz zu regeln – wird so nur unzureichend Rechnung getragen. Auf der Ebene des Gesellschafters wird die vergleichbare Problematik in der Gesetzesbegründung nicht erörtert. Die „Fremdüblichkeit" der Darlehensgewährung ist durch den Wegfall des Eigenkapitalersatzrechtes konturenlos. Die Rechtsgedanken des bisherigen Eigenkapitalersatzrechtes leben in § 8b Abs. 3 Satz 4 ff. KStG dennoch weiter. Die Wertungen der §§ 19 Abs. 2 S. 2, 39 Abs. 1 Nr. 5, 39 Abs. 2 InsO – Gesellschafterdarlehen mit vereinbartem Rangrücktritt nicht für die Überschuldungsprüfung zu berücksichtigen – können nicht auf das Handelsbilanz- und Steuerbilanzrecht übertragen werden.

1807 Zudem berücksichtigt die Gleichsetzung der Gesellschafterforderung mit den Gesellschaftsanteilen nicht, dass aus den Forderungen Erträge realisiert werden, die nicht im Anwendungsbereich des § 8b KStG bzw. § 3c EStG stehen und in voller Höhe steuerpflichtig sind. Künftige Rechtsstreitigkeiten bleiben unvermeidlich, da nach alledem auch ein Verstoß gegen das objektive Nettoprinzip nicht ausgeschlossen werden kann.

---

1 FG München v. 12.12.2007. Zur grundsätzlichen Kritik der Besteuerung von „Sanierungsgewinnen" und deren Behandlung durch die Finanzbehörden vgl. Strüber/von Donat, BB 2003, 2036 ff.; Janssen, DStR 2003, 1055 ff.; Düll/Fuhrmann/Eberhard, DStR 2003, 862 ff.; Janssen, BB 2005, 1026 ff.; Kahn/Adam, ZInsO 2008, 899 ff.; Kroninger/Korb, BB 2008, 2656; Geist, BB 2008, 2658 ff.; Gondert/Büttner, DStR 2008, 1676 ff.; Wagner, BB 2008, 2671; Thouet/Baluch, DB 2008, 1595 ff.; Thouet, ZInsO 2008, 664 ff., Geist, GmbHR 2008, 969 ff.

c) Einfügung einer Sanierungsklausel (§ 8c Abs. 1a KStG)

Literatur: *Fey/Neyer*, Entschärfung der Mantelkaufregelung für Sanierungsfälle, DB 2009, S. 1368 ff.; *Wittkowski/Hielscher*, Praxishinweise zur Beachtung der Sanierungsklausel mit Blick auf die Aufnahme neuer Investoren, BRZ 2009, S. 421 ff.; *Suchanek/Herbst*, Die neue Sanierungsklausel gemäß § 8c Abs. 1a KStG n. F., Ubg 2009, S. 525 ff.; *Imschweiler/Geimer*, Einführung einer Sanierungsklausel in § 8c KStG, EStB 2009, S. 324 ff.

aa) Verlustabzugsbeschränkung des § 8c KStG ↔ Sanierung

Im Zuge der Finanz- und Wirtschaftskrise hat der Gesetzgeber erkannt, was für alle Beteiligten außerhalb der Finanzverwaltung offensichtlich ist: § 8c KStG i. d. F. des UnternehmensteuerreformG ist sanierungsfeindlich.[1] Aus diesem Grunde ist eine „echte Sanierungsklausel" (§ 8c Abs. 1a KStG) erforderlich.[2]

1808

§ 8c KStG verzichtet auf das umstrittene Merkmal der „Zuführung überwiegend neuen Betriebsvermögens" aus der Vorgängervorschrift des § 8 Abs. 4 KStG und stellt den Anteilseignerwechsel als fragwürdiges Kriterium für die Verlustabzugsbeschränkung in den Mittelpunkt. Werden innerhalb von fünf Jahren mittelbar oder unmittelbar mehr als 25 % des gezeichneten Kapitals der Mitgliedschaftsrechte, Beteiligungsrechte oder der Stimmrechte an einer Körperschaft an einen Erwerber oder diesem nahe stehenden Personen übertragen oder liegt ein vergleichbarer Sachverhalt vor (schädlicher Beteiligungserwerb), sind insoweit die bis zum schädlichen Beteiligungserwerb nicht ausgeglichenen oder abgezogenen negativen Einkünfte (nicht genutzte Verluste) nicht mehr abziehbar (§ 8c Abs. 1 Satz 1 KStG). Unabhängig von § 8c Abs. 1 Satz 1 KStG sind die bis zum schädlichen Beteiligungserwerb nicht genutzten Verluste vollständig nicht mehr abziehbar, wenn innerhalb von fünf Jahren mittelbar oder unmittelbar mehr als 50 % des gezeichneten Kapitals der Mitgliedschaftsrechte, Beteiligungsrechte oder der Stimmrechte an einer Körper-

1809

---

1 § 8 Abs. 4 KStG a. F. wurde durch das UnternehmensteuerreformG aufgehoben und durch § 8c KStG ersetzt. Für § 8 Abs. 4 KStG hatte bereits die Finanzverwaltung erkannt, dass die Vorschrift „in der Praxis schwierig zu handhaben" ist (vgl. BT-Drucks. 16/4841, 74). „Zahlreiche Zweifelsfragen zu den einzelnen Tatbestandsmerkmalen und deren Zusammenhang sind Gegenstand von Gerichtsverfahren. § 8 Abs. 4 KStG wird aus den geschilderten Gründen gestrichen und durch eine einfachere und zielgenauere Verlustabzugsbeschränkung für Körperschaften in § 8c KStG ersetzt". Im Bereich der Gewerbesteuer gilt § 8c KStG über § 10a Satz 10 GewStG, soweit der Fehlbetrag einer Mitunternehmerschaft einer Körperschaft oder einer Mitunternehmerschaft, soweit an dieser eine Körperschaft unmittelbar oder mittelbar über eine oder mehrere Personengesellschaften beteiligt ist, zuzurechnen ist.

2 In zeitlicher Hinsicht gilt die Sanierungsklausel des § 8c Abs. 1a KStG erstmals für den Veranlagungszeitraum 2008 und ist auf Anteilsübertragungen nach dem 31. 12. 2007 und vor dem 1. 1. 2011 anwendbar (§ 34 Abs. 7b S. 1 KStG i. d. F. des Bürgerentlastungsgesetzes).

schaft an einen Erwerber oder diesem nahe stehende Personen übertragen werden oder ein vergleichbarer Sachverhalt vorliegt (§ 8c Abs. 1 Satz 2 KStG). Als ein Erwerber im vorgenannten Sinne gilt auch eine Gruppe von Erwerbern mit gleichgerichteten Interessen (§ 8c Abs. 1 Satz 3 KStG). Eine Kapitalerhöhung steht der Übertragung des gezeichneten Kapitals gleich, soweit sie zu einer Veränderung der Beteiligungsquote am Kapital der Körperschaft führt (§ 8c Abs. 1 Satz 4 KStG).[1]

1810 Die Verlustabzugsbeschränkung wirkt damit zweistufig:[2] § 8c KStG sieht zum einen quotalen Untergang des Verlustabzugs bei Anteils- oder Stimmrechtsübertragungen von mehr als 25 % bis zu 50 % vor. Unabhängig davon kommt es im Falle der Übertragung von mehr als 50 % der Anteile oder Stimmrechte zum vollständigen Untergang des Verlustabzugs. Der Abzugsbeschränkung unterliegt der Verlustvortrag, der auf den Schluss des Veranlagungszeitraums, der der ersten schädlichen Anteilsübertragung vorangeht, und festgestellt wurde, sowie der laufende Verlust im Veranlagungszeitraum bis zur schädlichen Anteilsübertragung.

1811 Zur Bedeutung des § 8c KStG bei Unternehmenssanierungen führt die Gesetzesbegründung lediglich aus: *„Sanierungsgewinne sind bereits nach geltender Rechtslage vorrangig mit vorhandenen Verlustvorträgen zu verrechnen. Von einer Besteuerung des überschießenden Betrags kann auch ohne ausdrückliche gesetzliche Regelung im Billigkeitswege abgesehen werden (vgl. BMF-Schreiben v. 27. 3. 2003, BStBl I S. 240)."*[3]

bb) Gesetzesbegründung zur Einfügung einer Sanierungsklausel

1812 Die Einschätzung hat die Finanzmarktkrise und die seitdem erfolgten „Rettungsmaßnahmen" durch Beteiligungen des Bundes an Unternehmen in der Krise nicht überstanden. Eher kurzfristig und überraschend im parlamentarischen Gesetzgebungsverfahren des „Bürgerentlastungsgesetz-Krankenversicherung"[4] zu finden, hat der Gesetzgeber eine Sanierungsklausel in § 8c Abs. 1a KStG eingefügt.

---

1 Sonderregelungen normiert § 8c Abs. 2 KStG für Beteiligungserwerbe an einer Zielgesellschaft i. S. d. Wagniskapitalbeteiligungsgesetzes.
2 Vgl. Gesetzesbegründung BT-Drucks. 16/4841, 76.
3 Gesetzesbegründung BT-Drucks. 16/4841, 76; interessant auch die Antwort der Bundesregierung auf die „Kleine Anfrage zur Unternehmensbesteuerung in der Rezession", BT-Drucks. 16/12637 v. 15. 4. 2009.
4 Gesetzesbeschluss des Deutschen Bundestages v. 19. 6. 2009, Bundesrat-Drucksache 567/09 v. 19. 6. 2009.

Nunmehr erkennt auch der Gesetzgeber[1] als Beteiligter: *"In der gegenwärtigen Finanz- und Wirtschaftskrise zeigt sich, das § 8c KStG ohne eine Sanierungsklausel krisenverschärfend wirken kann. Der anteilige oder gesamte Untergang der bisherigen Verlustvorträge im Falle eines Anteilseignerwechsels erschwert die Suche nach sanierungswilligen Investoren.*

1813

§ 8c KStG wirkt in der Krise als spezielles Restrukturierungshindernis. Wenn der Verlustvortrag nur in den Fällen erhalten bleibt, in denen der Alteigentümer seine Anteile behält und ggf. weiter versucht, aus eigener Kraft die Situation zu meistern, verschleppt dies rechtzeitige und effiziente Sanierungsbemühungen unter neuer Führung.

Gelingt der Anteilseignerwechsel trotzdem und beginnen sich erste Sanierungserfolge einzustellen, entziehen die Steuerzahlungen wegen des Verlustwegfalls sofort wieder Liquidität in der beginnenden Gewinnphase, die dann nicht mehr für die abschließenden Sanierungsbemühungen zur Verfügung steht. Diese Liquidität benötigen Unternehmen vielfach dringend, um die in der Verlustphase aufgenommenen Kredite zu bedienen.

Im Ergebnis führt der Liquiditätsverlust bei einem durch Anteilseignerwechsel „geretteten" Unternehmen (allein aus den steuerlichen Gründen) zu massiven Wettbewerbsnachteilen gegenüber einem Konkurrenzunternehmen, das mit gleicher Anteilseignerstruktur durch die Krise kommt.

Die Steuerbefreiung von Sanierungsgewinnen im Billigkeitswege durch Verwaltungsanweisung (Sanierungserlass) ist nicht ausreichend, diese negativen Effekte zu verhindern. Denn der Erlass wirkt nur in den Fällen, in denen Gläubiger Schulden erlassen. Die bestehenden Verlustvorträge gehen gleichwohl unter. Lediglich die Mindestbesteuerung nach § 10d Abs. 2 EStG wird suspendiert.

Die Bundesregierung hat dies bereits als Hemmschuh für „Rettungsmaßnahmen" des Staates im Bankensektor erkannt und für die Übernahme von Anteilen an Kreditinstituten aus Mitteln des SoFFin eine Befreiung von § 8c KStG im Finanzmarktstabilisierungsgesetz verankert.

Die Problemlage besteht aber nicht nur im Bankensektor und dort auch nicht nur bei solchen Rettungsmaßnahmen, die mit staatlichen Geldern aus deutschen Kassen bewirkt werden. Dieselben Schwierigkeiten ergeben sich etwa auch in allen anderen Sektoren und Branchen, wenn Personen oder Körperschaften im wesentlichen Umfang Anteile übernehmen oder anderweitige Kapitalerhöhungen durchführen. Das heißt, bei allen „Rettungskäufen" aus privaten inländischen

---

[1] Vgl. Gesetzesbegründung BT-Drucks. 16/12674 v. 22. 4. 2009.

II. Die Behandlung der einzelnen Steuerarten und Erhebungsformen

oder ausländischen Kapitalien wird der Verlustwegfall genauso zum Hemmnis wie im Ausgangsfall einer Bundesbeteiligung aus dem SoFFin.

Deshalb ist es notwendig, dass der Staat den derzeit zur Bewältigung der Krise ablaufenden Restrukturierungsprozessen mit dem erforderlichen Maß an Neutralität begegnet. Es gilt zu verhindern, dass der Gesetzgeber einseitig die Verstaatlichung oder Teilverstaatlichung von Unternehmen steuerlich begünstigt und auf der anderen Seite eine Kapitalzufuhr aus privaten Quellen mit dem Wegfall des steuerlichen Verlustabzugs bestraft.

Zur Bewältigung der globalen Finanz- und Wirtschaftskrise ist eine echte Sanierungsklausel erforderlich. Sie soll sicherstellen, dass neben den Fällen des Schuldenerlasses auch alle anderen krisenbedingten Sanierungsfälle dergestalt begünstigt werden, dass der Verlustvortrag mit künftigen Gewinnen verrechnet werden kann.

Durch die Einfügung einer Klausel, die die Verlustvorträge im Sanierungsfalle erhält, können die krisenverschärfenden Folgen des § 8c KStG vermieden werden. Dies kann die Suche nach sanierungswilligen Investoren erleichtern und die Sanierungsphase für die Unternehmen verkürzen.

Gestaltungen, die die steuerliche Verlustnutzung und nicht die Sanierung des Unternehmens in den Vordergrund stellen, müssen jedoch verhindert werden."[1]

cc) Anwendungsbereich der Sanierungsklausel des § 8c Abs. 1a KStG

1814 Ob der Gesetzgeber auch ohne die Bundesbeteiligungen aus dem SoFFin im Zuge der Finanz- und Wirtschaftskrise tätig geworden wäre, ist nach dieser Gesetzesbegründung eher unwahrscheinlich.[2] In zeitlicher Hinsicht gilt § 8c Abs. 1a KStG erstmals für den Veranlagungszeitraum 2008 und ist auf Anteilsübertragungen nach dem 31.12.2007 und vor dem 1.1.2010 anwendbar

---

1 Gesetzesbegründung BT-Drucks. 16/12674 v. 22.4.2009.
2 Vgl. auch die Antwort der Bundesregierung auf die „Kleine Anfrage zur Unternehmensbesteuerung in der Rezession", BT-Drucks. 16/12637 v. 15.4.2009 sowie Beschlussempfehlung und Bericht des Finanzausschusses zum Bürgerentlastungsgesetz Krankenversicherung, BT-Drucks. 16/13429 v. 17.6.2009, 76.

B. Körperschaftsteuer

(§ 34 Abs. 7c Satz 1 KStG i. d. F. des Bürgerentlastungsgesetzes Krankenversicherung).[1]

Nach Maßgabe der neuen gesetzlichen Sanierungsklausel in § 8c Abs. 1a KStG ist ein Beteiligungserwerb zum Zweck der Sanierung des Geschäftsbetriebs einer Körperschaft unbeachtlich (§ 8c Abs. 1a Satz 1 KStG).[2]

1815

Sanierung ist eine Maßnahme, die darauf gerichtet ist, die Zahlungsunfähigkeit oder Überschuldung zu verhindern oder zu beseitigen und zugleich die wesentlichen Betriebsstrukturen zu erhalten (§ 8c Abs. 1a Satz 2 KStG).[3]

Die Erhaltung der wesentlichen Betriebsstrukturen setzt voraus, dass

1816

- ▶ die Körperschaft eine geschlossene **Betriebsvereinbarung** mit einer Arbeitsplatzregelung befolgt (§ 8c Abs. 1a Satz 3 Nr. 1 KStG) oder
- ▶ die Summe der maßgebenden jährlichen **Lohnsummen** der Körperschaft innerhalb von fünf Jahren nach dem Beteiligungserwerb 400 % der Ausgangslohnsumme nicht unterschreitet; § 13 Abs. 1 Satz 3 und 4, § 13 Abs. 4 ErbStG gelten sinngemäß (§ 8c Abs. 1a Satz 3 Nr. 2 KStG); oder
- ▶ der Körperschaft durch **Einlagen wesentliches Betriebsvermögen zugeführt** wird.

Eine wesentliche Betriebsvermögenszuführung liegt vor, wenn der Körperschaft innerhalb von zwölf Monaten nach dem Beteiligungserwerb neues Betriebsvermögen zugeführt wird, das mindestens 25 % des in der Steuerbilanz zum Schluss des vorangegangenen Wirtschaftsjahrs enthaltenen Aktivvermögens entspricht. Wird nur ein Anteil an der Körperschaft erworben, ist nur der entsprechende Anteil des Aktivvermögens zuzuführen. Der Erlass von Ver-

---

[1] Erfüllt ein in dieser Zeit erfolgter Beteiligungserwerb die Voraussetzungen des § 8c Abs. 1a KStG, bleibt er bei Anwendung des § 8c Abs. 1 Satz 1 und 2 KStG unberücksichtigt (§ 34 Abs. 7c S. 2 KStG i. d. F. des Bürgerentlastungsgesetzes Krankenversicherung). Es wird angestrebt, die bestehenden Verlustabzugsrestriktionen des Unternehmenssteuerrechts zu evaluieren und grundlegend zu überarbeiten (BT-Drucks. 16/13429 v. 17. 6. 2009, 77). Der Koalitionsvertrag von Oktober 2009 sieht vor (S. 11), die zeitliche Beschränkung der Sanierungsklausel aufzuheben. Dies bleibt abzuwarten.

[2] Die Sanierungsklausel soll vergleichbar dem insolvenzrechtlichen Sanierungsprivileg (§ 32a Abs. 3 Satz 3 GmbHG a. F., § 39 Abs. 4 Satz 2 InsO i. d. F. des MoMiG) das freiwillige Engagement des Neugesellschafters belohnen. Die Sanierungsklausel ist tatbestandlich an das Sanierungsprivileg des § 39 Abs. 4 Satz 2 InsO i. d. F. des MoMiG angelehnt (BT-Drucks. 16/12674 zu 16/12254 v. 22. 4. 2009).

[3] Dieser Zeitpunkt entspricht dem Eintritt der „Krise" nach den Grundsätzen des Eigenkapitalersatzrechts vor MoMiG (BT-Drucks. 16/13429 v. 17. 6. 2009, 76).

bindlichkeiten durch den Erwerber oder eine diesem nahe stehende Person steht der Zuführung neuen Betriebsvermögens gleich, soweit die Verbindlichkeiten werthaltig sind.[1] Leistungen der Kapitalgesellschaft, die zwischen dem 1.1.2009 und dem 31.12.2011 erfolgen, mindern den Wert des zugeführten Betriebsvermögens.[2] Wird dadurch die erforderliche Zuführung nicht mehr erreicht, ist § 8c Abs. 1a Satz 1 KStG nicht mehr anzuwenden (§ 8c Abs. 1a Satz 3 Nr. 3 KStG).[3]

1817 Keine Sanierung liegt vor, wenn die Körperschaft ihren Geschäftsbetrieb im Zeitpunkt des Beteiligungserwerbs im Wesentlichen eingestellt hat oder nach dem Beteiligungserwerb ein Branchenwechsel innerhalb eines Zeitraums von fünf Jahren erfolgt (§ 8c Abs. 1a Satz 4 KStG).

1818 Die objektive Beweislast für die Voraussetzungen der Sanierungsklausel soll bei der Körperschaft liegen. Die Anwendung des § 8c Abs. 1a KStG ist nicht vom Eintritt des Sanierungserfolgs abhängig. Da angestrebt wird, die bestehenden Verlustrestriktionen des Unternehmenssteuerrechts zu evaluieren und grundlegend zu überarbeiten, bleiben dem Rechtsanwender sorgfältige Prüfungen der zeitlichen Anwendungsbereiche des § 8 Abs. 4 KStG a. F., § 8c KStG i. d. F. des UnternehmensteuerreformG und § 8c Abs. 1a KStG n. F. nicht erspart.

dd) Stellungnahme

1819 In der Sache ist die Einführung einer Sanierungsklausel zu begrüßen. Leider ermöglicht sie nur in sehr engen Grenzen die Verlustnutzung bei einem Anteilseignerwechsel. Die Voraussetzungen in § 8c Abs. 1a Satz 3 Nr. 1–3 KStG sind zudem für den Rechtsanwender inhaltlich nicht hinreichend konkretisiert. Insbesondere die Anknüpfung an den Begriff der „Krise" des bisherigen Eigenkapitalersatzrechts, die Bezugnahme auf Lohnsummen mit Verweis auf § 13a ErbStG, die Ermittlung der Werthaltigkeit beim Forderungsverzicht und der Ausschluss in Fällen des Branchenwechsels erschweren eine sachgerechte und pragmatische Anwendung der Sanierungsklausel. Die zeitliche Begrenzung auf Anteilsübertragungen nach dem 31.12.2007 und vor dem 1.1.2010 wird den

---

1 Dadurch werden auch Fälle begünstigt, bei denen Fremdkapitalgeber ihr Fremdkapital in Eigenkapital umwandeln (BT-Drucks. 16/13429 v. 17.6.2009, 76). Dies gilt jedoch nur, soweit auf Forderungen verzichtet wird, die werthaltig sind.

2 Um zu verhindern, dass das zugeführte Betriebsvermögen an Neu- oder Altgesellschafter ausgekehrt wird, führen Leistungen der Kapitalgesellschaft zu einer Verminderung des zugeführten Betriebsvermögens (BT-Drucks. 16/13429 v. 17.6.2009, 76, 77).

3 Die Voraussetzungen des § 8c Abs. 1a Satz 3 Nr. 3 KStG liegen dann von Anfang an nicht vor (BT-Drucks. 16/13429 v. 17.6.2009, 77).

Unternehmen ab 2010 keine Perspektive bieten können. Die bestehenden Verlustabzugsrestriktionen des Unternehmensteuerrechts sind bis dahin hoffentlich nicht grundlegend überarbeitet.[1]

(Einstweilen frei) 1820–1850

---

[1] Die weitere gesetzliche Entwicklung ist derzeit offen (vgl. Koalitionsvertrag vom Oktober 2009, S. 11).

C. Gewerbesteuer

Literatur: *Schlagheck*, Ertragsteuerliche Organschaft und Verlustnutzung, StuB 2004, 401 ff.; *Fuhrmann*, Liquidation der GmbH im Zivil- und Steuerrecht, KÖSDI 2005, 14906 ff.; *Giltz/Kuth*, Mindestbesteuerung – Situation im Insolvenzverfahren, DStR 2005, 184 ff.; *Ley*, Ertragsbrennpunkte bei der Liquidation einer GmbH & Co. KG, KÖSDI 2005, 14815 ff.; *Hans/Engelen*, Wegfall der Mantelkaufregelung durch das Unternehmensteuerreformgesetz, NWB Nr. 24 v. 11. 6. 2007, 1981 ff.; *Wiese*, Der Untergang des Verlust- und Zinsvortrags bei Körperschaften, DStR 2007, 741 ff.; *Geist*, Die ordentliche Liquidation einer GmbH unter dem Einfluss von Mindestbesteuerung und steuerfreiem Sanierungsgewinn, GmbHR 2008, 969 ff.; *Wohltmann*, Körperschaftsteuer und Gewerbesteuer in der Liquidation, NWB Nr. 13 v. 23. 3. 2009, 950.

1. Allgemeine Grundsätze

1851 Die Gewerbesteuer ist eine **Objektsteuer**; Objekt der Besteuerung ist nach § 2 GewStG der Gewerbebetrieb, Steuerschuldner ist der Unternehmer. Die Gewerbesteuer wird aus dem Gewerbeertrag und bis einschließlich des Jahres 1997 auch nach dem Gewerbekapital berechnet. Ab dem Veranlagungsjahr 1998 ist im gesamten Bundesgebiet die Gewerbekapitalsteuer durch das Gesetz zur Fortsetzung der Unternehmenssteuerreform[1] abgeschafft. Der nunmehr allein maßgebliche Gewerbeertrag errechnet sich auf der Grundlage des einkommensteuerrechtlichen Gewinns bzw. des körperschaftsteuerrechtlichen zu versteuernden Einkommens zuzüglich Hinzurechnungen nach § 8 GewStG abzüglich Kürzungen nach § 9 GewStG. Auf den vom Finanzamt festgestellten Gewerbesteuermessbetrag wenden die Gemeinden unterschiedliche Hebesätze an, die ausschlaggebend für die tatsächliche Belastung des Unternehmens mit Gewerbesteuer sind. Allein den Gemeinden obliegt es, die Steuer festzusetzen und zu erheben.[2]

1852 Die Gewerbesteuer **entsteht** nach § 18 GewStG erst nach Ablauf des Erhebungszeitraums und damit im Falle der Insolvenz regelmäßig nach Eröffnung des Insolvenzverfahrens. Auch für das Jahr der Insolvenzeröffnung wird ein einheitlicher Messbetrag ermittelt, denn bei der Gewerbesteuer wird der Veranlagungszeitraum durch die Insolvenzeröffnung nicht unterbrochen. Es ist eine **gemeinsame Veranlagung** für die Zeit vor und nach der Insolvenzeröffnung durchzuführen. Die auf der Grundlage des einheitlichen Messbetrages durch die hebeberechtigte Gemeinde festzusetzende Gewerbesteuer ist allerdings unabhängig von ihrem Entstehungszeitpunkt entsprechend dem Zeit-

---

1 Gesetz v. 29. 10. 1997, BGBl I 1997, 2590.
2 Zur Anwendbarkeit der AO s. § 1 Abs. 1 AO; § 347 AO ist nicht anwendbar.

punkt ihres Begründetseins i. S. v. § 38 InsO als Insolvenzforderung oder als sonstige Masseverbindlichkeit nach § 55 InsO einzuordnen.

(Einstweilen frei) 1853–1855

2. Dauer der Gewerbesteuerpflicht

Die Steuerpflicht besteht nach § 4 Abs. 2 GewStDV unabhängig von der Eröffnung des Insolvenzverfahrens einstweilen fort, weil i. d. R. Eröffnung und Betriebseinstellung zeitlich nicht zusammenfallen und das gewerbliche Unternehmen weiter besteht. Der Schuldner bleibt auch nach der Verfahrenseröffnung noch Gewerbetreibender; er verliert lediglich sein Verwaltungs- und Verfügungsrecht. Die Dauer der Gewerbesteuerpflicht ist allerdings von der Rechtsform abhängig, in der das gewerbliche Unternehmen betrieben wird. 1856

Bei **Einzelgewerbetreibenden und Personenhandelsgesellschaften** – also vornehmlich OHG und KG – endet sie nach allgemeinen gewerbesteuerrechtlichen Grundsätzen erst, wenn der Betrieb seine werbende Tätigkeit völlig beendet hat. Das ist nicht schematisch der Tag der Eröffnung des Insolvenzverfahrens. Vielmehr kommt es auf den Zeitpunkt des Beginns der Veräußerung der wesentlichen Betriebsgrundlagen durch den Insolvenzverwalter an. Dabei können das Ende der Gewerbesteuerpflicht und die Insolvenzeröffnung natürlich auch auf einen gemeinsamen Zeitpunkt fallen, wenn der Insolvenzverwalter sofort mit der Veräußerung des Anlagevermögens beginnt, ohne eine werbende Tätigkeit auszuüben. I. d. R. wird der Insolvenzverwalter den Betrieb aber zumindest für eine Übergangszeit fortführen. Auch der Umstand, dass Personenhandelsgesellschaften bei Eröffnung des Insolvenzverfahrens über ihr Vermögen kraft Gesetzes aufgelöst werden (§§ 131 Abs. 1 Nr. 3, 161 Abs. 2 HGB), beendet die Steuerpflicht nicht, weil der Betrieb dadurch weder automatisch aufgegeben noch veräußert wird.[1] 1857

Führt der Insolvenzverwalter den Betrieb **fort**, löst er Gewerbesteuer aus, deren Schuldner der Unternehmer bleibt. Dies gilt auch, solange der Insolvenzverwalter (nur) das Umlaufvermögen – also z. B. die vorhandenen Warenvorräte – veräußert. Wegen des Objektcharakters der Gewerbesteuer ist allerdings im Gegensatz zur Einkommensteuer die Veräußerung der Wirtschaftsgüter des Anlagevermögens und damit die Aufdeckung der stillen Reserven 1858

---

[1] BFH v. 19. 1. 1993 – VIII R 128/84, BStBl II 1993, 594, unter Hinweis auf RFH v. 22. 6. 1938 – VI 687/37, RStBl 1938, 669.

nicht (mehr) steuerpflichtig, denn mit der Auflösung des Betriebsvermögens erlischt jede werbende Tätigkeit.[1]

1859 Bei den **Kapitalgesellschaften** – also vornehmlich der GmbH und der AG – und den anderen Unternehmen i. S. v. § 2 Abs. 2 GewStG ist die Dauer der Gewerbesteuerpflicht rechtsformabhängig. Hier ist nicht auf das Ende der werbenden Tätigkeit abzustellen, sondern wie bei der Körperschaftsteuer muss jegliche betriebliche Tätigkeit eingestellt sein. Die Abwicklung ist noch als gewerbliche Tätigkeit anzusehen. Die Gewerbesteuerpflicht endet mithin erst, wenn das gesamte Vermögen des Unternehmens verteilt ist. Das ist i. d. R. der Zeitpunkt, in dem das Vermögen an die Gesellschafter verteilt worden ist. Dies gilt ausnahmsweise dann nicht, wenn das Insolvenzverfahren nur deshalb noch nicht förmlich beendet werden kann, weil die Höhe der Steuern, die erst nach dem Ablauf des Abwicklungszeitraums und damit auch nach dem Erlöschen der Gewerbesteuerpflicht festgesetzt werden können, noch nicht bekannt ist und das zurückbehaltene Vermögen allein dem Zweck dient, diese Gewerbesteuerschuld zu begleichen.[2]

1860–1865 *(Einstweilen frei)*

3. Gewerbeertrag in der Insolvenz

1866 Der Gewerbeertrag ist im Jahr der Insolvenzeröffnung nach den allgemeinen Regeln für das gesamte **Veranlagungsjahr** zu ermitteln. Ausgangspunkt ist der einkommensteuerrechtliche Gewinn bzw. das körperschaftsteuerrechtliche zu versteuernde Einkommen. Unabhängig von der Rechtsform ist beim Gewerbeertrag – wie bei der Körperschaftsteuer – nicht schon mit der Eröffnung des Insolvenzverfahrens, sondern erst mit Beginn der Auflösung des Unternehmens ein **Abwicklungszeitraum** zu bilden (§ 16 Abs. 2 GewStDV).[3] Im Fall der **Fortführung** eines Unternehmens i. S. v. § 2 Abs. 2 GewStG beginnt dieser Abwicklungszeitraum allerdings erst mit dem Jahr, auf dessen Anfang oder in dessen Verlauf die Abwicklungsphase eröffnet wird.[4] Zum steuerbaren Gewerbeertrag gehören bei **Kapitalgesellschaften** auch Gewinne aus der Veräuße-

---

1 BFH v. 24. 4. 1980 – IV R 68/77, BStBl II 1980, 658; v. 22. 11. 1994 – VIII R 44/92, BStBl II 1995, 900.
2 RFH v. 5. 3. 1940 – I R 40/40, RStBl 1940, 476; Frankfurter Kommentar, § 155 Rdnr. 337; Frotscher, Besteuerung bei Insolvenz, 167.
3 Frotscher, Besteuerung bei Insolvenz, 169; a. A. wohl Hess/Mitlehner, Rdnr. 1132. Zu gesellschafts- und steuerrechtlichen Besonderheiten bei der Liquidation von Kapitalgesellschaften vgl. Schlagheck, StuB 2004, 401 ff.; Giltz/Kuth, DStR 2005, 184 ff.; Ley, KÖSDI 2005, 14815 ff.; Fuhrmann, KÖSDI 2005, 14906 ff.; Hans/Engelen, NWB Nr. 24 v. 11. 6. 2007, 1981 ff.; Wiese, DStR 2007, 741 ff.; Geist, GmbHR 2008, 969 ff.; Wohltmann, NWB Nr. 13 v. 23. 3. 2009, 950.
4 Frankfurter Kommentar, § 155 Rdnr. 242; Frotscher, Besteuerung bei Insolvenz, 169.

rung oder der Aufgabe des ganzen Betriebs oder eines Teilbetriebs. Der durch die Verwertung des Liquidations-Anfangsvermögens erzielte Gewinn – insbesondere aus der Aufdeckung der in diesem Vermögen ruhenden stillen Reserven – und die im Abwicklungszeitraum erzielten Erträge dieses Vermögens unterliegen daher bei der Kapitalgesellschaft i. L. der Steuer nach dem Gewerbeertrag.[1]

Der Ertrag des zwischen Beginn und Ende der Abwicklung liegenden Zeitraums ist auf die einzelnen Jahre dieses Zeitraums **zeitanteilig** zu verteilen. Dabei ist die Zahl der Kalendermonate, für die in dem jeweiligen Jahr die Gewerbesteuerpflicht bestand, ins Verhältnis zu setzen mit der Gesamtzahl der Kalendermonate des Zeitraums, in dem die Steuerpflicht während des Insolvenzverfahrens bestand.[2] Weil die Gewerbesteuer erst nach Ende des letzten Veranlagungszeitraums ermittelt werden kann, ist die Liquidation schon abgeschlossen, auch wenn die Steuerabschlusszahlung noch nicht feststeht und allein zum Zwecke ihrer Tilgung Vermögensgegenstände zurückbehalten werden.[3]

1867

Besteht die Gewerbesteuerpflicht über den Zeitpunkt der Eröffnung des Verfahrens hinaus fort, sind beide Zeiträume in einer Veranlagung zu erfassen. Der Gewerbesteuermessbetrag ist ausschließlich nach gewerbesteuerrechtlichen Grundsätzen zu ermitteln. Weder das Konkursrecht noch das Insolvenzrecht kannten bzw. kennen Sondervorschriften. Im Übrigen ist das Gewerbesteuerrecht ebenso wenig an die Besonderheiten des Insolvenzrechts wie umgekehrt das Insolvenz- an das Gewerbesteuerrecht angepasst worden, so dass die schon zu Zeiten der Konkursordnung bestehenden Probleme fortgeschrieben sind.

1868

Ab dem Erhebungszeitraum 2008 sind die §§ 8, 9 GewStG umfassend modifiziert.

1869

Hinsichtlich der Auswirkungen der Eröffnung des Insolvenzverfahrens auf die gewerbesteuerrechtliche **Organschaft** nach § 2 Abs. 2 GewStG i.V. m. § 14 KStG; s. im Einzelnen die entsprechenden Ausführungen zum Körperschaftsteuerrecht (Rdnr. 1651 ff.). Ab dem Veranlagungszeitraum 2002 ist – wie bei der Körperschaftsteuer – neben der finanziellen Eingliederung der Organgesellschaft in das Unternehmen des Organträgers auch der Abschluss und die Durchführung eines Gewinnabführungsvertrages erforderlich.

1870

---

1 BFH v. 28. 6. 1989 – I R 124/88, BStBl II 1990, 76; v. 8. 5. 1991 – I R 33/90, BStBl II 1992, 437; auch zur Problematik des § 9 Nr. 2a GewStG s. BFH v. 2. 4. 1997 – X R 6/95, BStBl II 1998, 25.
2 Frankfurter Kommentar, § 155 Rdnr. 241 und 337.
3 RFH v. 5. 3. 1940 – I R 40/40, RStBl 1940, 476; Frotscher, Besteuerung bei Insolvenz, 170.

1871 „Sanierungsgewinne" (Rdnr. 1021, 1681) sind nach den allgemeinen Grundsätzen steuerpflichtig, da § 3 Nr. 66 EStG a. F. mit Wirkung vom 1.1.1998 abgeschafft wurde. Ein Erlass der anteiligen Einkommen- und Körperschaftsteuer durch die Finanzbehörde nach Maßgabe der §§ 163, 227 AO ist im BMF-Schreiben v. 27.3.2003[1] bestimmt worden („Ermessensreduzierung auf Null"). Für Stundung und Erlass der Gewerbesteuer ist insoweit allerdings die jeweilige Gemeinde zuständig.[2]

1872–1880 (Einstweilen frei)

4. Zuordnung zu den insolvenzrechtlichen Vermögensmassen

1881 Da es keinen progressiven Steuertarif wie bei der Einkommensteuer gibt, fällt die Zuordnung der **Gewerbesteuerabschlusszahlung** zu den Insolvenzforderungen und den sonstigen Masseverbindlichkeiten weniger schwer. Die Messzahl für den Gewerbeertrag ist auf den Zeitraum vor und nach Eröffnung aufzuteilen. Maßstab ist das Verhältnis des vor und nach Insolvenzeröffnung erzielten Gewinns.[3]

1882 Ein Verlustvortrag nach § 10a GewStG ist grundsätzlich möglich, wenn der Verlust demselben Steuerpflichtigen in demselben Gewerbebetrieb entstanden ist. Ist also im Betrieb des Steuerpflichtigen in dem vor Insolvenzeröffnung liegenden Veranlagungsjahr ein nach den Voraussetzungen des § 10a GewStG vortragsfähiger Verlust erwirtschaftet worden, kann er auf den Gewinn des Veranlagungsjahres der Insolvenzeröffnung übertragen werden und den Gewerbeertrag mindern. Dies gilt auch für den Verlust des Jahres der Insolvenzeröffnung; auch dieser Verlust kann auf das Folgejahr übertragen werden. Eröffnet der Insolvenzschuldner während des Verfahrens einen neuen Betrieb, können Verluste des zur Masse gehörenden „alten" Betriebs allerdings nicht nach § 10a GewStG vorgetragen werden, weil es an der notwendigen **Betriebsidentität** fehlt.[4] Hat z. B. ein Steuerpflichtiger als Gesellschafter einer in die Insolvenz geratenen und zum Teil auf ihn übertragenen OHG in den Vorjahren Verluste erlitten, so können diese Verluste mangels Identität von dem Gewer-

---

[1] IV A 6 S – 2140 – 8/03, BStBl I 2003, 240.
[2] Zu den Besonderheiten beim Erlass der Gewerbesteuer, soweit der als Gewerbeertrag zugrunde liegende Gewinn ganz oder teilweise als „Sanierungsgewinn" zu qualifizieren ist, vgl. OVG Berlin-Brandenburg v. 11.2.2008 – 9 S 38.07 (Zuständigkeit in Flächenstaaten bei den Gemeinden).
[3] Hübschmann/Hepp/Spitaler, AO, § 251 Rdnr. 157; Stier, StWa 65, 92; Frotscher, Besteuerung bei Insolvenz, 172.
[4] Zu beachten ist in diesem Zusammenhang, dass Gewinne dieses neu eröffneten Gewerbebetriebs demgegenüber die Masse stärken, weil es sich um Neuerwerb nach § 35 InsO handelt.

beertrag des Einzelunternehmens nicht abgezogen werden.[1] Ein Verlustabzug ist – jedenfalls zum Teil – auch nicht möglich, wenn ein Gesellschafter aus einer Personengesellschaft ausscheidet. Geht die Beteiligung eines Gesellschafters einer Personengesellschaft nach dessen Ausscheiden auf seine (früheren) Mitunternehmer über, kann der auf den ausgeschiedenen Gesellschafter entfallende Anteil am Gewerbeverlust der Gesellschaft später nicht von einem positiven Gewerbeertrag der Gesellschaft abgesetzt werden. Maßgebend für den untergehenden Verlustabzug ist die Quote, mit der der ausgeschiedene Gesellschafter im (jeweiligen) Jahr der Verlustentstehung an dem Verlust beteiligt war.[2] Diese Fallgestaltung kann insolvenzrechtlich Bedeutung erlangen, wenn über das Vermögen eines Gesellschafters das Insolvenzverfahren eröffnet wird und er aus diesem Grunde aus der Personengesellschaft ausscheidet.

Die Höhe der vortragsfähigen Fehlbeträge ist nach § 10a Satz 6 GewStG gesondert festzustellen.[3] Die Feststellung stellt einen Grundlagenbescheid i. S. v. § 182 Abs. 1 AO für den Gewerbesteuermessbescheid des Folgejahres dar.[4]

1883

Bei der insolvenzrechtlichen Geltendmachung der Gewerbesteuer gelten die allgemeinen insolvenzrechtlichen Grundsätze. Es ist zu beachten, dass die Abschlusszahlung des Jahres der Insolvenzeröffnung **Insolvenzforderung** ist, soweit sie vor Insolvenzeröffnung, **Masseverbindlichkeit,** soweit sie i. S. v. § 38 InsO danach begründet war. Es handelt sich insoweit um eine aufschiebend bedingte Forderung der Finanzverwaltung, für die hinsichtlich der Verteilung § 191 InsO gilt. Soweit die Gewerbesteuer auf den Zeitraum nach Verfahrenseröffnung entfällt, ist sie als Masseverbindlichkeit einzuordnen.

1884

Die Abschlusszahlung für einen bei Insolvenzeröffnung schon beendeten Veranlagungszeitraum ist als Insolvenzforderung wegen § 41 InsO abgezinst zur Insolvenztabelle anzumelden. Die Höhe der Abzinsung richtet sich nach dem Fälligkeitszeitpunkt (§ 20 Abs. 2 GewStG). Zur Abzinsung im Einzelnen s. Rdnr. 727.

1885

Die **Gewerbesteuervorauszahlungen** sind jeweils zum 15. 2., 15. 5., 15. 8. und 15. 11. eines Jahres zu erfüllen. Sie entstehen nach § 21 GewStG jeweils mit Beginn des Kalendervierteljahres, in dem sie zu leisten sind oder, wenn die

1886

---

1 BFH v. 14. 11. 1968 – I R 16/66, BStBl II 1969, 169; v. 18. 11. 1970 – I R 93/69, BStBl II 1971, 147.
2 BFH v. 14. 12. 1989 – IV R 117/88, BStBl II 1989, 436; v. 3. 5. 1993 – GrS 3/92, BStBl II 1993, 616; v. 12. 6. 1996 – IV B 133/95, BStBl II 1997, 82; zu der Gestaltung im Einzelfall s. OFD Koblenz v. 13. 1. 1998 – G 1427 A – St 34 3.
3 Die „Mindestbesteuerung" durch § 10d EStG bzw. § 10a GewStG kann in der Insolvenz zur Wertungswidersprüchen führen; vgl. Giltz/Kuth, DStR 2005, 184.
4 BFH v. 5. 8. 1998 – VIII B 90/97, BFH/NV 1999, 215.

Steuerpflicht erst im Laufe des Kalendervierteljahres begründet wird, mit Begründung der Steuerpflicht. Bei den Vorauszahlungen handelt es sich um Insolvenzforderungen, soweit das Insolvenzverfahren nach dem Beginn des Vorauszahlungszeitraums eröffnet worden ist. Für die Vorauszahlungszeiträume des laufenden Insolvenzverfahrens sind die Vorauszahlungen i. d. R. nach **§ 19 Abs. 3 GewStG** anzupassen. Die Anrechnung der Vorauszahlungen auf die Jahressteuerschuld erfolgt wie bei der Einkommensteuer. Auf die dortigen Ausführungen wird verwiesen (s. Rdnr. 1532 ff.).

1887–1890   *(Einstweilen frei)*

5. Verfahrensrechtliche Geltendmachung

1891   Da nach der Eröffnung des Insolvenzverfahrens ein Gewerbesteuerbescheid mit Leistungsgebot nicht mehr ergehen darf, soweit eine Insolvenzforderung geltend gemacht wird, hat die hebeberechtigte Gemeinde als Steuergläubigerin den Gewerbesteueranspruch zur **Insolvenztabelle** anzumelden. Das Steuerfestsetzungsverfahren wird unterbrochen, wenn es die Insolvenzmasse betrifft. Mangels spezieller steuerverfahrensrechtlicher Regelungen ist § 240 ZPO zur Schließung einer Gesetzeslücke entsprechend anzuwenden.[1] Wird der angemeldete Gewerbesteueranspruch vom Insolvenzverwalter oder einem Insolvenzgläubiger **bestritten,** ist die Gemeinde berechtigt, die im Streit befindliche Forderung nach § 251 Abs. 3 AO durch schriftlichen Verwaltungsakt festzustellen. Die Anwendbarkeit dieser Norm folgt zwar nicht aus § 1 Abs. 2 AO, nach dem bestimmte Vorschriften der Abgabenordnung für die von den Gemeinden verwalteten Gewerbesteuern als Realsteuern gelten, weil die Vorschriften des sechsten Abschnitts der Abgabenordnung dort nicht erwähnt sind. Indessen erklären die Kommunalabgabengesetze der Länder – so z. B. in Nordrhein-Westfalen § 12 Abs. 1 Nr. 6a KAG[2] – § 251 AO für anwendbar.

1892   Nach der Rechtsprechung des BFH[3] dürfen die Finanzämter nach Insolvenzeröffnung Gewerbesteuermessbescheide nicht mehr erlassen, soweit die Insolvenzmasse betroffen ist, weil in ihnen Besteuerungsgrundlagen zu dem Zweck ermittelt und festgestellt werden, um Steuerforderungen zur Insolvenztabelle anmelden zu können. Die mittelbare Auswirkung auf das Vermögen des Schuldners reicht danach aus, um die Insolvenzmasse i. S. d. § 240 ZPO als be-

---

1 BFH v. 2. 7. 1997 – I R 11/97, BStBl II 1998, 428.
2 VG Köln v. 28. 7. 1994 – 20 K 1034/93, n. v.; bestätigt durch OVG Nordrhein-Westfalen v. 23. 1. 1997 – 22 A 4686/94, n. v.
3 BFH v. 2. 7. 1997 – I R 11/97, BStBl II 1998, 428.

troffen anzusehen. Die genannte Vorschrift soll bewirken, dass die anzumeldenden Forderungen im Interesse der Insolvenzmasse im Prüfungstermin bestritten werden können. Dieses Ziel kann nicht erreicht werden, wenn den Finanzbehörden die Befugnis eingeräumt wird, Grundlagenbescheide außerhalb des Insolvenzverfahrens zu erlassen. Deshalb tritt nach § 240 ZPO für alle anhängigen Verfahren ein Stillstand ein.

Nunmehr darf die Finanzbehörde nach der Insolvenzeröffnung nur noch die hebeberechtigte Gemeinde über den Gewerbesteuermessbetrag **formlos** unterrichten, damit diese in die Lage versetzt wird, die Gewerbesteuerforderung zu berechnen und zur Insolvenztabelle anzumelden. Ein trotzdem erlassener Gewerbesteuermessbescheid ist unwirksam. Mit dieser Rechtsprechung hat der BFH den Grundsatz des Vorrangs des Insolvenzrechts vor dem Steuerrecht gestärkt, weil die Insolvenzgläubiger und der Insolvenzverwalter jetzt die angemeldete Gewerbesteuerforderung im Prüfungstermin auch hinsichtlich der festgestellten Besteuerungsgrundlagen – also der persönlichen und sachlichen Steuerpflicht (vgl. § 184 Abs. 1 Satz 2 AO) – bestreiten können. Bislang konnte die Finanzbehörde nämlich das in § 176 InsO vorgeschriebene **Prüfungsverfahren** unterlaufen, indem es die Besteuerungsgrundlagen gesondert feststellte oder über den vom Insolvenzschuldner eingelegten Einspruch gegen den Messbescheid gegenüber dem Insolvenzverwalter entschied. 1893

Soweit es sich bei dem Gewerbesteueranspruch der hebeberechtigten Gemeinde um eine sonstige **Masseverbindlichkeit** handelt, darf er mittels Gewerbesteuerbescheid gegenüber der Masse geltend gemacht werden. Bekanntgabeadressat des Bescheides ist in diesem Fall allerdings nicht der Insolvenzschuldner als Steuerschuldner, sondern der Insolvenzverwalter. 1894

(Einstweilen frei) 1895–1910

D. Umsatzsteuer

1911 Die Behandlung der Umsatzsteuer gehört zu den zentralen Themen des steuerlichen Insolvenzrechts, da jede Insolvenz im unternehmerischen Bereich umsatzsteuerliche Fragen berührt. Es ist in wirtschaftlicher Hinsicht von großer Bedeutung, wie die aus der Verwirklichung der unterschiedlichen Umsatzsteuertatbestände entstehenden Steuerforderungen insolvenzrechtlich einzuordnen sind. Die Zuordnung der Umsatzsteuer entscheidet darüber, ob sie als Insolvenzverbindlichkeit nach § 38 InsO nur quotenmäßig an der Verteilung teilnimmt oder ob sie als Masseverbindlichkeit nach § 55 Abs. 1 Nr. 1 InsO die Insolvenzmasse in häufig erheblicher Weise belastet, da eine Verrechnungsmöglichkeit mit „Verlusten" hier nicht besteht. Relevanz kommt dieser Abgrenzung insbesondere im Hinblick auf die etwaige vorzeitige Einstellung des Insolvenzverfahrens wegen voraussichtlicher Masseunzulänglichkeit nach § 208 Abs. 1 Satz 2 InsO zu. Da der Insolvenzverwalter verpflichtet ist, die Einstellung des Verfahrens zu beantragen, sofern die Masse des Schuldners voraussichtlich nicht ausreichen wird, die Verfahrenskosten sowie die sonstigen Masseverbindlichkeiten zu decken, dürfte der Verwalter überdies darauf abzielen, die Masse nicht durch Umsatzsteuerverbindlichkeiten zu belasten.

1. Unternehmereigenschaft

Literatur: *Obermair*, Angestellte Rechtsanwälte als Insolvenzverwalter, NWB F. 7, 6979; *Linse/Glaubitz*, Umsatzsteuerpflicht für angestellte Rechtsanwälte bei Ausübung höchstpersönlicher Rechte, DStR 2008, 2052; *Onusseit*, Umsatzsteuerrechtliche Behandlung der Insolvenzverwalterleistung, ZInsO 2009, 1337.

a) des Insolvenzschuldners

1912 Auch nach der Insolvenzeröffnung gilt der **Grundsatz der Unternehmenseinheit** für den insolventen Unternehmer. Daraus folgt:

▶ Der Insolvenzschuldner **behält** nach Eröffnung des Insolvenzverfahrens trotz des Übergangs der Verwaltungs- und Verfügungsbefugnis auf den Insolvenzverwalter **seine umsatzsteuerliche Unternehmereigenschaft** i. S. v. § 2 Abs. 1 Satz 1 UStG.[1] **Die Insolvenzmasse wird nicht zum selbständig zu besteuernden Steuersubjekt.**[2] Die Umsätze, die der – vorläufige – Insol-

---

[1] St. Rspr.: vgl. BFH v. 15. 6. 1999 – VII R 3/97, BStBl II 2000, 46; v. 28. 6. 2000 – V R 87/99, BStBl II 2000, 639; v. 6. 11. 2002 – V R 21/02, BStBl II 2003, 39; aus der Literatur u. a. Stadie in Rau/Dürrwächter, UStG, § 18 Rdnr. 805; vgl. BMF v. 17. 12. 1998, BStBl I 1998, 1500, unter Tz. 4.3.
[2] St. Rspr.; vgl. BFH v. 11. 11. 1993 – XI R 73/92, BFH/NV 1994, 477.

venzverwalter bzw. der Treuhänder ausführt, bleiben Umsätze des insolventen Unternehmers und sind diesem zuzurechnen.

▶ Dem unternehmerischen Bereich des Insolvenzschuldners sind auch die **Umsätze zuzurechnen, die nach Eröffnung des Insolvenzverfahrens bewirkt werden,** unabhängig davon, ob sie durch Handlungen des Insolvenzverwalters oder des Insolvenzschuldners begründet sind.[1]

Zur unternehmerischen Tätigkeit des insolventen Unternehmers gehören damit vor allem die vom Insolvenzverwalter bzw. vorläufigen Insolvenzverwalter mit der Insolvenzmasse getätigten Umsätze. Daneben wird auch die nachträgliche Vereinnahmung von Entgelten und die Verfolgung von Schadensersatzansprüchen durch den Insolvenzverwalter der unternehmerischen Tätigkeit des Insolvenzschuldners zugerechnet. Alle Umsätze sind vom Insolvenzverwalter für den Insolvenzschuldner zu erklären.   1913

Im Grundsatz erfasst das Insolvenzverfahren das **gesamte Vermögen** einschließlich desjenigen, das er während des Insolvenzverfahrens erlangt hat (§ 35 InsO). Allerdings besteht die Möglichkeit, dass der Insolvenzschuldner im sog. insolvenzfreien Bereich unternehmerisch tätig wird. Falls dem Insolvenzschuldner Vermögen zur freien Verfügung überlassen wird und der Schuldner mit dem insolvenzfreien Vermögen (sog. Neuerwerb) selbstständig tätig wird, besteht gleichwohl nur ein Unternehmen.[2] Dies folgt aus § 2 Abs. 1 Satz 2 UStG, nach dem ein Unternehmer nur ein Unternehmen haben kann. Allerdings schließt der Grundsatz der Unternehmenseinheit nicht aus, dass gesonderte Umsatzsteuerfestsetzungen für verschiedene Unternehmensteile ergehen können.[3] Zu den mit dem Neuerwerb zusammenhängenden Fragestellungen s. Rdnr. 631 ff.   1914

b) des Insolvenzverwalters

Da der **Insolvenzverwalter** berufsmäßig die Abwicklung von Insolvenzverfahren durchführt, ist er bezogen auf seine Tätigkeit selbst Unternehmer i. S. d. § 2 Abs. 1 Satz 1 UStG. Er erbringt mit seiner Verwaltungstätigkeit eine sonstige Leistung i. S. d. § 3 Abs. 9 UStG an den Insolvenzschuldner. Er ist berechtigt, wegen seiner Tätigkeit dem Insolvenzschuldner eine Rechnung mit Umsatzsteuerausweis zu erteilen. Aus der Rechnung steht der Insolvenzmasse ein   1915

---

1 Vgl. Abschn. 16 Abs. 7 Satz 1 UStR.
2 Stadie in Rau/Dürrwächter, UStG, § 18 Rdnr. 807.
3 Vgl. BFH v. 28. 6. 2000 – V R 24/03, BStBl II 2000, 639.

Anspruch auf Vorsteuerabzug zu. Dies gilt entsprechend für die Tätigkeit des vorläufigen Insolvenzverwalters, des Sachwalters und des Treuhänders.

c) des als Insolvenzverwalter eingesetzten angestellten Rechtsanwaltes/Sozius

1916 Im Jahr 2008 hat die FinVerw[1] sehr überraschend ihre Auffassung zur Leistungsbeziehung zwischen Insolvenzschuldner und Insolvenzverwalter im Fall des angestellten Rechtsanwalts bzw. des als Insolvenzverwalter eingesetzten Sozius einer Sozietät geändert. Nicht die Sozietät, sondern nur der als Insolvenzverwalter eingesetzte angestellte Rechtsanwalt bzw. Sozius soll nach Verwaltungsauffassung im Verhältnis zum Insolvenzschuldner unternehmerisch tätig i. S. v. § 2 Abs. 1 UStG werden. Da nur er mit seiner Insolvenzverwaltertätigkeit eine sonstige Leistung zugunsten der Masse und damit für das Unternehmen des Insolvenzschuldners erbringt, muss er die Rechnung (§ 14 Abs. 4 UStG) im eigenen Namen erteilen und mit seiner persönlichen Steuernummer versehen. Diese Änderung der Verwaltungsauffassung hat in den Kanzleien aufgrund der erforderlichen Umstellungen bei der Rechnungslegung erheblichen Aufwand verursacht. Daneben vertritt die FinVerw die Auffassung, dass ein Leistungsaustausch zwischen dem Arbeitgeber/der Sozietät und dem eingesetzten Insolvenzverwalter nicht vorliegt, da diese Leistungsbeziehungen durch das Arbeits-/Sozietätsverhältnis überlagert werden.[2]

Aktuelle Verwaltungsauffassung:

1917 Nach erneuter Erörterung auf Bund/Länder-Ebene wurde beschlossen, **nicht mehr an der am Zivilrecht angelehnten Auffassung festzuhalten**:[3]

Die von einem für eine Rechtsanwaltskanzlei als Insolvenzverwalter tätigen Rechtsanwalt ausgeführten Umsätze **sind der Kanzlei zuzurechnen**. Dies gilt sowohl für einen **angestellten Rechtsanwalt** als auch für einen an der Kanzlei **als Gesellschafter beteiligten Rechtsanwalt**, selbst wenn diese ausschließlich als Insolvenzverwalter tätig sind.

1918 Die Rechtsanwaltskanzlei erteilt demnach die Rechnung (§ 14 Abs. 4 UStG) im eigenen Namen und versieht sie mit ihrer eigenen Steuernummer. Es findet

---

[1] Vgl. u. a. OFD Karlsruhe v. 29. 2. 2008, DStR 2008, 928; OFD Frankfurt v. 14. 3. 2008 unter Verweis auf FG Hessen v. 4. 1. 2007 – 6 V 1450/06 – Anwaltssozietät und BFH, Urteil v. 26. 6. 2003 – V R 22/02, n. v. – Strohmanngeschäft.

[2] S. hierzu Obermair, Angestellte Rechtsanwälte als Insolvenzverwalter, NWB F. 7, 6979.

[3] BMF-Schreiben v. 28. 7. 2009, BStBl I 2009, 864; s. auch Onusseit, ZInsO 2009, 1740.

insofern kein relevanter Leistungsaustausch zwischen der Rechtsanwaltskanzlei und dem Rechtsanwalt statt.

> **PRAXISHINWEIS:**
>
> Übergangsregelung:
>
> Für vor dem 1. 1. 2010 erteilte Rechnungen wird es – auch für Zwecke des Vorsteuerabzugs des Leistungsempfängers – nicht beanstandet, wenn der für die Rechtsanwaltskanzlei tätige Rechtsanwalt seine Tätigkeiten als Insolvenzverwalter im eigenen Namen abgerechnet hat.

(Einstweilen frei) 1919–1930

2. Organschaft

Literatur: *Hölzle,* Umsatzsteuerliche Organschaft und Insolvenz der Organgesellschaft, DStR 2006, 1210; *Walter/Stümper,* Überraschende Gefahren nach Beendigung der Organschaft, GmbHR 2006, 68; *Wilke,* Der vorläufige Insolvenzverwalter und die Gefahr im Fall einer umsatzsteuerlichen Organschaft, INF 2006, 355; *Schütz/Winter,* Organisatorische Eingliederung in der umsatzsteuerlichen Organschaft, UR 2009, 397, OFD Frankfurt/Main v. 20. 7. 2009 – S 7105 A-21-St 110.

Nach § 2 Abs. 2 Nr. 2 UStG liegt eine Organschaft vor, wenn die Organgesellschaft nach dem Gesamtbild der tatsächlichen Verhältnisse finanziell, wirtschaftlich und organisatorisch in das Unternehmen des Organträgers eingegliedert ist. Sind diese Voraussetzungen gegeben, ist die Organgesellschaft als nichtselbständig anzusehen. Unternehmer ist in den Fällen der Organschaft nicht die Organgesellschaft, sondern nur der Organträger. Bei der Frage, wie sich die Eröffnung eines Insolvenzverfahrens auf ein bestehendes Organverhältnis auswirkt, ist danach zu entscheiden, ob es sich um eine 1931

- Insolvenz der Organgesellschaft,
- Insolvenz des Organträgers oder
- Insolvenz des Organträgers und der Organgesellschaft

handelt.

Da Organträger und Organgesellschaft nach Beendigung der Organschaft wieder zwei selbständige, umsatzsteuerliche Rechtssubjekte darstellen und z. B. Umsätze wieder dem jeweiligen Rechtsträger zuzurechnen (zu weiteren Rechtsfolgen s. Rdnr. 1942 ff.) sind, ist entscheidend, zu welchem Stadium der Insolvenz das Organschaftsverhältnis beendet ist. 1932

a) Insolvenz der Organgesellschaft

1933 Das Organschaftsverhältnis endet auch im Falle der Insolvenz der Organgesellschaft in dem Zeitpunkt, in dem die finanzielle, wirtschaftliche und organisatorische Eingliederung der Organgesellschaft in das Unternehmen des Organträgers nicht mehr erfüllt ist. Hierzu sind die unterschiedlichen Phasen des Insolvenzverfahrens zu unterscheiden:

► Allein das **Stellen eines Insolvenzantrages** über das Vermögen der Organgesellschaft und das Anordnen von Sicherungsmaßnahmen beenden grundsätzlich nicht die Organschaft. Auch die **Abweisung eines Antrages auf Eröffnung des Insolvenzverfahrens mangels Masse** führt nicht zur Beendigung des Organschaftsverhältnisses.[1]

► Wird ein **vorläufiger „schwacher" Insolvenzverwalter** bestellt und der Organgesellschaft kein allgemeines Verfügungsverbot auferlegt (vgl. § 22 Abs. 2 InsO), bleibt das Organschaftsverhältnis regelmäßig bis zur Eröffnung des Insolvenzverfahrens erhalten.[2]

► Auch die Einsetzung eines **halbstarken vorläufigen Insolvenzverwalters** führt nicht zum Erlöschen der Organschaft.[3]

► Falls ein **vorläufiger „starker" Insolvenzverwalter** für das Vermögen der Organgesellschaft bestellt und der Organgesellschaft ein **allgemeines Verfügungsverbot** auferlegt worden ist, geht die Verwaltungs- und Verfügungsbefugnis über das Vermögen der Organgesellschaft nach § 22 Abs. 1 InsO auf den vorläufigen Insolvenzverwalter über. Da der Organträger bereits mit Bestellung des vorläufigen Insolvenzverwalters keine Möglichkeit mehr hat, seinen Willen in der Organgesellschaft durchzusetzen, endet ab diesem Zeitpunkt die Eingliederung in das Unternehmen des Organträgers i. S. d. § 2 Abs. 2 Nr. 2 UStG und damit die Organschaft.[4]

1934 Praktische **Folge** der Rechtsprechung des BFH ist es, dass das Umsatzsteueraufkommen immer dann, wenn kein starker vorläufiger Insolvenzverwalter eingesetzt wird (d. h. in ca. 90 % der Fälle), während der vorläufigen Insolvenzverwaltung bei Liquidität des Organträgers gesichert bleibt. Wäre die Organschaft hier bereits beendet, bliebe dem Fiskus nur die Insolvenzquote. Auch wenn die Fiskalorientierung der Rechtsprechung nach wie vor in der Literatur

---

[1] BFH v. 29. 9. 2007 – V B 213/06, n.v.
[2] BFH v. 1. 4. 2004 – V R 24/03, BStBl I 2004, 520; bestätigt durch BFH v. 15. 11. 2006 – V B 115/06, n.v.; v. 13. 6. 2007 – V B 47/06, BFH/NV 2007, 1936; v. 29. 9. 2007 – V B 213/06, n.v.; v. 11. 11. 2008 – XI B 65/08, BFH/NV 2009, 235.
[3] BFH v. 27. 6. 2008 – XI B 224/07; v. 13. 6. 2007 – V B 47/06, BStBl II 2004, 905.
[4] Unumstritten, s. z. B. BFH v. 1. 4. 2004 – V R 24/03, BStBl II 2004, 520.

kritisch gesehen wird, lässt der BFH[1] **Revisionen** zu dieser Fragestellung nicht zu, da durch die Rechtsprechung bereits geklärt ist, dass bei der Bestellung eines vorläufigen Insolvenzverwalters eine Organschaft regelmäßig bis zur Eröffnung des Insolvenzverfahrens bestehen bleibt, wenn die Verwaltungsbefugnis und Verfügungsbefugnis über das Vermögen des Schuldners nicht auf den vorläufigen Insolvenzverwalter übergeht.

> **PRAXISHINWEIS**
>
> Da die Rechtsprechung des BFH zum Weiterbestehen der Organschaft im Fall der Einsetzung eines vorläufig schwachen Insolvenzverwalters als gefestigt angesehen werden muss, ist in der Praxis zu untersuchen, ob die Organschaft aus anderen Gründen beendet worden ist. Es wird nicht selten der Fall sein, dass parallel zum Insolvenzverfahren über das Betriebsgrundstück die Zwangsverwaltung angeordnet wird. Die Organschaft wird durch Anordnung der Zwangsverwaltung und Zwangsversteigerung beendet. Nach Ansicht des BFH[2] entfällt die für die ein Organschaftsverhältnis erforderliche wirtschaftliche Eingliederung eines Grundstücks, wenn für das Grundstück Zwangsverwaltung und Zwangsversteigerung angeordnet ist (s. hierzu auch Rdnr. 2292).

In den Fällen, in denen das Insolvenzgericht eine **Eigenverwaltung** der Insolvenzmasse durch den Schuldner unter Aufsicht eines Sachwalters anordnet, hat die Anordnung der Eigenverwaltung regelmäßig **keine Auswirkungen** auf das Weiterbestehen der Organschaft nach Eröffnung des Insolvenzverfahrens über das Vermögen der Organgesellschaft. Die Verwertungs- und Verfügungsbefugnis über das Vermögen der Organgesellschaft verbleibt im Wesentlichen beim Insolvenzschuldner (vgl. § 270 Abs. 1 InsO). Ausnahmsweise endet die Organschaft auch bei Anordnung der Eigenverwaltung mit der Eröffnung des Insolvenzverfahrens, wenn dem Sachwalter derart weitreichende Verwaltungs- und Verfügungsbefugnisse eingeräumt werden, dass eine vom Willen des Organträgers abweichende Willensbildung möglich ist.[3]

1935

b) Insolvenz des Organträgers

Die Eröffnung des Insolvenzverfahrens über das Vermögen des Organträgers beendet das umsatzsteuerliche Organschaftsverhältnis grundsätzlich nicht.[4]

1936

---

1 BFH v. 10. 3. 2009 – XI B 66/08, BFH/NV 2009, 977.
2 BFH v. 29. 1. 2009 – V R 67/07, BStBl II 2009, BFH/NV 2009, 1331.
3 Vgl. OFD Hannover v. 11. 10. 2004 – S 7105-49 – StO 171, unter 1.3.2.
4 BFH v. 1. 4. 2004 – V R 24/03, BStBl II 2004, 520.

Denn die Eröffnung des Insolvenzverfahrens über den Organträger verändert nicht das Abhängigkeitsverhältnis der Organgesellschaft. Lediglich die personelle Zuständigkeit für die Willensbildung beim Organträger geht mit Eröffnung des Insolvenzverfahrens auf den Insolvenzverwalter über. Es macht für die organisatorische Eingliederung der Organgesellschaft keinen Unterschied, durch welche Person des Organträgers – Geschäftsführer oder Insolvenzverwalter – sie dominiert wird. Der Insolvenzverwalter ist verpflichtet, die Umsätze der Organgesellschaft wie bisher unter der Steuernummer des Organträgers anzumelden.

1937 **Ausnahmsweise** endet die Organschaft, wenn die organisatorische Eingliederung verloren geht. Das ist der Fall, wenn der Insolvenzverwalter seinen Willen auf Einflussnahme auf die laufende Geschäftsführung der Organgesellschaft nicht durchsetzen kann.[1] Die Organschaft endet in diesen Fällen mit Eröffnung des Insolvenzverfahrens.

1938 Die Organschaft endet spätestens **mit Beginn der Liquidation** des Organträgers, weil durch Einstellung der aktiven unternehmerischen Tätigkeit beim Organträger die wirtschaftliche Eingliederung der Organgesellschaft nicht mehr gegeben ist.

c) Insolvenz des Organträgers und der Organgesellschaft

1939 Sofern über das Vermögen des Organträgers und der Organgesellschaft **gleichzeitig** das Insolvenzverfahren eröffnet wird, wird die Frage des Weiterbestehens der Organschaft in der praktischen Abwicklung in der Praxis teilweise davon abhängig gemacht, ob Organträger und Organgesellschaft **denselben** Insolvenzverwalter haben oder nicht. Sofern der Insolvenzverwalter sowohl für das Vermögen der Organgesellschaft als auch für das Vermögen des Organträgers bestellt wird, ist eine einheitliche Willensbildung auch weiterhin gewährleistet. Die organisatorische Eingliederung und damit die umsatzsteuerliche Organschaft bestehe fort. Falls für das Vermögen von Organträger und Organgesellschaft **verschiedene** Insolvenzverwalter eingesetzt werden, sei demgegenüber der Insolvenzverwalter des Organträgers nicht mehr in der Lage, seinen Willen in der Organgesellschaft durchzusetzen, da diese durch einen unabhängigen Insolvenzverwalter verwaltet wird. Somit ende die organisatorische Eingliederung der Organgesellschaft und damit die umsatzsteuerliche Organschaft in diesem Fall.

---

[1] Vgl. BFH v. 28. 1. 1999 – V R 32/98, BStBl II 1999, 258.

Gegen diese pragmatische Lösung spricht zum einen die Tatsache, dass zwischen der Insolvenzeröffnung über das Vermögen der Organgesellschaft und der Insolvenzeröffnung über das Vermögen des Organträgers durchaus ein längerer Zeitraum vergehen kann. Während dieses Zeitraumes ist der Weiterbestand des Organschaftsverhältnisses von dem ungewissen Ereignis abhängig, ob ein identischer Insolvenzverwalter oder zwei verschiedene Insolvenzverwalter eingesetzt werden. Daneben kann der Insolvenzverwalter nur den Beteiligten des jeweiligen Verfahrens verpflichtet sein. Es kann nicht die Aufgabe des Verwalters des einen Organmitgliedes sein, das andere Organmitglied zu fördern und zu ergänzen. Aus diesen Gründen spricht viel dafür, dass Organschaftsverhältnis im Falle der Insolvenz von Organträger und Organgesellschaft unabhängig von der Person des eingesetzten Insolvenzverwalters als mit Einsatz des vorläufig starken Insolvenzverwalters bei der Organgesellschaft als beendet anzusehen.[1]

1940

d) Übersicht zur Organschaft in der Insolvenz

ABB.: Organschaft in der Insolvenz

1941

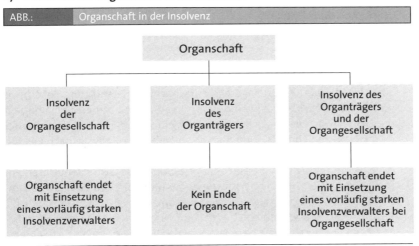

e) Rechtsfolgen der Beendigung der Organschaft

Ab dem Zeitpunkt der Beendigung der Organschaft stellen Organträger und Organgesellschaft **zwei selbständige, umsatzsteuerliche Rechtssubjekte** dar.

1942

---

1 Onusseit, ZIP 2003, 743, 752; differenzierend: Maus, Die umsatzsteuerliche Organschaft in Liquidation und Insolvenz, GmbHR 2005, 859, 863.

Dies hat insbesondere Folgen für die Zurechnung von Umsätzen, des Vorsteuerabzuges aus Leistungsbezügen der Organgesellschaft sowie den Adressaten von Vorsteuerberichtigungsansprüchen.

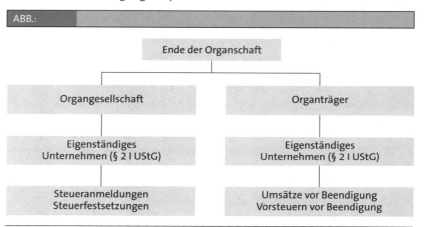

1943 Im Einzelnen sind folgende Rechtsfolgen nach Beendigung der Organschaft zu berücksichtigen:

▶ **Zuordnung der Umsätze**

Umsätze, die von der Organgesellschaft (noch) **vor Beendigung der Organschaft** ausgeführt wurden, sind dem Organträger zuzurechnen und von diesem zu versteuern, auch wenn die hierauf entfallende Umsatzsteuer erst nach Beendigung der Organschaft entsteht. Umsätze, die **nach Beendigung der Organschaft** von der Organgesellschaft ausgeführt werden, sind dagegen grundsätzlich von der Organgesellschaft als leistendem Unternehmer zu versteuern. Hat der Organträger **An- und Vorauszahlungen** auf Umsätze bereits der Umsatzbesteuerung unterworfen (§ 13 Abs. 1 Nr. 1 Buchst. a Satz 4, Buchst. b UStG), so bleibt diese Besteuerung auch nach Beendigung der Organschaft bestehen. Von der Organgesellschaft ist dementsprechend nur der im Zeitpunkt der Beendigung der Organschaft noch offene Restpreis zu versteuern.[1]

▶ **Vorsteuerabzug**

Sofern Lieferungen/Leistungen **vor Beendigung** der Organschaft an die Organgesellschaft erfolgen, steht der Vorsteuerabzug dem Organträger zu.

---

1 BFH v. 21. 6. 2001 – V R 68/00, BStBl II 2002, 255.

Dies gilt auch dann, wenn die Rechnung erst nach Beendigung der Organschaft bei der Organgesellschaft eingeht und von dieser beglichen wird.[1] Vorsteuern aus Leistungen, die die Organgesellschaft **nach Beendigung** der Organschaft bezieht, können grundsätzlich nur von der Organgesellschaft abgezogen werden; der vorgezogene Vorsteuerabzug aus den An- und Vorauszahlungen steht weiterhin dem Organträger zu.[2]

▶ **Berichtigungsansprüchen nach § 17 UStG**

Bei Berichtigungsansprüchen nach § 17 UStG ist der **Zeitpunkt der Uneinbringlichkeit des Entgelts** für die Bestimmung des Anspruchsgegners entscheidend:[3]

– Ist das Entgelt für eine während des Bestehens einer Organschaft bezogene Leistung **erst nach Beendigung der Organschaft uneinbringlich** geworden, richtet sich der Vorsteuerberichtigungsanspruch gegen die (frühere) Organgesellschaft.

– Ist die **Uneinbringlichkeit des Entgelts vor der Organschaftsbeendigung** eingetreten oder erfolgt gleichzeitig durch die Insolvenzeröffnung sowohl die Organschaftsbeendigung als auch die Uneinbringlichkeit, richtet sich der Vorsteuerberichtigungsanspruch gegen den (vormaligen) **Organträger**.

Beispiele 1944

Zwischen der X-GBR (Organträgerin) und der Y-GmbH (Organgesellschaft) bestehen jeweils Organschaftsverhältnisse.

BEISPIEL 1: ▶ Am 1.7.01 schließt die Y-GmbH mit D einen Vertrag über eine Werkleistung i. H. v. 500 000 € (95 000 € USt). Mit Vertragsschluss wird eine Anzahlung i. H. v. 200 000 € zzgl. 38 000 € USt vereinnahmt. Am 1.8.02 stellt der Geschäftsführer der Y-GmbH den Antrag auf Eröffnung des Insolvenzverfahrens. Am 1.10.02 wird ein vorläufig schwacher Insolvenzverwalter eingesetzt. Am 1.3.03 wird das Insolvenzverfahren über die Y-GmbH eröffnet. Am 2.5.03 wird die Werkleistung abgenommen. Danach wird der Restbetrag von 300 000 € (57 000 € USt) vereinnahmt. Die Y-GmbH vertreten durch den Insolvenzverwalter braucht nur noch den Restbetrag von 57 000 € zu versteuern, der nach Beendigung der Organschaft (1.3.03) vereinnahmt wurde.

---

1 OFD Hannover v. 6.8.2007 – S 7105-49 – StO 172 unter 2.4.
2 BFH v. 21.6.2001 – V R 68/00, BStBl II 2002, 255.
3 Die Differenzierung entspricht st. Rspr., vgl. zuletzt BFH v. 5.12.2008 – V B 101/07, BFH/NV 2009, 432; v. 13.6.2007 – V B 47/06, BFH/NV 2007, 1936; v. 7.12.2007 – V R 2/05, BFH/NV 2007, 838.

BEISPIEL 2: Am 1.8.02 stellt der Geschäftsführer der Y-GmbH den Antrag auf Eröffnung des Insolvenzverfahrens. Am 1.10.02 wird ein vorläufig schwacher Insolvenzverwalter eingesetzt. Am 1.11.02 wird Ware für 100 000 € zuzüglich 19 % Umsatzsteuer geordert, die am 10.12.02 geliefert wird. Am 1.2.03 wird das Insolvenzverfahren über die Y-GmbH eröffnet. Am 10.2.03 ergeht die Rechnung über die Warenlieferung an den Insolvenzverwalter der Y-GmbH. Der Vorsteuerabzug aus der Warenlieferung i. H. v. 19 000 € steht der X-GBR als Organträgerin zu, da der Leistungsbezug vor Ende der Organschaft (1.2.03) erfolgte.

BEISPIEL 3: Am 1.4.02 erhält die Y-GmbH eine Eingangslieferung von 100 000 € zuzüglich 19 % Umsatzsteuer. Am 10.4.02 ergeht die Rechnung über die Warenlieferung an die Y-GmbH, die nicht bezahlt wird. Der Vorsteueranspruch wird im betreffenden VAZ angemeldet. Am 1.8.02 stellt der Geschäftsführer der Y-GmbH den Antrag auf Eröffnung des Insolvenzverfahrens. Am 1.10.02 wird ein vorläufig starker Insolvenzverwalter eingesetzt. Am 1.2.03 wird das Insolvenzverfahren über die Y-GmbH eröffnet. Ob sich der Berichtigungsanspruch nach § 17 UStG wegen Uneinbringlichkeit des vereinbarten Entgelts gegenüber der X-GBR als Organträgerin oder Y-GmbH als Organgesellschaft richtet, hängt davon ab, ob die Uneinbringlichkeit vor Beendigung der Organschaft oder danach eingetreten ist. Die Organschaft endet mit Einsetzung des vorläufig starken Insolvenzverwalters am 1.10.02. Nach Auffassung der FinVerw[1] tritt Uneinbringlichkeit im Zeitpunkt der Eröffnung des Insolvenzverfahrens ein. Damit würde sich der Berichtigungsanspruch nach § 17 UStG gegen die Y-GmbH als Organgesellschaft richten. Allerdings ist der Zeitpunkt der Uneinbringlichkeit zurzeit in der Diskussion. Zur Frage der Uneinbringlichkeit s. Rdnr. 2120.

f) Unberücksichtigte Organschaft in der Insolvenz

1945 Da der Abschluss eines Gewinnabführungsvertrages – wie es § 14 KStG vorsieht – für eine umsatzsteuerliche Organschaft nicht erforderlich ist, kann eine umsatzsteuerliche Organschaft unabhängig vom Willen der Beteiligten und gelegentlich auch gegen ihren Willen entstehen. Dies ist z. B. bei der Grundstücksvermietung an eine GmbH der Fall, wenn der Grundstückseigentümer die GmbH beherrscht und deren Geschäftsführer ist.[2] Sofern eine umsatzsteuerliche Organschaft vor Insolvenz nicht als solche erkannt wurde und die Organgesellschaft zu Unrecht die Umsatzsteuer auf eigene Rechnung abgeführt hat, können Ansprüche der Organgesellschaft gegen den Fiskus entstehen.[3] Die zu klärenden Fragestellungen für den Insolvenzverwalter beste-

---

1 Vgl. Abschn. 223 Abs. 5 Satz 4 UStR.
2 S. zum Organträger wider Willen z. B. BFH v. 7.7.2005 – V R 78/03, BFH/NV 2005, 2140.
3 Vgl. hierzu Nickert/Nickert, Die unberücksichtigte Organschaft in der Insolvenz der Organgesellschaft, ZInsO 2004, 479 ff., 596 ff. sowie Maus, Die umsatzsteuerliche Organschaft in Liquidation und Insolvenz, GmbHR 2005, 864 und Walter/Stümper, Überraschende Gefahren nach Beendigung der Organschaft, GmbHR 2006, 68.

hen darin, ob die ergangenen Bescheide noch geändert werden können bzw. bereits Festsetzungsverjährung eingetreten ist.

BEISPIEL ▶ Über das Vermögen der X-GmbH wird das Insolvenzverfahren eröffnet. Nach Prüfung der Unterlagen durch den Insolvenzverwalter stellt sich heraus, dass eine typische Betriebsaufspaltung vorlag und die X-GmbH über mehrere Jahre als Unternehmerin behandelt worden ist, obwohl ein Organschaftsverhältnis zur Y-GmbH bestand. Der Insolvenzverwalter gibt für alle unter dem Vorbehalt der Nachprüfung stehenden Umsatzsteuerveranlagungen berichtigte Erklärungen (Null-Erklärungen) ab und beantragt die Erstattung der irrtümlich gezahlten Umsatzsteuer zur Masse. Der Insolvenzverwalter kann für die X-GmbH nach § 164 Abs. 2 Satz 2 AO bis Ablauf der Festsetzungsfrist (§ 164 Abs. 4 Satz 1 AO) die Änderung der unter dem Vorbehalt der Nachprüfung[1] ergangenen Steuerfestsetzungen und Steueranmeldungen verlangen und die Steuer auf 0,– € für die Veranlagungszeiträume festsetzen lassen, in denen zwischen der X-GmbH und der Y-GmbH ein wirksames Organschaftsverhältnis bestand. Damit entsteht bezüglich der Unrecht gezahlten Umsatzsteuer ein Erstattungsanspruch nach § 37 Abs. 2 AO.

1946

Es ist allerdings stets zu prüfen, ob das Finanzamt möglicherweise gegenüber einem Anspruch der Organgesellschaft auf Erstattung der zu Unrecht gezahlten Umsatzsteuer mit einem Gegenanspruch aufrechnen kann. Ein solcher Gegenanspruch ergibt sich regelmäßig dann, wenn die FinVerw die beim Organträger erfolglos geltend gemachte Umsatzsteuer im Wege eines Haftungsanspruches nach § 73 AO gegenüber der Organgesellschaft geltend machen kann. Der BFH hat zum Gesamtvollstreckungsverfahren entschieden, dass das Finanzamt in einem Insolvenzverfahren **mit Haftungsforderungen aufrechnen kann**, die vor der Eröffnung des Verfahrens entstanden sind, ohne dass es des vorherigen Erlasses eines Haftungsbescheides, der Feststellung der Haftungsforderung oder ihrer Anmeldung zur Tabelle bedarf.[2] Das setzt allerdings voraus, dass der die Haftung der Organgesellschaft begründende Umsatzsteueranspruch noch nicht erloschen ist. Der BFH hat einen Rückforderungsanspruch des Finanzamts gegenüber der Organträgerin, an die zu Unrecht von der Organgesellschaft gezahlte Umsatzsteuer erstattet wurde, verneint.[3]

1947

Daneben ist zu berücksichtigen, dass das Finanzamt unbeschadet des § 96 Abs. 1 Nr. 1 InsO mit **Insolvenzforderungen** aufrechnen kann, sofern man den Erstattungsanspruch nach § 37 Abs. 2 AO bereits als vor Insolvenzeröffnung

1948

---

1 Für die Fälle der Bestandskraft wird in der Literatur die Möglichkeit der Schenkungsanfechtung diskutiert, vgl. hierzu Nickert/Nickert, Die unberücksichtigte Organschaft in der Insolvenz der Organgesellschaft, ZInsO 2004, 479 ff., 596 ff.
2 BFH v. 10. 5. 2007 – VII R 18/05, BStBl II 2007, 914; Fortführung des Urteils vom 4. 5. 2004 – VII R 45/03, BStBl II 2004, 815.
3 BFH v. 16. 12. 2008 – VII R 7/08, BStBl II 2009, 514.

i. S. d. § 38 InsO begründet ansehen würde. Für die Begründetheit des Anspruchs spricht die Tatsache, dass der den Anspruch begründende Lebenssachverhalt – Zahlung der Organgesellschaft ohne Rechtsgrund auf eine Schuld des Organträgers – bereits vor Insolvenzeröffnung verwirklicht worden ist.

1949–1960 *(Einstweilen frei)*

3. Umsatzsteueransprüche als Insolvenzforderungen oder Masseverbindlichkeiten

Literatur: *Onusseit,* Wehret den Anfängen, ZInsO 2006, 516; *Smid,* Freigabe des Neuerwerbs in der Insolvenz selbstständig tätiger Schuldner, DZWIR 2008, 133; *Wagenknecht-Hose,* Vertragliche und umsatzsteuerliche Neuverbindlichkeiten in der Insolvenz, Monographie 2008; *Berger,* Zur Abgrenzung der Insolvenzforderungen von der Masseverbindlichkeit bei Steuerforderungen, EWiR 2009, 315.

1961 Insolvenzrechtlich ist es erforderlich, bereits zum Zeitpunkt der Eröffnung des Insolvenzverfahrens **begründete** Umsatzsteuerverbindlichkeiten, die zu den einfachen Insolvenzforderungen zählen (§ 38 InsO), von den Steuerschulden abzugrenzen, die nach Verfahrenseröffnung begründet werden und sonstige Masseverbindlichkeiten (§ 55 Abs. 1 InsO) darstellen, d. h. vorweg aus der Masse zu befriedigen sind (s. hierzu Rdnr. 781 ff.). Die Abgrenzung ist darüber hinaus bei der Aufrechnung (s. hierzu Rdnr. 811 ff.) für die Frage entscheidend, ob ein Gläubiger i. S. d. § 96 Abs. 1 Nr. 1 InsO „etwas zur Insolvenzmasse schuldig geworden ist".

D. Umsatzsteuer

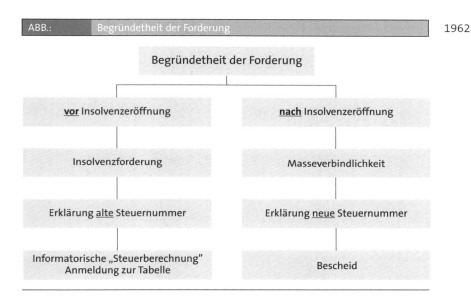

ABB.: Begründetheit der Forderung — 1962

Zur Problematik des Neuerwerbs s. u. Rdnr. 1999.

a) Definition des Begriffes „Begründetsein"

Die Problematik bei der Zuordnung der Umsatzsteuer zu Insolvenzforderungen oder Masseverbindlichkeiten besteht zum einen darin, dass das Umsatzsteuerrecht unterschiedliche Steuertatbestände und Besteuerungsformen enthält, für die sich nur schwer eine allgemein gültige Regel finden lässt. Die Definition des Begriffs „begründet" ist daneben zwischen dem für die Umsatzsteuer zuständigen V. und dem für das Verfahrensrecht zuständigen VII. Senat des BFH **umstritten**. **Einigkeit** besteht darin, dass das insolvenzrechtliche „Begründetsein" der Umsatzsteuer **nicht** ohne weiteres mit ihrer steuerrechtlichen **Entstehung** i. S. d. § 38 AO gleichgesetzt werden kann.[1] Denn der steuerrechtliche Entstehungszeitpunkt ist zumeist nicht aus materiell-rechtlichen, sondern aus verfahrenstechnischen und/oder Vereinfachungsgründen auf das Ende eines Kalendermonats, -vierteljahres und -jahres gelegt worden (vgl. § 13 UStG). Weiterhin ist für die Frage, ob die geschuldete Umsatzsteuer bereits im Zeitpunkt der Eröffnung des Insolvenzverfahrens i. S. d. § 38 InsO begründet

1963

---

[1] BFH v. 21.9.1993 – VII R 119/91, BStBl II 1994, 83, 84; v. 2.2.1978 – V R 128/76, BStBl II 1978, 483.

war, der jeweilige **Lebenssachverhalt**, der nach dem UStG Umsatzsteuer auslösen kann, **gesondert** zu betrachten.[1]

1964 Nach Auffassung des **VII. Senates** richtet sich die Beantwortung der Frage, ob die geschuldete Umsatzsteuer bereits im Zeitpunkt der Eröffnung des Insolvenzverfahrens i. S. d. § 38 InsO begründet war, entscheidend danach, ob der zugrunde liegende Lebenssachverhalt, der zur Entstehung der Steueransprüche führt, bereits vor Eröffnung des Insolvenzverfahrens verwirklicht worden ist.[2] Für die Beantwortung der insolvenzrechtlichen Frage des Begründetseins ist damit nicht auf die umsatzsteuerlichen Regelungen der Steuerentstehung und -berechnung abzustellen. **Entscheidend ist der Zeitpunkt der Leistungserbringung.** Obwohl § 16 Abs. 1 UStG und § 18 UStG die Zusammenfassung mehrerer Lebenssachverhalte vorschreiben, fordert die hier maßgebliche Vorschrift des Insolvenzrechts (§ 174 Abs. 2 InsO) die Anmeldung jeder einzelnen Forderung unter Angabe des Grundes und der Höhe.

1965 Der **V. Senat** stellt in seiner Entscheidung v. 29. 1. 2009[3] zur Istbesteuerung im Gegensatz zum VII. Senat bei der Frage, ob es sich bei einem Steueranspruch um eine Insolvenzforderung oder um eine Masseverbindlichkeit handelt, maßgeblich auf den Zeitpunkt ab, zu dem der den Umsatzsteueranspruch begründende Tatbestand vollständig verwirklicht und damit abgeschlossen ist. Welche Anforderungen im Einzelnen an die erforderliche vollständige Tatbestandsverwirklichung zum Zeitpunkt der Insolvenzeröffnung zu stellen sind, richtet sich nach Auffassung des V. Senats nach den jeweiligen Vorschriften des Steuerrechts, nicht aber nach dem Insolvenzrecht. Komme es zur vollständigen Tatbestandsverwirklichung bereits vor Verfahrenseröffnung, handele es sich um eine Insolvenzforderung, erfolge die vollständige Tatbestandsverwirklichung erst nach Verfahrenseröffnung, liege unter den Voraussetzungen des § 55 InsO eine Masseverbindlichkeit vor.

1966 Die Senate des BFH gelangen insbesondere dann zu unterschiedlichen Ergebnissen, wenn der umsatzsteuerliche Tatbestand zum Zeitpunkt der Insolvenz-

---

1 BFH v. 17. 12. 1998 – VII R 47/98, BStBl II 1999, 423, 424; Stadie in Rau/Dürrwächter, UStG, § 18 Rdnr. 1196.
2 BFH v. 6. 10. 2005 – VII B 309/04, BFH/NV 2006, 369; v. 31. 5. 2005 – VII R 74/04, BFH/NV 2005, 1745; v. 5. 10. 2004 – VII R 69/03, BStBl II 2005, 195; v. 16. 11. 2004 – VII R 75/03, BFH/NV 2005, 730; so auch der 10. Senat des BFH v. 1. 4. 2008 – X B 201/07, BFH/NV 2008, 925; aus der Lit.: Onusseit, ZinsO 2006, 516; Frotscher, Besteuerung bei Insolvenz, 53; MünchKomm-InsO, 2. Aufl. 2007, § 38 Rdnr. 87 und § 55 Rdnr. 71.
3 BFH v. 29. 1. 2009 – V R 64/07, BStBl II 2009, 682 unter Verweis auf BFH v. 13. 11. 1986 – V R 59/79, BStBl II 1987, 226; v. 9. 4. 1987 – V R 23/80, BStBl II 1987, 527; v. 21. 12. 1988 – V R 29/86, BStBl II 1989, 434; so auch Stadie in Rau/Dürrwächter, UStG, § 18 Rdnr. 829.

eröffnung noch nicht vollumfänglich erfüllt ist. Dies ist z. B. im Fall der Istbesteuerung nach § 13 Abs. 1 Nr. 1 Buchst. b UStG der Fall – für die vollständige umsatzsteuerrechtliche Tatbestandsverwirklichung ist hier die Vereinnahmung des Entgelts erforderlich.

> **BEISPIEL:** ▶ Das Insolvenzverfahren wird am 10. 12. des Jahres eröffnet. Eine steuerpflichtige Lieferung wird am 5. 10. des Jahres zu einem Entgelt von 100 000 € zuzüglich 19 % Umsatzsteuer vom Insolvenzschuldner ausgeführt. Die Rechnung wird am 10. 10. ausgestellt. Das Entgelt i. H. v. 119 000 € wird am 20. 12. durch den Insolvenzverwalter eingezogen.
>
> Sofern der Insolvenzschuldner in der **Regelbesteuerung** nach § 16 Abs. 1 Satz 1 UStG nach vereinbarten Entgelten versteuert (sog. **Sollbesteuerung**), wären die 19 000 € aus der Lieferung vor Insolvenzeröffnung sowohl nach der Auffassung des V. als auch nach der des VII. Senats den Insolvenzforderungen zuzurechnen. Einerseits ist die Lieferung bereits vor Insolvenzeröffnung beendet und damit der Lebenssachverhalt, der zur Entstehung der Steueransprüche führt, bereits vor Eröffnung des Insolvenzverfahrens verwirklicht worden. Auch der V. Senat würde in dem Fall zu einer Zuordnung zu den Insolvenzforderungen gelangen, da entscheidendes Merkmal der Sollbesteuerung nach dem Wortlaut des § 13 Abs. 1 Nr. 1 Buchst. a UStG die Leistungserbringung ist.
>
> Im Fall der **Istbesteuerung** gelangen der VII. und V. Senat zu unterschiedlichen Ergebnissen: Der VII. Senat würde die 19 000 € aus der Lieferung auch hier den Insolvenzforderungen zurechnen, da der Lebenssachverhalt, der zur Entstehung der Steueransprüche führt, mit Ausführung der Lieferung beendet ist. Demgegenüber kommt der V. Senat in seiner Grundsatzentscheidung v. 29. 1. 2009 zum Ergebnis, dass im Rahmen der Istbesteuerung gem. § 13 Abs. 1 Nr. 1 Buchst. b UStG entscheidend auf die Vereinnahmung des Entgelts abzustellen ist. Vereinnahmt der Insolvenzverwalter nach Eröffnung des Insolvenzverfahrens Entgelte für Leistungen, die bereits vor Verfahrenseröffnung erbracht wurden, handelt es sich bei der für die Leistung entstehenden Umsatzsteuer damit nach Auffassung des V. Senats um eine Masseverbindlichkeit nach § 55 Abs. 1 Nr. 1 InsO.

Das Beispiel verdeutlicht meiner Auffassung nach den Wertungswiderspruch zwischen Insolvenz- und Steuerrecht, der dadurch entsteht, dass die Qualifizierung einer Forderung als Masse- oder Insolvenzforderung davon abhängen soll, ob der Insolvenzschuldner vor Insolvenzeröffnung der Sollbesteuerung oder aus Vereinfachungsgründen der Istbesteuerung nach § 20 UStG unterlegen hat.[1] Fragwürdig ist auch die das Urteil v. 29. 1. 2009 tragende Klassifizierung des „Unternehmers als Steuereintreiber für den Staat".[2] Selbst wenn dieser aus der EuGH-Rechtsprechung abgeleitete Grundsatz für den Unternehmer

1967

---

[1] Kritisch auch Onusseit, ZInsO 2006, 516; Berger, EWIR 2009, 315; Onusseit, ZInsO 2009, 1741.
[2] S. hierzu BFH v. 29. 1. 2009 – V R 64/07, BStBl II 2009, unter Rdnr. 17.

tragen würde, so erscheint es doch fraglich, auch dem Insolvenzverwalter über § 34 Abs. 3 AO diese Funktion zuzuweisen.

1968 Die Tragweite der Entscheidung v. 29.1.2009 kann zurzeit noch nicht abgesehen werden. Will man künftig auf die Entgeltvereinahmung als maßgebliches Kriterium abstellen, müsste dieses Abgrenzungskriterium immer dann zum Tragen kommen, wenn gesetzlich an Zahlungsvorgänge angeknüpft wird wie z. B. beim Vorsteuerabzug (§ 15 Abs. 1 Nr. 2 UStG) die Entrichtung der Einfuhrumsatzsteuer.

1969 Daneben hat der V. Senat sehr deutlich zum Ausdruck gebracht, dass aus seiner Sicht entscheidend auf die umsatzsteuerliche Tatbestandsverwirklichung abzustellen ist. Damit müssen folgende, an sich bereits sicher geglaubte Zuordnungsentscheidungen im Lichte der Entscheidung des V. Senats v. 29. 1. 2009 möglicherweise erneut überdacht werden:

▶ Zuordnung der Umsatzsteuer bei Forderungseinzug durch den Sicherungszessionar;

▶ Umsatzsteuer- und Vorsteuerkorrektur nach § 17 UStG;

▶ Zuordnung der Vorsteuer zu den einzelnen Vermögensmassen bei Rechnungsstellung und Zahlung nach Insolvenzeröffnung.

Im Hinblick darauf, dass eine Auseinandersetzung des VII. Senates mit der Rechtsauffassung des V. Senates noch nicht erfolgen konnte, wird an der auch in den Vorauflagen vertretenen Auffassung festgehalten, dass bei der Frage der Begründetheit des Steueranspruchs entscheidend darauf abzustellen ist, ob der zugrunde liegende Lebenssachverhalt, der zur Entstehung der Steueransprüche führt, bereits vor Eröffnung des Insolvenzverfahrens verwirklicht worden ist. Auf die abweichende aktuelle Rechtsprechung des BFH wird im Text hingewiesen.

1970–1976 *(Einstweilen frei)*

b) Zuordnung von Lieferungen und Leistungen

(1) Allgemeines

1977 Der Umsatzsteuertatbestand ist bei Lieferungen und sonstigen Leistungen dann verwirklicht, wenn der Unternehmer im Inland die entsprechenden Umsätze gegen Entgelt im Rahmen seines Unternehmens ausgeführt hat (vgl. § 1

Abs. 1 Nr. 1 UStG).[1] Grundsätzlich ist die auf Lieferungen und Leistungen entfallende Umsatzsteuer dann als Insolvenzforderung zu qualifizieren, wenn die Lieferung vor Eröffnung des Insolvenzverfahrens ausgeführt wurde.

(2) Besteuerung nach vereinbarten Entgelten (Sollbesteuerung)

Unstrittig ist, dass der oben dargestellte Grundsatz gilt, wenn die Umsätze nach vereinbarten Entgelten zu versteuern sind (sog. Sollbesteuerung, vgl. § 16 Abs. 1 Satz 1 UStG). Bei der Sollbesteuerung entsteht die Umsatzsteuer nach § 13 Abs. 1 Nr. 1 Buchst. a UStG erst mit Ablauf des Voranmeldungszeitraums. Die Umsatzsteuer i. S. d. § 38 InsO begründet, wenn der Umsatzsteuer auslösende Tatbestand bereits vor Eröffnung des Insolvenzverfahrens verwirklicht ist. Wird das Insolvenzverfahren z. B. am 10. 12. 2008 eröffnet, gehören im Fall der Besteuerung nach vereinbarten Entgelten die Umsatzsteuerbeträge für bis zum 10. 12. 2008 ausgeführte Umsätze zu den Insolvenzforderungen, während die Umsatzsteuerbeträge für ab diesem Tag ausgeführte Umsätze zu den Masseforderungen gehören.

1978

(3) Besteuerung nach vereinnahmten Entgelten (Istbesteuerung)

Sofern der Insolvenzschuldner ausnahmsweise seine Umsätze nach **vereinnahmten Entgelten** (sog. Istbesteuerung, vgl. § 20 UStG) versteuert, muss für das Entstehen der Steuerschuld zu der Ausführung der Lieferung oder sonstigen Leistung grds. die Vereinnahmung des Entgelts durch die Insolvenzmasse hinzukommen (vgl. § 13 Abs. 1 Nr. 1 Buchst. b UStG). Ob das Begründetsein i. S. v. § 38 InsO die Vereinnahmung des Entgelts verlangt, ist nach meiner Auffassung nach den gleichen Grundsätzen wie bei der Sollbesteuerung zu entscheiden (s. Rdnr. 1967). Allerdings vertritt der BFH[2] neuerdings die Auffassung, dass immer dann, wenn der Insolvenzverwalter nach Eröffnung des Insolvenzverfahrens im Rahmen der Istbesteuerung gem. § 13 Abs. 1 Nr. 1 Buchst. b UStG Entgelte für Leistungen vereinnahmt, die bereits vor Verfahrenseröffnung erbracht wurden, die entstehende Umsatzsteuer eine Masseverbindlichkeit nach § 55 Abs. 1 Nr. 1 InsO darstellt.

1979

> **PRAXISHINWEIS:**
>
> Die Besteuerung nach vereinnahmten Entgelten gem. § 13 Abs. 1 Nr. 1 Buchst. b, § 20 UStG führt dazu, dass die Umsatzsteuerforderungen aus

1980

---

1 Bei Beförderungs- und Versendungslieferungen ist zu berücksichtigen, dass diese bereits mit Beginn der Beförderung bzw. Versendung als ausgeführt gelten, vgl. § 3 Abs. 6 UStG.
2 BFH v. 29. 1. 2009 – V R 64/07, BStBl II 2009, II 2009, 682.

> der Entgeltsvereinnahmung nach der Insolvenzeröffnung als Masseverbindlichkeiten geltend zu machen sind.
>
> Deshalb kann u.U. ein rückwirkender Wechsel zur Sollbesteuerung sinnvoll sein. Nach höchstrichterlicher Rechtsprechung ist ein rückwirkender Wechsel von der Besteuerung nach vereinnahmten Entgelten (§ 20 UStG) zur Besteuerung nach vereinbarten Entgelten (§ 16 UStG) bis zur formellen Bestandskraft der jeweiligen Jahressteuerfestsetzung zulässig.[1] Ein rückwirkender Wechsel von der Besteuerung nach vereinnahmten Entgelten zur Besteuerung nach vereinbarten Entgelten ist bis zur formellen Bestandskraft der jeweiligen Jahressteuerfestsetzung zulässig. Der Antrag ist – ebenso wie seine Bewilligung – nicht formgebunden und kann selbst noch nach Ablauf des Besteuerungszeitraums bis zur formellen Bestandskraft einer auf vereinbarten Entgelten basierenden Jahressteuerfestsetzung gestellt werden.

(4) Istversteuerung von Anzahlungen

1981 In den Fällen der Istversteuerung von Anzahlungen stellt sich die Frage, wie sie bei An- und Vorauszahlungen, die der spätere Insolvenzschuldner vor Eröffnung des Insolvenzverfahrens vereinnahmt, zuzuordnen sind, wenn der Umsatz erst nach Eröffnung vom Insolvenzverwalter verwirklicht wird. Nach Auffassung der höchstrichterlichen Rechtsprechung[2] enthält § 13 Abs. 1 Nr. 1 Buchst. a Satz 4 UStG einen selbständigen und abschließenden Steuerentstehungstatbestand. Das ergibt sich nach der Auffassung des BFH aus dem Wortlaut der Vorschrift (... „so entsteht insoweit die Steuer ...") und deren Sinn. Die Entstehung der Steuerschuld nach § 13 Abs. 1 Nr. 1 Buchst. a Satz 4 UStG führt zu einer Vorverlagerung der Entstehung des Steueranspruchs. Die Vorschrift beseitigt den Zinsvorteil, den der leistende Unternehmer bei Vereinnahmung des Entgelts oder Teilentgelts (zuzüglich Umsatzsteuer) vor Ausführung der Leistung ohne diese Regelung hätte. Daraus folgt, dass die auf An- oder Vorauszahlungen entfallende Umsatzsteuer eine **Insolvenzforderung** ist, wenn diese vor Eröffnung des Insolvenzverfahrens vereinnahmt wurden. Der für die Abgrenzung nach § 38 InsO maßgebliche Lebenssachverhalt ist die Vereinahmung der An- bzw. der Vorauszahlung, da diese den Besteuerungsgegen-

---

1 Vgl. BFH, Urteil v. 10.12.2008 – XI R 1/08, BFH/NV 2009, 660; Bäcker, ZInsO 2009, 1634.
2 Vgl. BFH v. 21.6.2001– V R 68/00, BStBl II 2002, 255; v. 30.4.2009 – V R 1/06, ZInsO 2009, 1659; im Ergebnis auch Onusseit, Steuern in der Insolvenz, 96; Stadie in Rau/Dürrwächter, UStG, § 18 Rdnr. 832; Reiß in Reiß/Kraeusel/Langer, UStG, § 13 Rdnr. 95; a. A. Frotscher, Besteuerung bei Insolvenz, 179.

stand i. S. d. § 13 Abs. 1 Nr. 1 Buchst. a Satz 4 UStG bildet. Die Ausführung der Leistung stellt einen **weiteren** Lebenssachverhalt dar, der nach den allgemeinen Grundsätzen zu beurteilen ist. Die auf die nicht durch Anzahlungen vereinnahmten Entgeltsbeträge entfallende Umsatzsteuer begründet Massekosten, soweit die Leistungen nach Insolvenzeröffnung erbracht werden. Sofern die Leistung nicht vom Insolvenzverwalter ausgeführt wird, kann die Steuer nach § 17 Abs. 2 Nr. 2 UStG zurückgefordert werden (s. hierzu Rdnr. 2131). Teilweise wird die noch nicht entrichtete Umsatzsteuer auf Anzahlungen den Masseverbindlichkeiten zugeordnet.[1] Der maßgebliche Akt der Zuordnung sei das Erfüllungsverlangen des Insolvenzverwalters und die damit einhergehende Vollendung der geschuldeten einheitlichen Leistung nach Insolvenzeröffnung. Diese Auffassung verkennt, dass § 13 Abs. 1 Nr. 1 Buchst. a Satz 4 UStG tatbestandsmäßig nur die Vereinnahmung der Anzahlung fordert und daran als Rechtsfolge die Steuerentstehung knüpft. Wenn – wie der BFH es in seiner Grundsatzentscheidung ausführt – § 13 Abs. 1 Nr. 1 Buchst. a Satz 4 UStG einen selbständigen und abschließenden Steuerentstehungstatbestand enthält, so folgt aus dieser Annahme m. E. gerade keine Differenzierung danach, ob die vereinnahmte Umsatzsteuer auf die Anzahlungen abgeführt wurde oder nicht.

BEISPIEL ▶ Die nachmalige Insolvenzschuldnerin hat vor Eröffnung des Insolvenzverfahrens (1.12.) am 1.10. des Jahres auf eine Werklieferung eine Anzahlung i. H. v. 100 000 € zuzüglich 19 000 € USt erhalten, bei der die auf die Abschlagszahlung entfallende Umsatzsteuer nicht an das Finanzamt abgeführt wurde. Nach Eröffnung des Insolvenzverfahrens wählt der Insolvenzverwalter Erfüllung und erbringt die Werklieferung zum gesamten – vorher vereinbarten – Entgelt von 500 000 € zzgl. 95 000 € USt. Die auf die vor Eröffnung des Insolvenzverfahrens am 1.4. des Jahres vereinnahmte Anzahlung (§ 13 Abs. 1 Nr. 1 Buchst. a UStG) entfallende Umsatzsteuer i. H. v. 19 000 € ist einfache Insolvenzforderung. Der Steuerzahlungsanspruch war bereits bei Eröffnung des Insolvenzverfahrens begründet, da § 13 Abs. 1 Nr. 1 Buchst. a Satz 4 UStG einen selbständigen und abschließenden Steuerentstehungstatbestand enthält.

Die restliche Umsatzsteuer auf die Restzahlung von 400 000 € i. H. v. 76 000 € führt nach h. M. zu Masseverbindlichkeiten nach § 55 Abs. 1 Nr. 1 InsO (s. hierzu Rdnr. 2176).

1982

(5) Teilleistungen

Teilleistungen liegen vor, wenn für bestimmte Teile einer wirtschaftlich teilbaren Leistung das Entgelt gesondert vereinbart wird. Sie werden nach § 13

1983

---

1 Farr, Die Besteuerung in der Insolvenz, Rdnr. 329, mit Verweis auf BFH v. 2. 2. 1978 – V R 128/76, BStBl II 1978, 483.

Abs. 1 Nr. 1 Buchst. a Sätze 2 und 3 UStG wie – vollständig ausgeführte – Umsätze behandelt. Auch bei Teilleistungen ist die Frage des Begründetseins i. S. d. § 38 InsO nach den oben dargestellten Grundsätzen zu entscheiden.[1] Auf den vor Insolvenzeröffnung geleisteten Teilen entfallende Umsatzsteuer stellt eine Insolvenzforderung dar. Werden nach Verfahrenseröffnung weitere Teile für eine wirtschaftlich teilbare Leistung erbracht, stellt die jeweils auf die Teilleistungen entfallende Umsatzsteuer eine Masseverbindlichkeit dar. Zur Problematik bei Baulieferungsverträge s. u. Rdnr. 2175; zur Einordnung von Dauerwartungsverträgen mit Vorschussleistung s. unten Beispiel 2.

1984 **BEISPIEL 1:** Der Insolvenzschuldner vermietet umsatzsteuerpflichtig Büroräume für monatlich 2 380 € brutto (§ 9 UStG). Die Eröffnung des Insolvenzverfahrens findet am 10. 11. des Jahres statt.

Es liegen bei Vermietung mit monatlicher Mietzinszahlung für die jeweiligen Kalendermonate Teilleistungen vor, die jeweils mit Ablauf des Kalendermonats ausgeführt worden sind (§ 13 Abs. 1 Nr. 1 Buchst. a Satz 2 UStG).

Die Umsatzsteuer, die auf die Monate Januar bis Oktober entfällt (10 x 380 € = 3 800 €), stellt eine Insolvenzforderung dar. Die Umsatzsteuer, die auf die Monate November (= Monat der Eröffnung des Insolvenzverfahrens) und Dezember entfällt (2 x 380 € = 760 €), ist dagegen als Masseverbindlichkeit zu beurteilen. Die in monatlichen Teilen bewirkte Mietleistung – als der die Umsatzbesteuerung auslösende Tatbestand – ist erst mit Ablauf des jeweiligen Monats (als Teilleistungszeitraum) vollständig erbracht. Für die Monate November und Dezember sind die Teilleistungen jeweils erst nach Eröffnung des Insolvenzverfahrens erbracht worden. Fällt die Eröffnung des Insolvenzverfahrens – wie hier im November – in den Lauf eines Kalendermonates, so führt die USt für diesen Monat zu einer Masseverbindlichkeit, da die Teilleistung erst nach Eröffnung des Verfahrens ausgeführt worden ist.

BEISPIEL 2: Der Insolvenzschuldner schließt mit mehreren Gläubigern vor Insolvenzeröffnung jährliche IT-Wartungsverträge ab. Als Entgelt werden jährlich 1 000 € zuzüglich USt zugrunde gelegt. Die Wartungsverträge sind so gestaltet, dass der jeweilige Kunde einen Anspruch darauf hat, dass seine Rechner im Fall des Ausfalls vom Insolvenzschuldner wieder instand gesetzt werden. Falls keine Ausfälle auftreten, fallen keine Leistungen des Insolvenzschuldners an. Der Insolvenzverwalter stellt das Entgelt für vor Insolvenzeröffnung geschlossene Verträge nach Insolvenzeröffnung in Rechnung. Die Zahlung der Kunden erfolgt nach Insolvenzeröffnung. Der Insolvenzschuldner unterliegt mit seinen Umsätzen der Sollbesteuerung.

Falls der Insolvenzverwalter die Verträge erfüllt, stellt sich hinsichtlich der Zuordnung der Entgelte zu Insolvenzforderungen oder Masseverbindlichkeiten die Frage, ob die jährlichen Wartungsverträge Teilleistungen beinhalten. Für diesen Fall wäre das Entgelt für den Zeitraum bis Insolvenzeröffnung den Insolvenzforderungen zuzuordnen. Vom Zeitpunkt der Insolvenzeröffnung an entstehen Masseverbindlichkei-

---

1 Stadie in Rau/Dürrwächter, UStG, § 18 Rdnr. 1199; OFD Frankfurt v. 1. 10. 1998 – S 7340 A – 85-St IV 10, UR 1999, 297, Rdnr. 26.

ten. Der Insolvenzschuldner erhält für seine Leistung unabhängig vom konkreten Einsatz ein Entgelt von 1 000 € zuzüglich USt. Da das Entgelt nicht vom konkreten Wartungseinsatz abhängig ist, ist der für die Zuordnung des Entgelts maßgebliche Lebenssachverhalt die Erfüllung des Wartungsversprechens für einen Zeitraum von einem Jahr. Der Zeitraum wird durch den Zeitpunkt der Eröffnung des Insolvenzverfahrens unterbrochen. Das auf den Zeitraum bis Insolvenzeröffnung entfallende Entgelt ist dem Bereich der Insolvenzforderungen zuzuordnen. Vom Zeitpunkt der Eröffnung des Insolvenzverfahrens an handelt es sich um Masseverbindlichkeiten.

(Einstweilen frei) 1985–1990

c) Zuordnung sonstiger Umsatzsteuertatbestände

Die auf sonstige Umsatzsteuertatbestände (vgl. § 1 Abs. 1 Nr. 4 und 5 UStG) entfallende Umsatzsteuer ist dann als Insolvenzforderung nach § 38 InsO zu qualifizieren, wenn der Umsatzsteuertatbestand vor Eröffnung des Insolvenzverfahrens erfüllt wurde. 1991

Die **Einfuhrumsatzsteuer** (§ 1 Abs. 1 Nr. 4 UStG) ist i. S. d. § 38 InsO Insolvenzforderung, wenn der Insolvenzschuldner Gegenstände, die der Einfuhrumsatzsteuer unterliegen, vor Eröffnung in das Zollgebiet eingeführt hat. Führt der Insolvenzverwalter Gegenstände nach Eröffnung des Insolvenzverfahrens ein, führt die hierauf entfallende Einfuhrumsatzsteuer zu Masseverbindlichkeiten i. S. d. § 55 Abs. 1 Nr. 1 InsO. 1992

Die nach § 1 Abs. 1 Nr. 5 UStG auf den **innergemeinschaftlichen Erwerb** entfallende Umsatzsteuer ist Insolvenzforderung, wenn der innergemeinschaftliche Erwerb vor Eröffnung an den Insolvenzschuldner ausgeführt wurde. Die nach § 1 Abs. 1 Nr. 5 UStG auf den innergemeinschaftlichen Erwerb entfallende Umsatzsteuer führt zu Masseverbindlichkeiten i. S. d. § 55 Abs. 1 Nr. 1 InsO, wenn der **innergemeinschaftliche Erwerb** nach Eröffnung des Insolvenzverfahrens an den Insolvenzverwalter ausgeführt wird. 1993

Bei unentgeltlichen Wertabgaben kommt es darauf an, ob die Wertabgabe vor Insolvenzeröffnung erfolge (= Insolvenzforderung nach § 38 InsO) oder nach Eröffnung des Verfahrens (= Masseverbindlichkeit nach § 55 Abs. 1 InsO). 1994

d) Besonderheiten bei der vorläufigen Insolvenzverwaltung

Sofern ein vorläufiger Insolvenzverwalter eingesetzt wird und bis zur Entscheidung über die Eröffnung des Insolvenzverfahrens Umsätze für den Insolvenzschuldner tätigt, hängt die Qualifizierung der entstehenden Umsatzsteuer davon ab, ob der Insolvenzverwalter mit oder ohne Verfügungsmacht handelt (vgl. § 22 InsO, s. hierzu Rdnr. 231). 1995

1996 Handelt der vorläufige Insolvenzverwalter nach § 22 Abs. 1 InsO **mit Verfügungsmacht,** so gelten Verbindlichkeiten, die von ihm begründet worden sind, nach Eröffnung des Verfahrens nach § 55 Abs. 2 InsO als Masseverbindlichkeiten. Für den vorläufigen Insolvenzverwalter mit Verfügungsmacht besteht möglicherweise das Haftungsrisiko nach § 61 Satz 1 InsO, wenn die Masse zur Begleichung der Umsatzsteuer-Verbindlichkeiten nicht ausreicht.

1997 Für Verbindlichkeiten, die der vorläufige Insolvenzverwalter **ohne Verfügungsmacht** eingeht, verbleibt es mangels gesetzlicher Regelung bei der allgemeinen Abgrenzung. Der vorläufige Insolvenzverwalter ohne Verfügungsmacht begründet **keine Masseverbindlichkeiten** nach § 55 Abs. 2 InsO. Die vom vorläufigen Insolvenzverwalter ohne Verfügungsmacht begründeten Umsatzsteuerforderungen sind vielmehr im nachfolgenden Insolvenzverfahren als Insolvenzforderungen nach § 38 InsO zu behandeln, da die ausgelösten Verbindlichkeiten vor der Eröffnung des Insolvenzverfahrens begründet worden sind. Daraus folgt, dass jeder Umsatz, der bereits im Zeitraum vor Eröffnung des Insolvenzverfahrens vom vorläufigen Insolvenzverwalter ohne Verfügungsmacht getätigt wird, umsatzsteuerlich die Masse entlastet. Die gleiche Folge tritt ein, wenn ein Umsatzsteuer auslösender Tatbestand wie z. B. § 15a UStG dem Bereich der vorläufigen Insolvenzverwaltung zuzuordnen ist.

1998 Mehrere Gesetzesinitiativen, durch die erreicht werden sollte, dass auch die Verbindlichkeiten des Schuldners aus dem Steuerschuldverhältnis, die von einem schwachen vorläufigen Insolvenzverwalter oder mit dessen Zustimmung begründet worden sind, nach Eröffnung des Insolvenzverfahrens als Masseverbindlichkeit gelten, sind gescheitert. Damit entstehen für den Fiskus erhebliche Ausfälle. Daneben führt eine Nichtabführung der Umsatzsteuer auch zu Wettbewerbsverzerrungen. Haftungsansprüche gehen regelmäßig ins Leere. Der BFH hat die Haftung des Erwerbs nach § 25d UStG in diesen Fällen abgelehnt (s. hierzu Rdnr. 2381).

Wenn der Insolvenzschuldner mit Zustimmung des vorläufigen Insolvenzverwalters Massegegenstände veräußert, ist die für diese Lieferung entstehende Umsatzsteuer als einfache Insolvenzforderung zur Tabelle anzumelden.

e) Eigene unternehmerische Tätigkeit des Schuldners (sog. Neuerwerb)

(1) Rechtslage ab 1. 7. 2007

1999 Mit Wirkung für alle ab dem 1. 7. 2007 eröffneten Insolvenzverfahren besteht nach § 35 Abs. 2 InsO für den Insolvenzverwalter die Möglichkeit, dem Gericht gegenüber zu erklären, die „neue" selbstständige Tätigkeit gegenüber dem Insolvenzgericht freizugeben. Bei wirksamer Freigabe erteilt die FinVerw dem Insolvenzschuldner für seine neue unternehmerische Tätigkeit eine neue Steuernummer (sog. 3. Steuernummer). Allgemein zum Neuerwerb s. Rdnr. 631. Die insolvenzrechtliche Rechtsfigur des Neuerwerbs ist nicht auf das UStG, insbesondere den Unternehmerbegriff abgestimmt. Denn umsatzsteuerrechtlich gilt der einheitliche Unternehmerbegriff, der die Abspaltung eines Unternehmensteils im Fall der selbständigen Tätigkeit des Unternehmers nicht vorsieht. Zu den insbesondere bei der Aufrechnung auftretenden Problemstellungen s. Rdnr. 841.

(2) Rechtslage bis 30. 6. 2007

Der BFH hatte sich in seiner Grundsatzentscheidung vom 7. 4. 2005[1] mit der Frage des insolvenzrechtlichen Neuerwerbs nach § 35 InsO zu beschäftigen und zu entscheiden, inwieweit die aus eigener unternehmerischer Tätigkeit des Insolvenzschuldners resultierende Umsatzsteuer Masseverbindlichkeiten auslöst. 2000

Der BFH stellt darauf ab, **ob die Gegenstände, die der Insolvenzschuldner in seinem neuen Betrieb einsetzt, zur Insolvenzmasse gehören.** In diesem Fall begründet der Insolvenzschuldner durch die aus seiner neuen Tätigkeit resultierenden Umsatzsteuer Masseverbindlichkeiten. Nimmt der Schuldner allerdings während des Insolvenzverfahrens eine neue Erwerbstätigkeit auf, indem er durch seine Arbeit und mit Hilfe von nach § 811 Nr. 5 ZPO **unpfändbaren Gegenständen** steuerpflichtige Leistungen erbringt begründet die hierfür geschuldete Umsatzsteuer nach dem Urteil des BFH v. 7. 4. 2005[2] **keine Masseverbindlichkeit** i. S. d. § 55 Abs. 1 Nr. 1 InsO. Die Frage der Vereinnahmung des Entgelts durch den Insolvenzverwalter ist nach Auffassung des BFH nicht entscheidend. 2001

Die **FinVerw** bejaht in Altfällen Forderungen gegen das insolvenzfreie Vermögen, wenn der Schuldner während des Verfahrens eine neue Erwerbstätigkeit aufnimmt und er durch seine Arbeit (körperliche, geistige oder sonstige persönliche Leistungen) ohne eine Betriebs- und Geschäftsausstattung oder durch seine Arbeit mit Hilfe von nach § 811 Abs. 1 Nr. 5 ZPO unpfändbaren Gegenständen Leistungen erbringt. In diesen Fällen wird problemlos eine dritte Steuernummer erteilt. 2002

---

1 BFH v. 7. 4. 2005 – V R 5/04, BStBl II 2005, 848; s. hierzu Wagenknecht-Hose, Vertragliche und umsatzsteuerliche Neuverbindlichkeiten in der Insolvenz, 156 ff. m. w. N.
2 BFH v. 7. 4. 2005 – V R 5/04, BStBl II 2005, 848.

II. Die Behandlung der einzelnen Steuerarten und Erhebungsformen

BEISPIEL: Insolvenzschuldner B hat unter der Fa. „B-Bau" ein Bauunternehmen betrieben. Mit Beschluss vom 31. 3. des Jahres eröffnet das Amtsgericht das Insolvenzverfahren über das Vermögen des B, untersagt ihm, über sein Vermögen zu verfügen und bestellt I zum Insolvenzverwalter. I nimmt den Betrieb mangels vorhandener Mittel nicht wieder auf und meldet das Gewerbe mit Schreiben vom 25. 7. des Jahres ab. Zum 2. 1. des Folgejahres meldet B ein neues Gewerbe unter der Fa. „A-Bau, Inhaber B" und betreibt dieses auch. Das Finanzamt teilt B eine Steuernummer zu. Unter dieser gibt B keine Umsatzsteuervoranmeldungen ab. Trotz Aufforderung durch I führt B den pfändbaren Neuerwerb nicht an die Masse ab. Das Finanzamt fordert I auf, für die „A-Bau, Inhaber B" Voranmeldungen abzugeben. Da sich I weigert, setzt das Finanzamt für das laufende Jahr eine Umsatzsteuer-Sondervorauszahlung gegenüber der Insolvenzmasse fest. Das Finanzamt kann I nur dann rechtmäßig zur Abgabe von Voranmeldungen auffordern und die Umsatzsteuer-Sondervorauszahlung gegenüber der Insolvenzmasse der B-Bau festsetzen, wenn B in seinem neuen Betrieb Gegenstände eingesetzt hat, die zur Insolvenzmasse gehören. Das ist dann nicht der Fall, wenn B zum geschützten Personenkreis des § 811 Nr. 5 ZPO gehört und seine Umsätze mit Hilfe von Gegenständen erzielt, die unpfändbar sind.

Die Umsatzsteuer aus der Erwerbstätigkeit von Personen, die durch ihre Arbeit und mit Hilfe von nach § 811 Nr. 5 ZPO unpfändbaren Gegenständen steuerpflichtige Leistungen erbringen, zählt **nicht** nach § 55 Abs. 1 Nr. 1 InsO zu den Masseschulden. Zu den Personen, die gem. § 811 Nr. 5 ZPO aus ihrer körperlichen oder geistigen Arbeit oder sonstigen persönlichen Leistungen ihren Erwerb ziehen, können im Einzelfall auch Bauunternehmer gehören, soweit ihre persönliche Arbeit die Hauptsache ist.[1] Sofern dies im Beispielsfall nachgewiesen werden kann, begründet B mit dem Betrieb der A Bau keine Masseverbindlichkeiten.

2003 Zurzeit gibt es keine einheitliche Regelung innerhalb der FinVerw, wie die Fälle zu behandeln sind, in denen der Insolvenzverwalter unter der alten Rechtslage, d. h. ohne die ausdrückliche Regelung des § 35 Abs. 2 InsO, den Geschäftsbetrieb bzw. Teile des Geschäftsbetriebs gegenüber der FinVerw freigegeben hat. Die FinVerw erkennt die Freigabe unter der alten Rechtslage nicht an. Zurzeit sind einige Revisionsverfahren beim BFH anhängig.[2] Die erstinstanzlichen Gerichte tendieren bisher dazu, die Freigabe aus dem Insolvenzbeschlag auch in Altfällen anzuerkennen.

2004–2010 *(Einstweilen frei)*

---

1 Baumbach/ Lauterbach/Albers/Hartmann, Zivilprozessordnung, § 811 Rdnr. 35.
2 S. freigegebener Hotelbetrieb – Rev. BFH Az. XI R 2/08, Vorlageentscheidung Niedersächsisches FG v. 6. 12. 2007 – 16 K 147/07; freigegebener Fliesenbetrieb – BFH Az. XI R 30/08, Vorlageentscheidung FG München v. 29. 5. 2008 – 14 K 3613/06; Aufrechnung in Wohlverhaltensphase mit Erstattungen aus freigegebenem Betrieb BFH Az. VII R 35/08 – Vorlageentscheidung FG Thüringen v. 10. 4. 2008 – 1 K 757/07.

f) Geschäftsveräußerung im Ganzen/Teilbetriebsveräußerung

Die Veräußerung eines Unternehmens im Ganzen – auch eines land- und forstwirtschaftlichen Betriebs – an einen Unternehmer für dessen Unternehmen unterliegt nicht der Umsatzsteuer (§ 1 Abs. 1a UStG).[1] Gerade in der Insolvenz tritt die Frage, ob von der Übertragung tatsächlich das gesamte Unternehmen oder ein in der Gliederung des Unternehmens gesondert geführter Betrieb (§ 1 Abs. 1a Satz 2 UStG) erfasst wird, regelmäßig auf. Sofern z. B. ein Grundstück den Rahmen des Unternehmens bildete, werden die wesentlichen Grundlagen des Unternehmens veräußert. Bei vermieteten Grundstücken kann regelmäßig davon ausgegangen werden, dass sie innerhalb des Unternehmens gesondert geführte Betriebe sind (vgl. Teilbetriebe).[2] Bei Erfüllung der weiteren Voraussetzungen des § 1 Abs. 1a UStG liegt eine nicht steuerbare Geschäftsveräußerung im Ganzen vor. Allerdings ist ein Grundstück kein gesondert geführter Betrieb, wenn er keinen für sich lebensfähigen Organismus bildet, der nach außen hin ein selbständiges, in sich abgeschlossenes Wirtschaftsgebilde gewesen ist.[3]

2011

Hat der Veräußerer für die nicht steuerbare Geschäftsveräußerung Umsatzsteuer – z. B. im Kaufvertrag – gesondert ausgewiesen, schuldet er grundsätzlich den ausgewiesenen Betrag wegen des zu hohen Ausweises (§ 14c Abs. 1 Satz 1 UStG). Er ist jedoch nur unter den erschwerten Bedingungen des § 14c Abs. 2 Satz 3 bis 5 UStG zur Rechnungsberichtigung berechtigt (§ 14c Abs. 1 Satz 3 UStG).

2012

> **BEISPIEL:** V errichtet ein Gebäude in der Absicht, es zu vermieten. Da er keine Mieter findet, veräußert er es an E.
>
> Es liegt eine Geschäftsveräußerung im Ganzen vor, wenn E die Absicht hat, das Gebäude zu vermieten. Es ist unschädlich, dass V das Unternehmen in der Gründungsphase veräußert hat.[4] Es liegt keine Geschäftsveräußerung im Ganzen vor, wenn E nicht die Absicht hat, das Gebäude zu vermieten, sondern es z. B. als Geschäftsgebäude für sein Unternehmen zu nutzen.

(Einstweilen frei)

2013–2030

---

1 S. hierzu § 1 Abs. 1a und § 15a Abs. 10 UStG sowie Abschn. 5, 215 Abs. 2, 264 Abs. 7 und 270 Abs. 3 UStR.
2 BFH v. 30. 4. 2009 V R 4/07, BFH/NV 2009, 1804.
3 Vgl. hierzu weitergehend z. B. Husmann in Rau/Dürrwächter, UStG, § 1 Rdnr. 1085 ff.
4 BFH v. 8. 3. 2001 – V R 24/98, BStBl II 2003, 430.

4. Besteuerungsverfahren

a) Steuernummer

2031 Wird bekannt, dass ein Antrag auf Eröffnung des Insolvenzverfahrens über das Vermögen eines Unternehmers gestellt worden ist, teilt die Steuererhebungsstelle dies den betroffenen Arbeitsbereichen des Finanzamts mit. Unbearbeitete Umsatzsteuererklärungen und/oder Umsatzsteuer-Voranmeldungen werden sofort bearbeitet. Erforderliche Umsatzsteuerfestsetzungen sollen möglichst vor Eröffnung des Verfahrens wirksam werden (sog. titulierte Forderungen), um die spätere Weiterverfolgung von Widersprüchen zu erleichtern.

2032 In der Praxis werden **zwei Steuernummern** vergeben. Die alte Steuernummer (**Insolvenzsteuernummer**) erfasst die Umsatzsteuer, die als Insolvenzforderung gem. § 38 InsO zur Tabelle anzumelden ist. Die zweite Steuernummer (**Massesteuernummer**) erfasst die Umsatzsteuer, die als Masseverbindlichkeit gem. § 55 InsO zu behandeln ist. Die entsprechenden Umsatzsteuer-Voranmeldungen bzw. -Jahreserklärungen sind vom Insolvenzverwalter einzureichen.[1]

2033 Ist der Insolvenzschuldner nach der Eröffnung des Insolvenzverfahrens weiterhin selbständig tätig oder nimmt er eine neue selbständige Tätigkeit auf **und** begründet er entsprechend der obigen Ausführungen (Rdnr. 1999) Forderungen gegen das **insolvenzfreie Vermögen**, wird eine **dritte Steuernummer** vergeben.

ABB.: Zuordnung

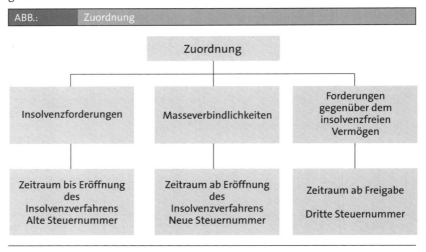

[1] Vgl. hierzu OFD Hannover v. 28. 5. 2004, StEK UStG § 18 Nr. 291.

b) Besteuerungsart/Voranmeldungszeitraum

Die **Besteuerungsart (Soll-Istbesteuerung)** wird nach Eröffnung des Insolvenzverfahrens fortgesetzt. Ein Wechsel zur Istbesteuerung ist auf Antrag des Insolvenzverwalters möglich, wenn die Voraussetzungen des § 20 UStG gegeben sind.

2034

Da der Insolvenzschuldner Steuersubjekt bleibt, tritt mit der Eröffnung des Insolvenzverfahrens keine Änderung des Voranmeldungs- bzw. des Besteuerungszeitraums ein. Die Eröffnung des Insolvenzverfahrens durch Eröffnungsbeschluss nach § 27 InsO führt insbesondere nicht dazu, dass der Voranmeldungszeitraum mit der Eröffnung endet.[1] Damit sind im **laufenden Voranmeldungszeitraum**, d.h. dem Voranmeldungszeitraum der Eröffnung des Insolvenzverfahrens, Insolvenzforderungen und Masseverbindlichkeiten in einem Voranmeldungszeitraum zu erfassen. Regelmäßig wird zumindest ein Teil der auf den laufenden Voranmeldungszeitraum entfallenden Umsatzsteuerschuld auf Lieferungen und sonstigen Leistungen beruhen, die bereits vor Eröffnung des Insolvenzverfahrens vom Insolvenzschuldner ausgeführt worden sind. Da der Insolvenzschuldner den entsprechenden Umsatzsteuertatbestand in diesen Fällen bereits vor Eröffnung des Insolvenzverfahrens erfüllt, ist die auf diese Umsätze entfallende Steuerforderung bereits vor Eröffnung des Insolvenzverfahrens begründet. Dementsprechend gehört die Umsatzsteuer, die auf die vor Eröffnung des Insolvenzverfahrens ausgeführten Lieferungen und sonstigen Leistungen im laufenden Voranmeldungszeitraum entfällt, zu den Insolvenzforderungen (s. hierzu Rdnr. 1962 ff.). In diesem Zusammenhang sind bei der Berechnung der Umsatzsteuerschuld die **Vorsteuern** zu berücksichtigen, die auf Leistungen beruhen, die im laufenden Voranmeldungszeitraum vor Eröffnung des Insolvenzverfahrens an den Insolvenzschuldner ausgeführt wurden (s. hierzu Rdnr. 2091 ff.). Sofern Lieferungen und sonstige Leistungen im laufenden Voranmeldungszeitraum erst **nach** Eröffnung des Insolvenzverfahrens vom Insolvenzverwalter ausgeführt werden, handelt es sich um Masseverbindlichkeiten.

2035

c) Entstehungszeitpunkt

Es sprechen keine insolvenzrechtlichen Prinzipien dafür, von der materiellrechtlichen Rechtslage abzuweichen und wegen der Eröffnung des Insolvenzverfahrens den umsatzsteuerlichen Entstehungszeitpunkt vorzuverlagern.[2] Die

2036

---

1 Vgl. BFH v. 6.11.2002 – V R 21/02, BStBl II 2003, 39, mit Anm. Hölzle, EWiR 2003, 245.
2 Frotscher, Besteuerung bei Insolvenz, 177.

Umsatzsteuerschuld für Lieferungen und sonstige Leistungen entsteht nach § 13 Abs. 1 Nr. 1 Buchst. a UStG bei der Besteuerung nach vereinbarten Entgelten (Sollbesteuerung) mit Ablauf des Voranmeldungszeitraums, in dem die Leistungen ausgeführt worden sind. Bei der Besteuerung nach vereinnahmten Entgelten (Istbesteuerung) entsteht die Umsatzsteuer nach § 13 Abs. 1 Nr. 1 Buchst. b UStG mit Ablauf des Voranmeldungszeitraums, in dem die Entgelte für die Leistungen vereinnahmt worden sind.

d) Dauerfristverlängerung und Sondervorauszahlung

2037 Nach § 46 UStDV hat das Finanzamt dem Unternehmer auf Antrag die Fristen für die Abgabe der Voranmeldungen und für die Entrichtung der Vorauszahlungen (§ 18 Abs. 1, 2 und 2a UStG) um einen Monat zu verlängern. Die Fristverlängerung ist bei einem Unternehmer, der die Voranmeldungen monatlich abzugeben hat, unter der Auflage zu gewähren, dass dieser eine Sondervorauszahlung auf die Steuer eines jeden Kalenderjahres entrichtet (§ 47 Abs. 1 Satz 1 UStDV). Die Sondervorauszahlung beträgt ein Elftel der Summe der Vorauszahlungen für das vorangegangene Kalenderjahr (§ 47 Abs. 1 Satz 2 UStDV). Der Unternehmer hat die Fristverlängerung für die Abgabe der Voranmeldungen bis zu dem Zeitpunkt zu beantragen, an dem die Voranmeldung, für die die Fristverlängerung erstmals gelten soll, nach § 18 Abs. 1, 2 und 2a UStG abzugeben ist (§ 48 Abs. 1 Satz 1 UStDV).

2038 Stellt ein Gläubiger oder der Steuerpflichtige selbst einen Antrag auf Eröffnung des Insolvenzverfahrens, widerruft das Finanzamt bereits in diesem Zeitpunkt zur Sicherung des Steueranspruchs die **Dauerfristverlängerung**, da zu diesem Zeitpunkt regelmäßig nach dem Gesamtbild der Verhältnisse eine Gefährdung des Steueranspruchs gegeben sein wird.

2039 Bei Masseverbindlichkeiten nimmt die Finanzverwaltung **keine Gefährdung** des Steueranspruchs mehr an.[1] Der Antrag auf Dauerfristverlängerung kann in diesen Fällen bei monatlichen Voranmeldungszeiträumen unter der Auflage gewährt werden, dass eine Sondervorauszahlung (aus der Masse) entrichtet wird.

2040 Anrechnung der Sondervorauszahlung:
- ▶ Beim **Widerruf der Dauerfristverlängerung** ab dem 18. 12. 2007 ist die festgesetzte Sondervorauszahlung bei der Festsetzung für den Voranmeldungszeitraum **anzurechnen**, für den die Fristverlängerung letztmalig gilt

---

1 Vgl. OFD Hannover v. 28. 5. 2004 – S 7340 – 152 StH 442, unter Punkt 9.2.

(vgl. § 48 Abs. 4 UStDV i. d. F. des JStG 2007).[1] Die Sondervorauszahlung ist danach in jedem Fall der vorzeitigen Beendigung der Dauerfristverlängerung auf die berechnete Vorauszahlung für den letzten Voranmeldungszeitraum, für den die Dauerfristverlängerung noch in Anspruch genommen werden konnte, anzurechnen.[2] Der nicht verbrauchte Betrag der Sondervorauszahlung ist nicht in diesem Voranmeldungszeitraum an die Masse zu erstatten, sondern mit der Jahressteuer zu verrechnen.[3]

▶ Sofern **die Dauerfristverlängerung nicht widerrufen wird**, erfolgt Anrechnung der Sondervorauszahlung zunächst bei der Festsetzung der Vorauszahlung für den letzten Voranmeldungszeitraum des Besteuerungszeitraums (Kalenderjahrs).[4] Soweit die Sondervorauszahlung durch die Anrechnung beim letzten Voranmeldungszeitraum noch nicht verbraucht ist, ist sie auf die restliche noch offene Jahressteuer anzurechnen. Ist die Sondervorauszahlung auch dann noch nicht verbraucht, hat der Unternehmer insoweit einen Erstattungsanspruch. Der Erstattungsanspruch fällt dann in die Insolvenzmasse.

Zur Aufrechenbarkeit des Anspruchs auf Sondervorauszahlung s. Rdnr. 881.

e) Erklärungspflichten des Insolvenzverwalters

Der Insolvenzverwalter – ggf. auch der vorläufige Insolvenzverwalter – hat in gleicher Weise wie bisher der Insolvenzschuldner Umsatzsteuer-Voranmeldungen abzugeben. Die FinVerw macht von der Möglichkeit, den Insolvenzverwalter/vorläufigen Insolvenzverwalter von der Verpflichtung zur Abgabe von Voranmeldungen gem. **§ 18 Abs. 2 Satz 3 UStG zu befreien**, grds. keinen Gebrauch. Allerdings kann abweichend von der Verpflichtung des Insolvenzschuldners die Abgabe vierteljährlicher Voranmeldungen genügen, wenn die bisherigen für die Dauer des Insolvenzverfahrens zu erwartenden Zahllasten die Grenzen des § 18 Abs. 2 Satz 1 UStG nicht überschreiten.

2041

Der **(vorläufige) Insolvenzverwalter** ist verpflichtet, unter der **bisherigen Steuernummer** des Insolvenzschuldners für die Zeit vom Beginn des Voranmeldungszeitraums bis zur Eröffnung des Insolvenzverfahrens – bzw. bei Bestellung eines vorläufigen Insolvenzverwalters mit Verfügungsbefugnis bis zum Tag der Bestellung – die Erklärungspflichten des Insolvenzschuldners nach-

2042

---

1 Bis zum Inkrafttreten des JStG 2007 ist die Sondervorauszahlung bei der Festsetzung des letzten Voranmeldungszeitraumes des Besteuerungszeitraumes anzurechnen.
2 Vgl. Abschn. 228 Abs. 5 Satz 4 UStR.
3 BFH v. 16. 11. 2008 – VII R 17/08, BFH/NV 2009, 994.
4 BFH v. 6. 11. 2002 – V R 21/02, BStBl II 2003, 39.

zuholen, die eigentlich diesen aus seiner bis dahin entfalteten unternehmerischen Tätigkeit treffen (vgl. § 80 InsO i.V. m. § 34 AO).

2043 In dem anschließenden Zeitabschnitt von der Eröffnung des Insolvenzverfahrens bzw. der Bestellung des vorläufigen Insolvenzverwalters mit Verfügungsbefugnis bis zum Ende des Voranmeldungszeitraums – sowie den sich anschließenden Voranmeldungszeiträumen des Insolvenzverfahrens – hat der (vorläufige) Insolvenzverwalter über die von ihm getätigten, umsatzsteuerlich relevanten Handlungen Umsatzsteuer-Voranmeldungen unter **neuer Steuernummer** abzugeben. Die daraus entstehende Umsatzsteuer wird als Masseverbindlichkeit i. S. d. § 55 Abs. 1 Nr. 1 InsO von der FinVerw durch Steuerbescheid festgesetzt.

2044 Soweit bereits aus Handlungen des **vorläufigen Insolvenzverwalters mit Verfügungsbefugnis** Umsatzsteuer entstanden ist, die nach § 55 Abs. 2 InsO nach der Verfahrenseröffnung als Masseverbindlichkeit gilt, ist diese ebenfalls unter der „neuen" Steuernummer zu erklären.

f) Umsatzsteuerberichtigung nach § 17 Abs. 1 UStG

2045 Die Problematik der Anwendung des § 17 UStG in der Insolvenz wird vorrangig am Fall der Vorsteuerkorrektur diskutiert (s. Rdnr. 2116 ff.). Allerdings spielt gerade in Fällen der Bauunternehmerinsolvenz oftmals auch das Problem der Umsatzsteuerberichtigung und damit verbunden der Anwendung des § 17 Abs. 1 Nr. 1 UStG im Insolvenzverfahren eine Rolle.

> **BEISPIEL:** Unternehmer B betreibt ein Bauunternehmen und hat gegenüber U eine Restwerklohnforderung i. H. v. 500 000 € zuzüglich 19 % Umsatzsteuer, die er vor Insolvenzeröffnung aufgrund der Sollbesteuerung nach § 13 Abs. 1 Nr. 1a UStG der Umsatzsteuer unterworfen hat. Über das Vermögen des B wird am 1. 2. 2009 das Insolvenzverfahren eröffnet. Der Insolvenzverwalter sieht die ausstehende Forderung als werthaltig an. Allerdings schlagen seine Bemühungen fehl. U macht im August 2009 Zurückbehaltungsrechte geltend und verweigert auch nach mehrfacher Mahnung die Zahlung. Das Prozess- und Kostenrisiko hält der Insolvenzverwalter für zu hoch.
>
> Der Insolvenzverwalter gibt für 8/2009 eine Umsatzsteuer-Voranmeldung, in der er die Umsatzsteuer aus der Leistungsbeziehung zu U nach § 17 Abs. 1 Satz 1 UStG i.V. m. § 17 Abs. 2 Nr. 1 UStG berichtigt und Auszahlung von 95 000 € an die Masse begehrt. Das Finanzamt rechnet mit Insolvenzforderungen in gleicher Höhe auf.

2046 Fraglich ist, ob die Finanzbehörde die Auszahlung an die Insolvenzmasse durch wirksame Aufrechnung verhindern kann. Dies hängt davon ab, ob der Berichtigungsanspruch nach § 17 Abs. 1 Satz 1 i.V. m. § 17 Abs. 2 Nr. 1 UStG vor oder nach Insolvenzeröffnung i. S. d. § 38 InsO begründet ist. Falls er vor Insolvenzeröffnung begründet ist, entsteht eine Insolvenzforderung, die uneingeschränkt mit Insolvenzforderungen im Wege der Aufrechnung verrechenbar ist. Vgl. zur Aufrechnung in der Umsatzsteuer Rdnr. 861 ff. Sofern die Berichtigungsforderung allerdings erst nach Insolvenzeröffnung begründet ist, besteht ein Anspruch auf Auszahlung zur Masse i. S. d. § 55 Abs. 1 Nr. 1 InsO, gegen den die Finanzverwaltung ausschließlich mit Masseverbindlichkeiten aufrechnen kann.

Die Finanzbehörde kann nach Auffassung des **VII. Senates des BFH** unbeschadet des § 96 Nr. 1 InsO mit vorinsolvenzrechtlichen Steuerforderungen gegen einen Umsatzsteuer-Erstattungsanspruch aufrechnen, der sich aus der Rückgängigmachung der Versteuerung vorinsolvenzlicher Leistungen wegen Uneindringlichkeit der Entgelte ergibt (§ 17 Abs. 2 Nr. 1 UStG), auch wenn dieser Anspruch erst nach Insolvenzeröffnung entsteht.[1] Es handelt sich nach dieser Auffassung um einen vor Insolvenzeröffnung i. S. v. § 38 InsO begründeten Anspruch, so dass die Aufrechnung mit einer Insolvenzforderung möglich ist.[2]

2047

Gegen diese Rechtsauffassung hat der **V. Senat Bedenken** angemeldet.[3] Nach Auffassung des V. Senats regelt § 17 UStG einen **eigenständigen materiellrechtlichen Berichtigungstatbestand**. Sofern die Voraussetzungen des § 17 UStG vorliegen, so führe dies nicht zu einer rückwirkenden Änderung der ursprünglichen Steuerfestsetzung für den entsprechenden Umsatz.

2048

Nach dieser Auffassung wäre bei der Berichtigung nach § 17 UStG der Rechtsgrund erst durch die Berichtigung der Umsatzes nach Insolvenzeröffnung gelegt und eine Aufrechnung nach § 96 Abs. 1 Nr. 1 InsO **unzulässig**, da das Finanzamt erst nach Insolvenzeröffnung etwas zur Masse schuldig geworden ist. Dieses Ergebnis wird durch die Grundsatzentscheidung des BFH v. 29. 1. 2009[4] zur Istbesteuerung (s. o. Rdnr. 1965) gestützt, in der der BFH entscheidend auf die vollständige umsatzsteuerliche Tatbestandsverwirklichung abstellt, die im Fall der Berichtigung der Umsatzsteuer nach § 17 Abs. 1 UStG erst im Fall der Uneinbringlichkeit gegeben ist.

2049

(Einstweilen frei) 2050–2070

---

1 Vgl. BFH v. 20. 7. 2004 – VII R 28/03, BStBl II 2005, 10; v. 6. 10. 2005 – VII B 309/04, BFH/NV 2006, 369.
2 BFH v. 4. 8. 1987 – VII R 11/84, BFH/NV 1987, 707.
3 BFH v. 13. 7. 2006 – V B 70/06 , BStBl II 2007, 415; v. 7. 12. 2006 – V R 2/05, BStBl II 2007, 848; so auch BFH v. 19. 8. 2008 – VII R 36/07, BStBl II 2009, 90.
4 BFH v. 29. 1. 2009 – V R 64/07, BStBl II 2009, 682.

5. Rechnungserteilung/-berichtigung

2071 Der Insolvenzverwalter ist wegen § 80 InsO i.V. m. § 34 Abs. 1 und 3 AO berechtigt und verpflichtet, über die während des Insolvenzverfahrens ausgeführten Umsätze Rechnungen auszustellen, in denen die Steuer gesondert ausgewiesen ist (vgl. § 14 Abs. 2 Satz 1 UStG). Der Anspruch auf Rechnungserteilung ist nach Eröffnung des Insolvenzverfahrens auch in den Fällen vom Insolvenzverwalter zu erfüllen, in denen die Lieferung oder sonstige Leistung vor Eröffnung des Insolvenzverfahrens bewirkt wurde.[1] Der Anspruch auf Erteilung einer Rechnung mit gesondert ausgewiesener Umsatzsteuer verjährt in 30 Jahren.[2]

2072 Statt der Rechnung durch den Verwalter kann der Empfänger des Umsatzes auch mittels sog. **Gutschrift** gegenüber dem Verwalter abrechnen, soweit die Voraussetzungen des § 14 Abs. 2 Satz 2 und 3 UStG erfüllt sind. Diese Abrechnungsart kommt insbesondere bei der Verwertung von Sicherungsgut in Betracht (s. hierzu Rdnr. 2221).

2073 Erteilt der Insolvenzverwalter eine Rechnung mit gesondertem Steuerausweis, ohne hierzu berechtigt zu sein, schuldet die Insolvenzmasse nach § 14c Abs. 2 Satz 1 UStG die ausgewiesene Umsatzsteuer. Wird nach dem Gesetz nicht geschuldete Umsatzsteuer in einer Rechnung ausgewiesen, entsteht im Zeitpunkt der Rechnungsausgabe eine Umsatzsteuerschuld. Diese ist auch dann erst in dem Besteuerungszeitraum, in dem die **Rechnung berichtigt** wird (§ 14c Abs. 1 Satz 3 i.V. m. § 14c Abs. 2 Satz 5 UStG) durch Vergütung des entsprechenden Betrages zu berichtigen, wenn die Umsatzsteuer noch nicht festgesetzt oder angemeldet worden war. Der Vergütungsanspruch entsteht insolvenzrechtlich im Zeitpunkt der Rechnungsausgabe.[3] Gegen ihn kann mit Insolvenzforderungen aufgerechnet werden (s. hierzu Rdnr. 883).

2074 Die Umsatzsteuer wegen unberechtigten Steuerausweises nach § 14c Abs. 2 Satz 1 UStG ist keine nachrangige Insolvenzforderung i. S.v. § 39 Abs. 1 Nr. 3 InsO, weil sie keinen Strafcharakter hat, es handelt sich bei der Norm nur um einen das Steueraufkommen sichernden Gefährdungstatbestand.[4]

2075–2090 *(Einstweilen frei)*

---

1 Vgl. Abschn. 183 Abs. 5 Satz 7 UStR, a. A. Stadie in Rau/Dürrwächter, UStG, § 18 Rdnr. 816.
2 BGH v. 2. 12. 1992 – VIII 2 R 50/92, UR 1993, 84.
3 BFH v. 4. 2. 2005 – VII R 20/04, BFH/NV 2005, 942; kritisch Zeuner, § 14c UStG im Insolvenzverfahren, UR 2006, 153.
4 Zur vergleichbaren Fallgestaltung im Konkursverfahren s. BFH v. 10. 12. 1981 – V R 3/75, BStBl II 1982, 229.

6. Vorsteuer im Insolvenzverfahren

Literatur: *Gotthardt/Kubaczynska*, Wirkungsweise des § 17 UStG – widerstreitende Rechtsprechung des V. und des VII. Senats des BFH, DStR 2009, 1015.

a) Vorsteuerabzug

Da der Insolvenzschuldner auch nach Eröffnung des Insolvenzverfahrens Unternehmer bleibt, ist er weiterhin zum Vorsteuerabzug nach § 15 UStG berechtigt. Für den Insolvenzverwalter besteht damit die Möglichkeit, die in den Besteuerungszeitraum fallenden, nach § 15 UStG abziehbaren Vorsteuerbeträge von der Umsatzsteuerschuld abzusetzen (vgl. § 16 Abs. 2 Satz 1 UStG). Erforderlich zum Vorsteuerabzug ist, dass eine Rechnung an die Masse vorliegt, die den Insolvenzschuldner erkennen lässt. Daneben setzt die Berechtigung zum Vorsteuerabzug nach § 15 Abs. 2 UStG voraus, dass der Insolvenzverwalter mit der Masse vorsteuerunschädliche Umsätze getätigt hat.

2091

Die **Zuordnung** der Vorsteuer zu Insolvenzforderungen oder Masseforderungen richtet sich wie bei der Umsatzsteuer danach, ob der den Vorsteueranspruch begründende Lebenssachverhalt vor oder nach Insolvenzeröffnung verwirklicht worden ist. Für den Vorsteuervergütungsanspruch wird der Rechtsgrund dadurch gelegt, dass ein anderer Unternehmer eine Lieferung oder sonstige Leistung für das Unternehmen des zum Vorsteuerabzug Berechtigten erbringt. Die Frage, ob der Anspruch zusätzlich die Erstellung einer **Rechnung** mit gesondertem Umsatzsteuerausweis voraussetzt (vgl. § 15 Abs. 1 Nr. 1 UStG), ist nach Auffassung des VII. Senats des BFH nur aus steuerrechtlicher Sicht von Belang, während es aus insolvenzrechtlicher Sicht auf die vollständige Verwirklichung des steuerrechtlichen Tatbestandes nicht ankommt. Für das insolvenzrechtliche „Begründetsein" des Vorsteuervergütungsanspruchs des Schuldners ist somit der Zeitpunkt der Leistungserbringung an den Schuldner maßgebend.[1]

2092

Der V. Senat des BFH stellt demgegenüber in seiner Grundsatzentscheidung v. 29. 1. 2009[2] zur Istbesteuerung (s. o. Rdnr. 1965) entscheidend auf die vollständige umsatzsteuerliche Tatbestandsverwirklichung ab. Da die Berechtigung zum Vorsteuerabzug nach § 15 Abs. 1 Nr. 1 Satz 2 UStG den Besitz der Rech-

2093

---

[1] Vgl. grundlegend BFH v. 5. 10. 2004 – VII R 69/03, BStBl II 2005, 195; v. 16. 11. 2004 – VII R 75/03, BFH/NV 2005, 730; schon seit längerem vertreten von Onusseit, ZIP 2002, 22 ff., 24; aktuell ders., ZInsO 2006, 1084 ff., 1096.
[2] BFH v. 29. 1. 2009 – V R 64/07, BStBl II 2009, 682.

nung voraussetzt, käme es damit entscheidend auf den Zeitpunkt der Rechnungsstellung an.

2094 Der **Besitz der Rechnung** i. S. d. § 15 Abs. 1 Nr. 1 Satz 2 UStG ist nur für die **Ausübung**, nicht aber für das **materielle Entstehen** des Vorsteueranspruchs maßgeblich. Deshalb kann der Zeitpunkt der Rechnungserteilung für die Zuordnung der Vorsteuer m. E. auch unter Berücksichtigung der neuen Sichtweise des V. Senats nicht entscheidend sein.[1]

2095 Die Zuordnung der Vorsteuer ist vorrangig für die **Aufrechnung** von Bedeutung. In der **Praxis** wird die Finanzverwaltung versuchen, Vorsteuer, die im Bereich der Masse angefallen ist, mit Umsatzsteuer, die auf Insolvenzforderungen entfällt, aufzurechnen. Sie wird Vorsteuerüberhänge, die aus Verwertung der Masse herrühren, möglichst mit der auf Leistungen im insolvenzfreien Bereich entfallenden Umsatzsteuer verrechnen. Zu den einzelnen Problembereichen und des Verhältnisses der Aufrechnung zur **Zwangsverrechnung nach § 16 Abs. 2 UStG** s. Rdnr. 864 ff.

b) Vorsteuerabzug aus Rechnungen des (vorläufigen) Insolvenzverwalters

(1) Allgemeines

2096 Der (vorläufige) Insolvenzverwalter – wie im Übrigen auch der Sachwalter und der Treuhänder – erbringt seine Leistung an den Insolvenzschuldner. Die vom Insolvenzverwalter für seine Tätigkeit offen in Rechnung gestellte Vorsteuer gehört zu den mit Wirkung für die **Insolvenzmasse** abziehbaren Vorsteuern.[2] Da sich der Anspruch des Insolvenzverwalters auf Vergütung gegen die Masse richtet (vgl. § 53 InsO i.V. m. § 54 Nr. 2 InsO), ist Leistungsempfänger und damit Vorsteuerabzugsberechtigter der Insolvenzschuldner als Unternehmer.

2097 Der Vorsteuerabzug setzt nach § 15 Abs. 1 Nr. 1 UStG voraus, dass die Umsatzsteuer als Betrag in einer **Rechnung** des Insolvenzverwalters gesondert ausgewiesen ist.[3] Die Rechnungserteilungspflicht nach § 14 Abs. 2 Satz 1 UStG trifft den Insolvenzverwalter und nicht das Insolvenzgericht, das nach § 64 Abs. 1 InsO Vergütung und Auslagen des Insolvenzverwalters festsetzt. Eine Rechnung i. S. d. § 14 Abs. 1 UStG ist auch bei der Abrechnung der Leistung des Insolvenzverwalters an den Insolvenzschuldner erforderlich. Da sich der An-

---

1 So auch im Ergebnis Onusseit, ZInso 2006, 1084 ff., 1096; Maus, ZInsO 2004, 1078; Farr, Die Besteuerung in der Insolvenz, Rdnr. 380 ff.
2 H. M. seit BFH v. 20. 2. 1986 – V R 16/81, BStBl II 1986, 579; v. 17. 12. 1998 – VII R 47/98, BStBl II 1999, 423; so auch Frotscher, Besteuerung bei Insolvenz, 184.
3 BFH v. 20. 2. 1986 – V R 16/81, BStBl II 1986, 579; Rondorf, NWB F. 7, 5406.

spruch des Insolvenzverwalters auf Vergütung gegen die Masse richtet (vgl. § 53 InsO i.V. m. § 54 Nr. 2 InsO), ist Leistungsempfänger und damit Vorsteuerabzugsberechtigter der Insolvenzschuldner als Unternehmer.

Der Insolvenzschuldner darf die an den Insolvenzverwalter bezahlte Umsatzsteuer nicht abziehen, wenn weder der Insolvenzverwalter eine Rechnung mit ausgewiesener Umsatzsteuer ausgestellt hat noch mit **Beschluss des Insolvenzgerichts** über die Vergütung des Insolvenzverwalters die Umsatzsteuer gesondert ausgewiesen ist.[1] Ist im Beschluss des Amtsgerichts die Umsatzsteuer nicht gesondert ausgewiesen, ist der Insolvenzverwalter zur Ausstellung einer Rechnung mit gesondertem Steuerausweis ungeachtet dessen berechtigt, dass sich das Entgelt für seine Leistung aus einer amtlichen Gebührenordnung ergibt.

2098

Der Abzug von Vorsteuern aus der Rechnung des Insolvenzverwalters ist nur unter der Voraussetzung möglich, dass das Insolvenzverfahren **noch nicht** mit dem **Schlusstermin** (§ 197 InsO) abgeschlossen oder dass im Schlusstermin eine Nachtragsverteilung vorbehalten ist. Rechnet der Insolvenzverwalter seine Vergütung verspätet (d.h. nach dem Schlusstermin ohne Vorbehalt der Nachtragsverteilung) ab, so kann der Erstattungsanspruch mit Forderungen der Finanzbehörde aus der Zeit vor Eröffnung des Insolvenzverfahrens im Wege der Aufrechnung ausgeglichen werden. Gleiches gilt, wenn das Insolvenzverfahren mangels Masse eingestellt worden ist; denn insoweit kommt eine Nachtragsverteilung nicht in Betracht.

2099

Im Fall der **Steuersatzänderung** kommt es für die Frage, ob die Umsatzsteuer in der Schlussrechnung des Insolvenzverwalters mit dem alten oder neuen Steuersatz anzusetzen ist, nicht auf den Zeitpunkt der Einreichung des Schlussberichts oder den der Festsetzung durch das Insolvenzgericht an, sondern **auf den Zeitpunkt, an dem die Tätigkeit des Insolvenzverwalters endet**.[2] Nach Auffassung der FinVerw[3] ist die Leistung des Insolvenzverwalters regelmäßig mit Abschluss der Schlussverteilung ausgeführt.

2100

Soweit nach Verrechnung mit der Umsatzsteuer und den übrigen Vorsteuern des Voranmeldungszeitraumes ein Erstattungsbetrag verbleibt, stellt sich die Frage, ob der Vorsteuerüberhang von der Finanzbehörde mit Insolvenzforderungen **aufgerechnet** werden kann.

2101

---

1 BFH v. 7.4.2005 – V B 187/04, ZVI 2005, 280.
2 Vgl. AG Potsdam v. 22.11.2006 – 35 IN 685/04, ZInsO 2006, 1263.
3 Vgl. hierzu OFD Frankfurt/Main, ZInsO 2007, 537.

2102 Die Leistungen des Insolvenzverwalters, des Sachwalters und des Treuhänders werden **nach Eröffnung des Insolvenzverfahrens** ausgeführt. Sie gehen zu Lasten der Insolvenzmasse, so dass eine Aufrechnung von Vorsteuerüberhängen mit Insolvenzforderungen grundsätzlich nicht möglich ist. Vgl. zum gesamten Themenkomplex der Aufrechnung Rdnr. 871.

(2) Aufteilung der Vorsteuer

2103 Die Leistung des Insolvenzverwalters wird oft teilweise oder ausschließlich steuerfreien Umsätzen zuzurechnen sein, wenn z. B. im Rahmen der Insolvenzverwaltung ein Grundstück steuerfrei verwertet wurde. Wenn der Insolvenzverwalter während des Insolvenzverfahrens teilweise steuerfreie Umsätze ohne Vorsteuerabzugsberechtigung ausführt, führt dies bezogen auf die steuerfreien Umsätze zum Vorsteuerausschluss nach § 15 Abs. 2 UStG. Es ist nach § 15 Abs. 4 UStG eine Vorsteueraufteilung vorzunehmen, wenn darüber hinaus steuerbare und steuerpflichtige Umsätze ausgeführt wurden. Die Frage des Aufteilungsmaßstabes im Fall der Insolvenzverwaltung ist eine Einzelfallentscheidung. Es gibt dementsprechend keinen festen Aufteilungsmaßstab der FinVerw.

2104 Ein möglicher Maßstab für diese Aufteilung wäre das Verhältnis der vom Insolvenzverwalter getätigten Umsätze (steuerfreie zu steuerpflichtigen Umsätzen). Denn nach § 63 InsO ist Bemessungsgrundlage für dessen Vergütung der Wert der Insolvenzmasse bei Beendigung des Insolvenzverfahrens, der sich wiederum auch aus den vom Insolvenzverwalter getätigten Verwertungen (= Umsätzen) ergibt. Nach der bisher einzigen Entscheidung des BFH[1] ist eine Aufteilung der Vorsteuer nach dem Verhältnis der steuerpflichtigen bzw. steuerfreien Umsätze (z. B. Grundstücksveräußerungen) nicht zu beanstanden, wenn keine anderweitigen Unterlagen (z. B. Festhaltung von Arbeitszeiten für umsatzsteuerfreie bzw. umsatzsteuerpflichtige Geschäfte des Insolvenzverwalters) vorhanden sind.

2105 In den Fällen, in denen das Insolvenzverfahren nicht nur das Unternehmensvermögen, sondern auch das **Privatvermögen** betrifft, kann der Vorsteuerabzug aus der Rechnung des Insolvenzverwalters nur insoweit in Anspruch genommen werden, als die empfangenen Leistungen dem unternehmerischen Bereich des Insolvenzschuldners zuzuordnen sind. Ein Vorsteuerabzug ist insoweit nicht möglich, als der Insolvenzverwalter für den nichtunternehmeri-

---

1 BFH v. 8. 4. 2003 – V B 197/02, n. v.

schen Bereich des Schuldners tätig geworden ist.[1] Bei Insolvenz eines Nichtunternehmers wird dieser allein aufgrund von Veräußerungen aus dem (privaten) Insolvenzvermögen durch den Insolvenzverwalter nicht zum Unternehmer. Als denkbarer Aufteilungsmaßstab ist auch bei Verwertungen unternehmerischer und privater Vermögensgegenstände auf das Verhältnis der vom Insolvenzverwalter ausgeführten Umsätze abzustellen. Der Wert der Insolvenzmasse ergibt sich auch aus dem vom Insolvenzverwalter getätigten Verwertungen (= Umsätze) bei der Abwicklung unternehmerischer und privater Verbindlichkeiten nach dem Verhältnis der unternehmerischen zu den privaten Verbindlichkeiten. Da es sich um einen Schätzungsmaßstab handelt, spricht viel dafür, die Verwertung eines privaten Grundstücks, das als Sicherheit für unternehmerische Verbindlichkeiten gedient hat, dem unternehmerischen Bereich zuzurechnen.

Bei der **Nachlassinsolvenz** kann die Unternehmereigenschaft nicht im Erbgang übergehen.[2] Der Erbe begründet ohne nachhaltige Verwertungshandlungen oder beabsichtigte Weiterführung der unternehmerischen Tätigkeit des Erblassers damit keine Unternehmereigenschaft.[3]

2106

Sofern zum Unternehmensvermögen des Erblassers gehörende Wirtschaftsgüter durch den Insolvenzverwalter nach Eröffnung des Nachlassinsolvenzverfahrens veräußert werden, unterliegt in diesem Fall der Verkauf der Wirtschaftsgüter nicht der Umsatzsteuer. Der Rechtsnachfolger als Nichtunternehmer kann die auf ihn im Wege der Gesamtrechtsnachfolge übergegangenen Gegenstände des Unternehmens daher auch unbelastet (= nicht steuerbar) seinem Privatbereich zuführen. Voraussetzung für die Annahme eines steuerbaren Umsatzes (Verkauf oder unentgeltliche Wertabgabe) wäre nämlich gem. § 1 Abs. 1 Nr. 1 UStG, dass der Umsatz von einem Unternehmer ausgeführt wird. Ein Vorsteuerabzug aus der Vergütung des Insolvenzverwalters steht dem Insolvenzschuldner insoweit nicht zu.[4]

2107

(Einstweilen frei)   2108–2115

c) Vorsteuerberichtigung nach § 17 UStG

Die Pflicht des Insolvenzverwalters, in der Insolvenz regelmäßig Vorsteuerberichtigungen nach § 17 UStG vornehmen zu müssen, führt insbesondere auf-

2116

---

[1] Abschn. 192 Abs. 18 Nr. 1 UStR.
[2] Vgl. Abschn. 19 Abs. 6 Satz 1 UStR.
[3] BFH v. 24. 11. 1992 – V R 8/89, BStBl II 1993, 379.
[4] OFD Frankfurt am Main v. 22. 10. 1996, UR 1997, 72.

grund der Tatsache, dass nach § 17 Abs. 1 Satz 7 UStG eine Korrektur der Vorsteuer erst in dem Voranmeldungszeitraum der Änderung möglich ist, zu Schwierigkeiten. Zur Berichtigung der Umsatzsteuer nach § 17 UStG s. Rdnr. 2045.

(1) Vorsteuerberichtigung bei Uneinbringlichkeit von Forderungen (§ 17 Abs. 2 Nr. 1 UStG)

(a) Tatbestand/insolvenzrechtliche Einordnung

2117 Nach § 17 Abs. 2 Nr. 1 UStG hat der leistende Unternehmer den für seine Leistung geschuldeten Umsatzsteuerbetrag und der Leistungsempfänger den entsprechenden Vorsteuerabzug zu berichtigen, wenn das vereinbarte Entgelt für die steuerpflichtige Lieferung uneinbringlich geworden ist (§ 17 Abs. 2 Nr. 1 Satz 1 UStG). Wird das Entgelt nachträglich vereinnahmt, ist der Umsatzsteuerbetrag und der Vorsteuerabzug erneut zu berichtigen (§ 17 Abs. 2 Nr. 1 Satz 2 UStG). Die Berichtigung ist für den Besteuerungszeitraum vorzunehmen, in dem die Änderung der Bemessungsgrundlage eingetreten ist (§ 17 Abs. 1 Satz 7 UStG).

2118 Sofern Forderungen durch die Eröffnung des Insolvenzverfahrens bzw. vorher uneinbringlich werden, ist der Rückforderungsanspruch bereits vor Eröffnung des Insolvenzverfahrens **begründet.** Dies folgt daraus, dass die den Vorsteuerabzug begründende Tatsache – Bezug einer Leistung für das Unternehmen – und Uneinbringlichkeit bereits zum Zeitpunkt der Insolvenzeröffnung verwirklicht waren. Die Vorsteuerkorrektur führt damit zu Insolvenzforderungen nach § 38 InsO.[1]

2119 Falls allerdings Entgelte für Lieferungen und sonstige Leistungen **nach Eröffnung des Insolvenzverfahrens** an die Insolvenzmasse ausgeführt und in Rechnung gestellt, aber nicht beglichen werden – weil z. B. der Insolvenzverwalter die Zahlung verweigert – gehören die entsprechenden Vorsteuerberichtigungsansprüche aus § 17 Abs. 1 Satz 2 i.V. m. Abs. 2 Nr. 1 Satz 1 UStG zu den Masseverbindlichkeiten nach § 55 Abs. 1 Nr. 1 InsO.

---

[1] BFH v. 13. 11. 1986 – V R 59/79, BStBl II 1987, 226; v. 16. 7. 1987 – V R 80/82, BStBl II 1987, 691; v. 8. 10. 1997 – XI R 25/97, BStBl II 1999, 69; s. auch BMF v. 17. 12. 1998, BStBl I 1998, 1500, Tz. 4.2 Beispiel 2.

(b) Uneinbringlichkeit

Wie der Zusammenhang der beiden Sätze des § 17 Abs. 2 Nr. 1 UStG ergibt, ist eine Forderung nicht nur dann **uneinbringlich**, wenn sie schlechthin keinen Wert mehr hat, sondern auch dann, wenn sie für geraume Zeit nicht durchsetzbar ist. Unschädlich ist es, wenn nachträglich noch Zahlungen auf diese Forderung beim Gläubiger eingehen. Der Zeitpunkt der Uneinbringlichkeit ist z. B. entscheidend für die Frage, ob bereits der vorläufige Insolvenzverwalter die Berichtigung nach § 17 Abs. 2 Nr. 1 UStG vorzunehmen hat. Daneben ist sie zur Bestimmung des Haftungsschuldners nach dem Zeitpunkt der Beendigung der Organschaft maßgeblich (s. hierzu Rdnr. 1943). Schließlich stellen sich Verrechnungs- und Aufrechnungsfragen.

2120

Nach der gefestigten Rechtsprechung des BFH ist eine Forderung uneinbringlich, wenn bei objektiver Betrachtung damit zu rechnen ist, dass der Leistende die Entgeltforderung (ganz oder teilweise) jedenfalls auf absehbare Zeit nicht durchsehen kann.[1] Die FinVerw[2] vertritt in Anlehnung an die ältere Rechtsprechung des BFH[3] im Fall der Insolvenz die Auffassung, dass im die dem Vorsteuerabzug des Leistungsempfängers zugrunde liegenden Entgeltforderungen aus Lieferungen und sonstigen Leistungen an den späteren Insolvenzschuldner **spätestens im Augenblick der Insolvenzeröffnung** unbeschadet einer möglichen Insolvenzquote in voller Höhe uneinbringlich werden.

2121

In jüngster Zeit werden allerdings Zweifel an dieser starren Annahme der FinVerw laut, die Uneinbringlichkeit in der Praxis regelmäßig erst bei Insolvenzeröffnung bejaht.[4] Gegen diese starre Auffassung der FinVerw spricht, dass die Zahlungsunfähigkeit des Schuldners regelmäßig schon vor Eröffnung des Insolvenzverfahrens gegeben sein dürfte. Dementsprechend kann Uneinbringlichkeit im Einzelfall schon beim Antrag auf Eröffnung des Insolvenzverfahrens durch den Insolvenzschuldner vorliegen,[5] wenn der Antrag des Insolvenzschuldners auf Eröffnung des Insolvenzverfahrens und der sachliche Insolvenzgrund der Zahlungsunfähigkeit oder der Überschuldung gegeben ist.

2122

---

1 BFH v. 8.11.2008 – XI B 217/07, Zsten 2009, R 40; v. 20.7.2006 – V 13/04, BStBl II 2007, 22 ; v. 20.6.2006 – V R 13/04, UR 2006, 713; BFH v. 22.5.2004 – V R 72/03, BStBl II 2004, 684; so auch Abschn. 223 Abs. 5 Satz 2 UStR.
2 Abschn. 223 Abs. 5 Satz 4 UStR; so auch OFD Hannover v. 17.1.2006, DStR 2006, 185.
3 So die st. Rspr. zur vergleichbaren Fragestellung im Konkursrecht: BFH v. 13.11.1986 – V R 59/79, BStBl II 1987, 226; v. 16.7.1987 – V R 80/82, BStBl II 1987, 691; v. 8.10.1997 – XI R 25/97, BStBl II 1999, 69; folgend z.B. Stadie in Rau/Dürrwächter, UStG, § 18 Rdnr. 885; Frotscher, Besteuerung bei Insolvenz, 189; Rondorf, INF 2006, 228.
4 Zum Streitstand s. Hölzle, DStR 2006, 1210 ff., 1215.
5 So FG Köln v. 18.7.2008 – 7 K 3972/02 – Rev. eingelegt, BFH – V R 14/08.

II. Die Behandlung der einzelnen Steuerarten und Erhebungsformen

> **BEISPIEL:** An die Y-AG sind in 2009 Lieferungen von der X-AG i. H. v. 200 000 € zzgl. 38 000 € USt bewirkt worden. Am 1. 2. 2009 beantragt die Y-AG die Eröffnung des Insolvenzverfahrens. Zu diesem Zeitpunkt sind die Verbindlichkeiten der Y-AG noch nicht beglichen worden. Die X-AG meldet ihre Forderung zur Tabelle an.
>
> Der Insolvenzverwalter hat nach § 17 Abs. 1 Satz 1 UStG i. V. m. § 17 Abs. 2 Nr. 1 Satz 1 UStG spätestens im Voranmeldungszeitraum der Insolvenzantragstellung (vgl. § 17 Abs. 1 Satz 7 UStG), d. h. im Monat Februar, den in Anspruch genommenen Vorsteuerabzug i. H. v. 38 000 € zu korrigieren.

(c) Praktische Umsetzung

2123 Die frühzeitige Berichtigung des Vorsteuerabzugs durch den Insolvenzschuldner unterbleibt in der Praxis häufig. Im Rahmen des Insolvenzverfahrens wird das zuständige Finanzamt daher den Vorsteuerrückforderungsbetrag nach § 17 UStG regelmäßig als Insolvenzforderung bei Anmeldung zur Insolvenztabelle geltend machen. Dabei stellt sich häufig das Problem, dass die Höhe der Vorsteuern aus unbezahlten Rechnungen des Insolvenzschuldners schwer zu ermitteln ist. In der Praxis werden aus Vereinfachungsgründen die **in den letzten max. 6 Monaten vor Eröffnung** des Insolvenzverfahrens geltend gemachten Vorsteuerbeträge als vorläufiger Rückforderungsbetrag von der FinVerw zur Insolvenztabelle angemeldet werden. Sofern im Einzelfall genauere Erkenntnisse (Offene-Posten-Liste des Insolvenzschuldners zum Zeitpunkt des Eintritts der Zahlungsunfähigkeit, Insolvenzgutachten) über die zu berichtigenden Vorsteuerbeträge vorliegen, legen die Finanzämter regelmäßig diese für die Berichtigung zugrunde.

(d) Berichtigung nach § 17 Abs. 1 UStG aufgrund ausgekehrter Quote (sog. zweite Vorsteuerkorrektur)

2124 Wenn Forderungen später im Rahmen des Insolvenzverfahrens im Fall einer Insolvenzquote erfüllt werden, sieht § 17 Abs. 2 Nr. 1 Satz 2 UStG die erneute Berichtigung der Umsatzsteuerschuld vor. Die Auszahlung der Quote durch den Insolvenzverwalter führt zu keinem zweiten Vorsteueranspruch zugunsten des Insolvenzschuldners. Der ursprüngliche Betrag der Vorsteuerberichtigung ist um die Quote zu korrigieren. Der Anspruch auf erneute Berichtigung **ist vor Insolvenzeröffnung begründet**, da bereits im Zeitpunkt der ursprünglichen Leistungserbringung ein aufschiebend bedingter Berichtigungsanspruch im Falle der Uneinbringlichkeit begründet ist. Insoweit kann die FinVerw gegenüber einem Erstattungsanspruch die Aufrechnung erklären.[1] Da die FinVerw

---

[1] BFH v. 12. 8. 2008 – VII B 213/07, BFH/NV 2008, 1819.

die Auffassung vertritt, dass der Tabelleneintrag aufgrund der Titelwirkung nur unter den Voraussetzungen der Restitutionsklage berichtigt werden kann (s. o. Rdnr. 740ff.), müsste sie folgerichtig in Höhe der Berichtigung auf die Schlussverteilung verzichten.

(e) Berichtigung nach § 17 UStG bei Organschaft

Ob sich bei der **Organschaft** der Vorsteuerberichtigungsanspruch wegen Uneinbringlichkeit der Forderungen gegen die insolvente Organgesellschaft oder gegen den **Organträger** richtet, hängt vom Zeitpunkt der Uneinbringlichkeit ab:[1]

2125

▶ Ist das Entgelt für eine während des Bestehens einer Organschaft bezogene Leistung erst **nach Beendigung der Organschaft uneinbringlich** geworden, richtet sich der Vorsteuerberichtigungsanspruch gegen das (frühere) Organ, die **Organgesellschaft**.

▶ Ist die Uneinbringlichkeit des Entgelts **vor der Organschaftsbeendigung** eingetreten oder erfolgt gleichzeitig durch die Insolvenzeröffnung sowohl die Organschaftsbeendigung als auch die Uneinbringlichkeit, richtet sich der Vorsteuerberichtigungsanspruch gegen den (vormaligen) **Organträger**.

(f) Berichtigung nach § 17 UStG im Fall der Anfechtung

Falls der Insolvenzschuldner Zahlungen, die der Insolvenzschuldner vor dem Insolvenzantrag an einen Lieferanten erbracht hat, im Nachhinein anficht, stellt sich die Frage, ob der Berichtigungsanspruch nach § 17 UStG hinsichtlich der Vorsteuer als vor oder nach Insolvenzeröffnung begründet anzusehen ist. Überträgt man die zur vergleichbaren Fragestellung in der Ertragsteuer vom BFH in seiner Entscheidung v. 1. 4. 2008[2] entwickelten Grundsätze (s. hierzu Rdnr. 1965 ff.), so wäre der Berichtigungsanspruch nach § 17 UStG auch dann den Insolvenzforderungen zuzuordnen, wenn er erst durch eine Anfechtungshandlung des Insolvenzverwalters nach Insolvenzeröffnung ausgelöst wird. Nach Auffassung des X. Senates begründet schon die Anfechtbarkeit einer Rechtshandlung nach den Vorschriften der InsO und nicht erst die Anfechtung durch den Insolvenzverwalter ein Recht auf Rückgewähr. Diese Sichtweise steht allerdings im Widerspruch zur aktuellen Rechtsprechung des V. Senates,

2126

---

1 BFH v. 5. 12. 2008 – V B 101/07, BFH/NV 2009, 432; v. 13. 6. 2007 – V B 47/06, BFH/NV 2007, 1936; v. 7. 12. 2006 – V R 2/05, BFH/NV 2007, 838; FG Köln v. 18. 7. 2008 – 7 K 3972/02 – Rev. eingelegt, BFH – V R 14/08; so auch Hölzle, DStR 2006, 1210 ff., 1211; Walter/Stümper, GmbHR 2006, 68 ff., 71; Onusseit, ZIP 2003, 743 ff., 754.

2 BFH v. 1. 4. 2008 – X B 201/07, BFH/NV 2008, 925.

der entscheidend auf die vollständige Tatbestandsverwirklichung abstellt (s. Rdnr. 1965 ff.). Der Tatbestand des § 17 Abs. 2 Nr. 1 UStG ist erst mit Uneinbringlichkeit des vereinbarten Entgelts erfüllt. Uneinbringlichkeit ist erst bei Rückgewähr des Entgelts durch den Auftragnehmer nach erfolgreicher Anfechtung gegeben. Da die Rückgewähr in derartigen Fällen nach Insolvenzeröffnung erfolgt, würde der V. Senat den Berichtungsanspruch nach § 17 Abs. 2 Nr. 1 UStG voraussichtlich dem Bereich der Insolvenzmasse zuordnen.

2127–2130 (Einstweilen frei)

(2) Vorsteuerberichtigung bei Nichtausführung der Lieferung oder sonstigen Leistung (§ 17 Abs. 2 Nr. 2 UStG)

(a) Insolvenzschuldner als Leistungsempfänger

2131 Hat der Insolvenzschuldner für eine Lieferung oder sonstige Leistung zwar ein Entgelt in Form einer Anzahlung entrichtet und für die entsprechende Vorausrechnung oder Abschlagsrechnung den Vorsteuerabzug nach § 15 Abs. 1 Nr. 1 Satz 2 UStG geltend gemacht, muss der Vorsteuerabzug nach § 17 Abs. 1 Satz 2 UStG i. V. m. § 17 Abs. 2 Nr. 2 UStG berichtigt werden, wenn die Lieferung oder sonstige Leistung nicht vollständig ausgeführt worden ist.

2132 Ob der Berichtigungsanspruch zu Insolvenzforderungen i. S. d. § 38 InsO oder Masseverbindlichkeiten nach § 55 Abs. 1 Nr. 1 InsO führt, richtet sich hier danach, zu welchem Zeitpunkt feststeht, dass die Leistung endgültig nicht erbracht wird. Eine **Insolvenzforderung** nach § 38 InsO liegt vor, wenn die vereinbarte Lieferung oder sonstige Leistung vor Eröffnung des Insolvenzverfahrens nicht oder nur teilweise an den Insolvenzschuldner ausgeführt worden ist. Das ist z. B. der Fall, wenn ein Kaufvertrag vor Eröffnung des Insolvenzverfahrens nicht oder nur teilweise gegenüber dem Käufer und späterem Insolvenzschuldner erfüllt wird. Werden vereinbarte Lieferungen oder sonstige Leistungen erst nach Eröffnung des Insolvenzverfahrens nicht oder nicht vollständig an den Insolvenzverwalter erbracht, hat die Finanzbehörde seinen Vorsteuerberichtigungsanspruch nach § 17 Abs. 1 Satz 1 Nr. 2 UStG i. V. m. § 17 Abs. 2 Nr. 2 UStG als **Masseverbindlichkeit** nach § 55 Abs. 1 Nr. 1 InsO gegenüber der Insolvenzmasse festzusetzen.

2133 **Umstritten** ist der Fall, wie Vorsteuerberichtigungsansprüche einzuordnen sind, die darauf beruhen, dass Leistungen nicht vollständig ausgeführt werden, weil der Insolvenzverwalter nach § 103 Abs. 2 InsO die Erfüllung des Vertrages ablehnt.

> **BEISPIEL:** ▶ Der Insolvenzschuldner hatte einen Leasingvertrag über einen Pkw abgeschlossen und neben den Ratenzahlungen eine Sonderzahlung geleistet, hinsichtlich derer er vor Eröffnung des Insolvenzverfahrens den Vorsteuerabzug vorgenommen hatte. Der Insolvenzverwalter kündigt nach Eröffnung des Insolvenzverfahrens den Leasingvertrag und gibt das Leasingfahrzeug gegen Rückerstattung der anteiligen Leasingsonderzahlung an die Leasinggesellschaft zurück.
>
> Hinsichtlich der auf die zurückerstattete Leasingsonderzahlung entfallenden Steuer ist der Vorsteuerabzug nach § 17 Abs. 1 Satz 2 UStG i. V. m. § 17 Abs. 2 Nr. 2 UStG zu berichtigen.

Ansprüche des Finanzamtes auf Vorsteuerberichtigung, die auf durch den Insolvenzverwalter veranlasster **Vertragsbeendigung** beruhen, führen nach der h. M.,[1] die sich auf das Grundsatzurteil des BFH[2] vom 24. 8. 1995 bezieht, zu Masseverbindlichkeiten nach § 55 Abs. 1 Nr. 1 InsO. Begründet wird dies damit, dass der Berichtigungsanspruch durch eine Handlung des Insolvenzverwalters ausgelöst wird und damit erst dann i. S. d. § 38 InsO begründet ist, wenn das Vertragsverhältnis im Interesse der Insolvenzmasse beendet wurde. 2134

(b) Insolvenzschuldner als Leistungserbringer

Nach Auffassung der FinVerw hat der Leistungsempfänger des Insolvenzschuldners seinen Vorsteuerabzug nach § 17 Abs. 2 Nr. 2 UStG zu berichtigen, wenn für eine Leistung ein Entgelt entrichtet, die Leistung aber – aufgrund Insolvenz – nicht mehr erbracht werden kann.[3] 2135

> **BEISPIEL:** ▶ B hatte 2008 bei der A GmbH eine Maschine zu einem Kaufpreis i. H. v. netto 1 000 000 € bestellt. Auf eine Anzahlungsrechnung der A GmbH vom 18. 9. 2008 zahlte B am 11. 10. 2008 500 000 € zuzüglich 85 000 € Umsatzsteuer und machte in ihrer Umsatzsteuer-Voranmeldung für Oktober 2008 die in der Anzahlungsrechnung gesondert ausgewiesene Umsatzsteuer gem. § 15 Abs. 1 Nr. 1 Satz 3 UStG als Vorsteuer geltend. Am 15. 1. 2009 wird das Insolvenzverfahren über das Vermögen der A GmbH eröffnet. Der Insolvenzverwalter der A GmbH lehnt die Vertragserfüllung ab. Die Maschine wird nicht geliefert.

Das wirtschaftliche Problem für B liegt darin, dass nach Auffassung der FinVerw die Berichtigung des Vorsteuerabzuges auch dann zu erfolgen hat, wenn der zivilrechtliche Rückzahlungsanspruch gegenüber der A GmbH aufgrund deren Insolvenz nicht durchsetzbar ist. Auch die Rechtsprechung knüpft bisher für die Anwendung des § 17 Abs. 2 Nr. 2 UStG entscheidend daran an, ob kein 2136

---

1 Stadie in Rau/Dürrwächter, UStG, § 18 Rdnr. 894; Rondorf, NWB F. 7, 5410.
2 Vgl. BFH v. 24. 8. 1995 – V R 55/97, BStBl II 1995, 808, zum Konkursverfahren.
3 Vgl. Abschn. 223 Abs. 7 UStR.

Umsatz erfolgt ist und auch nicht mehr erfolgen wird.[1] Diese Voraussetzung ist im Fall der Insolvenz des Auftragnehmers erfüllt. Damit sei die zivilrechtliche Rückabwicklung des Kaufvertrages und die Rückgewähr des Entgelts ohne Belang.[2]

2137 Die Entscheidung des EuGH in der Rs. Reemtsma Cigarettenfabriken GmbH[3] rechtfertigt m. A. nach eine andere Beurteilung.[4] Der EUGH hat in seiner Entscheidung herausgestellt, dass die Mitgliedstaaten dann, wenn die Erstattung der USt unmöglich oder übermäßig erschwert wird – insbesondere im Fall der Zahlungsunfähigkeit des Leistenden – erforderliche Mittel vorsehen müssen, die es dem Leistungsempfänger ermöglichen, die zu Unrecht in Rechnung gestellte Steuer erstattet zu bekommen. Daraus folgt, dass zumindest in den Fällen, in denen der Auftragnehmer und nachmalige Insolvenzschuldner die in der Anzahlungsrechnung ausgewiesene und von dem Auftraggeber gezahlte Umsatzsteuer an das Finanzamt entrichtet hat, eine Vorsteuerberichtigung nach § 17 Abs. 2 Nr. 2 UStG beim Leistungsempfänger im Fall der Insolvenz des Leistenden nicht zu erfolgen hat.

(3) Vorsteuerberichtigung bei Lieferungen unter Eigentumsvorbehalt (§ 17 Abs. 2 Nr. 3 UStG)

2138 Die Geschäftsbedingungen des Lieferanten enthalten bei Warenlieferungen i. d. R. einen einfachen oder verlängerten Eigentumsvorbehalt. Zivilrechtlich verbleiben die Waren damit solange im Eigentum des Lieferanten, solange der Abnehmer die Waren nicht vollständig bezahlt hat. Umsatzsteuerrechtlich ist bei Kauf eines Gegenstandes unter Eigentumsvorbehalt die Lieferung (§ 3 Abs. 1 UStG) bereits mit Übergabe ausgeführt, da dem Erwerber bereits in diesem Zeitpunkt die wirtschaftliche Substanz zusteht.

2139 Der Insolvenzverwalter hat bei Insolvenz des Vorbehaltskäufers und späteren Insolvenzschuldners das Wahlrecht nach § 103 InsO, ob er die Erfüllung ablehnt oder die mit Eigentumsvorbehalten belastete Ware zur Masse ziehen will.

---

1 Vgl. FG Hamburg v. 23. 3. 2009 – 6 K 80/08, n.v.
2 A. A. ausdrücklich Stadie in Rau/Dürrwächter/Flick/Geist, UStG, § 17 Rdnr. 255 ff. m.w. N.
3 Urteil vom 15. 3. 2007 – C-35/05, Slg 2007, I-2425, HFR 2007, 515, UR 2007, 343.
4 S. hierzu Stadie, UR 2007, 431; ders. in Rau/Dürrwächter/Flick/Geist, UStG, § 17 Rdnr. 255 f.; Burgmaier, UR 2007, 348.

(a) Ablehnung der Erfüllung

Lehnt der Insolvenzverwalter die Erfüllung ab (§ 103 Abs. 2 i.V. m. § 107 InsO), kann der Vorbehaltsverkäufer zurücktreten und die Aussonderung der Vorbehaltsware nach § 47 InsO verlangen. Macht er von dieser Möglichkeit Gebrauch, handelt es sich aus Sicht des Lieferanten um eine **Rückgängigmachung** der steuerbaren Lieferung.

2140

Eine Lieferung ist auch dann i. S. d. § 17 Abs. 2 Nr. 3 UStG rückgängig gemacht worden, wenn der Insolvenzverwalter die Erfüllung eines zurzeit der Eröffnung des Insolvenzverfahrens vom Gemeinschuldner und seinem Vertragspartner noch nicht oder nicht vollständig erfüllten Vertrags ablehnt und der Lieferer infolgedessen die Verfügungsmacht an dem gelieferten Gegenstand zurückerhält.[1] Mit der Erfüllungsablehnung durch den Insolvenzverwalter wird das der ursprünglichen Lieferung zugrunde liegende Umsatzgeschäft in ein Rückabwicklungsverhältnis umgewandelt.

2141

Soweit aus dem Vorbehaltskauf vom Insolvenzschuldner ein Vorsteuerabzug in Anspruch genommen wurde, ist die Vorsteuer nach § 17 Abs. 1 Satz 2 i.V. m. § 17 Satz 1 Abs. 2 Nr. 3 UStG zu berichtigen. Die Berichtigung ist in dem Voranmeldungszeitraum vorzunehmen, in dem der Vorbehaltsverkäufer die Ware zurückgenommen hat. Der Vorsteuerberichtigungsanspruch nach § 17 Abs. 1 Satz 2 i.V. m. § 17 Abs. 2 Nr. 3 UStG ist in diesem Fall eine **Insolvenzforderung,** da er bereits vor Eröffnung des Insolvenzverfahrens i. S.v. § 38 InsO begründet war.[2] Materielle Grundlage des Rückforderungsanspruchs ist die Eigentumsübertragung unter Eigentumsvorbehalt; der Rechtsgrund ist damit vor Eröffnung des Insolvenzverfahrens gelegt. Es ist unerheblich, dass der Insolvenzverwalter die Erfüllung des Vertrages erst nach Eröffnung des Verfahrens ablehnt.

2142

(b) Erfüllung

Zieht der Insolvenzverwalter die mit einem Eigentumsvorbehalt belastete Ware zur Masse, indem er nach § 103 Abs. 1 i.V. m. § 107 InsO die Erfüllung des Vertrages wählt, hat er die Forderung des Vorbehaltsverkäufers voll zu er-

2143

---

1 BFH v. 8. 5. 2003 – V R 20/02, BStBl II 2003, 953.
2 Unstrittig seit BFH v. 13. 11. 1986 – V R 59/79, BStBl II 1987, 226; s. auch Rondorf, NWB F. 7, 5409; Frotscher, Besteuerung bei Insolvenz, 194; Stadie in Rau/Dürrwächter, UStG, § 18 Rdnr. 887.

füllen. Allerdings entsteht nach Auffassung des BFH[1] kein zweiter Vorsteueranspruch. Erfüllt der Insolvenzverwalter gem. § 103 Abs. 1 InsO anstelle des Insolvenzschuldners den Vertrag und verlangt er die Erfüllung von dem anderen Teil, kann von Uneinbringlichkeit der Forderung im Zeitpunkt der Insolvenzeröffnung nach Auffassung des BFH keine Rede sein; in diesem Fall scheidet eine Vorsteuerberichtigung wegen Uneinbringlichkeit aus. Auch wenn kein Fall des § 103 Abs. 1 InsO vorliegt, kann nach Auffassung des BFH ein und derselbe Vorsteueranspruch **nicht** gem. § 17 Abs. 2 Nr. 1 Satz 1 UStG zu Lasten des Steuerpflichtigen und gem. § 17 Abs. 2 Nr. 1 Satz 2 UStG zugunsten des Steuerpflichtigen „berichtigt" werden. Da sich die „Vorsteuerberichtigungen" nach den Sätzen 1 und 2 des § 17 Abs. 2 Nr. 1 UStG gegenseitig aufheben, unterbleibt jede Vorsteuerberichtigung.

> **BEISPIEL:** Über das Vermögen des Insolvenzschuldners wird am 1. 4. 2009 das Insolvenzverfahren eröffnet. Der Insolvenzschuldner hatte vorher Waren gekauft, nicht mehr bezahlt, wohl aber die entsprechende Vorsteuer aus den korrespondierenden Rechnungen abgezogen. Der Insolvenzverwalter beglich die Rechnungen in den Voranmeldungszeiträumen 4–9/2009 und machte die Vorsteuer aus den korrespondierenden Rechnungen nochmals geltend.
>
> Da die Lieferungen vor Insolvenzeröffnung ausgeführt wurden, stand dem (späteren) Insolvenzschuldner der Vorsteuerabzug bereits vor Insolvenzeröffnung zu. Durch die Bezahlung der Kaufpreisschulden durch den Insolvenzverwalter findet nach Auffassung des BFH **keine erneute Lieferung der Gegenstände** im Zeitpunkt der Bezahlung statt. Entgegen den Voranmeldungen steht dem Insolvenzschuldner nach Insolvenzeröffnung nicht noch einmal der Vorsteuerabzug gem. § 15 UStG zu.

> **PRAXISHINWEIS:**
>
> Bei Erfüllungswahl hat der Insolvenzverwalter stets zu realisieren, dass er den Brutto-Kaufpreis aus der Insolvenzmasse zu entrichten hat, ohne dass Vorsteuer im Wege der Rückberichtigung zugunsten der Masse realisiert werden kann.
>
> Es ist zu prüfen, ob nicht Ersatzbeschaffung für den Insolvenzverwalter günstiger als Erfüllungswahl ist.

(c) Neuer Vertrag über Vorbehaltsware

2144 In der Praxis vereinbaren Insolvenzverwalter häufig mit den Lieferanten die Rückgängigmachung des ursprünglichen Geschäftes und schließen einen

---

[1] BFH v. 28. 6. 2000 – V R 45/99, BStBl II 2000, 703; so auch die FinVerw in Abschn. 223 Abs. 5 Satz 5 UStR; zust. Stadie in Rau/Dürrwächter, UStG, § 18 Rdnr. 888; kritisch Onusseit, ZIP 2002, 25.

neuen **Vertrag** über die unter Eigentumsvorbehalt gelieferte Ware ab. Diese Vorgehensweise beabsichtigt, dass die Vorsteuerrückforderung als Insolvenzforderung bestehen bleibt und der Insolvenzmasse ein neuer Vorsteuerabzug aus der neuen „Lieferung" zusteht.

Die FinVerw[1] sieht in dem neuen Liefervertrag lediglich eine Bestätigung des ursprünglichen Vertrages bzw. einen Missbrauch rechtlicher Gestaltungsmöglichkeiten und erkennt einen Vorsteuerabzugsanspruch für die Insolvenzmasse nicht an. Der BFH hat sich mit diesem Problemkreis auseinander gesetzt und in dem zu entscheidenden Fall den Vorsteueranspruch zugunsten der Insolvenzmasse mit der Begründung verneint, dass der „neue" Liefervertrag lediglich als Bestätigung des alten Vertrages anzusehen sei.[2] Nach Ansicht des BFH ist es für eine Anerkennung des neuen Vertragsverhältnisses auf jeden Fall erforderlich, dass die Aussonderung als solche tatsächlich durchgeführt und das Aussonderungsrecht nicht lediglich vertraglich anerkannt wird. Eine erneute Lieferung desselben Gegenstandes an denselben Unternehmer kann damit nur dann erfolgreich begründet werden, wenn dieser zuvor die Verfügungsmacht am Liefergegenstand verloren hatte. Daneben muss der Insolvenzverwalter kaufmännisch sachliche Gründe für seine Vorgehensweise haben. Solche können z. B. bei einem Preisverfall angenommen werden. 2145

d) Vorsteuerberichtigung nach § 15a UStG

Durch Verwertungshandlungen des Insolvenzverwalters kann eine Vorsteuerberichtigung nach § 15a Abs. 1 UStG zuungunsten des Unternehmers ausgelöst werden. Der Vorsteuerberichtigungsanspruch entsteht regelmäßig daraus, dass ein absonderungsberechtigter Grundstücksgläubiger ein zur Insolvenzmasse gehörendes Grundstück, aus dessen Anschaffungs- und Bebauungskosten der Insolvenzschuldner Vorsteuern geltend gemacht hatte, innerhalb des Berichtigungszeitraums des § 15a Abs. 1 UStG versteigern lässt oder der Insolvenzverwalter das Grundstück durch freihändigen Verkauf veräußert und nicht nach § 9 UStG zur Steuerpflicht optiert wird. 2146

Mit der Erteilung des Zuschlags in der Zwangsversteigerung führt der Insolvenzschuldner eine Lieferung des Grundstücks an den Ersteher aus; dieser Umsatz ist grundsätzlich nach § 4 Nr. 9 Buchst. a UStG steuerfrei. Der Vorsteuerabzug ist in diesem Fall nach § 15a Abs. 1 und 8 UStG zu berichtigen, da sich die Verhältnisse, die bei der erstmaligen Verwendung des Grundstücks für den 2147

---

1 OFD Frankfurt/Main v. 25. 5. 2007 – S 7340 A- 85- St 11 unter Rdnr. 59.
2 Vgl. BFH v. 15. 3. 1994 – XI R 89/92, UR 1995, 488.

Vorsteuerabzug maßgeblich waren, durch die steuerfreie Grundstückslieferung geändert haben.

2148 Ist der Erwerber ein Unternehmer, der das Grundstück für sein Unternehmen erwirbt (vgl. § 9 Abs. 1 UStG), kann der Insolvenzverwalter durch Verzicht auf die Steuerbefreiung eine Änderung der Verhältnisse i. S. d. § 15a UStG vermeiden und damit die Entstehung des Vorsteuerberichtigungsanspruchs verhindern.

2149 Führen die Verwertungshandlung des Insolvenzverwalters oder die Zwangsversteigerung eines absonderungsberechtigten Gläubigers zu einem Vorsteuerberichtigungsanspruch nach § 15a Abs. 1 und 8 UStG zuungunsten des Unternehmers, zählt der Vorsteuerberichtigungsbetrag nach bisheriger Rechtsprechung des BFH zu den **Masseverbindlichkeiten nach § 55 Abs. 1 Nr. 1 InsO**.[1]

2150 Dies folgt für den Fall der Verwertung durch den Insolvenzverwalter daraus, dass der Vorsteuerberichtigungsanspruch zurzeit der Eröffnung des Insolvenzverfahrens noch nicht i. S. v. § 38 InsO begründet ist, da zu diesem Zeitpunkt die für den Anspruch nach § 15a Abs. 1 und 8 UStG maßgeblichen Tatbestandsmerkmale noch nicht erfüllt sind. Erst dann, wenn der Insolvenzverwalter das Grundstück steuerfrei veräußert, tritt eine Änderung der Verhältnisse i. S. d. § 15a UStG ein, so dass der Rechtsgrund für den Berichtigungsanspruch erst zu diesem Zeitpunkt gelegt ist. Auch im Fall der Zwangsversteigerung des Grundstücks durch einen absonderungsberechtigten Insolvenzgläubiger ist der Tatbestand des § 15a UStG erst zum Zeitpunkt der Zwangsversteigerung verwirklicht, da sich die Verhältnisse erst zu diesem Zeitpunkt ändern. Zurzeit ist ein Verfahren vor dem FG Berlin-Brandenburg v. 19. 6. 2008[2] anhängig. Unter Verweis auf die Entscheidung des VII. Senates zur Begründetheit des Rückforderungsanspruchs bei der Grunderwerbsteuer[3] (s. Rdnr. 896) wird von den Klägern der Anspruch nach § 15a UStG als vor Insolvenzeröffnung begründet angesehen.

---

[1] BFH v. 13. 11. 1986 – V R 59/79, BStBl II 1987, 226; v. 9. 4. 1987 – V R 150/78, BStBl II 1987, 527; v. 6. 6. 1991 – V R 115/87, BStBl II 1991, 817; zust. Stadie in Rau/Dürrwächter, UStG, § 18 Rdnr. 881; Reiß in Reiß/Kraeusel/Langer, UStG, § 13 Rdnr. 121; a. A. Frotscher, Besteuerung bei Insolvenz, S. 197 ff., der hier eine Insolvenzforderung annimmt.
[2] FG Berlin-Brandenburg v. 19. 6. 2008 – 7 V 7032/08, EFG 2008, 1586.
[3] BFH v. 17. 4. 2007 – VII R 27/06, BFH/NV 2007, 1391.

BEISPIEL: ▶ Der spätere Insolvenzschuldner errichtet auf einem Grundstück, für das der Berichtigungszeitraum nach § 15a UStG bereits abgelaufen war, ein Gebäude, das er ab 1.1.2005 zur Ausführung steuerpflichtiger Umsätze verwendet. Es werden 1,6 Mio. €, die an Vorsteuer angefallen sind, abgezogen.

Der Insolvenzverwalter verkauft das Grundstück am 1.7.2007 (Übergang der Nutzen und Lasten), ohne auf die Steuerfreiheit nach § 4 Nr. 9 Buchst. a UStG zu verzichten. Das verkaufte Grundstück bildet nicht den Rahmen des Unternehmens, so dass nicht die wesentlichen Grundlagen des Unternehmens veräußert. Es liegt keine Geschäftsveräußerung im Ganzen nach § 1 Abs. 1a UStG vor.

Das Wirtschaftsgut „Gebäude" ist im Rahmen der Grundstücksveräußerung steuerfrei und damit gem. § 15 Abs. 2 Nr. 1 UStG vorsteuerschädlich veräußert worden. Gegenüber den für den ursprünglichen Vorsteuerabzug maßgeblichen Verhältnissen ist eine Änderung von 100 % eingetreten.

Die Berichtigung ist nach § 15a Abs. 5 und 8 UStG vom Zeitpunkt der Veräußerung (1.7.2007) bis zum Ende des Berichtigungszeitraums (31.12.2014) vorsteuerschädlich verwendet worden:

Angefallene Vorsteuern 1,6 Mio. € x 90 Monate / 120 Monate = 1,2 Mio. €

Die zurückzuzahlende Vorsteuer gehört zu den Masseverbindlichkeiten.

In der USt-Voranmeldung 7/07 sind vom Insolvenzverwalter 1,2 Mio. € als negativer Vorsteuerbetrag unter der Masse-Steuernummer zu erklären.

Abwandlung:

Die Hausbank lässt als absonderungsberechtigte Gläubigerin das Grundstück versteigern. Auch hier entsteht der Berichtigungsanspruch nach § 15a UStG zu Lasten der Masse, da es nach der Rechtsprechung des BFH unerheblich ist, von wem das Massegrundstück verwertet wird.[1]

Sofern der Berichtigungsanspruch nach § 15a UStG bereits vor Eröffnung des Insolvenzverfahrens durch eine Handlung des Insolvenzschuldners ausgelöst wurde zählt der Vorsteuerberichtigungsbetrag bis zum Zeitpunkt der Insolvenzeröffnung zu den Insolvenzforderungen. Allerdings muss der Insolvenzverwalter sofort nach Insolvenzeröffnung alles Notwendige unternehmen, um weitere Vorsteuerberichtigungsbeträge zu Lasten der Insolvenzmasse zu verhindern. Dazu zählt z. B. die sofortige Kündigung einer steuerfreien Vermietung.

PRAXISHINWEIS:

▶ Der Insolvenzverwalter hat zur Vermeidung von Haftungsansprüchen stets zu prüfen, ob durch die Option zur Steuerpflicht ein Vorsteuerberichtigungsanspruch als Masseverbindlichkeit verhindert werden kann. Eine Freigabe des Grundstückes wird im Regelfall nicht helfen, da der

---

1 BFH v. 6.6.1991 – V R 115/87, BStBl II 1991, 817.

> Erlös aus der Verwertung im Regelfall der Masse zugute kommen wird. Dies ist nach Auffassung des BFH eine Verwertung „für Rechnung der Insolvenzmasse", so dass mit dem Sicherungsgut eine Massegegenstand verwertet wird.
>
> ▶ Soweit die Änderung der den Berichtigungsanspruch auslösenden Verhältnisse mit der Verwaltungstätigkeit des Zwangsverwalters (s. hierzu Rdnr. 2292 ff.) zusammenhängt, gehört die Berichtigung des Vorsteueranspruchs nach § 15a UStG zu den Aufgaben des Zwangsverwalters. Der Zwangsverwalter hat die Rückzahlung der nach § 15a UStG zu berichtigenden Vorsteuer vorab als Ausgabe der Verwaltung aus der von ihm zu verwaltenden Masse zu veranlassen (vgl. § 155 Abs. 1 ZVG).[1]
>
> ▶ Sofern dem Insolvenzschuldner im vorläufigen Verfahren eine Verwertung bzw. Nutzungsänderung durch den schwachen vorläufigen Insolvenzverwalter gestattet wird, um so den Berichtigungsanspruch nach § 15a UStG als einfache Insolvenzforderung zu qualifizieren, könnte hierin ein Missbrauch der rechtlichen Gestaltungsmöglichkeiten i. S. d. § 42 AO zu sehen sein.

2152–2170   *(Einstweilen frei)*

7. Umsatzsteueransprüche aus nicht vollständig erfüllten Verträgen

a) Insolvenz- und zivilrechtliche Grundlagen

2171   Der (vorläufige) Insolvenzverwalter hat nach § 103 Abs. 1 InsO ein Wahlrecht, falls ein gegenseitiger Vertrag zurzeit der Eröffnung des Insolvenzverfahrens noch nicht voll erfüllt ist. Er kann einerseits die Vertragspflichten des Gemeinschuldners erfüllen und Erfüllung von dem anderen Teil verlangen. Andererseits besteht auch die Möglichkeit, die Erfüllung abzulehnen und auf die Erfüllung des anderen Teils zu verzichten. Der Insolvenzverwalter muss auf Aufforderung des anderen Teils, auch wenn der Erfüllungszeitpunkt noch nicht eingetreten ist, demselben ohne Verzug erklären, ob er die Erfüllung verlangen will (§ 103 Abs. 2 InsO). Zivilrechtlich wird jeder Vertrag durch die Eröffnung des Insolvenzverfahrens umgestaltet. Mit Eröffnung des Insolvenzverfahrens erlöschen die beiderseitigen Leistungsverpflichtungen, so dass der Vertrags-

---

1 FG München v. 16.9.1998 – 3 K 831/94, EFG 1999, 99.

partner seinen Erfüllungsanspruch nicht mehr gegenüber dem Insolvenzschuldner durchsetzen kann. Wählt der Insolvenzverwalter nach § 103 Abs. 1 InsO die Erfüllung des Vertrages, so kann er den Wert des gegenseitigen Vertrages, der in der Differenz zwischen Leistung und Gegenleistung besteht, für die Insolvenzmasse realisieren. Der Insolvenzverwalter tritt umfassend in die bei Verfahrenseröffnung vorgefundenen Rechte und Pflichten des Schuldners ein; er muss also selbst die noch ausstehende Leistung als Masseverbindlichkeit nach § 55 Abs. 1 Nr. 2 InsO erbringen und kann die Gegenforderung in die Masse verlangen.[1]

b) Insolvenzschuldner als Leistungserbringer

Fällt der spätere Insolvenzschuldner vor vollständiger Vertragserfüllung in Insolvenz, hat der Insolvenzverwalter insbesondere bei der sog. **Werkunternehmer-Insolvenz** zu entscheiden, ob er den Werklieferungsvertrag erfüllt oder nicht (sog. halbfertige Arbeiten). 2172

Lehnt der Insolvenzverwalter die weitere Erfüllung des Werklieferungsvertrages nach § 103 Abs. 2 InsO ab **(Erfüllungsablehnung)**, so wird der bis zur Eröffnung des Insolvenzverfahrens fertig gestellte Teil des Werkes, z. B. der nicht fertig gestellte Rohbau, als neu bestimmter Gegenstand der Werklieferung nach § 3 Abs. 4 UStG angesehen.[2] Der objektive Wert des nicht fertig gestellten Bauwerkes ist als Bemessungsgrundlage i. S. v. § 10 Abs. 1 Satz 1 UStG zugrunde zu legen. 2173

Der Zeitpunkt der Ausführung des reduzierten Umsatzes fällt mit der Eröffnung des Insolvenzverfahrens zusammen. Die auf diese Lieferung entfallende Umsatzsteuer ist damit vor Eröffnung des Insolvenzverfahrens begründet und führt zu einer **Insolvenzforderung i. S. d. § 38 InsO**.[3] Damit wird in diesem Fall die Insolvenzmasse nicht durch zu entrichtende Umsatzsteuer belastet. Zu berücksichtigen ist aber, dass in der Praxis bei Werklieferungsverträgen regelmäßig Anzahlungen geleistet worden sind. Die Umsatzsteuer auf Anzahlungen führt zu Insolvenzforderungen (s. hierzu Rdnr. 1381). Sofern die Vorauszahlungen höher sind, als der Wert des unfertigen Werks, kann der Insolvenzverwalter die Umsatzsteuer nach § 17 Abs. 2 Nr. 2 UStG berichtigen, sofern die 2174

---

1 Kroth in Braun, InsO, § 103 Rdnr. 58; s. auch BGH v. 20. 12. 1988 – III ZR 143/87, BB 1989, 374.
2 St. Rspr. seit BFH v. 2. 2. 1978 – V R 128/76, BStBl II 1978, 483; s. a. Abschn. 28 Abs. 1 Satz 1 UStR.
3 Für das Konkursverfahren st. Rspr. seit BFH v. 2. 2. 1978 – V R 128/76, BStBl II 1978, 483; vgl. zum Insolvenzrecht Abschn. 28 Abs. 1 Satz 1 UStR; Stadie in Rau/Dürrwächter, UStG, § 18 Rdnr. 860.

Anzahlungen zuvor nach § 13 Abs. 1 Nr. 1 Buchst. a Satz 4 UStG versteuert worden sind.

2175 Bei der Werkunternehmer-Insolvenz wird der Insolvenzverwalter regelmäßig dann die **Erfüllung** von Werkverträgen wählen, wenn halbfertige Arbeiten vorhanden sind, deren Wert höher ist als der vom Besteller bisher erbrachte Werklohn, so z. B. bei halbfertigen Bauten bei Insolvenz des Bauunternehmers. Wenn der Insolvenzverwalter die Erfüllung des Werkvertrages wählt, ist er verpflichtet, das Werk zu vollenden. Die Umsatzsteuerschuld aus der Lieferung des Werkes entsteht nach § 13 Abs. 1 Nr. 1 Buchst. a UStG mit Ablieferung des fertigen Werkes, d. h. im Zeitpunkt der Abnahme durch den Besteller.[1] Die Werklieferung durch den Insolvenzverwalter bildet ein einheitliches Ganzes, wobei der Umstand, dass der Gegenstand der Werklieferung schon vor Beginn des Insolvenzverfahrens erstellt und als Teil eines fremden Grundstücks wegen § 946 BGB nicht von der Insolvenzeröffnung erfasst wird, außer Betracht bleibt.[2]

2176 Die auf die gesamte Werklieferung entfallende Umsatzsteuer ist damit nach Eröffnung des Insolvenzverfahrens i. S. d. § 38 InsO begründet und führt nach h. M. zu **Masseverbindlichkeiten i. S. d. § 55 Abs. 1 Nr. 1 InsO.**[3] Falls – wie es in der Praxis üblich ist – Anzahlungen vorab vereinnahmt wurden, gehört nur der Restbetrag zu den Masseforderungen. Die auf eine An- oder Vorauszahlung entfallende Umsatzsteuer ist stets eine Insolvenzforderung, wenn diese vor Eröffnung des Insolvenzverfahrens vereinnahmt wurde.

BEISPIEL: ▶ Die nachmalige Insolvenzschuldnerin hat vor Eröffnung des Insolvenzverfahrens auf eine Werklieferung eine Anzahlung i. H. v. 500 000 € zzgl. 95 000 € USt erhalten. Nach Eröffnung des Insolvenzverfahrens wählt der Insolvenzverwalter Erfüllung und erbringt die Werklieferung zum gesamten – vorher vereinbarten – Entgelt von 5 000 000 € zzgl. 950 000 € USt. Zum Zeitpunkt der Insolvenzeröffnung sind bereits ca. 85 % der vertraglich geschuldeten Leistungen durch den Insolvenzschuldner erbracht worden. Die Abnahme erfolgt ein halbes Jahr nach Insolvenzeröffnung.

---

1 BFH v. 13. 11. 1986 – V R 59/79, BStBl II 1987, 226; vgl. auch Abschn. 178 Abs. 1 Nr. 1 UStR; s. a. Rau/Dürrwächter, UStG, § 3 Rdnr. 436, m. w. N.
2 So ausdrücklich BFH v. 2. 2. 1978 – V R 128/76, BStBl II 1978, 483.
3 BFH v. 30. 4. 2009 – V R 1/06, BFH/NV 2009, 1728; aus der Literatur: Hess, InsO, § 55 Rdnr. 576; Stadie in Rau/Dürrwächter, UStG, § 18 Rdnr. 862; einen differenzierten Ansatz bietet Onusseit/Kunz, Steuern in der Insolvenz, 132 f., wonach die Umsatzsteuer auf die bereits bei Eröffnung des Insolvenzverfahrens erbrachten Teile der Leistung Insolvenzforderung ist und nur hinsichtlich des Teils, der vom Insolvenzverwalter erstellt worden ist, die Umsatzsteuer den Masseverbindlichkeiten zuzurechnen ist; so auch Reiß in Reiß/Kraeusel/Langer, UStG, § 13 Rdnr. 92.

Die auf vor Eröffnung des Insolvenzverfahrens vereinnahmte Anzahlung nach § 13 Abs. 1 Nr. 1 Buchst. a UStG entfallende Umsatzsteuer i. H. v. 95 000 € ist Insolvenzforderung, da der Steuerzahlungsanspruch bereits bei Eröffnung des Insolvenzverfahrens begründet war. Die restliche Umsatzsteuer i. H. v. 855 000 € führt zu Masseverbindlichkeiten nach § 55 Abs. 1 Nr. 1 InsO.

Das Beispiel verdeutlicht, dass die Insolvenzmasse durch die Umsatzsteuer als Masseverbindlichkeit bei Wahl der Erfüllung nicht unerheblich belastet wird. Dazu kommt die Liquiditätsbelastung, da die Umsatzsteuer regelmäßig mit Leistungserbringung fällig sein wird. 2177

Handelt es sich um **Bauleistungen i. S. d. § 13b Abs. 1 Satz 1 Nr. 4 UStG** und erbringt der Auftraggeber (Leistungsempfänger) seinerseits derartige Bauleistungen so ist er – der Auftraggeber – bei nach dem 31. 3. 2004 vom Insolvenzschuldner erbrachten Bauleistungen Schuldner der Umsatzsteuer (vgl. § 13b Abs. 2 Satz 2 UStG). Die aufgeworfenen Probleme stellen sich in diesem Fall nicht. 2178

In der Praxis wird häufig versucht, umsatzsteuerliche Masseverbindlichkeiten aus der Erfüllung von Verträgen zumindest zum Teil dadurch zu verhindern, dass mit dem Besteller unter Ablehnung des alten Vertrages ein neuer Vertrag über den noch nicht ausgeführten Teil des Werkvertrages abgeschlossen wird **(Neuabschluss von Verträgen)**. Dieses Vorgehen hat grds. zur Folge, dass der Teil der Umsatzsteuer, der auf den bis Eröffnung des Insolvenzverfahrens fertig gestellten Teil des Werkes entfällt, nach den oben dargestellten Grundsätzen den Insolvenzforderungen zuzuordnen ist. Allein die Umsatzsteuer, die aufgrund des neu abgeschlossenen Werkvertrages auf den Teil des Werkes entfällt, der noch nicht fertig gestellt ist, belastet als Masseverbindlichkeit nach § 55 Abs. 1 Nr. 1 InsO die Insolvenzmasse. 2179

Die FinVerw sieht in dem **Neuabschluss** eines Werkvertrages durch den Insolvenzverwalter unter gleichzeitiger Ablehnung der Erfüllung des „Altvertrages" einen **Missbrauch der Gestaltungsmöglichkeiten nach § 42 AO**.[1] Frotscher[2] weist darauf hin, dass Gründe dafür sprechen können, ein neues Vertragsverhältnis zu begründen. Neben den steuerlichen Vorteilen können z. B. auch zivilrechtliche Gesichtspunkte diese Vorgehensweise des Insolvenzverwalters, wie z. B. die Begrenzung der Gewährleistungsansprüche als Masseverbindlichkeiten auf die vom Insolvenzverwalter durchgeführten Arbeiten, rechtfertigen. 2180

---

[1] S. u. a. OFD Frankfunt/Main v. 25. 5. 2007 – S 7340 A-85-St 11.
[2] Frotscher, Besteuerung bei Insolvenz, 207, unter Verweis auf FG Köln v. 9. 9. 1997 –7 K 1402/89, EFG 1998, 155. So auch Onusseit/Kunz, Steuern in der Insolvenz, 138.

c) Übersicht

2181

ABB.: Insolvenzschuldner als Leistungserbringer

Wahl des Insolvenzverwalters	Umsatzsteuerliche Folge	Insolvenzrechtliche Zuordnung
Ablehnung der Erfüllung (§ 103 Abs. 2 InsO)	Lieferung eines teilfertigen Werkes im Zeitpunkt der Eröffnung des Insolvenzverfahrens.	Insolvenzforderung (§ 38 InsO)
Erfüllung (§ 103 Abs. 1 InsO)	Lieferung mit Verschaffung der wirtschaftlichen Verfügungsmacht.	Masseverbindlichkeit (§ 55 Abs. 1 Nr. 1 InsO) mit Ausnahme der Anzahlungen
Abschluss eines Neuvertrages *möglicherweise Gestaltungsmissbrauch*	Lieferung eines teilfertigen Werkes im Zeitpunkt der Eröffnung des Insolvenzverfahrens.	Insolvenzforderung bzgl. teilgefertigtem Werk (§ 38 InsO) Masseverbindlichkeit (§ 55 Abs. 1 Nr. 1 InsO) bzgl. Neuvertrag

d) Insolvenzschuldner als Leistungsbesteller

2182 Bei der **Besteller-Insolvenz** gelten die gleichen Grundsätze wie bei der Werkunternehmer-Insolvenz.[1]

2183 Falls der Insolvenzverwalter nach § 103 Abs. 2 InsO die weitere Erfüllung des Vertrages **ablehnt,** beschränkt sich der Leistungsaustausch zwischen Werkunternehmer und Besteller auf den vom Werkunternehmer gelieferten Teil des Werkes, der nach § 105 InsO nicht mehr zurückgefordert werden kann.[2] Die Gegenleistung bestimmt sich nach den geleisteten Anzahlungen zzgl. der Quote, die der Lieferer aufgrund des zur Insolvenztabelle angemeldeten restlichen Vergütungsanspruchs erhält.

2184 Wählt der Insolvenzverwalter die Erfüllung des Vertrages, hat er die vereinbarte Vergütung nach § 55 Abs. 1 Nr. 2 InsO aus der Masse zu bezahlen. Ein etwaiger – den bisherigen Vorsteuerabzug aus den Anzahlungen übersteigender – Vorsteuerabzug steht der Insolvenzmasse zu.

2185–2200 *(Einstweilen frei)*

---

1 Rondorf, NWB F. 7, 5418.
2 Abschn. 28 Abs. 1 Satz 2 UStR.

8. Umsatzsteueransprüche bei der Verwertung sicherungsübereigneter Gegenstände

Literatur: *Hahne*, Umsatzbesteuerung der Verwertung von Sicherungseigentum im Rahmen von Insolvenzverfahren, StuB 2006, 780; *de Weerth*, Zur Rechtsprechung des BGH über die Erstreckung der Ersatzaussonderung auf Umsatzsteuer, NZI 2008, 427.

a) Allgemeines

Kredite werden in der Praxis regelmäßig durch Sicherungsübereignung von Betriebsgegenständen gesichert. Bei der Übereignung beweglicher Gegenstände zu Sicherungszwecken (sog. **Sicherungsübereignung**) räumt der **Sicherungsgeber** (im Insolvenzfall der nachmalige Insolvenzschuldner) dem **Sicherungsnehmer** (Kreditgeber) die Befugnis ein, das Sicherungsgut mit Eintritt der Verwertungsreife, d.h. nach Fälligkeit der gesicherten, nicht beglichenen Forderung, zu verwerten. Falls über das Vermögen des Sicherungsnehmers das Insolvenzverfahren eröffnet wird, ist spätestens zu diesem Zeitpunkt der Sicherungsfall eingetreten. 2201

b) Verwertung im eröffneten Insolvenzverfahren/Sicherungsgut im Besitz des Insolvenzverwalters

(1) Allgemeines

Die Sicherungsübereignung gibt dem Sicherungsnehmer nach § 51 Nr. 1 InsO ein Recht zur abgesonderten Befriedigung, da Sicherungseigentum insolvenzrechtlich dem rechtsgeschäftlichen Pfandrecht gleichsteht. Gleichwohl gehört das Sicherungsgut zur Insolvenzmasse. Die Verwertung obliegt vornehmlich dem Insolvenzverwalter in eigener Person, da die Insolvenzordnung kein insolvenzresistentes Selbstverwertungsrecht des Sicherungsnehmers vorsieht. Der Insolvenzverwalter ist zur Verwertung aller sich in seinem **Besitz** befindlichen beweglichen und der Absonderung unterliegenden Gegenstände nach § 166 Abs. 1 InsO befugt. Der Insolvenzverwalter kann allerdings nach § 170 Abs. 2 InsO auf sein Verwertungsrecht verzichten und dem Gläubiger (Sicherungsnehmer) die Verwertung eines in seinem Besitz befindlichen Sicherungsgutes gestatten oder dem Gläubiger (Sicherungsnehmer) zur freien Verfügung überlassen (§ 168 Abs. 3 InsO) bzw. das Sicherungsgut an den Insolvenzschuldner freigeben. 2202

Sofern der Insolvenzverwalter **nicht im Besitz** der zur Absonderung berechtigenden Gegenstände ist, ist der Sicherungsnehmer selbst berechtigt, nach § 173 Abs. 1 InsO zu verwerten. 2203

II. Die Behandlung der einzelnen Steuerarten und Erhebungsformen

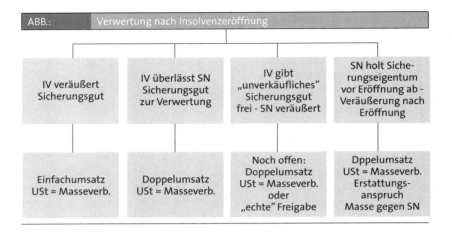

(2) Verwertung durch den Insolvenzverwalter (§ 166 Abs. 1 InsO)

2204 Veräußert der Insolvenzverwalter nach § 166 Abs. 1 InsO der Masse gehörende sicherungsübereignete Gegenstände kraft eigener Verwertungsbefugnis, liegt nur ein steuerbarer Umsatz in Form einer Lieferung zwischen Insolvenzverwalter/Insolvenzmasse und Dritterwerber vor (sog. **einstufiger Umsatz**).[1] Der Insolvenzverwalter verschafft dem Dritterwerber mit Wirkung für den Insolvenzschuldner die Verfügungsmacht am Sicherungsgut.

2205 Die auf die steuerbare Lieferung an den Erwerber entfallende Umsatzsteuer ist **Masseverbindlichkeit** nach **§ 55 Abs. 1 Nr. 1 InsO,** weil die Umsatzsteuer bei der Veräußerung an den Dritterwerber in diesem Fall aus einer Lieferung nach § 3 Abs. 1 UStG entsteht, die **nach** Eröffnung des Insolvenzverfahrens durch den Insolvenzverwalter ausgeführt wird.[2]

2206 **Bemessungsgrundlage** für die Lieferung des Insolvenzverwalters ist nach § 10 Abs. 1 Satz 2 UStG das vereinbarte Entgelt.

2207 Nach § 170 Abs. 1 InsO sind bei Verwertung einer beweglichen Sache aus dem Verwertungserlös die **Kosten der Feststellung und der Verwertung vorweg für die Insolvenzmasse zu entnehmen.** Aus dem verbleibenden Betrag ist unverzüglich der absonderungsberechtigte Gläubiger, hier der Sicherungsnehmer,

---

[1] St. Rspr., vgl. BFH v. 28.6.2000 – V R 87/99, BStBl II 2000, 639; v. 28.6.2000 – V R 45/99, BStBl II 2000, 703; s. auch Abschn. 2 Abs. 1 Satz 6 UStR.

[2] BFH v. 4.6.1987 – V R 57/79, BStBl II 1987, 741; so auch die FinVerw, vgl. OFD Hannover v. 7.2.2001 – S 7340, UR 2001, 364; s. auch de Weerth, UR 2003, 161, 162.

zu befriedigen. Der Sicherungsnehmer erhält aus dem Erlös nach § 170 Abs. 1 InsO i. V. m. § 171 InsO das aus der Veräußerung an einen Dritten erzielte **umsatzsteuerliche Entgelt (§ 10 Abs. 1 Satz 2 UStG)** abzüglich der Kosten der **Feststellung** (4 %, vgl. § 171 Abs. 1 Satz 2 InsO) und pauschaler Kosten der **Verwertung** (5 %, vgl. § 171 Abs. 2 Satz 1 InsO), sofern nicht die tatsächlichen Kosten erheblich von den pauschalen Kosten der Verwertung abweichen.

Der **Steueranteil** wird nach § 171 Abs. 2 Satz 3 InsO Bestandteil der Insolvenzmasse. Durch die Regelung, dass der Insolvenzmasse ein Anspruch auf die wegen der Verwertung entstehende Umsatzsteuer zusteht, will der Gesetzgeber sicherstellen, dass diese nicht zu Lasten der ungesicherten Gläubiger geht. 2208

Ob der Insolvenzverwalter **Kosten i. S. v. § 171 InsO** (Umsatzsteuerbetrag/Kosten der Feststellung/Kosten der Verwertung) jeweils vom umsatzsteuerlichen Entgelt i. S. d. § 10 Abs. 1 Satz 2 UStG, d. h. dem **Nettoerlös,** zu berechnen hat oder den **Bruttobetrag** zugrunde legen kann, ist **strittig.** Sofern die Insolvenzmasse – wie im Regelfall – zum Vorsteuerabzug berechtigt ist, wird teilweise in der Literatur der Nettoerlös zugrunde gelegt.[1] Demgegenüber wird in der Praxis häufig auf den Bruttobetrag abgestellt. Diese praktische Handhabung wird gestützt durch das LG Düsseldorf,[2] nach dem als Verwertungserlös der tatsächlich erzielte Betrag einschließlich des darauf entfallenden Mehrwertsteuerbetrages zugrunde zu legen sei.[3] 2209

Der Insolvenzverwalter hat den Veräußerungserlös abzüglich Kosten und Umsatzsteuer an den Sicherungsnehmer auszukehren. Er bewirkt durch die Verwertung nach § 166 Abs. 1 InsO weder gegenüber der Insolvenzmasse, noch gegenüber dem Gläubiger eine sonstige Leistung, sondern kommt seiner gesetzlichen Verpflichtung nach. 2210

Der Einbehalt bzw. die Zahlung dieser Kosten stellt **keinen steuerbaren Vorgang** dar.[4] Nach dem Grundsatzurteil des BFH v. 18. 8. 2005[5] erbringt der Insolvenzverwalter mit der Verwertung **keine Leistung an den absonderungsberechtigten** Sicherungsnehmer, so dass Feststellung- und Verwertungskosten keinen Gegenleistungscharakter haben. Anders allerdings im Fall des freihän- 2211

---

1 So vor allem de Weerth, ZInsO 2007, 70; Viertelhausen, InVo 2001, 349, 352; Geurts, DB 1999, 818, 819; s. a. AG Halle-Saale v. 5. 1. 2001, ZInsO 2001, 270.
2 LG Düsseldorf v. 15. 1. 2004 – 21 S 156/03, ZInsO 2004, 1091.
3 So auch Uhlenbruck, InsO, § 171 Rdnr. 2 f., m. w. N.; Onusseit, ZInsO 2007, 247.
4 Vgl. Abschn. 2 Abs. 3 UStR; Breutigam in Breutigam/Blersch/Goetsch, Insolvenzrecht, § 177 Rdnr. 22.
5 BFH v. 18. 8. 2005 – V R 31/04, ZInsO 2005, 1214 = BFH/NV 2005, 2328; so auch OFD Frankfurt/Main v. 18. 9. 2006 – S-7100A- 237- St11, UR 2007, 233.

digen Verkaufs einer Immobilie (s. hierzu Rdnr. 2284 ff.). Zur Frage der Steuerbarkeit, wenn ein höherer als der gesetzlich vorgesehene Betrag für die Feststellungs- und Verwertungskosten nach § 170 Abs. 1 InsO vereinbart wird liegt noch keine Stellungnahme der FinVerw vor.

2212 Der Insolvenzverwalter ist dem Sicherungsnehmer gegenüber nach **§ 259 BGB rechenschaftspflichtig,** weil mit der Verwertung zugleich eine fremde Angelegenheit – nämlich eine solche des Sicherungsnehmers – wahrgenommen wird. Diese zivilrechtliche Abrechnungsverpflichtung darf nicht mit der umsatzsteuerlichen Pflicht zur Rechnungserteilung verwechselt werden. Deshalb sollte die **Abrechnung** vom Insolvenzverwalter weder als Rechnung noch als Gutschrift bezeichnet werden, weil das UStG an die Bezeichnung als Rechnung i. S. d. § 14 Abs. 1 UStG oder Gutschrift i. S. d. § 14 Abs. 2 Satz 2 UStG anknüpft. Erst Recht darf in der Abrechnung keine Umsatzsteuer gesondert ausgewiesen werden.

BEISPIEL: Ein Insolvenzverwalter veräußert eine Maschine, die ein Insolvenzschuldner seiner Bank zur Absicherung einer Kreditforderung i. H. v. 200 000 € sicherungsübereignet hat, nach Eröffnung des Insolvenzverfahrens an einen Dritten zum Preis von 100 000 € zzgl. 19 % Umsatzsteuer.

Lösung:
Es liegt eine steuerbare Lieferung nach § 3 Abs. 1 UStG zwischen dem Dritten und dem mit Wirkung für den Insolvenzschuldner handelnden Insolvenzverwalter vor. Die auf den Umsatz entfallenden Umsatzsteuer i. H. v. 19 000 € ist Masseverbindlichkeit nach § 55 Abs. 1 Nr. 1 InsO, die der Insolvenzverwalter vorweg aus der Insolvenzmasse befriedigen muss.

Die Bank erhält als Sicherungsnehmerin den Verwertungserlös	119 000 €
abzüglich	
▶ der Umsatzsteuer (§ 171 Abs. 2 Satz 3 InsO)	./. 19 000 €
▶ der Kosten der Feststellung (§ 171 Abs. 1 Satz 2 InsO)	./. 4 000 €
▶ der Kosten der Verwertung (§ 171 Abs. 2 Satz 2 InsO)	./. 5 000 €
Auszukehrender Betrag:	**91 000 €**

Die verbleibende Kreditforderung i. H. v. 109 000 € hat der Sicherungsnehmer als Insolvenzforderung anzumelden.

2213–2220 *(Einstweilen frei)*

(3) Verwertung durch den Sicherungsnehmer (§ 170 Abs. 2 InsO)

2221 In der Praxis erfolgt die Verwertung des Sicherungsguts durch den Sicherungsnehmer regelmäßig in den Fällen, in denen der Insolvenzverwalter selbst nicht zur Verwertung befugt ist oder er auf das Verwertungsrecht bzw. dessen Ausübung verzichtet.

D. Umsatzsteuer

Falls der Sicherungsnehmer das Sicherungsgut verwertet und der Sicherungsgeber Unternehmer i. S. d. Umsatzsteuerrechts ist, kommt es nach der gefestigten Rechtsprechung des BFH,[1] der sich die Finanzverwaltung[2] und auch große Teile der Literatur[3] angeschlossen haben, zu einem **Doppelumsatz.** Das Sicherungsgut wird vom Sicherungsgeber (SG) an den Sicherungsnehmer (SN) und vom Sicherungsnehmer an den Dritten (D) geliefert. 2222

Die Lieferung des Insolvenzverwalters für den Insolvenzschuldner (Sicherungsgeber) an den Gläubiger (Sicherungsnehmer) erfolgt erst **im Zeitpunkt der Veräußerung durch den Gläubiger.**[4] Die aus der Lieferung resultierende Umsatzsteuer wird i. S. d. § 55 Abs. 1 Nr. 1 InsO „durch die Verwertung der Insolvenzmasse begründet" und führt zu einer **Masseverbindlichkeit.** Der Umsatzsteuerbetrag, mit dem die Insolvenzmasse durch die Verwertung des Gläubigers (Sicherungsnehmers) belastet wird, ist vom Gläubiger aus dem von ihm erzielten Verwertungserlös an die Insolvenzmasse **abzuführen** (vgl. § 170 Abs. 2 i. V. m. § 171 Abs. 2 Satz 3 InsO). 2223

Die **Bemessungsgrundlage** für die Lieferung zwischen Insolvenzschuldner (Sicherungsgeber) und Gläubiger (Sicherungsnehmer) ist nach § 10 Abs. 1 Satz 2 UStG grundsätzlich die Gegenleistung abzüglich der Umsatzsteuer. Die Gegenleistung des Gläubigers (Sicherungsnehmers) bestimmt sich danach, inwieweit die Darlehensforderung des Gläubigers getilgt wird. Die **Tilgung** erfolgt in Höhe des **Veräußerungserlöses aus der Weiterlieferung des Gläubigers (Sicherungsnehmers).** Vom Veräußerungserlös ist die aus der Weiterlieferung geschuldete Umsatzsteuer abzuziehen. Daneben sind diejenigen Positionen abzusetzen, die der Gläubiger (Sicherungsnehmer) an die Insolvenzmasse abzuführen hat. 2224

Die Gegenleistung wird durch die **tatsächlichen,** dem Gläubiger entstandenen **Kosten der Verwertung** gemindert.[5] Diese sind mit dem Nettobetrag anzusetzen, da der Gläubiger insoweit vorsteuerabzugsberechtigt ist. Ein Anspruch 2225

---

1 BFH v. 16. 4. 1997 – XI R 87/96, BStBl II 1997, 585; v. 28. 11. 1997 – V B 90/97, BFH/NV 1998, 628.
2 Abschn. 2 Abs. 3 Satz 2 UStR; BMF v. 5. 12. 2001, BStBl I 2001, 1013.
3 De Weerth, UR 2003, 161 ff., m. w. N.
4 St. Rspr., vgl. zuletzt BFH v. 6. 10. 2005 – V R 20/04, BFH/NV 2006, 222; s. auch OFD Frankfurt/Main v. 25. 5. 2007, DStR 2007, 1911.
5 Unstrittig, vgl. z. B. Stadie in Rau/Dürrwächter, UStG, § 18 Rdnr. 845, m. w. N.

auf **pauschale Verwertungskosten** nach § 171 Abs. 2 Satz 1 InsO besteht nicht.[1] Ob auch die **die Kosten der Feststellung** (§ 170 Abs. 2 InsO i.V. m. § 171 Abs. 2 Satz 1 InsO) die Bemessungsgrundlage mindern, ist **strittig**.[2] Für eine Minderung der Bemessungsgrundlage spricht, dass dem Sicherungsnehmer die Kosten gesetzlich auferlegt werden, um die Lieferung zu erhalten.

2226 Die auf die nach § 10 Abs. 1 Satz 2 UStG errechnete Bemessungsgrundlage entfallende Umsatzsteuer hat der Sicherungsnehmer nach § 170 Abs. 2 InsO vorweg an die Masse abzuführen.

2227 Der Insolvenzverwalter hat dem Gläubiger (Sicherungsnehmer) für den Insolvenzschuldner über die Lieferung eine **Rechnung** auszustellen. In der Praxis ist es jedoch üblich, dass der Gläubiger (Sicherungsnehmer) stattdessen eine **Gutschrift** mit gesondertem Ausweis der Umsatzsteuer erteilt, die nach § 14 Abs. 2 Satz 3 UStG als Rechnung gilt. Neben der Gutschrift hat der Sicherungsnehmer als Nebenpflicht aus dem Sicherungsvertrag eine besondere **Abrechnung** über den erzielten Kaufpreis zu erstellen.

> **BEISPIEL:** Der Insolvenzschuldner (SG) hat einen Lkw an eine Bank (SN) sicherungsübereignet. Am 1. 2. 2009 wird das Insolvenzverfahren eröffnet. Der SN hat Forderungen i. H. v. 200 000 € zur Tabelle angemeldet. Der Insolvenzverwalter gibt den Lkw am 15. 3. 2009 an den SN zur Verwertung heraus. Der SN veräußert den Lkw am 20. 3. 2009 für 100 000 € zzgl. USt an den Dritten (D). Die tatsächlichen Veräußerungskosten betragen 2 000 € zzgl. 380 € USt.
>
> Die Verwertung hat für den **Sicherungsnehmer** (SN) folgende Auswirkungen:
>
> SN hat über den steuerbaren und steuerpflichtigen (§ 4 Nr. 8 UStG greift nicht) **Umsatz** an D eine Rechnung über 100 000 € zzgl. 19 000 € USt zu erteilen und schuldet aus diesem Umsatz 19 000 € USt.
>
> Die Lieferung zwischen SG und SN kann SN im Wege der Gutschrift (vgl. § 14 Abs. 2 Satz 3 UStG) unter Ausweis der auf die Bemessungsgrundlage entfallenden Umsatzsteuer gegenüber dem Insolvenzverwalter abrechnen.
>
> Die Bemessungsgrundlage beträgt nach § 10 Abs. 1 Satz 2 UStG:
>
> | | |
> |---|---:|
> | den Verwertungserlös | 119 000 € |
> | abzüglich | |
> | ▶ der Umsatzsteuer | ./. 19 000 € |
> | ▶ der Kosten der Feststellung (strittig) | |
> | ▶ der tatsächlichen Kosten der Verwertung, die wegen des Vorsteuerabzuges vom SN netto anzusetzen sind | ./. 2 000 € |
> | | **98 000 €** |

---

1 De Weerth, UR 2003, 164.
2 Dagegen z. B. de Weerth, BB 1999, 821; Stadie in Rau/Dürrwächter, UStG, § 18 Rdnr. 846.

Hinzu kommt der an die Masse abzuführende Umsatzsteuerbetrag von 19 % von 98 000 € (= 18 620 €). Die Gegenleistung beträgt folglich 116 620 €. Das Entgelt beträgt damit 100/119 davon = 98 000 €. Die geschuldete Umsatzsteuer beträgt 19/119 = 18 620 €.

Die Umsatzsteuer i. H. v. 18 620 € wird nach § 55 Abs. 1 Nr. 1 InsO von der Insolvenzmasse geschuldet.

Der SN hat die Umsatzsteuer i. H. v. 18 620 €, die tatsächlichen Kosten der Verwertung und die Kosten der Feststellung aus dem erzielten Betrag nach § 170 Abs. 2 InsO i. V. m. § 171 Abs. 2 Satz 3 InsO vorweg an die Insolvenzmasse abzuführen.

Der SN wird durch die Umsatzsteuer nicht belastet, da ihm in gleicher Höhe aus der Gutschrift ein Vorsteuerabzug zusteht. Wegen der steuerpflichtigen Weiterlieferung an den Dritterwerber ist der Gläubiger (Sicherungsnehmer) zum Vorsteuerabzug berechtigt.

(4) Freigabe von Sicherungsgut an den Insolvenzschuldner

Für den Insolvenzverwalter besteht weiterhin die Möglichkeit, Massegegenstände **aus seiner Verwaltungs- und Verfügungsbefugnis (§ 80 Abs. 1 InsO) zu entlassen,** indem er diese aus der Insolvenzmasse an den Insolvenzschuldner freigibt und diesem – zumindest bei der uneingeschränkten Freigabe – das Verwaltungs- und Verfügungsrecht über einen zur Insolvenzmasse gehörenden Gegenstand wieder überträgt. Dies wird sich immer dann anbieten, wenn zu erwarten ist, dass der Verwertungserlös die Kosten der Verwertung nicht deckt, d. h. der Gegenstand unverwertbar ist oder mit der Verwertung unwägbare Risiken verbunden sind (z. B. kontaminiertes Grundstück). 2228

Die bisherige Rechtsprechung des BFH[1] zur Freigabe von Sicherungsgut lässt sich wie folgt zusammenfassen: 2229

▶ Die Veräußerung eines zur Insolvenzmasse gehörenden Sicherungsgutes zählt immer dann als **Verwertung für Rechnung der Insolvenzmasse,** wenn ihr der Verwertungserlös zugute kommt. Dies ist nach der Rechtsprechung nahezu immer der Fall, da die besicherte Forderung des Sicherungsnehmers reduziert wird und nicht mehr an der Masseverteilung teilnimmt.

▶ **Sowohl bei modifizierter als auch bei echter Freigabe** führt die Veräußerung von Sicherungsgut zu einer die Insolvenzmasse betreffenden Verwertung. Die Umsatzsteuer, die bei der Lieferung des Sicherungsgutes entsteht, führt zu **Masseverbindlichkeiten** nach § 55 Abs. 1 Nr. 1 InsO.

---

1 BFH v. 16. 8. 2001 – V R 59/88, BStBl II 2003, 208; s. a. Onusseit, Die Freigabe aus dem Insolvenzbeschlag, ZIP 2002, 1344 ff.

2230 Durch Freigabe von Sicherungsgut kann nach der Rechtsprechung des BFH praktisch in keinem Fall mehr die Begründung von Masseverbindlichkeiten verhindert werden. In der Literatur[1] wird die Auffassung vertreten, die echte Freigabe müsse umsatzsteuerlich durchschlagen. Dementsprechend müsse die Lieferung an den Sicherungsnehmer dem insolvenzfreien Bereich zugeordnet werden. Dann muss meiner Ansicht nach für die Lieferung des Sicherungsnehmers an den Dritten § 13b Abs. 1 Nr. 2 UStG zur Anwendung kommen.

2231–2235 *(Einstweilen frei)*

c) Verwertung im eröffneten Insolvenzverfahren/Sicherungsgut nicht im Besitz des Insolvenzverwalters

2236 Der **Sicherungsnehmer** wird in der Praxis regelmäßig bei Liquiditätsproblemen des Sicherungsgebers versuchen, **sich den unmittelbaren Besitz bereits vor Insolvenzantrag zu verschaffen.** Denn bei Eröffnung des Insolvenzverfahrens ist der Sicherungsnehmer nicht verpflichtet, das Sicherungsgut an die Insolvenzmasse zurückzugeben. Falls der Sicherungsnehmer das Sicherungsgut bereits vor Eröffnung des Insolvenzverfahrens im Besitz hat, hat er nach § 173 Abs. 1 InsO die Möglichkeit der eigenständigen Verwertung. Bei Verwertung durch den Sicherungsnehmer nach Eröffnung des Insolvenzverfahrens kommt es zu einem **Doppelumsatz** zwischen Sicherungsnehmer und Sicherungsgeber sowie Sicherungsnehmer und Dritterwerber.[2] Dies führt hinsichtlich des Umsatzes zwischen Sicherungsnehmer und Sicherungsgeber zu einer Umsatzsteuerverbindlichkeit gegenüber der Insolvenzmasse. Denn es handelt sich um die Verwertung eines Massegegenstandes, bei der die anfallende Umsatzsteuer **Masseverbindlichkeit** nach § 55 Abs. 1 Nr. 1 InsO ist.

2237 Entgegen der bisherigen zivilrechtlichen Rechtsprechung hat die Masse gegenüber dem Sicherungsgeber nach der Grundsatzentscheidung des BGH[3] einen Herausgabeanspruch in Höhe der Umsatzsteuer: Hat der wegen sicherungsübereigneter Gegenstände zur abgesonderten Befriedigung berechtigte Gläubiger das Sicherungsgut vor Eröffnung des Insolvenzverfahrens in Besitz genommen, aber erst nach der Eröffnung verwertet, hat er in Höhe der wegen der Lieferung des Sicherungsgutes an ihn angefallenen Umsatzsteuerschuld

---

[1] S. de Weerth, ZInsO 2008, 1255 m.w.N.

[2] Unstritig: so z.B. BGH v. 29.3.2007 – IX ZR 27/06, UR 2007, 583 unter Verweis auf BFH v. 6.10.2005 – V R 20/04, BFH/NV 2006, 222; Nieskens in Rau/Dürrwächter, UStG, § 3 Rdnr. 914 m.w.N.

[3] BGH v. 29.3.2007 – IX ZR 27/06, DB 2007, 1351; so auch BFH v. 19.7.2007 – V B 222/06, BStBl II 2008, 163.

aus dem Verwertungserlös einen Betrag in dieser Höhe in analoger Anwendung von § 13b Abs. 1 Nr. 2 UStG, § 170 Abs. 2, § 171 Abs. 2 Satz 3 InsO an die Masse abzuführen. Die Masse wird damit nicht mehr ohne Zufluss mit Umsatzsteuer belastet.

> **BEISPIEL** ▶ Ein LKW-Händler SG (Sicherungsgeber) finanziert den Erwerb von 5 LKW durch ein Darlehen der Bank SN (Sicherungsnehmerin) über 500 000 €. Dieses Darlehen wird durch eine Sicherungsübereignung der 5 LKW an die SN besichert.
>
> Nachdem SN Kenntnis von finanziellen Engpässen des SG bekommt, holt SN die 5 LKW am 1. 5. 2009 ab. Am 10. 6. 2009 wird über das Vermögen des SG das Insolvenzverfahren eröffnet. Am 1. 8. 2009 kann SN die 5 sichergestellten LKW an einen Händler für 300 000 € zuzüglich 57 000 € USt veräußern. SN schreibt diesen Betrag auf dem Darlehenskonto des SG gut und meldet den Restbetrag i. H. v. 143 000 € zur Insolvenztabelle an.
>
> Der Insolvenzverwalter der SG hat gegenüber SN einen zivilrechtlichen Anspruch auf Herausgabe von 57 000 € in analoger Anwendung von § 13b Abs. 1 Nr. 2 UStG, § 170 Abs. 2, § 171 Abs. 2 Satz 3 InsO an die Masse.

(Einstweilen frei) 2238–2245

d) Verwertung während der Eigenverwaltung

Das Insolvenzgericht kann im Beschluss über die Eröffnung des Insolvenzverfahrens die Eigenverwaltung (§ 270 InsO) anordnen. Das hat u. a. zur Folge, dass der Insolvenzschuldner das Sicherungsgut in gleicher Weise wie der Insolvenzverwalter verwerten kann. In der Praxis wird die Verwertung in diesen Fällen regelmäßig zum Einfachumsatz führen, wenn der Insolvenzschuldner im Rahmen der Eigenverwaltung in seinem Besitz befindliches Sicherungsgut selbst verwertet. Die hierbei entstehende Umsatzsteuer ist Masseverbindlichkeit nach § 55 Abs. 1 Nr. 1 InsO. 2246

e) Verwertung vor Insolvenzeröffnung

(1) Überblick

Vor Eröffnung des Insolvenzverfahrens sind mehrere Konstellationen denkbar, in denen das Sicherungsgut verwertet wird: 2247

II. Die Behandlung der einzelnen Steuerarten und Erhebungsformen

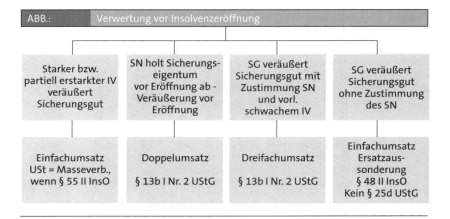

(2) Verwertung durch den vorläufigen Insolvenzverwalter

2248 Auch während des vorläufigen Insolvenzverfahrens besteht für die Verwertung von Sicherungsgut durch den vorläufigen Insolvenzverwalter ein praktisches Bedürfnis. Regelmäßig wird der vom Gericht eingesetzte vorläufige Insolvenzverwalter versuchen, das Unternehmen fortzuführen. Im Rahmen der Fortführung kann es auch zur Verwertung der sicherungsübereigneten Gegenstände kommen. Dem werden die Sicherungsnehmer immer dann zustimmen, wenn der Insolvenzverwalter zusichert, dass aus den Erlösen entweder Kredite abgelöst oder Sicherheiten im vergleichbaren Umfang gestellt werden. Im Gegensatz zum Insolvenzverfahren besteht im vorläufigen Verfahren kein Einbehaltungsrecht nach §§ 170 Abs. 1, 171 InsO für Kosten der Feststellung, Verwertung oder Umsatzsteuer. Für eine analoge Anwendung fehlt es an einer Gesetzeslücke.

(a) Verwertung durch einen vorläufigen Insolvenzverwalter mit Verfügungsbefugnis

2249 Sofern ein vorläufiger **starker Insolvenzverwalter** mit Verfügungsbefugnis sicherungsübereignete Gegenstände veräußert – wozu er im Regelfall nur bei außergewöhnlichen Notverkäufen befugt sein dürfte –, liefert er umsatzsteuerlich für den Insolvenzschuldner an den Erwerber:

- ▶ Es kommt zu keiner Lieferung zwischen Sicherungsgeber und Sicherungsnehmer, so dass **kein Doppelumsatz** vorliegt.[1]
- ▶ Der Sicherungsnehmer ist aus diesem Grund auch **kein Steuerschuldner nach § 13b Abs. 1 Nr. 2 i. V. m. Abs. 2 UStG** für eine Lieferung vom Sicherungsgeber an den Sicherungsnehmer.
- ▶ Die aus der Lieferung eines sicherungsübereigneten Gegenstandes durch einen vorläufigen Insolvenzverwalter mit Verfügungsmacht resultierende Umsatzsteuer ist wegen der Fiktion des § 55 Abs. 2 InsO **Masseforderung**.[2]

(b) Verwertung durch einen besonders ermächtigten Insolvenzverwalter

Sofern ein besonders ermächtigter Insolvenzverwalter sicherungsübereignete Gegenstände veräußert, liefert auch er umsatzsteuerlich für den Insolvenzschuldner an den Erwerber. Nach Auffassung des BGH[3] stellt die aus der Lieferung resultierende Umsatzsteuer eine Masseverbindlichkeit nach § 55 Abs. 2 InsO dar. § 13b Abs. 1 Nr. 2 i. V. m. Abs. 2 UStG findet keine Anwendung.[4] 2250

(3) Verwertung durch den Sicherungsnehmer

Falls der Sicherungsnehmer das Sicherungsgut außerhalb des Insolvenzverfahrens nach Eintritt des Sicherungsfalls selbst veräußert, liegt ein Doppelumsatz vor (s. o. Rdnr. 2222). 2251

Sofern beide Lieferungen des Doppelumsatzes umsatzsteuerpflichtig sind und die Lieferungen vor oder während des vorläufigen Insolvenzverfahrens erfolgen, erfolgen sie **außerhalb des Insolvenzverfahrens:** Damit schuldet der Sicherungsnehmer 2252

- ▶ als **Leistungsempfänger** Umsatzsteuer nach § 13b Abs. 1 Nr. 2 i. V. m. Abs. 2 UStG für die Lieferung vom Sicherungsgeber an den Sicherungsnehmer;
- ▶ als **Leistender** Umsatzsteuer für die Lieferung vom Sicherungsnehmer an den Dritten nach § 13a Abs. 1 Nr. 1 UStG.

Im Fall der **Freigabe** des Sicherungsguts an den Sicherungsnehmer durch einen vorläufig schwachen Insolvenzverwalter **zur Verwertung** liegt eine Veräußerung außerhalb des Insolvenzverfahrens vor, die zu einem **Doppelumsatz** 2253

---

1 Rondorf, NWB F. 7, 5391, 5414; de Weerth, UR 2003, 161, 166.
2 OFD Hannover v. 7. 2. 2001 – S 7340, UR 2001, 364, unter Tz. 2.3; Klünemann, UStB 2001, 205; Rondorf, NWB F. 7, 5391, 5414; de Weerth, UR 2003, 161, 166.
3 BGH v. 18. 7. 2002 – IX ZR 195/01, ZIP 2002, 1635.
4 OFD Frankfurt/Main v. 25. 5. 2007, ZInsO 2007, 1039.

führt, wenn der Sicherungsnehmer seinerseits das Sicherungsgut verwertet.[1]

BEISPIEL: Während des Insolvenzeröffnungsverfahrens, bei dem ein vorläufiger Insolvenzverwalter ohne Verfügungsmacht eingesetzt ist, gibt der Insolvenzverwalter einen zur Sicherheit übereigneten Lkw an den Sicherungsnehmer frei, der diesen an einen Dritten veräußert.

Es kommt zu einer Lieferung zwischen Insolvenzschuldner und Sicherungsnehmer. Der Sicherungsnehmer schuldet die Umsatzsteuer nach § 13b Abs. 1 Nr. 2 i.V.m. Abs. 2 UStG. Die Umsatzsteuer aus seiner Lieferung an den Dritten schuldet der Sicherungsnehmer nach § 13a UStG.

2254 Die anfallende Umsatzsteuer für die Lieferung des Sicherungsgutes an den Sicherungsnehmer kann dieser nach § 15 Abs. 1 Nr. 4 UStG als Vorsteuer geltend machen. Der Sicherungsnehmer wird folglich nur ein Mal mit Umsatzsteuer belastet.

(4) Verwertung durch den Sicherungsgeber im Auftrag/für Rechnung des Sicherungsnehmers (sog. Dreifachumsatz)

2255 Falls der Sicherungsgeber es übernimmt, das Sicherungsgut im eigenen Namen, aber für Rechnung des Sicherungsnehmers zu verkaufen, liegt ein sog. **Dreifachumsatz**[2] vor:

▶ Umsatz 1: Zwischen Sicherungsnehmer (Kommittent) und Sicherungsgeber (Kommissionär) liegt eine Lieferung vor (§ 3 Abs. 3 UStG).

▶ Umsatz 2: Die Sicherungsübereignung erstarkt zu einer Lieferung i. S. d. § 1 Abs. 1 Nr. 1 UStG des Sicherungsgebers an den Sicherungsnehmer (§ 13b Abs. 1 Nr. 2 UStG).

▶ Umsatz 3: Es liegt eine entgeltliche Lieferung i. S. d. § 1 Abs. 1 Nr. 1 UStG zwischen Sicherungsgeber und dem Abnehmer vor.

2256 Leistungsempfänger ist auch hier der Sicherungsnehmer. Nach § 13b Abs. 1 Nr. 2 i.V.m. Abs. 2 UStG hat der Leistungsempfänger für die Lieferung siche-

---

[1] So auch Stadie in Rau/Dürrwächter, UStG, § 13b Rdnr. 69.
[2] BFH v. 6.10.2005 – VII B 309/04, BFH/NV 2006, 222; v. 30.3.2006 – V R 9/03, BFH/NV 2006, 1422; s. auch Abschn. 2 Abs. 1 Satz 4 UStR 2008; kritisch de Weerth, ZInsO 2006, 653 ff.

rungsübereigneter Gegenstände durch den Sicherungsgeber an den Sicherungsnehmer außerhalb des Insolvenzverfahrens die Umsatzsteuer von der Gegenleistung einzubehalten und abzuführen. Der Leistungsempfänger haftet für diese Steuer. Die Schuldnerschaft des Sicherungsnehmers führt nicht zu einer Doppelbelastung mit Umsatzsteuer. Der Sicherungsnehmer schuldet zwar die Umsatzsteuer aus der Lieferung des Sicherungsgebers an ihn. Gleichzeitig hat er den Vorsteuerabzug aus der Lieferung des Sicherungsgebers an ihn, den er mit dem Steueranspruch aus der Kommissionslieferung verrechnen kann. Der Sicherungsnehmer (Kommittent) ist damit nur einmal mit der Umsatzsteuer aus der Weiterlieferung des Sicherungsguts an den Sicherungsgeber (Kommissionär) nach § 13b UStG belastet.

(5) Verwertung durch den Sicherungsgeber ohne Zustimmung des Sicherungsnehmers

Der BFH hat sich noch nicht mit der Fallgestaltung auseinander gesetzt, wenn der Insolvenzschuldner das Sicherungsgut ohne Zustimmung des Sicherungsgebers im Zeitraum der vorläufigen Insolvenzverwaltung veräußert. 2257

BEISPIEL Die Insolvenzschuldnerin veräußert mit Zustimmung des vorläufigen Insolvenzverwalters ohne Verfügungsmacht eine im Sicherungseigentum der Bank stehende Maschine zum Preis von 119 000 € brutto an D. Die im Kaufpreis enthaltene Umsatzsteuer von 19 000 € führt sie nicht an das zuständige Finanzamt ab.

Veräußert der Sicherungsgeber unberechtigt einen Gegenstand, dessen Aussonderung vom Sicherungsnehmer hätte verlangt werden können, so kann der Sicherungsnehmer die Abtretung des Rechts auf die Gegenleistung verlangen, soweit diese noch aussteht (§ 48 Satz 1 InsO). Falls der Anspruch bereits erfüllt ist, kann der Sicherungsnehmer regelmäßig im Wege der **Ersatzaussonderung** die Gegenleistung aus der Insolvenzmasse verlangen, soweit sie in der Masse unterscheidbar vorhanden ist (§ 48 Satz 2 InsO). 2258

Es kommt nach meiner Ansicht in dieser Fallkonstellation zu einem **Einfachumsatz** zwischen Insolvenzschuldner und Käufer.[1] Bei der durch die Lieferung entstehenden Umsatzsteuer handelt es sich um eine Insolvenzforderung, sofern nicht ausnahmsweise eine vorläufig starke Insolvenzverwaltung vorliegt. Durch die Erfüllung des Anspruches des Sicherungsnehmers auf Ersatzaussonderung nach § 48 Satz 2 InsO kommt es zu keinem weiteren Umsatz. Hierbei handelt es sich m. E. um „echten" Schadensersatz.[2] 2259

---

[1] S. hierzu auch de Weerth, ZInsO 2008, 1256.
[2] So auch de Weerth, NZI 2008, 427.

2260 Ob der Sicherungseigentümer im Rahmen der Ersatzaussonderung nach § 48 Satz 2 InsO den tatsächlich erzielten Preis oder lediglich das Entgelt, also den Preis abzüglich der Umsatzsteuer nach § 10 Abs. 1 Satz 1 UStG, verlangen kann, hat der BGH[1] für das eröffnete Verfahren wie folgt entschieden: Sofern die unberechtigte Veräußerung einer fremden Sache durch den Insolvenzverwalter der Umsatzsteuer unterliegt und der Verwalter diese an das Finanzamt abgeführt hat, kann der Ersatzaussonderungsberechtigte nach Auffassung des BGH nur den Nettokaufpreis herausverlangen. Der Insolvenzverwalter braucht gegenüber dem Ersatzaussonderungsberechtigten nur den Nettoerlös abzurechnen und abzuführen. In seiner Entscheidung lässt der BGH allerdings offen, ob die durch die Verwertung entstehende Umsatzsteuer für den Entreicherungseinwand des Insolvenzverwalters in voller Höhe endgültig abgeführt sein muss.[2] Die Frage der Entreicherung stellt sich vor allem im Fall der Verwertung von Sicherungseigentum durch den vorläufig schwachen Insolvenzverwalter. Sofern die Umsatzsteuer nicht vom vorläufigen Insolvenzverwalter abgeführt wird, stellt die durch Lieferung des vorläufigen Insolvenzverwalters entstehende Umsatzsteuer eine Insolvenzforderung und keine Masseverbindlichkeit dar. Die Masse ist damit noch um die Umsatzsteuer „bereichert". Für die Frage der Entreicherung kommt es m. A. nach entscheidend darauf an, ob der Umsatzsteueranteil endgültig zur Masse gelangt und ob er dort noch vorhanden ist oder an das Finanzamt aufgrund bestandskräftiger Festsetzungen abgeführt worden ist. Sofern die Umsatzsteuer nicht an das Finanzamt abgeführt wurde und das Finanzamt keine Masseverbindlichkeit gegenüber dem Insolvenzverwalter geltend machen kann, ist die Masse dauerhaft bereichert. Der Herausgabeanspruch des Ersatzaussonderungsberechtigten umfasst damit den Bruttokaufpreis. Für den Fall der Bruttoabrechnung (zzgl. USt) und Auskehrung des Bruttobetrages steht der Masse kein weiterer Vorsteuerabzug zu.

2261–2280 *(Einstweilen frei)*

9. Umsatzsteueransprüche bei der Immobiliarverwertung

Literatur: *Schmittmann*, Umsatzsteuerliche Probleme bei Immobilienverkäufen in der Insolvenz, ZInsO 2006, 1299; *Siebert*, Vereinbarte Beteiligung am Verwertungserlös steuerbar, UStB 2006, 49; *Wagner*, Verwertung beweglicher Sachen und Grundstücke durch Insolvenzverwalter als steuerbare sonstige Leistung?, Festschrift f. Reiß 2008, 185.

---

[1] BGH v. 8. 5. 2008 – IX ZR 229/06, DB 2008, 1318, 1319.
[2] Kritisch insoweit auch de Weerth, NZI 2008, 427, 428.

D. Umsatzsteuer

a) Freihändige Veräußerung

(1) Allgemeines

Die Veräußerung eines zum insolventen Unternehmen gehörenden Grundstücks bewirkt regelmäßig – sofern keine nicht steuerbare Geschäftsveräußerung im Ganzen vorliegt (s. hierzu Rdnr. 2011) – eine steuerbaren Lieferung nach § 1 Abs. 1 Nr. 1 UStG, die grundsätzlich nach § 4 Nr. 9 Buchst. a UStG steuerfrei ist. War das Grundstück zuvor zur Ausführung steuerpflichtiger Umsätze verwendet worden, so führt die Steuerfreiheit bei Lieferung von Grundstücken, die nicht älter als zehn Jahre sind, regelmäßig zu einer Vorsteuerberichtigung nach § 15a UStG, die Masseverbindlichkeiten auslöst. Zur Vermeidung dieses die Masse treffenden Rückzahlungsanspruchs kann nach § 9 Abs. 1 und 3 UStG auf die Steuerfreiheit der Grundstückslieferung verzichtet werden, sofern das Grundstück an einen Unternehmer veräußert wird. Das Optionsrecht steht während des Insolvenzverfahrens dem Insolvenzverwalter zu. Die Optionsmöglichkeit ist nach § 9 Abs. 3 UStG bis zur Aufforderung zur Abgabe von Geboten im Versteigerungstermin zulässig.

2281

Bei allen umsatzsteuerpflichtigen Umsätzen, die unter das Grunderwerbsteuergesetz fallen, ist nach § 13b Abs. 1 Nr. 3 UStG Schuldner der Umsatzsteuer der erwerbende Unternehmer.

2282

Die Frage der Insolvenzverwalterhaftung bei Umsatzsteueroption trotz Massearmut stellt sich nach der Verlagerung der Steuerschuldnerschaft im Rahmen des § 13b Abs. 1 Nr. 3 UStG damit grundsätzlich nicht mehr. Denn bei der Veräußerung an Privatpersonen ist eine Option nach § 9 Abs. 1 UStG nicht zulässig, so dass der Umsatz nach § 4 Nr. 9 Buchst. a UStG steuerfrei ist.

2283

> **PRAXISHINWEIS:**
>
> ▶ Bei Grundstücksveräußerungen ist stets vorab zu prüfen, ob es sich nicht um eine nicht steuerbare Geschäftsveräußerung im Ganzen handelt (s. hierzu Rdnr. 2011).
>
> ▶ Eine Option zur Steuerpflicht kann unter Umständen sinnvoll sein, um einen betragsmäßig höheren Vorsteuerberichtigungsanspruch nach § 15a UStG wegen Änderung der Verhältnisse zu verhindern (s. hierzu Rdnr. 2146).

(2) Behandlung des Verwertungskostenbeitrages bei Grundstücksveräußerungen

2284   Im Fall des freihändigen Verkaufs durch den Insolvenzverwalter ist die in § 165 InsO vorgesehene Verwertung durch Zwangsversteigerung und oder Zwangsverwaltung nicht zwingend. Auch eine Verwertung i. S. d. § 159 InsO durch freihändigen Verkauf ist grundsätzlich unter den Voraussetzungen des § 160 InsO möglich. Dabei kann vereinbart werden, dass der Insolvenzverwalter das ihm für den freihändigen Verkauf zustehende Entgelt von dem Veräußerungserlös für die Masse einbehalten darf.

2285   Vereinbaren der absonderungsberechtigte Grundpfandgläubiger und der Insolvenzverwalter, dass der Insolvenzverwalter ein Grundstück für Rechnung des Grundpfandgläubigers veräußert und vom Veräußerungserlös einen bestimmten Betrag für die Masse einbehalten darf, führt der Insolvenzverwalter neben der Grundstückslieferung an den Erwerber nach Auffassung des BFH **eine sonstige entgeltliche Leistung** an den Grundpfandgläubiger aus.[1] Es handelt sich nach Auffassung des BFH um einen **Geschäftsbesorgungsvertrag**. Der für die Masse einbehaltene Betrag ist in diesem Fall Entgelt für eine Leistung. Entscheidend für den BFH ist es, dass bei einer freihändigen Grundstücksverwertung keine gesetzliche Beteiligung am Verwertungserlös gegeben ist. Trotz Kritik innerhalb der Literatur wendet die FinVerw die Entscheidung an.[2]

> **BEISPIEL:** ▶ Der Insolvenzverwalter veräußert aus der Insolvenzmasse sicherungsübereignete Fahrzeuge und ein grundschuldbelastetes Grundstück. Aus der Veräußerung der Fahrzeuge behielt er den Kostenbeitrag (die Feststellungs- und die Verwertungskostenpauschale) i. S. d. § 171 InsO ein und zahlte den Nettoerlös an den absonderungsberechtigten Gläubiger aus. Für den Grundstücksverkauf vereinbarte der Kläger mit der absonderungsberechtigten Bank eine Beteiligung am Verwertungserlös i. H. v. 10 % zugunsten der Masse.
>
> Mit der Veräußerung des Grundstücks erbringt der Insolvenzverwalter für die Insolvenzmasse eine Leistung an den Grundpfandgläubiger.

2286   Die Entscheidung des BFH wird vor allem wegen der unterschiedlichen Behandlung der Verwertung von beweglichen Sicherungseigentum und Immobilien **kritisiert**.[3] Daneben lässt das Urteil offen, wer überhaupt Leistungserbringer gegenüber dem absonderungsberechtigten Grundstücksgläubiger sein soll. Meines Erachtens entsteht die Leistungsbeziehung zwischen absonde-

---

1 BFH v. 18. 8. 2005 – V R 31/04, BFH/NV 2005, 2328.
2 S. Abschn. 2 Abs. 3 UStR 2008.
3 S. z. B. Onusseit, ZInsO 2005, 815; Spliedt/Schacht, EWiR 2005, 841; Siebert, UStB 2006, 49; Beck, ZInsO 2006, 244. S. zuletzt Wagner, Verwertung beweglicher Sachen und Grundstücke durch Insolvenzverwalter als steuerbare sonstige Leistung?, Festschrift f. Reiß 2008, 185.

rungsberechtigtem Gläubiger und der Insolvenzmasse. Durch die Verwertung des Grundstücks leistet die Insolvenzmasse gegenüber dem absonderungsberechtigten Gläubiger und erhält als Entgelt den Verwertungskostenbeitrag. Bereits durch einen Verwertungsvorgang wird die Insolvenzmasse zum Unternehmer. Siebert[1] weist auf Gestaltungsmöglichkeiten hin.

Auch wenn es im Urteil offengelassen wird, dürften die Grundsätze über den entschiedenen Einzelfall immer dann anzuwenden sein, wenn der Insolvenzverwalter ein vorher vereinbartes Entgelt aus dem Verwertungserlös über den ihm gesetzlich zustehenden Anteil für die Masse einbehalten darf. Diese Frage kann sich z. B. bei Pauschalen für die Verwertung von Patenten, Mieteinziehungen etc. stellen. Es stellt sich auch die Frage, ob die Grundsätze des BFH auch bei der **kalten Zwangsverwaltung** anwendbar sind (s. hierzu Rdnr. 2292). 2287

b) Zwangsversteigerung

Handelt es nicht um eine Geschäftsveräußerung i. S. d. § 1 Abs. 1a UStG, ist die Grundstückslieferung im Rahmen der Zwangsversteigerung grundsätzlich steuerbar, aber steuerfrei nach § 4 Nr. 9a UStG. Bei der Zwangsversteigerung findet lediglich eine Lieferung zwischen Insolvenzschuldner und Erwerber statt (kein Doppelumsatz wie bei der Verwertung von Sicherungseigentum). Der Grundstückseigentümer kann für die Lieferung an den Ersteher unter den weiteren Voraussetzungen des § 9 Abs. 1 und 3 UStG zur Steuerpflicht optieren. Eine wirksame Option ist allerdings gem. § 9 Abs. 3 Satz 1 UStG bei der Lieferung von Grundstücken (§ 4 Nr. 9a UStG) im Zwangsversteigerungsverfahren durch den Insolvenzschuldner an den Ersteher nur bis zur Aufforderung zur Abgabe von Geboten im Versteigerungstermin zulässig. 2288

Mit der Zwangsversteigerung des Grundstücks wird durch den Eigentümer des Grundstücks eine steuerbare Grundstückslieferung ausgeführt: Das Grundstück scheidet mit Erteilung des Zuschlags nach § 90 ZVG im Wege der entgeltlichen Lieferung i. S. d. § 1 Abs. 1 Nr. 1 Satz 2 UStG aus der Insolvenzmasse aus. 2289

Durch den Zuschlag wird der Ersteher Eigentümer des Grundstücks und der Zubehörstücke (vgl. §§ 90, 55, 20 ZVG i. V. m. § 1120 BGB). Die umsatzsteuerliche Grundstückslieferung vollzieht sich zwischen dem Grundstückseigentümer und dem Ersteher.

---

[1] Siebert, Vereinbarte Beteiligung am Verwertungserlös steuerbar, UStB 2006, 49.

2290 Für die Berechnung der Umsatzsteuer ist in Optionsfällen das **Meistgebot als Nettobetrag** zugrunde zu legen. Bemessungsgrundlage (§ 10 UStG) für die Lieferung eines Grundstücks im Zwangsversteigerungsverfahren durch den Vollstreckungsschuldner an den Ersteher ist nach bundeseinheitlicher Abstimmung das Meistgebot (Versteigerungserlös) als Nettobetrag.[1]

2291 Die Umsatzsteuer, die im Falle der Option durch den Insolvenzverwalter nach § 9 Abs. 1 UStG dadurch entsteht, dass innerhalb der Zwangsversteigerung mit der Erteilung des Zuschlages eine steuerpflichtige Lieferung zwischen Insolvenzschuldner und Ersteher ausgeführt wird, gehört zu den Masseverbindlichkeiten nach § 55 Abs. 1 Nr. 1 InsO. Sofern der Insolvenzverwalter zur Umsatzsteuer optiert, schuldet der Ersteher als Leistungsempfänger nach § 13b Abs. 2 UStG die Umsatzsteuer, wenn er Unternehmer oder juristische Person des öffentlichen Rechts ist. Handelt es sich weder um einen Unternehmer noch um eine juristische Person des öffentlichen Rechts, muss die Umsatzsteuer damit aus der Masse bezahlt werden. Der Grundpfandgläubiger erhält dennoch den Brutto- und nicht etwa nur den um die Umsatzsteuer berichtigten Nettoerlös. Weder § 171 Abs. 2 Satz 3 InsO noch § 10 Abs. 1 Nr. 1a ZVG sind analog anwendbar.

c) Zwangsverwaltung

2292 Die Anordnung der Zwangsverwaltung führt, um die Erfüllung der in § 155 Abs. 2 ZVG bezeichneten Ansprüche zu gewährleisten, zu einer **Absonderung des beschlagnahmten Grundbesitzes** von dem übrigen Vermögen des Insolvenzschuldners. Die der Zwangsverwaltung unterliegenden Gegenstände – Grundstück und Mietzinsansprüche – bilden eine Sondermasse innerhalb der Insolvenz. Diese unterliegt ausschließlich der Verwaltung des Zwangsverwalters und dient vorab der Befriedigung der die Zwangsverwaltung betreibenden Gläubiger.

2293 Der Grundsatz der Unternehmenseinheit schließt nicht aus, dass gesonderte Umsatzsteuerfestsetzungen zu ergehen haben, wenn innerhalb des Insolvenzverfahrens eines oder mehrere Grundstücke des Insolvenzschuldners der Zwangsverwaltung unterliegen.[2] Die bei der Verwaltung dieses Sondervermögens von dem Zwangsverwalter begründeten Ansprüche, auch die positiven und negativen Steueransprüche, gehören zu der Zwangsverwaltungsmas-

---

1 BGH v. 3.4.2003 – IX ZR 93/02, UR 2003, 295.
2 BFH v. 23.6.1988 – V R 203/83, BStBl II 1988, 920; v. 10.4.1997 – V R 26/96, BStBl II 1997, 552; v. 18.10.2001 – V R 44/00, BStBl II 2001, 171.

se und sind verfahrensrechtlich von dem bzw. gegen den Zwangsverwalter geltend zu machen.[1] In der Praxis wird die Umsatzsteuerschuld unter gesonderter Steuernummer für den der Zwangsverwaltung unterliegenden Teil der Insolvenzmasse festgesetzt.[2]

Mit der Übernahme der Zwangsverwalter gehen die steuerlichen Pflichten im vollen Umfang auf den Zwangsverwalter über.[3] Probleme können dadurch entstehen, dass für bestimmte Vermietungs- und Verpachtungsleistungen bereits eine Umsatzsteuerpflicht besteht oder aber hierfür zur Umsatzsteuer optiert werden kann. Der Zwangsverwalter hat sich zu Beginn seiner Tätigkeit umfassend zu informieren, ob und inwieweit das Optionsrecht seitens des Vollstreckungsschuldners bereits ausgeübt wurde und muss klären, über welchen Zeitraum diese Optionen noch wirken. Zu seinen Pflichten gehört auch die Berichtigung des Vorsteuerabzuges nach § 15a UStG und die Rückzahlung der nach § 15a UStG zu berichtigenden Vorsteuer vorab als Ausgabe der Verwaltung aus der von ihm zu verwaltenden Masse zu veranlassen (vgl. § 155 Abs. 1 ZVG).[4]

2294

Bei der „kalten Zwangsverwaltung"[5] im Insolvenzverfahren wird die Immobilie, die mit Grundpfandrechten belastet ist, durch den Insolvenzverwalter verwaltet. Er führt die Erlöse nach Abzug der Kosten an die Grundpfandgläubigerin ab, ohne dass ein gerichtliches Zwangsverfahren angeordnet werden muss. Dadurch können Kosten und Kommunikationsschwierigkeiten vermindert werden. Die kalte Zwangsverwaltung führt nicht dazu, dass das Grundstück in einen Sonderbereich überführt wird, so dass die oben beschriebene Wirkungen nicht eintreten.

2295

Die **Organschaft** wird durch Anordnung der Zwangsverwaltung und Zwangsversteigerung beendet. Nach Ansicht des BFH[6] entfällt die für ein Organschaftsverhältnis erforderliche **wirtschaftliche Eingliederung** eines Grundstücks, wenn für das Grundstück Zwangsverwaltung und Zwangsversteigerung angeordnet ist.

2296

(Einstweilen frei)   2297–2320

---

1 BFH v. 15.6.1999 – VII R 3/97, BStBl II 2000, 46.
2 S. auch Bayerisches Landesamt für Steuern v. 9.1.2006, DStR 2006, 138, zur **örtlichen Zuständigkeit** in der Zwangsverwaltung.
3 S. weitergehend Schmittmann/Gorris, IGZInfo 2005, 69 ff.; Onusseit, ZfIR 2005, 265; Pump/Fittkau, DStZ 2005, 821 ff.
4 FG München v. 16.9.1998 – 3 K 831/94, EFG 1999, 99.
5 S. hierzu Bräuer, ZInsO 2006, 742.
6 BFH v. 29.1.2009 – V R 67/07, BFH/NV 2009, 1331.

10. Verwertung von zur Sicherheit abgetretenen Forderungen

2321 Nach § 51 Nr. 1 InsO sind auch solche Gläubiger absonderungsberechtigt, denen der Schuldner zur Sicherung des Anspruchs eine Forderung überträgt. Nach § 166 Abs. 2 InsO darf der Insolvenzverwalter die Forderung einziehen oder in anderer Weise verwerten. Sofern er von diesem Recht Gebrauch macht, hat er dem Gläubiger (Abtretungsempfänger) den eingezogenen Betrag abzüglich der Feststellungs- und Verwertungskosten nach § 170 Abs. 1 InsO auszubezahlen.

2322 Von Stadie[1] wird vertreten, dass im Fall der Einziehung einer nicht beglichenen abgetretenen Forderung durch den Insolvenzverwalter nicht der Bruttobetrag auszukehren sei. Der Insolvenzverwalter habe den an den Gläubiger (Abtretungsempfänger) auszukehrenden Betrag auch um die Umsatzsteuer zu kürzen, da die Verwertung zu einer Belastung der Masse mit Umsatzsteuer führe (§ 171 Abs. 2 InsO). Begründet wird diese Auffassung mit der Grundannahme, dass erst mit der Vereinnahmung der Forderung die Umsatzsteuer aus der zugrunde liegenden Lieferung oder sonstigen Leistung begründet sei, so dass eine Masseverbindlichkeit i. S. d. § 55 Abs. 1 InsO entstehe. Dieser Ansatz ist m. E. nicht tragfähig. Vielmehr ist der Bruttobetrag an den Gläubiger (Abtretungsempfänger) auszukehren.[2] Dieser haftet nach § 13c UStG gegenüber der FinVerw sofern diese hinsichtlich des Umsatzsteueranteils ausfällt (s. hierzu Rdnr. 2341).

2323 Die Einziehung von Forderungen löst im Gegensatz zu der Verwertung von körperlichen Gegenständen **keinen steuerbaren Umsatz** aus. Denn die der abgetretenen Forderung zugrunde liegende Leistung hat der Schuldner gegenüber dem Dritten bereits bewirkt. Gleichzeitig stellt auch die Befriedigung mittels der eingezogenen Forderung keinen steuerbaren Umsatz dar.[3] Auch der Einbehalt der Feststellungs- und Verwertungskosten nach § 170 Abs. 1 InsO stellt keinen steuerbaren Vorgang dar.[4]

2324–2340 *(Einstweilen frei)*

---

[1] Stadie in Rau/Dürrwächter, UStG, § 18 Rdnr. 858.
[2] So auch BGH v. 22. 2. 2007 – IX ZR 112/06, ZInsO 2007, 374, s. hierzu auch Ganther, ZInsO 2007, 841, 843.
[3] Farr, Die Besteuerung in der Insolvenz, 190.
[4] Vgl. Abschn. 2 Abs. 3 UStR; de Weerth, UR 2003, 161, 163, Fn. 17; Breutigam in Breutigam/Blersch/Goetsch, Insolvenzrecht, § 177 Rdnr. 22.

11. Steuerhaftung nach § 13c UStG

Literatur: *Viertelhauser*, Die Haftung nach § 13c UStG, InVO 2006, 85; *Friedrich*, Vorbildfunktion der InsO für die Aufnahme einer Regelung der Fälle des § 13c UStG, UR 2009, 149.

a) Allgemeines

Mit Wirkung zum 7.11.2003 wurde mit § 13c UStG die Haftung des Abtretungsempfängers für nicht entrichtete Umsatzsteuer eingeführt. § 13c UStG erfasst die Fälle, in denen ein Unternehmer Kundenforderungen an einen anderen Unternehmer abtritt und der Abtretungsempfänger die Forderung einzieht bzw. an einen Dritten überträgt. Der Abtretungsempfänger haftet für die in der abgetretenen Forderung enthaltene Umsatzsteuer, soweit der leistende Unternehmer die Forderung bei Fälligkeit nicht entrichtet hat.

2341

Durch § 13c UStG wird die Möglichkeit der Kreditgläubiger, ihr Kreditsicherungsvolumen auf Kosten des Steuergläubigers und damit auf Kosten der Allgemeinheit um 19 % auszudehnen auch bei der Verwertung von Forderungen innerhalb und außerhalb des Insolvenzverfahrens beseitigt.[1] Der Gesetzgeber hatte diese Grundwertung bereits in den § 170 Abs. 2 i.V. m. § 171 Abs. 2 Satz 3 InsO und § 13b Abs. 1 Satz 1 Nr. 2 UStG bei der Verwertung von sicherungsübereigneten Gegenständen zum Ausdruck gebracht.

2342

Es wird vermehrt angezweifelt, ob die Vorschrift unter dem Blickwinkel der FED-Tec-Entscheidung des EuGH[2] **gemeinschaftskonform** ist.[3]

2343

Das FG München hat die Anwendbarkeit der Norm auf Globalzessionen, welche vor dem **Inkrafttreten** nach § 27 Abs. 1 UStG (= 7.11.2003) vereinbart wurden, verneint.[4]

2344

---

1 Stadie in Rau/Dürrwächter, UStG, § 13c Rdnr. 4.
2 EuGH v. 11.5.2006 – Rs. C-384/04, DStR 2006, 1196.
3 Dafür: Stadie in Rau/Dürrwächter, UStG, § 13c Rdnr. 11; a. A. de Werth, Zur mangelnden Gemeinschaftskonformität der Haftungsbestimmungen § 13c und § 13d UStG, DStR 2006, 1071, m.w.N.; Piepenbrock, Zum Wert der Globalzession in der Insolvenz, WM 2007, 141; Küffner in Hartmann/Metzenbacher, UStG, § 13c Rdnr. 18 ff.
4 FG München v. 21.2.2007 – 3 K 2219/06, EFG 2007, 961 – Rev. eingelegt, Az. XI 57/07 – entgegen Abschn. 182b Abs. 38 UStR.

b) Haftungsvoraussetzungen

2345 Vor Inanspruchnahme müssen folgende Voraussetzungen[1] erfüllt sein:

- Der Haftungstatbestand knüpft an jede Form der **Abtretung i. S. d. § 398 BGB**. Ohne Belang ist, welcher Art das zugrunde liegende Verpflichtungsgeschäft ist. Die Vorschrift greift auch dann, wenn ein Teil der Forderung abgetreten wurde. Auch dann, wenn nur der sog. **Nettobetrag** abgetreten wurde, wendet die FinVerw § 13c UStG an.
- Die Abtretung muss auf die **Gegenleistung für einen steuerpflichtigen Umsatz** gerichtet sein.
- Die Steuer muss gegenüber dem **leistenden Unternehmer** (Abtretenden) **festgesetzt** sein.
- Die festgesetzte **Steuer** muss bei **Fälligkeit nicht** oder nicht **vollständig entrichtet** worden. sein. Die Fälligkeit wird bei Anmeldung zur Insolvenztabelle fingiert (vgl. § 41 Abs. 1 InsO).
- Die Forderung muss durch den Abtretungsempfänger oder einen Dritten vereinnahmt worden sein.

2346 Der **Haftungsumfang** ist der Höhe nach dreifach begrenzt:

- auf den Betrag der im Fälligkeitszeitpunkt nicht entrichteten Steuer;
- auf die im enthaltenen Betrag der abgetretenen Forderung enthaltene Umsatzsteuer;
- auf den mit der abgetretenen Forderung vereinnahmten Umsatzsteuerbetrag.

2347 Die Haftung tritt **nicht ein,** soweit der Abtretende auf die nach § 13c Abs. 1 Satz 1 UStG festgesetzte Steuer Zahlungen i. S. d. § 48 AO geleistet hat.

2348 Nach § 13c Abs. 2 Satz 2 UStG ist der Abtretungsempfänger bei Vorliegen der gesetzlichen Voraussetzungen durch **Haftungsbescheid** in Anspruch zu nehmen, ohne dass dem Finanzamt ein **Ermessen** eingeräumt wird.

c) Insolvenzspezifische Problemfelder

2349 Von der **Notwendigkeit der Festsetzung der Steuer** gegenüber dem leistenden Unternehmer gibt es auch in der Insolvenz keine Ausnahme. Sie ist auch erforderlich, wenn die Eröffnung des Insolvenzverfahrens mangels einer die Kosten deckenden Masse abgewiesen wurde oder die Gesellschaft schon erloschen

---

[1] S. hierzu auch Abschn. 182b UStR; BMF v. 30. 1. 2006, BStBl I 2006, 207.

ist. Während des Insolvenzverfahrens reicht die Anmeldung der Insolvenzforderung zur Tabelle aus.[1]

§ 13c UStG kommt auch dann zur Anwendung, wenn im Rahmen des Insolvenzverfahrens beim leistenden Unternehmer anstelle des Abtretungsempfängers der **Insolvenzverwalter die abgetretene Forderung verwertet oder einzieht** (§ 166 Abs. 2 InsO). Der Abtretungsempfänger verwertet den vom Insolvenzverwalter eingezogenen Geldbetrag nach Abzug der Verwertungs- und Feststellungskosten (§ 170 InsO) aufgrund des durch die Abtretung begründeten Absonderungsrechts. Kehrt der Insolvenzverwalter den Bruttobetrag der Forderung abzüglich seiner Kosten an den Gläubiger aus, so haftet der Gläubiger nach § 13c UStG (vgl. hierzu das Anwendungsbeispiel unter Rdnr. 2356).[2]

2350

Von einer **Nichtentrichtung der Steuer** ist grundsätzlich auch dann auszugehen, wenn eine **Insolvenzquote** zu erwarten ist. Wird tatsächlich eine Zahlung durch den Insolvenzverwalter auf die angemeldete Umsatzsteuer im Rahmen der Insolvenzquote geleistet, führt dies insoweit zum Erlöschen der Haftungsschuld, als die verbleibende Steuerschuld dadurch niedriger als die ursprüngliche Haftungsschuld wird. Ein Haftungsbescheid ist insoweit zu widerrufen.

2351

Noch ungeklärt ist das **Konkurrenzverhältnis zwischen Insolvenzanfechtung und der Haftung nach § 13c UStG**.[3]

2352

BEISPIEL: ▶ Für das Konto des A bei B besteht ein Kreditrahmen von 100 000 € (sog. „vereinbarte Überziehung"). Ein Kunde des A begleicht eine Forderung i. H. v. 35 700 € durch Überweisung auf das Konto des A bei B, welches nach der Gutschrift noch einen Saldo von 120 000 € im Debet aufweist. B hat das Recht, den Betrag ausschließlich zum Ausgleich der eigenen Forderung zu verwenden und dem A insoweit eine anderweitige Verfügung zu versagen. Zwei Monate nach Zahlungseingang stellt A den Antrag auf Eröffnung des Insolvenzverfahrens.

Nach Auffassung der FinVerw ist § 13c UStG im Hinblick auf die Vereinnahmung weit zu fassen.[4] Dies betrifft insbesondere die Fälle, in denen Forderungsbeträge auf einem beim Abtretungsempfänger geführten Konto des leistenden Unternehmers eingehen. Die Vereinnahmung des Forderungsbetrages durch den Abtretungsempfänger wird bereits bei jedem Geldeingang auf einem bei dem Abtretungsempfänger geführten Konto des leistenden Unter-

2353

---

1 Vgl. Abschn. 182b Abs. 17 UStR; Stadie in Rau/Dürrwächter, UStG, § 13c Rdnr. 34.
2 Vgl. Abschn. 182b Abs. 21 UStR.
3 Sobotta, Haftungsrisiken bei der Vereinnahmung abgetretener Forderungen, NWB 7/2006, F. 7, 6589; Molitor, Insolvenzanfechtung und die Haftung des kontoführenden Instituts nach § 13c UStG, ZInsO 2006, 80; Bork, ZIP 2006, 589; Farr, Die Besteuerung in der Insolvenz, 193.
4 BMF v. 30. 1. 2006, BStBl I 2006, 207.

nehmers fingiert, wenn der Abtretende die Forderung zwar einzieht, aber nur der Abtretungsempfänger die Möglichkeit des Zugriffs hat. Das ist z. B. dann der Fall, wenn sich das Konto des leistenden Unternehmers beim Kontokorrent im Debet befindet.

2354 Die Forderung des A gilt deshalb im Beispielsfall in voller Höhe als durch B vereinnahmt, so dass B hinsichtlich der vereinnahmten Umsatzsteuer grundsätzlich nach § 13c UStG in Anspruch genommen werden kann. Gleichzeitig besteht die Möglichkeit, dass der Insolvenzverwalter des A die Verrechnung der Zahlungen im Kontokorrent nach § 131 InsO wirksam anficht (vgl. hierzu Rdnr. 319 ff.) und insoweit einen Rückgewähranspruch geltend macht.

2355 In der Literatur[1] werden verschiedene Lösungsansätze dieser „Zwickmühle", in der sich B befindet, diskutiert. Sie lassen sich wie folgt zusammen fassen:

▶ **Inanspruchnahme gem. § 13c UStG nach Insolvenzanfechtung**

Sofern die Inanspruchnahme nach § 13c UStG zu einem Zeitpunkt erfolgt, an dem die Verrechnung der Zahlungen wirksam angefochten wurde und die verrechneten Beträge an die Masse zurückgewährt wurden, ist § 13c UStG m. E. tatbestandlich nicht erfüllt. Denn die Umsatzsteuer ist in diesem Fall in wirtschaftlicher Hinsicht nicht vom Abtretungsempfänger (B) vereinnahmt worden.

▶ **Inanspruchnahme gem. § 13c UStG vor Insolvenzanfechtung**

Im Ergebnis muss der Abtretungsempfänger (B) bei dieser Fallkonstellation damit rechnen, zuerst nach § 13c UStG von der FinVerw in Anspruch genommen zu werden. Denn der Abtretungsempfänger (B) hat den Betrag tatsächlich vereinnahmt, auch wenn er ihn nach der Insolvenzanfechtung nicht behalten darf. Daneben ist der der Abtretungsempfänger (B) einem Rückgewähranspruch des Insolvenzverwalters nach erfolgreicher Anfechtung ausgesetzt. Es besteht keine Möglichkeit, dem Insolvenzverwalter den Entreicherungseinwand entgegen zu halten. Das Gesetz schließt diesen Einwand durch § 143 Abs. 1 Satz 2 InsO mit der Verweisung auf §§ 819 Abs. 1, 818 Abs. 4, 292, 989 BGB für den Regelfall aus.[2]

Da die Haftung nach § 13c UStG keine Ermessungsausübung seitens der FinVerw zulässt, besteht keine Möglichkeit für die FinVerw von einem Haftungsbescheid abzusehen. Die „Zwickmühle" kann m. E. nur dadurch gelöst

---

1 Eine höchstrichterliche Entscheidung steht noch aus. S. insbes. Molitor, Insolvenzanfechtung und die Haftung des kontoführenden Instituts nach § 13c UStG, ZInsO 2006, 80.
2 BGH v. 12. 2. 2004 – IX ZR 70/03, DB 2004, 2213.

werden, dass die FinVerw den Haftungsbescheid aus **sachlichen Billigkeitsgründen** widerruft, wenn der der Abtretungsempfänger nach erfolgreicher Anfechtung die vormals vereinnahmten Beträge an den Insolvenzverwalter rückgewähren muss.[1]

d) Anwendungsbeispiel

Ein Unternehmer (U) tritt im Rahmen einer Globalzession seine Forderungen an die Bank (B) ab. Er tätigt eine Lieferung an einen anderen Unternehmer im Wert von 10 000 € zzgl. 19 % USt. U gerät in Insolvenz und kann die Umsatzsteuer zum Fälligkeitstag nicht an das Finanzamt entrichten. Der Insolvenzverwalter des U verwertet die Forderung durch Einziehung und befriedigt die absonderungsberechtigte Bank nach Abzug der Feststellungs- und Verwertungskosten nach § 170 Abs. 1 InsO.

2356

B haftet als Abtretungsempfängerin für die vereinnahmte Umsatzsteuer nach § 13c UStG, auch wenn die Verwertungshandlung selbst durch den Insolvenzverwalter durchgeführt wurde.

2357

Der folgende Vergleich verdeutlicht, dass die Forderung es Finanzamtes im Ergebnis durch die Haftung der B nach § 13c UStG *wie* eine Forderung gegen die Masse beglichen wird:

2358

Rechtslage vor Einführung des § 13c UStG:

	Gesamtbetrag	enthaltene USt
Forderungen	11 900,– €	1 900,– €
Kosten für Insolvenzverwalter (9 %)	1 071,– €	
Restbetrag, abgetreten an die Bank	10 829,– €	1 729,– €
Forderungsausfall der FinVerw		1 900,– €

Die Forderung der FinVerw kann nur als Insolvenzforderung geltend gemacht werden.

---

1 So auch Farr, Die Besteuerung in der Insolvenz, 193; zur Hinterlegung bis zur endgültigen Klärung des Haftungsanspruchs nach § 13c UStG s. Siebert, UStB 2006, 333.

Rechtslage nach Einführung des § 13c UStG:

	Gesamtbetrag	enthaltene USt
Forderungen	11 900,– €	1 900,– €
Kosten für Insolvenzverwalter (9 %)	1 071,– €	
Restbetrag, abgetreten an die Bank	10 829,– €	1 729,– €
Haftungsforderung gegen die Bank		1 729,– €
Forderungsausfall der FinVerw		171,– €

2359–2380   *(Einstweilen frei)*

12. Haftung nach § 25d UStG

Literatur: Lohse, Umsätze eines späteren Insolvenzschuldners mit Zustimmung eines schwachen Insolvenzverwalters, UR 2008, 475; de Weerth, Haftung für nicht abgeführte Umsatzsteuer, ZInso 2008, 613.

2381   § 25d UStG betrifft die Haftung (des Leistungsempfängers) für schuldhaft nicht abgeführte Umsatzsteuer (des Leistenden). Die Einführung dieses Haftungstatbestandes sollte der Bekämpfung des Umsatzsteuerbetrugs, insbesondere in Form von „Karussellgeschäften" dienen. Die FinVerw hat in einigen Bundesländern versucht, diesen Haftungstatbestand auch bei Verwertungshandlungen des vorläufig „schwachen" Insolvenzverwalters nutzbar zu machen, um den Steuerausfall aufgrund der Nichtanwendbarkeit des § 55 Abs. 2 InsO zu kompensieren.

2382   Der BFH[1] lehnt eine Haftung des Erwerbers aus § 25d UStG ab, weil in Insolvenzfällen jedenfalls nicht generell davon ausgegangen werden kann, dass der spätere Insolvenzschuldner (Rechnungsaussteller) die Absicht hat, die von ihm ausgewiesene Umsatzsteuer nicht zu entrichten.   Da der FinVerw vom BFH in solchen Fällen die Feststellungslast zugewiesen wird, dürfte die Anwendung in der Praxis regelmäßig scheitern.[2]

2383–2410   *(Einstweilen frei)*

---

1 BFH v. 28. 2. 2008 – V R 44/06, BStBl II 2008, 586.
2 So auch Lange, HFR 2008, 746; de Weerth, ZinsO 2008, 1252, 1256.

E. Sonstige Steuern und Nebenforderungen

1. Grunderwerbsteuer

Literatur: MünchKommInsO/*Kling/Schüppen/Ruh*, Insolvenzsteuerrecht, Rdnr. 221 ff.; *Kahlert/Rühland*, Sanierungs- und Insolvenzsteuerrecht, Rdnr. 2470 ff.; *Farr*, Besteuerung in der Insolvenz, Rdnr. 427 ff.; *Maus*, Steuern im Insolvenzverfahren, Rdnr. 462 ff.; *Heine*, Die grunderwerbsteuerliche Unbedenklichkeitsbescheinigung im Insolvenzverfahren, ZInsO 2004, 230 ff.; *Boruttau*, Grunderwerbsteuergesetz – Kommentar, 16. Aufl., München, 2007; *Gottwald*, Grunderwerbsteuer, 3. Aufl., Neuwied, 2009.

Nach dem allgemeinen Grundsatz aus § 38 AO entsteht der **Anspruch aus dem Steuerschuldverhältnis**, § 37 AO, sobald der **Tatbestand** verwirklicht ist, an den das Gesetz die Leistungspflicht knüpft. Gemäß § 14 GrEStG entsteht die Grunderwerbsteuer in besonderen Fällen, wenn die Wirksamkeit eines Erwerbsvorgangs von dem Eintritt einer Bedingung abhängig ist, mit dem Eintritt der Bedingung, § 14 Nr. 1 GrEStG; oder wenn ein Erwerbsvorgang einer Genehmigung bedarf, mit der Genehmigung (§ 14 Nr. 2 GrEStG).[1] Die Grunderwerbsteuer ist i. S. v. § 38 AO begründet, sobald die in § 1 GrEStG genannten Erwerbsvorgänge verwirklicht worden sind. Hat der Schuldner einen die Steuerpflicht auslösenden Tatbestand vor der Verfahrenseröffnung erfüllt, ist die Steuerforderung entstanden (§ 38 AO) und als **Insolvenzforderung** zur Tabelle anzumelden (§ 174 InsO).[2]

2411

Allerdings wird nach § 15 GrEStG die Steuerschuld frühestens einen Monat nach Bekanntgabe des Steuerbescheides erstmalig **fällig**.[3] Fehlt es an einem Steuerbescheid im Zeitpunkt der Insolvenzeröffnung, gilt die Forderung nach § 41 Abs. 1 InsO indessen insolvenzrechtlich als fällig. Sie darf allerdings nur mit einem abgezinsten Betrag angemeldet werden, weil sie unverzinslich ist (vgl. § 41 Abs. 2 InsO). Die Höhe der **Abzinsung** ist in zeitlicher Hinsicht zu schätzen, denn der Eintritt der Fälligkeit hängt von dem nicht genau feststehenden Zeitpunkt der Bekanntgabe eines Bescheides ab, der im Übrigen während des Insolvenzverfahrens gar nicht ergehen darf. Es ist hier entscheidend, wann nach dem üblichen Geschäftsgang des Finanzamtes eine Festsetzung zu erwarten gewesen wäre. Berechnungsgrundlage der Abzinsung ist mangels anderweitiger gesetzlicher Vorgaben der in § 246 BGB bestimmte gesetzliche Zinssatz von 4 %.[4]

2412

---

1 S. Kahlert/Rühland, Sanierungs- und Insolvenzsteuerrecht, Rdnr. 2474 f.
2 Ebenso Boruttau/Viskorf, § 14 Rdnr. 79.
3 Ebenso Boruttau/Viskorf, § 14 Rdnr. 79.
4 Vgl. Frotscher, Besteuerung bei Insolvenz, S. 60 f., S. 234.

II. Die Behandlung der einzelnen Steuerarten und Erhebungsformen

2413   Zu den **Insolvenzforderungen, § 38 InsO**, und nicht zu den Masseverbindlichkeiten, § 55 Abs. 1 Nr. 1 InsO, gehört die Grunderwerbsteuer auch, wenn sie wegen § 14 GrEStG steuerrechtlich erst nach Insolvenzeröffnung entsteht, weil sie vom Eintritt einer Bedingung abhängt oder eine Genehmigung erteilt werden muss (§ 38 AO).[1] Insolvenzrechtlich ist in diesem Fall die Forderung schon mit Abschluss des rechtswirksamen Erwerbsgeschäftes begründet, weil ihre Entstehung i. S. d. § 81 InsO von einer persönlichen Handlung des Schuldners unabhängig ist und dessen Rechtssphäre nicht mehr berührt.[2] Dass ihr Entstehen oder Nichtentstehen noch vom Insolvenzverwalter beeinflusst werden kann, ist – wie dem § 103 InsO entnommen werden kann – für das „Begründetsein" belanglos.[3]

2414   Der Anspruch auf **Erstattung** der Grunderwerbsteuer ist vor Eröffnung des Insolvenzverfahrens begründet worden, weil im Grundstückskaufvertrag ein Rücktrittsrecht vereinbart wurde.[4] Daraus ergibt sich, dass die Finanzverwaltung mit Insolvenzforderungen aufrechnen kann, auch wenn der Rücktritt erst nach Eröffnung des Verfahrens erfolgt.

2415   Die Grunderwerbsteuer ist ebenfalls schon vor der Insolvenzeröffnung begründet und damit **Insolvenzforderung**, wenn der Insolvenzverwalter von seinem Wahlrecht nach § 103 Abs. 1 InsO Gebrauch macht und sich für die Erfüllung eines vom Schuldner vor der Verfahrenseröffnung abgeschlossenen Grundstückskaufvertrags entscheidet oder der Gläubiger die Erfüllung wegen der Eintragung einer Vormerkung (§ 883 BGB) nach § 106 InsO durchsetzen kann. Der Rechtsgrund für die Entstehung des Anspruchs ist für beide Fallgestaltungen mit dem Vertragsabschluss bereits vor Eröffnung des Verfahrens gelegt, so dass die Steuer schon mit der Vereinbarung des Erwerbsgeschäfts begründet war.[5]

2416   Diese Rechtsgrundsätze gelten auch im umgekehrten Fall. Lehnt nämlich der Insolvenzverwalter die Erfüllung nach § 103 Abs. 2 InsO ab, entfällt die Steuerpflicht und die bereits an die Finanzbehörde entrichteten Beträge müssen erstattet werden.[6] Diesen nach Insolvenzeröffnung entstandenen **Erstattungs-**

---

1 Ebenso Boruttau/Viskorf, § 15 Rdnr. 23; Kahlert/Rühland, Sanierungs- und Insolvenzsteuerrecht, Rdnr. 2472 ff.
2 Vgl. Frankfurter Kommentar, § 155 Rdnr. 427.
3 BFH v. 23. 8. 1978 – II 16/76, BStBl II 1979, 198, 199.
4 So BFH v. 17. 4. 2007 – VII R 27/06, BFH/NV 2007, 1391, NWB DokID: QAAAC-46657; FG Rheinland-Pfalz v. 15. 9. 2005 – 4 K 1213/03, DStRE 2006, 1426 ff., NWB DokID: KAAAB-88170.
5 Vgl. Uhlenbruck/Uhlenbruck, InsO, § 38 Rdnr. 34; Frotscher, Besteuerung bei Insolvenz, 233; BFH v. 14. 10. 1977 – II R 111/75, BStBl II 1978, 204, zum InvZulG.
6 So auch Maus, Steuern im Insolvenzverfahren, Rdnr. 463.

anspruch hat der Insolvenzverwalter zugunsten der Masse geltend zu machen, weil die Steuer zuvor aus dem vorinsolvenzlichen Vermögen des Insolvenzschuldners abgeflossen ist. Das Finanzamt muss die schon entrichtete Grunderwerbsteuer zur Masse erstatten.[1]

Verwertet der Insolvenzverwalter ein zur Masse gehörendes Grundstück, indem er es veräußert, ist die Grunderwerbsteuer erst nach der Verfahrenseröffnung begründet, so dass die durch diesen Erwerbsvorgang entstandene Steuer als **Masseverbindlichkeit** nach § 55 Abs. 1 Nr. 1 InsO einzuordnen ist.[2] 2417

Hat der Schuldner ein Grundstück veräußert und wird der schon vor Verfahrenseröffnung abgewickelte Kaufvertrag vom Insolvenzverwalter nach §§ 129 ff. InsO erfolgreich angefochten, so muss nach § 143 InsO grds. in Natur zur Insolvenzmasse zurückgewährt werden, was durch die angefochtene Handlung aus dem Vermögen des Insolvenzschuldners abgegeben worden ist. Es handelt sich um einen schuldrechtlichen Rückgewähranspruch.[3] Die **Insolvenzanfechtung** führt nicht zur Nichtigkeit oder Unwirksamkeit der angefochtenen Rechtshandlung. Obwohl das den Steuertatbestand erfüllende Rechtsgeschäft im Anfechtungsfall wirksam bleibt, muss auch die Finanzbehörde aufgrund von § 16 Abs. 2 GrEStG die schon vor Verfahrenseröffnung aus dem Vermögen des Insolvenzschuldners entrichtete Grunderwerbsteuer nach § 143 InsO an die Insolvenzmasse erstatten,[4] sofern die übrigen Voraussetzungen, insbesondere die Fristen, gewahrt sind.[5] 2418

Einigt sich der Erwerber mit dem Insolvenzverwalter auf ein zusätzliches Entgelt, um den Erwerbsvorgang wirksam werden zu lassen, ist die überschießende Gegenleistung nach § 9 Abs. 2 Nr. 1 GrEStG grunderwerbsteuerpflichtig, obwohl sie nicht unmittelbar an den Schuldner als Veräußerer, sondern an die Insolvenzmasse zu Händen des Insolvenzverwalters fließt.[6] Die Vereinbarung über eine nachträgliche zusätzliche Gegenleistung ist als hinzutretendes, selbständiges Ereignis zu bewerten. Da das Gesetz die Steuer an die zusätzliche 2419

---

1 Frotscher, Besteuerung bei Insolvenz, 234; FG Bremen v. 19. 12. 1973 – II 44/73, EFG 1974, 220; s. zum ESt- und KSt-Erstattungsanspruch BFH v. 22. 5. 1979 – VIII R 58/77, BStBl II 1979, 639, 640 und v. 29. 1. 1991 – VII R 45/90, BFH/NV 1991, 791, 792, NWB DokID: ZAAAB-32569, die Sachlage ist vergleichbar.
2 Ebenso: Kahlert/Rühland, Sanierungs- und Insolvenzsteuerrecht, Rdnr. 2481.
3 Vgl. dazu im Einzelnen: Schmittmann/Theurich/Brune, Das insolvenzrechtliche Mandat, § 4 Rdnr. 200.
4 Frankfurter Kommentar, § 155 Rdnr. 428; Frotscher, Besteuerung bei Insolvenz, 234, Fn. 9; MünchKommInsO/Kling/Schüppen/Ruh, Insolvenzsteuerrecht, Rdnr. 227; vgl. BFH v. 6. 2. 1980 – II R 7/76, BStBl II 1980, 363, 364.
5 Ebenso Boruttau/Viskorf, § 16 Rdnr. 167; Farr, Besteuerung in der Insolvenz, Rdnr. 429.
6 BFH v. 13. 4. 1994 – II R 93/90, BStBl II, 817, 818.

Leistung knüpft, ist der Steuertatbestand auch erst **mit Abschluss der Vereinbarung** und nicht rückwirkend auf den Zeitpunkt des ursprünglichen Erwerbsvorgangs verwirklicht (vgl. § 140 InsO).[1] Der Nachforderungsbetrag ist mithin **Masseverbindlichkeit** nach § 55 Abs. 1 Nr. 1 InsO und kann als solche durch Steuerbescheid gegenüber dem Insolvenzverwalter geltend gemacht werden. Wegen der voraussichtlich größeren Bonität wird es jedoch für die Finanzbehörde zweckmäßiger sein, sich in erster Linie an den Erwerber des Grundstücks zu halten, der nach § 13 Nr. 1 GrEStG neben dem Insolvenzschuldner gesamtschuldnerisch haftet.

2420 Ist im umgekehrten Fall nach erfolgreicher insolvenzrechtlicher Anfechtung das vom Schuldner veräußerte Grundstück in die Insolvenzmasse zurückzugewähren, darf die zunächst verwirklichte Grunderwerbsteuer nicht erhoben bzw. muss die schon entrichtete Steuer erstattet werden, obwohl die Anfechtung nicht etwa zur Nichtigkeit des ursprünglichen Erwerbsgeschäfts führt, sondern nur schuldrechtliche Rückgewähransprüche begründet.[2] Der Empfänger der anfechtbaren Leistung kann seine Forderung auf Rückgewähr der Gegenleistung nur als Insolvenzgläubiger geltend machen (vgl. § 144 Abs. 2 Satz 2 InsO). Der Höhe nach allerdings nur, soweit die Gegenleistung in der Insolvenzmasse noch unterscheidbar vorhanden ist oder soweit die Masse um ihren Wert bereichert ist (§ 144 Abs. 2 Satz 1 InsO).

2421 Wird infolge der Insolvenz des Veräußerers der Kaufvertrag aufgehoben und wird die Immobilie vom Insolvenzverwalter noch am gleichen Tage an eine gesellschafteridentische Schwestergesellschaft der Schuldnerin veräußert, so steht einer Rückgängigmachung i. S. v. § 16 Abs. 1 Nr. 1 GrEStG nicht entgegen, wenn zwar einerseits Besitz, Nutzung und Lasten unmittelbar rückwirkend von der ersten auf die zweite Erwerberin übergehen, dies auch im Interesse der ersten Erwerberin erfolgt, und wenn der Insolvenzverwalter für die Schuldnerin die ursprüngliche Rechtsposition nicht in vollem Umfang zurückerlangt, wenn aber andererseits der ersten Erwerberin (Schuldnerin) keine Rechtsposition i. S. einer an § 1 Abs. 2 GrEStG orientierten Verwertungsbefugnis verblieben ist und sie somit eine solche Rechtsposition auch nicht im Zusammenhang mit der Weiterveräußerung im eigenen wirtschaftlichen Interesse bzw. im wirtschaftlichen Interesse der Muttergesellschaft verwertet hat.[3]

---

[1] BFH v. 13. 4. 1994 – II R 93/90, BStBl II, 817, 819.
[2] BFH v. 6. 2. 1980 – II R 7/76, BStBl II 1980, 363, 364.
[3] So FG Berlin-Brandenburg v. 21. 5. 2008 – 11 K 1382/04 B, DStRE 2008, 1528 f.; Revision eingelegt: BFH – II R 35/08.

Im Gegensatz zur Grundsteuer ruht die Grunderwerbsteuer nicht als öffentliche Last auf dem Grundstück, so dass eine **abgesonderte Befriedigung** des Steuergläubigers nach § 49 InsO **ausscheidet**.

2422

(Einstweilen frei) 2423–2440

2. Grundsteuer

Literatur: *Kahlert/Rühland*, Sanierungs- und Insolvenzsteuerrecht, Rdnr. 2490 ff.; *Maus*, Steuern im Insolvenzverfahren, Rdnr. 465 ff.; *Leuchtenberg*, Grundsteuer im Brennpunkt des Verfassungsrechts, DStZ 2006, 36 ff.; *El-Tounsy/Kühnold/Rave*, Einheitswert – Grundsteuer – Erlass wegen Ertragsminderung, DStZ 2009, 798 ff.

Der verfassungsrechtlich nicht zu beanstandenden[1] Grundsteuer unterliegt als **Substanzsteuer** der Grundbesitz i. S. d. Bewertungsgesetzes (§ 2 GrStG). Dazu zählen die wirtschaftlichen Einheiten des land- und forstwirtschaftlichen Vermögens – also die Betriebe der Land- und Forstwirtschaft und des Grundvermögens – also Grundstücke. Der Grundsteuer unterliegt der Grundbesitz auch dann, wenn es sich um Grundstücke handelt, die zum Betriebsvermögen ihres Eigentümers gehören. Verfahrenstechnisch ist bei der Berechnung der Grundsteuer zu beachten, dass die Finanzbehörde zunächst den **Einheitswert**[2] feststellt und darauf fußend den **Grundsteuermessbetrag** festsetzt; erst anschließend in einer dritten Stufe obliegt es der Gemeinde, die Grundsteuer festzusetzen und zu erheben.

2441

Nach § 9 Abs. 1 GrStG wird die Grundsteuer nach den Verhältnissen zu Beginn des Kalenderjahres festgesetzt **(Stichtagsprinzip)** und ist nach § 28 GrStG durch Vorauszahlungen anteilig zu tilgen.[3] Sie entsteht schon mit Beginn des Kalenderjahres, für das die Steuer festzusetzen ist (§ 9 Abs. 2 GrStG). Da somit der die Forderung begründende Steuertatbestand umfassend bereits zu Beginn des Jahres verwirklicht ist, zählt der Jahressteuerbetrag **in voller Höhe** zu den **Insolvenzforderungen**. Dies gilt für den gesamten Jahresbetrag, der nicht aufzuteilen ist;[4] auf die Fälligkeit kommt es nicht an. Gegen eine Aufteilung der Steuer auf die Zeiträume vor und nach der Verfahrenseröffnung spricht

2442

---

1 So BFH v. 19. 7. 2006 – II R 81/05, BStBl II 2006, 767 ff.; vgl. Leuchtenberg, DStZ 2006, 36 ff.
2 In den neuen Bundesländern werden für den land- und forstwirtschaftlichen Grundbesitz ab 1. 1. 1991 statt Einheitswerten sog. Ersatzwirtschaftswerten ermittelt.
3 So Kahlert/Rühland, Sanierungs- und Insolvenzsteuerrecht, Rdnr. 2494.
4 Braun/Uhlenbruck, Unternehmensinsolvenz, 45; a. A. Frotscher, Besteuerung bei Insolvenz, S. 235 und Smid/Rattunde, § 155 Rdnr. 34, die eine zeitanteilige Aufteilung befürworten.

auch § 27 Abs. 1 GrStG, der eine Festsetzung für das Kalenderjahr vorschreibt.[1] Damit ist die Grundsteuer nicht mit der Kfz-Steuer zu vergleichen, bei der nur die Zahlungsschuld schon zu Beginn des Entrichtungszeitraums entsteht, während der steuerrechtliche Grundtatbestand durch das fortdauernde, sich ständig erneuernde Halten des Fahrzeugs verwirklicht wird.[2] Derjenige, dem das Grundstück am Stichtag bewertungsrechtlich zugerechnet ist, bleibt nämlich selbst dann Schuldner des Jahressteuerbetrages, wenn er das Eigentum während des Steuerjahres – z. B. durch Veräußerung – verliert. Veräußerer und Erwerber können jedoch vertraglich vereinbaren, dass der Erwerber dem Veräußerer zeitanteilig eine ggf. bereits gezahlte Grundsteuer erstattet.[3] Aus § 446 Satz 2 BGB ergibt sich lediglich, dass die Lasten nach Übergabe vom Erwerber zu zahlen sind.

2443 Folgerichtig zählt die Grundsteuer für ein zur Masse gehörendes Grundstück zu den **Masseverbindlichkeiten** nach § 55 InsO, soweit zur Insolvenzmasse ein land- oder forstwirtschaftlicher Betrieb (§§ 33–67, 31 BewG), Betriebsgrundstücke (§ 99 BewG) oder Grundstücke (§§ 68 ff. BewG) gehören und der Grundsteueranspruch in den auf die Verfahrenseröffnung folgenden Jahren begründet worden ist.[4] Er ist dann nicht zur Tabelle anzumelden, sondern als Masseverbindlichkeit durch Steuerbescheid gegen den Verwalter geltend zu machen.

2444 Zu beachten ist ferner, dass – ähnlich wie bei der Gewerbesteuer – die Finanzbehörden nur einen **Messbescheid** (§ 13 GrStG) erlassen, während das **Heberecht** den Gemeinden zusteht. Im Insolvenzverfahren sind also nur sie Insolvenzgläubiger. Da nach der Eröffnung des Insolvenzverfahrens ein Grundsteuerbescheid mit Leistungsgebot nicht mehr ergehen darf, hat die hebeberechtigte Gemeinde als Steuergläubigerin den Grundsteueranspruch zur Tabelle anzumelden. Auch hier gelten die unter Rdnr. 1891 dargestellten Grundsätze, da die Kommunalabgabengesetze der Länder – so z. B. in Nordrhein-Westfalen § 12 Abs. 1 Nr. 6a KAG[5] – § 251 Abs. 2 und 3 AO für anwendbar erklären.

---

[1] S. Maus, Steuern im Insolvenzverfahren, Rdnr. 465; VG Schleswig v. 24. 7. 1985 – 1 D 19/85, KTS 1985, 752.
[2] BFH v. 8. 7. 1997 – VII B 89/97, BFH/NV 1998, 86, NWB DokID: PAAAB-39259.
[3] Vgl. zu den öffentlichen Lasten, die ggf. auf dem Grundstück lasten, und der Haftung, § 436 BGB.
[4] Vgl. Uhlenbruck/Uhlenbruck, InsO, § 38 Rn. 33.
[5] S. zur Gewerbesteuer VG Köln v. 28. 7. 1994 – 20 K 1034/93, n.v.; bestätigt durch OVG Nordrhein-Westfalen v. 23. 1. 1997 – 22 A 4686/94, n.v., die Rechtslage ist vergleichbar.

Nach der Rechtsprechung des BFH[1] dürfen die Finanzämter i. d. R. auch Grundlagenbescheide nach Insolvenzeröffnung nicht mehr erlassen, soweit die Insolvenzmasse betroffen ist, weil in ihnen Besteuerungsgrundlagen zu dem Zweck ermittelt und festgestellt werden, um Steuerforderungen zur Insolvenztabelle anmelden zu können. Dabei ist entscheidend, ob die festgestellten Besteuerungsgrundlagen abstrakt geeignet sind, sich auf möglicherweise als Insolvenzforderungen anzumeldende Steueransprüche auszuwirken. Die mittelbare Auswirkung auf das Vermögen des Schuldners reicht danach aus, um die Insolvenzmasse i. S. d. § 240 ZPO als betroffen anzusehen. Bei der Gewerbesteuer darf die Finanzbehörde nach der Insolvenzeröffnung die hebeberechtigte Gemeinde über den Messbetrag nur noch formlos unterrichten, damit diese in die Lage versetzt wird, die Gewerbesteuerforderung zu berechnen und zur Insolvenztabelle anzumelden. Ein trotzdem erlassener Gewerbesteuermessbescheid ist unwirksam.

2445

Obwohl die Rechtslage bei den beiden Realsteuern vergleichbar ist, weil ihre Festsetzung durch die hebeberechtigte Gemeinde jeweils auf Messbescheiden fußt, ist offen, ob diese Rechtsprechung zum Gewerbesteuermessbescheid auch für die **Grundsteuermess- und Einheitswertbescheide** gilt. Nach der Rechtsprechung des FG Brandenburg rechtfertigt es die dingliche Wirkung eines Einheitswert- und Grundsteuermessbescheides, auch nach Eröffnung des Insolvenzverfahrens die Bekanntgabe solcher, auf einen Stichtag vor Eröffnung des Insolvenzverfahrens erlassener Bescheide gegenüber dem Insolvenzverwalter als zulässig anzusehen.[2]

2446

Weil die Grundsteuer nach § 12 GrStG als **öffentliche Last**[3] auf dem Steuergegenstand – also dem Grundstück – ruht und der Gläubiger wegen der damit verbundenen dinglichen Haftung nach §§ 3 Abs. 2, 77 Abs. 2 AO die Zwangsversteigerung betreiben kann, steht den Gemeinden als Steuergläubigern im Insolvenzverfahren ein Absonderungsrecht nach § 49 InsO zu.[4] Dies gilt allerdings erst, wenn die Zwangsversteigerung des zur Insolvenzmasse gehörigen Grundstücks betrieben wird.[5]

2447

---

1 BFH v. 2.7.1997 – I R 11/97, BStBl II 1998, 428; v. 18.12.2002 – I R 33/01, BStBl II 2003, 630; Stöcker, NZI 2003, 457; s. hierzu auch Rdnr. 526.
2 So FG Brandenburg v. 14.9.2006 – 3 K 2728/03, ZInsO 2006, 1339, 1341.
3 Vgl. dazu: Maus, Steuern im Insolvenzverfahren, Rdnr. 465.
4 FG Berlin v. 21.7.1961 – X A 9/61, EFG 1962, 275; zur öffentlichen Last bei kommunalen Grundstücksabgaben s. a. BGH v. 30.6.1988 – IX ZR 141/87, NJW 1989, 107.
5 OLG Hamm v. 21.10.1993 – 27 U 125/93, OLGR Hamm 1994, 31 = NJW-RR 1994, 469.

2448 Nach der Rechtsprechung des LG Hannover hat der Schuldner mit der Vorauszahlung von Grundsteuern eine Anwartschaft auf den am Ende des Veranlagungszeitraums entstehenden **Erstattungsanspruch**, so dass dieser in die Masse fällt, wenn vor Eröffnung des Insolvenzverfahrens oder während dessen Dauer der von ihm begründete Sachverhalt verwirklicht ist.[1] Im vorliegenden Sachverhalt war neben dem Insolvenzverfahren auch ein **Zwangsverwaltungsverfahren** angeordnet. Die Eröffnung des Insolvenzverfahrens lag zeitlich vor der Anordnung der Zwangsverwaltung. Das LG Hannover stellte fest, dass der Erstattungsanspruch nicht der Insolvenzmasse zuzuordnen ist.

2449 Ein **Erlass der Grundsteuer** kommt nicht nur für Kulturgüter und Grünanlagen (§ 32 GrStG) in Betracht, sondern auch bei wesentlicher Ertragsminderung i. S. v. § 33 GrStG. Der Erlass wird nur auf Antrag gewährt (§ 34 Abs. 2 GrStG). Der Erlass wird jeweils nach Ablauf eines Kalenderjahres für die Grundsteuer ausgesprochen, die für das Kalenderjahr festgesetzt worden ist (Erlasszeitraum). Maßgebend für die Entscheidung über den Erlass sind die Verhältnisse des Erlasszeitraums (§ 34 Abs. 1 GrStG).

2450 Der Insolvenzverwalter wird häufig zur Minderung von Masseverbindlichkeiten einen Erlassantrag stellen, wenn die Voraussetzungen gegeben sind und die Antragsfrist (31. 3. des Folgejahres) gewahrt werden kann. Bei § 33 Abs. 1 GrStG ist allein auf die wirtschaftliche Situation des Steuerschuldners abzustellen. Ist dieser bereits wirtschaftlich ruiniert und würde somit ein Steuererlass den Gläubigern des Steuerschuldners wirtschaftliche Vorteile bringen, so findet § 33 Abs. 1 GrStG keine Anwendung.[2]

2451 Dabei ist aber zu berücksichtigen, dass dies weder in Betracht kommt, wenn die Ertragsminderung durch Fortschreibung des Einheitswerts berücksichtigt werden kann (§ 33 Abs. 5 GrStG), noch wenn es sich lediglich um einen Leerstand handelt. Bei einem gewerblichen Objekt mit spezifischer Ausstattung und einem besonderen Verwendungsprofil, für dessen Anmietung von vornherein nur ein begrenzter Interessentenkreis in Betracht kommt, vermag ein längerer Leerstand zwischen zwei Mietverträgen keinen atypischen, einen Grundsteuererlass rechtfertigenden Umstand zu begründen.[3] Es ist nicht als außergewöhnliches und atypisches Ereignis anzusehen, dass ein Mieter insolvent wird und der Insolvenzverwalter nach Eröffnung des Insolvenzverfahrens von seinem Recht Gebrauch macht, die Fortsetzung des Mietverhältnisses

---

1 So LG Hannover v. 26. 5. 2006 – 4 O 15/06, ZInsO 2006, 1113.
2 So VG Köln v. 18. 6. 2008 – 23 K 4903/07, ZInsO 2009, 192 f.
3 So VGH Baden-Württemberg v. 18. 3. 2006 – 2 S 1002/05, DÖV 2006, 918 f.; BayVGH v. 15. 12. 2005 – 4 B 04.1948, n. v.

über den nächst möglichen Kündigungszeitpunkt hinaus abzulehnen.[1] Auch ein längerer Leerstand bei einem gewerblichen Objekt mit spezieller Ausstattung und besonderem Verwendungsprofil nach einer Zahlungsunfähigkeit des Mieters[2] begründet noch keinen atypischen Umstand.[3]

(Einstweilen frei)   2452–2471

3. Indirekte Verbrauchsteuern und Zölle

Literatur: MünchKommInsO/*Kling/Schüppen/Ruh*, Insolvenzsteuerrecht, Rdnr. 234 ff.; *Kahlert/Rühland*, Sanierungs- und Insolvenzsteuerrecht, Rdnr. 2510 ff.; *H. L.*, Die Sachhaftung (76 AO), DB 2000, 253.

Es liegt im Wesen der indirekten Verbrauchsbesteuerung, dass die Steuer, die letztlich den Verbrauch des steuerpflichtigen Erzeugnisses belasten soll, nicht unmittelbar bei dem Verbraucher als Steuerträger erhoben wird, sondern dass der Steuerentstehungstatbestand vorverlegt wird in den Bereich des Herstellers des steuerpflichtigen Erzeugnisses. Die **Energiesteuer** als typische Verbrauchsteuer (§ 1 Abs. 1 Satz 4 EnergieStG) knüpft deshalb steuertechnisch nicht an den Verbrauchszeitpunkt an. Stattdessen ist der Steuertatbestand bereits erfüllt, wenn das Energieerzeugnis i. S. d. § 1 Abs. 2 und Abs. 3 EnergieStG aus dem **Steuerlager** entfernt wird, ohne dass sich ein weiteres Steueraussetzungsverfahren oder ein Zollverfahren anschließt (§ 8 EnergieStG). Weitere Entstehungstatbestände ergeben sich aus §§ 20 ff. EnergieStG. In diesen Zeitpunkten ist der Steueranspruch des Fiskus schon insolvenzrechtlich nach § 38 InsO begründet. Wird die Steuer vor der Eröffnung des Insolvenzverfahrens begründet, handelt es sich um eine – unter Umständen nach § 41 InsO abgezinst (s. dazu Rdnr. 286) – zur Tabelle anzumeldende Insolvenzforderung, andernfalls ist sie als Masseverbindlichkeit nach § 55 InsO einzuordnen.   2472

Als weitere Besonderheit ergibt sich bei den nach § 2 Abs. 1 Nr. 1 bis 4 EnergieStG versteuerten Energieerzeugnissen, dass auf Antrag dem Verkäufer eine **Steuerentlastung gem. § 60 EnergieStG** gewährt wird, wenn er beim Waren-   2473

---

[1] So VGH Baden-Württemberg v. 18.3.2006 – 2 S 1002/05, DÖV 2006, 918, 920.
[2] Vgl. dazu: OVG Saarland v. 28.9.2001 – 1 Q 26/01, NVwZ-RR 2002, 885.
[3] So OVG Nordrhein-Westfalen v. 31.10.2008 – 14 A 1420/07, ZKF 2009, 90 ff. = DVBl. 2009, 534 f. [Ls.].

empfänger wegen **Zahlungsunfähigkeit** ausfällt.[1] Die Steuerentlastung wird gewährt, wenn

- der Steuerbetrag bei Eintritt der Zahlungsunfähigkeit 5 000 € übersteigt,[2]
- keine Anhaltspunkte dafür vorliegen, dass die Zahlungsunfähigkeit im Einvernehmen mit dem Verkäufer herbeigeführt worden ist,
- der Zahlungsausfall trotz vereinbarten Eigentumsvorbehalts, laufender Überwachung der Außenstände, rechtzeitiger Mahnung bei Zahlungsverzug unter Fristsetzung und gerichtlicher Verfolgung[3] des Anspruchs nicht zu vermeiden war,
- Verkäufer und Warenempfänger nicht wirtschaftlich miteinander verbunden sind; sie gelten auch als verbunden, wenn sie Teilhaber oder Gesellschafter desselben Unternehmens oder Angehörige i. S. d. § 15 AO sind oder wenn Verkäufer oder Warenempfänger der Leitung des Geschäftsbetriebs des jeweils anderen angehören.

2474 Die **Steuerentlastung** hängt gem. § 60 Abs. 2 EnergieStG davon ab, dass sie bis zum Ablauf des Jahres, das dem Jahr folgt, in dem die Zahlungsunfähigkeit des Warenempfängers eingetreten ist, schriftlich beantragt wird. Dem **Antrag** sind beizufügen:

- Unterlagen über die Beschaffenheit, Herkunft und Versteuerung des Mineralöls,
- Nachweise über den Verkauf an den Warenempfänger,
- Nachweise über die eingetretene Zahlungsunfähigkeit des Warenempfängers.

2475 Die **Steuerentlastung** erfolgt gem. § 60 Abs. 3 EnergieStG unter der auflösenden Bedingung einer nachträglichen Leistung des Warenempfängers. Der Verkäufer hat dem Hauptzollamt nachträgliche Leistungen des Warenempfängers unverzüglich anzuzeigen. Führt die Leistung nicht zum Erlöschen der Forderung des Verkäufers, vermindert sich die Erstattung oder Vergütung um den Teil der Teilleistung, der dem Steueranteil an der ausgefallenen Forderung ent-

---

1 Die bisherigen Billigkeitsmaßnahmen bei Zahlungsunfähigkeit oder Konkurs des Warenempfängers im Mineralölhandel, vgl. BFH v. 1. 12. 1998 – VII R 27/97, BFH/NV 1999, 831; v. 1. 12. 1998 – V R 21/97, n.v.; o.V., KPMG-Mitteilungen Juni 2005, 11; Kahlert/Rühland, Sanierungs- und Insolvenzsteuerrecht, Rdnr. 2510, sind damit obsolet. Vgl. zur Behandlung bei einem zahlungsunfähigen Mineralölempfänger, der sich mit seinen Gläubigern vergleicht: BFH v. 8. 8. 2006 – VII R 28/05, BFH/NV 2007, 162, NWB DokID: MAAAC-31208.
2 Nach der Rechtsprechung handelt es sich hier um einen echten Selbstbehalt, vgl. BFH v. 1. 12. 1998 – VII R 27/97, BFH/NV 1999, 831.
3 S. BFH v. 19. 4. 2007 – VII R 45/55, ZSteu 2007, R-458 ff.

E. Sonstige Steuern und Nebenforderungen

spricht. Das Hauptzollamt kann anordnen, dass der Verkäufer seine Forderung gegen den Warenempfänger in Höhe des ausgefallenen Steuerbetrages an die Bundesrepublik Deutschland (Bundesfinanzverwaltung) abtritt.

Wenn nach den Verbrauchsteuergesetzen Steuervergünstigungen unter der Bedingung gewährt werden, dass verbrauchsteuerpflichtige Waren einer besonderen Zweckbestimmung zugeführt werden und die Steuer nach Bedingungseintritt erlischt (vgl. § 50 AO), hat das keine Auswirkungen auf den Zeitpunkt des Begründetseins, weil es sich um eine auflösende Bedingung handelt. Eine auflösend bedingte Insolvenzforderung ist aber nach § 42 InsO als unbedingte Forderung geltend zu machen. Erlischt die Forderung, weil die Bedingung eingetreten ist, muss die Anmeldung zur Tabelle berichtigt werden. Da die bedingt begründete Forderung noch nicht fällig ist, darf sie nur abgezinst zur Tabelle angemeldet werden (vgl. § 41 Abs. 2 InsO). 2476

Im Rahmen der Insolvenz ist schließlich die **Sachhaftung** nach § 76 AO zu beachten.[1] Verbrauchsteuerpflichtige Waren dienen ohne Rücksicht auf die Rechte Dritter als Sicherheit für die darauf ruhenden Steuern. Die Sachhaftung schafft ein dingliches (öffentlich-rechtliches) Verwertungsrecht. Sie gibt dem Steuergläubiger die Befugnis, sich ohne Rücksicht auf Privatrechte irgendwelcher Art wegen dieser Steuerschulden an die Ware zu halten, die Bezahlung durch deren Zurückhaltung zu erzwingen und zur Sicherung dieses Rechtes die tatsächliche Verfügung Dritter über die Waren zu verhindern.[2] Schon nach der Konkursordnung folgte aus der Sachhaftung ein Absonderungsrecht des Fiskus an den verbrauchsteuerpflichtigen Waren. Nunmehr billigt der Gesetzgeber der öffentlichen Hand dieses **Absonderungsrecht** in § 51 Nr. 4 InsO ausdrücklich zu, soweit „steuerpflichtige Sachen nach gesetzlichen Vorschriften als Sicherheit für öffentliche Abgaben dienen". Nach § 52 InsO darf der Steuergläubiger seine Forderung als Insolvenzforderung allerdings nur geltend machen, soweit die abgesonderte Befriedigung die Steuerschuld nicht deckt.[3] 2477

Die aufgezeigten Rechtsgrundsätze gelten für den **Einfuhrzoll** gleichermaßen. Der Anspruch ist mit der Überführung einer zollpflichtigen Ware in den freien Verkehr oder in das Verfahren der vorübergehenden Verwendung begründet.[4] Liegt dieser Zeitpunkt vor der Verfahrenseröffnung, handelt es sich um eine Insolvenzforderung, im Übrigen um eine Masseverbindlichkeit. Hinsichtlich 2478

---

[1] Vgl. H. L., DB 2000, 253.
[2] BFH v. 21. 2. 1989 – VII R 164/85, BStBl II 1989, 491.
[3] Frotscher, Besteuerung bei Insolvenz, S. 239.
[4] Art. 201 der VO (EWG) Nr. 2913/92 v. 12. 10. 1992 (VSF Z 0200) – Zollkodex.

2479 der insolvenzrechtlichen Behandlung noch nicht fälliger Zollschulden gilt § 41 InsO.

2479 Auch hier ist zu beachten, dass die **Sachhaftung** nach § 76 AO eingreift. Insolvenzrechtlich steht dem Fiskus ein **Absonderungsrecht** nach § 51 Nr. 4 InsO an den zollpflichtigen Waren zu. Es handelt sich um eine bedingte Ausfallforderung nach § 52 InsO.[1]

2480–2490 *(Einstweilen frei)*

4. Investitionszulage

Literatur: MünchKommInsO/*Kling/Schüppen/Ruh*, Insolvenzsteuerrecht, Rdnr. 229 ff.; *Maus*, Steuern im Insolvenzverfahren, Rdnr. 471 ff.; *Haunhorst*, Rückforderung von Investitionszulagen in der Unternehmerinsolvenz, DB 1999, 1424 ff.; *Uhlmann*, Zusammenfassung wesentlicher Neuregelungen des Investitionszulagengesetzes 2007 in der geänderten Gesetzesfassung vom 21. 12. 2006, DStR 2007, 565.

Verwaltungsanweisungen: OFD Frankfurt am Main, Vfg. – InvZ 1271 A – 4 – St II 24, FR 2001, 220 f.; OFD Berlin, Vfg. – St 171 – InsV 1260 – 3/00, FR 2000, 1300.

a) Insolvenz und Zulageschädlichkeit

2491 Eine Investitionszulage wird i. d. R. gewährt, wenn das begünstigte Wirtschaftsgut zu dem im Gesetz vorgesehenen Zweck verwendet wird und über einen bestimmten Zeitraum – in den meisten Fällen mindestens fünf Jahre (vgl. § 2 InvZulG 1999) – nach Herstellung oder Anschaffung im Betrieb verwendet wird. Der Anspruch auf Investitionszulage ist nicht zu verzinsen.[2] Erfüllt der Zulageempfänger diese Voraussetzungen nicht (mehr), ist die Finanzbehörde berechtigt, die Zulage zurückzufordern.

2492 Der Beschluss über die Eröffnung des Insolvenzverfahrens ist für sich gesehen **nicht zulageschädlich**. Dieser reine Verfahrensakt führt ebenso wenig zu einer Umwidmung des Wirtschaftsgutes von Anlage- in Umlaufvermögen oder seiner räumlichen Trennung vom Unternehmen wie eine sanierende Übertragung des gesamten Betriebs. Anders ist die Rechtslage i. d. R., wenn der Insolvenzverwalter den Betrieb endgültig stilllegt oder Wirtschaftsgüter zum Zwecke der Einzelverwertung veräußert.[3] In diesen Fällen steht zumindest fest, dass das Wirtschaftsgut nicht mehr dauerhaft diesem Betrieb zur Erzielung von Gewinneinkünften dienen wird. Auch bei der Ablehnung der Eröffnung

---

1 Frotscher, Besteuerung bei Insolvenz, S. 238.
2 S. BFH v. 23. 2. 2006 – III R 66/03, BStBl II 2006, 741.
3 S. Maus, Steuern im Insolvenzverfahren, Rdnr. 472.

des Insolvenzverfahrens mangels einer die Kosten deckenden Masse (§ 26 InsO) spricht alles dafür, dass die Stilllegung des Betriebs zulageschädlich ist.[1]

Ein Fall der **Zulageschädlichkeit** liegt u. a. auch dann vor, wenn rechtsgeschäftliche Maßnahmen zur Abwendung des Insolvenzverfahrens vor dem Ablauf der dreijährigen investitionszulagenrechtlichen Verbleibensfrist zur Beendigung einer – zuvor zulagebegünstigten – **Betriebsaufspaltung** führen. Denn die Gewährung einer Zulage ist auch in einem solchen Fall überhaupt nur so lange möglich, als Besitz- und Betriebsunternehmen personell und sachlich miteinander verbunden sind. Im Fall einer Betriebsaufspaltung, bei der die vom Besitzunternehmen angeschafften oder hergestellten Wirtschaftsgüter im Betriebsunternehmen genutzt werden, ist nämlich eine Ausnahme von der strengen gesetzlichen Bindung an den Betrieb des Investors nur dann zu rechtfertigen, wenn Besitz- und Betriebsunternehmen für die Dauer der gesetzlichen Verbleibensfrist auch betriebsvermögensmäßig miteinander verflochten sind. Das gilt selbst dann, wenn die begünstigten Wirtschaftsgüter (zunächst) noch weiter in der Betriebsstätte des Betriebsunternehmens verwendet werden.[2]

2493

Die Eröffnung des Insolvenzverfahrens über das Vermögen der **Betriebsgesellschaft** führt – unbeschadet einer weiter bestehenden sachlichen Verflechtung – regelmäßig zur Beendigung der personellen Verflechtung mit dem Besitzunternehmen und damit einer bestehenden Betriebsaufspaltung. Denn gem. § 80 Abs. 1 InsO erlangt der Insolvenzverwalter die alleinige Verwaltungs- und Verfügungsbefugnis in Ansehung des Gesellschaftsvermögens, die er – unbeschadet der Tatsache, dass deren Befriedigung auch im Interesse des Insolvenzschuldners steht – vornehmlich im Interesse der Gläubiger, § 1 Satz 1 InsO, auszuüben hat. Da der Insolvenzverwalter weder Gesellschaftsorgan noch Vertreter eines solchen ist, vielmehr Träger eines eigenen Amtes, unterliegt er nicht der Kontrolle durch die gesellschaftlichen Aufsichtsorgane und nicht gesellschaftlichen Genehmigungserfordernissen. Damit kann der Inhaber der Besitzgesellschaft als Gesellschafter in der insolvenzbefangenen Betriebsgesellschaft seinen Willen nicht mehr durchsetzen. Das führt i. d. R. zur **Betriebsaufgabe des Besitzunternehmens** (§ 16 Abs. 3 Satz 1 EStG). Das bisherige Betriebsvermögen wird, soweit es sich noch im Eigentum des Besitzunternehmers befindet, aus rechtlichen Gründen zu Privatvermögen. Allerdings hält der BFH in Fällen der Insolvenzeröffnung über das Vermögen der Betriebs-

2494

---

[1] Zu den Einzelheiten vgl. Haunhorst, DB 1999, 1424.
[2] BFH v. 30.10.1997 – III B 108/95, BFH/NV 1998, 497 und v. 16.9.1994 – III R 45/92, BStBl II 1995, 75, m.w.N.

gesellschaft die Rechtsfolge einer Betriebsaufgabe für nicht zwingend, wenn die personelle Verflechtung später unverändert wieder auflebt, nachdem das laufende Insolvenzverfahren aufgehoben oder eingestellt und die Fortsetzung der Gesellschaft beschlossen wird.[1] Zu weiteren Einzelheiten s. Rdnr. 1373 ff.

b) Insolvenzrechtliche Durchsetzung des Rückforderungsanspruchs

2495 Wird das Wirtschaftsgut zulageschädlich verwendet, schließt sich in einem zweiten Schritt die Frage an, wie der dadurch entstandene Rückforderungsanspruch des Finanzamtes hinsichtlich der Investitionszulage (§ 6 Abs. 1 InvZulG 1999 i. V. m. § 37 Abs. 2 AO) durchzusetzen ist.[2] Für die insolvenzrechtliche Einordnung dieses Rückforderungsanspruchs sind folgende **drei Fallgestaltungen** bedeutsam:

2496 Bei einer zulageschädlichen Verwendung des begünstigten Wirtschaftsgutes – also z. B. bei der Veräußerung oder einer Umstufung von Anlagevermögen in Umlaufvermögen vor Ablauf des Bindungszeitraums[3] – **vor** der Eröffnung des Insolvenzverfahrens ist der Rückforderungsanspruch auch schon bis zu diesem Zeitpunkt begründet, so dass es sich zweifelsfrei um eine Insolvenzforderung nach § 38 InsO handelt.

2497 Bei einer zulageschädlichen Verwendung **nach** der Verfahrenseröffnung entsteht der Rückforderungsanspruch zwar erst durch die Verwertungshandlung des Insolvenzverwalters. Gleichwohl handelt es sich ebenfalls um eine Insolvenzforderung, weil der Anspruch bereits vor der Eröffnung begründet war. Denn der Insolvenzschuldner hat mit seinem Antrag auf Gewährung der Investitionszulage bereits vor der Verfahrenseröffnung das öffentlich-rechtliche Schuldverhältnis begründet, auf der der Rückforderungsanspruch beruht. Der Anspruch auf die Investitionszulage erlischt nämlich bei einer zulageschädlichen Verwendung rückwirkend, weil sie von vornherein gleichsam mit dem Vorbehalt gewährt wird, dass sie bei Nichteinhaltung der Voraussetzungen zurückzuzahlen ist (vgl. § 7 InvZulG 1999). Die Zahlung ist lediglich eine Maßnahme im Zuge der Abwicklung eines schon vor Insolvenzeröffnung begründeten Rechtsverhältnisses. Der Rechtsgrund für die Entstehung des Rückforderungsanspruchs ist vor der Insolvenzeröffnung gelegt und schon zu diesem Zeitpunkt i. S. d. § 38 InsO begründet. Insoweit ist es ohne Bedeutung, ob der Anspruch auf einer Verwertungshandlung des Insolvenzverwalters gründet,

---

1 Zu den Einzelheiten s. BFH v. 6. 3. 1997 – XI R 2/96, BStBl II 1997, 460; v. 1. 10. 1996 – VIII R 44/95, BStBl II 1997, 530; v. 23. 4. 1996 – VIII R 13/95, BStBl II 1998, 325.
2 Vgl. Uhlenbruck/Uhlenbruck, InsO, § 38 Rdnr. 37.
3 BFH v. 12. 4. 1994 – III R 15/89, BFH/NV 1995, 66.

E. Sonstige Steuern und Nebenforderungen

weil das Gesetz ausschließlich auf die vorzeitige Veräußerung des Wirtschaftsgutes abstellt und nicht auch darauf, aus welchen Gründen sie erfolgt. Ein Anspruch, der bereits im Zeitpunkt der Insolvenzeröffnung i. S. d. § 38 InsO begründet war, wird keineswegs dadurch zur Masseverbindlichkeit i. S. d. § 55 InsO, dass ihn der Insolvenzverwalter durch Veräußerung des Wirtschaftsgutes zur Entstehung bringt.[1]

In beiden Fällen ist die Forderung vom Finanzamt mithin zur **Insolvenztabelle** anzumelden. Der Anspruch gilt nach § 41 InsO im Zeitpunkt der Verfahrenseröffnung als fällig. Hinsichtlich der Verzinsungspflicht ist § 7 InvZulG 1999 i. V. m. § 238 AO zu beachten. Der Rückforderungsanspruch ist grundsätzlich ab dem Tage der Auszahlung der Zulage, im Falle des Eintritts eines rückwirkenden Ereignisses i. S. v. § 175 Abs. 1 Nr. 2 AO – also beispielsweise der Verletzung der Verwendungsfrist – ab diesem Zeitpunkt zu verzinsen. Dem entsprechend kommt eine **Abzinsung** der anzumeldenden Insolvenzforderung in Betracht, wenn der Insolvenzverwalter das zulagebegünstigte Wirtschaftsgut veräußert.[2] Denn die „normale" Zinspflicht beginnt erst mit Nichteinhaltung der Verbleibensfrist durch die Veräußerung, so dass für den Zeitraum zwischen Eröffnung des Insolvenzverfahrens und Beginn des Zinslaufs der Rückforderungsanspruch nur abgezinst zur Tabelle angemeldet werden darf.[3]

2498

Der Rückforderungsanspruch ist hingegen **Masseverbindlichkeit,** wenn der Insolvenzverwalter das schuldrechtliche Verhältnis nach der Verfahrenseröffnung geschaffen hat, indem er etwa die Gewährung einer Zulage für eine Investition im Rahmen der Fortführung oder Sanierung des Unternehmens beantragt hat. Wird das begünstigte Wirtschaftsgut später zulageschädlich verwendet, ist die Zulage aus der Masse heraus, in die sie zuvor geflossen war, zu erstatten.

2499

Verfahrensrechtlich gelten für die Rückforderung einer Investitionszulage die allgemeinen insolvenzrechtlichen Grundsätze.[4]

2500

(Einstweilen frei)   2501–2520

---

1 BFH v. 14.10.1977 – III R 111/75, BStBl II 1978, 204; ähnlich v. 27.8.1975 – II R 93/70, BStBl II 1976, 77, zum Fall der Nachversteuerung bei der Grunderwerbsteuer; Frotscher, Besteuerung bei Insolvenz, 236; Frankfurter Kommentar, § 155 Rdnr. 431.
2 Ebenso: MünchKommInsO/Kling/Schüppen/Ruh, Insolvenzsteuerrecht, Rdnr. 233.
3 Frotscher, Besteuerung bei Insolvenz, S. 237.
4 Speziell zur InvZul s. FG Münster v. 15.1.1997 – 1 K 2322/96 F, I, EFG 1997, 565.

5. Kirchensteuer

2521 Die Religionsgesellschaften dürfen wegen Art. 140 GG als **Körperschaften des öffentlichen Rechts** von ihren Mitgliedern Steuern erheben. Die Erhebung der Steuer erfolgt aufgrund landesrechtlicher Kirchensteuergesetze, die von den Religionsgesellschaften durch eigene Kirchensteuerordnungen und -beschlüsse nicht ganz einheitlich ausgefüllt werden. Sie werden in allen Bundesländern von den evangelischen Landeskirchen und der römisch-katholischen Kirche (den einzelnen Diözesen), teilweise auch von kleineren Religionsgesellschaften wie etwa der altkatholischen Kirche, den israelitischen Religionsgesellschaften oder den freireligiösen Landesgemeinden Baden, Mainz und Pfalz erhoben. Da die Kirchensteuern von Verfassung wegen öffentlich-rechtlichen Charakter haben, sind sie staatlich verwaltbar und können im Wege des Verwaltungszwangs beigetrieben werden. Steuertechnisch werden sie vorwiegend als Zuschlag zur Einkommensteuer und Lohnsteuer in Form eines festen Prozentsatzes als sog. Kirchensteuer vom Einkommen erhoben und – mit Ausnahme von Bayern – von den **Finanzbehörden** in Auftragsverwaltung verwaltet.

2522 Die Kirchensteuer birgt zwar Haftungspotential; ein Steuerberater ist aber nach der Rechtsprechung nicht verpflichtet, dem Mandanten den Austritt aus der Kirche zu empfehlen. Hat er aufgrund eines ihm erteilten Auftrags die steuerlichen Vor- und Nachteile bestimmter Gestaltungsmöglichkeiten zu prüfen, muss er auf die anfallende Kirchensteuer hinweisen, wenn sie die übliche Quote übersteigt.[1] Der Insolvenzverwalter kann den Schuldner weder dazu anhalten, zur Erhöhung des pfändbaren Betrages aus der Kirche auszutreten oder gar selbst unter Hinweis auf die Verwaltungs- und Verfügungsbefugnis aus § 80 Abs. 1 InsO für den Schuldner den Austritt erklären. Dieses – im Übrigen durch Art. 4 Abs. 1 und Abs. 2 GG geschützte – Recht ist höchstpersönlich.

2523 Für die im Rahmen dieser Auftragsverwaltung durch die Finanzbehörden erhobenen Kirchensteuern gelten die allgemeinen insolvenzrechtlichen Grundsätze. Hinsichtlich der Frage, ob es sich bei einer noch offenen Kirchensteuerforderung um eine Insolvenzforderung oder eine Masseverbindlichkeit handelt, wird auf die entsprechenden Ausführungen zur Einkommen- und Lohnsteuer verwiesen.

2524–2530 *(Einstweilen frei)*

---

1 So BGH v. 18. 5. 2006 – IX ZR 53/05, DB 2006, 2004 ff.

6. Kraftfahrzeugsteuer

Literatur: MünchKommInsO/*Kling/Schüppen/Ruh*, Insolvenzsteuerrecht, Rdnr. 228 ff.; *Farr*, Besteuerung in der Insolvenz, Rdnr. 432 ff.; *Kahlert/Rühland*, Sanierungs- und Insolvenzsteuerrecht, Rdnr. 2499 ff.; *Busch/Winkens*, Insolvenzrecht, S. 34; *Maus*, Steuern im Insolvenzverfahren, Rdnr. 467 ff.; *Wohlers*, Die Kraftfahrzeugsteuer im Insolvenzverfahren – Insolvenzforderung oder Masseverbindlichkeit?, ZInsO 2002, 1074 ff.; *Busch/Hilbertz*, Aufrechnung von Kraftfahrzeugsteuer im eröffneten Insolvenzverfahren, ZInsO 2005, 195 ff.; *Farr*, Belastung der Masse mit Kraftfahrzeugsteuer, NZI 2008, 78 ff.; *Looff*, Kraftfahrzeugsteuerschuld im Insolvenzverfahren nach neuester BFH-Rechtsprechung, ZInsO 2008, 75 ff.; *Menn*, Kfz-Steuer im Insolvenzverfahren: Masseverbindlichkeit oder Forderung gegen das insolvenzfreie Vermögen des Schuldners?, ZInsO 2009, 1189 ff.

Die Kraftfahrzeugsteuer ist mit dem Halten eines Kraftfahrzeugs oder eines Anhängers zum Verkehr auf öffentlichen Straßen begründet, wobei die **Dauer der Steuerpflicht** i. d. R. von der verkehrsrechtlichen Zulassung des Fahrzeugs abhängt (§ 5 Abs. 1 Nr. 1 KraftStG).[1] Sie entsteht nach § 6 KraftStG – der allerdings nicht den eigentlichen Kraftfahrzeugsteuertatbestand, sondern die Kraftfahrzeugsteuerzahlungsschuld betrifft[2] – mit Beginn des i. d. R. ein Jahr betragenden Entrichtungszeitraums (§ 11 Abs. 1 KraftStG).[3] Bei einem zur Masse gehörenden Kfz bleibt der Insolvenzschuldner Halter und damit auch Steuerschuldner.[4]

2531

Nach Verfahrenseröffnung ist eine Vielzahl von Fällen zu unterscheiden:

2532

▶ Fortdauer der Nutzung oder Neuanmeldung des Fahrzeugs durch den Insolvenzverwalter

Die Kraftfahrzeugsteuer zählt zu den **Masseverbindlichkeiten** nach § 55 InsO für jeden nach Verfahrenseröffnung neu beginnenden Entrichtungszeitraum – also z. B. bei Anmeldung eines Fahrzeugs durch den Verwalter.[5] Indessen war bislang umstritten, ob der Steueranspruch zeitanteilig aufzuteilen ist, wenn das Verfahren während eines Entrichtungszeitraums eröffnet wird, oder ob er insgesamt Insolvenzforderung ist. Nach der älteren Rechtsprechung des BFH und eines Teils der Literatur war der noch offene Steueranspruch in diesem

2533

---

[1] Ebenso: Maus, Steuern im Insolvenzverfahren, Rdnr. 467; Kahlert/Rühland, Sanierungs- und Insolvenzsteuerrecht, Rdnr. 2599 f.; Menn, ZInsO 2009, 1189.
[2] BFH v. 9. 2. 1993 – VII R 12/92, BStBl II 1994, 207, 209; v. 8. 7. 1997 – VII B 89/97, BFH/NV 1998, 86.
[3] Vgl. Maus, Steuern im Insolvenzverfahren, Rdnr. 467.
[4] Ebenso: MünchKommInsO/Kling/Schüppen/Ruh, Insolvenzsteuerrecht, Rdnr. 228; Farr, NZI 2008, 78, 79; Looff, ZInsO 2008, 75 ff.
[5] Vgl. Busch/Hilbertz, ZInsO 2005, 195 ff.; Wohlers, ZInsO 2002, 1074 ff.; Kahlert/Rühland, Sanierungs- und Insolvenzsteuerrecht, Rdnr. 2501.

Fall nicht zeitanteilig als Insolvenzforderung oder Masseverbindlichkeit zu betrachten.[1] Obwohl die Höhe der Steuer grundsätzlich nach Tagen berechnet wird (§ 5 Abs. 1 Nr. 1 KraftStG), ändert sich nach dieser Auffassung an der Begründetheit der Forderung mit Beginn des Entrichtungszeitraums nichts, weil der Insolvenzschuldner auch nach der Insolvenzeröffnung Halter des Fahrzeugs bleibt, so dass der ursprüngliche Entrichtungszeitraum andauert.

2534 Der BFH hat seine ursprüngliche Auffassung allerdings zwischenzeitlich geändert.[2] Danach ist der Besteuerungszeitraum **aufzuteilen**, nach Tagen zu berechnen und der auf den Zeitraum nach Verfahrenseröffnung entfallende Anteil den Masseverbindlichkeiten zuzurechnen, weil der kraftfahrzeugsteuerrechtliche (Grund-)Tatbestand durch das fortdauernde, sich ständig erneuernde Halten des Kraftfahrzeugs verwirklicht werde,[3] die Vorwegentstehung der Steuer mit Beginn des Entrichtungszeitraums nur erhebungstechnische Bedeutung habe und die Gegenansicht nicht hinreichend das Wesen des Kraftfahrzeugsteuertatbestandes mit seiner Anknüpfung an die Dauer des Haltens (arg. § 11 Abs. 4 Nr. 2 KraftStG) berücksichtige.

2535 Im Ergebnis ist also die noch offene KraftSt-Forderung vom Finanzamt als **Insolvenzforderung** zur Tabelle anzumelden, soweit sie auf den Zeitraum vor dem Tag der Verfahrenseröffnung – bzw. dem Wirksamwerden des allgemeinen Veräußerungsverbots – entfällt. Da die Steuer nach § 11 Abs. 1 KraftStG schon zu Beginn des Entrichtungszeitraums fällig wird, ist auch die Insolvenzforderung immer als fällig zur Tabelle anzumelden. Die auf den laufenden Entrichtungszeitraum entfallende, noch offene Forderung ist tageweise in eine Insolvenz- und eine Masseforderung aufzuteilen.[4]

2536 Für die **Erstattungsansprüche** wegen der vom Insolvenzschuldner für den Entrichtungszeitraum „vorausgezahlten" Steuer ist nach insolvenzrechtlichen Grundsätzen der Rechtsgrund bereits vor der Verfahrenseröffnung gelegt worden, denn die Vorausentrichtung steht unter der aufschiebenden Bedingung, dass die Steuerpflicht während des gesamten Entrichtungszeitraums dem Grunde und der Höhe nach fortdauert. Der Steuerpflichtige erlangt schon mit der Zahlung einen Erstattungsanspruch in Höhe der die geschuldete Steuer überschießenden Summe der Vorauszahlungen. Dieser bedingte Anspruch ist

---

[1] BFH v. 18.12.1953 – II 190/52 U, BStBl III 1954, 49; vgl. Hess, InsO, § 55 Rdnr. 274.
[2] S. BFH v. 16.11.2004 – VII R 62/03, BStBl II 2005, 309, NZI 2005, 279, mit Anm. Gundlach/Frenzel; ebenso bereits BFH v. 8.7.1997 – VII B 89/97, BFH/NV 1998, 86; vgl. Wohlers, ZInsO 2002, 1074, 1075.
[3] Ebenso Uhlenbruck/Uhlenbruck, InsO, § 38 Rdnr. 36.
[4] Ebenso Farr, Besteuerung in der Insolvenz, Rdnr. 433.

der Insolvenzmasse zuzurechnen und stellt keinen insolvenzfreien Neuerwerb dar, obwohl die aufschiebende Bedingung und damit die Entstehung des Vollrechts erst nach Insolvenzeröffnung eintritt.[1] Dass der Erstattungsanspruch auf einer Handlung des Insolvenzverwalters beruht, der das Fahrzeug abmeldet, ist insoweit nicht relevant, weil die Abmeldung als pflichtgemäße Handlung des Insolvenzverwalters zur Sicherung der Masse zu beurteilen ist. Um dem Ziel der InsO gerecht zu werden, die Masse zu sichern, ist es sogar geboten, keine unnötigen Steuerschulden – und auch Versicherungsprämien – entstehen zu lassen.[2] Im Ergebnis gehört der Anspruch auf den Erstattungsbetrag, der aus dem vorinsolvenzlichen Vermögen geleistet worden ist, mithin zur Insolvenzmasse. Im Rahmen der InsO folgt diese vermögensrechtliche Einordnung des Erstattungsanspruchs nunmehr auch unmittelbar aus § 35 InsO, der nicht nur wie bislang das dem Schuldner im Zeitpunkt der Verfahrenseröffnung gehörende, sondern auch das während des Verfahrens erlangte Vermögen zur Insolvenzmasse rechnet.

▶ Veräußerung des Fahrzeugs durch den Insolvenzverwalter

Wird das Fahrzeug vom Insolvenzverwalter **veräußert** und dies der Zulassungsstelle ordnungsgemäß angezeigt oder aus anderen Gründen **abgemeldet**, endet damit die Kraftfahrzeugsteuerpflicht. Die Steuer ist nach vorstehenden Erwägungen taggenau zu berechnen. Erstattungsansprüche stehen der Insolvenzmasse zu. 2537

▶ Unpfändbares Fahrzeug

Trifft der Insolvenzverwalter auf gem. § 811 Nr. 5 ZPO **unpfändbare Fahrzeuge**, was nur bei Schuldnern in Betracht kommt, die natürliche Personen sind, und die das Fahrzeug benötigen, um ihre Erwerbstätigkeit fortzusetzen, so fällt der Gegenstand ipso iure nicht in die Insolvenzmasse. Die Bestimmung des § 36 Abs. 1 InsO regelt nämlich, dass Gegenstände, die nicht der Zwangsvollstreckung unterliegen, nicht zur Insolvenzmasse gehören. 2538

Hinsichtlich solcher Fahrzeuge ist die Kraftfahrzeugsteuer **nie Masseverbindlichkeit**, da zu keinem Zeitpunkt Insolvenzbeschlag des Fahrzeugs gegeben ist.[3] 2539

---

1 BFH v. 9.2.1993 – VII R 12/92, BStBl II 1994, 207, 208: Der Senat übernimmt ausdrücklich diesen schon zu den Ertragsteuern und der Umsatzsteuer entwickelten Grundsatz für die Kraftfahrzeugsteuer; v. 4.5.1993 – VII R 96/92, BFH/NV 1994, 287; v. 22.5.1979 – VIII R 58/77, BStBl II 1979, 639, 640; FG Baden-Württemberg v. 25.4.1991 – 3 K 328/88, EFG 1992, 2.
2 BFH v. 9.2.1993 – VII R 12/92, BStBl II 1994, 207, 210.
3 Ebenso zutreffend: Menn, ZInsO 2009, 1189, 1190; a.A. Wohlers, ZInsO 2002, 1074, 1076, der nicht zwischen fehlender Massezugehörigkeit und Ende der Massezugehörigkeit durch Freigabe unterscheidet.

Das FG Köln vertritt insoweit die Auffassung, dass die Steuerpflicht erst erlischt, wenn der Insolvenzverwalter bzw. Treuhänder das Fahrzeug ab- oder ummeldet.[1]

► Freigegebenes Fahrzeug

2540 Weiterhin ist denkbar, dass der Insolvenzverwalter das Fahrzeug aus der Masse freigibt, z. B. weil ein Erlös nicht zu erwarten ist. Denknotwendige Voraussetzung für eine **Freigabe** ist allerdings, dass zunächst Insolvenzbeschlag und damit **Massezugehörigkeit** vorgelegen hat. Unpfändbare Fahrzeuge können nicht aus der Masse freigegeben werden, da sie nie Bestandteil der Insolvenzmasse waren.

2541 Unter der „Freigabe" versteht man die Erklärung des Insolvenzverwalters, den in Rede stehenden Gegenstand aus der Insolvenzmasse freizugeben und damit aus dem Haftungsverband der Insolvenzmasse nach § 35 InsO zu entlassen, so dass der Gegenstand in das **insolvenzfreie Vermögen des Schuldners** fällt.[2]

2542 Die Probleme der Freigabe zeigen sich insbesondere im umsatzsteuerlichen Bereich, in dem der BFH früher die Auffassung vertreten hat, dass eine **„echte" Freigabe**, die zur vollständigen Lösung aus dem Insolvenzbeschlag führt,[3] keine umsatzsteuerpflichtige Lieferung nach §§ 1 Abs. 1 Satz 1, 3 Abs. 1 UStG darstelle.[4] Inzwischen vertritt der BFH die Auffassung, dass die Umsatzsteuer für die steuerpflichtige Lieferung eines mit Grundpfandrechten belasteten Grundstücks im Konkurs durch den Gemeinschuldner nach „Freigabe" durch den Konkursverwalter zu den Massekosten gehört und durch Steuerbescheid gegen den Konkursverwalter festzusetzen ist.[5] Dies dürfte unter Anwendung der InsO nicht anders sein. Weiterhin dürfte diese Rechtsprechung auch für andere Wirtschaftsgüter, z. B. Kraftfahrzeuge, anwendbar sein, da auch an ihnen Rechte Dritter bestehen können.

2543 Nach wie vor wird zwischen der **„echten"** und der **„modifizierten" Freigabe** unterschieden.[6] Bei der „modifizierten" Freigabe soll der Schuldner zwar im eigenen Namen über den freigegeben Gegenstand verfügen dürfen, der Erlös

---

1 So FG Köln v. 20. 11. 2008 – 6 K 1746/08, ZInsO 2009, 534, 535.
2 So Reul/Heckschen/Wienberg, Insolvenzrecht in der Kautelarpraxis, München 2006, S. 89.
3 Vgl. Schmittmann, ZInsO 2006, 1299, 1300; Voigt/Gerke, Die insolvenzfreie selbständige Arbeit, ZInsO 2002, 1054, 1063.
4 So BFH v. 12. 5. 1993 – XI R 49/90, ZIP 1993, 1247 ff., NWB DokID: OAAAB-34372.
5 So BFH v. 16. 8. 2001 – V R 59/99, BStBl II 2003, 208 ff.; vgl. dazu Ganter/Brünink, Insolvenz und Umsatzsteuer aus zivilrechtlicher Sicht, NZI 2006, 257, 260.
6 So Reul/Heckschen/Wienberg, Insolvenzrecht in der Kautelarpraxis, München, 2006, S. 89 f.; Ganter/Brünink, NZI 2006, 257, 261.

E. Sonstige Steuern und Nebenforderungen

soll allerdings in die Masse fallen bzw. den dinglich gesicherten Gläubigern zustehen. Im Zweifel soll davon ausgegangen werden, dass eine „echte" Freigabe vorliegt.[1]

Der BFH lässt es dahinstehen, ob im zu entscheidenden Sachverhalt eine sog. „echte" oder eine sog. „modifizierte" Freigabe anzunehmen ist.[2] Der BFH beurteilt die Veräußerung eines zur Konkursmasse gehörenden Grundstücks als Verwertung für Rechnung der Konkursmasse, wenn ihr der **Verwertungserlös** zugute kommt. Unter diesen Voraussetzungen ist es nach der Rechtsprechung des BFH unerheblich, dass der Gemeinschuldner die Grundstückslieferung ausgeführt hat, nachdem er vom Konkursverwalter dazu berechtigt worden war. Ebenso ist es umsatzsteuerlich nicht erheblich, ob konkursrechtlich eine „echte Freigabe" des Grundstücks oder lediglich eine sog. „modifizierte Freigabe" vorlag. Sowohl bei „modifizierter" als auch bei „echter" Freigabe führt die Veräußerung eines mit Grundpfandrechten der Konkursgläubiger belasteten zur Konkursmasse gehörenden Grundstücks durch den Gemeinschuldner zu einer die Konkursmasse betreffenden Verwertung, wenn der Erlös an die Stelle des belasteten Grundstücks tritt, vereinbarungsgemäß an die absonderungsberechtigten Konkursgläubiger (§ 47 KO) ausgekehrt wird und deshalb die Konkursmasse in dieser Höhe entlastet.[3]

2544

Der Konkursverwalter, der für die Konkursmasse den wirtschaftlichen Wert des konkursbefangenen Gegenstandes erhalten will, weil der Verwertungserlös der Konkursmasse zugute kommen soll,[4] trägt dadurch zum **Verwertungserfolg** bei, auch wenn der Gemeinschuldner an seiner Stelle im Ergebnis zugunsten der Konkursmasse die Verwertung durchführen soll.

2545

Auch wenn diese Fälle sämtlich zur Freigabe von Grundstücken entschieden worden sind, ist eine Anwendung auf die Fälle der **Freigabe von Fahrzeugen** denkbar. Auch an Fahrzeugen können Sicherungsrechte, etwa Eigentumsvorbehalt oder Sicherungseigentum,[5] bestehen. Gibt der Insolvenzverwalter das Fahrzeug frei, so ist diese Freigabe bei Unternehmern der Umsatzsteuer zu unterwerfen. In der Praxis wird dies häufig übersehen oder zumindest nicht zutreffend angemeldet. Dies führt zur Haftung des Insolvenzverwalters. Es ist daher zweckmäßig, die Freigabe bereits am **Tag der Verfahrenseröffnung** zu

2546

---

1 So Reul/Heckschen/Wienberg, Insolvenzrecht in der Kautelarpraxis, München, 2006, S. 89 f.
2 S. BFH v. 16. 8. 2001 – V R 59/99, BStBl II 2003, 208 ff.
3 S. BFH v. 16. 8. 2001 – V R 59/99, BStBl II 2003, 208 ff.
4 Vgl. dazu BFH v. 12. 5. 1993 – XI R 49/90, BFH/NV 1994, 274; v. 24. 9. 1987 – V R 196/83, BStBl II 1987, 873 ff.
5 Vgl. dazu: Wohlers, ZInsO 2002, 1074, 1076.

erklären, damit keine Kraftfahrzeugsteuerschuld als Masseschuld i. S. d. § 55 InsO entstehen kann.

2547 Erfolgt die Freigabe erst später im Verfahren, so entsteht bis zur Freigabe Kraftfahrzeugsteuer als **Masseschuld** i. S. d. § 55 InsO. Hat der Insolvenzverwalter die Kraftfahrzeugsteuer aus der Masse bezahlt oder liegt gar eine vorinsolvenzliche Vorauszahlung seitens des Schuldners vor, so fallen die **Erstattungsansprüche** in die Insolvenzmasse und sind vom Verwalter einzuziehen.

2548 Lediglich nach Auffassung des FG München beseitigt die Freigabe des Fahrzeugs aus der Insolvenzmasse noch nicht die Kraftfahrzeugsteuerpflicht. Vielmehr ist der **Eingang der Veräußerungsanzeige** bei der Zulassungsstelle erforderlich.[1] Richtig ist vielmehr die Auffassung des FG Münster, wonach eine nach Eröffnung des Insolvenzverfahrens entstandene Kfz-Steuerschuld nur dann als Masseverbindlichkeit zu befriedigen ist, wenn das Fahrzeug für die Insolvenzmasse genutzt wird. Im Übrigen handelt es sich um eine Neuverbindlichkeit, die vom Schuldner aus seinem insolvenzfreien Vermögen zu erfüllen ist.[2]

▶ Verwertung des Fahrzeugs gem. § 314 InsO

2549 In **Verbraucherinsolvenzverfahren** befinden sich oftmals in der Insolvenzmasse Vermögensgegenstände, die nur schwer oder mit erwartungsgemäß niedrigen Erlösen verwertet werden können. Gem. § 314 Abs. 1 Satz 1 InsO ordnet das Insolvenzgericht auf Antrag des Treuhänders an, dass von einer Verwertung der Insolvenzmasse ganz oder teilweise abgesehen wird. Einen Verzicht auf die Verwertung der Insolvenzmasse wird der Treuhänder in Erwägung ziehen, wenn die verwertbare Masse durch die Kosten der Verwertung nahezu aufgezehrt wird oder eine Verwertung kaum aussichtsreich erscheint.[3] Dies gilt auch für Gegenstände, deren Verkehrswert vergleichsweise gering, deren Nutzungswert für den Schuldner aber hoch ist.[4]

2550 Das **Initiativrecht** für ein Vorgehen gem. § 314 InsO steht dem Treuhänder zu. Praktisch wird aber ein Fall von § 314 InsO nur dann in Betracht kommen, wenn der Schuldner selbst an den Treuhänder herantritt und ihm anbietet, den betreffenden Massegegenstand aus der Masse durch Zahlung abzulösen. Der Schuldner wird im Regelfall ein konkretes Angebot unterbreiten und dazu

---

1 So FG München v. 12. 7. 2006 – 4 K 4336/05, ZIP 2006, 1881, das Verfahren wurde nach Rücknahme der Beschwerde eingestellt (BFH v. 8. 12. 2006 – VII B 259/06, n. v.).
2 So FG Münster v. 6. 11. 2008 – 13 K 2945/08, ZInsO 2009, 441.
3 Vgl. Vallender, NZI 1999, 385 ff.
4 So Uhlenbruck/Vallender, § 314 InsO Rdnr. 2.

schlüssig darlegen, dass er zur Zahlung des Betrages in der Lage ist. Eine Anordnung gem. § 314 Abs. 1 InsO ohne Einvernehmen mit dem Schuldner oder gar gegen den Willen des Schuldners dürfte nicht zweckmäßig sein, da der Schuldner den Betrag regelmäßig aus seinem unpfändbaren Einkommen aufbringen muss. In diesem Fall würde ein Vorgehen gem. § 314 InsO nicht zu einer vereinfachten Verteilung führen, sondern zu einer verzögerten Verteilung.

Veräußert der Insolvenzverwalter das Fahrzeug an einen **Dritten**, so kann er es sofort bei der Zulassungsstelle abmelden und damit den Anfall der Kfz-Steuer vermeiden. Ein solches Vorgehen wird sich auch in den Fällen anbieten, in denen eine **vereinfachte Verteilung gem. § 314 Abs. 1 InsO** geplant ist, damit zwischenzeitlich keine weitere, die Masse belastende Kfz-Steuer anfällt. Der Schuldner kann das Fahrzeug daher auch nicht weiter nutzen, bevor nicht ein Beschluss nach § 314 Abs. 1 InsO gefasst ist. Die Abmeldung des Kraftfahrzeuges und die damit einhergehende Nichtnutzbarkeit für den Schuldner dürfte im Übrigen auch seine schnelle Zahlungsbereitschaft fördern. 2551

Soweit der Treuhänder dem Schuldner bereits vom Zeitpunkt der Anordnung der vereinfachten Verteilung die Nutzung des Massegegenstandes gestattet hat, sollte dies von einer Zahlung der Nutzungsentschädigung bis zur Zahlung des festgesetzten Betrages abhängig gemacht werden. Dabei sollte der Treuhänder auch berücksichtigen, dass der Gegenstand hinreichend versichert ist, was insbesondere für Kraftfahrzeuge von Bedeutung ist. Schließlich kann auch vereinbart werden, dass die Nutzungsentschädigung auf den endgültigen Zahlbetrag angerechnet wird. 2552

Dies ist für die Fälle von Bedeutung, in denen die vereinfachte Verteilung gem. § 314 InsO scheitert, weil der Schuldner den Betrag im Ergebnis nicht aufbringt und der Gegenstand daher **Bestandteil der Masse** bleibt. Folge ist das weitere Anfallen der Kraftfahrzeugsteuer zu Lasten der Insolvenzmasse als Masseverbindlichkeit gem. § 55 InsO. 2553

Mit der vollständigen Zahlung des Kaufpreises an den Insolvenzverwalter besteht ein Anspruch des Schuldners auf **Übereignung der Fahrzeugs**. Aus Vorsichtsgründen sollte auf eine frühere Übereignung verzichtet werden. Eine Abmeldung durch den Insolvenzverwalter und Anmeldung durch den Schuldner kommt daher vor vollständiger Kaufpreiszahlung regelmäßig nicht in Betracht. 2554

Für die Zeit nach der Abmeldung wird der Gegenstand **insolvenzfreies Vermögen** des Schuldners. Die Kraftfahrzeugsteuerpflicht belastet daher nur den Schuldner mit seinem insolvenzfreien Vermögen, nicht aber die Insolvenzmasse. Im Hinblick darauf, dass der Schuldner möglicherweise die weiter anfallen- 2555 den Kfz-Steuern nicht zahlen kann, wird die Finanzverwaltung gem. § 14 Abs. 1 KraftStG vorgehen. Ist die Steuer nicht entrichtet worden, so hat die Zulassungsbehörde auf Antrag des Finanzamtes den Fahrzeugschein einzuziehen, etwa ausgestellte Anhängerverzeichnisse zu berichtigen und das amtl. Kennzeichen zu entstempeln. Das Finanzamt kann die **Abmeldung von Amts wegen** auch selbst vornehmen, wenn die Zulassungsbehörde das Verfahren noch nicht eingeleitet hat (§ 14 Abs. 2 KraftStG).

2556–2570 *(Einstweilen frei)*

7. Säumnis- und Verspätungszuschläge

Literatur: MünchKommInsO/*Kling/Schüppen/Ruh*, Insolvenzsteuerrecht, Rdnr. 235b ff.; *Kahlert/Rühland*, Sanierungs- und Insolvenzsteuerrecht, Rdnr. 2513 ff.; *Busch/Winkens*, Insolvenzrecht, S. 36.

2571 Gemäß § 240 Abs. 1 Satz 1 AO ist für jeden angefangenen Monat der Säumnis ein **Säumniszuschlag** von 1 % des abgerundeten rückständigen Steuerbetrages zu entrichten, wenn eine Steuer nicht bis zum Ablauf des Fälligkeitstages entrichtet wird. **Säumniszuschläge** nach § 240 AO dienen einem dreifachen **Zweck**.[1] Zunächst sind sie ein **Druckmittel** eigener Art, das den Steuerschuldner zur rechtzeitigen Zahlung der Steuer anhalten soll. Gleichzeitig dienen sie dazu, den beim Steuerpflichtigen durch die verspätete Zahlung fälliger Steuern entstehenden **wirtschaftlichen Vorteil** abzuschöpfen.[2] Schließlich soll durch die Säumniszuschläge der **Verwaltungsaufwand** abgegolten werden, der der steuerverwaltenden Behörde durch die Tilgung der Schuld erst nach Fälligkeit entsteht.[3] Zwar werden die Säumniszuschläge vom Gesetzgeber seit Geltung der AO 1977 in § 3 Abs. 4 AO ebenso wie die Zinsen als steuerliche Nebenleistungen bezeichnet; allein dadurch werden sie aber nicht zu steuerartigen Abgaben, denn sie dienen nicht der Einnahmeerzielung.[4]

2572 Die gleichen Grundsätze gelten für die **Verspätungszuschläge** nach § 152 AO.[5] Sie sind kein Zwangsmittel, sondern dienen dazu, den rechtzeitigen Eingang

---

1 Vgl. zu Säumniszuschlägen der Sozialversicherungsträger: Zimmermann, ZInsO 2001, 495 ff. A. A. MünchKommInsO/Kling/Schüppen/Ruh, Insolvenzsteuerrecht, Rdnr. 235b, die lediglich einen doppelten Zweck sehen: Druckmittel und Gegenleistung für das Hinausschieben der Zahlung.
2 So schon BFH v. 21.9.1973 – II R 154/72, BStBl II 1974, 17; zuletzt v. 9.7.2003 – V R 57/02, BStBl II 2003, 901.
3 BFH v. 29.8.1991 – V R 78/86, BStBl II 1991, 906, 908; v. 16.7.1997 – XI R 32/96, BStBl II 1998, 7.
4 BFH v. 22.4.1983 – VI R 268/80, BStBl II 1983, 489, unter Auseinandersetzung mit den abweichenden Ansichten in der Literatur.
5 Vgl. Buhmann/Woldrich, ZInsO 2004, 1238 ff.

der Steuererklärung und damit auch die rechtzeitige Festsetzung und Entrichtung der Steuer sicherzustellen.¹ Sie haben repressiven und präventiven Charakter und sind ein Druckmittel eigener Art, das auf die besonderen Bedürfnisse des Steuerrechts zugeschnitten ist.² Sie dienen ebenfalls nicht der Einnahmeerzielung, sondern sollen den dem Fiskus aus der verspäteten Steuerfestsetzung erwachsenden Zinsverlust ausgleichen. Im Gegensatz zu den Säumniszuschlägen entstehen sie indessen nicht kraft Gesetzes, sie beruhen vielmehr auf einer Ermessensentscheidung des Finanzamtes (vgl. § 152 Abs. 1 Satz 1, § 5 AO).³

Insolvenzrechtlich gehören die bis zur Verfahrenseröffnung begründeten Säumnis- und Verspätungszuschläge zu den **Insolvenzforderungen** nach § 38 InsO.⁴ Da es an einer Vergleichbarkeit mit den Zwangsgeldern (§ 329 AO) fehlt, sind sie insolvenzrechtlich nicht den nachrangigen Insolvenzforderungen i. S. v. § 39 Abs. 1 Nr. 3 InsO zuzurechnen. Die Säumniszuschläge sind mit der Steuerforderung, auf die sie entfallen, zur Tabelle anzumelden.⁵ Vor Eröffnung des Insolvenzverfahrens festgesetzte Säumnis- und Verspätungszuschläge sind nach der Rechtsprechung des BFH keine Zwangsgelder i. S. d. § 39 Abs. 1 Nr. 3 InsO und damit keine nachrangigen Insolvenzforderungen.⁶ 2573

Nach § 39 Abs. 1 Nr. 1 InsO sind die seit der Eröffnung des Insolvenzverfahrens laufenden Zinsen und **Säumniszuschläge** auf Forderungen der Insolvenzgläubiger nachrangige Insolvenzforderungen. 2574

Ein Erlass kommt nicht nur bei plötzlicher Erkrankung des Steuerpflichtigen oder bei einem bisher pünktlichen Steuerzahler, dem ein offenbares Versehen unterlaufen ist, in Betracht (vgl. AEAO zu § 240 Nr. 5 Satz 4), sondern auch dann, wenn einem Steuerpflichtigen die rechtzeitige Zahlung der Steuern wegen **Zahlungsunfähigkeit** und **Überschuldung** nicht mehr möglich war.⁷ Die Säumniszuschläge sind ein Druckmittel eigener Art zur Durchsetzung fälliger 2575

---

1 Vgl. Kahlert/Rühland, Sanierungs- und Insolvenzsteuerrecht, Rdnr. 2519.
2 So BFH v. 19.1.2005 – VII B 286/04, BFH/NV 2005, 1001 f.
3 Hübschmann/Hepp/Spitaler, AO, § 251 Rdnr. 70; a. A. BGH v. 28.11.1955 – III ZR 181/54, BGHZ 19, 163, 172, sub 2.; FG München v. 31.10.1980 – VIII 62/80 AO, EFG 1981, 116.
4 Vgl. Schmittmann, StuB 2006, 527 f.
5 Frotscher, Besteuerung bei Insolvenz, 58 f.; zur konkursrechtlichen Situation vgl. BFH v. 22.4.1983 – VI R 268/80, BStBl II 1983, 489.
6 So BFH v. 19.1.2005 – VII B 286/04, BFH/NV 2005, 1001 f.
7 So BFH v. 8.3.1984 – I R 44/80, BStBl II 1984, 415 ff. Vgl. zum Ganzen: Schmittmann, StuB 2006, 527 f.

Steuern und entstehen kraft Gesetzes bei unterbliebener Zahlung, ohne dass es auf ein Verschulden des Steuerpflichtigen ankommt.[1]

2576 Sachlich unbillig ist die Erhebung von Säumniszuschlägen jedoch dann, wenn dem Steuerpflichtigen die rechtzeitige Zahlung der Steuer wegen Überschuldung und Zahlungsunfähigkeit unmöglich ist und deshalb die Ausübung von Druck zur Zahlung ihren Sinn verliert.[2] Weil Säumniszuschläge auch als Gegenleistung für das Hinausschieben der Fälligkeit und zur Abgeltung des Verwaltungsaufwands dienen, kommt regelmäßig nur ein **Teilerlass** in Betracht, wenn sie ihren Zweck als Druckmittel verfehlen. Sie sind dann nur zur Hälfte zu erlassen,[3] denn ein Säumiger soll grundsätzlich nicht besser stehen als ein Steuerpflichtiger, dem die Aussetzung der Vollziehung oder Stundung gewährt wurde.[4]

2577 Verfahrensrechtlich ist zu berücksichtigen, dass – auch wenn die Verwirkung von Säumniszuschlägen streitig und Gegenstand eines Abrechnungsbescheides ist – der Abrechnungsbescheid lediglich ein Abbild der im Zeitpunkt seines Erlasses bestehenden Anspruchssituation ist. Mit einem **Abrechnungsbescheid** über Säumniszuschläge wird dargestellt, ob und in welcher Höhe Säumniszuschläge entstanden sind und ob ggf. die entsprechende Zahlungsverpflichtung zwischenzeitlich durch den Eintritt eines der in § 47 AO genannten Erlöschensgründe erloschen ist. Einwendungen gegen die materielle Richtigkeit der Steuerfestsetzung, aus der sich die im Abrechnungsbescheid aufgeführten Ansprüche aus dem Steuerschuldverhältnis ergeben, können indes im Abrechnungsverfahren nicht geltend gemacht werden.[5]

2578 Für die Verwirkung von Säumniszuschlägen kommt es allein darauf an, ob die Vollziehung des Steuerbescheides vom Finanzamt tatsächlich ausgesetzt bzw. aufgehoben wurde, und nicht auf die materiell-rechtlichen Voraussetzungen einer Aussetzung oder Aufhebung der Vollziehung.[6] Die spätere Herabsetzung der Steuerschuld rechtfertigt keinen Erlass von Säumniszuschlägen aus sachlichen Billigkeitsgründen.[7]

---

1 So BFH v. 8. 12. 1975 – GrS 1/75, BStBl II 1976, 262 ff.
2 St. Rspr.; vgl. BFH v. 9. 7. 2003 – V R 57/02, BStBl II 2003, 901 ff., StuB 2003, 1040 f.; vgl. Kahlert/Rühland, Sanierungs- und Insolvenzsteuerrecht, Rdnr. 2515.
3 So BFH v. 7. 7. 1999 – X R 87/96, BFH/NV 2000, 161 f. = KTS 2000, 392 f.
4 Vgl. zuletzt: BFH v. 30. 3. 2006 – V R 2/04, StuB 2006, 484; BFH v. 21. 4. 1999 – VII B 347/98, BFH/NV 1999, 1440 f.; v. 18. 6. 1998 – V R 13/98, BFH/NV 1999, 10 ff.
5 Vgl. BFH v. 22. 7. 1986 – VII R 10/82, BStBl II 1986, 776 ff.; v. 28. 4. 1992 – VII R 33/91, BStBl II 1992, 781 ff.
6 So BFH v. 18. 4. 2006 – VII R 77/04, BStBl II 2006, 578 ff., StuB 2006, 483 f. = NWB 2006, 1906 f.
7 So BFH v. 7. 7. 1999 – X R 87/96, BFH/NV 2000, 161 f. = KTS 2000, 392 f.

E. Sonstige Steuern und Nebenforderungen

Die Frage des Erlasses von Säumniszuschlägen stellt sich häufig in der **Krise des Mandanten**. Befindet sich der Mandant bereits im Insolvenzeröffnungsverfahren und hat das Insolvenzgericht Sicherungsmaßnahmen angeordnet, insbesondere die Zwangsvollstreckung eingestellt, so fallen gleichwohl weiter Säumniszuschläge an. Säumniszuschläge im vorläufigen Insolvenzverfahren sind vielmehr als Zinsen anzusehen,[1] die erst ab Eröffnung des Insolvenzverfahrens nicht mehr geltend gemacht werden können.[2]

2579

Vorsicht ist geboten, wenn der Mandant den Erlass von Säumniszuschlägen mit der Begründung beantragen lassen will, dass ihm die rechtzeitige Zahlung der Steuer wegen Überschuldung und Zahlungsunfähigkeit unmöglich ist. Abgesehen davon, dass in diesen Fällen lediglich ein hälftiger Erlass in Betracht kommt,[3] so ist er vom Berater, sofern es sich um einen **insolvenzantragspflichtigen Rechtsträger** handelt, umfassend zu belehren.[4]

2580

Der organschaftliche Vertreter einer haftungsbeschränkten Gesellschaft ist gem. § 15a InsO bei Strafandrohung zur rechtzeitigen Insolvenzantragstellung verpflichtet. Dies gilt auch für den faktischen Geschäftsführer einer Kapitalgesellschaft.[5]

2581

Führt der Steuerpflichtige in seinem Erlassantrag im Einzelnen aus, dass er zahlungsunfähig oder überschuldet ist oder stellt gar der Steuerberater selbst für den Steuerpflichtigen einen Antrag auf Erlass der Säumniszuschläge, unterbleibt aber zugleich der notwendige **Insolvenzantrag**, so werden gewichtige Indizien geschaffen, die später vom Insolvenzverwalter bei der Verfolgung von Schadenersatzansprüchen und von der Staatsanwaltschaft bei der Verfolgung von Straftatbeständen nutzbar gemacht werden können. Dabei darf auch nicht verkannt werden, dass der Steuerberater selbst **Beihilfe zur Insolvenzverschleppung** leisten kann.[6]

2582

Entstehen nach der Insolvenzeröffnung kraft Gesetzes **Säumniszuschläge auf Insolvenzforderungen,** handelt es sich ebenfalls um Insolvenzforderungen. Diese sind allerdings nach Auffassung von Finanzverwaltung[7] und Rechtsprechung[8] gem. § 39 Abs. 1 Nr. 1 InsO **nachrangig** zu berichtigen. Die genannte

2583

---

1 So BFH v. 9. 7. 2003 – V R 57/02, BStBl II 2003, 901 ff., zu § 63 Nr. 1 KO.
2 So BFH v. 30. 3. 2006 – V R 2/04, BStBl II 2006, 612 = StuB 2006, 484, zu § 63 Nr. 1 KO.
3 Vgl. so zuletzt BFH v. 30. 3. 2006 – V R 2/04, StuB 2006, 484.
4 Vgl. Schmittmann, StuB 2006, 527 f.
5 Vgl. Himmelkamp/Schmittmann, StuB 2006, 326, 327.
6 So Schmittmann, StuB 2006, 527 f.; Schmittmann, BBB 2007, 30 ff.
7 So BMF v. 17. 12. 1998 – IV A 4 – S 0550 - 28/98, BStBl I 1998, 1500, 1502.
8 So BFH v. 9. 7. 2003 – V R 57/02, BStBl II 2003, 901.

Vorschrift erfasst zwar ihrem Wortlaut nach nur die seit der Eröffnung des Insolvenzverfahrens laufenden Zinsen. Sie ist indessen auf die Säumniszuschläge entsprechend anzuwenden, weil sie in diesem Verfahrensstadium ihren Charakter als Druckmittel eigener Art verloren haben und stattdessen ihr Zins- und Aufwendungsersatzcharakter im Vordergrund steht. Forderungen gem. § 39 Abs. 1 InsO können nur dann zum Verfahren angemeldet werden, wenn das Gericht dazu gem. § 174 Abs. 3 Satz 1 InsO auffordert. Eine solche Aufforderung erfolgt allerdings nur, wenn aus der Masse sämtliche Verbindlichkeiten der Rangklasse gem. § 38 InsO gedeckt sind, was in der Praxis allerdings keine Rolle spielt.

2584 **Säumniszuschläge auf Masseverbindlichkeiten** teilen das Schicksal der Hauptforderung und sind ebenfalls Masseverbindlichkeiten nach § 55 InsO. Sind die Säumniszuschläge Steuerschulden zuzurechnen, die aus der Verwertung von Sicherungsgut entstanden sind, gehören sie als steuerliche Nebenleistungen (§ 3 Abs. 4 AO) zu den Ausgaben für die Verwertung der Masse nach § 55 Abs. 1 Nr. 1 InsO und sind deshalb als Masseverbindlichkeiten vorweg aus der Insolvenzmasse zu befriedigen.[1]

2585 Die zu den Masseverbindlichkeiten gehörenden Säumniszuschläge sind i. d. R. nicht zu erlassen, weil sie ihre Funktion als Gegenleistung für den entgangenen Zinsgewinn und Aufwendungsersatz beibehalten. Der Umstand, dass ein Insolvenzverwalter aus insolvenz- und haftungsrechtlichen Gründen fällige Steuern nicht zahlen darf, weil noch nicht feststeht, ob die Masse zur Begleichung vorrangiger Masseverbindlichkeiten ausreicht, zwingt für sich allein die Finanzbehörde nicht, Säumniszuschläge in voller Höhe zu erlassen. Da der Säumniszuschlag in einem solchen Fall aber sicherlich seinen Zweck als Druckmittel eigener Art verliert, ist ein **hälftiger Erlass** geboten. Der Insolvenzverwalter wird so gestellt, als wenn die Steuerschuld verzinslich gestundet ist.

2586–2600 *(Einstweilen frei)*

8. Vollstreckungskosten

2601 Die vor der Insolvenzeröffnung entstandenen Kosten der Rechtsverfolgung und Beitreibung einer Forderung rechnen zu den **Insolvenzforderungen** i. S. v. § 38 InsO und sind zur Tabelle anzumelden. Darunter fallen steuerrechtlich insbesondere die bis zur Eröffnung des Verfahrens aufgelaufenen Kosten der Zwangsvollstreckung (Gebühren und Auslagen) nach den §§ 337 ff. AO. Sie

---

[1] BFH v. 18. 4. 1996 – V R 55/95, BStBl II 1996, 561, 562.

werden als gleichrangige Nebenforderung der Kapitalforderung angesehen. Unter der Geltung der Konkursordnung gebührte ihnen deshalb nach § 62 Nr. 1 KO der Rang der (Steuer-)Hauptforderung.[1]

Die **Kosten,** welche den einzelnen Gläubigern durch die Teilnahme am Konkursverfahren – also nach Verfahrenseröffnung – erwuchsen, waren hingegen nach § 63 Nr. 2 KO von der Geltendmachung ausgeschlossen. Nach dem neuen Recht ist ihre Geltendmachung als Insolvenzforderung jetzt möglich. Allerdings gehen sie nach § 39 Abs. 1 Nr. 2 InsO den übrigen Forderungen der Insolvenzgläubiger im Rang nach.[2] 2602

(Einstweilen frei) 2603–2610

9. Zinsen

Die vor der Insolvenzeröffnung festgesetzten (§ 239 AO) und bei Insolvenzeröffnung rückständigen Zinsen (§§ 234–237 AO) gehören zu den Insolvenzforderungen. 2611

Die seit Eröffnung des Verfahrens laufenden Zinsen konnten unter der Geltung der Konkursordnung (§ 63 Nr. 1 KO) nicht geltend gemacht werden. Nunmehr können die nach Verfahrenseröffnung anfallenden Zinsen zwar entgegen der früheren Rechtslage als Insolvenzforderung zur Tabelle angemeldet werden, sie werden indessen nach § 39 Abs. 1 Nr. 1 InsO gegenüber den anderen Insolvenzforderungen lediglich nachrangig berücksichtigt.[3] 2612

Ihre Anmeldung zur Tabelle ist freilich ausgeschlossen, wenn die Zinsen vom Finanzamt aus Gründen der **Billigkeit** erlassen werden müssen. So kommt insbesondere ein Verzicht auf die Anmeldung von Stundungszinsen (§ 234 Abs. 2 AO) und Aussetzungszinsen (§ 237 Abs. 4 AO) in Betracht, wenn ihre Erhebung aus persönlichen oder sachlichen Gründen – zu denen Überschuldung und Zahlungsunfähigkeit sicherlich nicht zählen – unbillig ist.[4] Allerdings muss die Finanzbehörde auf diese Zinsen nicht bereits deshalb verzichten, weil der Steuerschuldner aufgrund der verspäteten Zahlung keinen Zinsvorteil erzielen konnte. Denn Stundungs- und Aussetzungszinsen dienen in erster Linie dem Ausgleich des „Zinsnachteils" des Abgabengläubigers, der nicht zum Fälligkeitszeitpunkt über die geschuldeten Beträge verfügen konnte. 2613

---

1 Hübschmann/Hepp/Spitaler, AO, § 251 Anm. 67; Kuhn/Uhlenbruck, KO, § 61 Anm. 55.
2 Frotscher, Besteuerung bei Insolvenz, S. 59.
3 Frotscher, Besteuerung bei Insolvenz, S. 59.
4 BFH v. 16. 7. 1997 – XI R 32/96, BStBl II 1998, 7; v. 18. 4. 1996 – V R 55/95, BStBl II 1996, 561; v. 20. 11. 1987 – VI R 140/84, BStBl II 1988, 402.

2614–2630 (Einstweilen frei)

10. Zwangs- und Ordnungsgelder, Geldbußen und -strafen

2631 Die vor der Insolvenzeröffnung festgesetzten, noch nicht beglichenen **Zwangsgelder** (§§ 328, 329 AO) sind i. d. R. nach Insolvenzeröffnung aufzuheben, weil sich der Insolvenzverwalter pflichtgemäß verhält und die geforderte Handlung nachholt und/oder der Schuldner die Handlung mangels Befugnis selbst nicht mehr nachholen kann. Nach § 335 AO ist der Vollzug dann einzustellen. Sind die Zwangsgelder indessen nicht aufzuheben, sind sie nunmehr nach § 39 Abs. 1 Nr. 3 InsO **nachrangig** zu befriedigen. Nach der alten Rechtslage konnte das Zwangsgeld nur außerhalb des Konkurses in das konkursfreie Vermögen des Gemeinschuldners beigetrieben werden, denn eine Anmeldung zur Konkurstabelle war nach § 63 Nr. 3 KO[1] ausgeschlossen.

2632 Auch die Geltendmachung von **Geldbußen/Geldstrafen** war nach § 63 Nr. 3 KO kraft Gesetzes ausgeschlossen, wenn es sich nicht um einen Nachlasskonkurs handelte (s. § 226 Abs. 1 und Abs. 2 Nr. 2 KO). Nur die Vollstreckung in das konkursfreie Vermögen des Gemeinschuldners war möglich. Nunmehr sind Geldbußen/Geldstrafen nach § 39 Abs. 1 Nr. 3 InsO als nachrangige Insolvenzforderungen zu berichtigen.

2633–2650 (Einstweilen frei)

11. Hundesteuer

Literatur: *Morswig*, Staatsziel Umweltschutz (Art. 20a GG), NVwZ 1996, 225 ff.; *Ekard*, Praktische Probleme des Art. 20a GG in Verwaltung, Rechtsprechung und Gesetzgebung, SächsVBl. 1998, 51 ff.; *Kasper*, Die Hundesteuer, KStZ 2007, 1 ff.; KStZ 2007, 21 ff.

2651 Schuldner haben oftmals nicht nur Schulden, sondern auch **Hunde**.[2] Soweit Schuldner nur Schulden und **Katzen** haben, so ist dies für das Insolvenzverfahren regelmäßig nicht von Bedeutung. Der Unterschied zwischen Hunden und Katzen im Insolvenzverfahren liegt nämlich darin, dass Katzen im Gegensatz zu Hunden nicht steuerpflichtig sind.

---

1 Hübschmann/Hepp/Spitaler, AO, § 251 Rdnr. 73.
2 Zum Teil haben Schuldner sogar gefährliche Hunde, wobei sich die Frage stellt, ob die ordnungsrechtliche Einordnung als „gefährlicher" Hund zugleich auch Bindungswirkung für das Besteuerungsverfahren hat, vgl. dazu instruktiv: OVG Thüringen v. 28.9.2004 – 4 EO 886/04, DÖV 2005, 303 f. Jedenfalls dürfte die gefahrenabwehrrechtliche Einstufung als „gefährlicher" Hund kein Grundlagenbescheid i. S. v. § 171 Abs. 10 AO sein.

E. Sonstige Steuern und Nebenforderungen

Es gab einmal eine Insolvenzmasse, in der befanden sich nicht nur zahlreiche Anhänger mit entsorgungspflichtiger Ladung, sondern auch Lucky. Lucky war Mischling und stellte sich im Folgenden als Quelle vieler rechtlicher und praktischer Fragen heraus. Nicht nur, dass vor dem Amtsgericht ein Zivilrechtsstreit zwischen dem Schuldner und seiner Tochter anhängig war, weil der Vater der Tochter zunächst den Lucky geschenkt hatte, dies aber mit der Maßgabe verbunden wissen wollte, dass die Tochter im Falle einer eventuellen Scheidung von seiner Ehefrau bei ihm bleibt, sondern auch, weil diese Schenkung erst kurz vor Insolvenzantragstellung stattgefunden hat, so dass sie anfechtbar war. 2652

Doch eins nach dem anderen:

Nicht jeder Hund, der im Zusammenhang mit einem Insolvenzverfahren steht, wird dem Insolvenzverwalter überhaupt bekannt. Vielfach ist es nämlich so, dass die Schuldner ihre **Haustiere** in den Antragsformularen überhaupt nicht angeben. 2653

Der Insolvenzverwalter ist aber verpflichtet, die gesamte Insolvenzmasse gem. § 80 Abs. 1 InsO in Besitz und Verwaltung zu nehmen. Gem. § 35 InsO erfasst das Insolvenzverfahren das gesamte Vermögen, das dem Schuldner zurzeit der Eröffnung des Verfahrens gehört und das er während des Verfahrens erlangt (Insolvenzmasse). Gegenstände, die nicht der Zwangsvollstreckung unterliegen, gehören gem. § 36 Abs. 1 Satz 1 InsO nicht zur Insolvenzmasse. Die Bestimmung des § 811c Abs. 1 ZPO sieht vor, dass **Tiere**, die im häuslichen Bereich und nicht zu Erwerbszwecken gehalten werden, der Pfändung nicht unterworfen sind. Auf Antrag des Gläubigers lässt das Vollstreckungsgericht eine Pfändung wegen des hohen Wertes des Tieres zu, wenn die Unpfändbarkeit für den Gläubiger eine Härte bedeuten würde, die auch unter Würdigung der Belange des Tierschutzes und der berechtigten Interessen des Schuldners nicht zu rechtfertigen ist (§ 811c Abs. 2 ZPO). 2654

Der **Tierschutzgedanke** aus Art. 20a GG schlägt auch auf das Zwangsvollstreckungsrecht durch.[1] 2655

Eigentlich gehörte Lucky überhaupt gar nicht in die Insolvenzmasse, weil er nicht im häuslichen Bereich des Schuldners lebte, sondern vielmehr im häuslichen Bereich der Tochter des Schuldners. Dahin war er aber lediglich aufgrund der Schenkung verbracht worden, die zwar als Handschenkung zivilrechtlich wirksam war, aber gleichwohl der Insolvenzanfechtung gem. § 134 InsO unter- 2656

---

1 Vgl. Zöller/Stöber, ZPO, 27. Aufl., Köln, 2008, § 765a Rdnr. 10a.

lag. Die Anfechtung, die der Insolvenzverwalter erklärte, diente aber im Ergebnis nur dazu, den unwürdigen Rechtsstreit zwischen Vater und Tochter zu beseitigen, um den Lucky für eine juristische Sekunde in die Insolvenzmasse zu bekommen und sodann für 5,00 € an die Tochter des Schuldners zu veräußern.

2657 Wenn dies nun nicht so gewesen wäre, hätte der Insolvenzverwalter sich überlegen müssen, ob möglicherweise ein Fall des § 811c Abs. 2 ZPO vorliegt. Zuzulassen hat das Vollstreckungsgericht die Pfändung, wenn die Unpfändbarkeit für den Gläubiger eine Härte bedeuten würde. Dies ist beispielsweise bei wertvollen Reitpferden, Rassehunden, seltenen Tierarten etc. der Fall. Hoher materieller, nicht ideeller Wert setzt voraus, dass ein Erlös zu erwarten ist, der die Wertgrenze von 250,00 € beträchtlich übersteigt.[1]

2658 Ob der Insolvenzverwalter überhaupt ein **Antragsrecht gem. § 811c Abs. 2 InsO** hat, kann an dieser Stelle nicht geklärt werden, dürfte aber zu interessanten rechtlichen Fragestellungen führen.

2659 Fällt der Hund in die Insolvenzmasse, so ist dies steuerlich zu würdigen. Die Gemeindeordnungen der Länder sehen in der Regel vor, dass die Gemeinden ermächtigt sind, **Steuersatzungen**[2] zu beschließen. Gem. § 1 Abs. 1 Hundesteuersatzung der Stadt Essen[3] ist Gegenstand der Hundesteuer das Halten von Hunden im Gebiet der Stadt Essen. Steuerpflichtig ist der Hundehalter. Hundehalter ist, wer einen Hund im eigenen Interesse oder im Interesse seiner Haushaltsangehörigen in seinen Haushalt aufgenommen hat (§ 1 Abs. 2 Hundesteuersatzung).

2660 **Hundehalter** kann man nicht nur sein, sondern die **Hundehaltereigenschaft** kann auch fingiert werden. Gem. § 1 Abs. 4 Hundesteuersatzung gilt als Hundehalter nämlich auch, wer einen Hund in Pflege oder Verwahrung genommen hat oder auf Probe oder zum Anlernen hält, wenn er nicht nachweisen kann, dass der Hund in einer anderen Gemeinde der Bundesrepublik Deutschland bereits versteuert wird oder von der Steuer befreit ist.

2661 Wenn der Hund nicht gerade an Bord eines in das Schiffsregister eingetragenen Binnenschiffes gehalten wird (§ 5 Abs. 1 Nr. 5 Hundesteuersatzung), ein Blindenführhund ist (§ 5 Abs. 1 Nr. 2 Hundesteuersatzung), oder aus anderen Gründen steuerbefreit ist, fällt demnach Hundesteuer für das Tier an. Fällt der Hund in die Insolvenzmasse, so entsteht die Hundesteuer im Rang des § 55

---

1 So Zöller/Stöber, ZPO, § 811c Rdnr. 3.
2 Vgl. zur Wirksamkeit einer Hundesteuersatzung: OVG Münster v. 25. 11. 2004 – 14 A 2973/02, n. v.; OVG Münster v. 16. 12. 2004 – 14 A 1820/04, n. v.
3 Hundesteuersatzung v. 29. 3. 2003, zuletzt geändert 6. 12. 2004, www.essen.de.

InsO, so dass der Insolvenzverwalter die **Hundesteuer** aus der Masse abzuführen hat, wenn er nicht seine persönliche Haftung riskieren will. Die Stadtsteuerämter im Ruhrgebiet sind zum Teil dazu übergegangen, bisweilen auch Hundesteuerbescheide an Insolvenzverwalter zu schicken, wenn der Schuldner über einen Hund verfügt. Wendet der Insolvenzverwalter ein, dass er nicht Steuerschuldner ist, so bestehen mitunter die Stadtsteuerämter darauf, dass der Insolvenzverwalter nachweist, dass er den Hund aus der Masse freigegeben hat. Eine Freigabe aus der Insolvenzmasse kommt aber denknotwendig nur dann in Betracht, wenn zunächst Massezugehörigkeit bestanden hat, die dann später durch Freigabe geendet hat. Wenn von vornherein keine Zugehörigkeit zur Masse bestanden hat, wenn nämlich gem. § 811c ZPO der Hund überhaupt gar nicht in die Masse fällt, kommt auch die Freigabe nicht in Betracht.

Fällt der Hund tatsächlich nicht in die Masse, so ist der Insolvenzverwalter auch nicht verpflichtet, die Hundesteuer als **Masseverbindlichkeit** i. S. v. § 55 Abs. 1 Nr. 1 InsO zu zahlen. 2662

Die laufend nach Verfahrenseröffnung entstehende Hundesteuer ist i. d. R. demnach überhaupt nicht vom Insolvenzverfahren umfasst. Der Schuldner muss sie selbst aus seinem Vermögen bezahlen. 2663

Das Leben lehrt, dass Schuldner, die nicht nur Hunde, sondern auch Neuverbindlichkeiten haben, im Regelfall nicht geneigt sind, freiwillige Zahlungen zu leisten. **Zwangsvollstreckungsmaßnahmen** der Stadtsteuerämter schlagen regelmäßig fehl. Da der Schuldner sich im Insolvenzverfahren befindet, fällt sein gesamtes der Vollstreckung unterliegendes Vermögen in die Insolvenzmasse und wird vom Insolvenzverwalter verwaltet. 2664

Nur gut, dass der Satzungsgeber der Stadt Essen erkannt hat, dass es besser ist, mehrere Schuldner anstatt nur einen Schuldner zu haben. Gemäß § 1 Abs. 3 Hundesteuersatzung gelten alle in einem Haushalt aufgenommenen Hunde als von ihren Haltern gemeinsam gehalten. Halten mehrere Personen gemeinsam einen oder mehrere Hunde, so sind sie Gesamtschuldner. 2665

Sind auch sämtliche Gesamtschuldner nicht leistungsfähig, was nach unseren Beobachtungen ebenfalls nicht selten ist, ist guter Rat teuer. Der Schuldner zahlt nicht, seine Mitschuldner zahlen nicht und der Insolvenzverwalter zahlt sowieso nicht. Was bleibt also dem frustrierten Vollziehungsbeamten des Stadtsteueramtes noch übrig? 2666

Ein pfiffiger Vollziehungsbeamter könnte auf die Idee kommen, dem Schuldner mit einem **Versagungsantrag** hinsichtlich der Restschuldbefreiung zu dro- 2667 hen. Leider ein stumpfes Schwert. Ein Versagungsgrund i. S. d. § 290 Abs. 1 Nr. 4 InsO liegt nach der Rechtsprechung des AG Göttingen nicht vor, wenn der Schuldner, der über kein pfändbares Einkommen verfügt, nach Verfahrenseröffnung eine neue Hundesteuerforderung begründet. Im vorliegenden Fall ging es immerhin um restliche Hundesteuer i. H. v. 12,25 €.[1] Es bleibt also dabei: Die Hundehaltung ist nirgendwo so günstig wie im eröffneten Insolvenzverfahren. Unterliegt der Hund nicht dem Insolvenzbeschlag, so ist der Insolvenzverwalter zur Abführung der Hundesteuer nicht verpflichtet. Der Schuldner ist zwar zahlungsverpflichtet, hat aber keinerlei Konsequenzen zu gegenwärtigen. Eine Zwangsvollstreckung findet nicht statt. Ein Grund, ihm die Restschuldbefreiung zu versagen, ist ebenfalls nicht gegeben.

2668 Gemäß **Art. 20a GG** schützt der Staat auch in Verantwortung für die künftigen Generationen die natürlichen Lebensgrundlagen im Rahmen der verfassungsmäßigen Ordnung durch die Gesetzgebung und nach Maßgabe von Gesetz und Recht durch die vollziehende Gewalt und die Rechtsprechung.

2669 Mit natürlichen Lebensgrundlagen sind auch Pflanzen, Tiere und Mikroorganismen in ihren Lebensräumen gemeint.[2] Der Schutz des Staates schlägt durch bis in die Niederungen des Insolvenzrechts. Der schuldnerische Hund wird das Insolvenzverfahren seines Herrchens ohne weiteres ohne Angst verbringen können, im Wege der Zwangsvollstreckung eingezogen und verwertet zu werden. Seine Rechte sind geschützt durch Art. 20a GG, § 36 InsO, § 811c Abs. 1 ZPO und letztlich auch durch die Hundesteuersatzung.

2670 Und da ist der **Hund** letztlich als Steuersubjekt der Hundesteuer auch nicht schlechter dran als die **Katze**.

2671–2690 *(Einstweilen frei)*

12. Erbschaftsteuer

Literatur: *Kahlert/Rühland*, Sanierungs- und Insolvenzsteuerrecht, Rdnr. 2506 ff.; *Scheider-Scheumann*, Auswirkungen der Insolvenz einer Personengesellschaft auf die Erhebung der Erbschaftsteuer, DB 2005, 468 ff.; *Broekelschen/Maiterth*, Funktionsweise und Verfassungskonformität der neuen steuerlichen Grundstücksbewertung, DStR 2009, 833 ff.; *Dillberger/Fest*, Der Verschonungsabschlag des § 13a ErbStG n. F. als Motiv für einen Personalabbau bei Betriebsübergang, DStR 2009, 671 ff.; *Feick/Nordmeier*, Der Abschluss von Poolvereinbarungen nach dem neuen Erbschaftsteuerrecht – Empfehlungen

---

[1] So AG Göttingen v. 29. 9. 2004 – 74 IK 227/03, ZInsO 2004, 1092.
[2] S. Ekard, SächsVBl. 1998, 51; Morswig, NVwZ 1996, 225; Jarass/Pieroth, Grundgesetz, Art. 20a Rdnr. 2.

und erste Erfahrungen aus der Praxis, DStR 2009, 893 ff.; *Hübner*, Erbschaftsteuerreform 2009, München, 2009; *Lüdicke/Fürwentsches*, Das neue Erbschaftsteuerrecht, DB 2009, 12 ff.; *Merker*, Erbschaftsteuerreform verabschiedet, StuB 2009, 20 ff.; *Moench/Albrecht*, Erbschaftsteuer, 2. Aufl., München, 2009; *Pach-Hanssenheimb*, Der Verschonungsabschlag bei gemischten Schenkungen, DStR 2009, 466 ff.; *Pauli*, Ausnahmen zum Verwaltungsvermögen – Chancen und Risiken der Immobilienwirtschaft, DB 2009, 641 ff.; *Rohde/Gemeinhardt*, Bewertung von Betriebsvermögen nach der Erbschaftsteuerreform 2009, StuB 2009, 167 ff.; *Rohde/Gemeinhardt*, Besteuerung des Betriebsvermögens nach der Erbschaftsteuerreform 2009, StuB 2009, 217 ff.; *Piltz*, Erbschaftsteuer – Bewertungserlass: Allgemeines und Teil A, DStR 2009, 1829 ff.; *Scholten/Korezkij*, Begünstigungen für Betriebsvermögen nach der Erbschaftsteuerreform – Begünstigte Erwerbe und begünstigtes Vermögen, DStR 2009, 73 ff.; *Scholten/Korezkij*, Begünstigungen für Betriebsvermögen nach der Erbschaftsteuerreform – Verwaltungsvermögen, DStR 2009, 147 ff.; *Scholten/Korezkij*, Begünstigungen für Betriebsvermögen nach der Erbschaftsteuerreform – Lohnsummenprüfung, DStR 2009, 253 ff.; *Scholten/Korezkij*, Begünstigungen für Betriebsvermögen nach der Erbschaftsteuerreform – Behaltensregelungen und Nachversteuerung, DStR 2009, 304 ff.; *Schulze zur Wiesche*, Sonderbetriebsvermögen und Verwaltungsvermögenstest nach § 13a und § 13b ErbStG, DStR 2009, 732 ff.; *Stützel*, Befristete Chance zur Erbschaftsteuerersparnis durch Anwendung neuen Rechts, DStR 2009, 843 ff.; *Völkers/Weinmann/Jordan*, Erbschaft- und Schenkungssteuerrecht, 3. Aufl., München, 2009.

Der Erwerb von Betriebsvermögen, von Betrieben der Land- und Forstwirtschaft und von Anteilen der Kapitalgesellschaften von Todes wegen oder durch Schenkung unter Lebenden wird erbschafts- und schenkungsteuerlich begünstigt. Diese **Begünstigung** fällt gem. § 13a Abs. 5 ErbStG mit Wirkung für die Vergangenheit weg, soweit der Erwerber innerhalb von **sieben Jahren** nach dem Erwerb den Gewerbebetrieb, einen Teilbetrieb, einen Gesellschaftsanteil etc. veräußert und den Gewerbebetrieb aufgibt.

2691

Nach der Rechtsprechung des BFH ist es ernstlich zweifelhaft i. S. d. § 69 Abs. 2 Satz 2 FGO, ob die Steuervergünstigungen des § 13a ErbStG für den Erwerb eines Anteils an einer Kommanditgesellschaft nachträglich gem. § 13a Abs. 5 Nr. 1 ErbStG wieder entfallen, wenn der Anteil dadurch untergeht, dass über das Vermögen der KG das **Konkursverfahren** eröffnet wird und der Konkursverwalter den Gewerbebetrieb aufgibt.[1]

2692

Ist das steuerbegünstigt erworbene Vermögen nur zum Teil von dem Konkurs betroffen, weil der Erwerber neben dem Anteil an der Kommanditgesellschaft damit zusammenhängendes Sonderbetriebsvermögen erworben hatte, ist dieses unter dem Gesichtspunkt der Nachbesteuerung gesondert zu beurteilen. Allein die Tatsache, dass dieses Vermögen seine Eigenschaft, Sonderbetriebs-

2693

---

[1] So BFH v. 7. 7. 2004 – II B 32/04, BStBl II 2004, 747 ff.; vgl. Schneider-Scheumann, DB 2005, 468 ff.

vermögen bzgl. des Gewerbebetriebes der KG gewesen zu sein, in Folge des Konkurses verloren hat, hindert die **Nachbesteuerung** gem. § 13a Abs. 5 ErbStG nicht.[1]

2694 Der Wegfall der Steuerbefreiung hängt nicht davon ab, aus welchen Gründen das begünstigt erworbene Betriebsvermögen veräußert und der Betrieb aufgegeben wurde; eine teleologische Reduktion des **Nachbesteuerungstatbestands** kommt insoweit nach der Rechtsprechung des BFH nicht in Betracht.[2]

2695 Der Verlust der geerbten Beteiligung an einer Kommanditgesellschaft und damit des Betriebsvermögens durch Insolvenz innerhalb der Behaltensfrist des § 13a Abs. 5 ErbStG führt nicht zu einer Unbilligkeit der Geltendmachung des Erbschaftsteueranspruchs aus sachlichen Gründen, soweit sich die Erbschaftsteuer bei Anwendung des § 13a ErbStG ermäßigt hätte.[3] Auch ein innerhalb der Frist von seinerzeit fünf Jahren eintretender insolvenzbedingter Verlust des ererbten Betriebsvermögens rechtfertigt keinen Erlass der sich aus der Nachversteuerung ergebenden Erbschaftsteuer aus sachlichen Gründen i. S. v. § 227 AO.[4]

2696 Der Nachbesteuerungstatbestand des § 13a Abs. 5 Nr. 5 ErbStG stellt einen besonderen Fall des **rückwirkenden Ereignisses** i. S. d. § 175 Abs. 1 Nr. 2 AO dar. Er greift auch in den Fällen der Veräußerung von Betriebsvermögen in einem Insolvenzverfahren. Eine teleologische Reduktion des Nachversteuerungstatbestandes auf die Fälle, in denen das Betriebsvermögen auf Veranlassung des Steuerpflichtigen veräußert wird, kommt nach dem klaren Regelungsgehalt nicht in Betracht.[5]

2697 Der war gezwungen, die Rechtsprechung des BVerfG zur Berücksichtigung von Art. 3 Abs. 1 GG im Erbschaftsteuerrecht umzusetzen.[6]

2698 **Betriebsvermögen** und sonstiges **Produktivvermögen** wird erbschaftsteuerlich begünstigt. Gem. § 13b ErbStG gehören zum begünstigten Vermögen der inländische Wirtschaftsteil des land- und forstwirtschaftlichen Vermögens, in-

---

1 S. MünchKommInsO/Kling/Schüppen/Ruh, Insolvenzsteuerrecht, Rdnr. 235e.
2 S. BFH v. 16. 2. 2005 – II R 39/03, BStBl II 2005, 571 ff.
3 So FG Nürnberg v. 30. 3. 2006 – IV 2005/05, DStRE 2006, 1283 ff., rkr.
4 So FG Münster v. 28. 2. 2008 – 3 K 3877/07, DStRE 2009, 317, 318, Rev. eingelegt: BFH – II R 25/08.
5 So BFH v. 21. 3. 2007 – II R 19/06, BFH/NV 2007, 1321; Vorinstanz: FG Münster v. 19. 1. 2006 – 3 K 2563/03, EFG 2006, 687.
6 S. BVerfG v. 7. 11. 2006 – 1 BvL 10/02, BVerfG = 117, 1 ff. = DStR 2007, 235 ff. = NJW 2007, 573 ff. = ZSteu-Brisant 2007, 4 ff.

ländisches Betriebsvermögen sowie Anteile an Kapitalgesellschaften. Zu berücksichtigen sind jedoch die Ausnahmen gem. § 13b Abs. 2 ErbStG. Begünstigt sind gem. § 13b Abs. 4 ErbStG 85 % des in § 13b Abs. 1 ErbStG genannten Vermögens.

Aus § 13a Abs. 1 Satz 1 ErbStG ergibt sich der **Verschonungsabschlag**. Voraussetzung dafür ist gem. § 13a Abs. 1 Satz 2 ErbStG, dass die Summe der maßgebenden jährlichen Lohnsummen (§ 13a Abs. 4 ErbStG) des Betriebes, bei Beteiligungen an einer Personengesellschaft oder Anteilen an einer Kapitalgesellschaft des Betriebes der jeweiligen Gesellschaft, innerhalb von **sieben** Jahren nach dem Erwerb (**Lohnsummenfrist**) insgesamt 650 % der Ausgangslohnsumme nicht unterschreitet. 2699

Gem. § 13a Abs. 8 Nr. 1 ErbStG kann der Erwerber unwiderruflich erklären, dass die Steuerbefreiung mit der Maßgabe gewährt wird, dass an die Lohnsummenfrist von sieben Jahren eine Lohnsummenfrist von **zehn** Jahren und an die Stelle der maßgebenden Lohnsumme von 650 % eine maßgebende Lohnsumme von 1 000 % tritt. 2700

Darüber hinaus ist auch der **Abzugsbetrag** i. S. v. § 13a Abs. 2 ErbStG zu berücksichtigen. Der nicht unter § 13b Abs. 4 ErbStG fallende Teil des Vermögens i. S. d. § 13b Abs. 1 ErbStG bleibt vorbehaltlich der Zehn-Jahres-Frist gem. § 13a Abs. 2 Satz 3 ErbStG außer Ansatz, soweit der Wert dieses Vermögens insgesamt 150 000 € nicht übersteigt. Der Abzugsbetrag von 150 000 € verringert sich, wenn der Wert dieses Vermögens insgesamt die Wertgrenze von 150 000 € übersteigt, um 50 % des diese Wertgrenze übersteigenden Betrages. 2701

Gem. § 13a Abs. 5 ErbStG **fallen** der Verschonungsabschlag und der Abzugsbetrag mit Wirkung für die Vergangenheit **weg**, soweit der Erwerber innerhalb der Behaltensfrist von sieben Jahren: 2702

▶ einen **Gewerbebetrieb** oder einen **Teilbetrieb**, einen Gesellschaftsanteil i. S. d. § 15 Abs. 1 Satz 1 Nr. 2 und Abs. 3 EStG oder § 18 Abs. 4 EStG oder einen Anteil eines persönlich haftenden Gesellschafters einer Kommanditgesellschaft auf Aktien **veräußert**, wobei als Veräußerung auch die Aufgabe des Geschäftsbetriebes gilt;

▶ das land- und forstwirtschaftliche Vermögen veräußert;

▶ als Inhaber eines Gewerbebetriebes **Überentnahmen** tätigt;

▶ Anteile an Kapitalgesellschaften ganz oder teilweise veräußert oder eine **Kapitalherabsetzung** durchführt;

▶ im Falle des § 13b Abs. 1 Nr. 3 Satz 2 ErbStG die Verfügensbeschränkung oder die Stimmrechtsbündelung aufgehoben wird.

2703 Gem. § 13a Abs. 6 ErbStG ist der Erwerber verpflichtet, dem für die Erbschaftsteuer zuständigen Finanzamt innerhalb einer Frist von sechs Monaten nach Ablauf der Lohnsummenfrist das Unterschreiten der Lohnsummengrenze anzuzeigen. Die **Anzeige** hat auch dann zu erfolgen, wenn der Vorgang zu keiner Besteuerung führt.

2704 Zum **bisherigen** Erbschaftsteuerrecht hat der BFH entschieden, dass es ernstlich zweifelhaft i. S. d. § 69 Abs. 2 Satz 2 FGO sei, ob die Steuervergünstigungen des § 13a ErbStG für den Erwerb eines Anteils an einer Kommanditgesellschaft nachträglich gem. § 13a Abs. 5 Nr. 1 ErbStG a. F. wieder entfallen, wenn der Anteil dadurch untergeht, dass über das Vermögen der KG das **Konkursverfahren** eröffnet wird und der Konkursverwalter den Gewerbebetrieb der KG aufgibt. Ist das steuerbegünstigt erworbene Vermögen nur zum Teil von dem Konkurs betroffen, weil der Erwerber neben dem Anteil an der KG damit zusammenhängendes Sonderbetriebsvermögen erworben hatte, ist dieses unter dem Gesichtspunkt der Nachbesteuerung gesondert zu beurteilen. Allein die Tatsache, dass dieses Vermögen seine Eigenschaft, Sonderbetriebsvermögen bzgl. des Gewerbebetriebes der KG gewesen zu sein, aufgrund des Konkurses verloren hat, hindert die Nachbesteuerung gem. § 13a Abs. 5 ErbStG nicht.[1]

2705 Weiter hat der BFH entschieden, dass die **Steuervergünstigungen** nach § 13a Abs. 1 und Abs. 2 ErbStG a. F. für den Erwerb eines GmbH-Anteils mit Eröffnung des **Insolvenzverfahrens** über das Vermögen der GmbH rückwirkend wegfallen. Der Anwendungsbereich des § 13a Abs. 5 Nr. 4 Satz 2 Alternative 1 ErbStG a. F. sei nicht durch teleologische Reduktion auf Fälle zu beschränken, in denen die Auflösung der Kapitalgesellschaft freiwillig erfolgt. Der Nachbesteuerungstatbestand greift auch dann, wenn die Aufgabe des Geschäftsbetriebes aufgrund eines existenzbedrohenden Zustandes oder aufgrund von Insolvenz erfolgt.[2]

2706 Nach der bisherigen Rechtsprechung bestehen auch keine Aussichten, diesbezüglich einen **Erlass der Erbschaftsteuer** zu erreichen. Nach der Rechtsprechung des FG Münster führt der Verlust von Betriebsvermögen durch Insolvenz innerhalb der Behaltensfrist des § 13a Abs. 5 ErbStG a. F. **nicht zur sachlichen Unbilligkeit** der Erbschaftsteuernachforderung. Dies gilt auch dann, wenn der Steuerpflichtige an der Insolvenz keine Schuld trug und er unter er-

---

1 So BFH v. 7. 7. 2004 – II B 32/04, BStBl II 2004, 747 ff.
2 So BFH v. 21. 3. 2007 – II R 19/06, BFH/NV 2007, 1321 = DStRE 2007, 761.

heblichem Einsatz weiteren Vermögens versuchte, die Insolvenz abzuwenden.[1] Auch das FG Nürnberg hatte bereits entschieden, dass der Verlust der geerbten Beteiligung an einer Kommanditgesellschaft und damit des Betriebsvermögens durch Insolvenz innerhalb der Behaltensfrist des § 13a Abs. 5 ErbStG a. F. nicht zu einer Unbilligkeit der Geltendmachung des Erbschaftsteueranspruchs aus sachlichen Gründen führt.[2] Insbesondere bei Steuerpflichtigen, die die Verlängerung der Frist gem. § 13a Abs. 8 ErbStG n. F. in Betracht ziehen, sollte sorgfältig das Insolvenzrisiko des begünstigten Vermögens geprüft werden. Im Hinblick auf die Unwägbarkeiten einer zukünftigen wirtschaftlichen Entwicklung kann von einer freiwilligen Verlängerung der Frist in aller Regel nur abgeraten werden.

(Einstweilen frei) 2707–2740

---

1 So FG Münster v. 28. 2. 2008 – 3 K 3877/07, EFG 2008, 1049.
2 So FG Nürnberg v. 30. 3. 2006 – IV 205/05, DStRE 2006, 1283 ff.

F. Aspekte aus Sicht des Insolvenzverwalters

1. Einkünfte des Insolvenzverwalters

Literatur: *Schick*, Der Konkursverwalter – berufs- und steuerrechtliche Aspekte, NJW 1991, 1328 ff.; *Leibner*, Die Gewerblichkeit der Insolvenzverwaltertätigkeit, DZWIR 2002, 272 ff.; *Mitlehner*, Insolvenzverwaltung als gewerbliche Tätigkeit, NZI 2002, 190 ff.; *Schmid*, Der Rechtsanwalts-Insolvenzverwalter als „Gewerbetreibender"?, DZWIR 2002, 316 ff.; *Schmittmann*, Qualifikation der Einkünfte von Rechtsanwälten aus Gesamtvollstreckungs- und Insolvenzverwaltertätigkeit, StuB 2002, 384 ff.; *Stahlschmidt*, Die Gewerbesteuerpflicht des Insolvenzverwalters, BB 2002, 1727 ff.; *Frystatzki*, Freierufler als Insolvenzverwalter: Einkünfte aus Gewerbebetrieb?, EStB 2005, 308 ff.; *Habscheidt*, Einkünfte des Rechtsanwalts als Betreuer – Die marode Gewerbesteuer als Kostenfaktor, NJW 2005, 1257 ff.; *Schmittmann*, Gewerbegefahr bei der Ausübung weiterer Tätigkeiten, Abschn. B. II. Rdnr. 43, in: Römermann, Steuerberater Handbuch Neue Beratungsfelder, Bonn, 2005; *Hallerbach*, Anwendungsschreiben zur Gewerbesteueranrechnung nach § 35 EStG, StuB 2009, 390 ff.; *Jacoby*, Zur umsatzsteuerlichen Behandlung der Insolvenzverwalterleistung – das Argument der Höchstpersönlichkeit, ZIP 2009, 554 ff.; *Siemon*, Der Rechtsanwalt als Insolvenzverwalter übt eine freiberufliche Tätigkeit aus, ZInsO 2009, 305 ff.; *Schmittmann*, Nochmals: Organschaft und Einkünfte des Insolvenzverwalters in der Rechtsprechung, StuB 2009, 71 f.

2741 Im Folgenden werden die Besonderheiten bei den Einkünften des Insolvenzverwalters erörtert.

a) Einkommensteuer

2742 In aller Regel werden von den Insolvenzgerichten Rechtsanwälte zu Insolvenzverwaltern bestellt. Die Darstellung orientiert sich daher an den für Rechtsanwälte geltenden Vorschriften. Für Steuerberater und Wirtschaftsprüfer sind die Ausführungen aber sinngemäß ebenfalls anwendbar. Es ist grundsätzlich zu unterscheiden, ob der Berufsträger in einer **Einzelkanzlei** oder in einer Gesellschaft (**Sozietät**) tätig ist.[1]

(1) Einzelpraxis

2743 Der Rechtsanwalt erzielt als sog. „**Katalogberuf**" grundsätzlich Einkünfte aus § 18 Abs. 1 Nr. 1 EStG.

---

1 Vgl. zur Abgrenzung der gewerblichen von den freiberuflichen Einkünften bei Partnerschaftsgesellschaften zwischen Steuerberatern, Rechtsanwälten und Wirtschaftsprüfern: OFD Koblenz, Kurzinformation der Steuergruppe St 3 Einkommensteuer, Nr. 128/05 v. 15. 12. 2005, DB 2006, 73 f. Die Verfügung der OFD Koblenz, Information ESt Nr. 66/02 v. 21. 12. 2002, StuB 2003, 83, ist damit überholt.

Reichweite der Einkünfte des Rechtsanwalts aus selbständiger Tätigkeit

Der **Rechtsanwalt** ist der berufene unabhängige Berater und Vertreter in allen Rechtsangelegenheiten (§ 3 Abs. 1 BRAO). Problematisch sind die Fälle, in denen der Berufsträger weitgehend andere Tätigkeiten ausübt oder ein ehemaliger Berufsträger nunmehr für andere Berufsträger tätig ist.[1]

2744

Übt ein „Einzelfreiberufler" eine gemischte Tätigkeit aus, sind die freiberuflichen und die gewerblichen Einkünfte ungeachtet sachlicher und wirtschaftlicher Bezugspunkte nach der Rechtsprechung grundsätzlich getrennt zu ermitteln, sofern dies nach der Verkehrsauffassung möglich ist.[2]

2745

Einheitliche Einkünfte liegen deshalb nur dann vor, wenn die Tätigkeiten derart miteinander verbunden sind, dass sie sich gegenseitig unauflösbar bedingen.[3]

2746

Gemäß § 18 Abs. 1 Nr. 1 Satz 3 EStG ist ein Angehöriger eines freien Berufes auch dann freiberuflich tätig, wenn er sich der Mithilfe fachlich vorgebildeter Fachkräfte bedient; Voraussetzung ist, dass er aufgrund eigener Fachkenntnisse leitend und eigenverantwortlich tätig wird.

2747

Der BFH hat mit Bezug auf § 15 Abs. 2 Satz 1 und Abs. 3, § 18 Abs. 1 Nr. 1 und 3 EStG, § 2 Abs. 1 Satz 2 GewStG, § 3 Abs. 1 BRAO entschieden, dass ein Rechtsanwalt als Verwalter im Gesamtvollstreckungsverfahren Einkünfte aus sonstiger selbständiger Arbeit i. S. d. § 18 Abs. 1 Nr. 3 EStG erzielt und diese Einkünfte unter den Voraussetzungen der sog. **„Vervielfältigungstheorie"** als Einkünfte aus Gewerbetrieb zu beurteilen sein können.[4]

2748

Auch wenn diese Entscheidung in einem Sachverhalt ergangen ist, in dem der betroffene Rechtsanwalt als **Gesamtvollstreckungsverwalter** tätig war, so dürfte die Entscheidung für sämtliche Rechtsanwälte, Wirtschaftsprüfer und Steuerberater von Bedeutung sein, die als Gesamtvollstreckungs-, Konkurs- oder Insolvenzverwalter tätig sind oder waren.[5] Wann ein Rechtsanwalt „über-

2749

---

1 S. FG Köln v. 1.12.2005 – 15 K 1555/05, DStRE 2006, 1185 ff.
2 So BFH v. 25.7.2000 – XI B 41/00, BFH/NV 2001, 204.
3 So BFH v. 24.9.1998 – IV R 16/98, BFH/NV 1999, 602, 603; v. 11.7.1991 – IV R 102/90, BStBl II 1992, 413.
4 S. BFH v. 12.12.2001 – XI R 56/00, BStBl II 2002, 202 ff.; Vorinstanz: FG Bremen v. 25.3.1999 – 3 98 107 K 1, EFG 1999, 843 ff. Der Entscheidung ging ein Gerichtsbescheid voraus: BFH v. 14.8.2001 – XI R 56/00, ZInsO 2001, 954 ff.
5 Vgl. dazu auch die frühen Stimmen in der Literatur: Kanzler, FR 1995, 114 ff.; Korn, DStR 1995, 1249, 1252 f.

wiegend" verwaltend tätig ist, lässt der BFH in seiner Entscheidung allerdings offen.[1]

2750 Der Entscheidung lag folgender Sachverhalt zugrunde: Vier Rechtsanwälte hatten sich in der klägerischen GbR zur gemeinsamen Berufsausübung zusammengeschlossen. Ihre Einnahmen stammten überwiegend aus Tätigkeiten als Verwalter im Gesamtvollstreckungsverfahren. Der Hauptsitz der Klägerin befand sich in A. Ferner unterhielt die Klägerin im Streitjahr 1995 in B eine Zweigniederlassung bzw. ein Büro, in C und D jeweils ein Büro, das von Gesellschaftern der Klägerin geleitet wurde, ferner in E, F und G Insolvenzabteilungen. Sie beschäftigte 1995 insgesamt 70 Mitarbeiter. Hierzu gehörten u. a. zwei angestellte Rechtsanwälte, ein Betriebswirt, ein Büroverwalter, 11 ReNo-Gehilfinnen sowie 6 Buchhalterinnen. Die Gehaltsaufwendungen betrugen 1995 1,98 Mio. DM, die Aufwendungen für Fremdarbeiten u. a. für Korrespondenzanwälte und gutachterlich tätige Wirtschaftsprüfer rd. 337 000 DM. Einer der angestellten Rechtsanwälte war im Büro in D unter Leitung zweier Gesellschafter tätig. Seine Aufgabe bestand darin, Geschäftsunterlagen für den Forderungseinzug im Gesamtvollstreckungsverfahren in Abstimmung mit dem jeweiligen Verwalter zu sichten, die Liste der „offenen Posten" zu berichtigen, den Forderungseinzug durch Schriftsatzentwürfe vorzubereiten und nach Weisung Gerichtstermine, Akteneinsicht u. Ä. wahrzunehmen. Der andere angestellte Rechtsanwalt war mit entsprechenden Aufgaben (ohne Fertigung von Schriftsatzentwürfen) in der Zweigniederlassung bzw. ab 1.9.1995 in dem Büro der Klägerin in B nach Weisung zweier Gesellschafter tätig.

Abgrenzung von freiberuflicher zu sonstiger selbständiger Tätigkeit nach der Rechtsprechung

2751 Kernfrage ist, ob die Einkünfte eines Rechtsanwalts, der als Gesamtvollstreckungs-, Konkurs- oder Insolvenzverwalter tätig ist, als Einkünfte aus freiberuflicher Tätigkeit (§ 18 Abs. 1 Nr. 1 EStG) oder aus sonstiger selbständiger Tätigkeit (§ 18 Abs. 1 Nr. 3 EStG) anzusehen sind.[2]

Auffassung des FG Bremen

2752 Die Wahrnehmung der Aufgaben eines Verwalters im Gesamtvollstreckungsverfahren nach der Gesamtvollstreckungsordnung (GesO) durch einen Rechtsanwalt ist nach Auffassung des FG Bremen als Ausübung eines freien Berufs

---

1 So Leibner, DZWIR 2002, 273.
2 S. Schmittmann, StuB 2002, 384 ff.

i. S. v. § 15 Abs. 2 Satz 1 EStG anzusehen, denn nach § 18 Abs. 1 Nr. 1 Satz 2 EStG gehören zu der freiberuflichen Tätigkeit, deren Einkünfte nach Satz 1 der Norm Einkünfte aus selbständiger Arbeit sind, die selbständige Berufstätigkeit u. a. der Rechtsanwälte, die nach Satz 3 der Regelung unter der Voraussetzung, dass sie aufgrund eigener Fachkenntnisse leitend und eigenverantwortlich tätig sind, auch dann freiberuflich tätig sind, wenn sie sich der Mithilfe fachlich vorgebildeter Arbeitskräfte bedienen.

Die Tätigkeit eines Rechtsanwalts als Verwalter nach der GesO ist (Teil der) selbständige(n) Berufstätigkeit des Rechtsanwalts i. S. d. § 18 Abs. 1 Nr. 1 Satz 1 EStG. Die Regelung in § 2 Abs. 1 Satz 2 GewStG bewirkt i. V. m. §§ 15 Abs. 2 Satz 1, 18 Abs. 1 EStG durch Herausnahme der Einkünfte aus selbständiger Arbeit deren gewerbesteuerrechtliche Privilegierung, wobei im Hinblick auf die freiberufliche Tätigkeit der Rechtsanwälte typisierend bestimmt ist, dass dazu deren selbständige Berufstätigkeit gehört (§ 18 Abs. 1 Nr. 1 Sätze 1 und 2 EStG). 2753

Die Regelung in § 18 Abs. 1 Nr. 1 Satz 2 EStG, nach der zur freiberuflichen Tätigkeit i. S. v. Satz 1 der Norm u. a. die selbständige Berufstätigkeit der Rechtsanwälte gehört, ist auslegungsbedürftig, wobei die Regelungen der BRAO im Rahmen der rechtssystematischen Auslegung einzubeziehen sind. Nach § 1 BRAO ist der Rechtsanwalt ein **unabhängiges Organ der Rechtspflege**. Nach § 2 Abs. 1 BRAO übt der Rechtsanwalt einen freien Beruf aus; § 2 Abs. 2 BRAO bestimmt, dass seine Tätigkeit kein Gewerbe ist. § 3 Abs. 1 BRAO bestimmt, dass der Rechtsanwalt der berufene und unabhängige Berater und Vertreter in allen Rechtsangelegenheiten ist. 2754

Der Beruf des Rechtsanwalts umfasst jedoch von jeher – das zeigen schon die Regelungen in § 7 Nr. 8 und § 14 Abs. 2 Nr. 8 BRAO, wonach die Zulassung versagt bzw. zurückgenommen werden kann, wenn der Rechtsanwalt eine Tätigkeit ausübt, die mit dem Beruf eines Rechtsanwalts nicht vereinbar ist – über die klassisch-advokatorische Tätigkeit der rechtlichen Beratung, Vertretung und der Rechtsbesorgung nach § 3 Abs. 1 BRAO hinaus weitere Tätigkeiten, wie auch § 1 Abs. 2 RVG zeigt. Insbesondere nehmen Rechtsanwälte die dort bezeichneten Tätigkeiten als Vormund, Betreuer, Pfleger, Verfahrenspfleger, Testamentsvollstrecker, Insolvenzverwalter, Sachwalter, Mitglied des Gläubigerausschusses, Nachlassverwalter, Zwangsverwalter, Treuhänder oder Schiedsrichter wahr. Auch diese Tätigkeiten gehören im Wortsinne zur selbständigen Berufstätigkeit der Rechtsanwälte. 2755

Soweit der eine angestellte Rechtsanwalt für Gesellschafter der Klägerin Terminsvertretungen nach Weisung wahrgenommen hat, gilt nach Auffassung 2756 des FG Bremen nichts anderes, weil auch insoweit die Verantwortung bei dem jeweiligen Gesellschafter lag und weil der angestellte Rechtsanwalt auch insoweit nach dessen Weisungen gehandelt hat. Hinsichtlich der Sekretärinnen, ReNo-Gehilfinnen und Buchhalterinnen kommt ohnehin kaum in Betracht, dass ihnen Tätigkeiten im Rahmen der Verwaltertätigkeit zur eigenständigen Wahrnehmung übertragen worden sind.

Auffassung des BFH

2757 Der BFH sieht die Tätigkeit eines Gesamtvollstreckungs- oder Insolvenzverwalters in einem anderen Licht: Entgegen der Auffassung des FG Bremen sei die Klägerin nach § 2 Abs. 1 Satz 2 GewStG i.V. m. § 15 Abs. 3 Nr. 1 EStG in vollem Umfang gewerbesteuerpflichtig, da sie nicht nur in geringfügigem Umfang gewerbliche Einkünfte bezieht.[1] Ihre Einkünfte als Verwalter im Gesamtvollstreckungsverfahren sind nicht solche aus selbständiger Tätigkeit gem. § 18 Abs. 1 Nr. 1 EStG.[2] Die Tätigkeit eines Konkurs-, Zwangs- und Vergleichsverwalters sei ebenso wie die Tätigkeit des Gesamtvollstreckungsverwalters eine vermögensverwaltende i. S. d. § 18 Abs. 1 Nr. 3 EStG und keine freiberufliche Tätigkeit i. S. d. § 18 Abs. 1 Nr. 1 EStG.[3]

2758 Auch ein Rechtsanwalt könne Vermögensverwaltung i. S. d. § 18 Abs. 1 Nr. 3 EStG betreiben. Gemäß § 18 Abs. 1 Nr. 1 EStG gehören zu den Einkünften aus freiberuflicher Tätigkeit solche, die durch eine selbständige Berufstätigkeit eines Rechtsanwalts erzielt werden. Die Zugehörigkeit zu einer der in § 18 Abs. 1 Nr. 1 Satz 2 EStG genannten Berufsgruppen ist danach zwar Voraussetzung für die Annahme freiberuflicher Einkünfte. Sie reicht allein jedoch nicht aus. Vielmehr muss, wie § 18 Abs. 1 Nr. 1 Satz 1 EStG zu entnehmen ist, die tatsächlich ausgeübte Tätigkeit freiberuflicher Art sein. Sie muss für den genannten Kata-

---

1 Vgl. BFH v. 13. 11. 1997 – IV R 67/96, BStBl II 1998, 254; v. 11. 8. 1999 – XI R 12/98, BStBl II 2000, 229.
2 Ebenso Steinhauff in Littmann/Bitz/Pust, Das Einkommensteuerrecht, § 18 EStG Rdnr. 175a; Brandt in Herrmann/Heuer/Raupach, Einkommensteuer- und Körperschaftsteuergesetz, Kommentar, § 18 EStG Rdnr. 153; Kanzler, FR 1994, 114; zustimmend Schmidt/Wacker, § 18 Rdnr. 97.
3 Vgl. BFH v. 29. 3. 1961 – IV 404/60 U, BStBl III 1961, 306; v. 5. 7. 1973 – IV R 127/69, BStBl II 1973, 730; v. 11. 5. 1989 – IV R 152/86, BStBl II 1989, 729; vgl. auch z. B. Brandt in Herrmann/Heuer/Raupach, § 18 EStG Rdnr. 264; Stuhrmann in Kirchhof/Söhn, EStG, § 18 Rdnr. B 228; Schmidt/Wacker, § 18 Rdnr. 141.

logberuf berufstypisch,[1] d. h. in besonderer Weise charakterisierend und dem Katalogberuf vorbehalten sein.[2]

Die Tätigkeit eines Verwalters im **Gesamtvollstreckungsverfahren** ist für einen Rechtsanwalt nach Auffassung des BFH nicht berufstypisch: Nach § 3 Abs. 1 BRAO ist der Rechtsanwalt der berufene unabhängige Berater und Vertreter in allen „Rechtsangelegenheiten". Aufgabe des Verwalters im Gesamtvollstreckungsverfahren ist demgegenüber die Inbesitznahme von Vermögen sowie dessen Verwaltung und Verwertung (§ 8 Abs. 2 GesO). Diese der Art nach als Vermögensverwaltung i. S. d. § 18 Abs. 1 Nr. 3 EStG zu qualifizierende Tätigkeit wird nicht deswegen zu einer „Rechtsangelegenheit", weil sich im Gesamtvollstreckungsverfahren (ggf. schwierige) Rechtsfragen stellen, zu deren Beantwortung Rechtskenntnisse des Verwalters hilfreich sein können.[3] Verwaltungs- und Rechtsangelegenheiten stehen in einem solchen Fall nebeneinander. Die Verwaltertätigkeit wird nicht insgesamt zu einer Rechtsangelegenheit umqualifiziert, da die Art der tatsächlich ausgeübten Tätigkeiten letztlich entscheidend ist (vgl. auch § 15 Abs. 3 Nr. 1 EStG).

2759

Eine Tätigkeit ist nach Auffassung des BFH nicht allein deswegen eine freiberufliche, weil sie mit dem Berufsbild eines Katalogberufs nach den berufsrechtlichen Vorschriften vereinbar ist.[4] Ebenso wenig wie die Verletzung der gesetzlichen Normen von einer Besteuerung freistellt (§ 40 AO), entscheidet die Beachtung oder Nichtbeachtung berufsrechtlicher Vorschriften über das Bestehen einer Steuerpflicht.

2760

Kritik an der Auffassung des BFH

Der Entscheidung des BFH ist zu widersprechen, da sie den tatsächlichen Gegebenheiten nicht Rechnung trägt. Es ist jedoch zu gegenwärtigen, dass die im Bundessteuerblatt veröffentlichte Entscheidung von der Finanzverwaltung

2761

---

1 Der BFH v. 18. 10. 2006 – IX R 9/06, ZSteu 2007, R-112 ff., sieht die Tätigkeit einer Wirtschaftsprüfer-GbR als Treuhandkommanditist eines Immobilienfonds nicht als berufstypisch und somit gewerblich an.
2 Vgl. BFH v. 2. 10. 1986 – V R 99/78, BStBl II 1987, 147; v. 13. 3. 1987 – V R 33/79, BStBl II 1987, 524; v. 18. 10. 2006 – IX R 9/06, ZSteu 2007, R-112 ff.; v. 9. 8. 1990 – V R 30/86, BFH/NV 1991, 126, zugleich Abgrenzung zu BFH v. 4. 12. 1980 – V R 27/76, BStBl II 1981, 193; vgl. dazu Schmid, DZWIR 2002, 316 f.; a. A. Schick, NJW 1991, 1328, 1332.
3 Vgl. BFH v. 29. 3. 1961 – IV 404/60 U, BStBl III 1961, 306.
4 Vgl. BFH v. 1. 2. 1990 – IV R 42/89, BStBl II 1990, 534; vgl. z. B. v. 9. 8. 1983 – VIII R 92/83, BStBl II 1984, 129; v. 11. 5. 1989 – IV R 43/88, BStBl II 1989, 797.

über den Einzelfall hinaus Anwendung finden wird.[1] Somit besteht für insolvenzverwaltende Sozietäten erheblicher Handlungsbedarf.

2762 Die Argumentation des BFH ist ersichtlich von dem Bestreben geprägt, die Einkünfte der Insolvenzverwalter der Gewerbesteuer zu unterwerfen, da der Sachverhalt aufgrund der geringen Anzahl der Gesellschafter, nämlich vier, und der außergewöhnlich großen Anzahl von Angestellten, nämlich in casu 70, geradezu danach rief, die Gewerblichkeit zu bejahen. Gleichwohl überzeugt die Entscheidung nicht.

2763 Der BFH hat früher bereits bei Auslegung des § 18 Abs. 1 Nr. 1 EStG auf berufsrechtliche Regelungen zurückgegriffen.[2] Er hat dies aber – so der BFH nun – nie in dem Sinne getan, dass er jede mit Berufsrecht vereinbare Tätigkeit des Rechtsanwalts als freiberuflich gem. § 18 Abs. 1 Nr. 1 EStG beurteilt hat.[3] Er hat vielmehr – z. B. im Urteil v. 2. 10. 1986[4] – ausgesprochen, dass die Übernahme von Konkursverwaltungen durch einen Rechtsanwalt keine dem Rechtsanwaltsberuf vorbehaltene und ihn in besonderer Weise charakterisierende Tätigkeit sei.

2764 Diese Feststellung ist nach dem Wortlaut des Gesetzes zutreffend, spiegelt aber keineswegs die tatsächlichen Verhältnisse wider. Betrachtet man die „Besetzungslisten" der Insolvenzgerichte, so stellt man fest, dass Rechtsanwälte in sicherlich mehr als 90 % der Verfahren beauftragt werden,[5] in weitaus geringerem Maße Steuerberater und Wirtschaftsprüfer zum Zuge kommen und nur ganz vereinzelt Nicht-Berufsträger als Verwalter bestellt werden.[6]

2765 Der Subsumtion unter § 18 Abs. 1 Nr. 1 EStG steht auch nicht entgegen, dass als Vermögensverwalter tätige Rechtsanwälte nicht nach dem RVG abrechnen können.[7] Die **Vergütung** der Insolvenzverwalter richtet sich nach der InsVV und damit nach einer gesetzlichen Grundlage, die im Übrigen der mit dem RVG bzw. des BRAGO oder der StBGebV durchaus vergleichbar ist.

---

1 So auch Schmittmann, StuB 2002, 384, 386.
2 Vgl. z. B. auch BFH v. 3. 10. 1985 – V R 106/78, BStBl II 1986, 213.
3 Vgl. auch Schick, NJW 1991, 1328, 1332.
4 BFH v. 2. 10. 1986 – V R 99/78, BStBl II 1987, 147.
5 S. auch: Schmittmann/Theurich/Brune, Das insolvenzrechtliche Mandat, § 1 Rdnr. 6; Robrecht, KTS 1988, 63, 64.
6 S. Münchener Kommentar zur Insolvenzordnung/Graeber, § 56 Rdnr. 38; Uhlenbruck, KTS 1989, 229, 241.
7 Vgl. zur Abrechnung nach der früheren BRAGO: BFH v. 9. 8. 1990 – V R 30/86, BFH/NV 1991, 126.

Auch die Vielzahl der Angestellten führt nicht zwingend zur Annahme der Gewerblichkeit. Der RFH hat bereits 1939 ausgeführt: *"Es ist nicht zu ersehen, wie zum Beispiel ein Wirtschaftsprüfer eine große Körperschaft ohne Hinzuziehung einer Anzahl von Prüfungsgehilfen prüfen könnte, da er schwerlich alle Einzelheiten selbst ermitteln und durchsehen kann. Die Prüfungsgehilfen leisten dem Wirtschaftsprüfer bei seiner Arbeit mit der Durcharbeitung einzelner Teile der Bücher und Belege oder der Ermittlung betrieblicher Vorgänge im Wesentlichen nur Vorarbeiten... Niemals darf die Hauptarbeit, d. h. die geistig führende Tätigkeit eines Steuerberaters oder Wirtschaftsprüfers von selbständigen Hilfsarbeitern ausgeübt werden."*[1] Im Übrigen kann auch die Vielzahl der Beschäftigten für die Zukunft nicht mehr als Argument herangezogen werden, da die Insolvenzordnung viele Aufgaben, die früher dem Gericht vorbehalten waren, auf die Verwalter übertragen hat, so etwa die Tabellenführung sowie die Zustellungen. Für diese Tätigkeiten mussten die Verwalter weiteres Personal einstellen.

2766

Im Hinblick darauf, dass inzwischen die Gewerbesteuer nicht mehr als **Betriebsausgabe** zu berücksichtigen ist, hilft die Steueranrechnung bei Einkünften aus Gewerbebetrieb gem. § 35 EStG auch nur partiell.[2]

2767

Perspektiven

Insbesondere Kanzleien, die einen nicht unbedeutenden Umfang ihres **Honoraraufkommens** mit Tätigkeiten als Insolvenz- oder auch Zwangsverwalter sowie als Nachlassverwalter oder Betreuer[3] erzielen, laufen Gefahr, dass ihre gesamten Einkünfte der Gewerbesteuer unterworfen werden.[4] Auch berufsmäßige Betreuer i. S. d. §§ 1896 ff. BGB erzielen nach der Rechtsprechung keine Einkünfte aus selbständiger Tätigkeit, sondern Einkünfte aus Gewerbebetrieb i. S. d. § 15 EStG.[5]

2768

Trotz der **Anrechenbarkeit** nach § 35 Abs. 1 EStG kommen erhebliche Belastungen auf diese Kanzleien zu, die oftmals die gesamte Kalkulation der Gesellschaft in Frage stellen. Um zu verhindern, dass auch die Einkünfte aus der Ausübung eines freien Berufes i. S. v. § 18 Abs. 1 Nr. 1 EStG durch Gewerbesteuer

2769

---

[1] So RFH v. 8. 3. 1939 – VI 568/38, RStBl 1939, 577.
[2] Vgl. zu den Einzelheiten: BMF v. 24. 2. 2009 – IV C 6 – S 2296 a/08/10002, Kurzinfo StuB 2009, 240; Hallerbach, StuB 2009, 390 ff.
[3] Vgl. dazu Habscheidt, NJW 2005, 1257 ff.
[4] Vgl. Schmid, DZWIR 2002, 316, 318; Korn, EWiR 2002, 433, 434.
[5] So BFH v. 4. 11. 2004 – IV R 26/03, BStBl II 2005, 288 = StuB 2005, 274, mit Anm. Schmittmann, INF 2005, 206, mit Anm. Brandt, DStZ 2005, 134, mit Anm. Höreth.

geschmälert werden, bietet es sich an, die Insolvenz- und Zwangsverwaltungen in eigene Gesellschaften auszugründen, um so die Gewerbesteuer nur dort anfallen zu lassen. Dies stößt dort auf praktische Schwierigkeiten, wo Personal, Räume und sonstige Aufwendungen nicht genau zugeordnet werden können und daher das Risiko besteht, dass das Bestehen von zwei – i. d. R. personenidentischen – Gesellschaften aufgrund mangelnder tatsächlicher Durchführung steuerlich nicht anerkannt wird.

2770 Im Übrigen mag der Gesetzgeber überlegen, ob nicht eine Klarstellung bezüglich der **Insolvenzverwalter** zweckmäßig ist, um sie in den Kreis der **Berufe nach § 18 Abs. 1 Nr. 1 EStG** einzubeziehen. Die Insolvenzverwalter nehmen wichtige Aufgaben im allgemeinen Interesse wahr, indem sie für eine gesetzmäßige Abwicklung von Insolvenzen sorgen. Da Insolvenzverfahren auch eine marktbereinigende Funktion haben, nehmen Insolvenzverwalter **ordnungspolitische Aufgaben** wahr. Dafür sollten sie m. E. nicht mit der Gewerbesteuer belastet werden.[1]

2771–2780 *(Einstweilen frei)*

(2) Vervielfältigungstheorie

2781 Aus der gesetzlichen Vorgabe hat die Rechtsprechung die sog. **Vervielfältigungstheorie** entwickelt, nach der bei der Beschäftigung von mehr als einem qualifizierten Mitarbeiter keine selbständige Arbeit mehr vorliegt.[2]

2782 Für die Angehörigen der freien Berufe führt die Mithilfe fachlich vorgebildeter Arbeitskräfte nicht zur Beurteilung der Berufstätigkeit als gewerblich, wenn der qualifizierte Berufsträger weiterhin persönlich freiberufliche Tätigkeit ausübt und dabei aufgrund eigener Fachkenntnisse leitend und eigenverantwortlich tätig ist.[3]

2783 Leitende Tätigkeit liegt bei der Ausübung freier Berufstätigkeit unter Zuhilfenahme fachlich vorgebildeter Mitarbeiter nur vor, wenn der Berufsträger die Grundzüge für die Organisation des Tätigkeitsbereichs und für die Durchführung der Tätigkeiten festlegt, die Durchführung der Tätigkeiten unter Beachtung der aufgestellten Grundsätze überwacht und grundsätzlich Fragen selbst entscheidet.[4]

---

1 So schon Schmittmann, StuB 2002, 384, 387.
2 So BFH v. 7. 11. 1957 – IV 668/55 U, BStBl III 1958, 34; Schmid, DZWIR 2002, 316, 319.
3 So BFH v. 10. 6. 1988 – III R 118/85, BStBl II 1988, 782.
4 So Schmidt/Wacker, § 18 EStG Rdnr. 24.

Eigenverantwortlich i. S. d. § 18 Abs. 1 Nr. 1 EStG ist die Tätigkeit dann, wenn der Berufsträger seine Arbeitskraft in einer Weise einsetzt, die es ihm tatsächlich ermöglicht, uneingeschränkt die fachliche Verantwortung auch für die von seinen Mitarbeitern erbrachten Leistungen zu übernehmen; die persönliche Teilnahme des Berufsträgers an der praktischen Arbeit muss in ausreichendem Umfang gewährleistet sein.[1]   2784

Die **Fachkenntnisse des Freiberuflers** müssen sich auf den gesamten Bereich der Berufstätigkeit, die in seinem Betrieb ausgeübt wird, erstrecken.[2] Auch bei Steuerberatern stellt sich die Frage, ob diese bei entsprechendem Zuschnitt der Kanzlei überhaupt noch eigenverantwortlich tätig sein können.   2785

Problematisch ist die Tätigkeit als Insolvenzverwalter, die zwar berufsrechtlich nicht zu beanstanden ist, aber nach der Rechtsprechung des BFH zu Einkünften aus sonstiger selbständiger Tätigkeit führt und damit als Einkünfte aus Gewerbebetrieb zu beurteilen sein können.[3]   2786

Gleichwohl ist aber an der Entscheidung des BFH nicht zu übersehen, dass auch ein Berufsträger Einkünfte aus sonstiger selbständiger Tätigkeit i. S. v. § 18 Abs. 1 Nr. 3 EStG erzielen kann, für die § 18 Abs. 1 Nr. 1 Satz 3 EStG nicht gilt. Dies bedeutet, dass der BFH an seiner Rechtsprechung festhält, dass nur solche Einkünfte unter § 18 Abs. 1 Nr. 1 EStG fallen, die im Bereich einer Vorbehaltsaufgabe erbracht werden. Sonstige Tätigkeiten fallen unter § 18 Abs. 1 Nr. 3 EStG. Eine selbständige und eigenverantwortliche Tätigkeit i. S. d. § 18 Abs. 1 Nr. 3 EStG übt nach der Rechtsprechung des BFH nur derjenige aus, der unmittelbar zur Verwaltung fremden Vermögens berechtigt und verpflichtet ist. Ein Subunternehmer erfüllt diese Voraussetzungen nicht.[4]   2787

Letztlich ist die Abgrenzung nur nach dem **Einzelfall** sachgerecht vorzunehmen. Wertungswidersprüche sind dabei unvermeidlich. Vereinbart beispielsweise ein Strafverteidiger ein Erfolgshonorar, was berufsrechtlich unzulässig ist, führt dies gleichwohl zu Einkünften aus § 18 Abs. 1 Nr. 1 EStG.[5]   2788

Nimmt demgegenüber ein Rechtsanwalt Aufgaben eines Insolvenzverwalters wahr, was berufsrechtlich seit alters her üblich und zulässig ist, so liegen hier Einkünfte i. S. v. § 18 Abs. 1 Nr. 3 EStG vor. Zu Recht wird die Vervielfältigungs-   2789

---

1 So BFH v. 1. 2. 1990 – IV R 140/88, BStBl II 1990, 507; v. 21. 1. 1999 – XI B 126/96, BFH/NV 1999, 822, NWB DokID: CAAAA-62872; v. 26. 1. 2000 – IV B 12/99, BFH/NV 2000, 837.
2 So BFH v. 2. 12. 1980 – VIII R 32/75, BStBl II 1981, 170.
3 So BFH v. 12. 12. 2001 – XI R 56/00, StuB 2002, 197; Schmittmann, StuB 2002, 384 ff.; Mitlehner, NZI 2002, 190 ff.
4 So BFH v. 28. 4. 2005 – VI R 41/03, BStBl II 2005, 611.
5 Vgl. Schmidt/Wacker, § 18 EStG Rdnr. 101; BFH v. 15. 10. 1981 – IV R 77/76, BStBl II 1982, 340.

2790 Die Auswirkungen einer Qualifikation als gewerbliche Einkünfte beschränken sich auch nicht darauf, dass Gewerbesteuer anfällt, die ggf. durch die Anrechnung nach § 35 EStG zum Teil eliminiert ist, sondern führt auch dazu, dass ggf. der Gewinn nicht mehr im Wege der Einnahme-Überschuss-Rechnung gem. § 4 Abs. 3 EStG ermittelt werden kann, sondern eine Gewinnermittlung durch Bilanzierung gem. § 4 Abs. 1, § 5 Abs. 1 EStG erfolgen muss. Die nachteiligen Folgen liegen auf der Hand. Es müssen beispielsweise halbfertige Arbeiten aktiviert werden und die Honorare nicht erst mit Zahlungseingang versteuert werden, sondern bereits mit Leistungserstellung.[2]

theorie mit guten Gründen, insbesondere auch im Hinblick auf ihre Entstehungsgeschichte, als Anachronismus angesehen.[1]

2791 Hat eine Außenprüfung stattgefunden und sind die Einkünfte als freiberuflich qualifiziert worden, kommt unter Berücksichtigung des Vertrauensschutzes eine rückwirkende Gewerbesteuerfestsetzung nicht mehr in Betracht.[3]

2792–2800 *(Einstweilen frei)*

(3) Kriterien bei der Überprüfung von Insolvenzverwaltern im Hinblick auf die Gewerbesteuer

2801 Die Finanzverwaltung verwendet **Fragebögen** bei der **Betriebsprüfung** von Insolvenzverwaltern, in denen insbesondere folgende Kriterien ermittelt werden:

- ▶ Beginn der Tätigkeit als Insolvenzverwalter
- ▶ Qualifikation des Insolvenzverwalters (Rechtsanwalt, Wirtschaftsprüfer, Steuerberater, Betriebswirt oder sonstige Qualifikation)
- ▶ Rechtsform (Einzelunternehmen, GbR oder GmbH)
- ▶ Tätigkeit anderer Mitunternehmer als Insolvenzverwalter
- ▶ Ausübung anderer vermögensverwaltender Tätigkeiten i. S. d. § 18 Abs. 1 Nr. 3 EStG
- ▶ Bestellung von Angestellten als Insolvenzverwalter oder Zwangsverwalter
- ▶ Einsatz von EDV-Unterstützung im Insolvenzbereich
- ▶ Gesamtzahl der Angestellten, soweit mit Insolvenzabwicklung, Zwangsverwaltung oder Nachlassverwaltung befasst

---

1 So Schmid, DZWIR 2002, 316, 323.
2 Vgl. Schmid, DZWIR 2002, 316 ff.
3 So Niedersächsisches FG v. 21. 8. 2006 – 5 V 10086/06, EFG 2006, 1923 – Berufsbetreuer. Vgl. dazu auch: FG Köln v. 21. 1. 2004 – 3 K 2415/03, n. v.

- ▶ Gesamtsumme Lohnaufwand
- ▶ Umfang der Beauftragung von Subunternehmern für fachliche Aufgaben in Insolvenzsachen
- ▶ Anzahl der abgewickelten Insolvenzen (Firmen-/Verbraucher-Insolvenzen)
- ▶ Amtsgerichte, für die als Zwangsverwalter tätig gewesen
- ▶ Art der Abwicklung der Insolvenzen (Insolvenzplan aufgestellt und Unternehmen fortgeführt, Liquidation, vorläufige Insolvenz und Abweisung mangels Masse)
- ▶ Aufgabengebiete der qualifizierten Angestellten
- ▶ Mitglied im Arbeitskreis Insolvenz e.V.
- ▶ Abgabe von Gewerbesteuererklärungen

(Einstweilen frei) 2802–2805

(4) Aktuelle Rechtsprechung

(a) FG Rheinland-Pfalz, Urteil v. 21. 6. 2007 – 4 K 2063/05

Ein **Insolvenzverwalter**, dessen Tätigkeit einen Umfang angenommen hat, der die **ständige Beschäftigung mehrerer Angestellter** oder die **Einschaltung von Subunternehmern** erfordert, erzielt gewerbliche Einkünfte, wenn den Angestellten oder Subunternehmern nicht nur untergeordnete, insbesondere vorbereitende oder mechanische Arbeiten übertragen werden.

Im Einzelfall kann ein Gewerbebetrieb auch dann vorliegen, wenn nur Hilfskräfte beschäftigt werden, die ausschließlich untergeordnete Arbeiten erledigen, der **Umfang der Tätigkeit** aber besonders groß ist.

Die Tätigkeit des Insolvenzverwalters ist nicht per se als gewerbliche Tätigkeit anzusehen, da eine **sachgerechte Ausübung der Tätigkeit** des Insolvenzverwalters ohne entsprechend qualifizierte Mitarbeiter nicht in Betracht kommt.[1]

In der nunmehr veröffentlichten Entscheidung hat das FG Rheinland-Pfalz in geradezu schulmäßiger Art und Weise die Abgrenzung zwischen gewerblichen und freiberuflichen Einkünften geprüft und im Ergebnis die Gewerbesteuermessbescheide in Gestalt der Einspruchsentscheidungen aufgehoben.

Im vorliegenden Fall war der Steuerpflichtige in eigener Praxis tätig und erzielte sowohl Einkünfte aus Insolvenzverwaltertätigkeit als auch Einkünfte aus übriger Rechtsanwaltstätigkeit. Diese Einkünfte ermittelte er getrennt. Darin

2806

---

[1] FG Rheinland-Pfalz v. 21. 6. 2007 – 4 K 2063/05, ZInsO 2007, 892.

liegt bereits die erste Besonderheit des Falles, da zu beobachten ist, dass häufig gerade in Einzelkanzleien eine **Differenzierung** nicht stattfindet. Nach der Rechtsprechung des BFH sind freiberufliche und gewerbliche Einkünfte ungeachtet sachlicher und wirtschaftlicher Bezugspunkte grundsätzlich getrennt zu ermitteln, sofern dies nach der Verkehrsauffassung möglich ist.[1] Hier stellt sich in der Praxis häufig schon die Frage, ob eine solche Trennung überhaupt möglich ist, da insbesondere Personal- und Raumkosten in vielen Fällen nicht differenziert erfasst werden können. Weiterhin war in vielen Fällen in der Vergangenheit davon abgesehen worden, die Einkünfte getrennt zu ermitteln, weil die Berufsträger befürchteten, durch eine separate Erfassung der Gewinne aus Insolvenzverwaltertätigkeit unmittelbar gewerbesteuerpflichtig zu sein. Diese Sorge wird nunmehr durch die Entscheidung des FG Rheinland-Pfalz genommen, da das Gericht zu Recht darauf hinweist, dass zudem noch die Voraussetzungen der **Vervielfältigungstheorie** erfüllt sein müssen.[2]

Das FG Rheinland-Pfalz hält an der herrschenden Auffassung fest, dass es sich bei der Insolvenzverwaltung um eine vermögensverwaltende Tätigkeit i. S. d. § 18 Abs. 1 Nr. 3 EStG und nicht um eine freiberufliche Tätigkeit i. S. d. § 18 Abs. 1 Nr. 1 EStG handelt[3]. Folgt man jedoch der überwiegenden Meinung darin, dass es sich bei der Insolvenzverwaltertätigkeit um eine vermögensverwaltende Tätigkeit i. S. d. § 18 Abs. 1 Nr. 3 EStG handelt, so ist zu überprüfen, ob im Streitfall die Wesensmerkmale der selbständigen Tätigkeit vorliegen, also dass die Tätigkeit in ihrem Kernbereich auf der eigenen persönlichen Arbeitskraft des Berufsträgers beruht. Für die Angehörigen der freien Berufe führt die Mithilfe fachlich vorgebildeter Arbeitskräfte nicht zur Beurteilung der Berufstätigkeit als gewerblich, wenn der qualifizierte Berufsträger weiterhin persönlich freiberufliche Tätigkeit ausübt und dabei aufgrund eigener Fachkenntnisse leitend und eigenverantwortlich tätig ist.[4] Zu vermeiden ist aber in jedem Fall die **Bestellung von angestellten Anwälten zu Insolvenzverwaltern** oder Treuhändern, wenn die Vergütung durch den Arbeitgeber vereinnahmt wird. In diesen Fällen nimmt die Finanzverwaltung in jedem Fall gewerbliche Einkünfte des anstellenden Rechtsanwalts bzw. der anstellenden Sozietät an. Darüber hinaus verträgt sich auch die von § 56 Abs. 1 InsO geforderte Unabhängigkeit

---

1 S. BFH v. 25. 7. 2000 – 11 B 31/00, BFH/NV 2001, 204 ff.
2 Vgl. dazu Schmittmann, Gewerbegefahr bei der Ausübung weiterer Tätigkeiten, in: Römermann, Steuerberater Handbuch Neue Beratungsfelder, Bonn, 2005, Abschnitt B. II. Rdnr. 51 ff.
3 So auch BFH v. 12. 12. 2001 – XI R 56/00, BStBl II 2002, 202 ff.; a. A. Schmittmann, StuB 2002, 384 ff., der im Wesentlichen darauf abstellt, dass faktisch nur Angehörige der Katalogberufe auch als Insolvenzverwalter bestellt werden.
4 So BFH v. 10. 6. 1988 – III R 118/85, BFHE 135, 414 ff. = BStBl II 1988, 782 ff.

des Insolvenzverwalters nicht mit dem Status eines dem Direktionsrecht des Arbeitgebers unterliegenden Arbeitnehmer.

Im Kern führt das Gericht zu Recht aus, dass eine Tätigkeit nicht mehr im Wesentlichen auf der persönlichen Arbeitskraft des Berufsträgers beruht, wenn sie einen Umfang annimmt, der die ständige Beschäftigung mehrerer Angestellter oder die Einschaltung von Subunternehmern erfordert und wenn den genannten Personen nicht nur untergeordnete, insbesondere vorbereitende oder mechanische Arbeiten übertragen werden. Wann dies gegeben ist, ist im Einzelfall im Gesamtbild der Verhältnisse zu entscheiden.[1]

Das Gericht argumentiert zutreffend, dass die Vervielfältigung der Tätigkeit eines Insolvenzverwalters schon aufgrund der **Höchstpersönlichkeit des Amtes** nicht in Betracht kommt.[2] Zutreffend weist das Gericht aber auch darauf hin, dass eine sachgerechte Ausübung des Amtes als Insolvenzverwalter ohne entsprechende qualifizierte Mitarbeit von vornherein nicht in Betracht kommt. Dies schließt es allerdings nicht aus, die Tätigkeit des Insolvenzverwalters als freiberufliche – und damit nicht gewerbesteuerpflichtige – Tätigkeit anzusehen. Die Finanzverwaltung geht davon aus, dass bei vermögensverwaltender Tätigkeit i. S. v. § 18 Abs. 1 Nr. 3 EStG bereits die Beschäftigung von mehr als einem qualifizierten Mitarbeiter die gewerbliche Qualifizierung der Einkünfte zur Folge haben kann.[3]

Die **Einzelfallbetrachtung** ergab, dass von den drei beschäftigten Hilfskräften zwei lediglich als Teilzeitbeschäftigte tätig waren. Darüber hinaus waren die in freier Mitarbeit beschäftigten Rechtsanwälte bei einer Gesamtbetrachtung auch in der Summe nicht wie eine juristisch qualifizierte Ganztagskraft anzusehen.

Im Hinblick darauf, dass die Finanzverwaltung nach wie vor Verwalterkanzleien auf eine mögliche Gewerblichkeit überprüft, ist Vorsicht geboten. Zum einen sollten sich Verwalterkanzleien anhand der intern von der Finanzverwaltung verwendeten Fragebögen auf kommende Betriebsprüfungen vorbereiten. Darüber hinaus sollte bei Einzelkanzleien darauf geachtet werden, dass eine gesonderte Erfassung der Gewinne aus Insolvenzverwaltertätigkeit und sonstiger Anwaltstätigkeit stattfindet, da dadurch zumindest vermieden werden kann, dass die Gesamttätigkeit evtl. der Gewerbesteuer unterworfen wird.

---

[1] Vgl. BFH v. 23. 5. 1994 – I R 122/81, BStBl II 1984, 823.
[2] Vgl. dazu auch Schmittmann/Theurich/Brune, Das insolvenzrechtliche Mandat, § 1 Rdnr. 31 ff.
[3] So BMF v. 27. 5. 2002 – IV A 6 – S 2248 – 16/02, Haufe-Index 767996.

In Bezug auf Insolvenzverwalter, die in Personengesellschaften tätig sind, ist zunächst darauf hinzuweisen, dass aufgrund der sog. **„Abfärbetheorie"** die Personengesellschaft insgesamt gewerbliche Einkünfte erzielt, wenn auch nur einer der Gesellschafter teilweise gewerbliche Einkünfte hat.[1]

(b) FG Köln, Urteil v. 28. 5. 2008 – 12 K 3735/05

2807 Das FG Köln vertritt die Auffassung, dass ein Rechtsanwalt und Wirtschaftsprüfer mit der Tätigkeit als Insolvenzverwalter **gewerbliche Einkünfte** erzielt. Es handelt sich – zumindest in dem entschiedenen Sachverhalt – nach Auffassung des Gerichts weder um freiberufliche Einkünfte aus § 18 Abs. 1 Nr. 1 EStG noch um Einkünfte aus sonstiger selbständiger Tätigkeit nach § 18 Abs. 1 Nr. 3 EStG.[2]

Einkünfte eines Insolvenzverwalters, der mehr als einen qualifizierten Mitarbeiter beschäftigt, **beruhen** zudem **nicht** auf der **eigenen Arbeitskraft** i. S. d. § 18 Abs. 1 Nr. 3 EStG. Die entschärften Anforderungen gem. § 18 Abs. 1 Nr. 1 Satz 3 EStG gelten nicht für Einkünfte i. S. d. § 18 Abs. 1 Nr. 3 EStG. Die Tätigkeit des Insolvenzverwalters ist auch dann keine freiberufliche i. S. d. § 18 Abs. 1 Nr. 1 EStG, wenn sie weniger als 50 % der Gesamttätigkeit ausmacht. Diese Rechtsprechung gilt ausdrücklich auch für den vorläufigen Insolvenzverwalter.

Nach den Feststellungen der Betriebsprüfung beschäftigte der Insolvenzverwalter in den Streitjahren bis zu sieben Juristen, Wirtschaftsprüfer und Steuerberater, allerdings nicht gleichzeitig und zum Teil als Teilzeitkräfte. Umgerechnet auf die Jahresarbeitskraft einer Vollzeitstelle handelte es sich um 4,5 Berufsträger in 1997, in 1998 und 1999 waren es 3,5 Berufsträger und in 2000 waren es 3,75 Berufsträger. Diese waren nach Angaben des Insolvenzverwalters zu rd. 40 % in der „Insolvenzabteilung" und zu rd. 60 % in der Steuer- und Rechtsabteilung tätig. Ferner beschäftigte der Insolvenzverwalter durchschnittlich rd. 11,5 qualifizierte Insolvenzsachbearbeiter, Rechtsanwaltsgehilfen, Steuerfachgehilfen und Lohnbuchhalter sowie durchschnittlich rd. 7 Schreibkräfte, Sekretärinnen und kaufmännische Angestellte. Hinzu kamen weitere Aushilfskräfte, Referendare, Studenten, Auszubildende und Arbeiter (Hauswart, Putzhilfen, Fahrer etc.).

---

1 So BFH v. 24. 4. 1997 – IV R 60/95, BFHE 183, 150 ff. = BStBl II 1997, 567 ff.
2 So FG Köln v. 28. 5. 2008 – 12 K 3735/05, EFG 2008, 1876 ff. = DStRE 2009, 341 ff. = ZInsO 2008, 1216 [Ls.]. Die Revision ist beim BFH zum Geschäftszeichen VIII R 29/08 anhängig.

Aus der **Insolvenzverwaltertätigkeit** resultierten folgende Betriebseinnahmen:

1997	1 246 573,00 DM
1998	3 277 725,00 DM
1999	807 326,00 DM
2000	1 893 937,00 DM

Das Gericht führt im Einzelnen aus, dass der Insolvenzverwalter weder zu den sog. **Katalogberufen** gehört noch einen ähnlichen Beruf ausübt. Die Insolvenzverwaltung habe sich vielmehr zu einem neuen, eigenständigen Berufsbild entwickelt; es handele sich um einen verfassungsrechtlich geschützten eigenen Beruf. Im Rahmen dieser Tätigkeit überwiege eine kaufmännisch-praktische Betätigung, wenn auch unter Verwertung qualifizierter Wirtschafts- und Rechtskenntnisse.[1] Im entschiedenen Sachverhalt beteiligte sich der Insolvenzverwalter lediglich in folgenden Punkten an der Durchführung von Maßnahmen:

- Unternehmensfortführung
- Einstellung des Geschäftsbetriebes
- Berichtstermin/Gläubigerversammlung
- Forderungsprüfungstermin
- Schlusstermin

Hinsichtlich der folgenden Angelegenheiten **delegierte** er die Entscheidungskompetenz auf die angestellten Rechtsanwälte bzw. Insolvenzsachbearbeiter und Fachgehilfen:

- Info Hausbank
- Gläubiger-Info
- Tabelle (Eingang Anmeldungen)
- laufende Überwachung und Zahlungsverkehr
- Forderungsprüfung
- Forderungsnachprüfung
- Schlussrechnung
- Kassenführung
- Zahlungsverkehr
- Buchhaltung
- Insolvenzgeldbescheinigungen

---

[1] Vgl. BFH v. 29. 3. 1961 – IV 404/60, BStBl III 1961, 306; BFH v. 12. 12. 2001 – XI R 56/00, BStBl II 2002, 202.

Aus alledem ergab sich nach Auffassung des Gerichts, dass die Mitarbeiter des Klägers **nicht nur untergeordnete oder mechanische bzw. technische Verrichtungen** besorgen. Bei der Prüfung von rechtlichen Fragestellungen nebst Prozessführung, bei dem Abgleich von Insolvenzforderungen, bei der Forderungsprüfung und dem Forderungseinzug nebst Verhandlungen mit den Schuldnern, bei der internen und externen Insolvenzbuchhaltung, der Lohnbuchhaltung nebst Kündigungen und Ermittlung von „Sozialpunkten", bei der Fertigung von Vermögensverzeichnissen und Berichten, des Schlussverzeichnisses, der Jahresabschlüsse und Steuererklärungen etc. handelt es sich um anspruchsvolle Tätigkeiten, die eingehende Prüfungen, Überlegungen und Schlussfolgerungen notwendig machen. Das Gericht kam zu dem Schluss, dass die Mitarbeiter in maßgebenden Teilen der Insolvenzverfahren die Arbeitskraft des Klägers ersetzten und vervielfältigten. Damit war er im Kernbereich der Insolvenzverwaltung **nicht höchstpersönlich** tätig.

Im Übrigen stellt das Gericht klar, dass die vorstehenden Überlegungen davon unabhängig sind, ob der Insolvenzverwalter überwiegend als solcher tätig sei oder die freiberuflichen Einkünfte als Rechtsanwalt oder Steuerberater überwiegen. Da die Tätigkeit als Insolvenzverwalter sich von der Tätigkeit als Wirtschaftsprüfer und Steuerberater ohne weiteres abgrenzen lässt, kam es auf die Frage des „Überwiegens" nicht an.

(c) BFH, Beschluss v. 14. 7. 2008 – VIII B 179/07

2808 Der BFH hat an seiner Rechtsprechung festgehalten, wonach es sich bei der Tätigkeit von Insolvenzverwaltern um eine **vermögensverwaltende Tätigkeit** und keine freiberufliche Tätigkeit handelt. Die Betätigung als Insolvenzverwalter habe sich zu einem eigenen Beruf entwickelt. Auch ein überwiegend als Insolvenzverwalter tätiger Rechtsanwalt könne i. S. v. § 18 Abs. 1 Nr. 3 EStG vermögensverwaltend tätig werden. Die selbständige vermögensverwaltende Tätigkeit kann nach Maßgabe der nur noch im Anwendungsbereich des § 18 Abs. 1 Nr. 3 EStG eingreifenden sog. „Vervielfältigungstheorie" unter Berücksichtigung der gesamten Umstände als Gewerbebetrieb zu qualifizieren sein.[1]

Im Einklang mit der Rechtsprechung des Bundesverfassungsgerichts[2] vertritt auch der BFH die Auffassung, dass sich die Betätigung als Insolvenzverwalter zu einem **eigenständigen Beruf** entwickelt habe. Angesichts der Entwicklung in den letzten Jahrzehnten könne die Tätigkeit als Insolvenzverwalter auch

---

1 So BFH v. 14. 7. 2008 – VIII B 179/07, BFH/NV 2008, 1874 ff.
2 BVerfG v. 3. 8. 2004 – 1 BvR 135/00 und 1 BvR 1086/01, ZIP 2004, 1649 ff.

nicht mehr als bloße Nebentätigkeit der Berufsausübung von Rechtsanwälten angesehen werden.

Der zugrunde liegende **Sachverhalt** wird in der Entscheidung des BFH nicht mitgeteilt. Die Entscheidung der Vorinstanz (FG Köln, Urteil v. 10. 5. 2007 – 9 K 369/07) ist – soweit ersichtlich – nicht zugänglich.

(d) BFH, Beschluss v. 7. 4. 2009 – VIII B 191/07

Der BFH hat die Frage der Trennbarkeit der Tätigkeit eines Insolvenzverwalters von der Tätigkeit eines Rechtsanwalts aufgeworfen, aber nicht abschließend beantwortet.[1]

2809

(e) FG Hamburg, Urteil vom 27. 5. 2009 – 2 K 72/07

Das FG Hamburg hat bekräftigt, dass die Tätigkeit von Rechtsanwälten im Bereich der Insolvenzverwaltung keine freiberufliche Tätigkeit i. S. von § 18 Abs. 1 Nr. 1 EStG sei, sondern allenfalls zu Einkünften i. S. von § 18 Abs. 1 Nr. 3 EStG führen könne. Qualifizierte Mitarbeiter können bereits dann vorliegen, wenn sie die Tätigkeit des Insolvenzverwalters in Teilbereichen ersetzen und damit vervielfältigen.[2]

2810

(Einstweilen frei)

2811–2815

(5) Einkünfte des angestellten Insolvenzverwalters

Literatur: *Dahms*, Umsatzbesteuerung des (angestellten) Insolvenzverwalters, ZInsO 2008, 1174 ff.; *Linse/Glaubitz*, Umsatzsteuerpflicht für angestellte Rechtsanwälte bei Ausübung höchstpersönlicher Ämter?, DStR 2008, 2052 ff.

(a) Ertragsteuern

Der **angestellte Insolvenzverwalter** erzielt Einkünfte aus nichtselbständiger Arbeit i. S. v. § 19 Abs. 1 Nr. 1 EStG.

2816

Für die Einkünfte gem. § 19 Abs. 1 Nr. 1 EStG gilt das **Zuflussprinzip**. Da die Einkünfte aus der **Insolvenzverwaltervergütung** i. d. R. nicht dem angestellten Rechtsanwalt, sondern der **Sozietät** zufließen, sind sie auch von dieser zu versteuern.

2817

---

1 S. BFH v. 7. 4. 2009 – VIII B 191/07, BFH/NV 2009, 1078 ff. = ZInsO 2009, 1261 f.
2 S. FG Hamburg v. 27. 5. 2009 – 2 K 72/07, ZIP 2009, 1729 ff. = ZInsO 2009, 1407 ff.

(b) Umsatzsteuer

2818 Probleme ergeben sich allerdings bei der **Umsatzsteuer**. Hinsichtlich eines angestellten Rechtsanwalts, der als Insolvenzverwalter tätig wird, hat die OFD Frankfurt mitgeteilt, dass der Rechtsanwalt als Insolvenzverwalter im Verhältnis zum Insolvenzschuldner unternehmerisch tätig i. S. v. § 2 Abs. 1 UStG wird, selbst dann, wenn er seinen Vergütungsanspruch an den Arbeitgeber abgetreten hat.[1] Sämtliche Umsätze, die der Rechtsanwalt in seiner Eigenschaft als Insolvenzverwalter erbringt, sind ihm persönlich zuzurechnen und bei ihm zu versteuern. Der angestellte Rechtsanwalt als Insolvenzverwalter hat dem Schuldner gegenüber eine ordnungsgemäße Rechnung zu erteilen, aus der gem. § 15 Abs. 1 UStG Vorsteuer geltend gemacht werden kann. Dabei ist die Umsatzsteuernummer des angestellten Rechtsanwalts anzugeben. Unschädlich ist allerdings, wenn die Kontoverbindung der Anwaltssozietät aufgeführt ist, da es sich insoweit lediglich um die Umsetzung der im Innenverhältnis zwischen dem angestellten Rechtsanwalt und seinem Arbeitgeber vereinbarten Abtretung der Insolvenzverwaltervergütung handelt. Sofern die Rechtsanwaltssozietät gegenüber dem Insolvenzschuldner abrechnet, kann der Insolvenzschuldner die ausgewiesene Umsatzsteuer nicht als Vorsteuer geltend machen, da leistender Unternehmer nicht die Anwaltssozietät, sondern der Insolvenzverwalter ist. In diesem Fall würde die Anwaltssozietät die unberechtigt ausgewiesene Umsatzsteuer nach § 14c Abs. 2 Satz 1 i. V. m. Satz 2 UStG schulden.[2]

2819 Es ist daher empfohlen worden, dass der angestellte Insolvenzverwalter lediglich unter seiner eigenen **Umsatzsteuernummer** und auf seinem eigenen Briefbogen gegenüber der verwalteten Masse abrechnet. Daraus folgte im Übrigen, dass auch der angestellte Rechtsanwalt eigene Umsatzsteuererklärungspflichten gegenüber der Finanzverwaltung hatte.[3]

2820 Im Hinblick darauf, dass aus der vorstehenden Verfahrensweise keinerlei steuerliche Mehreinnahmen resultieren, allerdings erheblicher **Verwaltungsaufwand** anfällt, wurde durch das BMF mit Schreiben vom 28. 7. 2009 (BStBl I 2009, 864) die bisherige Rechtslage wiederhergestellt (vgl. im Einzelnen Rdnr. 1917).

---

1 S. OFD Frankfurt am Main, Verfügung v. 14. 3. 2008 – S 7104 A – 81 – St 11, n. v.
2 Vgl. auch Dahms, ZInsO 2008, 1174 ff.
3 Vgl. auch Linse/Glaubitz, DStR 2008, 2052 ff.

b) Berufsausübung in einer Personengesellschaft

(1) Allgemeines

Anders stellt sich die Beurteilung dar, wenn es sich um eine Personengesellschaft handelt, so dass die Einkünfte einheitlich und gesondert festgestellt werden.[1]

2821

Sind die Gesellschafter einer Personengesellschaft in ihrer Verbundenheit auch gewerblich tätig, hat dies − sofern die Tätigkeit nicht untrennbar verflochten und deshalb insgesamt entweder freiberuflich oder gewerblich ist − nach § 15 Abs. 3 Nr. 1 EStG die Gewerblichkeit sämtlicher Einkünfte zur Folge.[2]

2822

Die Rechtsprechung will § 15 Abs. 3 Nr. 1 EStG auch bei nur geringfügigen gewerblichen Tätigkeiten[3] anwenden.[4] Der BFH hat allerdings in einer jüngeren Entscheidung angenommen, dass bei einem „äußerst geringen" originär gewerblichen Anteil, etwa von 1,25 %, im Hinblick auf die Verhältnismäßigkeit nicht mehr an der Abfärbetheorie[5] festgehalten werden könne.[6]

2823

Gleichwohl sollte in den Fällen, in denen noch gestaltet werden kann, kein Risiko eingegangen werden. Es kann also zweckmäßig sein, eine − möglicherweise − gewerbliche Tätigkeit in eine personenidentische Schwestergesellschaft zu verlagern,[7] um von vornherein das Risiko der Infektion zu vermeiden. Dies ist vom BFH bereits in verschiedenen Fällen bestätigt worden[8] und findet auch die Billigung des Bundesverfassungsgerichts.[9]

2824

---

1 S. Schmittmann, Gewerbegefahr bei der Ausübung weiterer Tätigkeiten, Abschn. B. II. Rdnr. 62, in Römermann, Steuerberater Handbuch Neue Beratungsfelder, Bonn 2005.
2 So BFH v. 24. 4. 1997 − IV R 60/95, BStBl II 1997, 567; Schmidt/Wacker, § 18 EStG Rdnr. 44; Habscheidt, NJW 2005, 1257, 1259.
3 Vgl. zur Beteiligung eines Dipl.-Volkswirts an einer Ingenieur-GbR: BFH v. 20. 12. 2006 − IV S 16/06, BFH/NV 2007, 445.
4 So BFH v. 13. 11. 1997 − IV R 67/96, BStBl II 1998, 254.
5 Die Abfärberegelung gem. § 15 Abs. 3 Nr. 1 EStG, wonach die mit Einkünfteerzielungsabsicht unternommene Tätigkeit einer OHG, einer KG oder einer anderen Personengesellschaft in vollem Umfang als Gewerbebetrieb gilt, wenn die Gesellschaft auch eine Tätigkeit i. S. d. § 15 Abs. 1 Nr. 1 EStG ausübt, verstößt nach der Rspr. des BVerfG v. 26. 10. 2004 − 2 BvR 246/98, DStRE 2005, 877 ff., nicht gegen den allgemeinen Gleichheitssatz des Art. 3 Abs. 1 GG.
6 So BFH v. 11. 8. 1999 − XI R 12/98, BStBl II 2000, 229; v. 12. 6. 2002 − XI R 21/99, StuB 2002, 1224.
7 S. Habscheidt, NJW 2005, 1257, 1260, und Leibner, DZWIR 2002, 273, 274 f., der allerdings weitergehend den Gesetzgeber auffordert, auch juristische Personen als Insolvenzverwalter zuzulassen, und empfiehlt, die Insolvenzverwaltung als Kapitalgesellschaft zu betreiben.
8 So BFH v. 5. 10. 1989 − IV R 120/87, BFH/NV 1991, 319 f.; v. 2. 5. 1990 − VII R 20/86, BFH/NV 1991, 219; v. 12. 6. 2002 − XI R 21/99, BFH/NV 2002, 1554.
9 S. BVerfG v. 26. 10. 2004 − 2 BvR 246/98, DStRE 2005, 877, 879.

(2) Gestaltungsempfehlung

2825 Auch wenn einiges dafür spricht, dass die Tatbestände der sonstigen selbständigen Arbeit als subsidiär gegenüber den Tatbeständen der freiberuflichen Tätigkeit zu behandeln sind, sollte nach dem Grundsatz des sichersten Weges vermieden werden, dass solche Einkünfte in der Gesellschaft entstehen, da ansonsten die Gesamteinkünfte der Gesellschaft gewerbesteuerpflichtig werden könnten.

c) Berufsausübung in einer Kapitalgesellschaft

2826 Soweit Freiberufler sich in einer Kapitalgesellschaft zur Ausübung ihres Berufes zusammenschließen, was z. B. gem. §§ 1 Abs. 3, 27 Abs. 2 WPO und §§ 3 Nr. 3, 49 ff. StBerG ohne weiteres zulässig ist und auch nunmehr im Bereich der Rechtsanwälte gem. §§ 59c ff. BRAO statthaft ist, erzielt die Freiberufler-Kapitalgesellschaft gewerbliche Einkünfte kraft Rechtsform und unterliegt – neben der Gewerbesteuer – der Körperschaftsteuer.[1]

2827–2835 *(Einstweilen frei)*

d) Gewerbesteuer

2836 Der Gesetzgeber des Gewerbesteuerrechts hat die Träger freier Berufe immer von der Gewerbesteuerpflicht freigestellt.[2] Schon im Deutschen Reich waren die in der Tradition der „artes liberales" stehenden Katalogberufe von der Gewerbesteuer ausgenommen.[3] Damit wurde an § 2 GewStG 1820 (Preußen) angeknüpft, wo ausdrücklich geregelt war, dass gewerbesteuerpflichtig „fortan nur der Handel, die Gastwirtschaft, das Verfertigen von Waren auf den Kauf, der Betrieb von Handwerkern mit mehreren Gehilfen, der Betrieb von Mühlenwerken, das Gewerbe der Schiffer, der Fracht- und Lohnfuhrleute, der Pferdeverleiher und diejenigen Gewerbe, die von umherziehenden Personen betrieben werden" sind. Die erste reichseinheitliche Regelung, das Reichsgewerbesteuergesetz vom 1.12.1936, befreite die freien Berufe ebenfalls von der Gewerbesteuer.[4] Dies ist auch im Rahmen der Beratungen der Steueränderungen im Jahre 2003 so geblieben, obwohl es massive politische Tendenzen gab, die Freiberufler in die Gewerbesteuerpflicht einzubeziehen.

---

1 Vgl. im Einzelnen Schmidt/Wacker, § 19 EStG Rdnr. 52 f.
2 S. Schmittmann, Gewerbegefahr bei der Ausübung weiterer Tätigkeiten, Abschn. B. II. Rdnr. 43, in Römermann, Steuerberater Handbuch Neue Beratungsfelder, Bonn 2005.
3 S. Freier, Der Tatbestand der freien Berufe als Anknüpfungspunkt für Steuerrechtsdifferenzierungen, 230.
4 Vgl. RGBl 1936, 979 ff.

Der BFH kam im Fall des Bremer Insolvenzverwalters zu dem Ergebnis, dass nach der sog. „**Vervielfältigungstheorie**" unter Berücksichtigung der Gesamtumstände ein Gewerbebetrieb i. S. d. § 2 Abs. 1 GewStG vorliege. Nach der vom RFH und BFH entwickelten Vervielfältigungstheorie, die für vermögensverwaltende Tätigkeiten nach § 18 Abs. 1 Nr. 3 EStG nach wie vor gilt,[1] gehört es zu den Wesensmerkmalen der selbständigen Tätigkeit, dass sie in ihrem Kernbereich auf der eigenen persönlichen Arbeitskraft des Berufsträgers beruht. Nimmt die Tätigkeit einen Umfang an, der die ständige Beschäftigung mehrerer Angestellter oder die Einschaltung von Subunternehmern erfordert, und werden den genannten Personen nicht nur untergeordnete, insbesondere vorbereitende oder mechanische Arbeiten übertragen, so beruht sie nicht mehr im Wesentlichen auf der persönlichen Arbeitskraft des Berufsträgers und ist deshalb steuerrechtlich als eine gewerbliche zu qualifizieren.

2837

Die Tatsache, dass Gesellschafter der Klägerin durch die in gleicher oder ähnlicher Weise qualifizierten Mitarbeiter oder Subunternehmer von Arbeit entlastet wurden, stützt nicht die Annahme, die Tätigkeit beruhe auf der persönlichen Arbeitskraft der Berufsträger. Aber auch dann, wenn nur Hilfskräfte beschäftigt werden, die ausschließlich untergeordnete Arbeiten erledigen, kann der Umfang des Betriebs im Einzelfall den gewerblichen Charakter der Tätigkeit begründen. Wann diese Voraussetzungen vorliegen, ist im Einzelfall nach dem Gesamtbild der Verhältnisse zu entscheiden.[2] Allein die Tatsache, dass ein Steuerpflichtiger „leitend und eigenverantwortlich" i. S. d. § 18 Abs. 1 Nr. 1 Satz 3 EStG tätig war, reicht im Rahmen des § 18 Abs. 1 Nr. 3 EStG nicht aus, die Tätigkeit als selbständige zu qualifizieren. Andernfalls ginge die vom Gesetz beabsichtigte Unterscheidung zwischen § 18 Abs. 1 Nr. 1 und 3 EStG verloren.

2838

Im Hinblick darauf, dass die GbR mehrere Angestellte beschäftigte, die die gleiche (Rechtsanwälte) oder eine für das Amt des Gesamtvollstreckungsverwalters vergleichbar qualifizierende (Betriebswirt) Berufsausbildung wie ihre Gesellschafter abgeschlossen hatten und sie darüber hinaus 67 Personen angestellt hatte, die teilweise eine Fachausbildung als ReNo-Gehilfinnen bzw. Buchhalterinnen durchlaufen hatten, nahm der BFH Gewerblichkeit an. Die Zahl der insgesamt Beschäftigten (70) sei ein gewichtiges Indiz, das gegen die

2839

---

[1] Vgl. BFH v. 11. 8. 1994 – IV R 126/91, BStBl II 1994, 936; Schmidt/Wacker, § 18 Rdnr. 23.
[2] Vgl. z. B. BFH v. 23. 5. 1984 – I R 122/81, BStBl II 1984, 823; BFH v. 11. 8. 1994 – IV R 126/91, BStBl II 1994, 936.

individuelle Leistung der Gesellschafter der Klägerin spreche.[1] Die GbR hatte ferner mit einem Gesamtaufwand von rd. 337 000 DM u. a. nicht angestellte Rechtsanwälte und Wirtschaftsprüfer mit Arbeiten betraut.

2840–2845 *(Einstweilen frei)*

e) Umsatzsteuer

Literatur: *Uhlenbruck*, Zuständigkeits- und Berechnungsprobleme bei der Festsetzung der Sequestervergütung, ZIP 1996, 1889, 1893; *Haarmeyer/Wutzke/Förster*, Vergütung in Insolvenzverfahren, 2. Aufl., 1999, § 4 Rdnr. 37 ff.; *Förster*, Volle Umsatzsteuer auf Vergütung des Konkurs-/Gesamtvollstreckungsverwalters!, ZInsO 2000, 644 f.; *Schmittmann*, Umsatzsteuer bei Konkursverwaltervergütung, NZI 2000, 406 f.; *Schmittmann*, Umsatzsteuer bei der Festsetzung der Konkursverwaltervergütung, ZInsO 2001, 984 ff.

(1) Lieferung und sonstige Leistung

2846 Der Insolvenzverwalter erbringt gegenüber dem Schuldner eine sonstige Leistung i. S. v. § 3 Abs. 9 UStG, die der Umsatzsteuer unterliegt. Steuerbefreiungen sind nicht ersichtlich, zumal § 7 InsVV regelt, dass das Insolvenzgericht im Vergütungsbeschluss zusätzlich zur Vergütung und zur Erstattung der Auslagen einen Betrag in Höhe der vom Insolvenzverwalter zu zahlenden Umsatzsteuer festsetzt.

(2) Ist- und Sollversteuerung

2847 Grundsätzlich genießen Freiberufler das Privileg, die Umsatzsteuer nach vereinnahmten Entgelten berechnen zu dürfen. Dies bedeutet, dass der Berufsträger gem. § 20 Abs. 1 UStG die Steuer nicht nach vereinbarten Entgelten, § 16 Abs. 1 Satz 1 UStG, sondern nach vereinnahmten Entgelten zu berechnen und zu zahlen hat.

2848 Dies gilt jedoch nicht, wenn die Berufsausübung in einer Kapitalgesellschaft erfolgt, z. B. einer Rechtsanwalts- oder Steuerberatungsgesellschaft mit beschränkter Haftung.[2]

---

[1] Vgl. zur Bedeutung der Anzahl der Beschäftigten: BFH v. 18. 3. 1999 – IV R 5/98, BFH/NV 1999, 1456.
[2] So BFH v. 22. 7. 1999 – V R 51/04, BStBl II 1999, 630 f.

(3) Steuersatz

Regelsteuersatz

Gem. § 7 InsVV wird zusätzlich zur Vergütung des Insolvenzverwalters ein Betrag in Höhe der vom Insolvenzverwalter zu zahlenden Umsatzsteuer festgesetzt.

2849

Der Umsatzsteuersatz für die Tätigkeit des Insolvenzverwalters beträgt gem. § 7 InsVV i.V. m. § 12 Abs. 1 UStG seit dem 1.1.2007 19 %.

2850

Umsatzsteuerausgleich nach der VerwVergVO

Die zur Höhe des Umsatzsteuerausgleichs nach der VerwVergVO geführte Diskussion ist durch die Regelung in § 7 InsVV für Insolvenzverfahren und die festzusetzende Vergütung nicht mehr relevant.

2851

Der **Umsatzsteuerausgleich** für die Konkurs- und Vergleichsverwaltervergütung war streitig, bis der BGH im Jahre 2003 entschieden hat, dass die Regelvergütung des Konkursverwalters auch nach Inkrafttreten der InsVV weiterhin eine Bruttovergütung darstellt, die die im Umfange des ermäßigten Satzes nach § 12 Abs. 2 UStG von dem Konkursverwalter zu zahlende Umsatzsteuer enthält, so dass diesem zusätzlich zu der Regelvergütung als Ausgleich lediglich der Unterschiedsbetrag zur Umsatzsteuer nach dem allgemeinen Satz zusteht.[1]

2852

Die Bestimmung des § 4 Abs. 5 Satz 2 Vergütungsverordnung (VergVO; Verordnung über die Vergütung des Konkursverwalters, des Vergleichsverwalters, der Mitglieder des Gläubigerausschusses und der Mitglieder des Gläubigerbeirates v. 25.5.1960, BGBl I 1960, 329, zuletzt geändert durch die Vierte VO v. 11.6.1979, BGBl I 1979, 637) ist trotz Inkrafttreten der Insolvenzordnung in konkursrechtlichen Altfällen uneingeschränkt anwendbar, so dass der Konkursverwalter auf seine Vergütung lediglich den hälftigen Umsatzsteuerausgleich, nicht aber die volle Umsatzsteuer von in den Streitjahren 16 % erhält.[2]

2853

---

[1] So BGH v. 20.11.2003 – IX ZB 469/02, KTS 2004, 421 ff. = NZI 2004, 124 ff. = ZIP 2004, 81 ff. = ZInsO 2004, 30 f. = DB 2004, 485.

[2] LG München II v. 22.8.2002 – 7 T 7259/01 (Vorinstanz: AG Wolfratshausen v. 25.10.2001 – N 85/95), ZInsO 2002, 971 f., mit Anm. Schmittmann.

II. Die Behandlung der einzelnen Steuerarten und Erhebungsformen

2854 Beginnend mit den Landgerichten Halle[1] und Magdeburg[2] hatten Gerichte vermehrt unter Zustimmung der Literatur[3] angenommen, dass die Bestimmung des § 4 Abs. 5 Satz 2 Vergütungsverordnung (VergVO) gegen § 12 Abs. 2 Nr. 5 a. F., §§ 15, 18 UStG verstößt und daher nicht mehr anwendbar sei. Dieser Auffassung haben sich weitere Gerichte (LG Hamburg,[4] LG Lüneburg,[5] LG Paderborn,[6] LG Darmstadt,[7] LG Flensburg,[8] LG Osnabrück,[9] LG Frankfurt/Oder[10] sowie AG Deggendorf[11]) angeschlossen und den Konkursverwaltern die volle Umsatzsteuer zugebilligt.

2855 Dieser Auffassung stellten sich zunächst das LG München II und sodann der BGH entgegen und führten insbesondere aus, dass die Fortgeltung des § 4 Abs. 5 Satz 2 VergVO auch bei konkursrechtlichen Altfällen nicht zu unbilligen, mit dem Umsatzsteuerrecht unvereinbaren Ergebnissen führt.

2856 Die Gerichte verkennen dabei aber leider die Systematik des Umsatzsteuerrechts nach europäischen und nationalen Grundsätzen. Der Grundsatz der Neutralität der Mehrwertsteuer folgt unmittelbar aus Gemeinschaftsrecht.[12] Die Bestimmung des Art. 17 Abs. 2 Richtlinie 77/388/EWG[13] sieht das Recht des Steuerpflichtigen vor, von der von ihm geschuldeten Umsatzsteuer ihm in Rechnung gestellte Umsatzsteuern abzuziehen, soweit die Gegenstände und Dienstleistungen für Zwecke seiner besteuerten Umsätze verwendet werden.

2857 Der EuGH hat in der Sache „Ampafrance S. A." bestätigt, dass alle nationalen Regelungen den Grundsatz der **Neutralität der Mehrwertsteuer** im unternehmerischen Bereich berücksichtigen müssen.[14] In dieser Entscheidung ging es

---

1 S. LG Halle v. 9. 12. 1994 – 2 T 203/94, ZIP 1995, 486, 490, mit Anm. Uhlenbruck, EWiR 1995, 663.
2 S. LG Magdeburg v. 24. 4. 1996 – 3 T 251/96, ZIP 1996, 927.
3 So Uhlenbruck, ZIP 1996, 1889, 1893; Haarmeyer/Wutzke/Förster, Vergütung in Insolvenzverfahren, § 4 Rdnr. 37 ff.; Förster, ZInsO 2000, 644 f.; Schmittmann, ZInsO 2001, 984 ff.; Schmittmann, NZI 2000, 406 f.
4 S. LG Hamburg v. 8. 10. 2001 – 326 T 133/01, ZInsO 2001, 1006.
5 S. LG Lüneburg v. 28. 4. 1999 – 3 T 14/99, Rpfleger 1999, 460 = ZInsO 1999, 355.
6 S. LG Paderborn v. 24. 2. 1999 – 5 T 381/98, NZI 1999, 293, mit Anm. Pape, EWiR 1999, 763.
7 S. LG Darmstadt v. 30. 11. 1999 – 5 T 792/99, NZI 2000, 440.
8 S. LG Flensburg v. 18. 8. 1999 – 5 T 71/99, NZI 2000, 441.
9 S. LG Osnabrück v. 10. 4. 2000 – 9 T 274/00, ZInsO 2001, 96.
10 So LG Frankfurt/Oder v. 4. 6. 1996 – 16 T 43/96, ZIP 1996, 1141.
11 S. AG Deggendorf v. 19. 10. 1999 – N 17/98, ZInsO 1999, 659.
12 Vgl. zuletzt: EuGH v. 19. 9. 2000 – Rs. C-454/98, UR 2000, 470 (Schmeink & Cofreth und Manfred Strobel); BFH v. 17. 5. 2001 – V R 77/99, BB 2001, 1619.
13 Sechste Richtlinie 77/388/EWG zur Harmonisierung der Rechtsvorschriften der Mitgliedstaaten über die Umsatzsteuern v. 17. 5. 1977, ABl. EG Nr. L 145, 1 ff.
14 So EuGH v. 19. 9. 2000 – Rs. C-177/99, IStR 2000, 655.

zwar im Grundsatz um die Möglichkeit des Vorsteuerabzugs, die tragenden Gründe gehen aber über diese Konstellation hinaus. Die Rechtsprechung des EuGH ist auch für die Mitgliedstaaten bindend. Zwar richten sich Urteile des EuGH zunächst unmittelbar nur an das vorlegende Gericht und damit an alle anderen mit der Entscheidung dieses konkreten Rechtsstreits befassten Instanzen. Gleichwohl trifft die Ausstrahlungswirkung mittelbar auch andere Rechtsstreitigkeiten. Würde ein letztinstanzliches Gericht in einer Entscheidung bewusst von der Rechtsprechung des EuGH zu einer in Rede stehenden, entscheidungserheblichen Frage abweichen und die Rechtssache gleichwohl nicht oder nicht neuerlich vorlegen, so würde es gegen die Vorlagepflicht aus Art. 234 Abs. 3 EG verstoßen. Zugleich wäre damit auch ein nationaler Verfassungsverstoß gegen Art. 101 Abs. 1 Satz 2 GG gegeben.

Das gemeinsame Mehrwertsteuersystem soll gewährleisten, dass die Auswirkungen auf die Wettbewerbsbedingungen neutral sind. Die vollständige Neutralität soll alle wirtschaftlichen der Steuer unterliegenden Tätigkeiten unabhängig von deren Zweck und Ergebnis auf allen Handelsstufen von der Produktion bis zum Einzelhandel gleichmäßig belasten. 2858

Die – unglücklich formulierte – Bestimmung des § 4 Abs. 5 Satz 2 VergVO ist eine Konsequenz aus der seinerzeitigen umsatzsteuerlichen Privilegierung der Freiberufler. Wenn der Gesetzgeber schon nicht positiv gewollt hat, dass der in § 4 Abs. 5 Satz 2 VergVO festgelegte Ausgleich zu einer Neutralität der Umsatzsteuer führt, so ist er jedenfalls zu einer solchen Regelung verpflichtet. Dies gilt insbesondere deshalb, weil die Vergütungsverordnung v. 25.5.1960 durch die Richtlinie 67/22/EWG v. 11.4.1967 zumindest insoweit überholt ist, wie die Neutralität des Mehrwertsteuersystems nicht garantiert ist. Die Umsetzung obliegt den Mitgliedstaaten, die nach der Richtlinie unmittelbar verpflichtet sind, entsprechende Maßnahmen zu ergreifen.[1] Ergreifen die Mitgliedstaaten diese Maßnahmen nicht, so kann dies nicht zum Nachteil der beteiligten Steuerpflichtigen gehen, sondern ist durch die Rechtsprechung der nationalen Gerichte, ggf. nach Anrufung des EuGH gem. Art. 234 EG, sicherzustellen. 2859

---

1 S. Schmittmann, ZInsO 2001, 984, 987.

2860 Das LG München II stützt seine Auffassung auf die Rechtsprechung des BFH,[1] wonach der Insolvenzverwalter ausdrücklich berechtigt ist, für seine Leistung Umsatzsteuer gesondert in Rechnung zu stellen. Dies ist unstreitig,[2] obgleich die vom LG München II angegebene Fundstelle unzutreffend ist.[3] Die Berechtigung des Konkursverwalters als Unternehmer, eine Rechnung mit gesondert ausgewiesener Umsatzsteuer zu erteilen, ergibt sich aus § 14 Abs. 2 UStG. Daran ändere sich – so das LG München II – nichts dadurch, dass das Entgelt gerichtlich festgesetzt wird. Zutreffend folgert das Gericht, dass die Steuerpflicht des Konkursverwalters als Unternehmer von der Erteilung der Rechnung mit gesondertem Ausweis der Umsatzsteuer unabhängig ist und auch dann eintritt, wenn er eine solche Rechnung nicht erteilt.

2861 Damit wird der Wertungswiderspruch offenbar: Der Konkursverwalter ist – unabhängig von der Ausstellung der Rechnung an die Insolvenzmasse – verpflichtet, die auf seine Leistung entfallende Umsatzsteuer von seinerzeit 16 % an das Finanzamt zu zahlen. Unterlässt er dies, ist er dafür persönlich haftbar und zudem möglicherweise noch strafbar gem. § 370 AO. Aus der Insolvenzmasse erhält der Konkursverwalter aber lediglich den 8 %igen Umsatzsteuerausgleich gem. § 4 Abs. 5 VergVO, so dass er die Differenz von 8 % aus seinem Einkommen zu tragen hat. Damit ist der Grundsatz der Neutralität der Umsatzsteuer ad absurdum geführt. Der Begriff „Ausgleich" bedeutet nach grammatikalischer Auslegung nichts anderes als „Herstellen eines Gleichgewichts".[4] Daraus folgt u. E. denknotwendig, dass der **Umsatzsteuerausgleich** ebenso hoch sein muss wie die vom Konkursverwalter abzuführende Umsatzsteuer.

2862–2880 *(Einstweilen frei)*

2. Steuerberater und eigene Insolvenz

Literatur: *Schmittmann*, Vermögensverfall und Widerruf der Bestellung bei freien kammergebundenen rechts- und steuerberatenden Berufen, NJW 2002, 182 ff.; *Schmittmann*, Die Berufszulassung des Steuerberaters im Insolvenzverfahren, StuB 2003, 1097; *Kuhls/Meuers/Maxl/Schäfer/Goez/Willerscheid*, Steuerberatungsgesetz – Kommentar,

---

1 Das LG München II verweist auf BFH, ZIP 1996, 517. Diese Fundstelle betrifft aber die Entscheidung des BAG v. 5.10.1995 – 2 AZR 1028/94, ZIP 1996, 516 ff. Die Bestätigung, dass der Konkursverwalter umsatzsteuerlich nach Auffassung des BFH als Unternehmer zu betrachten ist, ergibt sich aber zwanglos aus BFH v. 21.6.1994 – VII R 34/92, ZIP 1995, 229 = EWiR 1995, 321 [Onusseit].
2 Vgl. nur Abschn. 17 Abs. 5 UStR; Bunjes/Geist-Zeuner, § 1 UStG Rdnr. 75.
3 Möglicherweise meint das LG München II die Entscheidung: BFH v. 20.2.1986 – V R 16/81, ZIP 1986, 517 ff.
4 S. Bünting, Deutsches Wörterbuch, Chur, 1996, 120.

2. Aufl., Herne/Berlin, 2004; *Schmittmann*, Freie Kammerberufe und Insolvenzplanverfahren, ZInsO 2004, 725 ff.; *Schmittmann*, Steuerberater und Insolvenz, ZSteu 2005, 53 ff.; *Schmittmann*, Vermögensverfall, Insolvenzplan und Notaramt, ZInsO 2006, 419 ff.; *Schmittmann/Theurich/Brune*, Das insolvenzrechtliche Mandat, § 7 Rdnr. 1 ff.

a) Widerruf der Berufszulassung

2881 Die hohe Zahl der Insolvenzverfahren macht auch vor den Angehörigen der freien, kammergebundenen Berufe nicht halt. So werden inzwischen nicht selten Insolvenzverfahren über das Vermögen von Rechtsanwälten, Steuerberatern und Wirtschaftsprüfern sowie anderen Freiberuflern wie Ärzten und Zahnärzten eröffnet.[1] Es stellt sich dann regelmäßig die Frage, ob der Berufsangehörige seine Zulassung verliert.

2882 Die Bestellung ist z. B. gem. § 46 Abs. 2 Nr. 4 StBerG zu widerrufen, wenn der Steuerberater oder Steuerbevollmächtigte in **Vermögensverfall** geraten ist, es sei denn, dass dadurch die Interessen der Auftraggeber nicht gefährdet sind; ein Vermögensverfall wird vermutet, wenn ein Insolvenzverfahren über das Vermögen des Steuerberaters oder Steuerbevollmächtigten eröffnet oder der Steuerberater oder Steuerbevollmächtigte in das vom Insolvenzgericht oder vom Vollstreckungsgericht zu führende Verzeichnis (§ 26 Abs. 2 InsO; § 915 ZPO) eingetragen ist.

2883 Die Rechtsprechung des BFH, der für das Steuerberaterberufsrecht zuständig ist, ist restriktiv.[2] Forderungen der Literatur, die Eröffnung des Insolvenzverfahrens als Indiz für eine **Ordnung der Vermögensverhältnisse** anzusehen,[3] sind vom BFH zurückgewiesen worden. Ebenso wenig kann sich ein Steuerberater, der sich in Vermögensverfall befindet, darauf berufen, dass sich seine Vermögenssituation in Zukunft verbessern werde.[4] Die im Insolvenzverfahren getroffene Entscheidung der Gläubigerversammlung bzw. des Insolvenzverwalters, die Tätigkeit des insolventen Berufsträgers freizugeben, rechtfertigt nicht die Annahme einer nunmehr bereinigten wirtschaftlichen Situation des Steuerberaters.[5] Die Aufhebung des Insolvenzverfahrens und die Ankündigung der Restschuldbefreiung führen allerdings dazu, dass eine Konsolidierung der wirt-

---

1 Vgl. Schmittmann/Theurich/Brune, Das insolvenzrechtliche Mandat, § 7 Rdnr. 1 ff.; Schmittmann, ZInsO 2004, 725 ff.; Schmittmann, ZSteu 2005, 53 ff.; Schmittmann, StuB 2003, 1097 ff.; Schmittmann, ZInsO 2006, 419 ff.
2 Vgl. BFH v. 4. 12. 2007 – VII R 64/06, BStBl II 2008, 401 ff. = BFHE 220, 558 ff.
3 Vgl. Schmittmann, ZInsO 2004, 725, 728; Schmittmann, NJW 2002, 182 ff.
4 So BFH v. 30. 9. 2008 – VIII B 152/08, n. v.
5 So BFH v. 27. 8. 2008 – VII B 16/08, BFH/NV 2008, 2064.

schaftlichen Verhältnisse eintritt und daher die Zulassung nicht mehr zu widerrufen ist.[1]

2884 Die bloße Möglichkeit, die schlechte wirtschaftliche Situation im Rahmen eines Insolvenzverfahrens zu bereinigen, hat nach der Rechtsprechung des BFH nicht zur Folge, dass die wirtschaftlichen Verhältnisse des Steuerberaters trotz der unbeglichenen Forderungen gegen ihn als ungeordnet angesehen werden können. Der Entlastungsbeweis, dass durch den Vermögensverfall des Steuerberaters Interessen der Auftraggeber nicht gefährdet sind, kann nicht dadurch geführt werden, dass der Steuerberater ausschließlich als Angestellter tätig ist und auf Dauer tätig bleiben will.[2]

2885 Der BFH sieht es damit als geklärt an, ob die Eröffnung des Insolvenzverfahrens über das Vermögen des Steuerberaters automatisch dazu führt, dass ein Vermögensverfall zu bejahen ist; ob für den Widerruf der Bestellung als Steuerberater wegen Vermögensverfall eine konkrete Gefährdung der **Interessen der Auftraggeber** erforderlich ist; unter welchen Voraussetzungen die Interessen der Auftraggeber durch den Vermögensverfall des Steuerberaters als nicht gefährdet angesehen werden können und ob die Auftraggeberinteressen nicht als gefährdet anzusehen sind, wenn der Steuerberater ausschließlich als Angestellter tätig ist bzw. tätig sein will, so dass eine Zulassung der Revision aufgrund dieser Fragen nicht in Betracht kommt.[3]

2886 Erforderlich ist ein auf die konkrete Situation des betroffenen Berufsträgers bezogener substantiierter und glaubhafter Vortrag, aufgrund dessen mit hinreichender Gewissheit die Gefahr ausgeschlossen werden kann, dass der Steuerberater seine Berufspflichten unter dem Druck seiner desolaten Vermögenslage verletzen wird.[4] Der Umstand allein, dass die steuerberatende Tätigkeit im **Angestelltenverhältnis** ausgeübt wird, reicht für den Entlastungsbeweis nicht aus; jedoch können arbeitsvertragliche Beschränkungen des angestellten Steuerberaters im Hinblick auf Treuhänder- und Verwalterbefugnisse über Gelder oder sonstige Vermögenswerte der Mandanten im Einzelfall geeignet sein, den Entlastungsbeweis zu erbringen, wenn ihre Einhaltung vom Arbeitgeber wirksam kontrolliert werden kann.[5] Der angestellte Steuerberater muss den Nachweis erbringen, dass durch arbeitsvertraglich geregelte konkrete, verbind-

---

[1] So FG Rheinland-Pfalz v. 16. 12. 2008 – 2 K 2084/08, DStR 2009, 876.
[2] So BFH v. 28. 9. 2004 – VII B 123/04, BFH/NV 2005, 250.
[3] So BFH v. 20. 4. 2006 – VII B 188/05, BFH/NV 2006, 1522; v. 21. 1. 2006 – VII B 141/05, BFH/NV 2006, 983.
[4] S. BFH v. 27. 8. 2008 – VII B 16/08, BFH/NV 2008, 2064.
[5] So BFH v. 4. 12. 2007 – VII R 64/06, BStBl II 2008, 401 ff. = BFHE 220, 558 ff.

liche, auf Dauer angelegte und kontrollierbare berufliche Beschränkungen die Gefährdung von Auftraggeberinteressen als nahezu ausgeschlossen angesehen werden kann.[1]

b) Grundrecht auf Berufsfreiheit

Der BFH ist der Auffassung, dass seine Rechtsprechung auch bemessen am Grundrecht der Berufsfreiheit aus Art. 12 Abs. 1 Satz 2 GG nicht zu beanstanden ist. Zwar werde durch den Widerruf der Zulassung in die **Freiheit der Berufswahl** eingegriffen, jedoch sei die Vorschrift des § 46 Abs. 2 Nr. 4 StBerG mit dem Prinzip der Verhältnismäßigkeit vereinbar und stehe im Einklang mit dem Grundrecht der Berufsfreiheit.[2] Gleichwohl sollte in geeigneten Fällen versucht werden, einen Insolvenzplan aufzustellen und eine möglich schnelle Beschlussfassung der Gläubigerversammlung herbeigeführt werden. Parallel dazu sollte unter Hinweis auf die Rechtsprechung des Bundesverfassungsgerichts zur Notarzulassung im Insolvenzverfahren Rechtsschutz gesucht werden.[3]

2887

Das BVerfG hat im einstweiligen Rechtsschutz den vorübergehenden Verbleib des insolventen Notars im Amt in Folge geordneter Einkommens- und Vermögensverhältnisse (Insolvenzplan) und untadeliger Amtsführung angeordnet.[4] Auch mit seiner Verfassungsbeschwerde hatte der Notar Erfolg. Die Entscheidung des BGH wurde vom BVerfG als Verstoß gegen Art. 12 Abs. 1 GG angesehen.[5]

2888

Das BVerfG weist insbesondere darauf hin, dass angesichts der bereits geschilderten schweren Folgen, zu den die bei Vermögensverfall ohne Ermessensspielraum auszusprechende Amtsenthebung führt, die Berufswahlfreiheit des Notars aus Art. 12 Abs. 1 GG eine sorgfältige Prüfung gebietet, ob aufgrund der Umstände des Einzelfalls die Vermutung des Vermögensverfalls als widerlegt angesehen werden kann. Dies gilt – so das BVerfG – insbesondere vor dem Hintergrund, dass eine Amtsenthebung, die aufgrund der Eröffnung des Insolvenzverfahrens ausgesprochen wird, einer bestmöglichen Gläubigerbefriedigung entgegensteht. In der Regel wird nur bei Fortführung der Praxis und aufgrund der dort erwirtschafteten Einnahmen ein Insolvenzplan erstellt und

2889

---

1 So BFH v. 4. 9. 2008 – VII B 11/08, BFH/NV 2009, 51 f.
2 So BFH v. 4. 7. 2000 – VII R 103/99, BFH/NV 2001, 69; v. 24. 1. 2006 – VII B 141/05, BFH/NV 2006, 983; BFH v. 30. 9. 2008 – VIII B 152/08, n.v.
3 Vgl. im Einzelnen Schmittmann, ZInsO 2006, 419 ff.
4 So BVerfG v. 28. 4. 2004 – 1 BvR 912/04, AnwBl 2004, 525 = EWiR 2004, 799 f. [Römermann].
5 So BVerfG v. 31. 8. 2005 – 1 BvR 912/04, NJW 2005, 3057 f.

durchgeführt werden können. Letztlich dient dies auch den finanziellen Interessen der Gläubiger.

2890 In dem zunächst vom BGH und dann vom BVerfG entschiedenen Fall ging es um einen Notar, über dessen Vermögen das Insolvenzverfahren bereits eröffnet war. Der BGH entschied, dass die durch die Eröffnung des Insolvenzverfahrens über das Vermögen des Notars begründete Vermutung des Vermögensverfalls nicht schon dadurch als widerlegt angesehen werden kann, dass die Gläubigerversammlung die „vorläufige Fortführung des Notariats" beschließt und den Insolvenzverwalter beauftragt, einen Insolvenzplan auszuarbeiten und vorzulegen. Im Übrigen ist das berufsrechtliche Verfahren nicht etwa deshalb zurückzustellen, um dem Notar zunächst Gelegenheit zu geben, über ein Insolvenzplanverfahren zunächst seine finanziellen Verhältnisse wieder zu ordnen.[1]

2891 In der Literatur war bereits vor längerer Zeit diskutiert worden, dass durch die Aufstellung eines Insolvenzplans im eröffneten Insolvenzverfahren eine Konsolidierung der wirtschaftlichen Verhältnisse des Berufsträgers dargestellt werden kann.[2] Der BFH hält nach wie vor an seiner bisherigen Rechtsprechung fest, dass die Eröffnung des Insolvenzverfahrens den **Vermögensverfall** indiziert und dass allein die Aufstellung eines Insolvenzplans eine Gefährdung der Auftraggeberinteressen nicht ausschließt.[3] Offen gelassen hat der BFH die Frage, ob im Falle der Annahme und Bestätigung eines Insolvenzplans die wirtschaftlichen Verhältnisse nunmehr als geordnet i.S.v. § 46 Abs. 2 Nr. 4 StBerG angesehen werden können.[4] In ähnlichen Sachverhalten hatten die Finanzgerichte Münster und Düsseldorf entschieden, dass jedenfalls dann, wenn der Insolvenzplan durch das Insolvenzgericht noch nicht bestätigt sei, die Beseitigung der Gefährdung der Interessen der Auftraggeber und die Ordnung der wirtschaftlichen Verhältnisse nicht eingetreten sei.[5]

2892 In einer jüngeren Entscheidung hat der BGH jedoch Kriterien angedeutet, bei deren Vorliegen ggf. eine Gefährdung der Interessen der Auftraggeber verneint werden kann.[6] Diese Kriterien sind wie folgt:

---

1 So BGH v. 20.11.2006 – NotZ 26/06, DB 2007, 109 [Ls.].
2 So Schmittmann, NJW 2002, 182, 184 ff.; Schmittmann, StuB 2003, 1097.
3 So BFH v. 4.12.2003 – VI B 121/03, BFH/NV 2004, 824 ff.
4 So BFH v. 4.12.2003 – VI B 121/03, BFH/NV 2004, 824 ff.
5 So FG Münster v. 26.2.2003 – 7 K 2451/02 StB, WPK-Mitteilungen 2003, 264 f.; FG Düsseldorf v. 15.1.2003 – 2 K 3915/02 StB, n.v.
6 So BFH v. 4.3.2004 – VII R 21/02, BStBl II 2004, 1016 ff.

Die **Tätigkeit als Geschäftsführer**, dem nach der Geschäftsordnung Treuhandtätigkeiten und Alleinvertretung der Gesellschaft untersagt sind, lässt nach Auffassung des FG Münster die Gefährdung von Mandanteninteressen nicht zwingend entfallen.[1]

2893

Das Vorhandensein eines **Anstellungsverhältnisses** allein soll nach Auffassung des FG Sachsen-Anhalt nicht dazu führen, dass eine Gefährdung der Interessen der Auftraggeber ausgeschlossen ist.[2] Maßgeblich ist die konkrete Ausgestaltung des Anstellungsverhältnisses, insbesondere die Möglichkeit der Kontaktaufnahme zu Mandanten.[3]

2894

Es ist also in jedem Fall konkret darzustellen, wie der **Arbeitsplatz** des Berufsträgers ausgestaltet ist. Der betroffene Berufsträger darf keinesfalls allein über Gelder verfügen können. Es ist ihm auch nicht möglich, allein mit dem Mandanten Honorarvereinbarungen zu treffen. In dieser Konstellation kann daher nur vereinbart werden, dass der Berufsträger nicht alleinvertretungsberechtigter Geschäftsführer oder besser noch lediglich Prokurist ist.

2895

Es scheidet darüber hinaus aus, dass der im Insolvenzverfahren befindliche Steuerberater die Leitung einer **Zweigniederlassung** seiner Arbeitgeberin i. S. v. § 34 Abs. 2 StBerG übernimmt.[4]

2896

Die Vorlage des **Insolvenzplans** führt zu einer Konsolidierung der Vermögensverhältnisse, wenn er von den Gläubigern angenommen und vom Gericht bestätigt worden und die Aufhebung des Verfahrens erfolgt ist.[5]

2897

Die vorstehenden Handlungsvorschläge greifen lediglich in den Fällen, in denen der Berufsträger seinen Beruf im Angestelltenverhältnis ausüben kann. In solchen Fällen ist m. E. das Insolvenzplanverfahren eine geeignete Maßnahme, die Gefährdung von Mandanteninteressen auszuschließen und zugleich die geordneten wirtschaftlichen Verhältnisse des Berufsträgers wiederherzustellen.[6] Wenn die Vorgabe des Gesetzgebers, dass die Fortführung und Sanierung des Unternehmens gleichberechtigt neben der Liquidation stehen soll, von dem die berufsrechtlichen Fragen entscheidenden Gerichten ernst genommen wird, so muss dem Schuldner die Berufszulassung unter Berücksichtigung der vorstehenden Kriterien belassen werden, da ansonsten eine Fortführung per

2898

---

1 So FG Münster v. 26. 2. 2003 – 7 K 2451/02 StB, WPK-Mitt. 2003, 264 f.
2 S. FG Sachsen-Anhalt v. 25. 3. 2002 – 1 K 231/01, WPK-Mitt. 2003, 263 f.
3 So FG Sachsen-Anhalt v. 25. 3. 2002 – 1 K 231/01, WPK-Mitt. 2003, 263 f.
4 So FG Sachsen-Anhalt v. 25. 3. 2002 – 1 K 231/01, WPK-Mitt. 2003, 263 f.
5 So FG Münster v. 26. 2. 2003 – 7 K 2451/02 StB, WPK-Mitt. 2003, 264 f.
6 So Schmittmann, ZSteu 2005, 53 ff.

se ausscheidet. Dies ist aus zwei Gründen schädlich. Einerseits verflüchtigt sich im Falle der Entziehung der Berufszulassung der Mandantenstamm so kurzfristig, dass daraus für die Insolvenzmasse keine Liquidität gezogen werden kann. Weiterhin ist der Schuldner nach Entzug seiner Berufszulassung darauf verwiesen, eine unterwertige Tätigkeit anzunehmen, was zu geringeren Einkünften und damit zu einer niedrigeren Gläubigerbefriedigung führt.

2899 Da es dem Notar aus berufsrechtlichen Gründen nicht möglich ist, einen Anstellungsvertrag zu schließen, kommt die Anwendung der vom BFH entwickelten Kriterien nicht in Betracht. Vielmehr kann die Lösung nur darin liegen, dass im Insolvenzverfahren über das Vermögen des Notars ein **Insolvenzplan** aufgestellt, von der Gläubigerversammlung genehmigt und vom Gericht bestätigt wird.[1] Das BVerfG hat mit deutlichen Worten darauf hingewiesen, dass die Annahme des Vermögensverfalls nur begründet sei, wenn der Notar in ungeordnete, schlechte finanzielle Verhältnisse gerate, die er in absehbarer Zeit nicht ordnen könne. Vorliegend sei aber zu erwarten gewesen, dass der Notar in absehbarer Zeit schuldenfrei sein würde. Entscheidend sei insofern, dass die Gläubigerversammlung den Insolvenzverwalter mit der Erstellung eines Insolvenzplans beauftragt und zugleich beschlossen habe, dass der Berufsträger das Notariat fortführt. Damit sei vorgezeichnet gewesen, dass das Insolvenzverfahren nach § 258 Abs. 1 InsO aufgehoben würde, sich die Vermutung des Vermögensverfalls also als grundlos erweise.

2900 Der BGH hatte Anforderungen an eine Widerlegung des nach § 50 Abs. 1 Nr. 6 BNotO vermuteten Vermögensverfalls mit Blick auf die Berufsfreiheit des Notars unnötig überspannt. Die Amtsenthebung kann nach dem Wortlaut der gesetzlichen Regelung und nach dem mit ihr verfolgten Zweck nur die Folge, nicht jedoch die Ursache des Vermögensverfalls sein.[2]

2901–2920 *(Einstweilen frei)*

3. Risiken des Beraters in der Krise des Mandanten

Literatur: *Streck*, Der Steuerhinterzieher als Mandant, BB 1984, 2205 ff.; *Späth*, Die zivilrechtliche Haftung des Steuerberaters, 4. Aufl., Bonn, 1995; *Schwedhelm/Kamps*, Unerlaubte Rechtsberatung durch Steuerberater und Steuerbevollmächtigte und ihre Folgen, AnwBl. 1998, 245 ff.; *Reck*, Insolvenzstraftaten und deren Vermeidung, 1999; *Gotzens/Heinsius*, Die strafrechtliche Grauzone der steuerlichen Beratung, Stbg 2000, 209 ff.; *Sundermaier/Gruber*, Die Haftung des Steuerberaters in der wirtschaftlichen Krise des Man-

---

1 So Schmittmann, ZInsO 2004, 725, 728.
2 So BVerfG v. 31. 8. 2005 – 1 BvR 912/04, NJW 2005, 3057, 3058.

danten, DStR 2000, 929 ff.; *Haarmeyer/Maus*, Der Steuerberater als Insolvenzverwalter, Stbg 2001, 283 ff.; *Schroer*, Honorarforderungen und die Ausübung eines Zurückbehaltungsrechts des Steuerberaters in der Insolvenz des Mandanten, Teil I, INF 2001, 404 ff.; Teil II, INF 2001, 438 ff.; *Trutnau*, Krisenfrüherkennung Fach 4, Kapitel 1, 32. Ergänzungslieferung, Januar 2007, in: Kraemer, Handbuch zur Insolvenz, 42. Ergänzungslieferung, September 2009; *Reck*, Berichtspflicht von Steuerberatern über die Überschuldung und Zahlungsunfähigkeit von Unternehmen, StuB 2002, 154 ff.; *Dißars*, Durchsetzung des Gebührenanspruchs des Steuerberaters, NWB F. 30, 1309 ff.; *Leibner*, Das Honorar des Steuerberaters im Insolvenzverfahren, NWB F. 30, 1401 ff.; *Durst*, Gefahrenzone Insolvenzverschleppung: Straf-, zivil- und steuerrechtliche Hinweise, KÖSDI 2003, 13843 ff.; *Friedrich/Flintrop*, Sanierungsprüfung – Herausforderung für Unternehmensführung und Gutachter, DB 2003, 223 ff.; *Hölzle*, Das Steuerberatungsmandat in der Insolvenz des Mandanten, DStR 2003, 2075 ff.; *Leibner/Reinicke*, Die unerlaubte Rechtsberatung durch Steuerberater, GmbHR 2003, 225 R; *Schmittmann*, Die Berufszulassung des Steuerberaters im Insolvenzverfahren, StuB 2003, 1097; *Wessing*, Strafbarkeitsgefährdung für Berater, NJW 2003, 2265 ff.; *Gilgan*, Honorar des Beraters in der Krise des Mandanten, StB 2004, 112 ff.; *Heerspink*, Die Insolvenz des Mandanten – ausgewählte strafrechtliche Probleme, AO-StB 2004, 268 ff.; *Kuhls/Meuers/Maxl/Schäfer/Goez/Willerscheid*, Steuerberatungsgesetz – Kommentar, 2. Aufl., Herne/Berlin, 2004; *Leibner*, Der Steuerberater als Krisen- und Insolvenzberater, Berlin, 2004; *Raebel*, Haftung des Steuerberaters wegen Missachtung des werdenden Rechts, DStR 2004, 1673 ff.; *Schmittmann*, Sicherung und Erhaltung des Honoraranspruchs des Steuerberaters, ZSteu 2004, 250 ff.; *Schmittmann*, Strafrechtliche Risiken in der Steuerberatung bei Insolvenznähe, ZSteu 2004, 308 ff.; *Hartmann/Heimann*, Haftungsrisiken und Versicherungsschutz, Abschn. B. V., in: Römermann, Steuerberater Handbuch Neue Beratungsfelder, Bonn, 2005; *Kirchhof*, Anfechtbarkeit der Vergütung vorinsolvenzlicher Berater und Vertreter des Schuldners im folgenden Insolvenzverfahren, ZInsO 2005, 340 ff.; *Schmittmann*, Steuerberater und Insolvenz, ZSteu 2005, 53 ff.; *Frege*, Grundlagen und Grenzen der Sanierungsberatung, NZI 2006, 545 ff.; *Schmittmann*, Unternehmenskrisen frühzeitig erkennen, BBB 2006, 83 ff.; *Schmittmann*, Insolvenzgründe prüfen, BBB 2006, 122 ff.; *Schmittmann*, Maßnahmen zur Beseitigung der Insolvenz, BBB 2006, 188 ff.; *Schmittmann*, Bilanzmanipulationen erkennen und vermeiden – 13 Praxisfälle, die für Sie und den Mandanten strafrechtliche Konsequenzen haben könnten, BBB 2006, 372 ff.; *Schwamberger*, Pflichten des steuerlichen Beraters bei Erkennung der Insolvenzreife des Mandanten, KSI 2006, 8 ff.; *Schwedhelm*, Strafrechtliche Risiken steuerlicher Beratung, DStR 2006, 1017 ff.; *Werdan/Ott/Rauch*, Das Steuerberatungsmandat in der Krise, Sanierung und Insolvenz, Stuttgart, 2006; *Weyand/Diversy*, Insolvenzdelikte: Unternehmenszusammenbruch und Strafrecht, 7. Aufl., Berlin, 2006; *Schmittmann*, Bilanzmanipulation: Berufs- und haftungsrechtliche Konsequenzen für Steuerberater, BBB 2007, 30 ff.; *Schmittmann*, Vorsicht Falle: Haftung des Steuerberaters der Schuldnerin für den Erstattungsanspruch gegen den Geschäftsführer aus § 64 Abs. 2 GmbHG, ZInsO 2008, 1170 ff.; *Wagner/Zabel*, Insolvenzverschleppungshaftung nach § 64 II GmbHG wegen Überschuldung – Anreicherung der Masse durch Haftungsverlagerung auf den Steuerberater?, NZI 2008, 660 ff.; *Ehlers*, Wichtige Urteile zur Krisenberatung, ZInsO 2009, 1194 ff.; *Schmittmann*, Überblick über das Gesetz zur Bekämpfung der Steuerhinterziehung und den Regierungsentwurf einer Steuerhinterziehungsbekämpfungsverordnung, StuB 2009; *Schmittmann*, Steuerberater im Visier von Insolvenzverwaltern: Hinweis zur Haftungsvermeidung, StuB 2009, 696 f.

a) Erkennen von Krise und Insolvenz

2921 Zu den schwierigsten Aufgaben, die die Unternehmensleitung zu meistern hat, gehört das frühzeitige **Erkennen von Unternehmenskrisen**.[1] Die Unternehmensleitung selbst ist gehalten, die wirtschaftliche Situation des Unternehmens sorgfältig im Auge zu behalten. Für Aktiengesellschaften sieht § 91 Abs. 2 AktG explizit vor, dass der Vorstand geeignete Maßnahmen zu treffen und insbesondere ein Überwachungssystem einzurichten hat, damit den Fortbestand der Gesellschaft gefährdende Entwicklungen früh erkannt werden.[2]

2922 Aus der Vorschrift des § 91 Abs. 2 AktG folgt die Verpflichtung des Vorstands, einen Organisationsstandard zu gewährleisten, der die Früherkennung bestandsgefährdender Entwicklungen erlaubt. Der Vorstand hat somit eine Bestandssicherungspflicht.[3] Der Regelungsgehalt des § 91 Abs. 2 AktG gilt in erster Linie für Aktiengesellschaften gleich welcher Größe. Geht man jedoch davon aus, dass § 91 Abs. 2 AktG lediglich die gesetzliche Kodifikation der allgemeinen Leitungsaufgaben und der damit verbundenen Organisations-, Kontroll- und Überwachungspflichten des Geschäftsleiters einer Kapitalgesellschaft ist, so kann man mit guten Gründen vertreten, dass auch der Geschäftsführer einer GmbH ähnliche Pflichten hat.[4] Dafür spricht im Übrigen auch, dass bereits in der Begründung zum Gesetzentwurf auf die Ausstrahlungswirkung des § 91 Abs. 2 AktG auf den Pflichtenrahmen der Geschäftsführer anderer Gesellschaftsformen explizit hingewiesen wird.[5] Der Mandant des Steuerberaters ist in aller Regel mit der Ausgestaltung des Risikofrüherkennungssystems überfordert, so dass er sich Hilfe vom Steuerberater verspricht. Damit einher geht das Bestreben des Mandanten, vom Steuerberater Hinweise zu erhalten, wie die Krise und ggf. auch im Raume stehende Insolvenzrisiken beseitigt werden können.[6] Da Steuerberater und Mandant in dieser Phase häufig gleichgerichtete Interessen verfolgen, der Mandant nämlich sein Unternehmen erhalten möchte und der Steuerberater seine eigenen Honorarinteressen im Auge hat, ist gerade in dieser Phase des Mandats zur ordnungsgemäßen Berufsausübung Distanz gegenüber dem Auftraggeber zu wahren, um die spä-

---

1 S. Werdan/Ott/Rauch, Das Steuerberatungsmandat in der Krise, Sanierung und Insolvenz, 20 ff.
2 Vgl. dazu Schmittmann, BBB 2006, 83 ff.; Lück, DB 1998, 1925 ff.; Kromschröder/Lück, DB 1998, 1573 ff.; Giese, WPg 1998, 451 ff.
3 So Hüffer, § 91 AktG Rdnr. 1.
4 So Wirtschaftsprüferhandbuch 2006, Bd. I, Abschn. P Rdnr. 13.
5 Vgl. BT-Drucks. 13/9712, 15; Scharpf, DB 1997, 737 ff.; Schmittmann, BB 2006, 83, 84.
6 Vgl. Schmittmann, BBB 2006, 188 ff.

ter noch im Einzelnen auszuführenden zivil- und strafrechtlichen Risiken zu vermeiden.[1]

Da die **betriebswirtschaftliche Beratung** zu den mit dem Beruf des Steuerberaters zu vereinbarenden Tätigkeiten gehört,[2] darf der Mandant erwarten, dass der Steuerberater im Rahmen einer betriebswirtschaftlichen Beratung auch auf sich abzeichnende Unternehmenskrisen hinweist. Dies gilt insbesondere, wenn der Steuerberater auch mit der Erstellung des Lageberichts beauftragt ist. Im Lagebericht ist gem. § 289 Abs. 1 HGB auf die Risiken der künftigen Entwicklung einzugehen. Dies gilt entsprechend für den Konzern-Lagebericht gem. § 315 Abs. 1 HGB. 2923

Im Rahmen des Lageberichts ist gem. § 289 Abs. 1 Satz 4 HGB auf die Chancen und Risiken der künftigen Entwicklung einzugehen. Dies gilt entsprechend für den Konzern-Lagebericht gem. § 315 Abs. 1 HGB. Den sog. **Risikobericht** haben die gesetzlichen Vertreter sämtlicher Gesellschaften zu erstellen, die auch einen Lagebericht aufstellen müssen.[3] Kleine Kapitalgesellschaften gem. § 267 Abs. 1 HGB brauchen laut § 264 Abs. 1 Satz 4 HGB keinen Lagebericht aufzustellen. 2924

Grundsätzlich sollte über folgende Bereiche berichtet werden:[4] 2925

▶ Gesamtwirtschaftliche und branchentypische Rahmenbedingungen,

▶ Situation im Beschaffungsbereich,

▶ Stand und Entwicklung im Produktionsbereich, insbesondere auch über den Grad der Auslastung,

▶ Verhältnisse auf dem Absatzbereich, hierzu gehören Angaben zum Auftragsbestand und zum Auftragseingang,

▶ Finanzierung und Investitionen,

▶ Personalsituation.

Außerdem können die **Bilanzstruktur** dargestellt und wichtige **Kennzahlen** zur Bilanzanalyse aufgezeigt werden. Nach den Vorstellungen des Gesetzgebers ist über die Lage der Gesellschaft und insbesondere über die voraussichtliche Entwicklung nicht vollständig berichtet worden, wenn nicht auch zukünftige Risiken berücksichtigt werden. Die darzustellenden Risiken umfassen sämtliche, das Unternehmen betreffende **Risiken**, z. B. Risiken aus zukünftigen 2926

---

1 S. Schmittmann, ZSteu 2004, 308 ff.
2 So Kuhls/Meurers/Maxel/Schäfer/Goez/Willerscheid, Steuerberatungsgesetz, § 33 Rdnr. 32.
3 Vgl. Baetge/Schulze, DB 1998, 937 ff.; Schindler/Rabenhorst, BB 1998, 1886 ff. und 1939 ff.
4 S. Schmittmann, BBB 2006, 83, 86.

Marktentwicklungen, aus Anwendungen neuer Technologien, aus Anforderungen von Produktionsverfahren, aus Entwicklung oder Auslaufen von Patenten etc. Dagegen wird man das allgemeine Unternehmerrisiko und die Risiken, die sich aus Veränderungen der Wechselkurse ergeben, i. d. R. nicht als berichtspflichtig ansehen, es sei denn, das Unternehmen ist in hohem Maße von derartigen Wechselkursveränderungen betroffen.[1]

2927 Unstrittig ist, dass nicht nur über bestandsgefährdende Risiken wie drohende Zahlungsunfähigkeit oder Überschuldung, mögliche Vermögensverluste, Kündigung von Unternehmensverträgen etc. zu berichten ist, sondern über **alle Risiken,** die die Entwicklung des Unternehmens beeinträchtigen und somit wesentlichen Einfluss auf die Vermögens-, Finanz- und Ertragslage nehmen können.[2] Der Lagebericht hat sich gem. § 289 Abs. 1 Satz 2 HGB am Umfang und der Komplexität des Geschäftsverlaufs zu orientieren.

2928 Aus der vorstehenden Beschreibung der gesetzlichen Vorgaben ist zu ersehen, dass der Gesetzgeber nicht nur hohe **Erwartungen** an die Unternehmensleitung richtet, sondern zugleich auch erhebliche **rechtliche Vorgaben** gemacht hat, die die Unternehmensleitung einzuhalten hat.

2929 An dieser Stelle kann nicht im Einzelnen darauf eingegangen werden, wie Unternehmenskrisen eingeteilt werden und welche Arten der Krise zu berücksichtigen sind. Hier kann lediglich auf weiterführende Literatur verwiesen werden.[3]

2930–2935 *(Einstweilen frei)*

b) Sanierungsberatung

(1) Reichweite des Mandats des Beraters in der Krise

2936 Ist der Berater nicht (auch) Rechtsanwalt, sondern lediglich Steuerberater, so ist zunächst das **Rechtsdienstleistungsgesetz,**[4] das an die Stelle des Rechtsberatungsgesetzes[5] getreten ist, zu beachten. Rechtsdienstleistung ist gem.

---

1 Vgl. Koller/Roth/Morck, HGB, § 289 Rdnr. 2.
2 So Schindler/Rabenhorst, BB 1998, 1886, 1891.
3 Vgl. Holzer, NZI 2005, 308 ff.; Trutnau, Krisenfrüherkennung, Kapitel 1, Rdnr. 2, in: Kraemer, Handbuch zur Insolvenz; Schmittmann, Insolvenz- und Krisenmanagement im Mittelstand, in: Schauf, Unternehmensführung im Mittelstand: Rollenwandel kleiner und mittlerer Unternehmen in der Globalisierung, S. 245, 248 ff.
4 Gesetz über außergerichtliche Rechtsdienstleistungen (Rechtsdienstleistungsgesetz – RDG) v. 12. 12. 2007, BGBl I 2007, 2840, zuletzt geändert durch das Gesetz zur Neuregelung des Verbots der Vereinbarung von Erfolgshonoraren v. 12. 6. 2008, BGBl I 2008, 1000.
5 RBerG v. 13. 12. 1935, RGBl I 1935, 1478.

§ 2 Abs. 1 RDG jede Tätigkeit in konkreten fremden Angelegenheiten, sobald sie eine rechtliche Prüfung des Einzelfalls erfordert.

Rechtsanwälte benötigen per se keine Genehmigung nach dem Rechtsberatungsgesetz, da sie gem. § 3 Abs. 1 BRAO[1] berufene unabhängige Berater und Vertreter in allen Rechtsangelegenheiten sind. Ihr Recht, in Rechtsangelegenheiten aller Art vor Gerichten, Schiedsgerichten oder Behörden aufzutreten, kann nur durch ein Bundesgesetz beschränkt werden (§ 3 Abs. 2 BRAO).

2937

(2) Ausnahmen für Steuerberater und Wirtschaftsprüfer gem. § 5 Abs. 1 RDG

Erlaubt sind Rechtsdienstleistungen im Zusammenhang mit einer anderen Tätigkeit, wenn sie als **Nebenleistungen** zum Berufs- oder Tätigkeitsbild gehören, § 5 Abs. 1 Satz 1 RDG. Ob eine Nebenleistung vorliegt, ist nach ihrem Inhalt, Umfang und sachlichen Zusammenhang mit der Haupttätigkeit unter Berücksichtigung der Rechtskenntnisse zu beurteilen, die für die Haupttätigkeit erforderlich sind, § 5 Abs. 1 Satz 2 RDG. Nach der früheren Regelung des § 5 Nr. 2 RBerG durften Wirtschaftsprüfer und vereidigte Buchprüfer sowie Steuerberater und Steuerbevollmächtigte in Angelegenheiten, mit denen sie beruflich befasst waren, auch die rechtliche Bearbeitung übernehmen, soweit diese mit den Aufgaben des Wirtschaftsprüfers, Buchprüfers, Steuerberaters oder Steuerbevollmächtigten in unmittelbarem Zusammenhang stand und diese Aufgaben ohne die Rechtsberatung nicht sachgemäß erledigt werden konnten.

2938

Ungeachtet der Frage, ob das Rechtsberatungsgesetz eng oder weit auszulegen war[2] oder ob es insgesamt europarechtlich fragwürdig bzw. verfassungswidrig ist,[3] war es geltendes Recht und demnach anzuwenden. Die Ausnahmevorschrift des § 5 Nr. 2 RBerG setzte voraus, dass

2939

▶ eine Angelegenheit gegeben ist, mit der der Wirtschaftsprüfer bzw. Steuerberater bereits beruflich befasst ist,

▶ die Erledigung von Rechtsangelegenheiten damit in unmittelbarem Zusammenhang steht **und**

▶ diese Aufgaben ohne die Rechtsberatung nicht sachgemäß erledigt werden können.

Diese Grundsätze sind auch im Geltungsbereich des Rechtsdienstleistungsgesetzes weiterhin anwendbar. Es ergibt sich ohne weiteres, dass eine isolierte

2940

---

[1] BRAO v. 1.8.1959, BGBl I 1959, 565, zuletzt geändert durch das Vierte Gesetz zur Änderung verwaltungsrechtlicher Vorschriften v. 11.12.2008, BGBl I 2008, 2418.
[2] Vgl. BVerfG v. 29.10.1997 – 1 BvR 780/87, BVerfGE 97, 12 ff.
[3] Vgl. Kleine-Cosack, NJW 2000, 1593 ff.; Kleine-Cosack, BB 2000, 2109 ff.

Krisen- und Insolvenzberatung durch einen Steuerberater ohne eine bereits begonnene zulässige Tätigkeit, z. B. eine steuerberatende **Mandatierung** oder eine betriebswirtschaftliche Beratung, unzulässig ist.[1] Dabei hat der beratende Steuerberater die vom OLG Celle zu recht aufgestellten Mindestanforderungen an eine betriebswirtschaftliche Leistung für insolvenzgefährdete Unternehmen zu beachten.

2941 Dabei sind folgende betriebswirtschaftliche Mindeststandards einzuhalten:[2]

- ▶ Beschreibung und Analyse des Unternehmens, insbesondere
  - Krisenursachen,
  - Lagebeurteilung,
  - gründliche Schwachstellenanalyse,
  - Stärken und Schwächen des Unternehmens,
  - Profil des Unternehmens.
- ▶ Maßnahmen zur Sanierung des Unternehmens
  - Entwicklung von Sanierungsstrategien,
  - Sicherung der Liquidität,
  - Leitbild des sanierten Unternehmens.
- ▶ Vermögensstatus (bilanzmäßige Aufstellung aller Aktiva und Passiva)
  - Verbindlichkeitenstatus,
  - Finanzstatus und darauf aufbauend Finanzplan,
  - Gewinn- und Verlustberechnungen,
  - Planrechnungen und deren Verprobung,
  - Prüfung,
  - Beurteilung,
  - Neuaufstellung.

2942 Verhandlungen mit Gläubigern im Rahmen eines Sanierungsversuchs, um deren Zustimmung zu einem Zwangsvergleich zu erhalten, sind nach einhelliger Rechtsprechung Besorgung fremder Rechtsangelegenheiten.[3] Die rechtliche Beratung war dem Wirtschaftsprüfer gem. Art. 1 § 5 Nr. 2 RBerG im unmittelbaren Zusammenhang mit solchen Aufgaben gestattet, die zu seinem anerkannten, herkömmlichen Berufsbild gehören. Dazu zählt auch die wirtschafts-

---

1 S. Werdan/Ott/Rauch, Das Steuerberatungsmandat in der Krise, Sanierung und Insolvenz, 179 f.
2 So OLG Celle v. 23. 10. 2003 – 16 U 199/02, NJW 2003, 3638 ff.; Frege, NZI 2006, 545, 547.
3 So BGH v. 4. 11. 1987 – IV a ZR 158/86, BGHZ 102, 128 ff.

beratende Tätigkeit.¹ Es entspricht nicht der Zielsetzung des Rechtsberatungsgesetzes, eine wirtschaftsberatende Tätigkeit des Wirtschaftsprüfers i. S. einer Sanierungsberatung zu unterbinden, soweit die eigentliche Wirtschaftsberatung im Vordergrund steht. Dies dürfte im Rahmen des RDG ebenfalls gelten.

Ein Missbrauch – wie ihn das Rechtsdienstleistungs- und das Rechtsberatungsgesetz verhindern wollen – ist in derartigen Fällen nach Auffassung des BGH nicht zu besorgen. Vielmehr wird es gerade bei Sanierungsversuchen vielfach dem wohlverstandenen Interesse aller Beteiligten entsprechen, wenn alle zur Sanierung gebotenen Maßnahmen, auch die Verhandlungen mit Gläubigern, zum Zwecke einer vergleichsweisen Regelung von **einem** wirtschaftlich erfahrenen Berater durchgeführt werden.² Die wirtschaftsberatende oder wirtschaftsbesorgende Tätigkeit des Wirtschaftsprüfers muss allerdings im Vordergrund stehen und die rechtsberatende Tätigkeit hiermit in unmittelbarem Zusammenhang. Dazu ist es nach der Rechtsprechung des BGH nicht erforderlich, dass diese Tätigkeit ohne Rechtsberatung schlechthin unmöglich ist. 2943

Ein unmittelbarer Zusammenhang ist dann gegeben, wenn der Wirtschaftsprüfer ohne die rechtliche Bearbeitung seine eigentliche wirtschaftsberatende oder wirtschaftsbesorgende Aufgabe nicht sachgemäß erledigen könnte.³ Zur sachgemäßen Durchführung eines Sanierungsauftrags gehört auch die Verhandlung mit Gläubigern über eine Bereitschaft zur Stundung oder Herabsetzung ihrer Forderungen. Daher kann eine Tätigkeit eines Wirtschaftsprüfers, die darauf gerichtet ist, die Zustimmung zu einem Vergleich zu erhalten, ausnahmsweise gem. Art. 1 § 5 Nr. 2 RBerG bzw. § 5 Abs. 1 RDG zulässig sein. 2944

Noch enger sind die Voraussetzungen einer erlaubten Rechtsberatung nach der Ausnahmevorschrift des Art. 1 § 5 Nr. 2 RBerG bzw. § 5 Abs. 1 RDG durch Steuerberater;⁴ als zulässige Rechtsberatungen können lediglich angesehen werden:⁵ 2945

▶ Darlegung der zivilrechtlichen Grundlagen, soweit sie zur steuerlichen Beratung notwendig sind,⁶

---

1 So BGH v. 4. 11. 1987 – IV a ZR 158/86, BGHZ 102, 128, 131.
2 So BGH v. 4. 11. 1987 – IV a ZR 158/86, BGHZ 102, 128, 133.
3 So BGH v. 4. 11. 1987 – IV a ZR 158/86, BGHZ 102, 128, 134 = ZIP 1988, 40 ff.
4 Vgl. Leibner/Reinicke, GmbHR 2003, 225 R.
5 Eine umfassende Darstellung der zulässigen und nicht zulässigen Tätigkeiten eines Steuerberaters im Hinblick auf Art. 1 § 5 Nr. 2 RBerG findet sich bei Hartmann/Heimann, Haftungsrisiken und Versicherungsschutz, Abschn. B. V. Rdnr. 39; Werdan/Ott/Rauch, Das Steuerberatungsmandat in der Krise, Sanierung und Insolvenz, 140 f.
6 So OLG Hamm v. 17. 6. 1992 – 25 U 174/91, StB 1993, 264 = Stbg 1993, 399.

- ▶ Vertretung vor dem Verwaltungsgericht in einer Steuersache,[1]
- ▶ Lieferung von Tatsachen, Material und Einschätzung zum wirtschaftlichen Stand des Mandanten,[2]
- ▶ Treuhandabrede zum Zahlungsverkehr,[3]
- ▶ Standardschreiben an Gläubiger des Mandanten mit Erläuterung der finanziellen Situation und Ratenzahlungsvorschlag.[4]

2946 In den folgenden Fällen kann jedoch nach der Rechtsprechung keine zulässige Rechtsberatung mehr gegeben sein:
- ▶ Einziehung von Forderungen,[5]
- ▶ Überlassen von Formularverträgen,[6]
- ▶ Gesellschaftsvertrag,[7]
- ▶ Sicherungsübereignungsvertrag,[8]
- ▶ Darlehensvertrag.[9]

2947 Der Steuerberater kann dem Vorwurf der unerlaubten Rechtsberatung nicht dadurch entgehen, dass er im Innenverhältnis einen Rechtsanwalt mit der Bearbeitung beauftragt. Allein dadurch, dass sich der Steuerberater dessen Auffassung zu eigen macht, nimmt er gegenüber dem Mandanten eine unerlaubte, weil eigene, Rechtsberatung vor. Es ist daher zu empfehlen, dass der Mandant den Rechtsanwalt unmittelbar beauftragt.[10]

2948 Die **Rechtsfolgen** eines Verstoßes gegen das RDG bzw. das RBerG sind für den betroffenen Berufsträger erheblich. Obgleich sich das Verbot des Rechtsberatungsgesetzes nur gegen den Berater richtet,[11] tritt die Rechtsfolge des § 134 BGB ein, so dass der Vertrag insgesamt nichtig wird. Der Vertrag ist auch dann im Ganzen nichtig, wenn er zugleich erlaubte Tätigkeiten umfasst.[12]

---

1 So VGH Baden-Württemberg v. 11. 5. 1978 – II 2594/77, StB 1978, 209.
2 So LG Koblenz v. 8. 3. 1993 – 12 S 333/92, Stbg 1993, 399.
3 So OLG Hamburg v. 2. 7. 1985 – 9 U 87/84, Stbg 1987, 100 f., mit Anm. Späth.
4 So LG Dortmund v. 9. 5. 2003 – 3 O 663/02, DStRE 2003, 1010; Berufung anhängig: Az. des OLG Hamm: 4 U 82/03.
5 S. BGH v. 9. 5. 1967 – I b ZR 59/65, NJW 1967, 1558 ff.
6 S. BGH v. 28. 9. 2000 – IX ZR 279/99, NJW 2001, 70 ff.
7 S. BGH v. 7. 5. 1992 – IX ZR 151/91, DB 1992, 2028 f. = NJW-RR 1992, 1110 ff.
8 S. BGH v. 27. 5. 1963 – II 168/61, NJW 1963, 2027 ff.
9 S. BGH v. 5. 6. 1985 – IV a ZR 55/83, NJW 1986, 1050 ff.
10 So Hartmann/Heimann, Haftungsrisiken und Versicherungsschutz, Abschn. B. V Rdnr. 41.
11 Vgl. BGH v. 25. 6. 1962 – VII 120/61, BGHZ 37, 259, 262.
12 So BGH v. 29. 4. 1968 – VII 9/66, BGHZ 50, 92; BGH v. 10. 11. 1977 – VII 321/75, BGHZ 70, 12, 17.

In ständiger Rechtsprechung geht der BGH davon aus, dass es im Interesse der Beteiligten liegt, dass der Verstoß gegen das RDG bzw. das RBerG geahndet wird. Anders liegt es beispielsweise bei einem Verstoß gegen § 57 Abs. 4 StBerG, wenn also der Steuerberater entgegen dem gesetzlichen Verbot gewerblich tätig wird. Die Regelung des § 57 Abs. 4 StBerG erfordert es nicht, einem einzelnen, im Rahmen eines verbotenen Gewerbes zustande gekommenen Vertrag des Steuerberaters die zivilrechtliche Wirksamkeit zu versagen, jedenfalls dann nicht, wenn der Vertrag keinen Anspruch des Vertragspartners auf eine verbotene Tätigkeit begründet. Es besteht kein Allgemeininteresse daran, den Vertragspartner des Steuerberaters nur deshalb von seiner Verpflichtung zu befreien, weil der Steuerberater den Vertrag nicht hätte abschließen dürfen.[1] Wenn aber ein Verstoß gegen §§ 3, 5 Abs. 1 RDG bzw. § 5 Nr. 2 RBerG nach der Rechtsprechung in jedem Fall zur Nichtigkeit führt,[2] dann entsteht für den Mandanten die problematische Situation, dass der Versicherungsschutz entfällt, weil dieser berufsbezogen ist. Wird die Pflichtverletzung im Rahmen einer unzulässigen Tätigkeit begangen, so haftet die Berufshaftpflichtversicherung nicht.[3] Im bestehenden Steuerberatungsmandat ist der Berater verpflichtet, seinen Mandanten, von dessen Belehrungsbedürftigkeit er grundsätzlich auszugehen hat,[4] umfassend zu beraten und ungefragt über alle bedeutsamen steuerlichen Einzelheiten und deren Folgen zu unterrichten.[5] Insbesondere muss der Steuerberater seinen Auftraggeber möglichst vor Schaden bewahren; deswegen muss der Steuerberater den nach den Umständen sichersten Weg zu dem erstrebten steuerlichen Ziel aufzeigen und sachgerechte Vorschläge zu dessen Verwirklichung unterbreiten.[6]

2949

(Einstweilen frei) 2950–2955

---

1 So BGH v. 23. 10. 1980 – IV a 28/80, NJW 1981, 399, 400; Schmittmann, Gewerbegefahr bei der Ausübung weiterer Tätigkeiten, Abschn. B. II. Rdnr. 39, in: Römermann, Steuerberater Handbuch Neue Beratungsfelder, Bonn 2005.
2 So BGH v. 30. 9. 1999 – IX 139/98, DStR 1999, 1863; BGH v. 7. 5. 1992 – IX ZR 151/91, DStR 1992, 1258; OLG Düsseldorf v. 27. 5. 2003 – 23 U 173/02, DStR 2004, 1102 f.; Schwedhelm/Kamps, AnwBl 1998, 245, 248.
3 So Schmittmann, Gewerbegefahr bei der Ausübung weiterer Tätigkeiten, Rdnr. 41, in: Römermann, Steuerberater Handbuch Neue Beratungsfelder, Bonn 2005.
4 So BGH v. 7. 5. 1991 – IX ZR 188/90, WM 1991, 1303, 1304.
5 So BGH v. 18. 12. 1997 – IX 153/96, DStRE 1998, 334.
6 So BGH v. 11. 5. 1995 – IX 140/94, BGHZ 129, 386, 396.

c) Insolvenzberatung

2956 Der Steuerberater ist verpflichtet, den Mandanten auf eingetretene Insolvenzantragsgründe, also Zahlungsunfähigkeit und/oder Überschuldung, hinzuweisen.[1] Der Steuerberater ist verpflichtet, seinen Mandanten – auch ungefragt[2] – über die bei der Erledigung des Auftrags auftauchenden Fragen und Erkenntnisse zu belehren[3] und Warnhinweise[4] zu geben. Verletzt der Steuerberater diese Pflicht durch Unterlassen oder einen falschen Hinweis,[5] haftet er wegen Schlechtleistung aus § 675 BGB i.V.m. § 280 Abs. 1, § 241 Abs. 2 BGB auf alle hieraus entstehenden Vermögensschäden.[6] Ist der Steuerberater nicht ausdrücklich zur Beurteilung der steuerlichen Folgen einer Insolvenz oder eines **Sanierungskonzepts** beauftragt, entstehen über den **Warnhinweis** hinausgehende Pflichten nicht.[7]

2957 Nimmt er aber ein entsprechendes Insolvenz- oder Sanierungsmandat an, so haftet er auch – unabhängig von der berufsrechtlichen Zulässigkeit – für die ordnungsgemäße Erfüllung der übernommenen Aufgaben.[8]

2958–2960 *(Einstweilen frei)*

d) Honorarfragen

(1) Einführung

2961 Der Berater wird ein starkes Interesse daran haben, für seine Leistungen in der Krise angemessen entlohnt zu werden. Zutreffend weist Ehlers darauf hin, dass Mandate in der Krise oft zu hohem Haftungspotenzial, aber keiner Vergütung führen.[9] Üblich ist bei der **Insolvenzberatung** eine Stundensatz-Vereinbarung, deren Höhe im Wesentlichen von der Reputation und Qualifikation des Beraters abhängt.

---

1 So ausführlich Späth, Die zivilrechtliche Haftung des Steuerberaters, Rdnr. 139; Hölzle, DStR 2003, 2075; Schmittmann, ZInsO 2008, 1170 ff.; Wagner/Zabel, NZI 2008, 660 ff.; Schmittmann, StuB 2009, 696 f.
2 So OLG Düsseldorf v. 20.12.2002 – 23 U 39/02, DStR 2003, 1126, 1171, mit Anm. Zugehör.
3 So Hölze, DStR 2003, 2075, m.w.N.
4 So BGH v. 22.2.1991 – V 299/89, DB 1991, 1374; OLG Düsseldorf v. 10.5.1990 – 18 U 265/85, DStZ 1991, 188 f., mit Anm. Späth.
5 So BGH v. 30.9.1999 – IX 139/98, DStR 1999, 1863.
6 So Hölzle, DStR 2003, 2075.
7 So BGH v. 4.3.1987 – IV a 222/85, DB 1987, 1293.
8 So OLG Naumburg v. 17.1.2008 – 1 U 74/07, Ehlers, ZInsO 2009, 1194, 1195; Hölzle, DStR 2003, 2075.
9 „Kein Geld, aber viel Haftung", so Ehlers, ZInsO 2009, 1194, 1197.

Von Freiberuflern wie Rechtsanwälten, Steuerberatern, Wirtschaftsprüfern und Ärzten wird vom Mandanten/Patienten regelmäßig erwartet, dass der Berufsträger vorleistet und dem Mandanten/Patienten damit praktisch einen Kredit einräumt. Dies kann eigentlich nur historisch erklärt werden, weil die Freiberufler klassischer Weise nach ihrem Selbstverständnis lediglich Anspruch auf „Ehrenlohn" (Honorar) haben und nicht das synallagmatische Verhältnis von Leistung und Gegenleistung im Vordergrund steht. Insoweit wäre es eine Aufgabe für die berufsständischen Vereinigungen, in den Vordergrund zu rücken, dass auch bei der Leistung des Freiberuflers Leistung und Gegenleistung im Gegenseitigkeitsverhältnis stehen und der Berufsträger zur Vorleistung nicht verpflichtet ist.[1]

2962

Für den Berufsträger ist es regelmäßig am vorteilhaftesten, wenn er die erbrachten Leistungen zeitnah abrechnet und sodann Zahlung durch den Mandanten erfolgt. Aus der Praxis wissen wir aber, dass gerade Gebührenrechnungen von Steuerberatern vergleichsweise spät bezahlt werden. Hinzu kommt, dass leider bei vielen Berufsträgern die nötige Distanz zum Mandanten fehlt, so dass häufig nicht mit der erforderlichen Nachdrücklichkeit auf Gebührenrückstände hingewiesen und pünktliche Zahlung eingefordert wird.

2963

(2) Vorschuss

Gemäß § 8 StBGebV kann der Steuerberater von seinem Auftraggeber für die entstandenen und die voraussichtlich entstehenden Gebühren und Auslagen einen angemessenen **Vorschuss** fordern.

2964

Von dieser Möglichkeit sollte der Berufsträger – nicht nur in der Krise des Mandanten – Gebrauch machen, da ihn dies in den Stand setzt, nicht später dem Honorar „hinterherklagen" zu müssen. Der Vorschuss sollte von angemessener Höhe sein, so dass er die voraussichtlich entstehenden Gebühren auch tatsächlich abdeckt.

2965

(3) Bestellung von Sicherheiten

Grundlagen

In vielen Branchen entspricht es darüber hinaus auch den üblichen Gepflogenheiten, dass der Leistungserbringer seinen Anspruch gegen den Kunden absichert. So werden Waren i.d.R. nur unter Eigentumsvorbehalt geliefert. Üblicherweise lässt sich der Lieferant auch den Anspruch seines Kunden gegen

2966

---

[1] So Schmittmann, ZSteu 2004, 250, 251.

dessen Kunden abtreten (verlängerter und erweiterter Eigentumsvorbehalt). Banken reichen Darlehen nur gegen Stellung von Personalsicherheiten wie Bürgschaften aus und lassen sich zudem auch die Forderung des Kreditnehmers gegen seinen Kunden abtreten (Globalzession).

2967 Auch die Angehörigen der rechts- und steuerberatenden Berufe sollten vermehrt auf die Besicherung ihres Gebührenanspruchs hinwirken, um spätere Gebührenausfälle zu vermeiden.

2968 Erfolgt die Zahlung des Mandanten nicht pünktlich, sollte der Berufsträger entweder auf sofortigen Ausgleich der Rückstände bestehen oder sich – wenn er berechtigten Grund zur Annahme hat, dass die wirtschaftliche Situation des Mandanten sich bessert – zumindest Sicherheiten bestellen lassen.

Sicherheiten aus dem Vermögen des Mandanten

2969 Denkbar ist, dass sich der Berufsträger Sicherheiten aus dem Vermögen des Mandanten bestellen lässt. Hierbei stellt sich aber das Problem, dass oftmals kein freies Vermögen vorhanden ist, aus dem Sicherheiten gestellt werden könnten. Der Forderungsbestand ist regelmäßig an die Bank globalzediert; die Betriebs- und Geschäftsausstattung ist oftmals lediglich geleast und steht daher nicht im Eigentum des Mandanten oder ist durch Sicherungsübereignungsvertrag ebenfalls eine der Bank dienende Sicherheit.

2970 Bei der Betriebs- und Geschäftsausstattung ist darüber hinaus daran zu denken, dass möglicherweise ein Vermieterpfandrecht bestehen könnte, sofern Mietzinsrückstände bestehen.

2971 Freie Vermögenspositionen sind oftmals lediglich im Bereich der immateriellen Wirtschaftsgüter vorhanden, etwa in Form von Software, Lizenzrechten oder Marken. In der Praxis stellt sich dann aber häufig heraus, dass diese Vermögenspositionen mit Aussicht auf Erfolg kaum zu verwerten sind.[1] Die Risiken der Anfechtbarkeit der Bestellung von Sicherheiten sind ebenfalls zu berücksichtigen.[2]

Sicherheiten Dritter

2972 Es bleibt dem Berufsträger daher oftmals nichts anderes übrig, als Sicherheiten von dritter Seite zu fordern. Insoweit kommen insbesondere Bürgschaften von Gesellschaftern und/oder Geschäftsführern von Kapitalgesellschaften in

---

[1] Vgl. Schmittmann, InsBüro 2004, 178 ff.
[2] S. Schmittmann/Zeeck, in Haarmeyer/Wutzke/Förster, Präsenzkommentar InsO, § 131 Rdnr. 6.

Betracht. Insoweit ist aber auch zu berücksichtigen, ob diese Sicherheiten als werthaltig angesehen werden können, zumal dieser Personenkreis sich regelmäßig schon für anderweitige Verbindlichkeiten, insbesondere Bankverbindlichkeiten, verbürgt hat und daher regelmäßig Zweifel an der Leistungsfähigkeit angebracht sind.

Auch die Bestellung von Grundsicherheiten, etwa die Eintragung von Sicherungshypotheken oder Grundschulden auf Grundstücken des Gesellschafters oder Geschäftsführers verspricht nur in seltenen Fällen tatsächliche Aussicht auf Befriedigung, da vorrangig Grundpfandrechte der Banken vorhanden sein dürften. 2973

(Einstweilen frei) 2974–2980

e) Erhaltung des Gebührenanspruchs

Hat der Berufsträger einen Gebührenanspruch mit Erfolg erhoben, so bedeutet dies im Ergebnis nicht zwingend, dass ihm der Betrag auch verbleibt. So kann es beispielsweise sein, dass er im Falle der Eröffnung des Insolvenzverfahrens über das Vermögen des Mandanten **Rückforderungsansprüchen des Insolvenzverwalters** ausgesetzt ist oder die ihm gestellten Zahlungen oder Sicherheiten vom Insolvenzverwalter angefochten werden. 2981

Rückforderungsansprüche gegen den Steuerberater

Sind seitens der später insolventen Mandantschaft Zahlungen an den Steuerberater erfolgt, so wird der Insolvenzverwalter häufig die **Ordnungsmäßigkeit der Steuerberaterrechnungen** überprüfen. Dabei wird er mit formellen Aspekten beginnen und insbesondere überprüfen, ob die Rechnungen ordnungsgemäß i.S.v. § 9 Abs. 1 StBGebV sind, also vom Berufsträger selbst unterzeichnet sind sowie die Gebührentatbestände ordnungsgemäß genannt sind.[1] Ein Steuerberater verhält sich berufsrechtswidrig, wenn er entgegen § 9 Abs. 1 StBGebV die an seine Auftraggeber gerichteten Gebührenrechnungen nicht selbst unterschreibt, sondern von seiner nicht als Steuerberaterin zugelassenen Büroleiterin unterzeichnen lässt.[2] 2982

Der Steuerberater sollte allerdings wissen, dass die Berechnung gem. § 9 Abs. 1 StBGebV auch noch im Prozess nachgeholt werden kann.[3] Dazu reicht es aber 2983

---

1 Vgl. Gilgan, StB 2004, 221 ff.; OLG Oldenburg v. 1.9.1998 – 5 U 74/98, NWB 1999, 772; AG Karlsruhe v. 29.5.2009 – 12 C 101/09, n.v.
2 S. LG Erfurt v. 28.11.2003 – StV 2/02, DStRE 2004, 863.
3 So OLG Düsseldorf v. 22.4.1993 – 13 U 177/92, Stbg 1994, 158 ff. = GI 1993, 398 ff.

nicht aus, dass die Klageschrift von einem Rechtsanwalt unterschrieben wird. Der Steuerberater muss selbst eine ordnungsgemäße Unterzeichnung vornehmen.[1]

2984 Wenn die Rechnung formell ordnungsgemäß und dem Auftraggeber zugegangen ist, wird sich die Prüfung der Rechnung auf materielle Gesichtspunkte erstrecken, wobei insbesondere seitens des Insolvenzverwalters häufig nachgeprüft wird, ob die Rahmengebühr zutreffend ermittelt worden ist.

2985 Es ist Insolvenzverwaltern bereits teilweise gelungen, Steuerberater mit Erfolg auf **Erstattung von Gebühren** in Anspruch zu nehmen.[2] Schon aus diesem Grunde sollte der Berufsträger stets darauf achten, seine Tätigkeit ordnungsgemäß zu dokumentieren, um sich später gegen Rückforderungsansprüche verteidigen zu können.

Anfechtungen durch den Insolvenzverwalter

2986 Von weitaus größerer Bedeutung als die Rückforderung wegen zu hoher Abrechnung ist die Insolvenzanfechtung durch den Insolvenzverwalter.[3]

Grundlagen der Insolvenzanfechtung

2987 Mit der **Insolvenzanfechtung** soll der Bestand des den Gläubigern haftenden Schuldnervermögens dadurch wiederhergestellt werden, dass Vermögensverschiebungen rückgängig gemacht werden, die insbesondere in der Zeit der Krise vor der Insolvenzantragstellung zum Nachteil der Gläubiger vorgenommen worden sind.[4]

2988 Die Regelungen der Insolvenzanfechtung gem. §§ 129 ff. InsO werden durch die **Rückschlagsperre** des § 88 InsO ergänzt, die erlangte Sicherheiten an dem zur Insolvenzmasse gehörenden Vermögen mit Eröffnung des Verfahrens und unabhängig von seinem Ausgang unwirksam werden lässt, wenn sie im letzten Monat vor dem Antrag auf Verfahrenseröffnung oder nach diesem Antrag erlangt wurden.

2989 Hier ist nicht der Raum, das Insolvenzanfechtungsrecht in Gänze darzustellen. Es soll aber auf einige Faktoren hingewiesen werden, die für den Steuerberater von Bedeutung sind.

---

1 So Dißars, NWB F. 30, 1309, 1310; a. A. AG Dortmund v. 15. 1. 1999 – 131 C 6383/98, Stbg 1999, 531 f.
2 So AG Borbeck v. 8. 10. 2002 – 6 C 353/00, n.v.; Schmittmann, StuB 2009, 696, 697.
3 Vgl. zur Anfechtung gegenüber der Finanzverwaltung Rdnr. 329.
4 So Uhlenbruck/Hirte, Vor § 129 ff. Rdnr. 1.

F. Aspekte aus Sicht des Insolvenzverwalters

Aus den §§ 130–132 InsO ergeben sich die drei dem Insolvenzrecht eigentümlichen Anfechtungstatbestände, die bestimmte Beeinträchtigungen der Insolvenzmasse, die nach Eintreten der Zahlungsunfähigkeit innerhalb bestimmter Fristen vor dem Eröffnungsantrag oder nach dem Eröffnungsantrag entstanden sind angreifbar werden lassen. Wer sich in Kenntnis der Zahlungsunfähigkeit oder des Eröffnungsantrages durch ein Rechtsgeschäft mit dem Schuldner, durch Zwangsvollstreckung oder Arrestvollziehung noch Sicherheit oder Befriedigung gewähren lässt oder ermöglicht, kann das Erlangte nicht behalten dürfen. Gerechtigkeit und Billigkeit verlangen, dass das durch anfechtbare Handlung aus dem Vermögen des Schuldners Weggegebene zur Insolvenzmasse zurückgeschafft wird.[1]

2990

Die Bestimmung des § 130 InsO erfasst die **kongruenten Deckungsgeschäfte**, während § 131 InsO die **inkongruenten Deckungen** regelt, bei denen jeweils mittelbare Gläubigerbenachteiligung ausreicht. Demgegenüber erfasst § 132 InsO die unmittelbar benachteiligenden Rechtsgeschäfte, deren Anfechtung auf bestimmte Rechtshandlungen erweitert wird. In allen Fällen bleibt die Anfechtbarkeit nach anderen Tatbeständen, insbesondere wegen vorsätzlicher Benachteiligung, unberührt.[2]

2991

Die Anfechtungstatbestände knüpfen regelmäßig an die **Zahlungsunfähigkeit** des Schuldners und die Kenntnis des Gläubigers von der Zahlungsunfähigkeit an. Insoweit ist der Steuerberater hier – im Vergleich zu anderen Lieferanten und Dienstleistern – in einer nachteiligen Position, da er aufgrund seiner Tätigkeit regelmäßig Wissen über die Liquidität des Mandanten hat. Wenn der Steuerberater insbesondere die Buchführung des späteren Schuldners erstellt, wird er dessen Zahlungsunfähigkeit kennen. Damit ist der Anwendungsbereich des § 133 InsO regelmäßig eröffnet.[3]

2992

Die Rechtslage ist für den Steuerberater umso unbefriedigender, weil nicht nur eine Befriedigung anfechtbar ist, also die Zahlung durch den Mandanten, sondern auch eine Sicherung. Wird also beispielsweise aus dem schuldnerischen Vermögen ein Vermögensgegenstand an den Steuerberater abgetreten, ist schon die Abtretung im Falle der Eröffnung des Insolvenzverfahrens anfechtbar.

2993

Ein Steuerberater, der für den Mandanten die **Lohn- und Finanzbuchhaltung** durchführt, kann in vielen Fällen gem. § 130 InsO vom Insolvenzverwalter im

2994

---

1 So Uhlenbruck/Hirte, § 130 Rdnr. 2.
2 So Uhlenbruck/Hirte, § 130 Rdnr. 3.
3 Vgl. BGH v. 17. 7. 2003 – IX ZR 272/02, NZI 2003, 597 ff.

629

Wege der Anfechtung erfolgreich in Anspruch genommen werden. Ergibt sich aus der Finanzbuchhaltung bzw. dem betriebswirtschaftlichen Kurzbericht ein Verlust und legt der Steuerberater nicht konkret und substantiiert vor, welche Bestände oder Forderungen im Einzelnen verlustmindernd zu berücksichtigen wären, so hat er Kenntnis von Umständen, die zwingend auf die Zahlungsunfähigkeit schließen lassen.[1] Nach der neueren Rechtsprechung des BGH bieten selbst Vorschusszahlungen für eine anwaltliche Beratung in der Krise keine vollständige Sicherheit, dass der Berater das Honorar behalten darf.

2995   Ist eine Angelegenheit beendet, sind die dafür verdienten Steuerberater- bzw. Anwaltsgebühren fällig, selbst wenn der Auftrag – der auch noch andere Angelegenheiten umfasst – insgesamt noch nicht erledigt ist. Ein Vorschussanspruch besteht insoweit nicht mehr. Soweit an einen Rechtsanwalt Vorschusszahlungen in einer abgeschlossenen Angelegenheit erfolgen, für die bereits der Vergütungsanspruch fällig geworden, jedoch nicht geltend gemacht ist, sind die Leistungen inkongruent. Erbringt ein Rechtsanwalt Vorleistungen, die der inzwischen in der Krise befindliche Mandant mehr als 30 Tage später vergütet, handelt es sich nicht mehr um ein anfechtungsrechtlich privilegiertes Bargeschäft. Hat der insolvente Mandant durch die Gewährung von Vorschüssen vorgeleistet, gilt für das Vorliegen eines Bargeschäfts derselbe Maßstab wie bei einer Vorleistung des Rechtsanwalts.[2]

Bargeschäft

2996   Es wird dem Berufsträger daher nichts anderes übrig bleiben, als ein anfechtungssicheres **Bargeschäft** i.S.v. § 142 InsO abzuschließen. Eine Leistung des Schuldners, für die unmittelbar eine gleichwertige Leistung in sein Vermögen gelangt, ist nur anfechtbar, wenn die Voraussetzungen der sog. „Vorsatzanfechtung" gem. § 133 Abs. 1 InsO gegeben sind.

2997   Die Regelung des § 142 InsO kodifiziert den schon nach früherem Recht geltenden Grundsatz, dass Bargeschäfte keine Benachteiligung der Gläubiger darstellten und dass deshalb jedenfalls eine Anfechtung kongruenter Deckung und einer Anfechtung wegen unmittelbarer Benachteiligung möglicherweise auch eine Anfechtung inkongruenter Deckungen ausscheidet.[3] Sowohl der Abschluss des Rechtsgeschäfts als auch die Erfüllung sind anfechtungsneutral. Die Benachteiligung der Insolvenzgläubiger, die in diesem Fall in der Leistung

---

1 So LG Essen v. 8.3.2006 – 13 S 213/05, ZInsO 2006, 836, 837.
2 So BGH v. 13.4.2006 – IX ZR 158/05, ZIP 2006, 1261 ff. = BRAK-Mitt. 2006, 231 [Ls.].
3 So Uhlenbruck/Hirte, § 142 Rdnr. 3.

des Schuldners liegt, bleibt hier außer Betracht, da sie durch die Gegenleistung wieder ausgeglichen wird.[1]

Der Berufsträger sollte daher gem. § 8 StBGebV von seinem Auftraggeber für die entstandenen und die voraussichtlich entstehenden Gebühren und Auslagen einen angemessenen **Vorschuss** fordern und erst dann mit seiner Leistung beginnen. Dies befreit ihn – bei fehlendem **Benachteiligungsvorsatz** – zumindest von dem Risiko einer späteren Insolvenzanfechtung gem. §§ 129 ff. InsO.

Das Vorliegen eines Bargeschäfts führt aber nicht zwingend dazu, dass der Berufsträger das Honorar auch behalten darf. So wird der Insolvenzverwalter regelmäßig genau prüfen, ob über den Vorschuss auch ordnungsgemäß abgerechnet wird, ob also beispielsweise noch unverbrauchte Vorschüsse vorhanden sind, die der Verwalter ohne weiteres zurückfordern kann.

Darüber hinaus wird der Verwalter auch prüfen, ob nicht möglicherweise unzulässige Verrechnungen seitens des Steuerberaters vorgenommen worden sind.

Schließlich wird der Insolvenzverwalter auch in den Fällen der Vorschusszahlung und späterer Abrechnung genau prüfen, ob angemessene Rahmengebühren in Ansatz gebracht worden sind und/oder die abgerechneten Zeitstunden auch tatsächlich erbracht worden sind.

Da das Bargeschäft nur aus dem Grunde nicht der Anfechtung unterliegt, weil ein adäquater Vermögenszufluss in die Masse des Schuldners vorliegt, muss im Einzelnen geprüft werden, ob die Leistung des Berufsträgers auch mängelfrei erbracht wurde. Weiterhin kommt ein Bargeschäft nicht zur Anwendung, wenn ein Fall der vorsätzlichen Benachteiligung gem. § 133 InsO vorliegt. Da hier auch eine bloß mittelbare Benachteiligung der Insolvenzgläubiger ausreicht, kann sie durch eine gleichwertige Gegenleistung nicht kompensiert werden. Nach der neueren Rechtsprechung des BGH genügt für den Gläubigerbenachteiligungsvorsatz auch bei einer kongruenten Deckung bedingter Vorsatz.[2]

Eine **Bardeckung** kann im Übrigen auch anzunehmen sein, wenn eine Leistung Zug um Zug gegen eine **ausreichende Sicherheit** gewährt wird.[3] Daher kann sich der Steuerberater auch in der Krise noch eine Sicherheit bestellen lassen,

2998

2999

3000

3001

3002

3003

---

[1] So bereits RG v. 28.9.1920 – VII 93/20, RGZ 100, 62, 64; BGH v. 17.11.1958 – II 224/57, BGHZ 28, 344; v. 30.9.1993 – IX 227/92, BGHZ 123, 320.
[2] So BGH v. 27.5.2003 – IX 169/02, NZI 2003, 533 ff.
[3] So BGH v. 9.2.1955 – IV 173/54, NJW 1955, 709.

wobei in der Praxis die dafür noch zur Verfügung stehenden Vermögensgegenstände rar gesät sein dürften.

3004 Ein gewisser zeitlicher Abstand zwischen den einzelnen Akten eines Leistungsaustauschs steht der Annahme eines Bargeschäfts nicht entgegen.[1]

3005 Ist der Wille der Beteiligten ernstlich auf Barzahlung gerichtet, kann daher auch eine kurze Zahlungsverzögerung den Charakter des Bargeschäfts nicht in Frage stellen.[2] Die einzelnen Fristigkeiten sind nicht abschließend geklärt, so dass dem Berufsträger dringend zu empfehlen ist, sich von vornherein auf keine Diskussionen mit dem Mandanten einzulassen, sondern sofortige Zahlung zu verlangen.

Anfechtung durch andere Gläubiger

3006 Wird kein Insolvenzverfahren eröffnet, richtet sich die Anfechtung nach den **Vorschriften des Anfechtungsgesetzes**.

3007 Nach dem Gesetz über die Anfechtung von Rechtshandlungen eines Schuldners außerhalb des Insolvenzverfahrens[3] können Rechtshandlungen des Schuldners, die seine Gläubiger benachteiligen, außerhalb des Insolvenzverfahrens angefochten werden, § 1 Abs. 1 AnfG. Zur Anfechtung ist jeder Gläubiger berechtigt, der einen vollstreckbaren Schuldtitel erlangt hat und dessen Forderung fällig ist, wenn die Zwangsvollstreckung in das Vermögen des Schuldners nicht zu einer vollständigen Befriedigung des Gläubigers geführt hat oder wenn anzunehmen ist, dass sie nicht dazu führen würde (§ 2 AnfG).

3008 Die Anfechtungstatbestände des Anfechtungsgesetzes stimmen im Wesentlichen mit den Anfechtungsbestimmungen aus der Insolvenzordnung überein. Auf weitere Ausführungen wird daher an dieser Stelle verzichtet.

3009 Die Finanzverwaltung ist berechtigt, Anfechtungsansprüche durch Duldungsbescheid geltend zu machen. Damit erhält die Finanzverwaltung, anders als die anderen Gläubiger, die den Zivilrechtsweg beschreiten müssen, eine einfache und schnelle Möglichkeit, Anfechtungstatbestände geltend zu machen. Für die Inanspruchnahme des Zuwendungsempfängers nach § 278 Abs. 2 AO

---

1 So BGH v. 17. 11. 1958 – II 224/57, BGHZ 28, 344, 347.
2 So RG v. 26. 4. 1932 – VII 3/32, RGZ 136, 152; BGH v. 21. 5. 1980 – VIII 40/79, NJW 1980, 1961.
3 AnfG v. 5. 10. 1994, BGBl I 1994, 2911; zuletzt geändert durch das Gesetz zur Modernisierung des GmbH-Rechts und zur Bekämpfung von Missbräuchen (MoMiG) v. 23. 10. 2008, BGBl I 2008, 2026.

ist im Gesetz keine zeitliche Grenze vorgesehen. Die zeitliche Grenze beträgt daher nach der Rechtsprechung zehn Jahre, § 3 Abs. 1 AnfG analog.[1]

(Einstweilen frei) 3010–3020

f) Honoraranspruch nach Eröffnung des Insolvenzverfahrens

Mit Eröffnung des Insolvenzverfahrens erlöschen gem. §§ 115, 116 und 117 InsO Aufträge, Geschäftsbesorgungsverträge und Vollmachten, die sich auf die Insolvenzmasse beziehen. Das **Mandatsverhältnis** ist deshalb grundsätzlich mit dem Eröffnungstag beendet. 3021

(1) Gebührenansprüche als Insolvenzforderungen

Sämtliche Gebührenansprüche des Steuerberaters, die bis zu diesem Zeitpunkt entstanden sind, sind einfache Insolvenzforderungen der Rangklasse § 38 InsO, sofern nicht die – in der Praxis regelmäßig nicht vorkommende – Möglichkeit der Beauftragung des Beraters durch den sog. starken vorläufigen Insolvenzverwalter vorliegt und dieser einen Auftrag erteilt hat. 3022

Nach Eröffnung des Insolvenzverfahrens kann der Insolvenzverwalter mit dem Steuerberater einen neuen Vertrag abschließen, so dass **Masseverbindlichkeiten** gem. § 55 InsO entstehen, die vorrangig zu befriedigen wären. 3023

Oftmals wird der Insolvenzverwalter aber nach Verfahrenseröffnung einen Steuerberater aus seinem Umfeld beauftragen, zumal der bisherige Steuerberater des Schuldners nicht selten in eine Insolvenzverschleppung verstrickt ist,[2] so dass eine Fortsetzung des Mandates ausscheidet. Jede Tätigkeit, die der Steuerberater nach Verfahrenseröffnung ohne Auftrag des Insolvenzverwalters entfaltet, ist daher nicht mehr zu vergüten. 3024

(2) Zurückbehaltungsrecht des Steuerberaters

Gem. § 66 Abs. 4 Satz 1 StBerG kann der Steuerberater oder Steuerbevollmächtigte seinem Auftraggeber die Herausgabe der Handakten verweigern, bis er wegen seiner Gebühren und Auslagen befriedigt ist. Das **Zurückbehaltungsrecht**[3] setzt voraus, dass die Steuerberatungsleistung, die den offenen Gebührenanspruch auslöste, die herausverlangten Handakten bewirkt hat.[4] Das Zu- 3025

---

[1] S. FG Rheinland-Pfalz v. 28. 4. 2005 – 6 K 1174/02, DStRE 2005, 917 f.
[2] Vgl. Leibner, Der Steuerberater als Krisen- und Insolvenzberater, S. 266.
[3] Vgl. auch LG Düsseldorf v. 21. 9. 1998 – 1 O 125/98, Stbg 1999, 577 ff.; Schmittmann, InsBüro 2005, 288, 290; Dißars, NWB F. 30, 1309, 1312.
[4] So KG v. 28. 9. 2002 – 14 U 132/01, GI 2002, 256 ff.

rückbehaltungsrecht kann nur geltend gemacht werden, wenn die Honorarforderung der konkreten, eng abgegrenzten Angelegenheit entspringt, auf die sich die herausverlangten Unterlagen beziehen.[1]

3026 Das Zurückbehaltungsrecht gilt nicht, soweit die Vorenthaltung der Handakten oder einzelner Schriftstücke nach den Umständen, insbesondere wegen verhältnismäßiger Geringfügigkeit der geschuldeten Beträge, gegen Treu und Glauben verstoßen würde (§ 66 Abs. 2 Satz 2 StBerG).

3027 Gegenstand der Handakten sind sämtliche Unterlagen, die der Steuerberater im Rahmen eines Auftragsverhältnisses vom Mandanten oder für diesen von Dritten erhalten hat oder die der Steuerberater selbst angefertigt hat.[2]

3028 Bei diesen **Unterlagen** handelt es sich insbesondere um die vom Mandanten selbst zur Verfügung gestellten Unterlagen wie beispielsweise Rechnungen, Kontoauszüge, Bescheinigungen oder sonstige Belege.[3] Hinsichtlich der von Dritten hereingegebenen Unterlagen handelt es sich insbesondere um zugestellte Schriftstücke wie Steuerbescheide, Einspruchsentscheidungen, Urteile und Beschlüsse. Sind die Unterlagen einer Steuerberatersozietät übergeben worden, so schuldet jeder Gesellschafter wie ein Gesamtschuldner die Herausgabe der Unterlagen.[4]

3029 Zu den **Handakten** gehören auch die Arbeitsergebnisse des Steuerberaters, u. a. Buchführung, Bilanzen, Steuererklärungen, Aktenvermerke sowie Klageschriften und Klageentwürfe.

3030 Die Herausgabe der Handakten ist eine sog. Holschuld. Der Mandant hat somit keinen Anspruch auf Überbringung oder Zusendung. Er hat die Akten vielmehr beim Steuerberater abzuholen oder „in Empfang" zu nehmen.[5] Dies bedeutet, dass der Steuerberater nicht verpflichtet ist, dem Mandanten die Handakten zu übersenden und das Risiko für den Verlust der Akten auf dem Postweg zu tragen. Sollte eine Abholung, aus welchen Gründen auch immer, nicht in Betracht kommen, sollte der Berufsträger vor einer etwaigen Versendung der Handakten den Mandanten darauf hinweisen, dass dieser das Versendungsrisiko trägt.

3031 **Sinn und Zweck des Zurückbehaltungsrechts** liegt darin, den Mandanten mit Nachdruck zum Ausgleich der berechtigten Gebührenforderungen des Steuer-

---

[1] So AG Karlsruhe v. 29. 5. 2009 – 12 C 101/09, n.v.
[2] So Kuhls/Meurers/Maxl/Schäfer/Goetz/Willerscheidt, Steuerberatungsgesetz, § 66 Rdnr. 3.
[3] S. OLG Düsseldorf v. 21.12. 2004 – 23 U 36/04, MDR 2005, 600 f. = NJW 2005, 1131 [Ls.].
[4] S. OLG Düsseldorf v. 21.12. 2004 – 23 U 36/04, MDR 2005, 600 f. = NJW 2005, 1131 [Ls.].
[5] So OLG Celle v. 13. 6. 1996 – 44 StL 24/85.

beraters zu veranlassen.¹ Der Mandant kann sich insbesondere nicht darauf berufen, dass er die Unterlagen zur Erfüllung öffentlich-rechtlicher Verpflichtungen wie z. B. Abschlusserstellung und Abgabe der Steuererklärungen benötigt. Diese Verpflichtungen des Mandanten haben keinen Vorrang gegenüber den Interessen des Steuerberaters am Ausgleich seiner Honorarforderungen.² Allenfalls wenn die Zurückbehaltung durch den Steuerberater gegen den Grundsatz von Treu und Glauben verstößt, ist es treuwidrig, sich auf das Zurückbehaltungsrecht zu berufen. Derartige Fälle sind gegeben, wenn:

▶ der Steuerberater ausreichend gesichert ist,³
▶ der Honoraranspruch unverhältnismäßig gering ist,⁴
▶ der Honoraranspruch des Steuerberaters streitig ist und nur mit großem Zeitaufwand geklärt werden kann,⁵
▶ das Zurückbehaltungsrecht vom Steuerberater ausschließlich als Druckmittel zur Durchsetzung einer Honorarerhöhung dient.⁶

Das Sicherungsmittel des Zurückbehaltungsrechts ist für den Steuerberater nur von begrenztem praktischen Nutzen, da er oftmals sogar Arbeitsergebnisse, insbesondere betriebswirtschaftliche Auswertungen, Umsatzsteuervoranmeldungen und Lohnsteueranmeldungen bereits herausgegeben hat.

3032

Für **Mandantenunterlagen**, etwa Kontoauszüge, Kassenbücher, Rechnungsdurchschriften etc. gilt das Zurückbehaltungsrecht nach der Rechtsprechung des OLG Düsseldorf ohnehin nicht.⁷ Das OLG Köln meint hingegen, dass eine Mandantin gegen ihren vormaligen Steuerberater regelmäßig keinen im Wege einer einstweiligen Verfügung durchsetzbaren Anspruch auf Herausgabe der Buchhaltungsunterlagen hat, solange sie offene Honorarforderungen des Steuerberaters noch nicht befriedigt hat und der Steuerberater deswegen ein Zurückbehaltungsrecht ausübt, wenn hierdurch der Hauptsacherechtsstreit vorweg entschieden würde und die Mandantin die streitgegenständlichen Unterlagen beim Steuerberater kopieren kann. Steuerberater sind in dieser Situation auch nicht verpflichtet, einer vormaligen Mandantin dringend benötigte

3033

---

1 So BGH v. 17. 2. 1988 – IV a ZR 262/86, NJW 1988, 2607 = StB 1988, 232, 234; OLG Nürnberg v. 11. 4. 1990 – 8 W 1069/90, DB 1990, 1102, 1103.
2 So OLG Düsseldorf v. 13. 5. 1994 – 13 U 247/93, n.v.; Kuhls/Meurers/Maxl/Schäfer/Goetz/Willerscheid, § 66 Rdnr. 31.
3 So BGH v. 14. 7. 1952 – IV 28/52, BGHZ 7, 123.
4 So BGH v. 13. 7. 1970 – VII 176/68, NJW 1970, 2019; OLG Düsseldorf v. 21. 12. 2004 – 23 U 36/04, NJW 2005, 1131 [Ls.] = NJW-RR 2005, 364 f.
5 So BGH v. 11. 4. 1984 – VIII 302/82, BGHZ 91, 73, 83.
6 So AG Düsseldorf v. 14. 1. 1985 – 47 C 639/84, StB 1985, 274, 275.
7 So OLG Düsseldorf v. 20. 11. 2001 – 23 U 21/01, GI 2002, 93, 95.

Buchhaltungsunterlagen, über deren Herausgabe ein Rechtsstreit anhängig ist, in Kopie zur Verfügung zu stellen, solange sie anbieten, dass die Mandantin diese Unterlagen in der Steuerberaterkanzlei kopieren kann.[1]

3034 Nach der Rechtsprechung des LG Düsseldorf ist der Steuerberater des Schuldners verpflichtet, dem Insolvenzverwalter Auskunft über die von ihm geführte Buchhaltung zu erteilen. Ein Zurückbehaltungsrecht wegen Honoraransprüchen für spätere Aufträge, die nicht die begehrte Auskunft betreffen, besteht nicht.[2]

3035 Nach der Rechtsprechung des LG Cottbus kann sogar der vorläufige Insolvenzverwalter vom Steuerberater des Schuldners die Herausgabe von Unterlagen im Wege der einstweiligen Verfügung verlangen.[3]

3036 Hinsichtlich der Übertragung von Daten, die vom Steuerberater des Schuldners gespeichert sind, hat der BGH entschieden, dass der Anspruch auf Übertragung der bei der DATEV gespeicherten Daten davon abhängt, ob die Daten das vertraglich geschuldete Arbeitsergebnis enthalten oder ob es sich um dieses vorbereitende Arbeitsleistungen handelt.[4]

3037 Der BGH führt in dieser Entscheidung insbesondere aus, dass der Steuerberater seinem Mandanten gem. §§ 675 Abs. 1, 667 BGB alles herauszugeben hat, was er zur Ausführung des Auftrags erhält und was er aus der Geschäftsbesorgung erlangt. Nach der Rechtsprechung des BGH wird der Steuerberater nämlich aufgrund eines Geschäftsbesorgungsvertrages tätig.[5] Daher bestehen nach Auffassung des BGH rechtlich keine Bedenken dagegen, die Zustimmung zur Datenübertragung als Inhalt der Verpflichtung zur Herausgabe der vom Steuerberater **bei einem Dritten abgespeicherten Daten** anzusehen.[6]

3038 Nach zutreffender Auffassung kann der Insolvenzverwalter die Herausgabe der **DATEV-Buchhaltungsausdrucke** und die Übertragung der Stammdaten verlangen.[7]

---

[1] So OLG Köln v. 5.1.2009 – 8 W 127/08, DStRE 2009, 965 ff. = DStR 2009, 1228 mit Anm. Riemer.
[2] So LG Düsseldorf v. 18.8.1997 – 19 T 308/96, ZIP 1997, 1655 f.
[3] So LG Cottbus v. 23.3.2001 – 1 S 42/01, DStRE 2002, 63 f. = StB 2002, 104, mit Anm. Schmittmann.
[4] So BGH v. 11.3.2004 – IX ZR 178/03, DB 2004, 1665 f. = StuB 2004, 752 [Ls.].
[5] So BGH v. 17.2.1998 – IV a ZR 262/86, ZIP 1988, 442.
[6] S. KG v. 9.10.1995 – 12 U 1901/94, RDV 1996, 252.
[7] So OLG Düsseldorf v. 13.3.1982 – 24 U 81/82, ZIP 1982, 471; LG Hannover v. 4.3.2009 – 44 StL 19/06, DStR 2009, 1932 [Ls.].

Ein Steuerberater, der sich wegen seiner Arbeitsergebnisse auf ein Zurückbehaltungsrecht beruft, muss dies detailliert geltend machen, insbesondere die ihm zustehenden Forderungen exakt nachvollziehbar darlegen. Außerdem ist der Steuerberater für die ordnungsgemäße Abrechnung i. S. d. § 9 StBGebV beweisverpflichtet.[1]   3039

Nach ursprünglicher Rechtsprechung des BGH galt, dass ein vertraglicher Anspruch, der vom Insolvenzverwalter geltend gemacht werden könne, gegen den Steuerberater auf Herausgabe der von diesem vertragsgemäß erstellten **Arbeitsergebnisse** in der Insolvenz nicht bestehe.[2]   3040

(Einstweilen frei)   3041–3045

g) Ansprüche des Insolvenzverwalters

Weiterhin stellt sich die Frage, ob der Steuerberater ggf. im eröffneten Insolvenzverfahren verpflichtet ist, gegenüber dem Insolvenzverwalter Auskünfte zu erteilen.[3] Nach der Rechtsprechung des LG Düsseldorf ist der Steuerberater des Schuldners verpflichtet, dem Insolvenzverwalter Auskunft über die von ihm geführte Buchhaltung zu erteilen. Ein Zurückbehaltungsrecht wegen Honoraransprüchen für spätere Aufträge, die nicht die begehrte Auskunft betreffen, besteht danach nicht.[4] Der Insolvenzverwalter kann den Steuerberater ggf. als Zeugen vor das Insolvenzgericht laden lassen, um die Auskunftserteilung zu erzwingen. Um dies zu vermeiden, wird der Steuerberater geneigt sein, die begehrten Unterlagen anstelle der Auskunftserteilung herauszugeben.[5]   3046

Weiter kann der Insolvenzverwalter den Steuerberater mit Aussicht auf Erfolg auf die Herausgabe der **DATEV-Konten** in Anspruch nehmen, ohne dass der Steuerberater Gegenrechte wegen seiner Honorarforderungen geltend machen kann. Das LG Essen weist in diesem Zusammenhang ausdrücklich darauf hin, dass der Steuerberater lediglich Computerauszüge herstellen muss. Bräuchte der Steuerberater diese Unterlagen nicht herauszugeben, so könnte er diese auch nicht anderweitig verwerten und dadurch seinen Honoraranspruch realisieren. Ein Unterlassen der Herausgabe würde auf Seiten des Insolvenzverwalters und der Gläubiger zu einer wirtschaftlichen Vernichtung von Werten führen, da der Kläger gehalten wäre, unter Aufwendung von wei-   3047

---

1 So Leibner, NWB, F. 30, 1398, 1399.
2 So BGH v. 25. 10. 1988 – XI ZR 3/88, ZIP 1988, 1474 = EWiR 1989, 33 (Keller).
3 Vgl. umfassend: Schmittmann, InsBüro 2005, 288 ff.
4 So LG Düsseldorf v. 18. 8. 1997 – 19 T 308/96, ZIP 1997, 1657 f.
5 S. Schmittmann, InsBüro 2005, 288, 293.

teren Kosten die DATEV-Auszüge erneut herstellen zu lassen, was zu Lasten der Insolvenzmasse ginge.[1]

3048 Der Anspruch des Insolvenzverwalters auf Herausgabe von Unterlagen, die aus der Geschäftsbesorgung vor Eröffnung des Insolvenzverfahrens erlangt worden sind, ergibt sich nur noch aus §§ 667, 675 BGB und nicht mehr aus Vertrag. Der Vertrag ist nämlich durch Eröffnung des Insolvenzverfahrens beendet. Wollte man dem Steuerberater nach Eröffnung des Insolvenzverfahrens noch ein Zurückbehaltungsrecht einräumen, so käme es dadurch zu einer vom Gesetzgeber nicht gewollten Gläubigerbegünstigung. Das allgemeine schuldrechtliche Zurückbehaltungsrecht ist aufgrund der Spezialregelung des § 51 InsO gegenüber dem Insolvenzverwalter ausgeschlossen. Demnach hat ein Steuerberater nach Eröffnung des Insolvenzverfahrens über das Vermögen seines Auftraggebers trotz bestehender Honorarrückstände an den von ihm im Rahmen der Finanzbuchhaltung erstellten Kontenblättern kein Zurückbehaltungsrecht gegenüber dem Insolvenzverwalter.[2]

3049 Der BGH hat in einer Grundsatzentscheidung zur Herausgabepflicht des Steuerberaters hinsichtlich der DATEV-Daten bei einem Steuerberaterwechsel Stellung genommen.[3] Ob der Auftraggeber nach dem Ende des Mandats vom Steuerberater verlangen kann, dass dieser der Übertragung der von ihm bei der DATEV gespeicherten Daten auf einen anderen Steuerberater zustimmt, hängt davon ab, ob die Daten das vertraglich geschuldete Arbeitsergebnis enthalten oder ob es sich um dieses vorbereitende Arbeitsleistungen handelt.[4]

3050 Der BGH geht von der Überlegung aus, dass es sich bei dem vertraglichen Arbeitsergebnis des Steuerberaters um einen Gegenstand handelt, den der Schuldner zur Erfüllung seiner steuerlichen Pflichten benötigt und den der Steuerberater aus dem Steuerberatungsvertrag schuldet. Das vertraglich geschuldete Arbeitsergebnis steht im Austauschverhältnis des gegenseitigen Vertrages; es ist nicht i. S. d. §§ 675 Abs. 1, 667 Alt. 2 BGB erlangt, sondern Gegenstand des vertraglichen Erfüllungsanspruchs. Bei den der DATEV übermittelten Datenbeständen kann es sich um körperlich erfassbare Arbeitsergebnis-

---

1 So LG Essen v. 24. 5. 1996 – 1 S 691/95, ZIP 1996, 1878 f.
2 So LG Cottbus v. 2. 5. 2001 – 1 S 42/01, DStRE 2002, 63 f. = StB 2002, 104 ff., mit Anm. Schmittmann, ZInsO 2002, 635 ff.
3 So BGH v. 11. 3. 2004 – IX ZR 178/03, NJW-RR 2004, 1290 f. = StuB 2004, 752 [Ls.].
4 Im Anschluss an BGH v. 17. 2. 1988 – IV a ZR 282/86, ZIP 1988, 442 f.; v. 25. 10. 1988 – XI ZR 3/88, NJW 1989, 1216 f.

se handeln.[1] Für die rechtliche Beurteilung ist es ohne Belang, ob der Steuerberater den Schuldner allgemein steuerlich beraten hat.[2]

Das vertraglich geschuldete Arbeitsergebnis kann auch der Insolvenzverwalter nicht honorarfrei zur Masse ziehen.[3] Sobald es sich hingegen um von dem Steuerberater eingegebene Daten handelt, die ihm von dem Schuldner zum Zwecke der Geschäftsbesorgung zur Verfügung gestellt worden sind, ist der Anspruch auf Zustimmung zur Datenübertragung aus § 675 Abs. 1, § 667 Alt. 1 BGB begründet. Sofern der Steuerberater die von dem Schuldner gelieferten Daten und Unterlagen ausgewertet und für die noch zu leistende eigentliche Buchführung geordnet und rechnerisch aufbereitet hat, handelt es sich noch nicht um das vertraglich geschuldete Arbeitsergebnis selbst. Vielmehr wird dieses durch Systematisierung und Weiterverarbeitung der gelieferten „Rohdaten" erst vorbereitet. Dieser Fall ist mit demjenigen vergleichbar, in dem der Beauftragte über die Geschäftsbesorgung selbst Daten anlegt. Diese sind – nach Auffassung des BGH – gem. §§ 675 Abs. 1, 667 Alt. 2 BGB herauszugeben.[4] Anders wäre es lediglich dann, wenn auch nur ein Teil der Daten zum internen Gebrauch des Steuerberaters zu dienen bestimmt gewesen sind.[5] 3051

Nach der Rechtsprechung des BGH entspricht es der sachgerechten Amtsführung des Verwalters, für steuerliche Tätigkeiten, die besondere Kenntnisse erfordern oder über den allgemeinen mit jeder Steuererklärung verbundenen Arbeitsaufwand hinausgehen, einen Steuerberater einzusetzen.[6] Dies trifft insbesondere für die **Ausführung von Buchhaltungsarbeiten** zu.[7] 3052

Der Insolvenzverwalter hat aber im Rahmen seines Vergütungsfestsetzungsantrages nach Auffassung des BGH aufzuführen, für welche von ihm beauftragten Fachleute er das an diese entrichtete Entgelt aus der Masse entnommen hat. Das Insolvenzgericht ist berechtigt und verpflichtet zu überprüfen, ob die Beauftragung gerechtfertigt war.[8] 3053

Grundsätzlich kann vom Insolvenzverwalter, da er regelmäßig Rechtsanwalt und/oder Steuerberater ist, erwartet werden, dass er zur Erstellung und Abgabe der Umsatzsteuer- und Lohnsteuervoranmeldungen in der Lage ist. War 3054

---

1 So KG v. 12.9.1988 – 24 W 2242/88, NJW 1989, 532 f.
2 So BGH v. 25.10.1988 – XI 3/88, NJW 1989, 1216, 1217.
3 So schon BGH v. 25.10.1988 – XI 3/88, NJW 1989, 1216.
4 So BGH v. 11.3.2004 – IX ZR 178/03, NJW-RR 2004, 1290 f. = StuB 2004, 752 [Ls.].
5 So BGH v. 11.3.2004 – IX ZR 178/03, DB 2004, 1665 f. = StuB 2004, 752 [Ls.].
6 Vgl. Schmittmann, InsBüro 2005, 288 ff.
7 S. BGH v. 22.7.2004 – IX ZB 161/03, ZInsO 2004, 970 ff. = NZI 2004, 577, m. Anm. Bernsau.
8 S. BGH v. 11.11.2004 – IX ZB 48/04, ZInsO 2004, 1348 ff. = NZI 2005, 103 ff., m. Anm. Bernsau.

aber bereits im schuldnerischen Unternehmen vor Insolvenzeröffnung die Buchhaltung und die Erstellung von Voranmeldungen an einen **externen Steuerberater** ausgegliedert, so ist es dem Insolvenzverwalter nicht zuzumuten, eine neue Buchhaltung anzulegen und diese selbst oder von eigenen Mitarbeitern zu führen. Schaltet er deswegen zusätzliche Hilfskräfte ein, so darf sich dies nicht vergütungsmindernd auswirken.

3055 Bereits bei Anordnung des vorläufigen Insolvenzverfahrens sollte daher geklärt werden, wie der Stand der Buchhaltung ist, ob diese vom Schuldner selbst geführt wurde bzw. ob ein externer Steuerberater beauftragt worden ist.[1]

3056 Handelt es sich beim Schuldner um eine natürliche Person, so kann ihm auf Antrag **Stundung der Verfahrenskosten** gewährt werden (§ 4a InsO).

3057 Mit der Stundung der Verfahrenskosten ist zugleich ein Anspruch des Insolvenzverwalters auf Erstattung der den Umständen nach angemessenen Kosten für die Beauftragung eines Steuerberaters als Auslagen aus der Staatskasse verbunden, wenn der Insolvenzverwalter von der Finanzverwaltung die Aufforderung erhalten hat, umfangreiche steuerliche Tätigkeiten zu erbringen und der Fiskus trotz eines Hinweises des Verwalters auf die Masseunzulänglichkeit nicht bereit ist, die Verfügung zurückzunehmen.[2]

3058 Der Entscheidung des BGH liegt die Überlegung zugrunde, dass die dem Insolvenzverwalter auf diese Weise zu erstattenden Auslagen ausschließlich durch hoheitliche Anordnungen der Finanzverwaltung unter Berufung auf § 34 Abs. 3 AO ausgelöst werden. Solange der Steuerfiskus sich nicht bereit erklärt, die Vorschrift in masselosen Verfahren nicht anzuwenden, bewirken Verfügungen, nach denen der Insolvenzverwalter Bilanzen und Steuererklärungen von erheblichem Aufwand zu erstellen hat, i. d. R. Aufwendungen, die der Verwalter zur Wahrung seines Anspruchs auf eine angemessene Auslagenerstattung der Staatskasse unter den Voraussetzungen von § 63 Abs. 2 InsO in Rechnung stellen kann.[3]

3059 Regelmäßig wird ein Steuerberater, der die Unzulänglichkeit der Masse kennt, nicht bereit sein, den Auftrag ohne Vorschuss anzunehmen. Daher kann dem Insolvenzverwalter sogar ein Anspruch auf einen Vorschuss aus der Staatskasse für diese Kosten zustehen.

3060–3065 *(Einstweilen frei)*

---

1 S. Schmittmann, InsBüro 2005, 288, 289.
2 So BGH v. 22. 7. 2004 – IX ZB 1961/03, ZIP 2004, 1717 ff. = NJW 2004, 2976 ff.
3 So bereits LG Dresden v. 27. 5. 2005 – 5 T 303/02, ZInsO 2003, 513 f.

h) Zivilrechtliche Haftung des Steuerberaters

(1) Haftung gegenüber dem Mandanten

Die Haftung des Steuerberaters gegenüber dem Mandanten ist weitreichend, insbesondere seit die Rechtsprechung auch eine Haftung des Beraters für „werdendes Recht" annimmt.[1] Wird in der Tages- oder Fachpresse über Vorschläge zur Änderung des Steuerrechts berichtet, die im Falle ihrer Verwirklichung von dem Mandanten des Beraters erstrebte Ziele unter Umständen vereiteln oder beeinträchtigen, kann der Steuerberater gehalten sein, sich aus allgemein zugänglichen Quellen über den näheren Inhalt und den Verfahrensstand solcher Überlegungen zu unterrichten, um danach prüfen zu können, ob es geboten ist, dem Mandanten Maßnahmen zur Abwehr drohender Nachteile anzuraten.[2] Selbst beiläufig in einem Telefongespräch erörterte Fragen können zu Beratungspflichten führen, insbesondere in der Krise des Mandanten.[3] Nach den Beobachtungen von Haftpflichtversicherungen sind etwa 90 % aller Haftpflichtansprüche wegen beruflicher Fehler Spätschäden. Hierbei handelt es sich um **Schadensersatzansprüche** gegen den Steuerberater für berufliche Fehler, die dieser durchschnittlich ca. fünf bis sieben Jahre zuvor begangen hat. Dies sollte den Steuerberater veranlassen, sich umfassend mit dem Recht der Verjährung zu befassen.[4] Die rechtliche Grundlage für die Geltendmachung von Haftpflichtansprüchen gegen den Steuerberater findet sich in aller Regel in einer Verletzung des Steuerberatungsvertrages, §§ 280, 311 Abs. 3 BGB. Daneben kommt eine Haftung bei schuldhafter Verzögerung der Ablehnung eines Auftrags gem. § 63 StBerG und die deliktische Haftung bei Verletzung eines Schutzgesetzes gem. § 823 Abs. 2 BGB in Betracht.[5] Es können nicht alle in Betracht kommende Pflichtverletzungen und Schadensersatzansprüche im Einzelnen erläutert werden. Es soll vielmehr darauf hingewiesen werden, welche Ansprüche vom Insolvenzverwalter einer genaueren Prüfung unterzogen werden.

3066

Das Bestreben des Insolvenzverwalters ist auf **Massemehrung** gerichtet; die „Bereinigung" der Passivseite gehört zwar zu seinem Aufgabenbereich, spielt

3067

---

1 So Schmittmann, ZSteu 2005, 132 ff.
2 So BGH v. 15. 7. 2004 – IX ZR 472/00, DStR 2004, 1677 ff.; OLG Düsseldorf v. 18. 8. 2006 – I – 23 U 42/06, DB 2006, 2171 ff.; vgl. Raebel, DStR 2004, 1673 ff.; Leibner/Holzkämper, DB 2004, 2087 ff.; Reck, StuB 2004, 894 f.
3 So auch Ehlers, ZInsO 2009, 1194.
4 Vgl. im Einzelnen Hartmann/Heimann, Haftungsrisiken und Versicherungsschutz, Abschn. B. V. Rdnr. 2.
5 So Hartmann/Heimann, Haftungsrisiken und Versicherungsschutz, Abschn. B. V. Rdnr. 6.

aber in der Praxis im Vergleich zur Massemehrung eine nachrangige Rolle. Daher wird der Insolvenzverwalter sich weniger mit **Haftpflichtansprüchen gegen den Steuerberater** befassen, weil durch dessen Tun oder Unterlassen zu Unrecht Steuerverbindlichkeiten festgesetzt worden sind. Dem Insolvenzverwalter wird es vielmehr darauf ankommen, Ansprüche gegen den Steuerberater geltend zu machen, weil durch sein Tun oder Unterlassen Mittel abgeflossen sind, die nunmehr wieder zur Insolvenzmasse gezogen werden sollen.

3068 Hat der Steuerberater etwa bei der Erstellung des Jahresabschlusses nicht auf eine bestehende oder drohende Insolvenzreife hingewiesen und dem Mandanten die Einschaltung eines Rechtsanwalts empfohlen oder hat der Steuerberater gar eine unzutreffende Bilanz aufgestellt, die die bereits eingetretene Insolvenzreife verdeckt, ist dem Mandanten bzw. später der Insolvenzmasse ein Schaden dahin entstanden, dass bei rechtzeitigem Erkennen der Insolvenzreife und rechtzeitiger Stellung des Insolvenzantrages liquide Mittel nicht oder nicht in diesem Umfang abgeflossen wären.

3069 Regelmäßiger Prüfungspunkt ist, ob die Forderungen zutreffend in Ansatz gebracht worden sind. Zweifelhafte Forderungen sind mit ihrem wahrscheinlichen Wert anzusetzen, uneinbringliche abzuschreiben (§ 253 Abs. 2 Satz 2 und § 253 Abs. 3 Satz 2 HGB). Von einer solchen Wertberichtigung wird allerdings in der Praxis bisweilen abgesehen, weil der Forderungsbestand an die Bank global zediert ist und damit als Sicherheit dient und der Mandant befürchtet, dass die Bank im Zuge einer Wertberichtigung neue Sicherheiten fordert oder das Engagement beendet.[1] Darüber hinaus werden bisweilen auf der Passivseite handelsrechtlich erforderliche Rückstellungen unterlassen, um die Eigenkapitalquote nicht nachteilig zu verändern. So wird z. B. nicht selten unterlassen, Rückstellungen für in Aussicht stehende oder bereits schwebende Prozesse zu bilden.[2] Der Geschäftsführer einer GmbH ist gem. § 64 Satz 1 GmbHG n. F. der Gesellschaft – und damit auch dem Insolvenzverwalter – zum Ersatz von Zahlungen verpflichtet, die nach Eintritt der Zahlungsunfähigkeit der Gesellschaft oder nach Feststellung ihrer Überschuldung geleistet werden. Konnte der Geschäftsführer die Überschuldung nicht erkennen, z. B. weil der Steuerberater eine unzutreffende Bilanz gefertigt hat, so ist er seinerseits Schadensersatzansprüchen des Insolvenzverwalters ausgesetzt und wird versuchen, sich beim Steuerberater schadlos zu halten, etwa indem er ihm in dem Haf-

---

1 Vgl. Schmittmann, BBB 2006, 372 ff.
2 Vgl. dazu BGH v. 5. 6. 1989 – 2 ZR 172/88, ZIP 1989, 1324 ff.

tungsprozess der Insolvenzmasse persönlich den Streit verkündet und ggf. Schadensersatzansprüche gegen ihn geltend macht.[1]

(2) Haftung des Steuerberaters gegenüber Dritten

Darüber hinaus kommt auch eine Haftung des Steuerberaters gegenüber Dritten in Betracht. Sind die Arbeitsergebnisse des Steuerberaters, insbesondere ein Jahresabschluss, dazu bestimmt, Dritten zugänglich gemacht zu werden, ergeben sich Haftungsrisiken nicht nur aus dem Mandatsverhältnis, sondern auch unmittelbar gegenüber Dritten, die sog. „**Dritthaftung**".[2] Eine untergeordnete Rolle spielt die deliktische Haftung gem. § 823 BGB, da das Vermögen kein sonstiges (absolutes) Recht i. S. d. § 823 BGB darstellt und darüber hinaus ein bewusstes Zusammenwirken mit einem deliktisch handelnden Mandanten eher die Ausnahme sein soll.[3] Eine besondere Bedeutung haben insoweit falsche Kreditauskünfte.[4]

3070

Während früher regelmäßig der BGH einen strengen Maßstab, insbesondere bei Wirtschaftsprüfern und Steuerberatern angenommen hat, ist die praktische Bedeutung des § 826 in diesen Fallgestaltungen rückläufig angesichts der weitreichenden Rechtsprechung zu Auskunftsverträgen mit Schutzwirkung auch für Dritte.[5] Für den Vorsatz reicht es nach der Rechtsprechung des BGH aus, wenn der beklagte Steuerberater es sich vorstellt, der Abschluss könne bei Kreditverhandlungen mit einem Geldgeber verwandt werden und diesen zu einer nachteiligen Disposition veranlassen. In diesem Zusammenhang weist der BGH zutreffend darauf hin, dass die Banken zwar in aller Regel zensierte Jahresabschlüsse zu verlangen haben, aber in aller Regel auch ein Bestätigungsvermerk von Steuerberatern und Steuerbevollmächtigten zugelassen wird.[6]

3071

In der Rechtsprechung des BGH ist anerkannt, dass die berufliche Stellung bedeutsam dafür sein kann, ob eine Person auch Dritten gegenüber, zu denen sie keine unmittelbaren vertraglichen Beziehungen unterhält, nach den Grundsätzen der **vertraglichen** oder **quasi-vertraglichen Haftung** einzustehen hat.[7] So

3072

---

1 Vgl. Schmittmann, ZInsO 2008, 1170 ff.; Wagner/Zabel, NZI 2008, 660 ff.
2 Vgl. Hartmann/Heimann, Haftungsrisiken und Versicherungsschutz, Abschn. B. V. Rdnr. 49.
3 So Hartmann/Heimann, Haftungsrisiken und Versicherungsschutz, Abschn. B. V. Rdnr. 50.
4 So Erman/Schiemann, BGB, § 826 Rdnr. 39.
5 So Erman/Schiemann, BGB, § 826 Rdnr. 39.
6 So BGH v. 26. 11. 1986 – IV a ZR 86/85, NJW 1987, 1758 ff.
7 So BGH v. 22. 3. 1979 – VII 259/77, BGHZ 74, 103, 108 ff.; v. 8. 12. 1994 – III 175/93, NJW 1995, 1213.

können Personen, die über eine besondere, vom Staat anerkannte Sachkunde verfügen und in dieser Eigenschaft gutachterliche Stellungnahmen abgeben, wie etwa Wirtschaftsprüfer, Steuerberater, öffentlich bestellte und vereidigte Sachverständige, aus einem Vertrag mit Schutzwirkungen für Dritte gegenüber Personen haften, denen gegenüber der Auftraggeber von dem Gutachten bestimmungsgemäß Gebrauch macht.[1] Personen, die aufgrund ihrer besonderen beruflichen und wirtschaftlichen Stellung oder aufgrund ihrer Fachkunde eine Garantstellung einnehmen, wie etwa Rechtsanwälte und Wirtschaftsprüfer, können als Prospektverantwortliche schadensersatzpflichtig sein, sofern sie durch ihr nach außen in Erscheinung tretendes Mitwirken am Prospekt einen Vertrauenstatbestand schaffen.[2]

3073 Dieser Rechtsprechung liegt der allgemeine Rechtsgedanke zugrunde, dass für die Vollständigkeit und Richtigkeit der in Verkehr gebrachten Angaben jeder einstehen muss, der durch von ihm in Anspruch genommenes und ihm auch entgegengebrachtes Vertrauen auf den Willensentschluss der Kapitalanleger Einfluss genommen hat. Gleiche Grundsätze müssen für Wirtschaftsprüfer gelten, die nicht zu Prospektverantwortlichen zählen, aber gleichwohl eine Garantstellung einnehmen, indem sie sich in ein Kapitalanlagesystem als Kontrollorgan einbinden lassen und aufgrund des ihnen entgegengebrachten Vertrauens Einfluss auf die Anlageentscheidung der Anlageinteressenten nehmen.[3] Diese Rechtsprechung ist auch auf Steuerberater anwendbar, soweit sie Jahresabschlüsse erstellen, die vom Mandanten – mit Wissen und Wollen des Steuerberaters – verwendet werden, um beispielsweise Bankkredite zu erlangen und/oder aufrechtzuerhalten bzw. Geschäftsbeziehungen mit anderen Unternehmen anzubahnen.

3074 Auch der Geschäftsführer eines Unternehmens kann nach einer im Vordringen befindlichen Auffassung in den Schutzbereich des Steuerberatungsvertrages zwischen dem Unternehmen und dem Steuerberater einbezogen sein. Dieser Auffassung liegt zugrunde, dass sich **Erstattungsansprüche** gegen den organschaftlichen Vertreter der Schuldnerin in einer Vielzahl von Insolvenzverfahren ergeben. Regelmäßig ist in Insolvenzverfahren über das Vermögen einer GmbH gem. § 64 Satz 1 GmbHG n. F. ein solcher Anspruch gegen den Geschäftsführer gegeben, da der Insolvenzantrag verspätet gestellt worden ist und der Geschäftsführer zum Ersatz von Zahlungen verpflichtet ist, die nach Eintritt der Zahlungsunfähigkeit der Gesellschaft oder nach Feststellung ihrer

---

1 So BGH v. 10.11.1994 – III 50/94, BGHZ 127, 378, 380 f. = NJW 1995, 392.
2 So BGH v. 31.3.1992 – XI 70/91, NJW-RR 1992, 879, 883.
3 So BGH v. 26.9.2000 – X ZR 94/98, NJW 2001, 360, 363.

Überschuldung geleistet werden. Dies gilt nicht für Zahlungen, die auch nach diesem Zeitpunkt mit der Sorgfalt eines ordentlichen Geschäftsmannes vereinbar sind.

Dieser Anspruch geht aber in der Praxis leider immer wieder ins Leere, wenn der **Geschäftsführer** sich als **vermögenslos** erweist, z. B. weil er bereits für die Verbindlichkeiten der Gesellschaft gegenüber der Bank gebürgt hat, für Steuerschulden in die Haftung genommen wird oder aber für den Arbeitnehmeranteil an der Sozialversicherung haftet. 3075

Es liegt daher nahe, auch **Ansprüche** gegen den **steuerlichen Berater** der Schuldnerin zu prüfen.[1] Ausgangspunkt der Überlegungen ist, dass der Steuerberater einer insolvenzantragspflichtigen Gesellschaft bei eingetretener Überschuldung (und selbstverständlich auch bei Zahlungsunfähigkeit) verpflichtet ist, auf diese hinzuweisen. Der Steuerberater ist oftmals einer der ersten, die von der wirtschaftlichen Situation der nachmaligen Schuldnerin Kenntnis erlangen, insbesondere wenn er mit der Erstellung der Finanzbuchhaltung sowie der Voranmeldungen beauftragt ist. Der Steuerberater ist zwar nicht zur Rechtsberatung berechtigt, ihm obliegt aber eine **Warn- und Hinweispflicht**.[2] 3076

Für den Fall, dass der Steuerberater trotz eingetretener Insolvenzreife seine Arbeiten nicht einstellt, begeht er eine strafbewehrte **Beihilfe zur Insolvenzverschleppung**. Dies führt nicht nur zu strafrechtlichem, sondern insbesondere auch zu zivilrechtlichem Haftungspotenzial. 3077

Um den Steuerberater für den **Erstattungsanspruch gem. § 64 Satz 1 GmbHG** in die Haftung zu nehmen, bedarf es allerdings noch weiterer Überlegungen. Es kann mit guten Gründen vertreten werden, dass der Steuerberatungsvertrag zwischen der späteren Schuldnerin und dem Steuerberater ein Vertrag mit Schutzwirkung zugunsten Dritter ist. In diesen Schutzbereich fällt auch der Geschäftsführer der Schuldnerin. 3078

Nur der Vollständigkeit halber sei darauf hingewiesen, dass das OLG Köln davon ausgeht, dass ein **Steuerberatungsvertrag** mit einer Kommanditgesellschaft im Einzelfall **Schutzwirkungen** zugunsten der Kommanditisten entfalten kann. Dies gilt insbesondere für Steuererklärungen, in deren Folge die erlassenen Feststellungsbescheide die unmittelbare Grundlage für die Einkommensbesteuerung der Kommanditisten bilden. In einem solchen Fall wird die Steuerberatungsleistung auch für die Kommanditisten erbracht. Die Verschie- 3079

---

[1] Vgl. Zugehör, NZI 2008, 652 ff.; Wagner/Zabel, NZI 2008, 660 ff.; Schmittmann, ZInsO 2008, 1170 ff.
[2] S. Schmittmann, ZInsO 2008, 1170, 1171; Wagner/Zabel, NZI 2008, 660, 661 ff.

denheit der Interessen und Bedürfnisse von Kommanditgesellschaft und Kommanditisten hindert deren Einbeziehung in den Schutzbereich des Steuerberatungsvertrages nicht. Das Informationsbedürfnis der Kommanditisten wird durch entsprechende Aufklärungen seitens der Kommanditgesellschaft nicht in jedem Fall gedeckt und die Kommanditisten müssen sich die Kenntnis der Kommanditgesellschaft in diesem Fall auch nicht auf der Mitverschuldensebene zurechnen lassen.[1]

3080 Nimmt man einen **Drittschutz des Geschäftsführers** an, was mit guten Gründen vertretbar sein dürfte, so hat zunächst der Geschäftsführer einen Anspruch gegen den Steuerberater. Hat der Insolvenzverwalter bereits erfolgreich einen Rechtsstreit gegen den Geschäftsführer geführt, kann er aufgrund dieses Titels den Anspruch gegen den Steuerberater pfänden. In geeigneten Fällen, insbesondere wenn der Geschäftsführer kooperativ ist, kann der Anspruch bereits im Vorfeld an den Insolvenzverwalter abgetreten werden, so dass es eines Rechtsstreits gegen den Geschäftsführer nicht mehr bedarf.

3081 Nach dem sog. **„Grundsatz des beratungsrichtigen Verhaltens"** ist davon auszugehen, dass ein Geschäftsführer, der vom Steuerberater auf die Insolvenzreife hingewiesen wird, auch den gebotenen Insolvenzantrag stellt. Unterlässt der Berater den gebotenen Hinweis, liegt hierin die schadensbegründende Pflichtverletzung.[2] Gibt der Steuerberater den gebotenen Hinweis, unterlässt er aber die Niederlegung des Mandats, so nimmt er zumindest als Gehilfe an der Insolvenzverschleppung durch den Geschäftsführer teil.[3]

3082 Hinsichtlich der Verjährung ist darauf hinzuweisen, dass die **Regelverjährung** von drei Jahren gilt. Sie beginnt hinsichtlich des Anspruchs gem. § 64 Satz 1 GmbHG wegen §§ 195, 199 BGB frühestens mit Abschluss des Jahres zu laufen, in dem das Insolvenzverfahren eröffnet worden ist und der Insolvenzverwalter vom Geschäftsführer Zahlung verlangt.[4]

(3) Vertragliche Haftung

3083 Eine vertragliche Haftung gegenüber Dritten kommt lediglich dann in Betracht, wenn ein Vertrag zugunsten Dritter gegeben ist, also ein Vertragsverhältnis zwischen Berater und Kreditinstitut gewollt ist oder aber auch ein Ver-

---

[1] So OLG Köln v. 13.11.2008 – 8 U 26/08, DStR 2009, 555 f. mit Anm. Meixner/Schröder; Revision eingelegt: BGH – IX ZR 218/08.
[2] So Schmittmann, ZInsO 2008, 1170, 1173.
[3] Vgl. Schmittmann, ZSteu 2004, 308 ff.
[4] So Wagner/Zabel, NZI 2008, 660, 667.

trag mit Schutzwirkung für Dritte vorliegt, der in aller Regel vom Berater nicht gewollt ist.[1] Darüber hinaus kommen auch noch **stillschweigende Auskunftsverträge** in Betracht. Auch ohne einen positiven Willen zum Vertragsschluss wird von der Rechtsprechung ein Vertragsverhältnis zwischen Berater und Drittem fingiert und ein stillschweigender Auskunftsvertrag angenommen, wenn folgende Voraussetzungen erfüllt sind:[2]

▶ die Auskunft ist für den Empfänger erkennbar von erheblicher Bedeutung;

▶ der Empfänger will sie zur Grundlage wesentlicher Entscheidungen machen;[3]

▶ der Auskunftsgeber ist besonders sachkundig, also insbesondere Steuerberater oder Wirtschaftsprüfer ist und/oder

▶ der Auskunftsgeber hat ein eigenes wirtschaftliches Interesse an der Auskunft.[4]

Der Steuerberater eines krisen- oder insolvenzgefährdeten Mandanten sollte daher stets berücksichtigen, dass möglicherweise später die Bank (oder ein anderer ausgefallener Gläubiger) an ihn herantritt, weil er die wirtschaftliche Lage der späteren Schuldnerin unrichtig, insbesondere zu positiv dargestellt hat. 3084

Nur der Vollständigkeit halber wird an dieser Stelle darauf hingewiesen, dass bei vorsätzlichen Pflichtverletzungen des Steuerberaters die Berufshaftpflichtversicherung nicht eintritt.[5] 3085

(Einstweilen frei) 3086–3090

i) Strafrechtliche Risiken

Insolvenzakten werden von Amts wegen durch das Insolvenzgericht der Staatsanwaltschaft vorgelegt, unabhängig davon, ob das Insolvenzverfahren eröffnet oder mangels einer die Kosten des Verfahrens deckenden Masse abgewiesen wird. Jedenfalls in den Verfahren, in denen es um die Insolvenz von Kapitalgesellschaften geht, finden Staatsanwälte und Insolvenzverwalter strafrechtlich relevantes Verhalten. Bundesweit kommt es allein in Bezug auf 3091

---

1 Vgl. im Einzelnen Hartmann/Heimann, Haftungsrisiken und Versicherungsschutz, Abschn. B. V. Rdnr. 52 ff.
2 Vgl. Hartmann/Heimann, Haftungsrisiken und Versicherungsschutz, Abschn. B. V Rdnr. 60.
3 So OLG Köln v. 23. 5. 2000 – 22 U 218/99, GI 2002, 298, 300.
4 So BGH v. 7. 7. 1998 – XI 775/97, WM 1998, 1771; OLG München v. 13. 4. 1995 – 24 U 86/93, WM 1997, 613, 614; OLG Köln v. 20. 10. 1987 – 15 U 55/87, NJW-RR 1988, 335.
5 So Hartmann/Heimann, Haftungsrisiken und Versicherungsschutz, Abschn. B. V Rdnr. 51.

Geschäftsführer von Gesellschaften mit beschränkter Haftung zu etwa 4000 Ermittlungsverfahren.[1] Hinsichtlich der Straftatbestände, die vom Schuldner bzw. dem organschaftlichen Vertreter des Schuldners begangen werden können, kann hier lediglich auf die Spezialliteratur verwiesen werden.[2] Hier soll die besondere Aufmerksamkeit auf Straftatbestände gelenkt werden, die üblicherweise auch von Steuerberatern im Zusammenhang mit einer Insolvenz begangen werden.[3]

3092 Selbst eine äußerlich neutrale Handlung eines Beraters kann strafrechtlich relevant werden.[4] Der BGH nimmt zur Strafbarkeit der „professionellen Adäquanz" wie folgt Stellung:

„Für den Beihilfevorsatz eines herangezogenen firmenexternen Beraters wie des Angeklagten sind grundsätzlich folgende – allgemein für berufstypische „neutrale" Handlungen geltende – Grundsätze zu beachten: Zielt das Handeln des Haupttäters ausschließlich darauf ab, eine strafbare Handlung zu begehen, und weiß dies der Hilfeleistende, so ist sein Tatbeitrag als Beihilfehandlung zu werten … in diesem Fall verliert sein Tun stets den Alltagscharakter"; es ist als „Solidarisierung" mit dem Täter zu deuten … und dann auch nicht mehr als „sozialadäquat" … weiß der Hilfeleistende dagegen nicht, wie der von ihm geleistete Beitrag vom Haupttäter verwendet wird, halte er es lediglich für möglich, dass sein Tun zur Begehung einer Straftat benutzt wird, so ist sein Handeln regelmäßig noch nicht als strafbare Beihilfehandlung zu beurteilen, es sei denn, das von ihm erkannte Risiko strafbaren Verhaltens des von ihm Unterstützten war derart hoch, dass er sich in seiner Hilfeleistung „die Förderung eines erkennbar tatgeneigten Täters angelegen sein" ließ."

3093 Dies bedeutet für einen Steuerberater, der die **Straftatengeneigtheit** seines Mandanten kennt, dass er sich im Rahmen eines Beratungsgesprächs, in dem er Gestaltungsmöglichkeiten aufzeigt, wegen Beihilfe strafbar macht.[5]

3094 Ungeachtet dessen, dass ein Steuerberater eine solche Beratung aufgrund des Rechtsdienstleistungsgesetzes schon nicht erbringen dürfte, würde sich der

---

1 Vgl. Weyand/Diversy, Insolvenzdelikte: Unternehmenszusammenbruch und Strafrecht, Rdnr. 3.
2 Vgl. Bittmann, Insolvenzstrafrecht; Weyand/Diversy, Insolvenzdelikte: Unternehmenszusammenbruch und Strafrecht; Mohr, Bankrottdelikte und übertragende Sanierung; Reck, Insolvenzstraftaten und deren Vermeidung; Pelz, Strafrecht in Krise und Insolvenz; Penzlin, Strafrechtliche Auswirkungen der Insolvenzordnung; Müller-Gugenberger/Bieneck, Wirtschaftsstrafrecht.
3 Vgl. Lange, DStR 2007, 954 ff.; Frege, NZI 2006, 545, 551; Werdan/Ott/Rauch, Das Steuerberatungsmandat in der Krise, Sanierung und Insolvenz, 169 ff.
4 Vgl. Schwamberger, KSI 2006, 8 ff.; Frege, NZI 2006, 545, 548; Schmittmann/Theurich/Brune, Das insolvenzrechtliche Mandat, § 6 Rdnr. 24.
5 So Schwamberger, KSI 2006, 8 ff.

Steuerberater, der die bilanzielle Situation des schuldnerischen Unternehmens kennt und vom Geschäftsführer gefragt wird, wie alt ein Sicherungsübereignungsvertrag sein muss, damit er nicht vom Insolvenzverwalter angefochten werden kann, wegen Beihilfe strafbar machen, da er aufgrund der Umstände erkennen muss, dass sein Rat zur Begehung einer Straftat genutzt werden soll. Der Steuerberater ist weiterhin verpflichtet, den Mandanten bei gegebenem Sachverhalt auf die Möglichkeit einer Sanierung und die Verpflichtung zur Stellung eines Insolvenzantrags hinzuweisen.[1]

Erkennt der Berater die Straftatengeneigtheit seines Mandanten, z. B. im Rahmen eines Beratungsgesprächs, in dem er Gestaltungsmöglichkeiten aufzeigt, kann er sich wegen Beihilfe strafbar machen. Der Berater darf z. B. einem Mandanten erklären, welche wesentlichen Bestandteile ein Sicherungsübereignungsvertrag haben muss und wann eine insolvenzrechtliche Anfechtung eines solchen Vertrages in Betracht kommt. Hierbei handelt es sich um eine „berufsadäquate" Beratung. Dies setzt allerdings voraus, dass der Berater Rechtsanwalt ist. Die Frage der Beratung zu einem Sicherungsübereignungsvertrag unterfällt dem Rechtsdienstleistungsgesetz, so dass sie dem Steuerberater nicht erlaubt ist.[2] 3095

(1) Buchführungsdelikte

Nach den Beobachtungen der Staatsanwaltschaften wirkt täterschaftliches Handeln eines Steuerberaters in der Insolvenz vor allem bei den Buchführungs- und Bilanzdelikten, also den §§ 283 Abs. 1 Nr. 5 und Nr. 7 sowie 283b StGB, virulent. Dies betrifft insbesondere die Fälle, in denen versucht wird, die Jahresabschlüsse bzw. die Buchhaltung zu schönen.[3] Insbesondere in den Fällen, in denen der Schuldner bzw. der organschaftliche Vertreter die Buchführung und die Aufstellung der Jahresabschlüsse an den Steuerberater delegiert hat, sollte dieser beachten, dass er selbst gem. § 14 Abs. 2 Nr. 2 StGB als Täter in Betracht kommt. Der Steuerberater ist vor allem gehalten, vorkontierte Belege selbst erneut zu überprüfen und festzustellen, ob die Grundsätze der ordnungsmäßigen Buchführung eingehalten worden sind.[4] 3096

Auch bei der verspäteten Aufstellung von Jahresabschlüssen steht der Steuerberater oftmals im Fokus der Ermittlungen der Staatsanwaltschaft. Gem. 3097

---

1 So Sundermeier/Gruber, DStR 2000, 929, 930.
2 So BGH v. 27. 5. 1963 – II 168/61, NJW 1963, 2027; Hartmann/Heimann, Haftungsrisiken und Versicherungsschutz, Abschn. B. V. Rdnr. 39.
3 Vgl. Weyand/Diversy, Insolvenzdelikte, Rdnr. 169.
4 Vgl. Weyand/Diversy, Insolvenzdelikte, Rdnr. 170.

§ 264 Abs. 1 Satz 1 HGB sind Jahresabschlüsse innerhalb von drei Monaten bzw. sechs Monaten (je nach Größe des Unternehmens) aufzustellen. Zwar gewähren Finanzämter zur Erfüllung steuerlicher Pflichten in aller Regel großzügig Fristverlängerung, sofern ein steuerlicher Berater eingeschaltet ist; die Verlängerung der Abgabefristen für Steuererklärungen führt aber nicht dazu, dass die Frist aus § 264 Abs. 1 HGB zugleich verlängert ist. Diese Frist ist nicht disponibel, so dass der Steuerberater, der seinen Mandanten dahin belehrt, auch die Handelsbilanz brauche nicht innerhalb der Frist von § 264 Abs. 1 HGB aufgestellt zu werden, als **Anstifter** in Betracht kommt.[1]

3098 Weithin unbekannt ist darüber hinaus auch die Strafnorm des § 331 Abs. 1 HGB. Um das Vertrauen der Gesellschafter und auch der Öffentlichkeit in die Richtigkeit und Vollständigkeit der Angaben des Jahresabschlusses zu schützen, wird gem. § 331 Nr. 1 HGB mit Freiheitsstrafe bis zu drei Jahren oder mit Geldstrafe bestraft, wer als Mitglied des vertretungsberechtigten Organs oder des Aufsichtsrats einer Kapitalgesellschaft die Verhältnisse der Kapitalgesellschaft in der Eröffnungsbilanz, im Jahresabschluss, im Lagebericht oder im Zwischenabschluss nach § 340a Abs. 3 HGB unrichtig wiedergibt oder verschleiert.[2]

3099 Die Verhältnisse einer Kapitalgesellschaft können sowohl durch ein zu günstiges aber auch durch ein zu pessimistisches Bild unrichtig wiedergegeben werden.[3] Insoweit handelt es sich um die **Erhöhung** oder **Herabsetzung** einzelner **Bilanzposten**.[4]

3100 Als Beispiele bieten sich an:

▶ der Ausweis von Außenständen zum Nennwert im Falle des Verkaufes wertloser Gegenstände an Tochtergesellschaften,[5]

▶ das Einbuchen fiktiver Beträge wie die Aufführung bereits verkaufter Waren als Aktivposten[6] oder die Bilanzierung eines nicht der Kapitalgesellschaft gehörenden Grundstückes,[7]

---

1 Vgl. Weyand/Diversy, Insolvenzdelikte, Rdnr. 170.
2 Vgl. Schaal, in Erbs/Kohlhaas, Strafrechtliche Nebengesetze, H 10, § 331 HGB, Rdnr. 1; Schmittmann, BBB 2006, 372 ff.
3 So Schmittmann, BBB 2006, 372.
4 So Stahlschmidt, StuB 2003, 107, 108.
5 Vgl. RG v. 5. 4. 1886 – 652/86, RGSt 14, 80; v. 24. 10. 1905 – Rep. 603/05, RGSt 38, 195, 196; v. 27. 2. 1905 – Rep. 5339/04, RGSt 37, 433, 435.
6 Vgl. RG v. 3. 6. 1910 – V 58/10, RGSt 43, 407, 416.
7 Vgl. RG v. 5. 4. 1886 – 652/86, RGSt 14, 80; v. 24. 10. 1905 – Rep. 603/05, RGSt 38, 195, 196; v. 27. 2. 1905 – Rep. 5339/04, RGSt 37, 433, 435.

▶ die Aktivierung von wertlosen Forderungen, die wertmäßig abzuschreiben wären,[1]
▶ die Nichtbilanzierung von Aktiva, z. B. Waren, oder Passiva, z. B. Verbindlichkeiten.[2]

Gerade die **Nichtbilanzierung** von aktiven oder passiven Vermögenspositionen führt strafrechtlich zu interessanten Konstellationen, weil so auch eine unrichtige Darstellung durch Unterlassen begangen werden kann. 3101

(2) Rechtsformspezifische Straftatbestände

Verspätete Insolvenzantragstellung

Die **Insolvenzantragspflicht**, die bislang in den Einzelgesetzen (§ 64 Abs. 1, § 71 Abs. 4 GmbHG, § 92 Abs. 2, § 268 Abs. 2 AktG, Art. 10 SE-VO i.V. m. § 92 Abs. 2 AktG, § 278 Abs. 3, § 283 Nr. 14 AktG, § 99 GenG, § 42 Abs. 2 BGB, § 130a Abs. 1 HGB und §§ 1980, 1985 BGB) geregelt war, hat nunmehr eine allgemeine Ausgestaltung in § 15a Abs. 1 und Abs. 2 InsO gefunden.[3] Danach haben die Mitglieder des Vertretungsorgans oder die Abwickler einer juristischen Person oder die organschaftlichen Vertreter einer haftungsbeschränkten Gesellschaft ohne schuldhaftes Zögern, spätestens aber drei Wochen nach Eintritt der Zahlungsunfähigkeit oder Überschuldung einen Insolvenzantrag zu stellen. Nach wie vor nicht insolvenzantragspflichtig sind grundsätzlich natürliche Personen, Gesellschaften bürgerlichen Rechts und offene Handelsgesellschaften.[4] 3102

Der **Strafrahmen** für die verspätete Insolvenzantragstellung beträgt Freiheitsstrafe bis zu drei Jahren oder Geldstrafe. Handelt der Täter fahrlässig, so ist die Strafe Freiheitsstrafe bis zu einem Jahr oder Geldstrafe. 3103

Weiterhin ist zu berücksichtigen, dass die verspätete **Insolvenzantragstellung** gem. § 823 Abs. 2 BGB, § 15a Abs. 1 InsO zu Schadensersatzansprüchen gegen den Täter führt.[5] Die Pflicht zur Insolvenzantragstellung entsteht objektiv mit Zahlungsunfähigkeit oder Überschuldung. Während die Zahlungsunfähigkeit anhand der im Einzelnen von der Rechtsprechung entwickelten Kriterien für den Unternehmer im Regelfall ohne weiteres erkennbar ist, ist die Strafbarkeit 3104

---

1 Vgl. Schmittmann, BBB 2006, 372, 374, m.w. N.
2 Vgl. RG v. 30.10.1899 – Rep. 3120/99, RGSt 32, 353, 357.
3 Vgl. Römermann, NZI 2008, 641, 645.
4 S. Schmittmann/Theurich/Brune, Das insolvenzrechtliche Mandat, § 11 Rdnr. 61 ff.
5 Vgl. Wagner/Zabel, NZI 2008, 660, 661; Schmittmann/Theurich/Brune, Das insolvenzrechtliche Mandat, § 6 Rdnr. 305 ff.

wegen verspäteter Insolvenzantragstellung bei Überschuldung häufig problematisch.

3105 An dieser Stelle kann nicht im Einzelnen der Frage nachgegangen werden, wie sich handelsrechtlicher, insolvenzrechtlicher und strafrechtlicher Überschuldungsbegriff unterscheiden.[1] Es liegt aber auf der Hand, dass jedenfalls dann, wenn nach keiner Bewertungsmethode mehr vom Fehlen der Überschuldung ausgegangen werden kann, auch eine Strafbarkeit des Täters anzunehmen ist.[2] Befindet sich die Gesellschaft in der Sanierung, so muss dem organschaftlichen Vertreter bekannt sein, dass ihn erhöhte Beobachtungspflichten treffen. Er wird also im Einzelnen dokumentieren müssen, warum er bislang der Auffassung ist, dass keine **Insolvenzantragspflicht** besteht.

3106 Um der Strafbarkeit gem. § 15a Abs. 4 InsO (§ 84 Abs. 1 Nr. 2, § 64 Abs. 1 GmbHG a. F.) zu entgehen, reichte es in der Vergangenheit aus, beim Insolvenzgericht einen Insolvenzantrag zu stellen, ohne dass weitere Unterlagen beigefügt oder ergänzende Angaben gemacht werden.[3] Dem steht die Neufassung der Insolvenzantragspflicht ebenfalls entgegen, da nunmehr auch die „nicht richtige" Insolvenzantragstellung unter Strafe gestellt wird.[4]

3107 Häufig verteidigen sich die organschaftlichen Vertreter damit, dass zwar die Krise erkannt worden sei, aber **Sanierungsmaßnahmen** eingeleitet worden sind. Problematisch ist aber, dass die Drei-Wochen-Frist des § 15a Abs. 1 Satz 1 InsO einzuhalten ist und mit Eintritt der Insolvenzreife beginnt. Dies bedeutet, dass Sanierungsmaßnahmen, die zwar innerhalb dieser Frist eingeleitet werden, den Insolvenzgrund aber erst nach Ablauf dieser Frist beseitigen, strafrechtlich wirkungslos sind; d. h., dass der organschaftliche Vertreter mit dem zivilrechtlichen Risiko auch das strafrechtliche Risiko der Sanierung trägt. Gelingt die Sanierung, was in aller Regel Monate dauert, so gerät das Unternehmen nicht in ein förmliches Insolvenzverfahren, so dass es zu einer Prüfung von Straftatbeständen regelmäßig nicht kommt. Scheitert indes die Sanierung, so stellt sich dies üblicherweise erst nach Monaten heraus, so dass über einen Zeitraum von Monaten die Insolvenzverschleppung als Dauerdelikt begangen worden ist.

---

1 Vgl. Schmittmann, ZInsO 2008, 1170 ff.
2 Vgl. Roth/Altmeppen, § 84 GmbHG Rdnr. 22.
3 Vgl. AG Duisburg, Beschluss v. 2.1.2007 – 64 IN 107/06, NZI 2007, 354 ff. mit Anm. Schmittmann.
4 S. Schmittmann/Theurich/Brune, Das insolvenzrechtliche Mandat, § 11 Rdnr. 67.

Die vorgenannten Straftatbestände sind sog. **„echte Sonderdelikte"** für organ- 3108
schaftliche Vertreter. Dies bedeutet, dass ein Berater zwar nicht Täter sein
kann, aber Teilnehmer.

Die Grundformen der Beteiligung mehrerer an einer Tat sind Täterschaft und 3109
Teilnahme. Täterschaft ist eine eigene, nicht unbedingt eigenhändige, Begehung der Tat, während Teilnahme Beteiligung an der Begehung der Tat durch
einen anderen ist. Der für die Abgrenzung von Täterschaft und Teilnahme
maßgebende Gesichtspunkt ist umstritten und sollte strafrechtlichen Werken
vorbehalten bleiben.[1]

Die neuere Rechtsprechung stellt auf die „vom Täterwillen getragene objektive 3110
Tatherrschaft" ab.[2] Teilnahme i. S. d. Beteiligung an fremder Tat kann Anstiftung oder Beihilfe sein. Teilnahme setzt das Vorliegen (oder den mit Strafe be-
drohten Versuch) einer fremden Tat, der sog. Haupttat voraus, von der die Beurteilung der nicht täterschaftlichen Tatbeiträge abhängt. Als Haupttat genügt eine rechtswidrige Tat, bei der die Schuld des Täters unerheblich ist (sog.
„limitierte Akzessorietät"). Allerdings muss sie ein Rechtsgut verletzen, das
auch für den Teilnehmer fremd ist.

Ferner muss die Haupttat mit Vorsatz i. S. d. Wissens und Wollens der Tat- 3111
bestandsverwirklichung begangen sein. Teilnahme an einer vorsatzlosen Tat
gibt es daher nicht.

Als Anstifter wird gleich einem Täter gem. § 26 StGB bestraft, wer vorsätzlich 3112
einen anderen zu dessen vorsätzlich begangener rechtswidriger Tat bestimmt
hat. Bestimmen bedeutet Verursachen des Tatentschlusses in einem anderen,
gleichgültig durch welches Mittel.[3]

Ist der andere schon zur Tat entschlossen („omnimodo facturus") so liegt nur 3113
psychische Beihilfe[4] oder versuchte Anstiftung nach § 30 StGB vor.[5]

Als Gehilfe wird gem. § 27 Abs. 1 StGB bestraft, wer vorsätzlich einem anderen 3114
zu dessen vorsätzlich begangener rechtswidriger Tat Hilfe geleistet hat. Hilfeleisten ist ein für die Begehung der Haupttat i. S. d. gesetzmäßigen Bedingungen kausaler Tatbeitrag, der die Rechtsgutverletzung ermöglicht oder verstärkt

---

1 Vgl. Lackner, StGB, Vor § 25 Rdnr. 3.
2 Vgl. BGH v. 15. 9. 1988 – 4 StR 352/88, BGHSt 35, 347, 353.
3 So BGH v. 18. 4. 1952 – 1 StR 871/51, BGHSt 2, 279.
4 Vgl. BGH v. 8. 8. 1995 – 1 StR 377/95, NStZ-RR 1996, 1.
5 So RG v. 27. 10. 1938 – g. L. 5 D 673/38, RGSt 72, 373.

oder die Durchführung der Tat erleichtert oder absichert und der nicht Täterschaft oder Anstiftung ist.[1]

3115 Für das Hilfeleisten genügt im Allgemeinen das Schaffen günstigerer Vorbedingungen für die Haupttat, z. B. psychische Stärkung der Tatbereitschaft, Erleichterung der Tatausführung, Übernahme von Abwehr- oder Warnfunktionen gegen mögliche Störungen, Beschleunigung des Taterfolges etc.[2]

Verstoß gegen die Verlustanzeigepflicht

3116 Gemäß § 49 Abs. 3 GmbHG muss eine Gesellschafterversammlung unverzüglich einberufen werden, wenn sich aus der Jahresbilanz oder aus einer im Verlauf des Geschäftsjahres aufgestellten Bilanz ergibt, dass die Hälfte des Stammkapitals verloren ist. Dies gilt sinngemäß auch für Aktiengesellschaften (§ 92 Abs. 1 AktG) und Genossenschaften (§ 33 Abs. 3 GenG).[3] Der Verstoß gegen die Verlustanzeigepflicht ist strafbewehrt (§ 84 Abs. 1 GmbHG, § 401 Abs. 1 AktG und § 148 Abs. 1 GenG).[4] Bei Unternehmergesellschaften (haftungsbeschränkt) ist gem. § 5a Abs. 4 GmbHG bereits bei drohender Zahlungsunfähigkeit eine Gesellschafterversammlung einzuberufen, wobei ein Verstoß gegen diese Vorschrift nicht strafbewehrt ist. Auch hier handelt es sich um sog. „echte Sonderdelikte", so dass der Steuerberater nicht Täter, aber Teilnehmer sein kann.[5]

3117 Der **Steuerberater** kommt allerdings als Täter in Betracht, wenn er faktischer Geschäftsführer ist.[6] Der Begriff des faktischen Geschäftsführers ist erfüllt, wenn sowohl betriebsintern als auch nach außen alle Dispositionen weitgehend von dem faktischen Geschäftsführer ausgehen und er im Übrigen auf sämtliche Geschäftsvorgänge bestimmenden Einfluss nimmt. Die Unternehmensführung darf nicht einseitig angemaßt, sondern muss mit dem Einverständnis der Gesellschafter, das als konkludente Bestellung zu werten ist, erfolgt sein.

---

1 So Lackner, § 27 Rdnr. 2.
2 So Lackner, § 27 Rdnr. 2.
3 Vgl. Veit, StuB 2006, 917 ff.
4 Vgl. Schmittmann/Theurich/Brune, Das insolvenzrechtliche Mandat, § 11 Rdnr. 32 ff.
5 So Roth/Altmeppen, GmbHG, § 84 Rdnr. 3.
6 Vgl. Frege, NZI 2006, 545, 549.

F. Aspekte aus Sicht des Insolvenzverwalters

Diese allgemeinen Voraussetzungen entsprechen der Rechtsprechung des BGH sowohl in strafrechtlicher[1] als auch in zivilrechtlicher Hinsicht.[2] Im Zivilrecht ist es nicht erforderlich, dass der Handelnde die gesetzliche Geschäftsführung völlig verdrängt.[3] 3118

Demgegenüber ist es für einen **faktischen Geschäftsführer** im strafrechtlichen Sinne erforderlich, dass er gegenüber dem formellen Geschäftsführer die überragende Stellung in der Gesellschaft einnimmt oder zumindest das deutliche Übergewicht hat.[4] Als Indizien für die tatsächliche Geschäftsleitung, die nach dem Gesamterscheinungsbild zu beurteilen sind, kommen in Betracht:[5] 3119

▶ Einstellen und Entlassen von Arbeitnehmern;
▶ Führen von Kreditverhandlungen;
▶ Preisverhandlungen mit Kunden;
▶ Handeln mit einer vom Geschäftsführer ausgestellten Generalvollmacht.

Die vorliegenden Kriterien sind bei dem Steuerberater in aller Regel nicht gegeben. Zwar mag er bei den Kreditverhandlungen mit den Banken oft eine herausgehobene Rolle spielen, andererseits ist es regelmäßig nicht gegeben, dass er Preisverhandlungen mit Kunden führt oder Arbeitnehmer einstellt und/oder entlässt. Allein dann, wenn der Steuerberater in den laufenden Geschäftsbetrieb des Unternehmens eingegliedert ist, kommen Fälle der faktischen Geschäftsführung vor. Der faktische Geschäftsführer unterliegt dann dem Pflichtenkreis eines ordentlichen Geschäftsführers.[6] 3120

Ebenso wie den formellen Geschäftsführer trifft daher den faktisch Handelnden die strafbewehrte Pflicht[7] 3121

▶ die Bücher ordnungsgemäß zu führen (§ 41 GmbHG, § 278 HGB, §§ 283 Abs. 1 Nr. 5 und 6, § 283b Abs. 1 Nr. 1 und 2 StGB);
▶ den Jahresabschluss aufzustellen (§§ 242, 264 Abs. 1 HGB, §§ 283 Abs. 1 Nr. 7, 283b Abs. 1 Nr. 3 StGB);

---

1 Vgl. BGH v. 10.5.2000 – 3 StR 101/00, StuB 2000, 1230.
2 So BGH v. 11.7.2005 – II ZR 235/03, NZI 2006, 63 f., mit Anm. Gundlach/Frenzel, ZInsO 2005, 878 f.; v. 21.3.1988 – 2 ZR 194/87, BGHZ 104, 44, 47 f.
3 So zuletzt BGH v. 11.7.2005 – II ZR 235/03, StuB 2005, 862.
4 So BGH v. 10.5.2000 – 3 StR 101/00, BGHSt 46, 62, 65; unter Hinweis auf BGH v. 24.6.1952 – 1 StR 153/52, BGHSt 3, 32, 37; v. 22.9.1982 – 3 StR 287/82, BGHSt 31, 118, 122.
5 Vgl. Himmelskamp/Schmittmann, StuB 2006, 326.
6 So BGH v. 19.4.1984 – 1 StR 736/83, wistra 1984, 178.
7 Vgl. Bittmann/Meier, Insolvenzstrafrecht, § 5 Rdnr. 106; Himmelskamp/Schmittmann, StuB 2006, 406.

- die Arbeitnehmeranteile rechtzeitig an die Sozialversicherungsträger abzuführen (§ 266a StGB);
- bei Zahlungsunfähigkeit oder Überschuldung der Gesellschaft rechtzeitig einen Eigenantrag auf Eröffnung des Insolvenzverfahrens zu stellen (§ 15a Abs. 1 und Abs. 2 InsO).

(3) Rechtsformunabhängige Straftatbestände in der Krise

Betrug

3122 Gemäß § 263 Abs. 1 StGB wird bestraft, wer in der Absicht, sich oder einem Dritten einen rechtswidrigen Vermögensvorteil zu verschaffen, das Vermögen eines anderen dadurch beschädigt, dass er durch Vorspiegelung falscher oder durch Entstellung oder Unterdrückung wahrer Tatsachen einen Irrtum erregt oder unterhält.

3123 Besonders häufig ist in der Krise der Straftatbestand des Betruges in Form des sog. „Eingehungsbetruges" verwirklicht. Eingehungsbetrug liegt vor, wenn der Besteller einer Ware oder Dienstleistung im Zeitpunkt der Bestellung damit rechnen muss, die bezahlte Ware oder Dienstleistung nicht bezahlen zu können. Die Rechtsprechung geht insoweit davon aus, dass derjenige, der Waren oder Dienstleistungen bestellt, damit konkludent erklärt, auch zur Zahlung in der Lage zu sein.[1]

3124 Praktisch liegt der Straftatbestand des **Eingehungsbetruges** in Krisennähe mehr oder minder immer vor, weil im Zeitpunkt der Insolvenzantragstellung offene Rechnungen für Verbindlichkeiten aus Lieferung und Leistung vorliegen. Für die entsprechenden Gläubiger ist ein Strafverfahren gegen den organschaftlichen Vertreter der Schuldnerin häufig deshalb von Interesse, weil gegen ihn gem. § 823 Abs. 2 BGB ein Schadensersatzanspruch deliktischer Natur entstehen kann. Dies bedeutet zugleich, dass in einem eventuellen Insolvenzverfahren mit Restschuldbefreiung über das Vermögen des organschaftlichen Vertreters dieser keine Befreiung von der Schadensersatzverbindlichkeit erlangen kann (§ 302 Nr. 1 InsO).

3125 Das strafrechtliche Risiko des Beraters der Schuldnerin besteht darin, dass dieser möglicherweise psychische Beihilfe zum Eingehungsbetrug leistet, wenn er den organschaftlichen Vertreter ermutigt, den Geschäftsbetrieb fortzuführen anstatt rechtzeitig Insolvenzantrag zu stellen.

---

1 S. BGH v. 3. 6. 1960 – 4 StR 121/60, BGHSt 15, 24.

Untreue

Gemäß § 266 Abs. 1 StGB wird wegen Untreue bestraft, wer die ihm durch Gesetz, behördlichen Auftrag oder Rechtsgeschäft eingeräumte Befugnis, über fremdes Vermögen zu verfügen oder einen anderen zu verpflichten, missbraucht oder die ihm kraft Gesetzes, behördlichen Auftrags, Rechtsgeschäfts oder eines Treueverhältnisses obliegende Pflicht, fremde Vermögensinteressen wahrzunehmen, verletzt und dadurch dem, dessen Vermögensinteressen er zu betreuen hat, Nachteil zufügt.

3126

Als tauglicher Täter der Untreue kommt regelmäßig der organschaftliche Vertreter der Schuldnerin in Betracht.

3127

Bei dem **Beiseiteschaffen von Vermögensgegenständen** der Schuldnerin stellt sich die Frage der Abgrenzung zu den Insolvenzdelikten gem. §§ 283 ff. StGB.

3128

Der BGH hat zur Abgrenzung die sog. „**Interessenformel**" entwickelt.[1] Das Gericht will – je nach Intention des Täters – sein Handeln entweder nach § 266 StGB als Untreue oder aber nach § 283 Abs. 1 StGB als Bankrott ahnden. Die Verwirklichung des Bankrottatbestandes soll davon abhängen, dass die Handlung des Geschäftsführers zumindest auch im Interesse der GmbH liegt, wo hingegen eine Untreue nach dieser Auffassung nur dann gegeben ist, wenn der Geschäftsführer eigennützig handelt bzw. im Interesse der Gesellschafter fremdnützig agiert.

3129

Vielen Beratern und Gesellschafter-Geschäftsführern ist dabei nicht klar, dass derartige Geschäftsvorfälle auch bei Einpersonengesellschaften strafbar sind.[2] Da die GmbH ebenso wie die Aktiengesellschaft eine eigene juristische Person ist, kann es nicht darauf ankommen, dass organschaftlicher Vertreter und Gesellschafter identisch sind. Den Straftatbestand schließt dies jedenfalls nicht aus.

3130

Hinsichtlich der Rechtsfolgen ist die Differenzierung in der Praxis deshalb entscheidend, weil zwar der identische Strafrahmen vom Gesetz aufgezeigt wird, die versuchte Untreue im Gegensatz zum versuchten Bankrott aber nicht strafbar ist.

3131

Darüber hinaus greift bei einer Verurteilung nach § 266 StGB (Untreue) oder Insolvenzverschleppung die Registersperre gem. § 6 Abs. 2 GmbHG nicht ein,

3132

---

1 Vgl. BGH v. 20.5.1981 – 3 StR 94/81, BGHSt 30, 127, 130; v. 17.3.1987 – 5 StR 272/86, wistra 1987, 216; BGH v. 3.5.1991 – 2 StR 613/90, NStZ 1991, 432.
2 Vgl. OLG Hamm v. 4.3.1985 – 1 Ss 48/55, wistra 1985, 158; BGH v. 12.12.1996 – 4 StR 489/96, wistra 1997, 146.

wonach ein wegen eines Bankrottdelikts bestrafter Täter für die Dauer von fünf Jahren nach Rechtskraft des Urteils nicht Geschäftsführer einer GmbH sein kann. Dies führt dazu, dass die Verteidigungspraxis häufig darauf ausgerichtet ist, Ermittlungen wegen Untreue oder Insolvenzverschleppung anstatt wegen Bankrott zu provozieren.

3133 Dem hat der Gesetzgeber aber einen Riegel vorgeschoben, allerdings nur halbherzig, da lediglich bestimmte Taten nach GmbHG und AktG zu einer Sperre führen, nicht aber Untreue und Betrug. Gemäß § 6 Abs. 2 Satz 2 Nr. 3 GmbHG in der Fassung des MoMiG kann Geschäftsführer für die Dauer von fünf Jahren seit der Rechtskraft des Urteils nicht sein, wer wegen einer vorsätzlich begangenen Straftat gem. §§ 82, 84 GmbHG, §§ 399–401 AktG oder §§ 283–283d StGB verurteilt worden ist.

3134 Es handelt sich hierbei um die **Straftatbestände** der falschen Angaben, insbesondere bei der Gründung einer GmbH (§ 82 GmbHG) sowie der unterlassenen Verlustanzeige und der verspäteten Insolvenzantragsstellung i. S. v. § 84 GmbHG. Diese Delikte sind nach den praktischen Erfahrungen in fast jedem Insolvenzverfahren anzutreffen. Bisher standen sie einer weiteren wirtschaftlichen Tätigkeit des Geschäftsführers nicht im Wege. Eine Verurteilung gem. §§ 283–283d StGB konnte in aller Regel dadurch vermieden werden, dass hinsichtlich einer anderen, im Zusammenhang mit der Insolvenz der Gesellschaft stehenden Straftat ein umfassendes Geständnis abgegeben worden ist, so dass der **Staatsanwaltschaft** jede Motivation fehlt, noch – in aller Regel schwer nachzuweisenden – Insolvenzdelikten im engeren Sinne nachzugehen.[1]

3135 Nur der Vollständigkeit halber sei an dieser Stelle darauf hingewiesen, dass für die „**Sperrfrist**" gem. § 6 Abs. 2 GmbHG die Zeit nicht eingerechnet wird, in welcher der Täter auf behördliche Anordnung in einer Anstalt verwahrt worden ist.

3136 Der Gesetzgeber hat mit der Erweiterung der **Disqualifikationstatbestände** aus § 6 Abs. 2 GmbHG sicherlich einen vernünftigen Weg eingeschlagen. Es bleibt nunmehr abzuwarten, ob ggf. vermehrt **Umgehungstatbestände** gewählt werden, indem andere Personen zum Geschäftsführer bestellt werden, im Ergebnis aber die disqualifizierte Person die Fäden weiter in der Hand hält.[2]

---

[1] Vgl. Schmittmann, ZSteu 2004, 308 ff.; Schmittmann/Theurich/Brune, Das insolvenzrechtliche Mandat, § 11.
[2] Vgl. dazu BGH v. 24.6.1952 – 1 StR 153/52, BGHSt 3, 37; Himmelskamp/Schmittmann, StuB 2006, 326.

(4) Steuerstraftaten

Gem. § 370 Abs. 1 AO wird bestraft, wer den Finanzbehörden oder anderen Behörden über steuerlich erhebliche Tatsachen unrichtige oder unvollständige Angaben macht, die Finanzbehörden pflichtwidrig über steuerlich erhebliche Tatsachen in Unkenntnis lässt oder pflichtwidrig die Verwendung von Steuerzeichen oder Steuerstemplern unterlässt und dadurch Steuern verkürzt oder für sich oder einen anderen nicht gerechtfertigte Steuervorteile erlangt.

3137

Die **Steuerhinterziehung** als Kerndelikt des Steuerstrafrechts schützt als Rechtsgut das öffentliche Interesse[1] am rechtzeitigen und vollständigen Aufkommen der einzelnen Steuern.[2] Die Hilfeleistung in Steuersachen und insbesondere die Steuergestaltung ist problematisch, wenn der Steuerberater für seinen Mandanten bekannt falsche Belege bucht oder bei der Errechnung der Einkünfte ihm bekannte Zuflüsse des Mandanten nicht aufnimmt.[3] Steuerhinterziehung liegt bereits dann vor, wenn ein Antrag auf Fristverlängerung – zur faktischen Stundung fälliger Steuerzahlungen – gestellt wird, obwohl die Steuererklärung bereits vollständig gefertigt ist.[4] Dem Steuerberater kann daher nur dringend empfohlen werden, seine Tätigkeit zu dokumentieren. Wenn der Berater bei der Erstellung seiner Vermerke feststellt, dass er bestimmte Hinweise oder Gestaltungen nicht schriftlich niederlegen möchte, so muss dies für ihn ein „Warnsignal" sein, dass er unredlich handelt.[5] Darüber hinaus sollte der Steuerberater nie vergessen, dass er, sei das Vertrauensverhältnis noch so intensiv, immer daran denken muss, dass im Konfliktfall der Mandant sein erster Belastungszeuge ist.[6] Nur der Vollständigkeit halber wird darauf hingewiesen, dass ein Steuerberater sich berufsrechtswidrig verhält, wenn er den Mandanten beispielsweise zur Beantragung einer Eigenheimzulage rät, obwohl die Voraussetzungen hierfür nicht vorliegen, und er damit ein strafrechtlich relevantes Verhalten seines Mandanten zumindest mitverursacht.[7]

3138

(Einstweilen frei)   3139–3160

---

1 Vgl. zu den Bemühungen des Gesetzgebers, sog. „Steuer-Oasen" zu bekämpfen: Schmittmann, StuB 2009, 605 ff.
2 So Schmittmann/Theurich/Brune, Das insolvenzrechtliche Mandat, § 11 Rdnr. 53; Dietz/Cratz/Rolletschke/Kemper, Steuerverfehlungen, § 370 AO Rdnr. 17.
3 So Wessing, NJW 2003, 2265, 2268; Gotzens/Heinsius, Stbg 2000, 209, 215.
4 So Wessing, NJW 2003, 2265, 2268; Memento, Unternehmen in Krise und Insolvenz, Rdnr. 6.045.
5 Vgl. Wessing, NJW 2003, 2265, 2271.
6 So Streck, BB 1984, 2205, 2207.
7 So LG Frankfurt am Main v. 29. 4. 2005 – 5/35 StL 2/05, DStR 2006, 1167 f.

4. Internationale Bezüge

Literatur: *Hesselmann/Schmittmann*, Die internationale Zuständigkeit und Wirkungserstreckung in der EuInsVO unter besonderer Berücksichtigung von Kompetenzkonflikten, ZInsO 2008, 957 ff.; *Schmittmann*, In- und ausländische Restschuldbefreiung und Untergang deutscher Abgabenschulden?, VR 2008, 36 ff.; *Hergenröder*, Entschuldung durch Restschuldbefreiungtourismus?, DZWIR 2009, 309 ff.

a) Ausgangslage

3161 Für die Eröffnung des Insolvenzverfahrens sind gem. Art. 3 Abs. 1 EuInsVO die Gerichte des Mitgliedstaats zuständig, in dessen Gebiet der Schuldner den **Mittelpunkt seiner hauptsächlichen Interessen** hat. Bei Gesellschaften und juristischen Personen wird bis zum Beweis des Gegenteils vermutet, dass der Mittelpunkt ihrer hauptsächlichen Interessen der Ort des satzungsmäßigen Sitzes ist.

3162 Hat der Schuldner den Mittelpunkt seiner hauptsächlichen Interessen im Gebiet eines Mitgliedstaats, so sind die Gerichte eines anderen Mitgliedstaats nur dann zur Eröffnung des Insolvenzverfahrens befugt, wenn der Schuldner eine Niederlassung im Gebiet dieses anderen Mitgliedstaats hat. Die Wirkungen dieses Verfahrens sind auf das im Gebiet des letzteren Mitgliedstaats belegene Vermögen des Schuldners beschränkt (Art. 3 Abs. 2 EnInsVO).

3163 Die Bestimmung des Art. 3 Abs. 1 EuInsVO ist nach der Rechtsprechung des EuGH, die aufgrund eines Vorlagebeschlusses des BGH erging,[1] dahin auszulegen, dass das Gericht des Mitgliedstaats, in dessen Gebiet der Schuldner bei Stellung des Antrags auf Eröffnung des Insolvenzverfahrens den Mittelpunkt seiner hauptsächlichen Interessen hat, für die Entscheidung über die Eröffnung dieses Verfahrens zuständig bleibt, wenn der Schuldner nach Antragstellung, aber vor der Eröffnungsentscheidung den Mittelpunkt seiner hauptsächlichen Interessen in das Gebiet eines anderen Mitgliedstaats verlegt.[2] Dieser Auffassung folgen inzwischen auch die nationalen Gerichte[3] sowie die Literatur.[4] Demnach kann es vorkommen, dass über das Vermögen einer natürlichen oder juristischen Person das Insolvenzverfahren von einem Gericht eines ande-

---

[1] So BGH v. 27. 11. 2003 – IX B 418/02, NJW-RR 2004, 848 f., m. Anm. Liersch; EWiR 2004, 229 f. [Mankowski]; vgl. dazu Schmittmann, WAR 2004, 94 f.
[2] So EuGH v. 17. 1. 2006 – Rs. C-1/04, ZInsO 2006, 86 ff. = NZI 2006, 153 ff., m. Anm. Mankowski – Susanne Staubitz-Schreiber.
[3] Vgl. BGH v. 9. 2. 2006 – IX ZR 418/02, ZInsO 2006, 321 ff. = NZI 2006, 297.
[4] Vgl. Schmittmann/Theurich/Brune, Das insolvenzrechtliche Mandat, § 10 Rdnr. 14, m. w. N.

ren Mitgliedstaats eröffnet wird. Daraus können sich auch steuerliche Fragen ergeben.

b) Restschuldbefreiung

In Deutschland kann der Schuldner im Zuge eines Insolvenzplanverfahrens oder durch Entscheidung über die **Restschuldbefreiung** gem. § 300 Abs. 1 InsO von seinen restlichen Verbindlichkeiten befreit werden (§ 1 Satz 2 InsO). 3164

Möglichkeiten der Restschuldbefreiung sehen auch andere Rechtsordnungen vor. In **Italien** erfolgt beispielsweise die Restschuldbefreiung gem. Art. 142 bis 144 Codice del Fallimento durch Dekret. Auch **Frankreich** kennt ein Restschuldbefreiungsverfahren, das insbesondere durch die vergleichsweise kurzfristige Erteilung der Restschuldbefreiung in einigen Departments auf sich aufmerksam gemacht hat.[1] Grundsätzlich ist nach der Rechtsprechung des BGH eine Restschuldbefreiung, die im Ausland einem Deutschen erteilt worden ist, selbst dann anzuerkennen, wenn er zuvor seinen Wohnsitz dorthin verlegt hat.[2] Da die im Ausland erlangte Restschuldbefreiung somit auch dazu führt, dass die inländischen Verbindlichkeiten des Schuldners untergehen, stellt sich die Frage, ob dies auch für Steuerverbindlichkeiten gilt, die der Schuldner gegenüber der deutschen Finanzverwaltung hat sowie die Frage, welche ertragsteuerlichen Konsequenzen im Inland aus der ausländischen Restschuldbefreiung zu ziehen sind.[3] 3165

---

1 Vgl. Köhler, ZVI 2003, 626 ff.
2 So BGH v. 18. 9. 2001 – IX ZB 51/00, ZInsO 2001, 1009 ff.
3 Vgl. Schmittmann, VR 2008, 36 ff.

c) Untergang deutscher Steuerschulden

3166 Sowohl das Schreiben des BMF v. 27.3.2003[1] als auch die Verfügung der OFD Münster v. 21.10.2005[2] gehen von einer Restschuldbefreiung nach deutschem Recht bzw. einem Insolvenzplan i.S.v. §§ 220 ff. InsO aus.

3167 Auch das österreichische Steuerrecht[3] geht davon aus, dass aus einem Schuldenerlass resultierende Gewinne gem. § 36 Abs. 2 öEStG solche sind, die entstanden sind durch:

▶ Erfüllung der Ausgleichsquote nach Abschluss eines gerichtlichen Ausgleichs i.S.d. Ausgleichsordnung, § 36 Abs. 2 Nr. 1 öEStG, oder durch

▶ Erfüllung eines Zwangsausgleiches (§§ 140 ff. öKO), § 36 Abs. 2 Nr. 2 öEStG, oder durch

▶ Erfüllung eines Zahlungsplanes (§§ 193 ff. öKO) oder durch Erteilung einer Restschuldbefreiung nach Durchführung eines Abschöpfungsverfahrens (§§ 199 ff. öKO), § 36 Abs. 2 Nr. 3 öEStG.

3168 Für die Steuerfestsetzung gilt § 36 Abs. 3 öEStG:

▶ Es ist die Steuer vom Einkommen sowohl einschließlich als auch ausschließlich der aus dem Schulderlass resultierenden Gewinne zu berechnen und daraus der Unterschiedsbetrag zu ermitteln (§ 36 Abs. 3 Nr. 1 öEStG);

▶ auf den so ermittelten Unterschiedsbetrag ist der dem Schulderlass entsprechende Prozentsatz (100 % abzgl. der Quote) anzuwenden (§ 36 Abs. 3 Nr. 2 öEStG);

---

1 S. BMF v. 27.3.2003 – IV A 6-S 2140-8/03, BStBl II 2003, 240 ff.; vgl. dazu Schmittmann, Steuerpflichtiger Sanierungsgewinn bei Restschuldbefreiung und Insolvenzplan?, ZInsO 2003, 505 ff.; Strüber/von Donat, Die ertragsteuerliche Freistellung von Sanierungsgewinnen durch das BMF-Schreiben v. 27.3.2003 – zu absehbaren steuer- und beihilferechtlichen Problemen bei der Anwendung, BB 2003, 2036 ff.; Janssen, Erlass von Steuern auf Sanierungsgewinne, DStR 2003, 1055 ff.; Blöse, Besteuerung von Sanierungsgewinnen: Gesteigerte Sanierungschancen durch das BMF-Schreiben v. 27.3.2003, GmbHR 2003, 579 ff.; Ritzer/Stangl, Ertragsteuerliche Behandlung von Sanierungsgewinnen, INF 2003, 547 ff.; Vater, Steuerbefreiung von Sanierungsgewinnen, StuB 2003, 553 ff.; Romswinkel/Weßling, Erlass von Steuern auf Sanierungsgewinne sachgerecht?, ZInsO 2003, 886 ff.; Linse, Ertragsteuerliche Behandlung von Sanierungsgewinnen, ZInsO 2003, 934 ff.; Becker, Die ertragsteuerliche Behandlung des Sanierungsgewinns – Hinweise für den Praktiker, ZVI 2003, 320 ff.; Becker, Die steuerliche Behandlung von Sanierungsgewinnen, DStR 2003, 1602 ff.; Nolte, Ertragsteuerliche Behandlung von Sanierungsgewinn – Steuerstundung und Steuererlass aus sachlichen Billigkeitsgründen, NWB 2005, 3855 ff.; Uhländer, Erlass der Einkommensteuer auf den Sanierungsgewinn, ZInsO 2005, 76 f.; Hölzle, Besteuerung der Unternehmenssanierung – Die steuerlichen Folgen gängiger Sanierungsinstrumente, FR 2004, 1193 ff.

2 OFD Münster, Ertragsteuerliche Behandlung von Verbindlichkeiten in Fällen der Unternehmensinsolvenz, Kurzinformation Einkommensteuer-Nr. 027 v. 21.10.2005, ZInsO 2006, 135 ff., m. Anm. Schmittmann.

3 S. Kanduth-Kristen, ZIK 2006, 44 ff.; Schmittmann, ZInsO 2006, 1187 ff.

▶ der so ermittelte Betrag ist von der Steuer abzuziehen, die sich aus dem Einkommen einschließlich der aus dem Schulderlass resultierenden Gewinne ergibt (§ 36 Abs. 3 Nr. 3 öEStG).[1]

Die Neuregelung in **Österreich** trat gem. § 124b Ziffer 127 öEStG ab dem Veranlagungszeitraum 2006 in Kraft. 3169

Damit schafft das österreichische Recht eine einheitliche Regelung für sämtliche Steuerpflichtige, unabhängig von der Art der Einkünfteermittlung, indem lediglich darauf abgestellt wird, ob ein Ausgleich, ein Zwangsausgleich, ein Zahlungsplan oder die Erteilung der Restschuldbefreiung für das Entstehen des Gewinns ursächlich sind. Darüber hinaus setzt § 36 öEStG in der Fassung des AbgÄG 2005 den Begriff des Sanierungsgewinns nicht mehr voraus. 3170

Folgt der **Schuldenerlass** einem außergerichtlichen Ausgleich, so ist § 36 öEStG nicht anwendbar.[2] 3171

Für Gewinne aufgrund eines außergerichtlichen Ausgleichs soll eine Erlassregelung dahin möglich sein, dass die Finanzämter nach Prüfung der Entnahmen sowie der steuerlichen Verlustverwertung hinsichtlich der anteiligen Nichtfestsetzung der Steuer in einer dem Gesetz entsprechenden Weise vorgehen können (Rdnr. 7268 öEStR 2000).[3] 3172

▶ Erfüllung der Ausgleichsquote nach Abschluss eines gerichtlichen Ausgleichs i. S. d. Ausgleichsordnung oder durch
▶ Erfüllung eines Zwangsausgleiches (§§ 140 ff. öKO) oder durch
▶ Erfüllung eines Zahlungsplanes (§§ 193 ff. öKO) oder durch
▶ Erteilung einer Restschuldbefreiung nach Durchführung eines Abschöpfungsverfahrens (§§ 199 ff. öKO).

Nach einer in der Literatur vertretenen Auffassung sind von der Regelung des § 36 öEStG keine Schulderlässe im Rahmen eines Insolvenzverfahrens nach ausländischem Recht umfasst.[4] Möglicherweise können derartige Gewinne einer in Rz. 7268 öEStR 2000 vorgesehenen erlassmäßigen Regelung unterfallen. 3173

Findet für einen Sanierungsgewinn nach deutschem Recht oder den Gewinn aus einer Restschuldbefreiung eine Sonderregelung Anwendung, so dürfte es mit europäischem Recht nicht zu vereinbaren sein, wenn die Auswirkungen 3174

---

1 Vgl. Kanduth-Kristen, taxlex 2005, 578 ff.; Fröhlich/Unger, SWK 2005, 853 ff.; Knörzer, SWK 2005, 967 ff.
2 So Kanduth-Kristen, ZIK 2006, 44 ff.; Schmittmann, ZInsO 2006, 1187, 1189.
3 So Kanduth-Kristen, ZIK 2006, 44 ff.
4 So Kanduth-Kristen, ZIK 2006, 44, 46.

auf den inländischen Gewinn aus einem ausländischen Insolvenzverfahren resultieren.

3175 Da nach der Rechtsprechung des BGH[1] auch die im Ausland erteilte Restschuldbefreiung dazu führt, dass die Forderung im Inland nicht mehr durchgesetzt werden kann, tritt eine Gewinnerhöhung ein. Der Steuerpflichtige hat einen außerordentlichen Ertrag auszuweisen, der mit der Einkommensteuer und ggf. Gewerbesteuer belastet wird.

3176 Die **Restschuldbefreiung** in Frankreich, die sich aus Art. 169 InsG 1985/1994 ergibt, erstreckt sich auf alle in- und ausländischen Forderungen, unabhängig davon, ob diese zum Verfahren angemeldet worden sind oder nicht. In Frankreich obliegt es – wie in Deutschland – jedem Gläubiger selbst, seine Forderung zum Insolvenzverfahren anzumelden. Eine Restschuldbefreiung nach französischem Recht („suspension de poursuites") erstreckt sich auf ausländische Gläubiger und Gläubiger von Forderungen fremden Rechts gleichermaßen.[2] Legt man diese Rechtsprechung des BGH der weiteren Betrachtung zugrunde, so werden auch Forderungen des deutschen Fiskus erfasst.

3177 Dies wäre lediglich dann anders, wenn die deutsche öffentliche Ordnung i. S. v. Art. 6 EGBGB („ordre public") verletzt ist. Die deutsche öffentliche Ordnung ist nur verletzt, wenn das Ergebnis der Anwendung des ausländischen Rechts zu den Grundgedanken der deutschen Regelung und den in ihr enthaltenen Gerechtigkeitsvorstellungen in so starkem Widerspruch steht, dass es nach inländischen Vorstellungen untragbar erscheint. Eine bestimmte Mindestquote als Ergebnis einer konkursmäßigen Befriedigung setzt das deutsche Recht nicht voraus.[3] Hier hat sich inzwischen die Ansicht durchgesetzt, dass in der Verbraucherinsolvenz sogar „Nullpläne" zulässig sind.[4] Dies führt im Ergebnis dazu, dass der Beschluss eines ausländischen Gerichts, nämlich die „suspension de poursuites" oder „esdebitazione" zum Erlöschen einer deutschen Steuerforderung führt.

3178 Die deutsche Finanzverwaltung ist damit gehindert, während der Dauer eines ausländischen Insolvenzverfahrens und ggf. auch nach Beendigung des ausländischen Insolvenzverfahrens mit der Erteilung der Restschuldbefreiung, deutsche Steuerforderungen zu vollstrecken. Soweit das ausländische Insol-

---

[1] S. BGH v. 18. 9. 2001 – IX ZB 51/00, ZInsO 2001, 1009 ff.
[2] So BGH v. 18. 9. 2001 – IX ZB 51/00, ZInsO 2001, 1009 ff.
[3] Vgl. BGH v. 14. 11. 1996 – IX 339/95, BGHZ 134, 79, 91 f.
[4] So BGH v. 18. 9. 2001 – IX ZB 51/00, NZI 2001, 646 ff.; BayObLG v. 30. 9. 1999 – 4 Z BR 4/99, ZIP 1999, 1926 ff.; OLG Köln v. 2. 11. 1999 – 2 W 137/99, ZIP 1999, 1929 ff.

venzverfahren noch andauert, ergibt sich dies regelmäßig aus ausländischem Recht.

Da das ausländische Verfahren das gesamte Vermögen des Schuldners unabhängig vom Ort der Belegenheit umfasst, scheidet eine Vollstreckung in inländisches Vermögen des Schuldners nach ausländischem Recht aus.

3179

Ob es für die Finanzverwaltung zweckmäßig sein kann, bei vorhandenen Inlandsvermögen des Schuldners während des Hauptverfahrens nach ausländischem Recht ein Sekundärinsolvenzverfahren gem. Art. 27 ff. EuInsVO zu beantragen, dürfte eine Frage des jeweiligen Einzelfalles sein.[1]

3180

d) Haftungsfragen

Wurde in einem anderen Mitgliedstaat der Europäischen Union ein Hauptinsolvenzverfahren eröffnet, kann gleichwohl die Anwendung der inländischen Haftungsvorschriften gem. §§ 34, 69 AO in Betracht kommen. Gem. § 34 Abs. 1 AO haben die gesetzlichen Vertreter natürlicher und juristischer Personen und die Geschäftsführer von nicht rechtsfähigen Personenvereinigungen und Vermögensmassen deren steuerliche Pflichten zu erfüllen. Sie haben insbesondere dafür zu sorgen, dass die Steuern aus den Mitteln entrichtet werden, die sie verwalten.[2] Nimmt der ausländische Insolvenzverwalter des **Hauptinsolvenzverfahrens** im Inland eine Verwertungshandlung vor, erfüllt er aber die daraus resultierenden steuerlichen Verpflichtungen nicht, so kann er von der deutschen Finanzverwaltung gem. §§ 34, 69 AO in Haftung genommen werden.[3] Die resultierende deutsche Haftungsschuld wird in Deutschland nach den Vorschriften der Abgabenordnung tituliert und ggf. im Rahmen der EU-Beitreibungsrichtlinie bzw. den Vollstreckungsabkommen, die zwischen den einzelnen Ländern geschlossen sind, durchgesetzt.

3181

Da diese Durchsetzung in aller Regel mit erheblichen Schwierigkeiten verbunden ist, kann es zweckmäßig sein, dass die deutsche Finanzverwaltung ein **Sekundärinsolvenzverfahren** beantragt, wenn sie erkennt, dass im Inland verwertbares Vermögen vorhanden ist und der inländische Steueranspruch gefährdet sein könnte.

3182

(Einstweilen frei)

3183–3200

---

1 Vgl. Siebert, IStR 2006, 416 f.
2 Vgl. Schmittmann/Theurich/Brune, Das insolvenzrechtliche Mandat, § 6 Rdnr. 352 ff.
3 So Siebert, IStR 2005, 195, 199.

5. Problemfeld Erteilung von Klartextkontoauszügen

Literatur: *Beck,* Auskunftsanspruch des Insolvenzverwalters gegenüber der Finanzverwaltung, ZIP 2006, 2009 ff.; *Bächer,* Steuergeheimnis bei Zusammenveranlagung?, ZInsO 2009, 1147 ff.; *Schmittmann/Kupka,* Auskunftsansprüche des Insolvenzverwalters gegen potenzielle Anfechtungsgegner unter besonderer Berücksichtigung von Auskunftsansprüchen nach dem Informationsfreiheitsgesetz gegen Sozialversicherungsträger, Insbüro 2009, 83 ff.; *Blank/Blank,* Der Auskunftsanspruch des Insolvenzverwalters nach IFG bei fiskalischem Handeln der Behörde zur Vorbereitung einer insolvenzrechtlichen Anfechtung, ZInsO 2009, 1881 ff.

3201 Gem. § 155 Abs. 1 InsO bleiben die handels- und steuerrechtlichen Pflichten des Schuldners zur Buchführung und zur Rechnungslegung unberührt. In Bezug auf die Insolvenzmasse hat der Insolvenzverwalter diese Pflichten zu erfüllen. Diese Vorschrift legt nahe, dass der Insolvenzverwalter im Verhältnis zur Finanzverwaltung ebenso wie der Schuldner zu behandeln ist. Daher erbitten Insolvenzverwalter häufig von der Finanzverwaltung die Erteilung von Klartextkontoauszügen, um Zahlungen des Schuldners bzw. Zahlungseingänge von Drittschuldnern nachvollziehen zu können. Zur Geltendmachung von Insolvenzanfechtungsansprüchen (§§ 129 ff. InsO)[1] ist es ebenfalls erforderlich, sich einen Überblick über die Zahlungen zu verschaffen. Grundsätzlich ergeben sich anfechtungsrelevante Sachverhalte aus der Buchführung und den sonstigen Geschäftsunterlagen des Schuldners. In der Praxis mehren sich aber die Fälle, in denen der Schuldner keine Bücher geführt hat oder diese unvollständig sind.[2] Hinzu kommen die Fälle, in denen die Buchführung – z. B. durch insolvenznahe Naturkatastrophen wie Hochwasser und Feuer – vernichtet worden ist.

3202 Der Insolvenzverwalter wird daher versuchen, sich die Informationen beim (potenziellen) Anfechtungsgegner zu beschaffen. Nach der Rechtsprechung des BGH besteht ein grundsätzlicher Auskunftsanspruch gegen einen potenziellen Anfechtungsgegner nicht.[3] Insbesondere steht dem Konkursverwalter (Insolvenzverwalter) gegen die Ehefrau des Schuldners kein Auskunftsanspruch hinsichtlich angeblich in anfechtbarer Weise empfangener Leistungen aus dem Vermögen des Schuldners zu.[4] Zugleich hat der BGH in dieser Entscheidung allerdings klargestellt, dass ein Auskunftsanspruch besteht,

---

1 Vgl. Schmittmann/Theurich/Brune, Das insolvenzrechtliche Mandat, § 4 Rdnr. 126 ff.
2 Ebenso Schmittmann/Kupka, Insbüro 2009, 83, 85; Beck, ZIP 2006, 2009.
3 Vgl. Schmittmann/Kupka, Insbüro 2009, 83, 85.
4 S. BGH v. 18. 1. 1978 – VIII 262/76, NJW 1978, 1002 f.

wenn dem Grunde nach ein Anfechtungsanspruch gegeben ist.[1] Dies gilt auch, wenn der Verwalter lediglich einen Verdacht hat, dass der Gegner „etwas" in anfechtbarer Weise vom Schuldner erhalten hat.[2]

Im Verhältnis zwischen Steuerpflichtigem und Finanzverwaltung ist aber zu berücksichtigen, dass dem Steuerpflichtigen – zumindest im finanzgerichtlichen Verfahren[3] – ein Anspruch auf rechtliches Gehör zusteht, das nach der Rechtsprechung des BFH dadurch verwirklicht wird, dass die Beteiligten das Recht haben, die Gerichtsakten und die dem Gericht vorgelegten Akten (insbesondere der beklagten Behörde) einzusehen. Damit wird gewährleistet, dass die Beteiligten zu den in den vorgelegten und beigezogenen Akten enthaltenen Tatsachen Stellung nehmen können, bevor das Gericht sie zur Grundlage seiner Entscheidung macht.[4] Im laufenden Besteuerungsverfahren wird ein allgemeiner Akteneinsichtsanspruch bislang nicht anerkannt. Es ist aber vertretbar, einen solchen Akteneinsichtsanspruch aus dem Rechtsprechungsprinzip i. V. m. dem Steuerschuldverhältnis zwischen Finanzverwaltung und Steuerpflichtigem abzuleiten.[5]

3203

Bestandteil der Besteuerungsakten sind auch Aufzeichnungen über Zahlungsvorgänge, selbst wenn diese nicht körperlich vorliegen, sondern lediglich in Dateiform. Im ungetrübten „Steuerschuldverhältnis" erteilt die Finanzverwaltung üblicherweise an den steuerlichen Berater des Schuldners auch ohne weiteres **Klartextkontoauszüge**, z. B. damit dieser im Rahmen der Aufstellung von Jahresabschlüssen Abstimmungen vornehmen kann. Begehrt ein Insolvenzverwalter allerdings nach Verfahrenseröffnung die Erteilung eines Klartextkontoauszuges, so unterstellt die Finanzverwaltung, dass er diesen zur Ermittlung von Anfechtungsansprüchen benötigt. Dabei übersieht die Finanzverwaltung aber, dass der Insolvenzverwalter im Rahmen der gesetzmäßigen Abwicklung des Insolvenzverfahrens verpflichtet ist, auch die vom Finanzamt zur Insolvenztabelle angemeldeten Forderungen zu überprüfen. Dies wird häufig lediglich mit Hilfe eines Klartextkontoauszuges möglich sein. Insbesondere in den Fällen, wo die Finanzverwaltung Forderungen gepfändet und bei Drittschuldnern eingezogen hat, wird sich aus den Geschäftsunterlagen des Schuldners nicht ergeben, ob und ggf. welche Zahlungen diese geleistet haben.[6]

3204

---

1 S. BGH v. 18. 1. 1978 – VIII 262/76, NJW 1978, 1002, 1003.
2 S. BGH v. 6. 6. 1979 – VIII 255/78, NJW 1979, 1832 f.
3 Vgl. zur Akteneinsicht zur Ermittlung eines Informanten der Finanzverwaltung: BFH v. 7. 12. 2006 – V B 163/05, BStBl II 2007, 275.
4 So BFH v. 14. 6. 2006 – VIII B 153/05, NWB DokID: EAAAB-92134.
5 Vgl. Bächer, ZInsO 2009, 1147, 1149.
6 So auch Schmittmann/Kupka, Insbüro 2009, 83, 86.

3205 Der Erteilung von Auskünften an den Insolvenzverwalter steht auch das Steuergeheimnis nicht entgegen. Wenn der Insolvenzverwalter (und nicht der Geschäftsführer) für die Entbindung von der Verschwiegenheitspflicht des Wirtschaftsprüfers zuständig ist,[1] so hat dies auch für die Befreiung vom Steuergeheimnis zu gelten. Haben zur Einkommensteuer zusammenveranlagte Eheleute Klage erhoben und ist das einen Ehegatten betreffende Verfahren wegen Insolvenzeröffnung unterbrochen, so ist nach der Rechtsprechung des BFH der Insolvenzverwalter bereits vor Aufnahme des unterbrochenen Verfahrens gem. § 78 FGO berechtigt, Akteneinsicht in den gesamten Prozessstoff zu nehmen, der i. S. v. § 96 i. V. m. §78 FGO die Grundlage für die Entscheidung des FG bildet.[2]

3206 Der BFH begründet seine Entscheidung damit, dass unter Gesamtschuldnern die **Wahrung des Steuergeheimnisses** keine Bedeutung hat.[3] Dies gilt nach der Rechtsprechung des BFH auch im Falle des Insolvenzverfahrens, in dem das Steuergeheimnis als notwendige Folge der gesetzlichen Regelungen des Insolvenz- und des Besteuerungsverfahrens ohnehin Einschränkungen unterliegt. Die durch die Zusammenveranlagung bedingte Information des Insolvenzverwalters auch über Einkünfte der nicht am Insolvenzverfahren beteiligten Ehefrau des Schuldners und eine sich daraus ergebende Beeinträchtigung des Steuergeheimnisses ist durch § 30 Abs. 4 Nr. 1 i. V. m. Abs. 2 Nr. 1a AO gedeckt.[4]

3207 Lehnt die Finanzverwaltung die Erteilung eines Klartextkontoauszuges ab, so stellt dies einen Verwaltungsakt dar. Der Insolvenzverwalter hat daher keine Leistungsklage auf die Vornahme einer tatsächlichen Handlung, nämlich der Erstellung und Überlassung eines Kontoauszuges zu erheben, sondern eine insoweit vorrangige Verpflichtungsklage.[5] Das Finanzamt hat über das Begehren des Insolvenzverwalters ermessensfehlerfrei zu entscheiden. Der Steuerpflichtige hat ein Recht darauf, dass die Finanzbehörde über seinen Antrag auf Gewährung von Akteneinsicht nach pflichtgemäßem Ermessen entscheidet.[6]

3208 Der BFH sieht den Anspruch des Einsichtsuchenden auf fehlerfreie Ermessensentscheidung als gewahrt an, wenn das Finanzamt im Rahmen einer Interes-

---

1 So OLG Oldenburg v. 28. 5. 2004 – 1 Ws 242/04, NJW 2004, 2176; OLG Nürnberg v. 18. 6. 2009 – 1 Ws 289/09, NZG 2009, 984.
2 So BFH v. 15. 6. 2000 – IX B 13/00, BStBl II 2000, 431.
3 So BFH v. 8. 3. 1973 – VI R 305/68, BStBl II 1973, 625; v. 3. 2. 1987 – IX R 252/84, BFH/NV 1987, 774.
4 So BFH v. 15. 6. 2000 – IX B 13/00, BStBl II 2000, 431, unter Hinweis auf Frotscher, Steuern im Konkurs, 4. Aufl., S. 297 f.; Wagner, ZIP 1986, 243 f.
5 So FG Düsseldorf v. 22. 6. 2006 – 12 K 5199/05, n.v.
6 So BFH v. 4. 6. 2003 – VII B 138/01, BStBl II 2003, 790.

senabwägung dessen Belange und die der Behörde gegeneinander abgewogen hat.[1] Bei der Ermessensentscheidung, ob **Akteneinsicht** gewährt wird, sollte im Interesse einer bürgerfreundlichen Verwaltung und zur Vermeidung von Rechtsstreitigkeiten nicht kleinlich verfahren werden. Es ist nach Verwaltungsauffassung hierbei zu bedenken, dass im finanzgerichtlichen Verfahren nach § 78 Abs. 1 FGO ein Anspruch auf Akteneinsicht besteht und es nicht sinnvoll ist, den Beteiligten allein wegen einer im Verwaltungsverfahren verweigerten Akteneinsicht zur Klageerhebung zu zwingen.[2]

Zur Frage der Erteilung von Klartextkontoauszügen an den Insolvenzverwalter hat der BFH Stellung genommen.[3] Der der Klage zugrunde liegende Sachverhalt war insoweit unerfreulich, dass eventuelle Insolvenzanfechtungsansprüche vor Ergehen der Vorentscheidung[4] bereits verjährt waren. Darüber hinaus hat der Insolvenzverwalter nicht substantiiert dargetan, dass Klärungsbedürftigkeit im allgemeinen Interesse gegeben sei. 3209

Der Insolvenzverwalter hat insbesondere nicht dargelegt, inwiefern es das Rechtsschutzbedürfnis des Insolvenzverwalters erfordern solle, dass ihm das Finanzamt einen Kontoauszug für eine bestimmte Zeit vor der Eröffnung des Insolvenzverfahrens erteile. Allein die Möglichkeit, dass im Finanzamt bei der Verrechnung von Zahlungseingängen Fehler unterlaufen sein könnten, reicht dazu nicht aus. Nach alledem wurde der Kläger mit seiner Klage abgewiesen. 3210

Auch das **Bundesfinanzministerium** hat inzwischen zur **Auskunftserteilung** über Daten im Besteuerungsverfahren Stellung genommen und festgestellt, dass Beteiligten (§§ 78, 359 AO) – unabhängig von ihrer Rechtsform – auf Antrag Auskunft über die zu ihrer Person gespeicherten Daten zu erteilen ist, wenn sie ein berechtigtes Interesse darlegen und keine Gründe für eine Auskunftsverweigerung vorliegen (Tz. 1). Ein berechtigtes Interesse liegt nicht vor, soweit der Beteiligte bereits in anderer Weise über zu seiner Person gespeicherte Daten informiert wurde, der Finanzbehörde nur Daten vorliegen, die ihr vom Beteiligten übermittelt wurden, oder die spätere Information des Beteiligten in rechtlich gesicherter Weise vorgesehen ist. Ein berechtigtes Interesse ist namentlich nicht gegeben, wenn die Auskunft dazu dienen kann, zivilrechtliche Ansprüche gegen den Bund oder ein Land durchzusetzen und Bund oder 3211

---

1 Vgl. BFH v. 7.5.1985 – VII R 25/82, BStBl II 1985, 571; v. 8.6.1995 – IX B 168/94, BFH/NV 1996, 64.
2 So OFD Koblenz v. 24.3.2005 – S 0226 A – St 35 1, NWB DokID: IAAAB-53367.
3 Vgl. BFH v. 15.10.2008 – II B 91/08, ZInsO 2009, 47 ff.
4 S. FG Düsseldorf v. 14.5.2008 – 4 K 242/07, ZIP 2009, 732 f. = ZInsO 2009, 681 f.

Land zivilrechtlich nicht verpflichtet sind, Auskunft zu erteilen, z. B. Amtshaftungssachen, Insolvenzanfechtung (Tz. 3).[1]

3212 Das BMF hat sich damit eindeutig dahin positioniert, dass Insolvenzverwaltern Auskunft dann nicht erteilt wird, wenn die Gefahr besteht, dass sich aus der erteilten Auskunft Insolvenzanfechtungsansprüche ergeben.

3213 Ein allgemeiner, aus § 242 BGB herleitbarer **Auskunftsanspruch** kommt im Insolvenzverfahren nur dann in Betracht, wenn der Insolvenzverwalter in entschuldbarer Weise für das Bestehen und den Umfang eines etwaigen zur Insolvenzmasse gehörenden Herausgabeanspruchs gegen den Anspruchsgegner im Ungewissen wäre. Davon kann nach der Rechtsprechung zumindest solange keine Rede sein, als dem Insolvenzverwalter ein anderer, näherliegender und leichterer, damit auch ohne weiteres zumutbarer Weg zur Beseitigung seiner Ungewissheit zur Verfügung steht. Insoweit nimmt die Rechtsprechung an, dass der erzwingbare Auskunftsanspruch gegen den Schuldner vorrangig zu verfolgen ist.[2]

3214 Der BGH hat diese Rechtsprechung fortentwickelt und entschieden, dass der Insolvenzverwalter keinen einklagbaren Anspruch auf Auskunft gegen Personen hat, gegen die nur begründeter Verdacht bestehe, sie könnten vom Schuldner in anfechtbarer Weise etwas erworben haben.[3] Der BGH weist darauf hin, dass im Insolvenzverfahren kein Anlass bestehe, über die vom Gesetz gegebenen Möglichkeiten hinaus dem Insolvenzverwalter **Informationsquellen** gegen mögliche Anfechtungsgegner zu erschließen. Wollte man ihm nämlich auch Auskunftsansprüche nach § 242 BGB gegen diejenigen Personen zubilligen, die möglicherweise vom Gemeinschuldner etwas in anfechtbarer Weise erhalten haben, dann würde eine allgemeine Auskunftspflicht solcher Personen gegenüber dem Insolvenzverwalter bejaht. Diese müssten mit ihrer Auskunft dem Insolvenzverwalter das Risiko eines Anfechtungsprozesses abnehmen. Die Zulassung einer solchen Auskunftsklage nur auf den begründeten Verdacht hin, der in Anspruch Genommene könne vom Schuldner in anfechtbarer Weise etwas erworben haben, liefe auf eine Ausforschung hinaus, die dem Zivilprozessrecht, das mangels besonderer Bestimmungen auch im Insolvenzverfahren gilt, § 4 InsO, fremd ist.[4]

---

[1] So BMF-Schreiben v. 17.12.2008 – IV A 3 – S 0030/08/10001.
[2] So BGH v. 18.1.1978 – VIII ZR 262/76, NJW 1978, 1002.
[3] So BGH v. 6.6.1979 – VIII ZR 255/78, BGHZ 74, 379 ff.
[4] So BGH v. 6.6.1979 – VIII ZR 255/78, BGHZ 74, 379, 380 – zur Konkursordnung.

An dieser Rechtsprechung hat der BGH festgehalten und entschieden, dass 3215
nur im Rahmen eines dem Grunde nach bereits bestehenden Rückgewährschuldverhältnisses ein Auskunftsanspruch des Insolvenzverwalters in Betracht komme.[1] Außerhalb eines dem Grunde nach bereits feststehenden Rückgewährschuldverhältnisses genüge der begründete Verdacht anfechtbaren Erwerbs zur Begründung eines Auskunftsanspruchs auch dann nicht, wenn der Verdacht sich auf die Feststellung anderer anfechtbarer Vermögensverfügungen gründet.[2]

Inzwischen hat der BGH auch die Frage geklärt, ob der Antrag eines Gläubigers 3216
auf Eröffnung des Insolvenzverfahrens deshalb unzulässig sein kann, weil der Gläubiger keine Auskunft über die tatsächlichen Voraussetzungen eines Anfechtungsanspruchs gegen sich erteilt.[3] Dabei hält der BGH an der Rechtsprechung fest, dass keine Partei gehalten sei, dem Gegner das Material für seinen Prozesssieg zu verschaffen, wenn nicht materiell-rechtliche Auskunfts- und Vorlagepflichten bestehen oder die Grundsätze der sekundären Darlegungslast eingreifen.[4] Stellen die Erfolgsaussichten eines Anfechtungsprozesses nur eine Vorfrage bei der Prüfung der Verfahrenskostendeckung dar (§ 26 Abs. 1 InsO), kann nach Auffassung des BGH nichts anderes gelten. Dass im konkreten Sachverhalt der mögliche Anfechtungsgegner derjenige ist, der den Insolvenzantrag gestellt hat, ändere daran nichts. Ob die Kosten des Insolvenzverfahrens voraussichtlich gedeckt sind, liege nicht im Verantwortungsbereich des Gläubigers. Dieser habe zwar die Möglichkeit, durch einen Verfahrenskostenvorschuss die Eröffnung eines massearmen Insolvenzverfahrens zu ermöglichen (§ 26 Abs. 1 Satz 2 InsO). Mache er aber von dieser Möglichkeit keinen Gebrauch, habe es damit sein Bewenden.[5]

Überzeugend ist diese Rechtsprechung indes nicht, da die Praxis zeigt, dass In- 3217
solvenzschuldner in aller Regel nicht in der Lage sind, brauchbare Auskünfte zu erteilen. Dies liegt zum einen darin begründet, dass sie oftmals keine Aufzeichnungen geführt haben und Kassenbücher und Kontoauszüge in Verlust geraten sind. Darüber hinaus kann dem Insolvenzverwalter zwar nahegelegt werden, Zweitschriften von Kontoauszügen zu beschaffen. Diese Möglichkeit besteht aber bei Kassenbüchern nicht, da es sich insoweit um Unikate handelt,

---

[1] So BGH v. 15. 1. 1987 – IX ZR 4/86, NJW 1987, 1812.
[2] So BGH v. 15. 1. 1987 – IX ZR 4/86, NJW 1987, 1812, 1813.
[3] So BGH v. 7. 2. 2008 – IX ZB 137/07, ZIP 2008, 565 = ZInsO 2008, 320 = MDR 2008, 647.
[4] So BGH v. 12. 11. 1991 – KZR 18/90, BGHZ 116, 47, 56; BGH v. 11. 6. 1990 – II ZR 159/89, WM 1990, 1844; BGH v. 26. 10. 2006 – III ZB 2/06, MDR 2007, 541 = NJW 2007, 155.
[5] So BGH v. 7. 2. 2008 – IX ZB 137/07, MDR 2008, 647, 648.

die nicht reproduzierbar sind.[1] Gleichwohl ist der BGH der Auffassung, dass – solange das Rückgewährschuldverhältnis nicht feststeht – der Insolvenzverwalter sich wegen aller benötigten Auskünfte an den Schuldner zu halten hat.[2]

3218 Im Übrigen wird in der Literatur angenommen, dass der Insolvenzverwalter kraft Amtes verpflichtet sei, eventuellen Ansprüchen nachzugehen und daher die Finanzverwaltung Auskünfte nicht verweigern oder zurückhalten dürfe. Darüber hinaus hätten anfechtbare Sachverhalte regelmäßig Auswirkungen auf Bilanz und Gewinn- und Verlustrechnung, so dass der Auskunftsanspruch auf steuerlichen Vorschriften beruhe.[3]

3219 Ein schlichter zivilrechtlicher Auskunftsanspruch gegen die Finanzverwaltung ist vor den Zivilgerichten geltend zu machen,[4] folgt der Anspruch aus dem Steuerrecht, sind die Finanzgerichte zuständig. Für Auskunftsansprüche nach dem Informationsfreiheitsgesetz[5] sind die Verwaltungsgerichte zuständig.[6]

---

1 So Schmittmann/Kupka, InsBüro 2009, 83, 86.
2 So BGH v. 13. 8. 2009 – IX ZR 58/06, ZInsO 2009, 1810.
3 So Beck, ZIP 2006, 2009, 2015.
4 So Beck, ZIP 2006, 2009, 2015.
5 Vgl. OVG Nordrhein-Westfalen v. 28. 7. 2008 – 8 A 1548/07, ZInsO 2008, 927 ff.; VG Stuttgart v. 18. 8. 2009 – 8 K 1011/09, ZInsO 2009, 1858 ff.; VG Hamburg v. 28. 4. 2009 – 19 K 4199/07, n.v.
6 Vgl. SG Ulm v. 1. 4. 2009 – S 1 SF 877/09, NZI 2009, 404 f.; Schmittmann/Kupka, NZI 2009, 366 f.

STICHWORTVERZEICHNIS

Die angegebenen Zahlen verweisen auf die Randnummern.

A

Abschlagsverteilung 426
Abrechnungsbescheid 533, 760, 812, 2577
Absonderungsrecht 400 ff.
– Anmeldung zur Tabelle 510
– Einkommensteuer 1341 ff.
– Grundsteuer 2447
– Grunderwerbsteuer 2422
– Sicherungsübereignung 404
– Sicherungszession 404
– Verbrauchsteuern 2477
– Zurückbehaltungsrecht 404
Abweisung mangels Masse 104, 175, 241 ff., 787
Abwicklung
– Arbeitsverhältnisse 295 ff.
– schwebender Geschäfte 293 ff.
Abwicklungszeitraum
– Gewerbesteuer 1866
– Körperschaftsteuer 1665
Abzinsung 727
Altmasseverbindlichkeiten 424 f., 884 ff.
– Aufrechnung 884 ff.
– Vollstreckung 425
Anfechtung 319 ff.
– Anfechtungsgegner 326 ff.
– Anfechtungsgründe 326 ff.
– Bargeschäft 372
– Benachteiligung 320, 325, 361 ff.
– Beweislast 350
– Finanzverwaltung 326, 329, 332
– Gläubigerbenachteiligungsvorsatz 337, 361 ff.
– Gläubigergleichbehandlung 319
– Grunderwerbsteuer 2418

– Leistungsklage 328
– Kaufvertrag 2418
– Kausalzusammenhang 322
– inkongruente Deckung 331, 346 ff.
– kongruente Deckung 331, 333 ff.
– Rechtshandlung 320 ff., 333 ff.
– Rechtsweg 328
– Rückgewähranspruch 326
– Steuerberater 330, 371 ff., 2986 ff.
– suspekte Personen 362
– Vorleistungen 2962, 2995
– Voraussetzungen/Zweck 319 ff.
– Zinsen 326
Anmeldung der Steuerforderung 721 ff.
– Abzinsung von Forderungen 727
– Einstweilige Anordnung 724
– Inhalt 721
– Rechtsnatur 721
– Steuergeheimnis 728
– Verfahren 721
– Widerspruch des Insolvenzschuldners 744
– Widerspruch des Insolvenzverwalters 746
– Widerspruch eines Insolvenzgläubigers 746
Arbeitslohn 335, 705, 710, 1576, 1584 ff.
Aufrechnung 811 ff.
– Allgemeine Grundsätze 811
– Aufrechnungsverbote 826 ff.
– Eigenheimzulage 896
– Einkommensteuer-Erstattungsanspruch 896
– Insolvenzplanverfahren 854
– Kfz-Steuer-Erstattungsanspruch 896
– Körperschaftsteuerguthaben 896
– Masseinsuffizienz 884
– Neuerwerb 841
– Restschuldbefreiung 851
– Umsatzsteuer 861 ff.

673

VERZEICHNIS — Stichwörter

– Verhältnis zur Zwangsverrechnung 864
Auskunftspflichten 611 ff.
Ausländische Steuerforderungen 491
Außenprüfungen 517 ff.
Außergerichtliches Einigungsverfahren 1132 ff.
– Finanzverwaltung 1135 f.
– Plan 1133
– Verbraucherinsolvenzverfahren 1130 f.
– Wirkung 1134, 1154
Außergewöhnliche Belastungen 1143, 1180
Aussonderungsrechte 388, 400 ff.
– Anmeldung zur Tabelle 501
– Einkommensteuer 1331 ff.
– Ersatzaussonderung 400
– Regelinsolvenzverfahren 400 ff.

B

Bargeschäft 2996 ff.
Bauabzugsteuer 1594 ff.
Begründete Steuerforderung 701 ff.
– Einkommensteuer-Jahresschuld 1431 ff.
– Umsatzsteuer 1963 ff.
Bekanntgabe von Verwaltungsakten 541 ff.
Bekanntmachung
– Eröffnungsbeschluss 248 f.
– Insolvenzplanverfahren 1082 ff.
– Masseunzulänglichkeit 788 ff.
Berichtstermin 283 ff.
Besteuerungsverfahren, s. Steuerfestsetzungsverfahren
Betriebsaufgabe 1374
Betriebsaufspaltung
– Einkommensteuer 1371 ff.
– Investitionszulage 2491 ff.
– personelle Verflechtung 1371 ff.
– Vorläufige Insolvenzverwaltung 1375
Betriebsvereinbarungen 295
Bilanzierung 921 ff.
– Anhang 960 ff.

– Gesellschafterdarlehen 1797 ff.
– Forderungsverzicht 1748
– Ordnungsgeld 977
– Offenlegung 971 ff.
– Rangrücktritt 1724 ff.
– Restschuldbefreiung 1021
– Rumpfgeschäftsjahr 948
– Sanierungsgewinn 1021 ff., 1379 ff., 1681 ff.
– Schlussbilanz 946
– Teilwertabschreibungen 1755 ff.
– Verdeckte Einlagen 1696 ff.

D

DATEV-Ausdrucke 3036, 3038, 3047 ff.
Disqualifikation 41 ff.
Doppelumsatz 2222 ff.
Drohende Zahlungsunfähigkeit 211, 271 ff.

E

Ehegattenveranlagung 1401 ff.
– Zusammenveranlagung 1405 ff.
– Getrennte Veranlagung 1410 f.
Eigenkapitalersatz 83, 111, 115, 123, 145 ff., 1391, 1706, 1791 ff.
Eigentumsvorbehalt 400, 1481, 1485, 2138
Eigenverwaltung 276 ff.
– Rechte und Pflichten des Schuldners 279 f.
– Sachwalter 276 f.
– Verwaltungs- und Verfügungsbefugnis 279
– Voraussetzungen 277
Einfuhrzoll 2478 f.
– Absonderungsrecht 2479
– Sachhaftung 2479
Einkommensteuer 1331 ff.
– Aufteilung der Steuerschuld 1451 ff.
– Außergewöhnliche Belastungen 1411
– Betriebsaufgabe 1374
– Betriebsaufspaltung 1371 ff.
– Bauabzugsteuer 1594 ff.
– Ehegattenveranlagung 1401 ff.
– Insolvenzgeld 1593

Stichwörter

- Kapitalertragsteuer 1552 ff.,
- Kanzleiabwickler 661
- Kindergeld 1456
- Lohnsteuer 1576 ff.
- Nachlassinsolvenz 681, 1347 f.
- Negatives Kapitalkonto 1353 ff.
- Personengesellschaft 1501 ff.
- Progression 1461
- Restschuldbefreiung 1021
- Sanierungsgewinn 1201, 1379, 1685 ff.
- Separationsrechtsprechung 1341
- Sonderausgaben 1411
- Steuerabzugsbeträge 1551 ff.
- Stille Reserven 1466 ff.
- Veräußerung von Anteilen 1385 ff.
- Verlustabzug 1344 ff.
- Verlustausgleich 1344 f.
- Vorauszahlungen 1532 ff.
- Zinsabschlagsteuer 1551
- Zusammenveranlagung 1401 ff.
- Zwangsverwaltung 671

Einkommensteuerschuld
- Anrechnungsbeträge 1531 ff.
- Aufteilung 1457 ff.
- Insolvenzforderung 1451
- Insolvenzfreie Verbindlichkeit 1455
- Masseverbindlichkeit 1454

Einkommensteuervorauszahlung 1532 ff.

Einzelzwangsvollstreckung 200, 202, 394, 587, 591 ff.

Energiesteuer 2472 ff.

Erbschaftsteuer 2691 ff.
- Begünstigung 2691
- Nachbesteuerung 2694 ff.
- rückwirkendes Ereignis 2696

Erfüllung von Verträgen 293 ff., 2181

Erhebungsverfahren 461 ff.

Erlassbedürftigkeit 1136 ff.

Erlasswürdigkeit 1136, 1140 ff.

Eröffnungsverfahren 166 ff.
- Abweisung mangels Masse 241 ff.
- Eröffnungsbeschluss 247 f.
- Masseamut 787 ff.

- Sicherungsmaßnahmen 231 ff.

Erstattungsansprüche
- Aufrechnung 813
- Einkommensteuer 1409
- Festsetzung 531 ff.
- Kraftfahrzeugsteuer 896, 2536
- Körperschaftsteuer 1635

EuInsVO 3161 ff.

F

Fälligkeit 727

Feststellungsbescheid 534 ff.

Feststellungsverfahren 737 ff.
- Betreibungslast 747
- Insolvenzfeststellungsbescheid 750 ff.
- Verteilungsverfahren 862
- Wirkung 754 f.

Finanzmarktstabilisierungsgesetz 22 f., 116 ff., 1793 ff.

Forderung für den Ausfall 730

Forderungen 286 ff., 701 ff.
- Anmeldung 286 ff., 721 ff.
- Bestreiten 289, 736 ff.
- Feststellung 289, 737 ff.
- Feststellungsstreit 291
- Glaubhaftmachung 197, 199
- titulierte – 292, 739 ff.

Fortführungsprognose 1058, 1673

Freigabe 12 ff., 390 ff., 572, 631 ff.
- echte – 390
- Gewerbebetrieb 394 f.
- modifizierte – 390
- Neuerwerb 12 ff., 631 ff.
- unechte – 390

Freigabe von Sicherungsgut 2228

G

Geldbußen/-strafen 729, 2631 f.

Gemeinnützigkeit 1025

675

Gerichtliches Schuldenbereinigungsverfahren 1130, 1142 ff.
– Ablauf 1142
– Ruhen des Verfahrens 1146
– Schuldenbereinigungsplan 1137
– Schuldnerantrag 1144 ff.
– Zustimmungsersetzung 1149 f.
– Wirkung 1154

Gesamtgut 177

Gesamtschuld
– Aufteilung der Steuer 1431 ff.

Geschäftsveräußerung 2011 ff.

Gesamtvollstreckungsordnung 1, 2752

Geschäftsführer 1260 ff.
– abberufener – 1266
– Aufgabenverteilung 1261
– Disqualifikation 41 ff.
– faktischer – 1264 ff.
– formeller – 1260, 1268 ff.
– mehrere Geschäftsführer 1261 f.

Gesellschafterhaftung 316 ff., 1286 ff.

Gesellschafterdarlehn, Rückgewähr 84, , 114, 1792 ff.

Gesellschafterleistungen, kapitalersetzende 76 f., 84

Gesetz zur Erleichterung der Unternehmensnachfolge 2027

Gesetz zur Modernisierung des GmbH-Rechts und zur Bekämpfung von Missbräuchen 24 ff.

Gesetz zur Vereinfachung des Insolvenzverfahrens 6 ff.

Gesonderte Feststellung von
– Besteuerungsgrundlagen 534 ff.

Gewerbesteuer 1851 ff.
– Abwicklungszeitraum 1866
– Insolvenzfeststellungsbescheid 1891
– Insolvenzrechtliche Geltendmachung 1881 ff.
– Kapitalgesellschaft 1859 f.
– Messbescheid 534
– Organschaft 1870

– Personenhandelsgesellschaft 1857
– Verlustvortrag 1882 f.
– Vorauszahlungen 1886

Gewinnfeststellungsbescheid 534 ff.

Gläubigerautonomie 166 ff.

Gläubigerbefriedigung 416 ff.

Gläubigerversammlung 283 ff., 386, 397, 736, 955, 1057, 1198

Gläubigerverzeichnis 103, 274, 283

Grunderwerbsteuer 2150, 2411 ff.
– (keine) abgesonderte Befriedigung 2422
– Anfechtung 2418 f.
– Aufrechnung 896
– Erstattungsanspruch 2414, 2416 f.
– Fälligkeit 2412
– Insolvenzforderung 2411 ff.
– Masseverbindlichkeit 2417

Grundsteuer 2441 ff.
– Einheitswert 2441, 2446
– Erlass 2449 ff.
– Messbescheid 2444, 2446
– Öffentliche Last 2447
– Stichtagsprinzip 2442

Gütergemeinschaft 177

H

Haftung 1241 ff.
– Abgabenrechtliche Haftung 1251 ff.
– Allgemeine Grundsätze 1241 f.
– Geschäftsführer 1260 ff.
– Gesellschafter 316, 1286 ff.
– Grundsatz der anteiligen Tilgung 1254, 1272 f.
– Insolvenzrechtliche Haftung 1301 ff.
– Insolvenzverwalter 1241 ff.
– Kausalität 1254 ff.
– Liquidator 1256
– Lohnsteuer 1261, 1276 ff.
– Masseverbindlichkeiten 1243, 1046
– Pflichtverletzung 1252 f.
– Schaden 796, 1253
– Scheingesellschafter 1269

Stichwörter — VERZEICHNIS

- Schuldformen 1301
- starker vorläufiger Verwalter 1307
- Steuerberater 1291, 2582, 2947, 3066 ff.
- Strohmann 1268 ff.
- Überblick 1241
- Überschlagsrechnung 1274
- Umsatzsteuer 1252, 1256 f., 1271 ff.

Haftungsbescheid 317, 739, 758, 1258, 1289, 1312, 1585, 1947, 2348, 2351

Hundesteuer 2651 ff.
- Hundesteuersatzung 2659
- Masseverbindlichkeit 2662
- Tierschutz 2655

I

Insolvenz in der Insolvenz 787, 790

Insolvenzanfechtung 141, 151, 319 ff., 1278, 2126

Insolvenzantrag 93 ff., 186 ff.
- Antragsberechtigte Personen 186 f.
- allgemeine Leistungsklage gg. Insolvenzantrag 195
- Ermessen 201 ff.
- Ermessensfehlgebrauch 202 f.
- Existenzvernichtung 202
- Finanzbehörde 192 ff.
- Insolvenzgründe 211 ff.
- Sozialversicherungsträger 192 ff., 199 f.
- (kein) Verwaltungsakt 194
- Vorlage von Unterlagen 199 ff.

Insolvenzantragspflicht 93 ff.

Insolvenzfeststellungsbescheid 746 ff.
- Änderungsmöglichkeit 755
- Altmasseverbindlichkeit 792
- Nichttitulierte Forderungen 750 ff.
- Vollziehbarkeit 757
- Wirkung 754

Insolvenzforderungen 702 ff.
- Anmeldung und Feststellung 721 ff.
- nachrangige – 729

Insolvenzgeld 1593

Insolvenzgericht 12, 82, 175, 194, 219, 231 ff., 271, 274, 282
- Zuständigkeit 231

Insolvenzgläubiger
- Abschlagsverteilung 426, 762
- Befriedigung 426
- Nachtragsverteilung 762
- Schlussverteilung 762

Insolvenzgründe 211 ff.
- Drohende Zahlungsunfähigkeit 217 ff.
- Überschuldung 221 ff.
- Zahlungsunfähigkeit 212 ff.

Insolvenzmasse 174
- Absonderung 10, 176, 274, 402 ff., 730, 1481 ff., 2146 ff.
- Aussonderung 400 f.
- Freigabe 390 ff.
- Herausgabe unpfändbaren Vermögens 389
- Verteilung 386

Insolvenzordnung 1 ff.
- Gesetzesentwicklung 4 ff.
- Zeitlicher Anwendungsbereich 1 f.

Insolvenzplanverfahren 1051 ff.
- Abstimmung 1083 f.
- Anlagen 1065 ff.
- Arten 1052 ff.
- Aufhebung des Verfahrens 1109 ff.
- Aufrechnung 854
- Bestätigung durch Gericht 1101 ff.
- Darstellender Teil 1059
- Eigensanierungsplan 1054
- Erörterung 1083 f.
- Gestaltender Teil 1060 ff.
- Gleichbehandlungsgebot 1088
- Gruppenbildung 1060
- Inhalt 1058 ff.
- Initiativrecht 1057
- Liquidationsplan 1053
- Minderheitenschutz 1089 f.
- Mischformen 1056
- Obstruktionsverbot 1086 ff.
- Plan-GuV-Rechnung 1089 f.
- Planinitiativrecht 1057
- Planliquiditätsrechnung 1071 ff.

- Prüfung durch Insolvenzgericht 1081 f.
- Regelung der Gläubigerrechte 1060 ff.
- Sanierungsplan 1054
- Schuldbefreiung 1068
- Steuerberater 2887 ff.
- Stellungnahme 1082
- Titulierung von Forderungen 1107
- Überblick 1051 ff.
- Übertragende Sanierung 1055
- Überwachung Planerfüllung 1111
- Vermögensübersicht 1065
- Wiederauflebensklausel 1106
- Wirkungen 1104 f.
- Zurückweisung durch Gericht 1081 f.
- Zustimmung Finanzverwaltung 1092 ff.

Insolvenzschuldner 512 ff.
- Steuererklärungspflicht 495 ff.
- Unternehmereigenschaft 1912

Insolvenzstatistik 3

Insolvenztabelle 287 f., 511, 528, 538, 701, 721 ff.
- als Vollstreckungstitel 739 f.

Insolvenzverfahren 166 ff., 261 ff.
- Beendigung 431 ff.
- Einstellung 261, 421, 509, 597
- Eröffnung 261 ff.
- Eröffnungsgründe 211 ff.
- Gegenstand 177
- Gläubigerautonomie 166 ff.
- Kosten 82, 101, 175 f., 242, 417 f.
- Überblick 261
- vereinfachtes – 1129, 1158, 1162 ff.
- Verfahrensablauf Insolvenzplanverfahren 1051 ff.
- Verfahrensablauf Regelinsolvenzverfahren 261 ff.
- Zweck 166 ff.

Insolvenzverschleppung 41, 2580 ff., 3132
- Beihilfe zur – 2582
- Steuerberater 2582, 3024, 3077

Insolvenzverwalter 271 ff., 482 ff., 921 ff.
- Akteneinsichtsanspruch 565, 3203
- Amtstheorie 273
- Auskunftsanspruch 3202, 3213

- ausländischer 491, 3163 ff.
- Bestellung 271 ff.
- Besteuerung 2741 ff.
- Bilanzierung 2790
- Buchführung 511
- Entlassung 271
- Einkommensteuer 2741 ff.
- Gesamtvollstreckungsverwalter 2749, 2757, 2839
- Gewerbesteuer 2768 ff., 2801, 2836 ff.
- Informationsbeschaffung 3202 ff.
- Katalogberuf 2743 ff., 2807, 2836 f.
- ordnungspolitische Aufgaben 328, 504, 790
- Organtheorie 273
- Pflichten 274 f., 515 ff., 921 ff., 2041 ff.
- Rechtsanwalt 1916 ff., 2742 ff.
- Rechtsstellung 273
- Rechnungslegungspflichten 273 ff., 921 ff.
- Steuererklärungspflicht 279, 991 ff.
- Steuergeheimnis 611, 614 f., 728, 736, 3205
- steuerliche Pflichten 279, 991 ff.
- Umsatzsteuer 1911 ff., 2818 f., 2846 ff.
- Umsatzsteuerausgleich nach VergVO 2851 ff.
- Verfahrensrechtliche Stellung 481 ff.
- Vergütungsanspruch 272, 509, 2765, 2846 ff.
- Vertretertheorie 273
- Vervielfältigungstheorie 2781 ff.
- Vorläufiger Insolvenzverwalter 231 ff.

Investitionszulage 2491 ff.
- Betriebsaufspaltung 2493 f.
- Masseverbindlichkeit durch Rückforderungsanspruch 2499
- Rückforderungsanspruch 2495 ff.
- Zulageschädlichkeit 2492 f.

K

Kanzleiabwickler 661

Kapitalersatzrecht, s. auch Eigenkapitalersatz 83 ff., 1792 ff.

Kindergeld 1456

Kirchensteuer 2521 ff.

Klartextkontoauszug 614, 3201 ff.
Körperschaftsteuer 1631 ff.
– Abwicklung/Liquidation 1661 ff.
– Abwicklungszeitraum 1665
– Eigenkapitalersatz 1706 ff.
– Einkommen 1670
– Forderungsverzicht 1748
– Halbeinkünfteverfahren 1674
– Organschaft 1651 ff.
– Rumpfwirtschaftsjahr 1379 f.
– Teileinkünfteverfahren 1674
– Sanierungsgewinne 1681
– Sanierungsklausel 1808 ff.
– Verdeckte Einlagen 1696 ff.
– Verlustabzug 1808 ff.
– Vorauszahlungen 1634 f.
Konkursordnung 1 f., 168, 174, 462, 495, 1243
Konkursverwalter
– Umsatzsteuerausgleich 2852 ff.
Kontoauszug 614, 3201 ff.
Kosten der Zwangsvollstreckung 2601 ff.
Kosten des Insolvenzverfahrens 82, 101, 175
Kostenbeteiligung 176
Kraftfahrzeug 2531 ff.
– Freigabe 2540 ff.
– Unpfändbarkeit 2538 f.
– Veräußerung 2537
– Verbraucherinsolvenzverfahren 2549 ff.
– Verwertung gemäß § 314 InsO 2549 ff.
Kraftfahrzeugsteuer 896, 2531 ff.
– Aufteilung 896, 2534 ff.
– Erstattungsanspruch 2536
– Insolvenzforderung 2535
– Masseverbindlichkeit 2533 ff., 1933, 1946, 1953

L

Liquidation 167, 219, 386, 945
Lohnsteuer 1576 ff.
– Haftung 1583
– Insolvenzgeld 1593

– Insolvenzschuldner als Arbeitnehmer 1576
– Insolvenzverwalter 1581
– Nettolohnvereinbarung 1576
– Pauschalierung 1585
– Steuerschuldner 1576

M

Mantelkauf 1809
Masseansprüche s. Masseverbindlichkeiten
Masseармut 420, 787 f., 790, 2283
Massegegenstände 388 ff.
– Absonderung 402 ff.
– Aussonderung 400 f.
– Freigabe 390 ff.
– Herausgabe unpfändbaren Vermögens 389
– Verzeichnis 274
Massekosten 241 f.
Massekostenvorschuss 243 f.
Masselosigkeit 420, 787 ff.
Masseschulden s. Masseverbindlichkeiten
Masseunzulänglichkeit 420 ff., 787 ff.
– Anzeige 420
– Bekanntmachung 421, 788
– sonstige Masseverbindlichkeiten 417, 424
– Verfahrenskosten 424
– Vollstreckung wegen Altmasseverbindlichkeiten 425, 792
Masseverbindlichkeiten 416 ff., 781 ff.
– Altmasseverbindlichkeiten 425, 729 f.
– Begriff 417
– Durchsetzung 781 ff.
– Einzelzwangsvollstreckung 781
– Kosten des Insolvenzverfahrens 417, 422
– Masseармut 787 ff.
– Neumasseverbindlichkeiten 424, 790 f.
– Sonstige Masseschulden 417
– Zwangsvollstreckung 418
Minderheitenschutz 1051, 1089 f.

679

N

Nachhaftung 1181

Nachlassinsolvenz 177, 681 f., 1347 f., 1350 f., 2106

Nachtragsverteilung 426, 430, 762, 855, 2099

Negatives Kapitalkonto 1353 ff.
- Eigenkapitalkonto 1358 ff.
- Nachversteuerungsgewinn 1357
- Verlustverrechnungskonto 1354

Neumasseverbindlichkeiten 424, 790 ff.

Neuerwerb 12, 174, 396 ff., 542, 631, 1999

Nichterfüllung von Verträgen 293 ff.

O

Obstruktionsverbot 1086 ff.

Offenlegungspflicht 971 ff.

Ordnungsgeld 977

Option zur Umsatzsteuer 2281

Organschaft
- Gewerbesteuer 1870
- Körperschaftsteuer 1651 ff.
- Umsatzsteuer 1931 ff.

Österreichisches Steuerrecht 3167 ff.

P

Personenhandelsgesellschaft
- Einkommensteuer 1541 ff.
- Gewerbesteuer 1857
- Gewinnfeststellung 534
- Gegenstand des Insolvenzverfahrens 96, 1123
- Kapitalertragsteuer 1541 ff.
- Insolvenz der – 1501 ff.
- Zinsabschlagsteuer 1551

Pflichtverletzungen, insolvenzspezifische 1006, 1241 ff., 1255

Planerfüllung, Überwachung 1110

Planliquiditätsrechnung 1071

Prüfungsanordnung 517, 542

Prüfungstermin 261, 288, 736

R

Realsteuern
- Feststellungsverfahren 534
- Gewerbesteuer 1851 ff.
- Grundsteuer 2441 ff.

Rechnungslegungspflichten 921 ff.
- Anhang 960 ff.
- Abschlussprüfung 841, 971 ff.
- Bewertung 954 ff.
- Einschränkungen im Insolvenzverfahren 1001 ff.
- Erleichterungen 1007
- Gewinn- und Verlustrechnung 958
- Insolvenzeröffnungsbilanz 949
- Jahresabschluss 941 ff.
- Lagebericht 960 ff.
- Offenlegungspflicht 971 ff.
- Ordnungsgeld 977
- originäre Buchführungspflicht 925 ff.
- Sanierungsgewinn 1021 ff.
- Schlussbilanz 947
- Umgliederung Anlagevermögen 952 f.

Rechtsbehelfsverfahren 561 ff.

Rechtsberatungsgesetz 2936, 2939, 2942 ff.

Rechtsdienstleistungsgesetz 21, 2936 f., 3094

Rechtsstreit, schwebender 311 ff., 561

Restschuldbefreiung 11, 169, 218, 248, 597, 851 ff., 1021 ff., 1138 ff., 1181 ff.
- Abtretung Arbeitseinkommen 1185
- Ankündigungsbeschluss 1188 f.
- Antrag 1184
- Aufrechnung 851 ff.
- ausgenommene Verbindlichkeiten 1217 ff.
- durch ausländisches Gericht 3165 ff.
- Einkommensteuer, 1021 ff.
- Entscheidung des Insolvenzgerichtes 1212 f.936
- Finanzverwaltung 1214
- Frankreich 3165, 3175 f.

Stichwörter VERZEICHNIS

- Italien 169, 3165
- Österreich 3166 ff.
- Schuldnerantrag 1183
- Selbstbehalt 1186
- Sanierungsgewinn 1021 ff., 1379 ff., 1681 ff.
- Treuhänder 1185, 1197 ff.
- Verbindlichkeiten (betrieblich) 1021 ff.
- Versagung 1190 ff.
- Voraussetzungen der Ankündigung 1188 ff.
- Vorzeitige Beendigung 1210
- Widerruf 1215
- Wirkung 1213
- Wohlverhaltensperiode 1200 ff.
- Zweck 1182

Risikobericht 2924

Rumpfwirtschaftsjahr
- Insolvenzeröffnungsbilanz 948
- Körperschaftsteuer 1668 ff.

S

Sachwalter 276 ff., 484

Sanierung 124, 167 f., 175, 217

Sanierungsgewinn 1021 ff., 1379 ff., 1681 ff., 1806 ff., 3173

Sanierungsmaßnahmen
- Besserungsschein 1747
- Forderungsverzicht 1748
- Rangrücktrittserklärung 119, 133, 1724, 1760
- Verdeckte Einlagen 1378, 1389, 1696 ff.

Säumniszuschlag 2571 ff.
- Druckmittel 2571
- Erlass 2575 ff.
- Masseverbindlichkeit 2584
- Verwaltungsaufwand 2571

Schadensersatzansprüche 314 f., 1006, 3066 ff., 3104 ff., 3124

Schattenveranlagung 1461

Schlussverteilung 426, 428, 754

Schuldenbereinigung 1129 ff.
- außergerichtlich 1132 ff.
- gerichtlich 1142 ff.

- Gläubigerantrag 1157 f.

Schuldner
- Auskunfts- und Mitwirkungsverpflichtungen 9, 81 f., 1194
- Eintragung in das Schuldnerverzeichnis 245
- Identifizierung 11
- Leistungen an den – 239137
- Mittelpunkt der wirtschaftlichen Interessen 3161 ff.
- Neuerwerb 396 ff., 631 ff., 1999 ff.
- redlicher – 1187
- Verfügung des – 238

Schwebende Geschäfte 293 f.
- Dauerschuldverhältnisse 293
- Erfüllungswahlrecht 293
- Grunderwerbsteuer 2416
- Umsatzsteuer 2171 ff.

Schwebende Prozesse 311 f.

Sekundärinsolvenzverfahren 3179, 3181

Sicherungsabtretung 400 f., 404, 1485 ff.

Sicherungsgut 2072 ff., 2151, 2201 ff.

Sicherungsmaßnahmen 231 ff., 493, 591, 1162, 1933, 2579

Sicherungsübereignung 404, 1485 ff., 2201 ff.

Sicherungszession 400 f., 404, 1485 ff., 2321 ff.

Sonderausgaben
- Aufteilung der Steuerschuld 1180
- Getrennte Veranlagung 1142 f.

Sondervorauszahlungen 2037

Steuerberater 2881 ff., 2921 ff.
- Anfechtungsansprüche gegen – 371 ff.2986 ff.
- Aufstellung von Jahresabschlüssen 3096 ff.
- Auskunftspflicht 3034 ff., 3046
- Bargeschäft 372, 2995 ff.
- Beauftragung durch Insolvenzverwalter 510, 3053 ff.
- Beihilfe zur Insolvenzverschleppung 2582, 3077 ff.
- Belehrungspflichten 2956 ff.
- Beratung in der Krise 2922 ff., 2956 ff.
- Berufsfreiheit 2887 ff.

681

VERZEICHNIS Stichwörter

- betriebswirtschaftliche Beratung 2923
- Bilanzfälschung 3096 ff.
- Buchführungsdelikte 3096 ff.
- DATEV-Ausdrucke 3036 ff.
- Erhaltung des Gebührenanspruchs 2981 ff.
- faktischer Geschäftsführer 1291, 3117 ff.
- Gefährdung der Interessen der Auftraggeber 2885, 2891 ff.
- Haftung 1242, 3066 ff.
- Herausgabe von Unterlagen an den Insolvenzverwalter 3025 ff.
- Honorar 2961 ff., 3021 ff.
- Honorarsicherheiten 2966 ff.
- Honorarvorschuss 372, 2964 f., 3059
- Insolvenz 2881 ff.
- Insolvenzberatung 2940, 2956 ff.
- Insolvenzplan 2887 ff.
- Insolvenzverschleppung 2582, 3024, 3077 ff.
- Krisenberatung 2921 ff.
- Mandantenstamm 2998
- Mandantenunterlagen 3033 ff.
- Pflichtverletzung 2949, 3081, 3085
- professionelle Adäquanz 3092 ff.
- Rechtsberatungsgesetz 2936, 2939, 2942 ff.
- Rechtsdienstleitungsgesetz 21, 2936 f., 3094
- Risikofrüherkennungssystem 2922 ff.
- Rückforderungsansprüche gegen – 2982 ff.
- Sanierungsberatung 2936 ff.
- Steuerstraftaten 3137 ff.
- strafrechtliche Risiken 3091 ff.
- Täterschaft 3096, 3109 ff.
- Überwachungssystem 2921 ff.
- Verhandlungen mit Gläubigern 2942 ff.
- Verstoß gegen die Verlustanzeigepflicht 3116 ff.
- Widerruf der Berufszulassung 2881 ff.
- zivilrechtliche Haftung 3066 ff.
- Zurückbehaltungsrecht 3025 ff.

Steuerberechnung 528

Steuerbescheid
- Bekanntgabe 760 ff.
- Bestandskraft 760 f.
- Massekosten, Masseschulden 708 ff.
- Verhältnis zum Insolvenzfeststellungsbescheid 758 f.

Steuererklärungspflicht 495 ff.
- Insolvenzschuldner 512
- Insolvenzverwalter 496 ff.

Steuerermittlung 513 ff.

Steuererstattung 531 ff.

Steuerfestsetzungsverfahren 526 ff.

Steuerforderung
- Anmeldung 721 f.
- Aufrechnung 811 ff.
- Durchsetzung im Insolvenzverfahren 737 ff.
- Masseverbindlichkeit 781 ff.
- nichttitulierte – 750 ff.
- titulierte – 758 ff.

Steuerhinterziehung 1191, 1219 ff., 3138 ff.

Steuergeheimnis
- Auskunftspflichten 611 ff.
- Kontoauszug 614, 3201 ff.

Steuermessbescheid 534 ff.

Stille Reserven
- Einkommensteuer 1466 ff.

T

Tarifvertrag 295, 1208

Titulierte Forderungen 827
- Vollstreckung durch Gläubiger 827

Treuhänder 1162 ff., 1185

U

Unternehmensumwandlung 1024

Umsatzsteuer 1911 ff.
- Aufrechnung 861 ff.
- Begründetsein 1963 ff.
- Dauerfristverlängerung 2037
- Doppelumsatz 2221
- Eigentumsvorbehalt 2138
- Geschäftsveräußerung 2011
- Immobiliarverwertung 2281
- Istversteuerung von Anzahlungen 1981

Stichwörter **VERZEICHNIS**

- Lieferungen und Leistungen 1977 ff.
- Neuerwerb 1999
- Organschaft 1931 ff.
- Rechnungserstellung 2031
- Sicherungsgut 2201 ff.
- Sondervorauszahlungen 2037
- Steuerhaftung 2341
- Teilleistungen 1983
- Unternehmereigenschaft 1912 ff.
- vereinnahmte/vereinbarte Entgelte 1977 ff.
- Verträge, nichterfüllte 2171 ff.
- Verwertungskostenbeitrag 2204.2284
- Vorsteuerabzug 2091 ff.
- Vorsteuerberichtigungsansprüche 2117 ff.
- Zwangsversteigerung 2288
- Zwangsverwaltung 2292

Unternehmereigenschaft 1912 ff.

V

Veräußerung von Anteilen an Kapitalgesellschaften 1385 ff.
- Auflösung der Gesellschaft 1750
- Auflösungsverlust 1387, 1750

Verbraucherinsolvenz 1121 ff.
- Ablauf 1130
- Abgrenzung zur Unternehmensinsolvenz 1122 ff.
- Anfechtung 1161
- Außergerichtliches Einigungsverfahren 1132 ff.
- ehemalige Selbständige 1124 ff.
- Gerichtliches Schuldenbereinigungsverfahren 1142 ff.
- Persönlicher Anwendungsbereich 1122 ff.
- Restschuldbefreiung 169, 1144, 1138 ff., 1166, 1181 ff.
- Vereinfachtes Insolvenzverfahren 1161 ff.
- Wirtschaftliche Tätigkeit 1122 ff.
- Ziel 1182

Verbrauchsteuern 2472 ff.
- Absonderungsrecht 2477
- Energiesteuer 2472
- Entlastung 2472 ff.

- Sachhaftung 2477

Verein 177
- Gemeinnützigkeit 1025

Vereinfachtes Insolvenzverfahren 1161 ff.
- Anwendbare Vorschriften 1161
- Treuhänder 1162 ff.

Verfügungsbefugnis 235 ff., 311, 991 ff.
- im eröffneten Verfahren 566, 991 ff., 1373 ff., 2228 ff.
- Schuldner 262 ff., 520, 1341 ff.
- vorläufiger Insolvenzverwalter 235 ff., 311, 483 ff., 583, 711, 1596

Verfügungsbeschränkungen, Anordnung von
- 219, 231 ff.

Verfügungsverbot 234 ff.
- Insolvenzeröffnungsverfahren 234 ff.
- im eröffneten Verfahren 262 ff.

Vergleichsordnung 1

Vermögensübersicht 274, 922 ff.
- Anlage zum Insolvenzplan 1058
- Anwendung Rechnungslegungsvorschriften 1066
- Berichtstermin 274
- Darstellung Rechtsänderungen 930, 978
- Immaterielle Vermögensgegenstände 1067
- Wertansätze 1067

Vermögensverwalter 482 f., 496, 1291, 2765

Vermögenswerte, immaterielle 1067

Versagungsantrag 1188 ff.

Verspätungszuschlag 2572 ff.
- Druckmittel 2572
- Erlass 2575 ff.
- Insolvenzforderung 2573

Verteilungsverfahren 426 ff., 762 ff.
- Abschlagsverteilung 426 f., 762
- Feststellungsverfahren 762
- Nachtragsverteilung 426
- Schlussverteilung 762 f.

Verteilungsverzeichnis 285, 762

Verwaltungs- und Verfügungsbefugnis 262 ff., 514, 614, 1341

Vollstreckungskosten 2601 ff.

683

Stichwörter

Vollstreckungsverfahren 407 ff.
Vorläufiger Insolvenzverwalter 235 ff., 483 ff.
– Aufrechnung 871
– Besteuerungsverfahren 483 f.
– Umsatzsteuer 1995
– Verwaltungs- und Verfügungsbefugnis 235 ff., 483 ff.
Vorsteuer 2091 ff.
Vorsteuerberichtigungsanspruch 2146 ff.
Vorsteuerrückforderungsansprüche 2091 ff.
– Lieferung unter Eigentumsvorbehalt 2138 ff.
– Nichtausführung der Lieferung oder sonstigen Leistung 2131 ff.
– Uneinbringlichkeit von Forderungen 2117 ff.

W

Wechsel der Betreibungslast 527
Werkverträge 2171 ff.
Widerspruch 744 ff.
– Insolvenzgläubiger 746 ff.
– Insolvenzschuldner 744 f.
– Insolvenzverwalter 746 ff.
Wiederauflebensklausel 1106
Wirtschaftsprüfer 2742, 2766, 2801, 2807, 2881

Wohlverhaltensphase 851 ff., 1186, 1200 ff.
Wohnungseigentümergemeinschaft 178

Z

Zahlungseinstellung 213 ff.
Zahlungsunfähigkeit 95 ff., 124, 189 f., 200, 212 ff.
– Definition 212
– Drohende – 211, 217 ff.
Zinsabschlagsteuer 1551 ff.
– Gesellschaftsvertraglicher Anspruch 1564 f.
– Nichtveranlagungsbescheinigung 1555
Zinsen 2611 ff.
– Erlass 2613
Zölle 2471 ff.
Zusammenveranlagung 1401 ff.
Zustimmungsersetzung 1051, 1149 ff.
Zustimmungsvorbehalt 232 ff., 563
Zuständigkeit 231
Zwangsgeld 500, 508, 2573, 2631 f.
Zwangsversteigerung 2288 ff.
Zwangsverwalter 671, 2282
Zwangsvollstreckung, Einstellung der – 234, 591